Crónica de la lengua española 2021

REAL ACADEMIA ESPAÑOLA

ASOCIACIÓN DE ACADEMIAS
DE LA LENGUA ESPAÑOLA

CRÓNICA
DE LA
LENGUA ESPAÑOLA
2021

Obra editada en colaboración con Editorial Planeta – España

Diseño de portada: Real Academia Española
Ilustración de portada: autógrafo de Elio Antonio de Nebrija. Real Academia Española
Diseño de interior: Lacasta Design

Bajo el sello editorial ESPASA M.R.
Avenida Presidente Masarik núm. 111,
Piso 2, Polanco V Sección, Miguel Hidalgo
C.P. 11560, Ciudad de México
www.planetadelibros.com.mx

Primera edición impresa en España: diciembre de 2021
ISBN: 978-84-670-6429-2

Primera edición impresa en México: febrero de 2022
ISBN: 978-607-07-8334-0

Impreso en los talleres de Impresora Tauro, S.A. de C.V.
Av. Año de Juárez 343, Col. Granjas San Antonio,
Iztapalapa, C.P. 09070, Ciudad de México
Impreso y hecho en México / *Printed in Mexico*

DIRECTOR DE LA OBRA

Santiago Muñoz Machado

Director de la Real Academia Española

Presidente de la Asociación de Academias de la Lengua Española

---

ASOCIACIÓN DE ACADEMIAS DE LA LENGUA ESPAÑOLA (ASALE)

1951

Real Academia Española
1713

Santiago Muñoz Machado, *director*

Academia Colombiana de la Lengua
1871

Juan Carlos Vergara Silva, *director*

Academia Ecuatoriana de la Lengua
1874

Susana Cordero de Espinosa, *directora*

Academia Mexicana de la Lengua
1875

Gonzalo Celorio Blasco, *director*

Academia Salvadoreña de la Lengua
1875

Mario Alberto García Aldana, *director*

Academia Venezolana de la Lengua
1883

Horacio Biord Castillo, *presidente*

Academia Chilena de la Lengua
1885

Adriana Valdés Budge, *directora*

Academia Peruana de la Lengua
1887

Marco G. Martos Carrera, *presidente*

Academia Guatemalteca de la Lengua
1887

María Raquel Montenegro Muñoz, *directora*

Academia Costarricense de la Lengua (ACL)
1923

Víctor Manuel Sánchez Corrales, *presidente*

Academia Filipina de la Lengua Española
1924
Guillermo Gómez Rivera, *director*

Academia Panameña de la Lengua (APL)
1926
Aristides Royo Sánchez, *director*

Academia Cubana de la Lengua (ACuL)
1926
Rogelio Rodríguez Coronel, *director*

Academia Paraguaya de la Lengua Española (APARLE)
1927
José Antonio Moreno Ruffinelli, *presidente*

Academia Boliviana de la Lengua (ABL)
1927
José Roberto Arze Arze, *director* ad interim

Academia Dominicana de la Lengua (ADL)
1927
Bruno Rosario Candelier, *director*

Academia Nicaragüense de la Lengua (ANL)
1928
Pedro Xavier Solís Cuadra, *director*

Academia Argentina de Letras (AAL)
1931
Alicia María Zorrilla, *presidenta*

Academia Nacional de Letras de Uruguay (ANL)
1943
Wilfredo Penco, *presidente*

Academia Hondureña de la Lengua (AHL)
1949
Juan Ramón Martínez, *director*

Academia Puertorriqueña de la Lengua Española (ACAPLE)
1955
José Luis Vega, *director*

Academia Norteamericana de la Lengua Española (ANLE)
1973
Carlos E. Paldao, *director*

Academia Ecuatoguineana de la Lengua Española (AEGLE)
2013
Agustín Nze Nfumu, *presidente*

AGRADECIMIENTOS

Las veintitrés Academias agradecen la valiosa participación en esta *Crónica* de todos sus colaboradores y becarios MAEC-AECID.

La Real Academia Española y la Asociación de Academias de la Lengua Española manifiestan su gratitud a los herederos de los académicos Miguel León-Portilla (Academia Mexicana de la Lengua), Antonio Molina (Academia Filipina de la Lengua Española) y Bartomeu Meliá, S. J. (Academia Paraguaya de la Lengua Española). Agradecen igualmente su colaboración al académico peruano don Rodolfo Cerrón-Palomino así como al académico de honor puertorriqueño Luis Rafael Sánchez. Gratitud especial merecen las Academias Mexicana, Paraguaya, Peruana y Puertorriqueña por su ayuda para hacer posible la presencia de estos textos en la obra. El agradecimiento se extiende a la Academia Ecuatoriana por su gestión para incorporar el estudio de Roberto D. Agramonte a esta *Crónica*.

RECONOCIMIENTO ESPECIAL

Las obras y proyectos académicos cuentan con la permanente colaboración de la Fundación pro Real Academia Española, que, bajo la presidencia de honor de Su Majestad el Rey don Felipe VI, está formada por instituciones y empresas, públicas y privadas, junto con numerosos ciudadanos particulares procedentes de todos los ámbitos de la sociedad civil.

La Real Academia Española quiere hacer constar su reconocimiento y gratitud por el apoyo recibido del **Gobierno de España**, a través de su Presidente, el Ministerio de Ciencia e Innovación, el Ministerio de la Presidencia, Relaciones con las Cortes y Memoria Democrática, el Ministerio de Asuntos Económicos y Transformación Digital, el Ministerio de Asuntos Exteriores, Unión Europea y Cooperación y el Ministerio de Hacienda y Función Pública.

ÍNDICE

Situación actual del español en Panamá 265

El español de Cuba hoy 290

Estado actual de la lengua española en el Paraguay desde la perspectiva de distintos contextos 297

IV. Ensayos lingüísticos

V. Estudios y crónicas

VI. Actividades y servicios académicos

Presentación

El estado del español y el trabajo panhispánico de la Asociación de Academias de la Lengua Española (ASALE)

SANTIAGO MUÑOZ MACHADO
Director de la Real Academia Española
Presidente de la Asociación de Academias de la Lengua Española

---

La situación del español en los ámbitos territoriales de las Academias de la Lengua. ■ ASALE y el trabajo panhispánico.

LA SITUACIÓN DEL ESPAÑOL EN LOS ÁMBITOS TERRITORIALES DE LAS ACADEMIAS DE LA LENGUA

Iniciamos el año pasado la publicación de una *Crónica de la lengua española* con el propósito principal de hacer público el trabajo de las Academias de la Lengua Española y establecer un observatorio de los problemas más notables con los que nos enfrentamos. Algunos son de naturaleza organizativa y conciernen al trabajo y la función de nuestras corporaciones, otros atienden al idioma que estamos llamados a custodiar, procurando que no decaiga su belleza, simplicidad, riqueza y unidad en todo el universo hispanohablante. Los problemas no suelen ser de aparición súbita e inesperada, por lo que la acción de las academias es persistente y de largo recorrido, pero conviene exponer, de modo transparente, con cierta periodicidad, lo que se está haciendo, para dejarlo abierto al público escrutinio.

Este año 2021 la *Crónica,* como denota su porte, ha tenido muchas cosas que contar. La Asociación de Academias de la Lengua Española (ASALE) ha cumplido setenta años, lo que nos permite reflexionar sobre la importancia de esta organización internacional. El acontecimiento nos ha parecido una buena ocasión para tratar de conocer mejor el estado del español en el mundo de habla hispana. Sabemos que nuestra lengua conquista nuevos espacios cada año y que se incrementa sin parar el número de personas que tienen el español como lengua materna o nativa y el de individuos que pueden expresarse en nuestro idioma de un modo solvente. Ganamos terreno de modo continuo. La nuestra es la segunda lengua del mundo por número de hablantes nativos y la tercera si tomamos como elemento de comparación el total de personas que hablan español y los totales del inglés y del chino mandarín.

Admirados por este éxito mundial y sus repercusiones en las relaciones internacionales, la economía y las redes sociales, que tan profunda y aceleradamente están cambiando el conocimiento, la comunicación y los intercambios, apenas si nos paramos a mirar hacia las entrañas del idioma para considerar su situación en los Estados en que está consolidado como lengua nacional u oficial. ¿Mantiene el español su buena salud en el país que lo creó y en todos los que lo adoptaron como lengua nacional? La respuesta a esta pregunta requiere indagar sobre la unidad del idioma a efectos de determinar si seguimos entendiéndonos cuando la usamos como lengua de comunicación en cualquier territorio hispanohablante. Pero también examinar las políticas lingüísticas de los Estados, para saber si ofrecen respaldo bastante a los sistemas educativos para que aseguren una capacitación suficiente en el manejo del idioma oficial del país, que tienen como propio las impresionantes cifras de individuos que antes se han mencionado. Es necesario saber si nuestra lengua sufre procesos de mestizaje que la están transformando; determinar si se observan fenómenos de desplazamiento por otras lenguas; necesitamos conocer la influencia sobre la normativa de la lengua de la violencia que se ejerce sobre ella en las redes sociales; la capacidad transformadora o no de las nuevas jeringonzas de jóvenes y medios de comunicación, etc.

Son perspectivas, todas las anteriores, poco o nada analizadas por las instituciones de los Estados encargadas de la lengua, la enseñanza y la cultura, ensimismadas como están en la complacencia del crecimiento y atolondradas por el maravilloso placer de ser entendidos por medio mundo cuando hablan nuestra lengua.

A las academias les ha quedado un poco a trasmano, hasta ahora, llamar la atención sobre estos asuntos porque lo nuestro no son las políticas lingüísticas, que están atribuidas a los poderes públicos, entre los que no están incluidas, sino la aplicación de nuestros recursos técnicos, conocimientos y *auctoritas* para mantener vigente una normatividad de la lengua de general aceptación. Pero aquella limitación no debería ser excusa para eximirnos de estudiar y advertir los problemas que se ven venir y darlos a conocer.

Naturalmente esta tarea de análisis nos obliga a ampliar la perspectiva con la que miramos a nuestro idioma y echa sobre nuestras modestas espaldas, ya tan cargadas, mucho trabajo nuevo. Pero no debemos rechazarlo. Una de las muestras de la indolencia de los Estados en relación con la lengua nacional u oficial es que algunos mantienen infradotadas a las únicas corporaciones que se ocupan de ella. Es una torpeza no comprender que nos hemos subrogado patrióticamente en su primario deber de atender la buena salud del mayor bien cultural de que disponemos, que es la lengua, clave de bóveda, además, de las naciones sobre las que se edificaron los estados contemporáneos.

Este año la *Crónica de la lengua española* inicia el camino de dar a conocer el estado de nuestra lengua. Español se denomina en todos los países que la hablan. En España, oficial y constitucionalmente se denomina castellano, como podrá verse más adelante en uno de los estudios incorporados a este volumen, aunque en el lenguaje ordinario se emplea más comúnmente español. La razón de esta peculiaridad es que nuestra Constitución de 1978 consideró que el castellano es la lengua oficial que todos tienen el deber de conocer y el derecho de usar, pero solo una de las lenguas de España, donde convive con otras lenguas territoriales propias de las comunidades o nacionalidades que forman parte del Estado. En las constituciones de los Estados de América se usa español como denominación más usual.

Avanzamos solo un pequeño paso en el recorrido por el estado del español, consistente en mostrar su situación en relación con las lenguas de contacto, es decir, con los centenares de lenguas originarias de las poblaciones amerindias que se han conservado vivas hasta la actualidad. En España, trataremos de la relación existente entre la lengua oficial del Estado, el castellano, y las lenguas españolas cooficiales habladas en determinados territorios, principalmente, vasco, catalán y gallego.

Hay dos fenómenos que sobresalen sobre todos los que genera el contacto: por un lado, la hibridación o mestizaje de la lengua, que adquiere peculiaridades léxicas, fonéticas, morfosintácticas y semánticas tomadas de otras; por otro, la situación de bilingüismo estable o de diglosia, en su caso, que conduce a la dominación de una lengua hasta desplazar y provocar la extinción de las demás en concurrencia. Estas relaciones han sido estudiadas en muchas ocasiones por expertos lingüistas, que han descrito los fenómenos de superestrato, de adstrato y de substrato, más marcados en la medida en que es mayor la frecuencia del contacto y el número de personas que comprende.

En las áreas que tienen el español como lengua nativa se pueden estudiar toda clase de manifestaciones de influencia lingüística, como muestran muchos de los estudios incluidos en este libro. El español como lengua dominante, de uso por los poderes públicos y las legislaciones, aplicada por la economía y empleada en las relaciones sociales de las clases más acomodadas, produjo un desplazamiento de algunas lenguas originarias, que se han extinguido por reducción a cero del número de hablantes. Este efecto no ha sido siempre causado por el español, sino también por las grandes lenguas de comunicación indígena, que han desplazado a las menos usadas porque sus hablantes han preferido idiomas con un radio de prevalencia mayor. De esta clase es la concentración en el náhuatl, quechua, aimara, guaraní, etc. en diferentes partes de América. Era casi inevitable que así ocurriera en países como Bolivia donde coexisten más de treinta lenguas o en México donde sobreviven más de sesenta.

Con carácter general, el número de hablantes de estas lenguas aborígenes ha descendido en beneficio del uso más generalizado del español y, en los países en que presentan mayor utilización y vigor, han mantenido un régimen de bilingüismo con nuestro idioma, como muestra muy expresivamente el guaraní en Paraguay. Como el español es la lengua de la política, la economía y la cultura, resulta problemática la falta de destreza de las comunidades indias más aisladas porque ello las deja al margen del progreso. Véase, por ejemplo, lo que explican en esta *Crónica* los académicos de Panamá.

No se aprecia que el español esté sometido a riesgos graves. No disminuye su utilización, sino que crece en todos los países plurilingües. No obstante, los gobiernos suelen mantener políticas de apoyo a las lenguas minoritarias con el objetivo de evitar que se extingan, más que para potenciar su fuerza o su capacidad de desplazar al español. Como escribió Miguel León Portilla en el hermoso discurso que publicamos en esta *Crónica* «Cuando muere una lengua / para siempre se cierran / a todos los pueblos del mundo / una ventana, una puerta, / un asomarse / de modo distinto / a cuanto es ser y vida en la tierra». Las políticas más audaces de protección de las lenguas originarias amerindias aspiran al bilingüismo de los nativos, en ningún caso al desplazamiento de la lengua general de comunicación, el español, que no corre ningún riesgo de estancamiento ni de merma.

A ningún gobierno se le ha ocurrido debilitar la lengua nacional u oficial, sobre la que se asienta la nación, por más que, en algunos países, el sentimiento de propiedad sobre el idioma no sea lo fuerte que podría suponerse después de doscientos años de independencias. Sobre esto, encontrará el lector en este libro unas lúcidas páginas del académico mexicano Pedro Martín Butragueño.

El empeño por fortalecer una lengua propia de un territorio para incrementar su utilización tiene un ejemplo inigualado en España en el caso del catalán. Las competencias reconocidas por la Constitución de 1978 y por el Estatuto de Cataluña de 2006 a esta nacionalidad han propiciado la formulación de políticas de inmersión lingüística con el objetivo de asegurar el conocimiento del catalán por la práctica totalidad de la población asentada en aquel territorio. En la práctica, las políticas de inmersión han supuesto una discriminación positiva del catalán en relación con el castellano en los programas educativos de toda clase, en los medios de comunicación de Cataluña, en las Administraciones Públicas y en todas las manifestaciones de la vida social ordinaria. El Tribunal Constitucional ha aceptado la legitimidad de estas políticas hasta que se consiga la normalización del catalán, que implica igualdad lingüística con el castellano, que fue durante décadas la lengua dominante en aquel territorio. Las últimas estadísticas, que acompañan a un artículo mío incluido en esta *Crónica*, indican que ese predominio de la lengua castellana ya no existe y que ha sido sustituida otra situación de hecho que revela que los ciudadanos de aquel territorio tienen capacidades de comunicación en ambas lenguas.

Hasta el momento, el segmento de población más influido por las políticas de inmersión, que son los nacidos en los últimos cuarenta años, parece inclinarse claramente por el bilingüismo y no desea que el castellano sea desplazado en Cataluña. Sería extraordinario que el Estado español tuviera que arbitrar políticas de protección del castellano, como remedio para asegurar la vigencia real en Cataluña de los preceptos constitucionales que imponen su conocimiento como un deber en todo el territorio del Estado.

Este efecto de posible reducción de los castellanoparlantes, que no se está produciendo en la práctica, pero del que se habla mucho en los debates políticos en España, nos pondría ante una asombrosa paradoja: el país que ha difundido por todo el mundo su lengua y que ha propiciado que muchas naciones la hagan suya, renuncia a su defensa y permite su desplazamiento dentro del propio Estado.

En ningún Estado que ha asumido el español como lengua nacional, y tampoco en los países en que el español tiene fuerza, pero es minoritario en relación con otra lengua, es posible detectar otra tendencia que la del crecimiento. Es curiosa esta capacidad en entornos muy competitivos con el inglés, como ocurre en los Estados centroamericanos más próximos a Estados Unidos: la fuerza de resistencia y la tendencia a la expansión del español es paradigmática. Una prueba importante son los propios Estados Unidos, que llevan camino de estar pronto a la cabeza, con México, de los países con mayor número de hispanohablantes, a pesar de las políticas de contención que se han impuesto por épocas, como cuenta en esta *Crónica* Francisco Moreno. Pero también son ejemplares los casos de Panamá o Puerto Rico. El primero porque resistió bien a los intentos de imponer el inglés como idioma general, que fueron muy intensos en la época de construcción del canal, cuando las élites panameñas estudiaban sin excepción en el *Balboa College*, como explican en este libro Aristides Royo y otros miembros de la Academia Panameña. El segundo, Puerto Rico, es un formidable ejemplo de patrimonialización del español y firmeza en el uso de la lengua materna, a pesar de la presión que supone el contacto estable con el inglés y lo que implica que más de la mitad de la población viva en Estados Unidos, como podrá leerse en el escrito del director de la Academia Puertorriqueña de la Lengua Española, José Luis Vega.

La excepción a esta resistencia al desplazamiento es Filipinas, por razones históricas que afectan tanto a la falta de arraigo del español durante los tiempos de la colonización española, como a las potentes campañas favorables al inglés impuestas por Estados Unidos a partir de 1898. El director de la Academia de Filipinas expone ese proceso en este libro.

Queremos seguir profundizando y tener sucesivamente en cuenta la cuestión del estado del español en el mundo e ir contando nuestras conclusiones en las sucesivas publicaciones anuales de esta *Crónica de la lengua española*. Del contacto con las lenguas originarias amerindias no hemos podido describir consecuencias de riesgo para el español, sino de influencia positiva y enriquecimiento. Entregamos a América una lengua que ya era mestiza y las lenguas indianas han contribuido a intensificar el mestizaje ampliando el léxico, matizando la fonética y variando estructuras morfosintácticas. Basta con asomarse al *Diccionario de la lengua española* para comprobar en qué ha consistido esa maravilla del mestizaje ocurrido en América: registra 794 palabras procedentes del náhuatl (entre ellas: *acahual, aguacate, aguasol, cacahuete, cacao, camagua, celeque, guacamole, huapango, hule, mezcal, petaca, petate, quetzal, tomate*, etc.), 11 procedentes del chibcha, 33 que vienen del arauaco (*guajiro, guayaba* e *iguana*, entre ellas), 43 procedentes del aimara (por ejemplo, *alpaca* y *chinchilla*), 135 del guaraní (*jacarandá, mandioca, maraca, ñandú, paca*), 170 del mapuche, 44 del maya (*cigarro, cumbo*), 560 del quechua (*cancha, carpa, caucho, chaco, chacra, coca, combo, cóndor, guaca, huaco, mate, mita, papa, quena, vicuña*...), 59 del quichua y 18 del tupí (*tapioca, jaguar*).

La mayoría de las palabras han cubierto la carencia de vocablos en la lengua de Castilla para designar animales, plantas y fenómenos de la naturaleza americana, pero nuestro idioma se ha renovado con el vocabulario del Nuevo Mundo y su utilización se ha generalizado de forma asombrosa. La RAE cuida de comprobar esa generalización y extensión del uso antes de dar entrada a cualquier palabra en sus repertorios.

Analizar el estado del español considerando, como ahora hacemos, sus enriquecimientos y desgastes al relacionarse con otras lenguas, es solo una manera de empezar a tratar del asunto. Somos conscientes de ello. En ocasiones sucesivas tendremos que plantear la misma cuestión de la situación del español en internet y las redes sociales, en la juventud, en la enseñanza, en los medios de comunicación, en la política, en la legislación, en las Administraciones Públicas, en las empresas, etc.

ASALE Y EL TRABAJO PANHISPÁNICO

Ese despliegue tan llamativo en el *Diccionario de la lengua española* de vocablos y acepciones fruto del mestizaje de nuestra lengua con las hablas amerindias es, además de hermoso, el resultado final de un largo proceso que arranca de los primeros años del siglo XVII, cuando se preparaba en la Real Academia Española el *Diccionario de autoridades*. El trabajo había empezado en 1713 y los seis copiosos tomos que integran la obra fueron publicados entre 1726 y 1739.

Uno de los primeros problemas que se plantearon los padres fundadores fue el de decidir si compilarían en el Diccionario solo las voces cultas del castellano, es decir, las usadas por los escritores y profesionales con cultura, como había hecho en Francia la Académie recogiendo en su Diccionario las palabras de uso cortesano y literario en los círculos intelectuales parisinos, o extendería el trabajo al lenguaje del pueblo llano y a las particularidades de las provincias de la monarquía.

Se inclinó por esto último y el primer *Diccionario*, por un lado, incluyó vocablos de jeringonza o germanía y, por otro, desestimó el centralismo madrileño aceptando palabras provinciales. El prólogo de la obra explicó esta última circunstancia del siguiente modo: la Academia fue fundada con el fin principal de «hacer un diccionario copioso y exacto, en que se viesse la grandeza y poder de la Lengua, la hermosura y fecundidad de sus voces, y que ninguna otra la excede en elegancia, phrases y pureza». No incluiría voces técnicas, de las que solo se incorporarían algunas «con la proporción correspondiente», y de las «artes liberales y mechánicas» se haría más adelante un diccionario separado. El apartado 9 del prólogo sigue diciendo: «En el cuerpo de esta obra, y en el lugar que les corresponde, se ponen varias voces peculiares y propias, que se usan frecuentemente en algunas provincias y reinos de España, como en Aragón, Andalucía, Asturias, Murcia, etc., aunque no son comunes en Castilla; ...».

En el *Diccionario de autoridades* las palabras empleadas exclusivamente en América se consideraban del mismo modo que las de las regiones peninsulares. A diferencia de lo que ocurría en los repertorios lexicográficos anteriores, como el de Nebrija o el de Covarrubias, no se incorporan solo «exotismos», es decir palabras que designan realidades propias de América, como *cacique, caimán* o *canoa*, sino voces de todo tipo propias del español no europeo. De la palabra *frutilla*, por ejemplo, en su tercera acepción se dice «Se llama en Perú la que en Castilla se llama Fresa»; *pepitas*: «llaman en Indias a unos pedazos de oro, sin mezcla de otro metal, que no tiene necesidad de fundirse ni beneficiarse...».

En total, el primer diccionario de la Academia recogió unos ciento cincuenta americanismos. La cifra varía según el criterio que unos u otros autores han empleado para contarlos. No es una cantidad despreciable porque solo es inferior a los provincialismos procedentes de Aragón, Andalucía y Murcia. Pero fueron muchas las dificultades que los académicos afrontaron por falta de documentación directa del español de América. No mejoró la riqueza de americanismos del *Diccionario* en la edición de 1780 (la primera sin autoridades) y las inmediatas siguientes, de modo que la siguiente gran aportación tuvo que esperar un siglo y la trajo el *Nuevo diccionario* (1846) de Vicente Salvá, que reaccionó con fuerza a favor de la inclusión de un número mucho más amplio de voces, acepciones, frases y locuciones americanas. Decía Salvá, en el prólogo de su obra, que en los diccionarios académicos «Es casi total la omisión de las voces que designan los productos de las Indias orientales y occidentales, y más absoluta la de los provincialismos de sus habitantes; y ninguna razón hay para que nuestros hermanos de ultramar, los que son hijos de españoles y hablan y cultivan la lengua inmortalizada por tantos poetas e historiadores, no sean llamados a la comunión, digámoslo así, del habla castellana con la misma igualdad que los peninsulares». Esta incitación de Salvá fue seguida por algunos diccionarios publicados a primeros de siglo.

La reacción de la Real Academia Española se produjo a partir de 1884. En la edición del *Diccionario* académico de ese año se incluyeron muchos más americanismos, sin duda porque ya estaban en funcionamiento algunas academias americanas que prestaron su ayuda. El prólogo de aquella edición agradece su colaboración a las academias colombiana, mejicana y venezolana. Este año se añaden a las marcas de las provincias españolas las de «América, Antillas, Cuba y Filipinas». A partir de 1899 aparecen las marcas nacionales y supranacionales América Meridional, Chile, Colombia, Costa Rica y Ecuador. Seguía siendo insuficiente esta marcación para poder expresar la zona geográfica más concreta en la que se usaban las palabras y acepciones. Rufino José Cuervo había criticado en 1874 la utilización de la marca América por resultar demasiado genérica y la observación seguía teniendo sentido.

La edición de 1925 supuso un cambio de importancia en el tratamiento de la cuestión. Lo explica su prólogo de una manera elocuente: el *Diccionario* «Ha concedido también atención muy especial a los regionalismos de España y de América que se usan entre la gente culta de cada país, voces que estaban muy escasamente representadas en las ediciones anteriores. El provincialismo de España encierra una riqueza léxica de inapreciable valor, porque conserva viva una gran porción de vocablos pertenecientes al antiguo fondo patrimonial de nuestro idioma. Y, por su parte, el americanismo sabido es cuántas voces hispánicas atesora que en la Península han caído en desuso total o parcial mientras que en América siguen viviendo con admirable arraigo... Esperamos que esta atención consagrada a los americanismos sea una de las principales ventajas que se aprecien en este Diccionario respecto de los anteriores».

Para llevar a cabo esta labor, declara el prólogo que la Real Academia se ha servido de «los vocabularios de americanismos que andan impresos; al seguirlos, sin duda, habrá cometido errores, mas espera que las Academias Correspondientes que allá están constituidas puedan ayudarle a enmendarlos en las ediciones futuras». Esta atención más intensa a provincialismos y americanismos indujo a la Academia a denominar en lo sucesivo al Diccionario «de la lengua española» en vez de «castellana» que antes se estampó en sus portadas.

La colaboración de las Academias para la preparación del *Diccionario de la lengua española*, comenzada a principios del siglo XX, ha alcanzado en la actualidad la fuerza de un método de trabajo que damos por completo consolidado. El *Diccionario* se revisa considerando las iniciativas que provienen de cualquier lugar, pero las Academias no solo contribuyen con sus propuestas, sino que trabajan en estrecha colaboración sobre cualquier modificación que se quiera introducir, para ofrecer sus puntos de vista y enriquecer los proyectos sobre los que se trabaja para preparar la siguiente edición.

La obra ha alcanzado su vigesimotercera edición y, aprovechando las facilidades de la tecnología digital, cada año se presenta una versión modificada de la edición de base con nuevos vocablos y acepciones.

En la última versión electrónica del *Diccionario*, la 23.4, se incluyen 18 853 acepciones con marcas de cualquier país de América o marcas generales, América, América Meridional, Antillas, distribuidas del siguiente modo: Argentina 3024; Bolivia 1906; Costa Rica 1344; Chile 2273; Colombia 1863; Cuba 2725; Ecuador 1832; Estados Unidos 18; El Salvador 1959; Guatemala 1082; Honduras 3015; México 3832; Nicaragua 2122; Puerto Rico 685; Panamá 649; Paraguay 984; Perú 1670; República Dominicana 1253; Uruguay 2526; y Venezuela 2407.

Hay 4191 acepciones con alguna marca de España, es decir, considerando todas las provincias que la integran.

El enriquecimiento del *Diccionario de la lengua española* tiene actualmente una fuente extraordinaria en los diccionarios que han preparado las Academias estableciendo los particularismos léxicos de cada zona hispanohablante, y en el *Diccionario de americanismos*, preparado por ASALE, en cuya segunda edición se trabaja ahora, según se explica en este libro al tratar de los proyectos académicos.

Las Academias de la lengua, de la lengua española, o de las letras, según las denominaciones adoptadas en los diferentes países, empezaron a establecerse a partir de un acuerdo de la Real Academia Española de 1870. Se fundarían con el carácter de academias correspondientes de la RAE y el proceso comenzó enseguida con la creación de la Academia Colombiana de la Lengua en 1871, a la que siguieron en los años inmediatos las academias de Ecuador y México. En la Introducción a la *Crónica de la lengua española de 2020* está contado ese fecundo proceso que condujo a un trabajo colaborativo que prosperó y mejoró con el paso de los años. La formación de la normativa del idioma y el cuidado de su unidad, que estuvo durante casi dos siglos a cargo exclusivo de la Real Academia Española, cuenta en la actualidad con una institución hermana en cada uno de los territorios hispanohablantes. Es policéntrica y federativa la organización panhispánica al servicio del español.

La arquitectura institucional se completó en 1951 con la creación de la Asociación de Academias de la Lengua Española (ASALE), con ocasión de la celebración en México del Primer Congreso de las Academias de la Lengua Española. El II Congreso tuvo lugar en España en 1956 y se avanzó un paso más en la formación de las estructuras internacionales al servicio de nuestra lengua. En este Congreso se aprobó la recomendación de que la iniciativa de las Academias, al crear ASALE, fuera ampliada, mediante un compromiso de los Estados a que pertenecen dichas Academias, «en virtud del cual todos los pueblos de habla española se unan para la defensa y desarrollo de su lengua común».

Pocos años después se firmó en Bogotá (el 28 de julio de 1960) un *Convenio Multilateral sobre la Asociación de Academias de la Lengua Española*, basado en la convicción, que expresa su exposición de motivos, de «que es obligación de los Estados fomentar la cultura de sus pueblos y atender a la defensa de su patrimonio espiritual, particularmente de su lengua patria», y «Que, tratándose de los pueblos hispanos, la unidad de lenguaje es uno de los factores que más contribuye a hacerlos respetables y fuertes en el conjunto de las naciones».

El *Convenio* reconoce el carácter internacional que «por naturaleza» tienen tanto la Asociación de Academias de la Lengua Española como su Comisión Permanente, órgano de la misma. Los Estados signatarios se comprometen:

> «a prestar apoyo moral y económico a su respectiva Academia nacional de la Lengua Española, o sea, a proporcionarle una sede digna y una suma anual adecuada para su funcionamiento...».
>
> «a prestar apoyo moral y económico para el sostenimiento de la Asociación de Académicas de la Lengua Española y de su Comisión Permanente...».
>
> «Los Gobiernos signatarios se comprometen a incluir en sus respectivos presupuestos las partidas necesarias para el cumplimiento del presente Convenio».

El Convenio quedó abierto a la ratificación de los Estados y todos los que contaban con Academias de la lengua miembros de ASALE lo hicieron en los meses siguientes. Actualmente mantiene todo su vigor jurídico.

ASALE ha facilitado el trabajo de las Academias de forma extraordinaria a lo largo de sus setenta años de vida, multiplicando las relaciones entre ellas y fomentando y dando soporte a una cooperación fluida y continua. Con el método descrito respecto del *Diccionario de la lengua española* se han completado o se desarrollan actualmente varios proyectos, pero las formas de cooperación se adaptan a las peculiaridades de cada obra, constituyéndose, por ejemplo, ponencias de trabajo interacadémicas, que preparan las propuestas que se someten a las decisiones plenarias finales, primero en el seno de las Academias y después en reuniones de directores o, en su caso, con ocasión de los Congresos de ASALE, que se organizan cada cuatro años. La enormidad del esfuerzo de las Academias y su Asociación en la actualidad está descrita con detalle en las diferentes secciones de este libro.

El panhispanismo, la concepción de la lengua española como un patrimonio común de los pueblos que hablan español, y el trabajo coral de las Academias para su defensa y el cuidado de su unidad, es una realidad viva y muy activa en la actualidad. Ningún otro idioma que cuente con amplia implantación en el mundo tiene a su servicio unos instrumentos de tan excepcional valor: una Academia en cada Estado, con un estatuto propio de autonomía e independencia orgánica y funcional, y una federación internacional de las Academias, denominada Asociación de Academias de la Lengua Española, con sus propios órganos de gobierno, que se ocupa de organizar el trabajo común.

No hay estructuras semejantes para la defensa de otras lenguas. Tampoco los gobiernos disponen, usando su propio aparato institucional, de una fuerza de acción cultural por el idioma y de cooperación internacional con tanta capacidad de actuación. Los primeros setenta años de ASALE son una ocasión de gozo para la cultura, una celebración emocionante de la fortaleza de la lengua española.

Madrid, en la sede de la RAE y de la ASALE, a 25 de septiembre de 2021

Anexo

Convenio multilateral sobre la Asociación de Academias de la Lengua Española (Bogotá, 1960)

Los Gobiernos de los pueblos representados en el Tercer Congreso de la Asociación de Academias de la Lengua Española, deseosos de celebrar una convención que consagre el carácter jurídico internacional de la Asociación, a fin de darle mayor eficacia,

CONSIDERANDO

Que en el año de 1951 se reunió en la ciudad de México, por iniciativa del Presidente de los Estados Unidos Mexicanos, el Primer Congreso de Academias de la Lengua Española;

Que dicho Primer Congreso acordó la creación de la Asociación de Academias de la Lengua Española y de la respectiva Comisión Permanente;

Que el Segundo Congreso de Academias de la Lengua Española, reunido en Madrid en el año de 1956, recomendó la celebración de un convenio entre los Estados a que pertenecen dichas Academias, en virtud del cual todos los pueblos de habla española se unan para la defensa y desarrollo de su lengua común;

Que es obligación de los Estados fomentar la cultura de sus pueblos y atender la defensa de su patrimonio espiritual, particularmente de su lengua patria;

Que, tratándose de los pueblos hispanos, la unidad de lenguaje es uno de los factores que más contribuyen a hacerlos respetables y fuertes en el conjunto de las naciones;

Han resuelto celebrar el siguiente:

CONVENIO

Artículo Primero: Los Gobiernos signatarios reconocen el carácter internacional que por su naturaleza tanto la Asociación de Academias de la Lengua Española, creada en el Congreso de Academias de México de 1951, como la Comisión Permanente, órgano de la misma.

Artículo Segundo: Cada uno de los Gobiernos signatarios se comprometen a prestar apoyo moral y económico a su respectiva Academia nacional de la Lengua Española, o sea a proporcionarle una sede digna y una suma anual adecuada para su funcionamiento.

Artículo Tercero: Los mismos Gobiernos signatarios se comprometen a prestar apoyo moral y económico para el sostenimiento de la Asociación de Academias de la Lengua Española y de su Comisión Permanente.

Artículo Cuarto: Los Gobiernos signatarios se comprometen a hacer incluir en sus respectivos presupuestos las partidas necesarias para el cumplimiento de este Convenio.

Artículo Quinto: El presente Convenio queda abierto a la firma o adhesión de todos los Estados de Lengua Española y será ratificado en conformidad con sus respectivos procedimientos constitucionales. Los instrumentos de ratificación será depositados en el Ministerio de Asuntos Exteriores de España, en Madrid, y éste notificará dicho depósito a los Gobiernos signatarios.

Artículo Sexto: El presente Convenio entrará en vigor, entre los Estados que lo ratifiquen, cuando siete por lo menos de los Estados signatarios hayan depositado sus ratificaciones. En cuanto a los Estados restantes, entrará en vigor en el orden en que depositen sus instrumentos de ratificación.

Artículo Séptimo: El presente Convenio tendrá validez indefinida pero podrá ser denunciado con doce meses de anticipación, notificándolo así al Gobierno de España para que éste lo ponga en conocimiento de los demás signatarios.

Artículo Octavo: Este Convenio será registrado en la Secretaría General de la Organización de las Naciones Unidas por el Gobierno de España.

En fe de lo cual, los infrascritos, que han depositado sus plenos poderes, firman la presente Convención.

En la ciudad de Bogotá, a los veintiocho días del mes de julio de mil novecientos sesenta.

MINISTERIO
DE ASUNTOS EXTERIORES
Y DE COOPERACIÓN

SUBSECRETARIA

SECRETARIA GENERAL TÉCNICA

DIVISIÓN DE TRATADOS INTERNACIONALES
Y ACUERDOS NO NORMATIVOS

CONVENIO MULTILATERAL SOBRE ASOCIACIÓN DE ACADEMIAS DE LA LENGUA ESPAÑOLA

Hecho en Bogotá el 28 de julio de 1960

Estado	Firma	Manifestación de consentimiento	Entrada en vigor
ARGENTINA	28-07-1960	25-03-1963 (R)	14-11-1963
BOLIVIA	28-07-1960	09-11-1965 (R)	09-11-1965
CHILE	28-07-1960	14-12-1967 (R)	14-12-1967
COLOMBIA	28-07-1960	04-12-1963 (R)	04-12-1963
COSTA RICA	28-07-1960	22-10-1963 (R)	14-11-1963
CUBA	-	20-10-1994 (Ad)	20-10-1994
ECUADOR	28-07-1960	18-12-1963 (R)	18-12-1963
EL SALVADOR	28-07-1960	13-06-1967 (R)	13-06-1967
ESPAÑA	28-07-1960	17-07-1963 (R)	14-11-1963
GUATEMALA	28-07-1960	14-11-1963 (R)	14-11-1963
HONDURAS	28-07-1960	13-12-1962 (R)	14-11-1963
MEXICO	-	15-06-2012 (Ad)	15-06-2012
NICARAGUA	28-07-1960	01-02-1965 (R)	01-02-1965
PANAMÁ	28-07-1960	18-12-1962 (R)	14-11-1963
PARAGUAY	28-07-1960	18-10-1963 (R)	14-11-1963
PERÚ	28-07-1960	15-10-1969 (R)	15-10-1969
REPÚBLICA DOMINICANA	28-04-1964	10-01-1969 (R)	10-01-1969
URUGUAY	28-07-1960	22-04-1970 (R)	22-04-1970
VENEZUELA	06-08-1960	28-06-1965 (R)	28-06-1965

R = Ratificación; Ad = Adhesión

Madrid, 26 de septiembre de 2012

I.
Unidad y diversidad

Discursos académicos en los Congresos Internacionales de la Lengua Española

Miguel León-Portilla, *El español y el destino de las lenguas amerindias* [II CILE 2001]. ■ Bartomeu Melià, *El español y las lenguas indígenas en el Paraguay* [III CILE 2004]. ■ Rodolfo Cerrón Palomino, *El contacto inicial quechua-castellano: la conquista del Perú con dos palabras* [V CILE 2010]. ■ Luis Rafael Sánchez, *Contra el cliché* [VII CILE 2016].

El español y el destino de las lenguas amerindias [II CILE 2001]

MIGUEL LEÓN-PORTILLA

Academia Mexicana de la Lengua

Nos reunimos ahora en Valladolid de España, a poco más de cuatro años del Primer Congreso Internacional que, sobre la lengua española, se celebró en Zacatecas, México. Echar una mirada al programa de este segundo congreso nos permite apreciar los criterios con que ha sido concebido; en pocas palabras, con gran sentido de modernidad. Sus tres primeras secciones abarcan temas que van desde la publicidad a la música, la radio, el cine, la televisión, el Internet y la prensa en español.

En su cuarta y última parte la atención se concentra en otro tema de enorme trascendencia: unidad y diversidad del español. Asuntos de particular interés en esa sección son el español en contacto con otras lenguas, el español de América, la norma hispánica, el español en los Estados Unidos, así como la relación de nuestra lengua con su cercano pariente, el portugués.

Quiero compartir con ustedes una preocupación vinculada de varias formas con la anterior temática, la que concierne a la unidad y diversidad del español. Comenzaré notando un hecho que mucho atañe a esta lengua que cerca de 400 millones de mujeres y hombres tenemos como materna.

Bien sabido es que el español, lo llamaré ahora el romance castellano, se fue formando a partir sobre todo del latín, haciendo suyos a la vez elementos de otras lenguas. De ello dan fe sus helenismos, hebraísmos, arabismos y germanismos para solo nombrar los más obvios. Y también se fue formando el romance castellano en medio y al lado de otras lenguas. Me refiero a su coexistencia con el eusquera o vasco, a su proximidad con el galaicoportugués, el aragonés, el catalán y aun con el occitano y el francés. De esas lenguas, varias también en proceso de formación, tomó el romance de Castilla no pocos elementos hasta hoy patentes en su léxico, y en su morfología y sintaxis.

Como puede verse, desde su nacimiento el español hubo de dar entrada al binomio unidad y diversidad. Lo primero porque se fue estructurando como una lengua, es decir, adquiriendo unidad. Lo segundo porque no nació en un universo aséptico y vacío, sino que en diversos tiempos y lugares se enriqueció con elementos de lenguas diferentes. Así adquirió diversidad en las distintas regiones.

He traído esto a la memoria porque quiero fijar brevemente la atención en lo que ha ocurrido y ocurre hoy al español en su situación de contacto con diversas lenguas, sobre todo con el inglés, pero también con otras que, como consecuencia del encuentro entre dos mundos, le salieron al paso. Obviamente, me estoy refiriendo a las lenguas indígenas del Nuevo Mundo, las que se hablaban al tiempo del encuentro original, las no pocas que han muerto y las que hasta hoy siguen vivas.

En tanto que hay quienes temen la influencia del inglés, la mayoría contempla con desdén los idiomas indígenas, designándolos frecuentemente como meros dialectos. No discurriré aquí sobre lo que puede significar la conveniencia del español con el inglés, ya que de ello se tratará en la cuarta sección de este congreso. Diré solo que no debemos temer que nuestra lengua, saludable y en creciente expansión, esté en peligro ante el inglés y que, con buen acuerdo, incremente su léxico con anglicismos siempre y cuando ello sea necesario.

Volvamos ahora la mirada a la conveniencia del español con los centenares de lenguas amerindias. El tema es de enorme interés, puesto que ningún otro idioma, de modo tan intenso, comenzó a convivir con una babel lingüística de tal magnitud desde fines del siglo XV y en las centurias siguientes hasta hoy.

La postura de la Corona española en tiempos de los Austrias, siglos XVI y XVII, fue en ocasiones ambivalente. En las leyes de Indias encontramos reales cédulas que ordenan que los misioneros, curas y determinados funcionarios aprendan las lenguas indígenas. Otras hay también en que se ordena se enseñe el español a los indios. El resultado, con algunas variantes, fue que, gracias al establecimiento de escuelas para los indios y a la portentosa labor lingüística de los frailes que prepararon gramáticas y vocabularios de cientos de idiomas aborígenes, muchos de estos continuaron vivos, en tanto que lentamente se iniciaba la difusión del español. Digno de subrayarse es que en esos mismos siglos XVI y XVII fueran transcritas por indios sabios, a veces en colaboración con frailes humanistas, obras de la tradición prehispánica, verdaderas joyas de las literaturas amerindias. Solo mencionaré al *Popol Vuh*, libro del consejo de los quichés, los *Huehuehtlahtolli*, la antigua palabra de los nahuas, los libros de *Chilam Balam* de los mayas yucatecos y los textos de *Huarochirí* de los quechuas del Perú.

El siglo XVIII fue, en cambio, adverso a las lenguas indígenas. Un creciente centralismo, introducido por los monarcas de la casa de Borbón, impuso cada vez más la implantación del español. El célebre arzobispo de México, Francisco Antonio de Lorenzana, después cardenal de Toledo llegó a manifestar en una carta pastoral que era falta de respeto dirigirse a Dios en las lenguas de los indios.

Cuando los países hispanoamericanos alcanzaron su independencia, la situación de los pueblos indígenas y sus lenguas, contra lo que pudiera esperarse, empeoró. Con la idea de alcanzar la integración de los respectivos estados nacionales, se suprimió cualquier ordenamiento que reconociera diferencias culturales y lingüísticas. Consecuencia de ello fue que no pocas lenguas indígenas murieran y que las que alcanzaron a sobrevivir cayeran en arrinconamiento y postración.

Tan solo en las últimas décadas del siglo XX la palabra de algunos de los cerca de cuarenta millones de amerindios se ha alzado y comienza a ser escuchada. Ello ha ocurrido casi siempre de forma pacífica, aunque algunas veces con violencia, como en el caso de Chiapas en México. Los indígenas demandan respeto y, como ocurre en otros muchos lugares del mundo, incluyendo algunos de Europa, exigen que se reconozcan sus diferencias culturales y el derecho al uso y cultivo de sus lenguas. Estas se han hallado en grave peligro de desaparecer. De hecho, muchas lenguas amerindias han muerto sobre todo desde el siglo XVIII hasta el presente. En la actualidad, a la luz de las demandas de los pueblos indígenas, vuelve a plantearse de forma apremiante la pregunta acerca del destino de estas lenguas. A pesar de las demandas de quienes las mantienen vivas y de los esfuerzos que hacen por transmitirlas a sus hijos, empeñándose incluso en crear en ellas nuevas formas de expresión literaria, su destino sigue siendo incierto.

Hay, por supuesto, personas que consideran que la muerte de esas lenguas es inevitable y que, además, no hay razón para dolerse de ello ya que la unificación lingüística es altamente deseable. En contraste con semejante actitud, hay otros que pensamos que la desaparición de cualquier lengua empobrece a la humanidad.

Todas las lenguas en las que cualesquiera mujeres y hombres aprendieron a pensar, amar y rezar merecen ser respetadas como parte de sus derechos humanos. Y esto lo aplico a todos los idiomas amerindios y a todos los que en el mundo se hablan.

En el caso de las lenguas amerindias, han enriquecido ellas de múltiples formas al español y también a la ciencia lingüística. Al español lo han acrecentado en su léxico, incluso en el del habla de España. El recordado Manuel Alvar, en su *Enciclopedia del español*, nos mostró el caudal de vocablos amerindios que se incorporaron a nuestra lengua materna, en ambas orillas del Atlántico. Pero, además, el estudio de los idiomas amerindios iniciado desde el siglo XVI ha revelado la existencia de insospechadas categorías lingüísticas. Y ha mostrado también que hay otras muchas formas de estructurarse el lenguaje, que dan lugar a diferentes conceptualizaciones del mundo.

¿Perdurar puede ser el destino de las lenguas amerindias hasta hoy vivas? ¿Pero será ello teniéndolas como reliquias exóticas del pasado? ¿O, en cambio, reconociendo que son vehículo de comunicación para trasmitir ideas y sentimientos profundamente humanos, con raíces en arraigadas formas de concebir el mundo? ¿Seguirán siendo los léxicos de estas lenguas ricos en vocablos que denotan realidades de la flora, la fauna y, en general, de la naturaleza, que no tiene nombres en otros idiomas?

En este contexto importa responder a otra pregunta: el que las lenguas amerindias perduren, ¿puede tenerse acaso como amenaza para la vitalidad del español en el Nuevo Mundo? La respuesta la han dado ya algunos intelectuales indígenas. El náhuatl Natalio Hernández, en el más reciente Congreso de las Academias de la Lengua Española, celebrado en Puebla de los Ángeles, México, pronunció un discurso de clausura en el que insistió en que «el español también es nuestro», con referencia a los pueblos indígenas. Y otro amerindio, el distinguido poeta mazateco Juan Gregorio Regino, declaró a su vez tener dos lenguas maternas, el mazateco y el español, que desde pequeño aprendió y habló.

Y aquí viene la conclusión que quiero deducir de lo expuesto. ¿Cuál debería ser la actitud de los hablantes del español, tanto en Hispanoamérica como en España y en otros lugares donde se habla nuestra lengua materna ante la conveniencia con los idiomas aborígenes? ¿Continuará prevaleciendo la actitud de desprecio hacia ellos? Recordaré una triste anécdota de algo que me ocurrió aquí en España. Alguien me dijo un día: «Qué bueno que ya casi todos habláis español en vuestros países americanos. Lástima que haya necios que siguen defendiendo los dialectos de los indios». Mi respuesta fue que precisamente yo era uno de esos necios.

Entonces, ¿cuál puede o debe ser la relación de convivencia de la lengua española con las indígenas que en América han logrado sobrevivir? Partamos de la realidad insoslayable de que todos los amerindios desean hablar el español sin perder sus lenguas nativas. Saben que solo así podrán participar en la vida social, política y económica de sus respectivos países. Saben también que solo conociendo todos el español podrán comunicarse entre sí los distintos grupos étnicos.

A la luz de todo esto, ¿qué cabe proponer? Reconozcamos dos hechos innegables. Uno es que toda lengua es como un ordenador del pensamiento que permite captar la realidad de formas propias y distintas. Esto bien lo saben cuantos han aprendido otro idioma. Por eso, quiero reiterarlo en el ámbito de este congreso que se reúne para examinar la circunstancia en que hoy se desarrolla, pujante, el español: reconozcamos que cuando muere una lengua la humanidad se empobrece. Muy triste sería —este es el otro hecho— que los idiomas amerindios lleguen a tener un destino de muerte. No hay que olvidar que han enriquecido el léxico del español y han conferido matices variados a la fonética y a las estructuras morfosintácticas de las hablas regionales de los países hispanoamericanos.

Estos dos hechos nos muestran que las lenguas indígenas no pueden estar fuera del campo de atención de quienes se dedican al estudio y cultivo de una lengua como el español. ¿Qué es lo que las academias, institutos y Gobiernos podrán hacer en relación con dichas lenguas? La respuesta tendrá que darla cada uno, pero si se ha de proceder con responsabilidad, no habrá que desentenderse de la situación de estas lenguas. Pensando en voz alta diré que compete a los Gobiernos, a través de sus ministerios de Educación y Cultura, proporcionar los recursos para establecer sistemas educativos realmente bilingües entre los pueblos indígenas, así como fomentar el cultivo de sus idiomas y literaturas. Respecto a las academias e institutos de lengua española, podrán ellos no solo registrar en la lexicografía los indigenismos, sino también dar entrada en sus planes de trabajo a asuntos que se refieran específicamente a las lenguas con las que, en su propio país, convive el español.

A modo de ejemplo de lo que podrá hacerse, pienso en el establecimiento de premios a las mejores creaciones literarias, producidas cada determinado tiempo, en las lenguas indígenas. Otra posibilidad será apoyar la creación y funcionamiento de casas de escritores en lenguas indígenas, de las que ya existe una en México. También será deseable invitar a quienes las cultivan y tienen como maternas a participar en congresos de academias y en diversas actividades de carácter lingüístico y filológico.

Si en Hispanoamérica y en la península ibérica se consolidan nuevas formas de convivencia lingüística, el hecho insoslayable de existir en geografías plurilingüísticas, lejos de ser fuente de conflictos, será manantial de riqueza cultural y, a la postre, de creatividad. El universo de Hispanoamérica será escenario de una variada sinfonía de voces, entre las que la antigua lengua de Castilla será vehículo de universal comprensión, enriquecida con la presencia de los idiomas, también milenarios, de los pueblos originarios del Nuevo Mundo. Y de las otras que también se hablan en España. Hermanadas todas, nos estaremos encaminando a la aparición de lo que un día será el gran conjunto de expresiones de la palabra con significación y alcances en verdad universales.

Que jamás ocurra con ellos lo que en un poema en náhuatl y en español expresé con temor:

Cuando muere una lengua

Cuando muere una lengua
Las cosas divinas,
Estrellas, sol y luna;
Las cosas humanas,
Pensar y sentir,
No se reflejan ya
En ese espejo.

Cuando muere una lengua
Todo lo que hay en el mundo
Mares y ríos,
Animales y plantas,
Ni se piensan, ni pronuncian
Con atisbos y sonidos
Que no existen ya.

Cuando muere una lengua
Para siempre se cierran
A todos los pueblos del mundo
Una ventana, una puerta,
Un asomarse
De modo distinto
A cuanto es ser y vida en la tierra.

Cuando muere una lengua,
Sus palabras de amor,
Entonación de dolor y querencia,
Tal vez viejos cantos,
Relatos, discursos, plegarias,
Nadie, cual fueron,
Alcanzará a repetir.

Cuando muere una lengua,
Ya muchas han muerto
Y muchas pueden morir.
Espejos para siempre quebrados,
Sombra de voces
Para siempre acalladas:
La humanidad se empobrece.

Rica, en cambio, será la humanidad en posesión de lenguas ecuménicas como el español, hablado por cientos de millones y a la vez dueña de otros muchos idiomas vernáculos. El florecer de estos hará de nuevo verdad que la diferencia es fuente de creatividad cultural.

El español y las lenguas indígenas en el Paraguay [III CILE 2004]

BARTOMEU MELIÀ

Academia Paraguaya de la Lengua Española

Brevísima historia del español en el Paraguay. ■ Las lenguas del Paraguay. ■ Estado y políticas lingüísticas. ■ La Academia de la Lengua Española y el guaraní.

Ha llamado desde hace tiempo la atención el caso de la permanencia y persistencia del guaraní en el Paraguay durante siglos como lengua indígena, pero no de indígenas. La sociedad paraguaya es de lengua guaraní, y no solo en la época colonial, sino hasta el siglo XXI.

BREVÍSIMA HISTORIA DEL ESPAÑOL EN EL PARAGUAY

La entrada del castellano en el Paraguay se hace con la llegada de los conquistadores, pero estos nunca consiguieron crear ni mantener una comunidad de hablantes que tuviera expresión relevante. El Paraguay no es bilingüe desde el mestizaje —concepto que en lingüística es impertinente— y lo nacional hasta hoy es el guaraní, a pesar del decidido avance del español paraguayo en algunos sectores y lugares de la sociedad actual.

Dada su extensión y la generalización de su uso en la nueva sociedad colonial, se puede decir que el guaraní fue «lengua española» del Paraguay. El *karai ñe'ẽ* no es propiamente el español, sino el guaraní.

La literatura en castellano es un fenómeno reciente, que solo ha llegado a niveles significativos en los últimos cincuenta años. Este punto de vista no será posiblemente compartido por todos los estudiosos de la literatura, pero no deja de ser plausible. Nuestra Academia Paraguaya de la Lengua Española sabe de las dificultades con que nos tropezamos cuando se trata de fortalecer y extender la lengua española en el Paraguay.

La Constitución Nacional de 1992 declara en su artículo 140 que «el Paraguay es un país pluricultural y bilingüe. Son idiomas oficiales el castellano y guaraní».

Esta declaración, sin embargo, es un tanto ambigua y necesita ser confrontada con dos órdenes de hechos: el sociolingüístico y el psicolingüístico. Al no tener indicadores suficientemente precisos sobre grado y forma del uso de la lengua, la determinación de hablantes en una u otra se hace difícil.

LAS LENGUAS DEL PARAGUAY

Guaraní, bilingüismo y otras lenguas

La distribución general de los hablantes en el Paraguay, a partir de datos provenientes del Censo de Población y Vivienda de 2002, de la Dirección General de Estadística, Encuestas y Censos, se puede presentar según esta tipología, como lo hace en su análisis todavía inédito Carlos Carrera (2004)[1]. De estas cifras resulta el cuadro 1.

Esta tipología lingüística configura al mismo tiempo una tipología cultural, que a su vez se traduce en otros aspectos de vida: actividad económica, pobreza, hábitat y vivienda, migración, educación, salud y supervivencia, creencias religiosas, situación de la mujer y desarrollo humano en general; la lengua es expresión y reflejo de toda la vida y el modo de ser del Paraguay. Los datos lingüísticos, manejados con discreción y pertinencia, son clave de muchos espacios. Por esto, no se puede desconocer esa realidad lingüística cuando se trata de políticas públicas.

Pueblos indígenas	Guarani hablantes	Guarani bilingües	Castellano bilingües	Castellano hablantes	Idioma portugués	Idioma alemán	Idioma japonés	Idioma coreano	Otros idiomas no indígenas
87099	1399220	1721200	1330810	411780	122520	36200	3210	2810	3960
1,8%	27%	33%	26%	8%	2,4%	0,7%	0,1%	0,1%	0,1%

Cuadro 1

Guaraní	3 120 420	60%
Bilingüe (guaraní-castellano)	3 052 010	59%
Bilingüe (castellano-guaraní)	1 330 810	26%
Total	5 160 830	100%

Si nos situamos en la perspectiva del idioma del hogar, las proporciones se presentan un tanto diferentes, pero dentro de parámetros similares.

A sabiendas de que la predominancia de un idioma en el hogar no siempre excluye el otro, el cuadro se presenta visualmente en esta forma[2]:

	País		Urbana		Rural	
Total	1117398	59,6%	659174	42,9%	458224	82,7%
Guaraní	661589	35,7%	282677	54,7%	378912	8,4%
Castellano	398741	5,1%	360310	2,4%	38431	8,9%
Otro	56858		16058		40800	

El idioma usualmente hablado en los hogares es el guaraní, con un 59,2%. En el 35,7% de los hogares el idioma predominante es el castellano, mientras

1. Carlos Carrera (2004). *Diversidad cultural y desarrollo humano. Una caracterización de los diversos grupos lingüístico-culturales del Paraguay*. Asunción, PNUD [borrador en proceso de revisión].

2. Paraguay, DGEEC (2003). *Principales resultados del Censo 2002. Vivienda y población*. Asunción, pág. 30.

que el peso porcentual de los hogares que hablan otros idiomas es de aproximadamente el 5 %, según los datos del censo del 2002.

En el sector urbano las proporciones se invierten ligeramente: 42,9 %, guaraní; 54,7 %, castellano; 2,4 %, otras lenguas. En el sector rural: 82,7 %, guaraní, 8,4 %, castellano, 8,9 %, otras lenguas. Hay que recordar que el país se ha tornado un tanto más urbano en el último decenio; la población urbana asciende ahora a 659 174 personas, mientras la rural es de 458 224 (*ibid.*).

Lenguas indígenas y formas de bilingüismo

Los datos relativos a los pueblos indígenas, según el II Censo Nacional Indígena de Población y Viviendas 2002, nos acercan a la realidad de cada una de las lenguas indígenas en el Paraguay y sus diversas formas de bilingüismo[3]. (Véase el apéndice).

Apéndice: Indígenas y lenguas en el Paraguay

	Total	L. P.	%	Guaraní	%	Castellano	%	Portugués	%	Otra
1. Guaraní										
aché	1190	911	76,55 %	739	62,10 %	339	28,48 %	78	6,55 %	3 Ch
avá-guaraní	13 430	6308	46,96 %	9061	67,46 %	2842	21,16 %	1910	14,22 %	122Mb
mbyá	14 324	10 016	69,92 %	7915	55,25 %	1329	9,28 %	199	1,38 %	247Ch
pãi-tavyterã	13 132	6364	48,46 %	9289	70,73 %	482	3,67 %	592	4,50 %	43Mb
guaraní oc.	2155	574	26,63 %	1724	80,00 %	1396	64,77 %	4	0,18 %	38Ni
ñandeva	1984	1550	78,12 %	1419	71,52 %	715	36,03 %	2	0,10 %	49GO
[L. P. = Lengua propia; Ch = Avá-Guaraní o Chiripá; Ni = Nivaclé; Mb = Mbyá; GO = Guaraní Occidental]										
2. Enlhet-enenlhet (Lengua-Maskoy)										
enlhet norte	7221	6439	89,17 %	1094	15,15 %	3448	47,74 %	306ES	4,23 %	157Tb*
enxet sur	5844	3842	65,74 %	4184	71,59 %	1743	29,82 %	398EN	6,81 %	38TQ**
sanapaná	2271	984	43,32 %	1480	65,16 %	624	27,47 %	52 EN	2,28 %	50ES
toba	1474	1253	85,00 %	380	25,78 %	431	29,24 %	142EN	9,63 %	22 Al
angaité	3694	1030	27,88 %	2996	81,10 %	353	9,55 %	45 ES	1,21 %	30 EN
guaná	242	29	11,98 %	198	81,81 %	31	12,80 %	30 Tb	12,39 %	9 EN
maskoy	756	12	1,58 %	638	84,39 %	179	23,67 %	18 Tb	2,38 %	6 EN
[Tb = Toba; TQ = Toba Qom; EN = Enlhet Norte; ES = Enxet Sur; Al = Alemán] [* Alemán; 468; **Alemán: 22 Sanapá: 28. Toba: 22]										

3. Paraguay (2003). II Censo Nacional Indígena de Población y Viviendas 2002. *Pueblos indígenas del Paraguay. Resultados finales*. Fernando de la Mora: DGEEC, 2003. 688 págs.

Paraguay (2004). *Atlas de las comunidades indígenas en el Paraguay*. Fernando de la Mora: BID/DGEEC, 2004. 568 págs.

	Total	L. P.	%	Guaraní	%	Castellano	%	Portugués	%	Otra
3. Mataco Mataguayo										
nivaclé	12028	10109	84,04%	786	6,53%	4644	38,60%	167Al	1,38%	114Mj
maká	1282	1042	81,27%	426	33,22%	412	32,13%	149Ni	11,62%	15EN
manjui	452	365	80,75%	31	6,85%	76	16,81%	107Ni	23,67%	
[Mj = Manjui; EN = Enlhet Norte]										
4. Zamuco										
ayoreo	2016	1756	87,10%	36	1,78%	706	35,01%	19Portu	0,94%	12Yb
ybytoso	1468	1174	79,97%	557	37,94%	921	62,73%	55Portu	3,74%	6Ay
tomárahõ	103	85	82,52%	64	62,13%	24	23,30%	59Yvyt	57,28	1Port
[Yb = Ybytoso; Ay = Ayoreo; Port = Portugués]										
5. Guaicurú										
toba-qom	1474	1183	80,25%	1022	69,33%	362	24,55%	29ES	1,96%	25EN
[EN = Enlhet Norte]										

El proceso lingüístico de los 87 099 indígenas en el Paraguay está diversificado por la historia social y política que han vivido las diversas etnias. Llama la atención el alto grado de lealtad de los hogares a sus lenguas propias (76,5 %), que se cuentan en número de 20, pero también sus formas de bilingüismo, cuando la segunda lengua es a veces el guaraní, el castellano y hasta el alemán en determinadas comunidades.

ESTADO Y POLÍTICAS LINGÜÍSTICAS

El Estado se declara a favor del bilingüismo en una proclamada igualdad de las dos lenguas. Pero en realidad no tiene una política lingüística declarada. Su presencia es la ausencia. Para algunos esta política concede más libertad al pueblo, que se guía según su sentir del momento en el uso de la lengua. Hay que reconocer, sin embargo, que las perplejidades, improvisaciones y falta de normalidad lingüística no parecen dar buenos resultados para el futuro de ninguna de las lenguas. Libradas a sí mismas, las lenguas no encuentran el camino de la libertad cultural, que no solo es ausencia de prohibiciones contra el uso de una u otra, sino la entrada efectiva a la equidad e igualdad de oportunidades, háblese la lengua que se hable.

El español o castellano se afianza social y hasta emocionalmente como meta deseada por su mayor utilidad, cuando se considera que el uso exclusivo de otras lenguas supone una limitación. Pero el argumento del pragmatismo a su vez conspira contra el mismo castellano, porque, en ciertos espacios de la vida moderna, como se anuncia en el Paraguay, la lengua útil deseada ya no es el castellano, sino el portugués o el inglés.

La frontera móvil del portugués brasileño avanza rápidamente y ocupa espacios que se pensaban reservados al castellano. El hablante de lengua guaraní que tome como segunda lengua el brasileño o el hablante brasileño en el Paraguay, ¿tendrán el castellano como segunda lengua? El inglés tiene otro tipo de extensión, pues se circunscribe a competencias individuales de superación personal en lo social y económico.

El Estado paraguayo, desde la perspectiva del bilingüismo castellano-guaraní, no responde a cuestiones que tienen que ver mucho con la elección de las lenguas. La creada Comisión Nacional de Bilingüismo, si bien tiene asignadas tareas bien formuladas, con el tiempo ha sido reducida, por falta de recursos humanos y económicos, y a pesar de sus decididos esfuerzos, a un cierto estado de crónica debilidad.

Cuestiones importantes como la determinación de la lengua nacional del Paraguay, la normalización de los usos públicos, la misma enseñanza de las lenguas, en la cual entran también aspectos pedagógicos y producción literaria, necesitan discusión y estudio más detenido. Se ha hecho bastante, pero hay que deshacer bastante de lo hecho.

Se han llevado a cabo investigaciones en los últimos años que recogen los sentimientos y opiniones que la población tiene sobre sus lenguas, especialmente el guaraní y el castellano. Ahí se registran numerosos testimonios de lealtad hacia el guaraní, incluso hacia un cierto purismo. Pero existe, aunque raramente se constate a nivel formal, la aversión real y amplia de grandes sectores de la población hacia el guaraní, que no reproducen ya en la familia y considera inútil tropiezo en la escuela.

LA ACADEMIA DE LA LENGUA ESPAÑOLA Y EL GUARANÍ

La lengua española no son ya los caballeros y capitanes a la conquista de nuevos campos y espacios, como si de campos de soledad se tratara, donde hay que plantar otros árboles y esperar otros frutos. No es de la muerte de las lenguas de donde puede esperarse el crecimiento de otra. El camino es el diálogo de las lenguas.

No se trata de calcular las utilidades que aporta el castellano a los hablantes de guaraní, que ciertamente son muchas y diversas. También el guaraní va aportando su don de palabras al tesoro de la lengua española, acervo hoy reconocido y valorado en las nuevas ediciones del *Diccionario de la lengua española*. Es el camino que hay que seguir.

El contacto inicial quechua-castellano: la conquista del Perú con dos palabras

[V CILE 2010]

RODOLFO CERRÓN PALOMINO

Academia Peruana de la Lengua

Situación diglósica. ▪ Aprendizaje de la lengua. ▪ El quechua de los apamuyes. ▪ Defensa idiomática ▪ El quechua de los ladinos. ▪ Lengua y prestigio social. ▪ A manera de resumen.

«Y qué poco cuidado que habéis tenido de darnos lectura y libros en nuestra lengua y de traducir algunas obras que nos pudiesen aprovechar y enseñar. ¿Vosotros no predicáis, y no nos lo enseñáis, que las letras y libros son manjar del ánima y que por medio e instrumento de la lectura veen los ciegos y oyen los sordos?».

PEDRO DE QUIROGA ([1569] 2009: III, pág. 501)

La conquista española supuso un nuevo ordenamiento político, económico, sociocultural, religioso y lingüístico del antiguo Tahuantinsuyo. Los descendientes de la nobleza incaica resumirían esta situación, desde su propia óptica, según nos lo cuenta Garcilaso, exclamando «¡trocósenos el reinar en vasallaje!». En el terreno idiomático las reglas de juego estaban dadas: desde entonces, serían los de abajo quienes tendrían que aprender la nueva lengua oficial. Para los de arriba bastaba con el aprendizaje instrumental del idioma nativo tanto en el fuero público como en el privado. En ambos casos, el quechua se aprendió para mandar y ordenar al pueblo subyugado. Dentro de dicho contexto fue desarrollándose, pragmáticamente, una variedad de quechua empleada por los grupos intermedios de poder denominada el «quechua de los *apamuyes*». En nuestra intervención buscaremos caracterizar a grandes rasgos esta variedad tal como aparece registrada en las fuentes coloniales, particularmente en la obra del cronista indio Guaman Poma de Ayala.

SITUACIÓN DIGLÓSICA

El régimen colonial impuesto tras la conquista española del Tahuantinsuyo tuvo como corolario, en el terreno lingüístico, un ordenamiento idiomático de carácter diglósico. De este modo, el quechua, que había alcanzado el estatuto de lengua oficial, constituyéndose en el idioma del vasto imperio, pasaba a ocupar un segundo plano, tras la imposición del castellano como vehículo de la administración colonial. Ciertamente, el conocimiento de la lengua nativa resultaba imprescindible, al menos en los momentos iniciales de la conquista y del establecimiento del poder colonial, por razones de control y sojuzgamiento material y espiritual del pueblo sometido. Ello explica, en el terreno de la administración pública, la preocupación por contar con intérpretes oficiales y, en el fuero religioso, la obligación de enseñar la lengua indígena para servirse de ella como medio de catequización. «Como quiera que sea vos habéis de hablar en lengua de Toledo, y aun francessa si fuere menester, antes que os dexe de açotar», le dice Justino al indio Tito en los *Coloquios* de Pedro de Quiroga ([1569] 2009: II, pág. 381).

Por lo demás, fuera de tales requerimientos, de carácter instrumental y pragmático, y una vez asegurado el ordenamiento colonial transcontinental, las condiciones estaban dadas de tal manera que, en materia de aprendizaje de lenguas, eran los grupos dominados quienes se veían en la necesidad de aprender el castellano y no al revés. Esta situación es descrita de manera dramática por el Inca Garcilaso, recordando los años de sus mocedades en el Cuzco, al contarnos que

> ... en todos los demás indios havía tan poca curiosidad en aprender la lengua española, y en los españoles tanto descuido en enseñarla, que nunca jamás se pensó enseñarla ni aprenderla, sino que cada uno dellos, por la comunicación y por el uso, aprendiesse del otro lo que le conviniesse saber. Y este descuido de ambas partes era tan grande que aun los muchachos indios que conmigo se criaron, aunque me entendían las cosas manuales que en castellano les dezía, en los recaudos de alguna importancia me obligavan a que se los dixesse en indio, porque, por no entenderlos en el lenguaje español, no sabían decirlos en el suyo (cf. Garcilaso [1617] 1944: I, XXIII, pág. 67).

APRENDIZAJE DE LA LENGUA

En dicho contexto de relaciones de poder asimétricas, y más allá de los intentos de las autoridades políticas y religiosas de reglamentar la enseñanza formal del castellano, en los colegios de curacas y en las parroquias de indios, por un lado, y del quechua, en las cátedras y catedrillas de la lengua, por el otro, el aprendizaje de una y otra lengua estaba librado al trato diario entre los miembros de ambas castas, dominante y dominada. Precisamente Guaman Poma, el cronista indio que según su propia confesión había aprendido a hablar y escribir el castellano «seruiendo a los dotores», nos describe esta situación de manera muy elocuente, si bien burlonamente, al contarnos en su castellano quebrado:

> Cómo los primeros españoles fueron chapetones, acimismo los dichos yndios no se entendían el uno ni al otro, pediendo agua, traýan leña, deziendo «anda puto», traýan cobre y calauasas. Porque *anda* es cobre, *puto*, calauasa. Y algunos yndios se hacían ladinos, los *yanaconas* dezían: «*Obeja chincando, pacat tuta* buscando, *mana tarinchos, uira cocha*». Como los mestisos del Cuzco y de Xacxauana y de Cochacalla dicía: «Ya, señor, *sara paruay*ando, capón asando, todo comiendo, mi madre pariua, yo agora mirando chapín de la mula». Y ancí los unos como los otros pasaron grandes trauajos, los indios como los cristianos (cf. Guaman Poma [1615] 1980, pág. 367).

Como puede apreciarse, no solamente el cronista nos ilustra de un solo trazo la escabrosa situación de incomunicación surgida en los primeros años de la conquista, sino también el tipo de media lengua que se iba gestando en labios de los ladinos. Es más, si bien ridiculiza el habla ladina de sus paisanos del común, también satiriza y denuncia el quechua mal aprendido de los evangelizadores, declarados peritos en lengua como requisito indispensable para tener parroquias a su cargo, según las disposiciones vigentes. Y así nos refiere:

> Cómo los dichos padres y curas no son muy bien desanimados la lengua del Cuzco, *quichiua, chinchaysuyo, aymara* para confesar y dezille dotrina y sermón cada semana, el euangelio y la uida de Dios y de su madre bendita Santa María y de sus sanctos y sanctas ángeles. Sauiendo quatro palabras: «*Apomuy* cauallo. *Mana miconqui.* Padre*ta ricunqui. Maymi* soltera? *Maymi* muchachas? *Apomuy* dotrina*man*, no saue más (cf. Guaman Poma, *op. cit.*, pág. 576).

No es difícil imaginar, en el contexto de las relaciones de poder asimétricas, la valoración diferenciada que recibirían ambas manifestaciones de media lengua: la de los ladinos, considerada como una jerigonza, y la de los españoles indianos, como pintoresca y hasta contagiosa, según se verá. Después de todo, tales apreciaciones, medidas con desigual vara, siguen vigentes en el mundo andino de hoy, pues los fenómenos descritos continúan reeditándose en las comunidades apartadas de la región, aun cuando los protagonistas sean diferentes.

EL QUECHUA DE LOS APAMUYES

Producto natural de la situación lingüística jerarquizada, en la que la lengua subalterna era empleada para imponer y ejercer el mando, fue una suerte de media lengua cuya designación resumía y concentraba por sí misma todo el mensaje de abuso y poder que anunciaba: la variedad quechua de los *apamuyes*. Con esta expresión castellanizada se aludía al empleo recurrente y abusivo, por parte de los españoles, del verbo 'traer' en su forma imperativa de segunda persona: *¡apamu-y!* '¡trae!'. Tanto era el recurso a dicha expresión apelativa en el trato diario con los indios que seguramente no es ninguna coincidencia que el cronista indio la pusiera en boca de los padres evangelizadores, según se vio en los ejemplos del pasaje citado anteriormente. Todo lo contrario, formaba parte del escaso repertorio lingüístico desarrollado por quienes estaban acostumbrados a mandar y ser obedecidos: era, con seguridad, una de las dos o a lo sumo «quatro palabras» aprendidas por los españoles, según ironiza nuestro cronista[1].

En efecto, vemos allí los mejores ejemplos que ilustran el quechua de los llamados *apamuyes*: «*Apomuy* cauallo. *Mana miconqui.* Padre*ta ricunqui.*

---

1. El tópico de las «dos» o «quatro palabras» con el que el cronista busca describir el quechua rudimentario aprendido por los españoles en el trato con los indios es algo que se repite en su obra, y que, naturalmente, no puede interpretarse de manera literal, pues, por ejemplo, en la expresión «ama mancha noca ynga», '¡no se asusten, yo soy el inca!', tendríamos por lo menos cuatro y no dos palabras (cf. Guaman Poma, *op. cit.*, 367, 578).

Maymi soltera? *Maymi* muchachas? *Apomuy* dotrina*man*, no saue más». Las muestras del quechua incipiente que Guaman Poma caricaturiza, poniéndolas en boca de los predicadores, más allá de su velada crítica a la proverbial concupiscencia de los curas de parroquia, ilustran justamente no solo el empleo recurrente de la forma imperativa *apomuy* (con un trastrocamiento vocálico esta vez inusitado), sino, sobre todo, las fracturas de orden gramatical y sintáctico de la lengua, comenzando por el orden oracional invertido (VO en lugar del normal OV) y terminando con la casi total omisión de las marcas gramaticales, que hacen de ellas la mejor caracterización de un quechua *pidginizado*. Se trata, pues, del tipo de quechua que nada menos que el ilustre primer gramático de la variedad cuzqueña denomina de «los apamuyes», y que define como «el hablar de los q[ue] no sabẽ [la lengua], y solo lo q[ue] sabẽ hablar esso sabẽ entẽder no mas» (cf. Gonçález Holguín [1607] 1975: II, pág. 81).

DEFENSA IDIOMÁTICA

Tal como dijimos, la imposición del régimen colonial trajo como consecuencia la devaluación cultural e idiomática del mundo andino. De este modo, la otrora «lengua general», celebrada y bendecida por los primeros conquistadores por haberles facilitado la comunicación en tan vasto territorio (cf. Cieza de León [1551] 1985: XXIV, pág. 73; Zárate [1555] 1995: I, VI, pág. 39), devino luego menospreciada y hasta odiada en el trato diario con sus hablantes, más aún entre los sectores que estaban obligados a aprenderla por razones administrativas de orden espiritual. Lo resume así nada menos que el padre Acosta, gran propulsor del empleo del quechua como lengua de evangelización, al declarar que

> ... los hombres dan en no amar esto de la lengua de los naturales, en no cuidarse de ella y pasan a despreciarla, y a tener por deshonra tratar con los indios y hablar su idioma (cf. Acosta [1588] 1954: I, IX, pág. 519).

Así, pues, como consecuencia de su menosprecio por los hispanohablantes y la secuela inevitable de la vergüenza idiomática generada entre sus usuarios, resultaba natural que la lengua nativa, desprovista del poder que antes disfrutaba, no tuviera defensores que salieran al paso señalando la importancia de su empleo, más allá del rol instrumental que la administración le confería como idioma mayoritario tanto en términos demográficos como espaciales. Con todo, sería injusto desconocer las voces aisladas que elevaron su protesta frente a los atropellos cotidianos de la lengua por quienes, como los *apamuyes*, pero también como los ladinos, hacían uso irreverente de la lengua.

Al respecto, ya en un trabajo anterior (cf. Cerrón-Palomino 1991: § 1) mencionábamos los casos del indio Guaman Poma y del mestizo Garcilaso Inca como los únicos que nos habían dejado en sus escritos una clara denuncia de las tropelías lingüísticas en que incurrían habitualmente los españoles cuando tenían necesidad de hacer uso del quechua. Señalábamos entonces que la conciencia idiomática que ponían de manifiesto los dos cronistas difería en cuanto al grado de su naturaleza reflexiva: mientras que la del escritor lucaneño se mostraba de manera más bien implícita e intuitiva, como producto espontáneo de su competencia lingüística adquirida, la del historiador cuzqueño aparecía como resultado de un conocimiento que trascendía el mero saber de su lengua para constituirse en un dominio metalingüístico de la misma. De esta manera, conforme vimos, la defensa idiomática del quechua, asumida por Guaman Poma, aparece embozada y esbozada en los remedos de quechua incipiente —«quatro palabras»— que el autor pone en labios de los españoles, particularmente de los religiosos incompetentes, a quienes ridiculiza recurriendo al sarcasmo. La del Inca Garcilaso, a su turno, se muestra de manera más bien militante a lo largo de su obra, en especial en sus *Commentarios*, escritos, según su propio ideario, con el objeto de demostrar cuán engañados estaban los escritores de su tiempo de haber comprendido a cabalidad la historia de sus antepasados, por no haber tomado en cuenta la importancia de adentrarse a ella a través de la lengua. Y, así, a lo largo de sus páginas, no cesará de enrostrar a los historiadores de su tiempo el mal uso (= «corruptela») que hacen de la lengua, «corrompiéndola», según su expresión favorita, de tal manera que «casi no dexan vocablo sin corrupción» (cf. Garcilaso [1609] 1943: VII, IV, 96).

A tales voces quisiéramos agregar ahora una más, pero esta vez proveniente no ya del lado indiano, sea indígena o mestizo, sino del bando de los españoles: nos referimos nada menos que al eximio quechuista, el jesuita cacereño Diego Gonçález Holguín. En efecto, al abordar la sintaxis de la lengua, concretamente el orden de las palabras dentro de la oración, el ilustre gramático insiste, una y otra vez, en observar estrictamente sus reglas, evitando dejarse guiar por los esquemas propios del hablante de castellano y tomando como modelo la *performance* del «indio q[ue] habla galanamẽte», ya que «de todos [estos] defectos y ignorãcias [nos] librara el sintaxi» (cf. *op. cit.*, II, pág. 81)[2]. En particular, ha de observarse cuidadosamente el orden (S)OV, ya que en el quechua

> ... [t]odo verbo actiuo [...] ha de tener lo primero persona q[ue] haze expressa o tacita, y después de la persona que haze se ha de seguir tras ella inmediatamente

2. Oigamos lo que nos dice el gramático al respecto: «Sin conocimiẽto del sintaxi no puede auer copia de todos romances para predicar o hablar ni aũ se puede entender lo q[ue] los indios hablan ni vsar de los verbos cõ propiedad dando su caso y cõstruccion a cada vno *y por esso no se atreuen muchos a predicar ni a hablar vn razonamiento q[ue] pida variedad de razones, o de afectos q[ue] por varias conjugaciones se explicã y otros entiendẽ al reues lo q[ue] oyen*, porque no saben distinctamẽte las especies delos verbos y su construcción, ni sabẽ si han de vsar de verbo actiuo o neutro, o comun &» (énfasis agregado; cf. *op. cit.*, II, 80v).

antes y junto al verbo otra persona que padece que ha de estar en acusativo cõ la particula (cta) y al fin de la oració se sigue el verbo, y *trastocar este ordẽ no es cõforme al estilo de los indios sino tomado de los españoles q[ue] lo hazẽ al reues* (énfasis agregado; cf. *op. cit.*, II, 88-88v).

Y es que, como no escapaba a la atención del propio Guaman Poma, según tuvimos ocasión de ver, una de las interferencias más reacias que asomaban en el habla de los aprendices de la lengua, en este caso concreto de los aspirantes a curas de parroquia, era precisamente el trastrocamiento del orden de los componentes básicos de la oración. Para el ilustre cacereño, una de las galanuras de la lengua índica era precisamente el orden mencionado; violentarlo equivalía a hacer de ella no solamente un idioma «bárbaro y corrupto», sino, peor aún, un medio ininteligible o confuso en el mejor de los casos.

EL QUECHUA DE LOS LADINOS

Otro de los resultados, siempre en el ámbito del contexto diglósico descrito, fue el surgimiento de una variedad sociolectal del quechua, esta vez entre el creciente número de los ladinos. Ya el cronista indio, según vimos, se mofa de ellos, particularmente de los *yanaconas* (criados de los españoles), que «dezían *obeja chincando, pacat tuta buscando, mana tarinchos, uira cocha*»[3]. Ejemplo que ilustra, aparte del cambio de códigos manifiesto, el uso y abuso del gerundio castellano en un intento por describir acontecimientos que reclamaban el recurso a la subordinación sintáctica, fenómeno persistente por lo demás en el habla del bilingüe incipiente. Se trata, sin duda alguna, de los efectos de la interferencia quechua en el castellano balbuciente del aprendiz informal de la lengua. Pero hay otro aspecto de la *performance* del ladino que coincidentemente, según Gonçález Holguín y el Inca Garcilaso, tiene efectos perniciosos sobre el quechua. Nos lo refiere el jesuita cacereño, siempre a propósito de la buena observancia que debiera tenerse del orden de las palabras de la lengua[4], al recomendar al aprendiz del quechua —y esta es su «segunda ley»—, que hay que

> ... huyr del modo de hablar de los ladinos, y no hablar mucho en la lengua con ellos, *porque ya los indios ladinos por mostrar que lo son dexan el estilo galano de*

3. Que, traducido al castellano, aproximadamente, vendría a significar: «se perdió la oveja, y aunque se estuvo toda la noche buscándola, dicen que no la encontraron, señor».

4. Y lo hace formulando lo que él denomina la «primera ley», consistente en que «para acertar a componer sea huyr del modo de hablar castellano, porque dispone la oracion y sus partes al reues que esta lengua. [...] y este orden es aca [en el quechua] elegante, y no el nuestro» (cf. *op. cit.*, III, 119).

su lengua, y españolizan lo que hablan, y precianse de atraer su lenguaje al castellano, y yerranlo tanto que ni bien hablan su lengua, ni bien ymitan la nuestra, y assi hazẽ a su lengua mezclada y barbara, siendo ella galanissima (énfasis provisto; cf. *op. cit.*, III, 119-119v).

El pasaje, como puede apreciarse, apunta a un fenómeno sociolingüístico novedoso e interesante en el contexto andino de entonces, pero nada excepcional en situaciones de contacto idiomático de carácter asimétrico: el surgimiento de un ideal de corrección idiomática de carácter exonormativo, según el cual el prototipo del buen decir no hay que buscarlo ya entre los hablantes nativos de la lengua, socialmente deprimidos, sino, por paradójico que parezca, en el habla del amo, y ello se consigue aproximando, consciente o inconscientemente, la estructura del vernáculo a la del idioma de prestigio. Esto es precisamente lo que por la misma época, aunque distante en el espacio, nos dice el ilustre mestizo, refiriéndose dolidamente al habla quechua de sus paisanos, señalando que

> ... [d]este passo y de otros muchos que apuntaremos, se puede sacar lo mal que entienden los españoles aquel lenguaje; y *aun los mestizos, mis compatriotas, se van ya tras ellos en la pronunciación y en el escrivir, que casi todas las dicciones que me escriven desta mi lengua y suya vienen españolizadas, como las escriven y hablan los españoles*, y yo les he reñido sobre ello, y no me aprovecha, por el común uso de corromperse las lenguas con el imperio y comunicación de diversas naciones (énfasis agregado; cf. *op. cit.*, VI, XXIX, pág. 65).

Y nos lo dice, como lo señalamos en su momento (cf. Cerrón-Palomino 1991: § 3), nada menos que el propio Inca, que, sin vislumbrar aún la magna obra de su senectud, había sido víctima de aquello que más tarde, erigiéndose en autoridad de la lengua que había «mamado en la leche materna», censurará a propios y ajenos.

LENGUA Y PRESTIGIO SOCIAL

La tendencia observada por Gonçález Holguín y por el Inca, en el sentido de que aun los ladinos y mestizos «se iban tras los españoles» en la pronunciación y en la escritura del quechua, debió seguir su curso inexorablemente, a juzgar por los resultados de dicha «imitación» en los dialectos modernos de la lengua. Aparte de las consecuencias de los procesos de normalización inducida en los registros escritos del quechua con el afán de calcar ciertos patrones discursivos del castellano a los efectos de que la lengua se intelectualizara (piénsese, por ejemplo, en el desarrollo de la estrategia pronominal en la formación de oraciones subordinadas), interesa acá llamar la atención sobre los fenómenos de transferencia que fueron decantándose en sus versiones orales en el contexto de las relaciones comunicativas de carácter interestamental. Para ello bastará con citar dos fenómenos de orden morfosintáctico tempranamente advertidos y que, no obstante haber sido objeto de especial consideración de parte de nuestros campeones de la corrección idiomática, han conseguido imponerse en los dialectos modernos de la lengua: nos referimos al empleo obligatorio de la marca de plural y a la neutralización de las subordinaciones de idéntico sujeto.

Para el primero de los fenómenos bastará con recordar que tanto el jesuita cacereño como el mestizo historiador nos advierten, uno de manera más explícita que el otro, cómo el quechua, a diferencia del castellano, no disponía de marca de plural nominal obligatoria (cf. Garcilaso [1609] 1943: «Advertencias»), pero que, llegado el caso, podía echar mano de una serie de sufijos que denotaban pluralidad (cf. Gonçález Holguín, *op. cit.*, I, 8-9v). En la práctica, sin embargo, la norma castellana se filtraba en el habla de los predicadores tal como lo ilustra de manera patente Guaman Poma, cuando pone en labios del padre Loayza la siguiente amonestación dirigida a los indios: «borracho*sca*, putilla*s*cona*s*, suacona*s*, laycacona*s*, hichiserocona*s*, padre mana ofrecenqui corita colquita» (cf. *op. cit.*, 581)[5]. Lo más saltante en la andanada de adjetivos endilgados a los indios es la pluralización tautológica de estos, para lo cual se echa mano tanto del sufijo quechua <-cona> como del castellano <-s>: y así se tiene no solamente <sua-cona-s> 'ladrones', <layca-cona-s> 'brujos' y <hichisero-cona-s>, sino incluso <putilla-s-cona-s>, con doble marca plural castellana. Pues bien, que la pluralización (y no solo nominal sino también verbal) es obligatoria en prácticamente todos los dialectos quechuas, para horror de los puristas modernos, es un hecho incuestionable, pero también lo es, de manera más dramática, el recurso a la pluralización tautológica híbrida (castellano-quechua) constituida en norma en algunos dialectos sureños de la lengua, como nos lo atestiguan el collavino y el cochabambino.

Para el segundo de los fenómenos, ya advertido por el quechuista cacereño, conviene que nos detengamos en el siguiente pasaje:

> Grande engaño es esse, vsar de las phrasis Castellanas y dexar las proprias de la Lẽgua, porque essa phrasi [<huacaspam rini>] dize lo contrario, porque es tomada del Castellano que con el gerũdio de hablatiuo y otro verbo dezimos esta phrasi (voy llorando) y tomar aca essa composición es dezir otra cosa, que por essa phrasi de gerundio de ablatiuo dizen los indios este romance. *Huacaspam rini*,

5. Que, traducido al castellano, dice aproximadamente: «[indios] emborrachados, putillas, ladrones, brujos, hechiceros, no le ofrecen ni el oro ni la plata al padre».

> En acabando de llorar fuy. *Micuspam llamccani*, En acabando de comer o después de comer trabaje. Que es bien contrario a nuestra phrasi, y por serlo buscaron este modo, *Miccun micunmi rini*, Voy comiendo. Porque (micuspam rini) esta ocupado para dezir (en comiẽdo fuy o voy) (énfasis provisto; cf. *op. cit.*, II, XVIII, 47-47v).

Pues bien, ocurre que los dialectos sureños del quechua (y también el aimara, agreguemos) han hecho hoy día del sufijo *-spa* (y en el aimara *-sa*) exactamente lo que el gramático censuraba, es decir, ya no marcas subordinadas que expresen anterioridad, sino simultaneidad. De este modo, *mikhu-spa hamu-ni* equivale tanto a 'vengo comiendo' como a 'vengo después de comer', habiendo desplazado, en la primera función, al subordinador simultáneo *-stin*. Pero, a diferencia del fenómeno anterior, en este caso el efecto del calco fue de doble partida, pues también el castellano andino 'vengo comiendo' puede significar 'vengo luego de comer'.

A MANERA DE RESUMEN

A lo largo de las secciones precedentes hemos procurado ofrecer, a grandes trazos, la situación del contacto lingüístico inicial entre el castellano y el quechua tras la conquista y el establecimiento del orden colonial en el antiguo territorio del país de los incas. Dentro de la situación diglósica creada como resultado de la imposición del régimen colonial, el quechua, otrora lengua de civilización del mundo andino, devino en idioma socialmente devaluado y relegado consiguientemente a segundo plano. Como ocurre en situaciones semejantes, son los grupos desprovistos de poder quienes se ven en la necesidad imperiosa de aprender la lengua de la elite gobernante, por razones de sobrevivencia cuando no de movilidad social, instalándose de este modo una situación asimétrica, por cuanto los grupos dominantes, al imponer su idioma como lengua de la nueva administración, pueden prescindir del aprendizaje de la lengua subordinada, valiéndose de intérpretes y traductores para emplearla, a lo sumo, como un instrumento de control y sojuzgamiento. Las relaciones asimétricas establecidas dentro del régimen colonial dieron lugar, en el terreno lingüístico, y en especial en las esferas intermedias de poder, al surgimiento de formas de habla de carácter instrumental y pragmático tanto en el sector hispanohablante en relación con el aprendizaje del quechua como en el estrato indígena respecto de la adquisición del castellano. Particularmente interesante fue el surgimiento de una variedad de quechua incipiente entre los hablantes de castellano, especialmente entre las autoridades civiles y religiosas, empleada en un contexto exclusivo de mando y coerción: nos referimos a un género de quechua llamado precisamente «de los apamuyes». Una de las características de esta variedad de contacto fue, como era de esperarse, su propensión al calco de moldes y esquemas estructurales propios del castellano. Las voces aisladas que se levantaron en contra de dicha práctica, entre las cuales figuran las de los escritores Garcilaso Inca y Guaman Poma, mestizo e indio respectivamente, pero también la del eximio gramático español Gonçález Holguín, no lograron ciertamente detenerla, y, como resultado de ello, el quechua moderno registra precisamente algunos de tales rasgos atribuibles al influjo de la lengua social y culturalmente dominante.

REFERENCIAS

ACOSTA, José de [1588] 1954: *De procuranda indorum salute o predicación del Evangelio en las Indias*. En *Obras*. Madrid: BAE, Ediciones Atlas, págs. 389-608.

CERRÓN-PALOMINO, Rodolfo 1991: «El Inca Garcilaso o la lealtad idiomática». *Lexis*, XV: 2, págs. 137-178.

CIEZA DE LEÓN, Pedro de [1551] 1985: *Crónica del Perú, Segunda Parte*. Lima: Fondo Editorial de la PUCP.

GARCILASO DE LA VEGA, Inca [1609] 1943: *Crónica del Perú. Segunda Parte*. Lima: Fondo Editorial de la PUCP.

— [1617] 1944: *Historia general del Perú*. Buenos Aires: Emecé Editores S. A.

GONÇÁLEZ HOLGUÍN, Diego [1609] 1943: *Crónica del Perú. Segunda Parte*. Lima: Fondo Editorial de la PUCP.

— [1607] 1975: *Gramatica y arte de la nueva lengva general de todo el Peru, llamada lengua qquichua, o lengua del Inca*. Cabildo Vaduz-Georgetown: Franz Wolf, Heppenheim a. d. B.

GUAMAN POMA DE AYALA, Felipe [1615] 1980: *Nueva corónica y buen gobierno*. México: Siglo Veintiuno.

QUIROGA, Pedro de [1569] 2009: *Coloquios de la verdad*. Madrid: Iberoamericana-Vervuert. Edición crítica y estudio de Ana Vian Herrero.

ZÁRATE, Agustín de [1555] 1995: *Historia del descubrimiento y conquista del Perú*. Lima: Fondo Editorial de la PUCP.

Contra el cliché [VII CILE 2016]

LUIS RAFAEL SÁNCHEZ

Academia Puertorriqueña de la Lengua Española

1

Bienvenidos sean quienes visitan Puerto Rico por vez primera. Bienhallados sean quienes pasan aquí «los días que uno tras otro son la vida», como afirma el poeta colombiano.

Brevedad me encarecen mis anfitriones. La petición huelga. Tengo por artículo de fe que en la brevedad se despliega la juiciosidad. ¿Qué otra cosa sino despliegue de juiciosidad acontece en la décima, en el soneto, en el bolero, cuya definición más eficaz lleva la firma de Gabriel García Márquez? El personaje principal de *Memoria de mis putas tristes* concluye, entre melancólico y abstraído: «El bolero es la vida». ¿Cursi?

¿Quién que es no padece súbitos episodios de cursilería? Si se le teme a la cursilería ni se conversa ni se escribe ni se ama.

Dedico mis palabras breves a un hombre de acción y a un hombre de reflexión. Puertorriqueño, el hombre de acción se llama Oscar López Rivera. Español, el hombre de reflexión se llama Federico García Lorca.

Con permiso.

2

La sombra del cliché es alargada. Basta decir Puerto Rico para que se repita la sentencia: los puertorriqueños siempre hablan de lo mismo. La sentencia peca de frívola. A lo largo y ancho del planeta siempre se habló, se habla y se hablará de lo mismo. Es decir, del problema, del agobio, del sueño al que se le confía la superación del problema y el agobio.

No hay actividad humana más democrática que soñar. Los sirios que congestionan Grecia y Turquía viven prendados del sueño alemán. Con tal de que los salpique el sueño americano, media Centroamérica viaja en el tren infernal apodado «la Bestia».

El sueño no tiene dueño, proclama el refrán. Es decir, cada cual es dueño absoluto de su sueño: el rico en su riqueza, el pobre que padece su miseria y su pobreza, el que a medrar empieza, el que afana y pretende, el que agravia y ofende. Sin proponérselo, Luis Palés Matos resume el soliloquio majestuoso del príncipe Segismundo cuando escribe: «El sueño es el estado natural». Añado, como puntual lector del gran poeta, el sueño es el estado natural, así como lo son sus fronteras obligadas, el insomnio y la pesadilla. Más sobre el sueño: Unamuno, por siempre citable, aunque la crítica chic y boba lo haya desterrado al subsuelo de las retaguardias, aconseja: «No son sueños ajenos los que tienes que colmar».

3

Sincerémonos. La sentencia, que peca de frívola, igualmente peca de sincera. Algo monotemáticos somos los puertorriqueños. Contrariando los versos que inician uno de los poemas supremos de la lengua española, nuestras vidas son los ríos que van a dar a la mar, que es el estatus. Mucho de cuanto contamos desaparece en las honduras del susodicho mar, siempre revuelto.

Naufragan en tan complicado *mare nostrum* impresiones primarias de las que surgen la simpatía y la antipatía.

El estatus político se nos ha vuelto ardiente impaciencia. Me desdigo: vicio se nos ha vuelto. Aun cuando del vicio nos defienda el estallido furioso del poeta aquel, lejano en el tiempo y cercano en la complicidad: «Los vicios de una nación son su mayor riqueza».

Pero juro por los huesos de mi madre que, a veces, los puertorriqueños hablamos de otros asuntos, suscitados por nuestro emocionario público y privado. Esbozo, a grandes rasgos, tres que me interesan a más no poder: el *amor natural de patria*, el *sancocho espeso de razas*, la *pelea monga*.

4

Sepan los presentes que el número de puertorriqueños que vive fuera de Puerto Rico sobrepasa el número de puertorriqueños que vive en Puerto Rico. Cuatro millones seiscientos veintitrés mil setecientos dieciséis viven... fuera de casa. Tres millones novecientos setenta y nueve mil vivimos... en casa.

Mudanzas diarias a Texas, a Florida, a la Gran Manzana. Regresos diarios a Country Club, a Santa Juanita, a La Riviera. Los trajines y las fatigas del ir y el volver retratan el Puerto Rico nómada; a la hora actual, el único Puerto Rico permanente. El equipaje de los viajeros lo abulta el idioma puertorriqueño de la vivencia. Que es el idioma español. Poco a poco harán suyo el idioma puertorriqueño de la sobrevivencia. Que es el inglés.

También va y vuelve, como parte integral de las mudanzas y los regresos, una conmoción que califico de *puertorriqueñidad*. El diccionario de la Real Academia Española no acoge la palabra. Sí acoge la palabra *argentinidad:* calidad de lo que es privativo de la República Argentina. Lo que es igual no es ventaja. Ahora divulgo, con deje triunfal, amparado en la opinión del diccionario de la Real Academia Española de la Lengua, *puertorriqueñidad*: calidad de lo que es privativo de la isla de Puerto Rico.

Dizque por irrisoria, dizque por desfasada, dizque por patriotera, algunos compatriotas menosprecian la palabra *puertorriqueñidad*. Benigna después de todo, nada más alude a lo que el Inca Garcilaso bautizó, va para cuatrocientos años, *el amor natural de patria.*

Esa golpeada palabra ilumina todas las formulaciones del vivir nuestro de cada día. Desde las trascendentes hasta las que el pensamiento encorsetado tacha de superficiales. Irónicamente, por superficiales son capaces de medir la temperatura auténtica de una sociedad como la puertorriqueña, huérfana de gestas, aunque colmada de gestos.

Enumero gestos a continuación:

1) Canta Ricky Martin en París y las chicas alucinan cuando el mito se hace carne. Bañado por la admiración y el deseo, Ricky Martin lanza besos de gratitud, inclina la cabeza en señal de religiosa humildad y ondea una bandera puertorriqueña.
2) Pelean Tito Trinidad, Miguel Cotto, en el Madison Square Garden. Suben al *ring* a probar la ciencia de sus puños. Los dos envuelven la prestancia viril de sus cuerpos rotundos con una capa en la cual se estampan motivos de la bandera puertorriqueña.
3) Como si los asaltara la urgencia de pregonarlo, ciudadanos del común adhieren calcomanías en los cristales de sus automóviles con leyendas por el estilo de *Boricua a bordo, Somos puertorriqueños, Boricua de pura cepa, Soy de aquí como el coquí.* Curiosidad sociológica: el credo independentista fracasa en las urnas, pero el credo puertorriqueñista arrasa en la calle.

La paradoja entra en juego. Fetiche, talismán, premio divino, en abrumador número mayoritario el puertorriqueño no transa la pérdida de la ciudadanía norteamericana. Pero tampoco transa la negociación de un solo atributo de su nacionalidad: el idioma español, la bandera, la cultura. En fin, cuanto especifica y diferencia su lugar en el mundo, cuanto aprecia y defiende lo que es privativo de la isla de Puerto Rico.

Más gestos.

Sucesivamente, los conquistadores españoles y los invasores norteamericanos, más o menos blancos, amplían los horizontes de su sexualidad y corrigen las deficiencias de esta en los brazos de la taína, de la negra, de la criolla, de la mulata, la puertorriqueña, históricamente ascendidas a medicina revolucionaria.

En el fogón del instinto y el deseo esos aparejamientos cocinan un plato sabroso, que la lucidez detonadora de la escritora Ana Lydia Vega bautiza como *sancocho espeso de razas.*

El sancocho espeso de razas legitima el río de rasgos cruzados que se entrevé y se agolpa por las caras puertorriqueñas. Caras cobrizas y pardas, jabás y cuarteronas. Caras de leve eco ático y de armonía aborigen. Caras por las que rumia una verdad implacable: el mestizaje constituye el paradigma racial de Puerto Rico. Un mestizaje que enarbola cuanto arte se gestiona en estos lares.

Un último gesto. De cuantas actitudes colectiviza el puertorriqueño, ninguna resulta más significativa que la *pelea monga*. Se trata de una paradoja travestida de picardía. Pues *mongo*, voz de origen africano, circula en Puerto Rico con la significación de 'débil' y de 'fofo'. La *pelea monga* se da oculta, sin permitir que la delate la impulsividad. Se da como apuesta a la resistencia que no se malgasta en la confrontación. La actitud libre de gestos de la *pelea monga* se ha vuelto reglamentaria en la vida puertorriqueña y ha posibilitado una diferente gesta.

5
LA SOMBRA DEL CLICHÉ ES ALARGADA

Basta decir Puerto Rico para que se lo disminuya con dureza en tanto que país entrado en años, pero todavía deshojando la margarita colonial, como un indeciso Hamlet caribeño, un Hamlet afrodescendiente. Basta decir Puerto Rico para que se disparen el malentendido, el prejuicio y la distorsión sobre la audaz creatividad de nuestra lengua española apuertorriqueñada. Una lengua española apuertorriqueñada que en el trasvase caribeño halla su santo y seña.

Invito a quienes de ustedes visitan Puerto Rico por vez primera y a quienes de ustedes pasan aquí «los días que uno tras otro son la vida», como afirma el poeta colombiano, a participar en la desactivación del cliché y en el contrarresto, luz mediante, de la sombra alargada.

II.
Estado de la lengua española en el espacio de la ASALE

El castellano y las demás lenguas de España en la Constitución española de 1978

SANTIAGO MUÑOZ MACHADO
Real Academia Española

Las lenguas en la Constitución de 1978. ▪ La cooficialidad en los estatutos de autonomía. ▪ La regulación de la cooficialidad. ▪ Las competencias generales de las comunidades autónomas para regular la lengua propia cooficial. ▪ El conocimiento de las lenguas cooficiales.

LAS LENGUAS EN LA CONSTITUCIÓN DE 1978

La Constitución se refiere a la lengua en el artículo 3, en el 20.3 y en el 148.1.17.ª. El primero de los tres es, sin duda, el más relevante. Establece, en su párrafo 1, que «El castellano es la lengua española oficial del Estado. Todos los españoles tienen el deber de conocerla y el derecho a usarla». El párrafo 2 prescribe que «Las demás lenguas españolas serán también oficiales en las respectivas Comunidades Autónomas de acuerdo con sus respectivos Estatutos». Y el párrafo 3 del mismo precepto proclama que «La riqueza de las distintas modalidades lingüísticas de España es un patrimonio cultural que será objeto de especial respeto y protección».

La norma establece algunas prescripciones de directa aplicación que se refieren al castellano, proclamado en el propio texto de la Constitución como lengua española oficial del Estado, imponiendo a los ciudadanos el deber de conocerlo y declarando el derecho a usarlo. El reconocimiento de este mismo derecho en relación con las demás lenguas depende de la declaración de su oficialidad que, en el artículo constitucional referido, está remitida a lo que establezcan, en cada caso, los estatutos de las comunidades autónomas. El reconocimiento del castellano como lengua oficial implica de inmediato su consideración como «medio de comunicación normal de los poderes públicos y entre ellos en el conjunto del Estado español», entendiéndose «por Estado el conjunto de los poderes públicos españoles con inclusión de los autonómicos y locales». De estos mandatos resulta «que el castellano es la lengua oficial de todos los poderes públicos y en todo el territorio español» (STC 82/1986, de 26 de junio). El derecho a usarlo implica, por tanto, que los ciudadanos pueden utilizar esta lengua en cualquier parte del territorio para dirigirse a toda clase de organismos públicos y, desde luego, en sus relaciones con otros sujetos privados. Por otra parte, el deber de conocerlo que establece el artículo 3.1 es una norma precisada de concreciones o desarrollos legislativos, en cuanto que el deber que proclama no está acompañado de ninguna clase de sanción en el supuesto de que un ciudadano lo incumpla. Sin embargo, como enseguida observaremos, de la proclamación de dicho deber resultan límites y obligaciones para la regulación de las lenguas y también consecuencias organizativas respecto de las Administraciones públicas que tienen que disponer de los medios necesarios para que el derecho al uso de la lengua tenga una realización práctica.

La delimitación del derecho a la utilización de las demás lenguas territoriales está remitida, como ya se ha dicho, a la declaración de su oficialidad y a la ulterior regulación por los estatutos y normas autonómicas. Sin embargo, el Estado ha contraído compromisos internacionales que le obligan a establecer medidas regulatorias que faciliten la utilización de dichas lenguas. Se trata en concreto de la ratificación por España, el 2 de febrero de 2001, de la Carta Europea de las Lenguas Regionales o Minoritarias, acordada en Estrasburgo el 5 de noviembre de 1992. Las partes firmantes de esta Carta aceptan, con las reservas que puedan establecer al suscribirla, algunos principios relativos al reconocimiento y respeto de las lenguas regionales o minoritarias en la vida privada y pública que el preámbulo de dicha norma considera «un derecho imprescriptible».

La Carta establece en su artículo 7 una serie de objetivos o principios perseguidos con carácter general en los que las partes firmantes deben basar «su política, su legislación y su práctica». De acuerdo con estos objetivos, los Estados firmantes deben reconocer las lenguas regionales minoritarias y emprender acciones de fomento del empleo oral y escrito de las lenguas en la vida privada y pública, eliminando cualquier restricción o preferencia injustificada con respecto a la utilización de dichas lenguas regionales o minoritarias. Estos objetivos generales se concretan en políticas específicas de enseñanza (artículo 8), de utilización de las lenguas minoritarias ante la Justicia (artículo 9), de su empleo en las relaciones con las autoridades administrativas y servicios públicos (artículo 10), en los medios de comunicación (artículo 11), etc. La Carta Europea de las Lenguas Regionales o Minoritarias impone, en fin, deberes de protección y uso que son parangonables a los que se derivan de las declaraciones de oficialidad de estas que se contengan en los estatutos de autonomía y, desde luego, como ha establecido la STC de 19 de abril de 2005, sirve para interpretar las determinaciones de estos en materia lingüística.

La Constitución, pues, declara la oficialidad del castellano y los estatutos de autonomía pueden establecer la de los demás idiomas que se utilicen en todo o parte del territorio de las correspondientes comunidades autónomas.

LA COOFICIALIDAD EN LOS ESTATUTOS DE AUTONOMÍA

Los territorios que tienen como patrimonio cultural propio una lengua diferente de la utilizada en el resto del Estado pueden exhibir, sin ninguna duda, esta circunstancia como un argumento diferencial. La lengua es una especialidad que puede diferenciar muy señaladamente a unas comunidades autónomas con respecto de otras.

El Estatuto de Cataluña es, entre los vigentes, el que con más extensión ha regulado la cuestión lingüística.

El Estatuto de Cataluña, reformado por la Ley Orgánica 6/2006, de 19 de julio, ha destacado de muchas maneras la lengua propia como hecho diferencial. El preámbulo alude a la lengua como un elemento cultural diferenciador; en el artículo 5 menciona la lengua como uno de los derechos históricos de los que «deriva el reconocimiento de una posición singular de la Generalitat», y en otros preceptos establece el régimen de la promoción, utilización y de los derechos y deberes lingüísticos derivados de la cooficialidad del castellano y el catalán que el propio Estatuto proclama (artículos 6 y 32 a 38). El catalán es «la lengua propia», la «lengua oficial» de Cataluña, según proclaman los párrafos 1 y 2 del artículo 6. Los artículos 32 y siguientes basan la regulación de los derechos y deberes lingüísticos en el fundamental derecho de opción lingüística que permite a cualquier ciudadano radicado en Cataluña relacionarse con las instituciones, las organizaciones y las Administraciones públicas en Cataluña, en la lengua oficial que elija, lo cual determina la generación de deberes que afectan a la organización y funcionamiento de todas las Administraciones públicas radicadas en aquel territorio.

La oficialidad de una lengua siempre acarrea una consecuencia mínima consistente en que, a partir de tal consideración, los ciudadanos tienen derecho a usarla en su relación con los poderes públicos y estos deben emplearla «como medio normal de comunicación entre ellos y en su relación con los sujetos privados, con plena validez y efectos jurídicos». Estos efectos derivan directamente de la Constitución en el caso del castellano; por lo que concierne a las demás lenguas, la declaración de su cooficialidad en el estatuto determina que su uso tenga «plena validez jurídica en las relaciones que mantengan con cualquier poder público radicado en dicho territorio, siendo el derecho de las personas al uso de una lengua oficial un derecho fundado en la Constitución y el respectivo Estatuto de Autonomía» (STC 123/1988, de 23 de junio). La diferencia entre la oficialidad del castellano y la de las demás lenguas es, por lo pronto, la territorialidad estricta de estas últimas, ya que, si bien obliga a su empleo por todos los organismos y Administraciones públicas, tal vinculación se refiere a todas las dependencias de la Administración autonómica y local, pero solo a las de la Administración territorializada o periférica cuando se trate de los poderes públicos estatales. La STC 82/1986 explicó estas diferencias de la eficacia territorial de la oficialidad de las lenguas, subrayando que la utilización de las lenguas territoriales cooficiales con el castellano también vincula a los órganos dependientes de la Administración central y de otras instituciones estatales en sentido estricto, pero que «el criterio delimitador de la oficialidad del castellano y de la cooficialidad de las otras lenguas es el territorio, independientemente del carácter estatal en sentido estricto, autonómico o local, de los distintos poderes públicos». Como excepción, en alguna ocasión se ha reconocido el posible carácter extraterritorial de una lengua de una comunidad autónoma al admitir que no es preciso traducir al castellano documentos emitidos en una comunidad autónoma cuando van a ser usados en otra en la que también es cooficial la misma lengua (STC 50/1999, de 6 de abril).

Las consecuencias de la cooficialidad como generadora del derecho al uso de la lengua son inequívocas y reiteradamente reconocidas por la jurisprudencia constitucional. Más polémica y menos clara es la cuestión de saber si la cooficialidad genera también el deber de conocer las dos lenguas cooficiales o si dicho deber es solo predicable del castellano. De los antecedentes de la Constitución se desprende que los constituyentes quisieron reservar exclusivamente a la lengua castellana el deber de conocimiento, excluyendo la ampliación de tal deber a cualquier otra. Durante la tramitación de la Constitución, el diputado Trías Fargas presentó una enmienda al artículo 3, la número 106, que decía: «Las demás lenguas del Estado serán también oficiales en los territorios autónomos de acuerdo con sus respectivos Estatutos. Todos los residentes en dichos territorios tienen el deber de conocer y el derecho de usar aquellas lenguas». La enmienda tenía el sentido inequívoco de precisar que los estatutos podrían extender el deber de conocimiento de las lenguas territoriales. Sin embargo, fue rechazada en comisión, en la sesión de 16 de mayo de 1978, y en el pleno de 5 de junio siguiente, por una mayoría abrumadora de votos (en el Congreso, 269 votos en contra, 22 a favor y 26 abstenciones). De los antecedentes de la Constitución y del tenor literal del artículo 3.1 se deduce que su interpretación debe hacerse en el sentido de que el deber de conocimiento de las lenguas solo se refiere al castellano. Es de destacar que en alguna ocasión el Tribunal Constitucional ha aceptado que la legislación autonómica pueda establecer el deber de conocer la lengua territorial, pero tal declaración se ha producido en relación con la enseñanza y en un ámbito muy reducido. Fue la Sentencia de 23 de diciembre de 1994 la que reconoció el deber de conocimiento del catalán, pero «como área y materia de enseñanza obligatoria» sin otras proyecciones. Más clara y reiterada es la doctrina del Alto Tribunal en la que se establece que no puede derivarse de la cooficialidad de una lengua el deber de conocerla. En este sentido, la STC 84/1986, de 26 de julio, estableció la siguiente doctrina (recogida también en las SSTC 82/1986, 56/1990, 337/1994, etc.): «Tal deber no viene impuesto por la Constitución y no es inherente a la cooficialidad de la lengua [...]. El artículo 3.1 de la Constitución establece un deber general de conocimiento del castellano como lengua oficial del Estado; deber que resulta concordante con otras disposiciones constitucionales que reconocen la existencia de un idioma común a todos los españoles, y cuyo conocimiento puede presumirse en cualquier caso, independientemente de factores de residencia o vecindad. No ocurre, sin embargo, lo mismo con las otras lenguas españolas cooficiales en los ámbitos de las respectivas Comunidades Autónomas, pues el citado artículo no establece para ellas ese deber, sin que ello pueda considerarse discriminatorio, al no darse respecto de las lenguas cooficiales los supuestos antes señalados que dan su fundamento a la obligatoriedad del conocimiento del castellano».

El Tribunal Constitucional en su importante Sentencia de 28 de julio de 2010 abordó los problemas jurídicos del artículo 6.2 del Estatuto de Cataluña, que establece el deber del conocimiento del catalán. Para salvar la constitucionalidad de esta declaración, establece una interpretación del siguiente tenor: «El artículo 6.2 EAC sería inconstitucional y nulo en su pretensión de imponer un deber de conocimiento del catalán equivalente en su sentido al que se desprende del deber constitucional del conocimiento del castellano. Ello no obstante, el precepto admite con naturalidad una interpretación distinta y conforme con la Constitución, toda vez que, dirigiendo el precepto un mandato a los poderes públicos de Cataluña para que adopten "las medidas necesarias para facilitar ... el cumplimiento de ese deber", es evidente que solo puede tratarse de un deber "individualizado y exigible" del conocimiento del catalán, es decir, de un deber de naturaleza distinta al que tiene por objeto al castellano de acuerdo con el artículo 3.1 CE (STC 82/1986 FJ2). No hay aquí, por tanto, contrapunto alguno a la facultad del poder público de la Generalitat de utilizar exclusivamente la lengua catalana en sus relaciones con los ciudadanos, que sería improcedente, sino que se trata, aquí sí, no de un deber generalizado para todos los ciudadanos de Cataluña, sino de la imposición de un deber individual y de obligado cumplimiento que tiene su lugar específico y propio en el ámbito de la educación, según resulta del artículo 35.2 EAC y en el de las relaciones de sujeción especial que vinculan a la Administración catalana con sus funcionarios, obligados a dar satisfacción al derecho de opción lingüística reconocido en el artículo 33.1 EAC».

Cuestión distinta de la falta de cobertura constitucional para imponer el deber a los ciudadanos del conocimiento de lenguas distintas del castellano es el deber de utilización de la lengua que recae sobre todos los poderes públicos situados en el territorio donde existen otras lenguas cooficiales. El empleo por las Administraciones públicas de las lenguas minoritarias es condición *sine qua non* del derecho a usarlas que sí deriva inmediatamente de la cooficialidad, como ya hemos señalado.

LA REGULACIÓN DE LA COOFICIALIDAD

La cuestión problemática en este punto radica en determinar a quién corresponde, entre los poderes públicos radicados en el territorio, la competencia para regular la organización y funcionamiento del personal y los servicios públicos, a los efectos de que utilicen las lenguas cooficiales que los ciudadanos les reclamen en cada caso.

La reserva en favor del Estatuto que contiene el artículo 3.2 CE no permite establecer la conclusión de que cualquier cuestión relativa al fomento y uso de las lenguas cooficiales corresponda únicamente a los estatutos de autonomía y a la legislación territorial que los desarrolle. Invocando la competencia en materia lingüística no pueden los estatutos ni la legislación autonómica invadir o sustituir otras competencias del Estado.

El Estado tampoco puede aprovechar la aprobación de normas en materias de su competencia para desconocer o vulnerar lo que establezcan las normas lingüísticas de cada territorio ni las competencias autonómicas para determinar el régimen general de la cooficialidad.

La tensión latente entre las competencias lingüísticas de las comunidades autónomas y las sectoriales del Estado para regular las materias que la Constitución le ha encomendado ha dado lugar a un número importante de controversias, resueltas por el Tribunal Constitucional tratando de establecer un equilibrio entre los poderes en conflicto.

He aquí una muestra de los asuntos más críticos:

¿Tiene el Estado competencia para regular la lengua en todo su territorio?

El Estado no tiene ningún título competencial específico para regular con carácter general las lenguas territoriales, ya que la Constitución, como venimos reiterando, confía tal función a los estatutos de autonomía. Tampoco puede invocarse, para llevar a cabo tal regulación, el artículo 149.1.1.ª CE. Este precepto atribuye al Estado la competencia exclusiva para «la regulación de las condiciones básicas que garanticen la igualdad de todos los españoles en el ejercicio de los derechos y en el cumplimiento de los deberes constitucionales». Puede argumentarse que el uso de las lenguas oficiales es básico para la igualación de los derechos en todo el territorio del Estado. Sin embargo, el Tribunal Constitucional ha negado reiteradamente que exista una competencia estatal tan abarcadora. Así lo dijeron las SSTC 82/1986 y 83/1986. Tampoco puede invocarse por el Estado, para regular las lenguas territoriales, la circunstancia de que su empleo produzca desigualdades entre los ciudadanos españoles. A esta cuestión se han referido diversas sentencias del Tribunal Constitucional (SSTC 37/1981, 17/1990, 150/1990, 46/1991, 337/1994) afirmando que «el establecimiento de un régimen de cooficialidad lingüística en una parte del territorio del Estado no contradice el principio de igualdad de los españoles en todo el territorio nacional recogido por el artículo 39.1 CE, ya que tal principio no puede ser entendido en modo alguno como una rigurosa y monolítica uniformidad del ordenamiento de la que resulte que en cualquier parte del territorio se tengan los mismos derechos y obligaciones» (SSTC 82 y 83/1986).

Sin embargo, en diferentes supuestos el Estado, al regular materias de su competencia, puede establecer normas lingüísticas que las comunidades autónomas tienen que respetar. Y, por otro lado, las comunidades autónomas no pueden aprovechar sus competencias lingüísticas para dejar sin aplicación previsiones que corresponden al Estado, o principios y reglas que están en la Constitución y en la legislación estatal. Dada la complejidad de los problemas que estos enunciados comportan, mejor será explicarlos con ejemplos:

La STC 83/1986, de 26 de junio, declaró que no era acorde con la Constitución un precepto de la ley catalana de normalización lingüística de 18 de abril de 1983 (artículo 6.1) en el que se establecía la obligación de publicar las leyes del Parlamento catalán en las lenguas catalana y castellana, añadiendo que «en caso de interpretación dudosa, el texto catalán será el auténtico». El Tribunal Constitucional apreció que tal inciso podría afectar a la seguridad jurídica y a los derechos de tutela judicial efectiva de los ciudadanos (artículos 9.3 y 24.1 CE), que, sin tener el deber de conocer la lengua cooficial, pueden alegar desconocimiento de aquella a la que se da prioridad en cuanto a la interpretación. Añadió el Tribunal que el Estado tiene competencia exclusiva para establecer las reglas sobre la aplicación de las normas jurídicas, lo que incluye las concernientes a su interpretación. La falta de estas reglas no puede ser suplida por la legislación autonómica.

Corresponde al Estado establecer las normas sobre el uso de la lengua castellana en los asientos del Registro Mercantil. Al analizar un conflicto generado por una regulación en tal sentido establecida por un reglamento estatal, el TC dijo en su Sentencia 87/1997, de 24 de abril, que «el ente titular de una competencia sustantiva posee también la titularidad para regular la lengua en ese ámbito material y ello no solo en los aspectos organizativos y de funcionamiento interno, sino también en las relaciones de la Administración con los ciudadanos». Una doctrina semejante había establecido también la STC 74/1989, en relación con el alcance de la competencia sectorial del Estado para la regulación de los instrumentos registrales, derivada del artículo 149.1.8.a CE.

También ha reconocido el Tribunal Constitucional que la exclusividad de la competencia para organizar determinadas instituciones o servicios se extiende a la regulación de la lengua cooficial. Refiriéndose a las Fuerzas Armadas, las SSTC 123/1988, de 23 de junio, y 87/1997, de 24 de abril, afirmaron que la competencia sobre dicha materia está atribuida al Estado, de acuerdo con el artículo 149.1.4.ª de la Constitución e incluye la regulación del uso de la lengua en el seno de las Fuerzas Armadas para fines de su servicio interno y por los miembros de estas.

En otras ocasiones la disponibilidad del Estado para regular el uso de la lengua cooficial aparece limitada por el necesario respeto de otros derechos fundamentales, o también por la previa regulación autonómica del alcance de la cooficialidad.

En cuanto al respeto a los derechos fundamentales, un buen ejemplo es la legislación estatal reguladora de la Administración de Justicia. Corresponde al Estado esta competencia, según el artículo 149.1.5.ª CE, pero se ha planteado reiteradamente ante el Tribunal Constitucional si los derechos procesales de las partes, especialmente en materia penal, imponen que la organización de los tribunales y su funcionamiento se acomoden a la utilización en el proceso de la lengua cooficial que los interesados consideren adecuada. En este sentido, por ejemplo, se ha suscitado la cuestión de si puede imponerse a los jueces y magistrados el deber de conocer la lengua autonómica cooficial (STC 105/2000, de 13 de abril), o si existe discriminación cuando la confesión de un acusado se hace en la lengua minoritaria y luego es objeto de traducción (Auto del TC de 12 de abril de 1999), o si la inexistencia de un deber de conocimiento, por parte de los jueces y magistrados, de la lengua cooficial (el artículo 231 LOPJ no lo impone, en efecto) supone una vulneración de los artículos 3.2 y 24.2 CE (este último en cuanto establece una garantía procesal de inmediación que sería vulnerada en cuanto que los ciudadanos que se expresan en la lengua regional tendrían que dirigirse a sus juzgadores por medio de intérprete). La Audiencia Provincial de Vizcaya planteó este problema, por vía de cuestión de inconstitucionalidad, en un caso en el que el letrado del acusado había abandonado la sala repetidas veces en protesta por la utilización de intérprete. La STC de 19 de abril de 2005 concluyó que no existía vulneración de los preceptos constitucionales antes citados, ni siquiera interpretados conforme a los principios del artículo 9 de la Carta Europea de las Lenguas Regionales o Minoritarias de 5 de noviembre de 1992, ratificada por España el 2 de febrero de 2001, ya mencionada.

La lengua de las Administraciones públicas

El Tribunal Constitucional ha declarado reiteradamente que el Estado debe establecer en su legislación las normas precisas para que dicha cooficialidad pueda ser real y efectiva, y no para impedirla. Esta vinculación se manifiesta muy expresivamente en la regulación de la utilización de las lenguas oficiales por las Administraciones públicas, y también en la selección del personal al servicio de estas:

En cuanto a lo primero, la STC 82/1986, en términos que también recoge la 50/1999, de 6 de abril, estableció que «el carácter oficial de una lengua conlleva que los poderes públicos la reconozcan como medio normal de comunicación entre ellos y en su relación con los sujetos privados, con plena validez y efectos jurídicos», de lo que se concluye, como dice la STC 134/1997, de 17 de julio, siguiendo lo ya establecido en la 82/1986, que «todos los poderes públicos radicados en el territorio autonómico, sin exclusión de los órganos dependientes de la Administración central y de otras instituciones estatales en sentido estricto» tienen el deber de atender la cooficialidad vigente en dicho territorio.

La citada Sentencia 82/1986 fue la que estableció que el derecho de los ciudadanos a usar el euskera o el castellano, a su elección, en sus relaciones con la Administración pública en el ámbito territorial de la comunidad autónoma no supone la imposición de un deber individualizado de conocimiento del euskera, sino el deber de que lo conozcan las Administraciones públicas, que son las que han de establecer los medios necesarios para la efectividad de tal derecho. Dice también la sentencia que «el derecho a ser atendido en euskera, cuando en esta lengua se inicia e impulsa el procedimiento, es consecuencia lógica de la cooficialidad y su negación supondría el mantenimiento de un *status* inferior [que califica de diglósico] de la lengua a cuya utilización, en sus actuaciones, se negase la Administración, y que sería el euskera». Nada opone, por lo demás, esta sentencia a que el derecho a ser respondido en la lengua oficial elegida sea objeto de una aplicación progresiva, en la medida en que se vayan adaptando las Administraciones públicas.

La Sentencia 82/1986, de 26 de junio, relativa a la ley vasca de 24 de noviembre de 1982, de normalización del uso del euskera, se planteó, entre otras cuestiones, si el artículo 149.1.18.ª, en cuanto que encomienda al Estado «las bases del régimen jurídico de las Administraciones Públicas y el régimen estatutario de sus funcionarios», impediría extender los efectos de la regulación autonómica de la cooficialidad a las Administraciones públicas situadas en el territorio bilingüe. El problema lo resuelve la sentencia afirmando que la comunidad autónoma puede determinar el alcance de la cooficialidad, aunque corresponde a la Administración estatal la ordenación concreta de la «puesta en práctica de aquella regulación legal en cuanto afecte a órganos propios». La comunidad autónoma, al consagrar el derecho de los ciudadanos a usar cualquiera de las dos lenguas oficiales, puede enunciar «el consiguiente deber de todos los poderes públicos (estatales, autonómicos y locales) radicados en la Comunidad de adaptarse a la situación de bilingüismo constitucionalmente prevista y estatutariamente establecida». Por tanto, puede la comunidad autónoma regular el alcance inherente al concepto de cooficialidad. Al mismo tiempo niega que pueda derivarse del artículo 149.1.18.ª una competencia normativa básica del Estado para la regulación de los idiomas cooficiales en todas las Administraciones públicas.

La concurrencia de regulaciones lingüísticas estatales y autonómicas sobre una misma materia es frecuente. Un buen ejemplo lo ofrece la STC 147/1996, de 19 de septiembre, que aprecia la legitimidad del ejercicio concurrente de títulos competenciales en materia de lenguas oficiales y de consumidores y protección de la salud. El conflicto que se trataba de resolver es la prescripción de un real decreto estatal de que los datos obligatorios del etiquetado «se expresarán necesariamente al menos en castellano». El TC consideró legítima esta imposición sin perjuicio de reconocer que lo mismo podía hacer la Generalitat por lo que concierne a la lengua catalana usando su competencia lingüística del artículo 3 EAC.

Por lo que concierne al personal al servicio de las Administraciones públicas, la jurisprudencia constitucional ha fijado una doctrina bastante consolidada sobre si las regulaciones en materia de acceso a la función pública pueden exigir el conocimiento de la lengua territorial cooficial, incluso si se trata de funcionarios estatales, o, por el contrario, tal determinación sería contraria a lo que establecen los artículos 23.2, 14 y 139.1 CE.

La Sentencia 82/1986, de 26 de junio, que examina la ley vasca de normalización del uso del euskera, estableció consideraciones definitivas al respecto, afirmando que es acorde con la obligación de «garantizar el uso de las lenguas oficiales por los ciudadanos y con el deber de proteger y fomentar su conocimiento y utilización [...] que los poderes públicos prescriban, en el ámbito de sus respectivas competencias, el conocimiento de ambas lenguas para acceder a determinadas plazas de funcionario o que, en general, se considere como un mérito entre otros (como expresamente se prevé) el nivel de conocimiento de las mismas: bien entendido que todo ello ha de hacerse dentro del necesario respeto a lo dispuesto en los artículos 14 y 23 CE y sin que en la aplicación del precepto legal en cuestión se produzca discriminación. En definitiva, el empleo del euskera implica la provisión de los medios necesarios, y entre ellos, la presencia de personal vascoparlante, tanto en la Administración de la Comunidad Autónoma del País Vasco como en la periférica del Estado, en los términos señalados por la Sentencia de este Tribunal 76/1983, de 5 de agosto, "como modo de garantizar el derecho a usarla por parte de los ciudadanos de la respectiva Comunidad"».

La STC 46/1991, de 28 de febrero, que resuelve el recurso de inconstitucionalidad contra el artículo 34 de la ley catalana de la función pública de 23 de julio de 1985, argumentó que establecer la exigencia de conocimiento del catalán es acorde con el artículo 103.3 CE en cuanto que los principios de mérito y capacidad suponen una carga para quienes deseen acceder a una determinada función pública. En este sentido, el conocimiento del catalán puede ser, al igual que cualquier otro conocimiento o condición exigida para el acceso a la función pública, una exigencia con cuya acreditación se da satisfacción a dichos principios constitucionales, en la medida en que se trata de una capacidad y un mérito que ha de acreditarse y valorarse en relación con la función que se ha de desempeñar, y por tanto guarda la debida relación con el mérito y capacidad, tal y como impone el artículo 103 CE.

En general, el TC ha aceptado que el conocimiento de la lengua cooficial pueda incluirse entre los méritos evaluables en las pruebas de acceso a la función pública. Pero, si se trata de función pública estatal, ha de ser la ley del Estado la que establezca el valor y grado de exigencia de estos requisitos. En ello han insistido las SSTC 83/1986, 84/1986 y 105/2000, en relación con la Administración de Justicia; 123/1988, respecto de las Fuerzas Armadas; y 82/1986 y 31/2010, respecto de las Administraciones públicas en general.

LAS COMPETENCIAS GENERALES DE LAS COMUNIDADES AUTÓNOMAS PARA REGULAR LA LENGUA PROPIA COOFICIAL

Las competencias autonómicas en materia lingüística no son sectoriales, sino generales o básicas, ya que es a los estatutos y a la legislación de desarrollo a quienes corresponde fijar el régimen de la cooficialidad. Esta circunstancia determina que, cuando la regulación autonómica concurre con otra estatal de carácter sectorial, tenga la del Estado que acomodarse al marco normativo fijado por la legislación autonómica y no al revés.

El mandato dirigido a las comunidades autónomas de adoptar medidas normalizadoras y de regular el régimen de la cooficialidad de las lenguas las habilita para lo que el TC ha denominado «contenido inherente al concepto de cooficialidad» o «alcance de la cooficialidad» (SSTC 82/1986, 123/1988, 56/1990, 87/1997, etc.), lo que significa que corresponde a las comunidades autónomas establecer «las consecuencias genéricas que derivan del carácter oficial de una lengua que deben ser respetadas como un *prius* por los entes competentes al precisar, en los ámbitos materiales cuya titularidad les corresponde, el uso de las lenguas y los medios concretos para dar cumplimiento a las consecuencias derivadas de la oficialidad y a las exigencias de la normalización o, como dice la STC 82/1986, al establecer "la ordenación concreta de la puesta en práctica" de la regulación legal de la cooficialidad» (STC 87/1997).

La STC 74/1989, de 24 de abril, había argumentado también que «en una situación de cooficialidad lingüística, como la derivada del artículo 3 de la Constitución, y del artículo 3 EAC, el ejercicio de la competencia autonómica de normalización lingüística tiene por fuerza que incidir en materias también acotadas por otros títulos competenciales reservados al Estado». Es necesario compatibilizar una competencia con otra, lo que, según la citada sentencia, ha de hacerse «de modo tal que ni la competencia autonómica de normalización lingüística pueda convertirse en un expediente que, enervando el orden constitucional de competencias, habilite a la Comunidad Autónoma para regular, so capa de actuaciones de política lingüística, materias reservadas al Estado ni, tampoco, como reverso de lo anterior, las competencias sectoriales del Estado puedan convertirse en un obstáculo que bloquee o vacíe la competencia que sobre normalización lingüística tiene la Comunidad Autónoma».

Las competencias autonómicas en materia lingüística han sido interpretadas por el TC afirmando que la comunidad autónoma «resulta habilitada para determinar el alcance de la cooficialidad», así como para ejercer «acciones políticas» y «toda la actividad administrativa que crea conveniente en aras a la efectividad de los derechos de los ciudadanos relativos a las lenguas cooficiales» (SSTC 83/1986 y 74/1989). Dentro de estas acciones políticas se incluyen las disposiciones encaminadas a promover la normalización lingüística en su territorio. El TC define en su importante Sentencia 337/1994, de 23 de diciembre, estas disposiciones diciendo que «su objetivo general no es otro que el de asegurar el respeto y fomentar el uso de la lengua propia de la Comunidad Autónoma y cooficial en esta y, a este fin, corregir positivamente una situación histórica de desigualdad respecto al castellano, permitiendo alcanzar, de forma progresiva y dentro de las exigencias que la Constitución impone, el más amplio conocimiento y utilización de dicha lengua en su territorio».

La STC 82/1986 había fijado la importancia de los títulos estatutarios para que las comunidades autónomas regularan las lenguas al establecer que se desprenden del artículo 3 CE y de los artículos correspondientes de los Estatutos, que constituyen «la base de la regulación del pluralismo lingüístico en cuanto a su incidencia en el plano de la oficialidad en el ordenamiento constitucional español, dentro de lo que [pueden denominarse] "las líneas maestras del modelo lingüístico" de la Constitución española».

Es claro, no obstante, que la competencia autonómica delimitadora de la cooficialidad ni puede interferirse, como también ha advertido muchas veces el Tribunal Constitucional en sentencias ya reseñadas, en las competencias sectoriales del Estado, ni tampoco vulnerar otros derechos.

Una de las hipótesis regulatorias contestables en tal sentido sería, por ejemplo, la imposición del uso de la lengua en las relaciones entre particulares, que fue objetada en un severo voto particular del profesor F. de Carreras emitido en relación con el dictamen del Consell Consultiu de 18 de diciembre de 1997 relativo al proyecto de ley de política lingüística. Argumentando sobre la imposición obligatoria del uso del catalán en las relaciones entre particulares, precisó que en el Estado social y democrático de derecho «los poderes públicos no pueden incidir en la esfera de los ciudadanos si no es con un título habilitante suficiente. Y ese título suficiente solo lo poseen los poderes públicos si tienen que proteger los derechos de los ciudadanos. Otra cosa sería utilizar el poder para servir al propio poder, lo cual es propio solamente de los Estados no democráticos. En una sociedad libre como la nuestra, el ciudadano ha de elegir libremente la lengua en la cual se expresa, sea o no la oficial del Estado, y sin ninguna coacción externa. La única circunstancia que puede legitimar una coacción externa es la protección del derecho de otro ciudadano y, además, ha de haber una proporción entre ambos derechos». Esta clase de consideraciones son extensibles a las regulaciones que puedan afectar a las empresas y su relación con los consumidores, o que supongan obstáculos a la libre circulación de las personas y mercancías (por confrontación con los artículos 38 y 139.2 CE).

A otro límite más general se refirió, con razón, F. Rubio Llorente al advertir que la competencia para regular la cooficialidad no puede concluir en la imposición de medidas que supongan la utilización exclusiva de la lengua propia. «El sistema —según el autor citado— no puede evolucionar hacia un monopolio lingüístico». El monopolio o la imposición exclusivista de un idioma en un territorio determinado sería contrario al derecho a utilizar el otro cooficial.

EL CONOCIMIENTO DE LAS LENGUAS COOFICIALES

La cooficialidad del castellano y las lenguas territoriales determina, a partir de su declaración, la lógica necesidad de que ambas lenguas sean enseñadas en los centros escolares de la comunidad autónoma, ya que su conocimiento es la consecuencia más elemental de la práctica ulterior y la utilización indistinta de los idiomas oficiales en las relaciones con los poderes públicos. El Tribunal Constitucional tiene establecido a partir de sus sentencias 87 y 88/1983, que la proclamación de la cooficialidad implica el derecho de todos los habitantes a conocer y usar las dos lenguas oficiales en la comunidad, lo que «supone, naturalmente, que ambas lenguas han de ser enseñadas en los centros escolares de la Comunidad con la intensidad suficiente que permita alcanzar ese objetivo». Deber que «no deriva solo del Estatuto sino de la misma Constitución». Siguiendo lo establecido en la citada Sentencia 87/1983, la STC 337/1994, de 23 de diciembre, concluyó que «del reconocimiento de la cooficialidad del castellano y de la lengua propia de una Comunidad se deriva el mandato para todos los poderes públicos, estatal y autonómico, de incluir ambas lenguas cooficiales como materia de enseñanza obligatoria en los planes de estudio, a fin de asegurar el derecho, de raíz constitucional y estatutaria, a su utilización».

Los enunciados generales que recoge esta jurisprudencia son bastante comprensibles y, aparentemente, fáciles de aplicar. Sin embargo, la enseñanza de las lenguas es uno de los problemas más serios y complejos que se plantean los territorios multilingües, en los que está consagrado el derecho a utilizar indiferentemente cualquiera de ellas.

La primera cuestión esencial es la de decidir si corresponde al Estado o a las comunidades autónomas la competencia para regular, en sus aspectos básicos, la enseñanza de la lengua, de modo que pueda imponer, por una parte, los criterios que deben usarse para implantar la lengua de enseñanza, y, por otro lado, los mínimos que deben aplicarse a la enseñanza de cada una de las lenguas oficiales.

La primera jurisprudencia del Tribunal Constitucional pareció dar a entender, si la interpretamos correctamente, que los órganos centrales del Estado tienen, de acuerdo con la Constitución, competencia exclusiva para regular «las condiciones básicas que garanticen la igualdad de todos los españoles en el ejercicio de los derechos y en el cumplimiento de los deberes constitucionales entre los cuales se encuentra el de conocer la lengua del Estado (artículo 149.1.1.ª en relación con el artículo 3.1 de la CE» (STC 6/1982, de 22 de febrero).

De modo que el Tribunal entendió que podía utilizarse el artículo 149.1.1.ª (que se ha transcrito antes) para establecer no solo los mínimos que los programas de estudio deben dedicar a la enseñanza de las lenguas, sino incluso para imponer la enseñanza en castellano. En un sentido similar, la STC 82/1986, de 26 de junio, reiteró que «el Estado puede regular, si lo considera oportuno, las garantías básicas de la igualdad en el uso del castellano como lengua oficial ante los poderes públicos, así como las garantías del cumplimiento del deber de conocimiento del castellano, entre las que se halla la obligatoriedad de la enseñanza en ese idioma a que este Tribunal se refirió en su Sentencia 6/1982, de 22 de febrero».

Sin embargo, la posibilidad de que el Estado regulara con carácter general el deber de los centros escolares de enseñar en castellano resultó inmediatamente matizada por la jurisprudencia recaída en relación con la legislación autonómica que establecía también el derecho a elegir la lengua de enseñanza, entre las dos que eran cooficiales en el territorio. En la Sentencia 137/1986 reconoció «la legitimidad constitucional de la coexistencia de enseñanza en euskera y enseñanza en castellano, siempre y cuando queden garantizados en igualdad de condiciones los derechos de los residentes en el País Vasco para elegir con libertad real uno u otro tipo de enseñanzas».

Finalmente, la jurisprudencia del Tribunal Constitucional terminó por reconocer que la regulación de la lengua de enseñanza era señalada e inequívocamente competencia de las comunidades autónomas, que podían decidir sobre dicha cuestión al regular las consecuencias de la cooficialidad. Todo ello sin perjuicio de seguir aceptando dicha jurisprudencia que entre las competencias básicas del Estado (artículos 27 y 149.1.30.ª CE) está la de homologar el sistema educativo y regular las condiciones de obtención, expedición y homologación de títulos académicos y profesionales, y normas básicas para el desarrollo del artículo 27, conceptos que comprenden el establecimiento de objetivos por bloques temáticos y la de fijar las enseñanzas mínimas. De estas competencias genéricas extrajo el Tribunal Constitucional la consecuencia de que el Estado «en su conjunto (incluidas las comunidades autónomas) tiene el deber constitucional de asegurar el conocimiento tanto del castellano como de la lengua propia de la Comunidad [...]. Una regulación de los horarios mínimos que no permita una enseñanza eficaz de ambas lenguas incumpliría ese deber constitucional» (SSTC 87 y 88/1983, de 27 de octubre), de lo que el Tribunal Constitucional deriva como consecuencia que es adecuada a la competencia estatal cualquier norma que establezca las seguridades adecuadas para que dichos bloques mínimos de enseñanza y horarios se cumplan en todo el territorio.

Con estas matizaciones, no obstante, las comunidades autónomas han visto reconocida su competencia plena para decidir sobre la lengua de enseñanza. Las sentencias 195/1989, de 27 de noviembre, y 19/1990, de 12 de febrero, establecieron que, frente a las decisiones de política lingüística de las comunidades autónomas sobre la lengua de enseñanza en los centros educativos dependientes de ellas, no podía oponerse ningún supuesto derecho a elegir los centros educativos en los que la enseñanza obligatoria se impartiese en un determinado idioma. La primera de las sentencias citadas estableció la doctrina que luego han reiterado otras varias hasta la destacada Sentencia 337/1994, que hemos citado reiteradamente. El Tribunal Constitucional responde a la supuesta violación del artículo 27 CE, alegada por padres de alumnos que invocaban su derecho a que sus hijos recibieran la educación en la lengua de su preferencia, que «ninguno de los múltiples apartados del artículo 27 de la CE [...] incluye, como parte o elemento del derecho constitucionalmente garantizado, el derecho de los padres a que sus hijos reciban educación en la lengua de preferencia de sus progenitores en el centro docente público de su elección. Este derecho tampoco resulta, a diferencia de lo que puede apuntarse en la demanda, de su conjunción con el artículo 14 de la CE (que proclama el principio de igualdad), pues, proyectada a esta área, la prohibición de trato injustificadamente desigual que en él se establece supone, sin duda, que no puede prevalecer en el disfrute del derecho a la educación discriminación alguna basada en la lengua, pero no implica ni puede implicar que la exigencia constitucional de igualdad de los españoles ante la ley solo puede entenderse satisfecha, como el recurrente pretende, cuando los educandos reciban la enseñanza —en este caso, general básica— íntegramente en la lengua preferida por sus padres [...] en un centro docente público de su elección».

Esta jurisprudencia, sostenida desde la sentencia citada de 1989, solo presenta dos tipos de matices: el primero, que la imposición de la lengua territorial como lengua de enseñanza podría resultar contraria a la Constitución si se aplica de un modo incondicionado a ciudadanos que no hayan llegado a dominarla, por lo que han de establecerse siempre previsiones que permitan la impartición de la educación en una lengua que sea comprensible, ya que otra cosa situaría a los ciudadanos que no dominan la lengua de enseñanza en una situación de inferior condición que podría repercutir en su rendimiento educativo (STC 337/1994, de 23 de febrero, FJ 11.º).

La otra matización es que el Tribunal Constitucional ha aceptado las regulaciones que establecen una discriminación positiva en favor de la enseñanza en el idioma territorial. En el caso de la enseñanza en catalán, la citada Sentencia 337/1994 justifica, en sus fundamentos 7 y 8, tal favorecimiento, argumentando que la normalización lingüística tiene, entre otros objetivos, el de «corregir y llegar a superar los desequilibrios existentes entre las dos lenguas cooficiales en la Comunidad Autónoma», lo que justificaría un mayor apoyo a la lengua territorial hasta conseguir progresivamente su plena implantación.

Este asunto de la discriminación positiva a favor del idioma propio de la comunidad autónoma sigue siendo conflictivo en relación con la legislación de Cataluña. El Tribunal Supremo dijo, en una importante sentencia de 10 de mayo de 2011 (casación núm. 1602/2009), que «resulta perfectamente legítimo que el catalán, en atención al objetivo de la normalización lingüística en Cataluña, sea el centro de gravedad de este modelo de bilingüismo, aunque siempre con el límite de que ello no determine la exclusión del castellano como lengua docente de forma que quede garantizado su conocimiento y uso en el territorio de la Comunidad Autónoma». El problema que se ha planteado para ejecutar esta sentencia es el de decidir en qué medida ha de usarse el castellano, junto al catalán, como lengua vehicular en la enseñanza. La decisión al respecto fue dejada a la Generalitat, que debería tener en cuenta, para concretar la medida de tal concurrencia, «la proporción que proceda dado el estado de normalización lingüística alcanzado por la sociedad catalana». Es decir que, a mayor grado de normalización, menos necesaria sería la discriminación positiva a favor del catalán y más exigible la igualdad de este idioma y del castellano como lenguas vehiculares en la enseñanza. La Generalitat no adoptó medidas concretas para ejecutar lo decidido por el Tribunal Supremo y, en ejecución de la sentencia, el Tribunal Superior de Justicia de Cataluña decidió, mediante un auto de 30 de enero de 2014, que «la presencia mínima del castellano como lengua vehicular» ha de ser de «un 25 % de las horas efectivamente lectivas, debiendo impartirse en dicha lengua oficial, además del área, materia o asignatura correspondiente a su aprendizaje, cuando menos otra área, materia o asignatura no lingüística curricular de carácter troncal o análoga».

Esta es la situación que ratificaron la sentencia del Tribunal Supremo de 23 de abril de 2015 y varios autos posteriores del Tribunal Superior de Justicia catalán. El problema sigue vivo, ya que una reciente ley estatal de educación (denominada ley Celaá por el nombre de la ministra proponente) ha eliminado de su articulado el concepto de «lengua vehicular» aplicado al castellano. Aunque esta supresión no afecta en absoluto a las reglas constitucionales sobre la cooficialidad ni a la obligación de los poderes públicos de Cataluña de asegurar el aprendizaje del castellano y la competencia lingüística de los alumnos en las dos lenguas cooficiales, se han interpuesto recursos de inconstitucionalidad contra la ley ante el Tribunal Constitucional y sigue pendiente de ejecución lo decidido por el Tribunal Supremo sobre el indicado mínimo del 25 %.

Una vez reconocido que la competencia autonómica para regular las consecuencias educativas de la cooficialidad comprende la determinación de cuál ha de ser la lengua vehicular que se emplee por los centros docentes públicos, sin más límite que respetar los programas y horarios mínimos que hayan de dedicarse a la enseñanza del castellano de acuerdo con lo que, en su caso, haya impuesto la legislación estatal, las comunidades autónomas pueden acogerse a diferentes políticas lingüísticas, todas indiferentes desde el punto de vista del reparto de competencias. Los modelos usados hasta ahora entre nosotros son el de separación y el de conjunción lingüística. La sentencia del Tribunal Supremo de 16 de diciembre de 1985 se refirió a ambos considerando que el de «separación lingüística en la enseñanza, que supone el derecho a que la enseñanza de la lengua y en la lengua propia se haga diferenciadamente si son dos las oficiales pero logrando el conocimiento de ambas» es el que se ha implantado entre nosotros en el País Vasco, mientras que el modelo de conjunción lingüística o bilingüismo total («bilingüismo integral» lo denomina la STC 337/1994) es el que se ha establecido en Cataluña; este supone que la lengua vehicular es única, sin perjuicio de que también se enseñe la otra lengua oficial en los centros educativos.

Anexo de datos estadísticos[1]

1. Este anexo ha sido preparado por el profesor José Juan Toharia, catedrático de Sociología y presidente de Metroscopia.

LA SITUACIÓN EN COMUNIDADES CON MÁS DE UNA LENGUA OFICIAL

En una sociedad con dos lenguas oficiales (como en España es, paradigmáticamente, el caso de Cataluña, País Vasco y Galicia) resulta prácticamente imposible determinar con exactitud el grado real de conocimiento por parte de la población de cada una de ellas. En la práctica, la única forma de estimarlo es a partir de lo que los propios ciudadanos declaran sobre su capacidad para entenderlas, hablarlas o escribirlas; es decir, a partir de las auto-evaluaciones, puramente subjetivas, que expresan al ser preguntados.

A partir de los datos disponibles, lo que de entrada parece posible concluir es que se ha logrado evitar —al menos hasta ahora— lo que Rubio Llorente temió que pudiera ocurrir: la evolución, en las comunidades con más de una lengua oficial, hacia el de monopolio lingüístico de una ellas. No solo no ha ocurrido así, sino que la información disponible sugiere más bien la gradual consolidación, en la práctica, de un bilingüismo que la ciudadanía vive con perceptible —y declarada— naturalidad. El caso de Cataluña resulta, a este respecto, especialmente claro.

CATALUÑA

Los últimos datos estadísticos oficiales de la Generalitat sobre el uso del catalán y castellano son del año 2011 y se refieren a toda la población con dos o más años de edad (que suman un total de 7.306.072). Cabe suponer que en el caso de los menores, la evaluación la ha realizado uno de los progenitores. La situación, según esta información, sería la siguiente:

— entiende el catalán .... 6.949.344 personas (el 95 % el total considerado)
— lo sabe hablar .... 5.345.484 personas (73 %)
— lo sabe leer .... 5.750.358 personas (78 %)
— lo sabe escribir .... 4.069.219 personas (56 %)
— no lo entienden .... 356.728 personas (5 %)

Ahora bien, de esta amplísima familiaridad ciudadana con la lengua catalana no se debe deducir Cataluña sea casi monolingüe. En realidad, lo que en la misma predomina de forma clara es lo que cabe considerar como una clara predominancia del bilingüismo. Ambas lenguas coexistes con un grado de utilización llamativamente similar. Cabe, si acaso, apuntar que el porcentaje que dice utilizar preferentemente siempre o casi siempre el catalán es 12 puntos inferior entre los más jóvenes que entre los de más edad; también entre los más jóvenes predominan algo más que entre los más mayores los que cabe considerar como habitualmente bilingües (datos de un sondeo de Metroscopia efectuado en Cataluña entre el 6 y el 9 de septiembre de 2021).

<table>
<tr><th rowspan="2"></th><th colspan="2" rowspan="2">Población total de Cataluña</th><th colspan="8">Grupos de edad</th></tr>
<tr><th colspan="2">18-34</th><th colspan="2">31-54</th><th colspan="2">55-64</th><th colspan="2">+65</th></tr>
<tr><td>Siempre, o casi siempre, en catalán</td><td>27</td><td rowspan="2">36</td><td>25</td><td rowspan="2">38</td><td>22</td><td rowspan="2">31</td><td>32</td><td rowspan="2">41</td><td>37</td><td rowspan="2">44</td></tr>
<tr><td>Más en catalán que en castellano</td><td>9</td><td>13</td><td>9</td><td>9</td><td>7</td></tr>
<tr><td>En catalán y en castellano por igual</td><td colspan="2">33</td><td colspan="2">34</td><td colspan="2">35</td><td colspan="2">37</td><td colspan="2">27</td></tr>
<tr><td>Más en castellano que en catalán</td><td>12</td><td rowspan="2">31</td><td>18</td><td rowspan="2">27</td><td>12</td><td rowspan="2">34</td><td>13</td><td rowspan="2">30</td><td>8</td><td rowspan="2">29</td></tr>
<tr><td>Siempre, o casi siempre, en castellano</td><td>19</td><td>9</td><td>22</td><td>17</td><td>21</td></tr>
</table>

¿En su vida cotidiana, en qué lengua prefiere usted expresarse habitualmente: en catalán o en castellano? (En porcentajes). Fuente: Metroscopia, septiembre 2021.

Por otro lado, ocho de cada diez catalanes (78 %) consideran que Cataluña *debe ser* una sociedad bilingüe, en la que se utilice indistintamente el catalán y el castellano; un 21 % preferiría que predominase de forma amplia el catalán. Y en esta opinión no existen diferencias significativas en función de la edad.

Los datos de Metroscopia son coincidentes, en conjunto, con los obtenidos por el *Centre d´Estudis d´Opinió de la Generalitat de Catalunya* en su Barómetro de mayo de 2021. En realidad, todos los datos disponibles parecen apuntan en una misma dirección: probablemente el catalán nunca ha gozado antes de mejor salud. El último estudio sobre hábitos de lectura, de los que periódicamente encarga la *Generalitat*, indica que en 2016 el catalán era la lengua habitual de lectura para el 27 % (frente al 21 % en 2011); además, el 96 % de los lectores catalanes que leen algún libro (no de estudio) en catalán dicen hacerlo sin necesidad de recurrir a un diccionario. Y cabe quizá añadir, como novedad históricamente significativa, que el propio jefe del Estado, el rey Felipe VI, y la princesa Leonor, su previsible heredera, se expresan con total fluidez y naturalidad en esta lengua en sus visitas a Cataluña, tanto en actos públicos como en conversaciones privadas.

PAÍS VASCO

Los últimos datos oficiales (obtenidos por la *VI Encuesta Socio-lingüística* llevada a cabo en 2016 por el Gobierno de la Comunidad Autónoma Vasca, el Gobierno de Navarra y la Oficina Pública del Euskera del País Vasco-Francés), *referidos a mayores de 16 años*, indican que, en el conjunto de esos tres territorios, el 34 % son «vasco-parlantes bilingües»; el 19 %, «vasco-parlantes bilingües pasivos», y el 47 % «castellano-parlantes exclusivamente».

La desagregación territorial de estos datos revela importantes diferencias entre Guipúzcoa y el resto de los ámbitos considerados, en ninguno de los cuales procede utilizar la categoría «vasco-parlante en exclusiva».

	Vasco-parlante bilingüe	Vasco-parlante bilingüe pasivo	Castellano-parlante en exclusiva
Guipúzcoa	51	20	32
Vizcaya	28	18	52
Álava	19	18	62
Navarra	13	10	77
Pais Vasco-francés*	28*	16*	—

Grado de conocimiento del euskera (2016). (En porcentajes sobre el total de la población mayor de 16 años en cada territorio).

* En este caso la otra lengua es el francés.

GALICIA

Según los datos más recientes del *Istituto Galego de Estadística*, referidos a 2018 (publicados en 2019), el grado de utilización del gallego en la vida cotidiana presenta el siguiente perfil, por edades:

<table>
<tr><th rowspan="2"></th><th rowspan="2" colspan="2">Población total de Galicia</th><th colspan="10">Grupos de edad</th></tr>
<tr><th colspan="2">5-14</th><th colspan="2">15-29</th><th colspan="2">30-49</th><th colspan="2">50-64</th><th colspan="2">+65</th></tr>
<tr><td>Siempre en gallego</td><td>31</td><td rowspan="2">53</td><td>14</td><td rowspan="2">26</td><td>19</td><td rowspan="2">37</td><td>24</td><td rowspan="2">45</td><td>33</td><td rowspan="2">58</td><td>48</td><td rowspan="2">73</td></tr>
<tr><td>Más en gallego que en castellano</td><td>22</td><td>12</td><td>18</td><td>21</td><td>25</td><td>25</td></tr>
<tr><td>Más en castellano que en gallego</td><td>23</td><td rowspan="2">48</td><td>30</td><td rowspan="2">74</td><td>31</td><td rowspan="2">63</td><td>28</td><td rowspan="2">55</td><td>22</td><td rowspan="2">42</td><td>13</td><td rowspan="2">27</td></tr>
<tr><td>Siempre en castellano</td><td>24</td><td>44</td><td>32</td><td>27</td><td>20</td><td>14</td></tr>
</table>

¿En su vida cotidiana, en qué lengua suele usted expresarse habitualmente: en gallego o en castellano? (En porcentajes). Fuente: IGE, 2019. Las cifras han sido redondeadas, evitando decimales.

Resulta destacable que las proporciones que utilizan solamente el gallego o el castellano en su vida cotidiana resultan ser justamente inversas en los grupos de edad más extremos.

El español hablado en Colombia

ACADEMIA COLOMBIANA DE LA LENGUA

Un acercamiento al perfil lingüístico del español colombiano. ■ Algunos estudios sobre el español de Colombia y su estado actual. ■ El *ALEC* y el español hablado en Bogotá: generalidades. ■ El *Atlas Lingüístico-Etnográfico de Colombia* (ALEC). ■ Clasificación dialectal del español de Colombia según el *ALEC.*

La última constitución colombiana registró en su articulado una disposición que reconoce la lengua castellana como lengua oficial de Colombia y da un espacio de oficialidad a las lenguas indígenas y autóctonas de nuestro territorio. En particular el artículo 10 de la carta magna:

> Artículo 10. El castellano es el idioma oficial de Colombia. Las lenguas y dialectos de los grupos étnicos son también oficiales en sus territorios. La enseñanza que se imparta en sus comunidades con tradiciones lingüísticas propias será bilingüe.

Esta concepción constitucional se ha venido desarrollando de manera legislativa mediante varias leyes:

> Ley 47 de 1993
> **Artículo 42. Idioma y lengua oficial en el Departamento Archipiélago.** Son oficiales en el Departamento Archipiélago de San Andrés, Providencia y Santa Catalina el castellano y el inglés, comúnmente hablado por las comunidades nativas del archipiélago.
>
> Ley 982 de 2005
> **Artículo 2.** La Lengua de Señas en Colombia que, necesariamente, utilizan quienes no pueden desarrollar lenguaje oral, se entiende y se acepta como idioma necesario de comunicación de las personas con pérdidas profundas de audición y las sordociegas, que no pueden consiguientemente por la gravedad de la lesión desarrollar lenguaje oral, necesario para el desarrollo del pensamiento y de la inteligencia de la persona, por lo que debe ser reconocida por el Estado y fortalecida por la lectura y la escritura del castellano, convirtiéndola propositivamente en bilinguales.

En este sentido, la Ley 1381 de enero 25 de 2010 es un ejemplo de preocupación por normar la defensa de las lenguas de los grupos étnicos en Colombia que se resumen en su naturaleza y objeto:

> ARTÍCULO 1. *Naturaleza y objeto.* La presente ley es de interés público y social, y tiene como objeto garantizar el reconocimiento, la protección y el desarrollo de los derechos lingüísticos, individuales y colectivos de los grupos étnicos con tradición lingüística propia, así como la promoción del uso y desarrollo de sus lenguas que se llamarán de aquí en adelante lenguas nativas. Se entiende por lenguas nativas las actualmente en uso habladas por los grupos étnicos del país, así: las de origen indoamericano, habladas por los pueblos indígenas, las lenguas criollas habladas por comunidades afrodescendientes y la lengua Romaní hablada por las comunidades del pueblo rom o gitano y la lengua hablada por la comunidad raizal del Archipiélago de San Andrés, Providencia y Santa Catalina.

En cuanto a la descripción del español hablado en Colombia incorporamos en esta relación un trabajo del académico Mariano Lozano Ramírez elaborado para específicamente para esta crónica:

UN ACERCAMIENTO AL PERFIL LINGÜÍSTICO DEL ESPAÑOL COLOMBIANO

Los estudios sobre el español de Colombia, como ya lo han dicho otros investigadores nacionales e internacionales, son en un buen número copiosos; sin embargo, queda mucho por decir de esta forma de habla en el mundo panhispánico. Se ha reconocido, entonces, que el hablar colombiano es una de las manifestaciones lingüísticas que más se ha estudiado para el conocimiento del español en el Nuevo Mundo. Así pues, a lo largo de estos últimos dos siglos encontramos pequeñas y grandes contribuciones de gramáticos, filólogos, lingüistas, investigadores, estudiosos o aficionados sobre la realidad de la lengua que aquí en el suelo patrio se habla.

En consecuencia, estas realizaciones o inquietudes individuales o grupales han favorecido enormemente el conocimiento del español de Colombia dentro y fuera del territorio nacional. Este creciente interés por la lengua, además de la importancia de estudiarla para conocerla, utilizarla y cuidarla, ha logrado crear conciencia en los usuarios para emplearla mejor en sus relaciones comunicativas; de ahí que, en alguna época anterior, este legado español utilizado en Bogotá, capital de la República de Colombia, fue considerado una muy buena forma de habla hispanoamericana y, por ende, la capital colombiana recibió el remoquete de la Atenas suramericana.

De acuerdo con lo anterior, podemos decir que el estudio, fomento, cultivo y cuidado del patrimonio lingüístico de los colombianos contribuye fundamentalmente a la unidad en la diversidad dentro o fuera de las fronteras del mundo panhispánico, donde hoy se habla la lengua de Castilla. En Colombia, mucho se ha hecho y logrado. Se ha recorrido un gran trecho del camino, averiguando, recogiendo y analizando la realidad viva de la lengua nacional en su contexto sociocultural; todo ello ha sido posible gracias a la fundación de la Academia Colombiana de la Lengua (1871), al Instituto Caro y Cuervo (1942) y su Departamento de Dialectología (1949), al empeño de otras entidades de educación superior del orden nacional, públicas o privadas y, por supuesto, también al deseo y al trabajo asiduo, en muchos casos silencioso pero eficaz, de investigadores nacionales e internacionales que impulsaron los estudios lingüísticos y los ubicaron dentro del concierto panhispánico y mundial (Lozano 2012: pág. 12)[1].

Los trabajos realizados sobre la lengua en Colombia los podemos situar en varias disciplinas, pero, en especial, en la filología, la dialectología, la le-

---

1. Lozano, M.: «Diversidad regional y diversidad sociolingüística en el español de Colombia», en *El lenguaje en Colombia*, tomo I: *Realidad lingüística de Colombia*. Bogotá: Academia Colombiana / Instituto Caro y Cuervo, 2012.

xicografía y la sociolingüística, y han sido desarrollados principalmente por los investigadores del Instituto Caro y Cuervo y la Academia Colombiana de la Lengua, claro está, sin dejar de lado otras publicaciones que corresponden a diversas ramas de la ciencia del lenguaje y a trabajos interdisciplinares que contribuyen con el objetivo de los estudios de lengua, entre ellos, artículos, ensayos y notas de pragmalingüística, sicolingüística, neurolingüística, etnolingüística, etnografía del habla, semiolingüística, textolingüística, lingüística cognitiva, concepciones modernas que permiten los avances de estos estudios sobre la realidad de la lengua en un territorio, lugar o grupo humano determinado.

ALGUNOS ESTUDIOS SOBRE EL ESPAÑOL DE COLOMBIA Y SU ESTADO ACTUAL

En este apartado, nos acercaremos a la realidad lingüística del español colombiano, recogiendo lo apuntado por Luis Flórez, José Joaquín Montes Giraldo y los investigadores del Departamento de Dialectología del Instituto Caro y Cuervo, durante las décadas de los años 60, 80, 90 y la primera década del siglo XXI, teniendo como documentos base los datos del *Atlas Lingüístico-Etnográfico de Colombia* y sus productos, junto con los estudios sobre el español de Bogotá.

Hasta ahora, en nuestro país no se ha hecho otra investigación, amplia, ambiciosa y enjundiosa, como la realizada por los investigadores del Instituto en las 262 poblaciones encuestadas entre 1959 y 1976 a lo largo de la geografía nacional, cuyos resultados fueron publicados en el *ALEC* entre 1982 y 1983; materiales dialectales que conforman el primer atlas nacional publicado en el mundo panhispánico. Tampoco, se ha intentado actualizarlo con estudios comparativos regionales que muestren en la actualidad el mapa dialectal del español colombiano. Sí se han hecho trabajos en algunas universidades bogotanas y de la provincia colombiana de manera puntual sobre una población o una región determinada, es decir, trabajos de investigación o de grado elaborados por profesores o estudiantes de pregrado o posgrado, pero estos no logran reunir la forma de habla de todo el país.

Por lo tanto, los registros que aquí presentamos corresponden a los datos de la geografía lingüística nacional plasmada en el *ALEC* y las propuestas de clasificación dialectal (1961, 1982, 1996 y 2004) del Instituto Caro y Cuervo, sin olvidar que otros investigadores han procurado ampliar, de algún modo, las regiones dialectales establecidas como superdialectos, dialectos, subdialectos y hablas regionales, léxicos regionales o locales integrándolas a las isoglosas léxicas y a los rasgos fonéticos o fonológicos señalados en las propuestas anteriores, conservando, sí, en gran medida, los rasgos lingüísticos seleccionados por los investigadores del Caro y Cuervo. Los rasgos señalados en estos estudios resultan coincidentes con los rasgos distintivos propuestos en 1961 (Flórez), 1982 (Montes), 1996 (Mora) y 2004 (Mora *et al.*) por el Instituto y que aún se consideran vigentes para cualquier tipo de clasificación dialectal del español hablado en Colombia a partir del *ALEC*. Se reconocen, por supuesto, en estos nuevos trabajos del Seminario Andrés Bello del Instituto Caro y Cuervo y de otros investigadores, las reflexiones teóricas y las herramientas metodológicas que discurren por los caminos de la investigación dialectal en el concierto panhispánico.

Para el logro del propósito de esta nota, presentaremos, entonces, el perfil lingüístico de los hablares colombianos, señalando algunos de los rasgos regionales nacionales que constituyen el acercamiento al estado actual del español en Colombia.

EL *ALEC* Y EL ESPAÑOL HABLADO EN BOGOTÁ: GENERALIDADES

Empezaremos diciendo que la obra cumbre de la dialectología colombiana es el *ALEC* y que los estudios regionales o de dialectología se iniciaron con la publicación de las *Apuntaciones críticas sobre el lenguaje bogotano* (1867), de don Rufino José Cuervo, «obra clásica que muestra la necesidad de este tipo de estudios para el conocimiento de la lengua colombiana, pero en especial la bogotana, y su correlación con la forma de habla de los países hispanoamericanos» (Lozano 2016: pág. 127)[2]. Por esta razón, podemos afirmar que el iniciador de los estudios dialectales en Colombia y, por qué no, en Suramérica fue don Rufino José Cuervo.

De esta manera, la investigación filológica y lingüística colombiana la podemos enmarcar en dos grandes etapas: la primera se inicia con Cuervo, Caro, Uricoechea, Suárez y Bello, entre otros estudiosos de la lengua colombiana. Autores estos de inmensos trabajos que permitieron mostrar la forma de habla de los colombianos en las centurias pasadas. Además de estos estudios filológicos y gramaticales, encontramos, en esta primera etapa, publicaciones de provincialismos o regionalismos, elaborados por expertos o iniciados en este tipo de investigación lexicográfica. La segunda comienza con la fundación del Instituto Caro y Cuervo (1942) y las realizaciones de los investigadores del Instituto (Flórez, Montes, entre otros) vinculados a los departamentos de Filología, Lingüística, Dialectología, Lexicografía, Bibliografía y Literatura, junto con algunos estudios sobre lenguas indígenas preparados

2. «La dialectología ayer y hoy: un acercamiento al método y su aplicación en Colombia». *Boletín de la Academia Colombiana*, tomo LXVII, números 273-274, julio-diciembre. Bogotá: Academia Colombiana de la Lengua, 2016.

desde el Departamento de Dialectología que, por aquel entonces, tenía la responsabilidad de adelantar estos trabajos. Posteriormente, se creó, en el Instituto, el Departamento de Lingüística Indígena.

No podemos olvidar que Colombia es un país de regiones, especialmente diverso, multicultural y multilingüe, y que en cada región de estas se habla el español junto con las lenguas indígenas, africanas (lenguas criollas) que conviven en esos lugares (Lozano 2018: pág. 136)[3]. En la Constitución Política de Colombia (1991) encontramos: «El castellano es el idioma oficial de Colombia. Las lenguas y dialectos de los grupos étnicos son también oficiales en sus territorios. La enseñanza que se imparta en las comunidades con tradiciones lingüísticas propias será bilingüe». Queda demostrado, entonces, que en Colombia se reconoce la diversidad lingüística, se estimula y protege. El 99,2 % de los colombianos habla español, de una población de más de 50 millones de personas entre nativos y extranjeros.

Nuestro país, uno de los de Suramérica con mayor diversidad lingüística, cuenta en la actualidad con más de 65 lenguas indígenas, la mayor parte de ellas clasificadas dentro de catorce familias lingüísticas, algunas consideradas monotípicas hasta el momento. Estas lenguas, con características estructurales tan complejas y admirables como cualquiera de las demás lenguas del mundo, se hallan dispersas por los lugares más inhóspitos del territorio patrio y situadas, por lo general, en las áreas periféricas. Sus hablantes, aproximadamente 800 000, tienen en ellas el instrumento primario de comunicación con vigencia actual y diverso grado de vitalidad. Las dos lenguas criollas existentes en Colombia están estructuradas de manera diferente: el criollo sanandresano, de base inglesa —hablado en las islas de San Andrés y Providencia— y el palenquero, de base española —hablado en San Basilio de Palenque (departamento de Bolívar)—[4].

Ahora bien, de la primera etapa, podemos decir que Cuervo fue un adelantado en su época y que su trabajo se consolidó, además de en otros estudios, con la dedicación y aplicación de su vasto conocimiento en cuestiones gramaticales, en la elaboración de su máxima realización filológica gramatical, el *Diccionario de construcción y régimen de la lengua castellana*, del que publicó solo dos tomos. El Instituto Caro y Cuervo, desde el Departamento de Lexicografía, lo continuó hasta su publicación en 1992.

---

3. «El español triniteño: una contribución regional al patrimonio lingüístico, histórico y cultural de la nación», en Rivera Salcedo, Delfín: *Trinidad Casanare: patrimonio histórico y cultural de la nación*. Tunja: Jotamar, 2018.

4. Plegable. Departamento de Lingüística Indígena. Instituto Caro y Cuervo. Semana del 23 de abril, dedicada al conocimiento y difusión de todos los idiomas que se hablan en Colombia (s. f.). Para ampliar este tema véase *Lenguas indígenas de Colombia. Una visión descriptiva*. Bogotá: Instituto Caro y Cuervo, 2000. También Patiño Roselli, Carlos: *Sobre etnolingüística y otros temas*. Santafé de Bogotá: Instituto Caro y Cuervo, 2000.

De la segunda etapa, son muchas las publicaciones del Instituto Caro y Cuervo, así como las de la Academia Colombiana de la Lengua. De todas ellas la más representativa es la elaboración y publicación del *ALEC* (*Atlas Lingüístico-Etnográfico de Colombia*) editado en 6 tomos, un manual y un disco que reúnen el habla regional colombiana. Obra considerada la magna realización de la investigación lingüística en el campo dialectal colombiano.

EL *ATLAS LINGÜÍSTICO-ETNOGRÁFICO DE COLOMBIA* (ALEC)

Describiremos aquí, en pocas líneas, los pasos de la preparación, la compilación de los materiales y la publicación del *ALEC*. Nace este proyecto bajo la mirada tutelar de don José Manuel Rivas Sacconi y la dirección del trabajo de investigación de don Luis Flórez, quien contó desde el principio con la colaboración de don Tomás Buesa Oliver en la elaboración del cuestionario y la selección de las poblaciones que serían encuestadas para la recogida de los datos que conformarían los mapas del *Atlas Lingüístico-Etnográfico de Colombia*. Don Luis Flórez no solo tiene el mérito de ser el ideador y director del *ALEC*, sino el formador de la primera y única escuela dialectológica en Colombia.

Así pues, el origen del proyecto de atlas lingüístico corre paralelo con la creación del Departamento de Dialectología y la llegada al Instituto Caro y Cuervo de don Luis Flórez, siempre bajo la mirada visionaria de don José Manuel Rivas Sacconi. En 1953, Flórez y Buesa revisaron la bibliografía pertinente sobre los estudios dialectales y los cuestionarios utilizados para la recolección de los datos lingüísticos dispersos por toda la geografía nacional. Elaboraron un cuestionario preliminar de 8058 preguntas repartidas en 7300 de léxico, seleccionadas en 16 temas (el cuerpo humano, el vestido, la vivienda, la alimentación, la familia y el ciclo de vida, las instituciones y la vida religiosa, las festividades y distracciones, el tiempo y el espacio, el campo, los cultivos y otros vegetales, industrias relacionadas con la agricultura, ganadería, animales domésticos, animales silvestres, oficios y empleos, embarcaciones y pesca y el transporte), 430 de fonética, 328 de morfosintaxis, un capítulo de onomástica, otro de romances (Buesa Oliver y Luis Flórez 1954: págs. 147-315)[5]. También dictaron cursillos de materias diversas para la formación de jóvenes encuestadores del *Atlas*. De estos alumnos solo continuó en el proceso José Joaquín Montes Giraldo, quien se integró al grupo del naciente Departamento de Dialectología.

El cuestionario preliminar fue sometido a prueba en la población de Pacho (Cundinamarca) en enero de 1956 y, en 1958, se aplicó en varias poblacio-

5. Buesa Oliver, T., y Luis Flórez: «El Atlas Lingüístico-Etnográfico de Colombia (ALEC) cuestionario preliminar». *Thesaurus*, tomo X. Bogotá: Instituto Caro y Cuervo, 1954.

nes del departamento de Bolívar. Entraron al Departamento de Dialectología del Instituto como investigadores Francisco Suárez Pineda, Luis Rafael Simbaqueba; más tarde, María Luisa Rodríguez de Montes, Jennie Figueroa y Marina Dueñas. De igual manera lo hicieron Jesús María García Sánchez, Siervo Custodio Mora Monroy y Mariano Lozano, quienes con Flórez, Montes y Suárez conformaron el grupo de base del Departamento de Dialectología.

Luego de esas primeras encuestas realizadas con el cuestionario preliminar, se eliminaron muchas preguntas que no fueron respondidas por los informantes o que correspondían a cuestiones que no existían en las regiones encuestadas, por lo tanto, se redujo a 2000 preguntas; finalmente, entre 1959 y 1960 quedó conformado por 1500. Con esta edición, se recogió la información que conformó el *ALEC*. Este cuestionario, siempre el mismo, se aplicó en 262 localidades, tanto a hombres y mujeres entre los 30 y los 60 años, en los lugares señalados. Las respuestas obtenidas se apuntaron en los cuestionarios en el alfabeto fonético (ARFE) que refleja la pronunciación de los informantes. Estos materiales, analizados, comparados y seleccionados de acuerdo con las entradas de los distintos temas, conformaron posteriormente los mapas del *ALEC*.

El *Atlas* es además etnográfico porque documenta cosas, objetos de uso popular, tradiciones y creencias costumbristas recogidas en cada región del país donde se hizo encuesta. En muchos casos, los mapas van acompañados de dibujos o fotografías que muestran esos objetos (Montes y Lozano 1999: pág. 547)[6].

En síntesis, las actividades del *Atlas*, desde su ideación hasta su publicación, duraron 30 años. Las labores se iniciaron en 1953. Las encuestas preliminares se realizaron en 1956; las principales, en 1959, y concluyeron en 1976. Por la necesidad de completar algunos vacíos en los cuestionarios se realizaron, entre 1977 y 1978, 40 encuestas complementarias. Los investigadores del departamento redactaron, entre 1979 y 1981, el documento final, que se publicó durante los años 1982 y 1983 en 6 tomos que contienen 1523 mapas de los 16 temas de léxico, uno de fonética, uno de gramática y otro de onomástica, acompañados con muchos dibujos y fotografías, también de un suplemento con dos discos (material folclórico) y un manual que le señala al consultor o lector la utilización del *Atlas*.

El *ALEC* es la primera y más grande investigación dialectal sobre el español que se habla en un país y el primer atlas nacional publicado en Hispanoamérica. Guarda en sus mapas el español colombiano que se usa en la geografía nacional regional. Ubica con precisión en un lugar, zona o región las formas lin-

6. «El Departamento de Dialectología», en *Homenaje a los departamentos de Lexicografía y Dialectología en los 50 años de su creación. Thesaurus*, tomo LIV, número 2. Santafé de Bogotá: Instituto Caro y Cuervo, 1999.

güísticas, de manera que se puede conocer la extensión de un determinado uso y las distintas variedades dialectales del español colombiano, es decir, permite establecer científicamente la división del español de Colombia en dialectos territoriales (Montes 1982)[7]. Además, presenta variados y auténticos aspectos de la oralidad, reflejo inequívoco de la cultura popular de Colombia.

Como productos del *ALEC* tenemos, entre otros tantos trabajos, el *Glosario lexicográfico del Atlas Lingüístico-Etnográfico de Colombia (ALEC)*, de Montes *et. al.* (Bogotá: Instituto Caro y Cuervo, 1986); así como el *Índice alfabético del Atlas Lingüístico-Etnográfico de Colombia (ALEC)*, de Mora, S. *et. al.* (Santafé de Bogotá: Instituto Caro y Cuervo, 1998). Véanse, además, los homenajes a Luis Flórez y José Joaquín Montes (Instituto Caro y Cuervo); la bibliografía sobre el *ALEC* publicada en el «Homenaje a los departamentos de Lexicografía y Dialectología. 50 años», en *Thesaurus*, tomo LIV (Bogotá: Instituto Caro y Cuervo, 1999). Asimismo, las propuestas de clasificación dialectal del español de Colombia (1961, 1982, 1996 y 2004).

CLASIFICACIÓN DIALECTAL DEL ESPAÑOL DE COLOMBIA SEGÚN EL *ALEC*

De acuerdo con el propósito de este estudio, importa, para el conocimiento del estado actual del español que se habla en Colombia, volver nuevamente sobre las propuestas de clasificación dialectal que nos orientan acerca de los usos regionales de la lengua distribuida por la geografía nacional y que corresponde al español colombiano.

Para este apartado tomaremos algunos apuntes de mis trabajos sobre la *Diversidad regional y diversidad sociolingüística en Colombia* (2012) y la *Dialectología ayer y hoy: un acercamiento al método y su aplicación en Colombia* (2016). Aquí, entonces, reafirmaré lo dicho en estos trabajos sobre el *Atlas Lingüístico-Etnográfico de Colombia* como el único estudio que ha permitido a investigadores de la lengua presentar propuestas de clasificación dialectal del español que se habla en el territorio nacional. Por tal razón, podemos afirmar que hoy en Colombia solo cuatro propuestas de clasificación dialectal (hechas por investigadores nacionales del Caro y Cuervo) muestran al país y al mundo académico la variedad dentro de la unidad de la lengua colombiana. Otros estudios sobre el español de América reafirman estas propuestas, especialmente la de Montes, cuando se refieren en su conjunto a la realidad dialectal americana.

---

7. Montes, J. Joaquín. «El español de Colombia. Propuesta de clasificación dialectal». *Thesaurus*, tomo XXXVII. Bogotá: Instituto Caro y Cuervo, 1982.

Según lo expresado en páginas anteriores de este mismo trabajo, son las únicas cuatro propuestas que, a pesar de los años, continúan vigentes: la de don Luis Flórez (1961), quien propone una división en siete grupos: costeño (atlántico y pacífico), antioqueño, nariñense-caucano, tolimense, cundiboyacense, santandereano y llanero; la de don José Joaquín Montes, en «El español de Colombia. Propuesta de clasificación dialectal» (*Thesaurus*, 1982), de base fonológica, habla y pronunciación; la de Siervo Mora, en «Dialectos del español de Colombia. Caracterización léxica de los subdialectos Andino-sureño y Caucano-valluno» (*Thesaurus*, LI (1), pág. 1-26, 1996), quien precisa la extensión de las áreas dialectales nariñense-caucana y antioqueña de la propuesta de Montes; y la del Departamento de Dialectología del Instituto, *Caracterización léxica de los dialectos del español de Colombia según el ALEC* (2004), que amplía la propuesta de Montes desde el léxico, incluyendo nuevos dialectos, subdialectos y hablas regionales.

Estas cuatro propuestas coinciden en lo fundamental con la delimitación geográfica lingüística que señala la ubicación y distribución de los fenómenos léxicos y fonológicos del español colombiano, así: dos grandes superdialectos, el costeño y el andino o central, con sus respectivos dialectos: costeño atlántico (Caribe), costeño pacífico, andino oriental, andino occidental y llanero (propuesta del Departamento de Dialectología, 2004) y subdialectos: cartagenero, samario, guajiro, atlántico interior o caribe interior, pacífico norte o septentrional, pacífico sur o meridional , antioqueño caldense, nariñense caucano (Montes 1982), caucano valluno y andino sureño (Departamento de Dialectología, 2004). Estos afirman que los datos léxicos amplían el área geográfica de la zona andina, que prefieren llamar caucano valluno y andino sureño, tolimenese-huilense, cundiboyacense, santandereano, llanero norte y sur (Departamento de Dialectología, 2004).

Como se desprende de lo dicho anteriormente, los mapas del *ALEC* permitieron a los investigadores del Departamento de Dialectología ir más allá de las propuestas presentadas hasta ese momento (superdialectos, dialectos y subdialectos). Ellos establecieron una nueva clasificación de las hablas regionales: Bolívar, Cesar, guajiro, Córdoba, Sucre, antioqueño caldense, valluno, caucano nariñense, norte santandereano, santandereano, cundinamarqués, boyacense, tolimense, huilense, araucano y casanareño.

Por lo tanto, la propuesta del Departamento de Dialectología (2004) resulta mucho más amplia que la de Montes (1982). Presenta, además, en cada una de las divisiones y subdivisiones lingüísticas, la ubicación geográfica del grupo humano, las adiciones que la amplían o que precisan los límites de las isoglosas léxicas, la identidad cultural del hombre de los respetivos lugares, acompañado del léxico aborigen (sustrato indígena) y un mapa con la caracterización dialectal del español colombiano. La suerte de tener el material de campo recogido y presentado en cartas geográficas que permiten ver la distribución espacial de los hablares regionales facilitó, en esta ocasión, la delimitación de las zonas dialectales (Lozano 2012: pág. 20)[8].

Superdialectos	Dialectos	Subdialectos
costeño	costeño caribe	cartagenero samario guajiro caribe interior
	costeño pacífico	septentrional ? meridional ? cundiboyacense santandereano
	andino occidental	antioqueño caldense nariñense caucano

Propuesta de división dialectal del español de Colombia (Montes, J., 1982).

Superdialectos	Dialectos	Subdialectos	Léxicos regionales
costeño	costeño atlántico	cartagenero samario guajiro atlántico interior	Bolívar Cesar guajiro Córdoba Sucre
	costeño pacífico	pacífico norte pacífico sur	
andino	andino occidental	antioqueño-caldense caucano-valluno andino sureño	antioqueño caldense valluno caucano nariñense
	andino oriental	santandereano	norte santandereano santandereano
		cundiboyacense	cundinamarqués boyacense
		tolimense-huilense	tolimense huilense
	llanero	llanero norte	araucano casanareño

Propuesta de división dialectal del español de Colombia según el Departamento de Dialectología del ICC (Mora *et al.*, 2004).

8. Lozano, M.: «Diversidad regional y diversidad sociolingüística en el español de Colombia», en *El lenguaje en Colombia*, tomo I: *Realidad lingüística de Colombia*. Bogotá: Academia Colombiana / Instituto Caro y Cuervo, 2012.

Hoy y ayer, lo citadino y lo rural en el español del Ecuador

ACADEMIA ECUATORIANA DE LA LENGUA

FAUSTO AGUIRRE, OSWALDO ENCALADA, ANA ESTRELLA, MARLEEN HABOUD y FERNANDO MIÑO-GARCÉS, *El estado del español en el Ecuador contemporáneo.* ■ FABIÁN CORRAL BURBANO DE LARA, *El lenguaje rural, testimonio de convivencia y mestizaje (algunas reflexiones).*

El estado del español en el Ecuador contemporáneo

FAUSTO AGUIRRE, OSWALDO ENCALADA, ANA ESTRELLA, MARLEEN HABOUD Y FERNANDO MIÑO-GARCÉS

INTRODUCCIÓN

Como bien expresa Cordero de Espinosa (2004: 13), «el único valor absoluto del idioma es su *comunicabilidad*». Al unísono de tales palabras, este ensayo muestra algunas características del español hablado en el Ecuador de hoy, tomando en cuenta la importancia del contacto lingüístico con otras lenguas como un motivador de cambios fonéticos, morfosintácticos y semántico-pragmático-discursivos. Además de la relación del español con la lengua quichua, mencionaremos, cuando estén registrados, los efectos del contacto con otras lenguas indígenas y sus variedades. Recordemos que el Ecuador es un país multilingüe y multicultural en el que se hablan 13 lenguas indígenas (mapa 1). Además del quichua (familia lingüística quechua) hablado en la Sierra, la Amazonía y Galápagos, las lenguas restantes están distribuidas en las distintas regiones del país. En la Costa, awapit, *cha'palaa, tsa'fiki* (familia lingüística barbacoana), y *sia pedee* (familia lingüística chocoana). En la Amazonía, achuar, *shuar, shiwiar* (familia jivaroana o aent), baikoka, y paikoka (familia tucanooccidental), *a'i* y waotededo (sin clasificación) y sápara (familia zaparoana). Todas estas lenguas, cuya tipología lingüística corresponde a la de las lenguas aglutinantes, están en contacto permanente entre ellas, así como con variedades del español habladas en Ecuador y en países vecinos como Colombia, Perú y Venezuela. Así, los hablantes de lenguas indígenas en regiones como la amazónica muestran distintos niveles de bilingüismo y/o multilingüismo.

En este contexto, si bien hay algunos rasgos generalizados en todas las regiones, el español de cada grupo está caracterizado por especificaciones propias, todavía poco estudiadas.

En relación con lo expuesto, las siguientes secciones presentan, por regiones, algunos rasgos encontrados en el español de monolingües hispanohablantes que han estado en contacto directo o indirecto con alguna lengua indígena. Esporádicamente se mostrarán, con su respectiva especificación, instancias de hablantes bilingües, así como influencias de otras regiones. Cabe subrayar que la mayoría de los casos que presentamos harán alusión a la relación entre el español y el quichua, no solo por el histórico e intenso contacto entre dichas lenguas, sino también porque, hasta el presente, el quichua es la lengua indígena más hablada en la Sierra, la Amazonía y Galápagos. Además, en los últimos años, ha habido una alta migración de quichuahablantes a provincias de la Costa, especialmente a Guayas (v. mapa 1)[1].

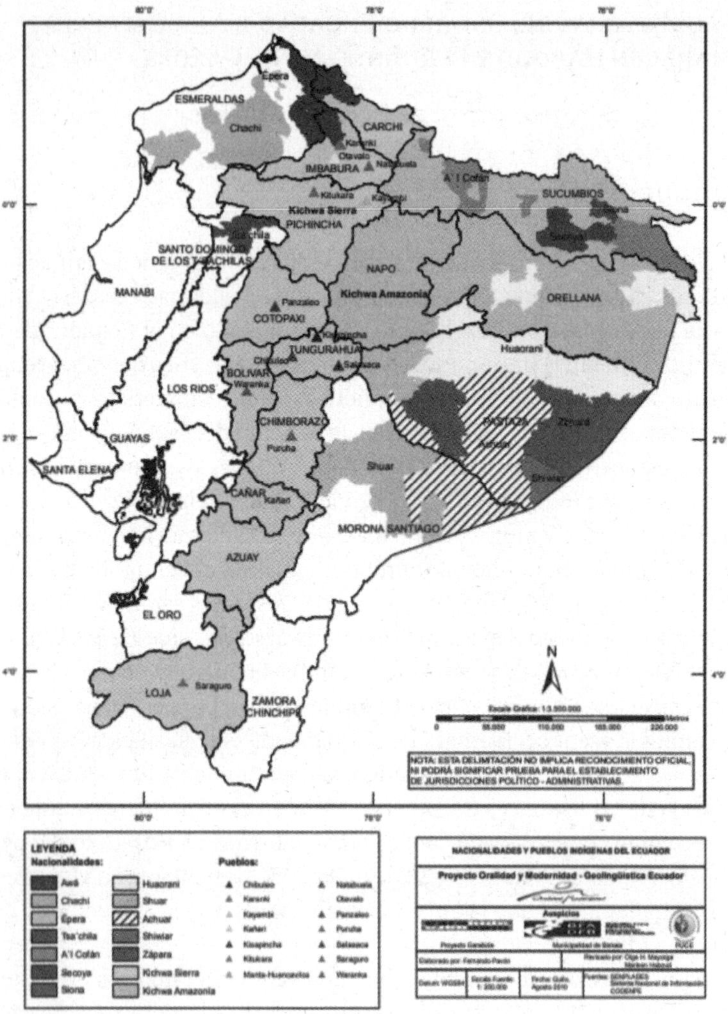

Mapa 1. Nacionalidades y lenguas indígenas en el Ecuador. Fuente: Haboud, Marleen. *Nacionalidades*[2].

1. La ortografía que aparece en el mapa corresponde a los nombres de las nacionalidades y pueblos indígenas según la Constitución del Ecuador del año 2008, aceptados oficialmente por la Confederación de Nacionalidades Indígenas del Ecuador.

2. Haboud, M.: «Nacionalidades, pueblos y lenguas indígenas en el Ecuador. Estudio sociolingüístico georreferenciado de las lenguas indígenas en Ecuador 2021 [2010]» [en línea]. Oralidad Modernidad. [Consulta: 5 de julio de 2021].

   Disponible en: https://oralidadmodernidad.org/

ESPAÑOL EN LA COSTA[3]

El español hablado en la Costa ha sido menos estudiado en comparación con el español andino. A pesar de esto, cabe indicar que en la Costa del Ecuador viven alrededor de 8 millones de personas, aproximadamente el 50 % de los ecuatorianos (INEC, 2021)[4], y que están en contacto con lenguas indígenas, variedades de español afroecuatoriano, la lengua hablada por los campesinos de la Costa («pueblo montubio»[5], según la Constitución del 2008, capítulo cuarto, art. 56), así como variedades de quichua, debido a las migraciones de quichuahablantes provenientes de la Sierra. La especificidad de estas relaciones ha sido, desde la época precolonial, difícil de determinar[6].

Actualmente, en la Costa norte, sobreviven tres lenguas: *cha'palaa,* en Esmeraldas; *tsa'fiki,* en Santo Domingo de los Tsáchilas. Además, a partir de las primeras décadas del siglo XX, migraron desde el sur de Colombia los éperas, con su lengua, el *sia pedee*[7]. Todas estas son lenguas minorizadas, con pocos hablantes, que conviven en una situación de diglosia con el español, pero que son parte de la cultura e historia de esta zona.

Al hablar de la Costa, es necesario apuntar que Guayaquil, con 2 698 077 habitantes (INEC, 2021), es la ciudad más importante, económica y demográficamente, de esta región; por esta razón, nos centraremos especialmente en el habla de esta ciudad, a la vez que haremos un breve recuento del español hablado en el resto de la Costa.

Fonética

El habla de la Costa comparte algunas características con regiones costeras de Colombia y Venezuela, y de la zona del Caribe[8]. Entre las características

---

3. Sección basada en Estrella, Ana: *El español de la Costa (Informe para AEL).* Quito: [s. e.], 2021.
4. INEC = Instituto Nacional de Estadísticas y Censos (2021). [Consulta: 5 de julio de 2021]. Disponible en: https://www.ecuadorencifras.gob.ec/estadisticas/
5. Si bien en el *Diccionario de la lengua española* el término *montubio* se refiere a una persona 'montaraz, grosera', la Constitución del Ecuador reconoce al pueblo montubio como uno de los 18 pueblos étnicos del país.
6. Ver, en este aspecto, J. Gómez Rendón: «Deslindes lingüísticos en las tierras bajas del Pacífico ecuatoriano». *Antropología. Cuadernos de Investigación,* 2010, 10, págs. 1-31; y J. Gómez Rendón: «Deslindes lingüísticos en las tierras bajas del Pacífico ecuatoriano (segunda parte)». *Antropología. Cuadernos de Investigación,* 2014, págs. 14-61.
7. Su territorio se oficializó en 2000 y su organización política fue reconocida por la CONAIE en 2001 (ver Gómez Rendón, J. «Avances en la revitalización del Sia Pedee: una agenda basada en la comunidad». En M. Haboud y N. Ostler: *Voices and Images of the Indigenous Languages.* Bath: Lulu, 2011).
8. Véase la clasificación inicialmente propuesta por P. Henríquez Ureña: «Observaciones sobre el español de América». *Revista de Filología Española,* 1921, VIII: págs. 357-390; y, más tarde,

fonéticas de esta variedad están el yeísmo, tendencia cada vez más generalizada también en la Sierra; el uso del fricativo faríngeo sordo /h/ en lugar del fricativo velar sordo /x/; la elisión o aspiración de /s/ en posición implosiva o coda silábica; la velarización de la /n/ final, y la elisión de /d/ intervocálica o final. Al respecto, cabe hacer algunas consideraciones menos generales. En Guayaquil, en el habla, se da la aspiración de /s/, pero no la elisión de /d/. Entre los hablantes con menor grado de instrucción formal, también se puede dar la realización de /h/ e incluso /ʃ/ (fricativa postalveolar sorda) para la /s/ intervocálica:

1) /ˈa.he ˈtjem.po / (*hace tiempo*)

2) /ˈe.ʃe ˈman/ (*ese man*)

Aunque el yeísmo está generalizado, hay, en menor medida, y entre guayaquileños de más de cuarenta años, la realización de /ʎ / y /ʝ/ como una fricativa palatoalveolar sonora /ʒ/ en posición intervocálica.

En Esmeraldas, más que en Guayaquil, es más frecuente la elisión de la /d/ en posición intervocálica o final. Las oclusivas /b d g/, después de una consonante o una semiconsonante, pueden realizarse como fricativas [ˈsal.ɣo], pero también como oclusivas [ˈsal.go]. En Zaruma, en El Oro, zona de transición entre Costa y Sierra, aún se registra el mantenimiento de la aproximante lateral palatal /ʎ/, pero el yeísmo es más generalizado.

Morfosintaxis

Algunas características morfosintácticas destacables son las siguientes:

- Formas de tratamiento. En la Costa se registra el voseo en Manabí y en Esmeraldas, aunque es mucho más generalizado en esta última provincia. El voseo es sobre todo pronominal; sin embargo, existe también la forma verbal *cantás/comés/vivís* (*DPD*, 2005). El ustedeo está muy extendido, especialmente en las zonas rurales, en las que es frecuente el trato de usted de hijos a padres.
- Excepto en Esmeraldas, el leísmo no es un fenómeno extendido, lo cual contrasta con usos de la Sierra norte y centro.
- Se emplea el verbo *ser* como focalizador: *Estar es pilas* por *Hay que estar atentos*. Este uso se da en el Caribe, las costas de Colombia y Venezuela, y

---

con ciertos matices, por Lipski, J: *El español de América*. [s. l.]: Cátedra, 1996; así como por Quesada, M. Á: *El español de América*. [s. l.]: Instituto Tecnológico de Costa Rica, 2000.

Centroamérica. Ocurre cuando el hablante necesita contrastar o dar énfasis a un constituyente, y alterna con la forma canónica[9].

- Hay un uso categórico de los pronombres de sujeto, similar al que se da en el Caribe; por ejemplo, *Ya tú sabes*.
- Con los monosílabos terminados en /s/, en el habla de zonas menos favorecidas se registran los plurales *dos cruz* o el singular *un pies*.
- En zonas similares en Esmeraldas, se registra el uso del pronombre personal átono en lugar del complemento tónico cuando hay coaparición del clítico: *Lo que tú mejor te convenga*.

Léxico

Como apunta Quesada (2000)[10], el léxico-semántico es el aspecto que ha sido más estudiado en Hispanoamérica. En un principio, por la tradición decimonónica, se creaban diccionarios del español con ejemplos del habla no canónica. Después, sin esa finalidad, siguió habiendo interés en crear glosarios del español hablado en una zona en particular: guayaquileñismos, quiteñismos (Sierra), entre otros. Por eso, aunque aquí se recogen algunas voces representativas de aquella variedad, es importante resaltar que no son exclusivas del habla de la Costa ecuatoriana, lo que permite entender cómo se han incorporado a la Sierra algunas de las expresiones que los costeños consideran más propias.

Algunas de las particularidades léxicas de Guayaquil, al igual que las de todo el país, se deben a la influencia del léxico popular argentino, sobre todo del lunfardo[11]. Entre los términos más usados se hallan *gamba* 'cien dólares', *media gamba* '50 dólares', *cana* 'cárcel', *canillita* 'voceador', las formas anagramáticas o *vesres* ('revés') *jermu* 'mujer', *dorima* 'marido' y, a partir de ellas, creaciones locales como *naple* 'plena' y *mopri* 'primo'.

Entre las formas coloquiales para el amigo están los anglicismos *pana*[12] y *bróder*, el quichuismo *ñaño* (que, como 'amigo', está más extendido en la

---

9. M. González Rivera y M. F. Escalante: «Aspectos sintácticos y semánticos del español caribeño: viejos y nuevos retos». *Cuadernos de la ALFAL 12*, 2020, 2, págs. 632-652.

10. Quesada, M. Á.: *El español de América*. [s. l.]: Instituto Tecnológico de Costa Rica, 2000.

11. El caso del lunfardo es interesante, ya que su expansión e influencia se dio gracias al tango, al *rock* argentino y a los medios de comunicación, y hay ejemplos de lunfardo en el habla popular de países como Costa Rica y Perú (Conde, O.: *Lunfardo. Un estudio del habla popular de la Argentina*. [s. l.] Taurus, 2011; Conde, O. (2014): «Lunfardo rioplatense: delimitación, descripción y evolución». En N. Vila Rubio (ed.): *De parces y troncos. Nuevos enfoques sobre los argots hispánicos* (págs. 77-106), anejo n.º 5 de *Normas. Revista de Estudios Lingüísticos Hispánicos*.

12. *Pana* 'hermana' en quichua se ha propuesto como la etimología de esta voz, pero, por la extensión diatópica de *pana* como amigo (que se registra en el Caribe), es más probable que haya derivado del inglés *partner*.

Costa que en la Sierra), *mi llave* (inicialmente 'amigo' en el argot del hampa), *yunta, parce* y *parcero*, ampliamente extendidas en Colombia. Hay anglicismos como *luquear* 'mirar', *pipol* 'gente', *chance* 'oportunidad' (muy extendido en la Sierra). Otras voces muy usadas son *patucho* 'pequeño y grueso' y *hacerse la pava* 'no ir a clases'.

En relación con los quichuismos, solo se usan diafásicamente algunos como el ya mencionado *ñaño, huasipichai* 'fiesta de inauguración de la casa', *guacho* y *guácharo* 'huérfano' y *chuchaqui* 'resaca'.

Algunas de las voces que no tienen restricción diastrática ni diafásica, pero sí diatópica —ya que su uso se circunscribe a la Costa— son *guinguiringongo* 'sube y baja', *bebe* 'bebé', *buzo* 'mono para los bebés', *gasfitero* 'plomero o fontanero'.

En Esmeraldas, se usan *bemba* 'boca', *bembudo* 'bocón' y *bumbambudo* 'boquisalido', que, según Valdés Acosta y Leyva Escobar (2009)[13], son de origen bantú. Solo en esta provincia se registra *chichis* 'pelo ondulado', cuyo origen es incierto.

Cuando la Constitución de 2008 reconoció al pueblo montubio, con patrimonio cultural común, su habla se convierte en un elemento diferenciador de otros mestizos. En los glosarios se recogen voces, a menudo consideradas como en desuso o arcaizantes, como *guargüero* 'garganta', *cuja* 'cama', *oración* 'atardecer' y otros que no se recogen en el *DLE* ni en el CREA, pero que se registran en otras regiones, como en el Guayas: *viravuelta*, para indicar una dirección que tiene forma serpenteada.

Hay términos quichuas de uso extendido en esta región, como *yapa* ('porción adicional en una compra'), *chapa* ('policía', del quichua *chapana* 'mirar, observar').

En conclusión, a grandes rasgos, se pueden constatar similitudes fonéticas y morfosintácticas con otras áreas del Caribe y las costas atlánticas. En el léxico coloquial hay influencia del lunfardo de Argentina y, además, se comparten anglicismos y voces que no se dan en el español general.

Desgraciadamente, todavía no contamos con investigaciones que nos permitan determinar la influencia que las lenguas indígenas tienen en el español de la Costa.

ESPAÑOL EN LA SIERRA

Esta sección presenta algunos de los efectos del contacto del español con el quichua a lo largo de la región andina Sierra norte, provincia de Imbabura;

---

13. Valdés Acosta, G. y Leyva Escobar, M.: *Diccionario de bantuismos en el español de Cuba*. [s. l.]: Instituto Cubano de Investigación Cultural Juan Marinello, 2009.

Sierra centro, Pichincha, Cotopaxi, Tungurahua, Bolívar, Chimborazo, y Sierra sur, Azuay, Cañar (español conocido como morlaco) y Loja. Por lo general las ilustraciones corresponden al español de monolingües; sin embargo, si se tratara de bilingüe quichua-castellano, se especificaría oportunamente. Tomemos en cuenta que es muy difícil hablar del español andino ecuatoriano (EAE), sin tomar en cuenta el influjo de las lenguas originarias, en especial el del quichua (Godenzzi y Haboud 2021).

Fonética

En esta sección se presentan algunos de los rasgos fonéticos prominentes en la Sierra.

- *Inestabilidad de vocales altas y medias*. Los bilingües cuya primera lengua es el quichua suelen presentar inestabilidad vocálica entre [i]/[e] y [u]/[o], por lo que el fonema /e/ del español puede percibirse como [i]: *piso* 'peso', y el fonema /i/ como [e]: *tea* 'tía'. Es similar la situación de /o/ del español percibida como [u]: *mutu* 'moto', y /u/ como [o]: *tona* 'tuna'. Como bien sabemos, el sistema fonológico del quichua es trivocálico /a, i, u/ y, por otra parte, el español que llegó con la conquista mostraba inestabilidad de /e/ y /o/, factores que consideramos convergen en la actual pronunciación de esas vocales[14]. Encontramos un fenómeno similar en hablantes bilingües quichua-español y *shuar*-español, en la Amazonía[15].
- *Asibilación de /r/*. La asibilación de /r/, que se realiza como fricativa prepalatal sonora frecuentemente ensordecida, ha sido uno de los fenómenos más estudiados en el EAE. El bajo prestigio de esta variante, que se considera marca de ruralidad y baja instrucción, ha hecho que inclusive los hablantes mayores, en situaciones formales, traten de modificarla a favor de los alófonos vibrantes, y los jóvenes tienden aun a la ultracorrección. Esta es una tendencia cada vez más frecuente en el habla de algunos dirigentes y jóvenes indígenas bilingües, como en *En este rato* [ratu] *le escribo, compadre* (dirigente bilingüe quichua-castellano de Cotopaxi, 03/2021). En actitud contraria, en regiones como Azuay, hablantes de sectores sociales altos que residen en Cuenca, defienden públicamente la asibilación como fuente

14. Toscano, H.: *El español en el Ecuador*. Madrid: Consejo Superior de Investigaciones Científicas, Patronato Menéndez y Pelayo, Instituto Miguel de Cervantes, 1953. Godenzzi, J. C. y Haboud, M.: «El español en contacto con las lenguas originarias en Bolivia, Ecuador y Perú». En F. Moreno-Fernández y R. Caravedo (eds.): *Handbook of Spanish Dialectology*. UK: Taylor and Francis Group, 2021.
15. Haboud, M. y De la Vega, E.: «El español en el Ecuador». En A. Palacios (ed.): *El español en América. Contactos lingüísticos en Hispanoamérica*. Barcelona: Ariel, 2008, págs. 161-187.

de su identidad: «No eres cuencano si no arrastras la /r/»[16]. En Cañar, aunque se ha documentado la asibilación de /r/ en la población infantil de varias comunidades[17], hay también una importante tendencia a producir la vibrante, probablemente debido a las múltiples migraciones de sus habitantes tanto hacia Estados Unidos como a Europa. En Loja, la vibrante simple sonora inicial [r] nunca se articula como tal, siempre se vuelve múltiple [r̃], y esta, en su proceso articulatorio, se da con rehilamiento, asibilación o palatalización, por ejemplo: para *retro, rima, rabia, renal, travieso* siempre escucharemos ˈr̃ɛtrɔ / ˈshɛcrɔ; ˈr̃ĩmã / ˈshĩmã; ˈr̃aβja / ˈshaβja; r̃ɛ̃ˈnãl / shɛ̃ˈnãl; caˈβjɛso, respectivamente[18]. En relación con la asibilación de /r/, Toscano (1953) indica que debió haber llegado con los españoles, que la transmitieron a los indígenas y estos, a su vez, a los criollos y mestizos para quienes trabajaban. En el imaginario de la sociedad ecuatoriana, sin embargo, es característica indígena.

- *Fricativización de /p/.* Un fenómeno interesante que se da en la Sierra ecuatoriana, especialmente en sectores acomodados de la ciudad de Quito, es el cambio de la conjunción *pues* a /f/. Este proceso se inicia, por influencia del quichua, con la monoptongación del diptongo *pues,* que deviene *pes/pis*, dándose luego algunas elisiones, de manera que la expresión *sí, pues* puede realizarse como /sipis/, /sipi/, /sips/ o /sip/, lo que facilita la fricativización de la oclusiva en posición postnuclear: /p/ > /f/. Los jóvenes, sobre todo los de niveles socioeconómicos altos, han adoptado tal rasgo, sustituyendo /ps/ por /fs/ o simplemente /f/, como en *sí, pues* que se realiza como *sifs* o *sif*. Es además frecuente que la fricativa se alargue: *siff* 'sí, pues'[19]. Al ser una marca social prestigiosa, se ha expandido a hablantes bilingües (quichua-castellano) que viven en la ciudad y asisten a instituciones educativas, y es cada vez más frecuente encontrarla en redes sociales y emisiones informales como programas de Youtube o mensajes de Whatsapp, como ilustra este diálogo: —A. *Date guardando* [varios papeles] —B. ¡*Ya no tengo espacio!* —A. *En la mochilaff*[20]. Si bien este fenómeno se asocia con el habla

---

16. Ver Toscano (1953: 95) sobre el probable origen de la asibilación de /r/.

17. Oliver-Rajan, Julia: «La variación fonética del /ɾ/ y /r/ en el español andino de Cañar, Ecuador». En Marleen Haboud (coord.): *Lenguas en contacto. Desafíos en la diversidad 1.* Quito: PUCE, 2019, págs. 109-134.

18. Aguirre, F.: *El español utilizado en la ciudad y provincia de Loja. (Informe para AEL).* Quito: [s. e.], 2021.

19. Haboud y De la Vega: *Español Ecuador*; Estrella-Santos, A.: «Dos características morfosintácticas del habla de Quito». *Memorias de la Academia Ecuatoriana de la Lengua*, 2018, n.º 78. Cuenca: Universidad del Azuay, págs. 349-359; Godenzzi y Haboud: *Lenguas originarias.*

20. Enchufetv: «Colegio Gringo vs. Colegio Latino» [en línea].
[Consulta: 5 de julio de 2021]. Disponible en:
https://youtu.be/YEJNOGV64oA (0.53-0.57")

de Quito, tiende a expandirse rápidamente, sobre todo por redes sociales, factor extralingüístico importante para entender las dinámicas de contacto en el momento actual.

- *La sonorización de /s/.* Debido a este fenómeno, los estudiosos aseguran que hay, al menos, tres dialectos en la Sierra ecuatoriana. Desde el norte (Imbabura) hasta el centro (Chimborazo), /s/ se sonoriza entre palabras, pero no entre sílabas. En Cuenca, hay también sonorización, tanto en posición final de palabra como en posición media. En cuanto a Quito, capital del Ecuador, dado su carácter cosmopolita, es imposible generalizar; sin embargo, /s/ se sonoriza en posición final cuando precede a una vocal: *las aves* [lazabes][21].

La sonorización de /s/ [z] también caracteriza al español de todos los estratos sociales de Cañar y Azuay, si bien Encalada (2021) considera que parece ser más frecuente en poblaciones que mantienen contacto más cercano con el quichua, como en *sipi,* que deviene /zípi/ (áspero')[22]. Es frecuente, en Cañar, el uso de <z> y <zh> no solo en la toponimia, fitonimia, nombres de artefactos comunes y nombres de seres sagrados: *Mama Zhinzhuna*. Esto parece originarse en la lengua preincaica, el cañari. La sonorización se da también en palabras híbridas quichua-español, como en *taro*[z]*o* ('niño desmedrado y sucio'), así como también en palabras netamente españolas, como en de[z]*empleo, de*[z]*arrollo*[23]. Parecería que la lengua cañari ha influido también en los patrones entonativos característicos de esta región, que aparentan reproducir un cántico.

Morfosintaxis

Los temas más tratados en estas áreas son la tendencia al cambio del orden sintáctico básico del español (SVO-flexible) por el del quichua (SOV-flexible)[24], la omisión del artículo, la neutralización de género y número, las perífrasis de gerundio, el sistema pronominal, así como la duplicación y elisión de clíticos, la evidencialidad y (ad)mirativividad y, en los últimos años, los

---

21. Schmidt, L.: «Predictores lingüísticos y sociales en la sonorización de la /s/ en Quito, Ecuador». XIV Encuentro Internacional de Lingüística en el Noroeste, Universidad de Sonora, Hermosillo, México, 2016.

22. Muñoz Cueva, M. (1959) en Encalada V., O.: *Un rasgo de la identidad lingüística en el Austro ecuatoriano. (Informe para AEL).* Quito: [s.e.], 2021.

23. Para un análisis de la problemática que estas variantes traen al nivel ortográfico, ver Encalada V.: *Informe*.

24. Para un análisis detallado de otras condiciones que pueden motivar este fenómeno, ver A. Cerrón-Palomino: «"¿Reflejos del quechua en una variedad de contacto?". La posición del sujeto gramatical en castellano andino». *Boletín de Filología*, 2017, 52 (2), págs. 47-77.

marcadores discursivos. Debido a la limitación de espacio, aquí nos ocuparemos solo de algunos de los fenómenos mencionados.

- *Neutralización de género y número*. En bilingües cuya primera lengua es el quichua, es usual encontrar neutralizaciones de género: *la plaza está bonito*; y de número: *todo el día estábamos atento.* Uno de los factores que aquí opera es el hecho de que el quichua no marca morfológicamente el género y que la marca de número es opcional. Algo similar sucede con los bilingües del *shuar,* achuar, *shiwiar,* en la Amazonía, así como también con trilingües sápara-quichua-español. Aunque en menor grado, se da también en las nuevas generaciones que tienen el español como única lengua, y en el español urbano de sectores medios.

- *Pretérito perfecto compuesto.* En el Ecuador, este tiempo compuesto es usado para referirse a situaciones no experimentadas ni observadas directamente por el hablante: *Ha venido varias veces, pero yo no estaba* ('me dicen que X vino varias veces. Yo no lo vi'). Este uso evidencial se debe a una transferencia de sentido del sufijo verbal quichua *-shka* que marca el pasado no experimentado por el hablante. Tal categoría cognitiva, propia de las lenguas indígenas en Ecuador, se ha transferido al español de bilingües y monolingües: *Probé y me di cuenta que sí ha sido rico el sánduche de aguacate* [25]. Según Wroblewski (2010), hay un uso similar en la región amazónica, pero se tiende a elidir el auxiliar *haber: Juan_venido. Esther_bailado sin parar.* Estudios recientes sobre ecuatorianos en la diáspora mantienen tal uso. Por otra parte, y seguramente por influjo de la migración, varios negocios turísticos utilizan el pretérito perfecto compuesto, en lugar del pretérito simple, en los productos que exhiben: *Alguien que me quiere mucho me ha traído una camiseta*[26].

- *Perífrasis de gerundio.* A partir de datos recogidos por Haboud desde 1991 en Quito, Ambato y la Sierra norte y centro, Haboud y De la Vega (2008), Haboud y Palacios (2017), Palacios y Haboud (2018), se han analizado las construcciones perifrásticas desde varios aspectos, tales como sus procesos de gramaticalización, construccionalización, reanálisis semánticos, valores pragmáticos, situaciones comunicativas y contextos culturales.

---

25. Ver Toscano *Español*, Haboud *Quichua*, Haboud y De la Vega *Español Ecuador*, Godenzzi y Haboud *Lenguas originarias*, entre otros.

26. Haboud, M.: «Quichua y castellano en los Andes ecuatorianos: historia e innovaciones». En P. Danler P. y J. Harkus (eds.): *The Languages in the Americas / Las lenguas en las Américas*. Berlin: Logos, en prensa.

Según Miño-Garcés, en la Sierra, incluido Quito[27], se ha encontrado, al menos, una decena de usos de gerundio que son muy propios de la región y están motivados, a distintos niveles, por el contacto con la lengua quichua. Algunos de estos son:

- «*Mandar* + gerundio», como en *La profesora nos mandó sacando de la clase* ('nos hizo salir') es usada en toda la Sierra con mucha frecuencia. Según Haboud (2018), se trata de una construcción causativa que puede incluir un verbo negativo o positivo (*Le mandé comiendo para que no se enferme* 'Le hice comer...').
- «*Dejar* + gerundio», como en *La empleada dejó dañando la cocina* ('dañó la cocina y se fue/salió'). Se trata de otra construcción con sentido de causatividad motivada por la relación con la lengua quichua[28].
- «Verbos de movimiento + gerundio»: *¿Ya comiste? Sí, vengo almorzando* ('almorcé y vine'); *Vengo hablando con el profesor y me dijo que podía dar el examen mañana* ('vengo de hablar con el profesor y me dijo que sí podía dar el examen...'). Estas construcciones, aunque pueden tener una lectura de simultaneidad, en la variedad ecuatoriana tienen, de preferencia, una de consecutividad (completo un primer evento, antes de iniciar un segundo). Esta posible lectura semántica ha sido transferida por una similar del quichua y, por esa misma razón, estas construcciones son posibles con un paradigma abierto que va más allá de los verbos de movimiento: *Profe, es que solo durmiendo trabajo* ('solo después de dormir / cuando he dormido, puedo trabajar')[29].
- «*Dar* + gerundio», como en *Dame cerrando la ventana* ('por favor, cierra la ventana por mí'). Esta perífrasis es muy usada en toda la Sierra, tanto por monolingües hispanohablantes como por bilingües quichua-español y

---

27. La información sobre Quito proviene de Miño-Garcés, F.: *Estudio sobre el español hablado en Quito y zonas aledañas. (Informe para la AEL).* Quito: [s.e.], 2021.

Los datos sobre el resto de la Sierra y el análisis de las estrategias que emergen del contacto lingüístico provienen de Haboud, M.: *Quichua y castellano en los Andes ecuatorianos. Los efectos de un contacto prolongado.* Quito: Abya-Yala/ GTZ, 1998. La construcción «*dar* + gerundio» se analiza detalladamente en Haboud, M. y Palacios, A.: «Imperatividad y atenuación en el castellano andino ecuatoriano». En A. Palacios (coord.): *Variación y cambio lingüístico en situaciones de contacto.* Madrid y Frankfurt: Iberoamericana y Vervuert, 2017, págs. 21-54.

28. Un análisis detallado de esta construcción puede verse en Palacios, A. y Haboud, M.: «Dejar + gerundio como causativo en el castellano andino ecuatoriano». En K. Mutz, C. Patzelt, F. Reyna y C. Spiegel (eds.): *Migración y contacto de lenguas en la Romània del siglo XXI.* Frankfurt am Main: Peter Lang, 2018.

29. Lo ilustrado empata con lo documentado por Toscano en *Español* para el quichua de la Sierra: *Puñushpa rurani / Durmiendo trabajo,* que equivale a 'Si duermo, trabajo', 'Cuando duermo, sí trabajo'.

por todos los grupos socioeconómicos, como un imperativo atenuado que además connota un beneficio para quien solicita una acción. Esta es el resultado de varias estrategias en las que confluyen características propias del español y del quichua, moldeadas por necesidades comunicativas de los hablantes situados en un contexto sociohistórico y cultural particular. «*Dar* + gerundio» ha sido registrada también al sur de Colombia (Nino-Murcia 1995)[30]. En los últimos años, y aunque de uso esporádico, se la ha documentado también en la Costa y en medios de comunicación masiva. A pesar de ello, cada vez con más frecuencia, jóvenes de niveles socioeconómicos altos y medio-bajos expresan que, aunque sí saben el significado de esta perífrasis, evitan decirla, al menos en público. Sin embargo, en la práctica, el gerundio en la Sierra ecuatoriana tiene total vigencia, inclusive entre aquellos que dicen evitarlo. A medida que se profundiza en el estudio de esta(s) construcción(es), se evidencia que emergen gracias a todo un entramado complejo de factores lingüísticos y socioculturales que se entrelazan para recrearlas y dinamizarlas, respondiendo así a los cambios sociales y a las necesidades comunicativas de los hablantes inmersos en una sociedad que aprecia la cortesía.

Lipski (2013) considera que la alta frecuencia del gerundio en las regiones conquistadas en América debió haberse motivado por la lectura que los misioneros hicieron del adverbializador quichua *-s(h)pa* al tratar de comunicarse con los indígenas y estos, a su vez, transmitieron tal lectura a los criollos y mestizos que aprendieron español en los latifundios con mujeres indígenas que estaban a su servicio.

ESPAÑOL EN LA AMAZONÍA

La situación lingüística de la región amazónica ha sido muy poco estudiada, especialmente en cuanto al español. Los estudiosos del lenguaje se han interesado más bien por el estudio de algunas de las lenguas indígenas. Esto se debe a que las migraciones hacia la Amazonía por parte de habitantes de la Sierra, con fines colonizadores, se dieron a partir del *boom* petrolero en los años 60, momento en el que se incrementó el contacto con variedades del español de la Sierra, así como del quichua. En los últimos años también se han incrementado las relaciones interétnicas e interlingüísticas por las frecuentes movilizaciones fronterizas (Colombia y Perú). De estas, sin embargo, no hay ningún estudio. Por lo expuesto, en esta sección nos centraremos, sobre todo, en algunas características del contacto quichua-español que se

30. Niño-Murcia, M.: «The gerund in the Spanish of the North Andean region». En C. Silva-Corvalán (ed.): *Spanish in four continents. Studies in language contact and bilingualism*. Washington D. C.: Georgetown University Press, 1995, págs. 83-100.

da en la provincia del Napo; y en el contacto *shuar*-español en la provincia de Morona Santiago. En esta, también haremos referencia al pueblo macabeo (oriundo de Macas), que mantiene rasgos lingüísticos muy propios, posiblemente reminiscentes del quichua serrano[31].

Fonética

- *Inestabilidad de vocales altas y medias*. Al igual que en la Sierra, los bilingües cuya primera lengua es el quichua o el *shuar* suelen presentar inestabilidad vocálica entre [i]/[e] y [u]/[o], por lo que el fonema /e/ del español puede percibirse como [i]: *misa* 'mesa', y el fonema /i/ como [e]: *dese* 'dice'. Es similar la situación de la /o/ del español, percibida como [u]: *mudu* 'modo', y de la /u/ como [o]: *poma* 'puma'.

- *Las realizaciones de /r/*. Según Wroblewski (2010), el sistema consonántico y vocálico en Napo está en transición por la influencia del quichua serrano, de las variedades de español que circundan la región y por los medios de comunicación masiva. Así, aunque los hablantes bilingües y monolingües en Napo tienden a producirlas como una rótica (alveolar tap) [ɾ], ya sea en posición inicial: <rico> [ɾ]ico; intervocálica: <aro> a[ɾ]o, <carro> ka[ɾ]o, o final: <amor> amo[ɾ]. Y los grupos consonánticos /tr/ o /br/ se rompen con la inserción de una vocal epentética: *trabajo* > tarabajo, *abrazo* > abarazo. Se ha encontrado también la tendencia a la asibilación, de modo que /r/, en un mismo contexto, llega a producirse como una vibrante [r], una asibilada [ɹ] o una alveolar flap/rótica [ɾ][32].

  Los *shuar,* aunque prefieren la vibrante, asibilan /r/ en posición inicial, media y final, así como en grupos consonánticos: <rata> [ɹ]ata; <amor> amo[ɹ]; <trae> t[ɹ]ae. Esto seguramente se debe a la influencia del quichua serrano o del español de Cuenca y Cañar[33]. También, por influencia del quichua, O'Rourke (2020)[34] analiza la despalatalización y deslateralización de los fonemas palatales laterales en el español de la Amazonía.

---

31. El pueblo macabeo parece haber migrado desde la Sierra central (provincia de Chimborazo) hace varios siglos. S. Rivadeneira R.: *Inclusión del Pueblo Macabeo en la Ley Orgánica de Culturas* [en línea]. Macas: Casa de la Cultura Ecuatoriana Benjamín Carrión. Núcleo de Morona Santiago, 2010. [Consulta: 5 de julio de 2021]. Disponible en https://issuu.com/ferconlin/docs/inclusion-f1.

32. Wroblewski, M.: *Voices of Contact: Politics of Language in Urban Amazonian Ecuador*. University of Arizona (Doctoral Dissertation), 2010. (azu_etd_10862_sip1_m.pdf).

33. Gnerre, M.: «Shuar de contacto y Español de Contacto. Dos reflejos lingüísticos de las relaciones interétnicas». En *Relaciones interétnicas y adaptación cultural. Entre shuar, achuar, aguaruna y canelos quichua*. Colección Mundo Shuar. Quito: Abya-Yala, 1984.

34. O'Rourke, E.: «Phonological Processes in Flux: Variation in Palatal Lateral Production in the Ecuadorian Amazon». En S. Fafulas (ed.): *Amazonian Spanish. Language Contact and Evolution*. [s. l.]: John Benjamins, 2020, págs. 224-258.

Morfosintaxis

- *Cambio en el orden de elementos.* Como se ha dicho en la sección anterior (Español en la Sierra), en el español, el orden no marcado es SVO (flexible): *Marcela come fruta*; sin embargo, es posible cambiarlo a SOV si el enunciado es enfático: *Marcela **fruta** come* (no otra cosa). En el español de bilingües y monolingües hispanohablantes en contacto —directo o indirecto— con lenguas indígenas, es muy frecuente producir una construcción del orden SOV, sin necesidad de enfatizar (*Marcela fruta come*), como resultado de una transferencia de las lenguas indígenas que pervive en hablantes monolingües: *Ay, un año tapados andamos; Siempre caña hemos cultivado.* Igualmente sucede con el español de la población *shuar: Shuar muerto está* (en vernáculo, *shuar jakam itiau*).

- *Neutralización de género y número.* Al igual que en la Sierra, en monolingües y bilingües cuya primera lengua es el quichua, el *shuar*, el achuar, el *shiwiar* o el *tsa'fiki* (lengua hablada en la Costa ecuatoriana), es común encontrar neutralizaciones de género: *La niña está bonito,* y de número: *Dame tres papa*; así como también en hablantes trilingües sápara-quichua-español: *Estábamos atento.* Esto se debe a que las lenguas mencionadas no marcan morfológicamente el género, sino que lo expresan con ítems léxicos, como en el quichua: *kari wawa* 'niño'/ *warmi wawa* 'niña'. En cuanto al número, su marcación no es obligatoria, sobre todo si hay un elemento que indique que se trata de un plural, como un numeral. Este es un rasgo bastante generalizado en entornos bilingües y plurilingües y, aunque en menor grado, en las nuevas generaciones que tienen el español como única lengua.

- *Elisión del artículo.* Entre los bilingües y monolingües, incluidos los macabeos, es muy común elidir los determinantes, tanto en plural como en singular: *Venga a comer_almuerzo. Sí me puso en_colegio. Está usando_chaqueta. ¡Agarra_ gallinas!*

- *La proliferación del gerundio.* El uso del gerundio es muy frecuente entre los bilingües quichuas y *shuar,* así como también entre los macabeos, no solo en las construcciones perifrásticas usadas en la Sierra (*Le mandó insultando; Le dejó mantado; Le dio pescando para el almuerzo*), sino también por el uso de construcciones con sentido de consecutividad e inmediatez (*Saliendo del pueblo, sí se burlan de uno*). Según Gnerre (1984)[35], los *shuar* han sido históricamente usuarios frecuentes de estas construcciones: *A vos mucho queriendo todos está* ('todos te queremos'); *Envolviendo bien los maitos, pones a cocinar; Tomando chicha, tengo sueño.*

---

35. Gnerre: *Shuar.*

- *Uso del presente para referirse al pasado.* Aunque este rasgo necesita más investigación, Wroblewski (2010)[36] anota que en Napo hay tendencia a conjugar el verbo en presente para referirse a un evento que se ha completado en el pasado: *Tiene un ternerito el jueves pasado; Viene para una entrevista anoche.*

- *Presencia del topicalizador quichua -ka/ca*[37]. Este marcador, usado por bilingües y monolingües de zonas rurales y urbanomarginales de la Sierra, es de uso frecuente en Napo: *Yo-ca, de Cañar vengo;* así como también por los macabeos en la provincia de Morona Santiago, seguramente porque los adultos han mantenido características del quichua de la Sierra.

EL LÉXICO QUICHUA EN EL ESPAÑOL ECUATORIANO: ENTRE EL MANTENIMIENTO Y LA PÉRDIDA

El léxico utilizado en el español, sobre todo en la Sierra, tiene cientos de términos del quichua que han sido adoptados y adaptados por la sociedad hispanohablante. Estos aparecen especialmente en los topónimos, los nombres de deidades, la fauna y la flora, así como también en términos de la vida diaria, como en *guagua* 'niño/a', *mishki* ('dulce', 'sabroso'), *tambo* ('paradero'), *pucara* ('fortaleza'), *piti* ('poco'), *tola* ('montículo'), *ayahuasca* (*aya* 'muerto'; *huasca* 'soga', que se refiere a una planta de la Amazonía muy usada en rituales)[38]. Varios de los términos tomados del quichua han sido reanalizados en el español con una connotación negativa: *runa* ('ser humano') connota 'de baja calidad', 'producto no auténtico'; *longo* ('joven') es un insulto para una persona de apariencia indígena. Esto evidencia las desigualdades sociales de la sociedad ecuatoriana.

Recientemente, el paisaje lingüístico en algunas ciudades del Ecuador, sobre todo en la Sierra, ha retomado términos quichuas con fines comerciales. Los nombres utilizados en los productos que salen a la venta, por lo general, han perdido su sentido original y el significado que les daría un quichuahablante, para convertirse en un apelativo exótico que promueve el comercio. Así, por ejemplo, un local comercial en Quito en donde se expende ropa de diseño se denomina *shamuna* (del quichua: 'venir'). Sus dueños lo traducen como 'el

---

36. Wroblewski: *Voices*.

37. Para un análisis del topicalizador *-ka* como foco contrastivo en monolingües hispanohablantes en Tungurahua y en comunidades en la diáspora, puede verse: Puma-Ninacuri: *-ka as contrastive focus*. [s.l.], U. Mass, 2020, sin publicar.

38. Araujo, E.: *Diccionario de ecuatorianismos con citas*. Quito: PUCE, en prensa. Zambrano, I., Imbaquingo, J., Cortés, P. *¿Sumak kawsay o mercantilización? «El uso del quichua en productos alimenticios en el paisaje lingüístico en Quito urbano»*, Conferencia presentada en el Encuentro Paisaje lingüístico Quito-Berna (febrero a mayo 2020).

retorno'. Al menos diez marcas de chocolate, con nombres en quichua, se ofrecen en grandes supermercados de Quito y de otras ciudades. La mayoría no mantiene el sentido original de la lengua quichua. Conocemos, por estudios recientes, que varios de los productores están localizados en el exterior[39].

Por otra parte, es un hecho que el conocimiento de términos quichuas, anteriormente muy usados por hispanohablantes, ha disminuido notoriamente desde hace veinte o veinticinco años. En un sondeo realizado por Haboud e Imbaquingo (2021)[40] con 90 personas de entre 20 y 60 años de nivel socioeconómico medio, se comprobó que, de 30 términos quichuas considerados de uso común en la comunicación diaria, solo los mayores de 50 años los reconocieron y dijeron usarlos, aunque con menor frecuencia que antes. Por su parte, los entrevistados jóvenes solo reconocieron términos o expresiones utilizados para ordenar, burlarse o insultar, como *mushpa* ('tonto'), *lluksi* ('sal', 'ándate', 'lárgate'). Afirmaron, además, no conocer términos que eran de uso extendido, como *pingullo* ('flauta pequeña', que también se empleaba para referirse a 'persona pequeña y delgada') o *cucayo* ('fiambre'), ahora reemplazado por el inglés *snack*. Recordemos, como bien remarca Zavala (1999) para el caso peruano, que la pérdida del quichua afecta a elementos esenciales del español andino en el Perú[41].

A MODO DE RECAPITULACIÓN

Una breve reflexión sobre lo descrito aquí respecto del español en Ecuador muestra lo siguiente:

a) La mayor concentración de estudios se refiere a la Sierra norte (Imbabura) y al Quito urbano. En menor grado, se alude a las provincias localizadas al sur de Quito (Cotopaxi y Tungurahua).

b) Las provincias del centro sur (Cañar, Azuay), del extremo sur (frontera con Perú, Loja) y del norte (frontera con Colombia, Carchi) han sido poco estudiadas, excepto por descripciones generales y extensos léxicos (Cordero, L.1955).

c) En Cañar, hay trabajos terminológicos que muestran la influencia del cañari, lengua preinca, en el quichua y el castellano de hoy.

d) No se han realizado trabajos sobre la influencia de las lenguas indígenas en el español de la Costa.

---

39. Zambrano, Imbaquingo, Cortés: *Sumak*.

40. Haboud, M. e Imbaquingo, J.: *Palabras: (des)uso de términos quichuas en el castellano andino*. Quito: [s. e.], mayo-junio, 2021.

41. V. Zavala: «Reconsideraciones en torno al español andino». *Lexis*, 1999, 23, 1, págs. 25-85.

e) En la Amazonía, zona de altísima diversidad lingüístico-cultural, no se cuenta con estudios sobre el español de contacto, excepto por investigaciones muy recientes en el campo de la fonética. En esta región, según Emlen (2020)[42], hay muchos y muy variados «castellanos», debido a la multiplicidad de contactos.

f) Se desconoce también la influencia del quichua en el archipiélago de Galápagos, donde hay más de 2000 quichuahablantes con residencia permanente.

g) En cuanto a los datos, por lo general provienen de muestras pequeñas (inclusive de un solo hablante) y, en el caso de Quito, de grupos socioeconómicos medios.

h) En cuanto a las áreas de estudio, quedan muchos vacíos y varias áreas por cubrir, como marcadores discursivos, patrones entonacionales, actitudes, identidades, políticas lingüísticas, hablas del Ecuador en la diáspora; faltan también trabajos comparativos.

PROYECCIONES FUTURAS

Los pueblos y, por tanto, las lenguas viven inmersos en una serie de relaciones interétnicas, interlingüísticas e interculturales que resultan en imbricadas realidades, hasta ahora analizadas de forma parcelada. Los pocos estudios existentes son sumamente puntuales y no nos permiten ver la riqueza de cada variedad y sus rasgos emergentes. Frente a los cambios abruptos que enfrentan los pueblos indígenas, especialmente en la Amazonía, es urgente desarrollar estudios interdisciplinarios que nos permitan vislumbrar los cambios lingüísticos en toda su dimensión. Niveles como los pragmático-discursivos, prosódicos, sociofonéticos y morfosintácticos son muy importantes en el contexto amazónico de multilingüismo, multiculturalidad y multietnicidad. Sin duda, estudios prolijos sobre el léxico en cada región nos permitirían visualizar la cosmovisión de los hablantes, su relación con el medio ambiente, la flora, la fauna y la vida cotidiana. Las poblaciones indígenas son viajeras incansables; así, la investigación del español en la diáspora y el impacto de la migración de retorno y la migración itinerante son temas que necesitan tratarse para entender de mejor forma las características de las variedades emergentes del español en el Ecuador.

---

42. Emlen, N. Q.: «The many Spanishes of an Andean-Amazonian crossroads». En Stefan Fafulas (ed.): *Amazonian Spanish. Language Contact and Evolution*. Amsterdam y Philadelphia: John Benjamins Publishing Company, 2020, págs. 269-286.

El lenguaje rural, testimonio de convivencia y mestizaje (algunas reflexiones)

FABIÁN CORRAL BURBANO DE LARA

El mestizaje es una potente realidad histórica, es un proceso y un hecho. Ha sido el punto de encuentro de las sociedades latinoamericanas con España y, a la vez, el argumento que alimenta conflictos y que propicia innumerables prejuicios.

El español que se habla en Hispanoamérica es fruto de la conquista, la colonia y el mestizaje. El mejor testimonio de ese proceso de confrontación y asimilación de culturas es el lenguaje rural que, con sus acentos y peculiaridades, usan —y usaron— argentinos, mexicanos, chilenos, peruanos, colombianos y ecuatorianos, cada cual a su modo.

El lenguaje rural que se habla en toda la América hispana expresa con singular precisión en qué consiste el campo, el pago o la querencia, cómo fueron las costumbres y las fiestas, los trabajos y las aficiones, los temperamentos y las tradiciones que, durante siglos, arraigaron a sus gentes en un pedazo de tierra antes de las migraciones, y mucho antes de que llegaran las ventoleras de la posmodernidad.

Las crónicas escritas en los tiempos de la fundación de nuestros países —las *crónicas de Indias*— contienen los testimonios iniciales de aquellos días remotos en que, al tiempo que conquistadores españoles y guerreros indígenas combatían y defendían cada cual su fe, su interés y sus espacios de poder, otros hombres y mujeres, comerciantes y soñadores, aventureros y caciques, curas y regidores formaban familias, inauguraban distintos modos de ser, nacían los hijos y los nietos, se edificaban ciudades e iglesias, se mezclaban los ritos e inventaban palabras y los acentos y modos de hablar nunca antes escuchados. Aquel fue, en verdad, un «Mundo Nuevo», una geografía enorme y paradójica, en la que, al ritmo de las necesidades y las costumbres, de los trabajos y los viajes nacían y prosperaban términos y modulaciones originados en el viejo castellano que estuvo, durante los siglos coloniales, sometido a la influencia de los idiomas nativos, a la exuberancia de la naturaleza, a la urgencia de entenderse y al reto de bautizar sitios y países.

La apasionante aventura humana del idioma español en América produjo frutos gracias a la proximidad entre seres de mundos y culturas distintos, y a la convivencia con los «otros». En efecto, si se lee la historia sin pasión, sin las nebulosas de las leyendas negras, se entenderá el proceso largo y complejo que permitió que la palabra se adecúe a cada espacio, a sus temperamentos y pulsaciones, a los trabajos y fatigas, al asombro que produjo el descubrimiento de sitios insólitos, a la sospecha de que en estas tierras habitaban seres mitológicos. En esa historia —que es riquísima narración de esos hechos y de innumerables tradiciones y leyendas— se aprecia cómo el idioma castellano hizo suyos los quichuismos de los Andes, el araucano de las pampas y el guaraní de las selvas paraguayas, en un largo proceso de incorporación, ciertamente admirable y, quizá, único.

El lenguaje rural de las distintas regiones de Hispanoamérica expresa la diversidad humana que respetó España, y la creación de la gran riqueza idiomática que, pese a las distancias y a los años, aún hace posible que un hombre andino —a quien llaman «paramero»[43]— hable con tono distinto al que usa el vecino de la ciudad, y que al nativo del valle próximo se le distinga del costeño por el acento que emplea al pronunciar la misma palabra.

Además, en el habla campesina es evidente el poderoso influjo del entorno, al punto de que es posible afirmar que la índole de la tierra y la diversidad de cada lugar determinaron el modo de decir y la incomparable forma de entender «la querencia», entendida como refugio de cultura y humanidad, como mínimo territorio propicio para vivir, porque el campo era, y es todavía, «querencia», afición, cariño y apego al sitio, a sus costumbres y trabajos; es el espacio desde el cual alguien puede decir «... a cada noche de luna puedo mirarla con el mismo encanto que cuando era niño. Sé que el olor del humo en las madrugadas le da textura al oscuro silencio que disfruto»[44].

El habla rural nació en los días en que Garcilaso de la Vega escribía los *Comentarios reales de los Incas* y Pedro Cieza de León, entre batallas, viajes y descubrimientos, emprendía la redacción de *La crónica del Perú*, y lo hacía, según dice el cronista, al ver que en todas las partes por donde andaba «ninguno se ocupaba en escribir nada de lo que pasaba. Y que el tiempo consume la memoria de las cosas, de tal manera que, si no es por rastros y vías exquisitas, en lo venidero no se sabe con verdadera noticia lo que pasó»[45].

En aquellos días del siglo XVI, del venerable castellano que trajeron los conquistadores y de la influencia del quichua y de otros idiomas americanos, nacieron innumerables palabras mestizas que se refugiaron en el lenguaje rural. Ese lenguaje, que en buena medida ha desaparecido de las ciudades,

---

43. *Paramero*: habitante de los páramos, sitios altos de los Andes.

44. Capurro, Magdalena: *Ché patrón, entrevista a José Antonio Ansola*. Buenos Aires: Librería LOLA, 2004, pág. 3.

45. Cieza de León, Pedro: *La crónica del Perú*. Madrid: Espasa Calpe, tercera edición, 1962, pág. 27.

sobrevive todavía en el campo y en los pocos diccionarios que arropan aún esos decires, mitad castellano antiguo, mitad habla de idiomas nativos.

Esas palabras de vieja raigambre que contienen los diccionarios rurales fueron hijas de las tradiciones agrarias; con ellas, los hombres de ese tiempo inaugural designaron labores, bautizaron animales y costumbres; con ellas, se nombraron sitios, montañas, ríos y pueblos. Y fueron, además, palabras que se inventaron para identificar a los personajes que encarnaron el mundo rural desde los días de los primeros tiempos coloniales: chagras, gauchos, gauderios, charros, llaneros, huasos y chalanes.

Así, esa gente de «tierra adentro» dijo *chaquiñán* por 'sendero', *íngrimo* por 'solitario', *guaico* por 'hondonada', *chacarero* por 'hombre de campo', *agrado* por 'obsequio', *aviar* por 'despedir'. Dijeron también *naranjear* cuando las mieses apuntan la temprana madurez; *naciencia* para aludir al nacimiento de las plantas; *anaco* al hermoso vestuario de las indígenas; *poncho* al irremplazable abrigo del hombre de campo; *hamaca* al invento americano útil para descansar; *tambo* a la posada, venta o parador, y *chasqui* al mensajero.

Esos modos de hablar, y sus miles de palabras, fueron recogidos en *El lenguaje rural en la región interandina del Ecuador*[46], de Julio Tobar Donoso, y en *El habla del Ecuador. Diccionario de ecuatorianismos*[47], de Carlos Joaquín Córdova. Esos libros constituyen síntesis de la cultura rural e inventario de la vida cotidiana. En ellos se advierte cómo cada palabra, cada expresión idiomática encapsula un mínimo retazo de historia, alguna memoria y la narración de los trabajos que, desde antiguo, hicieron posible la vida y el trabajo. Esos textos subrayan el sentido de la tierra, que fue el sustento moral de aquellos hombres y mujeres que apostaron por el campo y renunciaron a las comodidades de la vida urbana.

La lectura de esos libros es deliciosa y puede hacerse al modo de una crónica, en la que se siente —preciso, certero, vital— el pulso de un país, o de lo que fue un país, cuando aún no había duda de que la identidad era una nota humana que distingue y caracteriza a cada persona, más allá de la política y la ideología.

Los diccionarios del habla rural describen trabajos que vienen desde antiguo y que, en tiempos de tecnología y prisa, desaparecen irremediablemente; por eso, da la impresión de que esos libros son compendios de tareas que se olvidan, de costumbres que caen en desuso, por eso tienen cierto aire de

---

46. Tobar Donoso, Julio: *El lenguaje rural en la región interandina del Ecuador*. Quito: Publicaciones de la Academia Ecuatoriana de la Lengua, Editorial Unión Católica, [s. f.].

47. Córdova, Carlos Joaquín: *El habla del Ecuador. Diccionario de ecuatorianismos*. Quito: USFQ Press, 2019.

nostalgia, porque, cuando el campo queda vacío, en sus ausencias, quizá definitivas, mueren también las palabras.

Los diccionarios y vocabularios del lenguaje rural, a diferencia de los diccionarios comunes, son textos que se ocupan de la tierra, del paisaje, de la gente y de las cosas que, desde la perspectiva urbana, tal vez carezcan de importancia, como el verano que se prolonga en perjuicio de los cultivos, el aguacero que el campesino extraña, el incendio de los montes, el agua que no llega. En esos diccionarios hay palabras como *sestear,* que alude al placer de buscar sombra bajo un árbol, o *gustar,* para referir la complacencia de mirar el paisaje.

El habla rural está asociada a una peculiar perspectiva de la cultura; tiene que ver con el descubrimiento de la tierra, con la invención de la naturaleza como escenario de vida, con la historia de la vida cotidiana, con la modulación de la humanidad en las nuevas tierras, con el nacimiento de tantas diversidades como valles aloja la cordillera, de perspectivas tan grandes y distintas como las que tienen las pampas, de sonoridades y ecos tan profundos como los que traen la memoria de la selva.

En el Ecuador, como en Argentina, en Chile y en toda América, se han escrito diccionarios que recogen el habla rural y la preservan. Su lectura ayuda a entender la historia de la vida cotidiana, a intuir las circunstancias en las que se construyeron países en estas tierras, y a imaginar las luchas y los trabajos que hicieron posible la vida campestre y la cultura que en ella nació.

Transferencias morfosintácticas del inglés al español salvadoreño

JORGE E. LEMUS

Academia Salvadoreña de la Lengua

Introducción. ▪ La impenetrable morfosintaxis. ▪ La voz pasiva. ▪ Las preposiciones. ▪ Indicativo por subjuntivo. ▪ Verbos reflexivos. ▪ Sujeto tácito. ▪ Conclusión.

INTRODUCCIÓN

Cuando se habla del español salvadoreño, o del español de América en general, es imposible no hacer referencia a la cantidad de ítems léxicos incorporados a la lengua provenientes de los idiomas originarios hablados en América en el momento de la conquista y la colonia españolas. Este contacto de lenguas enriqueció el español con nuevos vocablos, nuevos sonidos y nuevas estructuras gramaticales. Desde el primer viaje de Colón, se incorporaron palabras taínas al idioma, tales como *cacique*, *guayaba*, *maní*, *barbacoa*, *maíz* y otras provenientes de otras lenguas como el náhuatl y el quechua, que son palabras de uso común en el español moderno (cfr. *aguacate*, *tomate*, *chocolate*). Sin embargo, esta etapa de préstamos lingüísticos dejó de ser productiva al convertirse la lengua española en la lengua oficial de las colonias y desplazar, paulatinamente, a las lenguas originarias en todos los contextos socioculturales en donde estas se utilizaban, llevándolas, consecuentemente, a su desaparición como lenguas vivas. Los rastros de esas lenguas indígenas sobreviven como sustrato lingüístico en el español moderno.

En la actualidad, la lengua española sigue aumentando su lexicón con vocablos provenientes, en su mayoría, de la lengua inglesa, en especial aquellos referentes a temas tecnológicos y a las tecnologías de la información y las comunicaciones. Estos son de fácil identificación[1] y su incorporación a la lengua española es relativamente rápida. Los usuarios de las redes sociales no tienen ninguna dificultad en incorporar a su léxico cotidiano cualquier anglicismo de moda. Palabras como *Tweeter*, *link*, *email*, *spam*, *bullying*, *hacker*, *gay*, *mall*, *feedback*, *paper*, *bitcoin*, *bluetooth* o *smartphone* se han adoptado como propias, incluso la RAE las ha incorporado a su diccionario con la correspondiente adaptación a la ortografía española.

Sin embargo, la interferencia del inglés en el español al nivel morfosintáctico es más sutil y difícil de identificar, razón por la cual pocos la estudian. En este artículo me referiré a algunos casos de transferencia sintáctica del inglés al español en El Salvador que son comunes entre la clase media educada (nivel superior, especialmente con postgrado). Este uso del lenguaje se ha convertido en un marcador de clase, ya que es una variante que no está presente entre las clases con niveles bajos de educación ni en el área rural. Entre la población con menor educación, los anglicismos léxicos son bastante comunes debido a la comunicación permanente con los salvadoreños residentes en los Estados Unidos, fuente de remesas inagotables y de sueños de éxito para futuros emigrantes, mientras que los anglicismos morfosintácticos

1. No se necesita ser lingüista para identificar los préstamos léxicos y los neologismos de un idioma.

se encuentran con mayor frecuencia entre la clase media educada que ha tenido contacto con textos académicos y literatura en inglés.

LA IMPENETRABLE MORFOSINTAXIS

La sintaxis y la morfología son dos de los componentes de la gramática más difíciles de cambiar en cualquier lenguaje. Los idiomas se resisten a la incorporación de un nuevo sufijo, una nueva conjugación verbal o un nuevo marcador de género. Por ejemplo, a pesar de los esfuerzos, ya de varias décadas, de los movimientos que acusan al idioma español de ser sexista, quienes han tratado de modificar el género gramatical de la lengua no han tenido éxito más que en el discurso político aislado o lenguaje políticamente correcto con perspectiva de género. Esto demuestra el rechazo natural de los hablantes a los cambios exógenos de la lengua. No he escuchado a nadie que en el habla cotidiana utilice desdoblamientos léxicos o que trate de pronunciar la extravagante @ o utilizarla en textos comunes. Igual falta de uso recibe la vocal *-e* como marcador de género neutro, como en **niñes*[2] por *niños y niñas*.

El orden permitido de las palabras para formar frases gramaticales es sumamente rígido en la mayoría de los idiomas naturales. Incluso en idiomas como el turco, con un orden de palabras bastante libre, la posición del verbo es inamovible —al final de la oración—, además de contar con una rica morfología[3]. El orden básico de las oraciones en español es «sujeto + verbo + objeto» (SVO), aunque hay bastante libertad en la lengua para la combinación de estos sintagmas, dependiendo del estilo y la intención del hablante o del autor. Por ejemplo, consideremos la gramaticalidad de la oración en (1):

(1)	La ministra de educación	presentó	el plan nacional de alfabetización.
	sujeto	verbo	objeto

La lengua española permite algunos cambios en el orden de las palabras de la oración anterior. Por ejemplo, si el hablante quiere enfatizar el objeto de la oración, puede convertir la oración (1) en pasiva, como en (2):

(2)	El plan nacional de alfabetización	fue presentado	por la ministra de educación.
	objeto	verbo	sujeto

---

2. En este artículo sigo el formalismo de la gramática generativa al utilizar un asterisco (*) inicial para marcar cualquier frase o palabra inaceptable por hablantes nativos del idioma.

3. Erguvanlí, E. E. & Taylan, E. E. (1984). *The function of word order in Turkish grammar* (vol. 106). University of California Press.

Sin embargo, no se pueden hacer cambios dentro de los sintagmas, como lo demuestra la agramaticalidad de (3):

(3) *Ministra de educación la presentó plan el nacional alfabetización de.

sujeto	verbo	objeto
*Ministra de educación la	presentó	plan el nacional alfabetización de.

La oración en (3) es agramatical en español. Sin embargo, si se sigue el orden gramatical de la oración en (1), pero se utilizan palabras prestadas del idioma (o incluso palabras inventadas), la oración no sonará agramatical para los oyentes:

(4) El *CEO* de la empresa presentó una nueva *benchmarking strategy*.

sujeto	verbo	objeto
El *CEO* de la empresa	presentó	una nueva *benchmarking strategy*.

Para un hablante nativo del español que no esté familiarizado con la jerga de los negocios, las palabras en cursiva de (4) no tendrán significado, pero la oración le parecerá gramatical. En cambio, la oración de (3), sin préstamos del inglés, le parecerá agramatical. Este pequeño ejemplo demuestra cómo los hablantes de una lengua no tienen problemas en incorporar nuevos ítems léxicos a su lengua, pero sí los tienen en cambiar el orden de las palabras; es decir, la sintaxis de un idioma no se cambia por simple contacto con otras lenguas, especialmente si son lenguas de menor prestigio, como el caso de la influencia de las lenguas amerindias en el español, que se limita al orden léxico, principalmente, y a alguna pequeña, aunque discutible, influencia fonológica. Al contrario, el español ha podido influenciar a nivel morfosintáctico a las lenguas amerindias por su alto prestigio sociopolítico.

LA VOZ PASIVA

Existen estructuras gramaticales compartidas por ambos idiomas (español e inglés) cuyo uso es más común en una lengua que en otra. Un ejemplo ya clásico de la influencia del inglés en el español en el lenguaje académico formal o en el discurso político es el sobreúso de la voz pasiva, especialmente por personas que han estudiado sus carreras en universidades de habla inglesa. También es común escuchar la voz pasiva entre salvadoreños de segunda generación que residen en los Estados Unidos cuando visitan a sus familiares en El Salvador.

La voz pasiva es una estructura gramatical propia del español, pero su uso no es tan común como lo es en inglés. En las estructuras en voz pasiva, el sujeto de la oración es quien recibe la acción del verbo, a diferencia de la voz activa, en la que la acción del verbo recae sobre el objeto o complemento de la oración. La voz pasiva como tal no tiene declinación verbal propia en español. Se construye la voz pasiva, llamada también pasiva perifrástica, con el verbo *ser* seguido del participio pasivo del verbo principal[4]. Es decir, una oración activa (voz activa) como (5) se convierte en pasiva intercambiando el sujeto de la oración con el objeto:

(5) El presidente entregó el premio a los ganadores del concurso. (voz activa)

↓

(6) El premio fue entregado por el presidente a los ganadores del concurso. (voz pasiva)

En (5), la acción del verbo *entregar* recae directamente sobre su objeto (*el premio*), mientras que en (6) *el premio* ocupa el lugar del sujeto. A continuación, se enumeran algunos ejemplos del sobreúso de la voz pasiva encontrados en la propuesta recientemente hecha pública de modificación a la Constitución de la República de El Salvador por un equipo *ad hoc* encabezado por el vicepresidente de la república:

Voz pasiva en el texto original	Redacción recomendada
Art. 183 *... Para efectos de conocimiento público las sentencias deberán ser publicadas.*	*Art. 183* *... Para efectos del conocimiento público, se deberán publicar las sentencias.* *... Para efectos del conocimiento público, las sentencias deberán publicarse.*
Art. 227 *El Presupuesto General del Estado será elaborado con base a los principios de equilibrio, programación...*	*Art. 227* *El presupuesto general del Estado se elaborará con base en los principios de equilibrio, programación...*
Art. 6 *... Los espectáculos públicos podrán ser sometidos a censura conforme a la ley.*	*Art. 6* *... Los espectáculos públicos podrán censurarse conforme a la ley,*

Tabla 1. Ejemplos del sobreúso de la voz pasiva en el lenguaje formal (reformas a la Constitución de la República de El Salvador, septiembre 2021).

En los ejemplos que aparecen en la tabla 1, se han subrayado las frases que aparecen en voz pasiva en el texto original. Aunque dichas frases son gramaticales en español, la redacción recomendada usando la voz activa para cada una de ellas suena mejor y más natural al oído del hablante nativo de español. Es por su gramaticalidad por lo que esta influencia estructural del inglés

4. Para una mayor descripción de la voz pasiva, se puede consultar Muñoz, I. B., Bosque, I., & Gutiérrez-Rexach, J. (2009). *Fundamentos de sintaxis formal*. Ediciones Akal.

en el español se vuelve invisible, ya que es más una influencia y transferencia de uso y estilo que una transferencia sintáctica real debido a la convergencia de la misma estructura en ambas lenguas. Además, esta forma pasiva no se encuentra con la misma frecuencia en el habla cotidiana o coloquial. Estos se clasifican como anglicismos de frecuencia y no como anglicismos sintácticos, a pesar de que, en realidad, su uso no es tan natural en español como lo es en inglés[5].

LAS PREPOSICIONES

El uso erróneo de preposiciones influenciado por el tipo de preposición que se usa en inglés es muy común en el español formal, hablado y escrito. Una de las transferencias más comunes es cambiar la preposición *en* española por la preposición *de* inglesa en frases como las siguientes, que muestran un calco completo de la forma inglesa:

(7) *consiste en* (español) / *consists of* (inglés)

(7a) «La ley del bitcoin recientemente aprobada por la Asamblea Legislativa consiste de 10 artículos». (calco del inglés)

(7b) «La ley del bitcoin recientemente aprobada por la Asamblea Legislativa consiste en 10 artículos». (español)

Otro ejemplo de calco del inglés en el español salvadoreño es la preposición *por* (*for* en inglés) en oraciones como las siguientes:

(8) «Este grupo etario que está debajo de los 40 en este momento, este grupo puede llegar a tener mayor posibilidad de contagio, pero es importante recalcar que este grupo tiene menor posibilidad de complicaciones», dijo Alabí, al ser consultado por periodistas sobre la ampliación de vacunación para los jóvenes mayores de 18 años; por el momento la vacunación ha llegado hasta la población mayor de 40 años[6].

En (8), el sintagma preposicional subrayado, *por el momento,* es un calco directo del inglés *for the moment*. La expresión equivalente en español es *de momento,* por lo que el autor del reportaje debió haber dicho «de momento, la vacunación ha llegado hasta la población mayor de 40 años».

---

5. Para profundizar más en estas clasificaciones, se puede consultar a García-González, José Enrique (1997-1998). «Anglicismos morfosintácticos en la traducción periodística (inglés-español): análisis y clasificación». *Cauce*, núm. 20-21, págs. 593-622.

6. *El Diario de Hoy*, edición del 25 de junio 2021, versión electrónica, en https://www.elsalvador.com/eldiariodehoy/hospital-el-salvador-covid-19-fallecidos-alza-contagios/848821/2021/

En (9) vemos otro ejemplo, tomado de la propuesta de reforma constitucional 2021, del uso de una preposición en el español salvadoreño influenciado por una estructura inglesa:

(9) Art. 169

6.º *Resolver controversias en relación a la clasificación y desclasificación de información reservada.*

La expresión en inglés es *in relation to,* lo que motiva el uso de *en relación a* en lugar de la forma española *con relación a* o, de la otra forma recomendada por la RAE, *en relación con.*

Por último, es cada vez más común escuchar no solo en el discurso formal, sino también en las conversaciones coloquiales entre académicos y profesionales el uso de una preposición al final de la frase sin un objeto directo presente. Es decir, preposiciones huérfanas, las cuales son agramaticales en español, pero aceptables en inglés. A este fenómeno se le conoce en inglés como *preposition stranding* y consiste en dejar una preposición al final de la oración sin su correspondiente objeto, como en la oración «I don't care who you went to the party with».

En el habla de algunos académicos, especialmente en profesionales de los negocios, se escuchan frases como la siguiente:

(10) «Pero no sé quién hay que entregárselo a».

La gramática del español no permite la estructura anterior, por lo que debe señalarse como una interferencia sintáctica del inglés en el español. Este tipo de interferencias deben considerarse como muy graves, ya que trastocan la estructura misma del idioma. Sin embargo, a pesar de lo grave de estos calcos, estos pasan inadvertidos para la mayoría.

INDICATIVO POR SUBJUNTIVO

El modo indicativo se utiliza para enunciar hechos o acciones que se consideran seguras, en cualquier tiempo (presente, pasado y futuro), mientras que el modo subjuntivo se utiliza para expresar duda o deseo:

(11) El Papa vendrá a la beatificación de Rutilio Grande el próximo año. (indicativo, hay seguridad del hecho)

(12) Es posible que el Papa venga a la beatificación de Rutilio Grande el próximo año. (subjuntivo, no hay seguridad del hecho)

En español, como muestran las oraciones anteriores, el modo subjuntivo tiene sus propias formas verbales, mientras que en inglés no, por lo que recurre a verbos auxiliares para expresar el modo de sus verbos. La oración (12), por ejemplo, se puede decir en inglés como en (13), utilizando el verbo auxiliar *will:*

(11) It is possible that the Pope will come to the beatification of Rutilio Grande next year.

La tendencia entre profesionales y académicos con mucha exposición a la lengua inglesa escrita es utilizar en español, al igual que en inglés, verbos auxiliares para denotar el modo subjuntivo. Así, es común escuchar las siguientes frases en los pasillos de la universidad:

(14) Hice todo lo posible para que pudieras publicar tu artículo.
(15) I did everything I could so that you could publish your article.

La oración (14) es un calco de la oración inglesa (15), en la cual se ha utilizado el verbo *poder* como auxiliar, en lugar de utilizar la forma subjuntiva del español (16):

(16) Hice todo lo posible para que publicaras tu artículo.

VERBOS REFLEXIVOS

Los verbos reflexivos son verbos transitivos cuya acción recae sobre el mismo sujeto. Es decir, la acción es realizada y recibida por el mismo sujeto. Muchos de los verbos reflexivos en español no tienen un equivalente en inglés, ya que esta lengua prefiere la intransitividad de estos verbos. Así, por ejemplo, *despertar* es un verbo reflexivo y, por lo tanto, transitivo en español. En inglés, sin embargo, es un verbo intransitivo:

(17) Me despierto a la misma hora todos los días.
(18) I wake up at the same time every day.

La transferencia sintáctica en este caso se encuentra en el uso intransitivo de los verbos reflexivos españoles, como en los siguientes ejemplos:

(19a) Desperté a medianoche pensando en la presentación.
(19b) I woke up at midnight thinking about the presentation.
(19c) Me desperté a medianoche pensando en la presentación.

La reflexividad del verbo *despertar* se pierde en la oración (19a), que es un calco de la versión intransitiva del verbo inglés *to wake up* ejemplificada en (19b). La transitividad del verbo en español se muestra en (19c).

En la zona oriental de El Salvador, en los departamentos de San Miguel, La Unión, Morazán y Usulután, por regla general, el verbo *bañar* no es reflexivo. Se escuchan frases como las siguientes entre sus pobladores:

(20) *Fui al Cuco*[7] *y bañé.* (Cfr. *Fui al Cuco y me bañé*).

La zona oriental es la zona del país de donde ha salido la mayor migración hacia los Estados Unidos desde la década de 1980. Sin embargo, no tengo suficientes datos para afirmar que la no reflexividad del verbo se deba a un calco del inglés, ya que su uso es generalizado entre todos los estratos sociales a diferencia de los calcos y transferencias discutidas anteriormente, que se escuchan entre la población con mayor nivel educativo.

SUJETO TÁCITO

La morfología española permite el uso del sujeto tácito, ya que la información sobre la persona y el número del verbo se incluye en la conjugación. Así, en la oración «Anoche cant<u>é</u> hasta perder la voz», el sujeto del verbo *cantar* se deduce de la morfología verbal: (yo) *canté* (cfr. [tú] *cantaste*, [él] *cantó*, [nosotros] *cantamos*, [ellos] *cantaron*). En inglés, sin embargo, con una morfología verbal pobre, el sujeto no puede ser tácito, ya que este es esencial para el significado de la oración. Así, en inglés diríamos «I sang all night until I lost my voice». El verbo *to sing* solo tiene una forma en el pasado para todas personas, singular y plural: *sang* (cfr. *I sang*, *you sang*, *he sang*, *we sang*, *you* [pl.] *sang* y *they sang*). Debido a la obligatoriedad de usar un sujeto en las oraciones inglesas, muchos académicos tienden a utilizar el sujeto expreso (o explícito) en español en situaciones en las que el sujeto tácito es más natural.

(21) Yo había practicado bastante el *timing*, por lo que yo terminé la conferencia justo a tiempo.
(22) I had practiced the timing quite a bit, so I finished my presentation just in time.
(23) Había practicado bastante el *timing*, por lo que terminé la conferencia justo a tiempo.

La oración (21) es un calco de la versión inglesa (22), ya que incluye el sujeto expreso tal cual lo requiere la gramática del inglés, pero no la gramática del español, como demuestra la oración (23).

CONCLUSIÓN

Como resultado del contacto de lenguas, los idiomas se enriquecen, principalmente, con el ingreso de nuevos ítems léxicos. Esta transferencia léxica es siempre de doble vía, sin importar cuál de las lenguas en contacto sea más

---

7. El Cuco es una playa muy popular en el departamento de San Miguel, El Salvador.

prestigiosa. Es decir, los idiomas son muy flexibles a la hora de incorporar nuevo vocabulario, el cual rápidamente se adapta a la fonología y la morfología de la lengua receptora. Así, en el español salvadoreño, por ejemplo, se han incorporado a través de la historia muchas palabras del inglés, las cuales han sido españolizadas por la población. Algunos verbos, como *watch*, *pitch* y *click* han entrado al español como *wachar*, *pichar* y *cliquear*, que, en este caso, son conjugados como verbos de la primera conjugación (los terminados en *-ar*), convirtiéndose en verbos españoles con raíz inglesa.

La facilidad en el reconocimiento de los ítems léxicos permite la existencia de numerosos glosarios o diccionarios de *-ismos* (salvadoreñismos, hondureñismos, costarriqueñismos, etc.). Sin embargo, en un nivel más profundo de la lengua, a nivel sintáctico, los cambios no se dan con tanta facilidad, y su identificación es también más difícil. Estos cambios alteran la gramática de una lengua, razón por la cual no son comunes. Se dan como consecuencia de un contacto directo y prolongado entre lenguas. Los lexicógrafos profesionales y aficionados obvian estudiar los cambios sintácticos debido a lo problemático de este tipo de estudios.

En este artículo, se ha presentado un análisis preliminar de la influencia del idioma inglés en el español salvadoreño a nivel sintáctico. Algunos de los cambios señalados son comunes en otros países de habla española, ya que se refieren a cambios sintácticos motivados por la influencia del lenguaje académico inglés sobre los académicos de habla hispana.

Alrededor de tres millones de salvadoreños han migrado en los últimos 40 años hacia los Estados Unidos, lo que equivale a un tercio de la población del país si se toma en cuenta tanto a residentes en el país como a residentes en el extranjero. Esta migración ha creado un nexo familiar y una dependencia económica de gran parte de la población. En el ámbito lingüístico, esto ha promovido la adopción de numerosos anglicismos léxicos de uso cotidiano. Sin embargo, aquellos que han tenido la oportunidad de estudiar en los Estados Unidos y hacer carrera en El Salvador han adoptado anglicismos a nivel sintáctico, incorporando al español estructuras gramaticales propias del inglés, pero ajenas al español, así como el uso de estructuras sintácticas existentes en ambas lenguas, pero con una frecuencia de empleo diferente, como es el caso de la voz pasiva. En el artículo se propone que este uso diferenciado de los anglicismos entre la población —léxicos de uso cotidiano por la población en general y sintácticos de uso por una minoría de profesionales— se ha convertido en un marcador de clase. Los anglicismos sintácticos no han permeado a la población en general, en especial a los pobladores de las zonas rurales y las clases en mayor desventaja social. Este estudio es una primera aproximación al problema.

Una mirada a la diversidad lingüística y al español de Venezuela en la actualidad

HORACIO BIORD CASTILLO

Academia Venezolana de la Lengua

INTRODUCCIÓN

Cuando se habla de un idioma oficial o mayoritario surge, según el caso, la imagen de un país o una región monolingüe y sin grandes diferencias, correlato lingüístico y sociolingüístico de los estados nacionales en tanto que comunidades imaginadas (Anderson 1997). En efecto, con frecuencia tal homogeneidad no es más que una ilusión. La diversidad sociocultural y, por ende, la diversidad lingüística son más comunes de lo que normalmente cabe suponer y asumir.

Iberoamérica y el idioma español, en particular, encierran una gran diversidad. Así como podemos entender el español como un idioma policéntrico, es decir, con varios centros generadores de usos lingüísticos y normas que se combinan e integran, también el español de un país acusa una gran variedad y diversas situaciones de habla. Ese es el caso de Venezuela: un país megadiverso, en lo biológico, en lo sociocultural y en lo lingüístico. Esto último ocurre tanto por la coexistencia de una gran variedad de idiomas minoritarios como por las diferencias que presenta como lengua mayoritaria el español hablado en el país. Todo ello no obsta, sin embargo, para que pueda caracterizarse con el calificativo común de *español de Venezuela*, con la premisa de que, al igual que la lengua general y las variedades de cada país, es una unidad en su diversidad o, dicho en términos lingüísticos, su variación interna no impide la plena inteligibilidad de los hablantes.

Este trabajo ofrece de manera sintética una mirada a la situación actual del español en Venezuela, así como de la diversidad lingüística y sociolingüística que le sirve de marco. Se presenta un breve resumen del marco legal que regula las políticas lingüísticas del Estado venezolano, se hace una descripción del estado actual del español en Venezuela y se ofrece un diagnóstico o mapeo de la diversidad lingüística en Venezuela y de las situaciones de contacto de lenguas. Finalmente, se ofrecen unas reflexiones de cierre.

SITUACIÓN LEGAL

La actual Constitución de Venezuela (1999) y casi todas las precedentes han establecido el español, nominado en ella «castellano», como la lengua oficial del país. El artículo 9 dice textualmente: «El idioma oficial es el castellano. Los idiomas indígenas también son de uso oficial para los pueblos indígenas y deben ser respetados en todo el territorio de la República, por constituir patrimonio cultural de la Nación y de la humanidad».

Otras leyes e instrumentos legales regulan el uso del español y de los demás idiomas y variedades lingüísticas del país. Entre tales textos legales, sobresale la Ley Orgánica de Educación, en cuyo artículo 6 (numeral 1, literal h) se establece que el Estado, a través de los órganos competentes en la materia, garantiza «el uso del idioma castellano en todas las instituciones y centros educativos, salvo en la modalidad de la educación intercultural bilingüe indígena, la cual deberá garantizar el uso oficial y paritario de los idiomas indígenas y del castellano». Asimismo, señala (artículo 6, numeral 2, literal c) «el obligatorio cumplimiento de la educación en la doctrina de nuestro Libertador Simón Bolívar, el idioma castellano, la historia y la geografía de Venezuela».

La Ley Orgánica de Cultura, en su artículo 7, señala: «El idioma oficial en la República Bolivariana de Venezuela es el castellano, los idiomas indígenas también son de uso oficial para los pueblos indígenas y deben ser respetados en todo el territorio de la República Bolivariana de Venezuela, por constituir patrimonio cultural de la Nación. El Estado emprenderá acciones pertinentes para preservar el correcto uso del idioma castellano y de los idiomas indígenas. En reconocimiento de los valores culturales expresados y trasmitidos a través del Patuá [de Güiria, estado Sucre], dicha lengua gozará de especial atención del Estado, a los fines de preservar una parte importante de la memoria histórica de los pueblos de raíz afrodescendiente en Venezuela, así como fortalecer y desarrollar la identidad étnica y cultural de sus hablantes».

Por su parte, la Ley de Idiomas Indígenas, la Ley Orgánica de Pueblos y Culturas Indígenas, la Ley de Protección de los Niños, Niñas y Adolescentes, la Ley del Patrimonio Cultural y la Ley Aprobatoria del Convenio 169 de la Organización Internacional del Trabajo sobre poblaciones indígenas contienen también disposiciones directas o indirectas sobre las lenguas como patrimonio inmaterial y los derechos lingüísticos. Es importante destacar que la Constitución establece el régimen de educación intercultural bilingüe como modalidad educativa para los pueblos indígenas (artículo 121): «El Estado fomentará la valoración y difusión de las manifestaciones culturales de los pueblos indígenas, los cuales tienen derecho a una educación propia y a un régimen educativo de carácter intercultural y bilingüe, atendiendo a sus particularidades socioculturales, valores y tradiciones». En los últimos años parece, sin embargo, haberse enfatizado menos lo bilingüe que el componente intercultural. Este se asume como un principio o valor trasversal en toda la educación venezolana, más orientado al respeto a la diversidad sociocultural. En virtud de ese menor énfasis se requieren políticas lingüísticas más asertivas en materia de idiomas indígenas.

En el primer semestre de 2021 el Gobierno ha anunciado la introducción en la Asamblea Nacional de un proyecto de ley de promoción del lenguaje inclusivo y se hizo una reforma a la Ley de Idiomas Indígenas. Esta última hace énfasis en el empleo de los nichos lingüísticos como ambientes privilegiados de inmersión total para aprender un idioma amerindio[1] y precisa,

1. Sobre la naturaleza y posibilidades de un «nicho lingüístico», ver el trabajo de Biord (2004c).

además, las competencias del Instituto Nacional de Idiomas Indígenas, adscrito al Ministerio de Educación.

La educación básicamente se imparte en español. De hecho, el español como primera lengua se ha llamado tradicionalmente *Castellano y Literatura* en la nomenclatura de los cursos, mientras que en el nivel universitario se ha preferido el término *Lenguaje* u otros similares como *Lenguaje y Comunicación, Lenguaje Instrumental, Lenguaje y Redacción* o, más recientemente, también, *Comprensión Lectora y Redacción* o *Comunicación Oral y Escrita*, entre otros. El artículo 14 de la Ley Orgánica de Educación establece: «La educación ambiental, la enseñanza del idioma castellano, la historia y la geografía de Venezuela, así como los principios del ideario bolivariano son de obligatorio cumplimiento, en las instituciones y centros educativos oficiales y privados».

En cuanto a idiomas extranjeros o segundos idiomas, aunque en teoría se permite el estudio de otros, principalmente se ha preferido el inglés. En la educación secundaria, el bachillerato mención humanidades incluye el francés y el latín. En la mayor parte de las universidades venezolanas, sobre todo a partir de la década de 1990, se ha empezado a exigir como un requisito de grado, casi siempre la mayor parte de las veces sin carga crediticia, una suficiencia en inglés. Esta práctica, desde por lo menos la década de 1970, se empleaba en los postgrados de diversas disciplinas.

Sobre la posibilidad de incluir otros idiomas, y no solo el inglés, no se ha avanzado lo suficiente. En este sentido, el inglés tiene una presencia importante y una influencia nada despreciable en el país, incluso en muchas escuelas privadas se enseña desde la educación primaria y en algunos casos aun desde la inicial; no obstante, se carece de un diagnóstico amplio y crítico sobre la enseñanza del inglés en la secundaria, nivel en el que es obligatorio y de las posibles influencias anglófilas[2]. Existen colegios bilingües (principalmente en inglés, francés, alemán, italiano y portugués).

SITUACIÓN ACTUAL DEL ESPAÑOL EN VENEZUELA

Según el censo de 2011, Venezuela tenía una población de 27150095 habitantes. Si bien, pudiera estimarse que la población actual sobrepasaría los 30000000, debe considerase que según cifras conservadoras unos 4000000 de venezolanos han migrado. Así que la población actual oscilaría entre 26000000 y 27000000. El español de Venezuela, como lengua mayoritaria y oficial del país, no solo constituye una variedad del español general, muy vinculada al español

2. Sobre tal influencia, ver las reflexiones en Biord Castillo (2020).

del Caribe continental y a algunas variedades andinas, sino que también tiene una gran variación interna. Un contraste fundamental del español de Venezuela está referido a las diferencias regionales o diatópicas. Lisandro Alvarado (1929), en su trabajo pionero titulado *Glosarios del bajo español de Venezuela*, estableció ocho grandes áreas dialectales, a saber, la zuliana, la occidental, la andina, la central, la llanera, la oriental, la guayanesa y la margariteña.

Esas áreas guardan relación con diversos factores, como los sustratos lingüísticos amerindios preexistentes a la introducción del español en la época colonial (Pérez González 2006). La conquista de los territorios implicó un cambio social coercitivo y procesos de evangelización e hispanización que desembocaron en un gran sincretismo.

No obstante, a pesar de algunos estudios particulares, todavía se carece de un estudio amplio y general sobre este aspecto. Las diferencias regionales siguen teniendo una importancia y una visibilidad en la Venezuela actual[3]. Incluso, en ocasiones, y como generan otras variedades lingüísticas, esas diferencias pueden dar lugar a fenómenos de diglosia, dado que las variedades de las grandes ciudades, en especial de Caracas y el centro del país, prevalecen como normas de mayor aceptación.

Las diferencias regionales, sin embargo, abarcan desde el componente fónico (fonético, fonológico y suprasegmental) hasta el semántico (léxico) y el sociolingüístico (formalidad/informalidad, etc.). Como sucede con la entonación dialectal andina y de las otras regiones, la del Zulia, por ejemplo, es muy característica y contrasta con las otras, además de la ocurrencia del voseo, que no es exclusiva de esa región, pero quizás sí donde más extendida está. El español de Venezuela, al igual que otras variedades hispanoamericanas, tiene gran cantidad de indigenismos, algunos de uso general (como *auyama* para 'calabaza') y otros de uso regional (como en Oriente *catuche* y *aripo*, para 'guanábana' y 'plancha para asar' respectivamente)[4].

Ahora bien, resulta importante considerar que la transformación del país rural y la implantación de la economía petrolera que sustituyó al modelo agroexportador fue un complejo proceso de cambio social (descrito por algunos analistas como «modernización») que culmina en la década de 1950 o inicios de la de 1960. Como parte de ello, ocurrieron intensas corrientes de migraciones internas que contribuyeron a divulgar y, hasta cierto punto, ate-

---

3. Para una visión de conjunto, revisar las bibliografías de Rivas Dugarte *et alii* (2013) y Serrón (1978), así como los aportes en los trabajos de Freites y Pérez (2004) y Álvarez (1992) y los diccionarios de venezolanismos de Tejera (1993) y Núñez y Pérez (1994), y, con un enfoque histórico, Pérez (2013, 2015).

4. Sobre los indigenismos ver los trabajos de Alvarado (1984 [1921]), Peña Vargas (1987), Pérez González (1998, 1999) y Biord Castillo (2021).

nuar las diferencias lingüísticas regionales. Ese proceso de transformación del país rural también va a coincidir con la implantación y la influencia de los medios radioeléctricos, como la radio y la televisión, que contribuyeron a la homogeneización de esas variedades dialectales, sin eliminarlas por completo.

Luego hubo procesos de inmigración selectiva, en especial después de la II Guerra Mundial y durante la década de 1950. En esa época llegaron principalmente portugueses, españoles e italianos y, en menor medida, otros europeos, entre ellos judíos desplazados por el horror del Holocausto. Más tarde, en las décadas de 1960 y principalmente de 1970, coincidiendo con el auge económico del país causado por el aumento de los precios del petróleo, también llegaron al país importantes oleadas inmigratorias provenientes de Colombia y Ecuador y, en menor medida, de otros países, como la República Dominicana y Perú, lo que significó no solo nuevos aportes lingüísticos para el español de Venezuela, sino interacción de variedades del español.

Además de las diferencias regionales, debemos considerar dos esenciales. Se trata de un par de oposiciones de importancia fundamental en estos procesos lingüísticos y sociolingüísticos:

Primero, el contraste entre lo rural y lo urbano. A pesar de la intensidad del proceso de urbanización que la ha convertido en uno de los países con mayores porcentajes de población urbana en América Latina[5], Venezuela todavía conserva un pequeño margen de población rural. De hecho, en la literatura venezolana, movimientos como el costumbrismo, el criollismo y el regionalismo trataron de reflejar las hablas locales y regionales como parte esencial de los referentes. En especial, se enfatizó la llanera, lo cual se enmarca dentro de un complejo proceso de generalización de temas y aspectos culturales llaneros como elementos privilegiados del imaginario de la identidad venezolana. Entre otros aspectos, esto incluye la música, las costumbres y los refranes populares además del vestuario, especialmente en la llamada danza nacionalista.

Segundo, el contraste cada vez más marcado de tipo diastrático. La urbanización trajo consigo una estratificación del habla, con profundas, pero, a veces, inadvertidas implicaciones escolares y laborales que tipifican casos de diglosia.

Algunos fenómenos relevantes del español de Venezuela son la aspiración de la /s/ en posición final, absoluta o dentro de la cadena del habla, fenómeno que contrasta con el español de otros países y que, incluso, ha sido

---

5. La población urbana de Venezuela en 2018 sería del 88,21 % (https://www.indexmundi.com/es/datos/venezuela/poblaci %C3 %B3n-urbana).

objeto de representaciones sociales gracias a la divulgación de este fenómeno a través, fundamentalmente, de la televisión. Otro fenómeno que parecería extenderse en Venezuela es la personalización del verbo *haber*. Solo está tabuizado el plural del pretérito simple (*hubieron: Hubieron muchos problemas*), aunque la norma abarca también los demás tiempos verbales.

Otro fenómeno de gran relevancia es la confusión de la morfología verbal y la asimilación de la terminación -*mos* con -*nos* en la primera persona del plural (nosotros) en el copretérito *íbanos* por *íbamos, estábanos* por *estábamos, comíanos* por *comíamos* o *salíanos* por *salíamos*. En el pasado, esto se atribuía solo al habla andina. En contraste, esto hoy puede documentarse en diversas regiones del país y también en los estratos sociales más bajos de las grandes ciudades.

Una diferencia o rasgo importante del español de Venezuela es la confusión regional entre las líquidas /l/ y /r/ al final de sílaba que ocurre en diversas regiones del país (*arcalde* o *arcarde* por *alcalde, talde* por *tarde*). Esto ocurre en diversas regiones y estratos sociales.

La influencia de los medios radioeléctricos y, en la actualidad, de los medios digitales y redes sociales ha impulsado una mayor uniformidad del idioma y también la divulgación de variedades del español de América y de España. Esto ocurre especialmente entre los jóvenes, por ejemplo, con los programas y la cobertura de eventos deportivos, las telenovelas y la farándula, en general.

En el pasado, sobre todo en las décadas finales del siglo XIX y a principios del siglo XX, hubo entre las élites una influencia del francés. Posteriormente, para toda la población, se dio una fuerte influencia del inglés, debido a la presencia de las compañías petroleras y a la admiración que suscitaban los modos de vida de los campos petroleros. Allí habitaban, principalmente, técnicos norteamericanos y sus familias. Esa influencia se manifestó, entre otros aspectos, en cuanto a la tecnología de la industria petrolera, ampliamente entendida, y también en los usos deportivos, anteriores incluso a la industria petrolera. Un ejemplo claro de ello lo constituye el béisbol. Se produjo así un léxico derivado del béisbol muy empleado en el español coloquial de Venezuela (Colmenares del Valle 1977).

Esta situación con respecto al inglés quizás sea similar, aunque tal vez no tan fuerte, a la de otros países hispanoamericanos, como, por ejemplo, Panamá. Es importante resaltar que, a diferencia de otros países, Venezuela nunca adoptó el sistema de medidas del mundo angloparlante, sino que mantuvo el sistema métrico decimal y, por lo tanto, sus designaciones en español.

En Venezuela existe la idea de que se habla un español «sin acento», asunción que también puede ser común a otros países hispanoamericanos. Ahora bien, no solamente cada región tiene su propia entonación, sino que en especial en Caracas, la capital del país, y en la región central se emplea una que contrasta con las de otras regiones de Venezuela y, por supuesto, de otros países. Dicha entonación es bastante similar a la del Caribe continental y el Caribe insular. De allí que entonaciones como, principalmente, la del español de Colombia y en especial de la costa atlántica (área contigua geográficamente a Venezuela y muy similar en cultura y costumbres), Panamá, la República Dominicana, Cuba y Puerto Rico, países todos con los que Venezuela ha tenido relaciones históricas, sean bastante parecidas o comunes al español de Venezuela.

En cuanto al lenguaje inclusivo, la Constitución y otros textos legales contienen una serie de expresiones o estilo que tratan de recoger el principio de la inclusión. Por ejemplo, el artículo 189 dice textualmente:

> No podrán ser elegidos diputados o diputadas: 1. El Presidente o Presidenta de la República, el Vicepresidente Ejecutivo o Vicepresidenta Ejecutiva, los Ministros o Ministras, el Secretario o Secretaria de la Presidencia de la República y los Presidentes o Presidentas y Directores o Directoras de los Institutos Autónomos y empresas del Estado, hasta tres meses después de la separación absoluta de sus cargos. 2. Los gobernadores o gobernadoras y secretarios o secretarias de gobierno, de los Estados y autoridades de similar jerarquía del Distrito Capital, hasta tres meses después de la separación absoluta de sus cargos. 3. Los funcionarios o funcionarias municipales, estadales o nacionales, de Institutos Autónomos o empresas del Estado, cuando la elección tenga lugar en la jurisdicción en la cual actúa, salvo si se trata de un cargo accidental, asistencial, docente o académico. La ley orgánica podrá establecer la inelegibilidad de otros funcionarios o funcionarias.

Por su parte, el artículo 13 de la Ley Orgánica de Educación señala que «la responsabilidad social y la solidaridad constituyen principios básicos de la formación ciudadana de los y las estudiantes en todos los niveles y modalidades del Sistema Educativo. Todo y toda estudiante cursante en instituciones y centros educativos oficiales o privados de los niveles de educación media general y media técnica del subsistema de educación básica».

Como se observa en esos ejemplos, contrariamente al orden ortográfico, se coloca en primer lugar el masculino. Sin duda se trata de una paradoja o una trampa de la mente, un sesgo androcéntrico que se plasma en la letra en flagrante contradicción con el espíritu de la norma.

El uso de la *e* como género no marcado o inclusivo (*tod*e*s, l*e*s vecin*e*s*) todavía dista mucho de tener una amplia aceptación en el habla cotidiana y en la lengua escrita. Sin embargo, en algunos casos se puede observar su uso.

El uso de siglas y acrónimos y de palabras derivadas de estas lexías complejas ha sido muy común en el español de Venezuela, sobre todo en la segunda mitad del siglo XX (Núñez *et alii* 1990). El uso de las siglas en el habla coloquial es muy amplio. Un aspecto que debe resaltarse es la anteposición de artículos a las siglas, cuyo patrón de uso merece un estudio particular, así como el género gramatical de la sigla, evidenciado a partir del uso de adjetivos calificativos o de artículos. También se ha ido introduciendo una manera de citar nombres complejos por uno solo de sus términos, por ejemplo, *la Católica, la Central, la Bicentenaria* o *la Simón* para referirse, respectivamente, a la Universidad Católica Andrés Bello, la Universidad Central de Venezuela, la Universidad Bicentenario de Aragua o la Universidad Simón Bolívar. Otra tendencia reciente es la de cortar palabras, como se evidencia en este ejemplo *Estudio en la Metro,* para aludir a la Universidad Metropolitana, al estilo de *profe* (profesor), *seño* (señorita), *cole* (colegio) y *uni* (universidad). Se suele usar mucho *ferro* por *ferrocarril: Me voy en ferro*[6]. El desplazamiento del acento prosódico es usado en algunos casos como forma cariñosa, *mi dóctor* por *mi doctor,* quizá por influencia del inglés.

En algunas instituciones académicas se privilegió a partir de la década de 1960 las publicaciones científicas en inglés, en una especie de autocolonialismo lingüístico. Esto produjo un fuerte desprecio o desdén hacia aquellas que se hacían en español, fuera en revistas venezolanas o iberoamericanas, en general. Con el aumento de revistas indexadas en Hispanoamérica y España, esta postura anglófila podría mitigarse en el futuro[7].

Es importante prestarle atención a las jergas especializadas, como la juvenil, la delictiva y otras relacionadas con esta, que están sujetas a cambios constantes[8]. También la de los mineros, que ha empezado a trascender más allá de los ámbitos de las minas de oro y diamante y otros metales. De igual manera, las expresiones tabuizadas, los insultos y los tratamientos de camaradería han sufrido cambios sustanciales en las últimas décadas y, entre otros aspectos, reflejan la igualación de roles sociales entre los géneros.

DIVERSIDAD LINGÜÍSTICA EN VENEZUELA Y LENGUAS EN CONTACTO

Como correlato de su megadiversidad biológica, Venezuela también posee una amplia diversidad sociocultural y lingüística. Expresión de ello son los idiomas indígenas que se hablan en el país. Muchos de ellos con varias dece-

---

6. Para aludir al ferrocarril de los Valles del Tuy (estado Miranda), cercanos a Caracas y donde hay varias ciudades satélites y dormitorios.
7. El uso del español en las publicaciones científicas y académicas en general es un tema de gran relevancia política y geoestratégica (Biord Castillo 2014, 2015).
8. Ver los trabajos de Pérez (2002, 2005, 2020).

nas de miles de hablantes. Adicionalmente, varias lenguas indígenas hoy desaparecidas, debido a la hispanización compulsiva y las imposiciones coloniales, perviven como sustratos en amplios campos semánticos, como toponimia, fitonimia, zoonimia, gastronomía, patronímicos y designaciones de diversos recursos culturales. Un aspecto de gran interés son los intentos de recuperación de las lenguas extintas o semiextintas liderados por maestros, dirigentes y promotores comunitarios. Esta recuperación lingüística es una expresión de procesos más amplios de etnogénesis, reafirmación étnica y rescate de recursos culturales, como en el caso de los cumanagotos, chaimas, guaiqueríes (que, en realidad, conformaban una macroetnia con una macrolengua, denominada caribe septentrional o *chotomaimú*) o los gayones (en el estado Lara, al occidente de Venezuela).

En la tabla n.º 1 se muestra el total de la población indígena de Venezuela, según el censo de 2011, último efectuado.

n.º	Pueblo indígena	Otro(s) nombre(s)	Tronco	Total	%	Acum.
01	wayuu	guajiro	arahuaco	413 437	57,1	57,1
02	warao	guarao, guaraúno	no clasificado	48 771	6,7	63,8
03	kari'ña	caribe	caribe	33 824	4,7	68,5
04	pemón	arekuna, kamarakoto, taurepán	caribe	30 148	4,2	72,6
05	jivi	guajibo, sikwani	guajibo	23 953	3,3	75,9
06	kumanagoto	cumanagoto	caribe	20 876	2,9	78,8
07	añú	paraujano	arahuaco	20 814	2,9	81,7
08	piaroa	wótuja	sáliva	19 293	2,7	84,3
09	chaima		caribe	13 217	1,8	86,2
10	yukpa	motilones mansos	caribe	10 640	1,5	87,6
11	yanomami	waika, guajaribo	yanomama	9569	1,3	89,0
12	yaruro	pumé	no clasificado	9479	1,3	90,3
13	yekwana	maquiritare	caribe	7997	1,1	91,4
14	kurripako	curripaco, kurrim	arahuaco	7351	1,0	92,4
15	baré		arahuaco	5044	0,7	93,1
16	e'ñepá	panare	caribe	4688	0,6	93,7
17	piapoko	tsasé, chase	arahuaco	3714	0,5	94,2
18	baniva		arahuaco	3501	0,5	94,7
19	barí	motilones bravos	chibcha	2841	0,4	95,1
20	yeral	ñengatú	tupí	2130	0,3	95,4
21	waikerí	guaiqerí	caribe	1985	0,3	95,7
22	puinave		no clasificado	1716	0,2	95,9
23	sanemá		yanomama	1444	0,2	96,1
24	arawak	lokono	arahuaco	1331	0,2	96,3
25	mako	macu	sáliva	1211	0,2	96,5

n.º	Pueblo indígena	Otro(s) nombre(s)	Tronco	Total	%	Acum.
26	akawayo		caribe	1071	0,1	96,6
27	gayón		no clasificado	1033	0,1	96,7
28	jodi	hoti	no clasificado	982	0,1	96,8
29	inga[3]	putumayo	quechua	827	0,1	97,0
30	warequena		arahuaco	620	0,1	97,1
31	yavarana		caribe	440	0,1	97,2
32	mapoyo	wanai	caribe	423	0,1	97,2
33	shiriana	guajaribo (?)	yanoamama (?)	418	0,1	97,3
34	kuiva	cuiva	guajibo	395	0,1	97,3
35	sáliva		sáliva	344	0,0	97,4
36	timote	timotocuica	no clasificado	228	0,0	97,4
37	ayaman		no clasificado	214	0,0	97,4
38	amorúa		guajibo	165	0,0	97,5
39	japreria		caribe	157	0,0	97,5
40	píritu		caribe	121	0,0	97,5
41	makushi		caribe	89	0,0	97,5
42	guanano[3]		tucano	58	0,0	97,5
43	kubeo[3]		tucano	56	0,0	97,5
44	kaketío		arahuaco	56	0,0	97,5
45	wapishana[3]		arahuaco	37	0,0	97,5
46	jirajara		no clasificado	34	0,0	97,4
47	tukano[3]		tucano	29	0,0	97,5
48	matako[3]		mataco	23	0,0	97,5
49	arutani	uruak	no clasificado	20	0,0	97,5
50	kechwa[3]	quechua	quechua	20	0,0	97,5
51	sapé		no clasificado	9	0,0	97,5
52	tunebo[3]	u'wa	chibcha	9	0,0	97,6
53	No declarado[1]			15 236	2,1	99,7
54	Otro pueblo[2]			2504	0,3	100,0
Totales				724 592	100,0	100,0

Tabla 1. Población indígena de Venezuela. Fuente: INSTITUTO NACIONAL DE ESTADÍSTICA (INE). Venezuela, 2015, págs. 30-31.

No incluye población yanomami en áreas de muy difícil acceso.

[1] *No declarado* se refiere a aquellos que declararon pertenecer a un pueblo indígena, pero no contestaron a cuál.

[2] *Otro pueblo* se refiere a aquellos que declararon pertenecer a la categoría «otro pueblo».

[3] Migraciones recientes o pueblos indígenas habitantes de regiones fronterizas con Venezuela.

Las lenguas indígenas constituyen el patrimonio lingüístico no hispánico más amplio del país. Como se muestra en la tabla n.º 1, esa diversidad de lenguas pertenece a varios troncos lingüísticos y, aunque no poseemos datos actualizados de su número de hablantes, es probable que las cifras aquí presentadas ofrezcan una idea aproximada de la situación actual.

Idioma	Ubicación	Pobl. > 5 años	Hablantes	%
	Tronco arahuaco			
añú	Zulia	14 332	223	2
baniva	Amazonas	995	434	44
baré	Amazonas	1025	160	16
kurripako	Amazonas	2368	2019	85
lokono	Bolívar	159	145	91
piapoko	Amazonas, Bolívar	1099	1033	94
warekena	Amazonas	348	199	57
wayuu	Zulia, Mérida, Trujillo	139 620	119 797	86
	Tronco caribe			
wkawayo	Bolívar	644	644	100
chaima	Monagas, Sucre	n. d.	n. d.	n. d.
cumanagoto	Anzoátegui, Monagas, Sucre	n. d.	n. d.	n. d.
eñepá	Amazonas, Bolívar	2552	2551	100
kari'ña	Anzoátegui, Bolívar	9172	3311	36
pemón	Bolívar	15 094	14 736	98
wanai	Bolívar	134	15	11
yavarana	Amazonas	253	119	47
ye'kuana	Amazonas, Bolívar	3589	3566	99
yukpa	Zulia	3322	3285	99
	Tronco chibcha			
barí	Zulia	1224	1203	98
	Tronco guajibo			
jivi	Amazonas, Apure, Bolívar	9059	8428	93
kuiva	Apure	318	310	98
	Tronco sáliva			
maku	Amazonas	267	266	100
sáliva	Amazonas	61	17	28
wótuja	Amazonas, Bolívar	8828	8734	99
Tronco tupí				
yeral	Amazonas	612	438	72
	Tronco yanomama			
sanemá	Amazonas, Bolívar	1669	1669	100
yanomami	Amazonas	6119	6119	100
	Idiomas sin clasificar			
gayón	Lara	n. d.	n. d.	n. d.
jodi	Amazonas, Bolívar	526	526	100
puinave	Amazonas, Bolívar	653	568	87
pumé	Apure	4311	4061	94
sapé	Bolívar	25	25	100
uruak	Bolívar	39	39	100
warao	Delta Amacuro, Monagas, Sucre	19 192	18 696	97

Tabla 2. Lenguas indígenas habladas en Venezuela. Fuente: Oficina Central de Estadísticas e Informática, Censo Indígena, 1992 (Venezuela 1993b).

Si bien la educación intercultural bilingüe, desde su implementación en 1981, ha promovido el uso de las lenguas indígenas en el proceso educativo, la influencia del español y el avance de sus fronteras lingüísticas ha sido indetenible (Biord 2002, 2004b). Como consecuencia de ello, se han generado situaciones de desplazamiento lingüístico que pudieran amenazar la continuidad de muchas lenguas indígenas[9]. En la actualidad parece haberse invertido lo que, hasta la década de 1960 al menos, parecería una verdad incontrovertible: la urgencia de enseñar español a los indígenas. Hoy parecería que el énfasis debe hacerse en la conservación de los idiomas indígenas. El aprendizaje del español tiene muchas posibilidades en ambientes de educación formal y no formal, o fuera de ellos, en la continua interacción con personas no indígenas. Apoyar la conservación de los idiomas indígenas contribuye a garantizar la diversidad que, como patrimonio inmaterial, representan las lenguas y literaturas indígenas.

En el oriente de Venezuela, en la zona de Paria (estado Sucre), se habla un patuá afrocriollo con fuerte influencia del francés y del inglés, y otro, principalmente lexicalizado en inglés, en la zona noreste del estado Bolívar al sur del país (Llorente 1995). También con un arraigo de casi dos siglos en la Colonia Tovar (estado Aragua) y El Jarillo (estado Miranda), y zonas limítrofes del estado Vargas, se habla alemánico (*alemmannisch*), que es una variedad dialectal del alemán. Fue traído por colonos en la primera mitad del siglo XIX (Mosonyi y González-Náñez 1970; Schroedter 1995a, 1995b).

Existe también una lengua de señas venezolana, ampliamente utilizada por personas con capacidades auditivas y orales limitadas (Pérez 2007; Rumbos Ruiz 2016, 2019). En diversas instituciones de educación superior se forman docentes especialistas en esta lengua.

Finalmente, se deben considerar otros idiomas traídos por inmigrantes, especialmente durante las décadas de 1940 y 1950[10]. Esos idiomas son italiano y portugués, y, más recientemente, árabe y cantonés. Otras colonias minoritarias han traído idiomas como el euskera, el francés, el alemán, el hebreo y el ladino o español sefardita.

El portugués tiene una importancia estratégica dado que Brasil, el primer el país lusohablante más poblado del mundo, tiene una amplia frontera terrestre con Venezuela. A lo largo de las fronteras, especialmente en la zona sureste del estado Bolívar (en el eje carretero entre Ciudad Guayana, en el estado Bolívar, y Boa Vista, en el estado brasileño de Roraima) se encuentra asentada población de origen brasileño, al igual que en el estado Amazonas y especial-

---

9. Ver, por ejemplo, el trabajo de Mosonyi (1976).

10. En relación con las consideraciones de los siguientes párrafos sobre diversidad lingüística, ver Biord (2004a).

mente en el municipio Río Negro. Para facilitar las comunicaciones, hablantes nativos del español y de portugués, respectivamente, se sirven del llamado *portuñol*, que constituye una mezcla del español y del portugués. Esta variedad lingüística reviste un gran interés lingüístico y sociolingüístico que merece mayor atención, tanto su descripción como el diagnóstico de su uso.

Otras lenguas coterritoriales son el inglés hablado en Trinidad, isla que en la época colonial estuvo integrada a lo que hoy es Venezuela, y en Guyana. Venezuela mantiene su reclamo sobre el territorio Esequibo, que le fue despojado por Gran Bretaña en el siglo XIX cuando Guayana era una colonia inglesa. En el territorio Esequibo se habla inglés y varios idiomas indígenas. En las islas neerlandesas de Curazao, Aruba y Bonaire frente a la costa noroccidental de Venezuela se habla el papiamento y existe una gran interacción económica y cultural con Venezuela. Aunque Venezuela ha apoyado el funcionamiento de escuelas de español como segunda lengua en varias islas del Caribe anglófono y francófono, ha desaprovechado el potencial lingüístico de los inmigrantes no hispanohablantes y de las lenguas coterritoriales.

En varias ciudades existen colegios bilingües, principalmente en inglés, pero también en alemán, italiano y francés. El portugués ha sido menos promovido, en parte por su semejanza al español y en parte por las ideologías de desprecio hacia otros idiomas, a pesar de la importancia de la colonia portuguesa en Venezuela y de la creciente interacción con Brasil. Se carece, sin embrago, de un diagnóstico sociolingüístico actualizado sobre la presencia de otros idiomas y sus usos en aspectos sociales y académicos en Venezuela.

En materia de informática y otros aspectos técnicos, así como en materia de publicidad, se han introducido diversos términos, muchos de ellos innecesarios. Como ejemplo se pueden citar las palabras *tablet*, *webinar* y *flyer*, así como otros específicos del campo de la informática y la computación. La influencia del inglés cobra mayor importancia, como anteriormente la tuvo el francés. En el campo de la gastronomía se destaca la influencia del italiano, no solamente por la cultura gastronómica de Italia, sino también por la fuerte presencia de personas de origen italiano en Venezuela.

REFLEXIONES FINALES

Podemos considerar que el español en Venezuela tiene una vitalidad bastante amplia. No en balde, por el tamaño de su población, ocupa el séptimo puesto entre los países hispanohablantes, precedido por México, los Estados Unidos de América, Colombia, España, Argentina y Perú. La Academia Venezolana de la Lengua fue creada el 10 de abril de 1883, por decreto presidencial, y solemnemente instalada el 26 de julio de ese año, convirtiéndose de esta manera en la quinta después de las de Colombia, Ecuador, México y El Salvador.

Debido a los cambios políticos e institucionales acaecidos en Venezuela en las dos últimas décadas, muchas siglas han desaparecido, en especial las de instituciones gubernamentales. Esto ha hecho que los hablantes más jóvenes no estén familiarizados con siglas que fueron muy comunes en la segunda mitad del siglo XX. Sin embargo, la tendencia al uso de las siglas y la derivación de lexías parece conservar el mismo vigor anterior. También como parte de esas transformaciones, han ocurrido cambios en los nombres de lugares para enfatizar los valores ideológicos oficialistas, sobre todo en la nomenclatura urbana, pero también en los nombres de entidades federales, lo que por supuesto tiene implicaciones lingüísticas. Por ejemplo, el estado Vargas ha pasado a llamarse La Guaira (nombre de su capital), el Parque Nacional El Ávila es hoy el Parque Nacional Guaraira Repano (topónimo indígena documentado hacia 1577)[11], el Parque del Este Rómulo Betancourt fue rebautizado como Parque Francisco de Miranda, así como la estación del metro correspondiente a ese lugar antes denominada Parque del Este. Destaca también el uso excesivo y, por ello, abusivo, del calificativo *bolivariano* en la designación de instituciones oficiales, programas gubernamentales y actos políticos. De esta manera, tal calificativo ha pasado a significar un complejo de ideas como 'chavista', 'revolucionario' y 'socialista', estableciendo un contraste entre lo que se califica como bolivariano o no. Otro aspecto que debe resaltarse es el esfuerzo por incluir, entre los prefijos de los dominios de Internet, la terminación *.gob* y para sustituir la forma *.gov*, derivada de *government* ('gobierno' en inglés).

Finalmente, la conflictividad política y la extrema polarización del país a partir de 1999 no han dejado de tener consecuencias lingüísticas, ampliamente entendidas (Biord Castillo 2008). Ciertos discursos (como la inclusión social, la diversidad sociocultural, el empoderamiento popular, la organización popular y la economía comunal, entre otros) se reiteran continuamente y han pasado a tener un tratamiento preponderante en los medios de comunicación controlados por el Gobierno. De manera concomitante, lo que se ha denominado la *posverdad* cada vez más tiñe las noticias y debates públicos. Con ello se evidencia que la llamada *postpolítica* tiene grandes implicaciones lingüísticas y sociolingüísticas (Biord Castillo 2008).

REFERENCIAS

ALVARADO, Lisandro (1929): *Glosarios del bajo español en Venezuela*. Caracas: Lito-Tip. Mercantil.

— (1984) [1921]: «Glosario de voces indígenas de Venezuela». *Obras completas*. Caracas: La Casa de Bello, tomo I, págs. 23-448 (colección Humanistas Venezolanos, n.º 3).

---

11. En la relación atribuida al gobernador Juan de Pimentel, hecha a finales de 1577 o principios de 1578 (Pimentel 1967).

ÁLVAREZ, Alexandra (1992): *El idioma español de la Venezuela actual*. Caracas: Cuadernos Lagoven.

ANDERSON, Benedict (1997): *Comunidades imaginadas. Reflexiones sobre el origen y la difusión del nacionalismo*. México: Fondo de Cultura Económica (Colección Popular, 498) (1.ª reimp. de la 1.ª ed. en español de la 2.ª en inglés).

ARMELLADA, Cesáreo de (1978): *Las lenguas indígenas venezolana y el castellano*. Caracas: Universidad Católica Andrés Bello, Centro de Lenguas Indígenas.

BIORD CASTILLO, Horacio (2002): «Antecedentes y establecimiento de la educación intercultural bilingüe en Venezuela». *Anthropos* (Venezuela) (Revista del Instituto Superior Salesiano de Filosofía y Educación, Los Teques), n.º 45, págs. 7-40.

— (2004a): «Lenguas en penumbra. Idiomas indígenas y multilingüismo en Venezuela». Francisco Freites Barros y Francisco Javier Pérez (compiladores): *Las disciplinas lingüísticas en Venezuela. Situación actual, otras miradas y nuevas expectativas*. Maracaibo: Universidad Católica Cecilio Acosta (colección El Nombre Secreto), págs. 254-298.

— (2004b): «Lineamientos para una bitácora de navegación: relanzamiento y optimización de la educación intercultural bilingüe en Venezuela». *Pueblos Indígenas y Educación* (Quito, Ecuador), n.º 55, págs. 13-36.

— (2004c): «Nichos lingüísticos y educación multicultural en Venezuela». *Textura* (Revista del Centro de Investigaciones Textuales, Instituto Pedagógico de Maturín, Universidad Pedagógica Experimental Libertador, Maturín, estado Monagas), n.º 6, págs. 159-177.

— (2005): «Lenguas indígenas y medios de comunicación en Venezuela: algunos retos y perspectivas». *Anthropos* (Venezuela) (Revista del Instituto Superior Salesiano de Filosofía y Educación, Los Teques, estado Miranda), n.º 50-51, págs. 95-126.

— (2008): «Obsolescencia de la corrección lingüística y crisis sociopolítica en Venezuela. Una reflexión sociolingüística». *Boletín de la Academia Venezolana de la Lengua* (Caracas), n.º 201, págs. 81-97.

— (2014): «Más allá del panhispanismo: El español y una geopolítica lingüística plurihispánica y transiberoamericana». Francisco Javier Pérez (comp.): *300 años de la Real Academia Española. Homenaje de la Academia Venezolana de la Lengua*. Caracas: Academia Venezolana de la Lengua, págs. 197-227 (colección Homenajes, 2).

— (2015): «Publicar en español: ¿provincialismo o estrategia? Reingeniería lingüística de la academia». *Letras* (Revista del Centro de Investigaciones Lingüísticas y Literarias Andrés Bello. Instituto Pedagógico de Caracas. Universidad Pedagógica Experimental Libertador. Caracas), n.º 92, págs. 16-29 (publicación electrónica: http://revistas.upel.edu.ve/index.php/letras/article/view/5957).

— (2016): «Visibilidad y valoración social de las lenguas y literaturas indígenas en Venezuela». *Bacoa*. Revista Interdisciplinaria de Ciencias y Artes (Universidad Nacional Experimental Francisco de Miranda. Coro, estado Falcón, Venezuela), vol. 6, n.º 12, págs. 24-39 (ISSN: 2343-5542).

— (2020): «Multiculturalismo, multilingüismo y ética. Reflexiones sociolingüísticas y socioeducativas a partir del caso venezolano». *Crónica de la Lengua española 2020*. Madrid: Real Academia Española y Asociación de Academias de la Lengua Española, págs. 873-881.

— (2021a): «Lenguas indígenas en Venezuela: una aproximación político-sociolingüística». *Káñina* (Revista de Artes y Letras, Universidad de Costa Rica, San José, Costa Rica) 45 (1): 157-182 (edición electrónica: https://revistas.ucr.ac.cr/index.php/kanina/article/view/46749/46286).

— (2021b): «Herencia y presencia de lo indígena. Hacia una etnografía de la invisibilidad de lo indio». *Procesos Históricos. Revista de Historia*, n.º 40 (Universidad de Los Andes, Mérida, estado Mérida, Venezuela), págs. 2-18.

COLMENARES DEL VALLE, Edgar (1977): *El léxico del béisbol en Venezuela*. Caracas: Centauro.

FREITES BARROS, Francisco y Francisco Javier PÉREZ (compiladores) (2004): *Las disciplinas lingüísticas en Venezuela. Situación actual, otras miradas y nuevas expectativas*. Maracaibo: Universidad Católica Cecilio Acosta (colección El Nombre Secreto).

LLORENTE, María Luisa (1995): «El patois de Güiria: una lengua criolla del estado Sucre». *Montalbán* (Revista de la Universidad Católica Andrés Bello, Caracas, Venezuela), n.º 28, págs. 7-21.

MOSONYI, Esteban Emilio y Omar E. GONZÁLEZ ÑÁÑEZ (1970): «El alemán de la Colonia Tovar, Estado Aragua, Venezuela». *Economía y Ciencias Sociales* (Revista de la Facultad de Ciencias Económicas y Sociales, Universidad Central de Venezuela, Caracas), n.º 3, págs. 44-59.

NÚÑEZ, Rocío; BIORD, Horacio y Francisco Javier PÉREZ (1990): *Manual básico de siglas venezolanas*. San Cristóbal: Universidad Católica del Táchira (versión ampliada con índices analíticos y prólogo de la publicación 2.12).

NÚÑEZ, Rocío y Francisco Javier PÉREZ (1994): *Diccionario del habla actual de Venezuela. Venezolanismos, voces indígenas, nuevas acepciones*. Caracas: Centro de Investigaciones Lingüísticas y Literarias, Universidad Católica Andrés Bello.

PEÑA VARGAS, Ana Cecilia (1987): *Lenguas indígenas e indigenismos. Italia e Iberoamérica (1492 1866)*. Caracas: Academia Nacional de la Historia (Biblioteca de la Academia Nacional de la Historia, serie Fuentes para la Historia Colonial de Venezuela, 190).

PÉREZ, Francisco Javier (2002): *Diccionario venezolano para jóvenes*. Caracas: Los Libros de *El Nacional*.

— *El insulto en Venezuela*. Caracas: Fundación Bigott.

— *Diccionario histórico del español de Venezuela. I: agua-zancudo*. Caracas: Bid & co., editor; Fundación Empresas Polar y Academia Venezolana de la Lengua (2.ª edición, revisada y corregida).

— *Diccionario histórico del español de Venezuela. II: acure-zafrisco*. Caracas: Bid & co., editor; Fundación Empresas Polar y Academia Venezolana de la Lengua.

— *Diccionario visual del español de Venezuela*. Caracas: Fundación Empresas Polar [edición electrónica: www.bibliofep.fundacionempresaspolar.org].

PÉREZ, Yolanda (2007): «La norma en la lengua de señas venezolana». *Sapiens*, año 8, n.º 2, págs. 105-121.

PÉREZ GONZÁLEZ, Zaida (1998): «Presencia indígena en el español de Venezuela». Tesis de doctorado en Ciencias Sociales. Facultad de Ciencias y Sociales. Universidad Central de Venezuela. Caracas.

— «Léxico en el español de Venezuela». *Lingua Americana*, n.º 4, págs. 103-123.

— «Multiplicidad lingüística en América antes y después de 1492». *Dos estudios de dialectología*. Caracas: Cátedra Andrés Bello de Estudios Lingüísticos y Casa Nacional de las Letras Andrés Bello, págs. 49-84.

PIMENTEL, Juan (1967) [escr. hacia 1577]: «Relacion de la discrepcion que Su Mag. manda hazer en estas indias la qual hizo en esta provincia de Caracas y ciudad de Nuestra Señora de Caravalleda y Santiago de Leon desta gobernacion de Venezuela el muy ilustre señor don Juan Pimentel gobernador en ella por Su Magestad aviendolo comunicado y tratado en los cabildos de las dichas ciudades y vezinos antiguos y de espirencia en ellas [...]». En J. A. de Armas Chitty: *Caracas. Origen y trayectoria de una ciudad*. Caracas: Fundación Creole, tomo II, págs. 79-101.

RIVAS DUGARTE, Rafael Ángel; GARCÍA RIERA, Gladys y Horacio BIORD CASTILLO (2013): «Los estudios lingüísticos en Venezuela. Bibliohemerografía. Una contribución». *Boletín de la Academia Venezolana de la Lengua correspondiente de la Real Academia Española* (Caracas), n.º 15-452.

RUMBOS RUIZ, Henry José (2016): «Propuesta de una clasificación de los topónimos en la lengua de señas venezolana». Trabajo de ascenso para optar a la categoría de Profesor Agregado. Instituto Pedagógico de Caracas. Universidad Pedagógica Libertador. Caracas.

— «Neologismos en la LSV: acuñamiento de nuevos términos desde la toponimia». Tesis de doctorado en Ecología del Desarrollo Humano. Universidad Nacional Experimental Simón Rodríguez. Caracas.

SCHROEDTER-ALBERS, Henning (1995): «Doce vidas diferentes en la Colonia Tovar. Entrevistas que enfocan la situación del dialecto alemánico». *Encuentros* (Revista de la Asociación Cultural Humboldt. Caracas), n.º 24, págs. 11-15.

— «El dialecto alemánico (*Alemanisch*) actual en la Colonia Tovar como expresión de un mundo propio». *Encuentros* (Revista de la Asociación Cultural Humboldt, Caracas, Venezuela), n.º 24, págs. 16-29.

SERRÓN, Sergio (1978): *Aporte para una ficha bibliográfica de la dialectología venezolana hasta 1975*. Caracas: Instituto Universitario Pedagógico de Caracas.

TEJERA, María Josefina (coord.) (1993): *Diccionario de venezolanismos*. 3 vols. Caracas, Universidad Central de Venezuela, Academia Venezolana de la Lengua, Fundación Edmundo y Hilde Schnoegass.

VENEZUELA, República Bolivariana de (2015): *Censo Nacional de Población y Vivienda 2011. Empadronamiento de la Población Indígena*. Caracas: Instituto Nacional de Estadística (edición electrónica. Descargable: http://www.ine.gob.ve/index.php?option=com_content&view=category&id=95&Itemid=26#).

Panorama lingüístico de México

ACADEMIA MEXICANA DE LA LENGUA

PEDRO MARTÍN BUTRAGUEÑO, *La lengua española en México: una mirada al presente.* ■ DIEGO VALADÉS, *El estado de la lengua en México. El estatus jurídico-político del español y su relación con las lenguas originarias.* ■ E. FERNANDO NAVA L., *Las lenguas indígenas nacionales de México: notas sobre su diversidad, demografía, presencia en el español, y asuntos sociolingüísticos.*

La lengua española en México: una mirada al presente

PEDRO MARTÍN BUTRAGUEÑO

El inicio de la grabación 83-1-3-1974 es, a primer oído, decepcionante, pues casi no puede entenderse lo que dice la persona que está siendo entrevistada[1]. Se trata de la digitalización de una de las muchas cintas de carrete que se grabaron para el *Atlas lingüístico de México*[2], en este caso en Ciudad Altamirano (estado de Guerrero, México, en 1974, como señala el correspondiente registro), depositadas ahora en el Laboratorio de Estudios Fónicos de El Colegio de México, como parte del Corpus Lingüístico Oral «Juan M. Lope Blanch» del Centro de Estudios Lingüísticos y Literarios. Sin embargo, la decepción primera se disuelve rápidamente al escuchar las razones por las que no se entiende la entrevista: en una emisora de radio —captada por un aparato sin duda demasiado cercano al magnetófono— una marca muy conocida promociona sus productos y ofrece figuras para el nacimiento navideño, luego se dedica una canción a una señorita de la localidad y, entre ruidos de motores y claxonazos, emerge, al parecer, la voz de Los Panchos. Una verdadera cápsula de tiempo atrapada entre los registros del *Atlas*.

Al escuchar esta y otras cintas de inicios de los años setenta y compararlas, por ejemplo, con las grabaciones realizadas en el puerto de Acapulco para el Corpus Oral del Español de México[3], recolectadas hace no mucho, es evidente que casi medio siglo después las diferencias lingüísticas gruesas no son tan grandes como pudiera pensarse. Sin duda, si se entrara en los detalles relativos a la frecuencia de algunas pronunciaciones, al empleo de cierto léxico o incluso a la deriva de diversas estructuras sintácticas, es muy probable que se pudieran señalar no pocos acontecimientos, algunos de ellos ligados a transformaciones sociales más generales: digamos la alfabetización

1. Estas páginas están pensadas como parte de un libro de ensayos que está en preparación. Agradezco las observaciones a una versión previa del manuscrito por parte de Lorena Gamper Villasana.

2. Dirigido por Juan M. Lope Blanch: *Atlas lingüístico de México*. Ciudad de México: El Colegio de México/Universidad Nacional Autónoma de México – Fondo de Cultura Económica, 1990-2000.

3. *Cf.* Pedro Martín Butragueño, Érika Mendoza Vázquez y Leonor Orozco Vaca (coords.): Corpus Oral del Español de México (en preparación); Érika Mendoza Vázquez, Leonor Orozco Vaca y Pedro Martín Butragueño: «Avances y perspectivas en relación al Corpus Oral del Español de México (COEM)» (comunicación en el Segundo Encuentro del Seminario de Prosodia). Ciudad de México: Universidad Nacional Autónoma de México, 3-4 de octubre de 2018.

hoy casi universal, los medios digitales o la mayor movilidad física de las personas. ¿Cómo combinar las sutiles diferencias lingüísticas del día a día, casi imperceptibles, con ciertas vetas explicativas más generales?

Para llevar a cabo esa integración, parece necesario enmarcar los hechos en una interpretación de orden más general, que encauce y dé sentido a los acontecimientos particulares. Para el caso del español en México, he propuesto en otros espacios[4] la convivencia —y el conflicto— entre, al menos, tres dimensiones diferentes, que acogen diversos fenómenos lingüísticos, pero también tipos de relaciones entre personas y grupos, y aun ideologías muy disímiles. Estos tres ángulos son el español poscolonial, el nacional y el patrimonial. Así, la dimensión poscolonial alude a los hechos lingüísticos y sociales enmarcados en la relación con la antigua metrópoli como poder colonial, y los efectos pasados y presentes de esa situación. Quizá el hecho contemporáneo más evidente en el terreno de las lenguas sean los procesos actuales de contacto y bilingüismo y de desplazamiento de lenguas originarias. El español, en su dimensión nacional, da relieve a la variedad mexicana del español, en la medida en que en la práctica funciona como lengua oficial y vehicular; obsérvese que el sentido de posesión refiere, fundamentalmente, a esa variedad o conjunto de variedades específicas. Por fin, la patrimonialización afecta al grado de apropiación de esta lengua por parte de la sociedad mexicana, en magnitudes variables según diversos grupos sociales, pero pocas veces como un hecho consumado. Una prueba de que el proceso de apropiación no está completo sería el hecho de que los ciudadanos sí se sentirían dueños de su variedad nacional, pero quizá no tanto del español como lengua en su conjunto, fruto tal vez de una paradoja identitaria, por tratarse de la lengua del antiguo colonizador. Hay bastante de simplificación en decirlo así, pero la patrimonialización incompleta de esta lengua y una relativa renuncia a la promoción de su internacionalidad —como dimensión añadida a las tres mencionadas, lo que se comenta un poco más abajo— serían también parte de un amplio conflicto poscolonial.

A estas fuerzas más o menos constantes, convendría añadir el papel de varios saltos críticos que recomponen los hechos, catástrofes que modifican radicalmente las circunstancias, como conquistas, independencias y revolu-

4. Véase, por ejemplo: «Lengua nacional y lengua patrimonial», *Memorias de la Academia Mexicana de la Lengua*, 2018 [2019], t. 44: 397-424; «Contacto, difusión y desplazamiento: el pasado en el presente y el español poscolonial en México», en *Contacto, literatura y memoria lingüística en México*. Concepción Company (ed.). Ciudad de México: El Colegio Nacional (en prensa); «El español visto desde México», en *Historia sociolingüística de México*, vol. 5: *Nuevas visitas al pasado y al presente*. R. Barriga y P. Martín (dirs.). Ciudad de México: El Colegio de México (en prensa); «El español en México», en preparación para *Dialectología hispánica / The Routledge Handbook of Spanish Dialectology*. R. Caravedo y F. Moreno Fernández (eds.). Londres – Nueva York: Routledge.

ciones. Estos actos históricos trascendentales cambian las reglas del juego social profundamente, influyen y promueven las dimensiones que se acaban de mencionar, más allá del mantenimiento de ciertas estructuras sociales a lo largo de extensos periodos, a veces incluso por encima de las brechas que suponen estas relevantes circunstancias históricas[5].

Sin pretender que este modelo interpretativo resuelva todas las preguntas, es factible que ciertos acontecimientos tengan un sentido más claro si se observan a su luz, de modo que ocupen unas coordenadas particulares dentro del mosaico identitario y de los conflictos culturales y sociales antiguos y modernos. Aunque es difícil valorar en el corto plazo las repercusiones sociolingüísticas de algunos hechos sobre el español en México y en otras partes, pues hace falta una mayor perspectiva y considerar tramos temporales más amplios, el año previo trajo algunos sucesos y subrayó algunas situaciones que seguramente vale la pena mencionar y discutir con cierta perspectiva.

La publicación, a comienzos de 2021, de los resultados del «Censo de población y vivienda 2020»[6] vuelve a sacar a la luz algunas cuestiones fundamentales que conviene traer a colación en este pequeño informe. La primera de ellas es la confirmación de que México sigue siendo el país con más hispanohablantes, pues entre sus resultados generales se apunta una población total de 126 014 024 personas[7]. Por supuesto, debe aclararse enseguida que no toda esta población habla español o lo habla como lengua nativa, hecho sumamente relevante que a veces —por muy evidente que sea— se pasa por alto en algunas descripciones de conjunto. Así, *Ethonologue*[8] estima para México, en referencia a 2019, 117 millones de hablantes de español como L1 y 8 millones como L2. Estas solas cifras sugieren ya varias realidades centrales. Entre ellas se encuentran, en primer lugar, las proporciones que tiene el español mexicano en su dimensión nacional, en especial en lo que toca a los

---

5. Este planteamiento se analiza en más detalle en Pedro Martín Butragueño: «Perspectiva sociolingüística de la historia» (en *Historia sociolingüística de México*, vol. 1: *México prehispánico y colonial*. R. Barriga y P. Martín (dirs.). Ciudad de México: El Colegio de México, 2010, págs. 41-96), al reflexionar sobre las coordenadas para trazar la historia sociolingüística de México.

6. La página del Instituto Nacional de Estadística y Geografía [consultas realizadas entre abril y junio de 2021] (INEGI en adelante) es: https://www.inegi.org.mx/default.html; por otra parte, para el «Censo de población y vivienda» de 2020, en el portal https://censo2020.mx pueden encontrarse diferentes resultados.

7. Además de las páginas generales del INEGI y del «Censo de población y vivienda» de 2020 citadas en la nota previa, pueden consultarse diferentes datos en https://www.inegi.org.mx/programas/ccpv/2020/ y en «México en cifras», sección «Estados Unidos Mexicanos», en https://www.inegi.org.mx/app/areasgeograficas/?ag=00 [consulta: 4 de junio de 2021].

8. Es decir, David M. Eberhard, Gary F. Simons y Charles D. Fennig (eds.): *Ethnologue: Languages of the World*, 24.a ed. Dallas: SIL International, 2021. Disponible en http://www.ethnologue.com, en concreto en: <https://www.ethnologue.com/country/MX/status> [consulta: 11 de mayo de 2021].

hablantes nativos de esta lengua nacidos en el país. México sigue siendo, esencialmente, un país con bastantes emigrantes —si bien parece haber una tendencia a la reducción de la emigración transfronteriza[9]— y con relativamente pocos inmigrantes, sean hispanohablantes nativos o no[10]. Sin duda, esto tiene un efecto en cómo haya de entenderse el español en su dimensión nacional, más homogéneo —en ese sentido específico— que el español europeo, si bien la afirmación no es tan clara cuando se consideran las grandes ciudades o el contacto a través de medios de comunicación digital. Con todo, me parece que ni siquiera Ciudad de México, a pesar de sus 9209944 habitantes[11] cumple las condiciones esperables para la llamada *superdiversidad*[12], que se producen, dicho simplistamente, cuando conviven en un mismo espacio social grupos lingüísticos muy abundantes y muy diferentes entre sí[13]. Para decirlo con ejemplos, la capital mexicana no deja ver lo que sí se puede percibir en Nueva York o en París, por mencionar dos ciudades bien conocidas. Cabe insistir, además, en el volumen relativamente reducido de las cifras inmigratorias, cantidades inferiores al número de hablantes de lengua indígena o al de las personas afromexicanas:

> La población residente en México y nacida en otro país es de 1212252 habitantes, de ellos, 797266 personas nacieron en Estados Unidos de América, 56810 perso-

---

9. *Cf.* Javier Aguilar: «Panorama de los migrantes mexicanos en Estados Unidos». *Resonancias. Blog del Instituto de Investigaciones Sociales de la UNAM* (23 de agosto de 2019). Disponible en https://www.iis.unam.mx/blog/panorama-de-los-migrantes-mexicanos-en-estados-unidos/ [consulta: 3 de junio de 2021]).

10. *Cf.* Asela Reig Alamillo: «Minorías lingüísticas foráneas en México», en *Historia sociolingüística de México*, vol. 5: *Nuevas visitas al pasado y al presente*. R. Barriga y P. Martín (dirs.). Ciudad de México: El Colegio de México (en prensa); y, María Ángeles Soler Arechalde: «Contacto de dialectos del español en México», en *Historia sociolingüística de México*, vol. 5: *Nuevas visitas al pasado y al presente*. R. Barriga y P. Martín (dirs.). Ciudad de México: El Colegio de México (en prensa).

11. Son relevantes las páginas del INEGI y del «Censo de población y vivienda» de 2020 que se han mencionado en notas previas. El dato concreto puede encontrarse en «México en cifras», en la sección «Ciudad de México (09)». Disponible en https://www.inegi.org.mx/app/areasgeograficas/?ag=09 [consulta: 4 de junio de 2021].

12. Para una discusión más detallada al respecto, en referencia a Ciudad de México como núcleo de la megalópolis central, véase Pedro Martín Butragueño: «Building the Megalopolis: Dialectal Leveling and Language Contact in Mexico City», en *The Routledge Handbook of Spanish in the Global City*. Andrew Lynch (ed.). Londres – Nueva York: Routledge, 2020, págs. 234-274.

13. Véase, entre otras referencias, S. Vertovec: «Super-diversity and its implications». *Ethnic and Racial Studies*, 2007, 30, 6: 1024-1054. doi.org/10.1080/01419870701599465; J. Blommaert, *The Sociolinguistics of Globalization*. Cambridge: Cambridge University Press, 2010; J. Blommaert, *Ethnography, Superdiversity and Linguistic Landscapes*. Bristol – Buffalo – Toronto: Multilingual Matters, 2013; J. Blommaert y B. Rampton, *Language and Superdiversity* = *MMG Working Paper*, 12-09. Göttingen: Max-Planck-Institut zur Erforschung multireligiöser und multiethnischer Gesellschaften, 2012, pp. 1-36.

nas en la República de Guatemala y 52 948 son originarios de la República Bolivariana de Venezuela.

La población de tres años y más hablante de alguna lengua indígena asciende a 7 364 645 personas (6.1 % de la población total). En proporción, este grupo de población disminuyó en relación con 2010 cuando conformaban 6.6 % del total de la población (6 913 362 habitantes).

El 2 % de la población total (2 576 213 personas) se autorreconoce como afromexicana o afrodescendiente[14].

Un segundo aspecto muy relevante, vinculado también a la información demolingüística, es precisamente la presencia y el papel del español en dinámicas sociales poscoloniales, es decir, la vigencia actual de situaciones gestadas desde la etapa colonial, transformadas, desde luego, conforme a su evolución en el mundo contemporáneo, pero con conflictos patentes y latentes, relacionados con el desplazamiento lingüístico o la identidad comunitaria. La cita inmediata anterior hace referencia a dos hechos de suma importancia para tal discusión: la presencia —siempre según el último censo— de más de siete millones de hablantes de alguna lengua indígena y los más de dos millones y medio de afrodescendientes. Entre los primeros, la mayor parte de los hablantes de lenguas originarias lo son también de español, ciertamente en muy diferentes grados según las comunidades de individuos. Cabe seguir insistiendo en la necesidad de muchos más estudios que tomen las comunidades de habla como «unidad de trabajo» y que consideren el contacto lingüístico y los tipos de bilingüismo que se dan en ella, en especial para establecer en cada comunidad si se trata de un bilingüismo estable o de un síntoma del desplazamiento lingüístico[15]. Solo un conocimiento detallado y articulado de estas circunstancias permite el desarrollo de políticas lingüísticas adecuadas, siendo quizá las más importantes aquellas medidas que aseguren la transmisión entre generaciones de hablantes de las lenguas amenazadas, al tiempo que ayuden a otorgar voz autónoma y margen para tomar sus propias decisiones a las comunidades en que viven estas lenguas. En lo que toca a los afromexicanos, llama mucho la atención que 2 % de personas se reconozcan como tales, lo que sugiere una progresiva toma de conciencia por parte de estos grupos, por lo general poco comprendidos e insuficientemente estudiados desde un punto de vista lingüístico. Un aspecto

14. INEGI: «En México somos 126 014 024 habitantes: Censo de población y vivienda 2020». *Comunicado de prensa núm. 24/21*, 25 de enero de 2021, pág. 2. [Consulta: 3 de junio de 2021]. Disponible en https://www.inegi.org.mx/contenidos/saladeprensa/boletines/2021/EstSociodemo/ResultCenso2020_Nal.pdf.

15. Entre los materiales disponibles, es muy recomendable el libro de Dora Pellicer: *México diverso*[.] *Sus lenguas y sus hablantes*. Ciudad de México: Secretaría de Cultura – Instituto Nacional de Antropología e Historia – Escuela Nacional de Antropología e Historia, 2020.

muy interesante es que 7.4 % de ellos hable alguna de las lenguas indígenas[16], lo que expresa su longeva presencia histórica y su integración territorial[17].

No menos llamativa a la hora de sopesar la dimensión del español en México es la iniciativa para declarar a esta lengua y a las lenguas indígenas como «nacionales»[18]. Desde hace algunos años ha habido cierto número de propuestas para continuar regulando y mejorando esta relación, al tiempo que —sobre todo— se buscan mecanismos para proteger las lenguas minorizadas y amenazadas[19]. Lo deseable, claro, es que todas las lenguas se desarrollen en un espacio de convivencia, entendiendo que en el terreno lingüístico de lo que se trata es de sumar. Esto no es fácil, pues hay muchos tópicos e ideas preconcebidas al respecto; nada más falso que suponer que el monolingüismo es lo natural y que cualquier otra situación es anómala o poco común. Igual de absurda es la idea de que la desigualdad socioeconómica se deba a las lenguas indígenas. Más allá de la necesaria madurez legislativa, es esencial que las diversas iniciativas aterricen en acciones concretas y que no queden solo en un discurso de buenas intenciones.

---

16. INEGI: «En México somos 126 014 024 habitantes: Censo de población y vivienda 2020» (*op. cit.*, pág. 6).

17. Véase al respecto José Esteban Hernández: «Voces afromexicanas en la tradición popular y en el acervo literario novohispano: trazando las posibles modalidades lingüísticas», en *Historia sociolingüística de México*, vol. 4: *La diversidad de las situaciones sociolingüísticas*. R. Barriga y P. Martín (dirs.). Ciudad de México: El Colegio de México (en prensa). Debe consultarse también Norma Rosas Mayén: *Afro-Hispanic Linguistic Remnants in Mexico. The Case of the Costa Chica Region*. Madrid: Iberoamericana – Frankfurt: Vervuert, 2021.

18. La noticia tuvo amplia cobertura en la prensa; véase, por ejemplo, José Juan de Ávila: «Español y lenguas indígenas serán nacionales e iguales en la Constitución». *Diario ContraRéplica*, 18 de noviembre de 2020. [Consulta: 31 de mayo de 2021]. Disponible en https://www.contrareplica.mx/nota-Espanol-y-lenguas-indigenas-seran-nacionales-e-iguales-en-la-Constitucion202018114. Por otra parte, el sentido en que se utiliza *nacional* en la discusión constitucional no es exactamente igual al empleado en este pequeño ensayo. Entiendo que en la discusión pública es un concepto que alude a realidades jurídicas y culturales, mientras que aquí, en estas páginas, se emplea en un contexto sociolingüístico relacionado con el grado de apropiación comunitaria, en contraste con otros términos, como *poscolonial* o *patrimonial*.

19. La «Ley general de derechos lingüísticos de los pueblos indígenas» (*Diario Oficial de la Federación*, 13 de marzo de 2003, en https://www.dof.gob.mx) es un punto importante en la discusión. Para una fracción del debate sobre oficialidad, véase Diego Valadés (coord.): *Lengua oficial y lenguas nacionales en México*. Ciudad de México: Academia Mexicana de la Lengua, 2014. Para la historia de las políticas lingüísticas en México debe revisarse Dora Pellicer: «Lenguas, relaciones de poder y derechos lingüísticos», en *Historia sociolingüística de México*, vol. 1: *México prehispánico y colonial*. R. Barriga y P. Martín (dirs.). Ciudad de México: El Colegio de México, 2010, págs. 605-658; y Héctor Muñoz Cruz: «Significado y filiación de las políticas de lenguas indoamericanas. ¿Diferente interpretación y regulación de las hegemonías sociolingüísticas?», en *Historia sociolingüística de México*, vol. 2: *México contemporáneo*. R. Barriga y P. Martín (dirs.). Ciudad de México: El Colegio de México, 2010, págs. 1241-1270, entre otras referencias. Para la reflexión es recomendable la lectura de Yásnaya E. Aguilar Gil: *Ää: manifiestos sobre la diversidad lingüística*. Ciudad de México: Almadía, 2020.

La discusión sobre si el español es en México una lengua plenamente patrimonial debe darse desde muchos ángulos. Por supuesto, el debate no se refiere a su carácter como lengua materna para la mayor parte de la población mexicana, ni tampoco a su papel vehicular, ni a la importancia y resonancia de la variedad mexicana del español como nodo de convergencia y de estandarización en una visión pluricéntrica de la lengua[20]. Sí alude, en cambio, a la apropiación histórica e ideológica del español, en tanto que antigua lengua foránea y colonial: se trata, en suma, de un conflicto poscolonial que restringe la patrimonialización. Investigar este posible conflicto exige considerar muchos ángulos: las actitudes y creencias de la población, pero también las de las autoridades y de las instituciones, separando cuidadosamente las declaraciones políticamente correctas y la construcción de imágenes sociales a partir de las acciones específicas que se toman; analizar en detalle ciertos textos y discursos, como los libros escolares, las columnas de opinión en los periódicos e, incluso, las conversaciones y alusiones de muy diversas personas en situaciones públicas y privadas; y considerar el efecto de los distintos interlocutores o destinatarios ante los que se dice o se hace algo —al respecto, podría resultar útil un estudio al estilo de los que proponía Bell para analizar los efectos de la audiencia[21]—. Y, por supuesto, considerar lo que se hace y lo que no se hace, como ciertas labores de promoción cultural y de enseñanza de lenguas, contexto en el que sería útil reflexionar sobre los diversos ensayos en ese sentido, como el Instituto Alfonso Reyes, desdibujado tras algunas trazas de su interés, o la reciente iniciativa acerca del Instituto Digital César Chávez[22].

Es probable que muchos de estos hechos y procesos estén relacionados en última instancia, como se ha dicho, con la discusión de las dimensiones nacional, poscolonial y patrimonial en que se involucra la realidad —las realidades— del español en México. Quizá lo más importante, precisamente, sea entender que la «realidad» no se reduce a una de estas dimensiones, y

20. Entre la cada vez más abundante bibliografía sobre pluricentrismos, puede verse Sebastian Greußlich y Franz Lebsanft (eds.): *El español, lengua pluricéntrica[.] Discurso, gramática, léxico y medios de comunicación masiva*. Göttingen: Vandenhoeck & Ruprecht Unipress, 2019.

21. Véase, particularmente, Allan Bell: «Language Style as Audience Design». *Language in Society*, 1984, 13, 2: 145-204. Disponible en http://www.jstor.org/stable/4167516.

22. Para más noticias al respecto, véase alguna nota de prensa como la de Edgardo Bermejo Mora: «Sobre el Instituto Digital César Chávez para el español en Norteamérica». *Crónica.com.mx*, 5 de abril de 2021. [Consulta: 27 de mayo de 2021]. Disponible en https://www.cronica.com.mx/notas- sobre_el_instituto_digital_cesar_chavez_para_el_espanol_en_norteamerica-1182056-2021. En general, el asunto no parece haber tenido demasiada repercusión en los medios hasta ahora, pero será interesante —y desde luego deseable— asistir a su consolidación. La página del Instituto es https://cesarchavez.institute. Consúltese el capítulo que dedica Martha Jurado a cuestiones afines para una reflexión general sumamente relevante, en «La enseñanza de la variedad mexicana del español desde una perspectiva económica», en *Historia sociolingüística de México*, vol. 5: *Nuevas visitas al pasado y al presente*. R. Barriga y P. Martín (dirs.). Ciudad de México: El Colegio de México, en prensa.

menos aún que deba decantarse una etiqueta particular acerca del español mexicano —lo mismo podría decirse, con probabilidad, de otros países y territorios americanos—. Lo que resulta de esta ambivalencia —o más bien multivalencia— de la realidad es una gran cantidad de situaciones posibles y, por supuesto, de conflictos. A decir verdad, bien se ajusta al caso la segunda acepción de *ambivalencia*, tal como se expone en el *Diccionario de la lengua española*: «f. *Psicol.* Estado de ánimo, transitorio o permanente, en el que coexisten dos emociones o sentimientos opuestos, como el amor y el odio»[23].

En lo que toca a la internacionalidad o no de la variedad mexicana, cabe hacer también algunas reflexiones. Por una parte, es necesario tener en cuenta el área de influencia directa de las variedades mexicanas, en buena medida correspondiente a lo que puede llamarse el español americano septentrional[24], es decir, además del propio México, buena parte del español hablado en Estados Unidos —tanto por razones históricas como migratorias— y en diversa medida en Centroamérica, al hilo de la antigua propuesta de Henríquez Ureña y de otras más recientes[25]; a estas vastas regiones debe añadirse el vínculo antiguo con el español filipino y de otras islas del Pacífico, a lo menos en la época colonial[26]. Por otro lado, los medios de comunicación —los tradicionales y los digitales—, el mundo editorial, el comercio y el turismo, entre otros fenómenos, han contribuido a que la variedad mexicana no solo ejerza una influencia notoria, sino que se presente como una alternativa firme a las soluciones europeas —junto a otras variaciones americanas—a la hora de ofrecerse como modelo lingüístico. Ese ejercicio internacional descansa sobre todo en la elaboración del español mexicano central, que puede adscribirse hoy día a la megalópolis formada por la ciudad capital, su zona conurbada y una red de grandes ciudades cercanas, que constituyen en

---

23. Real Academia Española – Asociación de Academias de la Lengua Española, *Diccionario de la lengua española*, actualización 2020, en https://dle.rae.es/ [edición original, 2014], *s. v.*, acep. 2.

24. Véase Yolanda Congosto Martín y Pedro Martín Butragueño: «Introducción. Variación y lenguas y dialectos en contacto: el español americano septentrional», texto en preparación para Congosto y Martín (eds.): *La entonación del español americano septentrional: estudios geoprosódicos*.

25. Las referencias aludidas son Pedro Henríquez Ureña: «Observaciones sobre el español de América». *Revista de Filología Española*, 1921, 8: 357-390; Francisco Moreno Fernández: *La lengua española en su geografía*. Madrid: Arco Libros, 2009; Francisco Moreno Fernández: *La maravillosa historia del español*. Barcelona: Espasa – Instituto Cervantes, 2015; Francisco Moreno Fernández y Jaime Otero Roth: *Atlas de la lengua española en el mundo*, 3.a ed. Madrid: Fundación Telefónica – Barcelona: Ariel, 2016; Francisco Moreno Fernández: *Variedades de la lengua española*. Londres – Nueva York: Routledge, 2020.

26. Para el encuadramiento dialectológico del español hablado en México, véase Pedro Martín Butragueño: «La división dialectal del español mexicano», en *Historia sociolingüística de México*, vol. 3: *Espacio, contacto y discurso político*. R. Barriga y P. Martín (dirs.). Ciudad de México: El Colegio de México, 2014, págs. 1353-1407; y «El español en México», *op. cit*.

conjunto una de las grandes áreas urbanas del mundo, habitada por unos 40 millones de personas[27]. Las relaciones entre lo uno y lo otro, de todos modos, son complejas. El español mexicano central, como concepto, tiene una dimensión geográfica innegable, asociada a los procesos de urbanización, aunque contenga intervalos rurales, y —sobre todo— es la base para la confección de un espacio social y lingüístico, es decir, para el desarrollo de una construcción identitaria[28]. El español internacional, a su vez, no sería una variedad caracterizada por un conjunto de rasgos, ni un resultado identitario, sino la acumulación *post hoc* de sucesos lingüísticos tan diferentes como la elección en bloque de una variedad para un propósito (por ejemplo, la enseñanza de la lengua a no hispanohablantes) o de un verbo en un contexto específico (digamos *agarrar* en vez de *coger* en un contexto aeroportuario). Estas elecciones tendrían que ver con la obtención de ventajas puntuales —sociales, económicas— ante determinadas circunstancias, más que con un sistema consistente y estructurado, pero todo esto precisa de mayor reflexión. Parece claro, de todos modos, que la patrimonialización y la internacionalización de una variedad son procesos completamente distintos. El primero implicaría una apropiación que conforma, al menos en parte, la manera en que una comunidad de habla se ve a sí misma; el segundo sería el trasunto de una actividad económica. La filtración total o parcial de una variedad —por ejemplo, del español mexicano central— en un español de empleo internacional dependería, ante todo, del peso económico de la comunidad que emplea la variedad en cuestión.

Desde 2019 y hasta este 2021 se vienen celebrando actividades relacionadas con los cinco siglos del español en México, a través de publicaciones y de múltiples eventos. Tal circunstancia está propiciando un rico y variado conjunto de reflexiones, así como reacciones contrastadas —algunas muy encendidas— por parte de autoridades, columnistas y ciudadanos en general. Más allá de la efeméride, y del hecho de que la investigación y la divulgación de la historia son siempre relevantes y sanos, es interesante atender a las diversas polémicas que el hecho ha suscitado, sobre todo entre los no especialistas en el estudio o enseñanza de la historia, en la medida en que tales diatribas revelan los conflictos mencionados hace un momento acerca de las dimensiones poscolonial, nacional y patrimonial en que se desenvuelve la lengua española en México. En torno a esas polémicas, la pregunta central que ahora interesa plantear es si la lengua se vuelve una metonimia de la

---

27. *Cf.* Pedro Martín Butragueño: «Building the Megalopolis: Dialectal Leveling and Language Contact in Mexico City», *op. cit.*; y «El español en México», *op. cit.*

28. Para una discusión más amplia, considérese Pedro Martín Butragueño: «El proceso de urbanización: consecuencias lingüísticas», en *Historia sociolingüística de México*, vol. 2: *México contemporáneo.* R. Barriga y P. Martín (dirs.). Ciudad de México: El Colegio de México, 2010, págs. 997-1093; y el texto ya mencionado «El español en México».

percepción histórica que tenga una *comunidad de práctica* —se está pensando particularmente en los planteamientos de Eckert[29]—, aspecto que amerita alguna aclaración.

Conviene detenerse un instante, entonces, en el sentido de las comunidades de práctica antes de volver a la cuestión de la metonimia. Dado que estas comunidades comparten usos y valores por medio de los cuales sus miembros se afilian al grupo y construyen su identidad (Eckert), por momentos no importaría tanto lo que se crea en concreto, sino esencialmente que se crea más o menos lo mismo, que exista cierta coincidencia básica en el sistema de valores y de creencias que se va elaborando: al sumarnos a una comunidad que practica y detenta ciertos valores sociales, establecemos nuestra pertenencia solidaria a ella y adquirimos los derechos y obligaciones propias de estas[30]. Como en otros ámbitos, al realizar ciertos gestos sociales o lingüísticos —una forma de vestir, la forma de tratarnos verbalmente, la resignificación de ciertas palabras o de pronunciar otras— estamos mandando señales que refuerzan nuestra cohesión con el grupo y que dicen a los demás en qué ámbito queremos alinearnos[31].

Dada la existencia de comunidades de práctica, y asumiendo que la percepción histórica que se tenga y se muestre puede ser un gesto social, cabe plantearse si este gesto se extiende de lo histórico a lo lingüístico, por un efecto extensivo en que la lengua se asuma —implícitamente— como un hecho histórico o —simplemente— como parte de un árbol ideológico con distintos vasos comunicantes. Así, por poner un ejemplo extremo, dada una serie de proposiciones como 'la conquista española de México / Cortés / los españoles... fue una/ fue un/ fueron unos *x*', siendo que en *x* caben 'barbarie / bárbaro(s), conquista / conquistador(es), exterminio / exterminador(es), epopeya / héroe(s), etc.' y otros semejantes, cabe preguntarse si, por extensión, lo mismo se diría del español como lengua, o si esta quedaría desligada, al menos parcialmente, de la metonimia, y tratada como un producto cultural aparte, valioso o reprobable por sí mismo.

Obsérvese que no se está hablando aquí de la historia lingüística —es un hecho que el español ha desplazado, históricamente, a las lenguas originaras o, para ser más exactos, que la hispanización lingüística ha tenido un efecto

---

29. *Cf.*, entre otros trabajos de Penelope Eckert, *Linguistic Variation as Social Practice*. Oxford: Blackwell, 2000; «Variation and the Indexical Field». *Journal of Sociolinguistics*, 2008, 12: 453-476; y *Meaning and Linguistic Variation. The Third Wave in Sociolinguistics*. Cambridge: Cambridge University Press, 2018.

30. Véase la nota previa para algunas referencias, aunque la bibliografía sobre esta cuestión es extensísima.

31. La bibliografía al respecto es también muy amplia. Es especialmente recomendable la lectura de Rocío Caravedo: *Percepción y variación lingüística. Enfoque sociocognitivo*. Madrid: Iberoamericana – Frankfurt: Vervuert, 2014.

desplazador como fruto de la estructura colonial primero y de la urbanización y poscolonización posteriores—, sino de la interpretación cultural, ideológica e identitaria suscitada en diferentes comunidades de práctica actuales, sobre todo en la medida en que esta interpretación se asuma como un gesto social. Todo ello tiene también repercusiones políticas de diferentes tipos, desde la generación, o no, de acciones públicas destinadas a proteger y revitalizar las lenguas minorizadas y a dar voz a las comunidades locales, hasta, en otra dimensión, ser parte de interpelaciones nacionalistas y poscolonialistas —desde diferentes ángulos internos y externos al país—, interpelaciones que tienen en común, sin embargo, dejar en una posición titubeante la dimensión patrimonial del español en México.

Tampoco se pretende, como se ha expresado, que las tres dimensiones —poscolonial, nacional, patrimonial— a que se viene aludiendo aquí expliquen todos los hechos histórico-lingüísticos y sociolingüísticos. Existen también otros factores sociales, incluidos a veces comportamientos cotidianos, pero que pueden tener a la larga grandes efectos, como las modas de vestir o de hablar, acerca de los cuales lingüistas como Labov han defendido su enorme importancia en la difusión de ciertos cambios lingüísticos[32]. Así, no deja de sorprender el asentamiento en los últimos años del *vale* que expresa el acuerdo en Ciudad de México —y seguramente en otros lugares—, cuando hace poco era un claro españolismo. Y existen también situaciones tremendas que dejan grandes cicatrices individuales y sociales, como la pandemia que estamos padeciendo en 2020 y 2021. ¿Es relevante una situación como esta para los hablantes y para las comunidades de habla? Por supuesto, todos estamos conviviendo con palabras antes no tan comunes: *cubrebocas* y *caretas*, *tamizaje* y *ventiladores*, *picos*, *valles* y *mesetas* llenan los noticieros y las pláticas informales. Más allá de este aluvión léxico, explicable por razones obvias, hay al menos dos fenómenos que dan mucho en qué pensar acerca de sus repercusiones en los próximos años.

El primero de esos fenómenos son las reuniones virtuales o a distancia, que obligan a estrategias comunicativas un poco distintas a las habituales, por ejemplo, en términos de la verificación del canal, pero también para poder tomar el turno de habla o disponer, a veces, de vías paralelas de comunicación, como los chats y los propios teléfonos celulares de los participantes, que hacen que una reunión pueda ser en realidad llevada a cabo en varias vías dialógicas, por pares y grupos de diverso tamaño. Y lo mismo cabe decir de la audiencia si el acto es público, con situaciones muy variables, desde obras de teatro en las que se comparte la misma plataforma con el elenco a proyeccio-

---

32. Véase William Labov: *Principles of Linguistic Change*, vol. 1: *Internal Factors*. Oxford: Blackwell, 1994; vol. 2: *Social Factors*. Oxford: Blackwell, 2001; vol. 3: *Cognitive and Cultural Factors*. Oxford: Wiley – Blackwell, 2010, en especial el vol. 2.

nes en las que hay que ver un debate a través de la página comercial dedicada a almacenar y reproducir videos, pasando por muchas posibilidades intermedias. La comunicación con ese público puede, además, ser muy distante, digamos si en una clase los estudiantes se mantienen con la cámara apagada. Es muy difícil decir qué de todo esto permanecerá un poco más adelante.

Más preocupante —y es el segundo fenómeno— es el efecto de la pandemia sobre la educación y la cultura. En el caso de México, las clases presenciales de todos los niveles, desde preescolar hasta la universidad, se interrumpieron a finales de marzo de 2020 y a mediados de mayo de 2021 solo muy contadas escuelas han vuelto a las aulas; el proceso de vacunación de los miembros del sector educativo hace que a mediados de 2021 se esté regresando paulatinamente a los salones de clase. La situación de emergencia ha obligado en los catorce meses anteriores a tomar decisiones sin poder conocer su alcance sobre la educación. En particular, es difícil saber todavía si la comunicación distante y la lengua que la sostiene habrán sido suficientemente eficaces como para mantener vigentes unos objetivos mínimos. La Secretaría de Educación Pública de México ha estado impartiendo cursos de las diferentes materias de educación básica por televisión[33], además de que numerosas escuelas y docentes, ya en lo particular, han continuado con las actividades a través de plataformas de videoconferencias. En lo primero, se ha echado mano de una gran cantidad de recursos y se han abierto nuevos canales televisivos; en lo segundo, es claro que los métodos de enseñanza han evolucionado rápidamente y que se han ideado en poco tiempo diversas técnicas, algunas muy ingeniosas —sin embargo, nunca como ahora la institución educativa, y la sociedad en general, ha dependido tanto del tenue hilo de las palabras—.

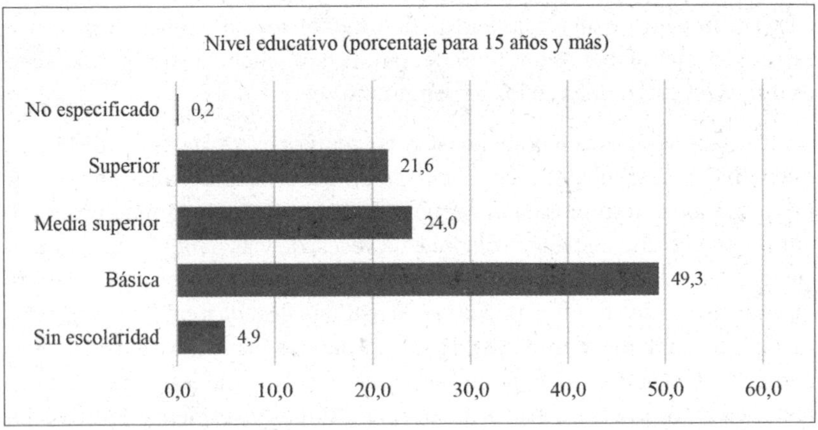

Figura 1. Algunos datos sobre educación a partir del censo de 2020.

33. Es pertinente mencionar que un equipo de la Academia Mexicana de la Lengua, coordinado por Felipe Garrido, ha colaborado en la revisión lingüística de los materiales audiovisuales.

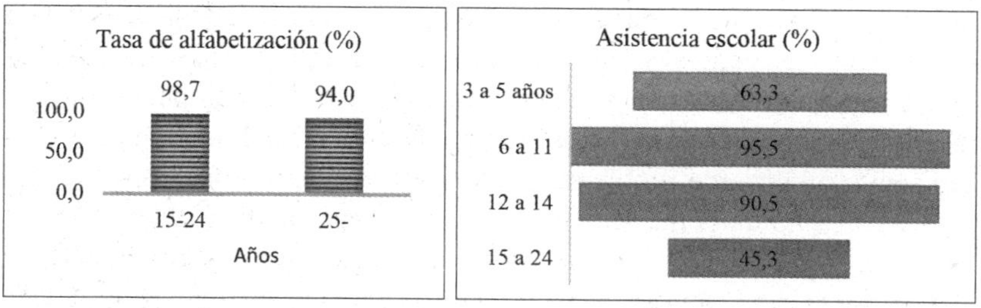

Fuente: levemente adaptado de Instituto Nacional de Estadística y Geografía, *Panorama sociodemográfico de México. Censo de población y vivienda 2020* [34]. México: inegi, 2021, pág. 9.

Los números de la figura 1 resumen algunos datos censales sobre el nivel educativo en México, en los que destaca el hecho de que un poco más de la mitad de la población de más de 15 años tiene educación básica, frente a la otra mitad, con estudios medios superiores o superiores. Las tasas de alfabetización, por otro lado, son muy elevadas. Aproximadamente, dos de cada tres infantes acuden a la escuela preprimaria, mientras que la asistencia es casi universal en la edad de primaria, disminuye un poco en la secundaria y baja notoriamente a partir de ahí.

La evaluación de la educación ha sido objeto de diversas polémicas[35]. En 2021, todavía en el contexto de la pandemia, no se aplicará en México la prueba PISA[36]. Es muy probable que los niños se hayan visto perjudicados en el proceso de lectoescritura al reducirse los estímulos para desarrollar la coordinación motriz gruesa y fina. En general, parece haberse dispuesto de los libros de texto —tanto oficiales como complementarios—, pero el manejo de los cuadernos pudo haber sido uno de los grandes problemas, al haber dependido de los padres y, en general, de las condiciones domésticas, en términos de la existencia o no de bibliotecas familiares, de buen acceso a internet, de la disponibilidad de tiempo y de la formación necesaria para acompañar a los menores en las tareas escolares. Seguramente, los adolescentes y los jóvenes tuvieron ciertos incentivos para leer, aunque esto puede haber sido muy dependiente del grado en que la interacción escolar se haya reconstruido por la vía digital, en la medida en que la actividad lectora pueda haberse vuelto una herramienta para manejar el aislamiento[37]. Es muy interesante

34. [Consulta: 19 de mayo de 2021]. Disponible en https://www.inegi.org.mx/contenidos/productos/prod_serv/contenidos/espanol/bvinegi/productos/nueva_estruc/702825197711.pdf.

35. Agradezco a Lourdes Aguilar Salas la orientación para este párrafo.

36. Entre otros lugares, puede leerse la noticia en «México dejará de hacer la prueba PISA 2021 de la OCDE», firmado por *La Razón Online. La Razón de México*: 1 de mayo de 2021. [Consulta: 29 de mayo de 2021]. Disponible en https://www.razon.com.mx/mexico/dejara-mexico-prueba-pisa-2021-ocde-433029.

37. Véase, en este contexto, Inés Dussel: «La clase en pantuflas», en *Pensar la educación en tiempos de pandemia. Entre la emergencia, el compromiso y la espera*. I. Dussel, P. Ferrante

pensar que la pandemia puede haber revitalizado el papel de la oralidad en la enseñanza, en general y también en su sentido tradicional; se habrían potenciado, particularmente, aquellas habilidades necesarias para escuchar interpretativamente. Todos estos aspectos peculiares del periodo no desdicen seguir analizando problemas de largo recorrido. Por ejemplo, los tres años de la secundaria mexicana incluyen una revisión de la diversidad y la variación lingüística, del español y de las lenguas indígenas, con énfasis en el papel de la lengua materna en los contextos en que emergen las prácticas sociales, la literatura y la gestación de ciudadanía, vistos, además, en los ámbitos de la comunidad, el país y el mundo. No menos relevante —curiosamente, también ello una declaración implícita sobre la concepción de la variación— es que los libros se estandaricen, básicamente, con el español del centro del país.

Hay, por supuesto, otros temas de actualidad permanente importantes para el español mexicano, si bien en el último año han tenido sus propios avatares, como el papel de las ciudades, la relación lingüística con Estados Unidos o el tránsito centroamericano. El español mexicano —como ha ocurrido en casi todas partes— es cada vez más urbano, lo que tiene efectos en la normalización y en la relativa convergencia de características, especialmente bajo el modelo de la capital, Ciudad de México, y de su área «megalopolitana». Esto no impide que se desarrollen identidades locales, como ha observado, por ejemplo, Rosado para Mérida, Yucatán, o que existan diferencias relevantes pertenecientes al mismo español mexicano central o al de áreas afines, como ha señalado varias veces Palacios para Puebla o está estudiando Morales para las ciudades del estado de Guanajuato[38]. Esta basculación, que elimina la localidad dialectal, al tiempo que desarrolla personalidades urbanas cada vez más complejas, está en sintonía —cuando menos— con lo que ocurre en buena parte del planeta, como es bastante claro en Europa occidental.

---

y Darío Pulfer (comps.). Buenos Aires: UNIPE – Editorial Universitaria, 2020, págs. 337-348; Daniel Cassany: *El arte de dar clase (según un lingüista)*. Barcelona: Anagrama, 2021; Michèle Petit: *El arte de la lectura en tiempos de crisis*. Ciudad de México: Océano Travesía, 2009.

38. *Cf.* Leonor Rosado: *Estudio sociolingüístico de la ciudad de Mérida, Yucatán*, tesis de maestría. Ciudad de México: Universidad Nacional Autónoma de México, 2012, entre otros estudios; Niktelol Palacios: *Corpus orales y lexicografía: a propósito de Preseea-Puebla*. Ciudad de México: El Colegio de México, en prensa; y junto con Dinorah Pesqueira: «Quiénes hablan mejor y quiénes hablan bien: acercamiento al estudio de actitudes y creencias lingüísticas de la Ciudad de México y Puebla». *XIII Congreso Internacional de Lingüística Xeral*, CILX2018, Universidad de Vigo, 13-15 de junio de 2018, entre otros trabajos; también Hugo Morales del Valle: *El lugar de Guanajuato en la dialectología mexicana: tres procesos de variación y cambio*, tesis de doctorado. Ciudad de México: El Colegio de México, en preparación.

La relación con Estados Unidos, a su vez, es cada vez más simbiótica. Se pueden recordar numerosos elementos al respecto: desde el componente novohispano-mexicano de parte de esta otra nación norteamericana hasta las corrientes migratorias modernas, pasando por la progresiva integración comercial y económica —en el momento actual, México, en el contexto del t-mec o Tratado entre México, Estados Unidos y Canadá, es el principal socio comercial de Estados Unidos, por encima incluso de China[39]. Y aunque el español estadounidense tiene componentes muy diversos y, desde luego, desarrollos propios, es patente que el ingrediente mexicano tiene un papel principal. Del otro lado, la relación con Centroamérica, en especial con Guatemala, Honduras y El Salvador, es compleja y tiene profundas raíces históricas, se reaviva con el tránsito de migrantes y es fuente de contactos lingüísticos también en Estados Unidos[40].

Algunos de estos hechos son coyunturales y afectan a las lenguas de manera más tangencial. Otros, en cambio, son estructurales y pueden terminar teniendo repercusiones importantes en lo que corresponde a las actitudes lingüísticas y sociales, a las políticas lingüísticas, a la educación y a la lectura, y a la preparación de obras de investigación y divulgativas que describan esas realidades y al tiempo den respuesta a las inquietudes sociales. Una de las primeras tareas que deben emprenderse para atender tales necesidades es la disposición de documentación lingüística organizada. En el seno de la Academia Mexicana de la Lengua se trabaja desde hace algunos años en un Archivo de la Palabra, formado por varios módulos instrumentales, entre ellos el Corpus de Español Actual, que recoge textos desde 1968 en adelante, y la Colección de Documentos de la Lengua Española. Si la colección tiene previsto recoger cualquier material intrínsecamente interesante desde un punto de vista lingüístico, el corpus busca obtener muestras representativas de distintas variedades de español desde un ángulo sociolingüístico del «español visto desde México», de modo que se recogen testimonios de esta variedad, pero en el contexto del español americano septentrional y, en general, del español hablado en diferentes partes. Una de las guías centrales de los recorridos de estos dos módulos tiene que ver con los sucesos coyunturales y con los hechos estructurales experimentados por las comunidades hispanohablantes, particularmente las mexicanas[41].

---

39. Véase, por ejemplo, «México supera a China como principal socio comercial de Estados Unidos», firmado por Forbes Staff. *Forbes. México*: 7 de abril de 2021. [Consulta: 29 de mayo de 2021]. Disponible en https://www.forbes.com.mx/mexico-principal-socio-comercial-eu-durante-primer-bimestre-2021/.

40. Tuve ocasión de hacer algunas observaciones en «La presencia centroamericana en México: notas para una sociolingüística del testimonio». *Archiletras Científica. Revista de Investigación de Lengua y Letras*, 2019, 2: 159-173.

41. Para más detalles sobre la perspectiva y sobre el Archivo, véanse los informes que redacté como «El español visto desde México», *op. cit.*; y «El Archivo de la Palabra como modelo

No es posible hacer aquí un recuento de todas las tareas de documentación sobre el español de México, sean las ya terminadas, las que están en curso o las que es necesario emprender, especialmente en las regiones peor conocidas. Un par de ejemplos relacionados con la lengua hablada contemporánea son la red de equipos mexicanos afiliados al «Proyecto para el estudio sociolingüístico del español de España y de América» y el Corpus Oral del Español de México. Dentro del primero, se han venido recogiendo amplias muestras de un número relevante de ciudades mexicanas, entre ellas, las tres más grandes del país —Ciudad de México, Guadalajara y Monterrey—, y son cada vez más los aspectos lingüísticos estudiados, sea de modo autónomo o comparativo[42]. En el marco del segundo, ya mencionado antes, se han estado recolectando muestras geosociolingüísticas de una quincena de ciudades repartidas por toda la geografía del país, para generar un corpus y materiales que sirven para varios propósitos, entre ellos el estudio de la entonación. Estas y muchas otras iniciativas han de servir para constituir modelos dialectológicos más detallados, y para alimentar la reflexión sobre la historia sociolingüística de México.

A modo de conclusión con respecto a esta (fugaz) mirada al presente de la lengua española en México, puede plantearse una pregunta fundamental, y es si tiene sentido, si cabe una reflexión periódica que, al tiempo que dé noticias específicas, permita entender los acontecimientos sociolingüísticos y los instale en marcos más generales. La respuesta, en mi opinión, es que sí, aunque, por supuesto, con limitaciones derivadas de la imposibilidad, en diversos casos, de establecer la relevancia de ciertos sucesos —a veces intensamente mencionados y vividos en su momento— en el plazo amplio, en la cuenta larga. Una herramienta para ello es la lectura de las cifras y de los acontecimientos en un marco interpretativo mayor, como se ha intentado aquí a la luz de las dimensiones nacional, poscolonial, patrimonial y también internacional del español, visto en la perspectiva propia de México. Quizá ello pueda dar sentido al ruido de fondo que aparece en las grabaciones —y, desde luego, en la vida social y discursiva de las palabras y de las gramáticas—, ruido que es al tiempo testimonio de los condicionamientos constantes de la realidad sobre nuestra actividad y nuestros objetivos.

---

documental del «español visto desde México». *Memorias de la Academia Mexicana de la Lengua*, 2019 [2020], 45: 343-377.

42. La lista completa de ciudades de diferentes países asociadas a PRESEEA puede consultarse en https://preseea.linguas.net/equipos.aspx [consulta: 28 de mayo de 2021]; las coordinadoras de la red mexicana de ciudades inscritas en el proyecto son Patricia Córdova (Universidad de Guadalajara) y Niktelol Palacios (El Colegio de México).

El estado de la lengua en México. El estatus jurídico-político del español y su relación con las lenguas originarias

DIEGO VALADÉS

PRELIMINAR

En este ensayo se examina la situación jurídico-política del español y de las lenguas vernáculas mexicanas. También se hace una breve referencia a las normas virreinales que disponían la extinción de las lenguas indígenas y a la política implantada por Justo Sierra que consideró al español como única lengua nacional. La cuestión de la lengua es un capítulo de los derechos humanos pues atañe a las singularidades y a la identidad de las personas y de las comunidades en las que están integradas; forma parte de la cultura nacional y local; determina las formas de interacción colectiva y familiar, e incide en el ejercicio de derechos, como los de expresión y participación política, y de acceso a la justicia y a los servicios públicos.

Lengua oficial y lengua nacional

Lengua oficial es la que adoptan de manera formal los órganos del Estado para sus actuaciones y es utilizada por los gobernados en sus relaciones jurídicas y ante los órganos del poder. Lengua nacional es la que emplean los pueblos originarios y debe ser objeto de un tratamiento específico como parte del patrimonio cultural nacional. En este caso, el Estado se compromete a llevar a cabo acciones de promoción, preservación y desarrollo de la lengua considerada nacional.

Normación constitucional de la lengua

La norma constitucional mexicana nunca ha determinado la lengua oficial del país. La omisión existe desde la primera Constitución y subsiste hasta la fecha. En contraste con la mayor parte de los Estados constitucionales contemporáneos, la carta fundamental mexicana no establece la lengua oficial del Estado. Esto no quiere decir que se carezca de lengua oficial, pues, como se verá más adelante, numerosas normas secundarias regulan el uso del español, de las lenguas indígenas e, incluso, de lenguas extranjeras.

Conforme a una reforma constitucional incorporada en 1992, el artículo 4.º estableció: «La nación mexicana tiene una composición pluricultural sustentada originalmente en sus pueblos indígenas. La ley protegerá y promoverá el desarrollo de sus lenguas, culturas...». En esos términos, resultaba clara la obligación del Estado en cuanto a proteger y promover las lenguas vernáculas.

Ese precepto fue reformado en 2001 para establecer que las comunidades disfrutan de autonomía para «preservar y enriquecer sus lenguas, conocimientos y todos los elementos que constituyan su cultura e identidad» (artículo 2.º, A, IV). Con esta modificación se eludió la responsabilidad del Estado en lo que atañe a las lenguas vernáculas y se las privó de su carácter nacional. En los términos de esta reforma cada comunidad indígena, con sus propios recursos, podía adoptar las medidas que considerara necesarias y viables para la conservación y enriquecimiento de sus respectivas lenguas. Con la apariencia de reconocer un derecho a los pueblos originarios, el Estado se sustrajo al cumplimiento de una obligación. Significó un retroceso porque suprimió un deber del Estado y lo convirtió en una atribución de las comunidades indígenas.

Para compensar el desacierto constitucional, la Ley General de Derechos Lingüísticos de los Pueblos Indígenas, de 2003, declaró al español y a las lenguas indígenas como lenguas nacionales (artículo 4.º), por lo que «tienen la misma validez en su territorio, localización y contexto en que se hablen». Equiparar el español y las lenguas indígenas como lenguas nacionales da lugar a confusiones en la propia ley. Por ejemplo, el artículo 6.º previene:

> El Estado adoptará e instrumentará las medidas necesarias para asegurar que los medios de comunicación masiva difundan la realidad y la diversidad lingüística y cultural de la Nación Mexicana. Además, destinará un porcentaje del tiempo que dispone en los medios de comunicación masiva concesionados, de acuerdo a la legislación aplicable, para la emisión de programas en las diversas lenguas nacionales habladas en sus áreas de cobertura, y de programas culturales en los que se promueva la literatura, tradiciones orales y el uso de las lenguas indígenas nacionales de las diversas regiones del país.

Una disposición conforme a la cual se tengan que adoptar «las medidas necesarias» para que se destine al español «un porcentaje del tiempo» de las transmisiones radiofónicas y televisivas resulta ajena a la realidad. La consecuencia es que la norma tampoco se cumpla por lo que atañe a la utilización de esos espacios para difundir las lenguas vernáculas. La adopción de programas vigorosos para incentivar el uso de las lenguas indígenas mexicanas todavía no forma parte de la política del Estado mexicano.

En marzo de 2021, el Senado votó a favor de una adición al artículo 2.º de la Constitución acerca de las lenguas nacionales. El dictamen parlamentario indica que se da el trato de nacionales a las 68 lenguas indígenas que se hablan en el país, más el español. El texto adoptado, sujeto a un trámite que con toda seguridad culminará con su aprobación[43], es el siguiente:

> Artículo 2.º
>
> [...]
>
> El Estado reconoce como lenguas nacionales el Español, Akateko, Amuzgo, Awakateko, Ayapaneco, Cora, Cucapá, Cuicateco, Chatino, Chichimeco, Chinanteco, Chocholteco, Chontal de Oaxaca, Chontal de Tabasco, Chuj, Ch'ol, Guarijío, Huasteco, Huave, Huichol, Ixcateco, Ixil, Jakalteko, Kaqchikel, Kickapoo, Kiliwa, Kumiai, Ku'ahl, K'iche', Lacandón, Mam, Matlatzinca, Maya, Mayo, Mazahua, Mazateco, Mixe, Mixteco, Náhuatl, Oluteco, Otomí, Paipai, Pame, Pápago, Pima, Popoloca, Popoluca de la Sierra, Qato'k, Q'anjob'al, Q'eqchí', Sayulteco, Seri, Tarahumara, Tarasco, Teko, Tepehua, Tepehuano del norte, Tepehuano del sur, Texistepequeño, Tojolabal, Totonaco, Triqui, Tlahuica, Tlapaneco, Tseltal, Tsotsil, Yaqui, Zapoteco, Zoque, así como la Lengua de Señas Mexicana, las cuales tendrán la misma validez en términos de la ley. Las lenguas indígenas forman parte del patrimonio cultural de la nación, por lo que el Estado promoverá su preservación, estudio, difusión, desarrollo y uso. El Estado promoverá una política lingüística multilingüe, que propicie que las lenguas indígenas alternen en igualdad con el español en todos los espacios públicos y privados.

Este segundo párrafo adicionado al artículo 2.º constitucional presenta los siguientes elementos:

1) *Naturaleza de las lenguas*. El artículo 2.º de la Constitución está dedicado a los derechos de los pueblos originarios, por lo que la inclusión del español como lengua nacional solo de esos pueblos no tiene justificación. El español es la lengua común de todos los habitantes del país y debió contemplarse como parte general de los derechos humanos. Al considerar el español como lengua nacional se reiteró el prejuicio adverso a las lenguas vernáculas que, según se verá más adelante, estuvo vigente a partir del siglo XIX. Además, continuó sin resolverse la ausencia de una definición de las lenguas oficiales, también como una desventaja para las lenguas originarias. La naturaleza oficial de las lenguas vernáculas en las zonas donde son utilizadas habría significado la obligación de que su uso fuera obligatorio en las actuaciones de las autoridades. La redacción propuesta para la Constitución reproduce lo que ya existía en la Ley General de Derechos Lingüísticos de los Pueblos Indígenas. Es una reiteración ociosa

---

43. El procedimiento de reforma constitucional requiere dos tercios de los votos en ambas cámaras, de Senadores y de Diputados, y la aprobación por la mayoría de los Congresos de las 32 entidades federativas de la República.

de normas ya en vigor, sin que suponga la ampliación de los derechos humanos contenidos en el ordenamiento mexicano.

Tampoco se atendió, por ende, el derecho de los invidentes para que la legislación mexicana obligue al uso del sistema Braille en la atención administrativa en la prestación de servicios públicos.

2) *Lenguas mexicanas*. Los legisladores adoptaron un criterio polémico al incluir de manera expresa 68 lenguas indígenas. Una reciente investigación del lingüista Leopoldo Valiñas[44] identifica 154 familias, grupos y lenguas. La enunciación taxativa adoptada por los reformadores de la Constitución deja fuera de las lenguas nacionales al afroseminol, por ejemplo, hablado en una porción del norte de México, y excluye, entre otras, las siguientes lenguas: algonquino, cahita, *cakchiquel*, chontal de Oaxaca, cochimí, corachol, cotoque, eudeve, mochó, motocintleco, nahuatlano, ocuilteco, ópata, papabuco, pipil, popolocano, tepimano, tequistlateco y tuzanteco, por ejemplo. El texto también presenta problemas de alfabetización, como es el caso del tlahuica y el tlapaneco, que aparecen después del triqui, y porque sigue consignando la *ch* como letra y no como dígrafo[45]. Una reforma sobre el uso de las lenguas no puede incurrir en errores elementales de alfabetización.

   Una iniciativa previa, aprobada por la Cámara de Diputados en abril de 2018, no incluía la enunciación de cada una de las lenguas indígenas, con lo cual quedaban incluidas todas las existentes en el país que tuvieran ese carácter. Al adoptarse un catálogo cuestionable se introduce un elemento discriminatorio que tampoco beneficia a las que sí aparecen.

3) *Lengua de señas mexicana*. De acuerdo con el censo de 2020 en México hay cerca de setecientas mil personas que padecen sordera, aunque no se tiene censado el número de usuarios de la lengua de señas. La inclusión de la lengua de señas mexicana como un derecho humano es acertada en tanto que está compuesta por signos que corresponden a una estructura lingüística propia. Empero, el lugar no resulta adecuado, pues el artículo 2.º constitucional atañe a los derechos de los pueblos originarios, y no se ha desarrollado un lenguaje de señas relacionado con cada una de las lenguas indígenas. Por otra parte, al incluir en la Constitución solo la lengua de señas mexicana aplicable al español, se excluye la posibilidad de apoyar el lenguaje de señas de lenguas vernáculas. Por ejemplo, *Ethnologue* identifica una lengua

44. Valiñas Coalla, Leopoldo: *Lenguas originarias y pueblos indígenas de México. Familias y lenguas aisladas*. Ciudad de México: Academia de la Lengua (Horizontes), 2020.

45. En este caso la regla data de 1994.

de señas maya[46], que quedará fuera de la consideración constitucional en cuanto a su validez «en términos de la ley».

4) *Patrimonio cultural.* Este patrimonio incluye los bienes materiales e inmateriales a través de los que se expresan el conocimiento, la creatividad, la experiencia histórica, las costumbres y tradiciones, las creencias y las convicciones de las colectividades. Al otorgarle este carácter a las lenguas indígenas, el Estado contrae la obligación de promover su estudio, preservación, difusión, desarrollo e, incluso, su uso. Esto implica que, teniendo en cuenta su implantación geográfica, deben ser incorporadas a los programas escolares generales de la misma manera que se hace con el estudio del español y de otras lenguas, en especial el inglés. Por ejemplo, en la zona central del país, donde tiene su mayor presencia el náhuatl, su enseñanza se deberá llevar a cabo en todas las escuelas, públicas y privadas, y no solo en las públicas de las zonas de mayor concentración de población indígena. En el caso de que no se ponga en práctica esta modalidad educativa, podrán promoverse los juicios de garantías que la propia Constitución establece para asegurar la efectividad de los derechos humanos. El problema práctico que se presentará para dar cumplimiento al precepto constitucional reside en el abultado número de lenguas que será menester enseñar.

   Esa dificultad se habría evitado si se hubiera prescindido del catálogo ya mencionado, por otra parte insuficiente. En el orden educativo, la enseñanza de las principales lenguas regionales sería un avance muy apreciable, que también beneficiaría a las lenguas de menor nivel de implantación en la medida en que todas se harían visibles y apreciadas. Empero, el asunto de mayor calado consiste en que la norma pueda quedar como un simple enunciado semántico, desnaturalizando así el carácter normativo de la Constitución.

5) *Política lingüística*. Al final de la adición al artículo 2.º constitucional aparece el siguiente enunciado: «El Estado promoverá una política lingüística multilingüe, que propicie que las lenguas indígenas alternen en igualdad con el español en todos los espacios públicos y privados». Uno de los problemas que han acompañado la escritura de la Constitución en México es la proclividad a incorporar enunciados demagógicos. Esta tendencia se vio propiciada por una tradición de inobservancia de numerosos aspectos previstos por la norma suprema[47].

---

46. Disponible en https://www.ethnologue.com/language/msd.

47. Un análisis amplio de este tema puede consultarse en Valadés, Diego: «La escritura de la Constitución en México», en El Colegio Nacional: *Memoria* 2011, 485 y ss. Ciudad de México, El Colegio Nacional, 2011.

El tránsito de la Constitución nominal a la Constitución normativa no ha sido fácil, y disposiciones como la que se propone adoptar mediante esa adición representan un retroceso. Es obvio que los reformadores de la Constitución saben que la última parte del párrafo añadido es de cumplimiento imposible. Decir que el español «alternará» con las lenguas indígenas «en todos los espacios públicos y privados» es postular un imposible, si se tiene en cuenta que el 93 % de los habitantes del país no sabe ninguna lengua vernácula. En adición, autorizar a los gobernantes federales, estatales y municipales para que dicten políticas de uso obligatorio de las lenguas vernáculas en «todos los espacios privados», significa invadir una esfera ajena al Estado que vulnera el principio de libertad del constitucionalismo contemporáneo.

Normación legal de la lengua

En el orden procesal, la lengua utilizada ante los organismos jurisdiccionales es el español, aunque se admite que los indígenas y los extranjeros utilicen su propia lengua con el auxilio de intérpretes. A este respecto existen las siguientes disposiciones: Código de Comercio (artículos 1055 y 1074); Código Federal de Procedimientos Civiles (artículos 107, 108, 180, 271, 342, 553 y 572); Código Nacional de Procedimientos Penales (artículos 45, 46, 76, 109, 113, 266 y 441); Ley de Concursos Mercantiles (artículo 292); Ley de Extradición (artículo 16) y Ley Federal del Trabajo (artículos 283 y 816).

Las licitaciones, nacionales o extranjeras, también deben ser emitidas en español y los solicitantes deben presentar sus escritos en la misma lengua. Las leyes, sin embargo, admiten excepciones para que los textos oficiales sean traducidos o para que algunas informaciones técnicas sean ofrecidas en lengua extranjera. Son los casos de la Ley de Adquisiciones, Arrendamientos y Servicios del Sector Público (artículos 29 y 31) y de la Ley de Obras Públicas (artículos 31 y 33). Otro tanto sucede con los trámites para la obtención de patentes, conforme a la Ley de la Propiedad Industrial (artículo 179).

Con objeto de proteger los derechos fundamentales en general y de las minorías en especial, también hay regulación acerca del uso prioritario del español y del derecho a contar con el apoyo de intérpretes. Así lo disponen la Constitución (artículo 2.º, A, VIII), la Ley de la Comisión Nacional de los Derechos Humanos (artículo 29) y la Ley General de Personas con Discapacidad (artículo 10).

En materia de contratos y testamentos, está previsto el uso del español y solo se admiten textos en idiomas extranjeros cuando están traducidos. Como ejemplos están las siguientes normas: Código Civil (artículo 1518), Ley Federal de Protección al Consumidor (artículos 73 ter y 85) y Ley General de Instituciones y Sociedades Mutualistas de Seguros (artículo 36 b).

Un caso singular es el planteado por la Ordenanza General de la Armada (artículo 32), según la cual, para ser admitido como grumete o como fogonero, se debe «entender y hablar» el idioma español.

En las normas locales, sobre todo en los códigos civiles y penales de los estados y de Ciudad de México, que suman 64 textos, también aparecen disposiciones análogas a las federales en lo que respecta a actuaciones judiciales, testamentos y contratos. Antes de que fuera promulgado el Código Nacional de Procedimientos Penales, también había 32 códigos locales en esa materia, y desde 2017 está pendiente el Código Nacional de Procedimientos Civiles, que sustituirá a otros 32 de los estados de la República Mexicana todavía en vigor (Constitución, artículo 73, XXX).

Enseñanza de la lengua

Carlos III reiteró en 1770 una orden ya impartida por sus predecesores: la supresión de las lenguas vernáculas en la América española. Entre las razones aducidas señalaba que era «muy difícil, casi imposible, explicar bien en otro idioma los dogmas de nuestra santa fe católica». Por lo mismo, ordenaba a los virreyes de Nueva España, Nueva Granada y Perú, a los presidentes de las audiencias, a los gobernadores «de los mismos distritos y de las indias Filipinas», y «rogaba y encargaba» a los arzobispos, obispos, vicarios y «cualesquiera jueces y eclesiásticos de aquellos mis dominios» que extinguieran los diferentes idiomas «y solo se hable castellano»[48].

En el contexto de un Estado confesional era comprensible que la política lingüística estuviera vinculada a la propagación religiosa. En los albores del constitucionalismo mexicano también se adoptó la intolerancia religiosa, aunque matizada de manera progresiva. La primera Constitución del México independiente estableció, en 1824, que «la religión de la nación mexicana es y será perpetuamente la católica, apostólica, romana. La nación la protege por medio de leyes sabias y justas, y prohíbe el ejercicio de cualquiera otra» (artículo 3).

Durante la primera etapa de la vida independiente mexicana, la intolerancia religiosa jugó un papel relevante como factor de dominación política y, pese a las advertencias del sector liberal, contribuyó a la escisión territorial en tanto que, en los territorios del norte, donde se fueron estableciendo numerosos colonos norteamericanos, la exclusión religiosa jugaba a favor del separatismo. Para paliar los efectos de la intolerancia, en la segunda Constitución, de 1836, se trasladó el criterio religioso a las obligaciones de los mexi-

48. Real Cédula de 16 de abril de 1770, en Dublán, Manuel y José María Lozano: *Legislación mexicana*. Ciudad de México: Imprenta de Comercio, 1876, t. I, pág. 17.

canos (artículo 3) y, en cuanto a los extranjeros, no les impuso prohibición alguna, limitándose a señalar que debían «respetar la religión» nacional (artículo 12).

La tercera Constitución (1843) retomó la intolerancia original (artículo 6.º), y solo fue con la cuarta Constitución (1857) cuando se introdujeron los principios del liberalismo y la tolerancia. Por eso resultó paradójico que, más de cien años después de la ordenanza de Carlos III, se planteara la «destrucción» de las lenguas vernáculas. En 1887, al debatir en la Cámara de Diputados el proyecto de ley sobre la organización de la enseñanza primaria, Justo Sierra defendió, con inteligencia y vigor, la obligatoriedad de la enseñanza, pero también tuvo expresiones adversas para la cultura indígena mexicana, de la que dijo: «Uno de los grandes objetivos de la instrucción obligatoria, uno de los fines a los que se debe tender para lo porvenir, es ir destruyendo, borrando, toda esa multitud de idiomas o dialectos, y estableciendo en lugar suyo una sola lengua, la lengua nacional»[49].

Ese argumento ya era ajeno a las motivaciones religiosas de la ordenanza real, por lo que denotaba otro problema: la exclusión de las culturas originarias; una política injusta que ocasionaría múltiples dificultades al Estado mexicano. Sierra justificó que, a partir de entonces, en los programas educativos se hablara de *lengua nacional* en lugar de *idioma español*. Se quería subrayar que solo esa y ninguna otra podía ser tenida como la lengua de la nación mexicana. Ese criterio lo repetiría, años más tarde, como viceministro de instrucción pública.[50]

La doctrina de Sierra fue muy influyente y duradera. Tanto que la denominación del español como «lengua nacional» subsistió incluso en los libros gratuitos de texto adoptados en 1959. La enseñanza oficial del español, con este nombre, se produjo apenas con motivo de los cambios en los planes y programas de estudio adoptados en 1972.

Contexto internacional

El capítulo primero de la Constitución mexicana fue modificado en 2011, para imprimir una nueva dimensión a los derechos humanos en el país. Entre otros aspectos, el artículo 1.º determinó que la Constitución y los tratados internacionales referidos a esos derechos serían la base para interpretar to-

---

49. Discurso, diciembre 1.º de 1887, en *Obras completas del maestro Justo Sierra. La educación nacional*. Ciudad de México: Universidad Nacional Autónoma de México, 1948, t. VIII, pág. 190.

50. Discurso, septiembre 13 de 1902, en *Obras completas del maestro Justo Sierra. La educación nacional*, *op. cit.*, t. V, pág. 297. En esta ocasión afirmó que «la unificación del idioma [...] llegará a atrofiar y destruir los idiomas locales».

das las disposiciones vigentes relacionadas con los derechos humanos. Entre los instrumentos internacionales suscritos por México figura la Declaración sobre los Derechos de las Personas Pertenecientes a Minorías Nacionales o Étnicas, Religiosas y Lingüísticas, adoptada por la Asamblea General de la Organización de las Naciones Unidas en diciembre de 1992.

En el orden formal, las declaraciones de la Asamblea no son objeto de ratificación parlamentaria por parte de los estados suscriptores, por lo que no forman parte del conjunto de normas internas de fuente internacional. Esto no es óbice para registrar que, si bien el contenido de esas declaraciones no es vinculante ni alegable ante los tribunales nacionales, sí compromete las decisiones de los Estados nacionales, y que las infracciones pueden ser hechas del conocimiento del Alto Comisionado para efectos de reporte. En el caso mexicano, se han registrado violaciones, en particular por actos discriminatorios o de violencia, pero en ningún caso asociados a cuestiones idiomáticas. Por su parte, en sus informes anuales, el Alto Comisionado de las Naciones Unidas para los Derechos Humanos suele expresar su preocupación por que la población indígena de diversos países tenga acceso en su idioma a la información sanitaria y presupuestaria que le concierne, como mínimo.

Balance y perspectivas

Entre las grandes excepciones de países que omiten señalar una lengua oficial figuran Estados Unidos y Gran Bretaña. La ausencia de los derechos lingüísticos de las minorías es ostensible en ambos países, caracterizados por atraer corrientes migratorias de gran magnitud.

Aunque en el territorio insular británico se tienen registradas cinco grandes lenguas autóctonas además del inglés y más de una cincuentena de dialectos[51], el mayor número de idiomas hablados allí procede del extranjero. En lo que atañe a inmigrantes de excolonias británicas y de miembros de la Comunidad, se registran más de 40 lenguas.

En Estados Unidos no existe una definición constitucional en esta materia, porque de acuerdo con la Constitución incumbe a los estados determinar la lengua oficial local. Con ese fundamento, en 27 estados se ha declarado el inglés como lengua oficial, y el español también es lengua oficial en Nuevo México. De las 140 variedades lingüísticas vernáculas que sobreviven en ese país, incluidas las de Alaska, más de 70 están por extinguirse[52].

En el orden constitucional, en México, al igual que en Estados Unidos, la potestad de definir la lengua oficial incumbe a los estados, a menos que la pro-

---

51. Gordon, Raymond (ed.): *Ethnologue*. Dallas: SIL International, 2005, págs. 564 y ss.

52. *Ibid.*, págs. 297 y ss.

pia Constitución federal la incluya. El artículo 124 constitucional dispone: «Las facultades que no están expresamente concedidas por esta Constitución a los funcionarios federales se entienden reservadas a los estados». Por consiguiente, para que la federación adopte una lengua oficial es necesario que la Constitución lo diga. Ahora bien, si por razones jurídicas la federación no puede determinar la lengua oficial del país mediante una ley ordinaria, por razones obvias los estados de la federación tampoco están en aptitud de definir el carácter nacional de una lengua. Esto explica la práctica legislativa ya apuntada en la primera sección, donde se muestra que existen numerosas disposiciones legales que definen el uso de las lenguas española y vernáculas, pero no declaran a ninguna de ellas como oficial, por el motivo que se menciona aquí.

México se encuentra en una situación conforme a la cual el problema solo puede resolverse mediante una reforma constitucional que, al tiempo que defina la naturaleza nacional de las lenguas vernáculas, como se ha planteado en la reforma en trámite, adopte asimismo la lengua oficial del Estado mexicano. Acto seguido, los estados podrían ampliar la lista de lenguas oficiales en sus respectivas jurisdicciones e incluso en el ámbito municipal.

El Estado mexicano tiene una deuda con las comunidades originales que ha venido saldando en forma lenta y a veces incluso con retrocesos, como se dijo más arriba. La cultura nacional requiere una defensa eficaz del patrimonio lingüístico mexicano. Por muchas décadas, la etnia y la lengua fueron un factor histórico de discriminación. El Estado mexicano ha respondido con gran tardanza a las exigencias de igualdad y equidad en el trato a los grupos étnicos y a las culturas nacionales, como lo prueba el hecho de que la proscripción de la discriminación por motivos étnicos y lingüísticos fue adoptada apenas en 2006, a casi dos siglos de la Independencia nacional y casi un siglo después de la Revolución.

La inclusión de las lenguas nacionales en la Constitución no resultará completa sin que, a la vez, se defina la lengua oficial. De ahí la conveniencia de adicionar la Constitución para que las lenguas que se hablan en México adquieran el estatus jurídico que les corresponde.

Considero recomendable adicionar la Constitución Política de los Estados Unidos Mexicanos para establecer que la lengua española sea la oficial en la República y que todas las lenguas indígenas sean declaradas lenguas nacionales.

Con tal motivo he propuesto[53] agregar un párrafo al artículo 4.º constitucional, en tanto que este precepto se refiere a la cultura, además de incluir un

---

53. *Cf.* Valadés, Diego: *Lengua oficial y lenguas nacionales en México*. Ciudad de México: Academia Mexicana de la Lengua (Horizontes), 2014.

muy variado elenco de derechos humanos adicionados de manera progresiva a partir de 1974. No resulta procedente incorporar la mencionada adición en el artículo 1.º, porque concierne a la igualdad y a la no discriminación; ni en el 2.º, porque alude en particular a los derechos indígenas; tampoco en el 3.º o en el 7.º, pues el 3.º corresponde a la educación en todos sus niveles y el 7.º atiende a la libertad de expresión relacionada con el pensamiento, pero no al uso de una lengua. Por lo mismo estimo que la definición de las lenguas oficial y nacionales resulta más acorde con el contenido del artículo 4.º, en especial a partir de que este precepto fue adicionado el 30 de abril de 2009 para incorporar el derecho de acceso a la cultura.

En la medida en que las lenguas forman parte esencial de la cultura, el texto que propongo a continuación podría figurar enseguida del párrafo 9.º introducido en 2009. El texto que sugiero adicionar es el siguiente[54]:

> La lengua española es el idioma oficial en México. Las lenguas indígenas son lenguas nacionales y forman parte del patrimonio cultural de la nación, por lo que el Estado deberá promover su estudio, preservación, difusión y desarrollo. Las lenguas nacionales podrán ser declaradas oficiales en los lugares donde sean habladas, en los términos que fijen las leyes.

Los elementos que integran la propuesta son:

1) Se alude a «México» en los mismos términos que lo hace el artículo 105, II, g, conforme a la reforma en materia de derechos humanos del 10 de junio de 2011. Hasta antes de esta reforma el nombre del país no figuraba en la Constitución[55].
2) Se incluye el concepto de «patrimonio cultural de la nación» y se señala el deber del Estado —que la propia Constitución entiende como la federación, los estados, los municipios y Ciudad de México— para promover su estudio, preservación, difusión y desarrollo. Se trataría, sin duda, del mayor compromiso institucional en esta materia en la historia del país.
3) Se abre la posibilidad de que en las entidades federativas, de acuerdo con el marco normativo de cada una, las lenguas vernáculas puedan adquirir el carácter de lenguas oficiales.

---

54. Una versión anterior fue discutida en una sesión plenaria de la Academia Mexicana de la Lengua. Agradezco las observaciones y sugerencias de mis colegas y amigos, que enriquecieron la propuesta original.

55. Una reforma posterior, del 12 de octubre del mismo año, al artículo 73-XXIX.P también incluyó el nombre «México».

Con esa adición, las lenguas vernáculas se verían protegidas más allá de lo que señalan el artículo 2.º constitucional vigente, ya mencionado arriba, y la adición en trámite, también analizada. Las lenguas indígenas podrían adquirir el estatus de oficiales en las regiones donde cuenten con mayor implantación, con lo que tendrían ventajas de las que no disponen en la actualidad.

Algunas lenguas indígenas corren el riesgo de extinción por la desaparición física de sus hablantes. Incluso las de mayor presencia van disminuyendo de manera progresiva en cuanto a su uso. Es sintomático que la población que se comunica mediante lenguas vernáculas vaya retrocediendo en términos relativos con relación al número de habitantes del país. Todo indica que se está acelerando la pérdida de las lenguas originales[56].

El censo de población de 2020 dio un total de 126 millones de habitantes. Por cada 100 personas mayores de cinco años de edad, el 6.2% hablan una lengua indígena. Los datos comparativos aportados por el Instituto Nacional de Estadística y Geografía son los siguientes:

Periodo	Porcentaje de hablantes de lenguas indígenas, mayores de cinco años
1930	16.0
1940	14.8
1950	11.2
1960	10.4
1970	7.8
1980	s.d.
1990	7.5
2000	7.1
2010	6.7
2020	6.2

Fuente: INEGI. Disponible en https://www.inegi.org.mx/temas/lengua/.

Los datos censales indican una caída muy marcada entre 1930 y 1970. En esos cuarenta años la proporción de hablantes de lenguas indígenas disminuyó a la mitad; en cambio, en los cincuenta años que van de 1970 a 2020 el descenso ha sido atenuado.

El primer periodo corresponde a una etapa acelerada de concentración de la población en ámbitos urbanos, en tanto que en el segundo se ha miti-

56. *Cf.* Valdés, Luz M.ª: *Los indios en los censos de población*. Ciudad de México: Universidad Nacional Autónoma de México, 1995, págs. 67-68; e INEGI, *Censo 2010*. Disponible en http://cuentame.inegi.org.mx/poblacion/lindigena.aspx?tema=P#uno; y en http://www.indianskejazyky.cz/espanol/lenguas-indigenas/lenguas-en-mexico.

gado la migración a las ciudades. En 1930 la población total era de 16.5 millones de habitantes, de los que el 33 % era urbana; en 1970 la población ascendió a 48 millones, y el 59 % correspondía a la urbana. En 2020 esa proporción pasó al 79 %[57]. El porcentaje de la población urbana casi se duplicó entre 1930 y 1970, en tanto que solo ha aumentado 20 puntos en los últimos cincuenta años.

Por otra parte, el *Índice de reemplazo etnolingüístico 2000-2005* elaborado por la Comisión Nacional para el Desarrollo de los Pueblos Indígenas mostró que 34 grupos se encontraban en situación de extinción. De esa cantidad, 22 están en el caso de extinción acelerada, incluyendo el maya, el otomí y el mazahua, y 12 en proceso de extinción lenta, entre ellos el náhuatl[58].

El porcentaje de hablantes de lenguas indígenas pasó del 11 % en 1950 al 6 % en 2010, aun cuando en números absolutos esa población creció de 2.5 a 6.7 millones de personas[59]. Un dato significativo acerca de la velocidad con la que se va perdiendo el uso de las lenguas nacionales consiste en que el grupo de edad de 5 a 14 años que las hablaba en 2000 correspondía al 26 %, mientras que en 2010 bajó al 22 %. Una disminución de cuatro puntos porcentuales en una década, en el segmento de menores y adolescentes, indica que las lenguas vernáculas se están abandonando en el espacio doméstico y no son practicadas en el ámbito escolar[60].

Para la definición de las políticas lingüísticas en la federación y en los estados se debe tomar en cuenta que el bilingüismo no afecta el uso de las lenguas vernáculas. En 1960 el 63.5 % de los hablantes de estas lenguas era bilingüe; cincuenta años después esa cantidad subió al 81.7 %[61], lo que indica que es posible mantenerlas incluso en condiciones de ampliación del uso del español. La toponimia también es un indicador de la convivencia de las lenguas. En la geografía mexicana existen 17 millones de lugares con nombres derivados de lenguas indígenas[62].

---

57. INEGI. Disponible en http://cuentame.inegi.org.mx/poblacion/rur_urb.aspx?tema_P.

58. Véase el apéndice 2, tomado del *Índice de reemplazo etnolingüístico 2000-2005*. Disponible en http://www.cdi.gob.mx/index.php?option=com_docman&task=doc_details&gid=157&Itemid=65.

59. Véase la muy útil investigación de Garza Valdez, Judith de la: *La situación demográfica de la población indígena en México de 2000 a 2010*. Ciudad de México: Universidad Nacional Autónoma de México, 2012, pág. 18.

60. *Ibid.*, pág. 19.

61. *Ibid.*, pág. 30.

62. INEGI. Registro de nombres geográficos continentales e insulares con fines estadísticos y geográficos.

La reforma constitucional que propuse tiene por objetivo precisar las obligaciones del Estado para preservar y desarrollar las lenguas nacionales. Esto implicaría la asignación de recursos para estimular el uso de esas lenguas en diversos frentes culturales: radiodifusión, artes escénicas, música, literatura y artes plásticas. Si bien estas últimas no están relacionadas de manera directa con el uso de las lenguas, sí contribuyen a consolidar un entorno cultural que les resulta favorable. Los derechos humanos incluyen los concernidos con la lengua, y en esa medida lo relacionado con el estatus jurídico-político de las lenguas es un asunto crucial para esos derechos.

También es necesario un activo programa social que prestigie el uso de las lenguas indígenas, que incluya su enseñanza en las escuelas y su estudio en las universidades, y que muestre la íntima vinculación cultural que denota el bilingüismo entre el español y las diferentes lenguas vernáculas[63]. Esa relación inició hace cinco siglos y sigue prosperando. De manera elocuente lo han sintetizado Patrick Johansson, en México, al estudiar el diálogo de las lenguas náhuatl y española[64], y Santiago Muñoz Machado, en España, al analizar la «aventura de la lengua española» en América[65].

El derecho es una expresión de la cultura y desempeña una función social integradora. De ahí que examinar el estado jurídico-político del idioma sea una forma de enriquecer la lengua franca que hermana a millones de hispanohablantes en todo el orbe.

Las lenguas indígenas nacionales de México: notas sobre su diversidad, demografía, presencia en el español, y asuntos sociolingüísticos[66]

E. FERNANDO NAVA L.

Los componentes nucleares de la situación sociolingüística en México son la continuidad del uso de las lenguas indígenas —originarias, nativas, amerindias, indoamericanas o indomexicanas—, así como su desplazamiento por el

63. La Escuela Nacional de Lenguas, Lingüística y Traducción de la Universidad Nacional Autónoma de México ya enseña, con éxito, el náhuatl.

64. Johansson, Patrick: *El español y el náhuatl. Encuentro de dos mundos (1519-2019)*. Ciudad de México: Academia Mexicana de la Lengua (Horizontes), 2020.

65. Muñoz Machado, Santiago: *Hablamos la misma lengua*. Barcelona: Crítica, 2017.

66. Hago público mi agradecimiento a Nayeli Peralta, Dora Pellicer, Leopoldo Valiñas, Pedro Martín Butragueño y Agustín Herrera Reyes por la ayuda prestada para escribir estas notas.

español[67]. En términos generales, y en un lapso de poco más de 150 años, el devenir de las lenguas originarias en este país corresponde al trato sociopolítico que la mancuerna clase hegemónica-Estado ha dado —y continúa dando— a la población indígena. La secuencia en que se han dado las etapas de este proceso presenta fases de segregación, asimilación, integración y, la que vivimos en estos días, de tipo multiculturalista[68].

En cierto sentido, el multiculturalismo puede ser puesto en correspondencia con el panhispanismo, referido por Muñoz Machado, en el texto introductorio que escribió para la *Crónica de la lengua española 2020*: «Vista la intensidad del esfuerzo común de las Academias puede decirse que el panhispanismo marca una etapa caracterizada por la preocupación por la unidad, respetando la diversidad»[69]. Entendida dicha diversidad como aquella que corresponde a nuestra lengua, es comprensible que varias de las peculiaridades del español hablado en México —o los españoles— obedezcan al contacto que este ha tenido y mantiene con las lenguas nativas de la República. Esta situación, desde luego, es análoga a lo que ocurre en países como Guatemala, Bolivia, Perú o Venezuela, entre otros; empero, es diferente a lo que sucede en Cuba o Uruguay, por ejemplo. De acuerdo con tal escenario, el artículo 2 de los *Estatutos* de la Academia Mexicana de la Lengua refiere que esta «tiene por objeto el análisis, el estudio y la difusión de la lengua española en todos sus ámbitos, con particular atención a los modos y características de su expresión oral y escrita en México, así como a sus relaciones e intercambios lingüísticos con las lenguas originarias de México».

Las múltiples formas de contacto, relación e intercambio, tanto históricos como actuales —entre el español y las lenguas indomexicanas—, permiten explicar, por una parte, algunos hechos de la variación meramente lingüística y, por otra, ayudan a comprender una gran cantidad de marcos sociolingüísticos plenamente diferenciados o, más aún, son la primera y última razón de muchos de ellos. De lo anterior se desprende la necesidad de conocer y tener presentes —por distintos motivos— varios aspectos de ese conjunto de lenguas, como son su número, el perfil sociolingüístico de cada una de ellas y las respectivas características tipológicas de sus niveles fonológico, gramatical, etcétera.

---

67. Considero oportuno advertir que existen, al menos en un amplio sector de la clase media y en prácticamente toda la clase alta, muchos y diversos intereses por el idioma inglés.

68. Estas cuatro etapas fueron las consideradas por Mario Eduardo Maldonado Smith para el marco histórico y conceptual de su libro *Torres de Babel: Estado, multiculturalismo y derechos humanos*. Ciudad de México: Universidad Nacional Autónoma de México, 2015.

69. Santiago Muñoz Machado: «Pasado y presente de la Real Academia Española». En *id.*: *Crónica de la lengua española 2020*, 1-27. Madrid: Real Academia Española, 2020; cita en pág. 14.

Tal necesidad de conocimientos, infaltables para satisfacer metas institucionales, se engarza con otro orden de elementos relativos a las lenguas originarias. Algunos de estos resultan pertinentes en cuanto conforman ciertas relaciones observables, o al menos aluden a ellas, entre el español y las lenguas indígenas, hechos que a su vez reflejan relaciones entre los usuarios de una y otras lenguas. Entre aquellos elementos de otro orden, en mi opinión, se encuentran las ideas expresadas por varios de los escritores cuyos discursos académicos fueron compilados al comienzo de la antedicha *Crónica* [70]. Es el caso de las siguientes palabras de Gabriel García Márquez: «... aprendamos de las lenguas indígenas a las que tanto debemos lo mucho que tienen todavía para enseñarnos y enriquecernos...»[71]. Lo mismo cabe decir de lo escrito por Carlos Fuentes:

> En maya o en quechua traducido al castellano, los indios de América nos harán saber a nosotros, los habitantes de las ciudades blancas y mestizas del continente, lo que desean, lo que recuerdan, lo que rechazan. A nosotros, ¿qué nos corresponde sino escuchar, poner atención y saber respetar a esa parte de nuestra comunidad indoeuroamericana?[72]

En relación con otros elementos, la *Crónica* informa que, en el congreso de 2019 de la ASALE, fueron reforzadas sus líneas de trabajo en el ámbito educativo, de la comunicación y la cultura; esfuerzos relevantes en pro del impacto extramuros de nuestras corporaciones, en aras del inexcusable trasvase de nuestro trabajo académico y producción artística dirigidos, precisamente, hacia la población que nos procura. En ese renglón, me refiero a la participación de Biord Castillo en la *Crónica*. Ubicado unos pasos adelante de los llamados de García Márquez y Fuentes, Biord Castillo, además de considerar prioritario optimizar la enseñanza del inglés y otras lenguas extranjeras en Venezuela, en relación con las lenguas indígenas, anota: «Tenemos enormes tareas pendientes en cuanto a su promoción, visibilidad y aprecio social que merecen estos idiomas tan importantes y tan valiosos para el país»; y añade que la escuela y la universidad «deben ser centros que fomenten una verdadera ética del multiculturalismo y del multilingüismo..., ambos en un sentido universalizante, es decir, en un sentido inclusivo y no excluyente, en un sentido de promoción de la diversidad y no de negación o limitación de la diversidad sociocultural y lingüística»[73].

---

70. *Id.*

71. Gabriel García Márquez: «Botella al mar para el dios de las palabras». En Santiago Muñoz Machado (dir.): *op. cit.*, págs. 29-31 (cita en pág. 31).

72. Carlos Fuentes: «Unidad y diversidad del español, lengua de encuentros». En Santiago Muñoz Machado (dir.): *op. cit.*, págs. 37-56 (cita en pág. 48).

73. Horacio Biord Castillo: «Multiculturalismo, multilingüismo y ética. Reflexiones sociolingüísticas y socioeducativas a partir del caso venezolano». En Santiago Muñoz Machado (dir.): *op. cit.*, págs. 873-881 (citas en págs. 879 y 881).

Así, el presente texto se redacta en atención a que nuestras Academias, como lo expone Muñoz Machado «suplen a los Estados en el desarrollo de políticas esenciales para la defensa de la calidad y unidad de la lengua»[74]; a que tales políticas habrán de observar el respeto a la diversidad; y a que el lugar en que los movimientos sociales han colocado al multiculturalismo nos demanda la adopción de una nueva ciudadanía. Tres partes integran este documento: en la primera, se trata la diversidad de lenguas indomexicanas, junto con algunas generalidades demográficas; la segunda se ocupa de la presencia de algunos de esos idiomas en el español de México; y la última comprende una breve miscelánea de asuntos sociolingüísticos.

DIVERSIDAD DE LENGUAS Y GENERALIDADES DEMOGRÁFICAS

Como es el caso de otros países, en México no hay un acuerdo absoluto en relación con el número de lenguas nativas habladas dentro de sus fronteras. La falta de una cifra inamovible es un tópico comparable al de aquellas situaciones en que se discute la existencia o pertinencia de fronteras en torno a un conjunto de personas que se adscribe, o es asignada, a una u otra determinada comunidad de habla, a la luz de criterios exclusivamente lingüísticos o de componentes sociolingüísticos, étnicos, históricos, entre otros; relativamente cercanos en espacio y tiempo, pueden ser puestos por caso los binomios Galicia-Portugal y Serbia-Croacia, por ejemplo.

Un hecho recurrente en nuestro país, documentado desde la época novohispana y quizá originado desde antes, es el empleo de un sustantivo, polisémico, una de cuyas acepciones es un grupo étnico, y otra una lengua. Es el caso, entre muchos otros, de *maya:* grupo étnico, o pueblo, asentado en el sureste de México y los países colindantes hacia el sur del país, e idioma de la familia lingüística del mismo nombre. A manera de analogía, podría citarse el enunciado: «Todos los españoles hablan español». Si bien bajo la categoría grupo étnico —maya, otomí, huichol o el que sea— es posible hablar de determinada unidad identitaria, en lo concerniente a la categoría lengua, en el escenario mexicano, es altamente común que la referencia sea no a una unidad, sino a una diversidad idiomática. A este asunto volveré más adelante.

Por lo que corresponde a los aspectos demográficos, el último censo de población, de 2020, ofrece información reciente. A continuación, se presentan algunos datos sobre los hablantes de lenguas indígenas en el país[75].

---

74. Santiago Muñoz Machado: *op. cit.*, pág. 2.

75. Instituto Nacional de Estadística y Geografía (INEGI): *Censo de población y vivienda 2020* [en línea]. Los datos de esta parte del texto provienen de esa fuente; en particular, para la tabla 4, las fuentes adicionales fueron el *XII Censo general de población y vivienda 2000* y el *Censo de población y vivienda 2010* [en línea]. [Consultas: entre 10 y 20 de junio de 2021]. Disponibles en https://www.inegi.org.mx.

De acuerdo con la metodología censal, sobre el subconjunto de la población de tres años y más se capta a quienes hablan o no una lengua originaria, así como su condición de monolingüe o bilingüe lengua indígena-español. La siguiente tabla presenta las cifras correspondientes a los dos últimos censos; en ella, se aprecia que en el periodo 2010-2020 aumentó el número absoluto de hablantes:

	2010	2020
Población total	112 336 538	126 014 024
Población de 3 años y más	104 781 256	119 976 584
Población de 3 años y más hablante de lengua indígena	6 913 362	7 364 645

Tabla 1. Población de 3 años y más, y población de 3 años y más hablante de lengua indígena; comparativo de los últimos diez años. Elaboración propia.

Centrada la atención en dos de los idiomas con mayor número de hablantes en la actualidad, el comparativo de los años 2010 y 2020 arroja, en ambos casos, un incremento de más de 110 000 usuarios, comportamiento en cierto modo atípico dentro del conjunto de las lenguas originarias; véase esta segunda tabla:

	2010	2020
Lengua tzotzil	429 168	550 274
Lengua tzeltal	474 298	589 144

Tabla 2. Comparativo del incremento de hablantes de tzotzil y de tzeltal durante los últimos diez años. Elaboración propia.

Sin embargo, las dos lenguas con el mayor número de usuarios en México presentan un comportamiento demográfico distinto entre sí, así como también en comparación con las lenguas de la tabla 2; obsérvese esta otra tabla:

	2010	2020
Lengua náhuatl	1 586 884	1 651 958
Lengua maya	795 499	774 755

Tabla 3. Comparativo del incremento y del decremento de hablantes de náhuatl y de maya, respectivamente, durante los últimos diez años. Elaboración propia.

Esta tabla no solo hace evidente el descenso de hablantes de maya —comportamiento encontrado en muchos otros casos—, sino que permite apreciar que, en el mismo lapso y en la advertencia de que se trata de un grupo que supera el millón y medio de individuos, el volumen de crecimiento de usuarios del náhuatl, poco más de 65 000, es sensiblemente inferior al observado para las lenguas tzotzil y tzeltal en la tabla 2.

Frente a la imagen que producen los números absolutos, una cruda realidad se delinea con las cifras porcentuales. En efecto, la tasa de crecimiento de la población hablante de lengua indígena es sensiblemente inferior a la tasa de crecimiento de la población nacional, dentro de la cual predominan los hablantes de español. En la siguiente tabla, puede leerse que, a pesar de que el número absoluto de hablantes de lenguas originarias aumenta en cada decenio, el porcentaje que guarda en relación con la población desde la cual se calcula este (de 5 años y más para el presente comparativo) reporta una tendencia decreciente:

	2000	2010	2020
Población total	97 483 412	112 336 538	126 014 024
Población de 5 años y más	84 794 454	100 410 810	115 693 273
Población de 5 años y más hablante de lengua indígena	6 044 547	6 695 228	7 177 185
Porcentaje de población hablante de lengua indígena	7.1	6.7	6.2

Tabla 4. Porcentaje de la población hablante de lengua indígena calculada en relación con las personas de 5 años y más; comparativo de los últimos 20 años. Elaboración propia.

Los elementos demográficos tratados hasta aquí conducen a dos premisas: la primera es que, si bien en los últimos años el número absoluto de hablantes de lengua nativa ha aumentado en el país, cada lengua sigue un índice de crecimiento marcadamente particular. La segunda, que el descenso en el número de usuarios de maya, por una parte, y el aumento de ese número para otras lenguas, por otra parte, subsumen modificaciones en los intercambios lingüísticos y en las relaciones entre tales idiomas y el español. (En la última parte de este trabajo referiré algunas hipótesis en torno a estas premisas).

De regreso al asunto de la diversidad lingüística, es pertinente advertir, como fue hecho párrafos atrás, que nombres como náhuatl, mixteco o totonaco, entre muchos otros, no se refieren a una lengua, en el sentido en que nos representamos un sistema de comunicación, con alta homogeneidad en sus planos oral y escrito, equiparable al que pensamos cuando hablamos de la lengua española. No. Dichos nombres, al igual que tarahumara, mixe o mazateco, en cambio, encubren una diversidad idiomática que va más allá del contraste entre formas dialectales, y corresponde a una verdadera oposición entre lenguas; así lo deja claro esta cita: «Los llamados "dialectos" zapotecos (Valle, Sierra, Istmo, etc.) son lenguas mutuamente ininteligibles, y no meramente dialectos. Es decir, se diferencian más como el francés del español o el inglés del alemán que como el español de México del de Venezuela, Chile o Puerto Rico»[76].

76. Velma Pickett: «Comparación entre dos "dialectos" zapotecos». En Beatriz Garza Cuarón y Paulette Levy (eds.): *Homenaje a Jorge A. Suárez. Lingüística indoamericana e hispánica*, 407-436. México, D. F.: El Colegio de México, 1990, cita en pág. 407.

Para ilustrar estos planteamientos relativos a la diversidad de lenguas que un simple nombre no permite ver, viene en la tabla puesta a continuación una ejemplificación a partir del náhuatl, elegida de entre cientos y cientos que podrían ser añadidas aquí; se trata de distintas formas del pronombre de primera persona singular, proporcionadas con referencia a la comunidad o región de uso:

	yo
Cuatlamayán, Antonio Santos, S. L. P.	*na*
Chinancáhuatl, Zacualtipan, Hgo.	*naha*
Región huaxteca, estado de Hgo.	*nahkaya*
Tuxpan, Tuxpan, Jal.	*ne*
Xalitla, Tepecuacuilco, Gro.	*newa'*
Atlacholoaya, Xochitepec, Mor.	*néhwaatl*
Zahuastipán, San Agustín Metzquititlán, Hgo.	*noótl*

Tabla 5. Formas del pronombre «yo» en siete variantes lingüísticas del náhuatl. Elaboración propia[77].

Como es patente, estas diferencias léxicas se ubican en un nivel de contraste mucho más elevado que aquel en que pueden ser colocadas las variaciones del español referidas en seguida, variaciones no visibles debido a la convención ortográfica de escribirlas como ‹yo›, pero sí audibles y fonéticamente representadas aquí:

‹yo›
[ʝo]
[jo]
[d͡ʝo]
[ʃo] ~ [ʒo][78]

Tabla 6. Variaciones del pronombre «yo» del español. Elaboración propia.

Así como sería difícil argumentar, a partir de las diferencias de la tabla 6, que hay cuatro lenguas españolas, parece difícil sostener que hay una sola *lengua* náhuatl (nótese la marcación hecha a *lengua*), dados los contrastes de la tabla 5, y aun sin tomar en cuenta las diferencias de la flexión verbal y de la

77. La categoría *variante lingüística* se encuentra definida en una publicación del Instituto Nacional de Lenguas Indígenas (INALI): «Catálogo de las lenguas indígenas nacionales: Variantes lingüísticas de México con sus autodenominaciones y referencias geoestadísticas». En *Diario Oficial de la Federación* [en línea]. México, D. F., 14 de enero de 2008. [Consulta: entre 10 y 20 de junio de 2021]. Disponible en http://www.inali.gob.mx/mx/pdf/CLIN_completo.pdf.

78. Estas variaciones corresponden al habla de la zona de Río de la Plata, frontera de Uruguay con Argentina.

derivación nominal, entre otras de orden gramatical, identificables en las siete variantes lingüísticas ejemplificadas.

El reconocimiento o, mejor dicho, la falta de reconocimiento, en distintos ámbitos sociales e institucionales, de la diversidad de lenguas escondidas tras la máscara del simple nombre de una *lengua* es uno de los asuntos más escabrosos relativos a los idiomas originarios de y en México; además de la carencia de estudios dialectológicos, las cuestiones que frenan los avances en este rubro son de carácter ideológico-político (mismas que retomaré en la tercera parte del presente texto). Suficiente es por ahora explicar los parámetros a partir de los cuales se presenta aquí la diversidad de las lenguas indomexicanas.

En la tabla 7, las *lenguas* se mencionan mediante el nombre más común dado a estas, siendo las más de las veces una nomenclatura impuesta de manera exógena; se proporciona el respectivo número de sus hablantes, de tres años o más, de acuerdo con el *Censo 2020*. Dada la advertencia de la diversidad encubierta en un nombre o locución, se consigna el correspondiente número de variantes, sin olvidar que, en la mayoría de las instancias, se trata de lenguas mutuamente ininteligibles y no solo de formas dialectales. La información está organizada mediante categorías de la genealogía lingüística, a saber: familias lingüísticas y subfamilias u otras subagrupaciones a que corresponde cada *lengua*[79].

He recurrido a la genealogía lingüística para hacer evidente, por encima de la diversidad relativamente elevada que corresponde a 68 *lenguas* en sí, la diversidad en la dimensión más profunda que implican las familias lingüísticas. Así, en este nivel, en México se hablan lenguas de siete familias amerindias, o de once, si tratamos a las cuatro lenguas aisladas como el único integrante de una familia unimembre. Estamos hablando, prácticamente, del doble de familias lingüísticas que corresponden a los idiomas europeos. Además, los estados mexicanos de Oaxaca y Veracruz tienen, cada uno de ellos, lenguas de cinco de esas familias, cerca del número total de familias encontradas en Europa. Las comparaciones son sorprendentes, al notar que dichos estados tienen una extensión territorial de 93 757 y de 71 823 km^2, respectivamente, en tanto que la extensión territorial de Portugal es de 92 212 km^2. Todavía más: el municipio de Ixhuatlán de Madero, en Veracruz, cuya extensión es de únicamente 598.8 km^2, alberga lenguas de tres familias lingüísticas (agregado el español como representante de la familia indoeuropea, ¿se tratará de un récord mundial de diversidad lingüística a gran escala presente en un territorio tan diminuto?).

79. La elaboración de esta tabla se basó en el *Catálogo* INALI, así como en la obra de Leopoldo Valiñas Coalla: *Lenguas originarias y pueblos indígenas de México. Familias y lenguas aisladas*. Ciudad de México: Academia Mexicana de la Lengua, 2020.

Familias lingüísticas	Subfamilias y otras subagrupaciones	Nombre más común dado a las lenguas	Número de variantes lingüísticas
álgica	algonquina	kikapú: 63	1
yuto-nahua	tepimano	pápago: 203	1
		pima: 1037	3
		tepehuano del norte: [I] 9855	1
		tepehuano del sur: [I] 44386	3
	tara-cahita		
	tarahumarano	tarahumara: 91554	5
		guarijío: 2139	2
	cahita	yaqui: 19376	1
		mayo: 38507	1
	corachol	cora: 33226	8
		huichol: 60263	4
	nahuatlano	náhuatl: 1651958	30
cochimí-yumana	subgrupo pai	paipai: 231	1
		ku'ahl [II]	1
	subgrupo delta-California	cucapá: 176	1
	diegueño	kumiai: 495	1
		kiliwa: 76	1
seri (familia unimembre)		seri: 723	1
oto-mangue	oto-pame	pame: 11924	2
		chichimeco jonaz: 2364	1
		otomí: 298861	9
		mazahua: 153797	2
		matlatzinca: 1245	1
		tlahuica: 2238	1
	chinantecano	chinanteco: 144394	11
	tlapanteco-mangueano		
	tlapaneco-subtiaba	tlapaneco: 147432	9
	popolocano-zapotecano		
	popolocano	mazateco: 237212	16
		ixcateco: 195	1
		chocholteco: 847	3
		popoloca: 17274	4
	zapotecano	zapoteco: 490845	62
		chatino: 52076	6
	amuzgo-mixtecano	amuzgo: 59884	4
	mixtecano	mixteco: 526593	81
		cuicateco: 12961	3
		triqui: 29545	4
maya	huastecano	huasteco: 168729	3
	yucateco-lacandón	maya: 774755	1
		lacandón: 771	1

Familias lingüísticas	Subfamilias y otras subagrupaciones	Nombre más común dado a las lenguas	Número de variantes lingüísticas
maya	cholano-tseltalano		
	cholano	chol: 254 715	2
		chontal de Tabasco[III]: 60 563	4
	tzeltalano	tzeltal: 589 144	4
		tzotzil: 550 274	7
	kanjobaleano-chujeano		
	kanjobaleano	kanjobal: 10 851	1
		acateco: 2 894	1
		jacalteco: 481	1
		qato'k: 126	2
	chujeano	chuj: 3 516	1
		tojolabal: 66 953	1
	quicheano-mameano		
	quicheano	kekchí: 1 599	1
	pocom-quicheano	quiché: 589	3
		cakchiquel: 169	1
	mameano		
	teco-mam	teco: 78	1
		mam: 11 369	5
	aguacateco-ixil	aguacateco: 20	1
		ixil: 117	2
totonaco-tepehua	totonaco	totonaco: 256 344	7
	tepehua	tepehua: 8 884	3
tarasca (familia unimembre)		purépecha: 142 459	1
mixe-zoque	mixeano	mixe: 139 760	6
		sayulteco[IV]: 4 765	1
		oluteco: 77	1
	zoqueano		
	zoqueano del Golfo	texistepequeño[IV]: 368	1
		ayapaneco: 71	1
		popoluca de la Sierra[IV]: 36 113	1
		zoque: 74 018	8
chontal de Oaxaca (familia unimembre)		chontal de Oaxaca[III]: 5 613	3
huave (familia unimembre)		huave: 18 827	2

Tabla 7. Lenguas indígenas mexicanas presentadas a partir de su genealogía lingüística; con su respectivo número de hablantes, según el Censo 2020, y de variantes lingüísticas, según el INALI. Elaboración propia[80].

80. La disposición de las familias lingüísticas se presenta de norte a sur. No se relacionan las lenguas muertas ni las lenguas habladas fuera de México, aspecto que corresponde a las siguientes familias lingüísticas transnacionales: álgica (con lenguas habladas en Canadá y Estados

Es importante decir que, en particular para las *lenguas* que cuentan con muy pocos hablantes, los censos suelen reportar cantidades más altas de usuarios; es posible que esto se deba a la autoadscripción cultural de personas que, en realidad, no hablan el respectivo idioma. Gracias al trabajo de campo de lingüistas y antropólogos especialistas en tales grupos étnicos y en sus lenguas, se cuenta con información más confiable; es el caso de los idiomas ayapaneco y kiliwa, con menos de cinco hablantes nativos, respectivamente; y del oluteco, con unos 10, por ejemplo. Dichos investigadores también observan que la movilidad internacional de los hablantes de lenguas de los pueblos transfronterizos no permite realizar levantamientos de información rigurosos. Otras observaciones sobre los censos se harán en la tercera parte de este escrito[81].

PRESENCIA DE LAS LENGUAS INDÍGENAS EN EL ESPAÑOL DE MÉXICO

La presencia de las lenguas indígenas en el español —o españoles, repito— de este país se hace patente en un extenso abanico de posibilidades, que van de un lexema incluido, digamos, en una breve respuesta (—Esos animales, ¿son grillos? —No, *chapulines*) hasta determinados rasgos que se hacen presentes en las narraciones.

Unidos de América), yuto-nahua, cochimí-yumana (ambas con lenguas habladas en los Estados Unidos de América) y maya (con lenguas habladas en Belice y Guatemala). De la familia álgica, la lengua kikapú también se habla en los Estados Unidos de América (no tengo información demográfica). De la familia yuto-nahua, al menos algunos pápagos y yaquis viven también en dicho país (tampoco se cuenta con datos demográficos). Y de la familia maya, las lenguas que también se hablan en Guatemala y su respectivo número de hablantes son el kanjobal, más de 70 000; el acateco, más de 45 000; el jacalteco (o poptí'), alrededor de 40 000; el chuj, alrededor de 40 000; el kekchí, más de 550 000; el quiché, 1 000 000; el cakchikel, 500 000; el teco, alrededor de 2250; el mam, cerca de 490 000; el aguacateco, alrededor de 18 000; y el ixil, alrededor de 70 000 (información del *XI Censo de población* y del *VI Censo de habitación*, 2002).

Notas sobre el cuadro: I) Se captaron 371 hablantes de tepehuano, sin que fuera posible establecer si correspondían a «del norte» o «del sur». II) El Censo no captó hablantes de ku'ahl, aunque los especialistas no la reportan como lengua extinta. III) Se captaron 1704 hablantes de chontal, sin que fuera posible establecer si correspondían al de Tabasco o al de Oaxaca. IV) Se captaron 8427 hablantes de popoluca, sin que fuera posible establecer si correspondían al popoluca de Sayula (o sayulteco), al de Texistepec (o texistepequeño) o al de la Sierra. También se captaron 2453 hablantes de otras lenguas del continente americano, así como 22 777 hablantes de lenguas que no fue posible identificar.

81. Leopoldo Valiñas Coalla hace una crítica no solo a los métodos con que se levanta el censo, sino, entre otras cuestiones, también a sus conceptos y categorías de registro, aduciendo la presencia de prejuicios lingüísticos; véase su trabajo «El encanto de los números, las tablas y las lenguas: la cuchara mágica». En *Memorias de la Academia Mexicana de la Lengua*, 2012 [2018], 38, págs. 255-299.

Por lo que toca a los indigenismos, Yolanda Lastra y Jorge Suárez opinaron, a principio de los años ochenta, que «el proceso de incorporación de préstamos indígenas al español regional es algo que se cerró desde la época novohispana»[82]. Sin embargo, hay hechos que apuntan en otra dirección. Veamos dos casos: *guarura* y *pirekua*. Posiblemente por la visita de algún alto funcionario a la región tarahumara, al norte de México, digamos, durante el último tercio del siglo XX, fue empleado el término *wa'lula* [wa'ɽúɽa] 'el grande'[83]. Por alguna razón, el término no se aplica, al menos ahora, al funcionario, sino a sus guardaespaldas, siendo precisamente esta una de las acepciones del vocablo (en otra acepción, se refiere a un cuerpo policiaco). Por su parte, el pueblo purépecha, localizado en el estado de Michoacán, en el centro occidente del país, cuenta entre sus manifestaciones artísticas con la tradición de reproducir y componer canciones en su propia lengua, llamada también purépecha; el nombre genérico de estas canciones es *pirekua*. En virtud de que este género literario-musical fue inscrito en 2010 en la Lista Representativa de Patrimonio Cultural Inmaterial de la Humanidad de la UNESCO, dicha palabra ha comenzado a ampliar considerablemente su radio de aparición[84].

Está por demás decir que el inventario de indigenismos puede abordarse desde muy distintas ópticas. Una de ellas es la de su área de uso, que va desde lemas como *atole*, de amplísima difusión, *k'ankab* [kʔankab] 'tierra rojiza' o *puk' k'eyem* [pukʔ kʔejém] 'pozole disuelto (una clase de alimento)' —ambas de origen maya—, empleados en la península de Yucatán, hasta *güilanche*, nombre de un mortero de piedra (palabra hipotéticamente de origen purépecha), utilizado en un muy reducido perímetro del estado de Guanajuato, en el centro de México.

A su vez, Pellicer estudia la composición y la actuación en la narración de mujeres mazahuas, en torno a las cuales identifica y examina las formas interactivas de la repetición, la evidencialidad del habla reportada, así como las variaciones de tiempo, modo y aspecto, libremente expresados en los relatos. Entre los propósitos de largo alcance de sus investigaciones está su propuesta de que sea reconocido un español-mazahua, resultado del proceso de apropiación del español en el contexto de la migración de un espacio

---

82. Véase la página 41 de su escrito «La investigación de las interferencias entre las lenguas amerindias y el español». En Juan M. Lope Blanch (ed.): *Perspectivas de la lingüística en Hispanoamérica*. México, D. F.: Universidad Nacional Autónoma de México, 1980, págs. 31-43.

83. Leopoldo Valiñas Coalla, comunicación personal.

84. La Academia Mexicana de la Lengua tiene en prensa el *Diccionario de mexicanismos. Propios y compartidos*. Concepción Company Company (dir.). Ciudad de México: Espasa Calpe, que permitirá conocer otros tantos indigenismos de reciente incorporación al repertorio léxico de los mexicanos.

rural a Ciudad de México[85]. Por lo que concierne al objetivo particular de este estudio, es develar las estrategias discursivas de personas —mujeres en particular— no escolarizadas, hablantes de un idioma indígena como lengua materna que aprendieron el español fuera de todo marco formal, mediante las cuales conforman relatos afortunados, en términos semióticos; he aquí un fragmento de esas narraciones:

> Y, y'ora (y ahora) su hermano dice que soñó el sábado,
> ves que dicen que hay un...
> 'sque (dizque) dicen que hay un sueño,
> 'sque (dizque) se da [ocurre],
> sí se da [sí ocurre] este, de verdá[86].

MISCELÁNEA DE ASUNTOS SOCIOLINGÜÍSTICOS

Un arqueólogo escribe:

> En la última etapa de la vida de Tajín se hablaba totonaco y seguramente otras lenguas, como el náhuatl y el huaxteco. El totonaco no cuenta actualmente con el acervo suficiente de palabras y estructuras sintácticas para transmitir pensamientos complejos. Es probable que en el siglo XII d. C. se tuviera, como sucede hoy en muchas lenguas de la Tierra, una lengua culta manejada por las élites intelectuales o sociales, de difícil comprensión para el común del pueblo. La comunicación de ideas complejas dependería entonces no solo de la pervivencia de esas élites, sino de la de sus estructuras sociales. Existe además la posibilidad de traducción de ideas al náhuatl y al huaxteco para que entre esas etnias se conservasen. Menos factible es que se comunicaran tales ideas, de manera precisa, traduciéndolas a los hablantes de náhuatl, huaxteco u otras lenguas. En Tajín se contaba con un sistema de escritura que requiere de la lectura de imágenes; era el medio de comunicación que les permitía comunicar ciertos conceptos al pueblo, ya que sustituía la carencia de una estructura lingüística que salvara los problemas de la falta de comprensión de palabras y de la sintaxis que se re-

---

85. Con el estudio del español hablado en una zona rural indígena y sin el componente migratorio, Klaus Zimmermann propuso un «dialecto étnico»; véase «El español de los otomíes del Valle del Mezquital (México). Un dialecto étnico». En J. G. Moreno de Alba (ed.): *Actas del II Congreso Internacional sobre el Español de América*. México, D. F.: Universidad Nacional Autónoma de México, 1986, págs. 234-240; también, mediante trabajo de campo en el medio rural, José Antonio Flores Farfán escribió sobre el español de hablantes de náhuatl: «On the Spanish of the Nahuas». *Hispanic Linguistics*, 1998, 10, 1, págs. 1-41.

86. Véase el capítulo III «Las hablantes: creatividad del español-mazahua», del libro de Dora Pellicer: *México diverso. Sus lenguas y sus hablantes*. Ciudad de México: Secretaría de Cultura – Instituto Nacional de Antropología e Historia – Escuela Nacional de Antropología e Historia, 2020, págs. 283 y ss. (cita en pág. 401).

> quería para comunicar pensamientos complejos. Se trata de los ´códigos´ que se registraban a través del arte y que se leían en las imágenes, la arquitectura y el paisaje[87].

Como puede apreciarse, los prejuicios lingüísticos ocurren en todos los niveles; sin más comentarios[88]. Por su parte, el caso del término «dialecto», en su uso despectivo para referirse a las lenguas indígenas, es posiblemente el más crudo de los prejuicios lingüísticos de que no se ha podido despojar el grueso de la sociedad nacional. Pero han quedado pendientes algunos aspectos de las páginas precedentes; tiempo es de abordarlos.

En la primera parte de este escrito, fue referida una premisa en relación con el aumento del número de hablantes de algunas lenguas originarias; se contrastó el gran incremento del tzotzil y el tzeltal —arriba de 110 000 en las dos lenguas, de alrededor de medio millón de usuarios cada una, en el lapso de diez años— en oposición al aumento menos vistoso experimentado por el náhuatl —unos 65 000, en una lengua de más de un millón y medio de hablantes, durante el mismo periodo—. Una hipótesis relativa al tzotzil y al tzeltal es el impacto positivo que causó en los grupos étnicos respectivos el levantamiento del Ejército Zapatista de Liberación Nacional en contra del Gobierno federal, a mediados de los años noventa del siglo XX, en el estado de Chiapas. Estimulados por ese acontecimiento, que removió la agenda política nacional y fue conocido en todo el mundo, los tzeltales y tzotziles, entre otros pueblos indígenas de México, comenzaron a recuperar terreno social, y he aquí el componente de peso de la hipótesis: quienes habían venido manipulando sus respuestas en los censos, comenzaron a revelar su identidad étnica, así como su condición de hablantes nativos de una u otra lengua. Una vez recuperado el orgullo étnico, continuando con la hipótesis, este fue transmitido de padres a hijos y —considerando que fueron levantados los censos de 2000, 2010 y 2020— esa suma de personas, no así otros factores, como podrían ser los índices de natalidad, parece, pues, que está quedando reflejada en los altos números censales.

Dentro de la misma premisa del aumento en el número de hablantes, la situación del náhuatl da pie para dar cuenta no de una hipótesis, sino de algunos elementos de orden estructural. En efecto, los hablantes de náhuatl en el país no son una población equiparable a la tzotzil o a la tzeltal en muchos

87. Rubén B. Morante López: *La pirámide de los Nichos de Tajín. Los códigos del tiempo*. México, D. F.: Universidad Nacional Autónoma de México (IIE e IIA), 2010 (cita en pág. 39).

88. Un buen antídoto para el caso es el libro de Yásnaya Elena A. Gil: *Ää: manifiestos sobre la diversidad lingüística*. Ciudad de México: Almadía y Bookmate Ltd., 2020. La autora es una joven indígena hablante nativa de mixe, con una clara actitud lingüística de valoración hacia su lengua y cultura, altamente comprometida con los intereses de su comunidad y del grupo étnico al que pertenece, lo que queda patente en sus escritos.

sentidos, siendo uno de gran peso el del territorio ocupado; mientras tzotziles y tzeltales se ubican, respectivamente, en un territorio relativamente compacto, los nahuas están distribuidos en cientos o miles de localidades en una amplísima zona del suelo nacional. Y, más importante que ello, un elemento que conduce a aminorar el relativo impacto de un dato censal que «habla» de un pueblo con más de un millón y medio de usuarios de su propia lengua es que, prácticamente, cada localidad o comunidad tiene sus dinámicas socioculturales en particular. Ciertamente, para los grupos étnicos, la comunidad es la unidad social por excelencia. En ese sentido, una comunidad nahua puede presentar un alto índice de mantenimiento lingüístico, mientras que, en otras comunidades, aun siendo relativamente vecinas, la lengua puede estar en crítico riesgo de desaparición; lo anterior, en razón de que su idioma, aun tratándose del mismo —o de llevar el mismo nombre—, tiene su respectivo comportamiento estrictamente lingüístico, tanto como sus propias situaciones, conflictos y resoluciones sociolingüísticos[89].

En cuanto a la segunda premisa, es relativamente predecible el hecho de que, una vez que disminuye el número de usuarios de una lengua originaria, los hablantes de esa lengua que retrocede dejan de ser potenciales agentes de difusión de elementos de su idioma a la población hispanohablante; se esfuman las posibilidades de que ocurran intercambios lingüísticos recíprocos y se acentúan aquellos de tipo unidireccional. La otra cara de la moneda: el aumento de hablantes de una lengua originaria puede derivar en otro tipo de relaciones entre el español y las lenguas en cuestión. Así, por ejemplo, primero entre la población chiapaneca, que comprende los asentamientos tradicionales de tzotziles y tzeltales, y luego fuera de ella, recientemente comenzó la expansión de la respectiva autodenominación lingüística de dichas etnias; de manera que, ante el hecho de que hasta hace algunos años la población hispanohablante se refería a las lenguas de tzotziles y tzeltales con ese mismo nombre, ahora las llama *bats'il k'op* y *bats'i k'op*, respectivamente.

Los censos, como se comentó, son blanco de otras observaciones, algunas de las cuales pueden ser llevadas más allá del espectro de la sociolingüística. En efecto, por lo general, en torno a los censos, emerge la confusión conceptual y de empleo de categorías entre *lenguas indígenas* e *indígenas*, trátese de individuos, de colectivos, grupos, pueblos, u otras categorías[90]. En pocas palabras, la cuestión es que, por lo común de manera acrítica, se considera indígena a la persona que, principalmente para efectos censales, declara hablar una lengua indígena; ello es palpable en ámbitos académicos, como en la Administración pública. No todo es nebuloso, por supuesto; en su momento, la Comisión Nacional para el Desarrollo de los Pueblos Indígenas, con el fin de

89. El texto de Leopoldo Valiñas, referido en la nota 15, aborda en detalle estos asuntos.

90. Nuevamente Valiñas Coalla expone con claridad y trata en detalle este asunto; véase nota 15.

identificar a la población indígena, optó por emplear la categoría *hogar indígena*, caracterizado este como el hogar en que hay al menos un hablante de lengua indígena (aunque de inmediato se advierte, de nueva cuenta, el uso de la categoría *lengua*). Algunos de los censos, como el reciente de 2020, incluyeron la pregunta sobre la autoadscripción: «De acuerdo con su cultura, ¿(*nombre*) se considera indígena?». La respuesta a ella, a no dudar, aporta números más certeros relativos a los *indígenas*, en comparación con las estimaciones basadas únicamente en el criterio del idioma.

Desde luego que, ante el censo o en cualquier otro contexto, declarar hablar una lengua indígena —u ocultarlo—, así como adscribirse o no a un grupo étnico, son cuestiones atravesadas por muchos factores. Uno de ellos es el sentido de apropiación simbólico-patrimonial de una lengua, componente que, armonizado con una identidad indígena, parece ser el impulso que lleva a algunas personas a declarar ser hablante de una lengua originaria cuando ello no es así; párrafos atrás, esto fue ejemplificado con los casos de las lenguas ayapaneco, kiliwa y oluteco[91]. Otra tendencia que puede considerarse una vertiente más de la apropiación, ya no de una lengua nativa en su totalidad, sino de una de las expresiones de las culturas indígenas, es el hecho de dar a un recién nacido el nombre de algún personaje de la historia o la mitología prehispánica, Cuauhtémoc o Ixchel, por ejemplo; o emplear para ello una palabra de alguna lengua indígena[92]. Y desde luego que hay otros ámbitos, no lingüísticos, de la apropiación de variados componentes de los pueblos indígenas, en particular de su cultura no tangible, como son las danzas o algunos rituales; la exégesis inmediata de los involucrados es: «Nos mueve la búsqueda y encuentro con nuestras raíces».

Un último asunto es el del reconocimiento —o falta de reconocimiento, desconocimiento..., desinterés— a la diversidad de lenguas indígenas, calificado como uno de los más polémicos en este campo. Y lo es. Los avances en dicho reconocimiento son escasos y dilatan mucho en llegar a ser aplicados

---

91. Adopto la noción de *apropiación* de los conceptos manejados por Pedro Martín Butragueño en relación con el *español patrimonial*, en oposición al español poscolonial y, más específicamente, al español nacional, la variedad funcionalmente considerada la lengua oficial. Por lo demás, dicho autor se refiere a un conflicto en la población hispanohablante mexicana, la que al parecer no termina de identificarse plenamente con la lengua española, a modo de incorporarla como un patrimonio lingüístico, precisamente en razón de los vínculos históricos que ella guarda con la Conquista española. Véase, por ejemplo, su escrito «Lengua nacional y lengua patrimonial». *Memorias de la Academia Mexicana de la Lengua*, 2018 [2019], 44, págs. 397-424.

92. Pueden consultarse las siguientes publicaciones: Crescencio García Ramos (coord.): *Nombres indígenas*. México, D. F.: Academia Veracruzana de las Lenguas Indígenas, 2009; y Xóchitl Gálvez Ruiz y Arnulfo Embriz Osorio: *¿Y tú cómo te llamas? Las voces de los pueblos indígenas para nombrar a la gente*. Ciudad de México: Instituto Belisario Domínguez, Senado de la República, 2020.

en la práctica, por ejemplo, en la garantía a un indígena, usuario de su lengua, de contar, como lo establece la legislación correspondiente, con un intérprete que lo auxilie con la interpretación/traducción que se ofrezca en el proceso, en caso de verse involucrado en un asunto judicial, y que lo haga, claro está, en la variante lingüística correspondiente. Esto para no hablar de las mejoras en el uso didáctico-pedagógico de las lenguas originarias en el contexto escolar, o su uso especializado en el ámbito de la salud, principalmente.

De acuerdo con el título de este trabajo, las lenguas indígenas en México tienen, en efecto, el estatus jurídico de lenguas nacionales, al igual que el español y la lengua de señas mexicana. Desde esa perspectiva, podría pensarse que el país cuenta ya con una política lingüística de Estado, estructurada y en operación, en que están atendidos o al menos contemplados en una agenda de serios compromisos, los asuntos lingüísticos de los indígenas, de los hablantes de español, de los sordos, así como de otras comunidades minorizadas. Pero no es así. En el mejor de los casos, continúan los foros de discusión que alimentan los debates, balanceándose las opiniones entre cuestiones políticas y cuestiones ideológicas[93].

La falta de esa política lingüística de Estado tiene varias explicaciones. Para Luis Fernando Lara, existen cuatro causas principales:

> 1) El papel inhibidor de la reflexión, que tiene la ideología nacional; 2) las complejas características del multilingüismo y la multiculturalidad mexicanos; 3) la falta de claridad por parte de muchos antropólogos y lingüistas mexicanos, para ir de los datos a la elaboración de tales políticas, junto con la falta de reflexión jurídica a propósito de los derechos de los pueblos amerindios mexicanos; y 4) las características antidemocráticas, autoritarias, clientelistas y corruptas de los gobiernos que ha padecido el país hasta ahora[94].

Al lado de esas causas, es alentador el hecho de que las lenguas indomexicanas se sigan hablando, aunque, al mismo tiempo, preocupa el descenso de hablantes en muchas variantes. Es alentador escuchar voces de gargantas nuevas incursionando en el rap, al tiempo que con esos ritmos llegan pensamientos optimistas sobre mejoras para la demografía, para la antropología y para la misma lingüística. Invita a la reflexión ver los llamados paisajes lin-

93. Los interesados en estos debates pueden consultar el libro de Diego Valadés (coord.): *Lengua oficial y lenguas nacionales en México*. México, D. F.: Academia Mexicana de la Lengua, 2014.

94. Luis Fernando Lara: «¿Por qué no hay una política lingüística de México?». En Roland Terborg y Laura García Landa (comps.): *Los retos de la planificación del lenguaje en el siglo XXI*. Ciudad de México: Universidad Nacional Autónoma de México (CELE), 2006, págs. 481-492 (cita en pág. 483).

güísticos, con saludos escritos por manos infantiles, con preguntas formuladas por la juventud, con demandas repetidas por las personas maduras; y desea uno mejorar los ritmos para ver garantizados los derechos lingüísticos. Que no dejen de preocuparnos los prejuicios lingüísticos; las comunidades nos compartirán su opinión y los trabajos sociolingüísticos seguirán proponiendo soluciones.

Espero que estas notas despierten el interés por conocer más acerca de las situaciones lingüísticas de este país, de sus regiones, de sus comunidades, de cada una de sus personas..., así como su comprensión; y que animen a que sigamos esforzándonos a enfrentar los retos que nos impone el respeto a todo tipo de diversidad, así como a aceptar la invitación a adoptar el único tipo de multiculturalismo posible.

Notas sobre el español en Chile

GUILLERMO SOTO VERGARA

Academia Chilena de la Lengua

INTRODUCCIÓN

Transcurridos cinco siglos desde la primera vez que se habló español en las tierras que hoy conforman Chile —el 21 de octubre de 1520, en el estrecho de Magallanes—, el español es el idioma común y dominante en el país, y es el que maneja como primera lengua la gran mayoría de la población. Aunque las diferencias regionales parecen ser menores a las de otros países americanos, son particularmente notorias en el léxico y pueden observarse en todos los niveles del análisis lingüístico, incluyendo el sintáctico y el pragmático. La relativa homogeneidad parece obedecer a «la fuerza homogeneizadora del habla de la capital» (Rabanales 2000) y el carácter unitario del estado. Notablemente, en la variedad subestándar se mantienen rasgos del español colonial. A partir de criterios sociales, culturales y políticos, Cartagena (2002) distingue seis etapas en el desarrollo del español en Chile. Un periodo fundacional, que va de 1541 a alrededor de 1650; una segunda etapa de consolidación de la variedad lingüística y la sociedad colonial, de 1650 a 1750; un periodo de transición a la vida independiente y la estandarización de la variedad colonial, entre 1750 y 1842; un cuarto periodo de estandarización, de 1842 a 1938; la etapa de desarrollo moderno del español estándar de Chile (1938-1973); y el periodo de desarrollo desde 1973 hasta nuestros días. Por otro lado, Oroz (1966), en el estudio más comprehensivo del español de Chile a la fecha, distingue, para el habla popular, cuatro zonas lingüísticas: la nortina, que abarca desde la región de Arica y Parinacota hasta la de Coquimbo; la central, desde la región de Valparaíso hasta el río Maule; la sureña, desde el sur del río Maule hasta Magallanes, y la de Chiloé, que incluye desde el archipiélago de Chiloé hasta la región de Aysén. Gran parte de la primera zona y de la tercera corresponden a territorios incorporados a Chile a fines del siglo XIX; la zona central, por su parte, cubre, en palabras de Cartagena (2002), «el dominio administrativo de la capital durante la colonia» (19). El archipiélago de Chiloé constituye una realidad cultural y lingüística propia, en que destaca, como dice Oroz, «un notable caudal de arcaísmos» (51). La zonificación más reciente de Wagner (2006) es similar a la de Oroz, aunque extiende la zona central y reordena la tercera y la cuarta, integrando la de Chiloé en una zona austral que comprende Magallanes y parte del sur de la zona sureña de Oroz, lo que es consistente con trayectorias migratorias de los chilotes.

Además del español —ampliamente mayoritario, como ya se dijo—, en el país se hablan también otras lenguas con distinto grado de vitalidad. A través de la historia, el español ha estado en contacto con una serie de lenguas de pueblos originarios de América: aimara, quechua, kunza o likanantay, diaguita, mapudungun, kaweskar y yagán, además de comunidades extintas sobre las cuales no existen datos referidos al contacto con el español (Espinosa 2008). Especialmente intenso y sostenido ha sido, hasta hoy, el contacto con el mapudungun. A ello hay que agregar el contacto con el rapanui en la Polinesia. La mayor parte de los estudios plantea que la influencia de las lenguas indígenas se limita al léxico —en su mayoría procedente del quechua—, salvo en el caso de hablantes, fundamentalmente bilingües, de zonas de contacto (Espinosa 2008, Hasler, Olate y Soto 2020). En los últimos años, se han venido desarrollando crecientes procesos de revitalización de las lenguas indígenas como parte de procesos sociales, culturales y políticos más amplios. Por otra parte, la comunidad sorda se comunica en la lengua de señas chilena, que también ha venido ganando reconocimiento público tras años de discriminación de sus hablantes (Oviedo 2015). La comunidad gitana emplea el *rromané jorajané*, si bien usan el español con los *gallé* o no gitanos (Salamanca y Lizarralde 2008). Hay también una variedad del alemán que nace del contacto entre chilenos y colonos alemanes del sector de Llanquihue, en el sur de Chile: el *launa deutsch* o *lagunen-deutsch*. Cabe mencionar, finalmente, el criollo haitiano o *kreyòl*, cuya presencia se debe a la migración haitiana en la presente década.

ALGUNAS CARACTERÍSTICAS DEL ESPAÑOL DE CHILE

Varios de los rasgos fonéticos y fonológicos característicos (aunque no exclusivos) del español de Chile fueron tempranamente observados por Bello en sus *Advertencias sobre el uso de la lengua castellana* de 1833 y 1834 y, más tarde, por Lenz en sus notables *Estudios chilenos*, publicados originalmente en alemán en 1892 y 1893; ambas obras son hoy accesibles en la edición preparada por Alonso y Lida en 1940 para el Instituto de Filología de la Universidad de Buenos Aires. Encontramos descripciones sinópticas posteriores, tanto sincrónicas como diacrónicas, en Oroz (1966), Rabanales (1981, 1992 y 2000), Matus y cols. (1992), Matus (1998-1999), Sáez (1999) y Cartagena (2002), trabajos que han servido de base para esta síntesis. De manera general, puede afirmarse que, en el español de Chile, como es de esperar por tratarse de una variedad americana, predominan rasgos del denominado español atlántico, la variedad demográficamente mayoritaria de la lengua, constituida por el andaluz occidental, el canario y el español de América (Lapesa 1992).

En lo relativo a las consonantes, como en el resto del continente, en Chile no se distinguen los fonemas /s/ y /θ/, de modo que *casa* y *caza* no se diferencian en la pronunciación. Domina ampliamente el seseo, pero también se registran casos de ceceo, aunque esporádicos y estigmatizados (Cartagena 2002). Por otra parte, aunque también domina el yeísmo, avanzado el siglo XX, todavía se registraban unas pocas áreas, muy reducidas, que distinguían entre /ʝ/ y /ʎ/ (‹y› y ‹ll›) (Wagner y Rosas 2003), es decir, que no pronunciaban de la misma manera *callado* ('silencioso') y *cayado* ('tipo de bastón'). En todo caso, en la práctica la distinción se ha perdido (Sadowsky 2015). El sistema fonológico del español hablado en Chile está hoy constituido por 5 vocales y 17 consonantes.

El debilitamiento y aun la pérdida de la /d/ intervocálica y final es uno de los rasgos fonéticos que comúnmente se reconocen en el español de Chile: *verdá* por *verdad*, *cansa'o* por *cansado*. Por otra parte, la /s/ final de sílaba o implosiva tiende a aspirarse y, muchas veces, perderse en posición final: *lo niño* (Rabanales 2000), rasgo frecuente, atestiguado ya en el siglo XVI (Matus 1998-1999). La neutralización de la oposición entre /ɾ/ y /l/ implosivas es fenómeno común en la variedad subestándar (*cardo* en vez de *caldo*) y se encuentra estigmatizado. Muy comunes son ciertas asimilaciones como la de /ɾ/ ante /n/ (*canne* por *carne*) o ante /l/ (*Cal.lo* por *Carlos*). También lo son las simplificaciones de grupos consonánticos, a través, por ejemplo, de vocalizaciones, como en *ausoluto* por *absoluto*, refundiciones, como en *refalar* por *resbalar* (Rabanales 2000), o elisiones, como en *tramporte* por *transporte*. No son extrañas, tampoco, las neutralizaciones de las consonantes posnucleares: [konsekˈsjon] por [konsepˈsjon] (*Concección* por *Concepción*). Como puede apreciarse, casi todos estos fenómenos se asocian con la posición final de sílaba de la consonante.

Otro rasgo frecuentemente observado es el adelantamiento o palatalización de consonantes velares (/k/, /g/, /x/) ante las vocales anteriores (/e/, /i/): [ˈçente] por [ˈxente] (*gente*). Como ya advertía Lenz, suele aquí percibirse una breve *i* (llamada yod) antes de la vocal: *giente*. No está estigmatizado. En el habla popular no ha sido extraño que *hue-* y *bue-* se realicen como *güe*: *güevo* por *huevo*, *agüelo* por *abuelo*, ni que la fricativa labiodental sorda /f/ se pronuncie como bilabial sorda: [ˈɸosɸoɾo] en vez de [ˈfosfoɾo].

Común es la realización asibilada africada del grupo <tr> e incluso fricativa: [t͡ɹ̥aˈβaxo] por [tɾaˈβaxo] (*trabajo*) (Figueroa, Soto-Barba y Ñanculeo 2010). Esto se ha relacionado con la asibilación de la vibrante /ɾ/, que en posición final suele ensordecerse, fenómeno al parecer en retroceso (Sadowsky 2015). Por otra parte, como precisa Cartagena (2002), la fricativización de <ch> (/ʧ/) parece ser «fenómeno más bien moderno» (34): [ˈʃile] por [ˈʧile]. Registrado por Oroz como realización propia de la zona nortina (*shileno* en vez de *chileno*), tras su expansión y estigmatización, en los últimos años ha ido retrocediendo en favor de la variante de prestigio (Sadowsky 2015), mientras se ha hecho común en ciertos grupos sociales una variante más tensa de <ch>: *tchileno* (Vivanco 1998-1999). Considerando estos fenómenos, Figueroa, Salamanca y Ñanculeo (2013) han propuesto que, en estos casos, existiría una polaridad oclusión-fricción, en que las variantes fricativas tendrían menos prestigio que las oclusivas.

En lo que respecta a las vocales, se ha destacado la tendencia a diptongar hiatos en el habla informal: *peliar* por *pelear*, *Juaquín* [xwacˈin] por *Joaquín* [xoac'in] (Rabanales 1960), aunque por hipercorrección un diptongo puede pasar a ser hiato, como en *etáreo* por *etario* y *palear* por *paliar* (en el sentido de 'mitigar, suavizar'). No es tampoco extraño el empleo de epéntesis de consonante antihiática: *garuga* por *garúa* ('llovizna'), aunque por lo general se trata de un fenómeno socialmente marcado.

Entre los aspectos morfológicos, destaca la formación de diminutivos en *-it* y sus variantes: *viejito*, *pancito* (y no *panecito*), *florcita* (no *florecita*), *manito*, *poquitito*, etc., muy profusos en el habla con valores normalmente afectivos y de atenuación. El sufijo *-ear* es muy utilizado para la formación de verbos a partir de sustantivos: *mochilear* ('viajar con mochila, sin transporte ni alojamiento fijo'), *carretear* ('participar en un carrete o fiesta juvenil'). Entre otros sufijos relevados por Rabanales (1992), destacan *-ero* (*cogotero* 'delincuente que asalta a alguien en forma violenta') y *-oso* (*molestoso* 'que causa molestia').

En el lenguaje oral, el sistema de demostrativos (*este*, *ese* y *aquel*) ha pasado de tripartito a bipartito: *este* y *ese*. *Aquel* se utiliza muy esporádicamente en la lengua escrita. Asimismo, es frecuente el empleo adverbial de adjetivos como *rápido* o *lindo*: *camina rápido*, *canta lindo* (Sáez 1999).

El voseo mixto (verbal y no pronominal) es un fenómeno muy extendido, particularmente en el estilo informal: *tú cantái* (< *cantáis*), *tú vivís*. El voseo pronominal y verbal, en cambio, es propio de la variedad subestándar y está estigmatizado: *voh cantái*. Por lo mismo, este último puede implicar un sentido «denigrante, enojoso o despectivo» (Morales 1972). No se emplean el complementario en *os* ni el posesivo *vuestro*, que son sustituidos por las formas correspondientes del tuteo. Junto al esperable *tú soi* (< *sois*) se emplea *tú erís*. Para las relaciones formales o distantes es común el uso de *usted* (*usted canta*). En todo caso, el empleo específico de tuteo, voseo o ustedeo depende de complejos factores sociales de distinta índole (estrato social, edad, relaciones familiares, situación comunicativa, etc.) y al parecer se está avanzando a formas de trato más igualitarias y a una disminución del empleo de *usted* (Torrejón 1991). Como es esperable, no se usa *vosotros*.

En lo que respecta a los verbos, al previsible desuso del pretérito anterior (*hube cantado*) y los futuros del subjuntivo (*cantare*, *hubiere cantado*), se agrega el predominio del futuro analítico (*voy a cantar*) por sobre el sintético (*cantaré*), que, salvo contextos específicos, se reserva para usos epistémicos o evidenciales: *estará enfermo* (*supongo*). También se ha observado un debilitamiento del modo subjuntivo que se manifiesta, ya en cierta confusión de los tiempos (*no se hizo nada para que esa situación se mantenga*), ya en favor del indicativo (*vamos a tu casa* más que *vayamos a tu casa*) (Oyanedel y Samaniego 1998). Si bien no muy frecuente, en el imperfecto del subjuntivo predomina *-ra* sobre *-se*: *cantara* antes que *cantase*, a veces con valor de pluscuamperfecto del indicativo en la norma culta escrita (Rabanales 1992).

El pretérito perfecto compuesto, de frecuencia relativamente baja en comparación con otras variedades, no se emplea para eventos pasados recientes, los que son referidos por el perfecto simple: *me caí* (*hace un rato*) y no *me he caído*. Por otra parte, es común, incluso en la variedad culta, el uso plural en tercera persona de *haber* de existencia, concordando con lo que se dice que existe: *habían muchas personas*. También se pluraliza *hacer* en casos como *hacen muchos años*, aunque se trata de un fenómeno estigmatizado (Oyanedel y Samaniego 1998). Otras formas verbales también vacilan: *dolerá* y *doldrá*, *apreta* y *aprieta*, *sale* en imperativo más que *sal*, *satisfaciera* antes que *satisficiera*. En el habla subestándar es común la confusión de los temas verbales en *-er* e *-ir* en favor de este último: *comimos* por *comemos*, *podimos* por *podemos* (Sáez 1999).

En cuanto al vocabulario o léxico, Rabanales (1981) distingue, según su origen, entre palabras peninsulares, «criollas», indígenas, «mestizas» y extranjeras (préstamos, extranjerismos). La tradición lexicográfica se inicia con el *Diccionario de chilenismos* de Zorobabel Rodríguez (1875), al que le siguen, entre otros, el de Ortúzar, el de Echeverría y Reyes y el de Román. En la lexicografía contemporánea, destacan los cuatro volúmenes del *Diccionario ejemplificado de chilenismos y de otros usos diferenciales del español de Chile* dirigido por Félix Morales y publicado entre 1984 y 1987. Morales siguió publicando un quinto volumen en 1998 y una nueva versión en 2006 y 2010. La Academia Chilena de la Lengua ha publicado dos diccionarios diferenciales: el *Diccionario del habla chilena* (1978) y el *Diccionario de uso del español de Chile* (2010).

Con respecto a las palabras peninsulares, son de uso generalizado voces consideradas arcaicas en otras variedades, como *aguaitar* ('estar al acecho', popular), *alcuza* ('vinagrera'), *anafe* ('hornillo'), *arveja* ('guisante'), *barrial* ('barrizal') y *fierro* ('hierro'). Hay palabras que se emplean con un significado distinto al del español general: *abocarse* ('dedicarse de lleno a un asunto'), *ampolleta* ('bombilla'), *cancelar* ('pagar, entregar dinero por el uso de un servicio o la adquisición de un producto'), *comida* ('cena'), *culposo* ('que tiende a sentirse culpable, aun cuando no exista justificación suficiente'), *manjar* ('dulce de leche', también *manjar blanco*), *pera* ('mentón'), *roto* ('persona de clase social baja', 'maleducado, grosero'), *ya* ('sí, de acuerdo'), etc. Las siguientes son voces de uso habitual reconocidas como chilenismos, aunque varias de ellas se empleen también en otros países americanos: *fome* ('aburrido'), *olorosar* ('oler, percibir el olor de algo'), *pega* ('trabajo, actividad remunerada'), *pituto* ('trabajo ocasional que se realiza en forma simultánea con otro estable', 'contacto influyente de alguien que facilita y proporciona beneficios'), *reglista* ('que actúa con apego excesivo a las reglas'), *sapear* ('mirar disimuladamente', 'delatar a alguien'), *al tiro* ('de inmediato'), *marcha blanca* ('periodo en que se prueba un mecanismo o procedimiento'), *mover el piso* ('hacer que alguien sienta repentinamente mucha inseguridad'), *olla común* ('comida sencilla que se prepara para personas que están en situación precaria'), *pan de huevo* ('pan dulce que se vende en las playas'), *papel confort* ('papel higiénico').

En lo que respecta a los indigenismos, además de aquellos de uso general en la lengua (*ají, chocolate, jaguar*), destacan los quechuismos (Prieto 2006) y mapuchismos (Sánchez 2010). Muchas palabras quechuas pasaron al español de Chile a través del mapudungun, que las incorporó tempranamente (Sánchez 2020); a su vez, voces aimaras pasaron a través del quechua. Los quechuismos corresponden, por lo general, a realidades de la flora, fauna, alimentación, vestimenta, utensilios, tipos humanos, parentesco y relaciones sociales. Entre otros, *callampa* ('hongo, seta'), *chacra* ('terreno de poca extensión dedicado a la agricultura'), *chasca* ('cabellera larga y abundante'), *choclo* ('mazorca de maíz', 'maíz tierno desgranado'), *choro* ('mejillón, especie de molusco bivalvo marino comestible'), *chuchoca* ('especie de maíz cocido y seco'), *coronta* ('zuro del choclo'), *guagua* ('niño de pecho'), *huasca* ('látigo corto'), *huincha* ('cinta de lana o algodón'), *humita* ('especie de plato hecho con pasta de maíz'), *mingaco* ('trabajo colectivo realizado en beneficio de un miembro de la comunidad'), *palta* ('fruto del aguacate'), *porotos* ('judías'), *puna* ('tierra alta y desértica de zonas andinas'), *pupo* ('ombligo'), *soroche* ('mal de montaña'), *yapa* ('añadidura, especialmente la que se da como propina o regalo'). La situación con los mapuchismos es semejante: *boldo* ('*Peumus boldus*, árbol de la familia de las Monimiáceas'), *cahuín* ('intriga, enredo'), *chapalele* ('especie de pan hecho con harina y papa rallada'), *charcha* ('papada, en especial de vacunos'), *chape* ('trenza de pelo'), *chercán* ('*Troglodytes aedon chilensis*, ave parecida al ruiseñor'), *choroy* ('*Enicognathus leptorhynchus*, ave similar al loro'), *chuica* ('garrafa'), *coligüe* ('*Chusquea culeou*, planta de la familia de las gramíneas'), *copihue* ('*Lapageria rosea*, planta ornamental de la familia de las liliáceas'), *copucha* ('chisme'), *diuca* ('*Diuca diuca*, ave de color gris apizarrado'), *guata* ('barriga, vientre, panza'), *maqui* ('arbusto chileno de la familia de las liliáceas y su fruto'), *guarén* ('rata de gran tamaño'), *natri* ('arbusto de la familia de las solanáceas'), *pichintún* ('pizca'), *pilcha* ('prenda de vestir pobre o en mal estado'), *poncho* ('especie de manta'), *quiltro* ('perro que no es de raza'), *raulí* ('árbol de gran porte, de la familia de las fagáceas), *tagua* ('*Fulica armillata*, ave acuática del porte de un pato), *trutro* ('muslo de las aves'), *ulpo* ('especie de mazamorra hecha con harina tostada y agua fría') (Sánchez 2010). Son comunes también los topónimos: *Chillán, Colchagua, Curicó, Iquique, Pichilemu, Temuco*, entre otros. Como es de esperar, hay palabras derivadas y compuestas que, empleando bases de lenguas de pueblos originarios, se ajustan a procesos del español. Muchas de estas corresponden a gentilicios: *chillanejo, colchagüino, curicano, iquiqueño, pichilemino, temuquense*, etc. Obedecen también a esquemas de formación propios del español palabras de uso común, en su mayoría coloquiales: *achuncharse* ('sentirse avergonzado e incapaz de hacer frente a un desafío'), *canchero* ('que actúa con desplante'), *cacharpearse* ('vestirse o acicalarse de manera elegante'), *chacrear* ('hacer que se pierda el carácter propio de una situación'), *charchazo* ('bofetada en la mejilla'), *chasconear* ('desordenarle el pelo a alguien'), *chorero* ('persona que extrae y comercia choros'), *enguatarse* ('llenarse alguien de comida o bebida hasta tener sensación de hartazgo'), *guaguatero* ('persona a la que le agradan las guaguas'), *guascazo* ('azote dado con una guasca o huasca'), *guatazo* ('caída de bruces'), *guatón* ('barrigudo'), *natral* ('terreno poblado de natris'), *trapicarse* ('atragantarse con un líquido o con trozos de alimento'), entre otras. En esta misma línea, no son extrañas las locuciones: *arrastrar el poncho, choro zapato, huincha de medir, humita en olla, palta reina, papa caliente, rayar la cancha, sacar los chorros del canasto*, etc.

En lo que respecta a los préstamos y extranjerismos, como es esperable, abundan los galicismos y los anglicismos. Mientras los primeros han ido disminuyendo a partir del siglo XX, los segundos, incluso en forma cruda, son muy frecuentes en la actualidad, al punto de que la cuestión de los anglicismos suele ser objeto de discusiones apasionadas. Destacan los anglicismos crudos, muchas veces innecesarios, en áreas como la economía (*subprime, factoring, joint venture, leasing, royalty*), el comercio (*branding, call center, mall, networking, outlet, packaging, retail, shopping, target*) e internet y la computación (*chat, hardware, hashtag, keyword, mail, online, password, spam*), entre otras. En el habla coloquial es frecuente el uso de voces del lunfardo bonaerense, tales como *bacán, cana, caperuzo, capo, carrete, chamullar, malandra, mina, piola, pulento* (San Martín 2011). Entre los germanismos, según Prieto (2002), unos pocos fueron introducidos por descendientes de inmigrantes alemanes en el sur de Chile: *berlín, chucrut, kuchen, pilsener, schop, vienesa.*

Desde el punto de vista pragmático, se suele señalar que, comparada con la española, el habla chilena es menos directa; a diferencia de la primera, en la segunda serían comunes las aserciones irónicas sutiles, las peticiones indirectas (*¿podría traerme un café?*) y otras formas convencionalmente corteses. Puga (1997) ilustra esta distinción citando el testimonio de una mujer chilena:

> Es mucho más claro, directo [el español]. O sea, no te vay en ninguna... es como llegar y decir: «Hola, una caña». Pac. Eso en Chile... «Oye, nos podís atender, nos podís traer dos cervezas, por favor». «¿De cuál?». «Mira, no sé... mm...» «Ya listo, gracias» (pág. 58).

Mientras en España predominaría la cortesía de solidaridad o positiva, los hablantes chilenos preferirían la cortesía de distanciamiento y procurarían tratar con deferencia al interlocutor (López 2013). Puga ha destacado el papel que desempeña la atenuación en el español de Chile y distintos recursos lingüísticos que la comunican: «Fulano es *como* tan simpático», «Es *un poco* mucho que no hayas venido ayer», «*no sé* si quiero ir a tu casa» ('no quiero ir'),

«Ana, *trata* de no rayar los números de las boletas» ('no los rayes'), «*¿Me podrías* hacer un favor *chiquitito*?», etc. En la medida en que la indirección demanda un mayor esfuerzo interpretativo por parte del oyente, quienes no están acostumbrados a esta forma de comunicación pueden tener problemas para comprender lo que el hablante quiere decir. En un periódico de la Región del Biobío, una profesional holandesa avecindada en Chile, tras plantear que el deseo de ser amables lleva a los chilenos a no ser directos, comenta lo siguiente: «Cuando llegué acá el 99, una persona me decía que 'sí' a algo [y] yo tenía que preguntar de nuevo 'bueno, ¿eso es un sí sí o un sí no?', porque las personas no eran capaces de decir que no cuando no querían o no podían» (*La Tribuna*, 21 de abril de 2016).

CONCLUSIÓN

El español de Chile posee una fisonomía propia y, aunque presenta rasgos compartidos con otras variedades del denominado español atlántico, tiende a ser clasificado como un área dialectal específica, distinta del español andino y el rioplatense, entre otras. Como se trata de una presentación esquemática general, esta exposición pasa por alto diferencias en las que una más detallada debería profundizar. Por lo pronto, como observa Rabanales (1981), un perfil del español de Chile debe considerar los estratos y estilos de lengua, cuestión que aquí se observó solo tangencialmente, en pocas ocasiones. Por ejemplo, la duplicación de clíticos en oraciones como «Me voy a irme» está fuertemente estigmatizada y se presenta en el estrato bajo. También debe mostrar las características de las distintas variedades regionales: no se denomina *pupo* al ombligo en todo Chile, sino en la zona norte; construcciones del tipo *se pasó a caer*, *dejó comido* y *ella lo creció* son comunes fundamentalmente en Chiloé. Como ha señalado Rojas (2015), los chilenos solemos decir que hablamos mal el español, a diferencia, por ejemplo, de peruanos y colombianos, que lo hablarían muy bien. Se trata de una opinión que se viene repitiendo hace tiempo. Zorobabel Rodríguez parte el prólogo de su *Diccionario* afirmando: «La incorrección con que en Chile se habla i escribe la lengua española es un mal tan jeneralmente reconocido como justamente deplorado» (1875, pág. VII). A pesar del prurito flagelante, el español en Chile sigue vivo y constituye, a la vez, un modo de hablar en que los chilenos nos reconocemos y un tesoro intangible de la cultura chilena e hispanoamericana.

REFERENCIAS BIBLIOGRÁFICAS

ACADEMIA CHILENA DE LA LENGUA (1978): *Diccionario del habla chilena*. Santiago: Editorial Universitaria.

— (2010): *Diccionario de uso del español de Chile*. Santiago: MN Editorial.

BELLO, Andrés (1940): «Advertencias sobre el uso de la lengua castellana dirigidas a los padres de familia, profesores de los colegios y maestros de escuela». En Amado Alonso y Raimundo Lida (eds.), *El español de Chile. Trabajos de Rodolfo Lenz, Andrés Bello y Rodolfo Oroz*. Buenos Aires: Instituto de Filología de la Universidad de Buenos Aires, págs. 49-76.

CARTAGENA, Nelson (2002): *Apuntes para la historia del español en Chile*. Santiago de Chile: Academia Chilena de la Lengua.

ESPINOSA, Victoria (2008): «Chile». En Azucena Palacios (coord.), *El español de América. Contactos lingüísticos en Hispanoamérica*. Barcelona: Ariel, págs. 235-252.

FIGUEROA, Mauricio, Jaime Soto-Barba y Marco Ñanculeo (2010): «Los alófonos del grupo consonántico /tr/ en el castellano de Chile», *Onomázein*, 22, págs. 11-42.

HASLER, Felipe, Aldo Olate y Guillermo Soto (2020): «Persistencia de las ideas de Lenz en el estudio del contacto mapudungun-español. Algunos ejemplos de la investigación actual», *Boletín de Filología*, LV, 2, págs.115-135.

LAPESA, Rafael (1992): «Nuestra lengua en España y América», *Revista de Filología Española*, LXXII, 3-4, págs. 269-282.

LENZ, Rodolfo (1940): «Estudios chilenos (fonética del castellano de Chile)». En Amado Alonso y Raimundo Lida (eds.), *El español de Chile. Trabajos de Rodolfo Lenz, Andrés Bello y Rodolfo Oroz*. Buenos Aires: Instituto de Filología de la Universidad de Buenos Aires, págs. 85-208. Traducción del original en alemán de 1892-1893.

LÓPEZ, Cárol (2013): *Estudio sociopragmático sobre el acto de habla directivo de la petición en el español de Chile*, tesis doctoral, Universidad de Valladolid.

MATUS, Alfredo (1998-1999): «Configuración de la base lingüística del español de Chile», *Boletín de Filología*, XXXVII, 2, págs. 765-780.

MATUS, Alfredo, Soledad Dargham y José Luis Samaniego (1992): «Notas para una historia del español en Chile». En César Hernández (coord.), *Historia y presente del español de América*. Valladolid: Junta de Castilla y León, Pabecal, págs. 543-564.

MORALES, Félix (1972): «El voseo en Chile», *Boletín de Filología*, XXIII, págs. 261-273.

MORALES, Félix, director (1984-1987): *Diccionario ejemplificado de chilenismos y de otros usos diferenciales del español de Chile*. Valparaíso: Academia Superior de Ciencias Pedagógicas de Valparaíso.

OROZ, Rodolfo (1966): *La lengua castellana en Chile*. Santiago de Chile: Facultad de Filosofía y Educación de la Universidad de Chile.

OVIEDO, Sergio (2015): *Chile, atlas sordo*. [Consulta: 10 de agosto de 2021]. Disponible en https://cultura-sorda.org/chile-atlas-sordo/

OYANEDEL, Marcela y José Luis Samaniego (1998): «Notas para un nuevo perfil lingüístico del español de Santiago de Chile», *Boletín de Filología*, XXXVII, 2, págs. 899-913.

PRIETO, Luis (2002): «Germanismos en el léxico de la prensa de Santiago de Chile», *Boletín de Filología*, IXL, 1, págs. 141-267.

PRIETO, Luis (2006): «Quechuismos en el léxico de la prensa de Santiago de Chile», *Boletín de Filología*, XLI, págs. 97-196.

PUGA, Juana (1997): *La atenuación en el castellano de Chile: un enfoque pragmalingüístico*. Valencia: Universidad de Valencia.

RABANALES, Ambrosio (1960): «Hiato y antihiato en el español vulgar de Chile», *Boletín de Filología*, XII, págs. 197-223.

— (1981): «Perfil lingüístico de Chile». En Horst Geckeler, Brigitte Schlieben-Lange, Jürgen Trabant y Harald Weydt (eds.), *Logos Semánticos. Studia linguistica in honorem Eugenio Coseriu 1921-1981*, vol. V. Madrid: Gredos, págs. 447-464.

— (1992): «El español de Chile: situación actual». En César Hernández (coord.), *Historia y presente del español de América*. Valladolid: Junta de Castilla y León, Pabecal, págs. 565-592.

— (2000): «El español de Chile: presente y futuro», *Onomázein*, 5, págs. 135-141.

RODRÍGUEZ, Zorobabel (1875): *Diccionario de chilenismos*. Santiago: El Independiente.

ROJAS, Darío (2015): *¿Por qué los chilenos hablamos como hablamos?* Santiago: Uqbar.

SADOWSKY, Scott (2015): «Variación sociofonética de las consonantes del castellano chileno», *Sociolinguistic studies*, 9, 1, págs. 71-92.

SÁEZ, Leopoldo (1999): *El español de Chile en las postrimerías del siglo XX*. Santiago de Chile: Universidad de Santiago de Chile.

SALAMANCA, Gastón y Diego Lizarralde (2008): «Propuesta de un grafemario para el *rromané jorajané*, lengua hablada por los gitanos de Chile», *Universum (Talca)*, 23, 1, págs. 226-247.

SÁNCHEZ, Gilberto (2010a): «Los mapuchismos en el *DRAE*», *Boletín de Filología*, XLV, 2, págs. 149-256.

— (2010b): «Los quechuismos en el mapuche (mapudungu(n)), antiguo y moderno», *Boletín de Filología*, LV, 1, págs. 355-377.

SAN MARTÍN, Abelardo (2011): «Voces de origen lunfardo en el registro festivo del diario chileno *La Cuarta*», *Onomázein*, 23, págs. 105-147.

TORREJÓN, Alfredo (1991): «Fórmulas de tratamiento de segunda persona singular en el español de Chile», *Hispania*, 74, 4, págs. 1068-1076.

VIVANCO, Hiram (1998-1999): «Análisis fonético acústico de una pronunciación de "ch" en jóvenes del estrato social medio-alto y alto de Santiago de Chile», *Boletín de Filología*, 37, 2, págs. 1257-1269.

WAGNER, Claudio (2006): «Las zonas dialectales de Chile», *RLA: Revista de lingüística teórica y aplicada*, 44, 1, págs. 13-30.

WAGNER, Claudio y Claudia Rosas (2003): «Geografía de la "ll" en Chile», *Estudios Filológicos*, 38, págs. 189-200.

Estado de la lengua en el Perú

JOSÉ ANTONIO SALAS GARCÍA [colaborador]

Academia Peruana de la Lengua

El Perú es un país con una multiplicidad de lenguas, siendo la de mayor número de hablantes el español o castellano. La Constitución política del Perú, en su artículo 48, establece que «son idiomas oficiales el castellano y, en las zonas donde predominen, también lo son el quechua, el aimara y las demás lenguas aborígenes, según la ley»[1]. Seguramente, el sintagma «las demás lenguas aborígenes» obedece al desconocimiento de los legisladores de cuáles son las lenguas que se utilizan en el país. Si bien nadie se opone a este tipo de declaraciones, lo cierto es que los reconocimientos oficiales no tienen mayor relevancia[2]; y, si el mismo texto constitucional se sustituyese, nada sucedería. La Constitución de los Estados Unidos de Norteamérica no concede a ningún idioma la condición de oficial y eso no impide que el inglés goce de buena salud. De la otra orilla del Atlántico, el Reino Unido tampoco asigna carácter constitucional al inglés, pues esta monarquía ni siquiera tiene una constitución en sentido estricto. La vigencia de un idioma no depende de su eventual condición oficial u oficiosa, sino del uso efectivo de sus hablantes. Por ello, para cumplir con el objetivo de describir el estado de la lengua en el Perú, señalaré, en primer lugar, cuáles son las lenguas empleadas en el territorio nacional. En segundo lugar, comentaré algunas investigaciones que toman a las variedades lingüísticas peruanas como objeto de estudio, presentando con algún detalle un proyecto lexicográfico que se halla en curso. El denominador común de todas estas investigaciones es que la única metalengua que se utiliza en la descripción lingüística es el español o castellano, incluso si la lengua objeto es un idioma autóctono.

Para saber sobre las lenguas autóctonas, el Ministerio de Educación del Perú[3] elaboró el *Documento nacional de lenguas originarias del Perú*. Según esta publicación, hay cuarenta y siete lenguas autóctonas vivas en el país, pertenecientes a diecinueve familias lingüísticas. En la siguiente tabla, se listan las familias lingüísticas, las lenguas que pertenecen a ellas, con el número de hablantes entre corchetes: [...] y el número de lenguas por familia.

---

1. Congreso de la República del Perú: *Constitución de la República del Perú*. Lima: Oficialía Mayor del Congreso de la República, [1993] 2017. [Consulta: 12-05-21]. Disponible en https://www.congreso.gob.pe/Docs/files/documentos/constitucionparte1993-12-09-2017.pdf.

2. Para una mentalidad estatista, mi opinión seguramente no debe ser aceptada ni puede ser aceptable, pues el Estado tendría un rol en la protección de los idiomas. Personalmente, estoy convencido de que los Estados no salvan a las lenguas; porque, en realidad, los Estados no salvan a nadie.

3. Ministerio de Educación del Perú: *Documento nacional de lenguas originarias del Perú*. Lima: Ministerio de Educación del Perú, 2013.

Familias lingüísticas	Lenguas y [número de hablantes]	Total de lenguas
1) arawa	madija o culina [417]	1
2) arawak	*ashaninka* [97477], kakinte [439], chamicuro [63], iñapari [4], matsigenka [11275], nanti [250], nomatsigenga [8016], resignaro [37], *yanesha* [7523], yine [3261]	10
3) aru	aimara [443248], cauqui [11], *jaqaru* [740]	3
4) bora	bora [748]	1
5) cahuapana	*shawi* [21650], *shiwilu* [352]	2
6) harakbut	harakbut [2092]	1
7) huitoto	murui-muinanɨ [1864], ocaina [97]	2
8) jíbaro	achuar [11087], awajún [55366], wampis [10163]	3
9) kandozi	kandozi-chapra [3255]	1
10) muniche	muniche [3]	1
11) pano	amahuaca [301], capanahua [384], isconahua [82], kakataibo [1879], *cashinahua* [2419], matses [1724], *sharanahua* [486], *shipibo-konibo* [22517], yaminahua [600], yora o nahua [170]	10
12) peba-yagua	yagua [5679]	1
13) quechua	quechua [3 360 331]	1
14) *shimaco*	urarina [4854]	1
15) tacana	ese eja [588]	1
16) tikuna	tikuna [6982]	1
17) tucano	maijuna [190], secoya [921]	2
18) tupí-guaraní	kukama-kukamiria [11307], omagua [630]	2
19) záparo	arabela [403], *iquitu* [519], *taushiro* [1]	3

Tabla 1. Lenguas autóctonas del Perú. Fuente: *Documento nacional de lenguas originarias del Perú* (2013: 21, 61-63).

Es claro que lenguas como el *taushiro* —con un hablante— el muniche —con tres— o el cauqui —con once— no tienen futuro, y de ellas solamente queda documentarlas hasta donde sea posible. La supervivencia de los demás idiomas dependerá del interés que tengan los propios hablantes. La Universidad Católica Sedes Sapientiae[4], en sus sedes de Atalaya, en Ucayali, y de Rioja, en San Martín, cuenta con la carrera de Educación Básica Bilingüe Intercultural, en la que los docentes pueden desempeñarse en sus propios idiomas para beneficio de las comunidades de la Amazonía. Este programa universitario surgió por el interés de los mismos alumnos, quienes querían ser ins-

4. Educación Básica Bilingüe Intercultural (EBBI). [Consulta: 20-05-21]. Disponible en https://www.ucss.edu.pe/carreras-profesionales/educacion-basica-bilingue-intercultural-ebi.

truidos en sus lenguas. Veo con enorme optimismo este tipo de iniciativas que, libremente, parten de la propia gente. El desarrollo de tecnicismos, la traducción de nueva información científica y el uso de la lengua en áreas en las que la cultura local no se ha desempeñado con antelación requiere, necesariamente, el compromiso de los hablantes autóctonos.

A efectos de conocer cuáles son las publicaciones que investigan las variedades peruanas, resulta de utilidad consultar la bibliografía de Carlos Arrizabalaga[5] (2017). Este trabajo es una actualización y complemento de la ya clásica obra de Carrión y Stegmann[6] (1973). Arrizabalaga desarrolla su bibliografía o bien en torno a autores que destacaron en el estudio del español peruano como Juan de Arona, Martha Hildebrandt, Pedro Benvenutto o José Jiménez Borja; o bien en torno a temas como la lexicografía contrastiva, los estudios del español andino, norma y variación, etimología y onomástica peruana, materiales para la enseñanza del lenguaje, la participación en proyectos hispanoamericanos o trabajos sobre historia de la lengua, ideas, política e historiografía lingüísticas. Una bibliografía semejante sería deseable para las lenguas autóctonas peruanas.

En cuanto a la lexicografía, Julio Calvo (2018) ha publicado *Lexicografía peruana*[7]. Pese al título, que podría hacer pensar en una reflexión metalexicográfica, se trata de una exhaustiva bibliografía sobre las obras de consulta publicadas en el territorio peruano desde la época virreinal hasta la republicana. La investigación se divide en cuatro partes. La primera se titula «La lexicografía durante la Colonia» y se subdivide en lexicografía monolingüe y lexicografía bilingüe (en donde se tienen en cuenta diccionarios de castellano-quechua, quechua-castellano; y de castellano-aimara, aimara-castellano). La segunda parte desarrolla cinco temas, a saber: lexicografía andina (básicamente quechua y aimara); lexicografía amazónica, dividida por familias lingüísticas; lexicografía de las lenguas muertas del Perú; lexicografía aplicada a terminologías (derecho, matemáticas, agricultura, ganadería, medicina, salud, cocina, artes), y lexicografía monolingüe peruana desde la emancipación hasta finales del pasado siglo XX. La tercera parte se concentra en la labor lexicográfica del siglo XXI, y la cuarta parte es un balance y perspectiva. La información se dispone presentando facsímiles de los diccionarios peruanos, que, posteriormente, son comentados por el autor. La obra es valiosísima por su exhaustividad y se complementa perfectamente con anteriores bibliografías que versan sobre el estudio de la lengua en el Perú.

---

5. Arrizabalaga, Carlos: *Lingüística peruana. Introducción bibliográfica*. Lima: Universidad de Piura, 2017.

6. Carrión Ordóñez, Enrique y Tilbert Diego Stegmann: *Bibliografía del español en el Perú*. Tübingen: Max Niemeyer Verlag, 1973.

7. Calvo Pérez, Julio: *Lexicografía peruana*. Lima: Universidad Ricardo Palma, 2018.

En los últimos tiempos, el desarrollo normal del castellano peruano se ha visto modificado en los ámbitos oficial y académico por el deseo de aminorar las desigualdades entre hombres y mujeres. Para algunos activistas (no necesariamente expertos en gramática), el carácter genérico[8] de la morfología flexiva de género masculino en español sería un óbice para ello. A fin de acabar, supuestamente, con esta situación se ha ideado el llamado «lenguaje inclusivo», que duplica las frases nominales en masculino y femenino, aunque recarga mucho el discurso. Como ejemplo, presento dos párrafos de un reglamento[9] de la Pontificia Universidad Católica del Perú (*Reglamento* 2019: 27):

> Son profesores extraordinarios y profesoras extraordinarias los profesores eméritos y las profesoras eméritas, los profesores honorarios y las profesoras honorarias, y los profesores y las profesoras visitantes. Los profesores extraordinarios y las profesoras extraordinarias no forman parte de la Carrera Profesoral.
>
> Para ser nombrado profesor emérito o profesora emérita, es necesario haber sido profesor ordinario o profesora ordinaria y estar jubilado o jubilada como profesor o profesora en l,ad. La propuesta para ser nombrado profesor emérito o nombrada profesora emérita puede realizarla el Jefe o la Jefa del Departamento Académico al que perteneció el profesor, los Vicerrectores y las Vicerrectoras, o el Rector o la Rectora.

El disenso con este tipo de redacción no implica estar en contra de la igualdad ante la ley entre ambos sexos. La génesis de esta forma de expresión poco tiene que ver con el uso cotidiano y es, más bien, una creación de intelectuales, que promueven cambios en la normativa. Así, la ley n.º 28983 denominada «Ley de igualdad de oportunidades entre mujeres y hombres»[10] establece en su artículo cuarto, numeral tercero, la necesidad de «incorporar y promover el uso del lenguaje inclusivo en todas las comunicaciones escritas y documentos que se elaboren en todas las instancias y niveles de gobierno». Esto se complementa con el decreto supremo 004-2012, que establece el Plan Nacional de Identidad de Género[11], el cual busca que uno de sus resultados sea que las «entidades públicas adopten el lenguaje inclusivo en sus

---

8. En realidad, algunos nombres femeninos como *persona* (*Todas las personas son mortales*) o *gente* (*Toda la gente a veces es buena*) también son genéricos. Las *personas* (así como la *gente*) pueden ser hombres o mujeres, sin importar el género femenino de esos nombres.
9. Pontificia Universidad Católica del Perú: *Reglamento del profesorado*. Lima: PUCP. [Consulta:12-06-21]. Disponible en https://files.pucp.education/homepucp/uploads/2019/08/271310 22/2014010ReglamentoDelProfesorado.pdf.
10. Congreso de la República del Perú: *Ley 28983*. [Consulta: 29-05-21]. *El Peruano: 13 de marzo del 2007*. Disponible en https://leyes.congreso.gob.pe/Documentos/Leyes/28983.pdf.
11. Ministerio de la Mujer y Poblaciones Vulnerables. *Decreto Supremo 004-2012*. [Consulta: 19-06-21]. Disponible en http://spij.minjus.gob.pe/Graficos/Peru/2012/Agosto/18/DS-004-2012-MIMP.pdf.

comunicaciones y documentación oficial». Sería ideal que la burocracia y los legisladores peruanos leyeran el informe[12] que la Real Academia Española (2020: 459-487) escribe sobre el lenguaje inclusivo. Aun si no estuvieran de acuerdo, dicha lectura les sería beneficiosa.

Un libro que analiza las ideologías lingüísticas es *Utopía y realidad,* de Susana de los Heros[13] (2012). Como no puede ser de otra manera, la autora misma cuenta con una ideología con la que juzga las ideologías de los demás. De los Heros (2012: 15) entiende la lengua como un «mecanismo efectivo de dominación social». Es muy limitado dividir a la sociedad en dominadores y dominados, y establecer que uno de los instrumentos para la dominación sea el lenguaje. Es cierto que el lenguaje se puede utilizar de esa manera, pero ese solo es uno de los múltiples empleos posibles del idioma, amén de que las relaciones sociales son bastante más complejas que la reducción de estas a una oposición binaria de dominio. Respecto a la Academia Peruana de la Lengua, la autora comenta una aserción de su actual presidente (Heros 2012: 87):

> Marco Martos también menciona que la Academia «debe ser, como la lengua misma: la casa de todos. Toda la colectividad está invitada a participar de sus tareas». Si bien esta última frase quiere dar la idea de apertura y colaboración, esto no siempre es factible si se da preeminencia a la lengua culta y no se toma en cuenta la «popular».

Si De los Heros revisara el *DiPerú. Diccionario de peruanismos* elaborado por la Academia Peruana de la Lengua[14] (2016), se daría cuenta de que ha habido una enorme apertura al léxico popular. Si la autora estima que la lengua popular está siendo invisibilizada, ella misma podría haber escrito su libro en cualquiera de los dialectos estigmatizados para visibilizar la variedad escogida, en vez de optar por la lengua culta en la que su texto está redactado. Es mucho más fácil criticar en los demás (con razón o sin ella) lo que uno no predica con el ejemplo. La Academia Peruana de la Lengua ni estigmatiza ni ha censurado nunca ninguna forma de expresión. Esta institución elaboró en el 2016, con el esfuerzo encomiable de un grupo de voluntarios, su primer diccionario de peruanismos. Arrizabalaga (2017: 43-44) comenta sobre el particular:

---

12. Real Académica Española: «Informe de la Real Academia Española sobre el lenguaje inclusivo en la Constitución española, elaborado a petición de la vicepresidenta del Gobierno», en *Crónica de la lengua española 2020*. Barcelona: Espasa, 2020, págs. 459-487.

13. Heros, Susana de los: *Utopía y realidad. Nociones sobre el estándar lingüístico en la esfera intelectual y educativa peruana*. Madrid-Frankfurt-Lima: Iberoamericana-Vervuert-IEP, 2012.

14. Academia Peruana de la Lengua: *DiPerú. Diccionario de peruanismos*. Lima: Compañía de Minas Buenaventura y Academia Peruana de la Lengua, 2016.

> El *DiPerú* recoge en sus 1145 páginas más de nueve mil peruanismos debidamente testimoniados en un inmenso corpus de textos orales o escritos de Lima y provincias fechados en un espacio de tiempo ceñido a las últimas décadas, seleccionados de entre unas 14 fichas léxicas luego de un proceso rigurosamente sometido a los criterios contrastivos y de vitalidad establecidos en el proyecto lexicográfico. Calificado como un diccionario *monumental*, ha permitido registrar numerosos neologismos y anglicismos no admitidos en el *DRAE* pero que son ampliamente usados en el Perú y constituye el mayor esfuerzo de esta naturaleza emprendido en el país, el primero que aplica rigurosamente marcas pragmáticas y sociolingüísticas al vocabulario. Entre las observaciones que se le puede hacer, que los ejemplos no siempre corresponden con la secuencia de acepciones y que se señalan con unos números volados que no dirigen a ningún lugar y más bien hubiera sido deseable que se estableciera un sistema de referencias para descubrir la fuente y la fecha de los mismos.

Sería deseable que en las siguientes ediciones de esta obra se acogiesen críticas constructivas como las arriba expresadas por Arrizabalaga. El *DiPerú* (2016: 215, 947) recoge lemas que hoy son de candente actualidad en el Perú, como *terruco* 'persona que pertenece a un movimiento terrorista o practica actos de terrorismo' o *caviar* 'miembro de la izquierda política, que es [...] de una familia de posición socioeconómica acomodada'. El *caviar* peruano es el equivalente del *pijoprogre* español y ambas voces comparten la misma carga despectiva. Desde luego, la existencia del diccionario académico de peruanismos no impide elaborar a ninguno autor (peruano o extranjero) otro diccionario diferencial o integral que supere al de la Academia Peruana de la Lengua. El gran beneficiado sería el público lector, que podría absolver sus dudas y conocer mejor su propio idioma.

Ricardo Palma[15] (1896: 9) sostenía respecto a la lengua una autonomía de la sintaxis *avant la lettre*: «El espíritu, el alma de los idiomas, está en su sintaxis más que en su vocabulario. Enriquézcase este y acátese aquella, tal es nuestra doctrina». Si bien el aserto de Palma se verifica como correcto en múltiples casos, la sintaxis de una variedad puede modificarse, sobre todo en situaciones de contacto, sin que esto se dé en los demás dialectos de la lengua. Margarita Jara Yupanqui[16] (2013) ha emprendido una investigación sobre el pretérito perfecto compuesto entre migrantes de las provincias del Perú, en la región de Lima metropolitana, capital del país. La autora propone que el pretérito perfecto compuesto tendría un valor no estándar, en el que

15. Palma, Ricardo: *Neologismos y americanismos*. Lima: Imprenta y librería de Carlos Prince, 1896.

16. Jara Yupanqui, Margarita: *El perfecto en el español de Lima. Variación y cambio en situación de contacto lingüístico*. Lima: PUCP, 2013.

tal tiempo verbal no expresa certeza absoluta respecto de lo afirmado, pues la información más bien habría sido recibida de terceras personas. Esto semejaría a las modalidades epistémicas del quechua, que se materializan a través de morfemas específicos.

Dentro de los estudios de las variedades lingüísticas peruanas, Caravedo[17] (2014) ha planteado un enfoque teórico para entender la variación desde una perspectiva sociocognitiva. Es curioso conjugar lo cognitivo con lo social, que va más allá de la individualidad mental. Esta propuesta ecléctica parte de la sociolingüística de Labov, pero su acercamiento cognitivo está más cercano al estructuralismo mentalista (al estilo de Jakobson) que a la escuela cognitiva norteamericana de Langacker y sus discípulos. El mecanismo central que dirigiría el cambio lingüístico sería la *percepción*, que «conecta el mundo interior con el exterior. Aunque por percepción entendemos básicamente una aproximación sensorial al objeto, tal aproximación en el caso del lenguaje está unida al aspecto conceptual» (Caravedo 2014: 77). Tres son las características que tendría la *percepción*:

1) Selectividad: la percepción no copia la realidad sensorial (Caravedo 2014: 99).
2) Carácter orientado: se guía por agentes externos como los primeros interlocutores, que destacan aspectos sobresalientes de un fenómeno (Caravedo 2014: 105).
3) Diversidad: ni los hablantes de una misma lengua comparten idéntico sistema perceptivo sobre ella (Caravedo 2014: 107).

La aplicación empírica se destina a la percepción fonética, la percepción sintáctica y léxica (con espacios de variabilidad conceptual y zonas borrosas), y la percepción en el contacto lingüístico por migración.

Un estudio novedoso es *Afro-peruvian Spanish*[18], del italiano Sandro Sessarego (2015), de la Universidad de Texas. Su pesquisa persigue tres objetivos. Primero, proveer un acercamiento sociohistórico de la esclavitud en el Perú para entender los orígenes del español afroperuano y entender el lugar de esta variedad en el universo lingüístico afrohispano. Segundo, describir el español afroperuano centrándose en la fonética y la fonología, la morfosintaxis y el lexicón. Tercero, proponer una hipótesis acerca de la escasez de criollos de base hispana (Sessarego 2015: 2). La naturaleza de lo que el autor

---

17. Caravedo, Rocío: *Percepción y variación lingüística. Enfoque sociocognitivo*. Madrid: Iberoamericana-Vervuert, 2014.

18. Sessarego, Sandro: *Afro-peruvian Spanish. Spanish slavery and the legacy of Spanish Creoles*. Amsterdam-Philadelphia: John Benjamins Publishing Company, 2015.

denomina español afroperuano aún requiere mayor labor empírica y reflexión metalingüística. Sessarego (2015: 3) afirma que, de aproximadamente sesenta informantes, «only the eldest and least educated informants could speak a dialect that presents several significant differences from standard coastal Peruvian Spanish». Varias interrogantes surgen a partir de esta constatación. Si los afroperuanos jóvenes que usan el dialecto estándar de la costa del Perú no emplean el español afroperuano postulado por Sessarego, se da la curiosa situación de que la mayoría de los afroperuanos no habla la variedad afroperuana. ¿Por qué privilegiar, entonces, una etapa sincrónica como esencialmente afroperuana, en desmedro de las demás? Si los mayores conservan un antiguo dialecto, ¿quiere decir esto que hace unos años los descendientes de africanos en el Perú (con sobrevivientes hoy envejecidos) hablaban de manera homogénea lo que Sessarego llama español afroperuano? La evidencia documental demuestra que no. No todos los otrora esclavos tenían el mismo conocimiento lingüístico del español. Concolorcorvo[19] (1773: sin numerar) ofrece el siguiente pasaje sobre el virreinato del Perú:

> Casi todos los años entran en el Reyno más de quinientos Negros Vozales de idioma áspero, y rudo, y a excepción de uno u otro bárbaro, o por mejor decir fatuo, todos nos entienden, y se dan a entender lo suficiente en el espacio de un año, y sus hijos con solo el trato de sus Amos hablan el Castellano como nuestros vulgares. Los Negros no tienen Intérpretes, ni hubo jamás necesidad de ellos.

Si esto es así, la generalización que hace Sessarego (2015: 66) con respecto al español afroperuano, en el sentido de que sería el resultado de la nativización a partir de una gramática de segunda lengua, se estaría aplicando a individuos de la comunidad subsahariana del Perú que no habrían pasado por tal proceso. Si los hijos que trataban con los amos hablaban «como nuestros vulgares», la generalización de Sessarego, definitivamente, no les alcanza. El pasaje de Concolorcorvo reflejaría la tradicional distinción entre ladinos y bozales. Bozal «era el término con que se llamaba a los negros nacidos en el África e ignorantes del castellano, por contraposición a criollos y ladinos que eran los adjetivos aplicados a los nacidos aquí e inteligentes en el español» (Benvenutto[20] 1936: 102).

Dentro del corpus que Sessarego toma en consideración, uno encuentra con sorpresa que el investigador italiano obtiene datos de la obra literaria *Monólogo desde las tinieblas* del escritor Antonio Gálvez Ronceros (1975). Lipski[21]

---

19. Concolorcorvo: *El lazarillo de ciegos caminantes*. Gijón: Imprenta de la Rovada, 1773.

20. Benvenutto Murrieta, Pedro Manuel: *El lenguaje peruano*. Lima: Talleres de Sanmartí y Cía., 1936, tomo I.

21. Lipski, John: «El cambio /r/ > [d] en el habla afrohispánica: ¿un rasgo fonético «congo»?». *Boletín de Lingüística* XIX, 27. Caracas: Universidad Central de Venezuela, 2007, págs. 94-114.

(2007: 100) comenta que este creador idealiza el habla escuchada durante su niñez:

> Gálvez Ronceros es oriundo de Chincha y, en una entrevista concedida al autor de estas palabras en 2003, el escritor peruano indicó que sus personajes hablan un mosaico de rasgos dialectales recordados desde su infancia en la comunidad afroperuana; en otras palabras, el autor ha exagerado la cantidad de elementos ajenos al español estándar para crear un dialecto «super-afro».

Si se cuenta con informantes vivos, ¿por qué utilizar datos idealizados a partir de recuerdos? En un clásico artículo de John Lipski[22] (1994), se analiza material escrito (poemas, canciones, piezas de teatro) de lo que sería el habla hispana de los africanos venidos al Perú. Sin embargo, los textos corresponden a los siglos XVII, XVIII y XIX, en los que es imposible hallar información oral de primera mano, como sí se puede hacer en el siglo XXI. El propio Lipski (1994: 182) establece la necesidad de cuestionar la veracidad lingüística de los textos con los que trabaja, toda vez que en ellos abundan los estereotipos y las exageraciones. El tema es muy interesante, pero de momento hay más preguntas que respuestas. Lipski[23] (2005) es un magnífico panorama para adentrarse en la cuestión lingüística afrohispánica.

Por lo que toca a las ediciones críticas, la filología peruana ha entregado recientemente a las prensas limeñas la obra completa[24] del poeta virreinal Mateo Rosas de Oquendo, cuyo estudio introductorio, así como un minucioso trabajo crítico de anotación e inventario de variantes, recayó en el especialista Pedro Lasarte (2019). El material se dispuso en dos secciones. La primera de ellas recoge cinco poemas de los que no hay duda sobre la autoría de Rosas de Oquendo: 1) «Sátira a las cosas que pasan en el Pirú, año 1598»; 2) «Conversión de Mateo Rosas de Oquendo»; 3) «Respuesta de Oquendo a un poeta que dudaba si era él»; 4) «Es por que si fuera no», y 5) «A propósito de la despedida dentro de la misma tarja se puso esta octava de Mateo de Oquendo, secretario del marqués de Cañete». La segunda sección, en cambio, presenta cinco poemas atribuidos a Mateo Rosas de Oquendo o relacionados con él: 1) «Carta de las damas de Lima a las de México»; 2) «Romance contra esta sátira de Oquendo hecha por un estudiante»; 3 «Romance en respuesta deste hecho por un amigo de Oquendo»; 4) «Letra de Tribyño a Oquendo para que glosara el pie de arriba», y 5) «Discreto y necio. Soneto sobre la duda que tenían algunos de Oquendo».

---

22. Lipski, John: «El lenguaje afroperuano: eslabón entre África y América». *Anuario de Lingüística Hispánica* 10. Valladolid: Universidad de Valladolid, 1994, págs. 179-216.

23. Lipski, John: *A History of Afro-Hispanic Language. Five centuries, five continents*. Cambridge, Cambridge University Press, 2005.

24. Rosas de Oquendo, Mateo: *Mateo Rosas de Oquendo. Obra completa y poemas relacionados*, ed. Pedro Lasarte. Lima: Universidad Ricardo Palma, 2019.

Lasarte no incluye la pieza satírica que algunos críticos como Gallardo o Vargas Ugarte denominan la *Victoria naval peruntina*, la cual es atribuida al poeta en cuestión: «La insuperable duda sobre la autoría del poema y la ausencia de cualquier referencia interna al autor nos obliga a no incluirlo en esta edición, pero anunciamos que la preparamos por separado para una futura publicación» (Lasarte 2019: 23). En realidad, el nombre verdadero de este poema aparece, explícitamente, en el verso 119: «con el título inmortal de *Beltraneja*» (*Beltraneja* 2020: 65). El título empleado por Lasarte encabeza el manuscrito 3912 de la Biblioteca Nacional de España, uno de los seis manuscritos que se conocen hasta el día de hoy, el cual no es ni remotamente el más cercano al arquetipo.

Recientemente, esta obra anónima —repetidamente atribuida a Mateo Rosas de Oquendo— ha sido publicada con el título correcto de *Beltraneja*[25] por la Academia Peruana de la Lengua, con el auspicio del Fonds National Suisse de la Recherche Scientifique (FNS). Sobre las cuestiones en torno al título, véase la nota sobre el particular de Montero y Sánchez (2020: 57). La *Beltraneja* trata de los preparativos que emprendió el virrey García Hurtado de Mendoza para defender las costas del virreinato peruano del corsario inglés Richard Hawkins. La escuadra virreinal estaba al mando de Beltrán de Castro y de la Cueva, cuñado de don García y protagonista de la sátira. La narración comienza con las celebraciones por el triunfo naval: «chico el santo para tanta fiesta» (*Beltraneja* 2020: 60). Luego de una invocación a la musa, llegan las noticias del pirata Hawkins, causando conmoción en Lima. Se preparan los navíos y, tras una primera expedición fallida, se presentan —en clave satírica— las oraciones de don Beltrán y los discursos de un ángel para lo que viene. En la *Beltraneja*, la burla es constante y la lectura amena. La edición crítica de este poema de setecientos diez endecasílabos sueltos estuvo bajo el cuidado de los filólogos Juan Montero Delgado, de la Universidad de Sevilla, y Antonio Sánchez Jiménez, de la Université de Neuchâtel. Los editores tuvieron acceso a seis manuscritos del poema: cuatro de ellos ubicados en España (dos en la Biblioteca Nacional de España, uno en la Real Academia de la Historia y otro en la Biblioteca Real) y dos custodiados en bibliotecas norteamericanas (uno en la Hispanic Society of America y otro en la Houghton Library de la Universidad de Harvard). Huelga decir que la esmerada edición crítica de la Academia Peruana de la Lengua no impide que Lasarte publique su propio trabajo, bajo el título que estime conveniente. Además de la publicación en papel, el poema se halla en línea, con acceso abierto, gracias al apoyo suizo del FNS. El acceso abierto en tiempos de pan-

---

25. Anónimo: *Beltraneja*, ed. Juan Montero Delgado y Antonio Sánchez Jiménez [en línea]. Lima: Academia Peruana de la Lengua, 2020. [Consulta: 27-06-21]. Disponible en http://doi.org/10.5281/zenodo.4592881.

demia ha supuesto un alivio para los estudiosos confinados por severas cuarentenas, con archivos y bibliotecas cerrados. Particularmente, el confinamiento peruano ha sido durísimo. La Academia Peruana de la Lengua no ha sido ajena a esta revolución digital.

La iniciativa del acceso abierto se ha visto replicada en otras publicaciones académicas, como la segunda edición del estudio titulado *Raúl Porras Barrenechea y la literatura peruana*[26], de Camilo Fernández Cozman. Dentro de su fecunda carrera, Porras reflexionó sobre el proceso de la literatura peruana y plasmó sus ideas en *El sentimiento tradicional en la literatura peruana*, cuya visión mestiza del Perú contrasta con el hispanismo del que el famoso historiador ha sido acusado reiteradamente y que, en realidad, nunca profesó. Porras ponderaba tanto el legado español como la cosmovisión andina. El primer capítulo versa sobre la esencia mestiza de la literatura peruana. Las opiniones de Porras se contrastan con las de José de la Riva-Agüero acerca de Mariano Melgar y el Romanticismo peruano; y con las de José Carlos Mariátegui, a propósito de Eguren, de Valdelomar y el grupo Colónida, y, por supuesto, de César Vallejo. El segundo capítulo se destina a la explicación del concepto de transculturación espiritual americana que los cronistas afianzan por elementos culturales de Occidente, como la escuela y el libro. Cozman traza lazos entre Porras y el crítico Ángel Rama respecto de la transculturación como concepto, y examina las hipótesis de Porras sobre su pertinencia conceptual en cronistas como Cieza de León o Garcilaso de la Vega. El tercer capítulo se dedica a la revisión del pensamiento de Porras en relación con tres autores que permiten entender la modernidad en el Perú: Ricardo Palma, Manuel González Prada y José Santos Chocano. «Sin estos escritores, no es posible comprender de manera plena cómo el Perú se articula con raíces propias y distintas respecto de la cultura occidental» (Cozman [2000] 2020: 14).

La segunda edición de *Raúl Porras Barrenechea y la literatura peruana* trae como novedad un cuarto capítulo, ausente en la edición previa, en el que el Dr. Fernández Cozman, siguiendo los pasos de George Lakoff y Mark Johnson, se aproxima al papel de la metáfora en la prosa de Porras. Así, varios tipos de metáforas se ponen bajo la lupa: la metáfora biológica, la metáfora de la raíz, la metáfora animal y la metáfora de la enfermedad. La hipótesis de Fernández Cozman (2020: 145) es que «Porras es un escritor que utiliza creativamente sus metáforas con eficacia argumentativa para convencer al receptor». Adicionalmente, en esta reciente edición de acceso abierto se han añadido notas a pie de página que matizan o corrigen ciertas aserciones pa-

---

26. Fernández Cozman, Camilo: *Raúl Porras Barrenechea y la literatura peruana*. 2.ª ed. [en línea]. Lima: Academia Peruana de la Lengua. [Consulta: 22-06-21]. Disponible en https://apl.org.pe/wp-content/uploads/2021/06/Raul-Porras-C-Fern%c3%a1ndez-WEB.pdf.

sadas. Es una suerte que la ingeniosa exégesis de Fernández Cozman, que ha superado con creces la prueba del tiempo, esté al alcance de toda la comunidad con solo apretar un botón.

También en acceso abierto se encuentran las actas del XI Congreso Internacional de Lingüística, *Lingüística y Poética*[27], publicadas en el 2018. El evento fue organizado por la Facultad de Humanidades de la Universidad de Piura y la Academia Peruana de la Lengua. La edición estuvo al cuidado de la académica Eliana Gonzales Cruz y de Renato Guizado Yampi. El contenido se divide en dos secciones: una de dos conferencias y otra de veinticinco ponencias. La primera conferencia se titula «La lingüística frente al problema de la creatividad poética», y estuvo a cargo de Adolfo Elizaincín, de la Academia Nacional de Letras de Uruguay. La segunda conferencia lleva por título «Tamayo tras las huellas de Horacio», y estuvo a cargo de Mario Frías, de la Academia Boliviana de la Lengua. Dentro de las ponencias, destaca el trabajo léxico de Eliana Gonzales (2018: 147-157), titulado «Voces comunes creadas por aproximación antroponímica en el léxico peruano», que inicia con un estado de la cuestión sobre la distinción entre nombre común y nombre propio, para luego verificar el uso de nombres propios peruanos como nombres comunes, explicando las motivaciones semánticas de estos neologismos, considerando los aspectos sociales y culturales.

Actualmente, se encuentra en prensa la edición crítica del libro de viajes *Paisajes peruanos*[28], del polígrafo peruano José de la Riva-Agüero, en el que se expresa una visión integral del Perú como una nación eminentemente mestiza. Siguiendo el modelo del Inca Garcilaso, Riva-Agüero plantea una peruanidad en la que se funden lo indígena y lo español. Esta visión política permite una convivencia pacífica y la integración de todos los peruanos en un proyecto de país. El viaje parte del Cuzco, pasa por Ayacucho y llega hasta Huancayo. En el trayecto, además de la descripción paisajística, se evocan diversos episodios históricos, proyectándose el espacio en el tiempo. Determinados lugares cobran así carácter simbólico, como el Cuzco, vinculado con el Imperio incaico, o Ayacucho, relacionado con el surgimiento de la República del Perú tras la famosa batalla que acaeciera en la Pampa de Quinua hacia 1824. El estudio, la edición y las notas explicativas fueron elaborados por Jorge Wiesse Rebagliati como parte de su tesis de doctorado en la Universidad de Navarra, bajo las asesorías de Ignacio Arellano y Luis Albuquerque. El editor pudo contar con las libretas de viaje de Riva-Agüero (1812), los testi-

---

27. Gonzales Cruz y Renato Guizado Yampi (eds.): *Lingüística y Poética* [en línea]. Lima: Universidad de Piura y Academia Peruana de la Lengua. [Consulta: 24-06-21]. Disponible en https://apl.org.pe/wp-content/uploads/2018/09/Linguistica-y-Poetica-OK-13-08-18.pdf.

28. Riva-Agüero, José de la: *Paisajes peruanos*, ed. Jorge Wiesse Rebagliati. Madrid - Frankfurt am Main: Iberoamericana-Vervuert, Universidad del Pacífico, PUCP, IDEA/PEI, en prensa.

monios parciales aparecidos en la revista *Mercurio peruano*, el *Boletín del Instituto Riva-Agüero* y los diarios *El Comercio* y *La Crónica*, amén de cinco manuscritos que datarían de 1931. El estudio literario en el Perú merece rigurosas propuestas filológicas como la que nos regala Wiesse.

La Universidad del Pacífico se encuentra desarrollando un proyecto lexicográfico consistente en editar las papeletas de léxico diferencial peruano de Manuel Benvenutto Cabanne y Pedro Benvenutto Murrieta (padre e hijo). Pedro Benvenutto fue rector de la Universidad del Pacífico y, a su muerte en 1978, legó a la institución su magnífica biblioteca, junto con sus manuscritos. Dentro de ellos se encontraban miles de papeletas lexicográficas para lo que sería el tomo II de *El lenguaje peruano* (1936). El proyecto fue abandonado tras el fallecimiento de Manuel Benvenutto Cabanne, padre de Pedro. Después de muchas décadas, la Universidad del Pacífico me ha honrado con el encargo de editar este material.

El corpus de Benvenutto de los años treinta del siglo XX permite comprobar algunas etimologías que, por otro medio, aún no habían podido ser verificadas. En el Perú, el restaurante chino es denominado *chifa*. Estos locales son muy abundantes y hoy forman parte fundamental de la cocina peruana. Cruz[29] (2002: 195) postula, como posible étimo, que la voz *chifa* provendría de la expresión dialectal cantonesa $sik_9\,fan_6\,la_3$ 'a comer arroz cocido' (los numerales que aparecen como subíndices en la transliteración en alfabeto latino indican los tonos de la lengua asiática). Es bien sabido que hubo una numerosa migración de Cantón hacia el Perú, por lo que postular vocablos cantoneses tendría el respaldo de un trasfondo histórico. De hecho, es una práctica común que en los chifas se pida como opción no marcada el *arroz chaufa*[30], lo que aporta credibilidad a la propuesta semántica de Cruz.

Desde el punto de vista formal, un problema evidente es que la hipótesis cuenta con tres sílabas, pero el nombre del restaurante es bisílabo, al menos en el siglo XXI. Sin embargo, Benvenutto trae una papeleta lexicográfica, válida para las regiones de Lima y Lambayeque, en la que la forma *chifa* alterna con *chifaná*, que ya no está en uso. La prosodia oxítona de *chifaná* sería un intento por adaptar el tono del cantonés a los oídos de un hispanohablante. Esto da mayor fundamento a la etimología de Cruz. En efecto, es más natural que $sik_9\,fan_6\,la_3$ explique *chifaná*, antes que *chifa*. Posteriormente, *chifaná* se habría simplificado como *chifa*, reemplazándose la acentuación aguda por la

---

29. Cruz Soriano, Joseph: «Palabras chinas en el diccionario de la Academia de la Lengua». *Boletín de la Academia Peruana de la Lengua*, 2002, pág. 36. Lima: Academia Peruana de la Lengua, págs. 191-199.

30. La palabra *chaufa* vendría del cantonés $tsɐu_2\,fan_6$ 'cocinar arroz', y es un «plato que se prepara salteando en sartén cebolla china, carne picada, huevo frito picado, jengibre y salsa de soya, que se combina con arroz cocido» (Cruz, 2002, pág. 195).

grave o llana. Tal patrón acentual es el mayoritario en el español y, por ello, cuando la palabra se naturaliza y toma ciudadanía peruana, se adapta al genio de la lengua. La modificación acentual sería responsable de la elisión de la sílaba final en el arcaísmo *chifaná*.

Incluso es posible hallar en el corpus de Benvenutto palabras del castellano regional peruano que se explican gracias a lenguas autóctonas muertas. En efecto, para la zona de Lambayeque, la voz *chuchunfón* designa al hijo menor de una familia. En la extinta lengua mochica, *fon* es 'nariz' y *chuchu*, variante de *chichu*, equivale a 'teta' (Salas[31] 2012: 152, 202). La <n> de *chuchunfón* es el morfema de caso genitivo, de modo que *chuchunfón* significa literalmente 'nariz de teta', en alusión al bebe que apoya su nariz en el seno de su madre mientras lacta. La designación efectiva de *chuchunfón*, más allá del étimo metafórico, corresponde al último de los hijos de una pareja. En la etimología, ciertamente, se destaca la juventud relativa del individuo con respecto a sus hermanos por el acento en un acto propio de la edad temprana del ser humano. La juventud se relativiza por el simple hecho de que hasta los hijos menores, por ley de vida, van a envejecer.

Otra bondad del corpus es que la marcación regional (diatópica) de Benvenutto recopilada hacia los años treinta del siglo XX nos da otra idea del uso de determinados vocablos. Por ejemplo, para la región de Piura en la costa norte del Perú, Esteban Puig[32] ([1985] 1995: 67) define, sinonímicamente, *chilposo* como 'desgreñado', 'despeinado' o 'desaseado'. Benvenutto, por su parte, tiene una papeleta correspondiente a Arequipa (al sur del Perú) con el lema *chilposidad* definido como 'calidad de ser chilposo'. Eso implica que no solamente al norte en Piura se utilizaba este epíteto, sino también al sur, en Arequipa. El dato de Benvenutto se ve refrendado por el arequipeño Carpio[33] (1999: 167), quien define *chilposo* como 'persona vestida pobremente, con ropa raída y andrajosa', 'animal y [...] persona desgreñada y sucia', 'arbusto sin, o con muy poco, follaje'. Según este autor, *chilposo* vendría del quechua *chillpi* 'espina'. Es interesante que el adjetivo *chilposo* se constate en Piura, que no es una región quechuahablante. Ello implicaría que el español fue el vehículo para que tal adjetivo llegara a Piura.

Buena parte de los lusismos en Benvenutto viene de zonas fronterizas con el Brasil: *cachuela* 'caída de río' proviene del portugués *cachoeira* 'cascada' en las regiones de Loreto y Madre de Dios'. Lo mismo acontece con *fariña*

---

31. Salas García, José Antonio: *Etimologías mochicas*. Lima: Academia Peruana de la Lengua, 2012.

32. Puig, Esteban: *Breve diccionario folclórico piurano*. 2.ª ed. Lima: Universidad de Piura, [1985] 1995.

33. Carpio Muñoz, Juan Guillermo: *Diccionario de arequipeñismos*. Arequipa: Industria Gráfica Regentus: 1999.

'yuca tostada en pequeños trozos' en Loreto, que encuentra su génesis en el portugués *farinha* 'harina'. Es interesante que la referencia del lusismo *fariña* se adapte a la realidad local y que no sea un equivalente del vocablo en el portugués estándar, toda vez que *fariña* no corresponde al concepto 'harina' en general. Incluso es posible verificar en Loreto adverbios como *aínda* 'todavía' (escrito con la tilde de la ortografía hispana para los hiatos), que viene del portugués *ainda* 'aún'. Un caso curioso es el de *cavaquiño* 'especie de guitarra de cuatro cuerdas', procedente de *cavaquinho* 'instrumento portugués de cuatro cuerdas', que se constata en la región amazónica de San Martín, la cual no es fronteriza con el Brasil, pero donde se deja sentir su influencia.

El material amazónico de Benvenutto también sirve para comprobar la vigencia de las voces, al ser contrastado con el más reciente *Diccionario amazónico* de Chirif[34] (2016). El diálogo entre el corpus de Benvenutto y la lexicografía diferencial peruana es sumamente fructífero, sobre todo en lo que respecta a la identificación de plantas y animales, lo cual no es posible con las escuetas definiciones de un trabajo de casi un siglo de antigüedad. Benvenutto, verbigracia, define *acarahuazu* como 'pez de escamas del oriente peruano'. Gracias a Chirif (2016: 43) podemos determinar el nombre científico de esta especie, pues trae el lema *acarahuazú*, que se identifica como *Astronatus acellatus*. Chirif plantea que la palabra tendría un origen tupí-guaraní, lo cual es posible porque en la Amazonía del Perú se hablan dos lenguas de esa familia lingüística. Algo similar acontece con *añuje*, que Benvenutto define como 'especie de conejo, roedor comestible que se alimenta de raíces como la yuca' y que Chirif (2016: 56) identifica con la especie *Dasyprocta fuliginosa*. Ambos autores señalan la variante *añushi* [aˈɲuʃi], que reflejaría una retención de la consonante postalveolar por influjo de las lenguas amazónicas que poseen ese segmento dentro de sus inventarios. Lo que llama la atención es la convivencia simultánea (con casi noventa años de vigencia documentada) de la velar de *añuje* con la postalveolar de *añushi*. Esto sería un ejemplo de lo que Caravedo (2014: 29) denomina «variación no funcional»: «aquella que no produce cambio de significado, y se conforma plenamente al concepto canónico de variable».

El corpus de Benvenutto también incluye locuciones, frases hechas y refranes con sabor local. Para expresar que cada cosa debe estar en su lugar, figura el siguiente refrán: «La chicha en poto, el piqueo en mate, la zamba en petate, la negra en estera y la china donde quiera». Algunos referentes designados por los nombres del refrán son americanos. La *chicha* es una bebida fermentada a base de maíz. La voz mochica *poto* es una vasija de calabazo y el quechuismo *mate* es un plato hecho de la misma planta (Salas 2012: 60-65),

---

34. Chirif, Alberto: *Diccionario amazónico. Voces del castellano en la selva peruana*. Lima: Lluvia editores y CAAAP, 2016.

en tanto que *petate* 'estera' es un vocablo náhuatl. Un censor de lo políticamente correcto tildaría el refrán de machista, mas este está en línea con su época; verbigracia, Vargas Ugarte[35] (1953: 71) recoge: «Tres animales ingratos: indio, mujer y gato», que además de misógino es racista. ¿Deberían estos refranes desaparecer de la lexicografía? Mi opinión es que no. Los diccionarios son notarios de lo que efectivamente hay. Quien sea capaz de censurar y ocultar los hechos (buenos o malos) evitará que aprendamos del pasado y tendrá el poder de contar la historia al margen de la verdad.

35. Vargas Ugarte, Rubén: *Glosario de peruanismos*. Lima: Editorial San Marcos, 1953.

Una aproximación al español en Guatemala en los albores del siglo XXI

GUILLERMINA HERRERA
RAQUEL MONTENEGRO

Academia Guatemalteca de la Lengua

Idiomas hablados en Guatemala. ▪ Idioma materno de la población guatemalteca. ▪ Idioma oficial de Guatemala. ▪ Peculiaridades del español de Guatemala. ▪ El idioma español como lengua de contacto. ▪ El idioma español en la educación.

Guatemala es un país multilingüe donde el español convive con otros idiomas nacionales. Según la legislación nacional, es el idioma oficial del país, aunque la norma jurídica establece que también se reconocen, promueven y respetan los idiomas mayas, garífuna y xinca.

El idioma español es hablado, según los datos proporcionados por el último censo nacional, realizado en el 2018, por cerca del 70 % de la población guatemalteca.

En el ámbito educativo, el currículo establece el aprendizaje del idioma español como lengua materna y como segundo idioma. En el ámbito nacional, el español es usado predominantemente para la comunicación pública. Los medios de comunicación tanto radiales como televisivos e impresos usan preponderantemente el idioma español, aunque otros idiomas nacionales son usados en medios locales o comunitarios, o en determinados mensajes. Una situación similar se presenta en redes sociales.

A continuación, se brinda más información sobre el uso de la lengua española en Guatemala.

IDIOMAS HABLADOS EN GUATEMALA

En el territorio guatemalteco (108 890 kilómetros cuadrados), según el XII Censo Nacional de Población y VII de Vivienda realizado en el 2008, la población mayor de 4 años es de, aproximadamente, 13 566 897 personas.

Guatemala es un país multilingüe en donde se hablan 25 idiomas: español y 24 idiomas indígenas. De estos últimos, 22 son idiomas mayas; el xinca, según Richards, «pertenece a la gran familia yuto-azteca» (2003: 4), y el garífuna es «un idioma de la familia del caribe arawako» (Rivas 1993 y Palacio 1993, citados por Rubio 2007: 39). En el cuadro I se enumeran los idiomas hablados en Guatemala, según la información proporcionada por los hablantes durante el censo ya mencionado.

	Español
Idiomas indígenas	**22 idiomas mayas:** k'iche', kaqchikel, q'eqchi, mam, q'ajob'al, poqomchi', achí, ixil, tz'utujil, chuj, akateko, jakalteko/popti', chalchiteko, ch'orti', poqomam, awacateko, sakapulteko, uspanteko, sipakapense, tektiteko, itza', mopan. Garífuna Xinca

Cuadro I. Idiomas hablados en Guatemala. Elaborado con base en el XII Censo Nacional de Población y VII de Vivienda. Principales resultados, censo 2018.

Respecto al uso de los idiomas indígenas, el investigador Michael Richards (2003) coordinó la elaboración de un atlas lingüístico del país donde se incluye el mapa lingüístico de Guatemala (página 50), en el cual se especifican las áreas donde se hablan los idiomas indígenas en el país.

IDIOMA MATERNO DE LA POBLACIÓN GUATEMALTECA

Según los datos del XII Censo Nacional de Población, realizado en el 2018 por el Instituto Nacional de Estadística de Guatemala, de las 13 566 897 personas de 4 años o más, el mayor porcentaje aprendió a hablar en español. En la siguiente tabla se presenta la distribución por idiomas:

Idioma	Cantidad de hablantes	Porcentaje
Español	9 488 838	69.9
Idioma maya	4 021 870	29.6
Garífuna	2856	0.0
Xinca	2755	0.0

Cuadro II. Idioma materno en población de 4 años o más en Guatemala. Elaborado con base en el XII Censo Nacional de Población y VII de Vivienda. Principales resultados, censo 2018.

En la información del cuadro II podemos notar que el español es aprendido por el 70 % de la población como idioma materno. Por otra parte, es necesario señalar que el español es utilizado como segundo o tercer idioma por muchos hablantes de un idioma indígena en Guatemala. García Tesoro (2013: 70) asevera que «la mayor parte de los hablantes de lenguas mayas son bilingües en castellano, se estima que en la actualidad apenas un 4 % de la población maya es monolingüe; pero existen distintos niveles de bilingüismo y de competencia del español entre los hablantes bilingües».

IDIOMA OFICIAL DE GUATEMALA

En la legislación nacional de Guatemala, la Constitución Política de la República (1985) establece en su artículo 143 que «el idioma oficial de Guatemala es el español». Además, según el artículo 1 de la Ley de Idiomas Nacionales, «el idioma oficial de Guatemala es el español. El Estado reconoce, promueve y respeta los idiomas de los pueblos Mayas, Garífuna y Xinka».

PECULIARIDADES DEL ESPAÑOL DE GUATEMALA

Aun cuando el español empleado en el país presenta múltiples rasgos en común con el usado en otros ámbitos geográficos, manifiesta algunas peculiaridades en los campos fonético, morfológico, sintáctico y léxico.

Fonética y fonología

La variante guatemalteca del español presenta escasa variedad fonética a nivel diatópico, diageneracional y diasexual, aunque hay presencia de algunos rasgos que contribuyen a distinguir las tres mayores áreas dialectales del país (centro-occidental, oriental y norteña), así como de otros que afectan particularmente al habla de diferentes grupos etarios.

Según investigaciones sobre la pronunciación del español de Guatemala (Herrera Peña 1993: 7-42 y 2019), este informe hace hincapié en fenómenos que pueden observarse en la actualidad como resultado de las dinámicas de la lengua, sin adentrarse en una descripción fonético-fonológica exhaustiva de la variante.

a) En general, /s/ mantiene su valor predorsal alveolar, aunque en el oriente del país se da la lenición y aspiración del fonema, así como casos de ceceo en posición inicial y entre vocales.

   En la actualidad se pueden observar algunos rasgos de la variante oriental que se han extendido al resto del país; sin embargo, esto no sucede con los alófonos orientales de /s/, porque la pronunciación predorsal alveolar sigue siendo la de prestigio.

b) El yeísmo guatemalteco ha sido tradicionalmente yeísmo con elisión del fonema en ciertos entornos, especialmente después de /í/. Por ejemplo: [bría] (*brilla*), [kamía] (*camilla*), [píe] (*pille*), [sanatío] (*sanatillo*). En otras posiciones de la palabra, el fonema se pronuncia con extrema debilidad. Ambos fenómenos son comunes y aceptados en general, aun en el habla culta.

   Sin embargo, en la actualidad se observa que, ocasionalmente, sobre todo en los medios de comunicación, los presentadores pronuncian el fonema tratando de acercarse a formas que consideran prestigiosas o «correctas». La nueva pronunciación no está definida: varía desde un registro cercano a la palatal fricativa general hasta uno que trata de imitar la variante alofónica rioplatense. Este fenómeno ocurre sobre todo en el habla de personas jóvenes o de edad mediana, de estrato medio, que buscan presentarse como ilustradas. Sociolingüísticamente se percibe como una afectación y no lo acepta el habla culta.

c) En relación con /r/, las variantes más comunes en el país son la vibrante simple sonora y la vibrante múltiple sonora. También hay formas asibiladas propias: la fricativa alveolar y frecuentemente sonora, en posición inicial o intervocálica, que se da sobre todo en el habla de adultos y adultos mayores, tanto en zonas urbanas como rurales; la variante sorda, que aparece más frecuentemente en posición final de palabra, y otras, como en los grupos consonánticos *d* + *r* y *t* + *r*, y después de la secuencia *s* + *t*.

Estas formas alofónicas habían caído en desprestigio y habían llegado aun a estigmatizarse, porque algunos hablantes las atribuían erróneamente a influencia de las lenguas mayas. Lo novedoso resulta que, al parecer, su uso exclusivo en el habla de un personaje importante de la vida pública, perteneciente a un estrato social alto, ha dado un vuelco total a la percepción estigmatizada que se había ido construyendo en torno a estos alófonos. Hoy se reconocen como formas propias de la variante guatemalteca ajenas al influjo indígena. Ya no son formas desprestigiadas para un importante grupo de hispanohablantes guatemaltecos. Este prestigio recobrado se suma al valor que les atribuyen muchos hablantes, para quienes su pronunciación permite imprimir una carga emotiva positiva e íntima a enunciados y vocablos cotidianos.

d) Las oclusivas sonoras se realizan también como fricativas, tal es el caso de /d/, que tradicionalmente ha venido sufriendo una relajación y hasta elisión entre vocales. Sin embargo, probablemente por acción de los medios de comunicación y de la escuela, el fenómeno pareciera estar reduciéndose.

e) /s/ y /r/ se asimilan mutuamente y llegan a convertirse en /r/ asibilada sorda, lo cual pareciera estar fortaleciéndose gracias al recobrado prestigio de /r/ asibilada.

f) /x/ se pronuncia como fricativa velar lenis; el alófono [h] que se da en la región oriental no se ha extendido de manera considerable al resto del país.

g) La velarización de /n/ en posición final de palabra sigue siendo un fenómeno general, aceptado por el habla culta.

h) El fonema fricativo palatal sordo /s/, adaptado al español de la variante por influencia de las lenguas mayas o del náhuatl, sigue usándose con vitalidad, tanto en topónimos, gentilicios, patronímicos mayas (aun en su pronunciación castellanizada), y nombres de fauna y flora americana, como en muchas palabras de registro popular cuyo origen se desconoce. Ocurre en pares como *Xela* (nombre popular de la ciudad de Quetzaltenango), *chela* (cerveza), *Chela* (hipocorístico de Marcela), *xeca*/ (clase de pan), *checa* (del verbo *checar*).

   Este fonema es de uso general, excepto en las zonas fronterizas con El Salvador y Honduras, en donde se transforma en /ch/.

i) El fonema africado alveolar /tz/ de las lenguas mayas y del náhuatl se traduce en la variante como un grupo consonántico formado por *t* + *s*, pero frecuentemente se simplifica a /s/. Sin embargo, posiblemente por acción de la escuela y de los medios de comunicación, hoy se observa que, por ejemplo, el sustantivo *quetzal*, nombre de la moneda nacional, se pronuncia generalmente con la *t* + *s* (no así otras palabras, como *Quetzaltenango, tzolkín* o *tzitzimite*, por ejemplo, donde con frecuencia se omite la *t*).

j) Es interesante el caso del fonema *tl* en palabras provenientes del náhuatl y presente en muchos topónimos y gentilicios guatemaltecos, que se ha trasladado a la pronunciación del grupo *t* + *l* del español. Los niños, por ejemplo, separan en sílabas la palabra *atleta* como *a-tle-ta*.

   Hispanohablantes de registros populares, sobre todo si son originarios y viven en regiones monolingües, suelen transformar este fonema en el grupo consonántico *k* + *l* del español (*Amaticlán* por *Amatitlán*), lo cual sucede también con otros grupos consonánticos que no son propios de la lengua: *peksi* por *pepsi* (*Pepsi-Cola*), por ejemplo.

k) Sigue teniendo mucha vitalidad la fricatización y ensordecimiento de /l/ y /y/ en posición final de palabra, que ocurre por influencia de las lenguas mayas. Generalmente, los hablantes no están conscientes del origen de esta pronunciación.

Cuestiones gramaticales

De nuevo, hay que resaltar que la variante guatemalteca del español presenta escasa variedad gramatical a nivel diatópico, diageneracional y diasexual. En este informe, se presentan tres casos relevantes, que marcan de alguna manera la fisonomía de la variante: el uso del posesivo, las novedades sobre el voseo y la pluralización de *la, lo* después de *se*.

Posesivo precedido de artículo indeterminado

Es un rasgo que se mantiene con mucha vitalidad en todos los tipos de registro, incluso en el habla culta. Algunos ejemplos tomados de relatos populares:

> «Entre las flores que aparecen todos los años adornando el sepulcro de la Mariana, destacan una sus rosas rojas...» (Herrera 2019).
>
> «... si te la quito, vos me comés. ¡Una tu patada te voy a meter!» (Polanco 2014: 23-25).
>
> «Los esposos tenían una su casa en la entrada de Raxcholol.
>
> —Miré usté, hoy amaneció con fiebre y con dolor, y le hice unos sus remedios, pero no se alivia» (Herrera 2019).
>
> «Ahora lo que tenés que hacer es buscar un tu trabajo» (Herrera 2019).

Novedades sobre el voseo

Guatemala es una zona de voseo. *Vos* se ha contrastado tradicionalmente con *tú* y *usted* y ha formado con ellos un complejo sistema que varía de acuerdo con el emisor, el receptor, el mensaje y el contexto en el que se da la comunicación.

El voseo guatemalteco se caracteriza por la monoptongación en algunas formas de la flexión verbal asociada al pronombre, con permanencia de la vocal abierta, y por la elisión de la consonante /d/ final en el caso del modo imperativo.

Desde una perspectiva sociolingüística, se tiene la siguiente información (Herrera Peña 2021a: 575-590):

Tutear y vosear han sido marcadores de clase social en Guatemala: hasta recientemente, para expresar informalidad y confianza, los miembros de las clases más altas e ilustradas se tuteaban entre sí y los de las bajas y menos ilustradas se voseaban entre sí.

La escuela, con su influencia prescriptiva, fortalecía el uso de *tú* y estigmatizaba *vos* como vulgar. Este fenómeno se mantiene, aunque su efecto ha disminuido.

Hacia mediados del siglo pasado, el voseo guatemalteco llegó a ser marcador de sexo: se atribuía a los hombres vosear y a las mujeres tutear. También por aquellos tiempos había quienes interpretaban el tuteo en varones como una muestra de afeminamiento y hasta de homosexualidad y el voseo en mujeres como vulgar y grosero. Sin embargo, el cuadro era mucho más complejo, porque, por ejemplo, los varones adultos podían seguir tuteándose entre sí en caso de que pertenecieran a una clase social más alta e ilustrada, sin que por ello se tildara su habla de afeminada. Por otro lado, los hombres que pertenecían a esta misma clase social, jóvenes y adultos, debían tutear a las mujeres de su misma posición social; es decir, el fenómeno tenía que ver con la edad, la clase social y el grado de ilustración de quienes se comunicaban.

A mediados del siglo XX, de alguna manera, el tuteo acabó por percibirse como un trato distante. Entonces apareció el patrón *tú/vos*, que incorpora al pronombre *tú* la flexión verbal asociada a *vos* para lograr expresar cercanía y mostrar mayor afectividad. El fenómeno ocurrió inicialmente en grupos de la clase social media y alta, generalmente de áreas urbanas, y fue extendiéndose. Actualmente se mantiene, especial aunque no exclusivamente, en grupos etarios mayores de los 40 años.

Lo novedoso de la situación es que *tú* ha ido quedando relegado a esta situación. Sin lugar a duda, *vos* ha ido desplazándolo y ocupa hoy un papel de mayor relevancia en el habla de los jóvenes, hombres y mujeres, también en los pertenecientes a clases sociales medias y altas. En la actualidad, lo prefieren para sus comunicaciones en una amplia gama de ámbitos de uso y circunstancias, a tal grado que no es aventurado afirmar que en muchos casos el paradigma para segunda persona del singular de estos hablantes se ha reducido a *vos* y *usted*. (Herrera Peña 2021a: 575-590).

En relación con los bilingües, mayahablantes de origen, se da un proceso diferente: como es sabido, *vos* fue siempre el pronombre con el que se trataba a los indígenas, quienes aprendieron a usarlo en el siglo XVI, en el marco de los primeros esfuerzos de castellanización. El aprendizaje ocurrió, pues, antes de que el pronombre pasara por el proceso de transición que finalmente acabó en su descrédito y posterior expulsión del español peninsular, o a la vez que sucedía aquella transición.

De esa cuenta, hasta hace algunas décadas, cuando la educación escolar no tenía mucha presencia en sus comunidades, los indígenas usaban exclusivamente *vos* en sus interacciones con los hispanohablantes. Aunque en la actualidad este fenómeno no puede generalizarse, sigue ocurriendo cuando el emisor indígena no tiene conocimiento suficiente del español, idioma que ha aprendido precariamente en su familia o en su comunidad.

En estos casos, el hispanohablante utiliza también *vos* en la interacción, con lo cual ocurre horizontalidad en el trato. Sin embargo, el uso del pronombre también se mantiene, en ocasiones, como forma de trato despectivo al indígena.

Para evitar cualquier prejuicio y discriminación, los jóvenes indígenas bilingües, sobre todo de clases sociales medias e ilustradas, evitan usar *vos*. En algunos casos, se observa que están retomando el tuteo o que prefieren usar exclusivamente *usted* (Herrera Peña 2021a: 575-590).

Pluralización de *lo, la* después de *se*

La urgencia que siente el hablante de marcar el plural del referente *se*, siempre invariable, ha encontrado solución en la pluralización de los pronombres átonos *lo* y *la* que lo suceden. Se da en situaciones en las que *lo* o *la* tienen referente singular, pero el hablante los pluraliza atribuyéndoles el número contenido, pero invisible, en *se*. Por ejemplo: *Di el manual a los estudiantes* > *Se <u>los</u> di*; *La invitación se <u>las</u> mandó a todos; Este camino es peligroso y ya se <u>los</u> dije muchas veces a todos los estudiantes*. A diferencia del *leísmo* y del *loísmo*, este fenómeno no deja de marcar caso: se trata de un cambio de número, que se pliega al plural del complemento indirecto expresado por medio del pronombre *se*. Es general en la variante guatemalteca, aun en el habla culta (Herrera Peña 2021b: 113-159).

EL IDIOMA ESPAÑOL COMO LENGUA DE CONTACTO

Como ya se ha anotado, Guatemala es un país con una gran riqueza lingüística. En este contexto multilingüe, el idioma español es usado como lengua de relación o comunicación. Respecto al uso del español, Richards afirma en la presentación de su *Atlas lingüístico de Guatemala*: «En una gran parte del país se habla casi exclusivamente en castellano, se puede decir que, en casi todos los centros poblados, incluso aquellos en donde sus habitantes son altamente monolingües en un idioma indígena, existe algún grado del habla del español» (2003: 4). Por otra parte, debe considerarse que casi el 30 % de la población informó, en el XII Censo Nacional de Población, que aprendió a hablar en un idioma indígena; es decir, más de cuatro millones de personas.

Como en otros ámbitos, cuando dos o más lenguas entran en contacto en una determinada región, se generan algunas situaciones, como la diglosia y la influencia de diversos aspectos de un idioma sobre el otro.

Relación diglósica entre español e idiomas mayas

En cuanto a la diglosia, García Tesoro (2013: 71) afirma que «la situación de multilingüismo en Guatemala está marcada por una fuerte diglosia, aunque la proporción de hablantes bilingües lengua maya-español en Guatemala es notable, el número de mayahablantes no es mayoritario frente al español, especialmente si tenemos en cuenta que se trata de veintiuna lenguas distintas y de que algunas de ellas cuentan con un número de hablantes muy reducido. No obstante, las diferencias vienen determinadas principalmente por la desigualdad del estatus socioeconómico entre las lenguas en contacto». En esta relación diglósica, el español ha sido considerado la lengua de prestigio.

Consecuencias lingüísticas del contacto

Entre otros estudiosos, Ana Isabel García Tesoro (2006) ha realizado varios estudios sobre las manifestaciones que se producen en un hablante de español como segundo idioma cuando su idioma materno es un idioma maya. En su trabajo «Español en contacto con el tzutujil en Guatemala: cambios en el sistema pronominal átono de tercera persona», concluye que «la situación de contacto intenso entre el español y las lenguas mayas en las regiones bilingües guatemaltecas, así como la presencia de otros factores importantes como el aprendizaje informal del español como segunda lengua, nos llevaron a postular la posible influencia de las lenguas mayas sobre el castellano» (2006: 65). Guillermina Herrera, lingüista y académica de número de la Academia Guatemalteca de la Lengua, también ha realizado diversos estudios para profundizar en el uso del español en Guatemala.

A continuación, se anotan algunos ejemplos de la influencia de los idiomas mayas en el uso de español como segundo idioma.

a) En la fonética

- Fricatización y ensordecimiento de /l/ y /y/ en posición final de palabra, que ocurre por influencia de las lenguas mayas.
- Cambio de /f/ en /p/

b) En la morfosintáctica

- Duplicación del posesivo

  Por ejemplo: *Se dirigió a su casa del patrón, pues iba a pedir unos centavos para llevar a su amada esposa con el doctor* (Herrera, 2019).

- En el habla popular y rural ocurre, con frecuencia, falta de concordancia en género y número.

  Por ejemplo:

  Las melodías se oían por mucho tiempo, pero solo podía escucharlo la Mariana, nadie en la casa se daba cuenta de lo que estaba pasando (Herrera, 2019).

  Los hombres del pueblo se fueron algunos detrás para ver en qué podía ayudar a la pobre... La gente decían que eran como el matrimonio de don Lucas y doña Petra... (Herrera 2019).

  Solo le encomendó a sus vecinas que le echaran un ojo mientras regresaba (Herrera 2019).

- Empleo de *lo* como pronombre invariable de complemento directo (García Tesoro 2010: 12).

  Por ejemplo: *Las rosas que me encargaste no lo encontré hoy en el mercado; A la niña no lo vi en el patio a la hora de recreo; Buscamos a los ancianos, pero no lo hallamos por ninguna parte* (Herrera Peña 2021b: 113-159).

- Omisión del pronombre de acusativo con el referente antepuesto (García Tesoro 2010: 12).

  Por ejemplo: *Estaban podridas las salchichas, mejor tiré a la basura; No quise el paquete, mejor devolví; El cuaderno había que llevar a la clase, le urgía a la maestra* (Herrera Peña 2021b: 113-159).

- Duplicación del pronombre de complemento directo con referente pospuesto, también con la forma invariable *lo* (García Tesoro 2010: 12).

  Por ejemplo: *Si no lo devuelven el machete, vamos a reclamar; Lo agarraron los quintales de maíz; Lo arrastraron los muchachos la misma corriente* (Herrera Peña 2021b: 113-159).

EL IDIOMA ESPAÑOL EN LA EDUCACIÓN

El sistema educativo guatemalteco se estructura en diversos niveles. Para organizar el aprendizaje en cada uno de estos, el Ministerio de Educación ha publicado el Currículo Nacional Base (CNB).

El currículo establece que «el aprendizaje debe iniciarse en la lengua materna, lo cual fortalece la autoestima de la persona, da relevancia a la cultura que trae al ambiente escolar y facilita la transferencia de habilidades lingüísticas a la hora de realizar aprendizaje de otras lenguas» (2008). También incluye el aprendizaje de un segundo idioma (español, garífuna, maya o xinca) y un tercero (inglés, francés, alemán u otro idioma nacional). Además, establece que la selección del idioma será determinada por las necesidades e intereses de la comunidad.

Sin embargo, en la práctica en el aula, los estudiantes no siempre aprenden en su idioma materno. El idioma más usado en la enseñanza es el español, aun cuando el idioma materno de los niños sea un idioma indígena, con las consecuencias que esto trae en la formación de los estudiantes.

BIBLIOGRAFÍA

CONGOSTO MARTÍN, Yolanda (2020): «El español guatemalteco en contacto: prosodia y entonación». *Estudios de Fonética Experimental* [en línea], vol. 29, págs. 153-194, https://raco.cat/index.php/EFE/article/view/375462 [Consulta: 9-08-2021].

Congreso de la República de Guatemala (1985): *Constitución Política de Guatemala. Guatemala.* Guatemala.

— (2003): *Ley de Idiomas Nacionales.*

DONOHOE, Tristan (2020): «El español en contacto con el maya: un análisis de las actitudes e identidades lingüísticas de los kaqchikeles en San Jorge la Laguna, Sololá, Guatemala». *Senior Independent Study Theses.* Paper 8894. https://openworks.wooster.edu/independentstudy/8894.

GARCÍA TESORO, Ana Isabel (2005): «El español en contacto con lenguas mayas en Guatemala», en Ferrero, C. y Nilsa Lasso-Von Lang (eds.): *Variedades lingüísticas y lenguas en contacto en el mundo de habla hispana*, págs. 25-34.

— (2008a): «Fronteras interiores: indígenas y mestizos en Guatemala», en García Parejo, I., A. Palacios e I. Rodríguez (eds.): *Fronteras exteriores e interiores: Indigenismo, género e identidad en América Latina.* Müenchen: Lincom Europa, págs. 44-50.

— (2008b): «Guatemala», en Palacios, A. (ed.): *El español de América. Contactos lingüísticos en Hispanoamérica.* Barcelona: Ariel, págs. 75-115.

— (2010): «El español en contacto con el tzutujil en Guatemala: Cambios en el sistema pronominal átono de tercera persona». *Revista Internacional de Lingüística Iberoamericana*, VIII: 2 (15). Frankfurt: Vervuert, págs. 133-155.

— (2011a): «Lenguas mayas e identidad en Guatemala». *Perspectivas latinoamericanas*, 8, págs. 122-134.

— (2011b): «Cada quien tiene su nagual: la estructura de artículo indefinido + posesivo + nombre en Guatemala». *The Journal of the Faculty of Foreign Studies, Language and Literature*, Aichi Prefectural University, 43, págs. 197-209.

— (2013): «Contacto de lenguas en Guatemala: español y lenguas mayas», en Nothstein, S., M. C. Pereira y E. Valente (compiladores): *Libro de Actas del Congreso Regional de la Cátedra UNESCO en Lectura y Escritura. Cultura Escrita y Políticas Pedagógicas en las Sociedades Latinoamericanas Actuales*, págs. 69-81.

Herrera Peña, G. (1993): «Los idiomas hablados en Guatemala, notas sobre el español hablado en Guatemala». *Boletín de Lingüística*, 7, 42. Guatemala: URL.

— (2019): «Lengua popular, contacto de lenguas y creatividad lingüística en producciones de la tradición oral guatemalteca». *Ponencia*. Congreso ASALE, Sevilla, 2019.

— (2021a): «Rasgos del voseo guatemalteco», en *Estudios en homenaje a Alfredo Matus Olivier.* Chile: Academia Chilena de la Lengua.

— (2021b): «Uso de *lo, la, le* y sus plurales en textos periodísticos guatemaltecos de la época de la Independencia», en *Publicación conmemorativa. Bicentenario de la Independencia. La lengua española en Guatemala.* Guatemala: Academia Guatemalteca de la Lengua.

Icefi–Save the Children (2011): *Educación bilingüe en Guatemala. Logros, desafíos y oportunidades.* Guatemala: Instituto Centroamericano de Estudios Fiscales y Save the Children, 52 págs.

Instituto Nacional de Estadística (2019): *Informe del XII Censo Nacional de Población y VII de Vivienda. Principales resultados, censo 2018.* Guatemala. Disponible en https://www.censopoblacion.gt/documentacion

Ministerio de Educación de Guatemala (2010): *Currículo Nacional Base del nivel primario*. Guatemala: Tipografía Nacional.

Palacios, M. (1993): *The First Primer on The People Called Garifuni*. Glessima Research & Services.

Polanco Barreda, M. (2014): *Cuentos tradicionales del oriente de Guatemala contados por Efraín Polanco*. Createspace Independent Publishing Platform.

Richards, M. (2003): *Atlas lingüístico de Guatemala*. Guatemala: USAID.

Rivas, R. D. (1993): *Pueblos indígenas y garífunas de Honduras: una caracterización*. Honduras: SNV. Guaymuras.

Rubio, F. (2007): «Educación Bilingüe en Guatemala: situación y desafíos», en Álvarez Aragón, Virgilio (comp.): *Laberintos: Educación bilingüe e interculturalidad*. Guatemala: FLACSO.

Toursinov, A. (2005): *Formas pronominales de tratamiento en el español actual de Guatemala*. Guatemala.

La lengua española en Costa Rica pluriétnica, multilingüe y pluricultural

VÍCTOR MANUEL SÁNCHEZ CORRALES
MIGUEL ÁNGEL QUESADA
MARIO PORTILLA CHAVES

Academia Costarricense de la Lengua

Costa Rica, pluriétnica, multilingüe y pluricultural: el español, lengua oficial. ■ La lengua española y su enseñanza. ■ Las lenguas indígenas indoamericanas y el español como lengua común. ■ El inglés criollo limonense y el español como lengua común.

COSTA RICA, PLURIÉTNICA, MULTILINGÜE Y PLURICULTURAL: EL ESPAÑOL, LENGUA OFICIAL

De conformidad con el artículo 76 de la *Constitución política de la República de Costa Rica*, «el español es el idioma oficial de la Nación. No obstante, el Estado velará por el mantenimiento y cultivo de las lenguas indígenas nacionales», cuya lectura no puede ser ajena al artículo 1.o, que a la letra dice: «Costa Rica es una República democrática, libre, independiente, multiétnica y pluricultural».

En efecto, reconocida constitucionalmente la diversidad étnica y cultural de la sociedad costarricense, en ese contexto vario —geográfico, social, cultural, generacional, étnico—, los habitantes de esta pequeña nación tienen el español como lengua de comunicación y para todos los actos oficiales, lo cual sume en una situación de peligro de extinción a las lenguas habladas por comunidades minoritarias, a saber, las de nueve pueblos indoamericanos: buglé (bocotás, guaimíes, sabaneros), bruncas (borucas), bribis, cabécares, chorotegas, huetares, noves (guaimíes), malecus (guatusos), broranso (térrabas) (cf. Sánchez Avendaño 2015: XIX), además de la de los pueblos afrodescendientes, que hablan una variedad de inglés criollo. En esa dirección, el español, además de lengua oficial, se constituye en lengua general, con las correspondientes repercusiones sociolingüísticas.

Los costarricenses, como usuarios de la lengua, son personas en familia, en comunidad; viven en un espacio geográfico (51100 km^2), cultural, en un momento histórico, que trasciende, hoy más que nunca, las estrechas fronteras de su entorno, para constituirse, por la inmediatez comunicativa actual, en *zoon politikón* y *zoon logikón* de diferentes espacios histórico-culturales. En este orden de ideas, el costarricense como usuario de la lengua española esculpe su experiencia de vida en un *continuum;* esto es, está inserto en una comunidad de habla en efervescencia, en ebullición, pues se consolidan costumbres en tanto que fenecen otros hábitos, aparecen y desaparecen bienes y servicios, profesiones y oficios pierden vigencia frente a otras ocupaciones y especialidades, cambios en la producción y el comercio, en la vivienda, en el clima, en la relación ser humano-naturaleza, en la organización social, en la educación, en la salud. Ante esta realidad, la lengua española como sistema de comunicación, como instrumento para hacer cosas con palabras y de interacción lingüística de los miembros de un país multiétnico y pluricultural, se adecua comunicativamente en consonancia con factores geográficos, sociales, situacionales.

En esa dirección, respecto de la distribución diatópica del español hablado en Costa Rica, actualmente y de conformidad con Quesada (1992) se reconocen cinco regiones:

a) Valle Central (zona central del país)
b) Zona noroeste (correspondiente a la provincia de Guanacaste, península de Nicoya)
c) Zona atlántica (correspondiente a la provincia de Limón)
d) Zona norte (en los cantones de San Carlos y Ciudad Quesada, en la provincia de Alajuela)
e) Zona sur (en el cantón de Pérez Zeledón, provincia de San José, y parte de la provincia de Puntarenas)

El español vallecentraleño constituye el registro diatópico más prestigioso y dominante, pues en la Gran Área Metropolitana, parte central del país (2044 km^2 = 4 % del territorio nacional), se asienta el 60 % de la población (un poco más de 3 millones de habitantes, según el Instituto Nacional de Estadísticas y Censos de Costa Rica, INEC); de igual manera, aquí se encuentran los tres poderes de la República, las principales instituciones de educación superior, de cultura, financieras, los medios de comunicación más importantes y se desarrolla la mayor actividad comercial.

Como parte de los rasgos lingüísticos distintivos del español de Costa Rica, diversos estudios han identificado, en el campo fonético, el yeísmo, el seísmo, lo que se llama comúnmente «la erre tica», que puede ser apicoalveolar fricativa sibilante o fricativa retrofleja sonora (Sánchez 1985, Calvo Shadid y Portilla 1998), la pronunciación velar de la /n/ en posición final de sílaba y ante pausa, la aspiración de la /s/ final en el español de algunas zonas. En cuanto a las formas de tratamiento, si bien se tiene la creencia de que el pronombre *vos* es el más empleado en este país, el pronombre *usted* es el de mayor uso y constituye la forma no marcada, empleándose incluso entre personas cercanas y en el trato con animales; en efecto, autores como Solano (2012) han detectado que el ustedeo es percibido por la población costarricense como respetuoso y a la vez afectivo. En cuanto al léxico, en Sánchez Corrales (2010) se anotó que, en el español de Costa Rica, sobre la base de un criterio diferencial-contrastivo, en su componente léxico, se identificaron cinco elementos diaintegrativos:

a) El léxico patrimonial español, de procedencia regional y sociolectal variada;
b) el elemento léxico indoamericano, ya sea el aportado por las lenguas indígenas con ocasión del encuentro de culturas durante el período colonial o el procedente de lenguas indígenas costarricenses;
c) el elemento léxico africano, presente en nuestro uso lingüístico no solo por la condición de lengua «americanizada» que nos llega con los primeros colonizadores, sino también por la presencia de esclavos

africanos y sus descendientes, especialmente en el Caribe insular y costas caribeñas continentales;

d) el elemento xenista, particularmente galicismos y anglicismos, de conformidad con nuestro devenir histórico-cultural;

e) el elemento léxico de variedades internas del español americano como subsistema integrante de la lengua española. Se trata de préstamos léxicos entre variedades del español americano, es decir, préstamos internos, interdialectales.

Por la condición de marca social y como indicador de costarriqueñidad, es oportuno referirnos a la locución *pura vida*, definida en los siguientes términos:

> **vida. pura ~ I.** loc. adj. coloq. Agradable, que es simpático. || 2. Bueno, que agrada. || 3. Dicho de una cosa: bonito, de aspecto agradable. || 4. Saludable. || **II.** 5. loc. adv. coloq. Muy bien || 6. De acuerdo, conforme. || **III.** 7. expr. coloq. Se emplea como fórmula exclamativa de saludo y despedida.

Al respecto, es importante mencionar que a pesar de que existen otras lenguas en el territorio (por ejemplo, las lenguas indígenas o el inglés criollo, todas ellas en un proceso de desplazamiento lingüístico), lo más frecuente es que el español sea la lengua materna de quienes nacen en suelo costarricense, por lo que se puede asegurar que el español se habla a lo largo y ancho de todo el territorio nacional.

Además de las comunidades indígenas costarricenses, con un pequeño número de hablantes solo de su lengua nativa, existen comunidades extranjeras establecidas cuya lengua materna es distinta al español, como el caso de Monteverde, un poblado en la provincia de Puntarenas, donde habita un gran grupo de anglohablantes, pero cuya lengua de comunicación es el español.

LA LENGUA ESPAÑOLA Y SU ENSEÑANZA

En lo que concierne a la enseñanza de la lengua española, debido a que la escolaridad en Costa Rica es obligatoria y costeada por la nación desde preescolar, primaria y secundaria, el Español, como asignatura, forma parte del currículo, en el entendido de que los educandos enriquecerán su competencia comunicativa en la lengua oficial del Estado. En el caso del nivel preescolar, etapa educativa que no se segmenta en asignaturas separadas, el programa detalla lo relativo a la enseñanza del español en la unidad «Comunicación, expresión y representación», que tiene por objetivo fomentar la capacidad comunicativa de niños en formación, especialmente por medio de las prácticas pedagógicas que estimulan la expresión oral, la escucha, la lectura y la escritura emergentes. Tales procesos se completan en el I Ciclo de la Educación General Básica, el cual se cursa entre los 7 y los 9 años.

En 2013, el Ministerio de Educación Pública (MEP) estableció un nuevo programa de estudio para la materia de español en la educación primaria, cuyo alcance fundamental es el enriquecimiento de la competencia comunicativa tanto oral como escrita, prestando especial atención al desarrollo de la competencia lectora. Este programa fundamenta la mediación pedagógica a partir de un enfoque comunicativo y funcional. En este contexto, leer y escribir «significa poder entender y expresarse en los símbolos de nuestro tiempo, en los diversos lenguajes con los que nos comunicamos y en todos los campos de la vida» (MEP 2013: 7).

Según el mismo documento, al finalizar la etapa escolar, cada estudiante será capaz de comunicarse con claridad y fluidez, tanto de manera oral como escrita, interactuar en distintos contextos sociales y culturales, valorar razonamientos ajenos para replantear los puntos de vista propios; desarrollar en forma autónoma hábitos lectores de diferentes géneros textuales, identificar y desarrollar textos narrativos, descriptivos, explicativos e informativos, aplicar estrategias de comprensión de lectura, como subrayado, resumen, esquema; respetar las normas convencionales de ortografía y puntuación en la producción textual, conocer el léxico fundamental básico de acuerdo con su etapa evolutiva, producir textos sobre temáticas de interés personal o aquellas solicitadas por docentes, entre otras.

Para alcanzar esos objetivos, se inicia con la interpretación de imágenes, como señales de tránsito, y paulatinamente se introduce la escritura; primero con la identificación de los grafemas y su correspondencia fonética, después la formación de sílabas y, a continuación, las palabras y sus significados, para empezar a escribir frases u oraciones; la experimentación de decodificación de estos elementos mediante la lectura es una actividad importante dentro de este proceso, incluso para reconocer homófonos y, de ahí, la necesidad de respetar la ortografía.

El proceso de lectoescritura inicial se cursa durante todo el primer ciclo; mientras que, en el segundo ciclo (de entre 10 y 12 años de edad), se consolida el conocimiento en estructuras y unidades básicas gramaticales, como las clases de palabras y sus funciones dentro de los textos orales y escritos; además, en esa etapa se refuerza la utilización de las estrategias de comunicación básicas propias del intercambio lingüístico en diversas situaciones dentro del aula y fuera de ella, como reglas de cortesía, el respeto a la opinión ajena, el respeto a las personas mayores, entre otras normas de convivencia. También se promueve la manifestación oral de ideas mediante exposiciones, debates, conversatorios y otras actividades similares.

Por su parte, el nuevo programa de Español para el tercer ciclo y la educación diversificada —que corresponde a la época de secundaria de 13 a 15 años y de 16 a 17 años, respectivamente— entró en vigencia en el 2017 y se denominó «Educar para una nueva ciudadanía». Este programa pretende que la población estudiantil sea más responsable de su proceso de aprendizaje desde una «pedagogía crítica, el socioconstructivismo, la teoría holista, las habilidades para la vida y el eje transversal de los valores» (MEP 2017: 5); por tanto, la enseñanza del español comprende las competencias lingüística, sociolingüística, discursiva, semiológica y lectora, con el fin de alcanzar los siguientes saberes: dominio en el código lingüístico escrito y oral, adecuación del discurso según los diferentes contextos comunicativos, cohesión y coherencia textual, dominio de estrategias para solucionar problemas de comunicación; asimismo, se refuerza el análisis de textos literarios y no literarios.

Las dimensiones de este programa, entonces, se enfocan en una enseñanza integral que repercute no solamente en la adquisición de los conocimientos lingüísticos, mediante competencias orales y escritas, sino que pretende lograr ciudadanos conscientes de la importancia de emplear el lenguaje según las situaciones comunicativas en las cuales se desenvuelven diariamente.

En cuanto a la titulación de docentes en esta materia, diferentes universidades, públicas y privadas, se ocupan de formar profesionales en la enseñanza del español desde preescolar hasta el nivel universitario.

Según universidades.cr (2021), «el profesional en Enseñanza del Español recibe una fuerte base de conocimiento lingüístico y literario, combinada con una formación integral en materias ligadas a la práctica de enseñar como currículo, psicología, didáctica, comunicación y enseñanza especial. En cuanto al lenguaje, se encarga de enseñar a sus alumnos análisis y comprensión de textos literarios, gramática, redacción y lectura».

Resumiendo, se pueden tomar tres elementos lingüísticos como hitos de marca social en el español de Costa Rica: en el componente fonológico, la «erre tica»; en morfosintaxis, el ustedeo como forma de tratamiento no marcado, y, en el componente léxico, la locución «pura vida». En lo concerniente a la educación lingüística, la promoción del español como lengua común y variedad alta en un país pluriétnico, pluricultural y multilingüe sume a las lenguas minoritarias en un estatus de lenguas en peligro de extinción.

LAS LENGUAS INDÍGENAS INDOAMERICANAS Y EL ESPAÑOL COMO LENGUA COMÚN

Costa Rica, con una población de unos 5163038 millones de habitantes al mes de junio de 2021[1], alberga en su territorio a unos 35943 habitantes de

1. Dato tomado de la página web del INEC, recuperado de Internet https://www.inec.cr/.

origen indígena[2], población que no alcanza ni el 1 % del total de costarricenses. Los grupos indígenas son los siguientes, organizados según el número de habitantes y en orden descendente (datos de Quesada Pacheco 1999 y Sánchez Avendaño 2009, 2013):

Bribris o bribrís: se hallan distribuidos en la vertiente atlántica, provincia de Limón, y en la pacífica sur, provincia de Puntarenas. Con una población de 12785 habitantes, 6991 hablan la lengua bribri.

Cabécares: al igual que los bribris, se encuentran en la vertiente atlántica, provincia de Limón, y en la pacífica sur, provincia de Puntarenas. Son 12707 habitantes, 11133 de los cuales hablan la lengua cabécar.

Guaimíes, moves o *ngäbes:* pueblan algunas localidades de la vertiente pacífica sur, frontera con Panamá, y se cuentan 3654 habitantes; de los cuales 2838 hablan la lengua guaimí. Dentro de esta cifra se deberán asimismo contar los bocotás o murires, ya que culturalmente están asimilados a los guaimíes y los censos no aportan datos particulares para este grupo[3]. Los guamíes se caracterizan por tener una población fluctuante, la cual se desplaza hacia el interior del país en época de recolección del café, primordialmente para trabajar en las haciendas cafetaleras.

Borucas o bruncas: se hallan en la vertiente pacífica sur, provincia de Puntarenas; son 2593, ninguno de los cuales tiene el boruca como lengua materna, y sus últimos hablantes datan de principios del presente siglo.

Huetares: se hallan en la parte sur de la provincia de San José, concretamente en las comunidades de Quitirrisí y Zapatón. Son 1354 habitantes, ninguno de los cuales tiene el huetar como lengua materna. Los huetares fueron el grupo más importante de los indígenas costarricenses, y al momento de la Conquista, en 1562, poblaban toda la región intermontana interior del país, conocida como Valle Central, hasta las vertientes atlántica y pacífica. Su idioma fue considerado lengua general por los españoles, debido a su ventaja numérica, política y comercial. Como consecuencia de su declinación, dejó de ser oficialmente lengua principal de la entonces provincia de Costa Rica en 1676. Se ha considerado la desaparición de este idioma a principios del siglo XVIII; sin embargo, según testimonios orales recogidos por Miguel Ángel Quesada Pacheco en conversación con indígenas de la parte sur de la provincia de San José, hay fuertes indicios de que aún se hablaba a principios del siglo XX. Ha dejado profundas huellas en la toponimia de la región central del país (Aserrí, Curridabat, Cot, Quircot, Tobosi, etc.) y decenas de nombres comunes relativos principalmente a la flora y a la fauna.

---

2. Datos del X Censo Nacional de Población (INEC, 2011).
3. De hecho, el INEC no contempla este grupo dentro de sus estadísticas.

Chorotegas o mangues: se encuentran distribuidos en la comunidad de Matambú, en la península de Nicoya, provincia de Guanacaste. Son 1085 habitantes, ninguno de los cuales tiene el chorotega como lengua materna; sus últimos hablantes datan de finales del siglo XIX. Su lengua pertenecía al grupo de la familia otomangue, y en la actualidad ha dejado huellas en la toponimia de la región, tales como Nicoya, Nandayure, Diriá, Nosara y otros (Quirós 1999), pero casi ninguna en el léxico del español hablado en dicha provincia.

Térrabas: muy cercanos geográficamente a los borucas, habitan la región pacífica sur, provincia de Puntarenas. Son 1267 habitantes, ninguno de los cuales tiene el térraba como lengua materna; sus últimos hablantes datan de principios del presente siglo (Constenla 2007).

Malecus o guatusos: el único grupo cuyo hábitat se circunscribe a la región norte del país, concretamente en el cantón de Guatuso, provincia de Alajuela; son 498 habitantes, de los cuales 336 hablan el malecu.

Las cifras anteriores dan una idea bien clara de la situación alarmante bajo la cual se encuentran todas las lenguas indígenas habladas en el territorio nacional. De acuerdo con la clasificación de J. Bauman (1980), quien midió el grado de vitalidad lingüística según los parámetros de florecimiento, resistencia, declinación, obsolescencia y extinción, las lenguas indígenas costarricenses se podrían clasificar dentro de la declinación, la obsolescencia y la extinción. Y, según los estudios de Sánchez Avendaño (2013: 228), quien se basó en los parámetros de revitalización lingüística suministrados por la UNESCO, tales como el número de hablantes, la transmisión generacional y los dominios funcionales (tradicionales y modernos), entre otros, las actuales lenguas indígenas costarricenses se encontrarían entre a salvo (cabécar, guaimí), definitivamente en peligro (bribri, malecu) y en extinción (térraba, boruca).

Por el número de hablantes, las lenguas de mayor vitalidad son el cabécar, el bribri y el guaimí, las cuales cuentan aún con hablantes monolingües. La razón por la cual mantienen una cierta vitalidad en sus comunidades se debe al aislamiento en que se han mantenido desde la época colonial, en territorios montañosos y agrestes, de dificilísimo acceso, y las consiguientes dificultades que encontraron los colonos en conquistarlos. Casi todos los cabécares, los bribris y los guaimíes son bilingües, pero además hay monolingües en estos idiomas; sus ámbitos de uso de la lengua se circunscriben a la familia y a algunas prácticas culturales. Con todo, el bribri, el cabécar y el guaimí son lenguas vivas y activas ante los retos de la sociedad moderna, lo cual las facultaría para continuar su vigencia, si así lo consideraran sus hablantes.

Por su parte, el malecu sufre un severo grado de obsolescencia; de acuerdo con Sánchez Avendaño (2013: 223), «el desplazamiento se generalizó a todas las comunidades y la transmisión intergeneracional casi ha cesado por completo, si bien el malecu todavía conserva dominios de uso y las actitudes parecen ser predominantemente favorables».

De las lenguas anteriormente vistas, el boruca, el cabécar y el malecu se han usado únicamente en Costa Rica; las demás han compartido su ecosistema cultural con Panamá. En casos como el guaimí y el bocotá, estas dos lenguas se introdujeron en el país a partir de 1950 (Murillo 2015: 2).

Todos los idiomas indígenas vivos del país pertenecen a la familia lingüística chibcha, la cual se extiende desde el sur de Honduras hasta el occidente de Venezuela (Constenla 1995). Dentro de los rasgos tipológicos comunes, se pueden señalar el orden SOV, la ergatividad, el uso de posposiciones, el adjetivo a la derecha del sustantivo, además de un sistema numeral configurado según la percepción de la forma del objeto, de manera que la cosmovisión léxico-semántica está clasificada numéricamente en objetos planos, redondos, alargados, conjuntos, filas, etc. (Constenla 1998, Margery 1989). El guaimí es la lengua con el mayor conjunto de clasificadores; un morfema numeral en esta lengua se compone de un prefijo clasificador más el morfema numeral: *nibu* 'dos personas', *krobu* 'dos objetos alargados', *dobu* 'dos árboles', *jireibu* 'dos filas', *kunmu* 'dos objetos planos', *kobu* 'dos objetos redondos', etc. Un sistema numeral como el anterior crea una gama de discursos metafóricos —irreconocibles en el español—, ya que, con solo colocar el numeral a otra categoría semántica, se puede expresar humor, enfado, burla, ironía y más (Quesada Pacheco 2008: 74-75).

Según la reforma de ley del 27 de mayo de 1999, el Estado costarricense velará por el mantenimiento y el cultivo de las lenguas indígenas nacionales (Constitución Política, artículo 76). A raíz de esta reforma, desde hace décadas se ha visto un considerable aumento no solo en los programas educativos de estas lenguas, sino también en las actitudes hacia ellas. Todas las comunidades indígenas —menos la chorotega y la huetar— tienen enseñanza en su lengua materna durante la escuela primaria (Ovares y Rojas 2008: 14), y todas tienen un sistema de lectoescritura unificado y bien establecido. Lenguas como el boruca, que ya no cuenta con transmisión intrageneracional, está pasando en la actualidad por un repunte de revitalización tal que ya se puede hablar de neohablantes borucas; en particular, jóvenes indígenas que han profundizado en su interés por aprender el idioma, gracias a la enseñanza obligatoria de la lengua en la escuela primaria. De seguir adelante esta tendencia, muy pronto se podrá hablar del boruca como lengua renaciente o, como mínimo, como lengua cultural. En menor medida está ocurriendo lo mismo con la comunidad térraba, cuyo idioma se ha visto reforzado gracias a esfuerzos locales por traer maestros y hablantes de la comunidad teribe de Panamá, la cual aún maneja el idioma y comparte grandes similitudes dialectales con el térraba.

En todas esas comunidades indoamericanas, la acción formadora del sistema educativo ha sido fundamental para hacer del español la lengua común, no solo en el aula, sino también en la comunidad. El español es también la lengua empleada por los distintos grupos indígenas cuando se trata de participar en reuniones, asociaciones o en actividades interculturales, donde sus lenguas autóctonas solo tienen radio de acción dentro de su propia comunidad hablante.

EL INGLÉS CRIOLLO LIMONENSE Y EL ESPAÑOL COMO LENGUA COMÚN

El inglés criollo limonense es la lengua minoritaria de Costa Rica con el mayor número de hablantes. Este idioma es utilizado especialmente por la población afrocostarricense, cuyos ancestros fueron inmigrantes que llegaron al país contratados para trabajar en la construcción del ferrocarril que comunicaría la capital, en el centro del territorio nacional, con la ciudad Limón, en la costa del Caribe. Estos llegaron en varias oleadas a partir de 1872 con el arribo de 123 trabajadores varones y 2 mujeres a bordo de la goleta *Lizzie* procedente de Kingston, Jamaica, aunque algunos pobladores hablantes de inglés criollo ya se habían establecido en Limón desde 1828, al menos originarios de Panamá (Meléndez y Duncan 1972, Palmer 1986).

De acuerdo con el X Censo Nacional de Población realizado por el Instituto Nacional de Estadísticas y Censos de Costa Rica (INEC) en 2011, la cantidad de personas que se autoidentifican como «negro/a o afrodescendiente» corresponde al 1,05 % del total de los habitantes del país (Censo 2011. Población total por autoidentificación étnica-racial, según provincia, sexo y grupos de edad, recuperado de Internet https://www.inec.cr/censos/censos-2011). Según la información proporcionada por el INEC en su página web, el porcentaje mencionado resultaría en 54 212 personas. Los datos del censo de 2011 determinan que el 40,1 % de los afrodescendientes vive en la provincia de Limón, el 24,9 % lo hace en la provincia de San José, donde se encuentra la capital del país, y el 35 % habita en el resto de las provincias.

Los censos nacionales no brindan información sobre la cantidad de personas que hablan el inglés criollo limonense, como sí lo hacen, desde el año 2000, para el caso de las lenguas indoamericanas habladas en el país. Afortunadamente, el próximo censo nacional del año 2022 incluirá una pregunta sobre el conocimiento del inglés criollo limonense por parte de la población (INEC, XI Censo Nacional de Población: Boleta Censo Piloto, recuperado de Internet https://www.inec.cr/censos/censo-2022). A pesar de no contar con información fehaciente acerca de la proporción de hablantes de esa lengua por ahora, es notable que, en una muestra no representativa de 45 personas afrodescendientes de la provincia de Limón (Vásquez 2019), el 82,2 % de ellas afirma poseer un dominio fluido de la lengua criolla; el 11,1 %, un nivel intermedio, y el 6,6 %, apenas un nivel básico. Además, el 68,8 % de ellos dice tener como idioma dominante el inglés criollo, frente al 31,2 %, que considera más bien el español.

La comunidad afrocostarricense se halla en una clara situación de bilingüismo con diglosia. Las esferas de uso del inglés criollo limonense corresponden a las de la variedad B (baja), confinadas al ámbito familiar y a las interacciones comunicativas orales. Por otra parte, el español, como lengua oficial del país, constituye la variedad A (alta). Por tanto, es usado en las esferas públicas, en la educación formal, en todas las instancias gubernamentales y en los medios de comunicación.

Del mismo modo, el inglés estándar, por su gran prestigio internacional, constituye un referente identitario de la comunidad afrocostarricense. El inglés estándar fue enseñado, aunque no de manera generalizada, en escuelas privadas al menos desde la segunda década de siglo XX hasta 1950 en la provincia de Limón, pero paulatinamente estos centros fueron disminuyendo a causa de una mayor intervención gubernamental en favor de la enseñanza escolar pública en español. Como muchas de estas escuelas privadas eran patrocinadas por denominaciones religiosas protestantes, dado que la mayor parte de los afrodescendientes han profesado esta fe, tradicionalmente el inglés estándar ha tenido su lugar en el ámbito eclesiástico hasta la actualidad (Meléndez y Duncan 1972, Serrano 2000).

La producción literaria en inglés criollo limonense se ha circunscrito a las denominadas literaturas orales, que corresponden a los géneros de relatos tradicionales, proverbios y canciones. Por regla general, los autores de la comunidad afrodescendiente producen literatura escribiéndola en español, aunque algunos también lo hacen en inglés estándar. La lengua carece de una escritura propia, aunque cuenta con alfabetos prácticos, elaborados para transcribir fonológicamente este idioma (Portilla 1996, Zúñiga y Thompson 2018).

Un fenómeno bastante extendido propio de los usos lingüísticos de la comunidad afrocostarricense es el cambio de códigos entre el inglés criollo limonense y el español, el cual refleja la identidad bilingüe y bicultural de sus hablantes. Igualmente, es común la mezcla de códigos (la inserción de vocablos de una lengua en el discurso de la otra) en las interacciones comunicativas. También, es muy relevante la enorme cantidad de préstamos del español en la lengua criolla, pero no en el sentido contrario (Portilla 2000, 2012).

Como se ha mencionado arriba, a diferencia de lo que sucede con las lenguas indígenas americanas, el inglés criollo limonense no ha recibido aún reconocimiento alguno en el texto de la constitución costarricense ni ha sido incluido en la agenda educativa institucional del ministerio correspondiente.

Este desconocimiento de la lengua criolla se debe, en parte, a su falta de prestigio como variedad B. Incluso, muchas veces dicho idioma ni siquiera tiene estatus de existencia en el imaginario sociocultural costarricense. Una prueba de ello es que no hay un reconocimiento general adecuado para la designación de la propia lengua en sí. Muchos de los glotónimos utilizados por los hispanohablantes para nombrarla son confusos y peyorativos, como *mecatelio* y *patuá*. También, sucede lo mismo con los autoglotónimos que se usan en la comunidad afrodescendiente tanto de Limón como del resto del país: *Patois* o *Patwa, bad English, broken English* y el advenedizo *Mek-a-tel-yu*, que fue acuñado por un lingüista estadounidense a principios de la década de los ochenta del siglo XX, en un afán de recalcar que esta lengua, al ser un criollo (según las ideas lingüísticas de la época), era totalmente distinta del inglés estándar (Perry 2011, Portilla 2012).

El término *inglés criollo limonense* (en inglés *Limonese Creole English*) adoptado en esta crónica es quizá el más extendido entre los estudiosos de esta variedad lingüística en el ámbito internacional, aunque también se han usado otros términos afines, como *inglés criollo de Limón, inglés criollo de Costa Rica* y, por supuesto, *inglés limonense, inglés de Limón* o simplemente *inglés*.

Definido como una lengua criolla de base inglesa, este idioma presenta diferencias morfosintácticas muy significativas respecto del inglés estándar, al igual que una importante variación sociolectal, conocida técnicamente como *continuum* poscriollo, con una diversidad de formas más o menos afines a la lengua de la cual proviene históricamente (Herzfeld 2002). Su fonología también presenta elementos divergentes del inglés estándar estadounidense, pero más cercanos al inglés caribeño. Se puede decir que es una lengua de acento tonal (Portilla 1993, 1995). Su vocabulario es esencialmente de origen inglés, aunque, como se dijo, con una importante impronta del español. Así, por ejemplo, la totalidad de los rubros de un vocabulario básico de 100 términos de una lista estándar usada en lexicoestadística (la llamada lista de Swadesh) son ingleses.

En cuanto a sus afinidades genealógicas, el inglés criollo limonense proviene directamente del inglés criollo de Jamaica, y está emparentado, por tanto, con los otros criollos de base inglesa hablados a ambos lados del Atlántico (Portilla 1997). Según los estudios lexicoestadísticos (Portilla por publicar) y los histórico-comparativos (Portilla 2001, 2002, 2003), este idioma es muy afín a los demás criollos ingleses hablados en Norteamérica, América Central, el Caribe y Sudamérica, con excepción de los de Surinam, en la morfosintaxis, la fonología y el léxico. Es verdad que comparte varias isoglosas particulares con algunas variedades criollas de América Central y del Caribe occidental, muy especialmente con el inglés criollo de Jamaica. Sin embargo, en general, se puede afirmar que todas las variedades americanas (excluyendo las de Surinam) constituyen simplemente dialectos de una misma lengua, cuya identidad en el vocabulario básico (según la lista de Holman *et al.*, 2008) varía entre el 90 % (el inglés criollo de Bahamas; el inglés de Utila, Islas de la Bahía, Honduras) y el 98,7 % (el inglés criollo limonense; el inglés criollo jamaiquino), con una moda del 95 %.

Tal como se anotó en páginas precedentes, el español, como lengua oficial del país, constituye la variedad A (alta). Por tanto, es usado en las esferas públicas, en la educación formal, en todas las instancias gubernamentales y en los medios de comunicación.

BIBLIOGRAFÍA

BAUMAN, James (1980): *A Guide to Issues in Indian Language Retention*. Washington: Center for Applied Linguistics.

CALVO SHADID, Annette y Mario PORTILLA CHAVES (1998): «Variantes de /r/ y /rr/ en el habla culta de San José». *Káñina, Revista de Artes y Letras de la Universidad de Costa Rica* 22 (1), págs. 81-86.

CASTILLO, Deyanira (2000). «Understanding our past in the school experience». *Intersedes* (1), págs. 61-77.

CONSTENLA, Adolfo (1995): «Sobre el estudio diacrónico de las lenguas chibchenses y su contribución al conocimiento del pasado de sus hablantes». *Boletín del Museo del Oro* [Bogotá]), págs. 13-55.

— (1998): *Gramática de la lengua guatusa*. Heredia: EUNA.

— (2007): *La lengua de Térraba*. San José, Editorial Universidad de Costa Rica.

HERZFELD, Anita (2002): *Mekayteluw: la lengua criolla de Limón*. San José: Editorial de la Universidad de Costa Rica.

HOLMAN, Eric *et al* (2008): «Explorations in automated language classification». *Folia Linguistica* 42 (2), págs. 331-354.

Instituto de Investigaciones Lingüísticas (INIL), Universidad de Costa Rica (2021): «Español en Costa Rica». Recuperado de https://inil.ucr.ac.cr/linguistica/espanol-de-costa-rica/.

MARGERY, Enrique (1989): *Diccionario cabécar-español / español-cabécar*. San José: Editorial de la Universidad de Costa Rica.

MELÉNDEZ, Carlos y Quince DUNCAN (1972): *El negro en Costa Rica*. San José: Editorial Costa Rica.

Ministerio de Educación Pública (MEP) (2013a): *Programa de Español: comunicación y comprensión lectora. Tercer ciclo y ciclo diversificado*. San José: Costa Rica.

— (2013b): *Programa de estudio Español I: ciclo de la Educación General Básica*. San José: Costa Rica.

Ministerio de Educación Pública (MEP) (2013): *Programa de estudio Español II: ciclo de la Educación General Básica*. San José: Costa Rica.

MURILLO, Marielos (2009): «Repensar la enseñanza de la lengua española en la educación costarricense. Los alumnos en el proceso de transición sexto grado / sétimo año». *Káñina, Revista de Artes y Letras de la Universidad de Costa Rica* 33 (2), págs. 133-147.

MURILLO MIRANDA, José Manuel (2015): *Gramática de la lengua guaimí (dialecto de Costa Rica)*. Heredia: Universidad Nacional. Tesis doctoral.

OVARES, Sandra y Carmen ROJAS (2008): «La enseñanza de las lenguas indígenas en Costa Rica». *Letras* (43), págs. 11-21.

PALMER, Paula (1986): *Wa'apin man. La historia de la costa talamanqueña de Costa Rica, según sus protagonistas*. San José: Instituto del Libro.

PERRY, Franklin (2011): «Mi lengua materna y yo». *Revista de Filología y Lingüística de la Universidad de Costa Rica* 37(2), págs. 133-136.

PORTILLA, Mario (1993): «Fonemas segmentales del criollo inglés de Limón». *Revista de Filología y Lingüística de la Universidad de Costa Rica* 19 (2), págs. 71-79.

— (1995): «Tono en el inglés criollo de Costa Rica». *Revista de Filología y Lingüística de la Universidad de Costa Rica* 21 (1), págs. 135-139.

— (1996): «Una ortografía para el criollo inglés de Costa Rica». *Revista de Filología y Lingüística de la Universidad de Costa Rica* 22 (2), págs. 87-103.

— (1997): «Correspondencias tonales y el origen de las lenguas criollas inglesas del Atlántico», *Revista de Filología y Lingüística de la Universidad de Costa Rica,* 23 (1), págs. 205-224.

— (2000): «Hispanismos en el diccionario del inglés criollo de Costa Rica». *Revista de Filología y Lingüística de la Universidad de Costa Rica* 26 (1), págs. 71-79.

— (2001): «Reconstrucción del sistema fonológico del protocriollo inglés del Atlántico: las vocales». *Revista de Filología y Lingüística de la Universidad de Costa Rica* 27 (2), págs. 199-227.

— (2002): «Reconstrucción del sistema fonológico del protocriollo inglés del Atlántico: las consonantes». *Revista de Filología y Lingüística de la Universidad de Costa Rica* 28 (1), págs. 165-187.

— (2003): «Tiempo, aspecto y modo en los criollos ingleses del Atlántico». *Revista de Filología y Lingüística de la Universidad de Costa Rica* 29 (1), págs. 175-199.

— (2012): «Intercambios léxicos entre el español y el inglés criollo de Limón». *Boletín de la Academia Costarricense de la Lengua* 7, págs. 31-46.

— (por publicar): «Una clasificación lexicoestadística de los criollos ingleses del Atlántico».

QUESADA PACHECO, Miguel Ángel (1997): *Los huetares: historia, lengua, etnografía y tradición oral*. Cartago: Editorial Tecnológica.

— (2008): *Gramática de la lengua guaymí (ngäbe)*. Múnich: Lincom-Europa.

— (1999-2000): «Situación actual y futuro de las lenguas indígenas de Costa Rica». *Estudios de Lingüística Chibcha* (18-19), págs. 7-34.

QUIRÓS, Juan S. (1999): *Diccionario español-chorotega / chorotega-español*. San José: Editorial Universidad de Costa Rica.

SÁNCHEZ CORRALES, Víctor (1985): «Fricación de erre en el español de Costa Rica: un caso de escisión fonológica». *Revista de Filología y Lingüística de la Universidad de Costa Rica* 11(1), págs. 63-66.

— (1989): «La lengua española en la educación costarricense». *Revista de Filología y Lingüística de la Universidad de Costa Rica* 15 (2), págs. 155-161.

— (2010): «Comunicación de masas y emigración léxica. Del cine clásico mexicano a la conformación de la costarriqueñidad». *Káñina, Revista de Artes y Letras de la Universidad de Costa Rica* 34 (especial), págs. 173-192.

SÁNCHEZ AVENDAÑO, Carlos (2009): «Situación sociolingüística de las lenguas minoritarias de Costa Rica y censos nacionales de población». *Revista de Filología y Lingüística de la Universidad de Costa Rica* 35 (2), págs. 233-273.

— (2013): «Lenguas en peligro en Costa Rica: vitalidad, documentación y descripción». *Káñina, Revista de Artes y Letras de la Universidad de Costa Rica* 37 (1), págs. 219-250.

SOLANO, Yamileth (2012): «Las formas pronominales: vos-tú-usted en Costa Rica, análisis de una muestra». *Pensamiento Actual* 1, n.º 1.

Universidades.cr (2021): «Enseñanza del español». Recuperado de https://universidades.cr/carreras/ense%C3%B1anza-del-espa%C3%B1ol.

VÁSQUEZ, Luz Marina (2019): «Señales de resistencia: el criollo en la provincia de Limón, Costa Rica». *Revista Fórum Identidades* 29 (1), págs. 147-167.

ZÚÑIGA, René y Gloria THOMPSON (2018): *Mek wi rayt wi langwich: Limon kryol alfabet. Alfabeto ilustrado de criollo limonense*. Heredia: Editorial de la Universidad Nacional de Costa Rica.

Estadísticas: la destrucción del idioma español en Filipinas

GUILLERMO GÓMEZ RIVERA

Academia Filipina de la Lengua Española

Introducción. ■ La equivocada aseveración de que el español nunca se habló en Filipinas. ■ La razón de ser del idioma español en Filipinas. ■ De Agustín de Cavada a Malolos. ■ Manuel Arellano Remondo. ■ Las estadísticas de 1903-1905. ■ Dean C. Worcester, verdugo de la prensa libre en Filipinas. ■ El primer genocidio sangriento. ■ El manipulado censo de 1903-1905. ■ Tirso de Irureta Goyena en 1916. ■ Los informes norteamericanos sobre el español frente al inglés. ■ Aumentan los hispanohablantes con la introducción del inglés. ■ Se prohíbe la enseñanza del español. ■ Los filipinos de origen chino adoptan el español como su lengua. ■ *Asimilación benevolente* y un tal John Earle Stevens. ■ El informe Ford de 1916. ■ Lengua de la política, el comercio y la sociedad en Filipinas. ■ La prensa filipina está en español. ■ El genocidio como política. ■ Adquisición más fácil del español por parte del indígena filipino. ■ Vicente Blasco Ibáñez en 1924. ■ Forzando el inglés. ■ El Gobierno colonial norteamericano se entrega a una castellanofobia oficial. ■ Discriminación oficial contra los filipinos de habla hispana. ■ Los educados en inglés fueron denominados «exfilipinos». ■ Leyes por el español. ■ El grupo de identidad neocolonial. ■ Engaño político en la supresión de la docencia como de la oficialidad del idioma español en Filipinas. ■ Una agenda genocida en contra del pueblo filipino. ■ Otras pruebas más del genocidio. ■ Testimonios orales del genocidio. ■ Destrucción de la literatura y la intelectualidad filipinas. ■ Un mal para anular al filipino y sus derechos de nacional. ■ Imponer el inglés frente al derecho filipino a su cultura y a su soberanía nacional. ■ Los filipinos cuestionaron el derecho estadounidense de imponer el idioma inglés. ■ Demanda de cine en español. ■ Hondas raíces de la lengua, la cultura y la civilización hispanas en Filipinas. ■ Se priva al cine filipino de lo que comenzó a ser su mercado internacional. ■ El genocidio en Filipinas ya es legal. ■ ¿Qué hacer? ■ Alfabeto filipino. ■ Coda.

INTRODUCCIÓN

De ser la lengua oficial y constitucional de la primera República de Filipinas en enero de 1899, el español ha desaparecido prácticamente del archipiélago. Su desaparición no ha sido un proceso natural, sino un programa proyectado, entre otras cosas, para erradicar su papel en la construcción del Estado y la conciencia nacional, programa que se aplicó desde el parvulario. A las dos semanas de proclamada la República, Estados Unidos rompió las hostilidades hasta obtener la victoria en abril de 1901, momento en el cual los soldados pasaron a la fase llamada de *pacificación*, transformándose en maestros de inglés. Inmediatamente miles de *educadores* desembarcaron en Manila en transatlánticos como el *USS Thomas*. Empleando el sistema escolar ya establecido durante la última parte del periodo español, Estados Unidos elaboró una nueva y maniquea narrativa histórica con una intervención pedagógica desde la infancia, con catones exaltando la bandera norteamericana y personajes como George Washington. Se produjo una irreparable ruptura generacional en las propias familias filipinas, entre padres educados en el modelo español de retórica y letras, e hijos educados exclusivamente en inglés y dirigidos al mundo práctico y mecánico, que terminó en el extrañamiento con la herencia nacional.

La historiografía tradicional, incluso en nuestros propios días, tiende a suscribir como natural el proceso de deshispanización durante el periodo norteamericano, cuando la prensa, la literatura y la política demuestran otra cosa. Cuando la comisión filipina se dirigió a Estados Unidos en demanda de independencia, el texto se imprimió en 1923 exclusivamente en lengua española: *Nuestra demanda de libertad: Memorial filipino al Presidente y Congreso de los Estados Unidos. Resumen del problema filipino y exposición de las actuales condiciones de las islas por la Misión parlamentaria filipina*. En fecha tan tardía como 1935, la mitad de los varios volúmenes que conforman la Convención constitucional celebrada para establecer la Mancomunidad están escritos en español.

No fue producto de la insuficiencia de la lengua en fecha de 1898, o muerte por inanición achacable a su escasa penetración. La desaparición de la lengua española en el archipiélago filipino es fruto de una política de ingeniería pedagógica sostenida durante décadas por la administración norteamericana tras una guerra de conquista, hasta la hecatombe demográfica de la Segunda Guerra Mundial. Se trata ciertamente de una buena lección de cosas para todos los pueblos, no sólo el filipino, quienes, por su debilidad militar, son condenados a aceptar el relato y la cultura del colonizador, para ser buenos colonizados. No se trata igualmente de un hecho aislado, sino de una proyección histórica de las trece colonias hacia el oeste cardinal, pasando por Texas, California y Micronesia, y concluyendo en Filipinas. En nuestros días el sustrato hispánico permanece en todo este espacio geográfico, sobreviviendo entre la indiferencia y la anomalía para sus nuevos hablantes de lengua inglesa. La globalización, sin embargo, nos determina hacia el multilingüismo; poco sentido tiene ya perpetuar las políticas esencialistas de los regímenes coloniales

Por lo tanto, el siguiente texto, suficientemente documentado hasta con fuentes de provenencia nortemericana, relata detalladamente los pasos que se tomaron para, de hecho, efectuar la destrucción del idioma español de Filipinas con el pormenor de observar, ahora, que como todas las destrucciones genocidas nunca son totales, esta destrucción particular tampoco ha podido ser total cifrada, como está, por el maldeletreo del nombre actual del país como «Pilipinas» además de hacer lo mismo de su patronímico. Es decir: deletreándolo como «Pilipino» porque todavía se quiere argüir, y de forma poco creíble, que «el Filipino nunca tuvo la F» (that the Filipino does not have the letter F).

UNA RÉPLICA A LA EQUIVOCADA ASEVERACIÓN DE QUE EL ESPAÑOL NUNCA SE HABLÓ EN FILIPINAS

Es verdad que nunca fueron todos los habitantes de las islas Filipinas los que tuvieron el idioma español como su lengua materna. Pero tampoco es justo decir que este idioma nunca se habló en Filipinas a escala nacional.

El mero hecho de que el español fuera el idioma oficial de las islas Filipinas desde el 24 de junio de 1571, día de la fundación de Manila como la ciudad cabecera del Estado filipino bajo la corona de España, hasta 1987, año en que se promulgó la cuestionable constitución de la presidenta Corazón *Cory* C. Aquino, bien puede poner en solfa a todos aquellos que digan que este idioma nunca se habló en, o que nunca llegó a, Filipinas.

Siendo idioma oficial durante tantos siglos, debe muy bien entenderse que fue el idioma de la judicatura, de la legislatura y de las escrituras, y tanto de las publicaciones oficiales como de las judiciales de este archipiélago.

También es innegable que existe un gran cuerpo de obras literarias, en fin, una tradición literaria de autores filipinos desde 1593, año en que se fundó la primera imprenta en estas islas, hasta el presente. Todo esto evidencia que el idioma español bien se habló en Filipinas, y no en la extensión regateada en que nos dicen los cuestionables documentos usenses o norteamericanos.

Y decimos «cuestionables documentos» porque ya es un hecho que los colonialistas usenses han tenido —¡y tienen!— desde 1898 una *language agenda* a favor del inglés y en contra del idioma español en Filipinas, al que miran como un obstáculo latente a sus objetivos lingüísticos y de imperio económico.

LA RAZÓN DE SER DEL IDIOMA ESPAÑOL EN FILIPINAS

Esa razón de ser es mucho mayor de la que el idioma inglés pueda tener, ya que los habitantes de Filipinas se convirtieron en plenos ciudadanos españoles, mientras que jamás fueron aceptados por los neocolonialistas americanos como ciudadanos de los Estados Unidos de América durante su régimen.

Está, además, la verdad sobre la razón de ser del idioma español en Filipinas. Esa razón de ser arranca de un hecho histórico, citado renuentemente por el historiador americano John Leddy Phelan en su libro *The Hispanization of the Philippines,* publicado en Wisconsin en 1967. En medio de su visceral hispanofobia, Mr. Phelan no pudo ocultar del todo el hecho cierto de la ciudadanía española de los habitantes de estas islas cuando sus mismos reyes aceptaron libremente al rey de España como su *natural sovereign* (Phelan, 23-25) a cambio de los servicios que la Corona española les iba a dar y que, de hecho, les dio, tales como la fundación y la organización del Estado filipino desde los tiempos del adelantado Miguel López de Legazpi, quien, para empezar, fundó Manila como la capital y asiento del Gobierno del Estado filipino. Al aceptar al rey de España como su natural soberano, los habitantes originarios de estas islas se convirtieron en sujetos españoles, es decir, «ciudadanos españoles». Y, al hacerse ciudadanos de España (específicamente entre 1810 y 1830 con la Constitución democrática de Cádiz), tenían de hecho la necesidad de aprender el idioma español, idioma de sus leyes, y de utilizarlo como el idioma oficial de su Estado filipino, cuyo nombre es Filipinas.

Esa, en breve, es la razón de ser del idioma español en Filipinas, puesto que, tras casi cuatro siglos, los tagalos, los visayas, los ilocanos, los chinos, etc., se desarrollaron y se convirtieron en filipinos por, precisamente, hablar en español, hasta que la ya existente nacionalidad filipina pensó en su independencia política con la fundación de la primera República de Filipinas en 1898. Y la razón de ser del idioma español en estas islas no pudo negarse ni por la república revolucionaria, porque tuvo que reconocer a este mismo idioma como su lengua oficial.

Cuando los Estados Unidos se anexionaron las islas Filipinas en 1900, tras destruir en una guerra injusta a la mencionada primera república de Asia, impusieron el idioma inglés sobre los habitantes de estas islas mediante un sistema de educación pagado por los propios habitantes, sin hacerlos, a estos, ciudadanos de Estados Unidos.

DE AGUSTÍN DE CAVADA A MALOLOS

Pasemos ahora al campo de las estadísticas. Es verdad que, cuando Filipinas tan solamente tenía una población de un poco más de cuatro millones y medio (4 500 000) de habitantes, Agustín de la Cavada y Méndez de Vigo señaló que los indios o indígenas que hablaban español en estas islas no rebasaban el 2,8% de la población citada en 1870. Pero este libro, con tales estadísticas, salió a la luz en 1870, tan solamente siete años después de que, por decreto de la Reina Isabel II en el año 1863, se estableciera el sistema de instrucción pública en todas las islas, cuya lengua vehicular era predominantemente el español, con los idiomas principales del archipiélago sirviendo de medios auxiliares de educación.

Al llegar el año de 1898, en que se separó Filipinas de España, el porcentaje de los filipinos de habla española tendría que haber aumentado considerablemente. Y si, de hecho, el número de hispanohablantes no hubiese crecido en proporciones más altas y extensiones más profundas en todas estas islas a partir del dado 2,8% en 1870, los delegados filipinos a la primera convención constituyente celebrada en Malolos, Bulacán, en 1898, no hubiesen declarado el idioma español como la optada lengua oficial de la República de Filipinas, tal como lo tiene provisto la Constitución de Malolos.

Tampoco hubiesen utilizado los gobernantes filipinos bajo el presidente Emilio Aguinaldo el idioma español en todas sus proclamas y sus publicaciones oficiales, entre las cuales se encuentra el diario-vocero denominado *La Independencia*. Y José Rizal, un políglota que sabía bien siete lenguas, incluyendo la tagala y la inglesa, no hubiese escrito sus obras fundamentales en español. Las hubiese escrito en inglés y en tagalo. ¡Pero no! Todo lo escribió José Rizal en español para sus compatriotas, que, naturalmente, podían leerle en esta misma lengua.

MANUEL ARELLANO REMONDO

En un libro publicado en 1908 por la Tipografía del Colegio de Santo Tomás de Manila, titulado *Geografía general de las islas filipinas*, cuyo autor es el Rvdo. P. Fr. Manuel Arellano Remondo, se encuentra el siguiente dato, en la página 15: «La población disminuyó por razón de las guerras, en el quinquenio de 1895 a 1900, pues al empezar la primera insurrección se calculaba en 9 000 000 y actualmente [1908] no llegarán a 8 000 000 los habitantes del Archipiélago». La referida «primera insurrección» fue la que ocurrió el 29 de agosto de 1896 en contra del Gobierno español. En ese año, la población de Filipinas llegaba a los citados nueve millones de habitantes.

LAS ESTADÍSTICAS DE 1903-1905 SE HICIERON A BASE DE UNA PLANIFICADA EQUIVOCACIÓN

Los censos norteamericanos de 1903 y 1905 calculan de soslayo que los hispanohablantes de este archipiélago nunca han rebasado, en su número, el diez por ciento (10%) de la población durante la última década del siglo XIX.

Esto quiere decir que 900 000 filipinos, el diez por ciento de los nueve millones citados por Fray Manuel Arellano Remondo, tenían el idioma español como su primera y única lengua.

No es verdad que ese 10 % de aludidos filipinos tuviera el idioma español tan solo como una segunda o una tercera lengua. Subrayamos, a riesgo de repetirnos, que lo tenían como su única lengua. Su primera lengua. Su lengua materna. Además de esos novecientos mil (900 000), don Luciano de la Rosa, katipunero y abogado defensor de los demandados por libelo a raíz del editorial «Aves de Rapiña» del diario manileño *El Renacimiento* de 1907, concluye en un estudio que citamos en el libro *Filipino: Origen y connotación* (Manila, 1960) que era el 60 % de los filipinos de su tiempo los que tenían al idioma español como su segunda lengua.

Si añadimos a ese 60 % anterior el 10 %, tenemos al 70 % de la población filipina como usuaria cotidiana del idioma español entre 1890 y 1940.

DEAN C. WORCESTER, VERDUGO DE LA PRENSA LIBRE EN FILIPINAS

El dato dado por el abogado Luciano de la Rosa queda corroborado por la declaración jurada del secretario del interior y el demandante en aquel escandaloso caso contra el diario *El Renacimiento*, Dean C. Worcester, cuando este reveló bajo juramento judicial que:

> El español se habla y se lee a un grado más o menos alto en todos los pueblos; en prácticamente todos los barrios importantes y, a un grado limitado, en el territorio habitado por las tribus no-cristianas.

Por otro lado, unos recientes estudios del Dr. D. Rafael Rodríguez Ponga señalan, sin embargo, que los filipinos de habla española, al liquidarse la presencia peninsular en este archipiélago, llegaban al catorce por ciento (14 %) de la población de la década 1891-1900. Es decir, el 14 % de una población de nueve millones (9 000 000), que serían un millón doscientos sesenta mil filipinos (1 260 000), eran primordialmente de habla hispana (*Cuadernos hispanoamericanos*, enero de 2003).

EL PRIMER GENOCIDIO SANGRIENTO

El P. Fr. Manuel Arellano Remondo, al informarnos de que «la población disminuyó por razón de las guerras», se refiere indudablemente a las víctimas de la guerra entre la primera República de Filipinas de 1898 y el invasor Estados Unidos de Norteamérica. Esa disminución de la población filipina nos la señala luego otra fuente, esta vez norteamericana, como constituida por «la sexta parte de la población filipina». La fuente norteamericana a la que nos referimos es la del historiador James B. Goodno, autor del libro *The Philippines: Land of Broken Promises* (Nueva York, 1998), cuya página 31 nos suministra ese importante dato.

Si hemos de creer que fue la sexta parte de la población filipina la que pereció como víctima de las sangrientas masacres perpetradas por la soldadesca invasora de Estados Unidos entre 1898 y 1902, las bajas, de una población total de nueve millones, sumarían, de hecho, un millón y medio (1 500 000).

Y, dígase lo que se diga, este hecho histórico es evidencia, nada menos, que de un genocidio cometido en contra del pueblo filipino que precisamente era de habla española. Si ahora se puede, inclusive, decir que el español «nunca se habló en Filipinas», ese resultado es la evidencia misma del genocidio perpetrado durante la guerra filipino-norteamericana que se prolongó hasta 1907, incluyendo la masiva resistencia armada puesta frente a la invasión militar de Estados Unidos por parte del segundo presidente y general de la República Filipina de 1898, Macario Sacay y de León.

El presidente Sacay asumió el poder tras la captura y arresto domiciliario del presidente Emilio Aguinaldo. Pero, en 1906, Sacay fue engañado, mediante políticos filipinos (que empezaron a creer en la «benevolencia» norteamericana), con una falsa oferta de amnistía y un posible puesto en la proyectada Asamblea Nacional de 1907.

Tras ser capturado durante un baile dado en su honor, el presidente Sacay fue calladamente ahorcado en 1907 de una forma injusta y totalmente criminal en comparación con el caso de José Rizal. ¡Ahorcaron criminalmente al segundo presidente de la República de Filipinas! Pero ningún libro de texto para la enseñanza de la historia filipina denuncia este crimen de la misma forma en que se denuncia el fusilamiento de José Rizal.

El citado don Luciano de la Rosa también nos informa de que «es de esperar que una enorme proporción de esas bajas sean filipinos de habla hispana, ya que eran los de esta habla los que mejor entendían los conceptos de independencia y libertad y los que escribieron obras en idioma español sobre dichas ideas».

EL MANIPULADO CENSO DE 1903-1905

Es por eso que es el mismo libro del P. Arellano Remondo el que nos da la siguiente información estadística para la primera década del siglo XX: «6.° Población.— El censo oficial de 1903 obtuvo el siguiente resultado en su conjunto: 7 635 426. Y, de estos, eran civilizados o cristianos unos 7 000 000, y salvajes o no cristianos, 647 000 (Arellano, 15)».

Ese mismo censo de 1903 informa que los criollos, luego mestizos, de español eran 75 000, apenas un uno por ciento (1%) de la población. Se quiso dar a entender que estos eran los que primordialmente hablaban español. Al decir mestizos de español se entiende que el padre es peninsular y la madre es indígena. No se contaron como también de habla española a quienes eran hijos de matrimonios entre mestizos de español e indígenas, que, por cierto, eran más numerosos que los dados 75 000 de mestizos a razón del 50 al 50. Tampoco se contó a los descendientes de los chinos cristianos, siendo muchos de ellos mestizos terciados por ser mezcla de español, indígena y chino, que constituían el grupo más numeroso que tenía el español como primera lengua. Tampoco se clasificó como de habla española a los indígenas que componían las comunidades de habla criolla o chabacana de Cavite y los de extramuros de Manila (Ermita, Paco, Binondo, San Miguel y Quiapo), amén de los de Zamboanga, Cotabato, Davao, Joló y Basilan en Mindanao, que muy fácilmente sumaban otros 500 000.

TIRSO DE IRURETA GOYENA EN 1916

En 1916, el escritor y abogado don Tirso de Irureta Goyena hace la siguiente observación en el capítulo titulado «El castellano, único idioma nacional» de su libro *Por el idioma y cultura hispanos*, impreso por la Imprenta de Santo Tomás, Manila, 1917:

> Hay una minoría de filipinos, descendientes de individuos de raza española que tiene el castellano naturalmente como idioma propio y casi por decir único [...] Hay algunas localidades donde filipinos indígenas, de pura raza nativa, como Cavite, San Roque, Caridad, Zamboanga, y aun muchos de los que en Manila y en otras capitales importantes viven, que no poseen asimismo otro idioma que el castellano más o menos adulterado [...]. Y los mestizos de americanos son una minoría microscópica, en muchos de cuyos descendientes se ve el curioso fenómeno de adoptar el castellano o alguno de los idiomas nativos, dejando por completo el idioma inglés (38-39).

Y, en otro capítulo de su mismo libro, don Tirso concluye:

> No necesitó del inglés el pueblo filipino para dar el grito de Caloocan y luchar con Bonifacio en Balintawak; ni conocía el idioma de Shakespeare aquella hueste heroica que en los llanos del centro de Luzón hizo frente, con tanta grandeza de corazón como escasez de balas y fusiles, a los ejércitos de Norteamérica dotados de todos los medios de combate y provistos de numerosa artillería. Y el Congreso de Malolos, que promulgó una constitución para el pueblo entre el silbido de los proyectiles y el estruendo de las bocas de fuego, deliberó en castellano y lo declaró idioma oficial de la República Filipina.

DAVID P. BARROWS O LOS INFORMES NORTEAMERICANOS SOBRE EL ESPAÑOL FRENTE AL INGLÉS

En el octavo informe anual (*Eighth Annual Report*) del director de educación, David P. Barrows, fechado el 1 de agosto de 1908 (publicado por el Bureau of Printing, Manila, 1957), se encuentran las siguientes observaciones sobre el idioma español en su página 94:

> Of the adult population, including persons of mature years and social influence, the number speaking English is relatively small. This class speaks Spanish, and as it is the most prominent and important class of people in the Islands, Spanish continues to be the most important language spoken in political, journalistic and commercial circles.

Esta observación señala que la población adulta del país, que incluye a personas maduras y de influencia social, «tenía el idioma español como su lengua», por lo que el mismo idioma español continuaba siendo la lengua más importante hablada en todos los círculos comerciales, políticos y de prensa. Esta observación confirma el dato dado por el abogado don Luciano de la Rosa sobre el español, de que era el segundo idioma del sesenta (60 %) por ciento de la población total de Filipinas durante las primeras cuatro décadas de 1900.

AUMENTAN, POR EL CONTRARIO, LOS HISPANOHABLANTES CON LA INTRODUCCIÓN DEL INGLÉS

Lo más curiosamente significativo es que la supuesta alfabetización o escolarización en inglés, impuesta en las escuelas públicas establecidas por los norteamericanos desde 1900, «tendía a producir un número mayor de filipinos de habla española y no de habla inglesa». Es por eso que es el mismo director de instrucción, Mr. David P. Barrows, el que, alarmado y casi indignadamente, escribe lo que sigue:

> It is to be noted that with the increased study and use of English, there has been an increased study of Spanish. I think it is a fact that many more people in these islands have a knowledge of Spanish now than they did when the American occupation occurred (96).

Tras pedir más fondos con vistas a presupuestar *night schools,* o escuelas que también tuvieran clases nocturnas, con las que se tenía que redoblar la enseñanza e imposición del inglés sobre los niños y adultos filipinos para sacarlos de la influencia del predominante idioma español, dicho Mr. Barrows asegura al mundo —a manera de autoconsuelo para sí mismo y para sus superiores en Washington D. C.— que el idioma español, con ciertas medidas tomadas en su contra, tendría que desaparecer a la larga porque los filipinos están lejos de los países de habla española, por lo que no podrían tener ningún apoyo por parte de aquellos. Afirma Mr. Barrows: «Pero, a pesar de estos hechos, a favor suyo, el idioma español va a desaparecer porque carece del apoyo de los países de habla española adyacentes a nosotros (96)».

En esta observación bien puede espigarse la política de los norteamericanos de aislar adrede a Filipinas del mundo hispánico al que pertenece.

UN VERDADERO CASO POR EL QUE SE PROHÍBE LA ENSEÑANZA DEL ESPAÑOL OCURRIDO EN SILAY, NEGROS OCCIDENTAL, EN 1914

Reproducimos la crónica de un caso que habla por sí solo: «Silay y el español», aparecido en la página 142 del libro *Crónicas visayas,* de Iturriaga de Panay, ciudad de Iloílo, Filipinas, julio de 1914. Se dice:

> Recordarán ustedes que el pueblo de Silay, Negros Occidental, sintiéndose filipino por derecho propio, acordó cultivar y defender el idioma español que modela y define la personalidad nacional de estas Islas, aunque el cobeto se dibuje siempre con sus dialectos propios. Y para tan noble empresa, fundó el pueblo de Silay la primera Escuela de la Lengua Española que registra el amor nacional filipino.
>
> Pues bien. Esa Escuela, que hace muy poco tiempo empezó a trabajar con un altruismo incomprensible para los científicos modernos de a tanto el kilo de meollo, y que ha sido, y está siendo, objeto de alabanzas, donativos y estímulos generales, resulta ahora nada menos que amenazada de muerte por el elemento que a sí mismo se llama director de la educación escolar filipina, bien que ese elemento, por ser oficial, niega la intención del crimen, aunque no puede ocultar sus deseos.
>
> El diario de Bacólod, el *Atalaya de Negros* (dirigido por D. Aurelio Locsin y Lacson), ha publicado el primer acto de ese drama pasional, que nosotros, sin ser los autores, dedicamos especialmente al honorable (Rafael) Palma, el mismo que, discurriendo en español (porque de otro modo discurriría menos que un colchón), aconsejó a los maestros de las Escuelas Públicas que velasen por la enseñanza del idioma inglés, para hacer méritos y obtener medro personal.
>
> El argumento es el siguiente: en Silay se ha dicho, hasta en los más apartados bahais, que los alumnos de las Escuelas Públicas que asistan en horas libres a la Escuela de Lengua Española serán expulsados de dichas Escuelas Públicas... Y, naturalmente, la enormidad del dicho provocó de las partes interesadas reclamos y explicaciones.
>
> Porque, si por medios indirectos y ventajosos, se tira a inutilizar la acción legal, cultísima y patriótica de la Escuela de la Lengua Española de Silay, es evi-

dente la indigestión de español que padecen los que, prometiendo dejar libre a Filipinas antes de nada, le impiden el libérrimo derecho de estudiar el romance castellano, que es, aunque el honorable (señor Secretario de Instrucción) lo disimule, el único en que Palma puede ser útil a su patria.

LOS FILIPINOS DE ORIGEN CHINO ADOPTAN EL ESPAÑOL COMO SU LENGUA

Por otro lado, el memorándum-informe sometido por don Carlos Palanca a la Schurmann Commission de 1906, tomado de *Tulay*, semanario de la comunidad china de Manila, en su edición del 19 de abril de 1997, en un artículo escrito por el investigador e historiador Pío Andrade, señala: «Fuera de las ocho provincias tagalas a quienes describe como de habla española, todavía viven otras ocho provincias más, fuera de aquellas, que son igualmente de habla española». Además de estas dieciséis provincias de habla española, añade el mencionado artículo de Tulay, don Carlos Palanca nos señala otras cinco provincias más donde «se habla poco el español».

Los datos dados por don Carlos Palanca fueron considerados como de «mucho peso» por la Comisión Investigadora y Legislativa de Schurmann, porque venían del chino cristiano más rico de las islas y que encabezaba el poderoso Gremio de Comerciantes Chinos Cristianos, que, a su vez, tenía al día todos los datos pertinentes del mercado local que servía. De hecho, las actas de ese gremio hasta 1930 están escritas en español.

ASIMILACIÓN BENEVOLENTE Y UN TAL JOHN EARLE STEVENS

Un misionero protestante de Estados Unidos, John Earle Stevens, en su libro titulado *Yesterdays in the Philippines*, escribe en 1899 con irrisión, si no con envidia, sobre el idioma español en Filipinas como «presente en todas partes» (*being everywhere*). En la página 11 de su mencionado libro, nos dice con cierto aire de desdén:

> Spanish, of course, is the court and commercial language and, except among the uneducated native who have a lingo of their own or among the few members of the Anglo-Saxon colony, it has a monopoly everywhere. No one can really get on without it, and even the Chinese come in with their peculiar pidgin variety.

John Earle Stevens se encuentra, desde luego, en una Manila derrotada y como miembro de la casta victoriosa de los anglosajones que destruyó, tras robar sus reservas de oro y plata valoradas en más de cien billones de dólares, la República de Filipinas de 1896-98. El mencionado Mr. Stevens se permite demostrar su racismo y su *bigotry* o intolerancia y, muy petulante y muy arrogantemente, escribir la siguiente ofensa a las razas existentes dentro del marco filipino:

> As to population, Manila, in the larger sense, may hold 350,000 souls, besides a few dogs. Of the lot, cali 50,000 Chinese, 5,000 Spaniards, 150 Germans, 90 English and 4 Americans. The rest are natives or haif-castes of the Malay type whose blood runs in all mixtures of Chinese, Spanish and what not proportions, and, whose Chinese eyes, fíat noses and high cheek-bones are queer accompaniments to their Spanish accents. Thus, the majority of the souls in Manila —like the dogs— are mongrels, or mestizos, as the word is, and the saying goes that happy is the man who knows his own father.

Ninguno de los cronistas españoles que han escrito sobre los habitantes de estas islas, entre 1521 y 1898, han escrito de Manila tan «graciosa» como irresponsablemente sobre los filipinos en general. Esta imagen racista de los filipinos dada por este sectario anglosajón bien pudiera ser la razón por la que los invasores estadounidenses no vacilaron en cometer una serie de genocidios, además de toda clase de atrocidades, en contra de los mismos filipinos, sea individual o sea colectivamente.

Lo que es odioso es que todavía tenemos a unos «historiadores» en inglés que muy fácilmente atribuyen a los misioneros y bienhechores españoles las atrocidades y el genocidio que precisamente cometieron los norteamericanos. Y estos hasta nos hablan de una supuesta, por inexistente, asimilación benevolente.

Bien pudiera haber habido una asimilación benevolente por parte de los *wasp* usenses si Filipinas hubiese sido admitida como un estado más de EE. UU. y si todos los filipinos hubiesen sido convertidos en ciudadanos estadounidenses *(American citizens)* en la misma manera y forma en que fueron, dichos filipinos, convertidos en ciudadanos o súbditos españoles en 1599, cuando sus reyes indígenas aceptaron al rey de España como su soberano natural.

EL INFORME FORD DE 1916 DESMIENTE LA CIFRA DEL 10% DEL CENSO DE 1903-1905

Otra fuente reveladora de la extensión nacional en que se utilizaba el idioma español en Filipinas es el *Informe* de Henry Ford de 1916 al presidente Woodrow Wilson de Estados Unidos. Aunque el censo de 1903, preparado por el Gobierno de ocupación norteamericano, dio a entender que el idioma español «lo hablaría tan solamente el diez por ciento de los filipinos», el mencionado *Ford Report of 1916* en sus páginas 365 y 366 nos lo desmiente con sus observaciones. Dice:

> Hay, sin embargo, otro aspecto en este caso que se debe considerar. Este aspecto se me presentó a mí mismo cuando iba viajando por las islas, usando la trasportación ordinaria y mezclándome con toda clase de gente de todas las condiciones [...]. Aunque a base de estadísticas escolares se hace la declaración de que son más numerosos los filipinos que hablan inglés frente a cualquier otro lenguaje, nadie ha de estar de acuerdo con esta declaración si ha de depender del testimonio de lo que le llega al oído. En todas partes el español es el idioma del negocio y del intercambio social. Para que cualquiera pueda conseguir una pronta atención de quienes sea, el español resulta ser más útil que el inglés. Y fuera de Manila, es casi indispensable. Los americanos que viajan por todas las islas lo usan de costumbre.

EL ESPAÑOL ES LA LENGUA DE LA POLÍTICA, EL COMERCIO Y LA SOCIEDAD EN FILIPINAS

Como ya hemos señalado con las observaciones de 1908 del director de educación Mr. Barrows, la preponderancia del español seguía alarmando a los *wasp* usenses, puesto que su agenda de imponer tiránicamente el idioma inglés sobre el pueblo filipino corría el peligro de fracasar.

Bien seguros estaban de imponer el inglés en solo diez años más a partir de 1916, año en que también se aprobó la supuesta ley Jones de independencia para Filipinas. Pero es el mismo Henry Ford quien, en 1916, dio la segunda voz de alarma. Y la dio en los siguientes términos:

> Mientras tanto, el uso del español, en vez de disminuir ante la propagación del inglés, parece expandirse por su propia cuenta.
>
> Este hecho ha merecido la atención oficial. El informe del Director de Educación para el año 1908 dice en su página 9 lo que sigue: «El español continúa siendo la lengua más prominente e importante hablada en los círculos políticos, periodísticos y comerciales. El inglés tiene rivales activos como el lenguaje de intercambio y de instrucción. Es igualmente probable que haya ocurrido una disminución de interés por parte de la población adulta de aprender el idioma inglés».

LA PRENSA FILIPINA ESTÁ EN ESPAÑOL Y NO EN INGLÉS

Las quejas en contra de la popularidad del idioma español en Filipinas venían una tras otra por parte de la citada autoridad «educativa», empeñada en nada más que en la imposición del inglés. Así seguía diciendo el informe Ford:

> «Creo que es un hecho el que mucha más gente ahora conoce más el idioma español que cuando nosotros, los norteamericanos, zarpamos a estas islas y consumamos su ocupación...». «La demanda general de los despachadores es que sepan el inglés y el español». «A través del gran aumento en número y circulación

de diarios y periódicos, hay mucha más lectura ahora en español que antes...». «Hay un significado inconfundible en el hecho de que en todas estas islas no exista un periódico filipino publicado en inglés». «Todos los periódicos indígenas se publican en español y en el vernáculo. *La Vanguardia*, el diario de Manila de mayor circulación, tiene su sección en español y su sección en el vernáculo, y la mayoría de los periódicos isleños siguen esta práctica». «El *Philippine Free Press*, el periódico de más circulación bajo control norteamericano, se publica en inglés y en español, y todo el resto de los periódicos norteamericanos usan el español en conjunción con el inglés». «El único periódico puramente bajo control filipino que también usa el inglés es el órgano revolucionario *The Philippine Republic*, que se publica en Hong Kong. Está en inglés y en español, siendo su meta llegar a lectores norteamericanos en su interés de fomentar la independencia filipina».

EL GENOCIDIO COMO POLÍTICA

El informe del director de educación de 1908 atribuye la rémora en la propagación del inglés a la acción del Gobierno de extender el tiempo durante el cual se siga permitiendo el uso del español en los documentos oficiales. Continúa diciendo el *Ford Report*:

> La fecha fijada para que el inglés sea la lengua de los tribunales fue aplazada hasta el 1 de enero de 1911. Esta acción, aunque recomendada por el hecho de que un mayor número de jueces y abogados quedan insuficientemente entrenados en inglés, ha tenido un efecto desventurado sobre la confianza pública en la adopción final del inglés como la lengua oficial del gobierno.

Sin embargo, el director de educación expresa la creencia de que la ascendencia del español era tan solamente temporaria. Sigue:

> La nueva generación, que se impondrá en los asuntos de estas islas dentro de diez años más no va a usar el español para sus propósitos de ordinario y su influencia será decisiva. El español cesará de ser la lengua de los tribunales el 1 de enero de 1911.
>
> Está rápidamente cesando como medio de la correspondencia administrativa. Es probable que tardará más aún su uso oficial como la lengua de los legisladores.
>
> Pero el vaticinio sobre la desaparición proyectada del idioma español en Filipinas no se cumplía a pesar de tantos años de trabajo y dinero invertidos en su contra. Es por eso que Mr. Ford nos lo señala en los siguientes términos:
>
> Esto [la desaparición del idioma español] se dijo hace cinco años, pero los sucesos desde aquella fecha no se han cumplido con estos vaticinios. El uso del español como lengua oficial se ha extendido hasta el 1 de enero de 1920. Su uso general parece expandirse más aún.

La persistencia del español como lengua filipina no podía desaparecer mientras la paz permitera la normal sucesión de las generaciones filipinas. Se tenía que tomar una medida violenta. Y esa medida violenta se tomó en lo sucesivo mediante masacres llevadas a cabo con disimulo so pretexto de una guerra o una revolución creada por la misma potencia invasora, hasta la total consumación en la Segunda Guerra Mundial.

ADQUISICIÓN MÁS FÁCIL DEL ESPAÑOL POR PARTE DEL INDÍGENA FILIPINO

Henry Ford observó muy claramente que los indígenas filipinos estaban predispuestos a adquirir fácil y rápidamente el español por encima del inglés, que era más difícil para ellos por ser un idioma antifonético, pues no se pronuncia como se escribe. Dice Mr. Ford:

> Los indígenas lo adquieren como una lengua viva. Lo oyen de gente que acaudilla a la comunidad y su oído está acostumbrado a su pronunciación. Por otro lado, este pueblo está prácticamente sin la menor base fonética de adquirir el inglés y el resultado es que lo aprenden como un lenguaje de los libros en vez de aprenderlo como un idioma vivo. El inglés queda valorado como una cualificación importante para ganarse un empleo, particularmente en el servició del gobierno, pero es cierto que hasta la fecha no demuestra la menor tendencia de haberse impuesto por encima del español o del vernáculo de uso común.

Uno de los importantes aspectos del *Ford Report* es la obvia desesperación por parte de los estadounidenses ante el continuado uso oficial del idioma español en Filipinas, amén de su influencia de raíz en las lenguas indígenas de Filipinas, en el idioma tagalo sobre todo. Esa desesperación es la razón que explica los siguientes pasos «legales» que tomaron en contra del idioma español en estas islas, a costa del progreso de las futuras generaciones de filipinos que, después de imponérseles el inglés —a costa del mismo dinero con que contribuyen a su República Filipina—, ni lo hablan bien ni lo escriben con corrección.

Y cuando esos pasos «legales» fracasan, no vacilan, dichos *wasp y* sus lacayos de la élite pensionada, en recurrir a pasos menos legales.

VICENTE BLASCO IBÁÑEZ EN 1924

El novelista más leído de aquel tiempo era el español don Vicente Blasco Ibáñez. La mayoría de sus novelas fueron traducidas al inglés y producidas en forma de exitosas películas de Hollywood, como *Los cuatro jinetes del Apocalipsis*, cuyo primer protagonista fue el ídolo del público norteamericano Rodolfo Valentino.

En 1924, don Vicente pasó por Filipinas mientras hacía un viaje alrededor del mundo. Al llegar a Manila fue muy calurosamente recibido por ambos, el Gobierno de ocupación y el subyugado pueblo filipino. Hasta la Legislatura Filipina encabezada por Quézon y Osmeña recibieron con honores a don Vicente, durante una sesión plenaria de dicha legislatura a la que el novelista dirigió unas palabras.

Don Vicente dio dos o tres conferencias, una en la Universidad Estatal de Filipinas y otra en la Escuela Normal de Filipinas, fundada durante el periodo español. En una de sus conferencias, don Vicente Blasco Ibáñez dijo:

> Y os encuentro especialmente a todos vosotros, hijos de las Islas Filipinas, que verdaderamente me habéis sorprendido, porque yo, al llegar a este país, me imaginé que únicamente me encontraría con algunos intelectuales que hablarían el español, que conservarían el recuerdo del idioma español, Y ME HE ENCONTRADO CON UN PUEBLO CULTO, con un pueblo vigoroso, con un pueblo que tiene derecho a una vida amplia, inmensa, Y COMO SÍMBOLO ESPIRITUAL DE SU PERSONALIDAD, EMPLEA EL IDIOMA DE ESPAÑA, IDIOMA DE SUS PADRES, EL IDIOMA DE LA CIVILIZACIÓN EUROPEA QUE VINO AQUÍ POR PRIMERA VEZ.

Y esto lo dijo uno de los principales escritores españoles en su discurso, recogido en *Vicente Blasco Ibáñez en Manila,* de José Hernández Gavira (The Times Press, Manila, 1924).

FORZANDO EL INGLÉS CON UNA SERIE DE LEYES NEOCOLONIALES

Sigue diciendo el *Ford Report*:

> El archivo sobre la acción oficial en cuanto al idioma demuestra una serie de pasos de rendición frente al continuado uso del español ante el *stress*, o el apuro, de la necesidad. La intención original fue imponer la rápida substitución del inglés. La ley n.º 190 de la Comisión tenía provisto que el inglés debe imponerse como la lengua oficial de todos los tribunales y todos sus archivos después del 1 de enero de 1906. La ley n.º 1427 extendió ese tiempo al 1 de enero de 1911. La Ley n.º 1946 extendió otra vez ese tiempo al 1 de enero de 1913. Por Orden Ejecutiva n.º 44, fechada el 8 de agosto de 1912, el requisito legal fue enmendado y terminó siendo nada más que una expresión de preferencia por el inglés. Este documento instructivo se incluye aquí como el Anejo B. La imposibilidad de sustituir el español con el inglés en el proceso judicial y en los gobiernos provincial y municipal es de tal índole que aún queda la probabilidad de que, aunque se declare oficial el idioma inglés el 1 de enero de 1913, el español ha de continuar usándose por conveniencia oficial. Esta situación anormal tampoco fue terminada por una ley pasada

> el 11 de febrero de 1913. Esta ley tiene provisto que, mientras el inglés es la lengua oficial, el español también será una lengua oficial hasta el 1 de enero de 1920. No existe ninguna perspectiva en el tiempo actual que nos indique que el español pueda ser descartado en 1920 o en otro año futuro, ya que, por lo visto, su puesto como lengua oficial queda aseguradamente establecido.

Y estas reflexiones se leen en el *Ford Report of 1916, #4*: «Increasing the use of Spanish», págs. 366 y 368; y #5: «Legislation as to Language», págs. 368-369.

EL GOBIERNO COLONIAL NORTEAMERICANO SE ENTREGA A UNA CASTELLANOFOBIA OFICIAL

No pudiendo suprimir el uso oficial y nacional del idioma español en Filipinas, tal como lo tenían proyectado los colonialistas americanos, el Gobierno colonial que controlaba por la fuerza las islas persiguió directamente el uso por parte de los filipinos de este idioma, de forma indecorosa, irracional, arbitraria e injusta.

Ante esa escandalosa persecución genocida, la prensa filipina en español reaccionó debidamente. El escritor Ímprogo Salcedo, en un editorial del diario manileño *La Opinión*, escribió lo que sigue el 2 de septiembre de 1916:

> No sabemos qué grado de sinceridad o buena fe tiene esos profetas castellanófobos, ni nos compete averiguar qué alcance y penetración tiene su visión escrutadora. Lo que sí sabemos y debe saber todo el mundo a ciencia cierta, porque a voz de cuello lo vienen pregonando los hechos, es que cada día arraiga más hondo el castellano entre nosotros y acrecen más en proporción las multitudes que lo hablan y cultivan con rendido amor. Parece que a cada tentativa de ahogarlo respondiera una reacción correspondiente en sentido de vigorizarlo aún más.
>
> Ello podrá ser plausible o no: es cuestión puramente de prisma personal del que no queremos hoy ocuparnos; pero es un hecho evidente que hay que reconocer. Cada día es mayor el número de alumnos que se gradúan en centros docentes en que el castellano es la lengua predominante. Las anuales convocatorias para exámenes de abogados vienen demostrando que cada año aumenta abrumadoramente el número de examinandos que no hablan más que castellano: en la convocatoria de este año, de los 400 y tantos que se examinaron, solamente unos 30 lo hicieron en inglés.
>
> ¿No demuestra todo esto que el castellano, a pesar de los grandes y poderoso estímulos que de continuo y sin tasa brinda el gobierno en favor del inglés, se abre paso entre nosotros más expeditativamente que este idioma?
>
> Y, sin embargo, no queriendo plegarse a la realidad de los hechos, el gobierno arrecia más cada día su campaña en contra del castellano. La última manifestación morbosa de esta castellanofobia —llamémoslo así— es la reciente medida

> decretada por la oficina de Instrucción Pública haciendo obligatorio en los colegios de Derecho el uso de textos en inglés de tratadistas americanos.

En otro editorial del mismo periódico fechado el 2 de diciembre de 1916, el mismo escritor filipino escribe:

> La castellanofobia oficial va en auge constante. Es ya cosa sin remedio, desgraciadamente, la guerra a muerte declarada por la actual administración —que en este particular parece sobrepujar a cuantas le precedieron— contra el odiado, desvalido idioma castellano.
>
> No, no es verdad que el castellano sea el idioma de la generación que se va y el inglés de la que viene. No son tan solo nuestros viejos los que por rutina o egoísmo se aferran al castellano, como hiedra que al derruido muro se abraza. Gran parte de nuestra juventud, una inmensa mayoría de ella insiste gallardamente en cultivar el castellano con preferencia sobre el inglés.
>
> Jóvenes son la mayoría de los miembros de la Cámara de representantes, y ninguno de ellos se expresa en inglés. Jóvenes son, están en la flor de la juventud, casi todos los que de año en año vienen habilitándose ante la Corte suprema para el ejercicio de la abogacía en las Islas y, de ellos, el noventa por ciento no hablan más que el castellano. ¿Donde está aquí el divorcio entre el castellano y la juventud?
>
> Si porque una parte de la juventud intelectual filipina habla y piensa en inglés, se ha de seguir de ahí que el porvenir es para ese idioma, es porque se cree que la otra parte que piensa y habla en español no merece el calificativo de intelectual o es su intelectualismo inferior en calidad. Y esto es, cabalmente, lo que todavía no se ha podido demostrar.

DISCRIMINACIÓN OFICIAL CONTRA LOS FILIPINOS DE HABLA HISPANA

El Gobierno norteamericano sobre los filipinos no solamente hizo una mentirosa propaganda denigrante en contra del valor práctico y uso lícito del idioma español en las primeras dos décadas del siglo XX, sino que puso en marcha una discriminación oficial en contra de estos en el terreno del trabajo y de la oportunidad económica dentro del mismo territorio nacional.

En otro editorial de *La Opinión* de Manila titulado «Favoritismos injustos», con fecha 16 de septiembre de 1916, el escritor filipino Ímprogo Salcedo dijo:

> Queremos ser explícitos de una vez por todas y hemos de decir sin tapujos [...] que nosotros creemos sinceramente que el Gobierno obra malaconsejadamente y con bien poca equidad al presuponer que los jóvenes procedentes de las escuelas oficiales tuviesen el monopolio del saber y la capacidad. Sale un graduado de la Universidad oficial [...] y todo es aliciente y protección para el tal, aunque sus títulos de mérito no fuesen cosa del otro jueves.

> Mas fijaos en el contraste: un poseedor de título académico en castellano, así se consuma en afanar sin tregua, y no importa que sus méritos sean ostensibles e indiscutibles, gracias si podrá conseguir, tal vez que otra, alguna breve atención oficial. La injusticia es notoria, sin que la suavice su carácter involuntario.
>
> Y es brutal, deprimente el contraste a que da margen. Las más nimias perogrulladas, los decires de segunda mano, exhibiéndose en arreo sajón, pasan por brillantes flores de cerebración intensa.
>
> Mas haced en castellano —sobre todo en castellano «verdad»— las más originales sutilezas del pensamiento, los más soberbios alardes de virilidad cerebral... y veréis formarse un vacío en vuestro derredor. Y es que ya solo se tolera el castellano en los hombres de nuestra política. Y aun estos mismos tienen que prestar vasallaje al imperio omnímodo del inglés, farfullando, bien o mal, frases hechas al uso corriente. Téngase bien presente que todo cuanto América haga en reconocimiento de nuestra capacidad, es un homenaje que indirectamente hace a España por cuanto es España la que nos ha dado esa capacidad.

Así se hablaba en *Por el idioma y la cultura hispanos*, Manila, Universidad de Santo Tomás, 1917, páginas 102 y 103. Es casi prolijo añadir más comentarios a lo que el escritor Ímprogo Salcedo escribe como testigo ocular y objeto de tan tiránica y sectaria persecución oficial en contra del originario filipino que hace uso de su lengua originaria en su propio país.

Lo que sí podemos añadir es que aquella persecución oficial en contra del castellano en Filipinas se ha estado haciendo también en contra del idioma nacional filipino, y en contra de los otros idiomas nativos como el cebuano, el ilongo, el ilocano, el bicolano, etcétera.

Las circunstancias que se desprenden en torno del empeño *wasp* de borrar por completo el idioma español en Filipinas no se ha limitado, por cierto, a las persecuciones y discriminaciones oficiales que testimonian los Ímprogo Salcedo. Han llegado al extremo de erradicar, de forma indirecta desde luego, a comunidades filipinas, desde el mismo momento de la ocupación del archipiélago hasta su «gloriosa» liberación en 1945. En fin, lo que es sencillamente un genocidio.

LOS EDUCADOS EN INGLÉS FUERON DENOMINADOS «EXFILIPINOS» POR SUS MAYORES

Un editorial de *El Comercio* de 1924 califica de «exfilipinos» a ciertos individuos subsirvientes que demandaban la imposición forzosa del idioma inglés como el único oficial del país. El aludido periódico, representante como era de los filipinos que, como Rizal y Mabini, hablaban y escribían en español, rotundamente condenó a los referidos individuos como «exfilipinos». Dice aquel editorial, «Scriptum est», aparecido el 18 de enero de 1924:

> Y ahora que Blasco Ibáñez se ha ido, ahora que la duda que abrigábamos sobre su españolismo se ha desvanecido para siempre, ahora que tenemos la solemne promesa de que su pluma está al servicio de Filipinas, algunos exfilipinos, renegando de su pasado y de su historia, en estos precisos momentos históricos, y atacados de *rinderpest* mental, vuelven a pedir —y en estos momentos, repetimos, de gloria para España y Filipinas— la implantación del inglés, entiéndase bien, como único lenguaje oficial de Filipinas, que habla, y habló, el castellano durante tres centurias, y cuya constitución como pueblo también se halla escrita en castellano. La historia de nuestra indignidad como pueblo está escrita. No. De nosotros no protestamos. Protestamos en contra de esa generación insuficiente que pretende ser superior a la civilización hispana. Y ¿por qué méritos? ¡Por su audacia y su ignorancia amén de su cobardía! Hablad en inglés —dijo Blasco Ibáñez—. Es un idioma mundial. Pero hablad también en español, que es otro idioma mundial. Si el filipino olvidase el español, sería semejante al soldado que dispusiera de un magnífico fusil de repetición, de tiro larguísimo, y lo arrojase al suelo prefiriendo mejor un arcabuz más corto.

Pero la agenda de borrar el español no conoce límites. Y esa misma agenda se volvió en contra del idioma nacional, el filipino.

LEYES POR EL ESPAÑOL

Pero cuando la legislatura filipina aprobó la ley que incluía como asignatura el idioma español, los lacayos de los americanos objetaron por ser esta, según ellos, «una lengua legislada». El neocolonizador impuso el inglés sobre los incautos filipinos por la fuerza de leyes neocoloniales, tal como ya citamos más arriba, pero cuando la entonces independiente Legislatura Filipina aprobó las leyes de Magalona (1957) y Cuenco (1960), que incluían el idioma español como una asignatura regular en el programa general de estudios universitarios, los anglosajones, desde la sombra, se agitaron y trabajaron sobre sus lacayos pensionados, tanto en las esferas de la educación como de la política, para que estos atacasen en la prensa esas leyes a favor del idioma español, en cada apertura escolar de cada semestre. No querían los sectarios que el español permaneciera ni siquiera como una mera asignatura regular en el programa general de estudios del sistema educativo pagado por contribuyentes filipinos.

Los ataques se hacían con bastante frecuencia en la prensa local controlada por anunciantes de compañías locales y transnacionales que dependían de empréstitos y dinero norteamericanos. Alegaban que todos los españoles son malos y que el idioma español es inútil para los filipinos, como lengua que es del opresor hispano. La mayoría de los incautos estudiantes filipinos de aquellos días eran unos despistados por su educación en inglés, y tan solo pensaron en tener una asignatura menos. Buen número de ellos llegaron a odiar el idioma español porque estaban mentalmente envenenados en sus clases de historia en contra de la labor de España en estas islas, y aquellos ataques en contra de los españoles y todo lo que fuera hispanidad; parecían corroborar lo que habían aprendido. Sin que lo supiesen, dichos estudiantes fueron utilizados osada y astutamente por una *intelligentsia* afín a los intereses del modelo económico norteamericano, en los años de la Guerra Fría. A muchos de dichos estudiantes se les pagó y fueron organizados en asambleas callejeras manipuladas a fin de protestar supuestamente en contra de la enseñanza «obligatoria» del español. Repetían como meros papagayos lo que les dictaban los esbirros políticos y «educadores». Por eso venían alegando que el español era un idioma muerto.

Y, por serlo, concluían erróneamente que este idioma era de hecho innecesario para el desarrollo intelectual de los estudiantes filipinos. Se les dijo igualmente a los estudiantes que las cuatro clases de español eran una carga económica para ellos y que se ahorrarían tiempo y dinero si votaban a favor de la Constitución Cory de 1987, que, a su vez, abrogaría la enseñanza regular del idioma español en el nivel universitario.

Tras la supresión del español como asignatura regular en 1987, lo que ya se viene identificando como una carga económica es la imposición de muchas más asignaturas en inglés, en todos los niveles de la educación filipina, para luego tener a los graduados en un estado de analfabetismo funcional, puesto que la inmensa mayoría de los graduados filipinos no llegan a dominar el inglés pasablemente bien. Para colmo, no llegan a dominar lo suficiente su propia lengua nacional como para usarla oficial o literariamente como una alternativa al inglés obligatorio que se les impone implacablemente.

A raíz de esta confusión lingüística y pobreza mental, los graduados filipinos quedan normalmente desempleados y económicamente dislocados en su propio país, y no encuentran, en su inmensísima mayoría, el puesto de trabajo que se les promete, aunque se diga que saben chapurrear el inglés. Se les tiene que exportar como ganado al Medio Oriente, o a los países vecinos para servir de domésticos o de elementos de prostitución. Son la mano de obra barata del capitalismo mundial.

EL GRUPO DE IDENTIDAD NEOCOLONIAL: SECRETARIOS DE EDUCACIÓN Y POLÍTICOS QUE ENDEUDAN POR SU CORRUPCIÓN AL PUEBLO FILIPINO CON LOS BANCOS ESTADOUNIDENSES

Desde los años cincuenta, casi todos los secretarios filipinos de educación eran protestantes afines al modelo americano. Por ese trasfondo sectario, iban erróneamente asociando el idioma español con el catolicismo. Con los políticos filipinos de habla inglesa, los referidos secretarios de educación y cultura filipinos eran, y son, los que obedecían, y obedecen, a ciegas las instrucciones de los *wasp* que controlan el Banco Mundial (WB), el *Summer Institute of Linguistics* y el Fondo Monetario Internacional (FMI) porque, para colmo, el mismo Departamento de Educación, Cultura y Deportes de Filipinas (DECS), como todo el Gobierno filipino, ya está profundamente endeudado con estos bancos.

Es este tinglado de educadores traidores y políticos desfilipinizados el que ha venido endeudando al pueblo filipino con dichos bancos, por lo que aquellos, con descaro, obligan ahora al entero estudiantado filipino a pagar altas matrículas por las asignaturas obligatorias de inglés, además de obligar igualmente a todos los filipinos a pagar también el muy alto costo confiscatorio de la electricidad y de las aguas potables, amén de los alimentos, la medicina y la vivienda. A esto se debe que el pueblo filipino de hoy viva arruinado económicamente por la terrible corrupción, el pillaje (*plunder*) y la avaricia (*greed*) de los políticos controlados por los neocolonialistas.

Si se comparan los supuestos abusos y desmanes de los gobernantes españoles en estas islas con este terrible pillaje económico por parte de los títeres de los neocolonialistas, dichos gobernantes españoles del pasado resultarían verdaderamente unos santos frente a sus actuales sucesores, que chapurrean el *taglish* mientras roban a mansalva del erario público de este país.

Al compararse los supuestos atropellos españoles, tal como nos los refiere José Rizal en sus dos novelas (*Noli me tangere* y *El filibusterismo*), con los crímenes de lesa patria que los *wasp* y sus *pinoyes* de hoy perpetran en contra del incauto pueblo filipino, lo denunciado por José Rizal contra todos aquellos españoles y frailes misioneros resultaría insignificante, si no mentiras y calumnias fabricadas.

Rizal, si viviese hoy, igualmente señalaría, como Claro M. Recto nos señaló, que es el *wasp* el mismo elemento neocolonizador que nefastamente sigue ordenando la supresión de la enseñanza regular del idioma español en Filipinas tras perpetrar su irracional abolición como nuestra otra lengua oficial. Y, a la postre, es igualmente este mismo elemento invasor el que ahora ordena que se suprima el idioma filipino como medio de instrucción en Filipinas, para obligar a todos al costoso aprendizaje de la lengua del mercado mundial, quiéranlo o no los mismos filipinos, para ser su mano de obra.

La orden de suprimir el español se cumplió en su plenitud cuando la inelecta presidenta Cory Aquino mandó dictatorialmente escribir la innecesaria Constitución de 1987, por la que el español quedó unilateralmente suprimido como mera asignatura y como lengua oficial de Filipinas. Se hizo, inclusive, una indecorosa campaña política con la desvergonzada promesa política a los estudiantes, convertidos en votantes, de que ya no tendrían que estudiar español si aprobaban con su voto, en el intervenido plebiscito, la muy cuestionable Constitución Cory. Hasta ese extremo de vileza se llegó para suprimir el idioma español en Filipinas, de forma tan ilegal como irracional, mediante una «Constitución» oscura y de origen muy cuestionable, ordenada por una presidenta que no había sido elegida en las urnas.

ENGAÑO POLÍTICO EN LA SUPRESIÓN DE LA DOCENCIA COMO DE LA OFICIALIDAD DEL IDIOMA ESPAÑOL EN FILIPINAS

La inmensa mayoría de los votantes filipinos tampoco sabían que, al aprobar la innecesaria Constitución Cory de 1987, también le daban a la misma Corazón Aquino seis años más de presidenta sin pasar por una elección presidencial democrática. Por eso Corazón Aquino es conocida como la «inelecta presidenta de Filipinas», porque subió a ese puesto sin la debida elección democrática de entre candidatos contrincantes debidamente autorizados a presentarse como tales a unas elecciones nacionales.

Por otro lado, los sucesivos Gobiernos filipinos firmaron un tratado de cooperación con España por el que se debía dar paso a la enseñanza del español, pero, como no son independientes, en realidad, siguen haciendo caso omiso de la enseñanza regular que debería hacerse del idioma español en todas las escuelas y los colegios del país. Recientemente, en enero del año 2003, otro oficial inelecto de este país ordenó unilateralmente la imposición del inglés como el único medio de instrucción, suprimiendo de esta forma hasta el uso oficial, aunque ya a un nivel secundario, del mismo idioma nacional filipino como medio de instrucción en casi todas las asignaturas filipinas en el Programa General de Estudios elementales y secundarios. La supresión del tagalo, base inicial del idioma filipino, se hace adrede y muy desvergonzadamente, aunque sea un hecho que la juventud actual aprende bien y con muchísima más facilidad sus lecciones cuando se le enseña en su propia lengua en vez de en el inconsistente idioma inglés.

UNA AGENDA GENOCIDA EN CONTRA DEL PUEBLO FILIPINO

Al leer las quejas de los mismos administradores americanos en contra del uso preponderante del idioma español por parte del pueblo filipino, salta a la vista lo que siempre se señaló: la existencia de una agenda genocida contra los filipinos por parte del espionaje militar de los mismos estadounidenses.

Y esa agenda consiste, desde luego, en asesinar, primero abiertamente, después disimuladamente, a la población filipina, so pretexto de guerras o disturbios aislados. Los propios americanos reprodujeron sus masacres en Balangiga (1901), Bud Datu (1906) y la propia Manila en la Segunda Guerra Mundial (1945).

La existencia de esta agenda genocida por parte de los que quieren dominar desde la sombra, por medio de su ingeniería cultural, a todo el Gobierno y el pueblo de Filipinas ya se vio confirmada de forma patente cuando se asesinó por millares a los residentes de Manila y cercanías so pretexto de la «guerra de liberación» de Filipinas, en 1945, contra los ocupantes japoneses. El cañoneo, estilo alfombra, que en 1944-45 se ordenó adrede sobre un Intramuros de Manila de habla española (juntamente con los cercanos distritos de Ermita y Binondo, donde también se hablaba el idioma criollo o chabacano), queda desenmascarado como una taimada medida genocida tomada no tan solamente en contra de las iglesias católicas existentes, sino también en contra de la población filipina que rezaba en español en esas mismas iglesias.

La resistencia del piloto americano John Cox a obedecer la orden «de arriba» de bombardear la iglesia de San Agustín de Intramuros, puesto que en ella ya no había japoneses, sino civiles filipinos, ya es una prueba suficiente del genocidio perpetrado mediante la violencia de las armas bélicas. Véase la pág. 34 del libro *San Agustín, Art & History, 1571-2000*, publicado en Hong-Kong, escrito por Pedro Galende y José Regalado Trota.

OTRAS PRUEBAS MÁS DEL GENOCIDIO

También queda como otra prueba contundente del referido genocidio el conocido proyecto *wasp* de hacer aterrizar sus tropas precisamente en Filipinas, en vez de en Okinawa o Formosa. El objetivo de destruir el componente hispánico de la identidad nacional filipina, con la destrucción del idioma español en estas islas, su patrimonio y hasta su propia población, azuzó al alto mando *wasp* en Manila, que ordenó el aterrizaje en Filipinas con el fin de enloquecer más aún a las ya desesperadas tropas japonesas, aisladas en Manila, y empujarlas hacia la orgía de matanza y de incendios que registra la historia.

Es obvio que los norteamericanos proyectaron de hecho efectuar, después de las matanzas y los incendios destructivos, una «nueva reocupación neocolonial sobre Filipinas» con el objetivo de socavar, cuando no de anular, la supuesta dación de independencia filipina, tal como nos aseguraban las leyes Tydings-MacDuffie y Jones. Véase al respecto el documentado ensayo en tres partes del exdiputado Jesús B. Lava titulado *Liberation or Reoccupation?:* (1.ª) «Was the destruction of Manila during WW II necessary?»; (2.ª) «MacArthur's main mission: Install a US puppet gov't.»; (3.ª) «Lack of nationalism did us in», aparecidos en el *Philippine Daily Inquirer* el 2, 3 y 4 de febrero de 1995.

Se cometieron, por lo visto, dos verdaderos genocidios (uno entre los años 1899 y 1907 y otro en 1945), cuyos resultados posteriores todavía podemos ver en una juventud filipina completamente disociada de su pasado, un pasado glorioso que fue forjado en lengua española.

TESTIMONIOS ORALES DEL GENOCIDIO

Existe otra prueba más de la existencia del citado genocidio como proyecto por parte de los *wasp* contra la población civil filipina y, en especial, contra sus cuerpos directivos de habla hispana. La destrucción de Intramuros, la originaria ciudad de Manila, donde vivía toda una comunidad de filipinos de habla española, fue adredemente llevada a cabo para dispersar a los elementos de esta comunidad.

Es verdad que los enloquecidos soldados japoneses quemaron muchas casas y edificios antiguos de Intramuros y alrededores, pero, cuando ya se terminó la guerra y los residentes originarios quisieron regresar a sus hogares para reconstruirlos y volver a vivir en ellos, los militares estadounidenses prohibieron dicha reconstrucción porque no querían que los residentes de Intramuros continuasen en su sitio. Esto lo escuchamos como testimonio directo de Francisco González, residente originario de Intramuros, presentado al Foro Cervantes, Manila, el 27 de agosto de 2003.

Y para que dicha vuelta a la normalidad no se produjese, los militares *wasp*, siguiendo órdenes incomprensibles para los afectados de aquellos tiempos, entraron en Intramuros con tanques de guerra y grúas con el fin de derribar todo lo que quedaba en pie. Como testimonio pictórico del crimen contra la población y el patrimonio manileños, existe un retrato de un tanque de guerra estadounidense forzando su entrada por el estrecho portal del Fuerte de Santiago, destruyéndolo en el acto (véase la pág. 111).

La misma destrucción genocida se verificó en la ciudad puerto de Cavite y en el inmediato pueblo de San Roque, donde se dispersó adrede a su población de habla hispanocriolla so pretexto de la guerra contra el Japón. Igualmente, la ciudad de Cavite quedó arrasada. El actual Gobierno citadino de Cavite, a diferencia del de la ciudad de Zamboanga, no permite absolutamente ninguna actividad oficial prochabacano. Es obvio que la propia dejación por parte de las autoridades públicas de la labor de preservación lingüística afectará nefastamente en muy poco tiempo a la propia existencia del chabacano caviteño.

DESTRUCCIÓN DE LA LITERATURA Y LA INTELECTUALIDAD FILIPINAS: EL CASO DE NICK JOAQUÍN

El mejor escritor filipino en inglés es Nick Joaquín. Y lo es porque conoce el idioma español y lo utilizó toda su vida (falleció en 2004) como su instrumento de investigación para entender mejor la historia, la identidad nacional y la cultura filipinas a fin de informar, en inglés, a las perdidas generaciones de filipinos desnacionalizados por la forzosa imposición del inglés como único y obligatorio medio de supuesta instrucción de los jóvenes filipinos (que no lo asimilan del todo en la mayoría de los casos). Sobre el trasfondo de esta tiranía colonial por parte de los *wasp* y sus lacayos filipinos, Nick Joaquín escribe lo que sigue en «Una nota sobre el drama de Recto», *Philippines Free Press*, 1959, que reproducimos en traducción de José R. Perdigón:

> El cambio de español a inglés fue un golpe fatal a nuestro crecimiento cultural; sufrió nuestro desarrollo literario —y todavía sufre—, porque la literatura es la verdadera alma del lenguaje y nos hicieron abandonar la lengua en que se había desarrollado nuestra literatura y tuvimos que empezar desde cero otra vez, pero esta vez en inglés. Las primeras víctimas del cambio de lengua fueron, naturalmente, los escritores en español de los 1900 que, desposeídos de público, cayeron en declive o, como Recto, que pudo haber sido una de las grandes figuras literarias, abandonaron del todo la literatura. Todos estos autores escribían en español con tal maestría que es razonable postular que la generación que viniera detrás de ellos elevaría esta maestría a mayores alturas, produciendo una literatura aún de más calibre. Lo que la generación siguiente produjo fueron los tentativos esfuerzos pioneros en inglés de los años veinte, una labor valiosa y heroica, pero una desviación radical del desarrollo esbozado por nuestra historia y que, por lo tanto, no pudo, como así fue, producir la gran literatura que la tremenda vitalidad intelectual de los 1890 y 1900 dejaba vislumbrar. Porque el escritor filipino en inglés ha sufrido muchísimo también por la incoherencia de nuestra cultura, y su mejor ejemplo es José García Villa.
>
> Lógica y cronológicamente, Villa —como los escritores pioneros en inglés de los años veinte— debió haber sido la continuación del desarrollo de Rizal y Recto. Incluso pudo haber sido, tan innegable es la calidad suprema de su genio, la culminación de los 300 años de español en Filipinas. Si Rizal fue nuestro Marlowe, Villa debió haber sido nuestro Shakespeare, de no haber intervenido una interrupción en el desarrollo de nuestra cultura. Desafortunadamente la hubo, y Villa tuvo que fabricar, en vez de continuar, una tradición literaria. Debió haber sido la eflorescencia; tuvo que hacerse simiente. Rizal y Recto debieron ser sus padres, pero Villa tuvo que empezar de cero, y tuvo que llenar su paternidad literaria con Sherwood Anderson y E. E. Cummings. El resultado fue una poesía «pura», muy bella, de no ser tan sin raíces, y que para la relación que tiene con Filipinas la pudo haber escrito un esquimal. Esto no es culpa de Villa, lo es de la historia que le separó de sus raíces verdaderas. Y él, Villa, y todos los otros escritores filipinos, no pueden dejar de sufrir por esta pérdida de tradición, esta alienación de los autores «clásicos» de su propia historia.
>
> Tanto ha crecido esta alienación que los antepasados de la vieja cultura nos parecen casi extranjeros —o mestizos— y ha nacido en nuestros tiempos la necesidad ridícula de explicar que la cultura que produjo a Rizal y Aguinaldo, los Lunas y Guerreros, y Apóstol, Bernabé y Recto fue una cultura tan verdadera y auténticamente filipina como lo puedan ser las culturas ifugao, moro, colonial yanqui, o el sajonis-

mo ilustrado de hoy. La incógnita de si esa cultura —si solo Dewey hubiera zarpado de aquí de inmediato— hubiera devenido en cultura filipina, como la cultura hispana en América se hizo específicamente mejicana, guatemalteca, argentina, etc., nunca la podremos desvelar. De todos modos, esta obra de Recto pudiera servir para indicarnos las posibilidades de la literatura que perdimos.

UN MAL QUE SE HIZO Y QUE SE SIGUE HACIENDO HASTA AHORA PARA ANULAR AL FILIPINO Y SUS DERECHOS DE NACIONAL

Queda, por cierto, bien claro el hecho de que fueron los *wasp* usenses los que decidieron la unilateral supresión del español como una condición necesaria para la imposición por ley del idioma inglés sobre el entero pueblo isleño, a través de un sistema de educación que opera hasta ahora a costa del dinero de los mismos filipinos, con el agravio de ignorar la opinión general de estos. Y esa opinión general se oponía bien claramente a lo que, descaradamente, han venido haciendo hasta ahora los referidos sectarios coloniales y neocoloniales.

Esa opinión filipina a favor del idioma español se denunció en la página 24 de *Isagani. Revista Mensual de Asuntos Generales,* año 1, núm. 5, junio de 1925, por Modesto Reyes Lim, como sigue:

> Pues, en nuestro humilde juicio, Filipinas tenía un lenguaje nacional cuando formaba parte de la nación española, y es el mismo lenguaje nacional de España, el castellano; porque Filipinas formaba parte integrante de España y nosotros éramos tan españoles como los que nacieron en la península; pero vinieron los Estados Unidos y, sin hacernos parte de su territorio, ni hacernos tan ciudadanos americanos como ellos, nos han impuesto, sin embargo, su lenguaje nacional, o sea el inglés.

INSISTENCIA EN IMPONER EL INGLÉS FRENTE AL DERECHO FILIPINO A SU CULTURA Y A SU SOBERANÍA NACIONAL

En otra edición de *Isagani*, quincenario rizalista, fechada en septiembre de 1925, en su página 22, escribe el mismo autor y hace el siguiente comentario:

> Un cuarto de siglo y una Comisión de sabios escogidos de ciento y tantos millones de ciudadanos de la nación que encabeza y dirige ahora el mundo se han necesitado para venir en conocimiento de que a un pueblo, como el filipino, no se le puede imponer el lenguaje de otro pueblo por más dinero y poder que este tuviera. No otra cosa se deduce de la importante revelación que la Comisión Monroe hace en el capítulo primero de su *report*, después de haber examinado y observado *de visu* y detenidamente los resultados obtenidos del sistema de educación implantado en el país por su actual soberano, hace la friolera de un cuarto de siglo. He aquí las muy elocuentes palabras de esa mismísima Comisión: «Al salir de la escuela, más del

99 por ciento de los filipinos no hablarán el inglés en sus hogares. Probablemente, no más del 10 ó 15 por ciento de la próxima generación usará ese lenguaje en sus ocupaciones. De hecho, solamente los empleados, los profesionales e individuos que se hallan al servicio del gobierno, harán uso de ese modo de tal lenguaje...».

Según, pues, esta predicción, el inglés en Filipinas no será el lenguaje del pueblo y, a lo sumo, será el lenguaje oficial, o del gobierno, pero, solo para consigo mismo, por lo que necesitará siempre de la interpretación y traducción al dialecto correspondiente del país, cuando ese gobierno quiera comunicarse directamente con el pueblo.

Si se hubiera reflexionado debidamente cuando se implantó aquí la actual soberanía y procedido con más ecuanimidad y respeto a lo que aquí había encontrado, cual es la obra de la civilización occidental por espacio de más de trescientos años, sobre la más grande y más firme base como es el cristianismo, no se hubiera tenido por malo y despreciable todo lo que aquí existía, visto tras los cristales del egoísmo y su hermana, la ignorancia, y se hubieran venerado tantas otras instituciones tan sagradas como nuestra legislación, que ya quisieran tenerla otros pueblos mucho más grandes que el filipino.

Entre aquellas respetables instituciones estaba la lengua de Alfonso el Sabio y del Manco de Lepanto.

LOS FILIPINOS CUESTIONARON EL DERECHO ESTADOUNIDENSE DE IMPONER EL IDIOMA INGLÉS EN SUS ESCUELAS COMO MEDIO DE INSTRUCCIÓN Y COMO LENGUA OFICIAL EN LUGAR DEL ESPAÑOL

Continúa el comentario del director de la citada revista rizalina, *Isagani*:

> Fuera del derecho (si lo hay) del soberano de imponer su lenguaje al pueblo a él sometido, por designios de la Providencia, según él, y por el tratado de París y los veinte millones de dólares, según la historia, ¿qué razón ni motivo ha habido para proscribir de este país el castellano y sustituirlo con el inglés?
>
> ¿No es acaso de sentido común que hubiera sido muy fácil propagar más el castellano, que ya se usaba como lengua oficial y se hablaba ya por muchísimas familias filipinas dentro y fuera de sus hogares, y del cual contaba entonces el país con muchos literatos, poetas y escritores distinguidos?
>
> Indudablemente, como dice un ilustre filipino miembro actual prominente de la administración de justicia, que con el mismo tiempo y dinero gastado, sistema y otros medios modernos de instrucción empleados en la enseñanza del inglés, si en lugar de este se hubiera continuado la enseñanza del castellano, este se hubiera propagado en mucha mayor proporción que se haya hoy propagado el inglés.

> Ahora, con ese fracaso del inglés, no es nada más que natural y justo que se piense en adoptar uno de los dialectos del país como lengua oficial, primero, y nacional, después.

Al poco, los colonizadores anglosajones *wasp* impusieron de forma brutal y caprichosa el idioma inglés sobre el pueblo filipino sin el menor respeto por el deseo a favor del idioma español.

DEMANDA DE CINE EN ESPAÑOL: SE REITERA LA POPULARIDAD DEL IDIOMA ESPAÑOL EN FILIPINAS

La preponderancia del idioma español no solamente nos la atestigua su uso cotidiano y oficial por la inmensa mayoría de los filipinos de los años veinte, sino hasta en los años treinta y cuarenta, cuando la industria hollywoodense del cine norteamericano encontraba un potente mercado filipino para sus películas habladas en español.

La revista *Excelsior*, en su número de julio de 1930, censura la práctica adoptada por las oficinas de la Metro-Goldwyn-Mayer en Manila de devolver a Estados Unidos las películas hollywoodenses que se producían en español. La devolución se hacía para ayudar a las autoridades de Manila en su campaña genocida de suprimir el uso de este idioma en Filipinas. Dice el artículo titulado «*Talkies* en Castellano» de la mencionada revista mensual publicada en la calle Potenciana de Intramuros de Manila, en su pág. 11:

> Respecto al cultivo y difusión del idioma castellano en Filipinas, una vigorosa protesta del Círculo Cervantino, del Círculo Escénico, la Asociación Talía, la Cultura Hispánica, la Peña Ibérica y otras instituciones y centros docentes cuyos nombres no se mencionan, contra el proceder de la «Metro-Goldwyn-Mayer» de no exhibir películas habladas en español, devolviéndolas «inéditas» a los Estados Unidos.

De injusto califican semejante proceder, pues, hablando un cuarenta por ciento de las generaciones antigua y actual el idioma de Cervantes mucho mejor que el de Shakespeare, no hay razón alguna para imponerles solo el inglés, contra todos los cánones de la equidad.

HONDAS RAÍCES DE LA LENGUA, LA CULTURA Y LA CIVILIZACIÓN HISPANAS EN FILIPINAS

Y menos aún cuando, olvidándose la mencionada empresa de que «la cultura y la civilización hispanas en este país han echado hondas raíces en el alma filipina» y de que puede fácilmente y, sin prejuicio para ella, satisfacer a esa respetable porción del público insular, llevada de un egoísmo mal entendido o de una economía peor comprendida:

> ... se debe considerar, además, que las películas habladas en castellano «hallan franca acogida en el público de Filipinas», como lo demostró, según los protestantes manifiestan, la última cinta de la «Metro-Goldwyn-Mayer», titulada *In Gay Madrid,* rodada en el Cine Ideal, que se proyectó durante varias semanas con llenos constantes y sin precedentes.

El artículo, después de comentar el atropello que la «Metro-Goldwyn-Mayer» hacía a la «tan cacareada Democracia» y la libertad de expresión, termina con el siguiente párrafo:

> Confiamos en que volverá de su acuerdo y tornaremos a ver en el Cine Ideal películas totalmente hechas y habladas en castellano, como sucede en otros cines que no son tan exclusivistas, sino que atienden, como puede apreciarse en su programa, al público gustoso en ver películas habladas en español.

SE PRIVA AL CINE FILIPINO DE LO QUE COMENZÓ A SER SU MERCADO INTERNACIONAL

Lo que no añade este artículo es el hecho de la existencia de un cine filipino en lengua española. En las historias que se escribieron del cine filipino siempre se omitió ese capítulo de películas filipinas en español, siendo la primera de ellas, producida en 1936, *Secreto de confesión*. Esta película, además de exhibirse con éxito en Filipinas, fue exportada a España, a Estados Unidos y a casi todos los países sudamericanos, donde fue aplaudida.

Es la película que abrió un mercado internacional para el cine filipino. Pero los americanos, que también producían películas habladas en español desde Hollywood, posiblemente vieron en estas películas filipinas habladas en español una competencia a sus referidas películas para el mundo hispánico. Por ello intensificaron la campaña de eliminar el cine filipino en español, para evitar competencia en el mercado internacional. La economía filipina de hoy, como su industria cinematográfica, pudieran haberse beneficiado grandemente por las divisas que dichas películas hubieran producido.

Tras suprimir genocidamente el español y entorpecer a los filipinos el conocimiento de su historia, enseñada en inglés, el cine filipino tan solo se hace ahora en tagalo. Y, si se está muriendo como industria y como arte popular, es porque perdió con el idioma español el acceso que un tiempo logró tener al mercado internacional de habla hispana.

EL GENOCIDIO EN FILIPINAS YA ES LEGAL

Después de la terrible Segunda Guerra Mundial y el bombardeo de Manila y de cabeceras provinciales de Filipinas en 1945, el censo de 1950 todavía decía que los filipinos de habla española constituían un seis por ciento de la población. La Legislatura Nacional aprobó dos leyes por las que se incluyeron 24 unidades de español y literatura filipina en el nivel universitario, puesto que este idioma seguía siendo oficial a la par del inglés y del tagalo.

La nefasta Constitución Cory de 1987, redactada en circunstancias al margen de la democracia, suprimió unilateralmente tanto la oficialidad constituyente como la docencia regular de este idioma en todos los colegios filipinos.

Esta medida «legal» constituye, a sabiendas o no, otra fase más de la agenda genocida en contra del patrimonio y la cultura filipinas; porque lo que se persigue, como objetivo final, es privar al entero pueblo filipino de su memoria histórica como pueblo, para luego entorpecerle y, económicamente, explotarle de forma absoluta.

A pesar de esas medidas genocidas, queda casi medio millón de filipinos que todavía son de habla hispana, fuera de los de habla criolla, que suman más de un millón aparte. Estos se reparten entre Zamboanga, Basilan, Cotabato y Cavite. Su ventaja es vivir, hasta ahora, como una comunidad casi aislada, sin una ruptura histórica con su pasado tan brutal como la sufrida por el resto de los filipinos.

¿QUÉ HACER?

¿Qué hacer? Esa es la pregunta a la que se debe contestar con soluciones, puesto que la destrucción del idioma español en Filipinas resulta en la destrucción del propio filipino y de lo filipino.

Aa	Bb	Cc	Dd	Ee	Ff	Gg	Hh	Ii	Jj
ey	bi	si	di	ii	ef	dzi	eyts	ay	dzey
[a]	[b]	[s]	[d]	[e]	[f]	[g]	[h]	[i]	[ʤ]
Kk	Ll	Mm	Nn	Ññ	Ngng	Oo	Pp	Qq	
key	el	em	en	enye	endzi	o	pi	kyu	
[k]	[l]	[m]	[n]	[ɲ]	[ŋ]	[o]	[p]	[k]	
Rr	Ss	Tt	Uu	Vv	Ww	Xx	Yy	Zz	
ar	es	ti	yu	vi	dobolyu	eks	way	zi	
[r]	[s]	[t]	[u]	[v]	[w]	[ks]	[j]	[z]	

Uno de los alfabetos filipinos.

Una pequeña solución inicial podría estar en la enseñanza del alfabeto filipino de 31 o 32 letras a la manera antigua. Es decir: que, en vez de leer el alfabeto filipino en inglés, como ahora se hace (ei, bi, ci...), se debería sencillamente leer en castellano. De esa forma, todas las palabras filipinas, del tagalo y de otras tantas lenguas isleñas, se silabizarían y se deletrearían a la manera española para proteger la fonética tagala y bisaya, amén de la ilocana y la bicolana, conforme a su regla de pronunciar sus palabras tal como se escriben. Y viceversa.

El tagalo, y todas las lenguas isleñas, siguen la regla básica *kung anó ang bigkas siyá ang sulat, at kung anó ang sulat siyá ang bigkás*, que es igual en español. Por otro lado, el inglés es todo lo contrario, porque su pronunciación no siempre coincide con su deletreo. El inglés es un idioma antifonético que riñe con los fonemas absolutos de cualquier idioma indígena de Filipinas.

Por tanto, hay que instruir a las maestras de primaria para que lean el alfabeto filipino de 31 letras en castellano, y para que deletreen y silabeen las palabras filipinas, muchas de ellas españolas de todos modos, en español. Pero ¿lo harían?

Otra pequeña solución es reintroducir la enseñanza del español como asignatura lingüística aparte en la educación intermedia y en la secundaria, y corregir de sus errores hispanófobos la enseñanza de la historia de Filipinas, corrigiendo al tiempo los libros de texto de las asignaturas de historia filipina y sociología para que también recuerden el legado bienhechor español en estas islas.

Así, el filipino ha de recuperar su memoria histórica, su cultura y sus lenguas, con el castellano. E, inclusive, ha de tener una mejor base para asimilar verdaderamente el idioma inglés a la larga. Y en paz con todo el mundo.

CODA

Este estudio sobre el idioma español en Filipinas fue provocado por un artículo escrito por un periodista español, Ramón Lobo, titulado «Cervantes nunca llegó a Filipinas», publicado por el diario *El País* de Madrid el 25 de febrero de 2001. Este artículo asume todas las mentiras fabricadas por los colonialistas norteamericanos de Filipinas sobre el idioma español desde su llegada en 1898. Dichas mentiras fueron fabricadas para encubrir el genocidio lingüístico y cultural que iniciaron desde aquel año, y que continúa hasta el presente, sobre los incautos filipinos y la opinión pública internacional, indolente ante lo sucedido en Filipinas.

Situación actual del español en Panamá

ACADEMIA PANAMEÑA DE LA LENGUA

ARISTIDES ROYO SÁNCHEZ, *Estatus político oficial del español en Panamá.* ■ JUAN DAVID MORGAN y RAFAEL CANDANEDO, *Impacto de las realidades sociales en el uso de la lengua.* ■ JORGE EDUARDO RITTER y MODESTO A. TUÑÓN F., *Utilización del español por parte de los medios de comunicación y empleo de la lengua en redes sociales o entornos digitales.* ■ ARISTIDES MARTÍNEZ, *El español en contacto con otras lenguas en la literatura.* ■ IRINA NEMTCHÉNOK DE ARDILA, *Convivencia de lenguas en Panamá.* ■ MARTÍN JAMIESON VILLIERS, *Lenguas en contacto en Panamá.* ■ EMMA GÓMEZ GUERRA, *Enseñanza del español en las zonas indígenas de Panamá.* ■ MARISA MONTESANO, FULVIA MORALES y RAFAEL CANDANEDO, *Fomento del español como lenguaje científico y técnico.* ■ RODOLFO DE GRACIA REYNALDO, *Presencia del español en los distintos niveles educativos.*

Estatus político oficial del español en Panamá

ARISTIDES ROYO SÁNCHEZ

El artículo 7 de la Constitución Política de Panamá expresa que «el español es el idioma oficial de la República».

Panamá ha sido receptor de inmigrantes que vinieron al istmo para dirigirse a las explotaciones auríferas de California, Estados Unidos; que trabajaron en la construcción del ferrocarril entre los dos océanos, y, más tarde, en el intento fracasado de los franceses de hacer un canal en la década de los ochenta del siglo XIX y en el exitoso de los estadounidenses al haber finalizado la magna obra que se abrió para el mundo en el año 1915.

Las etnias más numerosas que vinieron a nuestro país estuvieron constituidas por los afroantillanos procedentes de las islas del caribe angloparlante, siendo este el grupo más nutrido. También fue notoria la presencia de ciudadanos chinos, hindúes, españoles, italianos e hispanoamericanos.

Los constituyentes de 1904 consideraron que era necesaria la protección del español, que fue traído por los conquistadores y colonizadores iberos desde inicios del siglo XVI. Luego de la independencia de Panamá de Colombia en 1903, los padres fundadores del Estado se dedicaron al fortalecimiento de la educación y, en consecuencia, crearon escuelas gratuitas en las que se impartiesen diversos conocimientos, tales como los del bachillerato en ciencias y letras, planteles de artes y oficios, la formación de peritos mercantiles y contables, así como centros dedicados a la enseñanza agrícola y ganadera.

Conscientes los primeros Gobiernos republicanos de los peligros que acechaban a la integridad del español dada la diversidad de lenguas que se hablaban en Panamá, se esmeraron en la formación de docentes que ayudaran a preservar el español, muchos de los cuales se formaron en países extranjeros.

En las escuelas panameñas se enseñaba, además de la gramática, el enriquecimiento del vocabulario mediante el aprendizaje diario de nuevas palabras tomadas del diccionario, se dictaban palabras para comprobar si los alumnos las habían escrito correctamente y se nos hacía escribir las denominadas *composiciones,* que eran relatos para que aprendiésemos a narrar temas por escrito.

A pesar de la Zona del Canal, extenso perímetro de más de mil kilómetros cuadrados que rodeaba las dos ciudades principales del país y en el que los norteamericanos actuaban como si fuesen soberanos, según el artículo tercero del Tratado Hay-Bunau Varilla de 1903, era notoria la presencia del inglés en las calles, los anuncios de las tiendas, los deportes y en la vida cotidiana. No obstante, los panameños continuaron utilizando el español para expresarse y, en la enseñanza media, abundaban las obras de autores de Iberoamérica y de España.

La Academia Panameña de la Lengua, que acaba de cumplir el 12 de mayo noventa y cinco años de existencia, mantiene una armoniosa y estrecha colaboración con los ministerios de Educación y las universidades del Estado para que el idioma español se hable y escriba mejor y se nutra de los vocablos que emplean los panameños al hablar, porque los idiomas los crean y los transforman los pueblos para que sirvan como expresiones de nuestra identidad, fortaleza idiomática y nacionalidad.

Impacto de las realidades sociales en el uso de la lengua

JUAN DAVID MORGAN y RAFAEL CANDANEDO

La posición geográfica de Panamá determinó que, con el paso de los años, el país deviniera en un verdadero crisol de razas. Y un crisol de razas supone siempre un crisol de lenguas. Además del idioma vernáculo de los aborígenes, en Panamá confluyen el inglés, que hablaban y todavía hablan los afrodescendientes que llegaron para la construcción del ferrocarril y del canal interoceánicos; el chino, que hablaban aquellos que comenzaron a arribar en la misma época, principalmente procedentes de Cantón, en muchas de cuyas familias todavía hablan en su lengua natal; y, en menor grado, el hebreo, el árabe y el hindú, que hablan los procedentes de esas regiones, quienes aún conservan el uso de su lengua materna, aunque muchos se comunican en un español imperfecto.

Gran peso sobre nuestro español tuvo también el inglés que se hablaba en la colonia norteamericana que durante casi cien años ocupó parte del territorio nacional contiguo a la capital. Muchos panameños estudiaron en el Balboa College, donde se enseñaba y aprendía solamente en inglés. Además, comoquiera que la economía panameña se beneficia, en forma sustancial, de las inversiones foráneas, se han expedido leyes destinadas a captar esa inversión, con la cual muchas veces también nos llegan lenguas extranjeras. El español en Panamá, por tanto, es un idioma sujeto a multiplicidad de presiones lingüísticas, especialmente del inglés.

Debemos anotar que, entre los aborígenes, sobre todo entre los que habitan en las comarcas, todavía quedan reductos de analfabetismo. El español se habla poco y mal, realidad que priva de oportunidades de trabajo a la gran mayoría de los integrantes de las tribus originarias, que representan alrededor del diez por ciento de la población del país. El Gobierno nacional, al mismo tiempo que realiza un esfuerzo para que los aborígenes conserven su lengua originaria, procura que reciban una mejor educación, empeño que se dificulta por la gran dispersión de la población en las áreas comarcales, cuyo territorio ocupa una tercera parte del país.

Tradicionalmente se ha dicho que es en las provincias centrales de Panamá donde mejor se habla el español, dado que el aislamiento de la capital permite a sus habitantes preservar nuestra lengua oficial. Pero la principal actividad de esa región es la agropecuaria, que, después del ingreso de Panamá en la Organización Mundial del Comercio, ha sufrido una caída vertiginosa, provocando una mayor emigración hacia la capital, donde esos habitantes se asientan en cordones de pobreza, situación que coadyuva a empobrecer el idioma.

Dentro del país perviven, entonces, en constante comunicación, el sector de los empresarios, profesionales y trabajadores formales; el de los trabajadores informales (superior al 50%); el de los habitantes de los barrios y suburbios, que se empobrecen alrededor de las ciudades; el de los campesinos; el de las comarcas indígenas, y el de los afrodescendientes y otras minorías. Todo ello en una nación cuyo promedio de escolaridad es de nueve años, realidad que dificulta aún más el aprendizaje y buen uso del idioma.

Panamá es un país abierto al mundo e inserto en la globalización, con una economía muy dependiente de los servicios, realidad que determina que el inglés, idioma del comercio mundial, se convierta en instrumento importante para todos aquellos que se desenvuelven en ese sector económico y desean obtener mejores posiciones y salarios, factor que también ejerce gran presión sobre el español.

Todo lo anterior deja ver la gran presión que en Panamá ejercen las condiciones sociales sobre el uso de la lengua española, que continúa siendo el instrumento fundamental de integración y comunicación de nuestra América hispana. Esta realidad, a su vez, significa un mayor desafío para la Academia Panameña de la Lengua en su misión de darle lustre al idioma que heredamos de España.

Utilización del español por parte de los medios de comunicación y empleo de la lengua en redes sociales o entornos digitales

JORGE EDUARDO RITTER y MODESTO A. TUÑÓN F.

MEDIOS DE COMUNICACIÓN

Los medios de comunicación social conjugan diferentes manifestaciones de la palabra, así como los distintos géneros y formatos —información, crónica, opinión, análisis, entre otros— que crean una comunidad lingüística entre los actores de estos procesos.

En Panamá, dichos medios han contribuido a consolidar una lengua y han servido de puente de intercambio entre las múltiples comunidades culturales que llegaron al istmo. Ello gracias a un español estándar, neutro, que, a diferencia de lo que ocurre en países vecinos, no cuenta con variantes fonéticas ni acentos pronunciados ni modalidades que la tipifiquen, como sucede en diferentes sitios de la región.

El perfil profesional de quienes se ocupan del quehacer periodístico ostenta como una de sus características el dominio del idioma español, pese a que, en diferentes periodos históricos, el inglés, el francés y hasta el mandarín fueron utilizados por determinados sectores de la población y diferentes medios de comunicación. La construcción de los relatos sobre el acontecer cotidiano adquirió un ejercicio de redacción y la necesidad de plasmar en las planas de los diarios los hechos con una precisión que adoptó el español como nexo imprescindible.

Esa condición ha disminuido en la actualidad. La presión del habla popular, la tendencia a formas más útiles y la acción de múltiples tipos de jergas han condicionado el empleo de un instrumento ágil. Pero en esa agilidad coexisten debilidades en la sintaxis y en el empobrecimiento léxico que conducen a una innecesaria repetición de palabras, así como a la incertidumbre semántica en la proyección de ideas.

En el habla cotidiana existe una tendencia irrefrenable a apropiarse de textos en exceso coloquiales. Esto se aprecia en muchas emisoras radiofónicas, en las que los locutores creen conectar mejor con la audiencia mediante manifestaciones callejeras y descomedidas. El doble sentido, la denostación, los efectos burlones y las bromas son utilizados para buscar un diálogo más fluido con la audiencia.

En los tabloides, los titulares se proponen atraer a los lectores con palabras que actúan como ganchos y en colores vistosos: «matan», «secuestran». El hipérbaton es una constante entre las herramientas de ordenamiento de los titulares, siempre a la búsqueda del impacto visual. Se resaltan acciones y figuras hiperbólicas para dramatizar los mensajes, aunque las notas sean de simplicidad informativa.

Los barbarismos denotan una pobreza en el léxico y destaca, por ejemplo, el uso de giros equivocados. De titulares en una semana: «onceava [en lugar de undécima] vez que suben la gasolina...», «está anuente a la llegada de la vacuna... [se pretende decir que se sabe que va a llegar]». De igual manera ocurre con infinidad de lugares comunes, muletillas o expresiones afectadas para sustituir palabras: *vital líquido* para referirse al agua.

Otro caso se relaciona con el uso indiscriminado de voces que pertenecen a estructuras técnicas; por ejemplo, en el lenguaje policivo, la expresión *dar con* se usa para referirse a todo tipo de encuentros o casos vinculados con acciones de autoridades; ahora es la antesala de toda noticia vinculada a acciones de agentes del orden. Asimismo, ha hecho carrera convertir determinados sustantivos en verbos; así, de *apertura* se deriva *aperturar*, y de *expediente*, *expedientar*.

Un ámbito que es necesario analizar es el de la publicidad, una de cuyas características fundamentales es lo simbólico de su lenguaje y la posibilidad de lograr introducirse, más que en la razón de la audiencia, en la emoción. Por tanto, utiliza todos los argumentos que posibiliten esa perspectiva, incluso llegando a modificar las costumbres del público. Allí se encuentran todo tipo de situaciones que logran cambiar hasta la semántica en los seguidores.

Los medios de comunicación social han estado muy presentes en el desarrollo de la sociedad panameña desde el inicio de su establecimiento. Su discurso orientó a las mentes que debieron generar una idea de lo nacional y quienes escribieron se ocuparon de fortalecer el espíritu y la conciencia de los diferentes grupos. Eso se constituyó en una especie de guía y de allí la importancia que adquirió el lenguaje por tradición.

A través de estas proyecciones masivas, el hombre y los grupos humanos han podido desarrollar formas de utilización del lenguaje de manera, primero, escrita (periódicos y revistas); luego, hablada (la radio) y por imágenes (cine y televisión), y gracias a la tecnología, a través de señales electrónicas (internet y redes sociales). Ello permite consolidar ese español que unifica a una nación con importantes influencias culturales de orígenes diversos.

REDES SOCIALES Y ENTORNOS DIGITALES

El surgimiento acelerado de los entornos digitales y, en consecuencia, las redes sociales han traído nuevos retos a la comunidad nacional y, como influencia de las modas internacionales, se notan tendencias en el uso del español y en los modismos que se adquieren en la escritura de los mensajes. Quizás la influencia más clara tiene que ver con la introducción de anglicismos y neologismos, la supresión o abreviación de palabras y otras formas no menos perniciosas en la construcción de los textos.

Los diferentes entornos digitales han creado todo un lenguaje y nuevos conceptos que, por lo general, vienen de lenguas extranjeras y son asumidos inmediatamente por los usuarios. *Chip*, por ejemplo, fue uno de estos, y ya cuenta con un significado en español, junto con todo un conjunto de palabras que han sido adoptadas con rapidez. Pero existen otras que aún no han pasado por ese proceso y son asumidas por los hablantes tal cual.

Zoom o *podcast* son palabras aparentemente insustituibles que han arraigado en el léxico cotidiano; acciones como *googlear* y términos derivados de *web,* como *webear* ('buscar en ese universo') o *webinario* ('seminario en ese ámbito').

En Panamá, quienes ingresan a los entornos virtuales asumen dichas palabras y las aplican. *Youtuber* es aquel que actúa en la plataforma de música y videos conocida como YouTube o prepara materiales para este espacio. Los mensajes están llenos de palabras semejantes que ocupan la porosa superficie del español y que forman parte de una jerga que ha surgido y de la que se apropia un público sobre todo joven.

De igual manera, algunas plataformas como Twitter obligan a escribir cada mensaje con un número limitado de caracteres. Eso hace imprescindible resumir los términos para alcanzar una idea y, por tanto, se inició la tendencia de reducir las palabras al mínimo. Esto quiere decir que, en la propia estructura del lenguaje utilizado, tal práctica tiene que ver con el surgimiento de apócopes y reducción de las unidades léxicas.

Algo parecido sucede con Instagram y TikTok, donde se combinan textos e imágenes y las palabras suelen ser deformadas o pasan por procesos de composición para la elaboración de mensajes específicos y adecuados a los componentes visuales.

Esto es significativo, ya que se crea otra forma de lenguaje que es asumida por los actores de la comunicación. En muchos casos, las palabras pierden sus vocales y se reducen solo a los sonidos consonánticos; se lee y se interpretan los significados. Preguntar *¿por qué?* es sencillamente *Xq*, o *tranquilo, tql; te quiero mucho, tqm*, y *gracias, grcs* (o, lo que es peor, *tks,* por la palabra en inglés *thanks*).

Esto crea el riesgo de que se pierda, sobre todo entre la población escolar, la gramática del lenguaje. Porque si quien apenas adquiere una cultura del léxico no termina de comprender las reglas de ortografía, por ejemplo, y de acentuación, avanzará sin remedio de forma defectuosa. Son generaciones a las que hay que fortalecer, pues, si no cuentan con un impulso aleccionador, llegarán a dominar muy débilmente la redacción en sus componentes internos y sintácticos, y establecerán formas de comunicación plagadas de incorrecciones.

El español en contacto con otras lenguas en la literatura

ARISTIDES MARTÍNEZ

En lo que concierne a lo literario, poesía, cuento, novela y teatro, se puede observar que los escritores han procurado expresarse dentro de la «corrección». Y, sin embargo, en la novela y el cuento de temática campesina encontramos el uso del habla y expresiones propias del campo. Más significativo ha sido el uso de anglicismos en obras emblemáticas como son las trilogías *Luna verde, Gamboa road gang* y *Curundu line*, de Joaquín Beleño. Las obras de Beleño tienen importancia sociohistórica porque recrean la situación que vivió Panamá por el enclave colonial llamado Zona del Canal que le impusieron los Estados Unidos al itsmo por la construcción del Canal. Es importante resaltar que, no obstante la presencia de un país tan poderoso en el suelo patrio, su influencia cultural no afectó al idioma nacional significativamente.

Significativo también es el uso del lenguaje urbano popular en novelas como *Loma ardiente y vestida de sol*, de Rafael Pernett y Morales.

En la poesía encontramos un lenguaje de voces africanas, propias de las etnias negras istmeñas, en obras poéticas de Demetrio Korsi. Este español «contaminado» no es mayormente significativo, numéricamente hablando, no obstante encontrarlo en obras emblemáticas de la literatura panameña.

Convivencia de lenguas en Panamá

IRINA NEMTCHÉNOK DE ARDILA

La lengua es vida y, como tal, es agonía, lucha a ultranza de fuerzas contrapuestas muy poderosas. Pero la lengua también es vehículo de relación social, instrumento de comunicación, aproximación y alejamiento de personas y grupos humanos. La lengua es asimismo un proyecto siempre inacabado de supervivencia, cambio y desaparición, es decir, una realidad colectiva de identidad que, casi imperceptiblemente para el ciudadano, está siendo y dejando de ser.

Ciertamente, en esa lucha intervienen muchos factores de diversa naturaleza, función y alcance; son los factores históricos, políticos, económicos, sociales, sicológicos y, entre ellos, destacan los factores sociales derivados de la coexistencia, cohabitación y convivencia de varias lenguas distintas en un mismo territorio político del Estado nacional.

El territorio panameño, largo y estrecho, entre dos océanos, tras la multisecular etapa de la colonización española, funcionó como una vía de comunicación terrestre y acuática para el tránsito de personas y mercancías hacia los cuatro puntos cardinales de América y el resto del mundo. La construcción del ferrocarril en 1850, las obras del fracasado canal francés y las definitivas del canal de los Estados Unidos atrajeron mano de obra de países del entorno caribeño, así como del resto de Norteamérica, Centroamérica y Sudamérica, además de Europa y Asia. En total fueron 89 países diferentes de cinco continentes distintos, con muy variadas lenguas, los coprotagonistas de la estructural internacionalización de Panamá. Puede decirse que la convergencia de tantas lenguas en un mismo territorio ha sido factor determinante de una pugna político-social en la que el idioma español ha tenido que aceptar y encajar el reto de fuerza de otros idiomas en el proceso de configuración y consolidación de la identidad nacional de los panameños.

Como es sabido, la apertura, funcionamiento, mantenimiento y ampliación del canal de Panamá desde 1904 hasta la fecha ha sido el marco institucional de una fecunda diversidad de relaciones con culturas foráneas más o menos próximas a la cultura de raíz hispánica propia de Panamá. Las culturas de los Estados Unidos, la Unión Europea, el Reino Unido, la Commonwealth, los países islámicos, China, Japón, etc., se han proyectado efectivamente sobre la panameña, lo que ha facilitado la introducción y arraigo de determinados hábitos sociales en la vida individual y colectiva. Naturalmente, este notable fenómeno de permeabilización cultural ha sido posible por virtud de los cambios que el idioma español ha incorporado a su léxico básico, aceptándolos para adaptarse a las nuevas exigencias de la realidad multicultural de la población de Panamá.

Un ejemplo paradigmático del fenómeno de inculturación apuntado se refiere a la influencia del idioma inglés en la vida nacional panameña, por causa de la acción política y económica de los Estados Unidos de América desde mediados del siglo XIX. En este sentido se pronunció Juan David Morgan, miembro de la Academia Panameña de la Lengua, al reconocer que, por diversas causas (incluso turísticas) y razones prácticas, el idioma español de Panamá, ya desde mediados del siglo XIX, ha incorporado una parte básica del vocabulario inglés. No obstante, hay que subrayar que se trata de un fenómeno de inculturación no exclusivo de Panamá, ni tampoco de los países de idioma español. La influencia del idioma inglés de EE. UU. es perceptible en todos los continentes y en la totalidad de los Estados que hoy son miembros de la Organización de las Naciones Unidas.

Por otra parte, recordemos que en Panamá conviven muy diversos grupos étnicos con sus idiomas nacionales y sus propias identidades culturales. Todos estos grupos, como se ha dicho, son coprotagonistas activos de la inculturación de la nación panameña y, en consecuencia, han influenciado decisivamente el idioma español de Panamá, con especial alcance en algunos deportes (beisbol, fútbol, hípica, tenis, golf), la gastronomía, las enseñanzas de ciencias y prácticas técnicas (construcciones, ingeniería, navegación marítima y aérea, medicina, obras públicas, etc.), las profesiones liberales (médicos, abogados, arquitectos, economistas, etc.).

La expresión «crisol de (razas) culturas», acuñada con referencia a Panamá por don José Isaac Fábrega, miembro de la Academia Panameña de la

Lengua, sirve para categorizar el fenómeno político-cultural consistente en que una determinada comunidad heterogénea y poco o nada estructurada pone en marcha un proceso de transición gradual hacia una comunidad homogénea integrada por sujetos/grupos cohesionados en una unidad política y social común. Los grupos étnicos, sus lenguas, religiones y culturas persisten en su complejidad, pero dejan de ser factores de confrontación grupal y división para ordenarse coherentemente hacia la realización de una sociedad más unitaria, más cohesionada, más estructurada mediante el ideal u objetivo de construir para la comunidad presente y futura una identidad colectiva razonablemente compartida por todos o la mayoría de los sujetos/grupos que la integran.

Sin embargo, desde una perspectiva conceptual, rechazada la expresión «crisol de razas» por sus connotaciones discriminatorias, parece que la expresión «mosaico cultural» es la que mejor ayuda a definir la interacción recíproca de varios idiomas extranjeros que coexisten con el idioma español en el territorio de Panamá; también sirve para explicar los efectos de dicha interacción hasta el tiempo presente y las perspectivas de evolución futura del idioma nacional. Se trata de un «mosaico» compuesto por teselas que representan la dinámica de acción, reacción y eficacia de las lenguas foráneas entre sí y respecto a la lengua española de Panamá.

El perfil étnico-cultural de Panamá se puede dibujar con relativa facilidad: una nación que, desde principios del siglo XX, es, desde la perspectiva demográfica, cada día más multiétnica y, desde la perspectiva sociológica, más multicultural, considerándose la lengua nacional y su evolución un producto más de la cultura del país. No es dudoso que la inmigración durante los últimos 170 años ha dado una forma más definida y definitiva a Panamá; cada nueva oleada de inmigrantes, aunque no sin dificultades, ha aumentado la cohesión grupal de los sujetos de la comunidad, así como la composición compleja de su demografía y la variedad lingüística de sus culturas convergentes.

Es cierto que la mayoría de los inmigrantes vinieron a Panamá desde Europa, Centroamérica y Asia desde mediados del siglo XIX. Ya desde los tiempos de la colonización española las inmigraciones fueron un factor fundamental de la constitución y desarrollo de la demografía y economía panameñas. No obstante, también debe reconocerse y valorarse el protagonismo de las etnias de África en el proceso de inculturación de Panamá. Y en el marco histórico de la colonización es referencia obligada la incuestionable influencia del activo tráfico mercantil de esclavos africanos en la lengua y la cultura de Panamá. Así las cosas, se ha producido un efecto adicional de la inculturación lingüística: ha aumentado considerablemente el número y dinamismo de minorías étnicas activas, visibles e identificables en la sociedad panameña, dibujándose así un «mosaico cultural» lingüístico de gran variedad, complejidad y riqueza.

Veamos la distribución de las lenguas en el territorio de la República de Panamá en función de la población de los distintos grupos que integran la comunidad nacional.

La población total panameña es de 4 246 000 habitantes, y las lenguas se distribuyen en ella de la manera siguiente: a) español: 3 000 000 de personas; b) chino: 300 000 personas (variantes cantonés, *hakka* y mandarín); c) inglés afroantillano: 250 000 personas; d) inglés: 30 000 personas; e) árabe: 15 000 personas; f) francés y *patois:* 10 000 personas; g) japonés y coreano: 2000 personas; h) 19 lenguas indígenas: buglé, *ngäbe*, emberá, *wounaan*, kuna, naso *tjërdi* o bribri, cuya oficialidad ha sido recientemente reconocida por el Gobierno nacional[1].

Como aspectos característicos significativos para el estudio de las interacciones lingüísticas de los idiomas usados en la República de Panamá, se señalan los siguientes:

- El español es la lengua oficial y de mayor uso en Panamá, y cohabita pacíficamente con los demás idiomas oficiales y no oficiales habituales en el territorio nacional.
- El inglés es la lengua extranjera de mayor uso y demanda, y es el idioma propio de muchos afroantillanos en la costa atlántica del país y también en la ciudad de Panamá.
- No es relevante la influencia en la lengua española de Panamá de los idiomas chino, francés, italiano, hebreo, árabe, japonés, coreano, hindú, pakistaní, etc.
- Al menos durante las primeras generaciones, los inmigrantes de los distintos grupos lingüísticos mencionados conservan establemente el uso de sus idiomas de origen, compatibilizándolo con el español panameño, de manera que la interacción lingüística se produce naturalmente por la vía de la convergencia grupal.
- Las lenguas aborígenes, por lo general, no han producido ni producen un impacto efectivo en el español nacional, pero algunos vestigios de dichas lenguas pueden encontrarse en el léxico corriente propio de la comunidad panameña.
- Se observa un uso creciente de varias modalidades de *espanglish* en los instrumentos de la publicidad estática y dinámica, así como en las campañas de publicidad radiofónica y televisiva.

---

1. La información estadística es aproximada.

- El idioma español de Panamá siguió la evolución de las lenguas cuyo tronco común es el español, asimiló algunos nuevos términos, expresiones y voces procedentes de los idiomas de su «mosaico cultural propio», pero, en la mayoría de los casos, adaptó estas novedades lingüísticas a las normas gramaticales y fonéticas del idioma castellano.
- El idioma inglés no es responsable del mal uso del idioma español de Panamá. Contra lo que corrientemente se cree, no puede considerarse que la presencia constante de varios miles de estadounidenses en el país desde 1904 sea un factor decisivo en la degradación del idioma nacional.
- Parece más cierto, de un lado, que la coexistencia del español y el inglés ha sido bastante pacífica y, de otro lado, que su convergencia ha tenido un alcance limitado a determinadas áreas de la economía panameña, especialmente en el sector terciario internacional: comercio, navegación y banca.
- Los panameños, por lo general, a diferencia de otros hispanohablantes americanos, tanto en el lenguaje hablado como en el escrito, se cuidan poco de la pureza y riqueza del idioma que legítimamente poseen. Esta tarea, conforme a los fines de su institución, se realiza por la Academia Panameña de la Lengua.

Y para culminar nuestra exposición, algunas consideraciones finales:

Panamá tiene el español como su principal idioma, una lengua universal utilizada habitualmente por más de 500 millones de personas. El idioma español panameño es una riqueza, producto de las aportaciones multiculturales antes referidas, y constituye una base sólida para afrontar sin temor los retos políticos y económicos de un mundo globalizado. Es indispensable y urgente que se promueva por las autoridades del Gobierno nacional y por los estamentos docentes de todos los niveles de la enseñanza el uso correcto de nuestro idioma común. Es necesario tener muy presente que solo los ciudadanos panameños que logren un dominio efectivo de la lengua española, segunda lengua más usada en el mundo, estarán bien posicionados para afrontar con posibilidades de éxito y acierto las nuevas y muy imperiosas exigencias de conocimiento y comunicación que impone este nuestro mundo cada vez más interdependiente.

Lenguas en contacto en Panamá

MARTÍN JAMIESON VILLIERS

El fenómeno de lenguas en contacto tiene larga data en el istmo de Panamá. Pero para la etapa precolombina, y hasta para alguna posterior, no se han logrado testimonios seguros. Desde el siglo XIX, debido a la presencia conjunta de hispanohablantes nacionales y alóglotos de lenguas originarias o de las ingresadas después de la expansión del español, se podrían documentar lenguas en contacto de acuerdo con el concepto propuesto por Uriel Weinreich por 1953.

A partir de 1501, cuando se introdujo y luego arraigó la lengua española —entonces la castellana— en Castilla del Oro o Tierra Firme, nombres dados a lo que se convirtió en la República de Panamá, hubo encuentro de la lengua europea y las del istmo. Según los cronistas de Indias, estas eran numerosas, pero sin intercomprensión. Debido a que la incursión europea diezmó las poblaciones autóctonas y el español se impuso en todo el territorio, las lenguas originarias desaparecieron pronto y las remanentes se apartaron, soslayaron y minusvaloraron.

No hubo, por consiguiente, «jergas mixtas» en el país ni sustrato aborigen para el español panameño. No obstante, pervivieron préstamos amerindios en la toponimia: el país, 4 de las provincias y 32 de los 67 distritos ostentan nombres precolombinos. Además, hasta hoy continúan en el uso indigenismos para nombrar elementos que desconocían los europeos.

Para sustituir a la desplomada población preexistente, la potencia europea importó para el trabajo esclavo mano de obra sudsahárica, compuesta por hablantes de lenguas muy diversas, también perdidas rápidamente a pesar de que, en poco tiempo, los sudsaháricos constituyeron el grupo mayoritario en la ciudad de Panamá y su corredor intermarino, adquirieron mayor importancia demográfica que la de los menguados precolombinos desplazados a las selvas o montañas y aun superaron en número a los europeos, transeúntes casi siempre, quienes ocupaban los escalafones más altos de la sociedad.

En la anónima *Descripción de Panamá y su provincia* (1607) se declaraba que «en la ciudad no ay indios; los españoles hablan la lengua castellana; los negros entre sí, los de cada tierra la suya; también hablan castellano, pero muy mal, si no son los que dellos son criollos». El grupo sudsahárico aportó léxico a la par de transmitir otros rasgos culturales. Aparte de topónimos, los africanismos generales hoy no pasarán de cincuenta, dispersos en varios campos léxicos, además de algunos africanismos semánticos.

El siglo XVIII trajo la eminente ruralización del país y la reconcentración de la cultura lugareña. No hubo un notorio intercambio idiomático, sino el asentamiento de las variedades del país.

En contraste, el siglo XIX se presentó con rasgos importantes para la interacción lingüística. Lograda la independencia de España (en 1821) y su inmediata adhesión a la Gran Colombia, Panamá recibió en dos áreas distantes entre sí el ingreso de población alóglota, que se afincó. Las dos regiones son la caribeña provincia de Bocas del Toro, en el noroccidente del país, y el corredor interoceánico central, con la ciudad de Panamá en su extremo sur o pacífico y Colón, su norteña contraparte atlántica, retirada esta condición de Portobelo, famosa por sus ferias hasta el siglo XVIII.

En el siglo XIX y a principios del XX, debido a que se impuso la construcción de obras de intercomunicación mundial —el ferrocarril que empezaron unos estadounidenses en 1850 y terminaron en 1855; el canal a nivel comenzado en 1880 por franceses, pero que no concluyeron, y el canal por esclusas, iniciado por los estadounidenses en 1904 y terminado en 1914—, se atrajo al corredor interoceánico del istmo mano de obra sobre todo de las Antillas anglohablantes. Aunque en número exiguo, también hubo de las Antillas francesas. Los norteamericanos permanecieron en el sector canalero, que controlaron cultural y jurídicamente entre 1904 y 1999.

Está documentado que desde alrededor de 1817 pescadores de San Andrés y de las islas del Maíz (Corn Islands) poblaban Bastimentos y Punta Mico por Bocas del Toro, en el Caribe noroccidental. No obstante, el poblado de Bocas del Toro, de la provincia del mismo nombre, no fue fundado hasta 1826 por emigrantes de Jamaica y de las también caribeñas islas de San Andrés y Providencia, de soberanía colombiana (como era Panamá entonces). Utilizaban mayoritariamente el inglés criollo y el inglés estándar, que se reducía a contextos y situaciones de prestigio. La costumbre perduró al realizarse una nueva infusión de contingentes de inglés caribeño en 1855, al concluirse el ferrocarril de Panamá y mudarse los trabajadores a esta región, y se repitió entre 1914 y 1916, cuando finalizaron las tareas de construcción del canal de Panamá. (A la provincia, a principios del siglo XX, con fines comerciales, se verificó notable inmigración de alemanes —en rigor, desde la primera mitad del siglo XIX— y chinos, pero no se les ha conocido mayor trascendencia idiomática).

Así pues, en la República de Panamá se avecinaron desde el siglo XIX el inglés —en dos variedades: el estadounidense (muy prestigioso) y el caribeño (bastante menos)— y el español lugareño. La presencia del francés (menos, el europeo, y más, el criollo de las Antillas) fue menor y tuvo difícil incidencia en los intercambios lingüísticos debido a que sus pocos hablantes se integraron velozmente a otros grupos.

El mínimo efecto del español sobre lo que fue el inglés estadounidense de la franja conocida como Zona del Canal de Panamá se leerá en J. Chalmers Herman, «Word Borrowing on the Isthmus of Panama», *Hispania*, 33 (1950), pág. 165; o en Inés Boza de Ruiz Vernacci, *Influencia recíproca del inglés y el español en el Panamá de hoy*, Madrid, Artes Gráficas Elica, 1960 [extracto de la tesis doctoral, 26 páginas]. El de la contribución del criollo afroantillano sobre el español lugareño aparece en M. Jamieson, «Culinary Caribbean Lexicon in Panamanian Spanish», *Revista Alicantina de Estudios Ingleses*, 24, 2011, págs. 173-189; junto al del español sobre el inglés afroantillano de la capital en Leticia Thomas-Brereton, *Dictionary of Panamanian English*, New York, Graphicart, 1993, y en Nilsa Justavino de López, «A Brief Look at the Influence of Spanish in the West Indian English Dialect in P», en AA. VV., *Afro-American Cultural Identity in Language and Literature*, Panamá, Universidad de Panamá, SAMAAP, Kellogg Foundation, 2001, págs. 69-73. Según consideración unánime, el intercambio se declara solo en el léxico, no en los otros estratos de ambas lenguas.

En Bocas del Toro el inglés se imponía de tal forma que llegó a declararse que el español acusaba «degeneración» (Diógenes Cedeño Cenci, *El idioma nacional y las causas de su degeneración en la provincia de Bocas del Toro*, Panamá, Imprenta de la Academia, 1960; también en *Revista Lotería* 54 [1960], 92-128). Pero, si bien era habitual el inglés criollo informal y coloquialmente, aun fuera de la afroantillanía, no alcanzó ascendencia en lo formal o estatal. El español ni degeneró ni desapareció, sino que se afianzó con el tiempo, pero a la par el inglés criollo aceptó más hispanismos. Que el español bocatoreño se encontrará desde entonces con más anglicismos que el del resto del país se explica por la población angloantillana combinada con los usos específicos derivados de la importancia de las empresas frutícolas estadounidenses como también, en la última parte del siglo XX y en el XXI, de la industria del turismo, que fomenta el uso de la lengua franca de las últimas centurias.

Debido a la presencia estadounidense y a la afroantillana anglohablante en áreas de notoria visibilidad para el foráneo, se ha llegado a creer que el inglés es de uso constante y mayoritario en Panamá, hecho que desmienten las estadísticas y la observación que va más allá de lo precipitado. El anglicismo léxico en el español regional no excede del de otros países ni el inglés penetra con usos sintácticos modificadores de lo patrimonial. La actitud defensiva de larga vigencia entre intelectuales o de la escuela, al igual que cualquier recuento científico de anglicismos del istmo, lleva a concluir que hay anglicismos persistentes y frecuentes, pero cuyo número no supera el de uso en cualquier otra área hispanohablante (Elsie Alvarado de Ricord, «El español en contacto con el inglés», *Boletín de Filología de la Universidad de Chile*, XXXI [1980-198], págs. 375-387; y, en versión inglesa, en *Word*, 33, 1982). Aun cuando entre el patriciado panameño se detectará uso familiar de la lengua extranjera, resulta excepcional dentro del conjunto nacional. A diferencia de otros sitios, las clases más pudientes no se comunican en inglés como lengua primera o materna, aunque, por frecuente contacto con los estadounidenses, o a la escolarización en lengua inglesa, aquellas la hablen en contextos domésticos. Según uno de sus representantes, «English, however, was very rarely spoken at home. I undertook a course in it every year ever since third grade. I was conscientious of the importance of learning it as a second language». (J. R. Benedetti, *Lesson in Three Acts*. Panamá, s. p. de imp., 1975, sin pág., pero «Lesson Two», pág. 7).

Por la tardía inclusión de los aborígenes en la comunidad mayoritaria, los usos de los bilingües en español y lenguas amerindias no pasan de hechos de habla individuales. (véase, por ejemplo, de Kafda I. Vergara Esturaín, «El español en el pueblo ngäbe. Factores fonológicos y morfológicos», en http//digitalrepository.unm.edu/span_etds/104). No corresponde a la ciencia predecir si esta situación se revertirá en el futuro y si surgirá interpenetración del español panameño y las lenguas aborígenes. Entre los comentarios sobre préstamos del español panameño en lenguas amerindias, pueden leerse, de J. A. Loewen, «Spanish Words in Waunana», en *International Journal of American Linguistics*, 26, (1960), págs. 330-344, o las menciones de Ephraim S. J. Alphonse en el vocabulario de su *Guaymi Grammar and Dictionary with some Ethnological Notes* (Washington: Smithsonian Institution, 1956), versionada en español como *Gramática guaymí* (Panamá: Fe y Alegría, 1980) o, de José María Reverte, *Los indios teribes de Panamá* (Panamá, s. p. de imp., 1967), cuyo capítulo XV se titula «Influencia de otras culturas en la lengua Teribe». Véase, de Maria Seidl, *Sprachen und Sprachenpolitik in Panama. Status, Prestige und kommunikativer Wert in einer mehrsprachigen Gessellschaft am Beispiel des Kuna, des Englischen und der chinesischen Sprachen*. Wien: Universitat Wien, 2010, en othes.univie.ac.at/8797/1/2010-03-01 [consultado el 12 de octubre de 2010], que enfoca las lenguas aborígenes panameñas, el inglés criollo y el chino, de reciente llegada, y su pérdida de espacio y prestigio frente al español.

Las lenguas amerindias del país apenas circulan en los sectores urbanizados, por desafortunada discriminación. No lograron el enfoque científico del Estado hasta el siglo XX, porque no fue hasta su segunda mitad, y más en el siglo XXI, debido a una mayor integración en la actividad sociopolítica general, cuando las siete etnias amerindias reconocidas hoy (bribri, buglé, emberá, kuna, *ngäbe*, naso *tjërdi* y *wounaan*, cada una con su lengua patrimonial) han estado utilizando más la lengua oficial.

En síntesis, el español panameño, en relación con las otras lenguas del territorio de la República de Panamá, apenas experimenta el fenómeno canónico de lenguas en contacto, hecho social y no individual, por lo que el español panameño mantiene sus rasgos patrimoniales. Este integra neologismos léxicos alóglotos sin alterar su gramática. A la vez, su influjo sobre las otras lenguas (amerindias o no) que comparten o han compartido su espacio geográfico se constata también solo en el léxico.

Enseñanza del español en las zonas indígenas de Panamá

EMMA GÓMEZ GUERRA

Panamá tiene, según el censo de 2010, una población aproximada de tres millones cuatrocientos mil habitantes (3400000), de los cuales la población indígena es de cuatrocientos treintaiocho mil (438000), lo que equivale a más del doce por ciento (12.28%), representada por siete etnias (*ngäbe*, gunadule, emberá, bugle, *wounaan*, bribri y naso *tjërdi*), distribuidas tanto en territorios indígenas como en zonas urbanas del país.

El español, como lengua oficial de Panamá, ha regido la enseñanza en todas las escuelas y colegios del país, para todas las asignaturas. Como en gran parte de América, Panamá ha trabajado durante su vida republicana por elevar los niveles de educación, disminuir el analfabetismo y la deserción escolar, y fomentar la lectura a nivel general. En el caso particular de las zonas indígenas, las dificultades han sido mayores por la pobreza, las distancias entre las viviendas y las limitaciones para movilizarse hacia las escuelas. Sumado a lo anterior, la población escolar indígena de los más pequeños, en muchos casos suele hablar poco español. Los niños están acostumbrados a los sonidos y simbologías de su lengua materna, por lo que han tenido mayores dificultades de aprendizaje al no encontrar la metodología adecuada para tratarlos.

Durante años hubo imposición, castigos por hablar la lengua materna en clase y bajas calificaciones, por lo que se incrementó la deserción escolar y el porcentaje de alumnos disminuía al pasar a los niveles de enseñanza media y premedia, y mucho más en el nivel universitario. Al final, el resultado de muchos egresados o de los no graduados era expresarse con dificultad tanto en español como en su lengua materna, lo que afectaba y afecta al desarrollo económico y social de los grupos que se mantienen en la espiral de una educación insuficiente. Algunos, inclusive con estudios, aún tienen dificultades en la concordancia de género y de número por las diferencias en la gramática de ambas lenguas. En otros casos, los padres que estaban medianamente educados optaban por enviar a sus hijos a otros centros educativos y otras comunidades por la falta de todos los niveles de enseñanza en sus áreas; otros preferían hablarles en español desde pequeños para que no fueran discriminados por hablar mal esa lengua (pues ya llevaban una carga de discriminación por ser indígenas), lo que les ha hecho perder su lengua y, en gran medida, su cultura.

Gregorio Urriola plantea, en su *Perfil educativo de los pueblos indígenas de Panamá* (2013), que «en términos absolutos, la población indígena con educación universitaria es de 7820 personas. Representa solo el 2 por ciento de la población de 4 años y más de edad». Resalta que, de los treintaiséis (36) médicos indígenas de Panamá, veintidós (22) son gunas, nueve (9) son *ngäbe* y tres (3) son del pueblo emberá. En su acucioso estudio, resalta que, aunque el desnivel en la adquisición de teléfonos celulares, computadoras y el acceso a internet muestra mayores limitaciones y pobreza en los pueblos indígenas, se percibe también el interés de los programas educativos y de los propios indígenas en lograr su acceso, lo que abre oportunidades de otras formas de aprendizaje. En este punto deberían beneficiarse no solo los pueblos indígenas mayoritarios, sino los grupos minoritarios (emberá, bribri, naso *tjërdi,* bugle y *wounaan*) y las zonas rurales con los mismos índices de pobreza y dificultades de aprendizaje por falta de libros y recursos de subsistencia.

Del 20 y 30 % de población analfabeta, se ha logrado disminuir entre el 10 y el 15 % entre 1990 y 2010. Por otro lado, los acuerdos internacionales, los reclamos indígenas, la nueva legislación y proyectos gubernamentales como Red de Oportunidades o el actual Plan Colmena, buscan condicionar los bonos a la asistencia a las escuelas, abrir espacios de lectura y ampliar finalmente la enseñanza de la lengua materna mediante el programa intercultural bilingüe.

Los procesos han variado en las últimas décadas y han sido muy irregulares. Solo algunas escuelas piloto aplican el programa intercultural bilingüe, que se inició en ocasiones enseñando de la manera tradicional: el español como primera lengua (a quienes no lo entendían), con espacios en el horario para aprender la lengua materna y algunos contenidos culturales de sus comunidades. Los grupos indígenas tienen hoy líderes y estudiosos que dominan muy bien ambas lenguas (el español y su lengua materna), y las recomendaciones y estudios especializados sostienen que los niños pequeños que dominan su lengua materna deben recibir educación en ella y luego dar el paso para aprender el español como segunda lengua.

Ya se han iniciado las primeras clases, inclusive en medio de la pandemia, a través de la radio y la televisión, en vista de que en muchas zonas no tienen acceso al internet. Todo indica que actualmente se estarán aplicando ambas fórmulas, pues no hay suficientes maestros ni recursos preparados para enseñar en todas las lenguas indígenas. El programa ha comenzado a través de la radio en las lenguas de las poblaciones mayoritarias: para los gunas o dules, clases en lengua dulegaya para los cuatro territorios distintos y distantes donde habitan (Wargandi, Madungandi, Tagarkunyala y Guna Yala). El grupo de mayor población (más de doscientos mil habitantes) es el de la cultura *ngäbe* (establecidos en la Comarca Ngäbe-Bugle, junto al pueblo bugle), a quienes ya se les están impartiendo clases, mediante la radio, en su lengua, el *ngäbere*.

Todas las maestras y educadores leen y escriben en español, además de dominar su lengua materna, en muchos casos con carreras de educación, de inglés y de tecnología educativa. En otros campos, algunos jóvenes trabajan con nuevas herramientas como aplicaciones móviles de diccionarios en lengua indígena, basados en el reconocimiento a los estudiosos de su cultura que han trabajado previamente en la elaboración de esos diccionarios, lo que indica un amplio dominio tanto del español como de sus lenguas maternas. Han creado conciencia entre sus comunidades del valor cultural y patrimonial que encierran sus cantos de arrullo, sus cantos rituales de pubertad, su cosmovisión del mundo, la tradición oral que se les estaba arrebatando al sustituir una lengua por otra en vez de hacerlas convivir. Superar el desarraigo proporciona paz, establece motivaciones para aprender otras lenguas que les darán a los jóvenes oportunidades de trabajo y mejores formas de comprender a las otras culturas, en la medida en que se sienten orgullosos de la suya.

Se busca fortalecer el concepto de interculturalidad frente al de pluriculturalidad, que nos indica diversos, pero no integrados, mientras que la interculturalidad nos valida como iguales, con nuestras diferencias y elementos comunes. Denis Meléndez, en su videograbación *Dos idiomas, un pueblo* (1996), entrevista a la lingüista Ana Montalbán, una de las creadoras del programa EBI (Educación Bilingüe Intercultural), que expresa: «La educación intercultural bilingüe establece una relación de dos vías, no solamente de los grupos indígenas hacia la cultura mayoritaria, sino también de la cultura mayoritaria hacia las poblaciones indígenas». Destaca la importancia de la preparación de los materiales y el presupuesto adecuado que el Estado debe invertir para convertir en una realidad la enseñanza bilingüe desde la lengua materna hacia segunda lengua y la asimilación de ambas en el proceso cultural.

Ante el inicio del Decenio de las Lenguas Indígenas, declarado por la Organización de las Naciones Unidas (ONU), y ante la celebración latinoamericana del bicentenario de la independencia o separación de España, tenemos el reto de fortalecer el legado cultural de las lenguas indígenas y cabe analizar los posibles esfuerzos conjuntos (del Estado y de los pueblos indígenas, y de España y América) por la publicación de ediciones bilingües de la tradición oral indígena de nuestros pueblos, unidos ya por los siglos de historia al encanto de la lengua de Cervantes.

Fomento del español como lenguaje científico y técnico

MARISA MONTESANO, FULVIA MORALES y RAFAEL CANDANEDO

El español se ubica como la quinta lengua usada para publicaciones de ciencias, según el informe de la Fundación Telefónica *El español, lengua de comunicación científica* (2013). En inglés se escribe, al menos, el 95% de las publicaciones científicas. El alemán es la segunda lengua, alternándose con el mandarín en ese lugar. Según la base bibliográfica Inspec, creada para ofrecer índices de trabajos científicos y técnicos de áreas de la ingeniería, el español observa, a nivel global, un ligero crecimiento en publicaciones.

En el caso panameño, la base de datos Scopus reportó un crecimiento que casi duplicaba el número de publicaciones científicas de Panamá en una década, del 2007 al 2017. Además, según registros obtenidos de la Plataforma ABC de la Secretaría Nacional de Ciencia, Tecnología e Innovación (SENACYT), tomados del reporte de Web of Science del periodo 2016 a mayo de 2021, se han publicado 3193 artículos. El 73.66% es parte de revistas de Q1 y Q2, que revelan la calidad de los contenidos que divulgan a través de sus páginas. Representa un trabajo de gran peso científico. Solo 275 de esos documentos, con filiación de Panamá, están escritos en nuestra lengua[2].

Esas revistas en español a las que los investigadores panameños remiten sus producciones reportan a sus autores las correcciones de redacción.

Se identifican cuatro categorías:

- lexicográficas, por usar términos del inglés o del francés en lugar de la expresión española correcta;
- ortográficas, por acentuación gráfica, puntuación y mayúsculas improcedentes;
- mal uso de preposiciones, que ocasiona errores conceptuales en determinados casos;
- de economía lingüística, puesto que evitar las repeticiones es una norma básica en la redacción científica, como propuso en 2006 el Council of Science Editors.

2. Fuente: Elaboración a partir de datos recuperados de Web of Science, mayo 2021.

Para la mayoría de los investigadores que escriben en español, estas son las dificultades que se les presentan al comunicar los resultados preliminares o finales de sus investigaciones, de las tendencias observadas en fenómenos de estudio u otras situaciones del trabajo que realizan desde una visión muy puntual, que se originó del planteamiento de un problema. La precisión, claridad y brevedad en sus textos son los elementos claves para la elaboración de artículos que sean admitidos en el concurso de una comunidad científica global.

El área de conocimiento con el mayor número de publicaciones es la medicina. Ha aumentado la visibilidad de los dos institutos de investigación nacionales con mayor producción científica: Gorgas e INDICASAT, según datos de la SENACYT (2019).

Sobre la divulgación del conocimiento:

En 2013, la Organización de Estados Iberoamericanos resaltó el hecho de que «por más que Iberoamérica sea una parte de la geografía mundial enorme, rica y razonablemente poblada, la falta de contacto estrecho con los países más desarrollados haría que la investigación iberoamericana se alejara peligrosamente de las grandes líneas del avance científico internacional y se cayera en un provincialismo peligroso que los científicos no aceptarían» («Repensar la ciencia y la tecnología en Iberoamérica», en *Ciencia, tecnología e innovación para el desarrollo y la cohesión social,* pág. 57). El inglés es, por tanto, una lengua de dominio en la comunidad científica. El valor del español en la comunicación científica se relaciona directamente con el acceso al conocimiento de los millones de hispanohablantes que no leen revistas de lenguaje técnico-científico. Ese es el gran desafío del español: proyectarse como lenguaje científico y técnico para el mundo. La función de la ciencia es mejorar la vida de las personas mediante la socialización del conocimiento que produce.

Es un desafío mayor la comunicación de información científica en aquellas áreas con precariedad en el conocimiento de las lenguas inglesa y española, y donde impera la lengua aborigen y oral.

Aunque la comunicación en ciencias biomédicas es en inglés, en lengua española debe ser la comunicación social de los resultados de las investigaciones. De una manera clara, con los tecnicismos necesarios y con mensajes que la población comprenda.

Hay sesgos con respecto a la capacidad lectora y comprensiva de qué y cómo quiere comunicarse.

Presencia del español en los distintos niveles educativos

RODOLFO DE GRACIA REYNALDO

Desde los tiempos de la Colonia, según nos informa Octavio Méndez Pereira en *Historia de la Instrucción Pública en Panamá* (1915), se instituyó en el país un sistema de instrucción calificado por el «maestro de juventudes» como «miserable».

Hubo una sistemática y sostenida castellanización de América, sobre la cual nos dice Dorothy Tanck, de El Colegio de México (2011):

> Las reales cédulas emitidas desde España guiaron la política lingüística en el virreinato durante la época colonial.

Por otra parte, eran pocas las escuelas y poca la cobertura que tenía dicho sistema, pues las clases sociales menos privilegiadas no tenían acceso a la educación, como tampoco las mujeres.

En cuanto a su currículo, fundamentalmente se enseñaban las cuatro operaciones aritméticas básicas con un método de enseñanza mecánico (Méndez, 1915).

A inicios del siglo XVII se funda en Panamá la Vieja el Seminario de San Agustín (1612), en el que se enseñaba «desde las primeras letras hasta teología». Hacia 1803, dicho colegio seminario fue reorganizado y se enseñaba en él gramática latina. Otra reorganización —no ya en la Colonia— en 1845 nos da cuenta de la enseñanza de Literatura y Filosofía (39 alumnos) y de Ciencias Eclesiásticas (4 alumnos).

En las postrimerías de la Colonia (hacia 1813) se fundó en Panamá un colegio de señoritas, de efímera existencia, en el que se enseñaban siete materias, entre ellas gramática castellana.

Consumada la independencia de España, y entrada en vigor la unión a la Gran Colombia, se funda en 1824, en la capital panameña, el Colegio del Istmo o Colegio de Panamá, que posteriormente se constituyó en universidad a partir de 1841.

No hay que olvidar que para 1826, fecha emblemática del Congreso Anfictiónico, ya había emanado de la Gran Colombia una ley «sobre organización y arreglo de la instrucción pública» (Méndez, 275).

En el citado Colegio de Panamá, para entonces convertido en universidad, como queda dicho, se dictaban en 1846, dieciocho asignaturas, tres de las cuales eran idiomas: latinidad y castellano, inglés y francés. Hubo, además, cuatro cátedras de Literatura y Filosofía, con un cuantioso número de alumnos para la época (103).

En 1836 —año también emblemático por ser el del nacimiento de nuestra poeta Amelia Denis de Icaza—, el Consejo Municipal aprobó la creación de la escuela para niñas Nuestra Señora del Carmen en Santa Ana, en la cual se dictaban diez materias, tres de ellas vinculadas al idioma: ortografía, gramática y lectura. Posteriormente, en 1886, la Cámara Provincial de Panamá expidió un decreto mediante el cual dispuso la creación de una escuela primaria para niñas de 6 a 12 años de edad. El plan de estudios comprendía diez asignaturas, de las cuales tres estaban vinculadas a la lengua: ortografía, ortología y gramática castellana.

Este vistazo cronológico permite observar el empleo del español como vehículo o instrumento en la enseñanza si se analiza desde diferentes enfoques, principalmente el de la alfabetización, que atañe directamente a los propósitos de este escrito.

Llegados los periodos históricos de la unión a Colombia y el de la república, cabe advertir que en ellos, dentro del sistema educativo y de su marco legal, el español se constituye ya plenamente como lengua vehicular.

Excepción hecha de la Constitución de 1904, las otras tres (1941, 1946 y 1972) preceptúan que el español («castellano» en la del 41) es el idioma o el idioma oficial de la república. La de 1946, en su artículo 81 dejaba sentado:

> En ningún establecimiento privado de educación se impartirá enseñanza en idioma extranjero sin permiso del Ministerio de Educación concedido por calificados motivos de interés público.

Por su parte, la de 1972 añade en su artículo 82 que «El Estado velará por la defensa, difusión y pureza del idioma Español».

El artículo 135 de la Ley Orgánica de Educación (1946) reza lo siguiente sobre el idioma español:

> El Ministerio de Educación velará por el uso correcto, la conservación y el enriquecimiento de la lengua oficial, y estimulará la creación de las diferentes modalidades de la expresión oral y escrita, a fin de fortalecer y desarrollar este vínculo de cohesión social e identidad nacional.

Dicho lo anterior, cabe hacer referencia a la estructura del sistema escolar panameño, el cual se divide en Educación Básica General y Educación Media, Profesional y Técnica. En el primer grupo, cuya cobertura va desde los 4 hasta los 15 años de edad, está incluida la educación preescolar para menores de cuatro y cinco años; la educación primaria, con una duración de seis (6) años; la educación premedia, con una duración de tres (3) años. El segundo grupo abarca 3 años de estudio y comprende 16 tipos de bachilleratos.

Excepción hecha de la etapa preescolar (con 2 años de duración), en la que se pone en práctica el área cognoscitiva lingüística y, dentro de ella, la «comunicación e intercambios específicos, cuyo eje principal es el lenguaje», todas las demás etapas o subniveles contemplan en sus programas curriculares la asignatura Español, en la que se abordan diferentes áreas, a saber: comunicación oral y escrita; estructura de la lengua; comprensión lectora; apreciación y creación literaria.

En cuanto a los objetivos que atañen al uso del idioma tanto en el nivel de básica general (primaria y premedia) como en media, el Ministerio de Educación (Meduca) establece el siguiente:

- Fortalecer el aprendizaje y uso de las diferentes formas de expresión oral y escrita, con un alto grado de eficiencia.
- Para ello trabaja en función de competencias o perfiles de competencia, entre los cuales resaltamos:
  - El desarrollo de la capacidad para comunicar hechos, sucesos, ideas, pensamientos, sentimientos en situaciones del entorno de manera crítica y reflexiva.
  - El empleo del lenguaje verbal y no verbal para comunicar hechos, sucesos, ideas, pensamientos, sentimientos en situaciones del entorno, mediante su idioma materno, oficial y otros.
  - La aplicación de normas de gramática y comunicación para expresar ideas, pensamientos, sentimientos y hechos.

Hasta hace unas décadas, la enseñanza del español en los niveles de Básica General y Media se encontraba bastante ligado a la concepción purista y estrictamente normativa de la lengua y a la enseñanza de la gramática como un sistema de etiquetado y adjudicación de funciones sintácticas; al aprendizaje memorístico de reglas ortográficas y de léxico, divorciado del contexto de uso real y significativo, y desvinculado de la comprensión lectora, la redacción y las situaciones comunicativas que permitieran darle pertinencia y contexto al proceso de enseñanza-aprendizaje.

Hoy se puede afirmar que este proceso tiene una orientación más próxima al enfoque comunicativo, tendiente al uso de la lengua no como instrumento de comunicación, sino como «un sistema interiorizado sumamente complejo, sutil, rico, versátil y poderoso que nos permite crear pensamientos articulados, expresarlos a través de canales diversos y [...] también comunicarlos» (Bosque, 2019).

Pues como reconoce Meduca (2014):

> Es un hecho observable que la enseñanza del español refleja una notable dificultad en el logro de su objetivo supremo: «una efectiva comunicación», a través de nuestra lengua materna.

En cuanto al nivel universitario, la Universidad de Panamá (con sus sedes regionales) y la Universidad Autónoma de Chiriquí forman en sus aulas a los licenciados en Español y a los técnicos y especialistas en áreas de lingüística y literatura.

Adicionalmente, la Universidad de Panamá tiene un Centro de Lectura y Escritura Académica (CELEAUP), cuya misión es «servir en todas las necesidades de escritura de la comunidad universitaria, incluye estudiantes de pregrado, postgrados e intercambio, profesores y personal administrativo». El Centro lleva adelante programas de posgrado, maestrías en Lengua y Literatura y, actualmente (2021), inicia un programa de doctorado en Lingüística Española.

Desde el año 2001 entró en vigencia la *Ley n.° 25 de 27 de junio de 2000 que establece el idioma español como de obligatorio estudio en todas las carreras universitarias,* y cuyos artículos medulares disponen lo siguiente:

> Artículo 1. Se establece como obligatoria la enseñanza del idioma español en todas las carreras a nivel superior en las universidades, oficiales y particulares, establecidas en la República de Panamá.
>
> [...]
>
> Artículo 3. Se faculta al Consejo Académico de la Universidad de Panamá para que reglamente y garantice la inclusión de la enseñanza del idioma español, como requisito en todos los planes de estudio de las carreras dictadas por las universidades particulares en la República de Panamá.

REFERENCIAS BIBLIOGRÁFICAS

BOSQUE, Ignacio: «¿Es la lengua un instrumento de comunicación?» [en línea] *Archiletras*, 3: 2019, 1 de julio. Disponible en https://www.archiletras.com/firma/es-la-lengua-un-instrumento-de-comunicacion/.

MEDUCA, 2014. Programas de Básica General y Media. Disponible en http://www.educapanama.edu.pa/sites/default/files/documentos/programas-de-educacion-basica-general-preescolar-2014.pdf.

MÉNDEZ PEREIRA, Octavio: *Historia de la instrucción pública en Panamá*, 1915. Disponible en http://bdigital.binal.ac.pa/bdp/tomoXIIP2.pdf.

TANCK, Dorothy: «Castellanización y las escuelas de lengua castellana durante el siglo XVIII», 2011. Disponible en http://www.elem.mx/estgrp/datos/292.

El español de Cuba hoy

ACADEMIA CUBANA DE LA LENGUA

Antecedentes: formación e historia. ▪ Caracterización del español en Cuba. ▪ La Academia Cubana de la Lengua y la lengua española.

ANTECEDENTES: FORMACIÓN E HISTORIA

El archipiélago cubano fue el segundo territorio americano visitado por Cristóbal Colón durante su primer viaje (1492) y el segundo colonizado por los españoles (1510). Las primeras villas fundadas por los peninsulares devinieron importantes focos de mestizaje biológico y cultural, lo que se reflejó en la lengua española aportada al nuevo entorno mediante una serie de préstamos lexicales tomados de las lenguas que hablaba la población nativa.

La introducción de mano de obra esclava y el intercambio entre asentamientos españoles en Cuba y las regiones circunvecinas diversificaron la influencia de otras lenguas amerindias a la modalidad del español que se iba forjando en nuestro suelo. Los esclavos africanos, desde época temprana de la colonización, de igual forma fueron haciendo sus aportes a la caracterización del español cubano. Mientras, en el propio poblamiento hispánico, si bien se contó con inmigrantes de las diversas áreas etnolingüísticas de España, el peso de los andaluces hasta la primera mitad del siglo XVII y de canarios a partir de entonces matizó el español cubano con esa impronta meridional que no lograron borrar las posteriores y no menos numerosas migraciones de gallegos, asturianos y catalanes desde principios del siglo XIX. Inmigrantes de otras latitudes europeas atraídos por «la tierra más fermosa que ojos humanos vieran», según la calificara Cristóbal Colón, así como por relaciones comerciales y de todo tipo con Europa occidental, ejercieron igualmente su influjo en nuestro acontecer idiomático. A esto se sumó la trata de culíes chinos desde mediados del XIX, quienes también aportaron a la conformación de nuestro mestizo etnos.

Las guerras independentistas decimonónicas fortalecieron el uso y difusión de esta modalidad como soporte idiomático de la cultura e identidad del pueblo cubano, ya mayoritario (89 % de la población) a finales del siglo XIX. Debido en parte a ello, los dos gobiernos interventores estadounidenses (1899-1902 y 1906-1909) no lograron imponer el inglés como lengua oficial.

Sin haber pasado por procesos de criollización como los del inglés, francés u holandés en las Antillas Menores, sin competir en su territorio con lenguas primigenias precolombinas ni con otras impuestas por diversos procesos históricos, a diferencia de otros países hispanohablantes de este lado del Atlántico, Cuba presenta una situación idiomática más simple: país monolingüe, de discreta variación interna, con solo 11 de los casi 500 millones de hispanohablantes del planeta.

En Cuba, desde que comenzaron a perfilarse los caracteres de un hablar propio, distintivo, se gestó también la conciencia de llevar a cabo pesquisas e investigaciones que, aunque fuesen modestas, ingenuas o utópicas, merecen un espacio en nuestra historia lingüística en tanto instauraron una línea de pensamiento consagrada al estudio de la modalidad cubana del español como superobjetivo y temática obligada del quehacer de nuestros científicos en todos los tiempos.

Si esto ha sido así, es decir, si el estudio de la modalidad cubana ha acaparado, en los diferentes momentos, la atención de escritores, pedagogos, científicos y lingüistas, de todos cuantos a lo largo de la historia de los estudios lingüísticos en Cuba se han interesado por el tema, ha sido porque la lengua española constituye parte esencial de nuestra cultura, como medio de expresión de ideas, como testimonio de una conciencia, como la manera de distinguirnos del otro, de destacar nuestra singularidad, para expresar, en síntesis, nuestra identidad.

CARACTERIZACIÓN DEL ESPAÑOL EN CUBA

La lengua española es el idioma oficial de la República de Cuba desde su fundación en 1902, y continúa refrendada como tal en la Constitución de 2019.

Entendido como una variedad de expansión, de base andaluza, arcaizante, en la que coexisten rasgos de la norma castellana y de la atlántica, el español en Cuba ha sido estudiado tradicionalmente como parte de una bien definida zona dialectal antillana o caribeña y se ha caracterizado a partir de la presencia, ausencia o frecuencia de un grupo de fenómenos fónicos, morfológicos y sintácticos, así como por las peculiaridades de su fondo léxico.

El español de cada una de las Antillas contó con estudios anticipadores (Henríquez Ureña, López Morales, Jiménez Sabater, Álvarez Nazario, Vaquero) que lograron, cada uno en su momento y de acuerdo con sus objetivos e intenciones, ofrecer un abanico de rasgos de la variedad estudiada, de los cuales necesariamente parten las investigaciones posteriores.

En el caso de Cuba, en procesos de diferente alcance y magnitud, los datos más relevantes se encuentran en estudios específicos de cada uno de los ámbitos lingüísticos, presentes en el soporte hemerográfico muchos de ellos, aunque puedan encontrarse intentos de recorrer todos los niveles, como los que ofrecen Valdés Bernal, Aleza Izquierdo o Domínguez Hernández, y estudios particulares antológicos como los de Blanco Botta sobre el voseo remanente o la nueva zonificación dialectal de la Isla delimitada por Choy López.

Las investigaciones empíricas se han dedicado a la observación y delimitación de los fonemas tipificadores de la variedad, los morfemas y estructuras sintácticas no canónicos frecuentes, el peso de los diversos componentes en el fondo léxico y, en general, la asociación de esos comportamientos lingüísticos con variables sociodemográficas y discursivas.

Ellas han revelado, junto al seseo y el yeísmo, el debilitamiento del consonantismo posnuclear, la realización glotolaringal de /x/, la productividad de determinados afijos, cierta frecuencia del diminutivo; el predominio de las formas simples del verbo, la distribución del tratamiento de *tú/usted* para la segunda persona del singular y el voseo familiar localizado y en extinción; el uso del pronombre personal sujeto de primera y segunda personas no enfático y la anteposición del sujeto pronominal en las interrogativas. Se describe un léxico matizado de arcaísmos, marinerismos, andalucismos y voces patrimoniales estándares, sobre una base aruaca insular y con aporte subsahariano, acrecentado por préstamos del inglés y otras lenguas modernas, en procesos peculiares de resignificación, relexicalización, adaptación de formas transferidas y formación de palabras.

Las investigaciones empíricas han revelado como rasgo caracterizador el debilitamiento del consonantismo distensivo, su tendencia a la elisión o asimilación, favorecida por las generaciones más jóvenes, los hombres, el habla rural y el nivel de instrucción medio y bajo. Tanto la posición como el valor morfemático se han advertido, por otra parte, como favorecedores de las variantes no canónicas (Dohotaru 2007, Montero Bernal 2007). En cuanto a la tipificación de la entonación en el español de Cuba, García Riverón ha descrito (1996) al menos siete entonemas fundamentales (1. enunciación neutral, 2. interrogación neutral, 3. interrogación con un alto grado de desconocimiento, 4. interrogación de incógnita elidida introducida por *y*, 5. enunciación de no conclusión, 6. estructura valorativo-ponderativa y 7. estructura vocativa), los cuales tienen variantes y se presentan en oposiciones tanto incompatibles como compatibles.

Hay mediciones que muestran el predominio de lo patrimonial en lo léxico y la restricción de los aportes de indigenismos (distinguiendo a la vez entre los generales, como *maíz* y *guayaba* en el campo de la alimentación, y los propios de solo alguna zona, como los orientales *bacán* y *chicha*), subsaharianismos e incluso anglicismos, y la delimitación del fondo proveniente de las variedades hispánicas no estándares, mientras se destacan los procesos de resemantización y cierta neología formal como núcleo de la novedad en este ámbito.

De este modo, las áreas de la morfología y la sintaxis, en las que se ha puesto el acento apenas en fenómenos tales como el queísmo y el dequeísmo, el pronombre sujeto de primera y segunda persona, el pronombre átono de tercera persona no reflexivo, la anteposición del sujeto pronominal en las interrogativas o las formas de tratamiento, son las áreas más necesitadas de profundización.

En la frecuencia de estos fenómenos no privativos y en las peculiaridades de los entonemas se advierte, más allá de lo léxico, lo esencial característico del español cubano.

A las variables sociolingüísticas se han asociado mediciones de riqueza y disponibilidad léxicas, madurez sintáctica, cohesión y coherencia discursiva, y se confirma, de modo general, el papel de los hombres y los jóvenes como proclives a los usos más revolucionarios en investigaciones de todo tipo, al patrocinar los no canónicos, los menos corteses y prestigiosos.

Las indagaciones de percepción, por su parte, tienen su más cumplido antecedente en la investigación de Gregori que culminó con la publicación de su proyecto de política lingüística (1999). Basada en encuestas directas a hablantes cultos de todo el país, la investigación reveló que se reconoce la existencia de un español cubano peculiar, contrapuesto al castellano modélico, de prestigio garantizado por su historia, o a otras normas americanas diferentes que se juzgan más prestigiosas. Dentro del país, el geolecto camagüeyano es el mejor valorado, por ser el que más se atiene a los rasgos canónicos del estándar, mientras que el capitalino aparece mal evaluado —por todos menos por los propios habaneros— y el oriental de Santiago y Guantánamo fuertemente estigmatizado, incluso entre sus hablantes.

Se comprobó, en resumen, una valoración negativa de la variedad cubana, sobre la base de criterios lingüísticos (realización aspirada, asimilada o elidida de fonos en posición distensiva y neutralización de líquidas, léxico malsonante, entonación oriental) y extralingüísticos (vulgaridad en el comportamiento y la gestualidad).

En cuanto a la covariación de las variables demosociales con estas percepciones, influye el nivel de escolaridad (los de educación universitaria se autovaloran como hablantes modelos), pero no el sexo. De allí se concluyó tanto inseguridad lingüística en los hablantes de español en Cuba, que pone en jaque su lealtad, como una falta de correspondencia entre nivel escolar y conciencia lingüística.

Las más recientes investigaciones lingüísticas, derivadas en muchos casos de proyectos internacionales en los que Cuba participa, como el Proyecto de la Norma Culta Lingüística Hispánica Juan M. Lope Blanch, el Proyecto de Estudio Sociolingüístico del Español de España y América (PRESEEA-La Habana), La Enseñanza del Español en el Mundo Hispánico, Disponibilidad Léxica (DISPOLEX), el Atlas Lingüístico de Cuba (ALCu) y el Español Coloquial de La Habana (HABESCO), actualizan la descripción de la variedad cubana del español en la última década. De su análisis preliminar se revela la atención preferente a aspectos léxicos en los proyectos de habla culta y el *ALCu*, aunque en ambos pueden verse otros intereses en relación con ciertos procesos morfológicos. Sobre el corpus de PRESEEA, en cambio, predominan las investigaciones gramaticales y discursivas. Un grupo de resultados, en los que se incluyen también aproximaciones recientes de dialectología perceptiva (Sobrino *et al* 2012), evidencian indicadores de cambio en el español de Cuba. Próximamente verá la luz un *Manual de dialectología*, que, en el capítulo dedicado a Cuba, ofrece una descripción detallada de estos estudios, lo que permitirá una puesta al día de la visión que aquí se brinda.

LA ACADEMIA CUBANA DE LA LENGUA Y LA LENGUA ESPAÑOLA

El 23 de abril de 2016, en ocasión de celebrarse el Día del Idioma Español y en el nonagésimo aniversario de su fundación, la Academia Cubana de la Lengua dio a conocer una declaración que ha funcionado como plataforma de trabajo de la corporación. Entre los presupuestos fundamentales recogidos en el documento se encuentran los siguientes:

> La ACuL ratifica, desde una dimensión científica y cultural, su vocación de servicio social y su función de escuchar, acompañar y educar a quienes hablan y escriben en lengua española en nuestro país. Y reconoce que el idioma es un instrumento imprescindible para acceder al conocimiento cultural y científico, y al conocimiento mismo de la realidad, en todas sus complejidades y matices; que la lengua desempeña un papel esencial en la formación de valores, en el afianzamiento de una cultura, en la creación de sentimientos de pertenencia, en la conformación, en definitiva, de una actitud social. Por ello, la lengua tiene hoy, cuando asistimos a un proceso de cambios tecnológicos y científicos de alcance insospechado, una gran responsabilidad en el procesamiento de la información, la organización del conocimiento y la generación de las ideas.
>
> La ACuL siente como propios los desafíos que deben enfrentar las instituciones educativas y culturales de nuestro país; entre otros, el enorme desarrollo tecnológico al que solo accedemos de una manera limitada; la fuerte presencia del inglés y su empleo, en ocasiones, indiscriminado e innecesario; el imperativo de contar con docentes preparados para desarrollar el proceso de enseñanza-aprendizaje de la lengua y la literatura; la urgencia de un modelo lingüístico en nuestros medios de difusión, así como la pertinencia del establecimiento de una política lingüística.

A partir de estas ideas, la ACuL se propuso:

> DISEÑAR los principios para el establecimiento de la política lingüística de la República de Cuba y solicitar su análisis en los lugares y ante las autoridades que corresponda, de modo que podamos disponer de un instrumento que, aplicado con flexibilidad y cabal comprensión de los procesos que tienen lugar hoy en nuestro país, reconozca la necesidad de preservar la unidad de la lengua y evite deformaciones y despropósitos, sobre todo en el ámbito de la visualidad y las denominaciones.
>
> ACOMPAÑAR a los medios de difusión, en la medida en que se requiera, en la construcción de un verdadero modelo lingüístico, inclusivo, equilibrado y respetuoso de nuestra idiosincrasia y de nuestra historia.
>
> PRESTAR especial atención al proceso de perfeccionamiento de los planes y el programa de estudios que lleva adelante el Ministerio de Educación, particular-

mente en el ámbito de la lengua española y la literatura, y participar en este empeño en la medida en que le sea solicitado. Se trata de una tarea de vital importancia, pues define el futuro de los hablantes, de la sensibilidad ante el uso adecuado al contexto y a los diferentes registros, es decir, de su conducta lingüística; de sus capacidades para acceder al conocimiento; de sus habilidades para razonar y argumentar, y convertirse en comunicadores hábiles, como requieren los tiempos actuales, siempre en el entendido de que la lengua española es un potente instrumento de cultura y enriquecimiento espiritual de incalculable valor formativo.

Como se podrá apreciar en los diferentes apartados de esta crónica, esas ideas han guiado el programa de trabajo de la ACuL en los últimos años, siempre desde la consideración de la lengua española como patrimonio de la sociedad.

La ACuL, en reiteradas ocasiones, ha hecho un llamado para que todos, hablantes e instituciones, velemos por la preservación y cultivo de nuestra lengua, desterremos expresiones inapropiadas que provocan actitudes y conductas sociales agresivas, evitemos el uso de extranjerismos innecesarios, cuidemos la ortografía, especialmente en los espacios públicos y en los medios de difusión, respetemos los principios elementales de la comunicación y continuemos estimulando la educación lectora.

La idea de que todos debemos trabajar, unidos, por prestigiar nuestra variedad lingüística, como corresponde a un país que ha hecho una auténtica y nutriente revolución educacional, ha presidido la actuación y el compromiso de trabajo de la ACuL, conscientes de que es imprescindible enarbolar los valores de nuestra cultura, apelar a la identidad que hemos ido construyendo a través de los siglos con grandes sacrificios y preservar las ideas en torno a quienes somos cultural e idiomáticamente, para que la lengua, su literatura y la cultura que ella encarna continúen siendo el sostén y amparo de nuestra existencia como nación.

Estado actual de la lengua española en el Paraguay desde la perspectiva de distintos contextos

ACADEMIA PARAGUAYA DE LA LENGUA ESPAÑOLA

LIMPIA CONCEPCIÓN ESTECHE, *Los modismos en el habla cotidiana del castellano paraguayo.* ■ FRANCISCO PÉREZ MARICEVICH, *El castellano en el contexto bilingüe del Paraguay.* ■ RENÉE FERRER, *El lenguaje joven en el Paraguay.* ■ MARÍA ELDA FRETES, *El estado actual de la lengua en la escuela y en el colegio.* ■ JUAN MANUEL MARCOS, *Aspectos del uso actual de la lengua española de los jóvenes universitarios paraguayos.* ■ MARÍA ISABEL BARRETO, *Estado actual de la lengua española en el interior del Paraguay.* ■ BERTA CABRERA, *El idioma castellano hablado en la frontera.* ■ ARNALDO CASCO VILLALBA, *El español del Chaco paraguayo.* ■ JOSÉ ANTONIO MORENO RUFFINELLI, *El lenguaje jurídico en Paraguay.* ■ JULIO LEZCANO CLAUDE, *Terminología administrativa en el Paraguay.* ■ GUSTAVO LATERZA RIVAROLA, *Empleo de la lengua española en la historiografía paraguaya actual.* ■ ESTELA APPLEYARD, *Estado de la lengua castellana en el ámbito político del Paraguay.* ■ ALCIBIADES GONZÁLEZ DELVALLE, *La prensa escrita.* ■ BERNARDO NERI FARINA, *Vicisitudes del idioma español en la radio y la TV del Paraguay.* ■ SARA RAQUEL CHAVES, *Madrugada radial y televisiva del castellano paraguayo.* ■ VICTORIO V. SUÁREZ, *Estado actual de la lengua española en la poesía paraguaya.* ■ OSVALDO GONZÁLEZ REAL, *Consideraciones estilísticas sobre la novela paraguaya actual.* ■ ANA MARTINI, *El español en el cine paraguayo.* ■ JAVIER VIVEROS, *El castellano en las historietas.* ■ NADIA CZERANIUK, *La comunicación en la sociedad y la comunicación en educación.* ■ ESTHER GONZÁLEZ PALACIOS, *El español, el* jopara *y la inteligencia artificial en el lenguaje actual en el Paraguay.*

Los modismos en el habla cotidiana del castellano paraguayo

LIMPIA CONCEPCIÓN ESTECHE

El *Diccionario de la lengua española* define *modismo* como «expresión fija, privativa de una lengua, cuyo significado no se deduce de las palabras que la forman; p. ej., *a troche y moche*». Los modismos constituyen uno de los aspectos más ricos y creativos del léxico de una lengua, tanto por lo extenso de su repertorio como por el frecuente uso que se hace de ellos. En términos generales, la palabra *modismo* recoge aquellas creaciones léxicas, tanto espontáneas como derivadas de refranes y dichos populares, constituidos por una secuencia de palabras que operan como una sola unidad semántica y cuyo significado conjunto no puede ser deducido de la suma de sus elementos constituyentes.

Es un modismo del castellano paraguayo, por ejemplo, *caballo loco* (loc. sust. 'ladrón callejero que tras cometer el robo corre velozmente'). Al pronunciarlo u oírlo, la realidad que ofrece no es el caso de un animal que se vuelve loco. Solamente se refiere a la semejanza que se da en el actuar del ladrón y del caballo. La coincidencia con el sentido literal del modismo no existe; de ahí que los modismos sean expresiones peculiares de un idioma, difíciles o imposibles de traducir literalmente a otras lenguas. Un hablante nativo inglés o francés no sería capaz de entender la traducción literal de la locución analizada. Por lo tanto, los modismos se definen como semánticamente opacos, es decir, su significado total no puede deducirse de la suma de sus partes.

Los modismos del habla cotidiana del castellano paraguayo presentan una variedad de usos que se encuentran en diferentes ámbitos comunicacionales, es decir, tienen varios orígenes; por ejemplo, encontramos algunos verbos que expresan acciones, como *aceitar* ('sobornar una persona a alguien'). Este término es utilizado generalmente para agilizar, acelerar un trámite, expediente o proceso.

Con mucha frecuencia aparecen infinitivos, verbos conjugados, locuciones verbales, frases verbales, sustantivos, locuciones sustantivas, adverbios, locuciones adverbiales, adjetivos, palabras compuestas y oraciones breves, entre otros. A continuación se citan algunos de ellos. Entre los verbos se encuentran *bachear* (tr. 'reparar los baches de las calzadas de la ciudad de Asunción'); *candadear* (tr. 'cerrar algo con candado'); *descomponerse* (intr. 'volverse inestable el tiempo', 'sentirse mal o enfermarse'); *descuerear* (tr. 'someter a alguien a ejercicios intensos y agotadores, generalmente como castigo'); *farrear(se)* (intr. 'salir a divertirse en una fiesta o irse de parranda', tr. 'burlarse de alguien'); *sencillar* (tr. 'convertir billetes o monedas grandes en dinero menudo equivalente'); *valear* (tr. 'solicitar un anticipo de sueldos a través de un vale'); *virar* (tr. 'revetir un plato o la comida'); *llavear* (tr. 'cerrar algo con llave'); *manguerear* (tr. 'limpiar o regar algo ligera y rápidamente, arrojándole agua con una manguera'); *pulsear* (intr. 'medir dos personas su fuerza en el pulso, tomándose de una mano y con los codos apoyados en lugar firme'); *basurear* (tr. 'ofender una persona gravemente a alguien provocándolo e irritándolo con palabras o acciones, a fin de herir su dignidad', 'derrotar alguien ampliamente a un rival o adversario'); *chulear* (tr. 'emplear algo como pretexto', 'inducir a alguien a tener por cierto lo que no lo es, valiéndose de palabras fingidas').

Otros modismos encontramos en oraciones como *Te dije bien*, expresión que se utiliza para corroborar una advertencia de lo que le sucedería al interlocutor; equivale a *te anticipé. Te dije nomás* es una frase que constituye una forma de escaparse de una situación que pueda ser comprometedora, en una discusión entre amigos, conocidos o una pareja. El empleo de la expresión *está por estar* significa que será finalizado o entregado con rapidez aquello que se está reclamando. *Me ganó la hora* es una expresión utilizada para justificar la llegada tardía a un lugar determinado o el incumplimiento de algún compromiso contraído con anterioridad. *Ahora después* es una locución adverbial que significa 'dentro de un rato'. Es usada por la persona que emprenderá una acción que no será de inmediato, pero podría ser en un tiempo corto.

El verbo pronominal *picharse* es 'disgustarse, enojarse, enfadarse'. *Plaguearse* se emplea como un reclamo constante ante situaciones diversas. *Se hace* es una expresión que se refiere a alguien que finge algo que no posee. *Se ríe todo de balde* es un enunciado que se emplea para expresar el regocijo de la persona ante noticias gratas o situaciones sentimentales nuevas.

Para expresar relaciones de compañerismo, el término *arma* es utilizado en forma afectiva para mencionar a un camarada de armas en el servicio militar, o simplemente para saludar a los amigos. *Cuate* es un término utilizado para expresar amistad muy cercana. *Mi valle* se refiere a una persona que comparte el mismo lugar de origen. *Así nomás* es una forma sencilla de decir que se busca algo sencillo, sin cumplir ningún protocolo o ritual. *Carrera baqueta* es una práctica de saludo para expresar bienvenida o festejo, propinando golpes con las manos, en la cabeza del homenajeado y haciéndolo caminar en el espacio en el que se encuentra. *Copiatín* puede ser un simple papel o varios en forma de librito que se utiliza para copiar en los exámenes. *Dio el golpe* se utiliza para indicar aspectos vinculados a hechos delictivos. *Está en el frízer* se refiere a las personas que han sido separadas de sus tareas oficiales en la función pública por oponerse al partido de gobierno. *Letrado* es un adjetivo referido a alguna persona muy inteligente, aunque no haya sido de letras o estudioso; no obstante, se dice también del individuo que es un pícaro para los negocios y tratos. *Los perros* es una expresión afectiva que describe a un grupo de amigos que forman parte del círculo íntimo de alguien. *Purete* es una palabra que define algo muy bueno, o de mucho nivel, que puede ser un automóvil, un nuevo teléfono de alta gama o una prenda de vestir, entre otros. *Qué se hizo de vos* es una expresión que se relaciona con algún pariente, amigo, vecino, que solicita las razones por las cuales hace tiempo no se tiene noticia del interlocutor.

Con mayor frecuencia, en el ámbito coloquial se usa la expresión *quince para dieciséis*, forma común de responder a alguien cuando se pregunta la edad. *Cuidacoches* es una palabra compuesta referida a la persona que, por lo general, en cualquier lugar de la ciudad, está dispuesta a indicar dónde estacionar y a cuidar el coche y, en ocasiones, se ofrece a lavar el auto, aunque esté limpio. *Limpiavidrios* es una palabra compuesta referida a las personas que se ubican en las esquinas con semáforos, se acercan a los automóviles o a cualquier tipo de vehículos para lavar el limpiaparabrisas; *playero*, el encargado o empleado de playa de la atención a clientes de la estación de servicios; *robacoches*, palabra compuesta referida al ladrón de vehículos, coches y automóviles en general; *zoquetero*, la persona que ocupa cargos públicos con el único fin de obtener ventajas y riqueza personales; *planillero*, la persona que cobra su salario sin trabajar; en ocasiones, marcan su asistencia y regresan a sus casas; *tortolero*, la persona que roba autos estacionados en distintos lugares, especialmente en zonas muy concurridas. *Mirá un poco* se usa con el significado de 'es posible'. La expresión *había sido luego* indica una forma de reconocer que se ha tomado conocimiento de algo, que tal vez no se había pensado del modo en que ha ocurrido. *Me apuró todo mal* se refiere a alguien que se sintió invadido o presionado ante algún requerimiento o exigencia con el fin de dar respuestas inmediatas. *Novillear* es un verbo transitivo que significa 'acercarse a alguien con intenciones amorosas'. *Sombrero*, la persona que mantiene relaciones sexuales con la pareja de un tercero. *Sacarse el sombrero* o *quitarse el sombrero* es una locución verbal usada para expresar la admiración por algo o alguien. *Yacaré* designa al caimán y al amante furtivo, que con mucho cuidado se desliza, como el yacaré, por el interior de la habitación para mantener relaciones sexuales con la amada.

Los modismos del castellano paraguayo son muy peculiares, pues las unidades léxicas tienen sus características propias, y mucho más complejas de traducir sus componentes léxicos.

Ya el paraguayo es bilingüe; un gran porcentaje de hablantes piensa en guaraní y a partir de esa realidad elabora sus expresiones en español, que, por lo tanto, se vuelve más metafórico aún.

Aquí se recogen solo algunos de los usos más frecuentes de los modismos del castellano paraguayo.

El objetivo principal es compartir la realidad lingüística del Paraguay en uno de los aspectos del estado actual del idioma, el español o castellano.

El castellano en el contexto bilingüe del Paraguay

FRANCISCO PÉREZ MARICEVICH

La situación lingüística del Paraguay es mucho más compleja que la que designa el término de bilingüismo, entendido como coexistencia de dos lenguas en el seno de la comunidad nacional sin que esto origine conflictos comunicacionales a las distintas categorías de hablantes.

Los segmentos urbano y rural de la población, así como las distintas comunidades étnicas originarias y los grupos de inmigrantes, no en todos los casos disponen de la competencia comunicativa (que incorpora la competencia lingüística) necesaria para interactuar.

Esta situación relativiza la posibilidad de acrecentar los intercambios entre los distintos actores y sectores sociales al interior de la comunidad nacional, y mediatiza el desarrollo cultural y las posibilidades de acrecentar los intercambios entre los sectores sociales de la comunidad.

Esta situación, por cierto, no es exclusiva del Paraguay y una de las estrategias para superarla es ya bien conocida por su eficacia.

Se trata del método bilingüe-bicultural ya experimentado en el país mediante la aplicación del método audiolingual para la adquisición del español como segunda lengua en comunidades rurales profundas realizada por el Ministerio de Educación en los años 1979-1984.

Se elaboró un corpus de diez horas de grabación con niños urbanos pertenecientes al estrato medio de Asunción, de 6 a 10 años, cubriéndose las siguientes situaciones interaccionales:

1) Situación formal
2) Situación informal
3) Relación
    3.1) De juego
    3.2) De intimidad

3.3) De seriedad

4) Ubicación

4.1) Hogar

4.2) Escuela

4.2.1) En la sala de clase

4.2.2) En los recreos

4.3) Calle

El examen del corpus, si bien ha sido limitado, permitió extraer algunas conclusiones que tendrían que ser verificadas por un análisis más completo y profundo:

1) En los niños incluidos en la muestra no se observa predominio de las formas interferidas o dialectales.
2) Los niños de la muestra manifiestan haber internalizado las pautas estructurales del español y puede afirmarse que tienen competencia en él. Poseen, en general, un buen léxico funcional y han internalizado los estilos de la lengua. No se ha observado uso inadecuado de los mismos en situaciones formales e informales.

El lenguaje joven en el Paraguay

RENÉE FERRER

En la República del Paraguay existen dos lenguas oficiales reconocidas por la Constitución Nacional de 1992: el castellano o español y el guaraní, lengua autóctona heredada de los indios guaraníes. La mayoría de los habitantes del Paraguay manejan ambas lenguas, aunque existe mucha gente que utiliza el guaraní independientemente de su edad. La mayor parte de la juventud paraguaya conoce y se expresa tanto en una como en otra, característica que ha nacido a partir de la gente mayor, que, por lo general, utiliza la lengua autóctona, tanto en el trabajo como en la casa y la vida social. Debido a esta popularidad del guaraní y el uso del castellano, se ha decretado que ambas sean oficiales, ya que en el Paraguay el uso del guaraní se dio desde la conquista, pues los conquistadores españoles tuvieron que aprenderlo al llegar al Paraguay con el propósito de mantener una relación amistosa con los guaraníes y conseguir convivir con mujeres de dichas tribus.

El medio de comunicación lingüística actual de la juventud se enfrenta a la utilización corriente de dos idiomas, los cuales son usados tanto por los mayores de edad como por los jóvenes e, incluso, por los niños. Es importante reconocer que las autoridades relacionadas con la educación y el apoyo de la prensa están ofreciendo la posibilidad del aprendizaje paralelo de los dos idiomas, actitud que demuestra el valor cultural que se les da.

Es sumamente importante reconocer que el apego al guaraní tiene su origen en la utilización de la lengua indígena. La mayoría de los niños campesinos la aprenden de sus padres, como lengua madre, antes que el castellano. Debido a esta circunstancia, los jóvenes la usan con facilidad. Y su conocimiento, semejante al del castellano, se debe al impulso que le da la autoridad educacional al estudio de los dos idiomas en cuanto a sus reglas y dominio.

Las personas que manejan hábilmente el guaraní lo utilizan con precisión, muchas veces con sentido del humor, lo cual ayuda a su permanencia e interés como una vía de comunicación entre los jóvenes. Otra consecuencia de la existencia de estas dos lenguas es la aparición de una tercera, el yopará, la cual es una mezcla del castellano y el guaraní. Esta última es bastante utilizada por la población paraguaya, sobre todo en el campo y las zonas rurales cercanas a los pueblos y ciudades de todo el país, siendo su uso característico.

Además de la importancia que el estudio del guaraní tiene actualmente, es interesante tener en cuenta hasta qué punto ha sido de ayuda, sobre todo durante la guerra del 70 y la guerra del Chaco, debido a que los generales y soldados lo utilizaban para dar o recibir órdenes y como idioma que no entendía el enemigo. Gracias a esta circunstancia, varias veces el ejército paraguayo tuvo buena defensa y victorias aseguradas. Esta ignorancia del guaraní de los soldados extranjeros fue el origen de una serie de resultados positivos obtenidos por los paraguayos en los campos de batalla en ambas guerras. La juventud se siente cómoda al contar con la lengua autóctona y, en general, pone empeño en conocerla y utilizarla en los momentos adecuados. Hay padres, aun extranjeros, que no oponen resistencia a un enriquecimiento que consideran positivo, ya que se utiliza con los trabajadores y amigos.

Se debe reconocer la importancia del lenguaje utilizado por la gente joven, que pone su atención en el enriquecimiento de su vocabulario explorando las diversas zonas de las dos lenguas.

La lingüística paraguaya valora la importancia de estas lenguas y su uso corriente. Además, es justo reafirmar la existencia de otro modo lingüístico llamado *yopará*, mezcla de guaraní y castellano, muy utilizado actualmente por la población, tanto en el campo como en la ciudad, y que se ha convertido en cierta forma en una faceta con una influencia interesante en el lenguaje juvenil.

Es importante tomar interés en lo relativo al lenguaje de los jóvenes para que lo mantengan y se impulse la investigación idiomática y juvenil, hecho que enriquecerá el estudio de las lenguas paraguayas.

El estado actual de la lengua en la escuela y en el colegio

MARÍA ELDA FRETES

Es función de todo docente del área de lengua castellana o española trabajar en el aula sobre las cuatro grandes habilidades lingüísticas: hablar, escribir, escuchar y leer.

La lengua hace tiempo dejó de enseñarse como materia de conocimiento que se debía analizar, memorizar y aprender.

Enseñar y saber lengua dejó de limitarse exclusivamente al dominio de la gramática.

¿Tienen esto en cuenta los docentes? ¿Qué enfoque le dan a su trabajo áulico? ¿Trabajan las competencias lingüística, pragmática y comunicativa?

Se debe recordar la necesidad de dominar las cuatro habilidades para poder comunicarse con eficacia.

Los alumnos, actualmente, utilizan un sinnúmero de palabras o frases, en algunos casos prestadas, en otro adaptadas, pues afirman que lo importante es poder comunicarse con sus pares y que estos los entiendan, y emplean tanto en el lenguaje oral como en el escrito.

Quizá la escritura y comunicación digital jueguen un papel importante en la manera de expresarse.

«En la mayoría de los escenarios en los que se habla o se escribe actualmente, el público es muy amplio, mucho más que en otros tiempos» (*Libro de estilo de la lengua española*. RAE, 2019). Tal vez por eso se da la utilización de vocablos o expresiones como las siguientes: *nderakóre/kóre* 'no puede ser'; *re* 'muy'; *calidá* 'bueno'; *legalmente* 'de verdad'; *cachafá* 'malo'; *man,* como apelativo o referencia a alguien; *haso* 'aburrido, poco interesante'; *facha* 'lindo, divertido'; *purete* 'increíble', 'genial'; *japiró,* negación cuando algo disgusta o no se quiere hacer algo; *paki* 'heterosexual'; *chuli* 'persona que no es pareja, pero con la que se está en una especie de relación'; *tipo* 'sinónimo de, por ejemplo'; *joda* 'está con alguien, pero sin compromiso'; *crush* 'persona atractiva, que gusta, atrae'; *WTF* (*what the fuck*) se dice cuando algo sorprende; *anyway* 'algo que da igual'; *neta,* expresión que se usa cuando se dice la verdad; *chongo* 'novio'; *¿pillás?* '¿entendés?'; *bichota* 'persona muy especial'; *boluda* se utiliza para referirse a una amiga; *tantear* 'coquetear sin formalismo'; *garche* se utiliza cuando dos personas mantienen relaciones sexuales; *panas* 'amigos'; *fla* (del inglés *flash*) se utiliza cuando uno hará algo rápido; *rayarse* 'enojarse'; *caigué* se utiliza cuando se hace algo de manera incorrecta; *bro* (del inglés *brother*) 'socio, amigo'; *torta* 'lesbiana'; *tranca* 'persona que siempre cancela salidas'; *glow up* 'transformación de feo a lindo'; *cool* 'genial'; *ya e ya* 'está hecho' o 'trato hecho'; *turbio* 'algo que no es normal, que sale de contexto'; *cheto* 'persona que prevalece por su dinero'; *nashe* 'muy loco'; *chamuyar* 'piropear'; *ganado,* cuando se tienen muchas *chulís* o *amigovias* se les llama *ganado*; *¡hijo!* denota sorpresa o asombro; *boludo/a* 'persona que hizo una tontería', usado a veces como tratamiento de cariño; *coyo* 'ya no importa'; *flashear* 'imaginar'; *pega* 'agradable, que da gusto'; *trolo* 'persona homosexual'; *te fuiste todo* se utiliza cuando alguien habla más de la cuenta o se sobrepasa con otro; *cringe* 'vergüenza, lástima'; *qué bolapa que es* 'es muy mentirosa'; *guácala* 'asqueroso, desagradable'; *masiado* 'demasiado'; *mbóre* 'ni loco'; *x2* 'de acuerdo con alguien'; *chill* 'tranquilo'; *volado* 'persona drogada'; *putivueltas* 'personas que salen a pasear en auto por la ciudad'; *seca* se utiliza cuando se habla con alguien y la conversación no fluye; *qué loco* se utiliza cuando algo no sale bien; *fantuvi* 'Fanta con vino'; *mucho texto* se utiliza cuando una persona con quien no se tiene buena relación escribe extenso; *aipue* 'exagerada'; *ay, ay, aü,* expresión de felicidad; *pedo* 'suerte'; *te voy a limar* 'te voy a pegar o lastimar'; *ahre, ha'e* se usa para indicar que algo es broma o mentira; *denso* 'persona que se comporta de una forma muy jocosa, molesta o nefasta'; *haina* se utiliza cuando un individuo se hace el que no entiende; *pelada* 'vergüenza'; *pirar* 'irse de un lugar a otro lugar'; *chafa* 'objeto de mala calidad'; *trol* 'persona fea y tonta'; *tiene un entierro* se usa para referirse a personas que van a tener encuentros íntimos; *down* 'persona triste o deprimida'; *kape* 'amigo'; *aihuepéte* se utiliza cuando alguien se sorprende por lo visto o contado; *ma'ena,* expresión que denota ternura; *así guau* 'algo increíble'; *serruchero* 'persona que le quita el novio o la novia a otro'; *chururu* 'superelegante'; *hija de mil* 'algo hermoso, increíble'; *redíver* 'suceso muy alegre, muy divertido'; *ni ahí* se utiliza cuando se deja de hacer algo o cuando un suceso o hecho no tiene importancia'; *hesúkena* 'Dios mío'; *¡híjole!,* exclamación de sorpresa; *hule* 'ni ahí, que ya no tiene importancia'; *la vaquita* 'plata reunida entre amigos para comprar algo de beber o comer'; *se rayó* 'se enojó'; *cortamambo* 'aguafiestas'; *ni bollo* 'ni ahí'; *pesoca* 'hombre de gran musculatura'; *trolear* 'jugar una broma'; *stalkear* 'buscar información en las redes sobre una persona'; *eu/ou* 'vos'; *rata* 'ladrón'; *estar bueno/a* 'tener un buen físico'; *bajón* 'triste'; *pana* 'amigo'; *novaseo* 'que no se puede creer o aceptar'; *al toque* 'enseguida'; *birra* 'cerveza'; *flasheé* 'me equivoqué, me confundí'.

Son vocablos en algunos casos adaptados o adoptados del inglés o del guaraní.

Además de las expresiones citadas, se ha observado en redacciones la utilización del verbo al final de la oración, la falta de concordancia entre el sustantivo y el pronombre, el uso incorrecto de *lo + adj. + que*, la falta de concordancia en las oraciones impersonales, el queísmo, el uso incorrecto de preposiciones y el abuso del gerundio, sobre todo al utilizarlo como adjetivo.

También se nota que el vulgarismo más resaltante es el cambio de género de los sustantivos y el empleo incorrecto de algunos vocablos, quizá porque ni conocen el significado exacto; es una debilidad.

Otro error destacado es el de la ruptura de la estructura oracional. Ej.: *Mi prima, la del tercer piso, la que vivía en el barrio San Isidro, su marido murió de covid.*

Como si todo lo expresado fuera poco, se encuentra pobreza de vocabulario y el desconocimiento de la utilización correcta de los signos de puntuación.

Como dice Cassany en el texto *Enseñar lengua:* «Hay que tener presente que el modelo de lengua que la escuela propone no es el único que recibe el alumno. El alumno está receptivo e indefenso ante un cúmulo de estímulos lingüísticos de todo tipo». Es muy probable que por eso le cueste tanto expresarse con coherencia y cohesión tanto de manera oral como escrita.

Los docentes deben cuestionarse cómo están trabajando la lengua y entender que todos los docentes de una institución deben tener una competencia comunicativa y lingüística, ya que el educador es punto de referencia y quizá modelo.

Deben enriquecer su lenguaje y ser artífices de la adquisición de las necesarias habilidades para que sus alumnos dejen de ser, algún día, analfabetos funcionales.

Aspectos del uso actual de la lengua española de los jóvenes universitarios paraguayos

JUAN MANUEL MARCOS

En el examen sincrónico de una lengua determinada se hace necesario un análisis desde una perspectiva fonológica, morfosintáctica y léxica de todo el sistema y de sus implicaciones.

Se abordan de una manera genérica los aspectos fonológicos, léxicos y morfosintácticos que caracterizan el habla coloquial de los jóvenes universitarios paraguayos del siglo XXI.

Se considera antes un hecho puntual propio de la época actual: los jóvenes universitarios o leen poco o sencillamente no leen, por estar sujetos a las nuevas tecnologías.

Los nuevos aparatos les ofrecen aplicaciones muy atractivas que condicionan su rechazo a la lectura de libros clásicos que ayudarían con mucho a ampliar su horizonte léxico, comunicativo y lingüístico en general, y han contribuido a desarrollar un tipo de lenguaje oral y escrito propio, que tiene una fuerte tendencia a la economía del lenguaje y que se caracteriza por una serie de desviaciones que lo alejan de las normas inherentes a la gramática y ortografía del español.

Hay, además, un tercer factor que está vinculado al carácter bilingüe que posee la mayoría de los jóvenes paraguayos universitarios del siglo XXI.

Este carácter bilingüe hace que se produzca lo que en guaraní se denomina un *jopara*, modo lingüístico con elementos del español y el guaraní que propicia la injerencia de un idioma en el otro, creando muchas veces una especie de castellano paraguayo autóctono entendible solamente por aquellos que viven en el Paraguay.

Se señalan, por lo tanto, algunos fenómenos fonológicos, léxicos y morfosintácticos detectados en los jóvenes universitarios paraguayos.

ASPECTOS LÉXICOS

Los jóvenes universitarios paraguayos del siglo XXI han ido creando (siempre con sujeción, claro está, a una evolución a lo largo de los años con la venida de nuevas generaciones) un sistema léxico propio muy influido por el castellano paraguayo; el rioplatense de Argentina; un tipo de música conocida como *reguetón*; anglicismos propios de la lengua inglesa, y la economía de lenguaje. *Cool* para designar algo estupendo, maravilloso; *ATR* 'a todo ritmo'; *RT* ('retuit') para indicar que alguien ha copiado lo escrito por otra persona; *petar, chapar* y *apretar* son vulgarismos; *hacerse el cheto* se emplea cuando alguien no quiere relacionarse con la gente de clase social baja, sino con la gente de clase social alta o adinerada; *jeepeta* ('auto tipo *jeep*') es una palabra que procede del *reguetón; perrear* es vulgarismo; *delivery,* anglicismo; *shopping,* anglicismo; *mall,* anglicismo; *laburo* es término rioplatense; *irse de farra,* expresión coloquial; *irme con los perros,* expresión coloquial; *LOL* (del inglés *laughing out loud*) 'reírse mucho'; *ser flojo* 'no querer hacer nada'; *ser un* nerd 'ser un bicho raro en un grupo por ser demasiado estudioso y aburrido'; *ser perfect* 'ser perfecto'; *eres una wonderwoman*, expresión en la que se recurre a elementos del cómic o del cine estadounidense.

Abreviaciones frecuentes empleadas en mensajes por los universitarios paraguayos: *¿Quetal?* por *¿qué tal?; hla* por *hola*. Entre los jóvenes: *q* por *que; dm* por *demasiado; tb* por *también; xq* por *porque; prof* por *profesor/ra; amix* por *amigo/a; dp* por *después; xfavor* por *por favor; estoyyy* se usa cuando se está con disposición a hacer algo, como salir, por ejemplo; *fdb* por *fuera de bola* ('te lo digo de verdad'); *ni bollo* se usa cuando algo no le importa nada a alguien; *surge* 'se impone, conviene', muy utilizado por los jóvenes universitarios de hoy en día; *un fla* (por *flash*) 'un rato o momento'.

Ausencia de tildes en el texto escrito. Uso de metaplasmos en el lenguaje coloquial juvenil, como apócopes: *cari* por *cariño*; *Nico* por *Nicolás*; *Fede* por *Federico*.

ASPECTOS FONÉTICOS, DE PRONUNCIACIÓN Y DE HABLA

Pronunciación «exagerada» de la *r* a final de palabra. En algunas variaciones del español paraguayo, la *rr* se pronuncia no como un trino alveolar, sino como una [ɹ̣] similar a como se hace la *r* escocesa o en el inglés americano.

En el habla popular, los jóvenes universitarios paraguayos suelen incorporar elementos autóctonos propios del guaraní, creando de esta manera una especie de castellano paraguayo distintivo o *jopara*. Puede notarse también cierta influencia argentina y, en ocasiones, aunque raramente, del portugués brasileño. *Dale na* (*na* tiene el sentido de 'por favor'); esta partícula enfática guaraní es también propia del castellano paraguayo en general. Otras partículas enfáticas: *Vamos sí que* o *Luego nomás hago*. La conversión de la consonante fricativa labiodental sorda /f/ en fricativa velar sorda: *juego* por *fuego*. Muchos jóvenes universitarios paraguayos usan *-pa, -pió, -piko, -ta* (partículas enfáticas que se utilizan en preguntas); *-ko, -nio, -ngo* son partículas que tratan de dar énfasis a la expresión coloquial.

Asimismo, estas son algunas palabras extraídas del guaraní que aún emplean los jóvenes universitarios paraguayos en su habla, discurso o registro coloquial: *-gua'u; ¡mbore!; ¡kore!; ¡nderakore!; hacerse el ñembotavy* 'desentenderse'; *hace sarambi* 'arma jaleo'. Uso de la expresión coloquial *¡qué pucha!*, que sustituye a un vulgarismo.

ASPECTOS MORFOSINTÁCTICOS

Barbarismos: Consisten en pronunciar o escribir mal las palabras o en emplear vocablos impropios. Algunos jóvenes paraguayos universitarios escriben mal ciertas palabras que contienen los fonemas o grafemas *s, c* y *z* por influencia del seseo dominante en los países latinoamericanos, incluido Paraguay: *sapato* por *zapato, grasias* por *gracias, peses* por *peces*. Este fenómeno se extiende a los grafemas y fonemas *b* y *v,* que se usan mal en la lengua escrita (las razones, en algunos casos, son la falta de lectura o desconocimiento de las reglas gramaticales): *vailar* por *bailar, lovo* por *lobo.*

Cacofonías: Son expresiones que, si bien sintáctica y gramaticalmente cumplen con todos los requisitos que el idioma exige, generan disonancias durante la pronunciación, y eso se debe a la cercanía de sílabas semejantes o idénticas. El caso más común entre los jóvenes universitarios paraguayos es el uso abusivo de los adverbios en *–mente,* que produce cierta disonancia o cacofonía en el discurso. Por ejemplo: *Se comportó atentamente, amablemente y pacientemente.*

Uso abusivo de extranjerismos, sobre todo anglicismos: *Hemos visto un* show *asombroso* (en lugar de *espectáculo*); *En este establecimiento hay servicio de* delivery (en lugar de *entrega*); *Tiene mucho* glamour (galicismo que llega del inglés); *Es una gran* celebrity; *Es una* pro (de *profesional*); Oh, my God!; *Esta chica es muy* cute*; Hoy tenemos* outlet *de productos; Me he comprado un nuevo* outfit *para la fiesta de cumpleaños.*

Solecismo: *HUBIERON pocos estudiantes en clase;* se trata de un error frecuente en algunos estudiantes universitarios paraguayos.

Queísmo: Omisión de la preposición *de* cuando precede a *que* en las oraciones subordinadas completivas, como en *Es hora* QUE *te pongas a trabajar en el proyecto.*

Dequeísmo: Utilización de la preposición *de* junto a la conjunción *que* en oraciones subordinadas sustantivas en función de objeto directo, como en *Aseguró* DE QUE *asistirá.*

Cosismo: Utilización del sustantivo *cosa* en lugar de otros sustantivos más específicos, lo que refleja pobreza de vocabulario, y uso vicioso del sustantivo *coso,* inexistente en la lengua española, con el valor semántico que se le da en el Paraguay. *¡Dame ese* COSO*!*

Anfibología: Se da en oraciones que pueden tener más de una interpretación, como *Los* PERROS *van a venir para almorzar* (= mis amigos van a venir para almorzar).

Pleonasmo o tautología: Uso innecesario de palabras en una oración, como en *Entré* ADENTRO*; Subí* ARRIBA*; Bajé* ABAJO*; Ya sé* YA.

Metátesis: Se trata del cambio de lugar de un sonido dentro de una palabra, como en *vedera* por *vereda, dentrífico* por *dentífrico*. Hay casos entre algunos hablantes, pero no tanto en los jóvenes universitarios paraguayos.

Leísmo: El leísmo es un fenómeno entre los jóvenes universitarios paraguayos, es decir, la sustitución de los pronombres personales *lo* y *la* por *le* en la función de complemento directo.

Uso incorrecto de preposiciones: *en relación a* en lugar de *en relación con; estar interesado por* en lugar de *estar interesado en; Se fue en España* en lugar de *Se fue a España.*

Uso incorrecto o inapropiado de ciertos verbos: *pararse* por *ponerse de pie; quitar una foto.*

Usos viciosos: Errores comunes detectados en jóvenes universitarios paraguayos. He aquí algunos: *Voy a venir enseguida; Vení un poco; Me duele mi cabeza; Demasiado mucho hambre tengo; Te dije luego; llavear* por *cerrar con llave; guitarrear* por *tocar la guitarra.*

Falta de concordancia entre sujeto y verbo: Un error muy común entre los jóvenes universitarios paraguayos.

Monotonía del lenguaje: Utilización constante de las mismas palabras, expresiones o giros. Este hábito, que denota pobreza de lenguaje y, en general, de cultura, se observa muy especialmente en el lenguaje empleado por los universitarios en sus exámenes o trabajos académicos. Tienen dificultad para pasar del lenguaje coloquial al lenguaje académico ante su manifiesta falta de lectura y el abuso de los celulares.

CONCLUSIÓN

En general, los jóvenes universitarios paraguayos poseen un castellano paraguayo estándar que es común al que se habla en Asunción, con todas las características distintivas que este posee con relación a su modo de hablar y de escribir ciertas palabras utilizadas con frecuencia, algunas de carácter vulgar; se nota el uso frecuente de anglicismos, monotonía de lenguaje y pobreza de léxico. La economía de lenguaje se refleja de modo especial en el lenguaje escrito en forma de abreviaturas y en el uso de palabras o expresiones que proceden del castellano rioplatense y del guaraní.

Estado actual de la lengua española en el interior del Paraguay

MARÍA ISABEL BARRETO

Fuera de la capital, el idioma preferente es, sin duda, el guaraní. El habla de la gente del interior es espontánea y sencilla.

La lengua española hablada en las ciudades del interior utiliza partículas del guaraní como *niko* [nikó], *piko* [pikó], *ningo* [ningó], *hína* [jína], *pa, un poco.* Si se desea preguntar algo, siempre se agregan esas partículas: *¿Tenés pa un poco de maíz?; ¿Dónde pa dejaste el martillo?; ¿Tenés pa hína frío?; No, ni un poco; Me dijo un poco que vos no querés.* En las preguntas indirectas: *Estás piko enojada.* En las afirmaciones: *Estás ningo enojada.*

Se prescinde de los pronombres. Nunca se oye *yo te lo dije,* sino *yo te dije.* La respuesta a *¿Vos lo sabés?* es *Sí, yo sé;* a *¿Tenés dinero?* es *Sí, tengo,* nunca *Sí, lo tengo;* a *¿Me das un poco?* es *Sí, te doy,* nunca *te lo doy.*

Se utilizan generalmente los verbos *ser* y *estar*: *está bueno, está con frío, es sano, está lejos, es hermoso, será feliz, estuvo tranquila la mañana; está lindo* por *está bien* o *queda bien: Fideo con queso rallado está lindo.*

Se utiliza poca variedad de vocablos. Los sinónimos son inexistentes, como suele suceder en una segunda lengua aprendida: se usan *salir, decir* y *venir,* sin recurrir a sus sinónimos. Solo *venir,* en vez de *volver: venir otra vez; voy y vengo enseguida,* en vez de *voy y vuelvo.* El verbo *decir* siempre, nunca *contestar, replicar.* Solo las maestras en la escuela enseñan sinónimos. Fuera de la escuela, los alumnos vuelven a hablar como están acostumbrados.

La segunda persona no se usa, ni en singular ni en plural: *tú* y *vosotros* se reemplazan por *vos, usted, ustedes.*

El tiempo futuro se suple por el sintagma «*ir* + preposición + infinitivo»:

Vendrás = Vas a venir.

Comerás = Vas a comer ensalada.

Tomarán leche = Van a tomar leche.

Los adjetivos más utilizados son *lindo* y *rico.* No se usan sinónimos ni gradaciones. Ni *bonito* ni *vistoso* ni *colorido.* Todo es *rico,* no *sabroso* ni *exquisito.*

En las expresiones de reproche se emplean vocablos muy duros, sin simulaciones. Se oye decir *burro, ignorante, puerco, ladrón, sinvergüenza.*

Las comidas son *desayuno* y *hora de comer* ('almuerzo'). También, si llaman a la cena, es *¡A comer!*

El verbo *pasar* se utiliza corrientemente en diferentes acepciones: *El domingo paso por tu casa; Pasa a sentarte un momento* (significa 'entra a sentarte un momento'); *No, voy a pasar nomás* (significa 'no, voy a seguir mi camino nomás'); *Pasá a la media mañana; Te pasaste, te salió lindo; Esperaré el paso del Santo; Se me pasó* (significa 'me olvidé').

El adverbio *luego* se utiliza como afirmación, como algo obvio, no como adverbio de continuidad temporal: *Mi prima me dijo luego; Mi amiga me preguntó luego si vas a comprar los zapatos.*

En las poblaciones rurales la comunicación entre vecinos se hace solo en lengua guaraní, pero en las escuelas rurales se enseña el español como segunda lengua.

El idioma castellano hablado en la frontera

Berta Cabrera

Es esta una reseña del idioma castellano utilizado en la zona de frontera, específicamente entre la ciudad de Encarnación, Paraguay, y la ciudad de Posadas, Argentina.

Se toman como base las evidencias empíricas a partir de la percepción que se obtiene de la oralidad que se establece entre los usuarios del idioma de esta zona.

Asimismo, se señala la influencia o no de las distintas colectividades que se establecieron en esta parte de la República del Paraguay, como también las afluencias de turistas y visitantes que se dedican a las actividades económicas.

Para una mejor comprensión de la realidad lingüística de la frontera es conveniente conocer el aspecto sociocultural que presenta la región.

Encarnación, capital del séptimo departamento de Itapúa, se halla asentada sobre la margen derecha del río Paraná en su límite con la Argentina. Dista de la capital, Asunción, 365 kilómetros y está conectada con ella por la ruta Py01. Con la ciudad de Posadas, Argentina, se conecta por un puente internacional de 2650 metros, cuyo nombre se debe al fundador de ambas ciudades: san Roque González de Santa Cruz (1615).

Por la acción de la Entidad Binacional Yasyretá (EBY), han sido modificadas su morfología, su dinámica social y su densidad poblacional.

Dentro del territorio nacional ocupa una superficie de 16 500 km², con una población de 556 208 habitantes, distribuida en 50 barrios, de los cuales 33 se sitúan en la zona urbana y 17 en la zona rural. En ellos conviven familias de diversas nacionalidades: alemanas, ucranianas, rusas, japonesas, polacas, sirias, libanesas, chinas, árabes, coreanas, brasileñas, italianas y argentinas. Mantienen su cultura, idioma y religión con absoluta libertad, de ahí la cantidad de templos, no solo de la religión católica, sino también ortodoxos, metodistas, mormones, musulmanes y otros; es decir, existe un crisol de culturas.

El rubro económico se desarrolla a partir del comercio, la hostelería, los locales de comida, de ocio y otros. Es la tercera ciudad universitaria. Se considera la capital del turismo.

En cuanto al idioma utilizado en la frontera, cuyo principal rubro es el intercambio comercial con personas que ingresan desde la República Argentina, los operarios o el personal de atención al cliente se comunican en un castellano desarrollado y consolidado en el ámbito familiar, social y laboral, adaptado a las necesidades, que resulta un medio de comunicación oral fluido y comprensible, el cual bien se puede considerar como una forma de castellano paraguayo, por reunir este ciertas características que se deducen del hecho de la escasa observancia de las normativas lingüísticas.

A continuación, se dan ejemplos de algunas de esas particularidades.

- La anulación del uso de ciertos pronombres. No se toman en cuenta los pronombres en sus funciones de objeto directo e indirecto, ni de género y número. El pronombre *le* sustituye a los otros. El referente se rescata del contexto.
- El pronombre relativo *cuyo* es sustituido por las combinaciones *que su, que sus.*
- En los enunciados se suprime el complemento directo: *Compró para su uniforme.*
- La preposición *en* reemplaza a *a: ¿Vas en la Facultad*?
- El uso de los verbos conjugados: *vaye* por *vaya, dormió* por *durmió, querramos* por *queramos*; el adverbio *también* por *tampoco.*
- Uso frecuente de muletillas.

Por la cercanía geográfica, histórica y cultural con la Argentina, se comparten características en común del español rioplatense, como el voseo y el lunfardismo, que se trasmiten, sobre todo, a través de la música, el cine y la televisión. Del lunfardo provienen las voces *cana, capo, cheto, bagallo* o *bagayo, atorrante, apolillar, macana, laburo, mina, trucho, guita, pibe, gil, afanar, changa, facha, malandro, morfar,* que son las de uso cotidiano.

El idioma propio de cada colectividad no influye en la lengua castellana; se entiende esto por la actividad que desarrolla, el comercio, que obliga a expresarse en un castellano, aunque bastante imperfecto por la inculturación, suficientemente entendible. Además, la atención al cliente está a cargo del personal encargado de la venta, que es un ciudadano de nacionalidad paraguaya o argentina.

La excepción de los idiomas extranjeros se da en los nombres que hacen a la gastronomía, como *chop suey* ('ensalada caliente'), *sfihas* ('pizzetas'), *bei-*

rut (algo así como 'hamburguesa casera'), *varénique* ('empanada hervida'), *quibbé* o *quipé*, *coxinha*, *sushi*.

El idioma guaraní está presente en el nombre de los platos tradicionales del Paraguay: *mbeyu*, *vori-vori*, *kiveve*, *payagua mascada*, *rora*, *chipa guasu* y otros.

El guaraní se usa, escasamente, en el ámbito familiar entre las personas mayores y en un porcentaje más importante en los pobladores de los barrios rurales.

En conclusión, en relación con lo expuesto y de acuerdo con las evidencias, el idioma castellano que sirve de medio de comunicación en la frontera es el mismo que se emplea en el ámbito familiar, laboral y social, lo cual ha dado como resultado la consolidación de una forma del idioma que el mismo usuario ha ido acomodando a sus necesidades sin ajustarse a normativas lingüísticas.

El español del Chaco paraguayo

ARNALDO CASCO VILLALBA

Paraguay goza de una rica diversidad lingüística, donde a nivel global hay un uso predominante de los dos idiomas oficiales —el guaraní y el castellano—, pero estos conviven con un total de diecinueve lenguas indígenas procedentes de cinco familias lingüísticas, además de las doce lenguas extranjeras asentadas en el territorio paraguayo a través de sus hablantes migrantes o descendientes de estos, sin dejar de mencionar que a todos estos códigos lingüísticos se suma la lengua de señas.

Sin embargo, la situación lingüística paraguaya muestra una realidad distinta entre la Región Oriental y la Región Occidental (Chaco paraguayo). En la primera, mucho más poblada, con mayor urbanización, el guaraní goza de buena salud en el ámbito coloquial y en la oralidad, ante un español que demarcó bien su territorio en los ámbitos formales, administrativos, académicos, etc.; y, aunque coexistan también las demás lenguas mencionadas, entre estas la que verdaderamente tiene mayor presencia, principalmente desde las zonas fronterizas con el Brasil, es la lengua portuguesa.

En el territorio chaqueño, una región mucho más amplia y con reducida población, nos encontramos con otro comportamiento lingüístico. Aquí está asentada la mayoría de los 19 pueblos indígenas, cuyas lenguas, en la mayoría de los casos, siguen siendo usadas en las comunidades.

Desde hace décadas, el español tuvo su penetración en esta región del país, principalmente a través de los migrantes que se asentaron en el Chaco, para quienes, en la mayoría de los casos, fue el español la lengua franca para entablar un relacionamiento con los pueblos indígenas, los pobladores genuinos del lugar. Los nativos, sin dejar de lado sus respectivos idiomas ancestrales, adquirieron el uso de la lengua española para tratar con los migrantes o sus descendientes, ya sea por motivos laborales, sociales, académicos, etc.

Estos migrantes pobladores del Chaco, principalmente los menonitas, tampoco dejaron de lado la lengua propia y la han conservado hasta la actualidad, lo cual también produjo que los pobladores de las comunidades indígenas cercanas adquieran un uso básico de la variante extranjera.

La lengua española también se ganó su espacio con los pobladores chaqueños a través de las diferentes misiones y congregaciones religiosas, que se acercaron a los nativos, sea para la enseñanza de la religión o para la instrucción académica, el asesoramiento en sus derechos, etc., hecho que facilitó también el aprendizaje de la lengua por parte de los indígenas.

Otro espacio de importancia no menor para el aprendizaje del español por parte de los nativos chaqueños es la escolarización, aunque esta sea limitada, atendiendo que se deben priorizar las lenguas propias de las comunidades indígenas.

Es importante mencionar que el guaraní paraguayo, el tipo de guaraní coloquial de uso mayoritario, con sus interferencias y préstamos del español, también va ocupando cada vez más espacio en el territorio chaqueño, a pesar de que existan comunidades donde no tuvo penetración aún; este hecho es más común en la población «blanca», es decir, entre los paraguayos que no son indígenas.

En la actualidad, toda la plataforma tecnológica moderna —internet, teléfono inteligente, redes sociales, etc.— también tiene un protagonismo superlativo en la interacción de la población del Chaco con el resto del mundo, pues posibilita un mayor contacto y, por ende, el uso del español, con todo lo que implica usar una lengua en estos espacios de interacción social.

Sumadas estas realidades expuestas anteriormente, no resta más que ratificar la diversidad y la riqueza lingüística existentes en esta parte del territorio paraguayo. Así, encontramos nativos que pueden hablar de cuatro a cinco idiomas, entre su idioma ancestral, otra lengua indígena, una extranjera, más el guaraní paraguayo y el español.

El español chaqueño, como el de cualquier otro lugar, tiende a adquirir una peculiaridad, tanto en su estructura morfosintáctica como en su fonética, por las distintas influencias que recibe y las realidades propias de su entorno de uso, tal como se mencionó más arriba. Asimismo, actualmente en la Región Occidental se sigue usando, en gran medida, un limitado español, puesto que convive con muchas otras lenguas, que son las maternas, y no existe la necesidad ni hay un espacio propicio para su desarrollo pleno como para adquirir un uso hegemónico.

El lenguaje jurídico en Paraguay

JOSÉ ANTONIO MORENO RUFFINELLI

El lenguaje jurídico en el Paraguay no difiere mucho del hablar general de la gente, a pesar de su especificidad. Se debe reconocer —y está demostrado en las pruebas a que fuera sometido el sistema educativo— que la enseñanza del español se encuentra entre las cuestiones más deficitarias del sistema.

Si a eso se le suma que la educación universitaria no es sino la extensión de la secundaria, se puede fácilmente percibir que no hay muchos cambios, ya que no hay, a nivel universitario, una asignatura sobre el idioma español en la carrera de Derecho, lo que debe modificarse, sobre todo tratándose de un derecho ejercido mayoritariamente por escrito, donde el buen uso del idioma es fundamental para el éxito de un juicio.

Si bien es cierto que una de las asignaturas para el examen de ingreso a la Facultad de Derecho es el español, su reprobación no es descalificatoria para la aprobación del ingreso, haciéndose incluso más hincapié en cuestiones como las históricas o geográficas y descuidándose el aspecto fundamental del idioma.

En el sistema judicial paraguayo, los juicios civiles son llevados íntegramente por escrito, en tanto que los penales tienen un gran componente de oralidad, sobre todo en la parte en la que se está ante el tribunal de sentencia, en el período de ofrecimiento de pruebas y presentación de los alegatos de cada parte. De más está decir la importancia de un buen escrito, que puede ser la diferencia entre ganar o perder un pleito. Pero aun la oralidad también requiere del uso preciso del lenguaje para mayor claridad, de manera que sus argumentos puedan ser convincentes.

Si bien es obvio que hay términos técnicos que son propios del lenguaje jurídico, hay coincidencia en que el lenguaje jurídico no debe ser muy diferente del que se usa normalmente en una sociedad, por la sencilla razón de que, de esa manera, se hace más comprensible a todos; desde que es un principio general que no puede alegarse ignorancia de la ley para excusar su incumplimiento, debe cuidarse su correcta aplicación y uso.

Pero debe tenerse en cuenta que Saussure, el creador de la lingüística contemporánea, manifiesta que la lengua es el sistema social más poderoso porque está grabado en el subconsciente. Esa es la razón de las afirmaciones anteriores. Y el derecho es el instrumento creado por el hombre para poder convivir civilizadamente, por lo que el correcto uso del lenguaje es fundamental.

Los paraguayos tienen una manera peculiar de usar expresiones idiomáticas, y eso no es nada raro, ya que todos los países de habla hispana la tienen. Son modismos que lentamente se van incorporando al idioma, principalmente por vía de artículos periodísticos o por una tradición oral que, quizás, es la que tenga mayor fuerza e influencia. No puede ni debe extrañar que ocurra este fenómeno.

Ahora bien, existen algunas palabras que se usan, y que tienen que ver con el derecho, que sí deben ser corregidas porque no son meramente expresiones idiomáticas. Si bien no cambian el concepto, constituyen irregularidades lingüísticas que deben evitarse para la defensa del idioma. Tampoco se debe ser tan crítico en el sentido de pretender que todos empleen de manera correcta los términos jurídicos que no forman parte de su vocabulario, pero constantemente se leen o escuchan expresiones erradas de ciertos vocablos y esto puede terminar convirtiéndose en la forma corriente de usarlos incorrectamente.

Las siguientes palabras demuestran lo afirmado:

Delito: Es común que en Paraguay se use la palabra *délito*, es decir, como palabra esdrújula, cuando es palabra llana.

Libelo: La pronunciación correcta es esta y no *líbelo*, como se escucha frecuentemente en la radio o en boca de algunos políticos.

Cónyuge: Esta es la forma correcta de usar el término. Sin embargo, es de uso frecuente entre las personas y es un uso vicioso en los alumnos de la Facultad de Derecho el de la palabra *cónyugue*. Pero es fácil advertir que entre la *g* y la *e* no está la *u*, que es la que permitiría pronunciar de la manera errónea como se usa.

Insania: Esta palabra es llana o grave, con un diptongo al final; sin embargo, se la acentúa frecuentemente en la *i* final, convirtiendo así el diptongo correcto *ia* en un hiato errado *ía*, lo que da como resultado el vocablo incorrecto e inexistente en el idioma español *insanía*, cuando la acentuación prosódica debe recaer sobre la primera *a*.

Contrata: Es de advertir que esta es la palabra castellana, pero está mal utilizada en el Paraguay, ya que ella define el instrumento donde consta el contrato o el acuerdo entre las partes, pero aquí se la usa para nombrar el contrato mismo.

Como se ve, los errores más frecuentes son cambiar los acentos en ciertas palabras, no tener en cuenta algunas reglas elementales de la gramática y de la ortografía, como, por ejemplo, que en español todas las palabras esdrújulas llevan tilde, por lo que puede incurrirse en errores de pronunciación tan evidentes como algunos aquí citados.

Esta breve investigación abre el camino para tratar otras palabras jurídicas cuyo uso es corriente, y que se irá ampliando con el transcurso del tiempo.

Terminología administrativa en el Paraguay

JULIO LEZCANO CLAUDE

El estudio y el análisis de los términos del área administrativa de un país se dan en el campo jurídico. En el ámbito del derecho no siempre el tema administrativo ha sido objeto de constante estudio, aunque, por cierto, no faltan, a nivel mundial y nacional, importantes textos que abordan este tema.

El derecho administrativo y los reglamentos y disposiciones que de él derivan se remiten a la misma Constitución Nacional y a las leyes elaboradas y dictadas en el poder legislativo que reglamentan artículos de la Constitución.

El poder legislativo elabora las leyes requeridas para la mejor administración del país; el poder judicial aplica las leyes a los casos concretos sometidos a su jurisdicción, en tanto que el poder ejecutivo, como su nombre indica, ejecuta las leyes emanadas del legislativo, y lo hace por medio de decretos, decretos leyes y reglamentos dictados por el mismo poder ejecutivo y por los distintos organismos que lo conforman, como, por ejemplo, los ministerios y sus dependencias.

Los **actos administrativos formales** son los **decretos** del poder ejecutivo, en los cuales se hace una exposición de las disposiciones legales que los avalan, las cuales figuran expuestas en lo que se denomina *considerando*. En lo que respecta a los **actos administrativos informales**, tales como los **regla-**

mentos, se puede hacer una breve referencia a alguna ley u otro reglamento anterior, u obviarlos cuando se los subentiende en la cita.

El derecho administrativo está formado por el conjunto de normas positivas y principios jurídicos que rigen la ejecución de la ley por los órganos del poder ejecutivo y de instituciones públicas autónomas, excepcionalmente por órganos de los poderes legislativo y judicial.

ACTO ADMINISTRATIVO Y NORMA JURÍDICA

El llamado *acto administrativo* da lugar a la creación de normas jurídicas generales, conocidas como *reglamentos*, e individuales, como lo son las *resoluciones* y las *órdenes*. En rigor, aunque *acto administrativo* es la denominación técnica dada al hecho de dictar normas de este carácter, en doctrina hay autores que consideran más apropiado denominar *resolución* a lo que se conoce como *acto administrativo*, pues consideran que la primera voz designa tanto la acción como el efecto de resolver. Se aduce que el acto administrativo nunca aparece escrito, ni se escucha en las oficinas administrativas, en contraste con la resolución, que es más inteligible y corriente, aunque la palabra también se utiliza en relación con actos judiciales. El *Diccionario de la lengua española* (*DLE*) dice que *acto administrativo* es el 'acto jurídico emanado de una Administración pública'.

REGLAMENTO DE LA DIRECCIÓN GENERAL DE REGISTROS PÚBLICOS

Un claro ejemplo de lo que se llama *reglamento* es el Reglamento General Técnico Registral de la Dirección General de Registros Públicos, que, como su nombre indica, es un texto extenso y bastante completo que reúne normas dirigidas tanto a profesionales (abogados, escribanos públicos y otros) como a la población en general. En el referido reglamento figura una serie de términos técnicos, a algunos de los cuales nos referimos a continuación en este breve estudio.

La Dirección General de los Registros Públicos es una dependencia de la Corte Suprema de Justicia que tiene la facultad de dictar sus disposiciones, como las contenidas en el reglamento de referencia.

La construcción *partida registral* se refiere al conjunto de asientos, dispuestos sobre la base del bien, de la persona o del contrato que puede ser inscrito según el tipo de registro que corresponda. *Título* es el documento que contiene el derecho o acto registrable. La *mesa de entrada* es la denominación dada al lugar o espacio donde son presentados los documentos cuya inscripción se pretende, y allí se expiden a los interesados las llamadas *contraseñas*, como constancias de que la institución ha recibido los documentos presentados. En este tiempo, siempre que las condiciones técnicas lo permitan, se realiza el pedido de certificados sobre distintos temas por medios informáticos. La *inscripción* o *anotación* en los registros, sean estos el de inmuebles, vehículos, personas jurídicas u otros, se da cuando el documento presentado con ese fin no presenta inconvenientes para que se proceda en consecuencia. No siempre la inscripción de un determinado documento es posible por defectos insalvables para hacerlo. Es entonces cuando la inscripción es rechazada con lo que se da en llamar *nota negativa*.

SERVICIO NACIONAL DE CATASTRO

El Servicio Nacional de Catastro es una repartición técnica que depende del Ministerio de Hacienda, encargada de brindar información precisa sobre el estado de los bienes inmuebles de la república. Un documento que expide esta repartición estatal es el *certificado catastral*, el cual busca reflejar la situación física, jurídica y económica de los inmuebles. Estos se identifican con la *nomenclatura catastral*, es decir, *cuenta corriente catastral* para inmuebles urbanos y suburbanos, y *padrón* para inmuebles rurales.

CLASES DE REGLAMENTOS

Son internos, externos y de ejecución.

1) Reglamentos internos. Contienen normas de conducta dirigidas a los agentes o funcionarios de la Administración. Sus normas no obligan a los ciudadanos o particulares en general. A estos reglamentos se los conoce también como *reglamentos orgánicos* o *instrucciones generales de servicio*, cuyas disposiciones van dirigidas a la generalidad de los funcionarios de una sección administrativa, un ministerio o, en general, a toda la Administración pública.

2) Reglamentos externos. Son aquellos cuyos mandatos, obligaciones y derechos van dirigidos a todos los habitantes. Son conocidos como *reglamento de policía, sanitario, económico*, etc. En el Paraguay son las *ordenanzas*, dictadas por las municipalidades; los *edictos*, cuando emanan de la Policía; *decretos* los del poder ejecutivo de la nación o *resoluciones* cuando los dicta el Banco Central del Paraguay.

3) Reglamentos de ejecución. En realidad, todos los reglamentos son dictados para ejecutar la ley, pero estos lo hacen en forma más directa: explican el texto legal y disponen lo necesario para su mejor ejecu-

ción. Por ejemplo, la obligación de presentar *declaraciones juradas* en determinadas circunstancias puede ser aclarada y completada por este tipo de reglamentos cuando estos establecen plazos y formularios para hacerlo.

BIENES PÚBLICOS

Los *bienes del dominio público* son aquellos que por su naturaleza y destino están afectados al uso directo de todos los miembros de la comunidad. La *afectación* de bienes al dominio público es el acto del poder público por el cual se destina una cosa o bien al uso y goce común. La afectación puede ser *general* o *especial*. Lo primero se da cuando se destina al uso de la población una clase de cosas, como islas o aguas de cauces naturales, y lo segundo, cuando la afectación se refiere a una cosa o lugar determinados, como las tierras de una zona en particular. El uso de la cosa de dominio público es gratuito, pero se contempla el cobro de *tasas* o *contribuciones* para cubrir el costo de mantenimiento y construcción de mejoras.

Una especie de tasas son los *peajes*, que se cobran por el uso de rutas, caminos, puertos y aeropuertos.

DERECHO POLICIAL

En el Estado de derecho, las normas policiales forman parte del derecho administrativo y la institución policial debe siempre estar sometida a la ley; de hecho, sus disposiciones deben ajustarse a las leyes y a la Constitución. En otras palabras, mientras la Constitución consagra derechos y libertades, el derecho administrativo policial los reglamenta y puede establecer sus límites, siempre de acuerdo con el texto de la ley.

Los *actos de ejecución* por parte de la Policía constituyen la aplicación de la ley o el reglamento a un caso concreto. Por ejemplo, las *órdenes de arresto*, o las de *allanamiento*, que deben ser libradas por la autoridad competente.

DERECHO ADMINISTRATIVO TRIBUTARIO

En el ámbito del derecho tributario, las autoridades tienen la facultad de emitir *reglamentos internos, circulares* e *instrucciones* para alcanzar la mejor aplicación de las leyes tributarias. Cabe también referirse a los ya citados *reglamentos de ejecución*, los cuales son dictados para aclarar aspectos de la ley tributaria y, en consecuencia, conseguir una mejor ejecución de ella. Estos reglamentos tienden a completar la obligación de presentar *declaraciones juradas*, para lo cual establecen los formularios que deben ser utilizados y los plazos dentro de los cuales deben ser presentados. Lo señalado conduce a la *liquidación del tributo*, que constituye un típico acto administrativo.

REGLAS DE LA OBLIGACIÓN TRIBUTARIA

- **Regla de la igualdad:** No se pueden dar interpretaciones distintas o liquidaciones diferentes para situaciones iguales.
- **Constitución de mora:** La falta de pago de los tributos surge de la misma ley, por consiguiente, no hay constitución en mora, que sí se da en el derecho civil.
- **Prescripción liberatoria:** A falta de disposición legal expresa, en el derecho tributario no se puede aplicar la prescripción liberatoria que en el derecho común surge como resultado de la inacción del acreedor.
- **Compensación:** Sin expresa autorización legal no es posible la compensación como medio de pago de obligaciones tributarias.

Empleo de la lengua española en la historiografía paraguaya actual

GUSTAVO LATERZA RIVAROLA

En el empleo del español entre los historiadores paraguayos actuales, en especial entre los jóvenes, se advierte con facilidad el imperio progresivo de la jerga que emplean autores y ensayistas de ciencias sociales, en el ámbito hispanoamericano, desde hace algunas décadas. De esta suerte, el discurso historiográfico tiende a uniformarse con el de la economía, la sociología, la antropología, las ciencias políticas, etc.

Esta tendencia globalizadora va imponiéndose en un proceso de ensamblaje terminológico, fenómeno que resulta consecuencia, principalmente, de la intensificación de la intercomunicación entre cultores y redactores de obras de investigación, de tesis, artículos de revistas especializadas, etc., no menos que en seminarios y congresos internacionales y, actualmente, en los webinarios.

Nuestro historiador joven se siente cómodo escribiendo y hablando de modo similar al de sus colegas de otros países de habla hispana y de ciencias humanísticas afines a la historia. Esto le lleva, asimismo, a incorporar préstamos de lenguas extranjeras que, legítimamente o no, imperan en el ámbito de las publicaciones, en especial, del inglés, cuyas reglas son paradigmas que se imponen por medio de la metodología y los formalismos oficialmente exigidos por universidades, institutos y editoriales para artículos académicos o destinados a publicaciones especializadas.

Sin apartarse de la coherencia sintáctica, la actitud de las personas referidas tiende a olvidar las peculiaridades locales y no ofrecer resistencia a esa uniformidad globalizadora, aun cuando el empleo de esa manera de expresarse en español ponga en riesgo la claridad de sus discursos; dicho esto sin olvidar que, en algunos casos, persiste el antiguo error de confiar en que lo abstruso brindará profundidad.

El hecho de priorizar el empleo de la jerga y sus novedades, aun con el riesgo de sacrificar la comprensión, nos informa acerca de la necesidad que muchos de nuestros historiadores sienten de que su discurso esté a la altura de lo que escriben sus colegas de otros países. Este afán de ganar aprobación por la vía de la fidelidad terminológica produce dependencia. No se encara la tarea de construir un discurso sin antes verificar cómo lo han hecho los pares, a fin de no apartarse del modelo tácitamente consensuado en el ámbito.

De este modo es también como penetran en el habla no solamente los términos técnicos que se van creando socialmente para expresar mejor los conceptos, sino también los modismos, giros y figuras literarias a las que, anteriormente, se consideraba inadecuados o exóticos. Y súmese a ello las modalidades de la lengua inglesa.

Con esta dinámica, se advierte que, en el campo de las publicaciones del ámbito de las ciencias sociales (no solo de la historiografía), se va conformando una especie de «caja cooperativa», en la que todos los investigadores y autores pueden aportar alguna novedad y de la que todos pueden extraer algún neologismo o alguna figura, ya sean eficaces para mejorar la transmisión de una idea o sean, meramente, buenos adornos.

Subsisten algunos vocablos tradicionalmente preferidos y empleados por los antiguos historiadores, a pesar de los desplazamientos causados por la aludida globalización lingüística. Tal el caso de *revisionismo, doctrina, porvenir* y otros pocos. Los nuevos términos que aparecen con frecuencia suelen provenir de esfuerzos metafóricos, como *abordaje, relato, instancia, enmarcar,* etc. Otros, como *plantear, abordar* o *instalar,* connotan novedad, sugieren que un tema o hipótesis todavía no están planteados o desarrollados. Asimismo, es frecuente el empleo de infinitivos antecedidos con el prefijo *re* (*replantear, rediseñar, revaluar, reingeniería,* etc.), para sugerir que una idea o un proyecto ya fueron debatidos, definidos o propuestos en el pasado (aunque no sea así), y que es preciso volver sobre ellos. Convive esto con locuciones propias del ámbito del discurso político, tales como *la lógica del poder, la aritmética eleccionaria, la geografía de la pobreza, transparencia, visibilizar, integradora, inclusiva* y similares. La repetición de empleo de estos vocablos refuerza la uniformidad.

Una novedad que se encuentra en los textos del área disciplinar historiográfica paraguaya en la actualidad (aunque no originaria) es la incorporación de elementos y técnicas formales propios de la didáctica o de la metodología, como, por ejemplo, listar secuencialmente con enumeración (números, letras u otros símbolos) causas, efectos, nombres, épocas, etc., como, asimismo, la distribución de información ordenada en tablas, recurso grandemente facilitado por los procesadores informáticos de texto. Esto no era común verlo hace medio siglo, cuando la vinculación de la redacción todavía estaba fuertemente ligada a la elegancia estilística y la estética de diagramación, en la que las enumeraciones tabuladas no tenían cabida.

En cuanto al empleo del otro idioma oficial paraguayo, el guaraní, los historiadores paraguayos del siglo pasado lo reservaban exclusivamente para toponímicos, patronímicos, plantas y animales locales, y algunos nombres de objetos que estuviesen muy ligados a la tradición y las costumbres, siempre que tales nombres no tuvieran correspondencia en español o, en caso de que la tuviesen, que preferir la versión hispana dificultara notoriamente la comprensión del lector local.

Sin que este criterio del uso selectivo del guaraní haya variado significativamente, hoy, sin embargo, se considera «lícito» emplear algunas expresiones de la lengua nativa en caso de que aporten algún énfasis al discurso o destaquen la condición social de los sujetos mencionados en el texto. En estos casos, lo habitual es que se ponga una nota de pie de página con la traducción o el sentido de la palabra o la expresión, teniendo en consideración al lector extranjero.

Como se sabe, las publicaciones académicas o científicas, en particular las indexadas, imponen sus reglas ortotipográficas, ante las cuales los investigadores y articulistas jóvenes asumen un acatamiento acrítico. Así es como la uniformidad se va consolidando.

Es evidente que este sistema surgió de la necesidad de estandarizar para que los productos puedan ser encajados en el molde textual prestablecido para la publicación y también visualmente. Es por este motivo que tanto las revistas aludidas como los artículos que contienen lucen muy parecidos. A las ventajas de esta estandarización, pues, hay que oponer el inconveniente de hacer muy arduas las posibilidades de iniciativas innovadoras.

El futuro próximo nos anuncia cada vez mayor similitud entre los textos redactados por los historiadores jóvenes paraguayos y los de sus pares hispanoamericanos. La estandarización globalizante del uso de la lengua española arribó, finalmente, al ámbito de la historiografía.

Estado de la lengua castellana en el ámbito político del Paraguay

ESTELA APPLEYARD

El acelerado proceso de urbanización, producto de la creciente y sostenida migración campesina a los centros urbanos, sumado a un más fácil acceso a los medios de comunicación, ha suscitado innumerables transformaciones en la sociedad paraguaya, especialmente en la dimensión cultural y lingüística, que se aprecian en la cada vez mayor población que habla el castellano, sin que ello signifique un buen manejo de esta lengua, lo que la priva de la comprensión universal sobre la esencia de las cosas humanas.

Por otro lado, el acceso al Parlamento de personas poco preparadas académicamente —con mal empleo de la lengua y, por consiguiente, sin una sólida conciencia política y, por supuesto, sin claridad acerca de los graves problemas económicos, políticos, sociales que aquejan al país— y la falta de conocimiento alguno de oratoria hacen que las discusiones parlamentarias no se centren en ideas. Los discursos no son convincentes ni oportunos, se convierten en verdaderas invectivas, en ataques personales, en idas y vueltas de improperios con un lenguaje vulgar y zafio. El desprecio a la moral hace de la política un mero instrumento para la lucha sin escrúpulos por el poder, por la prosperidad particular.

En los discursos electorales, como se buscan votos, el castellano se mezcla con el guaraní en lo que en nuestro país se conoce como *jopara*, es decir, combinación del castellano con el guaraní o el *jehe'a* (uso de palabras castellanas con terminación guaraní), para convencer al electorado acerca de las propuestas presentadas o, mejor aún, para ganarse la simpatía y el voto popular. El pueblo no sabe que la democracia depende de la justa elección de la personalidad rectora; por consiguiente, no elige, vota por aquel que se gana su simpatía o atiende, en ese momento, alguna de sus necesidades.

Las bases partidarias —salvo raras excepciones— en todos los partidos y movimientos políticos están dirigidas por analfabetos o semianalfabetos, lo que ya habla del poco manejo de la lengua castellana en todos los aspectos. En general, entre los políticos, se ve una indiferencia total hacia el estilo y la forma del lenguaje, originada en la ignorancia de los beneficios que representan el cuidado y la pulcritud que pongan en la práctica de este instrumento.

Lo primero y más importante para volver a tener gente culta y preocupada por los destinos de la nación es superar la corrupción interior de la vida política del país y el odio mutuo de los distintos sectores políticos, una de las fuentes de esa corrupción.

Algunos ejemplos extraídos de la prensa:

> Prometieron la llegada al país de 134 400 [vacunas] dijeron la primera vez y ahora 134 800 que va a llegar en los próximos 15 días, aseguraron que en los próximos 15 días llegaría esa cantidad de vacunas Astra Zeneca, cerca de fin de mes; ... que seguir peleando por las que existen en el mercado Astra Zeneca, Spunik, que es la que nos toca.
>
> (Exministro de Salud, senador de la nación, *UH*, 13.4.2021)

> ... sabemos y sufrimos de su tremenda realidad, hospitales sin capacidad suficiente para recibir a la población enferma ni vacunas.
>
> (Exministro de Salud, senador de la nación, *UH*, 13.4.2021).

> ... de conformidad al artículo 190 de la Constitución Nacional; de acuerdo a lo manifestado en la resolución de la institución, la decisión se da en base a un dictamen de la Dirección de Mantenimiento que recibió denuncias por parte de los trabajadores de la empresa;
>
> El tratamiento de este punto se llevará a cabo en el punto cuarto.
>
> (Diputado proyectista de una ley, *UH* 13.04.2021)

La diputada Kattya González (PEN) lanzó fuertes improperios contra estos diputados y terminó diciendo:

> Beneficiadas serán las grandes farmacias con blindaje colorado a gastos sociales de las binacionales.
>
> (*ABC Color*, 14.4.2021)

> Las declaraciones de Amarilla caldearon el ambiente, pues la presidente de la Comisión de Equidad y Género, diputada Del Pilar Medina salió al paso y manifestó que su colega Celeste Amarilla se cree más inteligente que todos. Incluso le advirtió en guaraní que la «ñe' ẽkuaá ha la soco ñeha'ã oimehapete ñaha'ãta ojupe, amiga». La que habla bien y la que da puñetazos se pueden encontrar en alguna parte y darse puñetazos.

Ante estas declaraciones, la diputada Amarilla solicitó una sanción a su colega: «Presidente, yo pido una sanción para la colega que me antecedió, a todas luces, he sido agredida en mi moral, en mi ética, en mi inteligencia y por último amenazó pegarme», solicitó.

(*UH*, 15.4.2021)

El Ministerio de Salud nos dice las medidas que hay que tomar, y si no tomamos...

(Jefe de gabinete presidencial, *ABC Color*, 15.4.2021)

Echeverría tiene la solvencia económica para comprar la mayor cantidad del electorado posible, en cambio nosotros no, nosotros tratamos de generar conciencia en la gente. Hoy en día todo el mundo le crucifica al Partido Colorado y con justa razón. Está minado de mafiosos corruptos, personas maliciosas, pero habemos hombres de bien dentro del partido y necesitamos hombres de bien.

(Precandidato a intendente de la ciudad de Luque, *UH*, 17.4.2021)

... ruegan a los integrantes de las distintas comisiones asesoras... procedan a incluir en el orden del día de sus respectivas comisiones el punto, a los efectos de proceder a recomendar al plenario las conclusiones de las deliberaciones de sus miembros; de manera tal a cumplir con los objetivos del reglamento interno y agilizar su tratamiento en el pleno.

(Nota presentada por un grupo de diputados opositores al presidente de la Cámara de Diputados, *ABC digital*, 19.4.2021)

... y podría así incorporarse esos fondos al Presupuesto General de la Nación.

(Diputada Celeste Amarilla, *UH*, 20.4.2021)

Los gastos sociales de las binacionales Itaipu y Yacyretá corresponden al erario público, es decir, debe conformar el presupuesto público.

(Presidente del Partido Liberal Auténtico, 20.4.2021)

Vamos a comunicarnos con nuestro par de la Asamblea Nacional de Cuba, y vamos a pedirle también intervención, y agilizar estos trámites, vamos a enviar una nota con urgencia a nuestro par de la Asamblea Nacional y ver qué trámite...

(Presidente del Congreso de la nación, 20.4.2021)

Reglamento de la Cámara de Senadores

Atribuciones de la Cámara de Senadores

— Autorizar al Presidente de la Nación para que declare el Estado de Excepción.

— Cada Cámara cuenta con Comisiones Asesoras Permanentes que son las facultadas a estudiar y dictaminar en los proyectos sometidos a su consideración, pues sería difícil si no imposible, que los proyectos sean tratados sin un dictamen.

—… la comisión tuviera plazo para producir dictamen, el cumplimiento de dicho plazo supone la caducidad de la misma.

—… en ocasiones, la opinión en minoría puede ser la más fundada, la más acorde al Derecho.

La prensa escrita

Alcibiades González Delvalle

La prensa escrita es donde mejor se refleja la cultura de un país. En ella vemos cómo se escribe. Y cómo se escribe es cómo se habla.

En el caso del Paraguay, se tiene la singularidad de que escribir y hablar incluyen componentes imposibles de eludir como los vocablos en guaraní «castellanizados». Esta inclusión es natural y espontánea, «visible» solamente para los extranjeros. También la sintaxis castellana recibe el aporte guaraní. Se escribe en castellano sobre terreno ajeno. Así ha sido siempre, y así sigue siendo.

Es una originalidad que se da, incluso, en el mejor escritor paraguayo, también periodista, Augusto Roa Bastos. En sus obras se siente el sabor de la tierra donde ha nacido su idioma materno.

No se darán ejemplos de los errores gramaticales, comunes en la prensa en general, sino aquellas expresiones que de algún modo dan identidad al periodismo paraguayo y, por tanto, como queda dicho, son la del país.

Es común leer en los diarios, como titular principal de primera página: «Va al *opá reí* la investigación del robo en Aduanas». El lector paraguayo se informa de que las investigaciones fiscales terminarán en la nada.

También en el mismo espacio, a grandes titulares, este título de *ABC Color*, uno de los principales diarios del país: «Amplio repudio a "Ley garrote" de Mario Abdo», el presidente de la república que impulsa una ley que castiga a los que eluden el decreto de regulación de las actividades ciudadanas en tiempo de pandemia.

Rekutu ('volver a clavar') se utiliza, incluso en titulares principales, para señalar: «El intendente de… busca el *rekutu*». O sea, va por la reelección.

Es común, igualmente, leer: «Fiscalía *cajonea* denuncia contra el juez…». Es decir, la fiscalía hace caso omiso de la denuncia contra el juez.

«Nadie investiga *crecimiento* de Retamozo» es el titular de una información acerca de un político que asume el cargo de senador, denunciado por hechos de corrupción en una institución de la que ha sido titular. Habría crecido su patrimonio. Da la casualidad de que el tal senador es de baja estatura.

«Una *kuñatai* para la ficción», titular que anuncia un certamen de relatos inspirados en una canción, *Recuerdo de Ypacaraí,* que incluye la palabra guaraní en referencia a una joven.

Es cotidiano encontrar títulos que emplean *blanquear* para contar que algún político zafó de una pena judicial o administrativa. Así se lee: «Ediles *blanquean* a intendente de Oviedo». Muchos otros casos se refieren a jueces que *blanquean* a procesados de peso político o económico: «Jurado *blanquea* a jueza funcional al clan Zacarías», una poderosa familia del interior.

El citado periódico *ABC Color*, desde su fundación hace más de cincuenta años, tiene una columna diaria que se titula *Ñe'e mbeguépe* ('hablar despacio, a escondida, sin llamar la atención'), que critica a políticos y funcionarios.

Sin ser bilingüe, la prensa en el Paraguay utiliza muchos vocablos en guaraní en sus titulares o en el desarrollo de la noticia. Es del habla habitual de la población.

Por la influencia del Brasil en el Paraguay, los medios acuden también a palabras portuguesas: «Cámara revoca arresto y supuesto *narcodoleiro* debe volver a prisión». Se refiere a un procesado por lavado de dinero proveniente del narcotráfico. También se acude mucho a *maconha* para informar acerca de las actividades en torno de la marihuana.

También el Gobierno utiliza expresiones en guaraní —repetidas en los medios— para alguna campaña pública. Leemos: «Llamosa descarta un nuevo subsidio *Pytyvo*» ('ayuda'). Se refiere a la transferencia de Hacienda a las personas carenciadas.

Los comentarios editoriales son otro espejo donde se retrata la imagen política cotidiana, con vocablos muy fuertes, que llegan a la insolencia y que se apartan de la serena reflexión:

> *Vulgares criminales.* El abuso de la posición privilegiada que representa ocupar un cargo político sea como funcionario o miembro del Poder Ejecutivo, Legislativo o Judicial, es deleznable y no cabe ser tolerado. Era la crónica de un final anunciado cuando se habló de la compra de insumos y de vacunas, que los ladrones de siempre, los que roban la educación, la esperanza, el futuro del pueblo, también se apropiarían de cualquier cosa que esté a su alcance. Y así lo hicieron...

> *Asalto al poder.* El presidente [de la República] está habilitándonos a todos los ciudadanos que moramos en este país a resistir su autoritarismo. Cuando los de arriba pierden la vergüenza, los de abajo pierden el respeto.

> *A la bartola y sin respeto a la dignidad humana.* Otra vez el gobierno nos mostró que la desorganización, la mala planificación y el desprecio a los ciudadanos son su especialidad...

«Policiales y judiciales» es otra de las áreas muy pegadas a los términos técnicos, que dificultan la comprensión del lector.

Generalmente, es una transcripción de trámites judiciales que, por su naturaleza, tiene un lenguaje propio, pero que debe ser «traducido» para que el lector sepa de qué se trata:

> La defensa radicó una reposición con apelación en subsidio, a la que el juzgado dio trámite para su remisión a la Cámara de Apelación.

En los periódicos sensacionalistas es donde más se utiliza el *jopara* [yopará] (mezcla de castellano con guaraní), que es su identidad a la vez que facilita la comprensión lectora en el pueblo. De ahí la popularidad de esta prensa. «Susi *he'ipaitéma,* nadie más mentiroso...». *He'ipaitéma:* ya dijo todo. «*Yacyreta ro'ópe, ministro 'motelito' oñembo valé*». Nadie que no fuera paraguayo entendería este título. Dice: «A costa de Yacyretá (la binacional hidroeléctrica) el ministro, que administra moteles o sitios de encuentros íntimos, se hace el valiente».

La identidad de la prensa, en general, es la influencia que ejerce sobre ella el guaraní.

Vicisitudes del idioma español en la radio y la TV del Paraguay

BERNARDO NERI FARINA

País de inextinguible tradición oral, el Paraguay ha tenido en la radio su medio masivo de comunicación por excelencia.

Tal vez se aluda que ahora está un poco arrinconada la radio debido a la profusión de las redes sociales, que tiene pegada a la gente a un dispositivo móvil. Pero no ha desaparecido totalmente, y no desaparecerá desde el momento en que esos mismos dispositivos móviles cuentan entre sus aplicaciones la de la radio.

Como medio masivo de comunicación, la radio es también un medio de difusión masiva de la lengua y es un reflejo de sus cambios en la línea diacrónica en perspectiva.

Como vehículo del lenguaje, la radio tiene en el Paraguay faces particulares que hay que tener en cuenta a la hora de analizarla.

Hay una radio urbana y una radio rural. De acuerdo con la ubicación geográfica, sus servicios tienen connotaciones especiales. Los mensajes difieren en uno y otro contexto, dado que el público es diferente en cuanto a sus exigencias, sus expectativas y, sobre todo, sus necesidades.

El público rural necesita una comunicación de carácter local, en un lenguaje para él accesible, de un modo coloquial.

La radio urbana —se supone— está en otro plano, debido al tipo de gente que la escucha.

Desde 1992 se dio el fenómeno de que la población urbana comenzó a superar en cantidad a la rural. En el 2002 la diferencia ya era de 56,7 a 43,3 en porcentaje.

Con esa migración, ocurrió otro fenómeno: la población rural llevó su mentalidad a la urbe. Y con su mentalidad llevó su deseo de seguir escuchando una radio «a su medida» en cuanto a lenguaje.

Pero eso fue malentendido por conductores de radio y, también, de la televisión. Y lo que en principio se dio en llamar lenguaje coloquial fue convirtiéndose, en algunos casos, en lenguaje vulgar y ordinario.

EL GUARANÍ, EL *JOPARA*, LA RADIO

Al hablar del lenguaje en los medios audiovisuales es ineludible referirse al idioma guaraní y su influencia en el habla de una gran mayoría de la población. En el llamado Paraguay profundo, la radio tenía y tiene una enorme parcela de su transmisión en lengua guaraní o en ese lenguaje mixto entre el guaraní y el castellano que es el *jopara*, palabra guaraní que castellanizada se escribe *yopará* y que significa 'mezcla'.

Pero, haciendo abstracción de lo español y de lo guaraní, el lenguaje radial se ha venido arruinando de manera alarmante en las últimas décadas.

Hubo quienes quisieron culpar al guaraní del empobrecimiento del lenguaje en los medios. Esto es algo absolutamente errado, porque se habla mal en guaraní y se habla mal en español.

Ambos idiomas soportan graves problemas en su enseñanza y en su aprendizaje. Y eso se nota sobremanera en la radio, medio en el que se ha perdido profesionalidad y calidad en aras de eso denominado *rating* y por culpa de eso tan aberrante de disfrazar la mediocridad aduciendo que se habla «como la gente quiere escuchar que se hable».

¿Cuándo comenzó el empobrecimiento del idioma español en la radio en el Paraguay?

Hasta los años 70 del siglo pasado en la radio regían el respeto a la palabra, el culto de la voz educada, la preparación metódica de los libretos, el énfasis exacto en la expresión.

La radio era una escuela del buen decir. Los mayores recuerdan, por ejemplo, a personalidades radiales como don Gerardo Halley Mora, un maestro en el uso cálido del español, en la observancia de las reglas que lo llevaban a expresarse de manera elegante y certera.

Hoy, tanto en la radio como en la televisión, el idioma se ha banalizado y más que instrumento para una comunicación de calidad, su uso se ha convertido en muchos casos en una herramienta de la vulgarización en los códigos comunicacionales.

No es difícil asistir en programas radiales o televisivos a constantes agresiones al buen gusto. La grosería por la grosería, la rusticidad y la incultura se han aposentado en programas de radio y TV en los que se confunde libertad de expresión con licencia para agredir mediante la maledicencia sistemática.

La insolencia ha sustituido al debate maduro.

En radio y TV se ha pauperizado el idioma en la medida en que la propia sociedad ha perdido cultura. El arte de la dialéctica cedió su señorío bajo el imperio del improperio.

Una explicación a esto se podría encontrar en el hecho de que la radio y la televisión han desplazado a periodistas y locutores profesionales por gente mediática que exacerba a las masas y las vuelve adictas a una especie de histeria en la que se grita más de lo que se habla.

Si este panorama no es aún totalmente apocalíptico es porque todavía perviven en la radio y la TV del Paraguay bolsones de cordura que resisten ante la avalancha de agresión al idioma.

La única forma de revertir el embrutecimiento del lenguaje mediático es con la educación, de manera que la sociedad sea la que exija el retorno del buen hablar, es decir, el retorno de la comunicación efectiva y asertiva que honre no solo al idioma, sino también a la propia dignidad de oyentes y televidentes.

Madrugada radial y televisiva del castellano paraguayo

SARA RAQUEL CHAVES

Las siguientes expresiones pertenecen a un mismo campo semántico; están agrupadas como temas festivos, de opinión, de vida cotidiana, de pandemia.

LOCUCIONES FESTIVAS

Saludos por su cumple.

Hoy está de cumpleaños Mirta.

Acá nos están invitando para la parrillada del domingo.

VIDA COTIDIANA

Sí, le estoy pescando a Miguel.

Cada uno tienes estilo, ya'e chupe [ya'é shupé]...

A eso de las dos de la madrugada pasé por el Acceso Sur.

¿Te parece bien? ¡Claro que sí!

Eso es para evitar un poquitito las visitas.

Sí, efectivamente, ya se acerca... ¡Y apareció de vuelta Carlos, el profe!

¡Por qué pikó *así te burlas de todo! ¡Es posible Rodolfo! ¡No seas así! ¡qué cosa!*

Pará nomás. Yo creo que es mejor nomás... Yo creo que mejor nomás...

¿Y qué se hizo de ella? Hace rato que no la vemos.

¡Y te quedaste en la trancadera en esa ruta!

¡Que se dejen de joder!

No tienen que dejar todo para última hora.

Los que chupan la media al jefe seguro se van a ir a la reunión.

Ya tengo cerrada mi casa. Tranqui pa. *Tranquilo* pa.

No hacía tierra. Era un equipo de morondanga.

PANDEMIA

Los primeros días el pulmón tiene problemas, pero a los dieciocho... cãu, *están hecho pelota.*

Antes, nos veíamos los domingos, pero ahora, con la pandemia, opá. *Resulta que ahora, a los que tuvieron covid, les aparecen secuelas. Sí. Las secuelas aparecen... Esas manchas rojas. Esa onda. No era el virus-i del comienzo, era el de Manaos que me tumbó.*

Y a vos, porque sos empleado, no te va a pegar el virus, ¿eh?

Volviendo al tema de los protocolos...

Está de vuelta el tema covid... del 93 % bajó al 91 %, sí al 91. Y eso no entra en el conteo de los accidentes en la vía pública.

Y sí... farreando en pleno lunes. Y después caen y hacen caer a los que se quedan quietitos.

OFICIO DE COMUNICAR

Están para la ayuda aquí y allá. Así colaboran.

Hace rato que estamos pescando el pago a jubilados.

Bueno, i formal los muchachos para la farra.

Los que chupan la media al jefe esperan ventajas.

Y aprovecho para recordarles que el horario es de 7.15 horas.

Así que vamos a ver qué novedades tenemos. Les informamos, entre gallos y medianoche, las noticias.

Saludos a esta gente que está mojando la camiseta porque no hay suficiente personal en los hospitales.

Vamos a tenerlos informados. Así que ya saben: más tarde o más temprano vamos a saber qué pasó.

Bueno, veremos que aconteció en las primeras horas de la mañana.

Genial el programa. ¡Dale, te escuchamos!

Con relación al caso que aconteció en Encarnación, hablales.

A los fieles oyentes que nos están escuchando, gracias por el aguante.

En principio, el Ministerio tendría dinero para las emergencias. En breve, he'i *el problema se va a solucionar,* he'i. *¡Heee!, así nomás...*

Hummm... Vamos a ver si el ministro confirma esa versión. Pero, lastimosamente, sabemos cómo terminan estas reuniones. ¿Por qué no te dice bien lo que quiere, para saber qué hacer?

Vamos a ver qué expone el sector privado. Justamente, el tema del transporte público no está tratado, a pesar de que tiene resultado negativo en relación al pago.

El video sobre el Luisón es falso nomás.

De esto rapidito pasamos a otra información.

Y acá, por ejemplo, nos mandan un texto, que ya voy a leerles. Atendé lo que dice...

Hay noticias que no se les da destaque.

Vamos a hacer una pausa y luego leemos los titulares de los diarios.

Vamos a compartir música pedida por los oyentes. Poneme un poco música de nuestro club.

Vamos a hacer una pausa.

Por lo general, observamos una correcta distribución de alimentos.

No nos pueden dejar sin explicaciones, digo yo. Encima nos mienten. Allá viene ya Miranda para dar su conferencia. Y bueno, vamos a estar atentos. Después, yo creo que va a venir el asesor del presidente. Ahí está el ministro con su asesor. Supongo que va a decirnos algo...

Se viene bicicleteando este tema. El que salió ayer a hablar del subsidio es el ministro.

Hasta ahí lo que te puedo ayudar con ese tema.

No hacían nada. Era un equipo de morondanga.

Dale. Espectacular.

Anotale que na *a mi mamá en el sorteo. ¿Pero quién* pa *es tu mamá? ¿Quién* pa *so...?*

Acá envían un mensaje. Atendé na *un poco este dato que nos mandan. Y... de todo hay.*

Aquí, como siempre, escuchándolos. ¡Saludos a la muchachada!

Nuestros fieles oyentes nos están escuchando. Gracias por el aguante.

Las multas, en los municipios, valga la aclaración, son menores. Así que ya saben, señores, si les agarran en el control, hay multa.

Lamentable la condición en que se quedó el vehículo... Te paso un dato: lugar del accidente es Cañiza, kilómetro 18.

Te hizo perder el tiempo sí que. Podías haber hecho otra cobertura. Y sí, por ahí podía, a lo mejor...

Atiendan un poquito este tema, atiendan bien, atiendan un poquito.

Dale, Rodolfo, Saludos al compañero. Vamos a ver qué pasa.

Por ahí nos cuenta la gente que el transporte público va a tener problemas. Atiendan un poquito este tema. El Gobierno tiene que ponerle un hasta aquí a los empresarios del transporte.

Y demasiado, hasta el punto de que la gente se endeuda para comprar una moto.

Vos sabés que ya tengo en la cabeza un chamburreado por los feminicidios. No sé todavía, pero les cuento un poco lo que pasó en Hernandarias.

Por lo menos, a la distancia nos vemos. Seguro que esa frase será de Shakespeare...

Mayormente en la madrugada, ni el periodista ni el oyente se ven limitados por la preocupación de cometer errores de expresión ni por el efecto que pudieran provocar, como a otras horas. Es una comunicación espontánea. El periodista, en una misma secuencia, pasa del tratamiento en plural a los oyentes al singular, a su oyente.

Las emisiones radiales y televisivas en las madrugadas permiten captar un contexto rico en la liberación de emociones y sinceridad, reflejos del vivir cotidiano con bastante destaque de la situación de la pandemia actual.

Este registro del periodismo radial y televisivo es un producto espontáneo y singular.

Estado actual de la lengua española en la poesía paraguaya

VICTORIO V. SUÁREZ

POESÍA QUE CAMINA

Hablar de la poesía de hoy significa realizar una referencia directa e ineludible hacia lo que se venía haciendo desde la década de 1940 hasta la caída de la dictadura en 1989. Se trata, indudablemente, de una línea secuencial que parte de los tramos finales de aquella década que, a decir verdad, inauguró el arribo de aquellas promociones de 1990, 2000, 2010 y 2020.

Con esto, caprichosamente, seguimos dando a cada década cierto formato de conjunto, pues cada diez años aparecen significativas variaciones expresivas que tienen su toque de color representativo. No son generaciones, pues no están estructuradas como tales. Tampoco marcan los efluvios que Rubén Bareiro Saguier apuntaba como esenciales: coetaneidad y parámetros educativos similares. Estas características se dieron solamente con la generación del 900, grupo intelectual que reunió esas particulares y aún más.

La poesía paraguaya, como toda la literatura nacional, ha sido esbozada en *La literatura paraguaya como expresión de la realidad nacional*, del poeta e intelectual Roque Vallejos, que fue presidente de la Academia Paraguaya de la Lengua Española. En este magnífico ensayo apuntaba lo que sigue: «Aunque teóricamente el alma paraguaya está dividida por la bisectriz de la lengua en dos mitades iguales y distintas, es innegable que la media luna guaraní encierra caracteres más profundos y espontáneos del espíritu popular. Aquellos versos de José Concepción Ortiz "Seré un indio que dice su alma en español" no pueden ser tomados como simple expresión nostálgica de un nativista decadente, sino como confesión desalentada y lacerante de un espíritu al rojo vivo, que debe testimoniar a cualquier precio la perdurabilidad de una comunicad étnica a la que se siente profunda e irremediablemente identificado. La literatura mestiza de nuestro país no parece ser otra cosa en los mejores casos que la traducción castellana de una literatura oral, que el escritor paraguayo debe sacrificar en aras de la universalidad de su obra».

Luego afirma de manera inteligente y de cara a la realidad: «El problema, sin embargo, es que existen dos literaturas radicalmente antagónicas. Una "literatura popular y confinada" y una "literatura impopular o exiliada". La primera es la literatura guaraní, cuyo radio de acción no abarca los estratos más altos de la sociedad y se halla recluida o relegada al público rural o campesino, sea este habitante del campo o de la ciudad. Es la literatura o poesía viva del país. Poesía total que se hace sobre la onomatopeya del idioma. Los propios extranjeros que la escuchan terminan encantados por el sonido, la sinestesia, la imaginación fonética que les despierta. Poesía confinada no obstante por la restricción de un idioma, un medio cultural por el castellano que desplaza al guaraní hacia otros quehaceres menos intelectuales considerándolo pintoresco y que pervive como testimonio de épocas superadas».

Con esto hace referencia a la escritura en guaraní. Conste que, con la incursión del idioma nativo en la enseñanza, el guaraní hizo lo suyo para afrontar las falencias ingratamente existentes.

El magistral aporte de Vallejos forma parte de un análisis sujeto al proceso cultural del país. Él ha metido el dedo en la llaga de una literatura de asombrosa variedad que, como vamos a ver más adelante, no ha realizado desprendimientos significativos de esas grandes corrientes universales que han influido, muchas veces tardíamente, en el conglomerado poético del Paraguay de nuestros días.

Para entender este fenómeno, no podemos dar la espalda a las nociones que marcan su templanza al revisar nuestra historia poética. En ese contexto, vale seguir un poco más con la obra de Roque Vallejos, quien, en el mismo capítulo ya señalado, estimó de manera congruente y taxativa: «La literatura es la castellana. Exiliada dentro de su propio país por la impopularidad de su idioma y su lenguaje. Fenómeno más acentuado aún por la literatura de vanguardia, cuyo lenguaje abstruso ha ido cavando hondas distancias entre el escritor y su público. Literatura que, si gravita, lo hace indirectamente, a través de la propaganda de la prensa, de la docencia imperativa, o de circunstancias personales fortuitas, pero nunca por sintonía espiritual o empatía».

BREVE HISTORIA, PERFIL DE LA INSPIRACIÓN

Sin lugar a duda, no se puede abarcar demasiado en un escrito tan breve. No obstante, las aseveraciones enunciadas más arriba responden con creces a los cimientos de la literatura y la poesía del Paraguay, especialmente en el aspecto histórico y lingüístico, que, en el plano general, ha gestado sus implicancias para entender en este caso. La poesía de hoy, cuya chispa bien definida inicia su cabalgar, seguramente, en aquellos representantes del 40 y con la voz de Miguel Hernández, magnífico poeta traído por Josefina Plá «en la memoria», tal como ella había confesado en una entrevista periodística. Vale mencionar, además, que en esta década aparece como poeta el joven Augusto Roa Bastos, quien, luego de publicar un par de poemarios, abandonó la poesía y, ya en el exilio, creó sus novelas *Hijo de hombre* y *Yo el Supremo*, obra que lo llevó a ganar el Premio Cervantes de Literatura en 1989. Bajo la influencia promocional del 40, aparecen los representantes del 50. Estos, si bien no se caracterizan por la abundancia creativa, han dado a la poética del Paraguay, probablemente, las voces más logradas, la estructura estética más alta, emparentada con esos notables poetas clásicos españoles del 98 y 27, sin olvidar a los que aparecieron después. Esa fue la línea imperante por muchos años hasta la llegada de las promociones del 70 y 80, grupos heterogéneos que tomaron la palabra como un compromiso para decir algo ante la longeva dictadura que empezó en 1954 y terminó en 1989.

¿Qué decir de los que llegaron después? Posiblemente, el hilo sistemático que ha venido señalizando los períodos ya esbozados haya cambiado su curso al culminar esa larga década del 80. Los protagonistas posteriores arrancaron con una antología de voces dispersas, en dos tomos, para exhibir en cierta forma la marca de una importante cantidad de poetas de logros dispares en la poesía. Fue un tiempo que, turbado por la política y la «libertad», sorprendió a todos. Sustanciales intelectuales se inclinaron por la arena política y comenzó una especie de vacío que se destacó por su extensión.

Desde el 2000 hasta hoy se había perdido ese trabajo colectivo, pero heterogéneo. Cada uno fue abriendo su propio camino, algunas expresiones llegaron en envoltorios muy precisos para exhibir la buena calidad de la escritura, empapada de situaciones de orden existencial. Es una etapa donde se percibe el malestar. Se trata del fastidio como una herramienta de disconformidad ante el mundo que comenzó a percibirse con una especie de estaca en la yugular. La aparición de nuevas voces en la poesía paraguaya resultó decisiva para pintar con brocha gorda las paredes de un país anclado en el tiempo. El taller de poesía de la Universidad Iberoamericana, los cenáculos literarios de la Facultad de Filosofía y diversos grupos heterodoxos aparecieron para decir algo, es decir, surgieron a fin de demostrar que la poesía, con virtudes y defectos, estaba allí, vigilante y activa.

PANDEMIA ENTRE REBELDÍA Y DESAFÍOS

En los últimos tramos, entrando en este periodo pandémico, el aislamiento y el inminente peligro de morir a causa del virus implacable generaron una especie de acto de solidaridad entre los poetas y todos tuvieron mucho que decir y cantar a la vida con lenguaje patético, aunque esperanzador, ante la amenaza. No se puede hablar de un estilo en la escritura de hoy, la realidad plantea cierta inercia hacia un destino incierto. En ese contexto, aparecen las añoranzas hacia todo lo que fue. Hay cierta desesperación, pero sostiene la fe, el retorno a la normalidad.

Es cierto: se carga con una sociedad terriblemente mediática, las redes rompen las fronteras, se vive en compañía de la información, las bibliotecas virtuales buscan suplir a las convencionales y el tráfico de palabras, expresiones o posturas estéticas se transforma en caudales torrentosos que transpiran por todos los poros. Esa inmensa posibilidad de intercambios abrió las fauces del consumismo, también del literario. Hoy día ya no resulta impensable publicar en los medios digitales. Muchos poetas actuales están dando a conocer sus obras vía Internet. Hasta las presentaciones de libros se vuelven digitales. Esto dice que el panorama ha cambiado, pero sin olvidar lo que había escrito Dietrich Schwanitz: «Nuestra cultura se originó en una revolución mediática. Se consagró en dos impulsos: la invención de la escritura y la invención de la imprenta».

El mismo autor refiere algo interesante: «La literatura es la gran educadora de los sentimientos. A través de ella aprendemos a observarnos a nosotros mismos y a los demás. Aprendemos psicología. Podemos ver lo que sucede en los otros, cuando, de otro modo, su interior está reservado». Si se cambia en ese texto la palabra *literatura* por *poesía*, daría exacta y acertadamente igual. A pesar de todo, en la poesía paraguaya de hoy sigue latente la búsqueda expresiva, los poetas creen que algo irá a ocurrir más allá de la distancia en este mundo dislocado.

Por el momento, se va más allá de lo que Christiane Zschirnt recordaba de Jorge Luis Borges: «Tenía poco más de veinte años; admitió, con serena resignación, que la literatura consistía, esencialmente, en ordenar palabras a lo largo de una línea. Vistas las cosas de este modo, entendió, además, que las probabilidades de verdadera renovación eran escasas para un arte tan antiguo y, a la vez, tan limitado, ya que su único medio de realización son las palabras. A partir de entonces escribió y publicó poemas, ensayos, cuentos, reseñas bibliográficas, prólogos, biografías, artículos y, en general, cualquier tipo de texto que pudiera caber en una extensión reducida».

¿Hay un fuego esencial que une a la poesía de hoy en Paraguay? Es posible, especialmente en aquellas voces que alcanzan la plenitud y la solidez sustancial transitando sobre los destellos de añejos predecesores que peregrinaron y padecieron en esta tierra amasada por el infortunio y la corrupción descarada de sus gobernantes. Crímenes e injusticias van castigando impunemente el carácter de la nación.

Es la epopeya del poeta de hoy, enfrentando las contingencias de la frustración a través del canto de rebeldía que no rehúsa los desafíos.

Consideraciones estilísticas sobre la novela paraguaya actual

OSVALDO GONZÁLEZ REAL

Resulta muy notable el estilo de los escritores paraguayos de novelas, porque al ser este un país bilingüe no se puede evitar, cuando habla un personaje campesino, guaranihablante, dejar de escribir la palabra en ese idioma. Este es el caso típico de la obra de Roa Bastos, máximo escritor nacional. Al comienzo, al pie de la página, aparecía la traducción de la palabra al español. Más tarde, como esto distraía al lector, traducía con un sinónimo español en el mismo párrafo, evitando la distracción de la nota. Finalmente, decidió encontrar una aproximación en castellano de la idea o de la palabra que se quería expresar. En sus últimas novelas, directamente optó por una frase castellana de sintaxis aborigen. No debe olvidarse que el guaraní, técnicamente hablando, es una lengua aglutinante polisintética, ya que sus palabras están compuestas por morfemas encadenados que van sumando unidades de significado.

Este idioma es comúnmente conocido con el nombre de *yopará* ('mixto'). La mayor parte de la literatura paraguaya está inficionada por el bilingüismo. No hay que olvidar que son dos cosmovisiones distintas en cuanto a la concepción del tiempo y del espacio, lo cual problematiza la situación de los personajes dentro de la ficción.

En los últimos tiempos, un escritor joven llamado Javier Viveros, en su novela *Réquiem del Chaco*, tiene párrafos enteros en guaraní cuando hablan soldados campesinos. Esto le da una atmósfera y un ambiente muy nacionalista cuando describe hechos de la guerra contra Bolivia. En este caso también sirve para comunicar hechos o ideas que se pretende mantener en secreto.

Otra característica estilística (más moderna) es evitar la influencia barroca de las novelas tradicionales muy influidas por la moda española, como en el caso de otro joven escritor actual, Blas Brítez, quien, en su novela *La lámpara del lenguaje*, utiliza un lenguaje escueto, de frases cortas y concretas, evitando descripciones superfluas y concentrándose en la psicología de los personajes. En este sentido, en el Paraguay, ser moderno significa evitar el fárrago barroco y preferir una limpidez clásica. De esta manera, Roa Bastos ha dejado de ser un modelo único para los nuevos escritores, aunque se lo considera un gran maestro de la idiosincrasia del pueblo paraguayo, especialmente a partir de *Yo el Supremo*.

El español en el cine paraguayo

Ana Martini

En la historia del Paraguay no figura la historia de la cinematografía, lo que llevaría a pensar que no existe, a pesar de que investigadores como Manuel Cuenca sitúan la primera proyección de cine en el año 1900, en el Teatro Nacional, hoy Teatro Municipal de Asunción. En aquella oportunidad, a escasos años de la primera proyección de los hermanos Lumière, fue un argentino quien trajo al Paraguay el cine; es así como Alejo Magariños, en el libro *La cámara sin ley*, señala este hecho como dato curioso, instala regionalmente Paraguay con Argentina.

Si bien, después de 1905, extranjeros y paraguayos filman en el país, los materiales forman parte del cine mudo. Recién en 1947 se proyecta el primer film sonoro, un documental.

Sin embargo, fue en la década de los 50 en la que se estrecha la relación con Argentina y su cine, cuando, con guiones de Augusto Roa Bastos, quien residía en Buenos Aires, las películas abordan por primera vez voces propias del español paraguayo, del voseo, del *jopara* y del guaraní. Hay un relato renovado del Paraguay que viene de afuera.

Películas como *Codicia* (1955-1956), *El trueno entre las hojas* (1957), *La sangre y la semilla* (1958), *Choferes del Chaco* (1960), así como las películas filmadas por Armando Bo en los años 60, muestran temas y espacios propios del Paraguay a la vez que descubren una especificidad única en América, la coexistencia de mundos y culturas conviviendo e intercambiando ritos, signos y lenguaje.

En 1964 surge el grupo Cine Arte Experimental bajo la dirección de Carlos Saguier, movimiento que inicia una reflexión consciente acerca de la técnica y la identidad, y acerca de un lenguaje audiovisual identitario y propio.

A partir de aquel momento y, a pesar de intensos y obligatorios silencios propios de la dictadura que sufriera el Paraguay, que no supo utilizar el cine como propaganda política, quienes desarrollaron el quehacer audiovisual han tenido que lidiar con escasos espacios de formación y de trabajo, con desinterés de parte de las autoridades. No obstante, y recuperando el tiempo perdido, se conformaron colectivos organizados.

Así, organizaciones y personalidades del cine y el audiovisual crearon espacios para elaborar y propiciar la promulgación en el 2017 de la Ley de Fomento al Audiovisual. Entre otros beneficios, esta ley posibilita la formación de profesionales que sumarán su talento al cine que hoy producen muchos paraguayos dentro y fuera del país. Películas de indiscutible calidad y sesgos identitarios verdaderos.

La contemporaneidad: el público encontró en las películas *Hamaca paraguaya* (2006), de Paz Encina, y *7 Cajas* (2012), de Maneglia y Schémbori, por citar dos producciones emblemáticas de este tiempo, un espejo donde es posible mirarse y reconocerse.

Así el Paraguay llegó a la pantalla de cine. Imágenes, personajes e idiomas ocupan un espacio central de acuerdo y aprobación entre los creadores y el público paraguayo. Mostrar el campesino paraguayo desprovisto de esperanza, mostrar el Mercado Número 4, el principal mercado de Asunción, a escala posible de la experiencia, produce un asombro al reconocerse en el drama, la comedia o la tragedia desde la belleza de una cultura propia.

El español paraguayo tiene especificidades que nos enlazan con ciertas regiones de la Argentina, país con el que se comparte una cultura común y, hasta en alguna región, el idioma guaraní. En el caso del Paraguay, se trata de una experiencia única, ya que cuenta con una importante población bilingüe (guaraní y español), con casi la totalidad de la población con una estructura lingüística guaraní y con el uso del *jopara*.

EL CINE PARAGUAYO Y LOS IDIOMAS

Las peculiaridades, como el uso del futuro perifrástico (*voy a ir*) por sobre el futuro imperfecto (*iré*), del voseo (*vos tenés*), así como la dinámica del uso del guaraní y el español para dar énfasis en expresiones como *gua'u* ('mentira'), *ko* (partícula para dar énfasis a algo: *ese ko es de ella*), son solo algunos ejemplos de una forma de hablar, y actualmente de escribir, propia del español paraguayo.

Hoy el cine paraguayo está fuertemente impregnado de las características específicas que el guaraní ha dado al castellano que se habla. Señala Armando Almada Roche que es lícito y posible hablar tanto de un castellano paraguayo como de un guaraní paraguayo en el Paraguay. Las producciones cinematográficas se plantean el relato audiovisual a partir de guiones literarios que traducen la verdad antes que la belleza, la comunicación antes que la idealización de figuras ausentes de sustancia y, por lo mismo, impregnadas de un lenguaje vacuo y forzado.

Construir un cine a partir de pensar los personajes desde sus idiomas maternos es transmitir los mundos, propios y ajenos, desde lo profundo del sentimiento y la emoción. La película *Guaraní* (2017), de Luis Zorraquin, está hablada en guaraní en numerosas escenas, así como en *Las herederas* (2018), de Marcelo Martinessi, aparecen expresiones como *lindo fue el velatorio,* que revelan una cosmovisión traducida en la estética visual y lingüística. Los códigos comunes posibilitan una relación inmediata entre el público y las películas, la creación literaria y la creación visual se sintetizan en guiones precisos y que otorgan espesura y sentido al cine paraguayo.

Solo lo que puede ser nombrado existe; por ello, todo lo que existe tiene un nombre. El cine paraguayo asienta su lenguaje identitario en el diálogo enriquecedor e incluyente entre la palabra y la imagen, nombrando la realidad, todas las realidades, con innovador relato, con una sintaxis consustanciada a su ser íntimo, que hoy viene desde adentro.

Actualmente, el cine paraguayo busca su propio lenguaje; en ese camino, el español paraguayo es un lenguaje que encontró un territorio. Se filma como se vive y se habla como en la calle y las casas habla la gente. Hay un correlativo entre la realidad y la producción simbólica, que empieza con el pensamiento traducido a lenguajes de códigos comunes.

Desde este cine se abren puertas y esperanzas a un presente que desafía; a un pasado que merece ser visto, analizado y explicado; a un futuro que, sin dudas, Paraguay y sus creadores de ayer, hoy y mañana se merecen.

El castellano en las historietas

JAVIER VIVEROS

En los últimos años, el Paraguay ha experimentado una explosión editorial en lo que al género de la historieta o cómic se refiere. Han aparecido revistas como *Mugen*, con producciones de artistas locales que son devotos del manga japonés; también pueden citarse las revistas *Pescadores,* de Ciudad del Este, y *El Bachenauta*, que contiene historias sueltas y algunas series que se van desarrollando número tras número. Asimismo, es necesario mencionar la colección de historieta bélica *Epopeya*, centrada en los dos grandes conflictos bélicos en los que estuvo involucrado el Paraguay: la guerra contra la Triple Alianza y la guerra del Chaco. Numerosas iniciativas editoriales han dado realce al noveno arte paraguayo.

Aunque en la historieta hay preeminencia de la imagen, no es posible negar el lugar principalísimo que ocupa la lengua, su carácter vertebral. El castellano aparece en los diálogos de los personajes y en los textos de las cartelas que relatan la historia: la voz narrativa que aporta datos para una mayor comprensión de los acontecimientos de la diégesis.

Como país bilingüe, en estas historietas aparece siempre, como una marca de fábrica, la mezcla, la hibridación, las dos lenguas que se invaden mutuamente sus fronteras textuales. Resaltan en los textos todas las características del castellano paraguayo, como puede comprobarse en los siguientes modelos:

En el primer número de la revista *Pescadores* se encuentra la siguiente frase:

—¿No podés *pio* hacerme un *descuento'i?*

En esta sentencia en castellano puede apreciarse la incorporación de *pio*, una partícula empleada en el guaraní de armonía primitiva para la construcción de preguntas. La partícula es en realidad *piko*, pero en el habla popular ha experimentado el proceso fonológico de la síncopa, que le ha hurtado el fonema /k/. También es preciso señalar lo que sucede en el vocablo *descuento'i*, donde al vocablo castellano *descuento* se le ha agregado la consonante glotal del guaraní (') y la vocal *i*, que se utiliza en guaraní para los diminutivos, *descuento'i* significa 'descuentito': el guaraní y el castellano aliados en una aleación indisoluble.

Al seguir hojeando la revista, damos con esta frase:

—Legalmente, *heta avy'a nendive kostedia.*

En esa sentencia en guaraní, el adverbio *legalmente* está alejado de las acepciones que recoge el *DLE*. En el castellano coloquial paraguayo viene a significar 'en verdad', 'ciertamente'. En *kostedia* se ha producido una fusión: «*ko*» + «este» + «día», que se inicia con una partícula del guaraní y sigue con dos vocablos del castellano para aludir al día en curso. El castellano también aporta sus vocablos al guaraní, el intercambio es bidireccional. Otros ejemplos en la misma historia: *oñemolénte* 'se coloca anteojos'. Es una frase usada para denotar que alguien se hace el desentendido. *Mba'e pegandáta* '¿qué van a ganar?'.

En el segundo número de *Pescadores*, se lee lo siguiente:

> —El nivel de delincuencia ha disminuido. Sin embargo, aumentan cada vé má los caso de desaparicione de persona con sus biciclo.

El personaje del policía, en su lectura del diario, ha elidido las eses que debían aparecer al final de varios vocablos. Podemos observar lo mismo en la historia titulada *Aerobús*, que se encuentra en la página número 32 de la revista *El Raudal:*

> —A vo qué te pasa. Parece que me queré pegar.
>
> —No, chofer. Tranquilopa. Ya queremo ir nomá.

Volviendo una vez más al segundo número de *Pescadores*, hallamos algunos vocablos interesantes. Por ejemplo, *purete,* que significa 'persona insignificante' —y en el *DLE* aparece con la marca Costa Rica—, en el castellano paraguayo significa 'algo muy bueno'. También aparece la palabra *ñorsa*, no recogida por el diccionario, que significa 'mujer': «—Seee, de lujo estás, *ñorsa*».

En la historia llamada *El cañón Cristiano*, del libro *Epopeya del 70*, encontramos en boca del mariscal Francisco Solano López las frases siguientes:

> —¡Ay, quién tuviera un rayo que actuara a distancia, Elisa! Una fuerza de la naturaleza que deshaga a Loizaga, a Machaín machaque, escalde a Recalde. Y a Somellera, de vacía sesera. A Manuel Pedro de Pelma. A Decoud, de decúbito supina ruindad. Que castigue las tramoyas de Díaz de Bedoya. Y del resto de esos mangurrianes angurrientos. Asociación Paraguaya. Sociedad Libertadora del Paraguay. Legión Paraguaya. Sucios tontucios. Baladrones boquimuelles. Sicofantas pasquineros. Roedores que pasan el día en medio de sus chillidos estridentes. Bobalicones bubónicos.
>
> —Un rayo que a la infame turba del turbio Iturburu le calcine los sosos sesos. No en balde es Legión el nombre de una multitud de demonios. Malos hijos de la patria que se atreven a levantar armas contra ella. Fantoches tochos todos. Traidores holgazánganos. Mostrencos y zullencos. Lambiscones candongos de Buenos Aires, ciudad donde fermenta la perfidia de esos redomados e incinerables pícaros, lugar en el que cuecen sus calderadas de infamias y en donde buscan entregar el Paraguay a las garras del petimetre buitre de Mitre. *¡Buenos Aires delenda est!*

Los cultismos empleados nos remiten directamente a las invectivas y venablos iracundos del Supremo en la novela cumbre de Augusto Roa Bastos.

Es preciso también fijarse en un neologismo en el último párrafo citado: *holgazánganos*. Una mezcla ingeniosa de *holgazanes* y *zánganos*, que enfatiza por la redundancia conceptual. En la misma historia puede leerse esta frase:

> —A la salida del estadio, un *chespi* carioca quiso vendernos partes de un vehículo que habrá carneado por ahí.

Chespi es otro vocablo no recogido aún por el *DLE* y que en el castellano paraguayo se usa para referirse a los drogadictos, a los usuarios de drogas de muy baja calidad, tales como el *crack* o la pasta base. En una historia de Juan Moreno se puede ver a una suerte de soldado del futuro que excava en la pared la leyenda «Muerte a los planilleros». En Paraguay se denomina *planilleros* a los que figuran como empleados en alguna institución —generalmente pública—, pero que no trabajan, esto es, perciben un salario sin dar nada a cambio.

Vocablos de otras lenguas se encuentran asimismo con no poca frecuencia en los cómics nacionales. «¿Acaso que con este *look* no soy churra?», pregunta una dama en el segundo número de *Pescadores*.

En una historia de Juan Moreno encontramos la oración siguiente:

> —La quiniela *mau* estaba matando lentamente, tómbola a tómbola, el negocio timbero.

Mau es un lusismo, un vocablo del portugués que significa 'malo'. Pero en el castellano paraguayo ha sido resemantizado para indicar que algo es falsificado, pirata, ilegal, contrario a la ley.

> —No seas *pussylánime*. ¿Qué podría salir mal?

Es la pregunta que hace el personaje Gutiérrez a su interlocutor, en la ya mencionada historia, *El cañón Cristiano*. El vocablo *pussy*, que en inglés se emplea para referirse a un cobarde, aparece con su escritura original como las dos primeras sílabas del vocablo *pusilánime*, acuñando un neologismo que da un mayor énfasis al adjetivo. En la revista *Mugen*, un personaje dice «viejo *jare*», incorporando directamente el vocablo guaraní *jare* que significa mugriento.

Este breve repaso tuvo por objetivo posar una mirada sucinta sobre el uso de la lengua castellana en las historietas contemporáneas del Paraguay. Se evidencian la influencia del guaraní, la presencia de préstamos léxicos y de neologismos, señales todas de que la querida lengua está viva.

La comunicación en la sociedad y la comunicación en educación

NADIA CZERANIUK

La comunicación caracteriza a los individuos como seres humanos. Esta se puede presentar de distintas maneras, como es el lenguaje oral, el lenguaje escrito, el lenguaje corporal y hasta el lenguaje por medio de las tecnologías de la información y la comunicación (TIC). La simbiosis de estos incide en el día a día en las distintas formas educativas: la educación formal, la educación informal y la educación no formal.

La comunicación se da desde antes del nacimiento. Distintos estudios muestran que mientras el bebé está en el vientre materno empieza a recibir la comunicación de su entorno y a interactuar con él.

Los entornos, también los contextos, son diversos, ya que sobre estos hay que tener en cuenta aspectos como el nivel educativo de las familias, la zona geográfica de residencia, la lengua materna usada, las segundas lenguas, las prácticas culturales y las prácticas sociales. Las ciudades más grandes, como es el caso de Encarnación, tienden a ser predominantemente castellanohablantes, mientras que sobre otros distritos se puede prever que, cuanto más rurales, más guaranihablantes. Esta realidad se constata cuando los datos muestran que el castellano es predominante en la zona urbana (73 %) frente al guaraní, que lo es en la zona rural (56 %). Sin embargo, la mezcla de dos lenguas también es una realidad, y se demuestra cuando los datos aluden a un 59 % de hablantes en castellano y guaraní en la zona urbana (Fleitas, Lugo, López, Arias, Ayala, Gynan y Cáceres, 2019)[3].

Al adentrarnos en el contexto educativo formal paraguayo, los resultados de pruebas como el las realizadas en el Sistema Nacional de Evaluación del Proceso Educativo (SNEPE) dan cuenta de un déficit importante en cuestiones de lectura y escritura, áreas de comunicación por excelencia. En el caso de Itapúa, los resultados educativos sitúan al departamento por debajo de la media nacional en 3.º y 6.º de la Educación Escolar Básica (EEB) en cuanto a comunicación castellana y guaraní, pero la sitúan por encima en 9.º EEB y en 3.º de la media (SNEPE, 2019).

---

3. Disponible en https://www.conacyt.gov.py/sites/default/files/upload_editores/u454/REPORTE-MULTILINGUISMO-FINAL-2019.pdf

Si bien se puede considerar que es una cuestión netamente de la educación formal, ya se hizo referencia a que son varios los espacios y los aspectos que pueden estar influyendo sobre los resultados educativos. Por ejemplo, las prácticas de lectura y escritura en entornos formales tienen la función de acrecentar el vocabulario para mejorar la expresión oral y escrita. Sin embargo, estas prácticas de lectura y escritura se ven influidas por las prácticas del entorno familiar, en que podría darse una disonancia entre la lengua escrita y hablada según se esté en la escuela o en casa. Algunos datos muestran que las lenguas de comunicación para uso cotidiano son castellano y guaraní.

Con el paso del tiempo y con la apertura autónoma por parte de niños hacia otros contextos y entornos, como suponen el acceso a la universidad o el acceso a espacios tecnológicos mediados por las TIC, la exposición a distintas jergas lingüísticas es un arma de doble filo. Por un lado, puede producirse un incremento paulatino de los recursos lingüísticos comunicativos orales y escritos con registros más elevados, pero, por otro lado, puede producirse una incidencia negativa por el uso de registros lingüísticos más coloquiales, que dificultan a posteriori el mismo aprendizaje formal. Existe evidencia de esta migración lingüística según el nivel educativo que se esté cursando y da cuenta de que en los niveles primarios predomina el uso del guaraní, mientras que a partir de la secundaria y, sobre todo, en la universidad, predomina el castellano-guaraní, relegando el guaraní al último lugar.

Como ya se mencionaba, al aprendizaje formal se le atribuye el desarrollo de las habilidades de lectoescritura, pero debe atenderse que, si hay una desconexión entre la educación formal y los otros contextos socioeducativos, no habrá posibilidad de incitar al desarrollo de dichas habilidades. El hecho de que las evidencias estén reflejando que el castellano se enseña como lengua materna en el 91% de los casos cuando existe una clara predominancia del guaraní como lengua materna y socialmente el uso es castellano y guaraní —que nos puede llevar al conocido como *jopara*— pone el foco en el tratamiento y cuidado de la cultura, una cultura que se transmite por medio de la comunicación en sus distintas formas de expresión. Sin ir más lejos, en Encarnación se contabilizan hasta diecisiete culturas con idiomas diferentes, sin abordar las comunidades indígenas.

Por tanto, desde todos los entornos y contextos sociales, se debe apuntar a un fortalecimiento de prácticas y hábitos lingüísticos que promuevan el acceso a la cultura, a la lectura y a la escritura, potenciando siempre las raíces lingüísticas de cada ser y comunidad desde la interculturalidad, hecho que posibilitará las bases para una participación democrática y globalizadora. Que los resultados sobre la cantidad de libros leídos al ingreso en la educación superior den cuenta de que hay jóvenes que no han finalizado ni la lectura de un libro no es más que una llamada de atención a la comunidad educativa en general, es decir, a docentes, a familiares y al mismo Estado.

Mientras no se contextualice y posibilite el desarrollo de fundamentos básicos como el acceso a la cultura en todas sus formas de expresión, la sociedad paraguaya estará en una posición de desventaja frente a otras sociedades, comprometiendo la inclusión social y el desarrollo sostenible. En esta tarea de contextualizar y posibilitar, todos los docentes tienen un rol fundamental porque desde la acción individual es como se dan movimientos colectivos y, en este punto, deben exponerse a la juventud y la niñez siendo ejemplo: leer libros y ser libres respetando la interculturalidad.

El español, el jopara *y la inteligencia artificial en el lenguaje actual en el Paraguay*

ESTHER GONZÁLEZ PALACIOS

EL *JOPARA*[4] DEL PARAGUAY

El *jopara* no es una tercera lengua, es la manera de hablar la lengua que llegó para quedarse y no abandonar la que siempre existió en la tierra paraguaya.

Para su mejor presentación, son pertinentes algunos ejemplos extraídos de la novela *Ramona Quebranto,* con el cuerpo del texto en *jopara,* así elevado por primera vez al nivel literario por su autora, Margot Ayala de Michelagnoli:

1) *Ndovaléi niko la rejedeperdiciá reí péicha* (= No vale que te desperdicies en balde así), donde puede observarse en la expresión *ndovaléi* la aplicación aglutinante de la negación *ndo* como prefijo de la forma verbal española *vale,* que toma la tercera persona con el fonema guaraní *i.* Nótese que, si bien en guaraní las palabras agudas no se tildan, prevalece la norma ortográfica española; esto se observa también en *rejedeperdiciá;* aunque la forma verbal española *desperdicies,* por ser palabra aguda, va con tilde.

   Se nota la modalidad del *jopara,* que aplica la prefijación y sufijación guaraníes a lexemas españoles con la articulación fonética del castellano paraguayo.

4. Articulación fonética: [yopará]

2) *¡Si te quedá aquí, nemomembyjevýta pe bandido hína!* (= ¡Si te quedas aquí, te va a embarazar nuevamente ese bandido!). *Nemomembyjevýta*[5] (literalmente 'te va a hacer un hijo otra vez').

En este enunciado se nota que el *jopara* también combina palabras en guaraní y en castellano paraguayo. Es de pertinencia señalar que la inserción de palabas españolas no siempre refleja falta de algún vocablo guaraní para determinado significado; no son préstamos.

Dice Mario Halley Mora: «El *jopara* pone un duende guaraní a la lengua española o le quita su musicalidad al guaraní con el verbo español».

Esa fusión sintáctica y semántica de ambos idiomas es, verdaderamente, la realidad del habla paraguaya en registro coloquial, sin que el guaraní altere su morfología. Muchos lingüistas y literatos se refirieron a la combinación de las dos lenguas del Paraguay, guaraní y español; también a la fusión de ambas en la realidad del *jopara,* de inevitable presencia en discursos dialógicos del habla paraguaya.

Las ciencias sociales se interesan en el mestizaje, así como en el fenómeno social de la manipulación política que aplica el populismo nacionalista.

Acerca de ciertas consideraciones filológicas, el guaraní, en su manifestación *jopara,* no está en riesgo de extinción ni de sustitución por el castellano paraguayo. Ciertamente, aunque por poco tiempo, ciertos sectores políticos «seudoprogresistas» intentaron la implantación del español en lugar del guaraní, pero no fue posible —jamás lo será— erradicar la lengua ancestral que es parte de la esencia de la patria paraguaya.

En este país bilingüe de América del Sur, el español es un idioma que se estudia y se aprende. El guaraní también es un idioma que se estudia y se aprende. La lengua española tiene su academia y también la tiene el guaraní.

El *jopara* es una lengua viva, en constante creatividad, es la lengua en libertad.

El *jopara* se habla directamente con las dos lenguas unidas en mestizaje permanente en combinaciones imprevisibles. En esa característica que le priva del derecho de ser asumida como idioma, vive su encanto.

---

5. Articulación fonética: [nemomembg yevgta]

LA INTELIGENCIA ARTIFICIAL Y LA LENGUA ESPAÑOLA EN EL PARAGUAY

La computadora, el ordenador: la sorpresa; Internet: no existen distancias; teléfono móvil: la dependencia que es poder. Así, la vorágine del mundo que ya no es ficción científica.

La relación entre la lingüística y la informática se conoce e impone como la lingüística computacional. El avance tecnológico debe ser adecuado al progreso de la cultura. Los avances en sistemas de interpretación de textos y reconocimiento de voz, junto con el desarrollo de la inteligencia artificial (IA), han transformado completamente la relación entre el hombre y la máquina. La actualidad lingüística del Paraguay acusa el impacto.

El español es el tercer idioma más utilizado en Internet. La Real Academia Española está desarrollando un plan de estrategias denominado LEIA (Lengua Española e Inteligencia Artificial).

En el XVI Congreso de la Asociación de Academias de la Lengua Española (ASALE), celebrado en Sevilla entre el 4 y el 8 de noviembre de 2019, más de quinientos congresistas del mundo y representantes de las veintitrés academias de comunidades hispanohablantes abordaron el tema desafiante de la relación entre la lengua española, la inteligencia artificial y las redes sociales. El director de la RAE y presidente de la ASALE, don Santiago Muñoz Machado se hizo cargo de la presentación del proyecto Lengua Española e Inteligencia Artificial (LEIA).

Tal proyecto tiene por objeto la defensa y el buen uso de la lengua española en el universo virtual, velar por el buen uso de la lengua española en las máquinas, en el curioso espacio de la inteligencia artificial y las modernas tecnologías, fomentando el uso correcto del español y contando con la colaboración de importantes empresas tecnológicas como Google, Amazon, Microsoft, Twitter y Facebook, que en el marco del mentado congreso hicieron oficial su colaboración con la firma de un acuerdo —las declaraciones de la RAE y los socios tecnológicos en LEIA— comprometiéndose a utilizar los materiales de la RAE, como sus diccionarios, gramática u ortografía, en el desarrollo de sus asistentes de voz, procesadores de texto, buscadores, contestadores, sistemas de mensajería instantánea, redes sociales, traductores automáticos, de acuerdo con los criterios aprobados por la Real Academia Española sobre el buen uso de la lengua española; estos recursos y herramientas ya están en funcionamiento y en implementación en todos los países cuyas academias integran la magna corporación de la ASALE, con la seguridad del uso correcto de la lengua y de los recursos que la RAE ofrece en el espacio de la inteligencia artificial.

Con la necesidad de que la inteligencia humana mantenga el control sobre la inteligencia artificial, la Real Academia Española acepta neologismos, novedades aportadas por la tecnología. Estos términos se utilizan en el lenguaje virtual implementado en el Paraguay en diferentes ámbitos de comunicación.

Don Santiago Muñoz Machado reconoció que «por más que las nuevas tecnologías de la comunicación hayan nacido en el entorno de la lengua inglesa, la comunicación entre las máquinas y los humanos tiene que llevarse a cabo utilizando la lengua nativa de cada usuario». Con todo, destacó que «es natural que las corporaciones que inventan o progresan en el desarrollo de la tecnología bauticen sus inventos utilizando palabras propias de su lengua».

Quien está dirigiendo la RAE, dedicada a la magna obra del cuidado del tesoro lingüístico de gran parte del mundo, afirma con frecuencia que se está trabajando «en un gran pacto estratégico para que la utilización de la lengua española por las máquinas dotadas de inteligencia artificial se incremente y se atenga a pautas acordes con la doctrina establecida por la Real Academia Española».

Los correctores de texto, los sistemas digitales de traducción, los asistentes virtuales, Google, los asistentes electrónicos de voz, que obedecen órdenes y responden consultas, como Siri, de Apple; Cortana, de Microsoft; Alexa, de Amazon, o Bixby, de Samsung, forman parte de la realidad, tienen capacidad para entender la lengua natural del usuario y, por medio de la tecnología de inteligencia artificial, se adecuan a sus preferencias y hábitos.

En el Paraguay, como en otras partes del mundo, el instrumento de comunicación lingüística utilizado presenta términos en lengua inglesa, propios de actividades informáticas, aunque tengan sus equivalentes en español. Esta modalidad ya se presenta en situaciones de comunicación coloquial con un resultado híbrido.

Existen varios sistemas de reconocimiento de voz por inteligencia artificial ofrecidos al mercado digital y hasta en tutoriales, pero no se puede negar que esa expresión condicionada presenta importantes limitaciones, con los consiguientes efectos propios de las relaciones entre el lenguaje humano y la máquina; así, aparecen en el contexto paraguayo voces censuradas o no válidas, palabras poco usadas, errores gramaticales, confusión semántica.

En películas, entrevistas, noticiarios, diferentes producciones transmitidas por medios televisivos nacionales y extranjeros, así como en los subtitulados de traducción simultánea del Paraguay, se observan incorrecciones y hasta aberraciones, puesto que la traducción de voz a texto puede hacerse en una aplicación cuyo idioma no siempre es el español. Se hace necesaria la adecuada programación para el aprendizaje del traductor de voz.

La herramienta del teclado predictivo aplicado en una enunciación, según una sucesión de palabras, presenta un posible vocablo, a veces adecuado, a veces no.

Esto ofrece curiosas experiencias que, en situaciones informales, hasta distraen y divierten. No puede negarse que suele resolver la búsqueda de una expresión con la celeridad propicia y que, en personas de vocabulario deficiente, llega a ser una ventaja. Sin embargo, su inevitable agramaticalidad llega a veces a alterar la expresión pretendida y, en consecuencia, se altera la eficacia de la comunicación.

Otra cosa que se presenta en la actualidad paraguaya es la particularidad de las abreviaturas, de la eliminación de las vocales, de la utilización solo de las letras iniciales en una frase; esta modalidad se inició en los mensajes de texto, pero ya se trasladó a escritos de necesaria formalidad, como pruebas de evaluación, documentos oficiales, judiciales, comerciales.

En conclusión, es, en efecto, un permanente desafío la realidad lingüística del Paraguay, en el centro del bilingüismo y del avance tecnológico.

Los valores humanos deben ubicarse siempre como un eje del progreso tecnológico y científico. Es necesario recordar por siempre las palabras del ingeniero informático Tim Cook, director ejecutivo de Apple: «No me preocupa que la inteligencia artificial les dé a las computadoras la capacidad de pensar como seres humanos. Me preocupa más que la gente piense como una computadora, sin valores ni compasión, sin preocuparse por las consecuencias».

La situación del español en Bolivia

TATIANA ALVARADO TEODORIKA
JOSÉ ROBERTO ARZE
ESPAÑA ROSARIO VILLEGAS PINTO

Academia Boliviana de la Lengua

Aproximación sociolingüística y estadística. ▪ Enseñanza e institucionalismo del idioma.

APROXIMACIÓN SOCIOLINGÜÍSTICA Y ESTADÍSTICA

Bolivia es un país marcadamente *plurinacional* y *multilingüe*[1]; pero esto no implica que el peso de las 37 lenguas reconocidas como oficiales sea homogéneo[2]. Desde hace medio siglo, más de la mitad de la población boliviana habla español; el quechua y el aimara abarcan, cada uno por separado, más de un tercio; el guaraní, considerado el tercer idioma nativo en orden de importancia, representa poco más de un décimo de la masa de hablantes[3], y los 28 idiomas restantes, en conjunto, poco más del medio por ciento de los hablantes bolivianos[4]. Esta situación es «reciente», pues, a mediados del siglo pasado, la población boliviana tenía, en su mayoría, algún idioma nativo o indígena como idioma principal y el castellano como idioma secundario[5].

Hasta el siglo XVI en el territorio del Collasuyo se hablaban diversas lenguas, entre ellas el quechua, la lengua impuesta por el imperio inca, el aimara y el guaraní. Existían, además, otras lenguas étnicas con una población reducida de hablantes que con el transcurso del tiempo cedieron ante el castellano, que se convirtió en lengua oficial. A este respecto, el lingüista Carlos Coello afirma: «El castellano boliviano es, pues, si cabe, la imagen, la máscara del rostro, al extremo de que podemos afirmar, explicitando la metáfora, que el castellano es la máscara que esconde el rostro, o que el rostro asoma aquí y allá en los puntos más sensibles y expresivos de la máscara o que ros-

---

1. El carácter plurinacional de Bolivia fue reconocido ya a comienzos de la república por Alcide d'Orbigny. La caracterización de los grupos étnicos como *naciones* hecha por este autor fue en general poco usada; se hablaba más frecuentemente de *razas*, tal como puede verse en los diferentes censos y en obras de numerosos autores, entre los que se destacan Moreno, Arguedas y Tamayo, conocidos representantes de la «tendencia racista» de la sociología boliviana. En 1960, Jorge Ovando (en su libro *Sobre el problema nacional y colonial de Bolivia*) rescató las observaciones del citado naturalista francés, aunque le dio una precisión marxista distinguiendo la *nación boliviana* (o «blanca») y las *indígenas* y otros grupos étnicos menores, según su tamaño y el grado de avance de las relaciones capitalistas.

2. La ley política fundamental del Estado boliviano (la Constitución Política de 2009) reconoce explícitamente los siguientes idiomas oficiales (artículo 5.º/I): castellano, aimara, araona, baure, bésiro, canichana, cavineño cayubaba, chácobo, chimán, *ese ejja*, guaraní, *guarasu'we*, guarayu, itonama, leco, machajuyay-kallawaya, machineri, maropa, mojeño-trinitario, mojeño-ignaciano, moré, mosetén, movima, parawara, puquina, quechua, sirionó, tacana, tapiete, toromona, uru-chipaya, *weenhayek*, yaminawa, yuki, yuracaré y zamuco. No conocemos los fundamentos teóricos de esta generosa lista, habida cuenta de que, en su mayor parte, son idiomas que no alcanzan a 500 hablantes y algunos ni siquiera a 10.

3. El castellano es la lengua mayoritaria con 5 424 685 hablantes; el quechua es la segunda lengua más hablada con 1 339 919 hablantes; el aimara ocupa el tercer lugar con 836 570 hablantes, y el guaraní, el cuarto lugar con 39 307 hablantes.

4. Estos porcentajes han sido inferidos de los censos demográficos, especialmente los tres últimos (1992, 2001 y 2012). Ver cuadro 1: censo de 2012.

5. Ver cuadro 2 y cuadro 3.

tro y máscara, máscara y rostro, son uno, porque el contacto entre ambos es extenso e intenso, profundo y sustancial»[6].

En lo que se refiere al «idioma principal», los datos de los censos recientes son heterogéneos: los de 1950 y 2012 toman un idioma por persona empadronada, lo que significa que el número real de hablantes (bilingües y plurilingües) tiene que ser mayor. Sin embargo, se revela un incremento considerable, del 36 % al 62 %, de la proporción de quienes tienen el castellano como idioma principal. Con todo, en zonas urbanas de los departamentos de La Paz, Oruro, Potosí, Cochabamba y Sucre existe un conflicto por el bilingüismo, de modo que los hablantes de lenguas indígenas recurren constantemente a préstamos o al uso de estructuras de su lengua originaria en el castellano.

La información de los censos de 1976, 1992 y 2001 recoge (contrariamente a los referidos en el párrafo anterior) la totalidad de hablantes de cada idioma (tanto monolingües como bilingües o plurilingües, ya se trate de idioma principal, ya de secundario). Los porcentajes correspondientes al castellano son, por tanto, mucho más altos que los de los censos de 1950 y 2012, y ascienden de casi el 70 % (en 1976) a más del 87 % (en 1992 y 2001).

El castellano de Bolivia presenta tres regiones determinadas por la influencia del sustrato, el bilingüismo y las lenguas en contacto[7]:

Zona A: Región andina centrosudoccidental. Comprende los departamentos de La Paz, Oruro, Cochabamba, Potosí y Chuquisaca.

Tipo: Castellano *colla* (nombre del poblador nativo y de la zona).

Característica: Marcado bilingüismo castellano-aimara o castellano-quechua.

Zona B: Región de los llanos del norte y del oriente. Comprende los departamentos de Pando, Beni y Santa Cruz.

Tipo: Castellano *camba* (nombre del poblador nativo y de la zona).

Característica: Influencia de las lenguas de la familia tupí-guaraní.

Zona C: Región de los valles centrales del sur. Comprende el departamento de Tarija.

Tipo: Castellano *chapaco* (nombre del poblador nativo y de la zona).

Característica: Influencia del sustrato quechua y, en menor medida, del mataco y del guaraní.

---

6. Coello Vila, Carlos: «Bolivia», en Manuel Alvar (ed.), *Manual de dialectología hispánica. El español de América*. Barcelona: Ariel S. A., 1996, págs. 169-183.

7. Coello, *op. cit.*, 1996, págs. 173-174.

Presentaremos las características principales del castellano boliviano de las tres zonas, en el plano fonológico, morfosintáctico y léxico[8]. Antes de comenzar con la descripción de cada nivel, debemos aclarar que, en el plano fonético-fonológico, las características del contacto van desapareciendo a medida que el hablante adquiere una mayor competencia en el castellano. En el nivel morfosintáctico, los rasgos son menos «evidentes» que los léxicos o fonético-fonológicos y no se detectan con facilidad; es por eso por lo que llegan a cambiar la estructura de la lengua y a consolidarse como una nueva variedad conocida como el castellano andino. La mayoría de los rasgos se presentan en zonas bilingües en la variedad popular y, a veces, en la culta, pero en un registro informal. En cuanto al plano léxico, no solo está presente en zonas bilingües, sino también en regiones donde solo se habla el castellano, principalmente en la zona andina. Sin embargo, es importante aclarar que muchos vocablos se extendieron a regiones donde existe muy poco o ningún contacto entre el castellano y la lengua andina. El empleo de estos préstamos, en estas zonas, no es frecuente y se restringe al registro informal.

Plano fonológico

Zona A

Uno de los rasgos que caracterizan a esta zona es la variación alofónica del fonema vibrante /ř/, que presenta dos variantes: la vibrante múltiple [ř] y la variante fricativa sibilante sonora [z]. En la zona andina[9] y zona sureña la fricativa sibilante tiene un uso predominante:

(1) perro [pézo]
(2) rojo [zóho]

En cambio, en la zona oriental, la vibrante múltiple es la más usual:

(3) perro [péřo]
(4) rojo [řóho]

Zona B

Esta área se caracteriza por la realización relajada del fonema /s/, más relajada en posición implosiva [h] y con tendencia a la elisión en posición final:

(5) oscuro [ohkúro]
(6) más [máØ]

---

8. Se describen solo los casos más representativos.

9. Mendoza, José: «El castellano de Bolivia», en Mily Crevels y Pieter Muysken (eds.), *Lenguas de Bolivia. Tomo IV: Temas nacionales.* La Paz: Plural Editores, 2015, págs. 21-54.

Otra de las características frecuentes es la elisión de la consonante /d/ en posición intervocálica:

(7) pintado [pintáo]

Zona C

En esta región la elisión de la consonante /d/ en posición intervocálica también es frecuente; genera, además, el cambio de la vocal final, que pasa de una articulación media posterior /o/ a otra alta posterior /u/, presente en la variedad popular:

(8) mordido [mordío]
(9) candado [kandáu]

Muchas veces es frecuente la elisión total de la /d/ en posición final:

(10) pa su verdá

Plano morfosintáctico

La variación dialectal en el plano morfosintáctico se presenta no solo en el plano sintagmático, verbal y pronominal; también es frecuente en los adverbios.

Zona A

El diminutivo

Es un rasgo que caracteriza a esta zona. Su uso es frecuente en los adjetivos, nombres y adverbios. Este sufijo, además del sentido de pequeñez, expresa otros valores pragmáticos, como familiaridad o atenuación:

(1)	grande	grandecito
(2)	papel	papelito
(3)	ahí	ahicito

El doble posesivo

En Bolivia, además del influjo adstrático del quechua y del aimara que genera una duplicación del posesivo, existe una duplicación del posesivo considerada un arcaísmo del castellano. La estructura sintáctica del doble posesivo puede encontrarse en la variedad culta de la zona andina y es la siguiente:

(4) No pudieron encontrar a su mujer de Pedro.

El doble posesivo en la zona andina principalmente bilingüe es este:

(5) De esa señora su hijita se perdió el otro día.

Duplicación con clítico del complemento directo pospuesto

La duplicación se produce con un complemento directo en posición posverbal. A pesar de su uso frecuente, no aseveramos que se deba a la influencia de las lenguas quechua o aimara, porque estas no poseen formas pronominales:

(6) Ya lo dejé aquí mi maletín.
(7) Todavía no la conocemos la alineación.
(8) Lo tienen el teléfono apagado.

Pluscuamperfecto espurio

El pluscuamperfecto en la variedad andina adquiere un valor de sorpresa o desconocimiento de un hecho.

(9) Me habían sabido querer y harto.
(10) Le había amenazado, dice.

Falso pretérito imperfecto

Entre los hablantes bilingües existe confusión en la conjugación del pretérito imperfecto, al asignar la terminación *-aba* a la terminación *-ía*.

(11) Como deciaban los gringos de los lagos.
(12) Se decía pobre y sus padres teniaban más plata que el alcalde.

Duplicación del locativo

En las lenguas originarias el locativo está construido por *kay-pi* 'en aquí', estructura que con el contacto de lenguas es muy frecuente en el castellano.

(13) Mirá, en ahí están jugando.
(14) En allí estaba.

Pregunta de confirmación

En la zona andina es muy frecuente el uso de la forma *¿no ve?* al final de la oración como pregunta de confirmación, equivalente a *¿no es cierto?*

(15) Qué lindo sería, ¿no ve?
(16) Porque él siempre está en la luna, ¿no ve?

Partículas modales

Siempre. Se emplea para indicar énfasis o como equivalente a *realmente*:

(17) Nada siempre.
(18) Bien abusivos son siempre ustedes.

Nomás. Esta partícula de uso frecuente tiene distintos significados: ruego, aceptación, delimitación:

(19) Vamos nomás.
(20) Habla bien nomás.
(21) Yo, chofer nomás soy.

Pues. La conjunción *pues* asume diferentes significados: énfasis o insistencia:

(22) Soy, pues, paisano tuyo
(23) Démelo, pues.

Pero. Esta conjunción adversativa es enfática en el castellano andino:

(24) Vení solito pero.

Zona B

Voseo

En la zona oriental, la alternancia entre *vos/tú* no es libre: el pronombre *tú* está restringido a situaciones formales; en cambio, la forma *vos* tiene un uso más generalizado.

(25) Qué sabés vos.
(26) Lo que hacés, tenés que disfrutarlo.

Pretérito indefinido *vs.* pretérito perfecto

Entre ambas formas del modo indicativo, se prefiere el uso del pretérito indefinido.

(27) No le pude comprometer.
(28) Lo dejó hace un momento.

Diminutivo

El sufijo diminutivo *-ito* de la zona andina convive con el diminutivo *-ingo* característico de esta zona:

(29) Ratingo
(30) Ahoringa
(31) Rapidingo

Por otro lado, el aumentativo *-ango* también es frecuente en esta zona e inexistente en la altiplánica y la sureña:

(32) Grandango
(33) Puertanga

Zona C

Voseo

El voseo verbal y pronominal es frecuente en esta zona; incluso se simplifica el diptongo de la forma verbal. En la variedad popular se cambia la vocal media anterior/e/ por la alta anterior /i/:

(34) Elegí lo que gustés.
(35) No tenís madre.
(36) Con tal que no te tapís la cara...

Perífrasis verbal

La perífrasis verbal «*haber de* + infinitivo» tiene un proceso de diptongación y elisión de la preposición:

(37) En la casa bien ha-istar.
(38) Con su pan se lu ha-i comer.

Conjunción causal *pues*

Es frecuente su empleo en posición final y su pronunciación se reduce a la forma *pu*.

(39) Así nomás pu.
(40) La libreta del banco pu.

Léxico

El contacto entre el castellano y las lenguas aimara y quechua es predominante en comparación con otras lenguas, como el guaraní. No se restringe a la lengua oral; de hecho, es muy frecuente en la lengua escrita, en obras literarias y artículos periodísticos. Muestra de lo anterior son las 10 000 voces que se extrajeron de 94 obras para ejemplificar el *Diccionario de bolivianismos* de Carlos Coello Vila.

En cuanto al léxico, los vocablos empleados están restringidos a la lengua oral tanto en la variedad culta como en la popular. José Mendoza[10] los clasifica en cuatro grupos: vocablos de origen quechua únicamente, vocablos únicamente de origen aimara, vocablos de léxico compartido y los vocablos compuestos. Sin embargo, después de un análisis exhaustivo del *Diccionario de préstamos del quechua al castellano boliviano,* llegamos a un incremento de once grupos. El total de vocablos es de 2423 artículos y 3032 acepciones. La mayoría de los vocablos se registran en los departamentos del área del altiplano (La Paz, Potosí y Oruro) y en la zona de los valles (Cochabamba, Sucre y Tarija), aunque el uso de estas formas no está restringido solamente a estas áreas, ya que, debido a la migración, se extiende a la zona de los llanos: departamentos de Santa Cruz, Beni y Pando.

Después de realizar el análisis de todos los vocablos de origen quechua, se estableció una clasificación en once grupos, para cada uno de los cuales presentamos un ejemplo:

- **Lemas con étimo quechua.** Cala (q'ala 'desnudo') *masculino* y *femenino* 1 *altip Cbb, informal humorístico* Niño de pecho, de tres a ocho meses aproximadamente.
- **Lemas con étimo compartido aimara y quechua.** Catu[2] (ai qhathu, qu. qhatu 'puesto de venta') *masculino* 1 *informal* Sitio, generalmente una plaza, donde funciona un mercado o feria.
- **Lemas que mantienen la etimología quechua.** Chala (chhala 'hojas de mazorca de maíz') *femenino* 1 Bráctea de la mazorca de maíz.
- **Lemas con raíz quechua y sufijo castellano.** Lacazo (qu. laq'ay 'abofetear' + cast. -azo) *masculino, altip valles, informal* Golpe fuerte que da una persona en la cara de otra con la palma de la mano extendida, produciendo el sonido característico de la bofetada [**cajcho, tajllazo, tajlle,** *cachetazo, chirle, chirlazo, jawcanazo, manazo*]. VARIANTE: **lacanazo.**

10. Mendoza, José: «Bolivia», en Azucena Palacios (coord.), *El español en América.* Barcelona: Editorial Ariel, 2008, págs. 213-236.

- **Lemas con prefijo castellano, raíz quechua y sufijo castellano.** Encapachado, -a (cast. en- + qu. q'apichay 'apretar con la mano' + cast. -ado, -a) *adjetivo, llanos, informal* Ref. a ciertos dulces, como el *empanizado*, y a algunos frutos: envueltos en hojas de plátano.

- **Lemas con raíz quechua y sufijo aimara.** Pichiri (qu. pichay 'barrer' + ai. -iri 'que se dedica a') *masculino* y *femenino, altip, informal* Empleado de la alcaldía que trabaja en la limpieza urbana.

- **Lemas compuestos castellano-quechua, quechua-castellano.** Chojchoteca (qu. ch'uqchu 'mediocre' + cast. discoteca) *femenino, altip valles, informal humorístico* Discoteca de baja calidad.

- **Lemas compuestos quechua-quechua.** Cochayuyo (qhucha 'charco, laguna' + yuyo 'hierba alimenticia') *masculino, bot.* Nombre de varias especies de algas comestibles de aproximadamente 3 a 5 cm de color verde o azul. Tienen forma de pequeñas esferas de consistencia gelatinosa y crecen en riachuelos y lagos de las montañas a gran altura. Sirven de complemento alimenticio, consumidas en sopas por los habitantes de la zona altiplánica (*Nostoc* sp, *Fam. Cyanophyceae*).

- **Lemas compuestos quechua-quechua y sufijo castellano.** Cochabambinada (qu. qhucha 'charco, laguna' + pampa 'planicie' + cast. -ada) *femenino, informal* Dicho o hecho propio del cochabambino. Por lo general, se trata de una tontería o de una acción mal intencionada. Según el contexto, puede ser despectivo o humorístico.

- **Lema compuesto aimara-quechua.** Cachocara (ai. qachu 'hembra'; qu. qara 'piel, cuero') *femenino* también *adjetivo, altip, informal* Mujer que no sabe o no le gusta realizar tareas domésticas, como lavar, cocinar, etc.

- **Lema compuesto castellano-sufijo quechua.** ¡Palomitay! (cast. paloma + -ita + qu. -y 'mi, mío') *interjección, altip valles, informal* Es usado por un hombre para dirigirse de forma cariñosa a una mujer, generalmente su novia [**¡chuncu!** (1), **chuncu palomita**, **¡chunquitu!** (1), **¡chunquituy!** (1), **colila**[2] (4), **¡colilitay!**, **¡mamacha!** (2), **¡urpita!**, **¡viditay!**, *¡chaicita!, ¡mamacita!, ¡mamita!, palomita, vidita*].

Hay marcada preferencia de algunos autores y grupos sociales por el uso de palabras nativas en los títulos de libros y publicaciones periódicas, a pesar de que el texto está en castellano. De hecho, hace un siglo, el conocido pensador peruano José Carlos Mariátegui puso *Amauta* (en quechua *amawta* o *jamawta*, 'sabio, juicioso, prudente') como título de su conocida revista. Esta actitud persiste, quizá como un medio de rescatar la cultura originaria y, en los últimos tiempos, de «descolonizar» lingüísticamente el país. *Antara* ('zampoña' en quechua) fue el título de la revista de un grupo artístico-literario de Chuquisaca; *Chaski* (palabra quechua traducida habitualmente como *Co-*

rreo) es recogido por varias publicaciones literarias y educativas; *Khana* (*qhana*, en la ortografía aimara moderna, significa 'luz, claridad') es el título de la revista cultural de la Municipalidad de La Paz, y otras. Algo similar ocurre con varios libros; un excelente ejemplo (pero no el único) es el del novelista Jesús Lara, que puso títulos en quechua a todas sus novelas y relatos autobiográficos, aunque los textos están en castellano (salvando pocos párrafos que aparecen en lengua nativa): *Surumi, Yanakuna, Yawarninchij, Sinchikay, Llalliypacha, Wichay-uray*, etc.

En relación con los idiomas extranjeros, su incidencia en el panorama lingüístico boliviano nunca ha sido de gran relevancia, a pesar de existir importantes colonias de varias nacionalidades (alemanes, japoneses, judíos, etc.). A mediados del siglo XX (1950), el número de hablantes con un idioma extranjero como idioma principal no llegaba al medio por ciento; siete decenios después esta proporción subió al 1,7%. En el censo de 1976, el número total de hablantes de idiomas extranjeros llegaba al 2,2% y un cuarto de siglo después (en 2001) al 3,5%[11].

Las influencias de idiomas extranjeros tienen su expresión principal en los extranjerismos existentes en el vocabulario boliviano. Los más frecuentes son los anglicismos y los galicismos, pero hay también préstamos o simplemente calcos del alemán, el italiano, el portugués, el ruso e incluso el afrikáans, el japonés o el hebreo, además de regionalismos propios de Argentina, Chile, México u otros países[12].

Todos estos datos evidencian la afirmación hecha más arriba del predominio demográfico efectivo del castellano en Bolivia.

ENSEÑANZA E INSTITUCIONALISMO DEL IDIOMA

El castellano, como lengua principal del país, ha sido parte, desde tiempos remotos, de las asignaturas troncales de la enseñanza primaria, secundaria y, a partir de mediados del siglo XX, universitaria, a través de la carrera de Lingüística e Idiomas y la de Literatura en la Universidad Mayor de San Andrés de La Paz. Como segunda lengua, el castellano también aparece vinculado a algunos institutos binacionales.

---

11. Indicamos aquí las cifras de los idiomas extranjeros que los empadronados en 1950 y 2012 señalaron como su idioma principal (lo que quiere decir que otros lo tienen como secundario, pero que este dato no figura en el repertorio censal): *inglés:* 1467 (en 1950) y 61686 (en 2012); *alemán*: 3559 (en 1950) y 46901 (en 2012); *portugués*: 4740 (en 1950) y 28954 (en 2012, cifra cuya magnitud se explica fácilmente por ser el Brasil país colindante con Bolivia en cerca de la mitad de su frontera); *francés*: 227 (en 1950), y sin mención en el censo de 2012; y *japonés*: 1671 (en 2012), y sin mención en el censo de 2012. Cifras que pueden cotejarse en las publicaciones correspondientes a ambos censos.

12. Cf. Raúl Rivadeneira Prada: *Extranjerismo en Bolivia*. La Paz: ABL, IBLEL, 2008.

La corporación más importante relacionada con el idioma castellano es la Academia Boliviana de la Lengua, sociedad civil de interés social y sin ánimo de lucro, fundada el 25 de agosto de 1927[13], bajo el impulso del presidente Hernando Siles y personalidades como Félix A. del Granado, Rosendo Villalobos, Víctor Muñoz Reyes y otros. Sus antecedentes se remontan, sin embargo, a los comienzos mismos de la república. En 1826 se intentó crear una Academia de la Lengua Americana[14]. Los primeros candidatos bolivianos propuestos como correspondientes de la Real Academia Española fueron presentados por la Academia Chilena en 1873; los más importantes fueron los poetas Ricardo José Bustamante y Benjamín Blando. Por la Academia Boliviana pasaron muchos destacados escritores bolivianos, en una nómina que supera el centenar de académicos numerarios y un medio centenar de correspondientes. Al comienzo, todos sus miembros eran literatos; los lingüistas empezaron a incorporarse hacia la década de 1970. Su primer director fue don Rosendo Villalobos; entre sus destacados sucesores se encuentran Juan Francisco Bedregal, Casto Rojas, Rafael Ballivián, Porfirio Díaz Machicao, Juan Quirós, Rodolfo Salamanca Lafuente, Mariano Baptista Gumucio, Carlos Castañón Barrientos, Raúl Rivadeneira Prada, y, más recientemente, Mario Frías Infante y José G. Mendoza. El director interino actual es José Roberto Arze. La Academia tiene como principal publicación la titulada *Anales* (hasta 2008), convertida en *Anuario* desde 2009. Forma parte de la Asociación de Academias de la Lengua Española (ASALE) y participa en todos los proyectos panhispánicos relativos a nuestro idioma. Son todavía pocas las publicaciones hechas por la corporación. Quizá la más relevante sea la edición conmemorativa del *Vocabulario criollo-español sud-americano*, de Ciro Bayo, editado y prologado por el académico Carlos Coello Vila en 2010[15]. Orgánicamente, la ABL es única: no tiene filiales o capítulos locales ni hay corporaciones similares en su género. Las academias de idiomas nativos (como, por ejemplo, la Academias Aymara o la Academia Quechua, etc.) no tienen, que sepamos, el rango alcanzado por la Academia Boliviana de la Lengua y se desenvuelven bajo cánones eminentemente privados.

Las demás instituciones vinculadas al idioma castellano pueden agruparse de la siguiente manera:

1) Instituciones universitarias: facultades, institutos y la carrera de Lingüística (con su área de español) o la de Literatura. Ambas cuentan con su propia revista.

---

13. Véase la memoria conmemorativa de sus 90 años: Madrid: Instituto Cervantes, 2015, pág. 215.

14. Cf. F. Moreno Fernández: *La maravillosa historia del español*. Madrid: Instituto Cervantes, 2015, pág. 215.

15. Caro Bayo: *Vocabulario criollo-español sud-americano*. La Paz: ABL, 2010.

2) Sociedades literarias, de diverso tamaño e importancia, existentes en varias localidades. Fueron muchas desde comienzos de la república. Su agremiación nacional ha enfrentado hasta ahora dificultades para consolidarse, y la local es todavía parcial, plasmada en «uniones» o asociaciones.

3) En el plano de la lectura, existen numerosos clubes de lectores, agrupados departamentalmente en los llamados Comités de Clubes del Libro y nacionalmente en la Unión Boliviana de Clubes del Libro (UBCLI).

4) Las sociedades culturales binacionales, tanto de países hispanohablantes entre sí como de países hablantes de otros idiomas con Bolivia, tienen como una de sus principales tareas la enseñanza y difusión de la lengua y de la cultura del país relacionado y, en contrapartida, la enseñanza del castellano como segunda lengua. A veces llevan el nombre de alguna personalidad de la cultura a la que están ligadas; entre otras existen el Centro Boliviano-Americano[16], la Alianza Francesa[17], el Instituto Goethe, la Sociedad Dante Alighieri, el Instituto Boliviano-Brasileño. De este grupo formaba parte el hoy ya extinto Instituto Cultural y de Amistad Boliviano-Soviético[18]. Hay que destacar también la presencia de la Sociedad Boliviana de Estudios Clásicos (que presta atención preferente al griego clásico, al latín y a la tradición clásica en Bolivia) y la Unión Latina (que ha jugado un papel interesante en el conocimiento mutuo de la cultura de los países portadores de lenguas romances). No hemos podido recoger datos sobre algunos (aunque pequeñísimos y fugaces) grupos de simpatizantes y hablantes de lenguas hasta hoy «raras» en Bolivia, como el chino-mandarín, el hebreo, el japonés e, inclusive, idiomas artificiales internacionales, como el esperanto[19].

5) No tenemos datos sobre establecimientos privados comerciales de enseñanza del castellano para extranjeros, aunque de vez en cuando aparecen avisos en medios de comunicación, con ofertas relacionadas con este propósito.

---

16. Cf. R. Mariaca G.: *50 años del Centro Boliviano Americano de La Paz*. La Paz, 1996. No tengo referencias de obras similares sobre otras sociedades binacionales.

17. No conocemos libro alguno sobre esta institución, pero sí tenemos noticia del siguiente opúsculo: L. A. de la Rocha, *La enseñanza del francés en Bolivia*. La Paz, 1992.

18. El intento de resucitar esta corporación como Instituto Ruso-Boliviano «León Tolstoi» no tuvo éxito.

19. Cf. José Roberto Arze: *Malgranda Bolivia antologio. Pequeña antología boliviana*. Precedida de documentos y testimonios sobre el esperanto en Bolivia. La Paz, 2004.

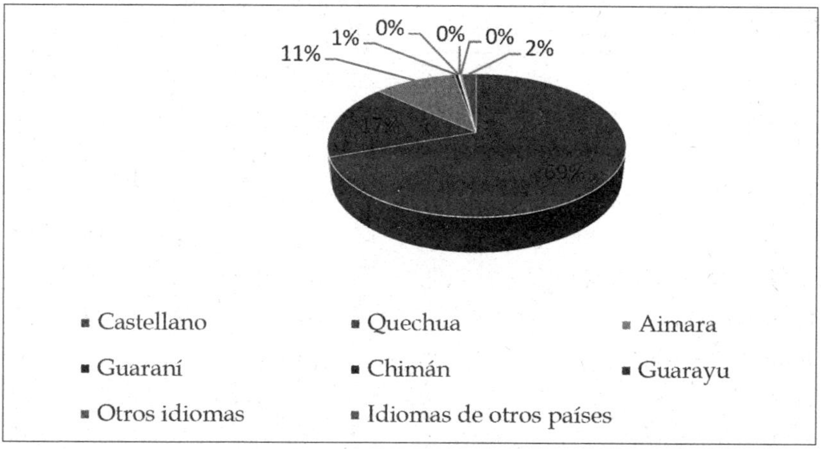

Cuadro 1. Población de 6 años o más de edad por idioma principal que habla censo 2012. Fuente: Censo Nacional de Población y Vivienda 2012.

https://www.ine.gob.bo/index.php/publicaciones/censo-de-poblacion-y-vivienda-2012-caracteristicas-de-la-poblacion/

Idioma	1950	1976	1992	2001	2012
Total referencial.a/	**2704165**	**4613486**	**5279249**	**6948,605**	**8756348**
Castellano	972125	3205628	4594110	6097122	5424685
Quechua	987695	1588834	1805843	2124040	1339919
Aimara	664288	1150599	1237658	1462286	836570
Guaraní			49618	57218	39307
Otro boliviano (o bol. s/e)	67904	7014	72413	43953	34414
Extranjero	11224		118225	241417	146683
Otras combinaciones					270
No habla		464225		14960	11944
Otros o sin especificar	929			1183	922556
Suma de parciales	*2704165*	*6416300*	*7877867*	*10042179*	*8756348*

Cuadro 2. Bolivia. Población según idioma hablado (Por censos: 1950-2012) (Habitantes). Fuente: procesado sobre datos oficiales de los censos.

a/ Debido al bilingüismo o al plurilingüismo, los totales y las sumas de los parciales pueden ser diferentes.

Idioma	1950	1976	1992	2001	2012
Total referencial.a/	**100.0**	**100.0**	**100.0**	**100.0**	**100.0**
Castellano	**35.9**	**69.5**	87.0	87.7	62.0
Quechua	**36.5**	34.4	34.2	30.6	15.3
Aimara	**24.6**	24.9	23.4	21.0	9.6
Guaraní			0.9	0.8	0.4
Otro boliviano (o bol. s/e)	2.5	0.2	1.4	0.6	0.4
Extranjero	0.4		2.2	3.5	1.7
Otras combinaciones					0.003
No habla		10.1		0.2	0.1
Otros o sin especificar					10.5

Cuadro 3. (En porcentaje) (Total referencial = 100). Fuente: procesado sobre datos del cuadro anterior.

Estado de la lengua española en la República Dominicana. Aspectos sociales, lingüísticos y culturales

MARÍA JOSÉ RINCÓN GONZÁLEZ

Academia Dominicana de la Lengua

El español hablado en la República Dominicana y en las comunidades de dominicanos que residen fuera de este territorio insular tiene una personalidad propia en el contexto hispánico; una personalidad que le confieren su primacía, como primera variedad de la lengua española surgida en América, y su particular desarrollo histórico paralelo al de la comunidad de sus hablantes. Para la Academia Dominicana de la Lengua representa un objetivo esencial el conocimiento y la valoración de los rasgos lingüísticos que caracterizan al español dominicano y la asunción de esta variedad como parte esencial de la identidad dominicana, que ha hecho posible la expresión de la realidad natural, social y cultural a lo largo de la historia del pueblo dominicano; al mismo tiempo, es esencial el reconocimiento del papel que desempeña el español dominicano en el enriquecimiento de la lengua común y, por tanto, de la cultura que necesariamente se transmite a través de ella, en el entorno panhispánico y en el mundo.

El desconocimiento de la historia y del valor de la forma propia de hablar español, tanto en los hechos diferenciales como en los hechos que nos unen a la gran comunidad hispanohablante, así como en su expresión literaria, provoca en ocasiones actitudes lingüísticas negativas hacia la variedad propia. Por tanto, la educación ha de empeñarse no solo en formar adecuadamente sobre los contenidos relacionados con la lengua materna, sino también en su valoración, en su estudio, su cultivo y su creación.

La realidad del uso del español en la República Dominicana exige que la formación escolar en lengua materna adquiera protagonismo, tanto en los contenidos ortográficos, gramaticales y léxico, como en todo lo asociado a la comprensión lectora. La escuela debe dotar al hablante del conocimiento de la norma culta panhispánica; solo así podrá revertirse la tendencia al manejo de un registro diafásico informal único, que impide que el hablante se adapte a las exigencias de diferentes situaciones comunicativas. La transformación de las actitudes de los hablantes frente a la lengua propia y, con ella, frente a sus propios valores culturales, históricos y estéticos debe redundar en una mejora de los niveles lingüísticos de toda la comunidad.

En la prensa escrita, en las redes sociales e, incluso, en las campañas publicitarias, se observa en los últimos años una mayor presencia de los temas relacionados con el buen uso de la lengua española, con su defensa como rasgo identitario o con el valor cultural y económico que representa. Sin duda, tienen su cuota de responsabilidad la visibilidad de la labor de divulgación, entre otros, de la Academia Dominicana de la Lengua y de la Fundéu Guzmán Ariza, con publicaciones periódicas en los medios nacionales. Las constantes consultas que se reciben a diario son un claro indicio del interés creciente por el buen uso del español y de la variedad temática de las dudas lingüísticas.

El uso del español en los medios de comunicación de la República Dominicana refleja la inmediatez que —hoy más que nunca— exige la comunicación. A pesar de que el rigor periodístico no debe desligarse del rigor lingüístico, ante la necesidad de designar realidades nuevas suele recurrirse a préstamos lingüísticos de dudosa eficacia o al uso indiscriminado de extranjerismos crudos, en especial anglicismos, que desplazan el uso tradicional de palabras patrimoniales del castellano. La inseguridad lingüística y léxica incrementa notablemente el uso de muletillas, clichés o palabras comodín y provoca un empobrecimiento de la expresión oral y escrita. En los medios de comunicación dominicanos resulta evidente la ausencia de un riguroso proceso de revisión y corrección de estilo. Y sabemos que una gran parte de los autores de libros tienen que valerse de correctores de estilo y de aspectos gramaticales para publicar sus obras.

Fundéu Guzmán Ariza impulsa el buen uso del español en los medios de comunicación dominicanos desde 2016, en virtud de un acuerdo alcanzado en mayo de ese año entre la Fundación del Español Urgente (hoy Fundéu-RAE) y la Fundación Guzmán Ariza Pro Academia Dominicana de la Lengua. Fundéu GA contribuye a la mejora del español en los medios de comunicación gracias a un servicio que, tres veces por semana, detecta las tendencias lingüísticas reales en el uso cotidiano y las analiza mediante la publicación periódica de recomendaciones y respuestas a consultas lingüísticas. También la ADL responde consultas y dudas gramaticales y léxicas, formuladas a su correo electrónico o por vía telefónica o wasap. Los temas tratados reflejan problemas ortográficos y gramaticales recurrentes, como el uso incorrecto de las preposiciones, deficiencias en la puntación, inseguridad en el empleo de cursivas o comillas o de palabras homófonas. También temas literarios, estéticos o de recursos compositivos. La acogida de este servicio se refleja no solo en la cobertura del contenido, sino también en la mejora notable en aspectos como la eliminación de la mayúscula inicial para marcar la relevancia de palabras que designan títulos, cargos o profesiones, las tildes en las mayúsculas de los titulares de prensa, o el respeto a la ortografía de los prefijos o a la norma sobre la forma apropiada de citar el título de un libro.

Las recomendaciones periódicas registran el interés por la escritura correcta de los términos propios del español dominicano, como el criollo *mangú* o el indigenismo *cemí*, o la propiedad de valores semánticos que conforman los dominicanismos semánticos, como *guagua*, así como por la búsqueda de alternativas apropiadas en español a la gran variedad de extranjerismos que se cuelan en las noticias diarias sobre temas relacionados con la moda (*look*, *beauty*), la economía, las finanzas y los negocios (*low cost*, *mentoring*, *token*), los deportes (*roster*, *wildcard*), la gastronomía (*finger food*, *cocktail*) o el cine y los espectáculos (*showroom*, *opening*, *spoiler*, *royal*, *playboy*), entre otras voces foráneas cuyo uso es evidentemente innecesario en la mayoría de los casos, como *teteos* o *baby showers*.

Además de la labor dirigida a los medios de comunicación, se han hecho aportes para mejorar el lenguaje que se usa desde el Estado en la redacción de los textos normativos (leyes, decretos, memorias, reglamentos...); para ello, varios organismos han firmado acuerdos de colaboración con la Fundación Guzmán Ariza y la Academia Dominicana de la Lengua, con talleres de formación y orientación en servicio a instituciones o empresas que valoran la importancia de que se corrija alguna falta lingüística reiterada en documentos de acceso público.

Entre los proyectos en marcha a los que se atribuye mayor trascendencia en este aspecto se encuentra la redacción del *Diccionario jurídico dominicano* (*DJD*), fruto de un acuerdo entre la Escuela Nacional de la Judicatura de la República Dominicana, la Academia Dominicana de la Lengua y la Fundación Guzmán Ariza Pro Academia Dominicana de la Lengua. La finalidad de este proyecto lexicográfico, dirigido por el académico y jurista Fabio J. Guzmán Ariza, con la asesoría del equipo lexicográfico de la Academia, es contribuir al buen uso del español en el Poder Judicial dominicano, así como ofrecer a los jueces y el personal judicial herramientas adecuadas para redactar textos jurídicos entendibles, sencillos, claros, precisos, concisos, coherentes y correctos. Este proyecto está encaminado a lograr que el sistema de administración de justicia sea más accesible para el ciudadano común, puesto que la claridad del lenguaje jurídico permitirá un mejor entendimiento de su contenido. Se trata de un esfuerzo que va en sintonía con la labor que ha venido realizando la Real Academia Española en los últimos años con la publicación del *Libro de estilo de la Justicia* y el *Diccionario panhispánico del español jurídico*.

Para la variedad dominicana del español, el léxico diferencial es una seña de identidad indiscutible, formada desde los primeros pasos de la lengua española en América, y muestra, a lo largo de su desarrollo histórico, tanto la pervivencia de rasgos tradicionales como la evolución de la lengua para adaptarse a las necesidades de los hablantes con la creación de nuevos dominicanismos léxicos y semánticos, que muestran no solo la vitalidad del español, sino la identidad y la idiosincrasia de su gente. La inmediatez en la difusión de los fenómenos sociales está detrás de la aparición y la generalización de nuevos términos y acepciones, muy fugaces en el favor de los hablantes, que también caracterizan el léxico dominicano con un sentido de propiedad.

En el último año el léxico ha sido protagonizado por las palabras de la pandemia. Así, tanto los medios de comunicación como las redes sociales y el común de los ciudadanos han recogido —con aciertos y desaciertos— y alimentado, con el uso frecuente, términos relacionados con el coronavirus y la enfermedad covid-19, así como un número creciente de palabras derivadas de estas (*covidianidad, anticovid, poscovid*...), o relacionadas con esta realidad y los procesos que la circundan (como el compuesto *comorbilidad* o el derivado evitable *sanitizar*), además de muchos otros términos y expresiones, desde el *toque de queda* o el *estado de emergencia* hasta voces relacionadas con las vacunas y los procesos de vacunación.

La valoración y el registro de esta vitalidad léxica tienen su correlato académico en la publicación de dos destacadas obras lexicográficas académicas de nuestra corporación, como son el *Diccionario del español dominicano* (*DED*) y el *Diccionario fraseológico del español dominicano* (*DFED*). El Instituto Guzmán Ariza de Lexicografía, fundado en 2020, trabaja en la preparación de una segunda edición del *DED* que dé cuenta del desarrollo del léxico dominicano en la última década y permita el acceso en línea y gratuito a su contenido. El IGALEX, institución sin fines de lucro, que aporta al conocimiento de la lengua española gracias a la investigación lexicográfica del español en sus variedades dominicana, antillana, americana y general, tiene entre sus proyectos la construcción del *Tesoro lexicográfico del español dominicano* para sumar esfuerzos al conocimiento de la historia léxica del español en América.

Como ejemplo del interés creciente por la investigación de las variedades antillanas del español, se celebró en noviembre de 2020 el Congreso Retorno al Español del Caribe (REALEC 2020), una iniciativa de la Pontificia Universidad Católica Madre y Maestra y la Universidad de Indiana, que fue dirigida por la Lic. Ana Margarita Haché, miembro numerario de la Academia Dominicana de la Lengua. Como parte de una tradición de simposios internacionales sobre la dialectología del español caribeño, que contó con las iniciativas de Humberto López Morales y Orlando Alba, entre otros, REALEC 2020 facilitó un «retorno» al Caribe para centrarse en las variedades lingüísticamente ricas e innovadoras que comprenden su habla. REALEC 2020 rindió homenaje a Pedro Henríquez Ureña y a Maximiliano Arturo Jimenes Sabater dando a conocer nuevos estudios sobre la variedad dominicana, que abordaron fenómenos lingüísticos en las áreas de la fonética, la fonología, la morfología y la sintaxis desde la perspectiva de la sociolingüística. Desde las sesiones plenarias se abordaron dos temas centrales: «El Caribe hispánico: ¿cómo nos percibimos en el Caribe insular y en el Caribe continental?», por el Dr. Luis Ortiz, de la Universidad de Puerto Rico en Río Piedras; y «¿Existe un español antillano?», por el Dr. Orlando Alba, de la Universidad de Brigham Young en Utah. También participaron, en nombre de la ADL, la doctora María José Rincón y el doctor Bruno Rosario Candelier, con ponencias sobre el español dominicano.

El congreso le dio visibilidad entre especialistas y estudiantes de lingüística a la investigación sobre el español del Caribe y sus variantes, y destacó cómo constituyen un campo fértil de estudio y un aliciente para la puesta en marcha de proyectos comunes que permitan la comparación de las diferentes variantes del español del Caribe, así como la creación de un corpus sobre el español del Caribe insular y continental. La Pontificia Universidad Católica Madre y Maestra ha asumido el compromiso de convocar un segundo REALEC en 2022, esta vez de manera presencial.

Asimismo, colaboramos en marzo de este año 2021 con la Academia Colombiana de la Lengua, mediante una reunión virtual copatrocinada por la Universidad de La Sabana, en el Congreso de Literatura Hispanoamericana y la Identidad Panhispánica, con una ponencia del director de la Academia Dominicana de la Lengua, Bruno Rosario Candelier, sobre «La identidad espiritual en la lírica hispanoamericana»; el siguiente congreso, dirigido por el académico colombiano Dr. Bogdan Piotrowski, está programado para noviembre de 2021 en la sede de la Academia Dominicana de la Lengua en Santo Domingo.

La educación en lengua española, esencial para formar buenos hablantes y ciudadanos conscientes de su herencia idiomática, se ha visto afectada de manera negativa por las restricciones sanitarias debidas a la pandemia de la covid-19, que ha obligado a las autoridades educativas a reducir la carga académica tradicional. Para el año escolar 2020-2021 el Ministerio de Educación de la República Dominicana (MINERD) adaptó los contenidos curriculares para los niveles inicial, primario y secundario del sistema educativo con la finalidad de priorizar aquellos temas que contribuyan directamente al desarrollo de competencias. La suspensión de las clases presenciales y su sustitución por clases virtuales durante casi un año ha hecho necesario recurrir a la televisión y la radio, y a la creación de plataformas educativas, entre otras estrategias públicas para dar continuidad a los aprendizajes fijados en las propuestas curriculares. La crisis sanitaria ha evidenciado el acceso desigual a las conexiones a internet, que se traduce en una distribución dispar de los recursos y las estrategias, lo que afecta principalmente a los sectores de menores ingresos o de mayor vulnerabilidad social. Además, la comprensión lectora en el país es muy baja y el analfabetismo funcional es también más alto de lo que se esperaba.

Los procesos educativos en el hogar necesitan que los alumnos dominen el léxico académico-técnico de las diferentes asignaturas y comprendan los enunciados que se desarrollarán; sin embargo, más del 50 % de los alumnos del sector público revela que no comprende las consignas de trabajo después de leerlas. Los procesos de lectura y escritura para la construcción y expresión de significados se ven afectados negativamente, y estas deficiencias afectarán el proceso de aprendizaje, lo que irá en menoscabo del conocimiento de las artes del lenguaje, como son hablar, escuchar, leer y comprender, disminuyendo el desarrollo integral de los estudiantes. Este contexto lingüístico, educativo y creativo supondrá, sin duda, un reto preocupante para aprovechar la labor académica y conseguir el desarrollo y la divulgación de las destrezas idiomáticas a corto y medio plazo.

Informe del estado del español de Nicaragua 2021

ACADEMIA NICARAGÜENSE DE LA LENGUA

Antecedentes culturales y etnolingüísticos. ■ Unidad cultural y lingüística. ■ Sustrato lingüístico. ■ Neologismos, toponimias y gestualidad. ■ Otras voces. ■ Incorporaciones recientes al *DLE*.

El Estado de la República de Nicaragua reconoce el español como idioma oficial; también reconoce las lenguas de las comunidades originarias de la región oriental del país asentadas en la costa del Caribe, donde además del español siguen vivas y son de uso frecuente las lenguas garífuna, miskito, mayangna y creole o inglés criollo nicaragüense. El español, sin embargo, es la lengua de uso común entre más del 90% de la población, de acuerdo con los reportes estadísticos recientes[1], y es sin duda la lengua predominante en el país.

Como variante lingüística del español de América y como una modalidad mesoamericana del español moderno, el español nicaragüense se inscribe, según Jorge Eduardo Arellano[2], entre el conjunto de variedades y dialectos hispánicos innovadores, como las hablas andaluzas y canarias, y, en general, el mismo español americano, cuyas variantes fonéticas, sintácticas y semánticas constituyen rasgos de innovación o cambios fonéticos, sintácticos y semánticos avanzados, correspondientes con ciertas formas de hablar características.

Delimitándolo por parámetros extralingüísticos como las relaciones geográficas y político-culturales de sus distintas regiones, pero también por su contacto directo con el náhuatl (o nahua) como lengua aborigen principal, Arellano ubica al español nicaragüense en el área dialectal mesoamericana, que comprende lo que actualmente constituye la mitad meridional de México, los territorios de Guatemala, El Salvador, Belice y Honduras, así como el occidente de Nicaragua y Costa Rica.

ANTECEDENTES CULTURALES Y ETNOLINGÜÍSTICOS

En el periodo aproximado a 1502, año en que Cristóbal Colón atracó en las costas del Caribe nicaragüense, entre los pueblos y comunidades del área cultural mesoamericana existían, según Antonio Esgueva[3], elementos culturales comunes o similares. En el momento inicial de la conquista española, esta región la componían pueblos lingüísticamente no muy distintos, con una tecnología de sobrevivencia en la mayoría de los casos común y una cultura similar.

Seculares peregrinaciones, guerras de conquista y viajes de comerciantes desde el centro y sur del actual México hasta el suroeste de la actual Nicara-

---

1. *Anuario estadístico 2019*. Managua. Instituto Nacional de Información y Desarrollo, 2020, pág. 30.
2. Arellano, Jorge Eduardo. *Del idioma español en Nicaragua (glosas e indagaciones)*. Managua: Academia Nicaragüense de la Lengua, 2005, pág. 40.
3. Esgueva Gómez, Antonio. *La Mesoamérica nicaragüense: documentos y comentarios*. Managua: Universidad Centroamericana, 1998, pág. 16.

gua explican, según Miguel León Portilla[4], que en diversos momentos históricos ciertos grupos de cultura nahua se incrustasen definitivamente entre otros pueblos originarios en distintas regiones de lo que hoy es Centroamérica, conservando y haciendo prevalecer su lengua y muchos otros elementos culturales similares a aquellos que eran propios de las culturas asentadas en el valle de Anáhuac, en el centro de México. Sin embargo, se trataba de un conjunto de culturas que, pese a provenir en su mayoría de un tronco común, funcionaban autónomamente y con sus propias tradiciones particulares.

Un hecho significativo y crucial para entender el origen y naturaleza de estas culturas son las migraciones hacia el sur por parte de diversas comunidades mexicanas, principalmente toltecas, a partir de la consolidación del imperio azteca en el siglo XV. Sin embargo, aun bajo las grandes corrientes migratorias de esa etapa de la historia mesoamericana, marcada por la influencia cultural y las características socioorganizativas de los grupos nahuas provenientes de México, en Centroamérica subsistieron otros grupos de diferente origen y costumbres, como los pipiles en El Salvador, los lencas en Honduras, y los matagalpas, mayangnas y miskitos al norte y oriente de Nicaragua; sin contar la cimera civilización maya, que, presionada por los toltecas, ya se había disuelto, antes de la conquista española, en un sinnúmero de culturas que lindaban por el sur con los diversos grupos nahuas centroamericanos.

El área mesoamericana

A la llegada de los españoles Nicaragua estaba dividida en dos grandes regiones culturales: el área cultural mesoamericana y el área cultural chibcha, hacia el oriente. En lo concerniente al área costera occidental o mesoamericana, los principales pueblos que la habitaban eran los chorotegas o mangues, y los nicaraguas o niquiranos, ambos de origen nahua. Los chorotegas ocupaban la zona de occidente y la franja comprendida entre los dos grandes lagos (Cocibolca y Xolotlán), y debido a guerras motivadas por diferentes causas se habían dividido en dos grandes ramas: dirianes y nagrandanos, aunque historiadores como Arellano[5] incluyen a los subtiavas o maribios, diferenciados de los chorotegas. Anne Chapman[6] afirma que estos últimos eran llamados «los recién llegados», que habían migrado desde el sur de México probablemente unos setecientos años antes de la conquista, mientras

4. Portilla, Miguel León. *Los antiguos mexicanos a través de sus crónicas y sus cantares*. México: Fondo de Cultura Económica, 1985, págs. 117-118.

5. Arellano, Jorge Eduardo. *Historia básica de Nicaragua*. Managua: Fondo Editorial CIRA, 1997, pág. 23.

6. Chapman, Anne. *Los Nicaraos y los Chorotegas según las fuentes históricas*. San José: Universidad de Costa Rica, 1960, págs. 36-39.

que los chorotegas habían arribado con anterioridad, también por el sur de México.

Chapman cita al cronista español Diego García de Palacio, quien habla de un tronco común del cual provienen ambos grupos. Ese tronco común, proveniente del centro de México, según el cronista se habría dividido más al sur, en la región de Xoconuzco o Soconusco, en dos grupos; uno de ellos habría poblado lo que hoy es Chiapas y el otro habría marchado más al sur a poblar lo que actualmente es Nicaragua. De ahí que también Chapman haya concluido que los chorotegas y los chapanecas o chiapanecas tuviesen la misma identidad étnico-lingüística, representando los primeros la parte meridional del tronco mangue y coincidiendo en la relación de sus procedencias lingüísticas con los pueblos chiapanecos del sur de México.

En cuanto a los nicaraguas, también provenientes del centro de México, luego de ser esclavizados por los olmecas habrían emigrado, como ya se dijo, al sur, hacia la región de Soconusco, donde hostilizaron a los chiapanecas, hasta que siglos después ellos mismos también fueran sometidos, esclavizados y obligados de nuevo a emigrar por los aztecas. Enrumbaron entonces hacia un lugar al sur, que había sido predicho por sus alfaquíes: «Vosotros poblaréis cerca de una mar dulce que tiene vista a una isla, en la cual ai dos sierras altas redondas»[7]. Era, según Antonio Esgueva, el istmo de Rivas en Nicaragua, con la vista de la isla Ometepe en el lago Cocibolca, y de sus dos volcanes, Concepción y Maderas, de donde desplazaron a los chorotegas que se movieron hacia el norte[8]. Esa región del istmo fue, según Carlos Mántica[9], el lugar de asentamiento de los primeros pobladores de habla náhuatl en Nicaragua.

El área chibcha

Además de los grupos de origen nahua, durante el descubrimiento y conquista en Nicaragua estaban también asentados los pueblos mayangnas, miskitos y ramas, que habían sido desalojados de la región occidental por los chorotegas y que se habían desplazado hacia el centro y el este del territorio. En tanto, a lo largo del litoral caribeño de Centroamérica, entre Belice y Nicaragua, incluyendo un sector del noreste de Costa Rica, se desarrolló una cultura de origen africano, remanente de la importación y tráfico de esclavos, que estuvo sujeta alternadamente al influjo de piratas y al dominio de un protectorado inglés (1678-1893), al que también pertenecieron los pueblos

7. Esgueva Gómez, Antonio. *Ibidem*, págs. 62-64.

8. Esgueva Gómez. *Ibid*, pág. 67.

9. Mántica, Carlos. *El habla nicaragüense y otros ensayos*. San José: Libro Libre, 1989, pág. 19.

mayangnas, miskitos y ramas, que habían estado asentados en el área cultural chibcha de Nicaragua, y quienes, a diferencia de sus vecinos occidentales, no fueron evangelizados por católicos españoles, sino por ingleses protestantes.

Son precisamente las lenguas de estos grupos originarios las que, como apuntamos al inicio, siguen vivas y son de uso frecuente en poblaciones minoritarias al oriente del país. Los miskitos y mayangnas conservaron sus lenguas originarias pese a haber permanecido sujetos a la colonización inglesa por largos periodos, hasta la incorporación política de sus territorios impulsada por la revolución liberal de 1893, que implicó la migración de importantes cantidades de hispanohablantes del área mesoamericana y el fortalecimiento gradual del español.

UNIDAD CULTURAL Y LINGÜÍSTICA

En lo concerniente al área mesoamericana de Nicaragua, la unidad cultural más arraigada y evidente creada por los españoles fue definitivamente la lengua. En los primeros tiempos de la conquista y colonia, los sacerdotes españoles aprendieron las lenguas autóctonas como el instrumento de evangelización más expedito, pues les permitió además interpretar de mejor manera sus producciones culturales y su noción cosmogónica; aunque esto concluyó en 1770 con un decreto de Carlos III que prohibió el uso de las lenguas locales en el Nuevo Mundo e impuso la obligación de comunicarse únicamente en español.

Por otra parte, las expresiones o complejidades lingüísticas de los grupos aborígenes del área mesoamericana de Nicaragua no eran solo fonéticas, pues se preservaron en pictografías o códices (llamados «libros» por el cronista español Fernández de Oviedo), y, en general, pasaron luego a incorporarse casi subterráneamente al castellano impuesto por los españoles. Francisco Pérez Estrada ha destacado que, a pesar de la ausencia de muestras de un lenguaje escrito precolombino en la región de Nicaragua, han quedado múltiples muestras de un lenguaje hablado, evidentes en más de un centenar de palabras claramente nahuas[10]. En este sentido, la formación discursiva de esa escritura aborigen, entendida aquí como unidad cultural abstracta regida por sus propias reglas y modalidades enunciativas, fue finalmente desplazada, o bien determinada desde un campo de formación lingüística (el español del siglo XVI) cuyas condiciones de posibilidad y conceptos de selección impusieron su influencia.

10. Pérez Estrada, Francisco. *Ensayos nicaragüenses*. Managua: Vanguardia, 1992. pág. 19.

Sin embargo, aunque el habla y la escritura aborigen hayan modificado su sentido al pasar de una formación a otra, sus componentes ideológicos han permanecido en un estrecho y contradictorio vínculo que con frecuencia determina lo que puede o debe decirse en un momento o en una situación dada. Aunque el español arcaico y popular hablado en la época haya sido el idioma sustancial de su propia versión escrita, contiene también elementos de un náhuatl regional distinto al náhuatl clásico de México. Estas dos expresiones que lo contienen nos permiten reconocer algunos elementos característicos de ambas vertientes, que a la larga explican la influencia del sustrato lingüístico prehispánico en su funcionamiento vinculante y contradictorio con la formación del español que a partir de la conquista y la colonia echó raíces en Nicaragua.

SUSTRATO LINGÜÍSTICO

Si para la comprensión de la evolución y el estado actual del español en Nicaragua se deben tomar en cuenta las particularidades del habla en la procedencia de los diversos grupos de conquistadores y colonizadores en el siglo XVI, también es importante reconocer los rasgos resultantes más tangibles de su relación léxica con las lenguas originarias, así como la influencia que estas habrían de ejercer en la evolución del español a partir de la conquista y su posterior desarrollo como lengua criolla durante la colonia; especialmente la insoslayable y enriquecedora presencia del náhuatl en el sustrato lingüístico de lo que secularmente vendría a constituir el español nicaragüense.

El influjo andaluz

La discusión sobre el español que vino a América, y especialmente a la región centroamericana y Nicaragua, está salpicada de discusiones respecto al andalucismo. Para algunos lingüistas del siglo pasado el habla española en América debe sus principales características a una fuerte influencia proveniente de la región sur de España, especialmente de Andalucía, debido a que los andaluces constituyeron la mayoría de los primeros colonizadores en el Nuevo Mundo. Se trata de una hipótesis largamente discutida en España e Hispanoamérica, y las propuestas de los distintos lingüistas que la han ponderado no han dejado aún en claro alguna conclusión lo suficientemente taxativa respecto a sus aspectos centrales.

Alonso Zamora Vicente planteaba que los fenómenos fonéticos del español americano no pueden escapar a una comparación con los fenómenos del habla en la zona sur de España. En tanto, Ramón Menéndez Pidal afirmaba que la lengua española de América es una prolongación de los dialectos meridionales de la península. La pronunciación hispanoamericana, según estos andalucistas, se debe a la existencia de los mismos sonidos en la pronunciación andaluza de los emigrantes; especialmente la «s» convexa dorsoalveolar y el fenómeno del «yeísmo» o desfonologización de la oposición entre «ll» y «y» por deslaterización de la «ll»[11].

Ángel Rosenblat[12], por otra parte, afirmaba que no hay rasgo innovador importante del español de América que no haya tenido origen en España, ya que el estudio de las hablas peninsulares revela que muchos regionalismos o localismos americanos derivan de diversos arcaísmos o provincialismos españoles. Aquí es importante recordar los rasgos innovadores del español nicaragüense apuntados por Arellano[13], quien los ejemplifica, entre otros, con el «seseo» y el «ceceo»; el primero advertido en la ausencia de la pronunciación interdental de la «z», que el hablante sustituye por la «s», y el segundo, que Arellano también asocia con el habla andaluza, evidente en la falta de pronunciación de la «c», o bien la sustitución de la «s» por la «c»[14].

También es meritorio evocar la versión de Carlos Alemán Ocampo[15], quien partiendo del planteamiento de Rosenblat afirma que la alta proporción de hidalgos y «gente de cierta cultura» fue un fenómeno de mucha influencia en la formación del español americano del siglo XVI. Para Alemán Ocampo, si bien los primeros gobernadores de Nicaragua eran castellanos, muchos de los posteriores pobladores eran andaluces o reclutados en Andalucía. Apoyado en el catálogo estudiado por Peter Boyd Bowman sobre los primeros pobladores españoles de esta región de América, la mayor parte de ellos eran andaluces provenientes de Sevilla (del barrio de Triana); otra parte (en menor cantidad) provenía de Castilla, y los menos venían de la región de Extremadura[16].

En el caso de Nicaragua y otros países de Centroamérica es significativo el fenómeno del «vos» y la jerarquización en su uso. El uso del «vos», según Alemán, era propio de hidalgos y «gente de cierta cultura», lo cual influenció, entre otras variantes dialectales del continente, a la de Nicaragua y Centroamérica. Por tanto, de acuerdo con Alemán, es perfectamente posible que el español nicaragüense esté emparentado con el dialecto andaluz, aunque este habría adquirido sus propias características desde los primeros momentos de

---

11. Alatorre, Antonio. *El apogeo del castellano*. https://biblioteca.org.ar/libros-mexico/49/4.html.
12. *Ibid.*
13. Arellano, Jorge Eduardo. 2005, pág. 41.
14. *Ibid.*, pág. 42.
15. Alemán Ocampo, Carlos. *Orígenes de la lengua castellana en Nicaragua*. Managua: Instituto Nicaragüense de Cultura, 1992, pág. 12.
16. Alemán Ocampo. *Ibid.*, pág. 14.

su establecimiento en la región. Esta variante dialectal supuestamente andaluza del español tomaría luego su propio desarrollo y se conservaría en los sectores medios y altos de las ciudades, hasta convertirse en el habla tradicional de Nicaragua.

Según Alemán, el fenómeno lingüístico propio del habla andaluza conocido como «seseo» es evidente con claridad en la zona norte del departamento nicaragüense de Chinandega. Esto se debe, según Alemán, a la presencia en los inicios de la conquista de marineros andaluces en la zona de El Realejo y la desembocadura del río en el Pacífico; pero también podría deducirse de la presencia andaluza durante el siglo XVI, que se mantuvo en una zona aislada, por razones geográficas, de los centros más dinámicos de población, como las ciudades de Granada y León.

Apoyado en la ortografía de algunos documentos españoles escritos en Granada en el siglo XVI, Alemán Ocampo señala algunas coincidencias y contradicciones que revelan ciertas generalizaciones fonéticas que pueden provenir de Sevilla y Andalucía. Por ejemplo, afirma Alemán, no había distinción entre la «b» bilabial oclusiva sonora y la «v» labiodental fricativa sonora. Ejemplos concretos: «desta nueva cibdad de Granada», «de enbiarnos por governador», «cebaderos para la pólbora», «la mortandad que en ellos a avido». Esto revela que no había variantes en la pronunciación bilabial, que era más o menos uniforme, similar a la pronunciación en el español nicaragüense actual[17].

Pero todos estos argumentos redundan en hipótesis razonables que, no obstante, ameritan ser contrastadas con el impacto de las lenguas prehispánicas más influyentes en la región durante la conquista y la colonia, así como su influencia en la evolución del español en el continente.

El náhuatl oculto

En Mesoamérica, como ya se ha visto, ha requerido especial atención la influencia del náhuatl de México y sus vertientes y derivados regionales en Centroamérica. Carlos Mántica sostiene que en casi toda la región y particularmente en Nicaragua hubo una actitud lingüística asimilativa por parte de los conquistadores, la cual se vio complementada con el sentido de persistencia de las estructuras lingüísticas de los hablantes de lengua náhuatl. De acuerdo con Mántica, tanto los hablantes de la lengua indígena como los hablantes españoles coincidieron y permitieron esa convivencia de la lengua, que supuestamente dio como resultado el español nicaragüense[18].

---

17. *Ibid.*, págs. 28-30.
18. Mántica, Carlos. *Ibid.*, pág. 20.

Para comprender cómo se produjo este fenómeno en Nicaragua ha sido necesario analizar algunos elementos fonéticos característicos tanto del castellano hablado por los primeros pobladores españoles como del náhuatl regional hablado en Nicaragua por las comunidades aborígenes. Según Alemán, probablemente desde mediados del siglo XVI ya se hablaba en el país un hispanonáhuatl (llamado también *hispanáhuatl* por Arellano), que sucumbió, por diferentes razones, a mediados del siglo XIX, y cuya esencia aún permanece entre los sectores rurales y semirrurales de la población nicaragüense.

De acuerdo con Alemán, en Nicaragua los vocablos indígenas empezaron a introducirse en el español al inicio de la conquista. Esos primeros vocablos aparecen desde los primeros informes de los españoles; de ellos se deriva que los mismos conquistadores intentaban plantearse cuál era el verdadero sonido que los indígenas daban a algunos fonemas, para poder transcribirlos con su ortografía. Los principales elementos detectados tenían que ver con las alternancias o dualidades relacionadas con «b», «v», «u», «s», «ss», «c», «z», «c», «x», «j»[19].

De esto se derivan algunos ejemplos de dificultad en la interpretación fonética, lo que se refleja en casos de una misma grafía con diferentes sonidos. Por ejemplo la «x», que se pronuncia como «j» (velar sonora), coincide frecuentemente con la realización fonética «s» (sibilante) o «ch» (chicheante), y esta última, cuya pronunciación coincide con la «k» (velar sorda), también se confunde frecuentemente con la «j» (velar sonora). Además, según Alemán, en diferentes textos escritos en Nicaragua durante el siglo XVI es posible encontrar ejemplos de sonidos escritos con diferentes grafías. Entre ellos, *xeme/jeme, xoya/joya, xerbilla/serbilla* y otros muchos, con los cuales se puede constatar cómo los españoles usaron grafías diversas para interpretar fonemas de las lenguas indígenas en el español de la época en Nicaragua[20].

NEOLOGISMOS, TOPONIMIAS Y GESTUALIDAD

Mántica, en tanto, nos recuerda que el habla con la que arribaron esos españoles, su léxico, sus palabras (extrañas para los nativos), hablaban a su vez de las migraciones grecorromanas y celtas en la península; hablaban de un pueblo racial y lingüísticamente dividido, que arraigó en estas tierras palabras gallegas, como *chiricuaco* (*chiquilicatro*); palabras catalanas, como *buchaca* (*butxaca*); andaluzas, como *garapacho* (*gazpacho*); vascas, como *chilindrín*

19. Alemán Ocampo. *Ibid.*, pág. 18.

20. *Ibid.*, pág. 20.

(*chilinca*), y portuguesas, como *cadejo* (*cadello*, del latín *catellus* 'perro pequeño'); un léxico que nos recuerda que el conquistador fue también, en otro tiempo, conquistado, y que «el soldado que entonces liberó a su pueblo de una dominación arábica de siglos, no pudo liberarlo del idioma»[21].

«Las carabelas cargadas de un árabe "ojalá" de esperanza —nos recuerda Mántica—, trajeron a las Indias, de palabra y hecho, café y azúcar, tamarindo, albañiles y azoteas; impusieron alcaldes, alguaciles, albaceas y tarifas»[22]. Pero también nos recuerda las razones de la supremacía del náhuatl (entre el resto de lenguas nativas) en el habla nicaragüense; una supremacía asentada en el poder cultural, militar y económico sobre el resto de grupos originarios en el momento del descubrimiento. Según Mántica, tal poderío explica la numerosa presencia en la actualidad de toponimias nahuas a lo largo y ancho del país, así como la rápida y casi total desaparición de las demás lenguas originarias en la costa del Pacífico. Ese poderío explica también el éxodo de los misquitos hacia la costa del Caribe, que es quizás la causa principal de su minoritaria supervivencia actual como raza y como lengua.

Pero a Mántica no se le escapa la paradoja histórica de que, dominando y sobreviviendo como lengua, el náhuatl casi desapareció como raza, mientras los grupos subyugados, principalmente los chorotegas y maribios, por el contrario, perdiendo su lengua, sobrevivieron físicamente hasta fechas recientes. En tanto, «el mísquito, marginado pero no vencido, subsiste aún como raza y como lengua»[23]. Dominando los nahuas las finanzas y el comercio de la Nicaragua prehispánica, su lengua se había convertido entonces, como el inglés hoy en buena parte del mundo, en idioma comercial, especie de *lingua franca*.

Neologismos y toponimias

Otras razones de peso también explican la preponderancia del náhuatl después de la conquista: una la confirma el hecho de que los primeros intérpretes o traductores fueron nahuas; otra es que el náhuatl fue la primera lengua en asentarse por escrito; fue la lengua usada por los misioneros en su evangelización. Sin embargo, para Mántica, la razón principal de la firmeza de esta lengua está en la lengua misma, en su belleza poética, en su idoneidad para la expresión de conceptos abstractos y su aptitud, comparable a la del griego y del latín, para la formación de neologismos, tendencia heredada hasta la actualidad por el hablante nicaragüense.

---

21. Mántica, Carlos. *Ibid.*, pág. 20.
22. *Ibid.*, pág. 24.
23. Mántica. *Ibid.*, pág. 24.

Los primeros misioneros, apunta Mántica, no necesitaron de palabras castellanas para la traducción de tantos conceptos teológicos de los aborígenes. Si posteriormente se usaron fue por brevedad, imposición o escrúpulo. Trataron en vano de aplicar nombres españoles a la nueva flora y fauna llamando, por ejemplo, ciruelo al jocote, níspero al zapote, cerdo al pizote, etcétera; pero de forma subrepticia se impuso el náhuatl. «Muchos otros conceptos como tequio (trabajo engorroso) y pepenar, que consigna todo un proceso de recoger cosas del suelo una a una y selectivamente, desafiaron toda traducción»[24].

Fue algo que, por el contrario, no necesariamente tuvieron siempre que enfrentar los aborígenes. Según Mántica, la aptitud propia del náhuatl para formar palabras nuevas mediante la yuxtaposición de conceptos le permitía dar nombre en su propia lengua a los objetos europeos, aun cuando voluntariamente se optase por lo contrario. El español, afirma, nos permite nombrar lo que miramos, asociar el sonido a lo mirado; en tanto el náhuatl es distinto: nos permite conocer lo nunca visto.

El estudio de las toponimias nicaragüenses, por ejemplo, nos permite reconstruir hoy la sucesiva distribución de razas y culturas en el territorio nicaragüense a lo largo de siglos. En efecto, las toponimias nahuas nos informan, como afirma Mántica, de las características de nuestra geografía: *Jinotepe,* cerro pelón; el color de sus aguas: *Asososca,* lugar con aguas de color del cielo; la consistencia de la tierra: *Talolinga,* tierra temblorosa; *Xalapa* y *Xalteva*, arenosas; *Zoquitla,* lodosa; la forma y extensión de sus lagos: *Ayaguabo,* gran lago redondo (antiguo nombre del Cocibolca); el caudal, longitud y forma de los ríos: *Nonuapa,* río silencioso; *Tipitapa,* río chiquito; *Malacatoya,* río que da vueltas. El español ha fundado sus ciudades, recuerda Mántica, junto a los poblados indígenas (Xalteva, Subtiava, Monimbó). «Hay yuxtaposición de culturas y de lenguas... El español es la lengua oficial, el náhuatl la lengua nativa. Las demás lenguas tienden a desaparecer». La lengua náhuatl, agrega Mántica, es demasiado potente y el nicaragüense de hoy habla realmente en náhuatl usando palabras españolas[25].

Gestualidad

Al abordar el largamente debatido asunto derivado de los contrastes y similitudes entre la lengua española «autóctona» o estrictamente peninsular y el español nicaragüense, Fernando Silva ha establecido un concepto particular de lenguaje que, sin embargo, trata de no distanciarse de la noción de idio-

24. *Ibid.*, pág. 24.

25. *Ibid.*, pág. 26.

ma. Silva lo plantea como un entrecruzamiento o interacción constante de la pronunciación (o el habla), la escritura (o conjunto de complejidades sintácticas) y el conocimiento (o abstracción de esas complejidades) en la práctica cotidiana de la comunicación.

Evidentemente, Silva pone énfasis en las peculiaridades del habla nicaragüense, pero hace un guiño especial para llamar la atención hacia la gestualidad del hablante en el área mesoamericana de Nicaragua, y la forma en que la mezcla del sustrato náhuatl con el español tradicional, acompañado de gestualidades precisas, ha determinado la actual existencia de una lengua o lenguaje nicaragüense particular. Entre otras características importantes de la influencia náhuatl en el habla nicaragüense contemporánea, Silva pondera la evidente tendencia al empleo constante y peculiar de lo que él llama gestualidad, que en realidad es la tendencia frecuente del nicaragüense a recurrir a diversas formas de comunicación no verbal.

Esa característica ha sido notoria e incluso ha jugado y juega un papel importante en la fonética, tanto de la lengua náhuatl original como en el sustrato lingüístico de esta en el funcionamiento del actual español nicaragüense, y se manifiesta, entre otros aspectos, en la reducción frecuente de hiatos, en la postura corporal, el uso de la distancia, el movimiento facial y de las extremidades, pero especialmente en los gestos, que a su vez se ven reforzados por la transposición directa de sonidos (onomatopeya) en el lenguaje como forma de comunicación oral. El poeta español Antonio Gamoneda, al exponer sus indagaciones lingüísticas durante sus visitas a Nicaragua, las ha llamado reorientaciones expresivas, es decir, gestos y tonos que acompañan a ciertas palabras y las dotan de un potencial comprensivo o cognitivo más amplio o más rico en contenidos, tanto objetivos como subjetivos[26].

Sobre la característica del gusto o tendencia del hablante nicaragüense a crear nombres compuestos, heredada del náhuatl, Róger Matus Lazo destaca algunos ejemplos en el español nicaragüense, como *medialengua* ('tartamudo'), *gallopinto* ('comida típica nicaragüense'), *pategallina* ('banqueta de tres patas'). Matus también destaca los compuestos sintácticos constituidos por la yuxtaposición de palabras separadas por guion o sin él, pero que mantienen su propia independencia gráfica y acentual, como *busca-hierro* 'persona que extrae hierro de los edificios derruidos'; o *come-carne,* como es denominada cierto tipo de bacteria. Matus también apunta ciertos compuestos sintagmáticos o gramaticalizados formados por locuciones de cierta índole, particularmente nominales, a las que corresponde un significado que no se deduce de la combinación de sus componentes, como *jinca la yegua* ('provocador') o *juga-*

---

26. Gamoneda, Antonio. «De mi América, de mi Nicaragua: *ahorita, nomasito, adiosito*». Managua: Revista *Lengua*, n.º 40, septiembre 2017, págs. 17-23.

do de cegua ('tonto, bobo'). Matus también destaca otras clases de compuestos en los que se identifica un núcleo que caracteriza gramatical y semánticamente el conjunto, como *manopachona* ('causante oculto de una maniobra o suceso'), *manoepunche* ('mano abarrotada o torcida'), entre otros[27].

Por su parte, Silva (también poeta y además narrador literario), tanto en sus ensayos lingüísticos como en sus poemas, novelas y cuentos, ha dado cuenta de estas reorientaciones a través de numerosos modismos, recursos fonéticos y metafóricos particulares que dotan a la variante del español hablado en Nicaragua de su propia unicidad. Silva reconoce en el actual español nicaragüense la presencia viva de elementos primigenios que se mantienen intactos, y plantea que así deberían mantenerse para preservar su valor. Silva considera de crucial importancia la diversidad léxica que las lenguas indígenas aún vivas le podrían aportar al español.

«Es lamentable la tendencia, por ejemplo, a españolizar o extranjerizar nuestras voces y decires propios», afirma Silva[28]. Sin embargo, no considera apropiado enfrentar radicalmente al español nicaragüense con el peninsular (que según él tampoco ha dejado de ser nuestro), y lo plantea sobre la base de su reiterada tesis de que Nicaragua no cuenta, además del náhuatl, con la suficiente diversidad de lenguas aborígenes. No obstante, la introducción y la inevitable influencia o mezcla de los vocablos nahuas en el lenguaje español hablado y escrito hasta hoy en Nicaragua demuestran la riqueza de sus variaciones y confirman la importancia que el mismo Silva le otorga tanto a la influencia lexicográfica de las lenguas aborígenes como a la gestualidad como rasgo cultural y sintáctico en la dinámica del español nicaragüense contemporáneo.

OTRAS VOCES

Matus Lazo nos recuerda, sin embargo, que también existen múltiples términos propios del habla nicaragüense derivados de voces extranjeras, como *bisnear*, del inglés *business*, que significa negociar o hacer negocios'; o *tuani*, derivado del argot salvadoreño *malespín*, y que significa 'bueno' o 'bonito'; o voces que tienen sentidos diferentes de acuerdo con el tipo de hablante: el verbo *quebrar*, por ejemplo, para el marinero del puerto de Corinto significa 'doblar la red'; para el ganadero del departamento de Chontales significa 'desbaratar la leche ya cuajada para preparar el queso'; para las amas de casa de

27. Matus Lazo, Róger. «El español de uso en Nicaragua (algunos elementos formales y semántico-estilísticos)». Managua: Revista *Lengua*, n.º 39. Junio de 2016, pág. 108.

28. Silva, Fernando. *La lengua nuestra de cada día*. Managua: Academia Nicaragüense de la Lengua, 2006, pág. 10.

muchas regiones es 'machacar el maíz antes de molerlo'; para muchos hablantes urbanos significa 'destruir o frustrar la aspiración de alguien', y para los jóvenes también urbanos en la actualidad tiene una connotación sexual. Dependiendo de la región, los hablantes centroamericanos, por ejemplo, tienen sus propias preferencias léxicas. El *tepezcuintle* de los costarricenses y guatemaltecos, en el Caribe y región central de Nicaragua, para citar otro ejemplo, es conocido como *güilla*, mientras en la región occidental es llamado *guardatinaja*. Son variantes lingüísticas legítimas que, según Matus Lazo, además de enriquecer y renovar el español nicaragüense, representan nuestra forma peculiar de ser y de actuar por medio del lenguaje[29].

Coincidiendo con Mántica y Silva, Matus afirma que en el español nicaragüense destaca una evidente tendencia a la formación de compuestos; tendencia que prevalece aún en los tiempos modernos, en los que proliferan las nominaciones derivadas de la tecnología, como el ejemplo de cuando se establecen sistemas de vigilancia a través de video y se les llama *videovigilancia;* o las bicicletas o palanquines para transportar pasajeros y las motocicletas habilitadas con el mismo fin, que son llamadas *bicitaxis* y *mototaxis*; o las múltiples variables con el elemento compositivo *narco: narcoavioneta, narcojet, narcolavadero, narcodiputado, narcopolicía, narcoabogado, narcoasesinato, narcoeconomía, narcoprogreso*; también la enorme difusión del prefijo *mega-* antepuesto a cualquier sustantivo para magnificar o simplemente matizar el sentido; por ejemplo, el anuncio de una gran cartelera boxística es una *megacartelera*; una pensión exagerada obtenida por una persona es una *megapensión*; un escándalo de gran repercusión es un *megaescándalo*; un salario exagerado recibido por un funcionario es un *megasalario*, etcétera.

INCORPORACIONES RECIENTES AL *DLE*

Francisco Arellano Oviedo ha calificado al español nicaragüense como diferencial, es decir, español diferencial de Nicaragua; diferencial en cuanto al polisistema de la lengua, sostiene, refiriéndose a su aspecto significativo o semántico (su léxico) o su sistema formal (su sistema sintáctico y la forma en que dicho sistema ordena las palabras en las oraciones). Según Arellano Oviedo, el nicaragüense es tributario de un extenso léxico que representa lo más profundo de su cultura y marca sus preferencias léxicas, gustos por alimentos, por la música de sus ancestros y todo aquello considerado consustancialmente nicaragüense[30].

---

29. Matus Lazo. *Ibid.*, págs. 104-105.

30. Arellano Oviedo, Francisco. «El español diferencial de Nicaragua: raíz de nuestra identidad y espejo de nuestra fisonomía». Managua: Revista *Lengua*, n.º 42, julio de 2019, pág. 47.

Se trata de vocablos que no son de acepción común con España, aunque Arellano Oviedo pondera incluso aquellos que aún se usan allá, pero con otras acepciones, o bien algunos arcaísmos, en desuso español, que los nicaragüenses preservamos y forman parte viva de nuestra lengua; también se refiere a vocablos de manejo corriente en Nicaragua, pero que también constituyen americanismos de uso común con otros países hispanoamericanos, especialmente de Centroamérica, y que en su mayoría también son producto del influjo de lenguas aborígenes, principalmente el náhuatl. Arellano Oviedo ha puesto énfasis precisamente en el hecho de que ese rico y extenso léxico es producto en gran medida del sustrato de las lenguas aborígenes, y algunas incluso africanas, «que quedaron soterradas por el aluvión del español del siglo XVI» impuesto durante la conquista y la colonia, y que en la actualidad forma el estrato de nuestra lengua, pero cuya presión sobre el sustrato, según Arellano Oviedo, «ha permitido que este aflore hasta la superficie y por él conozcamos nuestras raíces indígenas del norte y del sur; acaso también de algunas voces africanas»[31].

Arellano Oviedo fue editor del primer *Diccionario de uso del español nicaragüense* (2001), así como de las dos ediciones del *Diccionario del español de Nicaragua* (2007 y 2009), en el que se da cuenta de una amplia muestra del habla nicaragüense e incluye en su corpus numerosos nicaraguanismos, algunos americanismos, extranjerismos de uso frecuente, marcas registradas, nombres propios y derivados, gentilicios de ciudades y municipios, así como otras locuciones y neologismos muy actuales. En el *Diccionario del español de Nicaragua*, que en su más reciente edición supera los cinco mil lemas, Arellano Oviedo ha documentado y validado con definiciones claras y exactas la riqueza léxica particular del español de Nicaragua y el vivo funcionamiento de numerosas marcas gramaticales, diatópicas y de frecuencia de uso, así como locuciones o unidades fraseológicas.

Arellano Oviedo ha sido miembro rotativo, en representación de la Academia Nicaragüense de la Lengua, de la Comisión Permanente de la Asociación de Academias de la Lengua para la edición del *Diccionario de americanismos*, lo que, junto a su labor académica como editor del *Diccionario del español de Nicaragua*, le ha permitido contribuir a enriquecer, con aportes de nuestra academia, las más recientes ediciones del *Diccionario de la lengua española* (*DLE*). En tal sentido ha dado cuenta reciente de aportes significativos, como el hecho de que hasta la XXI edición del *DLE* se hubiesen incluido 287 palabras producto del trabajo de nuestra academia en 64 años de labor, y que, nueve años después, en la XXII edición, se incluyeran 1014 palabras, lo que constituye un incremento del 350 % y una adición de

31. *Ibid.*, pág. 51.

950 palabras. Esto se traduce, de acuerdo con la información proporcionada por Arellano Oviedo, en la incorporación de 2064 voces únicas o compartidas con otros países de América en la más reciente edición del *DLE*.

Esta edición del diccionario también recoge, con la marca para Nicaragua, lemas para designar condimentos, comidas, dulces o bebidas, como *achote, ayaco, bastimento, borona, cusnaca, cususa, güirila, chimbo, jama, mecatazo, mechazo, mielazo* (como tragos de aguardiente); *motasatol* ('postre preparado con el fruto de la piñuela'); *nancite, pejibaye* y su variante *pijibay*; *pujagua, recado, sancocho, yoltamal* y *yuca*. Arellano Oviedo también da cuenta de la polisemia de algunas palabras de Nicaragua que aparecen en el *DLE*, como *bola*, usada también en varios países del Caribe como 'lanzamiento malo'; usada asimismo en México como 'riña o tumulto' o como 'reunión bulliciosa'; usada también en El Salvador y Honduras con el significado de 'dinero'; *bola*, en la locución verbal *correr la bola*, con el significado de 'divulgar noticias'; en la locución adverbial que significa en 'montón'; en la locución verbal *hacerse alguien bolas* con el significado de 'enredarse'; en la locución verbal *parar bolas*, con el significado de 'prestar atención a alguien'; en la locución verbal *tener alguien bolas*, con el significado de 'ser alguien valiente', entre muchas otras[32].

Arellano Oviedo también da cuenta de palabras muy expresivas incorporadas al *DLE* con la marca de Nicaragua. Entre ellas, *acalambrar*, para describir a quien tiene gran preocupación; ¡*adentro*!, usada para alentar a un grupo; *agrandarse*, referido a quien cobra valor ante la adversidad; *ardentilla*, usada como 'acidez' en el occidente de Nicaragua; *asoleado, asoleada*, referido a la persona que esta susceptible; *burrucha*, que es el dinero ahorrado o pelota hecha con látex coagulado del árbol de hule; *corcholear*, que es 'interrumpir las relaciones amorosas' o 'despedir a alguien de un trabajo'; *guayola*, que designa una mentira; *¡ydeay!*, para demostrar extrañeza; *ipegüe*, para designar 'añadidura o propina por la compra de algo'; *lipidia*, para referirse a la extrema pobreza; *palabrearse*, para describir entre personas el cruce de palabras; *paparapa*, para describir o caracterizar a una persona que habla con rapidez y cuya pronunciación se entiende con dificultad, y *sacuanjoche*, nombre que damos a la flor nacional[33].

32. Arellano, Oviedo. Francisco. Managua: Revista *Lengua*, n.º 39, junio de 2016, pág. 144.

33. *Ibid.*, pág. 145.

Las palabras, en penumbra. Una reflexión acerca de la lengua en tiempos pandémicos

ALICIA MARÍA ZORRILLA

Academia Argentina de Letras

El *Diccionario de la lengua española* define *penumbra* (del latín *paene* 'casi' y *umbra* 'sombra') como «sombra débil entre la luz y la oscuridad, que no deja percibir dónde empieza la una o acaba la otra». Luz y oscuridad simbolizan la vida. En la *penumbra*, la luz convive con la oscuridad. No son plenas ni la una ni la otra; solo se funden para transformarse. La belleza de la luz se enaltece con la aparente fragilidad de la sombra. Como *penumbra*, las voces *luz* y *oscuridad* contienen la vocal *u*, llamada «vocal oscura» o «vocal de la noche»[1]; las dos *úes* ocupan el centro de las voces y enfatizan, quizá, cierta conjunción a pesar de los significados antitéticos. La luz muere en la sombra, y esta, en la luz. Sin duda, *penumbra*, luz velada, es hoy, en tiempos de pandemia, una palabra que traduce con dolor nuestros caminos interiores casi en sombra. La *u* también conforma los vocablos *muerte* y *muertos*, que se repiten de continuo y que subyacen tras esa *penumbra*, que, además, es miedo a lo desconocido, a una situación que no ha podido preverse.

Vivimos la era de la zozobra. Zozobramos lentamente. La pandemia quebró nuestras vidas y desnudó nuestra debilidad, pues ha quedado demostrado que el virus depredador del presente y, tal vez, del futuro cercano es más fuerte que el hombre. Pero, a pesar de ello, este posee las palabras, el don de las palabras, que Dios le ha enviado sin que las haya pedido; las palabras que sostienen en este tiempo sin relojes, que salvan del abandono a que condenan las circunstancias, que acompañan en esta soledad no buscada. Son puentes entre las vidas; lo anclan en el prójimo, en la otra voz que tanto necesita para sentir que es, que aún no está solo. Como bien dijo Octavio Paz, «el hombre es un ser de palabras [...]. La palabra es el hombre mismo»[2]. Nacen del hombre, pero lo recrean, reescriben los sentimientos, el peso de los recuerdos, el cuerpo y el alma, y traducen, más allá de su significado, en orden creciente, la perturbación lancinante que ha provocado el *disgusto*, el *desgaste*, el *desaliento*, el *desconsuelo*.

Los prefijos *des-* y *dis-*, que aparecen en muchos vocablos de este trabajo, revelan 'negación', 'privación', 'separación'. La etimología de sus denotaciones describe de manera precisa el nuevo ámbito en que se encuentra cautivo el ser humano en contra de su naturaleza: 'decir que no', 'imposibilitar', 'despojar', 'poner distancia', 'aislar', 'apartar', 'desunir'.

Jorge Luis Borges definió admirablemente la poesía de la *penumbra*, lo que significa, a veces, en los adentros del hombre: «Penumbra de la paloma / llamaron los hebreos a la iniciación de la tarde / cuando la sombra no entor-

---

1. Salvador Caja, Gregorio y Juan R. Lodares Marrodán: «¡Qué miedo!», en *Historia de las letras*. Madrid: Espasa Calpe, 1996, pág. 211.

2. «El lenguaje», en *El arco y la lira*. Tercera edición, quinta reimpresión. México: Fondo de Cultura Económica, 1983, pág. 30.

pece los pasos / y la venida de la noche se advierte / como una música esperada y antigua, / como un grato declive. / En esa hora en que la luz / tiene una finura de arena...»[3]. El gozo borgesiano ante esa hora de la tarde se convierte en «grato declive» y en la luz que el poeta presiente fina como la arena. Pero nuestra *penumbra* es distinta. Las palabras se han hecho penumbrosas, se han sumergido en la *penumbra*, se han convertido en una metáfora ardiente de la *penumbra*. Desde nuestro punto de vista, esta sola palabra revela cómo nuestra brújula interior ya no nos muestra con claridad el rumbo.

Hemos recogido día a día y una a una las voces que repiten los hablantes para expresar su incertidumbre, su intranquilidad, su enojo, su ira callada, su estado de intensa negación provocado por la etapa calamitosa que ha creado el virus que causa la COVID-19[4] y que se conoce con el nombre de *Coronavirus SARS-CoV-2*[5]. Reunidas conforman el vocabulario de una larga y hasta penosa *penumbra*, de una especie de derrumbe interior en que la luz se ve atrapada por las sombras. Las palabras entretejen sus claroscuros, sus raíces, sus etimologías, sus significados y son elegidas por los sentimientos, por las impresiones que origina la nueva forma de vivir, por las huellas que va dejando física y moralmente; constituyen un campo semántico emocional que refleja la destemplanza imperante, la pesadumbre que derruye cada espacio de nuestra sociedad. Este campo semántico es *abierto*, pues, de continuo, se agregan nuevas palabras para expresar cuánto ha perjudicado este «ataque» que no se esperaba; y, al mismo tiempo, *asociativo*, ya que todas se relacionan con el malestar que genera la persistencia de la enfermedad. Los hablantes nos sentimos sitiados, casi encerrados en un laberinto, en un espacio complejo de senderos que nos imposibilitan alcanzar la salida. Nuestro laberinto interior —pérdida de la unidad— también está en *penumbra*, y tratamos de desentrañarlo con un vocabulario que revela la necesidad de decirnos como una forma de defendernos contra el mal, de enfrentarlo a pesar de su inexorable poder. Las palabras son las siguientes:

Agobio. Lo causan el temor al contagio y la rutina que parece indefinida. Se relaciona con el *encierro* no deseado, con un peso que oprime. Define con claridad lo que la Organización Mundial de la Salud llama *fatiga pandémica*.

Angustia. Es una de las voces más usadas, tal vez como una especie de liberación interior ante tanta desazón. Etimológicamente ('estrechez'), es la que se ajusta al estado que vive el hombre ante los continuos cambios que ocasionó la aparición de la COVID-19. El hablante pone la mano abierta o el

---

3. «Calle desconocida», en *Fervor de Buenos Aires. Obras completas I*. Barcelona: EMECÉ, 1989, pág. 20.

4. Sigla inglesa de *co*ro*n*a*v*ir*us* d*isease*.

5. Se habla de «incontinencia emocional». *SARS*, por las siglas en inglés de *severe acute respiratory syndrome*.

puño en el pecho, y describe con el gesto esa oscuridad, ese apretamiento del corazón, que duele hasta hacerle daño. «Nos partieron la vida», dicen. El estado de ahogo, de deseo insatisfecho y de impotencia ante una situación que parece irreversible liga la *angustia* a la *ansiedad* alimentada por la *aflicción*, la *congoja* y el *desasosiego*, que no se mitigan con promesas externas, que, en general, no se cumplen. La perífrasis incoativa *vamos a*... y la perífrasis durativa de gerundio *estamos trabajando para*... permanecen siempre en suspenso. Nunca tuvieron tanto protagonismo los puntos suspensivos en el imaginario colectivo: «No podíamos prever esto...»; «Vamos viendo...». El hombre, ya cansado de la chatura del discurso político con el que se degradan los liderazgos, solo espera que «se haga» algo, no qué «se va a hacer». Por eso, las duras críticas contra la prolongada cuarentena dispuesta desde los ámbitos gubernamentales originaron el acrónimo *infectadura* (*infec*ción + dic*tadura*), y, por el exceso de información acerca de la pandemia, se creó otro acrónimo: *infodemia* (*info*rmación + pan*demia*). A veces, las herramientas digitales, que proliferan como mágico paliativo en este siglo tecnológico, como la solución dorada, se convierten en un elemento adverso porque obstaculizan la verdadera afectividad. La fría pantalla del monitor no une; en realidad, separa, ¡y cuánto! No reemplaza el abrazo que se da con el alma ni el diálogo que transforma. El hombre habla solo aunque asista a reuniones virtuales. Además, la *ciberadicción* ha creado una nueva palabra: *ciberdependencia*. Se difunde el *ciberdelito* sin límites, la llamada *ciberpandemia* con estafas en las plataformas digitales. Y esa *ciberpandemia* atenta contra la *ciberseguridad*.

Aturdimiento. Implica un estado de perturbación que impide mantenerse sosegado, que el ánimo se serene.

Cansancio. No se trata solamente de un cansancio físico; es un desgaste de las fuerzas psíquicas, una crisis de hartazgo. Se está cansado de estar tan cansado y tan enojado. La constante vivencia de la enfermedad ha desviado a las personas de su camino «normal», las ha sometido a la tediosa costumbre de la reclusión, al agotamiento, ha entronizado la rutina y ha abierto una grieta entre su anterior realidad cotidiana y la que se les obliga a vivir. La voz *cansancio* se relaciona con el *desgano*, que es *flojera*, *debilidad*, no tener ganas de hacer nada, y hasta con la *pereza*. «Ya no soy yo; me siento otro, raro, extraño, perplejo, hasta humillado»; «No sé ni en qué día vivo»; son expresiones recurrentes y preocupantes. *Fatiga*, *aflicción* y *angustia* se refugian en la *congoja*. Cabe aquí un verso del «Poema 20», de Pablo Neruda: «Nosotros, los de entonces, ya no somos los mismos». Parece una paradoja, pero ese cansancio conduce al *insomnio*. Algunos especialistas coinciden en que, después de esta, vendrá la «pandemia mental».

Decadencia. El hombre desalentado pierde la energía, el valor. No quiere rendirse, pero siente que su vida se desmorona gradualmente, y que se vacía su esperanza; que está, en realidad, en el momento máximo de *desesperanza*. La palabra *decadencia* no solo se usa para referirse a lo humano, a la debilidad física, sino también a la vida política y social, y a la moral, pero se la dice con la misma aflicción que otras que atañen a la vida interior. Roto el tejido social, el hombre, sostenido aún por los valores en los que aún cree, ha comenzado a hablarse a sí mismo.

Depresión. La pesadumbre extrema conduce a la depresión, a un abatimiento grave del que cuesta desasirse. Se habla de la *depresión COVID-19* y se la define como una amplificación de la angustia[6]. Cuando parece que se enciende una luz, los especialistas entrevistados piden paciencia y, con no felices reflexiones, dicen lo siguiente: «Estamos en el peor momento»; «Nos queda poco»; «Estamos cerca del fin». Y no agregan más. Que cada uno interprete lo que su humanidad le traduzca.

Desastre. Así califica el hablante con decepción lo que vive como una desgracia. Si nos atenemos a su etimología, denota 'sin astros'. Las personas ya no ven «estrellas» en su camino; peor aún, «ya no ven». Son más las preguntas que las certezas. ¿De quién esperar respuestas?

Desconcierto. La posverdad mediática perturba y crea desconfianza. Quiebra la armonía psíquica. Se relaciona con la *confusión* y el *desorden* que originan noticias falaces acerca de una campaña «histórica» de vacunación, de la inmediata existencia de millones de vacunas[7] que no se sabe cuándo llegarán o de un tratamiento salvador inminente[8]. Se descubre con estupor que se le asignan turnos de vacunación a personas fallecidas, algunas de ellas hace varios años, en desmedro de los seres vivos que, a veces, deben mendigarlos[9]. Muchos jóvenes veinteañeros se ufanan de recibir la primera dosis mostrando el certificado correspondiente ante las cámaras televisivas, mientras ancianos de ochenta y de noventa años siguen esperándola. Este hecho alumbra la difusión de otra palabra: *viejis-*

---

6. Pikielny, Astrid: «Juan David Nasio. "La depresión COVID-19 es un amplificador de la angustia"». *La Nación*. Buenos Aires, 25 de abril de 2021.

7. La voz *vacuna* proviene de la palabra latina *vacca*, en homenaje a los experimentos realizados por el médico inglés Edward Anthony Jenner (1749-1823) al inocular la viruela bovina o viruela vacuna, y descubrir la vacuna antivariólica. Este sustantivo es el más usado en nuestros días.

8. «Para definir posverdad se partió de la idea de toda información o aseveración que no se basa en hechos objetivos, sino que apela a las emociones, creencias o deseos del público; como una distorsión deliberada de una realidad, que manipula creencias y emociones con el fin de influir en la opinión pública y en actitudes sociales» (Villanueva, Darío: *Corrección política, lengua y posverdad*. Cátedra de Estudios Iberoamericanos Jesús de Polanco. Madrid: Fundación Santillana, 2019, pág. 47).

9. «Irregularidades en el plan de vacunación». *La Nación*. Buenos Aires, 15 de mayo de 2021.

mo[10] o «edadismo», que es la discriminación social de las personas mayores de sesenta y cinco años. La palabra *mentira* se agazapa en todos los ámbitos y se reinventa de manera descarada y vertiginosa, ya que es un constructo de la mente. Se intuye que lo que algunos urden no es cierto, pero no puede demostrarse de manera cabal el delito de falsedad. Umberto Eco se refiere con justeza a la «fuerza de lo falso»[11], la mayoría de las veces irreprimible. Entonces, se habla de *indignación* y de *impotencia*. Se considera con estresante preocupación que el país no está preparado para enfrentar la pandemia y que todo irá empeorando: «No podemos vacunar porque no tenemos vacunas»[12] es la afirmación de algún funcionario honesto que todavía cree en el valor de la verdad, que está obsesionado con transmitir la verdad. Por eso, el *desconcierto* se relaciona también con el *deterioro*.

Distanciamiento. El alejamiento físico de los demás —no social— y, por ende, la carencia de experiencias gratificantes son otro motivo de turbación y hasta alteran la estabilidad emocional. Sin embargo, según algunas personas menos pesimistas, propicia un *acercamiento* hacia sí mismo, un autoconocerse, una exploración de la propia mismidad. Por eso, reconocen con nostalgia que el Zoom y otras plataformas similares les han arrebatado el «antiguo» gusto de estar solos para recrearse.

Encierro. A pesar de la infinitud del espacio íntimo (el hogar y los pensamientos que lo habitan), a causa de la pandemia, el mundo se ha empequeñecido. La «vida anterior» no existe. La «vida interior» sufre el flagelo de la calamidad. La casa, refugio necesario y deseado, se ha convertido en una cárcel. No pocos dicen que tienen la sensación de que no salen de su vivienda desde hace «una eternidad» y que han dejado de ser libres. No quieren más paredes. Una reflexión interesante: creen que el hombre ya se ha convertido en su propia casa.

Hastío. Muchos padecen en esta época un *aburrimiento* «agotador» y ya no toleran tanto *hastío*. Más aún, dicen que se sienten prisioneros de sí mismos. Para otros, el objetivo cotidiano es «matar el aburrimiento», pero ¿cómo? Con gran optimismo, los psicólogos coinciden en que puede ser «la antesala de la creatividad»[13].

---

10. Término acuñado por el psiquiatra Robert Butler en 1968. Fernández, Enrique y otros: «El "viejismo" como problemática social en geriatría». *Elsevier. Revista Española de Geriatría y Gerontología*. En línea: https://www.elsevier.es/es-revista-revista-espanola-geriatria-gerontologia-124-articulo-el-viejismo-comoproblematicasocial-geriatria-proposito-S0211139X16301093 [consulta: 14 de junio de 2021].

11. *Sobre literatura*. Traducción de Helena Lozano Miralles. Buenos Aires: Sudamericana, 2012, pág. 284.

12. Palabras del ministro de Salud de la Ciudad Autónoma de Buenos Aires.

13. «Elogio del aburrimiento o cómo convertirlo en el mejor aliado de la cuarentena», «Magazine». *La Vanguardia*. En línea: https://www.lavanguardia.com/magazine/buena-vida/20200408/48375031089/aburrimiento-cuarentena-tiempo-hiperactividad-conexion-meditacion.html [consulta: 1 de abril de 2021].

Incertidumbre. Como las personas carecen de certezas —se habla de una *incertidumbre crónica*—, sufren desmotivadas la crisis pandémica en espera de nada. Los discursos de las autoridades cambian a diario, se contradicen y ahondan su indefensión. Se habla incluso de una «pirotecnia discursiva» que no convence y que enfatiza un pensamiento: *la realidad* no volverá jamás; se vive una abrumadora *realidad transitoria*. El eufemismo[14] es la *nueva normalidad*, dos palabras que no conforman y que se reciben vacías de contenido y hasta presagian la deshumanización. Como el futuro es incierto, muchos aseguran con desaliento que, después de «esta pandemia del terror», no volverán a ninguna *normalidad*, y que lo único que desean es «volver a vivir», «volver a su vida de antes», «recuperar la vieja normalidad», ya que la presunta «nueva» es, más que una utopía, una distopía. A pesar de todo, afirma con acierto el narrador y ensayista italiano Claudio Magris: «Uno intenta sobrevivir, no dejarse vencer»[15].

Miedo. Se manifiesta el terror a contraer la enfermedad y se actúa con aprensión. «Tengo miedo» es un sintagma cotidiano, cargado de pesimismo, de desconfianza en las propias fuerzas e intensificado por las noticias negativas y continuamente reiteradas (número creciente de infectados; cadáveres apilados; conteo diario de fallecidos; nuevas variantes o mutaciones del virus; emergencia sanitaria; colapso social; crisis de la humanidad). Al mismo tiempo, la gente está informada de abundante desinformación. Con letras grandes y blancas sobre fondo rojo o con letras negras sobre fondo amarillo, se lee LO IMPORTANTE, ALERTA, ÚLTIMO MOMENTO, URGENTE, enunciados que, en general, conmocionan y alejan de la ansiada tranquilidad[16]. En televisión, las noticias no auspician la esperanza; por el contrario, paralizan: «Se vienen más restricciones»; «La vacuna, ¿te mata?». Hasta con cierto grado de frivolidad, se habla del *turismo vacuna*. Durante el verano, para calmar el bombardeo periodístico sobre la COVID-19, se dice sin atenuante alguno y con cierta nostalgia futbolística: «Le ganó por goleada el dengue al coronavirus»[17]. Entre el mosquito *Aedes aegypti* y el virus que acucia de forma implacable, no existe posibilidad de elegir, y aumentan el temor y la *frustración*. Cercados por las prohibiciones, los mayores hasta temen respirar el aire fresco en el balcón de su departamento y claman por su libertad. Cuando la amenaza constante del virus augura el riesgo de morir, el miedo coarta la voluntad, y, no pocas veces, es tan intenso que se convierte en

14. «La corrección política implica [...] una forma nueva de censura, e inexorablemente hace derivar la expresión recta de los hechos y las opiniones hacia el circunloquio y el eufemismo» (Villanueva, Darío: *op. cit.*, págs. 16-17).

15. «La crisis sanitaria cambiará el mundo más que la Segunda Guerra Mundial». Suplemento «Ideas», *La Nación*. Buenos Aires, 24 de abril de 2021.

16. Se habla de «terrorismo emocional» y hasta de «genocidio emocional».

17. *Noticiario A24*. Buenos Aires, 19 de abril de 2020.

pánico. Son sabias y adecuadas a este contexto las palabras de Marie Curie: «Nada en la vida debe ser temido, solamente comprendido. Ahora es el momento de comprender más, para temer menos». En los días que corren, esa comprensión —no asumida por todos con cierta rebeldía— reside en cumplir con responsabilidad los protocolos y dejar a un lado el egoísmo. Salvar al prójimo del mal es salvarse a sí mismo. Es hora de «colaborar», con todo el significado que posee esta palabra: 'trabajar juntos, unidos'. No obstante, algunas personas —las menos—, acostumbradas a ver el lado positivo de las cosas, no han sido invadidas por el miedo; por el contrario, declaran «miedo al miedo»; «siempre hay un camino después del miedo»; aún sienten buena energía y descreen de todo lo que se informa: «Los que dicen que saben deben reconocer que no saben cuando no saben».

Pesadilla. La palabra revela una preocupación grave y continua, una visión catastrófica. «Esto es una pesadilla» o «Estamos viviendo una pesadilla», repiten algunas personas con ese peyorativo demostrativo neutro o con la perífrasis durativa del verbo *estar* más el gerundio del verbo *vivir* para indicar que lo peor es que sienten que no pueden despertar de ella, que va vulnerándolos poco a poco y va dejándolos sin capacidad para obrar.

Resignación. A pesar de la *tristeza* que genera la adversidad, hay quienes todavía se muestran pacientes, tolerantes, casi esperanzados, pero, al mismo tiempo, se sienten inermes para destruir lo que los aleja de «su felicidad». Por eso, cuando se les pregunta por su estado emocional, algunos responden de manera peculiar: «No siento mucho nada».

Soledad. Implica aislamiento, falta de compañía y la nostalgia de haberla tenido. La exhibición de la intimidad en las redes sociales o el ser asiduo habitante de series televisivas no alcanzan, no sacian, no conforman. La pregunta exclamativa envuelta en un suspiro siempre es la misma: «¿¡Cuándo terminará *esto*!?»; y la respuesta exclamativa, «¡*Esto* no se acaba más!». Otra vez el demostrativo neutro para referirse peyorativamente al virus. Desde el monitor de la computadora hasta el interior de la casa, solo habita la soledad, una soledad acumulada que amenaza también con transformarse en la pandemia del siglo XXI. El mal de esta época ha enseñado, pues, que no es lo mismo vivir solos que estar solos, y que cada uno es espectador de una realidad que no puede modificarse, de un paisaje detenido.

Tristeza. Algunos lingüistas sostienen que el hombre expresa mejor los sentimientos negativos que los positivos. Aunque no puede generalizarse, los tiempos que vivimos lo confirman, tal vez porque hay pocas alegrías para compartir. La tristeza nace de la pérdida, del distanciamiento, del sufrimiento propio y ajeno. Se intensifica ante la impotencia y agudiza la introversión. Se relaciona, sin duda, con el *abatimiento*. La penumbra léxica lleva la máscara de la tristeza tenaz.

De acuerdo con nuestro trabajo, estas palabras, cuyos significados se vinculan, fundan una nueva biografía espiritual de la *penumbra*, pues cada una de las analizadas es espejo de esta. En la misma palabra *penumbra*, en su hondura inescrutable, se confunden la luz, la esperanza y la ardua vida con la sombra, la oscuridad, la desesperanza, la incertidumbre, la angustia, la soledad, el riesgo de muerte. Dice Gastón Bachelard que, «a veces, el sonido de un vocablo, la fuerza de una letra abren o fijan el pensamiento profundo de la palabra»[18]. Sin duda, desde el punto de vista poético, la voz revela bellamente esa frontera entre la luz que no es y la oscuridad que no se define. Luz y sombra sosegadas; lugar interior donde «ni la victoria ni la derrota se conocen»[19]. ¿Será esta la *penumbra última*[20] —como poetizaba Borges— o propiciadora de una nueva manera de ser hombre para afrontar con otra fortaleza las llamadas «tragedias de la vida»?

18. *La poética del espacio*. México: Fondo de Cultura Económica, 1983, pág. 236.
19. Palabras de Theodore Roosevelt.
20. «Un lobo», en *Los conjurados. Obras completas III*. Barcelona: EMECÉ Editores, 1989, pág. 476.

Estado de la lengua española en Uruguay. Del plurilingüismo a la institucionalización de la lengua española en Uruguay[1]

VIRGINIA BERTOLOTTI
MAGDALENA COLL

Academia Nacional de Letras de Uruguay

La lengua en Uruguay. ■ La variedad uruguaya del español rioplatense. ■ El portugués como «otro». ■ El estatus legal de la lengua.

1. Esta contribución se basa en la obra *Retrato lingüístico del Uruguay. Un enfoque histórico sobre las lenguas en la región*, de Virginia Bertolotti y Magdalena Coll (Montevideo, Comisión Sectorial de Educación Permanente-Facultad de Información y Comunicación, Universidad de la República, 2014). En esta oportunidad, se publica una versión notablemente más breve, revisada y actualizada por Gabriel Lagos. Cuenta asimismo con el aval de la Comisión de Asuntos Lingüísticos de la Academia Nacional de Letras del Uruguay, integrada por las autoras de este artículo, el académico Adolfo Elizaincín y el académico Gerardo Caetano.

LA LENGUA EN URUGUAY

Tierra de español rioplatense

El español es la lengua predominante en Uruguay: es la que se emplea en todos los documentos oficiales, la que utiliza la enorme mayoría de los medios de comunicación masiva e interpersonal y la que comprenden casi todas las personas residentes en el país. Sin embargo, no es la única lengua que se habla en Uruguay, que comparte un poco más de 1000 kilómetros de frontera con Brasil, ni la única que se ha hablado en lo que hoy es su territorio, donde hasta el siglo XIX se reconocían diversos grupos indígenas y adonde arribaron hablantes de lenguas africanas y europeas, que adoptaron el español por razones diversas y procesos distintos.

En la expansión del español, confluyen, además de la pertenencia colonial al reino de España, diversas tensiones, que en algún caso perduran hasta hoy. Por un lado, el uso generalizado del portugués en el norte del país fue percibido a partir del siglo XIX, desde la capital política y cultural, Montevideo, como una amenaza. No hay que olvidar que lo que hoy es Uruguay fue un territorio disputado entre España y Portugal desde la firma del tratado de Tordesillas (1494) y que la fundación de la actual capital del país en 1724 fue la respuesta al establecimiento de los portugueses, tres décadas antes, en Colonia del Sacramento.

Así, en el proceso de consolidación de Uruguay como república independiente, se volvió fundamental la instalación de la lengua española en todo el territorio nacional. La educación y la administración pública fueron las principales herramientas de incorporación del español por parte de aquellos que hablaban portugués, así como de los hablantes de otras lenguas europeas provenientes de las oleadas migratorias de fines del siglo XIX y principios del siglo XX. Diferente había sido el proceso de incorporación del español por parte de los integrantes de las comunidades indígenas supervivientes y por parte de los esclavos africanos trasladados por la fuerza al país.

Detenida durante la segunda mitad del siglo XX, la inmigración volvió a cobrar impulso en las últimas décadas. Se trata sobre todo de personas que emigran de otras partes de América, especialmente de la zona caribeña, y el fenómeno seguramente tendrá consecuencias en el habla local, en la cual ya es notoria la incorporación de algunas voces referentes a la gastronomía, sobre todo en la capital, Montevideo, que recibe el grueso de la migración[2].

Una tensión más sutil que la existente entre el español y las modalidades de portugués en la zona de frontera, pero no por ello menos duradera, es la

2. Palabras como *arepa, cachapa, tequeño,* por ejemplo.

que deviene de la histórica rivalidad entre Buenos Aires, capital del virreinato del Río de la Plata, y la ciudad-puerto de Montevideo, tensión que atraviesa toda la historia uruguaya y que hoy se actualiza en términos de «penetración cultural», con consecuencias mayormente políticas, pero también lingüísticas. Claramente percibidas por los hablantes de la región, las diferencias entre hablantes de español bonaerense y uruguayo son difícilmente perceptibles por personas de otras procedencias.

Ocurre que la modalidad del español extendida en el país es la llamada rioplatense, compartida por hablantes de Montevideo y sus zonas de influencia, y por hablantes de Buenos Aires, Santa Fe, Rosario y sus zonas de influencia. Como rasgos distintivos, que desarrollaremos más adelante, esta variedad tiene fenómenos fónicos en común (como el yeísmo, con características propias de la zona, y una entonación particular) y fenómenos como el uso de *vos* y la conjugación verbal (*cantá, comé, vení*; *cantás, comés, venís*) y el uso de *che* (*Che, ¿me alcanzarías el agua*; *Che, dejá de hacer esto*), además de un gran corpus de piezas léxicas compartido. Esta modalidad, a su vez, presenta características comunes con la mayoría de las variedades americanas de la lengua, como el seseo, el significado de los pretéritos perfectos (*canté* y *he cantado*), la preferencia por el imperfecto del subjuntivo terminado en *-ra* (*cantara* por *cantase*) y el empleo de *ustedes* como única forma del plural.

A su vez, el español empleado en Uruguay tiene unos pocos rasgos exclusivos, que no comparte con el resto de la variedad rioplatense, como la combinación de las formas pronominales y verbales de tratamiento a otra persona (*tú cantás, tú comés, tú venís*; *vos me dijiste que era para ti*), además de algunas voces específicas y de ligeras diferencias en la entonación, que son las que permiten que los hablantes de español rioplatense sean capaces de identificar a su interlocutor como alguien del oriente o el occidente del río que los une y los separa.

Al igual que en Buenos Aires, la inmigración italiana en Montevideo y el sur de Uruguay fue numerosa hacia fines del siglo XIX y principios del siglo XX. Hacia 1889, el 47 % de la población de la capital uruguaya era extranjera, y, de ese porcentaje, casi la mitad provenía de Italia[3]. Ese contingente migratorio repercutió no solo en la incorporación del léxico y en la influencia en patrones entonativos rioplatenses, sino también seguramente en algunos aspectos morfológicos y sintácticos[4]. La rioplatense es la región hispano-

---

3. Oddone, J.: *La emigración europea al Río de la Plata*. Montevideo, Ediciones de la Banda Oriental, 1966.

4. Di Tullio, Á.: *Políticas lingüísticas e inmigración. El caso argentino*. Buenos Aires, Eudeba, 2003.

hablante más rica en italianismos[5]; el *Diccionario del español del Uruguay*, editado por la Academia Nacional de Letras en 2011, los registra en numerosas entradas[6]. Por su parte, la casi totalidad de los clasificados como «españoles» en 1889, que llegaban a un 30 % de los migrantes, se constituía primordialmente por gallegos y, en menor medida, vascos o catalanes, que hablaban sus lenguas y no necesariamente también el español.

Las lenguas indígenas y la «reindigenización»

En las últimas décadas ha habido un interés creciente por la ascendencia indígena de la población, que, por diversos motivos, estuvo invisibilizada durante décadas. La extinción física de los indígenas tuvo causas violentas[7]: la muerte por enfermedades nuevas y las guerras, cuya expresión simbólicamente más dramática es la matanza de los charrúas en la batalla de Salsipuedes, en 1831. Los indígenas, forzados a integrarse a la sociedad hispana, incorporaron paulatinamente la lengua de ese entorno como propia.

Hoy existen varias organizaciones sociales que reivindican orígenes charrúas (una de las etnias originarias), al tiempo que la nueva puesta en circulación de voces indígenas se centra en la nominación de instituciones, comercios y personas provenientes de nombres propios (*Abayubá, Irupé, Tacuabé, Yara, Vaimaca*) y de nombres comunes botánicos o toponímicos (*Lajau, Hum*). No se apela al pasado étnico guaraní, que, a nivel lingüístico, se halla históricamente presente en el español de Uruguay, especialmente en la flora, la fauna y la toponimia. El *Diccionario del español del Uruguay* registra 62 guaranismos (y 55 quechuismos). También del guaraní, cabe recordar, proviene el propio nombre del país y, además, una de las voces distintivas del español rioplatense: el vocativo *che*[8].

Aunque a mediados del siglo XX ya no había comunidades reconocibles de lenguas indígenas en el territorio, esta reindigenización se enmarca en un «proceso de apropiación de la muy fragmentaria memoria étnica»[9] que, en-

5. Meo-Zilio, G.: «Italianismos generales en el español rioplatense», *Thesaurus*, tomo XX, número 1 (1965), págs. 68-119.

6. Algunos italianismos muy extendidos que suelen ser causa de malentendidos con hablantes de fuera del Río de la Plata son la interjección *¡guarda!* ('mira, atención') y el uso del verbo *sentir* por *escuchar*.

7. Pi Ugarte, R.: *Historias de aquella «gente gandul»*. Montevideo, Ediciones Debolsillo, 2005, y Consens, M.: *Extinción de los indígenas en el Río de la Plata*. Montevideo, Linardi y Risso, 2010.

8. Bertolotti, V.: «Notas sobre el che», *Lexis*, 34 (1) (2010), págs. 57-93.

9. Florines, A.: «Las lenguas de los pueblos originarios», en L. Behares y J. M. Fustes (comps.), «Aportes sobre la diversidad lingüística en el Uruguay». Montevideo, Facultad de Humanidades y Ciencias de la Educación, Universidad de la República, 2013, págs. 95-108.

tre otras cosas, busca, por los complejos tramados de la identidad, revalorizar la herencia cultural indígena a través de lo lingüístico.

El aporte afro

En 1791, un poco más del 30% de la población de Montevideo eran esclavos de origen africano. Hoy, según el último censo, de 2011, quienes se identifican como afrodescendientes representan el 8,1% de la población y conforman la minoría étnico-racial de mayor presencia numérica en Uruguay. Su impacto en la cultura del país es extenso —el candombe es su expresión más conocida—, pero no existen hoy comunidades que hablen las lenguas de sus ancestros. Esto se explica porque, entre otras acciones de la práctica esclavista general de los siglos XVIII y XIX, se separaba a los hablantes de una misma lengua para evitar su asociación. La mayoría de los esclavos llegados a Montevideo empleaba alguna lengua de la familia bantú, dependiendo de su nación de origen[10]. Pero como muchas de esas lenguas no son inteligibles entre sí, el español se volvió no solo la forma de comunicación con los amos, sino también la lengua franca entre los distintos grupos de esclavos de origen africano. Hay testimonios tempranos de africanos que aprendieron español para actuar, por ejemplo, de intérpretes en el sistema judicial (Gortázar 2007)[11].

El español que utilizaban esas comunidades afro fue representado, como en otras regiones, en diversas obras literarias. Por otra parte, algunos vocablos de origen africano forman parte del léxico rioplatense, como puede comprobarse al escuchar letras de diferentes géneros del carnaval y también de tangos (estos últimos, además, son testigo del multilingüismo existente en Montevideo en la época de su gestación como género musical, y en él confluyen tanto el aporte afro como los de diversas comunidades migrantes europeas)[12]. Para autores como Laguarda Trías[13], se puede hablar de cuarenta voces que serían afronegrismos rioplatenses[14], aunque en algunos casos sus etimologías

---

10. Álvarez López, L.: «Lubolos, mandingas y otros "nombres de nación" de origen africano en Montevideo y Rio Grande do Sul», en L. Álvarez López y M. Coll (eds.), *Una historia sin fronteras: léxico de origen africano en Uruguay y Brasil*. Estocolmo, Stockholm University. Acta Universitatis Stockholmiensis, Romanica Stockholmiensia 30, 2012, págs. 35-70.

11. Gortázar, A.: «Del aullido a la escritura. Voces negras en el imaginario nacional», en H. Achúgar (ed.), *Derechos de memoria, Nación e independencia en América Latina*. Montevideo, Facultad de Humanidades y Ciencias de la Educación, Universidad de la República, 2003, págs. 189-263.

12. Coll, M.: *El habla de los esclavos africanos y sus descendientes en Montevideo en los siglos XVIII y XIX: representación y realidad*. Montevideo, Ediciones de la Banda Oriental, 2010.

13. Laguarda Trías, R.: «Afronegrismos rioplatenses». Separata del *Boletín de la Real Academia Española*, tomo XIX, cuaderno CLXXXVI (1969), págs. 27-116.

14. El autor recoge *banana*, *banguela* o *benguela*, *banyo*, *batuque*, *bombear* y *bombero*, *bubango*, *cabinda*, *cacimba* (*casimba*, *cachimba*), *cacunda*, *cachimbo -ba*, *calenda*, *calengo*, *calun-*

no son claras; en el *Diccionario del español del Uruguay* se registran quince voces marcadas como provenientes del bantú o del quimbundo (*candomblé, catanga, curiango, cachimba, cachiquenga, canyengue, kikuyu, matungo, mucamo -a, muleque, muyinga, quibebe, quilombo, quitanda, yimbo*).

LA VARIEDAD URUGUAYA DEL ESPAÑOL RIOPLATENSE

Rasgos característicos

Casi no existen, si excluimos el léxico, rasgos exclusivos del español de Uruguay; lo que lo configura como una modalidad reconocible es la combinación de varios de ellos. A su vez, además del habla de la frontera, existen diversas modulaciones en distintas zonas del territorio; por caso, el uso de las formas pronominales de la segunda persona del singular, como veremos más adelante, distingue a los hablantes del este de Uruguay.

En lo sonoro, las características salientes del español de Uruguay son el seseo y el yeísmo. El seseo —esto es, la pérdida de la distinción entre el fonema /θ/, fricativo interdental sordo, y el fricativo alveolar sordo /s/, graficables en el español actual por <c> o <z> y <s>, respectivamente— es uno de los rasgos que ya se detectan en la etapa fundacional del español del país[15] y que se comparte con todas las variedades americanas y algunas europeas.

El segundo rasgo común y caracterizador del español en el Uruguay es el yeísmo; esto significa que se pronuncian de la misma manera *vaya* y *valla*, por ejemplo, como en la mayoría de las zonas americanas. En el Río de la Plata, además, este yeísmo presenta una realización peculiar, que lo convierte en un «yeísmo (*žeísmo*) rehilado»; el fonema /y/ pasa a ser /ž/, es decir, pasa a ser prepalatal fricativo rehilado y se caracteriza por una vibración intensa que se produce generalmente por un desplazamiento del aire por la zona articulatoria. Es posible que esta peculiaridad tenga origen en el contacto con el portugués[16], aunque no es un dato seguro.

---

ga, camunda, candombe, canyuengue, capanga, capiango, carimbo, casanche, conga, congo, curimba, fulo -la, lubolo, macota, malungo, mandinga, marimba, marixa o *machicha, masagaya, menguengue, milonga, mucama, muleque, muyinga* (*muchinga, munyinga* y *muyinga*), *ondú, quibebe, quilombo, quitanda* y *quitandero, yimbo*.

15. Elizaincín, A.; Malcuori, M., y Bertolotti, V.: *El español en la Banda Oriental del siglo XVIII*. Montevideo: Facultad de Humanidades y Ciencias de la Educación, Universidad de la República, 1997.

16. Fernández Trinidad, M.: «El contacto portugués-español en el siglo xix: primeros testimonios del yeísmo rehilado en suelo oriental», en J. Espiga y A. Elizaincín (orgs.), *Español y Portugués: um (velho) Novo Mundo de fronteiras e contatos*. Pelotas, Rio Grande do Sul, Educat, 2008, págs. 319-350.

Este sonido rehilado, que era sonoro, ha venido sufriendo un proceso de ensordecimiento similar al ocurrido en Buenos Aires, pero más tardío[17]. Este cambio de [ž] por [š] se habría impuesto inicialmente en personas de baja formación[18] y actualmente es dominante, de manera sostenida, en las generaciones más jóvenes de todas las clases sociales. Probablemente, entonces, la variante sorda termine sustituyendo a la sonora con el correr del tiempo. Las investigaciones realizadas en el marco del *Atlas diatópico y diastrático del Uruguay*, a finales del siglo XX, ya habían registrado que son las generaciones jóvenes, en especial de clase alta, las que optan por la realización sorda, con lo que se mostró la tendencia del cambio y se constató el ensordecimiento progresivo del *žeísmo*[19].

Los rasgos fonéticos que caracterizan el español hablado en Uruguay son, entre otros, la aspiración y la pérdida de /-s/ en final de sílaba, como en *mosca* o *mismo*, y en final de palabra, como en *casas* o *gatos*. También es común la elisión de /-d/ en final de palabra (*pared, usted*). En el pasado, y en el presente, se registra la simplificación de grupos consonánticos como /ks/ o /kt/ (en palabras como *satisfacción* u *octubre*)[20]. La mayoría de estos rasgos están estigmatizados en esta variedad: no lo están, sin embargo, la aspiración de /-s/ en final de sílaba (dentro de una palabra) o la elisión de /-d/ final de palabra.

El uso de los diminutivos en el habla de Uruguay también es característico del español rioplatense: se prefiere el uso del sufijo *-ito* y no de *-illo, -ico -uelo* o *-ingo*[21]. En ocasiones, y como es habitual en el español, la fijación del diminutivo crea un nuevo lexema: un *cochecito* es un carrito para transportar bebés y no un automóvil pequeño, así como *bebito* no informa sobre el tamaño del bebé, sino que expresa cariño.

Como ya mencionamos respecto al uso de los tiempos verbales, existen dos rasgos característicos, aunque no exclusivos de Uruguay: el uso de los pasados del indicativo y el uso de los pasados del subjuntivo. Como en casi toda América, el pretérito perfecto compuesto (*has ido*) tiene algunas restric-

---

17. Así, muchas veces, al imitar el habla de los uruguayos, se usa gráficamente el dígrafo del inglés *sh*.

18. Barrios, G.: «El ensordecimiento del fonema palatal /ž/», en G. Barrios y V. Orlando, *Marcadores sociales en el lenguaje. Estudios sobre el español en Montevideo*. Montevideo, Gráficos del Sur, 2002, págs. 29-43.

19. Thun, H. y Elizaincín, A.: *El Atlas lingüístico diatópico y diastrático del Uruguay*. Kiel, Westensee Verlag, 2000.

20. Un caso particular es la simplificación de /pt/ por /t/ en *setiembre*. Esta simplificación no recibe estigmatización en esa palabra (aunque sí la tiene en otras como *sétimo* por *séptimo* u *ótimo* por *óptimo*). De hecho, *setiembre* se admite en comunicaciones oficiales y es la norma en las instituciones educativas y en muchas publicaciones.

21. Stewart, M.: *The Spanish Language Today*. Londres-Nueva York, Routledge, 1999.

ciones en su uso, en tanto que el pretérito perfecto simple (*fuiste*) es la forma más extendida[22]. Estudios específicos para nuestra variedad de español[23] sostienen que la relación que establecen entre sí estas dos formas verbales es la de una oposición neutralizable en la cual el perfecto compuesto es el miembro marcado, y el perfecto simple, el miembro extenso o no marcado. Esto significa que *canté* (perfecto simple) puede ser usado, con las determinaciones contextuales pertinentes, en el lugar de cualquier forma verbal que signifique pasado y esto lleva a que sea una forma de alta frecuencia en el habla urbana del sur; en cambio, no sucede lo mismo con *he cantado* (perfecto compuesto), que está sometido a restricciones en su uso que surgen del hecho de ser una forma del pasado relacionada con el ámbito creado por el momento de la enunciación. De allí se deriva la compatibilidad contextual del perfecto compuesto con expresiones como *hasta ahora, últimamente, este año*, y su significado de perfecto experiencial y, por lo tanto, su compatibilidad con *siempre, muchas veces, repetidamente, alguna vez*. En cambio, y por lo anteriormente dicho, el perfecto compuesto es incompatible con expresiones que indican un pasado reciente (es decir, no son naturales frases como **He tejido mucho en 1998* o **Han pinchado su bicicleta ayer*).

Vos, tú, usted, bo

El uso de la segunda persona del singular en Uruguay tiene características que lo distinguen del resto del español rioplatense. En la actualidad, pueden escucharse en el territorio uruguayo cuatro posibilidades para dirigirse a otra persona: *usted canta, tú cantas, tú cantás* y *vos cantás*. Si bien cada una de estas combinaciones existe en otras variedades de español, la combinación de las cuatro distingue a Uruguay en el paisaje lingüístico hispanohablante. Esta complejidad se explica por la confluencia de dos corrientes lingüísticas: una rural con predominio del español poblacional (siglos XVII y XVIII) y una urbana en la que predomina el español fundacional (siglos XVIII y XIX)[24]. Como en otras variedades de español, *usted canta* se usa en contex-

---

22. Kany, C.: *Sintaxis hispanoamericana*. Madrid: Gredos, 1969, y Lapesa, R.: *Historia de la lengua española*. 8.ª edición. Madrid, Gredos, 1980.

23. Caviglia, S. y Malcuori, M.: «Perfecto compuesto: deíctico de la enunciación», en *Actas del XIX Congreso Internacional de Lingüística y Filología Románicas*. Santiago de Compostela, 1994, y Caviglia, S. y Malcuori, M.: «Perfecto simple y compuesto en el español de Montevideo», en *Actas del VIII Congreso Internacional de la ALFAL*. Tucumán, 1999, págs. 264-265.

24. Bertolotti, V.: «La peculiaridad del sistema alocutivo singular en Uruguay», en Á. Di Tullio y R. Kailuweit (eds.), *El español rioplatense: lengua, literatura, expresiones culturales*. Madrid-Fráncfort, Iberoamericana-Vervuert, 2011, págs. 23-47; Bertolotti, V.: *Los cambios en la segunda persona del singular en el siglo XIX en el español del Uruguay*. Rosario, Universidad de Rosario. Tesis de doctorado, 2011; y Bertolotti, V.: «Claves para la historia del español en el Río de la Plata: avances y rectificaciones sobre el tuteo y el voseo», *RASAL* (2012), págs. 7-26.

tos de mayor formalidad o de tratamiento de respeto y, al igual que en otros ámbitos hispanohablantes, cada vez son menos las situaciones en las que los hablantes usan esta forma; en general, se prefiere alguna de las otras tres: *tú cantas, tú cantás* o *vos cantás*.

La forma *tú cantas* da cuenta del origen geográfico de los hablantes dentro de Uruguay: se trata generalmente de personas del este del país (Rocha y zonas de Maldonado y Lavalleja). También se usa en situaciones magisteriales o en situaciones de acomodación lingüística frente a hablantes extranjeros. Algunos hablantes consideran que esta forma de tratamiento corresponde a un «mejor español».

Entre *tú cantás* y *vos cantás*, además, se pueden distinguir grados de formalidad[25]. La forma *vos cantás* se emplea para los tratamientos más íntimos: entre esposos, entre hermanos y entre amigos. En cambio, la forma híbrida *tú cantás* es la preferida cuando existe una relativa confianza, aunque no intimidad, como la que se da entre conocidos, compañeros de trabajo, profesores y estudiantes universitarios, en el caso de que no haya un tratamiento de usted. Se usa en situaciones en las que no cabe un tratamiento formal (*usted*), pero que tampoco corresponden a uno de confianza (*vos*); permite ser cercanos, a través del verbo voseante, y al mismo tiempo ser deferentes, a través del tuteo pronominal, que es considerado más culto, más refinado que el *vos*. Hay obviamente una franja de alternancia entre ambos tratamientos, pero no tan generalizada que impida distinguir claramente relaciones en las que corresponde uno u otro.

Si bien el voseo continúa extendiéndose y, por tanto, el tuteo pronominal está en retroceso, su conservación se relaciona, por oposición, con la generalización del voseo porteño. El hábito colectivo de mirarse en el espejo de Buenos Aires es un factor que determina la valoración negativa del voseo (especialmente del voseo en el presente de subjuntivo, en contexto negativo: *no me digás*) y la conservación del tuteo[26], ya que algunos hablantes consideran al primero un indicador de penetración cultural argentina. En un estudio sobre la programación de los canales de televisión abierta en Uruguay, se encontró que las producciones argentinas ocupaban, durante los horarios centrales, promedios de 55 % en rubros de entretenimiento y de cerca de 15 %

---

25. Fontanella de Weinberg, M. B.: «Sistemas pronominales de tratamiento usados en el mundo hispánico», en I. Bosque y V. Demonte (dirs.), *Gramática descriptiva de la lengua española*. Tomo I. Madrid, Espasa, 1999, págs. 1401-1425.

26. Elizaincín, A.; Malcuori, M., y Bertolotti, V.: *El español en la Banda Oriental en el siglo XVIII*. Montevideo: Facultad de Humanidades y Ciencias de la Educación, Universidad de la República, 1997; Bertolotti, V. y Coll, M.: «Los cambios en las formas de tratamiento en la ruptura del orden colonial: un aporte a la historia de la lengua española en el Uruguay», en A. Frega y A. Islas (comps.), *Nuevas miradas y debates actuales en torno al Artiguismo*. Montevideo, Facultad de Humanidades y Ciencias de la Educación, Universidad de la República, 2001, págs. 211-234.

en ficción (lo que equivalía al segundo lugar por país de procedencia, detrás de Estados Unidos)[27]. Es un tópico en la población culta montevideana atribuir a los medios de comunicación argentinos la responsabilidad de las innovaciones lingüísticas que se den en el Uruguay.

En este juego de espejos entra también el uso del vocativo *vo* o *bo*. Originado a partir del pronombre *vos*, diferencia el habla de Uruguay respecto a la de Buenos Aires, y es, al igual que el uso de *tú*, uno de los elementos por los que se caracteriza a las personas de Uruguay desde Argentina. La aspiración de /s/ final en contextos informales condujo al uso de este vocativo, que no está estandarizado y se grafica como <vo> o <bo>. En algunos usos, la forma *bo* tiene referencia plural (*Bo, chiquilines, ¿vamos al cine?*).

Uruguayismos

Existe un grupo de voces que distinguen al español de Uruguay (y, a veces, al rioplatense). Ejemplo ilustrativo de uno de esos grupos, relacionado con la historia ganadera del territorio desde la época de la colonia, es el sustantivo *carne*. Este se emplea para referirse a la carne de vaca, sin necesidad de especificaciones, mientras que si se trata de ave o cerdo sí debe aclararse: *milanesa de carne,* pero *milanesa de pollo* o *milanesa de cerdo*.

De manera similar, el término *yerba* ha experimentado un lento proceso de especialización léxica iniciado en la colonia; hoy significa 'yerba mate', que es la que se utiliza para la tradicional infusión del mate, y se distanció de *hierba*. En este caso, el fenómeno se habría visto favorecido por el yeísmo y el posterior rehilamiento del fonema palatal inicial, que mencionamos más arriba.

En cuanto al léxico de la vestimenta y los accesorios, hay casos de interés como la voz *caravanas* porque se distingue tanto de sus equivalentes peninsulares *zarcillos, pendientes* y *aretes* como de la variante argentina *aros*. Otro uruguayismo es *pollera*, un vocablo arcaico, vinculado con la vestimenta femenina, que es la voz de uso generalizado para lo que en otras partes es *falda* (solo aparece *falda* en el compuesto *minifalda*, que, a su vez, suele ser sustituido por el primer elemento del compuesto en el habla coloquial).

EL PORTUGUÉS COMO «OTRO»

Plurilingüismo o nación

La relación entre la lengua y la nación se acentuó en Uruguay a partir de la tercera década del siglo XIX. Hasta entonces, el multilingüismo y la coexis-

27. Buquet, G.; Lanza, E., y Radakovich, R.: *Diversidad y programación en la televisión abierta en Uruguay*. Montevideo, Friedrich-Ebert-Stiftung, 2013.

tencia de variedades de español no resultaban problemáticos, salvo en algunos casos, como es el del religioso Dámaso Antonio Larrañaga (fundador de la Biblioteca Nacional), quien manifestaba ya a principios del siglo XIX su preocupación por la desaparición paulatina de las lenguas indígenas habladas en el territorio. La creación del Instituto Histórico y Geográfico, en 1843, marca un hito, en la medida en que sus fundadores, pertenecientes a la generación romántica, habían planteado con fuerza «el problema de la lengua», que podría simplificarse en que la independencia política —un hecho todavía reciente e inestable por entonces— tuviera una contrapartida cultural y política. Más allá de este planteo, en lo estrictamente lingüístico la institución no llegó a proponer una modalidad autóctona del español, y sus expresiones lingüísticas no se distanciaban de las modalidades peninsulares; no obstante, sí difundió, al amparo de las convenciones de la ficción y la poesía, expresiones y giros del lenguaje vernáculo, propios de lo que luego se llamaría «literatura gauchesca», especialmente ligados a las hablas rurales o a las representaciones de estas hablas.

El siguiente impulso en este camino llegó en el último cuarto del siglo XIX con la promoción de la escuela pública, de carácter obligatorio. Su desarrollo, sancionado legalmente a través del decreto ley Reglamento de Instrucción Pública de 1877, tuvo un enorme peso en la conformación lingüística de Uruguay, ya que afectó a la mayoría de la sociedad y no solo a la minoría letrada, como había ocurrido hasta entonces. La búsqueda de universalización de la educación como vía para la pacificación de un territorio atravesado por sucesivas guerras civiles era una preocupación central para la generación de jóvenes liberales que, encabezada por José Pedro Varela, llevó a cabo esta tarea modernizadora con una mirada más puesta en América del Norte que en España.

No solo se trataba de «desbarbarizar» a la sociedad, sino también de, por una parte, instruir al creciente aluvión de inmigrantes que provenían de regiones no hispanoparlantes. Hacia 1889, el 47 % de la población de Montevideo era extranjera: los italianos eran casi la mitad de esos inmigrantes y poco menos del 10 % eran franceses; los españoles alcanzaban el 30 % y, entre ellos, se contaba una cantidad no precisada de gallegos, vascos y catalanes que hablaban en muchos casos exclusivamente sus lenguas de origen[28].

Esta empresa educativa tuvo además otra función en el norte del país, donde existía una presencia histórica de hablantes nativos de portugués y donde la lengua portuguesa hasta ese momento se utilizaba incluso en la Justicia y la Administración. Independientemente de los límites for-

28. La presencia gallega en el Uruguay (y en el Río de la Plata) explica que hasta nuestros días se emplee la voz *gallego* como antropónimo para cualquier habitante de España.

males y las peripecias políticas, se trataba, históricamente, de una amplia zona de tránsito y establecimiento luso y brasileño. La vitalidad de la lengua portuguesa en el territorio fue vista por las clases dirigentes de Montevideo, la capital del país, como una amenaza a la unidad nacional, como ya dijimos. Cabe recordar que, en los comienzos del proceso independentista, la capital, así como el resto del territorio, habían sido parte del Reino Unido de Portugal, Brasil y Algarve (1817 a 1822) y luego del Imperio de Brasil (de 1822 a 1825).

Antes de promulgarse en 1877 el mencionado decreto, ya se había buscado, entre 1853 y 1862, fomentar la presencia del Estado uruguayo, para contrarrestar el peso brasileño, a través de la fundación de una serie de poblaciones (Cuareim, Treinta y Tres, Villa Artigas, Villa Ceballos, entre otras) en la región norte del país. En 1878, la traducción de todos los documentos legales al español pasó a ser un requisito obligatorio por ley, lo que fue consolidando su uso preceptivo.

Así, el español comenzó a expandirse sobre la base lingüística portuguesa, lo que dio origen a los dialectos portugueses del Uruguay[29], llamados popularmente con los nombres de *portuñol, fronterizo, bayano* o *misturado*. Estas modalidades lingüísticas se utilizan hoy en la zona norte del Uruguay, principalmente en ámbitos familiares, y se han definido como «formas mixtas, de base preponderantemente portuguesa, las que, sin embargo, evidencian fuerte influencia del español». Este portugués está definido por tres aspectos: los rasgos rurales, que no se mantienen en las ciudades brasileñas próximas, las interferencias del español y las formas híbridas, que no se dan ni en español ni en portugués.

Coexistencia en la frontera

El portugués del norte del Uruguay es, por tanto, diferente de otras variedades de portugués de Brasil. Los investigadores lo han clasificado como dialecto fronterizo[30], dialectos portugueses del Uruguay (DPU)[31], portugués

29. Carvalho, A. M.: *The social distribution of Uruguayan Portuguese in a bilingual border town*. Berkeley, University of California. Tesis de doctorado, 1998, y «Rumo a uma definiçao do portugués uruguaio», *Revista Internacional de Lingüística Iberoamericana* I, 2 (2003), págs. 125-149; Elizaincín, A.; Behares, L., y Barrios, G.: *Nos falemo brasilero. Dialectos portugueses del Uruguay*. Montevideo, Amesur, 1987; Elizaincín, A.: *Dialectos en contacto. Español y portugués en España y América*. Montevideo, Arca, 1992; Hensey, F.: *The Sociolinguistics of the Brazilian-Uruguayan Border*. The Hague, Mouton, 1972.

30. Rona, J. P.: *El dialecto «fronterizo» del norte del Uruguay*. Montevideo, Facultad de Humanidades y Ciencias, Universidad de la República, 1965.

31. Elizaincín, A.; Behares, L., y Barrios, G.: *Nos falemo brasilero. Dialectos portugueses del Uruguay*. Montevideo, Amesur, 1987.

del Uruguay[32] y portugués de última frontera[33]. Coexiste en el norte del Uruguay con la lengua española, hecho que ha sido analizado no solamente desde el punto de vista lingüístico, sino también por parte de educadores y sociólogos[34]. Para principios del siglo XXI, el porcentaje de niños hablantes nativos de portugués en los departamentos de Artigas, Rivera y Cerro Largo era entre el 29 % y el 89 %, dependiendo de la institución escolar[35].

La coexistencia del español y el portugués ha generado una situación diglósica: el español es la lengua de la educación y la Administración, mientras que el portugués se emplea en el dominio familiar y doméstico. El fenómeno tiene asimismo expresiones artísticas; entre ellas, la obra del poeta y narrador Fabián Severo o las obras de los músicos Ernesto Díaz o Chito de Mello, plasmadas en el así llamado *portuñol*.

A la luz de estos procesos, y si se tiene en cuenta que el territorio uruguayo fue, desde el siglo XVI, una zona visitada por los *bandeirantes* que partían de San Pablo (y que su primera ciudad, Colonia del Sacramento, fue fundada por portugueses en 1680), es discutible la idea de que el portugués avanza sobre el español en la zona norte del país, idea alentada, quizá, por la presencia de la televisión y de la industria audiovisual brasileña en las zonas de frontera. Más bien podría hablarse de la continuación, por sobre las ya vistas intervenciones institucionales, de la convivencia de variedades de español y portugués, frente al multilingüismo perdido históricamente en el resto del país, donde, recordemos, se hablaron lenguas indígenas, africanas y europeas.

EL ESTATUS LEGAL DE LA LENGUA

A diferencia de otras naciones del continente, en las que por ley se consagra el estatus oficial de determinadas lenguas, en Uruguay no hay, hasta el momento, una disposición general que imponga el uso obligatorio del español.

---

32. Carvalho, A. M.: *The social distribution of Uruguayan Portuguese in a bilingual border town*. Berkeley, University of California. Tesis de doctorado, 1998.

33. Muller de Oliveira, G.: *Política lingüística, política historiográfica. Epistemologia e escrita da(s) História(s) da Língua(s) a propósito da línga portuguesa no Brasil Meridional* (1754-1830). Universidade Estadual de Campinas. Instituto de Estudos da Linguagem. Programa de Posgrado en Lingüística. Tesis doctoral, 2004.

34. Milán, G.; Sawaris, G., y Welter, M. L.: «El camino recorrido: lingüistas y educadores en la frontera Brasil-Uruguay», en A. M. Trindade y L. Behares (orgs.), *Fronteiras, educação, integração*. Santa María, Río Grande del Sur, Pallotti, 1996, págs.121-197.

35. Brovetto, C.; Geymonat, J., y Brian, N.: «Una experiencia de educación bilingüe español-portugués en escuelas de la zona fronteriza», en C. Brovetto, J. Geymonat y N. Brian (eds.), *Portugués del Uruguay y educación bilingüe*. Montevideo, Administración Nacional de Educación Pública, 2007, págs. 9-49.

Sin embargo, la ley de educación vigente[36], en su artículo correspondiente a «educación lingüística», se refiere al «respeto de las variedades lingüísticas, la reflexión sobre la lengua, la consideración de las diferentes lenguas maternas existentes en el país (español del Uruguay, portugués del Uruguay, lengua de señas uruguaya) y la formación plurilingüe a través de la enseñanza de segundas lenguas y lenguas extranjeras».

Asimismo, diversas leyes y códigos[37] asumen el uso del español para los trámites legales y judiciales, dado que establecen que, en caso de presentarse escritos en otra lengua, deberán traducirse al español, y de manera similar se refieren al procedimiento para interactuar en instancias orales con personas no hispanohablantes.

Por otra parte, en la actualidad el así llamado *lenguaje inclusivo* es motivo de tensión y discusión en Uruguay, como sucede en otras partes del mundo, con su vertiente institucionalizada[38] y su vertiente proveniente de los movimientos sociales, ambas objeto de polémica.

---

36. Ley 18437 (Ley General de Educación).

37. *Ley 15441. Documentos extranjeros. Régimen para la legalización*; artículo 779 de Código Civil; artículo 72 del Código General del Proceso; artículo 79 de la Ley 15514; artículos 42 y 91 de la Ley 16871 (Registros Públicos); artículos 91, 92, 93 y 159 de la Acordada 7533 (Reglamento Notarial) de la Suprema Corte de Justicia.

38. En 2010, el Congreso de Intendentes, que reúne a las autoridades departamentales de Uruguay, difundió una *Guía de lenguaje inclusivo*, que fue impulsada por su Comisión de Género y contó con el apoyo de la Agencia Española de Cooperación Internacional para el Desarrollo.

Estado del español de Honduras. Aproximaciones desde la revisión bibliográfica

MELISSA MERLO
MARÍA VARGAS
DILIA CELESTE MARTÍNEZ [becaria MAEC-AECID]

Academia Hondureña de la Lengua

INTRODUCCIÓN

Hablar del estado del español de Honduras es hablar del estado de la cultura de una región de Centroamérica que presenta una policromía de raíces y de lenguas que confluyen, enriquecen y permiten la evolución del español hondureño. El estudio que aquí presentamos marca el inicio de una investigación formal que está planteada con un carácter permanente, es decir, que se irá alimentando con los trabajos investigativos que sobre el tema planifique la Academia Hondureña de la Lengua.

Este estudio se realizó en tres etapas. La primera etapa comienza con la recopilación bibliográfica de una serie de documentos que fueron siendo seleccionados por las investigadoras, y que van desde artículos publicados en revistas especializadas, arbitradas y no arbitradas, hasta libros escritos por especialistas en lengua y literatura. Se presenta la revisión bibliográfica de cada uno de ellos, condensando las ideas principales y las características relevantes de los autores y de los escritos. La segunda etapa comprende la realización de la clasificación y revisión de los documentos con el objetivo de agruparlos de acuerdo con sus características. Se realizó una lectura profunda de cada documento para, posteriormente, escribir una síntesis de su contenido. La tercera etapa consistió en la integración de las síntesis que se presentan en el apartado de *Hallazgos y discusión teórica*.

El español de Honduras, como todos los españoles fuera de la península ibérica, posee características propias que merecen ser estudiadas, como de hecho lo han sido ya. Para darle un espacio y un énfasis formal, la AHL tiene como propósito, para este estudio, el de darle seguimiento a las investigaciones realizadas desde la etapa precolombina hasta nuestros días. De esta forma, podrán plantearse investigaciones puntuales sobre nuestro español y las demás lenguas de nuestra región.

METODOLOGÍA

Etapa 1

Esta primera etapa del estudio ha sido desarrollada durante los últimos meses a partir de abril de 2021 y ha sido promovida por la solicitud recibida de la Real Academia Española (RAE), que, por medio de la Asociación de Academias de la Lengua Española (ASALE), ha lanzado una convocatoria sobre el tema en cuestión para ser publicado en la *Crónica de la lengua española 2021*, gestada por ambas instituciones.

Luego de varias reuniones entre las investigadoras, se concretan los objetivos siguientes para este estudio:

Objetivo general

Conocer el estado del español de Honduras desde los estudios y publicaciones realizados por hondureños y extranjeros.

Objetivos específicos

- Identificar los documentos publicados sobre el español de Honduras desde la época precolombina hasta nuestros días.
- Exponer el contenido de cada documento de forma sucinta y ordenada para dar a conocer sus orígenes y sus alcances con respeto al estado del español de Honduras.
- Explorar los documentos publicados en los que se muestra el español de Honduras y su relación con las lenguas originarias.

Con los objetivos planteados, se procedió a la búsqueda y recopilación de los documentos. El espacio ubicuo del Internet, con sus repositorios de revistas arbitradas y no arbitradas, y los archivos de bibliotecas personales y públicas, fueron y seguirán siendo la base fundamental de esta investigación.

Etapa 2

La segunda etapa consistió en la clasificación de los documentos recolectados hasta ahora. Fueron catalogados de acuerdo con sus características principales: autores, temas, tópicos, cronología, regiones, fechas de publicación, abordajes y similares. Una vez clasificados, cada investigadora seleccionó los documentos sobre los que basaría su presentación y análisis. Luego, se procedió a la revisión profunda de cada documento para esbozar su síntesis y características principales, presentadas aquí en la sección de *Hallazgos y discusión teórica*.

Etapa 3

En esta etapa se realizó la integración y unificación de los trabajos desarrollados por las investigadoras. Se organizaron de acuerdo con su contenido y fechas de realización para permitir que la fluidez histórica del estado del español en Honduras tome su curso y pueda ser apreciado desde un punto de vista que es factible reconocer. Los estudios de abordaje cronológico tienen la ventaja de poder ser enriquecidos en cualquier momento, solo con la inclusión de los nuevos hallazgos en el espacio y tiempo que les corresponda dentro de la investigación.

HALLAZGOS Y DISCUSIÓN TEÓRICA

Documento 1. *Contribuciones a la historia del español de Honduras: edición y estudio de documentos hondureños del siglo* XVIII

En este documento, Ramírez Luengo (2004) presenta algunos datos sobre la situación lingüística en la Honduras del siglo XVIII tomando como base cinco cartas, cuatro oficiales y una privada, que se datan en Comayagua entre 1711 y 1750. Respetando en su totalidad el documento original transcrito con el propósito de acercarse al estado de la lengua de la época, realiza un estudio con el que pretende describir una parte de la lengua formal de los grupos cultos de la Honduras del momento. A continuación, se detallan los hallazgos:

a) *Grafías:*

Encuentra, únicamente en uno de los textos, la <ç> y la <rr> inicial (*notiçia, çielo, ocaçión, rrecono*çiendo).

La <th> la encuentra en todos los textos, exclusivamente en la palabra *cathedral.*

La <qu-> inicial con vocal no palatal se encuentra en palabras como *quanto, quarentta.*

La <y> inicial, especialmente en términos como *yglesia, Yndias, Ygnacio*; también en diptongos decrecientes (*Reynos, Reymundo*).

La /x/ como representación del fonema fricativo velar sordo (*executen*).

En ocasiones un fonema es representado por distintas grafías, como es el caso de la /b/, que se encuentra como <v> y como <u>. El mayor empleo de <v>, en posición inicial, y <u>, en otros contextos. También se descubre variación gráfica en el fonema /y/ representado con <y> o <i> (*Comaiagua*).

Se descubren casos de grafías dobles, como <*ll*> en *mill, collección,* <*ss*> o <*tt*> en *passado, expressa, secrettario, vacantte.*

b) *Nivel fonético fonológico:*

Se encuentran fenómenos corrientes en todo el ámbito hispánico, como la asimilación de /n/ ante /m/ en *conmemoración*; destacan abundantes confusiones en las sibilantes en todos los contextos fónicos (*selebrado, favorese, marquez, sinco, Yglecia, vicita, resibio, mesclar*).

c) *Nivel morfosintáctico:*

Se observa que alternan las variantes *de el* y *a el* con *del* y *al*. También es destacable la ausencia sistemática del artículo ante las fechas (*Rezevimos la de Vssa de 30 de septimbre 1715, por breve de Su Santidad Ocho de marxo, 1742*). Aparece la oposición entre *diócesi* y *diócesis* como forma de marcar la diferencia de número.

d) *Nivel léxico:*

Aparecen numerosos términos pertenecientes a los campos semánticos de la administración colonial (*Cabildo Eclesiástico, Real Cédula, Sede Vacante, Real Despacho, Breve, Decreto, Prebendas*, etc.) o la Economía y el Comercio (*Mercadurías, Importes, Exacción, Subsidio, Ducados, Colección*, etc.). También se encuentran algunos términos con significado diferente del actual, tales como *luego* con el valor etimológico de 'inmediatamente, al momento' (*Y rreconoçiendo q uno y otro beneficio uiene de la mano de Dios, que fauorese la Justicia de Vrâ Magd. tan Manifiestamente recurrimos luego en una y otra ocaçion a darle las deuidas graçias, 1711*).

Se registra también el empleo de *próxime* (*23 de Octubre del Año Año* [sic] *proxime pasado, 1742; con fhas de dies de Agosto del año proxime passado de quarenta y nueve, 1750*), que podría considerarse un arcaísmo mantenido en esta documentación.

Documento 2. *El español de Honduras a través de su bibliografía*

Con este aporte, Herranz (1990) pretende presentar un panorama que muestre los estudios realizados sobre el español de Honduras hasta 1990, donde se refiere a las características fonéticas, morfosintácticas y léxicas señaladas en los trabajos reseñados, con el objetivo de proponer elementos que considerar en trabajos posteriores. A continuación, se presenta un resumen de los estudios que fueron reseñados por Herranz:

a) *Estudios fonético-fonológicos del español de Honduras*:

Estos estudios los divide en dos etapas: una, que se inicia a finales del siglo XIX con la publicación del *Diccionario de hondureñismos* de Alberto Membreño en 1895 y termina en 1982 con la publicación de los trabajos de D. L. Canfield y H. L. Van Wijk. La segunda etapa se inicia en 1983 con la publicación de trabajos específicos del habla hondureña: «Reducción de la /s/ en el español de Honduras», de J. M. Lipski y la tesis de doctorado de A. L. López Scott, «A sociolinguistic analysis of /s/ variation in Honduran Spanish». En esta etapa los estudios fonético-fonológicos del español de Honduras no se registran; sin embargo, a través del análisis sistemático de artículos, vocabularios y diccionarios de hondureñismos publicados entre 1895 y 1982 se obtienen algunas características fonético-fonológicas del español de Honduras.

b) *Estudios morfosintácticos:*

En cuanto a estos estudios, Herranz señala que no existían estudios sintácticos del español de Honduras; indica que hay algunos estudios morfológicos, en especial de los sufijos derivativos. El estudio morfosintáctico más completo hasta esa fecha del habla hondureña, según Herranz, es el de H. L. Van Wijk, «Algunos aspectos morfológicos y sintácticos del habla hondureña». Los sufijos derivativos, especialmente los aumentativos y diminutivos, son el aspecto morfológico del español de Honduras más estudiado; además del trabajo de Van Wijk, está el de «Los gentilicios hondureños», de A. Hernández y M. J. Rivera (1971).

c) En este apartado reseña los diccionarios de hondureñismos, los vocabularios regionales y locales, los principales diccionarios de topónimos, vocabularios de flora y fauna y algunos estudios y glosarios de hablas jergales. Señala como primer diccionario de hondureñismos el de Alberto Membreño, quien publicó en vida tres ediciones, considerando la tercera como la más completa. Las dos primeras ediciones fueron publicadas en 1895 y 1897 con el título de *Hondureñismos. Vocabulario de los provincialismos de Honduras.* La tercera y cuarta ediciones fueron publicadas en México en 1912 y 1921, respectivamente. La quinta edición se publicó en Tegucigalpa en 1982. Aquí, Membreño registra una gran cantidad de hondureñismos y algunas expresiones y refranes.

Documento 3. *Atlas Lingüístico-Etnográfico de Honduras (ALEH). Nivel léxico*

Ventura (2013) registra en este documento el proceso que llevó a cabo para la realización del *Atlas Lingüístico-Etnográfico* y presenta algunos ejemplos sobre lo encontrado. Según su análisis, los estudios más abundantes del español de Honduras son a nivel léxico, con un 76.5 %. En este documento encontramos el listado de campos semánticos utilizados en la encuesta, que se pueden usar para realizar una gran cantidad de estudios etimológicos, semánticos y léxicos. En las conclusiones, Ventura se formula una serie de preguntas con el fin de motivar a los investigadores a buscar las respuestas. Se plantea preguntas como las siguientes:

1) Basándose en la afirmación de J. Lipski, en 1989, que afirmaba que Honduras era una «zona de transición dialectal» en el contexto dia-

lectal centroamericano a juzgar por el comportamiento del fonema /s/, se pregunta: ¿se comporta Honduras como una «zona de transición dialectal» en lo que respecta al componente léxico?

2) ¿Es el componente léxico del español de Honduras básicamente de base española, o entran en juego palabras de usos de las lenguas indígenas del área?

3) ¿Comparte Honduras rasgos etnolingüísticos con el resto de los países centroamericanos o se podía hablar de una zona aislada?

4) ¿Hasta qué punto conviven rasgos culturales indígenas con los de origen español en un país netamente híbrido?

5) ¿Cuáles hondureñismos señalados por Alberto Membreño y Jeremías Cisneros tienen aún vigencia en el *ALEH* a las puertas del siglo XXI?

Preguntas que, según él, solo se podrán responder en la medida en que los investigadores abran los mapas de que se compone el atlas y analicen sus contenidos.

Cabe señalar que, tomando como base este atlas, se han realizado cantidad de investigaciones donde se han identificado las características del español de Honduras en la actualidad.

Documento 4. *Actitudes lingüísticas en Honduras*

El estudio *Actitudes lingüísticas de los hispanohablantes hacia el idioma español y sus variantes*, dirigido por Ana Beatriz Chiquito y Miguel Ángel Quesada Pacheco (2014), incluye los aportes de investigadores de veinte países donde el español es el idioma oficial (Argentina, Bolivia, Chile, Colombia, Costa Rica, Cuba, Ecuador, El Salvador, España, Guatemala, Honduras, México, Nicaragua, Panamá, Paraguay, Perú, Puerto Rico, República Dominicana, Uruguay y Venezuela). En el capítulo titulado «Actitudes lingüísticas en Honduras», elaborado por Hilcia Hernández, lingüista hondureña y miembro de número de la Academia Hondureña de la Lengua, se determinó cuáles y cómo son las actitudes lingüísticas de los hablantes de Tegucigalpa hacia el español de Honduras y su afinidad con el español del resto de los países hispanohablantes. Al recontar y describir investigaciones de esta naturaleza (Hernández, H., 2014, pág. 722), afirma que la investigación lingüística en Honduras se ha limitado hasta ahora a la lexicografía y al estudio de las lenguas indígenas, y con mucha razón, en vista de que nuestro contexto es plurilingüe y pluricultural. Gracias a la ayuda de sus informantes, H. Hernández (2014) identifica, dentro de las actitudes positivas, que la población cataloga al español que se habla en la zona central como el de más prestigio, por considerar que las personas están más educadas y, por lo tanto, hablan mejor; le sigue la ciudad de San Pedro Sula, considerada la ciudad más importante de la zona norte. Dentro de las actitudes negativas, descubre que la zona oriental es la región señalada como la que habla el peor español, por considerar que sus habitantes mezclan el español con las lenguas indígenas (misquito), tienen un acento distinto, no dominan el español en su totalidad, son analfabetas o carecen de educación, entre otros aspectos negativos.

Para caracterizar el habla correcta los informantes mencionan aspectos como la buena pronunciación y ubican esta característica como la más importante, seguida por el buen uso de las palabras y también del hecho de expresarse de manera moderna, lógica y correcta. El país señalado como el que habla el español más correcto es España, ya que consideran que los españoles tienen una pronunciación clara, que hablan el verdadero español, que tienen un mejor acento y hablan con claridad. Además, piensan esto porque consideran que allí nació el idioma español y la RAE está ubicada en Madrid. El estudio refleja que solo una pequeña parte de la población entrevistada (8.8 %) expresa una actitud positiva respecto al español hablado en Honduras, ya que considera que en Honduras se habla el español correcto. A la hora de identificar el país que habla de manera incorrecta, México fue el que obtuvo, casi de manera inmediata, el primer lugar, al considerar que el español que ellos hablan es muy vulgar y que no pronuncian bien las palabras.

Documento 5. *Política del lenguaje en Honduras (1502-1991)*

Según consideraciones de Herranz (2002), en su tesis doctoral acerca de las *Políticas del lenguaje en Honduras (1502-1991)*, Centroamérica y el continente en general eran un mosaico de lenguas indígenas. Además, describe el proceso de las políticas lingüísticas que fueron aplicadas en este continente a partir del período de la conquista. Su objetivo principal se basó en analizar las estadísticas lingüísticas de Honduras y señala el pasado, presente y futuro de las lenguas no españolas que se hablaban y algunas de las que todavía se hablan: náhuatl, lenca, maya-chortí, paya, jicaque, sumo, misquito y garífuna. Así que, para la supervivencia de estas lenguas, él propone la instauración de una política bilingüe y bicultural. En primer lugar, es necesario aclarar que el español no fue la única lengua enseñada a los indígenas de este territorio. Con referencia a la lengua empleada durante la conquista y la colonia, América pasó por tres etapas en cuanto a la enseñanza de un código lingüístico: política monolingüe castellana (1502-1569), política plurilingüe (1570-1769), vuelta a la política monolingüe (1770-1820). El autor explica que la política monolingüe que representó la enseñanza del castellano fue interrumpida por una plurilingüe, para luego retomar la primera nuevamente. Asimismo, señala que esto fue debido a la gran cantidad de indios, cuyas lenguas eran diversas. Por lo tanto, se acordó que en Nueva España (México) y en muchos territorios de Centroamérica se oficializaría el náhuatl como lengua general y el español en los demás territorios de América; la expansión del náhuatl se dio por varias vías y en dos momentos históricos diferentes: el prehispánico y el colonial. Antes de la llegada de los españoles, había en Honduras asentamientos nahuas en Naco, los sitios de Guaymoreto, Chapagua y Papayeca, de la provincia de Hueymollan, valle de Sula, la zona de Sulaco, valle de Olancho, márgenes del río Guayape (Hueyapan), un grupo en el valle del Aguán y varios en el de Comayagua. En el periodo colonial, los españoles que vinieron con Cortés fundaron pueblos de indios mexicanos junto a sus villas para su defensa [...]. Para el auge del náhuatl fue de vital importancia el hecho de que los españoles trajeran como personas de confianza a indios mexicanos y que los primeros doctrineros utilizaran esta lengua para la cristianización de los naturales de Honduras (Herranz, 2002, págs. 57-58).

Más adelante, la política plurilingüe tuvo que ser abolida cuando los españoles se dieron cuenta de que en la mayoría del continente la lengua que en realidad predominaba era el español y la política monolingüe fue retomada. Pese a que en 1821 la colonia fue erradicada debido a los procesos independentistas, el español continuó siendo la lengua oficial del continente americano, incluso no existiendo una orden por parte de los gobernantes, cuando ya América se encontraba independizada del Reino de España. En la actualidad así continúa siendo, aunque algunos países como Paraguay y Bolivia ya han implementado políticas plurilingües. A ello debería aspirar un país tan multilingüe como Honduras, sin dejar de lado la lengua que lo une con más de una veintena de naciones: el español.

Documento 6. *El español de América Central ayer, hoy y mañana*

El español hablado en los distintos países que conforman el territorio centroamericano no ha contado con suficientes estudios que, a través del tiempo, hayan reflejado el estado de sus respectivos niveles de análisis: fonético, morfosintáctico y léxico. Esta problemática ya la había advertido Atanasio Herranz en su estudio sobre *El español de Honduras a través de su bibliografía* (1990), cuando se refiere de manera general a los estudios del español de Centroamérica mostrando, por un lado, el gran camino que falta por recorrer para igualarse a otras áreas de América y, por otro, el desequilibrio de estudios dentro de la propia área (pág. 64).

Para hacer frente a esta situación, Miguel Ángel Quesada Pacheco, lingüista y miembro de número de la Academia Costarricense de la Lengua (ACL), publicó el artículo «El Español de América Central ayer, hoy y mañana» en el *Boletín de Filología*, tomo XLIII (2008), págs. 145-174. Con esta valiosa aportación (Quesada Pacheco, 2008, pág. 160) describe cómo ha sido estudiado el español centroamericano, cuyos inicios se remontan a la época independentista (1821). Afirma que dichos estudios se han realizado de manera escasa y fragmentada, atribuyendo mayor enfoque a la lexicografía y la normativa, dejando de lado otras perspectivas de estudio lingüístico. Explica que, debido a este factor, destaca más el componente léxico-semántico en trabajos lexicográficos, por encima de la fonética y morfosintaxis. Muestra, además, una comparación de los trabajos según su enfoque durante el siglo XX, tomando en cuenta únicamente los glosarios y diccionarios generales, no los vocabularios especializados:

País	Fonética		Morfosintaxis		Léxico	
	Número	Porcentaje	Número	Porcentaje	Número	Porcentaje
Guatemala	5	9,4	7	13,2	41	77,3
El Salvador	4	36,3	0	0	7	63,8
Honduras	5	10,2	5	10,2	39	79,5
Nicaragua	8	11,7	17	25	43	63,2
Costa Rica	23	21,6	24	22,6	59	55,6
Panamá	16	41	4	10,2	19	48,7
TOTAL	61	18,7	57	17,4	208	63,8

Cuadro 1. Estudios sobre el español americano en el siglo XX. Fuente: tomado de datos obtenidos por López Morales (1999) citado por Quesada Pacheco (2008).

Como resultado se observa que, dentro de los estudios lingüísticos realizados en este periodo de tiempo, claramente la mayoría son de léxico, resultando el 63 % de esta índole; los de fonética y morfosintaxis tienen un porcentaje semejante entre sí: 18.7 % y 17.4 %, que juntos no representan ni la mitad total de los estudios. El autor argumenta que en el siglo XIX comenzó el interés por estudiar la relación que había desarrollado el español en contacto con las lenguas indígenas. Esto significó el inicio de la era dominada por la teoría del sustrato, la cual sostiene que el español de América ha sido fuertemente influido por las lenguas indígenas. De igual manera explica que de todas las lenguas amerindias fue el náhuatl la que más interés causó en los estudiosos de la época: esta tendencia, que bien se podría llamar nahuatlista o nahuatista, se intensifica a partir de la segunda mitad del siglo XX con la publicación de estudios como los de O. Schumann (1987) para Guatemala, P. Geoffroy (1982 y 1987) para El Salvador, V. Arroyo (1953) para Costa Rica y C. Mántica (1989 y 2000) para Nicaragua. El interés por el sustrato indígena llegó a ser tan intenso que varios defensores de esta tendencia llegaron, por una parte, a ver el español centroamericano como un castellano forrado de voces y giros lingüísticos de origen náhuatl; y, por otra, a creer que el contacto fue anterior a la conquista española y, en consecuencia, el caudal de voces náhuatl en el español es herencia precolombina (Quesada Pacheco, 2008, pág. 19).

Sin duda alguna, este estudio es de sumo interés para los especialistas e investigadores que buscan conocer cómo se ha manifestado el español en el área dialectal de Centroamérica. Representa, además, el inicio de un gran proyecto de investigación que poco años después vendría a cambiar totalmente el panorama del istmo centroamericano: Variación Lingüística en América Central, dirigido por este autor a través del Departamento de Lenguas Extranjeras (Sección de Español y Estudios Latinoamericanos) de la Universidad de Bergen, Noruega, donde se desempeña como docente e investigador. Dicha iniciativa surgió a partir de esta escasez de estudios sobre el español de esta región y con la intención de recopilar los rasgos del habla cotidiana desde los niveles de análisis fonético, morfosintáctico y léxico.

Documento 7. *Atlas Lingüístico Pluridimensional de Honduras (ALPH). Nivel morfosintáctico*

Como ya se ha expuesto, la falta de estudios sistemáticos sobre el español de Centroamérica ha significado un reto para los especialistas que se han interesado por estudiarlo. A partir de este panorama, Miguel Ángel Quesada Pacheco apoyó la creación del *Atlas lingüístico pluridimensional de Honduras (ALPH). Nivel morfosintáctico*, elaborado por el lingüista hondureño Ramón H. Torres, a través del proyecto mencionado anteriormente, Variación Lingüística en América Central, cuya meta principal es levantar mapas puntuales o analíticos en los niveles fonético, morfosintáctico y léxico mediante la recogida de datos en distintas localidades que conforman el istmo centroamericano (Hernández Torres, R. A., 2013, pág. 10). Ahora bien, es necesario mencionar estudios sobre el nivel morfosintáctico en el área dialectal de Honduras que este autor toma como referencia: *Algunos aspectos morfológicos y sintácticos del habla hondureña* (1990), realizado por Henri L. A. van Wijk; *Los sufijos no españoles y las innovaciones sufijales en el español centroamericano* (1990), de Gary E. A. Scavnicky; *Temas sobre el español de Choluteca y El Paraíso, Honduras* (1994), de Antonio Medina Rivera; y *Los pronombres de tratamiento en el español de Honduras* (2001), por Amanda Castro (págs. 14-15). En la actualidad, una de las publicaciones más recientes es *El español hablado en Honduras. Análisis morfosintáctico de los diálogos en la novela* Cipotes *de Ramón Amaya Amador* (2020), realizada por Andrea Linder. Este estudio posee una evidente metodología cualitativa, la cual demuestra que ya se está dejando atrás la perspectiva únicamente subjetiva que en el siglo pasado caracterizó los estudios lingüísticos de esta región.

El hallazgo más destacable de esta investigación radica en que, generalmente, el nivel morfosintáctico ha sido el menos estudiado. El autor explica que esto es debido a que resulta más difícil establecer zonas dialectales desde estudios de esta índole que cuando se ha logrado con base en estudios fonéticos y léxicos. También la falta de antecedentes y referencias en la investigación del nivel morfosintáctico hace que se dificulte la continuidad de estos. Por tales razones, Hernández Torres, R. A. (2013) pretendió ir más allá, y la metodología de este gran aporte consistió en lo siguiente: recolección del material, procesamiento de los datos, cartografiado de los materiales y preparación de los mapas. Durante la recolección del material se requirió la obtención de un corpus que sería la base de este atlas. El aspecto más importante fue contar con la selección de localidades e informantes, la elaboración del cuestionario y la realización de las entrevistas (págs. 21-22).

Cabe explicar que el cuestionario que implementó fue el mismo que elaboró Quesada Pacheco (1992) para el *Atlas lingüístico-etnográfico de Costa Rica,* y las localidades representadas en estos mapas fueron las 18 cabeceras departamentales y, sobre todo, los municipios de Danlí, El Progreso y San Pedro Sula, pues para el autor son ciudades de suma importancia. Entre los elementos morfológicos que más se analizaron y resultan interesantes, están la morfología nominal (género, número, formas de tratamiento, pronombres enclíticos, la derivación) y la morfología verbal (variaciones, modos y tiempos, fraseología). Además, este estudio contribuyó a la delimitación de zonas dialectales de Honduras según el uso de los componentes morfológicos que han sido mencionados.

Documento 8. *Español a lo catracho. Análisis de hondureñismos en dos discos de música popular*

Los regionalismos son un objeto de estudio muy complejo, debido a lo difícil que es determinar fronteras idiomáticas en el mundo hispanohablante. Pese a esto, en el 2012 Eva Ochoa Blomberg realizó un estudio titulado *Español a lo catracho. Análisis de hondureñismos en dos discos de música popular,* cuyo corpus fue la letra de 25 canciones que forman parte de discos de dos cantantes hondureños contemporáneos: *El tesoro que tenés* (editado en 2005), de Guillermo Anderson, y *Hablo español* (2011), de Polache; el primer disco cuenta con 10 canciones, y el segundo, con 15.

Blomberg (2012) explica que el objetivo principal de esta investigación es determinar la presencia de hondureñismos en las letras de 25 canciones. Se utilizará un método mixto: en principio, un análisis cuantitativo de los hondureñismos en las dos colecciones de textos y, seguidamente, un análisis diacrónico desde una mirada onomasiológica, utilizando para ello tres compilaciones de hondureñismos realizadas por otros autores en el marco temporal 1895-2012. Se intentará clasificar, leyendo verso por verso las 25 canciones, las palabras que no correspondan al español estándar únicamente, sino que presenten una connotación específica diferente al uso dado en España.

Es preciso mencionar que la autora no es originaria de Honduras y este detalle hace que el estudio resulte más interesante. Algo que debe ser objeto de atención para los lingüistas hondureños es la siguiente afirmación: en la búsqueda de información sobre el español de Honduras no se han encontrado estudios específicos sobre hondureñismos en la música del país, así que, ante la carencia de referentes, se ha tomado la iniciativa de investigar en este campo, tomando en cuenta la relevancia de la música como elemento propagador de las voces en uso en una sociedad (Blomberg, E. O., 2012, pág. 7).

La idea de realizar una comparación de cambios conceptuales de hondureñismos en el periodo comprendido desde 1895 hasta 2012 en canciones de artistas hondureños sin duda alguna es una novedad para los estudios que se han realizado hasta la fecha. Asimismo, un dato relevante es que en sus conclusiones afirma no haber encontrado *«hondureñismos puros»,* sino vocablos propios de Centroamérica como región dialectal. A partir de esto conviene reflexionar sobre lo necesario que es llevar a cabo proyectos de investigación que sean capaces de describir las variedades lingüísticas propias de cada región.

Documento 9. *Desafíos y nuevos paradigmas en la educación multilingüe en Honduras*

Este artículo, publicado por la revista *Proyecto Lingüístico de Guatemala* y escrito por el doctor Andoni Castillo en el año 2014, contiene varios apartados en los que expone y analiza las perspectivas de la política intercultural en la educación superior en Honduras. El primer apartado, *La práctica de la interculturalidad en el contexto hondureño,* trata sobre la importancia de tomar en cuenta la diversidad cultural, la convivencia de las culturas y la interacción entre ellas. Prevalece la idea de «concebir una comunicación intercultural [que] a la vez percibe una interacción con habilidad de comprender a descifrar los códigos y desencadenar los significados» (pág. 1). Esto para decir que la barrera de las lenguas debe ser estudiada y superada, y que no siempre se logra con el uso del español. Asimismo, cuenta la experiencia del modelo de inclusión que maneja la Universidad Nacional de Agricultura de Honduras.

El siguiente apartado se denomina *Hacía una política intercultural de la educación superior*. Habla de la histórica desigualdad del acceso a la educación superior y de la imposición del Estado a los grupos originarios de hablar el español sin tomar en cuenta sus particularidades lingüísticas y culturales. Con el correr del tiempo, en el año 1982 se acepta la inclusión de planes específicos para las etnias y se trata de plantear un balance entre el español y las lenguas maternas, situación que no se logra en ese momento, ya que, de acuerdo con la Constitución de la República, es el español el idioma oficial de la educación nacional. Luego, el autor contextualiza la evolución de las reformas educativas curriculares hasta llegar a una educación bilingüe para los grupos indígenas y afrodescendientes.

El artículo continúa con un apartado llamado *Análisis del contexto de la educación superior en Honduras*. Aquí se plantea la educación intercultural como un proceso dinámico que necesita personal docente con los conocimientos, destrezas y actitudes necesarias para interactuar dentro de una sociedad pluricultural y multilingüe. Aunado a esto, el autor plantea la interrelación entre lo cultural, lo socioeconómico, lo educativo y lo político, y cómo estos aspectos deben tomarse en cuenta para conocer los impactos que tendrán en la educación multicultural. El planteamiento de nuevas dinámicas entre las culturas no puede dejarse de lado. Se presenta la idea de la etnoeducación, que debe ser desafiada con el objetivo de evitar el paternalismo y autoritarismo de una etnia sobre la otra. Desde la etnoeducación se plantea el abordaje de las luchas de las etnias, del discurso social, nacional e internacional, del conocimiento del español y de todas las particularidades de cada cultura.

Hacia una cátedra de Estudio Multicultural de Honduras se llama el subsecuente apartado. En él se trata la idea de que la educación intercultural debe realizarse cumpliendo todas las normas académicas, se deben preparar los programas de estudio y tratar, con sumo cuidado, la formación de los docentes. Todo ello implica una comprensión, bien trabajada, de la diversidad. Presta especial atención al establecimiento de un diálogo entre los elementos geográficos, culturales y, sobre todo, lingüísticos. Se manifiesta que el enfoque intercultural debe estar listo para reconocer que los elementos culturales, comunicativos, lingüísticos y sociales confluyen en la atención a la diversidad y a la equidad en educación.

Se presenta luego el apartado final, que se llama *Fundamento intercultural y multicultural*, y que presenta varios fundamentos que enmarcan la educación intercultural. La idea principal de este apartado es el planteamiento del diálogo cultural entre los diferentes actores del sistema educativo y de la sociedad en general. Dicho diálogo debe demostrar la apertura y el compromiso del Estado en el desarrollo de la educación intercultural, principalmente en el sostenimiento y cuidado de las lenguas autóctonas.

Documento 10. *Situación de la educación bilingüe intercultural en Honduras, retos y desafíos*

En este artículo, realizado por los especialistas en investigación educativa de la Universidad Pedagógica Nacional Francisco Morazán de Honduras (UPNFM), publicado en el año 2012 en el *Boletín del Observatorio de la Realidad Educativa Nacional de Honduras*, se plantea el resultado de una investigación sobre la educación bilingüe. El artículo está divido en varios apartados, que abordan el problema de la educación bilingüe e intercultural de la manera que se explica a continuación.

En el primer apartado, que corresponde a la *Introducción*, se expresa el resumen del artículo, exponiendo que el Estado de Honduras promulgó el español...

> ... como lengua oficial del Estado desde 1881, se reiteró en las Constituciones subsiguientes, y esta situación se mantiene aún en la Carta Magna vigente de 1982. A través de esta política de exclusión lingüística de las lenguas indígenas, varios pueblos [...] vieron extinguirse sus lenguas; con ello, perdieron gran parte de su bagaje cultural y paulatinamente fueron 'españolizándose', lo que en definitiva era la intención final del Estado-nación hondureño, que consideraba las lenguas nativas como 'salvajes' e 'inferiores' (pág. 1).

El siguiente apartado se titula *Situación de los pueblos indígenas y negros en la actualidad*. En él se presentan datos demográficos específicos de los pueblos autóctonos de Honduras. Toma como fuentes primarias el Banco Mundial, el Fondo Hondureño de Inversión Social y el Instituto Nacional de Estadísticas. Presenta, además, una tabla denominada *Pueblos indígenas y afrodescendientes de Honduras*, en donde menciona datos específicos de los siguientes pueblos: garífunas, lencas, misquitos, negros de habla inglesa o creoles, tolupanes o jicaques, maya-chortíes, pech o payas, *tawahka*-sumos.

El apartado siguiente se titula *Estadísticas de la situación de la Educación Bilingüe Intercultural en Honduras*. En él se presentan datos históricos de la creación de la Educación Bilingüe Intercultural (EBI) bajo el Acuerdo Presidencial Número 0719-EP. Este acuerdo es de importancia, ya que, en él, por vez primera, se menciona y se reconoce que Honduras es un país pluricultural y plurilingüístico. Además, presenta un cuadro titulado «Inventario de materiales para preescolar, primero, segundo y tercer grados en siete lenguas y español como segunda lengua» del PRONEEAAH, en donde enlista una serie de textos académicos bilingües, en español y en las diferentes lenguas hondureñas. Este apartado también menciona que, en el año de 2005, se echa a andar un programa especial de formación de docentes de educación intercultural bilingüe. Entre los módulos que los docentes en formación estudiaron se encuentra un módulo conceptual sobre educación intercultural bilingüe, un módulo sobre lengua materna y un módulo, entre otros, sobre el español como segunda lengua. Para terminar, el artículo muestra una serie de gráficos que dan a conocer datos relacionados con los docentes en formación y los docentes formados en la Educación Intercultural Bilingüe, las tasas de aprobación y reprobación de los estudiantes de pueblos indígenas en el nivel de educación básica, y concluye presentando las perspectivas de la Educación Intercultural Bilingüe en Honduras.

Documento 11. *Diccionario de las lenguas de Honduras*

La realización del *Diccionario de las lenguas de Honduras* fue coordinada por el Dr. Víctor Manuel Ramos y dirigida por la Academia Hondureña de la Lengua. Publicado en Honduras en el año 2013, este diccionario vino a llenar uno de los vacíos epistemológicos que el español y las lenguas autóctonas hondureñas tenían. En sus páginas preliminares, el diccionario menciona las personas que tuvieron el rol de traductores de las diferentes lenguas al español, y viceversa. Enlista las lenguas autóctonas, que son las siguientes: español, chortí, garífuna, isleño, misquito, pech, *tawahka* y tolupán. A continuación, siempre en las páginas iniciales, el excelentísimo señor embajador de España en Honduras, don Luis Belzuz de los Ríos, hace la presentación oficial de la obra. Alude a la difusión global de la obra por medio de las plataformas virtuales, situación que permite que el diccionario sea de fácil acceso y sin costo alguno. Seguidamente, tiene lugar la presentación del director de la Academia Hondureña de la Lengua de ese periodo, don Marcos Carías, quien vierte su opinión sobre la presencia de las lenguas autóctonas en el momento de la conquista y la colonia, y la forma en que algunas sobrevivieron y otras no.

En las páginas subsiguientes se presenta el prólogo del texto, realizado por el coordinador del diccionario, el Dr. Víctor Manuel Ramos. En él expresa las motivaciones que lo llevaron a plantear la realización del diccionario, las vicisitudes que experimentó y la anuencia y compromiso de la Academia Hondureña de la Lengua al tomar en su seno el desarrollo del proyecto. Uno de los pilares en que se fundamentó el proyecto fue en el criterio altruista, académico y profesional del director de la Academia en el tiempo en que surgió el proyecto, el poeta Óscar Acosta. El diccionario se concluye bajo la dirección de la Academia Hondureña de la Lengua de don Marcos Carías, cuyos altos criterios de ética y de trabajo académico apoyaron la finalización del diccionario, por supuesto con el respaldo de otros miembros de número de la AHL. Seguidamente, el Dr. Ramos explica el orden y las claves en que se encuentran las palabras en el diccionario, que es el siguiente: chortí - Ch, garífuna - G, isleño - I, misquito - M, pech - P, *tawahka* - Ta y tolupán - To.

El apartado subsiguiente se titula *Características lingüísticas de las lenguas originarias de Honduras*, escrito por el señor censor de la Academia Hondureña de la Lengua, don Ramón A. Hernández Torres. A su vez, el texto está dividido en subapartados. Comienza mencionando la riqueza léxica y multicultural de Mesoamérica, incluyendo Honduras y, a continuación, plantea las especificaciones lingüísticas de las lenguas originarias reunidas en el diccionario.

Seguidamente, introducidos por las magníficas ilustraciones de la artista plástica Mónica Andino, se presentan las palabras en orden alfabético, iniciando con el vocablo en español y siguiendo el orden planteado en párrafos anteriores. El diccionario comienza con la palabra *abajo:* 'hacia lo inferior'. Ch. *ejmar*. G. *ünabu*. I. *down*. M. *munhtara*. P. *abajoha*. Ta. *dinityak* dan. To. *'ala'a*. Y concluye con la palabra *zurrar:* 'castigar con dureza y golpes'. G. *aguluweduni*. I. *deck*. M. *daiwan taya paskiba*. P. *arpísh / ashtapak*. Ta. *anwi dawak dalan bawi kalyamna*. To. *mosipj*. El diccionario finaliza con la presentación de la bibliografía utilizada y los logos de la Embajada de España, el Centro Cultural de España en Tegucigalpa, la Agencia Española de Cooperación Internacional para el Desarrollo y la Academia Hondureña de la Lengua, como instituciones cooperantes para su realización.

Documento 12. *Variación lingüística*

José Ignacio Hualde es el autor de este artículo, titulado *Variación lingüística*. Está dividido en varios apartados, y comienza con el denominado *Variedades geográficas y sociales*. En él posiciona al español como una de las lenguas más habladas en el mundo, así como las distintas variedades de la lengua de acuerdo con la diversidad cultural de cada región. Apunta que las diferencias morfosintácticas y fonológicas son determinantes para reconocer la región geográfica del hablante. Deduce que la variación lingüística se da porque el español es dinámico y porque depende mucho del hablante que lo emplea. Introduce el término variación lingüística social o de sociolectos, ya que la distancia social se ve condicionada por las distancias regionales, como lo rural y lo urbano, que definen la variedad lingüística situacional, conocida como registro. Luego desarrolla los conceptos de las diferentes variantes en el español: variedad estándar escrita, variedad estándar oral y las variedades de contacto.

El segundo apartado se llama *Principales zonas dialectales*, y en él se describen las diferentes regiones en donde se habla español, a saber: 1. El español de España: centronorteño, andaluz, canario. 2. El español de Hispanoamérica. En él hace un recuento de las diferencias que este guarda con el español de España y define sus propias características. Presenta un mapa de los dialectos de Hispanoamérica, así como sus características fonológicas, morfológicas y sintácticas.

En el tercer apartado, *El bilingüismo y el contacto de lenguas*, habla de la convivencia de varias lenguas en una misma región. Comienza explicando los diferentes contactos del español en España: el castellano en contacto con el catalán, con el gallego y con el vasco. Luego, Hualde vuelve a Hispanoamérica y plantea el tema *El español y las lenguas indígenas en Hispanoamérica*. En este subapartado presenta un mapa en donde resalta el mayam, el quechua y el guaraní, mencionando, posteriormente, otras lenguas de los grupos originarios de Latinoamérica. Seguidamente, expone los siguientes puntos principales: el español en contacto con las lenguas mayas, el español en contacto con el guaraní y el español en contacto con el quechua. A continuación, y para cerrar el artículo, presenta dos apartados relacionados por el tipo de estudio al que los somete: *El español y el inglés en Estados Unidos* y *El español y las lenguas criollas*.

CONCLUSIÓN PRELIMINAR

Ha sido muy interesante plantear esta conclusión sobre este estudio preliminar, ya que, como equipo de investigadoras, debimos hacer confluir nuestras ideas y planteamientos, dejando la marca de un autor colectivo en ellas. En ese sentido, este proceso produjo el siguiente pensamiento conclusivo:

El estado del español de Honduras demanda ser estudiado de forma profunda y sistematizada. La relación que el español, como idioma oficial o, sencillamente, como la lengua hablada por la mayoría de los hondureños, mantiene con las lenguas autóctonas necesita ser abordada en profundidad, construyendo planteamientos que permitan hacer estudios comparativos en el ámbito lingüístico y literario. El capital cultural que el español representa en la comunidad hondureña se manifiesta tanto en la creación lingüística y sus variantes como en las creaciones literarias, que por regiones toman diferentes características. Este primer abordaje, en donde confluyen los trabajos realizados por los especialistas, constituye la base para confrontarlos y sistematizar el conocimiento.

RECOMENDACIONES

La Academia Hondureña de la Lengua estrechará lazos académicos y científicos con las universidades hondureñas y centroamericanas, principalmente con las carreras de Lengua y Literatura, Enseñanza del Español, Historia y Antropología, entre otras, para plantear y desarrollar trabajos interdisciplinarios e interinstitucionales. De esta forma, se podrá enriquecer el repositorio de publicaciones que se ha iniciado con esta investigación.

Asimismo, será oportuno y acertado darle continuidad a esta investigación que, por su condición atemporal, podrá ser alimentada y desarrollada en todo tiempo. Este proceso acrecentará el conocimiento sobre nuestra lengua y sobre su relación con las demás lenguas, y motivará el desarrollo de más investigaciones y artículos científicos relacionados con este tema tan interesante, el español de Honduras.

BIBLIOGRAFÍA

Blomberg, E. O. (2012): «Español a lo catracho». Disponible en https://www.academia.edu/11024696/Español_a_lo_catracho. Análisis diacrónico de hondureñismos en dos discos de música popular.

CASTILLO, P. A. (2014): «Desafíos y nuevos paradigmas en la educación multilingüe en Honduras». *Revista Proyecto Lingüístico*. Guatemala. Disponible en https://drive.google.com/drive/u/0/folders/1hr3_Wtr0aTEYiQzeANYT8p4xDxelRumM.

CHIQUITO, A. B. & QUESADA PACHECO, M. Á. (2014): «Actitudes lingüísticas de los hispanohablantes hacia el idioma español y sus variantes» (vol. 5). Bergen. *Language and Linguistic Studies*. [en línea] https://doi.org/http://dx.doi.org/10.15845/bells.v5i0

HERNÁNDEZ, H. (2014): «Actitudes lingüísticas en Honduras», 5, págs. 715-792.

HERNÁNDEZ TORRES, R. A. (2013a): «Atlas lingüístico pluridimensional de Honduras (ALPH). Nivel fonético». Bergen. *Language and Linguistics Studies*, 2(0). https://doi.org/10.15845/bells.v2i0.278

— (2013b): «Atlas lingüístico pluridimensional de Honduras (ALPH) Nivel morfosintáctico». Bergen. *Language and Linguistics Studies*, 2(0). https://doi.org/10.15845/bells.v2i0.278.

HERRANZ, A. (2001): *El español hablado en Honduras* (1.ª ed.). Tegucigalpa: Guaymuras. Disponible en https://books.google.es/books?id=6NaVAiYthKgC&printsec=frontcover&hl=es#v=on epage&q&f=false.

— (2002): *Política del lenguaje en Honduras, 1502-1991*. Universidad Complutense de Madrid. Disponible en https://eprints.ucm.es/3318/1/T18669.pdf.

HUALDE, J. I. (2002): *Variación lingüística*. Disponible en https://drive.google.com/drive/folders/1hr3_Wtr0aTEYiQzeANYT8p4xDxelRumM.

LINDER, A. (2020): *El español hablado en Honduras. Análisis morfosintáctico de los diálogos en la novela* Cipotes *de Ramón Amaya Amador*. GRIN Verlag (1.ª ed.). https://www.grin.com/document/704170.

NIETO, M. A. (1995): *El español de Honduras en el período colonial* (1.ª ed.). Tegucigalpa: Editorial Universitaria.

QUESADA PACHECO, M. Á. (2005): «El español, lengua del futuro». I Congreso Internacional. Toledo, 20-23.3.2005. Papel del español americano en la enseñanza de ELE, 13. Disponible en https://www.educacionyfp.gob.es/dam/jcr:0517a866-62df-432f-a361-b2de71630af3/2005-esp-05-07quesada-pdf.pdf.

— (2008): «El español de América Central ayer, hoy y mañana». *Boletín de Filología*, 43(1), págs. 145-174.

— (2015): «El español hablado en América Central. Nivel morfosintáctico», *Boletín de Filología*, vol. 50, n.º 1, págs. 261-266.

SUAZO, J. A.; JESÚS, Manuel de; WELCOME, Bryan Oniel Kelly; MAXUEL NAVAS, Cleofina; DUARTE, Rosalío; ORDÓNEZ, Inés; LICONA, Santos M. (2013): *Diccionario de las lenguas de Honduras*. Tegucigalpa: Caracol Impresiones. Disponible en https://issuu.com/ccetegucigalpa/docs/diccionario_de_las_lenguas_de_hondu/24.

UPNFM (2012): «Situación de la educación bilingüe intercultural en Honduras, retos y desafíos». *Boletín del Observatorio de la Realidad Nacional de Honduras*. Disponible en https://postgrado.upnfm.edu.hn/files/INIEES/revistas/boletines/N11%20Boletin%20Observatorio%20Julio-Septiembre-2012.pdf.

Ventura, J. (2013): «Atlas lingüístico pluridimensional de Honduras (ALEH). Nivel léxico». Bergen. *Language and Linguistics Studies.*

Woods, M. R. (2010): «Transnacionalismo del voseante: salvadoreños y hondureños en los Estados Unidos». *Lengua y Migración / Language and Migration*, 2(1), págs. 97-111.

Estado actual de la lengua española en Puerto Rico

ACADEMIA PUERTORRIQUEÑA DE LA LENGUA ESPAÑOLA

Demografía y emigración. ▪ La educación. ▪ Globalización e identidad cultural.

En 1898 Puerto Rico era una sociedad monolingüe. Ese no era el caso de muchos países hispanoamericanos ni de España: en los primeros las lenguas originarias tenían y tienen una fuerte presencia; España, por su parte, siempre ha sido un país plurilingüe. La homogeneidad lingüística de Puerto Rico respondía, entre otras causas, a la ausencia de contacto fronterizo de la isla con otras lenguas y al declive numérico de la raza aborigen que favoreció en corto tiempo la pérdida total del arahuaco taíno como instrumento de comunicación viva. La convivencia con las lenguas africanas, producto del mercado esclavista, y con las que hablaban los emigrantes catalanes, mallorquines, gallegos, franceses, corsos y los angloparlantes de origen británico, norteamericano, irlandés y antillano que por razones comerciales llegaban a la isla no alteró en lo fundamental el monolingüismo español en Puerto Rico, que existía, *de facto*, desde el siglo XVII[1].

La invasión estadounidense, el 25 de julio de 1898, y la firma del Tratado de París convirtieron a Puerto Rico en propiedad de Estados Unidos. Aunque en 1952, la isla se constituyó en un *Commonwealth*, denominado oficialmente en español Estado Libre Asociado, todavía hoy el vínculo político entre Puerto Rico y Estados Unidos es de naturaleza colonial. El debate sobre el estatus político de Puerto Rico a partir de 1898 es un tema candente y divisivo que históricamente ha condicionado las actitudes y las opiniones de los puertorriqueños sobre el idioma. Desde el 1902, con un breve lapso de excepción, el español y el inglés han sido lenguas cooficiales en Puerto Rico, es decir, de uso indistinto, particularmente para asuntos administrativos[2].

Puerto Rico, sin embargo, no es una sociedad bilingüe. La inmensa mayoría de los puertorriqueños considera que el español es un elemento fundamental de su identidad cultural, aunque hay indicios de que esta valoración comienza a cambiar en algunos sectores. La fuerte relación identitaria de los puertorriqueños con la lengua española tiene diversas causas. La fundamental es que Puerto Rico ha sido durante siglos una sociedad «lingüísticamente homogénea, y debidamente capacitada para entenderse y comunicarse con todos los países hispanoparlantes»[3]; consecuentemente ha mostrado la resistencia natural de las lenguas y las culturas al desplazamiento forzoso.

---

1. M. Álvarez Nazario, *Orígenes y desarrollo del español de Puerto Rico: siglos XVI y XVII.*

2. En 1991 se aprobó una ley que reconocía al español como único idioma oficial de Puerto Rico, motivo por el cual se le otorgó el Premio Príncipe de Asturias de la Letras al Pueblo de Puerto Rico por «su decidida defensa de su más preciado legado cultural». En 1993, el gobierno entrante, derogó la ley y aprobó la «Ley de los Idiomas Oficiales del Gobierno de Puerto Rico: Ley Núm. 1 de 28 de enero de 1993 para establecer que el español y el inglés serán los idiomas oficiales del Gobierno de Puerto Rico, y que ambos se podrán utilizar indistintamente; y para derogar la Ley Núm. 4 de 5 de abril de 1991».

3. Academia Puertorriqueña de la Lengua Española, *La enseñanza del español y del inglés en Puerto Rico. Una polémica de cien años*, p. 12.

Durante las primeras tres décadas del siglo XX, el gobierno norteamericano intentó, en vano, imponer un proceso de norteamericanización, principalmente a través del sistema educativo. Las clases en las escuelas públicas se impartían en inglés y se procuraba inculcar nuevas lealtades a los estudiantes. Esta situación levantó una ola de protesta y resistencia de parte de alumnos, grupos magisteriales y sectores intelectuales, que tuvo un efecto contrario a las aspiraciones de los nuevos colonizadores. En las primeras décadas del siglo XX, Puerto Rico, como casi todos los países hispanoamericanos, particularmente en el campo intelectual, enarboló un fuerte sentimiento hispanista que bien hubiera podido adoptar como consigna los versos de Rubén Darío: «¿Y tantos millones de hombres hablaremos inglés?».

La evidencia, sin embargo, parece indicar que desde hace décadas estamos inmersos en un complejo proceso de cambio de la valoración del español y del inglés. En Puerto Rico ambos idiomas deben su prestigio a diferentes motivos y no se usan de manera indistinta en todos los dominios. Las razones de este dinamismo identitario se relacionan con factores demográficos, educativos y los procesos de globalización que se entreveran con la situación política del país.

DEMOGRAFÍA Y EMIGRACIÓN

Por disposición legal del Congreso de Estados Unidos, los puertorriqueños son ciudadanos estadounidenses desde 1917; entran y salen sin restricciones migratorias al territorio norteamericano impulsados por motivos de trabajo, estudio, de familia o de turismo. El patrón migratorio, que históricamente ha sido más favorable a la salida del país que al retorno, contribuye a reconfigurar las actitudes de los puertorriqueños hacia el español y el inglés.

Según el *Censo de los Estados Unidos (2020),* en la pasada década Puerto Rico experimentó un decrecimiento poblacional de -11.8 %, mayor que el de cualquier estado u otro territorio de los Estados Unidos. La tendencia emigratoria creció impulsada por una prolongada recesión económica que comenzó en 2006 y por los fuertes huracanes que azotaron al país (2017-2018). No obstante, los estimados de 2018-2019 apuntan a un ligero incremento de personas moviéndose hacia Puerto Rico en comparación con los que salieron, lo que resultó en un cese del decrecimiento de la población por más de una década.

Después de los mexicanos, los puertorriqueños constituyen la población hispana más grande en Estados Unidos. En 2017, la población puertorriqueña en territorio norteamericano se calculaba en 5.6 millones. La cifra, que incluye tanto a los puertorriqueños nacidos en Estados Unidos como a los nacidos en Puerto Rico, contrasta con los 3,193,694 millones de puertorriqueños que vivían en la isla en 2019. En 2017, 29 % de los puertorriqueños residentes en Estados Unidos había nacido en Puerto Rico. En esa fecha, 83 % de los puertorriqueños mayores de cinco años residentes en Estados Unidos hablaba el inglés en casa o, al menos, lo hablaba «bastante bien», lo que contrasta con el 70 % de otros emigrantes de origen hispánico. El 79 % de los puertorriqueños adultos se consideraba «proficiente» en inglés en comparación con el 63 % del resto de los emigrantes de origen hispánico[4].

El *Censo* (2020) también señala que el 93.4 % de las personas en Puerto Rico habla español en su casa, mientras que el 6.4 % habla inglés. De los que hablan español en casa, un 25.6 % estimó que habla inglés *muy bien*, mientras que un 74.4 % dijo hablarlo *menos que muy bien*. Al correlacionar el nivel económico con el idioma que se habla en casa resulta que el 57 % de los que hablan español está sobre el nivel de pobreza y el 43 %, está por debajo. De los que hablan inglés, 61.8 % está sobre el nivel de pobreza y 38 %, no lo está. También se correlacionó el nivel educativo con el idioma que se habla en la casa. El 21 % de los que hablan español en casa no completó la escuela superior (secundaria), mientras que 28.3 %, la completó y 50.7 % tiene algún nivel universitario. De los que hablan inglés, 23.7 % no completo la secundaria, 27 % sí la completo y 49.7 % tiene algún nivel universitario.

El cierre de escuelas, impulsado por la merma en población y la crisis económica ha sido un elemento polémico de la política educativa de Puerto Rico en los últimos años. Entre 2010 y 2018 se clausuraron 611 planteles educativos. La matrícula del sistema educativo público puertorriqueño registró entre 2012 y 2020 una merma de 160,222 estudiantes. En 2012 había 452,740 estudiantes matriculados, cifra que se redujo a 292,518 en 2020[5]. Las escuelas privadas, por su parte, disminuyeron su número de planteles de 863 a 795, mientras que su matrícula se redujo en diez años (2010-2020) de 160,991 a 119,982 estudiantes. (Estas cifras excluyen, a partir de 2016, a las llamadas escuelas-iglesias)[6]. A estos números habría que añadir las escuelas afectadas por los fuertes sismos que estremecieron la zona meridional de la isla en 2020, de las cuales hasta 86 podrían ser declaradas no aptas para ofrecer clases[7].

---

4. L. Neo-Bustamante, *et al*: «Facts on Latinos of Puerto Rican origin in U.S.», Pew Research Center. https://www.pewresearch.org/hispanic/fact-sheet/u-s-hispanics-facts-on-puerto-rican-origin-latinos/.

5. https://perfilescolar.dde.pr/dashboard/certifiedenrollment/?schoolcode=State.

6. Departamento de Estado. Oficina de Registro y Licenciamiento de Instituciones de Educación.

7. https://www.elvocero.com/educacion/no-abrir-el-25-de-las-escuelas/article_a0d79342-462f-11ea-8443-f3ce1623712.

LA EDUCACIÓN

La política lingüística establecida en 1948 mediante carta circular del entonces Comisionado de Educación mantiene hasta hoy el español como lengua de enseñanza en todos los niveles de instrucción pública. Esta disposición, sin embargo, tiene importantes excepciones tanto en el sistema escolar público como en el privado. La Plataforma Electrónica de Datos sobre Educación (PLEDUC) indica que, de un total de 627 escuelas del sistema público estudiadas, el 63.3 % tiene el español como lengua primaria de enseñanza, 12 % el inglés y 23.9 % imparte la enseñanza en ambas lenguas. Muchas escuelas privadas, particularmente las más prestigiosas, utilizan el inglés como lengua primaria de enseñanza o se caracterizan por ser bilingües, con fuerte énfasis en la enseñanza del inglés.

Los datos de 2018-2019 sobre el desempeño por materia y el nivel de las pruebas estandarizadas del Departamento de Educación (Pruebas META-PR), con un total de 621,046 estudiantes examinados, indican que en general hay un dominio mayor del español que del inglés, aunque los niveles son relativamente bajos en ambas lenguas. Solo 22 % de los estudiantes alcanzaron un nivel avanzado de dominio del español y 16 % del inglés. El 24 % demostró ser «proficiente» en español y 23 % en inglés. El 38 % tiene un dominio básico del español y 35 % del inglés, mientras que 17 % de los estudiantes examinados tiene un dominio prebásico del español y 26 % del inglés. La proficiencia en español en esas mismas pruebas muestra un descenso en los años de 2017 a 2019.

Según el College Board, una institución que ofrece pruebas estandarizadas a estudiantes en su último grado de escuela secundaria, necesarias para ingresar en las universidades de Puerto Rico, los estudiantes del sector privado habían mejorado sus resultados en los tres años académicos considerados (2012 al 2015), tanto en español como en inglés, mientras que los de escuelas públicas mostraron un descenso en ambas lenguas. Llama la atención, además, que ambos grupos tengan mejor aprovechamiento en inglés que en español; la diferencia es notablemente más marcada en el sector privado[8].

Hay pocos estudios que evalúan el efecto de los medios digitales sobre el dominio del español y el inglés en los niños y jóvenes. Sin embargo, la evidencia disponible parece indicar que el Internet, la tecnología digital y el acceso a los medios en lengua inglesa han incidido positivamente en el aprendizaje y las actitudes hacia el inglés entre niños y jóvenes puertorriqueños[9].

---

8. https://www.estadisticas.pr/files/Publicaciones/Anuario %20Estadistico %20del %20Sistema %20Educativo %202015-2016.pdf

9. Eisenstein Ebsworth, T.J. Ebsworth, Ch. Cai, «English acquisition in Puerto Rico: Teachers´ insights», Bilingual Research Journal, 41:1, 2018, p. 77, 87. y Brenda Domínguez Rosado, *Lan-*

Desde hace décadas en Puerto Rico se ha experimentado un proceso sostenido de «norteamericanización mediática y consumista»[10]. La televisión por cable y satelital, el trasiego de bienes y productos, la industria publicitaria y la cultura pop son factores acelerantes. Los jóvenes, incluidos los menos aventajados económicamente, tienen fácil acceso al «estilo de vida global» y al «inglés global» a través de la Internet y las tecnologías de la comunicación[11].

Algunos estudios confirman lo que parecería evidente: la alta valoración del inglés como idioma de prestigio socioeconómico y vehículo de la globalización[12]. Aunque muchos puertorriqueños aún consideran que el inglés constituye una amenaza para el español y la cultura puertorriqueña, 89 % de los encuestados por González Rivera y Ortiz López opinaron que el bilingüismo no es una amenaza para su identidad cultural[13]. Una encuesta realizada por Brenda Corchado Juarbe muestra que tres de cada cuatro estudiantes universitarios opinaban que «Puerto Rico debe ser un país bilingüe dado el hecho que el inglés se ha convertido en un idioma internacional». En la misma encuesta el 80 % de los participantes estuvo en desacuerdo con que «el inglés está desplazando el español como idioma principal en Puerto Rico». Además, opinaron que el uso del idioma español en Puerto Rico no se perjudicaría aun cuando la isla se convirtiera en un estado de Estados Unidos. Por otro lado, 85 % opina que el español es el idioma que se debería aprender primero y casi todos quieren que sus hijos lo aprendan[14]. El 54 % de los participantes en la encuesta de González Rivera y Ortiz López prefiere la cooficialidad de ambos idiomas y 97 % rechazó que el inglés fuera el único idioma oficial, mientras que 62 % se expresó en los mismos términos respecto al español.

El tema de la vinculación del idioma con la identidad demanda investigaciones más rigurosas. Pareciera que para algunos ser puertorriqueño ya no

---

guage and identity: The Study of a possible ongoing change in attitudes towards American English and Puerto Rican Spanish in Puerto Rico.

10. R. Torres González, *Idioma, bilingüismo y nacionalidad: la presencia del inglés en Puerto Rico*, p. 273.

11. Anna Kaganiec-Kamienska, «El español y el inglés en Puerto Rico. El impacto de la globalización». *Acta Universitatis Wratislaviensis.*

12. M. Eisenstein Ebsworth *et al. op. cit.*

13. M. González Rivera, L. Ortiz López, «El español y el inglés en Puerto Rico: una polémica de más de un siglo», *Centro Journal*, vol XXX, n.º I, p. 25-26.

14. B. Corchado Juarbe, «Actitudes lingüísticas en torno al inglés y al español en una muestra de estudiantes universitarios puertorriqueños», *Prisma, Revista Interdisciplinaria*, año XX, p. 70.

implica, necesariamente, el conocimiento del español. Sin embargo, el 95% de los encuestados por González Rivera y Ortiz López creen que el español forma parte de su identidad[15], mientras que Domínguez Rosado ha concluido que hoy día el español podría estar desvinculándose de la identidad puertorriqueña[16].

Los españoles e hispanoamericanos que visitaban Puerto Rico hace treinta o cuarenta años solían sorprenderse ante la abundancia citadina de rótulos comerciales en inglés. Tanto así que confesaban haber sentido que arribaban a un país angloparlante, impresión que corregían tan pronto escuchaban hablar en español a todo el mundo. Hoy la rotulación en inglés ha pasado a formar parte del paisaje urbano de la globalización. Ahora la novedad es otra: escuchar a algunos puertorriqueños recurrir de manera habitual en sus conversaciones a la alternancia de códigos o *codeswitching*.

Marisol Pérez Casas trabajó en su disertación doctoral con 27 sujetos puertorriqueños bilingües, profesionales con educación universitaria que residen en el área metropolitana de San Juan y pertenecen a la clase socioeconómica medio-alta/alta[17]. El español es su primera lengua, dominan bien el inglés, y producen textos orales que combinan ambas lenguas, como el siguiente: «Probablemente lo ven bastante insoportable, *snobbish, pretentious, a little obnoxious, arrogant, maybe, you know*. Yo creo que simplemente es la manera en que me expreso algunas veces [...] No es porque quiero ser *cool, absolutely not*».

Pérez Casas examina la relación del uso de la alternancia de códigos con cuatro identidades sociales: «élite», «americano», «puertorriqueño» y «bicultural». La mayoría de los participantes reconocieron que la alternancia de códigos los vincula a la «élite» del país, una noción asociada con la educación privada, un nivel socioeconómico medio-alto o alto y un estatus social privilegiado. Estas condiciones sociales se correlacionan, a su vez, con el inglés, un bien cultural no accesible a todos en Puerto Rico. Ninguno de los entrevistados se identificó como «americano». Más bien, negaron que su uso del inglés les diera una identidad «americana». La mayoría coincidió en que la alternancia de códigos no los hacía menos puertorriqueños. Por el contrario, reclamaron una reinterpretación de lo que significa ser puertorriqueño, que pueda incluir el uso del inglés en la interacción cotidiana. La mayoría de los entrevistados no se consideró «bicultural». Afirmaron que poseen cono-

---

15. M. González Rivera, L. Ortiz López, *op cit.* p. 22.

16. B. Domínguez Rosado, *Language and identity: The study of a possible ongoing change in attitudes towards American English and Puerto Rican Spanish in Puerto Rico*, p. 121-123.

17. M. Pérez Casas, *Codeswiching and identity among island Puerto Rican bilinguals*, Universidad de Georgetown.

cimiento y entendimiento de la cultura estadounidense, pero no adoptan una membresía equivalente en las dos culturas.

Marisol Pérez Casas confirma lo que la experiencia resalta como evidente y numerosos estudios confirman: el español es el código prescrito para la convivencia diaria en Puerto Rico. No obstante, su estudio muestra que los hablantes monolingües en español conviven con una red de hablantes bilingües —cuya extensión está por calibrarse— que emplean la alternancia de códigos de manera habitual en la conversación. La práctica del *codeswitching* distingue, dramáticamente, a unos de otros.

* * *

El español es el idioma que emplea la inmensa mayoría de los puertorriqueños en la convivencia cotidiana. También es la lengua principal del periodismo y la creación literaria, aunque muchos escritores puertorriqueños de la diáspora estadounidense escriben en inglés, en espanglish o recurren a la alternancia de códigos. No obstante, «aunque todavía puede haber resonancia de su estigma como idioma del imperialismo, los puertorriqueños ven el inglés cada vez más como un idioma de comunicación global y de beneficio para la vida profesional y el ascenso social»[18]. Esta actitud, salvo en casos extremos, no va en desmedro del reconocimiento del valor del español como signo identitario de la puertorriqueñidad, aunque habría que calibrar con estudios adicionales el impacto de la emigración a Estados Unidos, el efecto en el idioma del prolongado deterioro del sistema educativo del país y el influjo lingüístico que supone la globalización y la cultura digital en inglés en la que están inmersos los hablantes más jóvenes. Habría que evaluar también las actitudes hacia el idioma y los signos de identidad que prevalecen en la compleja diáspora de más de cinco millones de puertorriqueños asentados en Estados Unidos y las de los puertorriqueños de la Isla hacia aquellos.

REFERENCIAS BIBLIOGRÁFICAS

ACADEMIA PUERTORRIQUEÑA DE LA LENGUA ESPAÑOLA (1998): *La enseñanza del español y del inglés en Puerto Rico. Una polémica de cien años, San Juan.*

ÁLVAREZ NAZARIO, Manuel (1982): Orígenes y desarrollo del español de Puerto Rico: siglos XVI y XVII, Editorial de la Universidad de Puerto Rico.

— (1991): *Historia de la lengua española en Puerto Rico*, Academia Puertorriqueña de la Lengua Española, San Juan.

18. A. Kaganiec-Kamienska, *op. cit.*, p. 30.

CORCHADO ROBLES, Brenda (2016): «Actitudes lingüísticas en torno al inglés y al español en una muestra de estudiantes universitarios puertorriqueños», *Prisma, Revista Interdisciplinaria*, año XX, p. 65-70.

DOMINGUEZ ROSADO, Brenda (2012): *Language and identity: The Study of a possible ongoing change in attitudes towards American English and Puerto Rican Spanish in Puerto Rico*. Disertación doctoral. Universidad de Puerto Rico, Río Piedras.

EISENSTEIN EBSWORTH, Miriam, EBSWORTH , Thimothy J., CAI Chencen (2018): «English acquisition in Puerto Rico: Teachers' insights», *Bilingual Research Journal*, 41:1, p. 69-88.

GONZÁLEZ RIVERA, Melvin, ORTIZ LÓPEZ, Luis A. (2018): «El español y el inglés en Puerto Rico: una polémica de más de un siglo», *Centro Journal*, vol. XXX, n.º I, p. 10-35.

KAGANIEC-KAMIENSKA, Anna (2020): «El español y el inglés en Puerto Rico. El impacto de la globalización», *Acta Universitaria Wratislaviensis, n.º 4010, Estudios Hispánicos XXVIII*, Wroclaw, 2020.

NOE-BUSTAMANTE, Luis, FLORES, Antonio, SHAH, Sono (2017): «Facts on Latinos of Puerto Rican origin in U.S.», Pew Research Center, <https://www.pewresearch.org/hispanic/fact-sheet/u-s-hispanics-facts-on-puerto-rican-origin-latinos/>

TORRES GONZÁLEZ, Roamé (2018): *Idioma, bilingüismo y nacionalidad: la presencia del inglés en Puerto Rico*, San Juan, Editorial de la Universidad de Puerto Rico.

U. S. CENSUS BUREAU (2020): https://www.census.gov.

Estado de la lengua española en los Estados Unidos en 2021

FRANCISCO MORENO FERNÁNDEZ

Academia Norteamericana de la Lengua Española

La lengua española cuenta con una historia en territorio norteamericano iniciada en el siglo XVI, cuando se produjeron las primeras exploraciones y se establecieron las primeras ciudades y rutas comerciales. La presencia histórica de España y México dejó unas huellas socioeconómicas, arquitectónicas y culturales que se han convertido en señas de identidad de todo el sur estadounidense. Tras la guerra entre los Estados Unidos y México, concluida en 1848, los contactos entre ambos lados de la frontera fueron frecuentes y se intensificaron con los movimientos migratorios desde el sur por razones económicas, que supusieron la llegada masiva de hablantes de español desde los años cincuenta y, muy especialmente, desde los años ochenta del siglo XX. La población hispanohablante se fue asentando en diversas áreas de los Estados Unidos, sobre todo en el sudoeste, con una impronta mayoritariamente mexicana; en Florida, con una impronta mayoritariamente cubana, y en la costa este, con una impronta puertorriqueña, dominicana y salvadoreña.

La posición socioeconómica de estas poblaciones ha sido tradicionalmente débil, y esa debilidad ha derivado en una situación de diglosia en la que el inglés funciona como variedad pública y de prestigio, y el español como lengua familiar e identitaria entre los hispanos. Al mismo tiempo, la legislación en materia electoral, de consumo o de salud no protege suficientemente los derechos de una población que, aunque progresivamente mejora su conocimiento del inglés, no lo domina en todos sus registros, especialmente los hispanos nacidos en el extranjero, entre los que la proporción de los que lo hablan de forma competente prácticamente no ha variado desde los años ochenta.

En todos los Estados Unidos, el estado de Nuevo México, cuya Constitución reconoce la oficialidad de inglés y español, es el que tiene una mayor proporción de población hispana (más de un 40 %), si bien el uso del español ha ido decayendo en un largo proceso de minorización. En los estados de California y de Texas se concentran más de la mitad de los hispanos de todos los Estados Unidos. Además, hay lugares con porcentajes de población hispana superiores al 90 % (este de Los Ángeles, CA: 97 %; Laredo, TX: 94 %; Brownsville, TX: 91 %), con la particularidad de que la media de edad de los hispanos en los Estados Unidos es 10 años menor que la del conjunto de la población del país.

Desde 1990, los Estados Unidos han experimentado un crecimiento de la población hispana por toda su geografía. Como fruto del amplio asentamiento de la población de origen hispano, se ha producido un doble fenómeno, muy significativo desde una perspectiva sociolingüística: el aumento de la población hispana nacida en los Estados Unidos, por encima de la población inmigrante de primera generación desde 2015; y la lentitud del descenso del número de hablantes de español entre los hispanos. El primer fenómeno ha tenido entre sus consecuencias un mayor consumo de medios de comunicación en inglés, principalmente por parte de la generación *millennial*, mientras que los hispanos nacidos en el extranjero siguen prefiriendo los medios en español. En cuanto al segundo fenómeno, es cierto que las terceras generaciones de hispanos suelen perder el español, pero la pérdida se está produciendo de una forma más lenta de lo esperado, en comparación con los procesos de asimilación de otros grupos inmigrantes.

La evolución de las estadísticas de los hispanos y de los hablantes de español aportan datos muy significativos: en 1940, se contabilizaban menos de 2 millones de hispanos, al margen de los grupos históricos; en 1980, más de 14 millones; en 1990, más de 20 millones; en el año 2000, más de 30 millones; en 2010, se superaron los 50 millones; y en 2020 fueron 60,6 millones, un 18,5 % el total de la población. En 2018, el 42 % de los nuevos inmigrantes eran hablantes de español, frente al 17 % que solo hablaba inglés o al 6 % que hablaba chino. Entre la población estadounidense, el 13,4 % declaró hablar español en el hogar en 2020, lo que supone un total de hablantes de cerca de 44,5 millones: alrededor de un 72,4 % del total de hispanos, cuando en 2013 era un 73 %.

En lo que se refiere a las políticas lingüísticas, desde 1960 se han producido dos grandes movimientos que han repercutido en el tratamiento social de la lengua española. Por un lado, la creación de programas de enseñanza bilingüe, que se vio frenada con la política restrictiva de gastos sociales y educativos del republicano Ronald Reagan, en la década de los ochenta. Esto hizo que los programas de enseñanza bilingüe, mayoritariamente de inglés y español, fueran desde entonces desatendidos por las administraciones públicas, sobre todo durante la legislatura de Donald Trump. La iniciativa, no obstante, se ha mantenido o recuperado por medio de los llamados programas de enseñanza dual o de inmersión dual, y puede entrar en una nueva etapa de estabilidad o crecimiento gracias al nombramiento en 2021 del senador Miguel Cardona como secretario de Educación de la administración Biden. Cardona, nacido en Connecticut de padres puertorriqueños, representa a los hispanos o latinos de herencia, hablantes de español, que han progresado en la vida oficial de los Estados Unidos.

El segundo gran movimiento de política lingüística de las últimas décadas es el denominado English Only, que tiene en la iniciativa U. S. English uno de sus principales exponentes. U. S. English fue fundado en 1983 por el senador por California Samuel Hayakawa, promotor de una legislación para la oficialidad del inglés en los Estados Unidos, dado que este país no tiene declarada una lengua como oficial. El movimiento English Only tuvo uno de sus principales impulsos en una ordenanza antibilingüismo del condado de Dade, en Florida (1980), y en la proposición 58 del estado de California (1998), que obligaba a todos los estudiantes no anglohablantes nativos a someterse a programas de inmersión monolingüe en inglés. En la actualidad, 32 estados de la Unión han aprobado declaraciones de oficialidad a favor de la lengua inglesa y claramente contrarias al bilingüismo.

No obstante, las legislaciones contrarias a la enseñanza bilingüe o dual se han flexibilizado con el tiempo, con la excepción de algunos periodos, como el de la administración Trump. Así lo demuestra la derogación de la ordenanza del condado de Dade en 1993 o de la proposición 58 en California en 2016. Esta flexibilización también se aprecia en la buena acogida de iniciativas como el «sello de bilingüismo» (*seal of biliteracy*), que permite especificar en los diplomas de estudios secundarios que sus portadores han demostrado ser bilingües. La iniciativa del sello de bilingüismo comenzó en California en 2012 y ha sido tramitada o aprobada en más de 40 estados de toda la Unión. Obviamente, el sello sirve para acreditar el bilingüismo en inglés y en otras lenguas, pero el conocimiento de español es con diferencia el más acreditado.

La corriente favorable al desarrollo social del español en los Estados Unidos está consiguiendo que las familias hispanas aprecien positivamente el uso del español en casa y lo cultiven no solo como seña de identidad, sino como un valor añadido para los más jóvenes, al tiempo que se duda en estudiarlo en la universidad, acogiéndose a la creciente oferta de cursos de español para hispanohablantes. En la actualidad, el número de estudiantes de español en los Estados Unidos es de aproximadamente 8 millones, entre la enseñanza primaria y la secundaria, y de alrededor de 1 millón en la enseñanza universitaria. En este último ámbito educativo, se ha producido en los últimos años un leve descenso de los estudiantes de español, que afecta también a las demás lenguas, pero que no impide que el español aglutine a más estudiantes que todas las demás lenguas extranjeras juntas.

Estado de la lengua española en Guinea Ecuatorial

PRÁXEDES RABAT MAKAMBO

Academia Ecuatoguineana de la Lengua Española

El español guineano.

Guinea Ecuatorial formó parte de la comunidad hispánica de naciones tras la firma del Tratado de San Idelfonso (octubre de 1777), ratificado al año siguiente con la firma del Tratado del Pardo (marzo de 1778), mediante el cual Portugal cedía a España las islas de Annobón, Fernando Poo y los territorios adyacentes en el golfo de Guinea (cabo López, Gabón, Camerún y delta del Níger [Nigeria]) a cambio de las islas Santa Catalina y la colonia de Sacramento, situada en el margen septentrional del Río de la Plata, entre Brasil y el margen izquierdo de Uruguay[1]. Pero la falta de presencia efectiva de España en estas tierras africanas hasta mediados del siglo XIX fue notoria hasta marzo de 1843, en que con la llegada del capitán de fragata Juan José de Lerena se pudo tomar posesión de estas tierras en nombre de su majestad la reina doña Isabel II de España, rebautizando la ciudad de Clarence, fundada en 1827 por los ingleses, como Santa Isabel, capital entonces de la Guinea española.

Cabe precisar que la ciudad de Clarence se fundó con el traslado del Tribunal Mixto para la represión de la trata negrera desde Sierra Leona a la isla de Fernando Poo el 25 de diciembre de 1827, cuando una expedición inglesa, dirigida por el capitán Fitz Williams Owen, acompañada de exesclavos y trabajadores krumanes de la costa occidental africana participaron en la fundación de esta ciudad de Clarence City[2], siendo este primer núcleo de africanos del oeste quienes importarían el *pidgin* a Malabo, un inglés mal hablado y criollizado que iba a interferir directa o indirectamente, junto a las lenguas vernáculas locales fang, bubi, *ndowé,* bisio, annobonés y balengue, en la implantación del español en Guinea Ecuatorial[3].

Tras esta ocupación, varios fueron los intentos de colonización (1845, 1857, 1860) que fracasaron debido a la insalubridad del clima, a la malaria y a la falta de definición de una política colonial concreta para estas posesiones españolas del golfo de Guinea. En junio de 1862, se nombra nuevo gobernador en la figura de Pantaleón López Ayllón y recibe del Gobierno español nuevas instrucciones, sobre todo en el ámbito de la evangelización de la población autóctona, así como en el aspecto educativo, priorizando la enseñanza del español en las escuelas[4].

Confirmada la soberanía de España sobre sus posesiones del golfo de Guinea, tras perder sus tierras de Gabón (1849), Nigeria (1884) y Camerún

---

1. García Cantús, M.a Dolores: *Fernando Poo. Una aventura colonial española*. Barcelona: Ceiba Ediciones, 2006, págs. 8 y ss.
2. Martín del Molino, A.: *La ciudad de Clarence*. Madrid-Malabo: Centro Cultural Hispano Guineano (Proyectos ICD/AECI), 1993, págs. 21 y ss.
3. Morgades Besari, Trinidad: *Introducción al Pidging de Guinea Ecuatorial*. Madrid: Aralia (Grupo APYCE), 2016.
4. Castro, Mariano L. de y M.a Luisa de la Calle: *La colonización española en Guinea Ecuatorial (1885-1900)*. Barcelona: Ceiba Ediciones, 2007, págs. 70-106.

(1885), y gracias a la presencia y acciones del explorador Manuel Iradier desde 1874 en los afluentes del Muni[5] y a la presencia de los misioneros claretianos españoles en la Guinea española a partir de 1883, en el año 1884, el Ministerio Español de Ultramar confía la responsabilidad de la totalidad de la enseñanza primaria a los misioneros claretianos y, en 1886, se crea la primera escuela de artes y oficios de Banapá (Malabo) y las escuelas primarias de Corisco y Elobey Chico.

Todas estas circunstancias propiciaron que la lengua española fuese penetrando en estas tierras africanas muy lentamente durante el siglo XIX y solo fue con la llegada de los misioneros claretianos cuando la colonización, la evangelización y la enseñanza del español tomaron su verdadero impulso[6].

En efecto, a finales del siglo XIX, se hallaban ya establecidas diversas escuelas en la colonia, impulsadas por el decreto de Balaguer de 17 de febrero de 1888 que encomendaba la labor docente a la misión claretiana. Hacia 1902 era obligatoria la enseñanza del español a fin de que los indígenas conocieran y amaran a España[7].

En definitiva, los sesenta primeros años del siglo XX fueron consagrados a la colonización, a la evangelización, a la enseñanza y la difusión e implantación del español como idioma de comunicación oficial en el territorio nacional, gestiones canalizadas a través de la Junta del Patronato de Indígenas, creada en el año 1904 por la autoridad colonial española[8]. Además, desde finales de la guerra civil española (1936-1939) hasta la independencia de las posesiones españolas del golfo de Guinea, la propaganda del régimen de Franco insistiría en destacar la colonización española en Guinea dentro de la denominada «de asimilación», resaltando los valores de la cristiandad, de la hispanidad y, en definitiva, con la finalidad de humanizar y civilizar a los indígenas ecuatoguineanos[9]. El programa curricular de la enseñanza colonial destinada a los indígenas ecuatoguineanos incluía, además de la religión católica y apostólica romana, el aprendizaje de la geografía e historia de España, la lengua española, así como los valores patrióticos españoles. Los alumnos guineanos, antes de

---

5. Iradier y Bulfy, Manuel: *África. Viajes y trabajos de la asociación Euskara. La exploradora. Fragmentos de un diario*. Vitoria: Diputación Foral de Álava, 1992, págs. 177 y ss.

6. Pujadas, Tomás L.: *La Iglesia en Guinea Ecuatorial*. Barcelona: Claret, 1983.

7. De Castro, Mariano L.: *La colonización española de Guinea Ecuatorial (1901-1931)*. Madrid: Sial/Casa de África, 2017, págs. 549 y ss.

8. García Domínguez, Ramón: *Guinea, Macías, la ley del silencio*. Barcelona: Plaza y Janés, 1977, págs. 54 y ss.

9. Engonga Nchama, Armando-M.: *La intrahistoria política escolar de Guinea Ecuatorial*. Madrid: Ediciones Paulinas, 2010, págs. 299 y ss.

entrar en clase, entonaban el himno español o el *Cara al sol*, cuya letra escribió el fundador de la Falange Española, José Antonio Primo de Rivera[10].

Pero a pesar de esta política colonial de asimilación del idioma, de la ideología franquista y de la cultura hispánica, los nativos asimilaron la lengua española como segunda lengua y cultura de los «blancos», ya que en sus hogares y aldeas seguían comunicándose con más facilidad en sus lenguas maternas y, culturalmente, se consideraban más bantús que «españoles». Hacia los años 1950-1960, la alfabetización española había alcanzado todos los rincones del país, pero el español seguía siendo utilizado como segunda lengua por la población autóctona (Lipski, 2007: 85).

En el año 1959, el filólogo español González Echegaray hizo un minucioso estudio del español de Guinea Ecuatorial y confirmó el uso del español como segunda lengua y la prevalencia del uso de las lenguas vernáculas locales en todo el territorio. El autor presentó por vez primera un glosario de términos utilizados en la Guinea española como español guineano[11] (*boy* 'empleado doméstico', *ñankue* 'mamarracho', *igombegombe* 'árbol que da sombra', *miningueo, chapear, samanguila, okume,* etc.), términos que no fueron propuestos a la RAE para su incorporación al *DLE*. Algunas de esas voces son utilizadas hasta la fecha por la población ecuatoguineana.

Por la misma época (1952-1959), el periodista, etnólogo, historiador, escritor y académico correspondiente de la RAE, Íñigo Arazandi, llevó a cabo durante su estancia en la entonces Guinea Española (Río Muni) importantes trabajos etnográficos[12] y literarios, obras en las que dejó constancia de algunos guineanismos que siguen siendo utilizados[13] (*awawa* 'autobús', *jen-jén* 'mosquito diminuto', *iboga* 'planta alucinógena', *macara* 'buñuelo de banana', *ñancue* 'mamarracho', *oveng* 'árbol maderable de carácter sagrado para algunos grupos étnicos ecuatoguineanos', etc.).

Castillo Barril (1964, 1960, 1969), citado por Lipski (2007: 85)[14], reconoció igualmente el estatus del español como segunda lengua entre la población, y también descubrió las variedades del español habladas por cada una de las etnias de Guinea Ecuatorial (fang, bubi, *ndowé,* bisio, annobonés, fernandinos-*pidging*, balengues, pigmeos, etc.).

---

10. Obama Nvé, Justino: *España en el corazón de África*. Kiev: Vsevolod Kovtun, 2016, págs. 45 y ss.
11. González Echegaray, Carlos: *Estudios guineos. Vol. I: Filología*. Madrid: Instituto de Estudios Africanos, 1959, págs. 57 y ss.
12. De Arazandi, Íñigo: *La adivinanza en la zona de los Ntumu. Tradiciones orales del bosque fang*. Madrid: Sial/Casa de África, 1999.
13. De Arazandi, Íñigo: *Cosas del bosque fang*. Prólogo de María Nsue. Madrid: Cooperación Española/Ayuntamiento de Madrid, 1998, págs. 119 y ss.
14. Lipski, John M.: «El español de Guinea Ecuatorial en el contexto del español mundial», en *La situación del español en África*. Madrid: Sial/Casa de África, 2007, págs. 85 y ss.

Este mismo autor (Castillo Barril) afirmó además que «nuestros niños hablan la lengua materna o el pidgin en el hogar y en la calle, y solo se expresan en castellano durante las pocas horas que permanecen en las aulas escolares» (1969: 57, y Lipski, 2007: 86). Cabe señalar que esta tendencia se extendió hasta los años 90 del siglo XX y se podía observar no solo en los centros educativos, sino también en los comercios, iglesias, mercados y en los centros administrativos públicos y privados.

El país se independizó de España el 12 de octubre de 1968, Día de la Hispanidad, y, a los seis meses de haber accedido a la independencia nacional (marzo de 1969) y tras fracasar un golpe de estado en el que algunos sectores del Gobierno español estuvieron involucrados, se prohibió el uso del español, fueron violadas las libertades fundamentales, los intelectuales fueron perseguidos, encarcelados y asesinados, y Guinea Ecuatorial se vio envuelta en una dictadura totalitaria y sangrienta que paralizó al país y obligó a gran parte de la población a refugiarse en los países vecinos y en España.

Durante los oscuros años de la dictadura de Francisco Macías Nguema (1968-1979), tanto la lengua española como la instrucción escolar, en general, sufrieron un duro golpe, pues la política lingüística de aquel régimen persiguió dos objetivos: por un lado, hacer que se fuese olvidando la lengua española porque recordaba al antiguo país colonizador y, por otro lado, arropándose en la idea de la autenticidad africana copiada de Guinea Conakry y del Congo Kinshasa, el gobierno de Macías impulsó el fomento de las lenguas vernáculas nacionales, a las que se intentó imponer como lenguas oficiales del país. En las escuelas, los libros didácticos eran sustituidos por otros politizados, como el titulado *Formación política anticolonialista*; y, al mismo tiempo, los niños eran sometidos a una revolucionaria educación paramilitar[15] y se pasaban los días profiriendo las condenas e insultos contra el colonialismo e imperialismo español (Quilis: 1995: 33).

Por otra parte, los nombres atribuidos a varias toponimias o ciudades ecuatoguineanas por el colonizador español fueron sustituidos por nombres autóctonos con el fin de abolir las denominaciones coloniales: Santa Isabel fue sustituida por Malabo; Valladolid de los Bimbiles fue sustituido por Añisock; Sevilla de Niefang, por Niefang; Puerto Iradier, por Kogo; Río Benito, por Mbini; San Carlos, por Luba; San Fernando, por Ela Nguema; Fernando Poo, por Bioko; San Antonio de Palé, por Pagalu; Pico Santa Isabel, por Pico Basilé, etc., mientras que los nombres de colegios y escuelas fueron también sustituidos por un decreto presidencial de Macías Nguema, sancionado en 1970: el colegio General Mola pasaría a denominarse Papá Bakabo; el institu-

15. García Domínguez, Ramón: *Guinea, Macías, la ley del silencio*. Barcelona: Plaza y Janés, 1977, págs. 22 y ss.

to Isabel la Católica de Añisok se llamaría Tom Boya; el instituto Cardenal Cisneros se llamaría Rey Malabo, el colegio Lizaso pasaría a llamarse Héroe Lubá; el colegio General Franco, Acacio Mañé; el de Virgen de Guadalupe, Patricio Lumumba; el de Cardenal Cisneros, Nasser; el de Santo Tomás de Aquino, Luther King; el de Miguel de Cervantes de Río Benito (Mbini), Santiago Uganda, etc.[16].

Ningún plan de estudio formal fue prácticamente aplicado durante estos años caóticos de la dictadura de Macías, lo que dio como resultado no solo un empobrecimiento cultural del país, sino también un descenso alarmante del empleo del español[17], lo que hizo que la competencia de sus hablantes se viera seriamente resentida y las estadísticas de 1980 indicaron que el analfabetismo en el país llegó a alcanzar el 63 % de la población (Quilis, 1995: 33).Todo ello trajo como consecuencia la dispersión y el camino del exilio que eligieron los docentes, funcionarios e intelectuales del país para huir de las persecuciones políticas del régimen de Macías, lo que truncó el desarrollo intelectual, educativo y cultural de más de una generación de ecuatoguineanos.

Tras el cambio del régimen que derrocó a Macías (3 de agosto de 1979) y llevó al poder al presidente Teodoro Obiang, el Gobierno ha llevado a cabo una intensa labor de reformas educativas con el apoyo de la cooperación técnica internacional y española, de tal suerte que, cuarenta años después de aquella dictadura, el español está lo suficientemente arraigado en todo el territorio nacional.

En el año 1981, se promulgó una ley sobre la educación en general en la República de Guinea Ecuatorial, donde se pusieron en evidencia las limitaciones que tenía el sistema educativo ecuatoguineano para cumplir con los fines de la educación y satisfacer las necesidades básicas de aprendizaje de la lengua española y otras materias escolares. Con la evolución de los años, y gracias al esfuerzo del Gobierno y con el apoyo técnico y financiero del Banco Mundial, de Unicef, de la UNESCO y de las cooperaciones española, argentina e internacional, el sistema educativo fue mejorando lentamente y, en 1995, se vio la necesidad de aplicar una nueva reforma del sistema educativo. La política educativa que se desarrolla en esta ley se sintetiza en el propósito de dar la mayor efectividad posible al derecho a la educación y a la libertad de enseñanza previstos en el artículo 23 de la Ley Fundamental de Guinea Ecuatorial[18].

---

16. Rabat Makambo, Práxedes: *Guineanismos, dialectalismos y afrohispanidad*. Obra inédita.
17. García Domínguez, Ramón: *Guinea, Macías y la ley del silencio*. Barcelona: Plaza y Janés, 1977, págs. 177 y ss.
18. Engonga Nchama, Armando-M.: *La intrahistoria política escolar de Guinea Ecuatorial*. Madrid: Ediciones Paulinas, 2010, pág. 240.

La materialización práctica de estas disposiciones del Gobierno pudieron llevarse a cabo gracias al apoyo del Gobierno español, a través de la Agencia Española de Cooperación Internacional (AECI), con la puesta en marcha de varios proyectos de enseñanza financiados por la cooperación técnica española y canalizados a través de la Federación Española de Religiosos de la Enseñanza (FERE) y, posteriormente, gracias a la iniciativa del Ministerio de Educación, Enseñanza Universitaria y Deportes ecuatoguineano, cuando se logró impulsar el proyecto de desarrollo educativo (PRODEGE), que permitió llevar a cabo la capacitación permanente del personal docente tanto en las zonas urbanas como rurales, la financiación de la edición del material didáctico en español y la actualización de los planes curriculares de la enseñanza primaria y secundaria, lo cual permitió mejorar el nivel de competencias lingüísticas y académicas de las nuevas generaciones de estudiantes ecuatoguineanos.

Además, la implantación de la educación preescolar a partir de los años 90, así como la educación para adultos y el desarrollo de planes de formación continua para los maestros y profesores de enseñanza primaria con el proyecto PRODEGE antes mencionado, favorecieron la difusión del español en todo el país y en todas las edades, constituyendo uno de los logros más importantes del actual Gobierno, ya que hasta en las zonas rurales más apartadas del país se observa como los niños, jóvenes y adultos se expresan en español, detalle que no era posible constatar durante la dictadura de Francisco Macías Nguema. Mientras tanto, este proceso se vio favorecido por la creación en la Universidad de Guinea Ecuatorial (UNGE) de la Facultad de Ciencias de la Educación, que vino a sustituir a la antigua Escuela Superior Indígena de la época colonial y, posteriormente, a la Escuela de Magisterio, que, junto a la misma facultad en la UNED, contribuyeron a formar a más profesores y a mejorar las competencias lingüísticas en español de los docentes y estudiantes.

Por otra parte, al estar Guinea Ecuatorial vinculada a la comunidad hispánica de naciones, el Gobierno, el clero, los docentes e intelectuales ecuatoguineanos organizaron la celebración del Primer Congreso Internacional Hispano-Africano de la Cultura (en Bata, en junio de 1984) para fomentar la lengua y la cultura hispánica en nuestras tierras y para que las culturas autóctonas ecuatoguineanas fuesen difundidas en los restantes países hispánicos, según el principio internacional de reciprocidad. Restablecidos así los lazos entre Guinea Ecuatorial y la hispanidad, se hacía necesario resaltar que nuestras raíces culturales negroafricanas y bantúes debían estimularse en sus innumerables aspectos positivos para que pudiesen desarrollarse de una manera armoniosa y contribuir a vitalizar, desde su identidad propia, la vasta cultura hispánica y africana de los ecuatoguineanos.

Tras la celebración de este importante Congreso Hispano-Africano de la Cultura, se hicieron las siguientes recomendaciones al Gobierno: a) La adopción de las medidas que asegurasen la continuidad del idioma español, lengua oficial del Estado, integrada en el acervo cultural guineano y nexo entre las diferentes etnias que componen la República de Guinea Ecuatorial, etnias que tienen, a su vez, un tronco común en la tradición bantú. b) Promover el desarrollo de una acción cultural y educativa que potenciase el acceso del país a los valores de las tradiciones heredadas y adquiridas como marco que permitiese el acceso del país a los valores de la cultura universal contemporánea desde su identidad nacional. c) La adopción de medidas que promoviesen la Política del Libro en Guinea Ecuatorial, con el fin de que pudiesen incrementarse los índices de lectura mediante la expansión de bibliotecas y la difusión de libros. d) Se reconoció que la incorporación plena de Guinea Ecuatorial como país hispánico llamaba a la creación de la Academia Ecuatoguineana de la Lengua Española (AEGLE)[19]. Por consiguiente, esta academia solicitaría, como ya lo ha hecho, el carácter de correspondiente de la Real Academia Española y el envío de uno o varios representantes como miembros de la Comisión Permanente de la ASALE, de acuerdo con los estatutos de todas ellas.

Finalizado este congreso, se propuso organizar una segunda parte en España, antes de 1989. En la IV Reunión de la Comisión Mixta entre España y Guinea Ecuatorial, que tuvo lugar en Madrid en noviembre de 1986, se acordó, como tema prioritario para 1987, la celebración en España del II Congreso Hispano-Africano de Cultura, pero nunca tuvo lugar. El de 1984 fue un éxito en cuanto a la potenciación del interés por lo hispano en África, pero las autoridades españolas nunca vieron la rentabilidad que podía tener convocar este segundo congreso. Disgustado, el coordinador de la Federación Española de Religiosos de la Enseñanza (FERE) en Guinea Ecuatorial en aquellos años, Manuel Fernández Magaz, diría: «España no puede, no debe, renunciar a los compromisos que, como país colonizador, ha contraído con su excolonia: lazos de sangre, religión, lengua, cultura y economía, entre otros... Si se ha perdido el tren en diversas áreas de la cooperación, España tendría que mantenerla para proteger y potenciar los valores hispánicos en este país»[20].

Actualmente, la AEGLE ha incluido entre sus proyectos académicos prioritarios la preparación y organización de este segundo congreso en el plazo de tres años, con el apoyo del Gobierno ecuatoguineano, la AECID, la RAE, la ASALE y otras instituciones de las letras hispanas y organizaciones internacionales afines.

A nivel político e institucional, el Gobierno ecuatoguineano y el mismo presidente Obiang Nguema Mbasogo han manifestado en más de una oca-

---

19. Oló Mibuy,Anacleto: *Informe final del Primer Congreso Hispano-Africano de Cultura en Guinea Ecuatorial*. Malabo: Consejo de Investigaciones Científicas y Tecnológicas (CITGE), 2020.

20 Calvo Roy, Juan María: *Guinea Ecuatorial, la ocasión perdida*. Madrid: Sial/Casa de África, 2019, págs. 655 y ss.

sión el carácter afrohispánico de la República de Guinea Ecuatorial: «Aquí respiramos lo hispánico. El arraigo de la cultura española es muy profundo». Y, más adelante, añadiría: «Somos el único país de habla española en África y no tenemos la intención de abandonar la lengua y cultura española; y la prueba está en que la Constitución de Guinea Ecuatorial garantiza el idioma español como la lengua oficial del Estado»[21].

Cabe precisar, en ese orden de ideas, que las sucesivas constituciones reconocieron al español como lengua oficial del país. La Ley Fundamental de Guinea Ecuatorial de 1982 (Carta de Akonibe) decía textualmente: «La lengua oficial de la República de Guinea Ecuatorial es el español. Se reconocen las lenguas aborígenes como integrantes de la cultura nacional».

La reforma de la Ley Fundamental de Guinea Ecuatorial, promulgada en el año 2012, dice lo que sigue en su artículo 4.1: «Las lenguas oficiales de la República de Guinea Ecuatorial son el español, el francés y las que la ley determine. Se reconocen las lenguas autóctonas como integrantes de la cultura nacional»[22].

Ahora bien, la situación actual del español con relación a otros idiomas considerados «oficiales» es muy privilegiada y, prácticamente, se ha impuesto como lengua oficial de trabajo y de comunicación a nivel nacional. El francés, el inglés y el portugués han quedado como idiomas de trabajo circunscritos a determinados ámbitos profesionales y de los organismos subregionales, tales como la Comunidad Económica de los Estados del África Central (CEEAC), la Unión Aduanera de los Estados del África Central (UDEAC), la Comunidad Económica y Monetaria del África Central (CEMAC), la Comunidad de Países de Lengua Portuguesa (CPLP) y la Unión Africana. Cabe precisar, además, que el Gobierno ecuatoguineano acaba de lograr que se incorpore el español entre los idiomas oficiales de trabajo en la Unión Africana.

Lo cierto es que, entre los años 1990 y 2000, Francia aportaba al Gobierno de Guinea Ecuatorial una importante ayuda económica para la extensión de la enseñanza del francés en los centros escolares e instituciones de enseñanza media del país; pero, hoy en día, esa situación se ha invertido y el español ha vuelto a ocupar su posición privilegiada y su vitalidad. Cabe destacar, en ese sentido, las palabras del presidente de la AEGLE, don Agustín Nzé Nfumu, cuando, en una entrevista concedida a la Fundéu BBVA en el año 2009, dejó bien claro que «el español es innegociable» para Guinea Ecuatorial[23].

---

21 Calvo Roy, Juan María: *Guinea Ecuatorial, la ocasión perdida*. Madrid: Sial/ Casa de África. 2019, págs. 619 y ss.

22 Boletín Oficial del Estado: *Ley Fundamental de Guinea Ecuatorial*, n.º 1; Malabo, 14 de marzo de 2010.

23 Cita de Julián Bibang Oyée y Mikel Larre Muñoz: «La pujante situación del español en Guinea Ecuatorial». *Anuario del Instituto Cervantes* 2020, sobre el español en el mundo, pág. 184.

En relación con las demás lenguas vernáculas locales (fang, bubi, *ndowé*, bisio, annobonés, *pidging*, balengue), la naturaleza multilingüe del ecuatoguineano permite la coexistencia del español con las demás lenguas vernáculas nacionales, así como con las internacionales (inglés y francés, sobre todo).

EL ESPAÑOL GUINEANO

Desde los trabajos de Echegaray, varios son los autores que afirman que existe una forma guineana de utilizar el español; pero lo que sí es cierto es que nunca ha existido un dialecto acriollado porque los nativos jamás han empleado el español como lengua nativa[24]. Sin embargo, el lingüista Lipski afirma que existen una serie de rasgos lingüísticos que solo se dan en su conjunto en el español de Guinea Ecuatorial y se producen entre la mayoría de los guineanos; por lo que confirma que sí existe una variedad guineana del español, con sus respectivos parámetros de variación, y que merece ser incluida como tal en los tratados de dialectología hispánica (2007: 79-93)[25].

Por otra parte, afirmamos, como dicen otros especialistas, que el español de Guinea Ecuatorial está bastante implantado, pero reconocemos que está sujeto a constantes «invasiones lingüísticas» del *pidging*, fang, bubi, *ndowé*, bisio, annobonés, así como del francés y el inglés, por la naturaleza multilingüe del ecuatoguineano; lo que nos hace pensar que si la AEGLE no impone sus normas a tiempo, el español guineano de los barrios periurbanos y de las zonas rurales corre el riesgo de convertirse en un español mestizo a medio y largo plazo.

En ese orden de ideas, Gloria Nistal Rosique[26] afirma que «la evolución de la lengua y su adaptación constante se producen muchas veces por la generalización de usos en un principio alejados de la norma, usos no adecuados, pero que terminan siendo aceptados primero por los hablantes y después por la propia norma escrita. De la generalización masiva de un uso inicialmente inadecuado se termina en una readaptación y un cambio de la norma». Y es aquí donde la AEGLE está llamada a intervenir y estudiar el español guineano y su evolución constante hacia la incorporación de nuevos guineanismos, con sus estructuras morfosintácticas antes no existentes en el español guineano, para proponer una norma general gramaticalmente aceptable.

---

24 *Ibidem*, pág. 186.

25 Lipski, John M.: «El español de Guinea Ecuatorial en el contexto del español mundial», en *La situación actual del español en África*. Madrid: Sial/ Casa de África, 2007, págs. 79 y ss.

26 Nistal, Gloria: «Estado actual del español y actuaciones para la mejora de la calidad del español en Guinea Ecuatorial», en *La situación actual del español en África*. Madrid: Sial/Casa de África, 2007, págs. 375 y ss.

Trinidad Morgades[27] estudió algunos guineanismos usados en la actualidad y que definió como pidginismos en el español de Guinea Ecuatorial, y cuyo lenguaje híbrido se introdujo en la isla de Bioko hacia 1827 con la llegada de exesclavos y empleados krumanes procedentes de Sierra Leona junto a la expedición del capitán Owen para fundar la ciudad de Clarence (Santa Isabel), hoy Malabo.

A tal efecto, llama igualmente la atención la aparición progresiva de una nueva jerga criolla, híbrida, sobre todo entre los jóvenes, donde se mezcla el pidching, los dialectalismos ecuatoguineanos y el español pidchinizado con expresiones como *This man, te voy a hacer un kongosá de esa nga y cuyo novio es aquel bubuto*, lo que, en términos castizos, se podría traducir por: «Oye colega, te voy a soltar un chisme (*kongosá*) de aquella jovencita (*nga*) cuyo novio es aquel gordito (*bubuto*)», pues *this man* viene del inglés pidchinizado *The men*; mientras que la palabra *nga* viene de la lengua nativa fang, que significa 'mujer o mujer joven', y *bubuto*, una creación reciente derivada del *pidging*. Su estudio merece ser abordado y regulado por nuestra institución académica, porque la incorporación de estos guineanismos va a implicar para la AEGLE el estudio de los híbridos ortográficos del español guineano y el análisis en una misma palabra o frase de segmentos que pertenecen a dos lenguas y que obedecen a reglas ortográficas dispares; lo que para la RAE y la ASALE, según la *Crónica de la lengua española 2020* (2020: 303), su análisis y sus propuestas de solución remiten a la revisión de conceptos básicos de la teoría lingüística y lexicográfica.

En este orden de ideas, la Academia Ecuatoguineana de la Lengua Española (AEGLE) ha iniciado una serie de estudios lingüísticos (política lingüística, glosario del español ecuatoguineano, español jurídico de Guinea Ecuatorial, tesoros lexicográficos, refraneros, diccionario fraseológico, antologías, diccionario de la gastronomía nacional, gentilicios de Guinea Ecuatorial, etc.), que le van a permitir analizar y situar la problemática del español guineano en su conjunto, contextualizarlo en su realidad lingüística y sociocultural actual y proponer una norma general, ya que a la hora de analizar y aceptar las nuevas voces los lingüistas deberán tener en cuenta las técnicas lexicográficas donde se contemplen los criterios terminográficos con criterios de lexicografía general, puesto que el corpus de los léxicos ecuatoguineanos propuestos debería incluir datos del reservorio cultural, así como del español coloquial y general[28] hablado en Guinea Ecuatorial. En este sentido, creemos que la AEGLE hará una mejor valoración y selec-

---

27 Morgades Besari, Trinidad: *Introducción al pidging de Guinea Ecuatorial*. Madrid: Aralia XXI (Grupo APYCE), 2016, págs. 77 y ss.

28 Valdés Acosta, Gema: *Diccionario de bantuismos en el español de América*. Madrid: Ed. Sial/Casa de África, 2013, pág. 17.

ción de aquellas voces bantúes y no bantúes que han contribuido y siguen contribuyendo a la formación de nuestra identidad lingüística y cultural afrohispánica, prevaleciendo el criterio propuesto por la RAE de seleccionar aquellas voces cuyo uso es reiterado y cuantificable exclusivamente en los documentos escritos (2020: 305)[29].

De todos modos, la Academia Ecuatoguineana de la Lengua Española (AEGLE) ha iniciado una serie de proyectos académicos, entre los que se halla un trabajo lexicográfico (*Glosario del español guineano*) en el que se ha adoptado como metodología inicial de trabajo definir la etimología bantú y no bantú de los lemas propuestos, la semántica, la estructura morfosintáctica y la extensión geográfica de cada guineanismo que se proponga a la RAE para su incorporación al *DLE*, según los esquemas propuestos por algunos autores[30] y especialistas en la materia[31].

Por otra parte, y según un estudio reciente llevado a cabo por el académico Julián Bibang Oyee y Miquel Larre Muñoz [32], «el español se robustece en Guinea Ecuatorial y su implantación y extensión es cada vez más exitosa, porque se han ganado espacios públicos y privados para el español y se observa mucha vitalidad en todos los ámbitos».

Estos autores afirman que «la situación del español en Guinea Ecuatorial ha experimentado un cambio en los últimos años, si tenemos en cuenta datos muy positivos sobre el conocimiento, el uso, los ámbitos de uso, los indicadores de vitalidad de la lengua y actitudes ante la lengua e identidad» (2020: 181) y si se hace un análisis comparativo en relación con los estudios llevados a cabo hace diez y quince años por Antonio Quilis y Casado-Fresnillo (1995: 34), Morgades Besari (2005: 2), Gloria Nistal (2007:75) y Justo Bolekia Boleká (2011: 1), ya que, a medida que nos acercamos a individuos con mayor nivel de instrucción, el español es más castizo.

No obstante, analicemos, antes de proseguir, los rasgos fonéticos y morfosintácticos generales del español guineano que han estudiado algunos especialistas en la materia.

---

29 Real Academia Española: *Crónica de la Lengua Española 2020*. Madrid: Editorial Planeta, S. A., 2020, págs. 305 y ss.

30 Santos Morillo, Antonio: *Afronegrismos en el Diccionario de la Lengua Española*. Sevilla: Ed. Instituto Hispano Cubano de Historia de América (Fundación Rafael G. Abreu), 2018, págs. 16 y ss.

31 Menéndez Pidal, Ramón: *Léxico hispánico primitivo. Glosario del primitivo léxico iberorrománico*. Espasa Calpe, S. A., 2008, págs. XXI y ss.

32 Bibang Oyée, Julián y Larre Muñoz, Mikel: «La pujante situación del español en Guinea Ecuatorial». *Anuario del Instituto Cervantes*, 2020, págs. 186 y ss.

Rasgos del español guineano

Lipski (2007: 93-98)[33] afirma que existen una serie de rasgos lingüísticos que solo se dan en su conjunto en el español de Guinea Ecuatorial y menciona algunos rasgos fonéticos que él juzga compartidos por los guineanos:

- Articulaciones oclusivas de las obstruyentes sonoras.
- Pronunciación variable de la /d/ final de palabra.
- Realización alveolar de la /n/ final de palabra.
- /s/ de punto de articulación variable.
- Resistencia de /s/ final de sílaba/palabra.
- Seseo variable.
- /y/ intervocálica débil.
- Neutralización de /r/- /rr/.
- Ausencia de neutralización de /l / y /r/.
- Tonos individuales en cada sílaba.

De los rasgos morfosintácticos, Lipski señala los siguientes:

- Combinaciones híbridas *usted* + forma verbal de tuteo, con expresiones típicas como *usted tienes*.
- La distinción inconsciente *ustedes-vosotros*, donde es frecuente escuchar expresiones como *ustedes tenéis*.
- Uso de la preposición *en* con verbos de movimiento, donde es frecuente escuchar expresiones como *voy en Rebola* o *voy en Mbini*.
- Concordancia variable sujeto/verbo, donde es notable el empleo de la tercera persona del singular del verbo como forma casi invariable: *Yo soy de Bata y vive allí*.
- Concordancia variable sustantivo-adjetivo: *Hay mucho bebida*.

Existen otros rasgos lingüísticos propios del español de Guinea Ecuatorial que evocan Antonio Quilis[34] y Gloria Nistal (2007: 375)[35], como la *r* de Malabo, los reflexivos, las elipsis de los determinantes en algunas oraciones, las

---

33 Lipski, John M.: «El español de Guinea Ecuatorial en el contexto del español mundial», en *La situación actual del español en África*. Madrid: Sial/Casa de África, 2007.

34 Quilis, Antonio y Casado-Fresnillo, Celia: *La lengua española en Guinea Ecuatorial*. Madrid: UNED, 1995.

35 Nistal, Gloria: «Estado actual del español y actuaciones para la mejora de la calidad del español en Guinea Ecuatorial», en *La situación actual del español en África*. Madrid: Sial/Casa de África, 2007, págs. 375 y ss.

reiteraciones y las expresiones híbridas (*Malabosá, cuentaka, apear, sangrear*, etc.), que desaparecen a medida que el nivel cultural de los hablantes del español es elevado, pero que, teniendo en cuenta el uso generalizado de las referidas expresiones, terminan siendo aceptadas por los hablantes y después por la propia norma escrita.

Actualmente, y con la emergencia de una nueva generación de jóvenes estudiantes y universitarios y otros ciudadanos instruidos, el español hablado y escrito en Guinea Ecuatorial ha mejorado considerablemente, aunque en ciertos barrios populares, mercados, puertos, así como en las zonas rurales y los barrios periurbanos de las ciudades de Guinea Ecuatorial, se sigue constatando el uso cotidiano del español guineano que debe ser objeto de estudio por la AEGLE para imponer unas normas aceptadas por los hablantes, y sus límites.

No obstante, compartimos la opinión de Julián Bibang Oyée y Mikel Larre Muñoz (2020: 189) en el sentido de que el conjunto de rasgos morfosintácticos que señala Lipski se da en aquellos hablantes con poca instrucción en la lengua española y con bajo nivel de escolaridad en general; pero, conforme hallamos usuarios más competentes en el idioma, estos rasgos desaparecen y los hablantes se expresan en un español bien castizo y con un escrupuloso respeto de las reglas gramaticales.

En la actualidad, el acceso de un número cada vez mayor de estudiantes a la enseñanza primaria, secundaria y universitaria, así como el uso cada vez mayor del español como lengua de comunicación oficial en los centros comerciales, administrativos, turísticos y culturales, nos hacen deducir que el español se ha implantado sobre el francés, el inglés y el portugués, que parecían interferir y alterar la preponderancia del español en Guinea Ecuatorial y, además, su expansión es cada vez más notoria en los distritos y poblados donde los hablantes bilingües o multilingües alternan el español con las lenguas vernáculas fang, bubi, *ndowé,* bisio, annobonés, molengue y el *pidging*.

Conocimiento y uso del español

Según Julián Bibang Oyée y Miquel Larre Muñoz (2020:203), para analizar bien la cuestión de la implantación del español, hay que distinguir, por una parte, el conocimiento y el uso del español y, por otra, el uso que hace el hablante de la lengua y la corrección de esta.

Guinea Ecuatorial es un país donde tanto en la enseñanza primaria como en la secundaria y universitaria se instruye en español. Y, a tal efecto, las encuestas de demografía y salud llevadas a cabo en el año 2011 (EDSGE-2011)[36]

---

36 Mohamed Ayad, Rabat Makambo, Práxedes y colaboradores: *Encuesta de demografía y salud de la República de Guinea Ecuatorial* (EDSGE-2011). Malabo: Ministerio de Sanidad y Bienestar

indicaron que el nivel de alfabetización de la población es superior al 85 % (se registró un 88 % de mujeres alfabetizadas y un 95 % de hombres alfabetizados a nivel nacional). En este mismo orden de ideas, Antonio Manso Luengo y Julián Bibang Oyée señalan que el 85 % de la población es capaz de expresarse en español para comunicarse (2014); pero, al mismo tiempo, hacen algunas observaciones:

- Para casi todos los guineanos, el español es una segunda lengua, incluso para los que lo hablan y escriben adecuadamente, que son más del 74 % de la población. Cabe precisar, en este sentido, que más del 80 % de la población mayor de 30 años habla una lengua materna ecuatoguineana (fang, bubi, *ndowé*, bisio, annobonés, *pidging*, balengue), además de francés e inglés.
- Hay que distinguir entre analfabetismo y desconocimiento del español. Los analfabetos ecuatoguineanos (menos del 10 %) hablan el español, aunque sean ágrafos en español o en otra lengua.
- Ya encontramos hablantes cuya lengua materna o cuya primera lengua es el español, o la que mejor conocen y en la que se les habla. Se trata de un segmento de la población joven, nacida entre los años 1990 y 2000, que no ha tenido mucho o apenas contacto con su lengua vernácula y que se expresa mejor en español. Cabe precisar, además, que un alto porcentaje de inmigrantes hablan como segunda o tercera lengua el español como lengua de comunicación y de transacción con los nativos guineanos, sobre todo porque el español se ha convertido en la lengua del comercio, de la cultura, de la política y de la educación en todos los ámbitos del país.
- En el año 2020, Julián Bibang Oyée y Mikel Larre llevaron a cabo unas encuestas para determinar el empleo del español en Guinea Ecuatorial en el ámbito familiar y comparar dichos datos con los mismos trabajos que realizaron Antonio Quilis y Celia Casado-Fresnillo (1981, 1983, 1988 y 1993). Los resultados obtenidos demostraron que, con la pregunta *¿En qué lengua habla con sus padres?*, en la encuesta de Quilis (1993) el 26 % hablaba en español, mientras que en la encuesta de Julián Bibang y Mikel Larre se obtuvo un resultado de 39 %. Con la pregunta *¿En qué lengua hablan sus hijos entre ellos?*, en la encuesta de Quilis (1993) el 60 % hablaba en español, mientras que en la encuesta de Julián Bibang y Mikel Larre se obtuvo un resultado del 78,5 %; y con la pregunta *¿Cuál es la lengua que utilizan en su casa para hablar entre ustedes?*, en la encuesta de Quilis (1993) el 36 % hablaba en español y en lengua materna; el 22,3 % en español; el 41,2 % en la lengua ma-

---

Social y Ministerio de Economía, Planificación e Inversiones Públicas, PNUD, FNUAP, UNICEF, BAD, FDS. Agencia Macro International, Washington, D. C. Malabo, 2011, págs. 33 y ss.

terna; mientras que, en la encuesta de Julián Bibang y Mikel Larre (2020) el 39,1% habla en español y en la lengua vernácula; el 34,7% en español y el 26,2% en la lengua vernácula.

Se puede concluir este capítulo afirmando lo que dicen Julián Bibang y Mikel Larre, con algunas excepciones, que el español goza de buena salud en Guinea Ecuatorial. Es conocido de manera activa y pasiva por la inmensa mayoría de la población. Es la lengua de la educación, del Gobierno, de la Administración, de los medios de comunicación, del comercio y también está conquistando espacios en los barrios y calles de todas las ciudades del país. Y además es la lengua de comunicación intergrupal e interétnica. Por otra parte, los buenos hablantes del español alternan el castellano con sus lenguas maternas fang, bubi, *ndowé,* bisio, annobonés, molengue e, incluso, con el francés y el inglés, pues el polilingüismo es una de las características propias desarrolladas por los ecuatoguineanos desde los inicios de la colonización española en Guinea Ecuatorial, por lo que la AEGLE debe ser prudente con las diferentes interferencias lingüísticas que invaden al español guineano actual y velar para que en su evolución no se aleje del castellano ibérico. Y, si vamos a aceptar los lenguajes híbridos y un tanto retorcidos que están surgiendo en los entornos pandilleros de Malabo y Bata, como señala Estanislao Medina Huesca[37], ese mestizaje afrohispánico debe desarrollarse con normas gramaticalmente aceptables, bien claras y pragmáticas dictadas por la Academia Ecuatoguineana de la lengua Española (AEGLE).

Literatura ecuatoguineana y afrohispanidad

La República de Guinea Ecuatorial es la única comunidad política y nacional del África subsahariana con herencia cultural hispana y con una literatura escrita en la lengua de Cervantes. Así lo resaltaba el periodista, ensayista, historiador y novelista ecuatoguineano Donato Ndongo Biyogo durante el Primer Congreso de la Asociación Española de Africanistas, celebrado en Madrid en 1991 (2007: 147)[38].

Tras el inicio de la colonización y españolización de los territorios españoles del golfo de Guinea hacia 1883, se tuvo que esperar hasta el año 1947 para ver publicadas las primeras narraciones, cuentos, historias, refranes y cantos de unos escritores ecuatoguineanos noveles cuyos trabajos consistían en recopilar cuentos, leyendas y epopeyas en los poblados, transcribirlos y traducirlos al castellano (2007: 151).

---

37 Medina Huesca, Estanislao: *Suspéh. Memorias de un expandillero.* Madrid: Diwan Mayrit, 2020.

38 M´bare N´gom: «Lengua española y literatura en África. La literatura africana en castellano», en *La situación actual del español en África*. Madrid: Sial/Casa de África, 2007, págs. 147 y ss.

En 1953 se publica la primera novela escrita por un ecuatoguineano, *Cuando los kombes luchaban*, de Leoncio Evita Enoy. Con un estilo literario etnográfico, el autor pretendía rescatar la memoria histórica y cultural de los kombes y, al mismo tiempo, trató de romper con los estereotipos constituidos por el discurso colonial español, y europeo en general, sobre la escasa capacidad intelectual, creativa y literaria del ecuatoguineano y del africano en general. Diez años después, en 1962, aparece en Barcelona otra novela escrita por otro ecuatoguineano, *Una lanza por el baobí*, de Daniel Jones Mathama, con un estilo literario donde se constataba la persistencia de la ideología colonial asimilada en algunos nativos, ya que en su obra describía de manera crítica y despectiva las costumbres, los ritos y las creencias de los grupos indígenas de la isla de Fernando Poo (Bioko)[39].

Al acceder el país a la independencia nacional el 12 de octubre de 1968, Macías toma el poder y, a los pocos meses, siembra el terror, persigue, detiene y asesina a los intelectuales y políticos, y gran parte de la población se ve obligada a tomar el camino del exilio. La mayoría de los intelectuales y estudiantes universitarios se instalaron en España y allí surge una segunda generación de escritores.

Esta segunda corriente se refiere a la generación perdida o del mutis (1969-1979), que todos conocemos (Ciriako Bokesa Napo, Juan Balboa Boneke, Donato Ndongo Biyogo, Leandro Nbomio Nsue [escultor], Trinidad Morgades Besari, Francisco Zamora Loboch, Raquel Ilombe del Pozo Epita, Anacleto Oló Mibuy, María Nsue, Andrés Ikuga Ebombebombe [este último es de los pocos intelectuales que no tomó el camino del exilio]) y cuyo estilo literario se caracterizó por la evocación nostálgica de aquella Guinea Española embellecida por sus ríos, mares, montañas y paisajes verdosos; por el recuerdo amargo de la violencia política colonial y poscolonial, el desarraigo y la alienación, la validación del exilio en cuanto a condición existencial, la marginación social y cultural del emigrante en la diáspora, la nostalgia y la ansiedad por la tierra madre, la añoranza del retorno a la patria o, como dijera Anacleto Oló Mibuy, (2007: 200) «dolor, nostalgia y lamentaciones son las musas que alimentaron la rebelión y la esperanza de las generaciones del silencio». Obras como *Voces de espuma*, de Ciriako Bokesa; *Ceiba*, de Raquel Ilombe; *Los poderes de la tempestad*, de Donato Ndongo Biyogo; *Vamos a matar al tirano*, de Francisco Zamora Loboch; *¿Dónde estás, Guinea?*, de Juan Balboa Boneke; *Gritos de libertad y esperanza*, de Anacleto Oló Mibuy, etc., son el fiel reflejo de la expresión literaria de los ecuatoguineanos de los años 70 en la diáspora, quienes manifestarían el amor por su tierra madre quebrantada por un ré-

---

39 Donato Ndongo Biyogo y M'bare Ngom: *Literatura de Guinea Ecuatorial (Antología)*. Madrid: Sial/Casa de África, 2000, págs. 20 y ss.

gimen político represivo en aquellos difíciles años de las dictaduras macista y franquista.

Tras el cambio del régimen de Macías Nguema al de Teodoro Obiang (3 de agosto de 1979), varios escritores e intelectuales de la generación del mutis regresaron al país, colaboraron en la reconstrucción nacional junto al Gobierno y prosiguieron con sus actividades intelectuales como escritores, tales como Juan Balboa Boneke, Ciriako Bokesa Napo, Trinidad Morgades Besari, María Nsue, Donato Ndongo Biyogo, Leandro Mbomio Nsue, Anacleto Oló Mibuy, Cristina Djombe Dyangani y otros tantos más. Uno de los principales logros de este grupo de intelectuales fue la celebración del Primer Congreso Internacional Hispano-Africano de Cultura que tuvo lugar en la ciudad de Bata en junio de 1984, y que proyectó a Guinea Ecuatorial en el universo cultural afroiberoamericano.

A partir de los años 90 surgió otra generación de escritores que Anacleto Oló Mibuy ha calificado como la corriente del «Nuevo Costumbrismo Nacional», cuyo estilo literario se caracterizó por abrazar la hispanidad desde los valores culturales propios, desarrollando así un sincretismo ideológico tanto en lo lingüístico, religioso, educativo y folclórico como en lo culinario, pues, como dijera Oló Mibuy, «es una corriente donde los relatos de las obras de estos autores inauguran otra concepción y otro ritmo bantú donde las estructuras semánticas responden al sustrato mental del guineano». Así pues, esta corriente evoca la picaresca del ecuatoguineano en su lucha por la supervivencia cotidiana a base de sobornos y corruptelas, y en sus obras algunos autores enfrentan al público ecuatoguineano con su realidad diaria, como en *Adjá-Adjá* y *Nambula* (2006) y *Ecos de Malabo* [2009]), de Maximiliano Nkogo; el humor, el realismo, las injusticias y otros aspectos culturales y sociales de Guinea Ecuatorial en perspectiva histórico-literaria, donde el autor nos recrea unas vivencias ancladas entre dos modos de vivir y de pensar, entre lo material, lo cartesiano y lo tangible, por una parte, y lo tradicional, lo metafísico y lo brujeril, por otra, en *Cenizas de Kalabó y Termes* (2000) y *1915 y otros ecos de lluvia y de de mar* (2018), así como algunos relatos oníricos donde aparecen la ironía y algunos guiños maliciosos que nos adentran en las arbitrariedades, la corrupción y las ambiciones de los poderosos, en *La revuelta de los disfraces* (2003), de José Fernando Syale Dyangani; los cantos a la naturaleza y las referencias al costumbrismo malabeño con una moraleja final y feliz en *Luz en la noche* (2010), de Recadero Silebó Boturu; el onirismo, la corrupción institucional, el discurso identitario en crisis, la necesidad de conservar y renovar los saberes propios y una mirada crítica de la situación ecuatoguineana en *Pretérito imperfecto* (1991), *Áwala cu sangui* (2000), *Los hombres domésticos* (1993), *El desmayo de Judas* (2001), etc., de Juan Tomás Ávila Laurel; y el relato crítico de otros temas sociales sobre la brujería, la vida rural, el poder espiritual de los ancianos, el catolicismo, la proliferación de iglesias evangélicas, las referencias a la España poscolonial en *Ecos de*

Malabo (2009), de Maximiliano Nkogo; la promiscuidad sexual, el machismo, el lesbianismo, la homosexualidad, prácticas que aún siguen siendo tabú en Guinea y en el África negra, así como la inocencia y la desorientación femenina frente a las tradiciones ancestrales, el patriarcado ecuatoguineano y bantú, la prepotencia y perversidad de los hombres poderosos, etc., en *La bastarda* y *Allí debajo de las mujeres* (2019), de Trifonia Melibea Obono; *Ekomo* (1985), de María Nsue; *El llanto de la perra* (2005), de Guillermina Mekuy; o la descripción de paisajes, ritos y creencias africanas mediante la ficcionalización de la oralidad en *Möapöndà, el último hijo de Nnök* (2020), de Anselmo Ebiaka Möeté.

A toda esta corriente del Nuevo Costumbrismo Nacional, se une el mismo Anacleto Oló Mibuy, ayer poeta del silencio, de la generación perdida; pero que ha logrado pasar por esa «transfiguración» intelectual que le pone a la altura de las circunstancias literarias de esta nueva generación de escritores ecuatoguineanos con su poesía creacionista (*Ritmos del alma* [2020]), donde nos da a conocer «las cosas locales»; porque se trata, ante todo, de una poesía de inspiración popular y al servicio de las preocupaciones políticas y sociales del momento, exaltando así el paisaje, el ecosistema, el Pico de Basilé, al hombre rural, a la mujer ecuatoguineana; pero también haciendo referencias al entorno guineano y homenajeando a la hispanidad, a Guinea Ecuatorial y a su capital, Malabo. En esta misma tendencia literaria caracterizada por el sincretismo cultural entre lo hispano y los valores tradicionales afrobantúes están otros escritores y ensayistas importantes de la época del silencio y «transfigurados» como los académicos Agustín Nzé Nfumu (*Macías, verdugo o víctima* [2004] y *La gran mentira* [2017]), María Nsue Angüe (*Ekomo* [1985-2007]), María Teresa Avoro Nguema (*Poemas en prosa y canto* [2016]), el escritor Joaquin Mbomio Bacheng (*El párroco de Niefang* [1996]), el escritor y docente Rosendo Ela Nsue Mibuy (*La persona y el entorno, miscelánea* [2010]), el médico, ensayista y escritor Justino Obama Nvé (*España en el corazón de África* [2016]) el periodista, músico y escritor Francisco Zamora Loboch (*Desde el viyil y otras crónicas* [2008] y *Conspiración en el Green* [2009]), el antropólogo y diplomático Joaquín Mbana (*Brujería fang en Guinea Ecuatorial* [2004]), el periodista y escritor Donato Ndongo Biyogo (*El metro, Los poderes de la tempestad, Las tinieblas de tu memoria negra* [1987]). Casi todos evocan con expresiones hispanoecuatoguineanas la práctica de los ritos africanos previa a la asimilación de los valores culturales hispanos; las preocupaciones cotidianas del momento; el nacionalismo frente a los depredadores de las potencias extranjeras; las referencias a la España poscolonial; las relaciones humanas, políticas, económicas y financieras entre ambos países; el exilio, la migración laboral, política y voluntaria.

Cabe precisar, por otra parte, que gran parte de las obras de los escritores clásicos ecuatoguineanos (Juan Balboa Boeke, Ciriako Bokesa, Raquel Ilombe, Anacleto Oló Mibuy, Francisco Zamora Loboch, Agustín Nzé Nfumu, etc.)

reflejan varios guineanismos y expresiones propias del español de Guinea Ecuatorial. Incluso los escritores más modernos, como Maximiliano Nkogo en *Ecos de Malabo* (2009), recogen importantes guineanismos como *malabosa* ('cotilleo'), *bubuta* ('gordita, rellenita'), *dar pecho a lo hecho* ('enfrentarse al problema'), *ndombolo* ('estilo de baile'), *pepesup* ('sopa de pescado pimentada'), *sopa* o *djomba de chocolate* ('chocolate africano'), *bambucha* ('preparado a base de verduras de la yuca'), *kong* ('embrujo'), *Mondoasi* (topónimo), *envuelto de cacahuele, pantap* ('pescado a la plancha combinado con una ensalada'), *ekuk* ('árbol de la quina'), *ndjangué* o *esuan* ('tontina o cooperativa para el ahorro forzoso'), *residencia* ('hostal o local habilitado para alquilar habitaciones por horas, tanto de día como de noche'), y otros localismos recogidos en su obra *Nambula* (2006) como *soya* ('pollo a la brasa'), *atanga, tamtam*, etc.

En ese mismo orden de ideas, el jurista y escritor José Fernando Siale Dyangani (*1915 y otros ecos de lluvia y de mar*; *Cenizas de Kalabó* y *Termes* [2000]) recoge importantes guineanismos en sus obras, tales como *masa* ('amo, jefe'), *makara* ('buñuelos hechos con banana de Guinea y harina'), *iboga* ('raíces de una planta alucinógena'), *salsa de modika* ('salsa hecha con el chocolate africano'), *aceite de palma, bambucha, balele, Ayamiken, Yengüe, Epole, Dipika, Laka* (Baney) y otros topónimos de Guinea Ecuatorial.

De todos modos, los localismos en el español de Guinea ya aparecen implícitos en las primeras obras de los escritores ecuatoguineanos, pues en la novela *Cuando los combes luchaban* (1953), de Leoncio Evita Enoy[40], constatamos la presencia de guineanismos como *masa* ('amo o jefe'), *igombegombe* ('árbol que da mucha sombra, de la familia de las cumbretáceas: *Terminalia catalapa*'), «la llaga vomitó un largo chorro de sangre» ('hemorragia'), el *wachiman* ('sereno', del *pidging*), *clote* (del inglés *cloth*: 'pieza de tela, generalmente de percal, que enrollan las mujeres y hombres africanos al cuerpo, a modo de vestido o se anudan a la cintura como falda'), *ngombí* ('arpa bantú muy utilizada en las sesiones rituales del bwití, una secta sincrética del África Central'), *secta de los hombres leopardo* (sectas criminales que existían en la antigüedad y que utilizaban pieles de leopardo para camuflarse y cometer actos delictivos y asesinatos), *vitédi* ('tinte rojo extraído del árbol maderable palo rojo'), *pembe* ('polvo blanco del cieno extraído en el subsuelo de las márgenes de los ríos'), *okume* ('madera de la familia de las Ankumea klaineana, muy apreciada para los trabajos de carpintería y ebanistería'), *panyole* ('español'), *bambú* ('cañaverales'), *Bolondo, Ndjebengo, Mbode* (topónimos de Guinea Ecuatorial), *penda, vílangua* (gentilicios), etc.

---

40 Evita, Leoncio: *Cuando los combes luchaban*. Madrid: Sial/Casa África, 2016.

Posteriormente, otro autor de la época del mutis (1969-1979), Andrés Ikuga Ebombebombe, plasmó desde Guinea Ecuatorial algunos guineanismos en su producción poética sobre la diosa Esile (2015: 209)[41]: *morimó* (espíritu de la isla de Bioko), *Chiba* (otro espíritu de la isla de Bioko), *boriba* ('exiliado'), *essile* ('el frío'), *elebó* ('campana bubi de madera'), *bosila* ('cueva para los conjuros e invocaciones'), *boöpe* ('solemne ceremonia'), y términos que vienen recogidos en su poema «Cantos a la diosa Esile» (1993).

De igual modo, cabe elogiar la loable labor de aquellos escritores y ensayistas ecuatoguineanos y españoles (Agustín Nzé Nfumu, Julián Bibang Oyée, Ramón Sales Encinas, Jacint Creus y Adelina Kola Ipúwa, Virginia Pons, Justo Bolekia Boleká, Práxedes Rabat Makambo, etc.) que han trabajado en estos últimos años para la recuperación de las tradiciones orales, las manifestaciones poéticas, los relatos mitológicos y una serie de tradiciones orales narrados por los trovadores (*mbom nvet, vikano vya bölö nyama*, etc.), donde se evocan unos acontecimientos épicos que solo se explican mediante el control metafísico que ejercen los manes de los antepasados desde el «más allá» y que los humanos pretenden controlar: *Eyom Ndong, de la tribu Mikafug* (2019), de Agustín Nzé Nfumu; *La migración fang* (2015), de Julián Bibang Oyée; *En busca de los inmortales* (2004), de Eyí Moan Ndong, traducido por Ramón Sales Encinas y Domingo Elá Mba; *Cuentos de los Ndowé* (1991), de Jacint Creus y Adelina Kola Ipúwa; *Cuentos Ndowé* (2003), de Enengue A'Bodjedi; *La poesía en lengua bubi* (2007), de Justo Bolekia Boleká; *Balbuceos* (2008), de Carlos Nsue Otong; *Ritos y creencias ndowé* (2006), de Práxedes Rabat Makambo; *Identidad cultural ndowe* (2008), de Cristina Dyombe Djangani; *Los ritos de paso entre los bubis* (2017), de José Francisco Eteo Soriso; *Entre dos aguas* (2004), de Virginia Fons; *Los ndowé* (2020), de Augusto Iyanga Pendi; *Historia Benga* (2018), de Mario Ibolo Uganda Beholi; *Memorias del pueblo d'Ambó* (2018), de Zankus Maze Menemadjimol, así como leyendas y epopeyas de otros autores narradas con un estilo lírico puramente hispanoecuatoguineano y donde abundan los giros, las onomatopeyas, las metáforas, las adivinanzas, los tropos de sentencia y de semejanza, las reiteraciones, los refranes y adagios afrobantúes, además de varios ecuatoguineanismos y afronegrismos que ayudarán al lector no africano a comprender la idiosincrasia y el estilo literario de los ecuatoguineanos y su relación con la naturaleza y el ecosistema tropical que los rodea.

Se trata, pues, de una generación de escritores que se empeñan en forjar, como dijera Joaquin Mbomío Becheng, «una identidad nacional, ecuatoguineana, con personalidad africana», acorde con el propio pasado ancestral

41 Ikuga Ebombebombe, Andrés-Ngangwe (1993-2015): *Cómo se habla, se escribe y se lee el ndowé*. Barcelona: Institut Catalunya-África.

bantú para abrazar posteriormente el legado hispano y manifestar su nacionalismo y guineanismo frente a este mundo tan globalizado de la afrohispanidad.

Cabe señalar que se está constatando en las obras de algunos jóvenes escritores amantes de la globalización y de la mundialización una tendencia hacia la narrativa cosmopolita, donde se evoca con frecuencia la interacción cultural entre lo africano y lo europeo, una especie de narrativa del mestizaje cultural con proyección europea o de narrativa híbrida, como dijera Jorge Berastegui (2010: 93-102)[42], capaz de articular una subjetividad enraizada en África, pero transformada por el sueño europeo; ese sueño europeo que a la larga resulta ser una realidad hostil, multicultural, clasista, racista, xenófoba, donde, finalmente, se proletariza al expatriado africano y entonces el sueño europeo se colapsa, la subjetividad se estanca, uno se niega a sí mismo, para encerrarse en los guetos urbanos africanos de los barrios madrileños de Alcalá de Henares, Torrejón, Móstoles, Leganés, Alcorcón o Delicias (Zaragoza), mientras que otros pierden su identidad afroafricana para abrazar con amargura y recelos la ideología afroeuropea, individualista y desconectada de la realidad colectiva, solidaria y familiar del africano; y cuando se regresa a África, se viene, como dicen algunos ecuatoguineanos y africanos, con «la cabeza de blancos e ideas importadas»; pero se mantienen en el subconsciente de esos ecuatoguineanos de la diáspora los guineanismos que uno se llevó a Europa de joven para crear una corriente e ideología hibrida, multifocal, multiforme, cosmopolita (*El porteador de Marlow. Canción negra sin color* [2007]), de César Mba Abogo. En esta misma tendencia literaria de la interacción de las culturas africanas y europeas, están otros autores como Mitoha Ondo'o (*Claro de Luna* [2019]), donde sus protagonistas sueñan con un futuro mejor para el continente africano.

Otro de los temas abordados por algunos escritores ecuatoguineanos de la diáspora está relacionado con la problemática de la inmigración, el género y la emancipación de la mujer. Entre las autoras ecuatoguineanas que exploran ese universo está Remei Sipi Mayo, que escribe más bien ensayos relacionados con la problemática del género y de la inmigración (*Inmigración y género: el caso de Guinea Ecuatorial* [2004]; *Las mujeres africanas: incansables creadoras de estrategias para la vida* [1997]); Ángela María Nzambi Bakale, que también escribe sobre género, inmigración e identidad cultural (*Ngulsi* [2012]; *Biyare* [2015]), o Jared Ngale, cuya pluma manifiesta su propia rebeldía autobiografiada ante el rechazo, la incomprensión, la ignorancia, el racismo, el cinismo y la xenofobia de las sociedades europeas donde emigran y

---

42 Barástegui, Jorge: «El porteador de Marlow / Canción negra sin color: la construcción de la hibridación en la novela hispanoafricana», en Miampika, L. W. y Arroyo, P.: *De Guinea Ecuatorial a las literaturas hispanoafricanas*. Madrid: Verbum, 2010, págs. 93 y ss.

resalta la figura de la mujer africana como eje principal de una sociedad a veces machista (*Black Sex Experience* [2019]).

Una de las revelaciones de los últimos años es el joven César Brandon Ndjoku Davies, aunque este último desarrolla en sus poemas un estilo orientado a reivindicar el amor en todas sus vertientes, a recopliar historias cortas, cuentos y poemas que tratan sobre la soledad, el olvido, el dolor, la alegría, la felicidad, la vida y la muerte, así como sobre la manifestación de unas emociones por los encuentros y desencuentros de sus protagonistas, y a narrar historias que tengan valores y con las que las personas puedan identificarse (*Las almas de Brandon* [2018]; *Akeva* [2019]).

El joven Brandon Ndjoku recurre mucho a los relatos recitables, donde utiliza, además, elementos musicales y teatrales, como hacían los juglares. En abril del 2018, este joven poeta ecuatoguineano conquistó a miles de seguidores españoles en tan solo tres minutos, a raíz de su participación en el programa *Got Talent España*. Ahora le queda volver a casa, pisar la tierra madre, saborearla, sentirla, experimentarla y asumir su africanidad y lanzarse a la aventura de la afrohispanidad, ya que hasta ahora no se nota mucho en sus publicaciones esa hibridez afrohispanoecuatoguineana.

Otra de las revelaciones de estos últimos años, y que promete mucho, es el joven escritor Estanislao Medina Huesca. Profesor en el Colegio Español de Malabo, la revista británica *Granta* lo incluyó recientemente en su selección decenal de veinticinco narradores jóvenes en español. Medina Huesca se sumergió en el ambiente pandillero de Malabo para escribir su tercera novela, *Suspéh. Memorias de un expandillero* (Diwan Mayrit, 2020), escrita con la técnica del rompecabezas y plagada de modismos criollos y de un glosario de términos y expresiones utilizados actualmente en los barrios bajos de Malabo: *bukang* ('orgía con alcohol y drogas'), *suspéh* ('alarma'), *cangrejo* ('furgón policial'), *dimann* ('señor'), etc. Medina Huesca ha recibido varios premios literarios en el Colegio Español de Malabo y también fue galardonado con el primer premio de narrativa en el certamen literario organizado por la AEGLE con motivo del Día del Libro, con su obra *Dji Nzam* (2017). También ganó el tercer premio de narrativa del Día del Libro en el segundo certamen literario de la AEGLE, con su obra *John Fucken* (2018). Otra de sus obras publicadas son *El albino Micó* (2019) y *Barlock: los hijos del búho* (2016), donde ha plasmado la vida del barrio: el olor a cebolla y cacahuete, a pescado ahumado y fruta madura.

Medina vislumbra para sí un futuro ascendente. Sus autopublicaciones, pendientes de reimpresión, describen una isla lastrada por las tradiciones paganas, que primero sobrevivieron a los españoles y, después, a la globalización. Es lo que él mismo califica como «nuestro genoma cultural». Medina cree que «el ecuatoguineano carece de cultura del libro, apenas hay librerías y tampoco tenemos editoriales», cuenta el autor. Medina insiste en su vocación pedagógica: «Me gustaría que los ecuatoguineanos leyesen más. En el momento en que lo hagan, este país habrá cambiado para siempre[43]».

La esperanza la tenemos depositada ahora en los ganadores del certamen literario Miguel de Cervantes que se celebra el 23 de abril de cada año, en memoria del insigne escritor del *Quijote*. A través de este concurso literario, la AEGLE está descubriendo nuevos talentos que están sacando a la luz una serie de obras en prosa, poesía y teatro (Juan José Ería Itoji: *El espíritu errante*, 2017; Mayra Rondo Ndjinga: *Mujer, la vida es vanidad*, 2017; Dorcas Estrada Merino: *La cultura vestida de poesía*, 2019; Francisca Bokoho Ovono Muangüe: *Eboka*, 2019; Julián Esono Sango: *Mbengono*, 2019), etc., algunas de las cuales son importantes para la literatura ecuatoguineana.

Y, además, estos premios representan un importante estímulo para que los ánimos de los que se sienten con vocación y aptitudes de escribir no decaigan en esta tarea tan necesaria para el desarrollo cultural de las personas y sigan ejercitándose en esta actividad intelectual con producciones propias, así como con el aporte irrenunciable de la tradición oral de los grupos étnicos fang, bubi, *ndowé*, bisio, molengue, annnobonés, *pidgin*, bayele (pigmeos), etc., que conviven en el país. Por lo que deben escribir no solo con ocasión de los concursos literarios, sino insistir en ser verdaderos escritores y escritoras para el futuro de las letras ecuatoguineanas. Y, a través de sus obras y con el apoyo de la AEGLE, seguirán aportando su imprescindible concurso a la unidad del idioma español en el país y en la comunidad afroiberoamericana, contribuyendo así al logro de un empleo más extenso, apropiado y correcto del español entre los hablantes, las comunidades y los grupos sociales de Guinea Ecuatorial y del mundo hispanohablante.

REFERENCIAS BIBLIOGRÁFICAS

BIBANG OYËE, Julián: *La migración Fang, según Dulu Bon Be Afrikara*. Aralia XXI. Madrid, Grupo APYCE, 2015 (traducción, reestructuración, introducción y notas del original en lengua bulu, editado en 1954 y 1973; autores originales de la obra escrita: Ondoua Engutu y Afana bibogo).

BOLEKIA BOLEKÁ, Justo: «Rasgos esenciales de la poesía guineoecuatoriana». En *Palabras. España, Guinea y el idioma común*, n.º 1., Fundegue, nov. 2009, págs. 45-46.

CALVO ROY, Juan María: *Guinea Ecuatorial, la ocasión perdida*. Madrid: Sial/Casa de África, 2019.

DE CASTRO, M. L.: *La colonización española de Guinea Ecuatorial (1901-1931)*. Madrid: Sial/Casa de África, 2017.

43 https://elpais.com/cultura/2021-05-25/estanislao-medina-en-espana-yo-era-el-negro-de-una-universidad-privada.html

ENGONGA NCHAMA, Armando-Monsuy: *La intrahistoria política escolar de Guinea Ecuatorial*, Madrid: Ediciones Paulinas, 2010.

GARCÍA CANTÚS, María Dolores: *Fernando Poo. Una aventura colonial española.* Barcelona. Madrid: Ceiba Ediciones/Plaza & Janés, 2006.

GONZÁLEZ ECHEGARAY, Carlos: *Estudios guineanos, Vol I: Filología*. Madrid: Consejo Superior de Investigaciones Científicas, 1959.

IRADIER Y BULFY, Manuel: *África: viajes y trabajos de la Asociación Euskara. La exploradora. Fragmentos de un diario*. Vitoria: Diputación Foral de Álava, 1992.

MARTÍN DEL MOLINO, Amador: *La ciudad de Clarence, 1827-1959*. Madrid: ICD/AECI, 1993.

MORGADES BESARI, Trinidad: *Introducción al pidgin de Guinea Ecuatorial*. Madrid: Aralia XXI, 2017.

NISTAL ROSIQUE, Gloria y Guillermo PIÉ JAHN: *La situación actual del español en África*. Madrid: Sial/Casa de África, 2007.

QUILIS, Antonio y CASADO-FRESNILLO, Celia: *La lengua española en Guinea Ecuatorial*. Madrid: UNED/AECI, 1995.

PUJADAS, Tomás L.: *La Iglesia en Guinea Ecuatorial. Tomo II: Río Muni*. Barcelona: Claret, 1983.

III. La Asociación de Academias de la Lengua Española y las obras panhispánicas

Introducción

ALICIA MARÍA ZORRILLA (Academia Argentina de Letras), *70.º aniversario de la Asociación de Academias de la Lengua Española (1951-2021). Simbología de un lema.* ■ FRANCISCO JAVIER PÉREZ (Secretario General de la ASALE), *Las primeras publicaciones de la Asociación de Academias de la Lengua Española.*

70.º aniversario de la Asociación de Academias de la Lengua Española (1951-2021). Simbología de un lema

ALICIA MARÍA ZORRILLA (Academia Argentina de Letras)

La unión fraterna de las veintitrés Academias de la Lengua Española en la Asociación de Academias de la Lengua Española confirma que se ha constituido una gran familia con verdaderos objetivos comunes, y que su desempeño no solo se funda en el entrañable cuidado de la lengua, sino también en la vocación de servicio, pues, desde la palabra, también pueden ayudar a reconstruir el mundo y a seguir construyéndolo. Este es un compromiso de vida desde el punto de vista moral e intelectual. Además, el momento histórico en que vivimos así lo exige.

Setenta años de trabajo fecundo demuestran que la ASALE ha comprendido que la misión de las academias consiste, pues, en armonizar pensamientos, promover el saber y la investigación, analizar palabras y hechos. La voluntad y la perseverancia las acompañan siempre para crear lazos sólidos con la sociedad en busca del bien común, ya que la grandeza de las corporaciones reside en que su trabajo tenga sentido para la vida, una vida en que los valores sean prioritarios y corroboren cada uno de sus actos.

El trabajo ininterrumpido de la ASALE a favor del policentrismo lingüístico propició el papel protagónico del español americano, cada vez más abierto a nuevos desafíos, respetuoso de las normas peninsulares y, a la vez, libre de la sujeción estricta a estas. Uno de sus grandes logros fue reconocer que cada comunidad posee sus normas, que responden al entorno sociocultural. Hay, pues, una norma culta argentina, boliviana, chilena, colombiana, costarricense, cubana, dominicana, ecuatoguineana, ecuatoriana, filipina, guatemalteca, hondureña, mexicana, nicaragüense, norteamericana, panameña, paraguaya, peninsular, peruana, puertorriqueña, salvadoreña, uruguaya y venezolana. Y, dentro de una misma comunidad lingüística, otras normas (lenguaje familiar, literario, popular, rural, vulgar) se refieren al vocabulario, las formas gramaticales o la pronunciación. Uso y tradición lingüísticos son los pilares que sostienen lo que se denomina correcto, canónico o conforme a las reglas. Así lo entendió la ASALE, para cuya política lingüística la diversidad constituye un valor indiscutible.

También es mérito de esta asociación el propiciar el trabajo conjunto de las academias en la elaboración y la concreción de los grandes proyectos para hacer realidad el concepto de panhispanismo: el *Diccionario panhispánico de dudas*; la *Nueva gramática de la lengua española*; la *Ortografía de la lengua española*; el *Glosario de términos gramaticales*; el *Diccionario histórico de la lengua española*.

Siempre a la altura de los tiempos, la ASALE ya transita los caminos de la informatización, de la experiencia digital y de la inteligencia artificial. Desde esta perspectiva, acompaña y estimula todos los trabajos académicos.

El lema de la ASALE, «Una estirpe, una raza y un destino», reúne la esencialidad de su fundación.

Estirpe, ya que es 'base del tronco de un árbol', 'raíz y tronco de una gran familia'. De acuerdo con su etimología latina, la *estirpe* nos habla de un árbol alto y de sus raíces arraigadas en la inmensidad de la tierra fértil, y del dichoso sosiego de sus ramas, que crecen, se multiplican y se encumbran con el vigor de su savia para alcanzar el cielo de las palabras. Lo terrenal se funde, pues, con lo espiritual. El árbol es ciencia, fuerza y vida, símbolo de la vida del espíritu en perpetua evolución como nuestra lengua; es protección y promesa de frutos. La ASALE es un inmenso árbol en el que las raíces (el origen de la lengua española), el tronco (su evolución) y las ramas (su plenitud) están ligados en perfecta unidad en pro del crecimiento armonioso del idioma que nos enorgullece y nos une.

Raza ('familia'), porque el español, vigoroso e inagotable, es la lengua que nos identifica.

Destino ('lo que está fijo, sujeto', 'lo que ha de suceder inevitablemente'), puesto que, a pesar de las diferencias, las Academias, «protagonistas en los destinos del idioma»[1], trabajan en pos de una sola meta: unidad en la diversidad.

Si tomamos las letras iniciales de las tres palabras que conforman el lema, descubrimos otra: *red*. La ASALE representa una fuerte red de corporaciones, que vinculan su labor lingüística formando un tejido en continuo renacimiento.

«Estirpe», «raza», «destino», tres palabras para simbolizar una firme misión y reconocer que, más allá de su significado, lo valioso es hallar su esencia, la inmortalidad de su belleza como generadora de valiosas obras culturales.

En este 70.º aniversario, la Academia Argentina de Letras le rinde homenaje a la ASALE uniendo el trabajo cotidiano e ininterrumpido que le compete como correspondiente hispanoamericana con el apoyo y el estímulo motivador que recibe de esta siempre. Desde su fundación, en ello, reside su integridad y su valioso e incuestionable hacer.

---

1. *Crónica de la lengua española 2020*. Barcelona: Planeta, 2020, pág. 715.

Las primeras publicaciones de la Asociación de Academias de la Lengua Española

FRANCISCO JAVIER PÉREZ (Secretario General de la ASALE. Academia Venezolana de la Lengua)

MOTIVO

Cuando se busca comprender el momento fundacional de una institución de cultura, los primeros acuerdos, las primeras decisiones y las primeras acciones revisten una importancia capital. En cierta medida, ellas van a marcar los derroteros que esa institución recorrerá y el rumbo firme en la marcha que recién comienza. Como en la vida de cualquier organismo, esas primeras resoluciones tendrán una significación muy determinante en su trayectoria futura. Lo alcanzado con buena fortuna en el diseño de la naciente institución tendrá una incidencia muy alta en su devenir y será la clave para la promoción de sus mejores logros. Asimismo, aquello que nazca sin la robustez necesaria entorpecerá la buena marcha de muchos de los proyectos que la institución emprenda.

Teniendo en cuenta estos principios, el motivo de este texto será reconstruir y establecer las nómina de esas primeras publicaciones, entendidas como actos fundacionales, que determinaron el destino de la Asociación de Academias de la Lengua Española (ASALE) durante el tiempo de su funcionamiento inicial. Con la idea de hacer más claro el recuento, quedarán organizadas independientemente un conjunto de notas que permitirán arribar a una conclusión, esa que ofrezca algunas líneas de comprensión sobre lo que estas primeras acciones editoriales significaron.

En cuenta de lo señalado, nuestra investigación se centrará en los impresos iniciales no administrativos llevados a cabo por la Asociación; monumentos hoy que son emblemas de los intereses de aquellas academias y de aquellos académicos que soñaron con una corporación de corporaciones para el fomento y divulgación de nuestra lengua en todo el orbe hispánico.

LAS PUBLICACIONES DE LA ASOCIACIÓN

Como cualquier institución, la Asociación de Academias ha producido documentos y materiales con carácter estrictamente confidencial y de uso interno, tanto como obras lingüísticas (diccionarios, gramáticas y ortografías de la lengua española, dentro de un amplio conjunto de obras descriptivas y prescriptivas del idioma), instrumentos legales (estatutos, reglamentos y convenios, fundamentalmente) y otros textos que tienen por finalidad divulgar entre el gran público o entre especialistas los proyectos, las actividades, las memorias de congresos, las efemérides y los logros varios de la institución.

En este estudio nos ocuparemos solo de los segundos, dejando para otra oportunidad el recuerdo de aquellas publicaciones confidenciales (actas de la Comisión Permanente, circulares y otras comunicaciones), entendiendo la confidencialidad no como asuntos secretos, sino como materiales de trabajo que solo incumben a las veintitrés academias que conforman la Asociación, a sus autoridades y a los académicos de cada una de ellas, y no así a personas ajenas a las labores de las corporaciones y de la Asociación misma que las reúne.

Dentro del amplísimo conjunto de ediciones que se han sucedido bajo el sello de la ASALE, en su mayoría acompañado también por el de la Real Academia Española o por el de alguna de las academias de la Asociación, vamos a centrarnos en tres publicaciones que tienen un claro carácter fundacional, siendo este el rasgo más oportuno de destacar debido a la celebración del septuagésimo aniversario de la institución. Asimismo, cuenta especialmente en nuestra evaluación la intención con la que se han hecho estas publicaciones, tanto como las fechas tempranas en que se han editado. Estas serían el *Homenaje a Bello, Caro y Cuervo*, de 1956, como el primer libro de la Asociación[2]; el *Boletín de la Comisión Permanente*, entre 1965 y 1976, como la primera revista; y, finalmente, la publicación del *Universal vocabulario*, de Alonso de Palencia[3], como el primer diccionario[4].

EL PRIMER LIBRO (1956)

Los cuatro años que siguieron a la realización del primer congreso estuvieron ocupados en dar cumplimiento a los acuerdos alcanzados en 1951. Uno de ellos será el relativo a los homenajes que ya la Asociación establece como una de las

---

2. El mismo año (según reza en el colofón, el día 8 de febrero de 1956), la Comisión Permanente, en cumplimiento de la resolución XX del Primer Congreso de Academias de la Lengua Española, celebrado en México en 1951, edita la *Guía de pronunciación española* (México: Editorial Jus, 1956), de Tomás Navarro Tomás. Esta guía manual, «escrita a solicitud de la Comisión Permanente», pasará revista por los más determinantes problemas con que la pronunciación española se encuentra. El contenido, clasificado en cuatro apartados, ofrece acápites particulares para cada fenómeno:

    1) Introducción: La palabra. Buen hablar. Unidad de la lengua. Pronunciación y escritura. Pronunciación correcta. Denominaciones. Localización.
    2) Vocales: Calidad. Diptongos. Cantidad. Acento. Metátesis de vocales.
    3) Consonantes: Rasgos generales. Metátesis de consonantes.
    4) Conclusión.

3. El nombre de este autor suele citarse de diferentes maneras: Alfonso Fernández de Palencia, Alonso Fernández de Palencia, Alfonso de Palencia o Alonso de Palencia. En adelante, lo citaremos de esta última manera, respetando las citas textuales en donde se haga de otra forma.

4. Con la misma impronta de reconstrucción histórico-bibliográfica, la primera gramática, la primera ortografía, la primera obra panhispánica, la primera edición conmemorativa, etc., serán motivo próximamente de un estudio particular.

líneas de trabajo institucional. Cervantes, Bello, Cuervo y Caro serán algunos de los nombres tenidos en cuenta para la organización de homenajes y la asignación de premios con el aval de la naciente Asociación de Academias.

Así, el día 29 de abril de 1951, se establece que se lleve a cabo una publicación en donde se celebre un homenaje, que esta vez será triple, en honor a Bello y a sus epígonos colombianos Rufino José Cuervo y Miguel Antonio Caro. La resolución segunda del congreso reza:

> 1) Que don Andrés Bello es una de las personalidades americanas de mayor renombre en la historia de las letras, la filología y la lingüística; que fue, además, uno de nuestros civilizadores, porque sirvió al pueblo con devoción cabal y se preocupó de continuo por dar a nuestra América un magnífico instrumento de expresión en el idioma castellano, que estudió con pasión heroica y defendió y enriqueció con maestría; y que es uno de nuestros próceres, por ser uno de los ciudadanos ilustres de Venezuela, su cuna, y de Chile, su segunda patria, y por ser México y Centro América los pueblos de este hemisferio en donde su cátedra de Gramática y su Discurso a la Poesía le han elevado digno documento;
>
> 2) Que don Rufino José Cuervo continuó y enriqueció el magisterio de Bello, ciñendo a disciplinas arduas las más nobles investigaciones sobre nuestro idioma y vigorizándolas libros de perenne valor.
>
> *Resuelve*: El Primer Congreso de Academias de la Lengua Española rinde homenaje a don Andrés Bello y a don Rufino José Cuervo, y en ellos a todos los hombres de letras y estudiosos de nuestro idioma que han contribuido a pulirlo, fijarlo y darle esplendor[5].

Es así como nacerá el primer libro editado por la ASALE, el año 1956, en triple homenaje a los tres nombres más preclaros de la filología y la gramática hispanoamericanas. Bajo el título *Homenaje a Bello, Caro y Cuervo*, con pie de imprenta en Madrid, de la Comisión Permanente del Primer Congreso de las Academias de la Lengua Española. La presentación y la introducción correrán a cargo de los académicos Alejandro Quijano, a la sazón director de la corporación mexicana, y del numerario colombiano Julián Motta Salas.

En el congreso de México se había conformado una Comisión Permanente del propio congreso para dar cumplimiento a las resoluciones que allí se establecieron. La integraban Miguel Alemán (Academia Mexicana), presidente honorario; Félix Restrepo, S. J. (Academia Colombiana), delegado honorario; Agustín González de Amezúa (delegado de la Real Academia Española), presidente; Ale-

5. «Resolución II. Homenajes a don Andrés Bello y a don Rufino José Cuervo», en *Memoria del Primer Congreso de Academias de la Lengua Española, celebrado en México del 23 de abril al 6 de mayo de 1951*. México: Comisión Permanente del Congreso de Academias de la Lengua Española, 1952, págs. 339-340. Como se ve, el nombre de Miguel Antonio Caro no figura en la resolución del congreso, que se incluiría más tarde, al momento de concebir la publicación.

jandro Quijano (delegado de la Academia Mexicana), vicepresidente; Julio Jiménez Rueda (delegado de la Academia Mexicana), secretario; Alberto María Carreño (delegado de la Academia Mexicana), tesorero; Julián Motta Salas (delegado de la Academia Colombiana), vocal; Isaac J. Barrera (delegado de la Academia Ecuatoriana), vocal; Guillermo Hoyos Osores (delegado de la Academia Peruana), vocal; Samuel Arguedas (delegado de la Academia Costarricense), vocal; y Enrique Ruiz Vernacci (delegado de la Academia Panameña), vocal.

En la presentación al volumen, Alejandro Quijano da cuenta del deseo de la Comisión Permanente del Primer Congreso de honrar a los más grandes estudiosos del lenguaje que ha dado América. Sus palabras revelan la emoción del que se sabe inaugurando una tradición que será muy larga entre las academias de la lengua y su empeño constante en homenajear a las grandes figuras. Destaca, también, que los tres «perilustres» autores serán festejados con estudios que actualicen los análisis e interpretaciones sobre el legado que dejaron: «Y como uno de sus deseos fue, desde un principio, honrar a los grandes filólogos americanos, decidió, como homenaje a tres perilustres escritores, don Andrés Bello, D. Miguel Antonio Caro y D. Rufino José Cuervo, hacer esta publicación, con notas del día, o de antaño, de muy respetables críticos en honor de los tres polígrafos citados»[6].

En la introducción, Julián Motta Salas, además de explayarse sobre la significación de los tres escritores, ofrece informaciones reseñables sobre la fragua del volumen. Tal vez la más importante sea la que informa sobre el retiro forzoso del padre Félix Restrepo debido al agravamiento de su enfermedad, que lo llevaría a la muerte el mismo año 1965, momento de aparición del volumen. El reducido plantel de académicos que se ocuparía de ordenar el conjunto de textos a fin de cumplir con el acordado triple homenaje estuvo conformado por el propio Motta Salas, en sustitución del jesuita, y por el académico peruano Hoyos Osores, ambos vocales de la Comisión Permanente. Asimismo, Motta Salas deja expresada con claridad la intención de esta primera publicación de la Asociación: «... que no se pasase por alto ningún escrito que sobre Bello, Caro y Cuervo se hubiese publicado de veinticinco años a hoy en revistas y periódicos olvidados ya o de difícil adquisición, y que tuviesen cabida en las páginas de este volumen trabajos o artículos de varia índole referentes a esos grandes maestros del lenguaje, desde los atinentes a puntos gramaticales, lingüísticos, filológicos, humanísticos, literarios, etc., hasta los biográficos o meramente anecdóticos»[7].

Este importante libro, publicado «a expensas de la Real Academia Española», reúne un conjunto de piezas que tienen a la figura y obra de Bello

6. Alejandro Quijano: «Presentación», en *Homenaje a Bello, Caro y Cuervo*. Madrid: Comisión Permanente del Primer Congreso de Academias de la Lengua Española, 1956, pág. 8.

7. Julián Motta Salas: «Introducción», en *Homenaje a Bello, Caro y Cuervo*. *Ibidem*, págs. 11-12.

como su principal eje motivador. Repartidas en cuatro secciones, las tres primeras en torno a cada uno de los filólogos a quienes la obra está dedicada y la cuarta a contribuciones de la Real Academia Española sobre Bello, la obra resulta la primera compilación bellista organizada desde España. Asimismo, la primera publicación de la incipiente Asociación de Academias de la Lengua Española, constituida en 1951, que acordó en su primer congreso en la Ciudad de México una publicación dedicada a la trascendencia de Bello y de sus luminosos discípulos Miguel Antonio Caro y Rufino José Cuervo.

El sumario del volumen, apartando los textos prologales ya mencionados, incluye los siguientes estudios, discriminados en las tres secciones temáticas que son el motivo del triple homenaje:

ANDRÉS BELLO

«Ensayo sobre la *Gramática de la lengua castellana* de Andrés Bello», por Manuel Antonio Bonilla.

«En el centenario de la publicación de la *Gramática* por D. Andrés Bello», por Roberto Brenes Mesén.

«En torno a la edición de la *Gramática* de Bello», por Américo Castro.

«Andrés Bello y Virgilio», por Luis Correa.

«Homenaje a Bello en el primer centenario de su llegada a Chile (mediados de 1929). Elogio del humanista», por Ricardo Donoso.

«Americanos en Chile: Andrés Bello. (Parte de una conferencia dictada en la Biblioteca Nacional, Bogotá, el 10 de junio de 1940)», por Emilio Edwards.

«D. Andrés Bello, apóstol de la cultura», por J. M. González de Mendoza.

«Discurso en el Homenaje rendido por la Conferencia a D. Andrés Bello», por Pedro Lira Urquieta, profesor de la Universidad de Chile.

«De D. Andrés Bello se trata», por Augusto Mijares.

«Andrés Bello, gran maestro del idioma», por J. M. Núñez Ponte.

MIGUEL ANTONIO CARO

«Las primeras poesías de D. Miguel Antonio Caro», por Alfredo Flores y Caamaño.

«D. Miguel Antonio Caro: punto de referencia. (Conversación leída por su autor en la Casa de las Españas, Nueva York. Velada del 13 de diciembre de 1937)», por *Dmitri Ivanovitch*.

«M. Antonii Cari carminum libri tres», por Julián Motta Salas.

«Centenario del natalicio de D. Miguel Antonio Caro», por J. M. Núñez Ponte.

«Miguel Antonio Caro, como poeta original en lengua castellana», por Edgard[8] Sanabria.

8. La forma menos frecuente *Edgard* y no la más común *Edgar* era con la que el académico venezolano escribía su nombre propio.

Rufino José Cuervo

«Homenaje a Rufino J. Cuervo», por Ricardo J. Alfaro.

«Recuerdos de D. Rufino José Cuervo», por Agustín de Aragón.

«D. Rufino José Cuervo, conjunción de tres filólogos venezolanos», por Pedro Grases.

«Una obra inédita de Cuervo», por L. E. Nieto Caballero.

«Rufino José Cuervo. (Discurso pronunciado en el Teatro Colón)», por P. Félix Restrepo, S. J.

Adhesión de la Real Academia Española

«La nueva edición de las obras de Bello», por Ramón Menéndez Pidal.

«El sentimiento americano del castellano», por Vicente García de Diego.

«Bello, Académico Honorario de la Española», por Julio Casares[9].

Hacer un balance del notable conjunto de estudios, ensayos, notas y escritos varios que integran este volumen y que están dedicados a Bello implicaría producir un comentario sobre la pertinencia de cada uno de ellos en la constitución, ya para ese momento en proceso de desarrollo, del «bellismo internacional», entendido como escuela de estudio hermenéutico y de recepción de lo que significaba comprender el alcance sobre el aporte de Bello a las ciencias del lenguaje y a la ciencias espirituales. Todo esto tiene tal trascendencia que, en este mismo año de 1956, la edición número dieciocho del *Diccionario de la lengua española*, de la Real Academia Española, incluirá la voz *bellista* a propuesta del propio director de la corporación madrileña, Ramón

9. Alejandro Quijano, en la antes citada presentación al volumen, nos ofrece un repaso por los autores de este libro colectivo en donde nos informa de quiénes son los que escriben y, al hacerlo, de por qué han sido convocados a participar en este homenaje de pertinencias y competencias bellistas en el nacimiento de la institución académica asociada:

> 1) «Respecto a D. Andrés Bello: de D. Miguel Antonio Bonilla, insigne colombiano; de D. Roberto Brenes Mesén, insigne filólogo también, miembro de la Academia Costarricense; del eminente crítico español D. Américo Castro; del venezolano D. Luis Correa; del chileno D. Ricardo Donoso; del chileno, asimismo, D. Eduardo Edwars; del mexicano, ilustre como todos los citados, don José María González de Mendoza; de D. Pedro Lira Urquieta, muy inteligente y culto chileno; de D. Augusto Mijares, venezolano; de D. José María Núñez Ponte, escritor ilustre, Director ahora mismo de la Academia de Venezuela» (pág. 8).
>
> 2) «Sobre D. Miguel Antonio Caro se transcribe una espléndida nota del ecuatoriano D. Alfredo Flores y Caamaño; otra de Dmitri Ivanovitch, colombiano; otra del mencionado eminente colega colombiano D. Julián Motta Salas y del también citado colega de Venezuela D. José María Núñez Ponte, y, finalmente, una del magnífico escritor y académico venezolano D. Edgar Sanabria» (págs. 8-9).
>
> 3) «En cuanto a D. Rufino José Cuervo, avaloran este libro estudio del eminente panameño D. Ricardo J. Alfaro; del ilustre mexicano don Agustín Aragón, recién muerto; de D. Pedro Grases, venezolano; de D. Luis Eduardo Nieto Caballero, colombiano de la más alta distinción; del P. D. Féllix Restrepo, miembro insigne de la Academia de Colombia, que lo fue de esta Comisión Permanente, la que, al retirarse de ella, por cuestiones de salud, lo designó Delegado Honorario» (pág. 9).

Menéndez Pidal (de hecho, en su colaboración para el triple homenaje de la ASALE, usa la voz con la naturalidad y frecuencia de una palabra con plenos derechos dentro de la lengua). Pedro Grases relata el proceso de incorporación de la palabra y su propia participación en él en los siguientes términos:

> Hace unos años, el patriarca del humanismo español moderno, don Ramón Menéndez Pidal, apadrinaba a instancias mías en el seno de la Real Academia Española la adopción de un nuevo vocablo en el Diccionario oficial de la lengua castellana: la voz *bellista*. Como era de esperar, la ilustre Corporación dio al término el correspondiente espaldarazo, por lo que desde la decimooctava edición del léxico académico de 1956, consta en él la nueva palabra con la siguiente definición:
>
> > BELLISTA. Perteneciente o relativo a la vida y obras del escritor venezolano Andrés Bello. Dedicado con especialidad al estudio de las obras de Andrés Bello y a cosas que le pertenecen[10].

Asimismo, ponderar los nombres de los colaboradores, mucho más allá de su escalafón académico, ofrecería una iluminadora situación de los logros que el bellismo ya representaba como recuperación de los aportes del sabio y, mucho más, de lo que su obra representaba para el pensamiento hispanoamericano y para el lenguaje en sus diversas facetas de consideración: la lingüística, la filología, la literatura, la historia, la ciencia, el derecho y, por encima de todos, el humanismo.

En primer lugar, los biógrafos del sabio y los autores que dedicaron ya o dedicarán obras extensas de reflexión hacen su aparición: Pedro Lira Urquieta, Ricardo Donoso y Miguel Antonio Bonilla[11]. Después, aquellos trabajos

---

10. Pedro Grases: «Una exposición bibliográfica y documental (Biblioteca Nacional, Madrid, 25 abril de 1972)», en *Algunos temas de Bello*. Caracas: Monte Ávila Editores, 1978, pág. 151.

11. El estudio de este académico colombiano ya había sido publicado independientemente como libro, el año 1948, por la Academia Venezolana de la Lengua, al tratarse de uno de los trabajos ganadores que esta academia había convocado para conmemorar el centenario de la publicación de la *Gramática de la lengua castellana, destinada al uso de los americanos*, de Bello. La amplia difusión que se le dio a este trabajo se vio reforzada por su aparición en el triple homenaje de la ASALE. En cierta forma, Bonilla representa en su obra crítica y en su acción académica la esencia de este libro vindicatorio tripartito: como bellista, produce el abarcador y minucioso análisis sobre el Bello gramático; como seguidor de Cuervo, le cupo el honor de sentarse en la misma silla que ocupó el autor de las *Apuntaciones críticas sobre el lenguaje bogotano* en la Academia Colombiana de la Lengua; y, finalmente, como estudioso de Caro, publica un libro extenso y necesario, que titula *Caro y su obra*, en 1912. Su libro bellista sentaría las bases, expresa o tácitamente, para la comprensión del legado que Bello tuvo en la historia de la gramática. Centra sus reflexiones, con clara conciencia histórico-crítica, en tres temas capitales: el estado previo de los estudios gramaticales, la significación de los estudios de Bello y la influencia de Bello en los estudios posteriores. Palpita en estas páginas el panorama de un proyecto que se propuso superar al estado latinizado de la gramática, la instalación de la perspectiva particular en la descripción de la gramática y la creación de un legado científico, el mayor que recuerden estas disciplinas. En este sentido, las formu-

sobre la recepción de las nuevas ediciones por el centenario de la *Gramática* y de la edición caraqueña de las *Obras completas*, como el gran acontecimiento de rescate y evaluación del legado del humanista americano: Ramón Menéndez Pidal, Roberto Brenes Mesén y Américo Castro[12]. Vienen más tarde, los estudios comparativos o las visiones temáticas (como vemos en los ensayos de Luis Correa y Augusto Mijares[13]). El conjunto se completaría con estudios de corte más filosófico sobre la impronta libertaria y americanista de los postulados de Bello (así ocurre en el estudio de Vicente García de Diego), el impacto de la teoría y personalidad de Bello en España (Julio Casares ha destacado la presencia de Bello en la Real Academia Española) y los textos de naturaleza bibliográfica.

---

laciones de Bonilla siguen teniendo mucho interés, construyendo un diálogo bellista muy fructífero, destacando la primacía de las distintas escuelas bellistas («En devoción y admiración por Bello ningún país de habla española puede disputarle la primacía a Colombia», pág. 120) y señalando los descensos en el seguimiento de la doctrina del sabio caraqueño («De las demás repúblicas americanas, si se exceptúa a Colombia, al Ecuador, a Cuba, a Chile y a Venezuela, ¡qué poco digno de aprecio han producido para testimoniar el acatamiento que se debe a Bello, de modo ostensible y definitivo, como al primer maestro de la lengua patria en estas partes de América!», pág. 123).

12. Este gran maestro de la filología y la historia cultural, cuando pondera la edición de la *Gramática* de Bello, prologada por Amado Alonso, que publica el Ministerio de Educación, en Caracas, el año 1951, además de examinar los logros lingüísticos de Bello, determina las necesidades de continuidad que tanto el caraqueño como su epígono bogotano requieren para que sean ganadas a la perpetuidad. Sus ideas parecen responder a la vacía avalancha de lauros vacíos que ambas figuras ya atraían. Las palabras de Castro merecerían escribirse en letras de oro, como recordatorio permanente de las metas bellistas: «Las obras de ciencia y de pensamiento (las de Bello y Cuervo lo son) valen siempre como monumentos de una progresión ascendente, y no como monumentos de arte conclusos y absolutos» (Américo Castro, «En torno a la edición de la *Gramática* de Bello», en *Homenaje a Bello, Caro y Cuervo*, ob. cit., pág. 171). Este artículo se había publicado antes, en el número 102 de la *Revista Nacional de Cultura*, Caracas, 1954 (y en su respectiva edición separata), y en la compilación, hecha por Pedro Grases, *España honra a don Andrés Bello*, Caracas: Presidencia de la República de Venezuela, 1972.

13. El renombrado historiador y ensayista venezolano, descenciente de los marqueses de Mijares, por muchas razones venerador de Bello (escribirá los ensayos «Andrés Bello» y «Bello y la emancipación americana» en *Hombres e ideas en América*, 1946; y «Bello, libertador» en *La interpretación pesimista de la sociología hispanoamericana*, 1952), biógrafo de Bolívar y filósofo de *Lo afirmativo venezolano* (1963), su obra de pensamiento más acabada, nos ofrece para el triple homenaje de la ASALE una síntesis de lo que Bello representa para el humanismo, el saber, la ciencia y las leyes en clave de civilismo americano. Su maestría de ensayista hace que en unas pocas páginas tengamos reunidos los aportes del sabio caraqueño en formulaciones que son definitivas. Lo retrata en su constancia por «ese culto de la belleza poética», por la defensa del orden moral como «primera necesidad práctica en el pensamiento de aquel sabio», por la constitución de «una verdadera filosofía del lenguaje», por el equilibrado vigor «que supo conservar siempre en su vida y en su obra», por su apego al pasado y su respuesta al presente que sin arriesgarse innova radicalmente «cuando siente bien seguro el terreno bajo sus pies» y, finalmente, por su tarea de constructor de la nación chilena, en donde «su presencia divide la historia del país en dos épocas» (Augusto Mijares, «De D. Andrés Bello se trata», en *Homenaje a Bello, Caro y Cuervo*, ob. cit., págs. 216, 217 y 219).

Sobre los sabios colombianos, las colaboraciones muestran un carácter de estudio sobre los aportes de cada autor al conocimiento de la lengua, la lingüística y la filología en general (en el caso de Caro, la helénica y latina por encima de la española). Asimismo, se pretenda o no, las reflexiones sobre estos astros subrayarán en todo momento su deuda con el pensamiento y la acción bellista y su condición de herederos de los principios del sabio caraqueño.

Aunque el conjunto es virtuoso en demasía, dos trabajos merecen destacarse, dada la significación que tienen para el conocimiento de los autores homenajeados. Serían el de Ramón Menéndez Pidal, en donde aplaude la gran empresa que significó la primera edición integral de las *Obras completas* de Bello, primera de las editadas en Caracas, a cargo del Ministerio de Educación (la segunda estaría bajo la coordinación de la Fundación La Casa de Bello); y el de Pedro Grases, en donde el maestro venezolano de origen catalán observa desde una perspectiva historiográfica la significación que Cuervo ha tenido para el desarrollo de la filología venezolana.

Las relaciones de Menéndez Pidal con Bello pasaron por varios momentos, especialmente en cuanto a los trabajos cidianos del humanista americano. Se le cuestionaba no haber conocido el manuscrito original del *Poema del Cid* y, principalmente, defender la hipótesis sobre la primacía cronológica de los cantares de gesta franceses por sobre los castellanos. La intransigencia del estudioso español sobre estas cuestiones se irá suavizando, al punto de que cuando reseñe la aparición de las obras del cidiano americano reconocerá paladinamente el complejo y largo trayecto de su elaboración y empeño divulgativo, así como el aporte indiscutible de esta pasión del investigador:

> Después de Milá siguieron ignorados en Europa trabajos más tarde publicados, como los estudios sobre la leyenda del Cid, su edición y glosario del *Poema del Cid*, que son un mérito sorprendente en su tiempo. Los comenzó en las ricas bibliotecas de Londres hacia 1823; casi los daba por terminados en Santiago de Chile hacia 1834, aunque bajo una penuria bibliográfica grande, faltándole allí hasta la *Crónica general* del Rey Sabio; los retocó después varias veces. Él elaboraba esta obra predilecta sin prisa y sin desfallecimiento, con amor indefectible a aquel tema del mayor interés para los lectores europeos. En 1852 volvía a tratar el tema cidiano, pensando siempre en publicar su trabajo juvenil, pero ya en 1863 escribía al secretario de la Academia Española, Bretón de los Herreros, desesperanzado de poder llevar a cabo la edición y comentario del viejo poema, pero enviando al académico secretario, que también era director de la Biblioteca Nacional, los trabajos cidianos, quizá buscando el que le animase a darlos a luz. Y todavía cuando, en 1864, Florencio Janer publicó nueva lectura del códice del viejo poema en el tomo 57 de la Biblioteca de Autores Españoles, Bello intentaba aprovechar esa reciente edición para hacer nuevas «observaciones que nos atre-

> vemos —decía él— a presentar a nuestros lectores castellanos de uno y otro hemisferio». Pero Bello moría pocos meses después sin editar la obra en que tanto y con tanto amor había trabajado. Para él, ilustrar la lengua del primer monumento de la literatura española era empresa esencial, complemento necesario de tantos trabajos suyos ilustrativos del idioma moderno[14].

Las relaciones de Cuervo con la filología venezolana quedan demostradas por Grases con datos y con sólidas reflexiones, al evaluar la impronta de Cuervo en relación con Bello, Rafael María Baralt y Juan Vicente González, nombres mayores de los estudios venezolanos sobre el lenguaje. En cierta medida, el triple homenaje motiva en este ensayo tan notable en donde Cuervo se asume bisagra entre Bello y los autores más modernos durante el siglo XIX.

Los propósitos de tres venezolanos en orden al estudio del idioma castellano encuentran en la figura de Cuervo simbólica conjunción que hemos querido subrayar en este artículo. Bello, desde Chile, en su *Gramática* renovadora de los estudios del lenguaje; Juan Vicente González, en Caracas, con su *Compendio [de gramática castellana]*, manual de enseñanza; Baralt, desde Madrid, con su *Diccionario matriz [de la lengua castellana]*; tres voluntades aplicadas en distintos aspectos filológicos al estudio del castellano durante la primera mitad del siglo XIX hallarán en la altísima personalidad de Rufino José Cuervo capacidad de completación, ánimo de perfeccionador y sabiduría de realizador[15].

En cuanto a Miguel Antonio Caro, el tercer nombre (o el segundo en el orden sintagmático señalado en el título del libro), hay que decir que recoge contribuciones interpretativas de los dos principales académicos venezolanos que han estudiado la obra del latinista y filólogo bogotano. Se trata de José Manuel Núñez Ponte y de Edgard Sanabria. Ocuparon los cargos de director y el segundo, además, el de secretario de la Academia Venezolana, descollando ambos como estudiosos de temas de la lengua y como intérpretes de la actividad estudiosa de figuras venezolanas y colombianas como las de Bello[16],

---

14. Ramón Menéndez Pidal: «La nueva edición de las obras de Bello», en *Homenaje a Bello, Caro y Cuervo*, ob. cit., pág. 424.

15. Pedro Grases: «D. Rufino José Cuervo, conjunción de tres filólogos venezolanos», *ibidem*, pág. 394.

16. La relación de Núñez Ponte y Sanabria con Bello daría sus frutos en un par de estudios: 1. El artículo de Núñez Ponte que se incluye en el triple homenaje, «Bello, maestro del idioma», se va a difundir al menos en dos oportunidades, una antes de 1956 (en *Memoria de la Semana de Bello, ofrenda del Colegio Sucre, para el año CL del nacimiento de Andrés Bello*. Caracas: Empresa Gutenberg, 1931) y otra después (en Pedro Grases, *Antología del bellismo en Venezuela*. Caracas: Monte Ávila Editores, 1981). 2. Sanabria, por su parte, tendría una participación destacada en uno de los actos organizados en Madrid, al leer un discurso de inauguración de la estatua de Bello, obra de Juan abascal Fuentes, en el parque de la Dehesa de la

Baralt, Cuervo[17] y Caro. El texto de Núñez Ponte es un discurso que se leyó en una sesión conjunta entre la Academia Venezolana de la Lengua y la de Ciencias Políticas y Sociales, junto con la Sociedad Bolivariana de Venezuela, para honrar al filólogo y estadista colombiano, y está destinado a ofrecer una lectura general de la obra de Caro, más informativa que analítica, y una valoración sobre su trascendencia. Por su parte, Sanabria querrá dibujar al Caro poeta, labor en donde confluyen su conocimiento profundo del mundo clásico, sus traducciones de los antiguos y su amplia sensibilidad hacia los temas mundanos que la poesía por lo general frecuenta, ya en clave de romanticismo literario.

Y también a la poesía de Caro prestará atención el académico ecuatoriano colaborador del triple homenaje de la ASALE. Se trata de Alfredo Flores y Caamaño[18], quien hace un repaso por las distintas maneras y géneros poéticos que recorre el sabio colombiano en su quehacer. Quiere centrarse en las primeras poesías para ver en ellas señas de anticipación de la poesía madura: «En todas las primeras composiciones de Caro se observa claramente su índole reflexiva, piadosa e inclinada a elevarse, en melancólico arrobamiento, a las sublimes concepciones de lo infinito»[19].

La revisión sobre el aporte de Miguel Antonio Caro, en el homenaje cumplido por la Asociación de Academias en el primer libro que arropa con su firma institucional, se debe al académico colombiano Dmitri Ivanovitch, seudónimo del poeta, traductor y político José Luis Betancourt Román. Autor de *La ventana y otros poemas* y de *La sonrisa unánime*, vivió durante varias décadas en Nueva York y allí desarrolló su actividad política y poética sin que ninguna interfiriera en la otra. El trabajo sobre Caro tiene su origen en una conferencia que leyó en la Casa de las Españas, en Nueva York, el

---

Villa, el 26 de abril de 1972. Este texto se publicaría en dos oportunidades: primero, en edición independiente, en las Ediciones de la Presidencia de la República, Caracas, 1972; y, más tarde, en el volumen *Presencia de don Andrés Bello en España* (Caracas: Presidencia de la República, 1973). Todo lo anterior, así como los actos celebrados en la Real Academia Española, el 28 de junio de 1973, para inaugurar otra de las esculturas bellistas de Abascal Fuentes y la publicación del libro *España honra a don Andrés Bello* (*vid. supra*), formaría parte de las conmemoraciones extendidas por el centenario del fallecimiento del sabio (1865-1965), programadas por el gobierno de Venezuela.

17. Sobre Cuervo, el doctor Sanabria leería un importante estudio en la sesión solemne que la Academia Venezolana organizara por el centenario del nacimiento del filólogo bogotano, el 19 de septiembre de 1944. Con el título de *Rufino José Cuervo y su obra* se publicaría ese mismo año (Caracas: Academia Venezolana de la Lengua, 1944).

18. Anecdóticamente, habría que señalar que el académico Flores y Caamaño era nieto del general venezolano Juan José Flores, que fue presidente de Ecuador, producto de la siembra venezolana en América como consecuencia de la Independencia, encabezada por muchos próceres venezolanos.

19. Alfredo Flores y Caamaño: «Las primeras poesías de D. Miguel Antonio Caro», en *Homenaje a Bello, Caro y Cuervo*, ob. cit., pág. 239.

13 de diciembre de 1937. Texto rico en consideraciones sobre la interpretación del pasado, enmarca la figura del grande Caro como debate entre el servidor público y el servidor espiritual, el hacedor y el pensador, el educador de la nación y el filósofo de lo personal. Habiendo aprendido la necesidad de libertad en la vida social, la lleva a la vida estética y hace de ella el mejor código para entender la lengua. Aquí el bellista está actuando como un desarrollo independiente y nuevo sobre lo ya aportado por el maestro americano. Ivanovitch así lo anota, especialmente para las *Notas a la «Ortología y métrica de la lengua castellana» de don Andrés Bello* (1882), cúspide de sus investigaciones lingüísticas: «Explaya, completa, aclara, confirma y no excusa refutarla, en lo que halla en ella de erróneo, la doctrina del glorioso patriarca de nuestras letras américo-castellanas»[20].

La tercera sección del volumen está dedicada a Cuervo. Además, del estudio de Grases ya comentado, se reúnen cuatro piezas que cubren motivos generales de elogio y aspectos particulares de investigación en torno a la obra del sabio filólogo. La primera de ellas es obra de Ricardo J. Alfaro, director de la Academia Panameña de la Lengua y estudioso de la materia anglicista, que desarrolla en su muy estimado *Diccionario de anglicismos* (1950), y formó parte de un homenaje que la corporación del Istmo preparó por el centenario del nacimiento de Cuervo. Alfaro, después de aludir a la efeméride motivadora, hace recuento de los aportes de Cuervo en un conjunto de sintéticos apartados que construyen el relato de un empeño, conducido por Alfaro y la Academia Panameña, para lograr la unión de las naciones del continente americano para que se acometan las labores para la continuación y culminación del *Diccionario de construcción y régimen de la lengua castellana*, que Cuervo había dejado inconcluso al momento de su muerte y del que apenas logró publicar en vida los dos primeros volúmenes. El texto, después de ofrecer detalles sobre las resoluciones de la segunda y sexta Conferencia Internacional Americana (México 1902 y La Habana 1928), en donde se daba curso a los trabajos del diccionario inconcluso, termina enfatizando la deuda que América tiene con Cuervo y el verdadero homenaje que en su centenario sería encaminar las tareas para hacer realidad esta obra orgullo de la filología en lengua española. El sueño de Alfaro se cumpliría cuando el Instituto Caro y Cuervo, el año 1942, decidió iniciar los trabajos sobre el diccionario y, más aún, cuando los finaliza el año 1994. La edición íntegra de la obra se encomendaría a la editorial Herder, que la cumpliría en ocho hermosos volúmenes, el año 1998, bajo la dirección científica del académico Edilberto Cruz Espejo, durante el directorio de Ignacio Chaves Cuevas. Entre los muchos nombres de estudiosos y promotores de las tareas para la culminación de esta obra (en realidad un empeño de toda la institución), habría que

20. Dmitri Ivanovitch: «D. Miguel Antonio Caro: Punto de referencia», *ibidem*, pág. 273.

destacar, especialmente, el del filólogo Fernando Antonio Martínez, quien condujo por treinta años las labores de reanimación y reflote de este magno proyecto.

«Recuerdos de D. Rufino José Cuervo», de Agustín de Aragón y León, es un texto precioso que se instala en los acercamientos personales a grandes figuras de la ciencia decimonónica del lenguaje. Se trata del recuento de aprendizaje por parte de un autor agradecido. Ingeniero, escritor, educador y hombre público, fue elegido numerario de la Academia Mexicana de la Lengua el año 1947. Ensayista ganado por la literatura de retratos, como demuestra en su libro *Diez retratos literarios de médicos mexicanos eminentes* (1933), hace sobradas galas de ello en este que dedica a Cuervo en su trato real. Aragón conoce a Cuervo en París, en su casa de la Rue de Siam, y trata con él sobre los temas y protagonistas de la lingüística americana y española: Bello, Salvá, Caro y Luis Felipe de Mantilla, entre otros. En sus varias visitas al sabio, el académico mexicano refiere el tratamiento de temas de estudio y de la situación política del momento. Cuenta que Cuervo le confesó que, de no haber viajado a París, hubiera terminado en Colombia su diccionario léxico-gramatical, pues nunca hubiera sabido lo poco confiables que eran algunas de las ediciones de Rivadeneyra, ya que «encontró que este glorioso editor echó mano sin discernimiento de ediciones no autorizadas y con cambios o alteraciones»[21].

Las lecturas sobre Cuervo que aporta el volumen de la ASALE terminan con los trabajos de L. E. Nieto Caballero y del padre Félix Restrepo. El académico honorario de las academias de Colombia y México se ocupará de dar la noticia sobre la aparición de los originales de las *Disquisiciones sobre filología castellana* y su traslado a Colombia, para ser editadas en 1950, bajo la coordinación de Rafael Torres Quintero. Del ilustre jesuita se reproducirá un discurso que pronunciara en el Teatro Colón de Bogotá, con motivo del centenario de Cuervo. El texto es una síntesis virtuosa sobre la trayectoria biográfico-científica del filólogo y una valoración crítica sobre su legado.

El volumen termina con la «adhesión» que la Real Academia Española hace a la importante compilación en las firmas de los académicos Menéndez Pidal, García de Diego y Casares. Como se dijo más arriba, el trabajo del cidiano mayor ofrece un carácter vindicativo muy moderado, pero justiciero con la obra grande de Bello. Con la misma orientación, aunque en clave documental e histórica, el secretario de la RAE, el renombrado autor del *Diccionario ideológico de la lengua española* (1942), ofrece datos y documentos valiosos sobre el nombramiento de Bello como miembro honorario, que, en otra

21. Agustín de Aragón: «Recuerdos de D. Rufino José Cuervo», en *Homenaje a Bello, Caro y Cuervo*, ob. cit., pág. 384.

consideración, permite pulsar la cualidad de la presencia de Bello en España y de su acción intelectual y científica de indiscutible espesor. Finalmente, el ensayo escrito por el centenario estudioso de la gramática histórica y dialectología del español, autor del *Diccionario etimológico español e hispánico* (1956) y bibliotecario perpetuo de la RAE, nos acerca a un tema de gran significación: el sentimiento americano de la lengua, como superación de los recelos de potestad y del ansia de libertad. Estima que la «floración de la lingüística española en tierras americanas» (cuyas referencias expresas serán Bello, Cuervo, González[22], Caro y Suárez) ha sido el factor decisivo para afianzar dicho sentimiento. Su apreciación hacia la labor científica de los americanos es generosa y nutricia, y, a la vez, confirmatoria de la calidad sentimental y pasional que ella comporta.

Bajo este signo sentimental de la pasión por el idioma hay que estudiar el impaciente y colosal proyecto de los grandes lingüistas americanos que, sin grandes equipos de trabajo, empezaron a realizar su vasto plan de ordenamiento gramatical y léxico de la lengua castellana, disconformes con las estancadas normas que venían prevaleciendo. Su intento de revolución lingüística no era una aventura, sino una empresa técnica emprendida con todos los recursos filosóficos y lingüísticos necesarios, pero con el carácter heroico pasional de la aventura[23].

Toda esta interesante reflexión se acompaña no solo con la exposición de lo que Bello y sus epígonos significaron, sino con la conceptualización del panhispanismo lingüístico como fuente originaria, estado de desarrollo y garantía de futuro del español. Las páginas finales son un emocionado canto a la unidad del idioma en la lectura de los grandes filólogos americanos, con Bello a la cabeza de todos, a quien califica como «enamorado de la unidad». No teme García de Diego en concluir este canto insistiendo en que la unidad se mantendrá solo si los patriarcas americanos de la lengua la entienden, tanto como los pueblos mismos que la hablan, por la solidaridad que entre ellos pueda haber, por la concordia que debe regir y por la hermandad que tendrá que sostenerse.

Sin prejuzgar los futuros destinos remotos del castellano, repartido entre tantas nacionalidades, cabe admitir que su imperio se mantendrá por siglos

---

22. Se refiere al sabio venezolano Juan Vicente González, el primer discípulo de Bello en su patria de nacimiento y uno de los precursores americanos de la gramática sincrónica: «La bibliografía gramatical americana ofrece algunos otros nombres importantes, como el de D. Juan Vicente González, que en 1842 había publicado en Caracas su *Compendio de gramática castellana* siguiendo principalmente las doctrinas de Salvá, pero que, a partir de su cuarta edición de Bogotá en 1849, se convirtió en paladín del reformismo de Bello» (Vicente García de Diego: «El sentimiento americano del castellano», en *Homenaje a Bello, Caro y Cuervo, ibidem*, pág. 434).

23. *Ibidem*, pág. 432.

compacto si el buen sentido técnico y práctico de los patriarcas de la filología americana se sabe mantener, y si entre España y los pueblos americanos se sostiene vivo el espíritu de solidaridad que merece esta gloriosa institución del más claro, bello y varonil de los idiomas[24].

El triple homenaje de la Asociación de Academias queda así generosamente cumplido en las lecturas de tantos sabios académicos americanos y españoles, reunidos como un solo espíritu para festejar a tres de los más grandes prodigios en el conocimiento, la pasión y el sentimiento hacia la lengua. La semilla del más franco hispanismo, ese que es y será siempre de todos, había comenzado a germinar.

LA PRIMERA REVISTA (1965-1976)

La aparición del *Boletín de la Comisión Permanente* ocurrió el trimestre abril-junio de 1965. Desde ese número uno hasta el número veinticuatro, último de la colección, en junio-diciembre de 1976, esta publicación periódica, la primera editada por la Asociación de Academias, mantendría inalterables sus intereses editoriales, su estructura y su intención divulgativa. La madrileña Imprenta Aguirre, la casa impresora histórica para los trabajos de la Real Academia Española, lograría un resultado de alta calidad, de formato y tipografía amables, en papel biblia (solo durante los dos primeros años de edición), para los 24 números que constituyen la edición completa de esta auténtica joya de la hemerografía académica en nuestra lengua.

En esta publicación se dará cuenta de la vida de la Asociación de Academias en un sentido general y particular. Se recogen en sus páginas las actividades mayores llevadas a cabo por el conjunto de las academias durante el período cubierto por cada entrega. El énfasis mayor descansa en los propios congresos de la Asociación, esos que cada cuatro años son convocados en algún país del mundo hispánico, bajo la coordinación de la Asociación y de la respectiva academia del país en donde se realiza el congreso. Los acuerdos y compromisos aprobados en dichos eventos serán motivo principal de información en relación con su cumplimiento. En cierta forma, los acuerdos de los congresos marcarán la pauta de funcionamiento de toda la Asociación, cuyo seguimiento e impulso sería siempre asunto de subrayada importancia para la Comisión Permanente.

Sin duda alguna, el *Boletín* resulta un documento fundamental, junto con las actas de la propia Comisión Permanente y las *Memorias* de cada uno de los congresos, para la reconstrucción de la historia de la institución du-

---

24. *Ibidem*, pág. 438.

rante esa década inicial de organización y toma de rumbo. Deben resaltarse algunos de los rasgos que caracterizaron la publicación y, por extensión, al organismo del que era ente de divulgación. De manera equitativa y constante se van ofreciendo noticias sobre el acontecer de las academias y esto se cumple sin cambio alguno, en una clara posición de fortalecimiento de la condición de paridad con la que nació la Asociación y con el ánimo de enfatizar la importancia de las tareas y logros de todas las academias por igual.

Aunque son muchas las firmas que intervinieron en la fragua de esta publicación, debemos establecer que sería el primer secretario general de la Asociación, el filólogo y académico argentino Luis Alfonso[25], el que redactaría el grueso de la revista, en especial los apartados relativos a informes, a la difusión de los ordenamientos legales y a las actividades cumplidas. El primer secretario general tuvo la misión de institucionalizar la Comisión Permanente, en un empeño de hacer sólidos y constantes sus trabajos y como encargada de dotar y vehicular a la Asociación los basamentos para su funcionamiento idóneo. La publicación, que se crea a la vez que la comisión

---

25. Nacido en San Miguel de Tucumán en 1907, realiza sus cursos de Filosofía y Letras en la Universidad de Buenos Aires y en la Universidad de La Plata. Antes de ser académico, la Academia Argentina de Letras lo destaca como coordinador de su Departamento de Investigaciones Filológicas. En 1950, lo designa académico correspondiente y en 1955 lo elige numerario para ocupar el sillón «Rafael Obligado». La Real Academia Española, por su parte, lo elige miembro correspondiente, a propuesta de Ramón Menéndez Pidal, Julio Casares y Rafael Lapesa, el año 1959. Entre 1964 y 1979 actuará como secretario general y académico permanente de las academias en Madrid. Renuncia a su cargo al finalizar el año 1979 y regresa a Buenos Aires, donde funda el Instituto de Investigaciones Lingüísticas y Literarias Don Juan de Garay, al que dona su biblioteca personal y cuyo haber es de 30 000 volúmenes. En Argentina se desempeñó como presidente fundador de la Sociedad Argentina de Americanistas, presidente de la Comisión para el Estudio del Habla Hispanoamericana y representante de su academia en el Comité de Actividades Culturales de la UNESCO. Colaboró muy activamente para revistas universitarias y académicas y dedicó mucho tiempo a la redacción de ponencias para congresos científicos, en donde los temas filológicos —«Acentuación de la voz *chofer*», «Acerca de un pasaje de Berceo», «Necesidad de un diccionario prosódico», «La enseñanza de la lengua y la corrección idiomática» y, entre otros, «Un lexicógrafo olvidado», interesantísimo estudio del dieciochesco *Diccionario antibárbaro*, del padre Andrés Merino, autor del siglo XVIII— y de literatura clásica y moderna —siguen inéditos sus estudios *Notas sobre el vocabulario de Gonzalo de Berceo, El mundo exterior en la poesía de Jorge Manrique, La lengua de santa Teresa, La obra literaria de José María de Pereda* y *Roberto J. Payró, su vida y su obra*— fueron los protagonistas. La lexicografía también ocupó buena parte de su tiempo y de ello da cuenta su libro *Voces nuevas en el diccionario de la Real Academia Española (1959-1961)* (Buenos Aires: Comisión para el Estudio del Habla Hispanoamericana, 1963). Completan su bibliografía un conjunto de prólogos e introducciones a importantes obras de lingüística americana: *Gramática histórica de la lengua castellana* (Buenos Aires: El Ateneo, 1945), de Federico Hanssen; *Diccionario de americanismos* (Buenos Aires: Emecé, 1946) y *Lexicón de fauna y flora* (Madrid: Comisión Permanente de la Asociación de Academias de la Lengua Española, 1970), de Augusto Malaret; *El castellano de América* (Buenos Aires: El Ateneo, 1947) y *Disquisiciones sobre filología castellana* (Buenos Aires: El Ateneo, 1948), de Rufino José Cuervo. Su muerte ocurre en Buenos Aires, el año 1985.

misma, gana su forma y establece sus objetivos definitivos para convertirse en el más destacado documento testimonial producido por la Asociación de Academias. La periódica aparición de las adiciones y enmiendas al diccionario, a propuesta de las academias, constituirá uno de los cuerpos más valiosos de la publicación, debiéndose su divulgación al secretario general.

La publicación, cuya periodicidad semestral se ha cumplido sin alteración, estableció dos instancias de colaboración: la relativa a la vida administrativa de la Asociación, con el aval de la Comisión Permanente, como su junta de gobierno, y la relativa al aporte científico, literario y memorialista de la Asociación, en textos firmados por académicos de las distintas corporaciones. La primera instancia atendía a la historia, mientras que la segunda lo hacía a la creación de piezas clave de distinta entidad.

Sobre estas últimas, el repertorio que hemos ordenado a continuación refleja una enorme riqueza temática en los distintos tipos de estudios y ensayos que ha editado. Las categorías más destacadas serían las siguientes:

1) Contribuciones lingüísticas y gramaticales sobre peculiaridades y fenómenos de la lengua, *v. g.* «A nivel (de)», por Fernando Lázaro Carreter, o «Sobre el voseo en Colombia», por José Joaquín Montes Giraldo.
2) Contribuciones sobre unidad y diversidad, *v. g.* «La unidad en el lenguaje», por Rafael Caldera.
3) Contribuciones al diccionario de la lengua, *v. g.* «Observaciones al *Diccionario* de la Real Academia Española», por Esteban Rodríguez Herrera.
4) Contribuciones lexicográficas y semánticas, *v. g.* «El español que hablamos en El Salvador», de Pedro Geoffroy Rivas.
5) Contribuciones sobre americanismos, *v. g.* «Peruanismos», por Academia Peruana.
6) Contribuciones dialectales, *v. g.* «Léxico rural cordobés. Palabras y cosas del Valle de Punilla. Alimentos y cocina criolla», por Alicia Malanca de Rodríguez Rojas.
7) Contribuciones sobre historia de la lengua, *v. g.* «Dos estudios sobre la actualización del sustantivo en español», por Rafael Lapesa.
8) Contribuciones etimológicas, *v. g.* «Algunas observaciones y sugerencias sobre la labor etimológica», por Rolando A. Laguarda Trías.
9) Contribuciones metalexicográficas, *v. g.* «Estudio comparado de tres diccionarios nacionales de chilenismos», por Fidel Araneda Bravo.
10) Contribuciones toponímicas, *v. g.* «Toponimia hispánica de Filipinas», por Adolfo Cuadrado Muñiz.

11) Contribuciones tecnolectales, *v. g.* «Vocabulario especial de las medidas de peso, superficie, longitud y capacidad que se usan en diversas regiones de Venezuela», por Tulio Chiossone.

12) Contribuciones bibliográficas, *v. g.* «Contribución bibliográfica a la dialectología hispanoamericana», por José Jiménez Borja.

13) Contribuciones de homenaje y evaluación de las tareas de destacados académicos españoles y americanos, *v. g.* «Humberto Toscano Mateus y su tarea lingüística», por Justino Cornejo.

Y, entre otras tipologías, contribuciones de carácter necrológico en memoria de académicos recién fallecidos; en orden cronológico, Antonio M. Abad, Ricardo J. Alfaro, Augusto Arias, Azorín, Carlos Clavería Lizana, Isaac Barrera, Raúl Silva Castro, Narciso Alonso Cortés, Samuel Gili Gaya, Manuel Gómez Moreno, Julio Guillén, Antonio Iraizoz, Alfonso Junco, José Luis Lanuza, Roberto Liévano, Juan Ignacio Luca de Tena, Fernando Antonio Martínez, Luis Martínez Kleiser, Carlos Mastronardi, Ramón Menéndez Pidal, Fabio A. Mota, Julio Palacios Martínez, Samuel R. Quiñones, Félix Restrepo, Evaristo Ribera Chevremont, Alejandro Rivera Hernández, Antonio Rodríguez Moñino, Ricardo Sáenz-Hayes, Francisco Javier Sánchez Cantón, Jaime Torres Bodet y Gonzalo Zaldumbide.

Apartando el interés para el estudio institucional de la Asociación, son estos artículos firmados, en sus distintas temáticas, los que constituyen el haber más importante de esta publicación, pues ha recogido auténticas joyas de la reflexión académica lingüística y literaria.

A la espera de una evaluación crítica de todos estos trabajos, ofrecemos, número a número, el repertorio completo de estas contribuciones no administrativas. Gracias a ellas podemos reafirmarnos en el mérito de esta publicación casi interna de la Asociación y en la importancia que hoy nos reporta para pulsar el estado del mundo académico durante la segunda década de vida de la ASALE.

NÚMERO 3, ENERO-JUNIO DE 1966[26]

«El padre Félix Restrepo. Humanista colombiano del siglo XX», por Rubén Páez Patiño (Instituto Caro y Cuervo), pp. 13-27.

«Gonzalo Zaldumbide», por Miguel Sánchez Astudillo, S. I. (Academia Ecuatoriana de la Lengua), pp. 29-33.

«Humberto Toscano Mateus y su tarea lingüística», por Justino Cornejo (Academia Ecuatoriana de la Lengua), pp. 35-55.

26. En los números 1 y 2, correspondientes a abril-junio y octubre-diciembre de 1965, no se publicaron artículos.

NÚMERO 5, JULIO-DICIEMBRE DE 1966[27]

«Fragancia de una vida», por Dámaso Alonso (Real Academia Española), pp. 59-60.

«Azorín», por José M.ª de Cossío (Real Academia Española), pp. 61-70.

NÚMERO 6, JULIO-DICIEMBRE DE 1967

«Contribución bibliográfica a la dialectología hispanoamericana», por José Jiménez Borja (Academia Peruana de la Lengua), pp. 74-94.

«Palabras usadas en Colombia», por Luis Flórez (Academia Colombiana de la Lengua), pp. 95-96.

«Observaciones al *Diccionario* de la Real Academia Española», por Esteban Rodríguez Herrera (Academia Cubana de la Lengua), pp. 96-97.

«Observaciones a las enmiendas a los diccionarios de la Real Academia Española», por Hugo Lindo (Academia Salvadoreña de la Lengua), pp. 97-98.

«Paraguayismos en la lengua española», por Julio César Chaves (Academia Paraguaya de la Lengua Español), pp. 98-134.

«Sobre el voseo en Colombia», por José Joaquín Montes Giraldo (Instituto Caro y Cuervo), pp. 135-159.

NÚMERO 7, ENERO-JUNIO DE 1968

«Americanismos», por Academia Venezolana, pp. 98-111.

«Peruanismos», por Academia Peruana, pp. 117.

NÚMERO 8, JULIO-DICIEMBRE DE 1968

«Don Ramón Menéndez Pidal (1869-1968)», por Vicente García de Diego (Real Academia Española), pp. 85-90.

«Juventud, madurez y ancianidad en la obra de Menéndez Pidal», por Dámaso Alonso (Real Academia Española), pp. 91-100.

«Don Ramón, maestro», por Alonso Zamora Vicente (Real Academia Española), pp. 101-104.

«Hispanoamérica en Menéndez Pidal», por Dionisio Gamallo Fierros (Real Academia Española, miembro correspondiente), pp. 105-113.

NÚMERO 9, ENERO-JUNIO DE 1969

«Peruanismos», por Academia Peruana, pp. 107-113.

«Filipinismos», por Enrique Fernández Lumba (Academia Filipina de la Lengua Española), pp. 114-134.

27. En el número 4, correspondiente a julio-diciembre de 1966, no se publicó ningún artículo.

«Pasando por la obra pidaliana», por Porfirio Díaz Machicao (Academia Boliviana de la Lengua), pp. 135-145.

«La Hispanidad como esencia de la obra literaria de don Ramón Menéndez Pidal», por Fabio A. Mota (Academia Dominicana de la Lengua), pp. 145-158.

NÚMERO 10, JULIO-DICIEMBRE DE 1969

«Americanismos», por Academia Venezolana, pp. 85-97.

NÚMERO 11, ENERO-JUNIO DE 1970

«Don Julio Palacios Martínez», por Pedro Laín Entralgo (Real Academia Española), pp. 144-154.

«Notas semánticas. Algunas proposiciones a la Real Academia Española de la Lengua», por Justino Cornejo (Academia Ecuatoriana de la Lengua), pp. 154-160.

«Filipinismos», por Antonio M. Molina (Academia Filipina de la Lengua Española), pp. 160-166.

«Voces populares guatemaltecas», por Daniel Armas (Academia Guatemalteca de la Lengua), pp. 166-187.

NÚMERO 12, JULIO-DICIEMBRE DE 1970

«Don Manuel Gómez Moreno (1870-1970)», por Rafael Lapesa (Real Academia Española), pp. 52-62.

«Don Antonio Rodríguez Moñino (1910-1970)», por Dámaso Alonso (Real Academia Española), pp. 63-77.

«Don Raúl Silva Castro», por Fidel Araneda Bravo (Academia Chilena de la Lengua), pp. 79-96.

«Peruanismos», por Academia Peruana, pp. 96-99.

«Voces populares guatemaltecas», por Daniel Armas (Academia Guatemalteca de la Lengua), pp. 99-122.

NÚMERO 13, ENERO-JUNIO DE 1971

«Voces populares guatemaltecas», por Daniel Armas (Academia Guatemalteca de la Lengua), pp. 112-131.

«Los cubanismos en el Diccionario de la Real Academia Española», por Ernesto Dihigo y López-Trigo (Academia Cubana de la Lengua), pp. 132-159.

NÚMERO 14, JULIO-DICIEMBRE DE 1971

«Antonio M. Abad», por Enrique Fernández Lumba (Academia Filipina de la Lengua Española), pp. 47-51.

«Despedida a don Isaac Barrera», por Jorge Salvador Lara (Academia Ecuatoriana de la Lengua), pp. 53-55.

«Don Luis Martínez Kleiser», por Gerardo Diego (Real Academia Española), pp. 57-68.

«La obra lingüística de don Miguel Asín», por Rafael Lapesa (Real Academia Española), pp. 69-77.

«En el centenario del nacimiento de don Miguel Asín», por Emilio García Gómez (Real Academia Española), pp. 79-88.

«Los cubanismos en el Diccionario de la Real Academia Española», por Ernesto Dihigo y López-Trigo (Academia Cubana de la Lengua), pp. 89-177.

NÚMERO 15, ENERO-JUNIO DE 1972

«Don Francisco Javier Sánchez Cantón (1891-1971)», por Julio Guillén (Real Academia Española), pp. 111-121.

«Ricardo J. Alfaro, historiador y sujeto histórico», por Diógenes de la Rosa (Academia Panameña de la Lengua), pp. 123-140.

«Los cubanismos en el Diccionario de la Real Academia Española», por Ernesto Dihigo y López-Trigo (Academia Cubana de la Lengua), pp. 141-183.

NÚMERO 16, JULIO-DICIEMBRE DE 1972

«La unidad en el lenguaje», por Rafael Caldera (Academia Venezolana de la Lengua), pp. 67-76.

«Don Narciso Alonso Cortés», por Gerardo Diego (Real Academia Española), pp. 77-89.

«Don Julio Guillén», por Carlos Martínez de Campos y Serrano (Real Academia Española), pp. 91-95.

«Los cubanismos en el Diccionario de la Real Academia Española», por Ernesto Dihigo y López-Trigo (Academia Cubana de la Lengua), pp. 97-137.

NÚMERO 17, ENERO-JUNIO DE 1973

«Homenaje a Cervantes», por Antonio Iraizoz (Academia Cubana de la Lengua), pp. 87-89.

«Los cubanismos en el Diccionario de la Real Academia Española», por Ernesto Dihigo y López-Trigo (Academia Cubana de la Lengua), pp. 91-106.

«Bases para un glosario de términos geográficos del Uruguay»[28], por Rolando A. Laguarda Trías (Academia Nacional de Letras, Uruguay), pp. 107-187.

---

28. Las distintas entregas de este trabajo aparecidas en el *Boletín* se reunieron en un volumen publicado por la ASALE: Rolando A. Laguarda Trías, *Bases para un glosario de términos geográficos del Uruguay.* Madrid: Comisión Permanente de la Asociación de Academias de la Lengua Española, 1974, 87 págs.

NÚMERO 18, JULIO-DICIEMBRE DE 1973

«*In memoriam*. Fernando Antonio Martínez», por Rubén Páez Patiño (Instituto Caro y Cuervo, Bogotá), pp, 239-258.

«Vocabulario especial de las medidas de peso, superficie, longitud y capacidad que se usan en diversas regiones de Venezuela», por Tulio Chiossone (Academia Venezolana de la Lengua), pp. 259-268.

«Algunas observaciones y sugerencias sobre la labor etimológica», por Rolando A. Laguarda Trías (Academia Nacional de Letras, Uruguay), pp. 269-307.

«Los cubanismos en el Diccionario de la Real Academia Española», por Ernesto Dihigo y López-Trigo (Academia Cubana de la Lengua), pp. 309-344.

NÚMERO 19, ENERO-JUNIO DE 1974

«El léxico del cuerpo humano en Colombia y en Honduras», por Luis Flórez (Academia Colombiana de la Lengua) y Jesús Aguilar Paz (Academia Hondureña de la Lengua), pp. 57-77.

«Breve estudio del nombre hipocorístico personal en Guatemala», por Daniel Armas (Academia Guatemalteca de la Lengua), pp. 79-93.

«Léxico rural cordobés. Palabras y cosas del Valle de Punilla. Alimentos y cocina criolla», por Alicia Malanca de Rodríguez Rojas (Universidad Nacional de Córdoba, Argentina), pp. 95-134.

NÚMERO 20, JULIO-DICIEMBRE DE 1974

«Carlos Clavería Lizana (1909-1974)», por Rafael Lapesa (Real Academia Española), pp. 183-188.

«Las ideas lingüísticas del Inca Garcilaso», por Aurelio Miró Quesada (Academia Peruana de la Lengua), pp. 189-220.

«El español, lengua internacional», por Rodolfo Barón Castro (Oficina de Educación Iberoamericana, secretario general), pp. 221-239.

NÚMERO 21, ENERO-JUNIO DE 1975

«Dos estudios sobre la actualización del sustantivo en español», por Rafael Lapesa (Real Academia Española), pp. 39-67.

«Juan Ignacio Luca de Tena (1897-1975)», por José María Pemán (Real Academia Española), pp. 69-76.

«Homenaje a Fabio A. Mota. Un médico humanista», por Mariano Lebrón Saviñón (Academia Dominiccana de la Lengua), pp. 77-85.

«A la memoria del doctor Fabio A. Mota, presidente de la Academia Dominicana de la Lengua», por Manuel Mourelle de Lema (Universidad Complutense, Madrid), pp. 87-89.

«Homenaje a la memoria de Roberto Liévano en las academias de la lengua y la historia», por Eduardo Guzmán Esponda (Academia Colombiana de la Lengua), pp. 91-94.

«Roberto Liévano», por Rafael Maya (Academia Colombiana de la Lengua y Academia de la Historia), pp. 95-103.

«Alfonso Junco, diáfano como hombre y escritor», por Alejandro Avilés, pp. 105-107.

NÚMERO 22, JULIO-DICIEMBRE DE 1975

«Palabras y acepciones de uso peruano», por Academia Peruana de la Lengua, pp. 163-175.

«Una pérdida de las letras ecuatorianas», por Luis Moscoso Vega (Academia Ecuatoriana de la Lengua), pp. 177-178.

«Augusto Arias», por Alfonso Rumazo González (Academia Ecuatoriana de la Lengua), pp. 179-181.

«Augusto Arias, el prosista», por Hernán Rodríguez Castelo (Academia Ecuatoriana de la Lengua), pp. 183-186.

«Un mexicano ejemplar: Jaime Torres Bodet», por Alfredo Betancourt (Academia Salvadoreña de la Lengua), pp. 187-192.

«Alfonso Junco. En el primer aniversario de su muerte», por Octaviano Valdés (Academia Mexicana de la Lengua), pp. 193-198.

«Vocabulario referente a la interpretación de la historia», por Roberto Lara Velado (Academia Salvadoreña de la Lengua), pp. 199-233.

«Cómo habla La Mancha (Diccionario manchego)», suplemento inédito, por José S. Serna (Real Academia Española, miembro correspondiente), pp. 235-351.

«Toponimia hispánica de Filipinas», por Adolfo Cuadrado Muñiz, pp. 253-265.

NÚMERO 23, ENERO-JUNIO DE 1976

«Elogio de don Antonio Iraizoz», por Pedro Mantilla (Academia Cubana de la Lengua), pp. 65-68.

«Samuel R. Quiñones. Síntesis de una vida esforzada», por Salvador Tio y Montes de Oca (Academia Puertorriqueña de la Lengua Española), pp. 69-79.

«Ricardo Sáenz-Hayes», por Fermín Estrella Gutiérrez (Academia Argentina de Letras), pp. 81-85.

«Carlos Mastronardi», por Juan Carlos Ghiano (Academia Argentina de Letras), pp. 87-89.

«Don Evaristo: un poeta», por Wilfredo Braschi, pp. 91-92.

«La muerte de un poeta», por Olga Nolla (Universidad Metropolitana, San Juan de Puerto Rico), pp. 93-96.

«A nivel (de)», por Fernando Lázaro Carreter (Real Academia Española), pp. 97-99.

«El *anivelismo*», por Katia Salamanca de Abreu (Instituto Caro y Cuervo, Bogotá), pp. 101-104.

«Voces usadas en el Uruguay», por Celia Mieres *et alii* (Academia Nacional de Letras, Uruguay), pp. 105-174.

NÚMERO 24, JULIO-DICIEMBRE DE 1976

«Samuel Gili Gaya (1892-1976)», por Rafael Lapesa (Real Academia Española), pp. 45-51.

«Réquiem para un poeta» [sobre el poeta hondureño Alejandro Rivera Hernández], por Jorge Fidel Durón (Academia Hondureña de la Lengua), pp. 54-56.

«José Luis Lanuza», por Fermín Estrella Gutiérrez (Academia Argentina de Letras), pp. 57-59.

«Medio siglo de vida académica», sobre el cincuentenario de la Academia Panameña de la Lengua], por Ernesto de la Guardia Navarro (Academia Panameña de la Lengua), pp. 73-87.

«Palabras y acepciones de uso peruano», por Academia Peruana de la Lengua, pp. 113-118.

«Estudio comparado de tres diccionarios nacionales de chilenismos», por Fidel Araneda Bravo (Academia Chilena de la Lengua), pp. 119-132.

«Presencia del náhuatl en el castellano», por Alfredo Betancourt (Academia Salvadoreña de la Lengua), pp. 133-136.

«El español que hablamos en El Salvador», por Pedro Geoffroy Rivas (Academia Salvadoreña de la Lengua), pp. 137-167.

«Habla ecuatoriana», por Piedad Larrea Borja (Academia Ecuatoriana de la Lengua), pp. 169-213.

EL PRIMER DICCIONARIO (1967)

Uno de los acuerdos del IV Congreso de la Asociación de Academias, celebrado en Buenos Aires el año 1964, había sido llevar a cabo la publicación de una de las obras maestras de la filología española. La obra escogida será el célebre *Universal vocabulario en latín y en romance* (1490), de Alfonso Fernández de Palencia. Anterior por unos pocos años al *Vocabulario de romance en latín* (elaborado en 1495 y publicado en 1516), de Antonio de Nebrija, esta obra se va a entender como la primera, con todas las reservas históricas del caso, en los estudios lexicográficos del español.

La obra y su autor resultan claves para la comprensión de los orígenes de la lexicografía castellana, en el ya remoto tiempo del prehumanismo español. Alonso de Palencia es, sin titubeos, una de las figuras más interesantes de ese siglo XV, en el que desarrolla su biografía de hombre sabio y de cortesano excelente. Cronista real y secretario de cartas latinas de Enrique IV y de Isabel la Católica, se le considera hoy el primer humanista castellano y el introductor en España del humanismo italiano. Gran conocedor de los clásicos griegos y romanos, aboga por su estudio y por la divulgación de sus producciones a partir de sus lenguas originales. Cubre para la historia de la lexicografía el momento inicial de esta disciplina en español y se le considera un autor bisagra entre la Edad Media y el Renacimiento en relación con la lengua. De esta suerte, su *Universal vocabulario* se constituye en un repertorio monolingüe latino bilingualizado; es decir, se trata de un diccionario que describe el léxico del latín y del que se ofrecen explicaciones (equivalencia + citas de autoridades) en romance castellano. El enorme aporte de esta obra tendrá que entenderse desde diversos ángulos de consideración: de una parte, la amplitud de su repertorio, con más de 14 000 entradas; de otra, la concepción cuasi monolingüe de su diccionario en un tiempo cuando estos trabajos eran inexistentes (para el español hubo que esperar hasta que Covarrubias compusiera su *Tesoro de la lengua castellana o española*, en 1611). Resulta, aquí, interesante destacar la hipótesis que plantea la probabilidad de que Alonso de Palencia redactara primero el texto en romance y que luego trabajara el texto latino, debido a la mayor complejidad del primero frente al segundo, desplazando el interés descriptivo lingüístico claramente del latín, como lengua general del humanismo, al texto en castellano, lengua coloquial del reino de Castilla; gesto de un sabio en favor de la lengua común (algo similar, *mutatis mutandi*, a lo que Dante había hecho en la *Divina comedia* al escribirla en lengua vulgar). Finalmente, cabe destacar otro mérito reseñable del repertorio del humanista palentino, este referido a la utilización de las citas. En su caso, son muchas a las que recurre, de autores de la Antigüedad temprana o tardía (Virgilio, Cicerón, Ennio, Plauto, Terencio, Tulio y Marcelo, entre otros), haciendo que ellas —las citas mismas— constituyan la explicación lingüística en cada una de las entradas y que no se proceda solo aportando la equivalencia en romance de la voz latina, como por ejemplo hará Nebrija en su *Vocabulario*, donde las voces romances son explicadas en su mayoría por equivalencia léxica y no por descripción semántica (o por citas). Esta particularidad técnica entronca el trabajo de Palencia, en clave fundacional, con los diccionarios de Calepino (*Diccionario octolingüe*, 1609), para la lexicografía multilingüe, y de Covarrubias (antes citado), para la lexicografía monolingüe. Más aún, esta técnica de la cita que Palencia ha perfeccionado lo vincula, con carácter de precursor, al *Diccionario de autoridades* (1726-1739), primera de las realizaciones lexicográficas de la Real Academia Española.

Tanto en las actas de la Comisión Permanente de la Asociación como en su *Boletín de la Comisión Permanente* se da cuenta de las resoluciones de edición y de los progresos que la publicación está teniendo. También de la aparición, divulgación y recepción de la importante obra, cuyo texto no se ponía en circulación desde el mismo momento de su publicación por primera vez, cinco siglos atrás.

En el transcurso de los primeros cinco años de publicación del *Boletín de la Comisión Permanente*, de 1965 a 1970, nos encontramos con tres referencias a la edición del *Universal vocabulario*. En el número tres, correspondiente a enero-junio de 1966, se da cuenta de que la obra está en la imprenta: «Está en prensa la primera obra que, en cumplimiento de lo resuelto por el Cuarto Congreso de Academias de la Lengua Española, publicará la Comisión Permanente: el *Universal Vocabulario en Latín y en Romance*, de Alfonso Fernández de Palencia, facsímile de la primera edición, impresa en Sevilla en 1490»[29]. La siguiente referencia aparecerá en el número 8 de la revista, julio-diciembre de 1968. El propio secretario general, Luis Alfonso, primero de la ASALE y numerario de la Academia Argentina de Letras, consigna una anotación en el «Informe de la Comisión Permanente», correspondiente a los meses de funcionamiento en Pleno en el primer semestre de ese año. Informa que con la edición de la obra de Palencia se inicia la Biblioteca Histórica de la Filología Española y, especialmente, de las razones que justifican la escogencia de este diccionario para su publicación; entre otras, pertenecer cronológicamente al momento del descubrimiento de América y ser la primera en su género lexicográfico para el ámbito del castellano: «Dio comienzo a la *Biblioteca Histórica de la Filología Española* con la edición facsimilar del *Universal Vocabulario en Latín y Romance*, de Alfonso Fernández de Palencia, obra de capital importancia para el estudio de nuestro idioma, tanto por la extensión de ella y la riqueza de datos que contiene como por ser contemporánea del descubrimiento de América y, cronológicamente, el primer léxico publicado en lengua española; y tiene en proyecto la edición de otros trabajos, antiguos y modernos, acerca del español peninsular e hispanoamericano y acerca de las lenguas indígenas de América»[30]. Finalmente, el año 1970, en un apartado dedicado a la citada Biblioteca Histórica, se vuelve a recapitular sobre la génesis, edición y significación de la importante publicación de este diccionario, haciendo énfasis ahora en la rareza bibliográfica de esta obra por tantos motivos histórica: «La Comisión Permanente editó en 1967 una de las obras más raras e inaccesibles de la

---

29. «Publicaciones», *Boletín de la Comisión Permanente*, Asociación de Academias de la Lengua Española, Madrid, n.º 3, 1966, pág. 7.

30. Luis Alfonso: «Informe de la Comisión Permanente», *Boletín de la Comisión Permanente*, ob. cit., n.º 8, 1968, pág. 20.

bibliografía lingüística española, el *Universal Vocabulario en Latín y Romance...*»[31].

En cuanto a las características bibliográficas formales de la edición hecha por la ASALE, debe destacarse el modo facsimilar de la impresión, sin duda un gran acierto, tomando en cuenta la rareza de una obra prácticamente desconocida por el público estudioso de la filología española. Dos volúmenes de gran formato, encuadernados en tela de color verde oliva, con papel cartulina de alto gramaje, resuelven los elementos técnicos más resaltantes. En cuanto a los relativos a la descripción académica de la obra, esta viene acompañada por una «Nota preliminar», firmada por el filólogo y académico Samuel Gili Gaya, tanto como una «Advertencia sobre esta edición», en donde Jaime Moll, director de la Biblioteca de la RAE, señala pormenores sobre el texto editado. Ambos paratextos requieren un comentario.

Gili Gaya comienza, a partir del propio testimonio de Palencia, ocupándose del origen de la obra, encargo de la reina católica, preocupada por los desajustes de la enseñanza del latín y de las obras para su conocimiento. Palencia atendió al mandato con una obra cargada de mucha más sabiduría lingüística de la que se esperaba. Seguidamente, Gili Gaya refiere la inevitable comparación con Nebrija, haciendo resaltar la sobriedad del palentino frente a la «jactancia agresiva» del lebrijano. Otra diferencia entre ambos viene marcada por el hecho de que Palencia se entiende como depurador de la lexicografía medieval, gracias a su cultura humanística, mientras que Nebrija, más joven que Palencia, ha dejado atrás el mundo medieval y se sabe plenamente humanista. Por otra parte, los dos representan «la erudición léxica del primer Renacimiento español»[32]. A pesar de su brevedad, la nota de Gili Gaya aborda los aspectos imprescindibles para la evaluación de esta obra. Describe sus particularidades técnicas, al entender que se trata de un instrumento para la explicación de textos latinos. Dirá que Palencia, deudor de Papias y de la tradición lexicográfica que inspira, «no se limita como sus predecesores a yuxtaponer las equivalencias castellanas a las palabras latinas dispuestas en serie alfabética, sino que las acompaña a menudo de explicaciones literarias, gramaticales, mitológicas e históricas, a veces extensas, que le dan cierto carácter incipiente de diccionario enciclopédico de humanidades grecolatinas»[33]. Culmina Gili Gaya haciendo una valoración sobre la edición moderna de una obra así: «Reproducir hoy el viejo incunable de Palen-

---

31. «Biblioteca Histórica de la Filología Española», *Boletín de la Comisión Permanente*, ob. cit., n.º 11, 1970, pág. 97.

32. Samuel Gili Gaya: «Nota preliminar», en Alfonso de Palencia, *Universal vocabulario en latín y en romance*. Madrid: Comisión Permanente de la Asociación de Academias de la Lengua Española, 1967, tomo I, pág. 5.

33. *Ibidem*, pág. 6.

cia no significa solo conservar una magnífica reliquia del pasado, sino poner al alcance de todos un gran caudal de léxico romance que no ha sido todavía debidamente utilizado. El lector sensible percibe en sus páginas el palpitar despierto de un espíritu auroral y precursor del gran humanismo español del siglo XVI»[34].

La «Advertencia» de Jaime Moll refiere los pormenores materiales sobre la edición facsimilar, a partir del ejemplar conservado en la biblioteca de la Academia, y los desajustes de foliación, compaginación y tamaño de los pliegos, entre otros, como resultado del cotejo entre el ejemplar de la RAE y el que se conserva en la Biblioteca Nacional de España.

La evaluación lexicográfica del *Universal vocabulario* es bien conocida[35]. Se trata de una obra pionera de la lexicografía del español, en su versión bilingüe propia de su tiempo, y muy especialmente la más importante de los diccionarios del período prenebrijano. El acierto de la ASALE fue escoger una obra que coincidía con el momento americano y que, si bien no se registran voces de América (tarea imposible por la fecha anterior al descubrimiento y de la que tímidamente Nebrija dará cuenta), dibuja léxicamente lo que era el romance castellano en los años finales del siglo XV.

LAS PALABRAS FINALES

Este generoso recuento sobre las primeras publicaciones de la ASALE, esas que señalaban su carácter público y divulgativo sobre las actividades, intereses, proyectos de estudio, logros, homenajes, recuentos, motiva una reflexión final sobre las próximas investigaciones que deben hacerse sobre el resto de los géneros editoriales ensayados por la Asociación.

---

34. *Ibid.*, pág. 6.

35. Abundan las menciones sobre el encuadre histórico y el aporte lexicográfico de la obra de Palencia. Me quedaré aquí con la síntesis que ha alcanzado la profesora Dolores Azorín Fernández, de la Universidad de Alicante: «De talante distinto a las obras que hemos venido considerando [como antecedentes hispanos de Nebrija] es el *Universal vocabulario en latín y en romance* (1490) de Alfonso Fernández de Palencia. Por de pronto, ya no se trata de un compendio monolingüe latino al modo de sus predecesores (Papias, Hugución, Balbi, etc.), sino que en esta obra la presencia del romance castellano constituye una importante novedad que la diferencia de la tradición anterior. Por otro lado, su rico contenido enciclopédico la separa de los escuetos listados de palabras de la tradición glosográfica» (*Los diccionarios del español en su perspectiva histórica*. Alicante, Universidad de Alicante, 2004, pág. 25) (los corchetes son nuestros). En otro ámbito de consideración, y centrándose más en los méritos de observador del cronista y en el valor documental del historiador, Gregorio Marañón hace una profusa citación de los trabajos de Palencia: «Desde este punto de vista nuestro, es evidente que el cronista preferido tiene que ser el famoso Alonso de Palencia» (*Ensayo biológico sobre Enrique IV de Castilla y su tiempo* [1941]. Madrid: Editorial Espasa-Calpe, 10.ª edición, 1964, pág. 38. Colección Austral, 196).

Se impone una revisión de los materiales y las publicaciones con carácter más privado y de uso interno de la Asociación y de las academias en su ámbito semiprivado o privado, y hasta semipúblico o confidencial, en algunos casos. La referencia no puede ser otra que las que se determinan a partir de las actas de la Comisión Permanente, de las circulares que se envían periódicamente a las academias, de las memorias de los congresos, de los folletos que se editan para dejar constancia de la realización de ciertos eventos, de materiales de estudio que se imprimen para divulgar internamente lineamientos de funcionamiento o investigación (sería el caso de los distintos folletos editados sobre la política lingüística panhispánica), y un largo etcétera de ediciones para uso exclusivo de la Asociación.

La suma de conocimientos aportados por la reunión de ambos tipos de publicaciones permitirá redondear una idea cierta sobre los propósitos de trabajo y sobre las muchas tareas desarrolladas para alcanzar las metas de una institución que reúne en ella la propia diversidad de la lengua, al ocuparse de la gestión general y particular de todas las academias de la lengua.

El llamado ambicioso de la unidad amparado en la consideración respetuosa de la diversidad se ve materializado en la «literatura institucional» que la Asociación de Academias de la Lengua Española ha logrado generar en sus primeros setenta años de vida. Estas publicaciones no hacen sino evidenciar insistentemente el avance hacia el logro de una democracia de la lengua, por la que esta Asociación aboga y trabaja.

Acción institucional

Plataforma jurídica iberoamericana. Proyecto de creación de bases de datos legislativas digitales en Centroamérica y el Caribe. ■ Escuela de Lexicografía Hispánica y red interacadémica de colaboradores. ■ Fundéu-RAE.

La gestión de la estructura académica internacional inherente a la ASALE requiere una potente labor diplomática y una eficaz organización del trabajo conjunto articulada a través de comisiones y órganos de decisión que aseguran la realización de todas las acciones. En este sentido, se ha desarrollado a lo largo de 2021 una amplia actuación institucional que ha supuesto un notable avance de la ASALE, tanto en su funcionamiento interno como, muy especialmente, en su proyección externa.

Destaca en particular la incorporación efectiva de una nueva modalidad de trabajo en red como eje vertebrador de los grandes proyectos panhispánicos. A su lado, han culminado tres iniciativas institucionales importantes:

a) La puesta en marcha por primera vez de un proyecto de cooperación internacional totalmente inédito, de carácter digital, desarrollado en colaboración con el Sistema de la Integración Centroamericana (SICA) y con el apoyo del Ministerio de Asuntos Exteriores, Unión Europea y Cooperación del Gobierno de España: la creación de bases de datos legislativas en Centroamérica y el Caribe, como contribución a la conmemoración del bicentenario de la independencia de los países centroamericanos.

   La idea surgió durante la visita institucional del director de la RAE a Centroamérica y el Caribe en febrero de 2020. La RAE, con el consenso de la ASALE, presentó el proyecto a los embajadores de los países del área en dos reuniones de trabajo, celebradas el 2 de diciembre de 2020 y el 24 de marzo de 2021, y, de acuerdo con ellos, al Secretario general del SICA, don Vinicio Cerezo, el 4 de mayo de este mismo año. Como resultado de estas reuniones se ha firmado el 30 de junio un acuerdo marco y se está tramitando otro específico que darán la cobertura jurídica necesaria a la cooperación entre el SICA y la RAE en esta iniciativa de interés general para toda la región. El proyecto cuenta con la colaboración del Ministerio de Asuntos Exteriores, Unión Europea y Cooperación del Gobierno de España, a través de la Fundación Internacional y para Iberoamérica de Administración y Políticas Públicas (FIIAPP), y de la Agencia Estatal Boletín Oficial del Estado (AEBOE). El presidente del Gobierno de España, don Pedro Sánchez, en su visita a Costa Rica (11-13 de junio), que ejercía en ese semestre la presidencia de turno del SICA —que en el segundo ha pasado a Guatemala—, acompañado por la entonces ministra de Asuntos Exteriores, presentó el proyecto como prioritario en la Cumbre Extraordinaria de Jefes de Estado y de Gobierno de los países miembros del SICA y España.

b) El refuerzo de la Escuela de Lexicografía Hispánica como órgano de formación de futuros colaboradores y su conexión con el programa de becarios a través de la constitución oficial de la nueva Red internacional de antiguos becarios de la ASALE como instrumento de apoyo al trabajo panhispánico.

c) El despegue de la Fundéu-RAE como instrumento institucional para atender el buen uso del español en los medios de comunicación y para dar una respuesta lingüística urgente cuando sea requerida por los hablantes, que tiene por delante un amplio recorrido panhispánico a través de la coordinación de sus delegaciones americanas.

ACTIVIDAD ACADÉMICA

En el ámbito de la actividad académica, durante 2021 han tenido lugar tres reuniones plenarias de directores y presidentes de las corporaciones, convocadas por el presidente de la ASALE. Las dos primeras, cebradas virtualmente el 10 de marzo y el 29 de septiembre, fueron de carácter ordinario y estuvieron dedicadas al seguimiento de la ejecución del programa de trabajo acordado en el último congreso de la ASALE (Sevilla, 2019), que está basado en la transformación digital y dirigido a satisfacer las necesidades de todos los hispanohablantes actuales en cualquier lugar del mundo. Desde entonces las Academias han dado un vuelco a su labor para alinearla con los objetivos de la agenda digital internacional y culminar el proceso de aplicación de la tecnología a todas sus obras como medio necesario para que el español sea más utilizado en todos los ámbitos y se use conforme a los criterios académicos. Las nuevas Academias digitales están decididas a incorporarse a los planes oficiales impulsados por gobiernos y organismos supranacionales con el propósito de convertir la tecnología en el fundamento de todos los proyectos.

La tercera reunión, extraordinaria, se ha desarrollado presencialmente en Madrid, en la sede de la RAE y de la ASALE, durante los días 9 y 10 de diciembre con motivo de la celebración del septuagésimo aniversario de la Asociación de Academias. El encuentro ha sido de excepcional relevancia para nuestra lengua, pues ha fijado las líneas futuras de la acción de la ASALE y ha establecido los mecanismos necesarios para llevarlas a cabo, después de un largo período de pandemia que ha afectado en gran medida a las formas de relación social, los métodos de trabajo y las necesidades de los hablantes dando lugar a nuevos modelos de actuación y espacios de desarrollo de la lengua que requieren una respuesta inmediata y contundente.

Ha sido el primer encuentro personal de todas las Academias después de la crisis sanitaria global, con unos objetivos claros:

- Reafirmar el compromiso de trabajo mancomunado de todas las Academias a favor de la unidad de la lengua española en el contexto digital de hoy y el valor de su trabajo como las instituciones culturales más importantes del mundo hispanohablante, con autoridad lingüística reconocida por los usuarios de la lengua.

- Reivindicar el necesario apoyo de los gobiernos para que las Academias puedan llevar a cabo su función tanto en el territorio nacional como en el marco internacional de la ASALE.
- Culminar el proceso de transformación digital de las Academias y definir las principales actuaciones inmediatas en esta línea.
- Presentar a la comunidad hispanohablante los resultados de los proyectos aprobados en el último congreso (Sevilla, 2019).
- Anunciar un conjunto de proyectos panhispánicos nuevos, de naturaleza digital y de gran importancia estratégica para el futuro del español.
- Fortalecer los vínculos de las Academias y de la ASALE con la sociedad civil.

La convención, en la que han participado los directores y presidentes de todas las Academias, o sus delegados, junto a las autoridades de la Asociación, ha seguido la línea abierta por el congreso de Sevilla de integrar el programa académico interno y la agenda pública en una simbiosis que se ha convertido en marca de identidad de la ASALE.

Se han debatido cuestiones esenciales concernientes al estado del español en el mundo y a la acción coordinada de las Academias como medio para garantizar la unidad de la lengua española en el actual contexto digital. Se han presentado a la comunidad hispanohablante los resultados del trabajo de los dos últimos años, desde el congreso de Sevilla, y se han dado a conocer nuevos proyectos panhispánicos, totalmente innovadores, destinados a fortalecer el español como lengua de cultura y a estrechar los vínculos entre los hispanohablantes de todo el mundo.

La ASALE ha estrenado imagen con la apertura de una nueva página web, más dinámica y funcional, reflejo del concepto digital de las Academias, que se convertirá en el vehículo de comunicación de su actividad y dará cuenta de la vida académica de las corporaciones y de la ASALE. En la misma línea, se ha presentado la *Crónica de la lengua española 2021*, que rinde homenaje a la Asociación en sus setenta años de fecunda existencia y aporta una reflexión desde la perspectiva académica sobre el estado del español en los países del espacio ASALE. Se ha anunciado el comienzo del proyecto de cooperación internacional desarrollado con el SICA y respaldado por Ministerio de Asuntos Exteriores, Unión Europea y Cooperación del Gobierno de España.

Entre los nuevos proyectos digitales estratégicos destacan la creación de un Observatorio del español en Internet y en las redes sociales en el marco del proyecto Lengua Española e Inteligencia Artificial (LEIA), la elaboración del *Diccionario histórico de la lengua española* como proyecto panhispánico y multidisciplinar de investigación digital, la ampliación de los corpus léxicos académicos, la digitalización de los recursos del español y la construcción de dos grandes plataformas digitales: la plataforma jurídica iberoamericana a partir de la conexión en línea del *Diccionario panhispánico del español jurídico* con la legislación y la jurisprudencia de todos los estados, y la plataforma panhispánica de gestión de las consultas lingüísticas que reciben todas las Academias.

Al lado de estos, proyectos como la edición digital de las obras completas de Andrés Bello, la segunda edición del *Diccionario de americanismos*, la antología *Martí en su universo* dentro de la colección de ediciones conmemorativas, e iniciativas como la constitución oficial de la nueva Red internacional de antiguos becarios de la ASALE como instrumento de apoyo al trabajo panhispánico, entre otras, cobran especial significación.

La ASALE ha reunido en un gran acto institucional a los máximos responsables de los poderes del Estado, del Gobierno de España y de los organismos supranacionales iberoamericanos, al Cuerpo Diplomático, a destacados hispanistas, así como a representantes de todas las instituciones culturales y educativas públicas y privadas, las empresas, los diferentes colectivos de la sociedad civil y los medios de comunicación con el objetivo de recabar el compromiso de todos, desde cualquier parte del mundo, de apoyar el trabajo de las Academias al servicio de la lengua española, que es el bien más importante y pertenece a todos los hablantes por igual. El acto conmemorativo de los setenta años de la ASALE ha abierto una nueva etapa en el panhispanismo significada por la consolidación del liderazgo de las Academias en el ámbito de la lengua española y de su posición como máximos referentes culturales en todos los países que conforman el espacio de la ASALE.

Complementariamente a las reuniones de directores y presidentes, durante el período octubre-diciembre se ha constituido el pleno de la Comisión Permanente de la ASALE, integrada por el presidente, el secretario general, el tesorero y tres vocales pertenecientes en esta ocasión, según el turno de rotación vigente, a las Academias Colombiana, Panameña y Norteamericana, que ha desarrollado sus tareas lingüísticas y administrativas de manera presencial en la sede de la ASALE. En el marco de los trabajos panhispánicos, el 16 de noviembre se ha reunido virtualmente la Comisión Interacadémica del *Diccionario de la lengua española* con el propósito de resolver diversas cuestiones técnicas relativas a la planta digital de la próxima edición y a la nueva plataforma informática en la que están trabajando las Academias. La necesidad de impulsar las publicaciones académicas ha motivado la creación de una nueva Comisión de Publicaciones de la ASALE, que ha celebrado dos sesiones virtuales, el 10 de marzo y el 27 de julio.

Por lo que respecta a las relaciones con otras Academias, el 18 de mayo de 2021 se recibió la solicitud oficial de ingreso en la ASALE por parte de la Academia Nacional del Judeoespañol de Israel, que ha sido tramitada conforme a lo acordado por el pleno de directores y presidentes de las corporaciones en su reunión de Sevilla, celebrada en el marco del XVI Congreso de la ASALE (2019).

Durante este año, las Academias han avanzado en la preparación del programa académico del IX Congreso Internacional de la Lengua Española (CILE), que tendrá lugar el próximo año en Arequipa (Perú). Se han reunido numerosas propuestas sobre la relación entre lengua, mestizaje e interculturalidad que han suscitado abundantes reflexiones y debates hasta la fijación las líneas básicas del programa. Después de una reunión virtual de los directores de la Academia y del Instituto Cervantes con los responsables de la organización en el Perú (el presidente de la Academia Peruana de la Lengua y secretario académico del IX CILE, el director general para Asuntos Culturales del Ministerio de Relaciones Exteriores del Perú, el director del Centro Cultural Inca Garcilaso del Ministerio de Relaciones Exteriores del Perú, el rector de la Universidad Nacional de San Agustín de Arequipa y el agregado cultural de la Embajada del Perú en España), celebrada el 12 de enero, se decidió retrasar la celebración del congreso al segundo semestre de 2022, lo que quedó aprobado por el pleno de directores y presidentes de las Academias en su reunión del 30 de marzo. Se está trabajando con el nuevo gobierno peruano en las cuestiones organizativas esenciales.

NUEVAS REDES PANHISPÁNICAS

El crecimiento de los proyectos académicos panhispánicos, tanto en número como en envergadura y complejidad, ha dado lugar a la implantación de una nueva forma de trabajo basada en la creación de redes de equipos y de colaboradores que constituyen la base sobre la que se asienta el desarrollo de los proyectos, bajo la dirección y coordinación de las comisiones y órganos académicos. El sistema resulta idóneo para cubrir el amplio espacio geográfico que atienden los proyectos panhispánicos, para incorporar a los investigadores más cualificados de cualquier parte del mundo hispanohablante y, en definitiva, para involucrar a las instituciones académicas más solventes. Los equipos y colaboradores integrados en la estructura de la red ya no se asientan solamente en las Academias sino que pueden constituirse en universidades y centros de investigación o contribuir a título individual después de haber sido formados en la Escuela de Lexicografía Hispánica. De esta forma, los equipos que participan en los proyectos académicos amplían su dimensión y procedencia geográfica, lo que resulta extraordinariamente beneficioso para el trabajo que, abierto a la comunidad científica, se convierte en un empeño colectivo bajo el liderazgo de las Academias. La iniciativa refuerza y amplía el sentido de la acción panhispánica de la ASALE.

Esta nueva modalidad de trabajo se ha aplicado, con distintas variantes, en tres grandes proyectos panhispánicos: el Corpus del Español del Siglo XXI (CORPES), el *Diccionario panhispánico del español jurídico* (DPEJ) y el *Diccionario histórico de la lengua española* (*DHLE*).

El CORPES cuenta en la actualidad con la participación de nueve equipos de codificación pertenecientes a diferentes instituciones españolas y americanas: Academia Argentina de Letras, Academia Puertorriqueña de la Lengua Española, Fundación Comillas, Universidad de Alcalá de Henares, Universidad Autónoma de Barcelona, Universidad de Salamanca, Universidad de León, Universidad de Santiago de Compostela y Universidad de Valencia.

El último congreso de la ASALE (Sevilla, 2019) consideró el proyecto de edición digital del *DPEJ*, de naturaleza esencialmente iberoamericana, como una línea de acción estratégica dentro del programa de trabajo panhispánico aprobado para el siguiente cuatrienio, fundamentada en la importancia de la cultura jurídica común y del léxico del Derecho. La ASALE asumía como prioritaria una iniciativa promovida e impulsada por la RAE, con el concurso de las Academias de la Lengua Española y la colaboración de la Cumbre Judicial Iberoamericana, del Consejo General del Poder Judicial de España, las Cortes o Tribunales Supremos de Justicia, los Consejos Nacionales de Judicatura y las Academias de Jurisprudencia y Legislación de los países hispanohablantes. Participan en el proyecto profesores de setenta y siete universidades españolas e hispanoamericanas. En total, más de cuatrocientos especialistas procedentes de más de ciento cincuenta instituciones de todo el ámbito hispanohablante.

Respaldan el *DPEJ* digital diversos organismos internacionales y supranacionales, en particular la Asamblea plenaria y extraordinaria de la Conferencia de Ministros de Justicia de los Países Iberoamericanos (COMJIB), celebrada en La Antigua Guatemala en enero de 2018; la XIX Cumbre Judicial Iberoamericana, Quito (Ecuador), abril de 2018; la XVIII Conferencia Iberoamericana de Ministros de Administración Pública y Reforma del Estado, La Antigua Guatemala, julio de 2018; y la Cumbre Iberoamericana de Jefes de Estado y de Gobierno, que en su XXVI edición (La Antigua Guatemala, 2018), ha exhortado a su permanente actualización. La versión digital, abierta el 2 de julio de 2020, se propone un objetivo superior de interés general, que consiste en establecer la interconexión legislativa de todo el ámbito iberoamericano a través de las voces registradas en el diccionario, como contribución al proceso de digitalización de la Justicia y a la creación de un espacio jurídico iberoamericano. El proyecto ha recibido el apoyo de la Secretaría General Iberoamericana.

La red de colaboradores trabaja en la actualización de la obra, así como en la vinculación legislativa del contenido, para su próxima publicación.

En este contexto, resulta especialmente significativa la creación de la Red Panhispánica de Academias, Universidades y Centros de Investigación para la Elaboración del *Diccionario histórico de la lengua española* (REDACTA) con el propósito de dar un impulso definitivo a este proyecto que permita asegurar la viabilidad de la obra en un plazo razonable de tiempo y cumplir todos sus objetivos estratégicos. Se trata de incorporar a toda la comunidad científica hispanohablante en una ambiciosa acción colectiva impulsada por la RAE, con el apoyo del Gobierno de España. La Red, constituida y presentada oficialmente el 13 de abril, está integrada en la actualidad por diecinueve instituciones americanas y españolas, que han suscrito un convenio de colaboración en este sentido: Academia Argentina de Letras, Academia Boliviana de la Lengua, Academia Colombiana de la Lengua, Academia Costarricense de la Lengua, Academia Cubana de la Lengua, Academia Mexicana de la Lengua, Academia Nacional de Letras de Uruguay, Academia Paraguaya de la Lengua Española, Instituto Caro y Cuervo (Colombia), Pontificia Universidad Católica de Valparaíso (Chile), así como la Universidad de La Laguna, Universidad de La Rioja, Universidad de León, Universidad de Murcia, Universidad de Salamanca, Universidad de Santiago de Compostela, Universidad de Sevilla, Universitat Autònoma de Barcelona y Universitat Rovira i Virgili (España). En todas las instituciones se han formado equipos de redacción, dirigidos en muchos casos por académicos correspondientes, que están realizando estancias de formación en el equipo central de la RAE como etapa previa al comienzo de su tarea.

Finalmente, la nueva Red internacional de antiguos becarios de la ASALE, que reúne a todos los egresados que han pasado por la Escuela de Lexicografía Hispánica y por la colaboración formativa en las Academias de la Lengua de sus respectivos países, nace con una función esencialmente transversal de apoyo a todos los proyectos e iniciativas panhispánicos de la ASALE y con vocación de contribuir a los valores de unidad y excelencia que promueven las Academias en su trabajo. No es casualidad que su constitución formal y su presentación pública se hayan unido a la conmemoración de los setenta años de la ASALE: la Red de antiguos becarios, profundamente enraizada en la vida académica, refleja de la mejor manera la nueva etapa del panhispanismo que se abre ahora para afrontar con éxito los desafíos del español. Las nuevas redes serán un instrumento decisivo para conseguirlo.

Plataforma jurídica iberoamericana. Proyecto de creación de bases de datos legislativas digitales en Centroamérica y el Caribe

La Real Academia Española (RAE), con el consenso y la colaboración de la Asociación de Academias de la Lengua Española (ASALE), impulsa la creación de una **plataforma jurídica digital**, a través de la vinculación de las voces contenidas en la edición en línea del *Diccionario panhispánico del español jurídico* (*DPEJ*) con las bases de datos de legislación y jurisprudencia de los países iberoamericanos. Se trata de facilitar tanto a los operadores jurídicos como a todos los ciudadanos el acceso al corpus legal y doctrinal de las naciones, lo que constituye una condición necesaria para el fortalecimiento del Estado de Derecho, la vitalidad de las instituciones democráticas, la seguridad jurídica y la protección de los derechos fundamentales.

En el caso de los países que carecen de repositorios estructurados de las normas y sentencias, el proyecto contempla su construcción como una acción específica. La plataforma jurídica iberoamericana se concibe como un proyecto digital de cooperación internacional y un servicio a la comunidad hispanohablante.

UN PROYECTO DIGITAL DE COOPERACIÓN

La naturaleza íntegramente digital del proyecto responde a los objetivos del Gobierno de España, de la Unión Europea y de los países iberoamericanos en materia de cooperación digital como medio para promover el desarrollo y la igualdad social. La iniciativa está alineada con la hoja de ruta del Gobierno de España para acelerar una transición digital humanista en España y con las prioridades de los países iberoamericanos en materia de modernización y digitalización de las Administraciones de Justicia.

OBJETIVOS

El proyecto tiene objetivos claros. Desde un punto de vista práctico, pretende subsanar el déficit del área iberoamericana en materia de sistematización legislativa y jurisprudencial a través de la aplicación de estándares internacionales homologados, que permitan el acceso ágil y ordenado a la información, así como la interconexión con otras bases de datos globales. La iniciativa, totalmente pionera, contribuirá a la digitalización de las administraciones de Justicia y a la transformación digital de los estados, de acuerdo con las directrices de la Agenda Digital Latinoamericana.

Desde esa perspectiva, la creación de un repositorio de saberes y experiencias servirá de apoyo a las tareas legislativas y judiciales, así como al desarrollo de las políticas públicas en cualquier ramo de la actividad; además, esa comunidad de conocimiento global permitirá ofrecer modelos regulatorios para asegurar las formas democráticas de gobierno, mantener los valores del Estado de Derecho, así como las garantías de las libertades y derechos de los pueblos que forman parte de la comunidad iberoamericana.

En definitiva, el proyecto aspira a establecer las bases para la construcción del espacio jurídico iberoamericano, que redundará en el aumento de la seguridad jurídica de los ciudadanos y las empresas de los estados del área, así como en la agilización de la cooperación jurídica entre ellos, y, por tanto, en la generación de riqueza y bienestar.

ACTUACIONES GENERALES

El proyecto desarrolla tres líneas de trabajo permanentes, que implican diversas actuaciones en cada uno de los países involucrados a lo largo de tres años:

La primera línea consiste en la vinculación digital de cada una de las voces y locuciones del *DPEJ* digital con las bases de datos de legislación y de jurisprudencia de todos los países iberoamericanos. Esta interconexión entre las entradas del diccionario y las bases legales o doctrinales, que se realiza en sentido bidireccional, permite el acceso, a través de las voces del diccionario, a un conjunto de datos de enorme magnitud e importancia, que constituye una comunidad de información que no tiene ningún país.

En este sentido, se están suscribiendo acuerdos con los organismos de varios países que tienen a su cargo la responsabilidad de las bases de datos legislativas o jurisprudenciales, para vincular el contenido del *DPEJ* a las legislaciones y sentencias nacionales. En particular, se han firmado y están en vía de ejecución ocho convenios, dos de los cuales han sido suscritos este año:

— Consejo General del Poder Judicial de España (2017).

— Ministerio de Justicia y Derechos Humanos de la República Argentina y el Consejo de la Magistratura del Poder Judicial de la República Argentina (2018).

— Consejo Superior de la Judicatura de Colombia (2018).

— Agencia Estatal Boletín Oficial del Estado de España (AEBOE) (2019).

— Biblioteca del Congreso Nacional de Chile (2019).

— Poder Judicial de Costa Rica (2020).

— Dirección Nacional de Impresiones y Publicaciones Oficiales (I.M.P.O.), organismo que, en la República Oriental del Uruguay, es responsable de la edición y publicación del *Diario Oficial* y del desarrollo y actualización del Banco Electrónico de Datos Jurídicos Normativos que contiene toda la legislación nacional actualizada (2021).

— Escuela Nacional de la Judicatura (ENJ) de la República Dominicana, unidad académica del Poder Judicial dominicano, a través de la cual se canaliza la colaboración de la Consultoría Jurídica del Poder Ejecutivo, que es el organismo responsable de la publicación de la *Gaceta Oficial* (2021).

Es objetivo del proyecto culminar acuerdos análogos con los organismos responsables de las fuentes legislativas y de jurisprudencia de todos los países del área iberoamericana. En la actualidad hay gestiones avanzadas en este sentido con Cuba y Honduras.

La segunda línea se orienta a la construcción de la plataforma. Implica diversas tareas técnicas, como la digitalización de toda la legislación y la jurisprudencia nacional cuando proceda o, en su caso, regularización de esta al mismo formato; la creación de las bases de datos conectables a un sistema flexible de manejo de datos en los países que carecen de ellas; la implementación de procesos de mejora de las bases de datos incompletas o con insuficiente conectividad, y la integración de los archivos en el sistema informático de gestión.

Y la tercera actuación se centra en el mantenimiento de la plataforma. Supone el diseño y puesta en marcha de un sistema de seguimiento que garantice la actualización permanente de los repositorios, de manera que se asegure la vigencia y la fiabilidad de la información; el establecimiento de un mecanismo de asistencia técnica inmediata, así como la creación de un servicio permanente a todos los estados a través de las bases de datos y de la plataforma general que se constituya.

Durante el período de ejecución de las actuaciones segunda y tercera, se constituirá y se capacitará técnicamente, a través de la RAE, un equipo colaborador en cada uno de los estados participantes en el proyecto, que estará compuesto por el número de personas que se considere oportuno en cada caso, pero siempre con perfiles multidisciplinares, incluidos informáticos, que serán los responsables del proceso de desarrollo de las bases de datos, digitalización o regularización de los documentos e integración en los sistemas informáticos de gestión. Se dotará a cada unidad de los equipos tecnológicos necesarios.

Para el desarrollo de la digitalización y la interconexión entre las bases de datos legislativas se podrá utilizar el modelo de sistematización del Identificador Europeo de Legislación (ELI). El ELI es un sistema consolidado en el espacio europeo que tiene por objeto facilitar el acceso, el intercambio y la interconexión de la información jurídica publicada en los sistemas normativos nacionales, europeos y globales, para activar una red de información legal, disponible como conjunto de datos abiertos y susceptibles de reutilización por las partes interesadas.

UNA ACCIÓN MULTILATERAL ESPECÍFICA

En el marco del Sistema de la Integración Centroamericana (SICA), formado por los estados de Costa Rica, El Salvador, Guatemala, Honduras, Nicaragua, Panamá, Belice y la República Dominicana, y a través de un acuerdo entre su Secretaría General (SG-SICA) y la RAE suscrito el 30 de junio de 2021, está prevista la creación de bases de datos legislativas digitales en los países hispanohablantes de Centroamérica y el Caribe. Por las circunstancias específicas de su concepción, a través del SICA, esta acción se considera una pieza independiente dentro del proyecto general, aunque sigue el mismo procedimiento en su ejecución y es modelo aplicable a otras regiones iberoamericanas en análoga situación.

La SG-SICA procurará las gestiones necesarias con los estados miembros para hacer posible la ejecución de las actuaciones previstas. En particular, se ocupará de obtener, si fuera necesaria, la conformidad de los estados miembros para el desarrollo del proyecto; colaborará con la RAE tanto en la gestión de los recursos económicos como en la supervisión del funcionamiento de los equipos que trabajarán en el proyecto, y estará en permanente contacto con la RAE para el seguimiento de la gestión operativa del proyecto en los términos que ambas partes acuerden.

Corresponderá a la RAE, junto con la SG-SICA, coordinar y centralizar la parte operativa del proyecto con los mismos criterios que el proyecto general: la supervisión de los equipos, la formación de sus miembros y el establecimiento de la metodología de trabajo. Específicamente, formulará una cuantificación de las necesidades financieras conjuntas; seleccionará los profesionales de la Lingüística y el Derecho, así como de los técnicos informáticos, que realizarán las tareas de conformación de las bases de datos; coordinará los trabajos técnicos y las acciones legales o administrativas concernientes a ellos; gestionará los recursos económicos; formalizará los convenios con terceros que sean oportunos para la gestión del proyecto, y dará cuenta a la SG-SICA de la gestión operativa del proyecto en los términos que ambas partes acuerden.

MARCO INSTITUCIONAL

El proyecto está impulsado, dirigido y coordinado por la Real Academia Española, con el respaldo de la Asociación de Academias de la Lengua Española. Participan en él:

- Sistema de la Integración Centroamericana (SICA).
- Vicepresidencia Primera del Gobierno de España. Ministerio de Asuntos Económicos y Transformación Digital del Gobierno de España. Secretaría de Estado de Digitalización e Inteligencia Artificial.
- Ministerio de la Presidencia, Relaciones con las Cortes y Memoria Democrática.
- Ministerio de Asuntos Exteriores, Unión Europea y Cooperación Internacional del Gobierno de España. Secretaría de Estado de Cooperación.
- Fundación Internacional y para Iberoamérica de Administración y Políticas Públicas (FIIAPP).
- Academias de la Lengua de cada uno de los países.
- Consejo General del Poder Judicial de España.
- Ministerio de Justicia y Derechos Humanos de la República Argentina y el Consejo de la Magistratura del Poder Judicial de la República Argentina.
- Consejo Superior de la Judicatura de Colombia.
- Agencia Estatal Boletín Oficial del Estado de España (AEBOE).
- Biblioteca del Congreso Nacional de Chile.
- Poder Judicial de Costa Rica.
- Dirección Nacional de Impresiones y Publicaciones Oficiales (I.M.P.O.).
- Escuela Nacional de la Judicatura (ENJ) de la República Dominicana.

RESULTADOS

La construcción de la plataforma jurídica digital iberoamericana es una iniciativa inédita y profundamente innovadora, cuyas características particulares propiciarán la generación de importantes resultados a corto plazo.

En su concepción orgánica, constituye un proyecto multilateral, al nivel de las más altas instituciones nacionales y supranacionales del ámbito iberoamericano, que dotará a todos los países de un instrumento decisivo para el fortalecimiento del Estado de Derecho, los valores constitucionales, la seguridad jurídica y el desarrollo de políticas públicas, así como para el avance en la equidad social y en la igualdad de oportunidades para todos los ciudadanos, lo que redunda en el progreso y el bienestar de los estados y de los pueblos.

En este sentido, el desarrollo de la plataforma aspira a convertirse en una acción iberoamericana permanente, con presencia en todos los foros de relevancia, que ofrece un servicio público de interés general, fácilmente accesible. Además, contribuirá decisivamente a la modernización y agilización de la administración de la Justicia.

La acción supone un modelo de proyecto colaborativo entre los organismos internacionales, los poderes del Estado, las Academias, la Universidad y la sociedad civil de extraordinaria envergadura e inmenso potencial en todos los órdenes sociales.

Desde el punto de vista lingüístico, salvaguarda la unidad esencial del léxico jurídico, así como los conceptos, valores y principios a los que responde, en paralelo a la unidad esencial del léxico general compilado en el *Diccionario de la lengua española* (*DLE*); adicionalmente aporta un instrumento idóneo para la articulación de la Red iberoamericana de lenguaje jurídico claro y para el desarrollo de acciones orientadas a la claridad del lenguaje jurídico. En este sentido, la RAE impulsa la creación de la Red iberoamericana de lenguaje jurídico claro, a partir de las redes nacionales existentes en varios países (Chile, Argentina y Colombia). Un primer paso fue la creación de la Cátedra latinoamericana de lenguaje jurídico claro, con el respaldo de la RAE, en el marco del VIII Congreso Internacional de la Lengua Española, que se celebró en Córdoba (Argentina) en marzo de 2019. Actualmente, se están dando pasos en esta dirección.

El carácter iberoamericano, panhispánico y multilateral de la iniciativa determina que la integración de todas las líneas de trabajo sea coordinada por la RAE, como promotora e institución de referencia de la lengua española, junto con las Academias nacionales, en conexión con los múltiples agentes y actores implicados en el desarrollo de este proyecto, un hito de la cultura lingüística y jurídica que une a la comunidad hispanohablante.

Escuela de Lexicografía Hispánica y red interacadémica de colaboradores

La Escuela de Lexicografía Hispánica (ELH), creada por la Real Academia Española (RAE) y la Asociación de Academias de la Lengua Española (ASALE), ha continuado un año más trabajando en su objetivo de formar especialistas en lexicografía que puedan integrarse en los distintos equipos de trabajo de las academias de la ASALE y favorecer así el desarrollo de la política panhispánica.

En los años de actividad, el máster título propio en Lexicografía Hispánica, organizado por la RAE y la ASALE y respaldado administrativamente por la Universidad de León, ha demostrado ser una herramienta muy valiosa en la creación de equipos especializados para trabajar en proyectos lexicográficos de las academias. Con la incorporación ya en ellas de un gran número de alumnos que han cursado el máster, se está creando una red de colaboradores formados en una metodología común que agiliza y mejora cualquier trabajo conjunto gracias al buen entendimiento entre colaboradores con formación científica homogénea.

La periodicidad del máster es anual. Cada edición se desarrolla a lo largo de diez meses (del 1 diciembre al 30 de septiembre). Durante este tiempo se aborda una parte muy amplia de la compleja especialidad lexicográfica, atendiéndose tanto a su nivel teórico como al práctico.

El curso que se está impartiendo en la actualidad (2020-2021) es la decimonovena edición del máster (ELH2021) y, como en sus ediciones anteriores, conviven dos modalidades de matrícula, alumnos becados y de matrícula libre. El grupo de alumnos que cursa la edición actual está compuesto por dieciséis estudiantes procedentes de Puerto Rico, Bolivia, Chile, México, Cuba, EE. UU., Costa Rica, Argentina, República Dominicana, Panamá y España.

La ELH2021 sigue la estructura habitual del máster, es decir, tres módulos de diferentes formatos de docencia: los módulos I y III se desarrollan en línea y el módulo II, en formato presencial.

El módulo I se inició el 1 de diciembre de 2020 y se prolongó hasta el 15 de marzo de 2021. Durante estos meses, y desde sus países, los alumnos recibieron una formación general en lengua española, lingüística, ortografía académica, gramática y semántica. Se ha organizado, como de costumbre, con una primera fase, del 1 de diciembre al 15 de enero, que homogeneiza el nivel del grupo e iguala la terminología que se utilizará durante el curso. Durante la segunda fase, del 15 de enero al 15 de marzo, se ha profundizado en el estudio de disciplinas lingüísticas que son la base de la lexicografía. El grupo tuvo un buen aprovechamiento en estos meses y se han alcanzado notables resultados en las evaluaciones.

El seguimiento de este primer módulo se realizó a través del portal de colaboración de la ELH, en el que se hace el intercambio de materiales, la entrega de actividades de control y la realización de los cuestionarios de evaluación. Tanto alumnos como profesores acceden a esta plataforma con un usuario propio que facilita la interacción.

Por su modalidad en línea, este módulo se impartió sin contratiempos; pero el módulo II, cuya característica principal es la presencialidad, adoptó cambios relevantes a causa de la pandemia, modificando sus fechas y el formato de docencia.

Según la estructura habitual, el 1 de abril debía iniciarse este segundo módulo, tronco central del máster, en el que los alumnos reciben desde abril hasta mediados de julio la formación específica en lexicografía en un formato presencial de clases diarias tanto en Madrid —en el Centro de Estudios de la RAE— como en la universidad de León (ULE). Sin embargo, en esta edición se trasladó al último trimestre del año (de septiembre a diciembre) y, en contra de las esperanzas iniciales, su docencia tuvo que ser impartida también en formato virtual.

Como consecuencia del cambio de formato, y de acuerdo con el programa estratégico de transformación digital impulsado por la RAE y la ASALE, se está mejorando el portal de colaboración de la ELH con el fin de dotarlo de más capacidad en el manejo de archivos multimedia, vídeos, etc., utilizados por los profesores en la adaptación de sus materiales al formato virtual.

Los alumnos se han amoldado bien a las circunstancias especiales de esta edición y han mantenido el ritmo del curso sin acusar en exceso el cambio de formato. En estos meses han mostrado muy buena disposición y han logrado unos buenos resultados también en este módulo.

En el programa académico del máster, organizado por el director de la ELH, el académico de la RAE, don Salvador Gutiérrez Ordóñez, y consensuado con su vicedirector, el académico y director honorario de la Academia Chilena de la Lengua, don Alfredo Matus Olivier, no se estimó necesario hacer modificaciones en su paso a lo virtual. Por lo tanto, se ha mantenido el cuadro de profesores habitual entre los que encontramos académicos españoles (Ignacio Bosque, Guillermo Rojo, Inés Fernández Ordóñez y Pedro Álvarez de Miranda), hispanoamericanos (Francisco Javier Pérez, Alfredo Matus Olivier o Maia Sherwood), correspondientes de la RAE (María Antonia Martín Zorraquino, Ignacio Ahumada, Juan Gutiérrez Cuadrado, José Ignacio Pérez Pascual, José Ramón Morala), catedráticos y profesores de diferentes universidades españolas (Jeannick Le Men, Victoria Escandell, María Dolores Martínez Gavilán, Mario García-Page, Marina Maquieira, Elena de Miguel, Stefan Ruhstaller, María Jesús Mancho, José Luis Herrero Ingelmo, Concepción Maldonado).

En cada edición del máster, los académicos de la ASALE que vienen a Madrid todos los años para formar parte de la Comisión Permanente de ASALE imparten conferencias magistrales sobre temas lexicográficos a los estudiantes de la ELH. En la presente edición (ELH2021), se contó con la participación de los académicos don Jorge Covarrubias, subdirector de la Academia Norteamericana de la Lengua Española (ANLE), doña Margarita Vásquez Quirós, directora sustituta de la Academia Panameña de la Lengua (APL) y don César Armando Navarrete Valbuena, de la Academia Colombiana de la Lengua (ACL). Todos ellos adaptaron sus lecciones magistrales al formato virtual para que los alumnos pudieran acceder a los contenidos a través de la plataforma digital de la ELH que facilita la interacción y el intercambio.

En el máster se combinan teoría y práctica para que el alumno reciba una completa formación en su especialización lexicográfica; por tanto, los cursos de corte más teórico —con diferente duración dependiendo de la materia que trate— se ven reforzados por seminarios y talleres de carácter práctico, impartidos por el personal técnico de la RAE que trabaja en sus diferentes equipos y departamentos, como el Instituto de Lexicografía, el Departamento de «Español al día», el Departamento del Diccionario Histórico, el Departamento del Español Jurídico, CORPES XXI, etc. Todos los profesores de estos seminarios y talleres participan activamente en los diferentes proyectos panhispánicos dentro del marco de la ASALE.

El módulo III, que cerrará la edición con la presentación de un trabajo de investigación sobre un tema lexicográfico tutelado por un profesor del curso, ha modificado también su fecha de entrega por la posposición del módulo II al último trimestre del año. El trabajo fin de máster (TFM) se entregará el 28 de febrero de 2022.

RED INTERACADÉMICA DE COLABORADORES

La Escuela de Lexicografía Hispánica constituye la primera fase del programa de formación que promueven la RAE y la ASALE. Su plan de estudios se complementa con una estancia colaborativa en las academias, que se articula a través de un programa de becas auspiciado por la Agencia Española de Cooperación Internacional para el Desarrollo (AECID) del Ministerio de Asuntos Exteriores, Unión Europea y Cooperación del Gobierno de España. En virtud de este programa, los egresados de la Escuela de Lexicografía se integran como colaboradores, durante dos años, en las academias de sus respectivos países de origen. Esta segunda etapa significa, por tanto, la incorporación de los becarios a los proyectos académicos, tanto los panhispánicos como los propios de cada una de las corporaciones, así como la aplicación práctica de los conocimientos y la metodología adquiridos en la ELH.

Una iniciativa al servicio de la unidad de la lengua española

Desde su nacimiento en 2004, al amparo del convenio suscrito por la ASALE y la AECID en 2001, el programa de becas MAEC-AECID suma dieciocho convocatorias anuales y casi seiscientas becas otorgadas a graduados o licenciados universitarios del ámbito geográfico de la ASALE, en su mayoría especializados en la Escuela de Lexicografía Hispánica.

En el proceso de selección de los becarios participan activamente la RAE y la ASALE, junto con las academias, a través de una comisión de valoración constituida por la AECID. Se encarga la ASALE de gestionar los informes de evaluación de los becarios así como el estricto cumplimiento de las condiciones establecidas en la convocatoria tanto por la Asociación como por la AECID.

Los beneficiarios de este programa han participado y participan, bajo la tutela académica, en la elaboración de obras panhispánicas, incluida esta *Crónica*, tal como reflejan las páginas de créditos de todas ellas, y mantienen después su vinculación con las academias bajo distintas modalidades.

Un nuevo convenio para la transformación digital de la ASALE

El cumplimiento del plan de trabajo aprobado en el XVI Congreso de la ASALE, celebrado en Sevilla (España) en noviembre de 2019, tiene como principal acción transversal culminar el proceso de digitalización de las academias a través de la necesaria aplicación de la tecnología a todas sus obras y recursos con el objetivo último de reforzar la presencia del español en todos los ámbitos, dentro del mundo hispanohablante y fuera de él, y su uso conforme a los criterios académicos.

Para afrontar este programa con éxito resultaba imprescindible fortalecer el programa de becas MAEC-AECID a través de un nuevo convenio de colaboración entre la AECID y la ASALE que respondiera a los retos actuales. El apoyo y la complicidad de la AECID han hecho posible materializar el acuerdo, que tiene objetivos claros en una apuesta común por el panhispanismo. Firmado el 23 de febrero de 2021 en la sede de la AECID, el nuevo convenio ha dado amplia proyección a la convocatoria de este año, que ha doblado el número de solicitantes, y ha resuelto la concesión de cuarenta y una becas, lo que significa un importante crecimiento con respecto a la convocatoria anterior.

Un programa de futuro

Pero la RAE y la ASALE han dado aún un paso más para adaptar su acción formativa a las necesidades y expectativas de los jóvenes de hoy. Con visión de futuro, se están integrando los dos programas vigentes en la actualidad— el máster de la Escuela de Lexicografía Hispánica impartido en su fase presencial en España y la estancia de colaboración en las academias— en un proyecto único, nuevo y mucho más ambicioso, que está dirigido a preparar especialistas cualificados que puedan colaborar con las academias en los proyectos panhispánicos o contribuir a ellos desde la universidad o cualquier otro ámbito de la sociedad civil.

El nuevo programa, adscrito a la Escuela de Lexicografía Hispánica y gestionado a través de la AECID, constituirá la acción de cooperación internacional más importante en torno a la lengua, pues contribuirá de manera determinante a hacer posible el trabajo y el consenso de todas las academias en las obras de referencia para la unidad de la lengua española. Complementariamente, el programa servirá de apoyo imprescindible para que las academias puedan desarrollar su función al servicio de la lengua española. Esta doble circunstancia determina que pueda considerarse un programa de Estado.

El nuevo proyecto va unido a una reorganización de la Escuela de Lexicografía Hispánica, que reforzará su marca y ofrecerá un máster actualizado, más atractivo, con renovado soporte digital, abierto en sus perspectivas y adaptado a los intereses de la sociedad, con el objetivo de fortalecer su dimensión panhispánica, la excelencia académica y la proyección internacional. La Escuela, en definitiva, estrenará imagen, mayor amplitud de contenidos y programas, así como una titulación más competitiva, en 2023 coincidiendo con el inicio de una nueva etapa tras su vigésimo aniversario.

La integración del máster y la experiencia colaborativa en una nueva unidad de formación constituye la apuesta de futuro de la RAE y de la ASALE para asegurar la continuidad de su acción lingüística panhispánica como servicio de interés general.

Constitución oficial de la Red internacional de antiguos becarios de la ASALE

En el marco de la reunión plenaria de directores y presidentes que ha tenido lugar en Madrid con motivo de la celebración del septuagésimo aniversario de la ASALE, se ha constituido oficialmente la Red internacional de antiguos becarios de las academias como un instrumento de apoyo a las iniciativas y proyectos académicos, así como de difusión de sus resultados en todo el mundo. Además, la red cooperará con las Embajadas de España y sus Centros Culturales y de Formación en todos los países del espacio ASALE. Con esta iniciativa la ASALE refuerza su estructura colaborativa con la mirada puesta en el futuro.

Fundéu-RAE

El último año ha supuesto la consolidación de la nueva estrategia ideada para Fundéu-RAE desde que se llevó a cabo la inclusión de la Academia en el patronato de la Fundación del Español Urgente, que el 17 de septiembre de 2020 pasó a tener su denominación actual. Su presidente es el director de la RAE, Santiago Muñoz Machado, y su majestad la reina ostenta la presidencia de honor. La vicepresidenta es Gabriela Cañas, presidenta de la Agencia EFE, y los vocales son los académicos y escritores José María Merino, Soledad Puértolas y Carme Riera; el escritor y periodista Álex Grijelmo, y el director del Instituto Cervantes, Luis García Montero. La directora de Asesoría Jurídica de la Agencia EFE, María José Sánchez-Andrade, ha sido nombrada secretaria, y Olivia Piquero, responsable del Departamento de Comunicación de la RAE, ocupa el cargo de directora. Previamente, durante el mes de junio de 2020, la RAE y EFE habían alcanzado un acuerdo mediante un convenio marco de colaboración para relanzar la fundación.

La Fundéu-RAE, constituida por la Academia y la Agencia EFE, tiene como objetivo fundamental impulsar el buen uso del español en los medios de comunicación. Para conseguirlo, ofrece recomendaciones lingüísticas sobre temas de actualidad, consejos de redacción sobre asuntos concretos y resuelve, anualmente, entre 54 000 y 72 000 dudas a través del formulario de su página web, el correo electrónico, Twitter y el servicio de atención telefónica. Con una media de entre 150 y 200 consultas diarias, el equipo formado por lingüistas, lexicógrafos, ortotipógrafos, correctores, traductores y periodistas responde, los siete días de la semana, a las cuestiones que preguntan los informadores a través de los distintos canales. De este modo, la fundación, creada en 2005, pretende ser una herramienta de ayuda a todos aquellos que utilizan el idioma en su actividad diaria en los medios y el entorno de la comunicación, como las redes sociales y las nuevas plataformas digitales.

Por otra parte, en enero de 2021, la reina se convirtió en la presidenta de honor del patronato de la fundación. Tanto en diciembre de 2020 como en abril de 2021, doña Letizia ha mantenido sendas reuniones de trabajo con Fundéu-RAE, en las que su majestad ha podido conocer de primera mano su situación y los planes de futuro.

Uno de los principales trabajos especiales que se ha llevado a cabo en el presente año ha sido la *Guía de redacción* de los Juegos Olímpicos de Tokio 2020. Contiene diversas claves lingüísticas para los informadores que han cubierto la cita olímpica y que trabajan en español. Se trata de una herramienta útil, gratuita, de consulta universal en formato digital y que se puede descargar en PDF. El proyecto, que ha contado con el apoyo de Bridgestone como patrocinador de los JJ. OO., consta de multitud de recomendaciones, divididas por cada deporte olímpico, incluidos los que se han incorporado en esta edición (béisbol y sóftbol, escalada deportiva, kárate, monopatinaje y surf), donde se recogen los principales términos y expresiones de cada una de estas disciplinas, así como algunas de las dudas más habituales que pueden surgir a la hora de redactar las noticias relacionadas. Además, su versión digital reúne los nombres de las distintas sedes; una recopilación de audios con las diferentes pronunciaciones en japonés y su correcta dicción en nuestra lengua; un mapa interactivo con todas las delegaciones olímpicas y su escritura en español, así como diversas curiosidades sobre el japonés. Como es habitual en el trabajo de la fundación, se ofrecen numerosas alternativas a extranjerismos y, cuando estos se mantienen en crudo, se explica cuál es la grafía correcta.

Como añadido a su estrecha relación con los medios de comunicación, la fundación cuenta con un programa semanal en Radio 5, *El español urgente con Fundéu-RAE*; un espacio quincenal en Onda Cero, dentro del programa *Por fin no es lunes*, y ha asesorado lingüísticamente al programa *Deslenguados*, emitido en La 2.

Por otro lado, en octubre se ha celebrado el Seminario Internacional de Lengua y Periodismo, que se organiza en colaboración con la Fundación San Millán de la Cogolla y se desarrolla en la localidad riojana homónima. El eje central de esta edición han sido los bulos científicos y el papel del periodismo y el idioma como arma de defensa. La pandemia provocada por la COVID-19 ha hecho que la información sobre salud, investigación, medicina y ciencia, en mayúsculas, haya saltado a las primeras planas de manera prácticamente diaria. Por ello, el rigor lingüístico y la precisión en las palabras utilizadas han sido, y continúan siendo, claves. Durante el encuentro, cuya clausura fue presidida por su majestad la reina, científicos, periodistas, divulgadores y lingüistas dieron respuestas a muchas de las preguntas que surgen en relación con esta nueva realidad.

Para terminar, es importante destacar que, desde su creación, la Fundación del Español Urgente ha recibido diversos galardones y reconocimientos, como el Premio Miguel Moya 2011 de la Asociación de la Prensa de Madrid, el Premio iRedes 2012, el Premio Cultural de la Asociación Española de Editoriales de Publicaciones Periódicas (AEEPP) en 2006 y el I Premio EFE Cultura en 2015, entre otros. El último de ellos es el Premio Antonio de Sancha 2021, que fue comunicado en junio de este mismo año y que corresponde a la gestión actual.

Proyectos lingüísticos

PAZ BATTANER (Real Academia Española), *Diccionario de la lengua española.* ■ SANTIAGO MUÑOZ MACHADO (Real Academia Española), *Diccionario histórico de la lengua española.* ■ SANTIAGO MUÑOZ MACHADO (Real Academia Española), *Diccionario panhispánico del español jurídico.* ■ ALFREDO MATUS OLIVIER (Academia Chilena de la Lengua) y FRANCISCO JAVIER PÉREZ (Asociación de Academias de la Lengua Española), *Diccionario fraseológico panhispánico.* ■ FRANCISCO JAVIER PÉREZ (Asociación de Academias de la Lengua Española), *Diccionario escolar panhispánico.* ■ SUSANA CORDERO DE ESPINOSA (Academia Ecuatoriana de la Lengua), *Hacia una segunda edición del* Diccionario de americanismos (DA). *Ponencia presentada al pleno de directores y presidentes de Academias de la ASALE el 10 de marzo de 2021.* ■ SALVADOR GUTIÉRREZ ORDÓÑEZ (Real Academia Española), *Proyecto de actualización del* Diccionario panhispánico de dudas. ■ IGNACIO BOSQUE (Real Academia Española) y JOSÉ MARÍA BRUCART (Real Academia Española [miembro correspondiente]), *Los trabajos para la nueva edición de la* Nueva gramática de la lengua española. ■ JOSÉ MANUEL BLECUA (Real Academia Española), *Reediciones. Tomo III de la NGLE y DVD Las voces del español. Tiempo y espacio.* ■ IGNACIO BOSQUE (Real Academia Española), *La edición en línea del* Glosario de términos gramaticales. ■ GUILLERMO ROJO (Real Academia Española), *El Corpus del Español del Siglo XXI (CORPES) y otros corpus textuales de la RAE y la ASALE.* ■ CONCEPCIÓN COMPANY COMPANY (Academia Mexicana de la Lengua) y VIRGINIA BERTOLOTTI (Academia Nacional de Letras de Uruguay), *Para una historia del español en América. El Corpus Diacrónico y Diatópico del Español de América (CORDIAM).* ■ SANTIAGO MUÑOZ MACHADO (Real Academia Española), *Lengua Española e Inteligencia Artificial (LEIA)*

Diccionario de la lengua española

Paz Battaner (Real Academia Española)

NOVEDADES DE 2021

La vigente edición del *Diccionario de la Lengua Española* (*DLE*), obra elaborada por todas las academias en colaboración, ocupa el número 23 de la serie que inauguró en 1780 la primera versión sin citas de autores y en un solo tomo del *Diccionario de autoridades* (1726-1739). Conocido como *DLE* 23, el presente repertorio se publicó en 2014 y se actualiza anualmente en su versión electrónica, accesible a través de las páginas web de la RAE y de la ASALE, de la plataforma Enclave RAE y de las aplicaciones correspondientes para dispositivos móviles. La actualización de 2021, que constituye la versión 23.5, es la más voluminosa hasta la fecha, pues supone la incorporación de cerca de 3000 novedades provenientes en su mayor parte de enmiendas o adiciones no solo de acepciones y artículos, sino también de etimologías.

Entre este caudal de novedades, cabe destacar en primer lugar un grupo de palabras vinculadas con la situación causada por la COVID-19, cuyo léxico tuvo mucha presencia en la actualización del año 2020. Se relacionan con la vertiente médica de la pandemia y con la asistencia sanitaria en general *vacunología*, *vacunólogo* y *urgenciólogo*, nombres de especialidades y especialistas cuyo significado es fácilmente deducible, así como el galicismo *triaje*, que designa no solo la clasificación que se hace de los pacientes para establecer el orden y sitio en que deben ser atendidos, sino también el lugar donde se lleva a cabo esta clasificación, dos valores diferenciados que se observan con nitidez en los siguientes ejemplos:

> 2007 *Ciber Revista*, 3-2007 (ESPAÑA): El sistema de **triaje** garantiza la categorización de los pacientes según el grado de urgencia de los síntomas y signos que presentan, prioriza la asistencia de los mismos, garantizando que los valorados como más urgentes son visitados prioritariamente.
>
> 2021 *eltelégrafo.com*, 10-2-2021 (ECUADOR): El área está conformada por: **triaje**, sala de espera, dos consultorios médicos y un espacio para la toma de muestras.

Este grupo se completa con una serie de voces que se incorporan al *DLE* tras haber sido seleccionadas por las distintas academias como palabras del año 2020, tal y como se recogía en el último capítulo de la *Crónica de la lengua española 2020*. Hablamos de *nueva normalidad* ('situación en que la forma de vida normal se modifica por una crisis o por razones excepcionales') y *burbuja social* ('grupo reducido de personas que pueden mantener contacto regular con escaso riesgo de contagio durante una pandemia o epidemia'), así como de *pantalla facial*, *pantalla protectora*, *máscara protectora* o *careta*, términos con que se designa en distintas áreas del español la pantalla transparente de plástico que cubre la totalidad del rostro y que se usa para protegerse de agentes nocivos. Se enmarcan también en este grupo los americanismos *nasobuco* y *cubreboca* (o *cubrebocas*), vocablos con que se denomina el objeto semejante que solo cubre la nariz y la boca, y que en muchas zonas se llama *mascarilla* o *tapaboca* (o *tapabocas*).

Según puede constatarse, la actualidad, con su capacidad de generar o difundir diversos términos, es una de las fuentes de las que se nutre el *DLE* para enriquecer su caudal léxico. Muchas de las novedades de este año proceden de las propuestas realizadas por los hablantes a través de la Unidad Interactiva del Diccionario, el servicio creado para atender y canalizar las propuestas y sugerencias externas, y a cuyo formulario se accede desde la página: https://www.rae.es/formulario-de-la-unidad-interactiva-del-diccionario.

Precisamente alude a la época en la que vivimos una de las adiciones de esta actualización, la voz *antropoceno*, palabra con que se designa el período que abarca desde mediados del siglo XX hasta nuestros días y que se caracteriza por una modificación de los sistemas naturales motivada por la acción del ser humano:

> 2006 Duarte, C. M., coord., *Cambio Global. Impacto de la actividad humana sobre el sistema Tierra* (ESPAÑA): El **Antropoceno** es un término propuesto en el año 2000 por el químico atmosférico y premio Nobel Paul Crutzen, junto a su colega E. Stoermer, para designar una nueva era geológica en la historia del planeta en la que la humanidad ha emergido como una nueva fuerza capaz de controlar los procesos fundamentales de la biosfera.

Según era de esperar, una parte de los neologismos ahora añadidos proviene de la esfera de las nuevas tecnologías, como sucede con *geolocalizar* ('determinar la ubicación geográfica de alguien o de algo valiéndose de medios técnicos avanzados') y sus derivados *geolocalización* y *geolocalizador*, al igual que *audio* ('mensaje sonoro que se envía digitalmente'), *compartir* ('poner a disposición de un usuario contenidos digitales en una red social, una aplicación o un sistema'), *videocharla* ('videochat') o *webinario*, voz esta última tomada del inglés americano *webinar*, que a su vez es fusión de *web* y la secuencia final de *seminar* 'seminario'.

> 2020 *La Jornada*, 10-6-2020 (MÉXICO): La trasmisión del **webinario** será del 16 al 19 de junio [...]. Todos los interesados se pueden registrar para recibir una constancia y también para enviar preguntas que los participantes consideren.

Al mismo ámbito de las nuevas tecnologías puede adscribirse la serie compuesta por *ciberdelito, ciberdelincuencia, ciberacoso, ciberdelincuente* y *cibercacosador*, vocablos que se refieren a actividades ilicitas cometidas a través de internet o a quienes las realizan.

En consonancia también con los tiempos actuales, ha surgido una concepción más amplia de la sexualidad —tanto en su plano social como individual—, lo que ha favorecido la creación de algunos términos que se incorporan al *DLE* 23.5, como *poliamor, cisgénero, cisexual* o *transgénero.* Además, se añade ahora *gestación subrogada,* junto a *gestación por sustitución* o *vientre de alquiler,* expresiones con las que se designa el embarazo en que la mujer gesta un embrión ajeno.

La revisión de diversos sectores del léxico del *Diccionario* ha proporcionado una parte considerable de las novedades de la presente actualización. Así, en el ámbito de las ciencias sociales, se han tratado, por ejemplo, diversas voces vinculadas con ideologías, doctrinas, regímenes políticos y formas de gobierno, entre las que cabe señalar *corporativismo, igualitarismo, supremacismo, sufismo, imperialismo, colonialismo, despotismo, cesarismo* o *franquismo,* así como términos relacionados conceptualmente con la práctica política, como *derechismo, electoralismo* o *transfuguismo.* En el léxico jurídico, numerosas han sido también las acepciones y los artículos modificados o ampliados; destacan las enmiendas llevadas a cabo en *constitucional, constitucionalismo, justicia* o *civil.* Por otro lado, es interesante notar la adición de diversos términos del ámbito de la economía, como *criptomoneda, bitcóin, eurozona, prepago* o *copago,* este último muy común para referirse a pagos parciales de bienes o servicios médicos ya cubiertos por un seguro:

> 2007 *Página 12,* 15-1-2007 (ARGENTINA): Con el agregado de los **copagos** desaparece el concepto de seguro de salud, adonde estaba todo cubierto.
>
> 1997 *ABC,* 09-11-1997 (ESPAÑA): El Gobierno aún no tiene la fórmula final para conseguir recursos adicionales para financiar la Sanidad [...]. Pasar de un 40 a un 50 por ciento en el **copago** de determinados fármacos, excluir el tratamiento de algunas enfermedades leves o cobrar a los pensionistas con rentas altas, son opciones que se plantea la Administración.

Incorpora también el *DLE* 23.5 entre sus novedades un numeroso grupo de términos pertenecientes al vocabulario científico. Como en otros sectores del *Diccionario,* las enmiendas o adiciones acometidas pueden obedecer a revisiones de series temáticas. Entre ellas sobresale la revisión de la grafía de los lemas de numerosos elementos químicos, para la que se decidió consensuar criterios con otras entidades como la Real Academia de Ciencias Exactas, Físicas y Naturales y la Real Sociedad Española de Química. A raíz de esta minuciosa revisión han pasado a formar parte del *Diccionario* los términos *copernicio, darmstatio, flerovio, livermorio, moscovio, nihonio, oganesón, roentgenio, seaborgio* y *teneso,* nombres de diversos elementos químicos, algunos de ellos descubiertos recientemente. Asimismo, los criterios establecidos han servido para modificar otros: se ha suprimido la variante *ástato* en *astato,* se ha enmendado el lema *hassio* (en cursiva y con doble ese) como *hasio* (en redonda y con una sola ese) y, además, se ha dado preferencia a las formas *kriptón, laurencio* y *zinc* sobre sus variantes *criptón, lawrencio* y *cinc.*

Entre los términos de arte y arquitectura incluidos en el *DLE* 23.5, llama la atención la revisión de los vocablos que designan las diferentes partes de un retablo. Figuraban ya en el *Diccionario guardapolvo* ('pieza que enmarca el retablo por arriba y por los lados'), *predela* ('base de un retablo'), *tablero* ('parte cuadrada, resaltada y pintada de un retablo') y *sotabanco* ('parte inferior de la base doble de un retablo'), que se ven completados ahora por los sentidos arquitectónicos de las voces *ático, banco, calle, casa, cuerpo* y *entrecalle.*

Dentro del ámbito deportivo, se han agregado una serie de entradas y acepciones pertenecientes por lo general al léxico de deportes no mayoritarios. Es el caso de *escafandrismo* ('buceo con escafandra'), *apnea* ('modalidad deportiva en la que se mide el tiempo que permanece bajo el agua o la profundidad a que desciende una persona sin ayuda de ningún aparato respirador'), *apneísta, pala* ('especie de vara larga con la que los piragüistas impulsan su embarcación'), *tirador* ('practicante de esgrima'), *duatlón* ('prueba que combina una carrera a pie con otra en bicicleta'), *duatleta, biatlón* ('deporte que combina esquí de fondo con tiro al blanco'), *biatleta, heptatlón* ('competición que comprende siete modalidades de atletismo') o *luge* ('deporte de invierno que consiste en descender por una sinuosa pista de hielo tumbado boca arriba en un trineo'). Además, se ha dado cabida a sentidos más comunes y generalizados —como los de *técnico* 'entrenador de un equipo deportivo' o *triplete* 'hecho de ganar en una misma temporada tres competiciones' y también 'hecho de meter un mismo jugador tres goles en un partido'— e incluso a voces deportivas propias solo de algunas zonas del español, como *chuteador* (en algunos países de América, 'chutador' y también, especialmente en el Cono Sur, 'bota de futbolista') o el sustantivo de género común *trencilla* (en España, 'árbitro de fútbol').

2015 *La Tercera*, 5-2-2018 (CHILE): En la fecha 20 se paró [Erick Pulgar] delante del balón para patear un penal ante el Torino, por sobre otros **chuteadores** como Rodrigo Palacio, Mattia Destro o Andrea Poli.

2015 *magallanesdeportes.cl*, 16-2-2015 (CHILE): El Club lograba gracias a los aportes económicos de su padrino implementarse con camisetas, pantalones, **chuteadores**, pelotas y toda la utilería.

2007 *El País.com*, 3-9-2007 (ESPAÑA): Sentenció el choque un 'gol fantasma' de Yayá concedido por el **trencilla** a instancias de su asistente.

2001 Orúe, E. y S. Gutiérrez: *Locas por el fútbol. De las gradas al vestuario* (ESPAÑA): Yo —nos dijo Carolina Domènech, **trencilla** del Colegio Balear— el fútbol lo he estado viviendo desde pequeña, siempre me ha gustado, siempre veía los partidos. Y más porque mi padre fue árbitro de primera, cogí el gusanillo de él.

En otras áreas de especialidad, como la cinematografía o la literatura, destaca la inclusión del anglicismo *biopic* ('película biográfica') y de una nueva acepción para *saga* con el valor de 'serie de obras que tienen entre sí unidad argumental, de intención o de personajes'. Como se observa en los ejemplos, las sagas están constituidas por obras literarias y cinematográficas, pero también lúdicas (especialmente videojuegos):

2001 *Caretas*, 29-11-2001 (PERÚ): Es allí donde escribe a mano el primer libro de la serie y planea el argumento de los otros 6 libros que completarían la **saga** de Harry Potter.

2001 *El Universal*, 31-12-2001 (MÉXICO): *Parque Jurásico 3* y *La momia regresa* continuaron con las **sagas** de los dinosaurios y los faraones egipcios con sed de venganza.

2013 *ABC*, 2-1-2013 (ESPAÑA): Un total de 11.000 videojuegos se han creado para la PlayStation 2 y se espera para ella, en este 2013, el lanzamiento de la nueva **saga** de *Final Fantasy*.

Además, se han añadido voces de un uso más técnico como *aurisecular* ('perteneciente o relativo al Siglo de Oro') o *intertextualidad* ('utilización de textos ajenos en uno propio'). Según se colige de la documentación, la intertextualidad es una práctica que ha generado controversias por la delgada línea que en ocasiones separa la inclusión no lesiva de textos ajenos y el plagio:

2018 *burgosconecta.es*, 31-7-2018 (ESPAÑA): Condenado a 15 meses de prisión por plagiar poesía y lucrarse con ello. Por primera vez se dirime la **intertextualidad** en un juicio penal que sentencia a un ganador del Alfons el Magnànim.

Asimismo, se incluyen términos propios de la vida cotidiana, como lo son aquellos vinculados con el vestido y la alimentación. Aparte de la revisión de la primera acepción de *corpiño*, que se definía hasta ahora como 'almilla o jubón sin mangas', se añaden los galicismos *canalé* ('tejido acanalado y elástico') y *bustier* ('prenda femenina ajustada y sin mangas que cubre desde el pecho hasta la cintura'). En cuanto al ámbito alimentario, se ha aprobado la inclusión de *mangú* ('puré elaborado con plátano verde hervido'), un plato muy común en la República Dominicana y en otros países americanos.

2006 Miller, J. *La vida es otra cosa* (REPÚBLICA DOMINICANA): María no dejaba de ofrecerle el consabido **mangú**, que espejeaba con los huevos revueltos y el escabeche de cebollas avinagradas.

Figuran ahora también en el repertorio académico *vinagre balsámico* y *romanesco*, así como *sanjacobo* y *cachopo*, dos palabras estas con las que se designan en España dos platos a base de carne o fiambre rebozado y frito rellenos de queso. *Romanesco* es el nombre de una variedad de coliflor de color verde pálido, que presenta la peculiaridad de gozar quizá de más fama lejos de los fogones por el hecho de que las estructuras cónicas que, dispuestas en espiral, forman sus pellas se aducen en el campo de las matemáticas como el ejemplo prototípico de la geometría fractal en la naturaleza.

> 2019 *El Correo*, 22-3-2019 (ESPAÑA): Para una mejor digestión, **romanesco**. Su espectacular aspecto esconde una verdura muy versátil en la cocina y más digestiva que la coliflor y el brócoli, sus primas hermanas.

Otro aspecto interesante de esta actualización se halla en la adición de significados que, aunque muy extendidos, no se reflejaban en el *Diccionario*. En este sentido, pueden servir de ejemplo los casos de *bucle* y *tormenta*. Hasta ahora, *bucle* figuraba en el *DLE* con un solo valor, el de 'rizo de cabello en forma helicoidal', al que se suma ahora, entre otros, el de 'proceso que se repite indefinidamente':

> 2001 Hernández, A. J. y N. Garabito *Ciencias de la naturaleza* (REPÚBLICA DOMINICANA): Co-pilotar la Biosfera, salvar la humanidad, civilizar la tierra, salir de la edad de hierro planetaria, son para este último autor cuatro expresiones unidas por un **bucle** recursivo: cada una se hace necesaria a las otras tres.
>
> 2012 Calvo, J. *El jardín colgante* (ESPAÑA): Hipnotizados por las imágenes que retransmitía en directo la televisión, en un **bucle** que se repetía sin cesar.

En el artículo dedicado a la voz *tormenta* se añaden dos formas complejas muy comunes: *tormenta de ideas* y *tormenta de arena*. La primera de ellas designa una técnica de generación de ideas o de resolución de problemas en la que cada componente de un grupo de personas aporta espontáneamente lo que se le va ocurriendo, en tanto que la segunda alude a un fenómeno meteorológico en el que, por efecto de fuertes ráfagas de viento, se levantan a gran altura cantidades ingentes de polvo o arena:

> 2004 *El Tiempo*, 19-10-2004 (COLOMBIA): Si el grupo aún no tiene ideas, organice una **tormenta de ideas** de 10 minutos con las siguientes reglas: a— No se permite evaluar b— Es más importante cantidad que calidad c— Se buscan ideas breves, concisas y específicas d— Se buscan ideas totalmente descabelladas e— Se puede construir sobre las ideas de los demás f— Todas las ideas se anotan textualmente.
>
> 2006 *Elmundo.es*, 10-6-2006 (ESPAÑA): Pekín sufre cada año entre cinco y 15 **tormentas de arena**. La tala de bosques ha hecho avanzar al desierto de Gobi. Los vientos transportan toneladas de polvo.

En esta amplia renovación del *Diccionario*, también se han agregado algunas voces coloquiales, como los americanismos de Honduras, Nicaragua y México *valemadrismo* ('actitud de indiferencia o pasividad') y su derivado *valemadrista*; o como los españolismos *sindiós* ('caos o desorden'), *ojiplático* ('muy asombrado o sorprendido') y la expresión de la que procede este adjetivo (*ojos como platos* 'ojos muy abiertos a causa del asombro o la sorpresa'), muy extendida en el ámbito hispánico. Se suman también a esta actualización algunos términos provenientes de marcas registradas (por ejemplo, *goretex*) e, incluso, algún elemento compositivo, como *eno-* ('vino'), que figura en una serie de palabras que ya recogía el repertorio académico —como *enología*, *enólogo*, *enoteca* o *enotecnia*— y que aparece también en la voz *enoturismo* ('turismo por las zonas de cultivo y producción de vino'), otra de las novedades del *DLE* 23.5.

> 2007 Alcalá, C. *El mundo del vino contado con sencillez* (ESPAÑA): El reciente auge del **enoturismo** nos proporciona la posibilidad de conocer de primera mano cómo se trabaja en una bodega, catar añadas, charlar con el enólogo o bodeguero, es decir, compartir la experiencia del vino.

AVANCES EN LA PREPARACIÓN DE LA 24.ª EDICIÓN

Este año se celebró la segunda reunión de la Comisión Interacadémica del *DLE* con el propósito de aunar y ajustar criterios y de decidir las vías de actuación a partir de la nueva planta que para el *Diccionario* había aprobado en 2017 en Burgos.

En lo referente a las cuestiones técnicas, después de una fase inicial en que se pusieron en marcha las primeras tareas y procesos, se puede decir que en este año 2021 los trabajos en la 24.ª edición del *DLE* han alcanzado velocidad de crucero. Se han centrado en torno a tres líneas fundamentales: el trasvase del texto actual a la nueva base de datos, la aplicación de algunos cambios estructurales de calado y el desarrollo e implementación de funciones avanzadas en la nueva base de datos léxica y en el editor que sirve como herramienta de redacción.

Trasvase del texto a la nueva base de datos

Es esta una tarea que dista mucho de ser automática: no se trata solo de «mover» el texto de un soporte a otro, sino de reestructurarlo y reajustarlo de acuerdo con la nueva planta, y de añadir además la codificación informática necesaria para establecer nuevas relaciones entre elementos y generar o hacer accesible información adicional. Sirvan como botón de muestra las siguientes novedades:

La **información ortográfica, gramatical y en general normativa** se ha recolocado de modo que aparezca ahora visible en el lugar de cada artículo más pertinente y claro para quien consulta. Si, por ejemplo, en una entrada como *oficial, oficiala* ocurre que determinadas acepciones toman como femenino una de esas formas (*lengua oficial*) y otras acepciones toman la otra (*oficiala de peluquería*), ahora se indica junto a cada acepción la que le corresponde.

Las **expresiones pluriverbales (formas complejas) que presentan alternativas**, como «*agradecer con,* o *en, el alma* algo», se muestran ahora con esas alternativas desarrolladas y sin recurrir a signos o convenciones que requieren interpretación y que se habían utilizado hasta ahora para ganar espacio en el medio impreso. Así, el lector que encuentra en el *DLE* 23 la locución citada tiene que saber interpretar esa formulación como dos posibilidades: *agradecer con el alma algo* y *agradecer en el alma algo*. Pero en el *DLE* 24 esa traducción se le da hecha.

De manera semejante, cuando dentro de un mismo artículo hay **expresiones pluriverbales sinónimas entre sí**, estas se muestran ahora agrupadas y compartiendo la misma definición, y no ya distanciadas según determine el orden alfabético y definidas unas mediante escueta remisión a otra. Un artículo como *lengua*, por ejemplo, presenta en el *DLE* 23 la siguiente secuencia de expresiones pluriverbales, donde todas las subrayadas se definen mediante una remisión a *lengua serpentina*, que aparece muy al final de la serie:

> ... / *lengua bífida* / *lengua canina* / *lengua cerval,* o *cervina* / *lengua de buey* / *lengua de ciervo* / *lengua de escorpión* / *lengua de estropajo* / *lengua de fuego* / *lengua de gato* / *lengua de hacha* / *lengua de oc* / *lengua de oíl* / *lengua de perro* / *lengua de sierpe* / *lengua de tierra* / *lengua de trapo* / *lengua de vaca* / *lengua de víbora* / ... / ***lengua serpentina*** / ... / *lengua viperina* / ...

En el *DLE* 24, la nueva agrupación permitirá al consultante encontrar lo que busca de manera inmediata, sin necesidad de ir de una forma a otra ni de rastrear toda la serie, y le proporcionará además, a golpe de vista, la información añadida de que existen otras alternativas sinónimas de la que buscaba.

Novedades estructurales

Al tiempo que se realiza ese complejo trasvase del texto a la nueva base de datos, se llevan a cabo dos tipos de transformaciones establecidas en la planta y que realmente cambian el modo de presentar la información y la enriquecen.

Reorganización de las acepciones de cada artículo por bloques temáticos

Los distintos sentidos de una voz ya no se ordenan en función de su categoría gramatical ni de su antigüedad en el *Diccionario*, sino atendiendo a criterios de frecuencia y a relaciones de significado. Así, las 10 acepciones que presenta en el *DLE* 23 un artículo como *misión* se reorganizan en el *DLE* 24 en 4 grupos: uno para las acepciones relacionadas con la idea de 'encargo o cometido' (*Le encomendaron la misión de dirigir el proyecto. Siente que tiene una misión en la vida*); otro para las acepciones de sentido religioso (*La monja dedicó su vida a las misiones. Levantaron una escuela dentro de la misión*); un tercero para el sentido de 'envío', que ya ha perdido vigencia; y otro último para las acepciones desusadas que significan 'gasto o remuneración'. Cada uno de estos grupos está encabezado por la acepción más representativa en cada caso.

La reorganización que se está llevando a cabo permite dar una primera visión muy clara de las grandes líneas de significado de la voz, representadas por las acepciones que encabezan cada grupo. Estas además se reproducen en un «árbol» esquemático que figura en un lateral de la entrada, y serán estas también las que se muestren en una modalidad de consulta básica. Al desplegar cada una de ellas, se visualizan los demás sentidos asociados.

Para realizar esta tarea, se está procediendo por series de voces con características semejantes y que son susceptibles, por tanto, de ser tratadas de manera más o menos homogénea; para cada una de ellas se establecen una o varias plantillas de ordenación interna. Así, por ejemplo, en la serie temática de los nombres de árboles y plantas (*roble, castaño, violeta, café, té*) se establece que habrá un primer bloque de acepciones encabezadas por la que corresponde a la planta (*una plantación de café*), y agrupados con ella estarán, si los hay, los sentidos de fruto (*castañas asadas*), semilla (*un paquete de café molido*), flor (*la fragancia de las violetas*), hoja (*un paquete de té*), madera (*un mueble de roble*) y producto extraído o elaborado (*una taza de café*). En bloque aparte se consignarán las posibles acepciones relacionadas con el color (*tonos café*).

Sustitución de definiciones sinonímicas por definiciones extensas.

En la edición vigente del *Diccionario*, muchas acepciones presentan no una definición explicativa y autosuficiente, sino una remisión a otra voz sinónima. Esto no solo obliga al consultante a redirigirse a esa segunda entrada si desconoce su significado, sino que además puede hacerle pensar que, entre las dos voces, el *Diccionario* da prioridad a aquella que se define por extenso. Y no siempre esta deducción se corresponde con la realidad: muchas voces americanas, por ejemplo, que entraron en el *Diccionario* con posterioridad a las de uso generalizado o a las usadas preferentemente en España, se definieron en su día mediante remisión a otra voz sinónima ya consignada en la obra. Pues bien, gran parte de estas definiciones sinonímicas están siendo reemplazadas por las correspondientes definiciones explicativas, de modo que el consultante encuentre la misma información en los sinónimos de cualquier variedad del español. Así, si el sustantivo *altoparlante*, de uso muy extendido en América, se define en el *DLE* 23 mediante remisión a *altavoz*, en el *DLE* 24 ambas entradas llevan la misma definición extensa ('aparato electroacústico que transforma la corriente eléctrica en sonido'); en un apartado de nueva creación queda recogido el sinónimo con el que figura en la edición vigente.

La base de datos y el editor que sirve de herramienta de redacción (BDL)

La base de datos léxica, en la que se alojarán también en un futuro los demás diccionarios de la RAE, ha recibido durante este año un gran impulso con objeto de apoyar y facilitar los cambios en la estructura del *Diccionario* y el trasvase del texto: los nuevos desarrollos relacionados con el *DLE*, incluida la herramienta de redacción, han sido fundamentales para el avance de los trabajos de la 24.ª edición. Las sucesivas versiones de la BDL han ido mejorando aspectos tales como la importación y la adaptación de los artículos de la edición anterior a la actual, la visualización de los datos, las búsquedas por criterios, la gestión de los usuarios y de los flujos de trabajo, etc. Merece mención especial la implementación de un módulo donde las academias de la ASALE pueden incorporar sus aportaciones, y la prueba que se ha hecho con todas ellas para ajustar su funcionamiento.

Diccionario histórico de la lengua española

SANTIAGO MUÑOZ MACHADO (Real Academia Española)

El 13 de abril de 2021 se presentó la Red Panhispánica de Academias, Universidades y Centros de Investigación para la elaboración del *Diccionario histórico de la lengua española*, constituida en sus comienzos por dieciocho grupos, pero nacida con el propósito de integrar en su seno a todos los especialistas en la historia del léxico de la lengua española, para poder dar así un impulso notable a la elaboración de esta obra. Se asegura de este modo el indudable carácter panhispánico del *DHLE*, así como su voluntad de servir como cauce aglutinador de las investigaciones acerca de la historia del léxico de nuestra lengua. En los meses transcurridos tras la constitución de la red, los esfuerzos se han dirigido a afianzar la homogeneidad de los trabajos (presentes y futuros) mediante la realización de reuniones técnicas con los equipos o de estancias formativas y de investigación de varios miembros de la red en la sede de la RAE con el fin de adquirir el dominio de la herramienta de redacción del *DHLE*, asegurar la adopción de una metodología común e intercambiar experiencias y conocimientos.

La naturaleza digital del *DHLE*, que se sustenta en unas aplicaciones de redacción y de corrección que utilizan un entorno web, permite afrontar con garantías esta nueva etapa de trabajo, en que los diferentes equipos asumen la redacción de determinados campos o grupos de voces, siempre de acuerdo con el método establecido y probado en los más de 7000 artículos publicados, que atiende a las relaciones semánticas o morfogenéticas entre las palabras. Este procedimiento de trabajo solidario entre los diferentes grupos que conforman la red es la manifestación más evidente de que, como se acordó en el XVI Congreso de la Asociación de Academias de la Lengua Española (celebrado en Sevilla en noviembre de 2019), el *DHLE* es un proyecto académico panhispánico.

Por otra parte, en el último año se han efectuado diversas tareas en el marco de este proyecto, labores que se articulan en torno a tres ejes: el lexicográfico, el informático y el divulgativo.

TAREAS LEXICOGRÁFICAS: PUBLICACIÓN DE NUEVOS ARTÍCULOS

El *DHLE* (consultable en el enlace rae.es/dhle) ha publicado en los últimos doce meses 1451 nuevos artículos, con 2355 acepciones, 291 subacepciones, 99 envíos y más de 33 000 ejemplos tomados de diversas fuentes documentales, como corpus, diccionarios, ficheros, tesoros lexicográficos y hemerotecas, y bibliotecas digitales. Se han dado a conocer, además, 90 nuevas versiones de artículos publicados en anteriores ocasiones, actualizaciones debidas, en varios casos, a las aportaciones documentales remitidas desde la Asociación de Academias de la Lengua Española.

El método conceptual y morfoetimológico seguido en la confección de esta obra determina la organización de los trabajos, dado que los artículos se redactan en virtud de la adscripción de cada palabra a una determinada familia léxica o a un campo semántico. Este hecho explica la mayor relevancia de algunos ámbitos, que congregan la mayor parte de los artículos publicados en este período. A modo de resumen, se enumeran a continuación los grupos más representativos y se singularizan algunas de las voces más relevantes de cada uno de ellos.

Palabras (y sus familias) que designan armas o máquinas bélicas

En este ámbito destacan, además de las monografías dedicadas a máquinas como la *algarrada*, el *almajaneque*, el *mandrón*, el *manganel* o el *toleno*, el artículo de *carnero*, vocablo de larga trayectoria en español que, además de diversos animales, designa una máquina bélica conocida también como *arie-*

te o *bozón* (vocablos cuya historia también puede consultarse en el *DHLE*). Voces como *taladro*, *terebra* y *trépano* se emplearon también con el sentido de 'máquina bélica de asedio usada para derribar murallas, consistente en una estructura de madera cubierta con pieles sin curtir, generalmente con ruedas, que lleva en el centro, a media altura, un canal por el que se desplaza una viga que finaliza en una punta de hierro'[1]. El *DHLE* permite comprobar que el sustantivo *taladro* se registra ya en la Edad Media como denominación de un instrumento que sirve para hacer agujeros, aunque también se refiere en la actualidad a una máquina o dispositivo empleado para perforar el suelo con el fin de construir galerías, pozos o túneles; estos significados están también presentes en sus derivados, como *taladrar*, *taladradora*, *taladrear*, *taladradura*, *taladraje* o *taladrizar*[2]. Además, *taladro* designa distintos tipos de insectos que perforan distintas plantas y árboles, al igual que sus derivados *taladrilla* o *taladrillo*. Por su parte, *trépano*, aunque también se ha usado ocasionalmente para denominar una máquina de guerra, se emplea desde la Edad Media en el ámbito de la medicina para referirse a un instrumento quirúrgico; en su familia se incluyen palabras como *trepanar*, *trepanación* o *trepanotomía*. Por su parte, *terebra*, como sinónimo de *trépano*, también designa ese instrumento quirúrgico; entre sus derivados destacan *terebrar* y *terebrante*, adjetivo empleado frecuentemente como modificador del sustantivo *dolor* (y en referencia a aquel que es muy intenso y se parece a la sensación de perforación o trepanación de la parte dolorida) o como modificador de *sonido* (con el valor 'que es molesto y desagradable'[3]).

---

1. Su documentación es tardía, dado que *taladro* se registra con esta acepción en 1787 (en *Los diez libros de Architectura* de M. Vitrubio Polión, traducidos por J. Ortiz y Sanz); precisamente en una traducción previa de la obra de Vitrubio, efectuada por M. de Urrea en 1582, se atestigua este significado de *terebra*. Hasta el siglo XIX no se registra *trépano* (en concreto, la variante *trápano*) con este valor, en otra traducción: la del octavo tomo de la *Historia universal de Cantú*, realizada por N. Fernández Cuesta.

2. El verbo *taladrar*, a su vez, desarrolla, tras la actuación de la metáfora, nuevos significados, como 'comprender o descubrir [algo difícil, oculto o profundo]' (valor atestiguado ya en 1615, en la *Segunda parte del ingenioso caballero don Quijote de la Mancha*: «Pero, señora, no por esto será bien que vuestra bondad me tenga por malévolo, pues no está obligado un porro como yo a taladrar los pensamientos y malicias de los pésimos encantadores: yo fingí aquello por escaparme de las riñas de mi señor don Quijote, y no con intención de ofenderle; y si ha salido al revés, Dios está en el cielo, que juzga los corazones») o 'causar [algo] un sufrimiento o una sensación molesta, intensa y desagradable' («En la hora correspondiente un agudíssimo dolor me taladrava las sienes i penetrava los huessos»; G. Mayans y Siscar, *Vida de San Gil Abad*, 1724) o, en el ámbito del deporte, 'introducir [el balón] [en la meta contraria]' (*El Mundo Deportivo*, 10/01/1954: «En la primera parte presenciamos un dominio casi acentuado de los locales, que bregaron más y mejor conjuntados que los vencedores sin que por ello tuviesen una profundidad práctica en sus líneas de vanguardia, pues unas veces por falta de la mencionada mordiente y otras porque también influyó algo el factor suerte, no consiguieron taladrar el marco defendido por Catalá»).

3. Con este valor se registra en un artículo de M. Pascual Berzosa publicado en *El Criterio Médico* el 15 de noviembre de 1883: «El pulso era pequeño y tardo con tendencia al sudor; pero,

En la clase de las armas se inscribe el estudio de la historia de *revólver*, así como la de algunas adaptaciones de voces de armas de fuego de origen inglés, como *güincheste*, *mitigüeso* (o *mitigüeson*) o *rémito*, que pueden leerse en paralelo con la historia de *wínchester* y *rémington*, publicadas previamente.

Palabras (y sus familias) que designan instrumentos musicales

Al lado de los artículos consagrados a instrumentos como la *alboca*, la *antara*, el *birimbao*, el *clavecín*, la *chirisuya*, el *gargavero*, el *lituo*, el *monaulo*, el *piopollo*, el *solovox* o el *theremin*, merecen una mención especial aquellos en que se presenta la trayectoria vital de *trompa* y de *tuba*, así como la de la familia de *silbato*, palabra que explica la elaboración de las monografías de la amplia familia de *silbar*, con voces como *silba*, *silbido*, *silbo*, *silbador* o *silbón*[4]. La voz *tuba*, atestiguada desde el siglo XIII como nombre de un instrumento musical de viento, se emplea también en el ámbito de la anatomía para denominar algunos conductos del cuerpo humano conocidos en la actualidad con mayor frecuencia como *trompas* (de Eustaquio y de Falopio), significado que heredan algunos de sus derivados (como *tubario*, *tubárico*, etc.). A su vez *trompa*, documentada desde el siglo XIII en español, además de para nombrar el instrumento musical y diversas partes u órganos del cuerpo, se usa para referirse a diferentes peces, hongos, o partes o piezas de locomotoras o teléfonos, por citar solo algunas de sus acepciones; a su familia pertenecen, entre otras palabras, *trompada* y *trompazo*.

Palabras que designan instrumentos de medida

En este grupo deben destacarse los artículos de *acidímetro* o *acidómetro*, *alcalímetro*, *amonímetro*, *amperímetro*, *butirómetro*, *cremómetro*, *diafanómetro*, *fluorímetro*, *fulgurómetro*, *galactotímetro* o *galactímetro*, *lactodensímetro*, *oleómetro* y *pirheliómetro*; muchas de estas voces tienen en común su procedencia francesa. Despierta un interés especial la historia de *azotímetro*, un instrumento que mide el *ázoe* (nitrógeno), término (y familia) cuya historia también se estudia en el diccionario, al igual que la de otros vocablos que se propusieron para adaptar este galicismo al español (como, por ejemplo, *azote*[5]).

---

lo que más le afligía, era un vértigo de rotación y de vacilación del cerebro con zumbido ruidoso terebrante en los oidos que hacia trece años le acometía, al salir de casa comumente, y muy particular y frecuentemente al hacer la deposición»).

4. El *DHLE* permite seguir la historia del verbo *silbar* y compararla con la de *chiflar*, vocablo con el que comparte varios significados; en ambos casos se atestigua primero para referirse a animales (y, en particular, a serpientes que emiten un sonido agudo).

5. El galicismo *azote* se atestigua por primera vez, como sinónimo de *nitrógeno*, en 1788, en la traducción de P. Gutiérrez Bueno de la *Nueva nomenclatura química de Morveau, Lavoisier, Bertholet y Fourcroy*. En este primer testimonio el autor explica que opta por *azoote*, en lugar

Palabras que designan enfermedades y partes del cuerpo

Tras haber publicado *pulmón* y *bofe*, se ha afrontado la redacción de los sinónimos *chofe*, *buétago* (en cuya familia se inscribe el verbo *abotagar* y sus derivados, así como *botagueño* y *botagueña*, palabras que designan embutidos hechos con *búetagos*) y *liviano* (y buena parte de su familia, presidida por el adjetivo *liviano, a*, y en la que participan palabras como *livianez*, *livianura* o *ultraliviano*)[6]. A este campo se vinculan otros vocablos, como *pleura* (y *pleuritis* o *pleuresía*, enfermedades que afectan a la membrana que cubre la superficie de los pulmones; a esta familia pertenecen vocablos como *pleural*, *pleurodesis* o *pleurectomía*) o *tráquea*. Por otra parte, las últimas actualizaciones permiten conocer la historia de otras palabras que designan enfermedades respiratorias, como *tisis* y *tuberculosis*, *silicosis* y *covid*.

Otros campos: indumentaria y nombres de animales

Junto a palabras que designan distintos tipos de tortugas (como *hecate* o *terrapene*), en el *DHLE* se puede leer la historia de las voces *marmota* (en cuya familia se integran palabras como *marmotear* o *marmotismo*) y *canguro*, que designa también algunas prendas de vestir (con lo que entronca con el mundo de la indumentaria). Han de citarse también artículos como *carpincho* o *gerifalte* (que, en una de sus acepciones, designa un arma de artillería). En el

---

de *azote*, dado que ese vocablo «en nuestro idioma significa cosa muy diversa». J. M. Aréjula, que publica el mismo año *Reflexiones sobre la nueva nomenclatura química...*, también señala que «sería equivoco y ridículo llamarle azote a la base y azótico al gas», por lo que escogerá *azoe* para trasladar el término al español. De entre todas las voces del español procedentes de la voz francesa *azote*, es decir, los sinónimos *azoote*, *azote*, *azoeto* y *ázoe* (véanse), la que finalmente se consolidó, en fechas muy tempranas, fue *ázoe*, aunque rápidamente entró en competencia con *nitrógeno*, voz que terminó por imponerse.

6. El adjetivo *liviano* se documenta por primera vez, con el significado 'que se digiere con facilidad' (referido a un alimento), hacia el año 1200, en *La fazienda de Ultra Mar*, de Almerich, en un pasaje donde se traduce del texto bíblico en latín el adjetivo *levissimus*, aunque esta palabra procede del latín vulgar **levianus* 'que tiene poco peso'. En 2010, un personaje de la novela *Residentes*, de Silva Fontes (incluida en el CORPES XXI), pregunta: «¿Y qué comeremos hoy? Espero que algo *livianito*, porque estoy medio mal del estómago», con lo que se prueba que ese significado sigue vivo. También en el siglo XIII, en la *Vida de Santa María Egipcíaca*, *liviano* se registra con el valor 'que actúa con poca reflexión o sensatez', con testimonios frecuentes principalmente hasta los Siglos de Oro y en ocasiones con los complementos *de casco*, *de cascos*, *de seso* o *de sesos*. Y en esta misma centuria, en la *Vida de Santo Domingo de Silos*, de G. de Berceo, se documenta con los significados 'que tiene poco peso' y 'que se mueve o actúa con agilidad o rapidez'. A partir de ese significado ('que tiene poco peso') se explica *liviano* como *pulmón*, documentado también por primera vez en una obra de Berceo (en este caso, en *El duelo de la Virgen*); fray Luis de Granada explica en el siglo XVI, en la *Primera parte* de la *Introducción al símbolo de la fe*, que «la substancia del pulmón formó el Criador esponjosa y liviana (de donde vino el nombre de livianos, para que fácilmente se pueda mover, extender y encoger». En la actualidad, casi solo se usa en plural (*livianos*) y, como indica el *DLE*, para referirse a los «de las reses destinadas al consumo».

dominio de la indumentaria puede leerse asimismo la interesante historia de *chal* (y de su correlato *schal*) y de *chalón*.

Por otro lado, se ha continuado incrementando el caudal de voces pertenecientes a familias léxicas cuyas palabras madre se redactaron en etapas anteriores (como, por ejemplo, *cronometrizar*, *euroesclerosis*, etc.), así como algunos homónimos (y sus familias) de palabras publicadas con anterioridad, como *delfín*[2] ('heredero y primogénito del rey de Francia' y, por extensión, especialmente en el mundo de la economía y de la política, 'persona designada o elegida por otra, por una organización o por un grupo para sucederla en un puesto relevante de esa entidad o equipo').

TAREAS INFORMÁTICAS

La nueva visualización del diccionario, presentada el 13 de abril de 2021, ofrece ventajas indudables sobre la anterior, puesto que añade a un diseño más moderno (que permite navegar de una forma más ágil y sencilla por los artículos) otras virtudes que se pueden sintetizar en los siguientes puntos:

- Integración en la página institucional de la Real Academia Española.
- Posicionamiento en Internet (indexación de los artículos por Google).
- Adaptación a la consulta en el teléfono móvil.
- Acceso a la visualización de la estructura del artículo completo.

Por otra parte, esta visualización, basada en una implementación con los datos indexados y fosilizados, facilita una consulta pública de respuesta ciertamente rápida e invita a la interacción del usuario, que puede comprobar el número de ejemplos de que dispone cada acepción, navegar por la paginación de los ejemplos en los casos de documentación abundante, desplegar los testimonios de los distintos niveles de los artículos, desplazarse por las acepciones sinónimas de una misma palabra, desplegar el grafo de la familia léxica de una palabra o adentrarse en la rueda de palabras que se dispone en el margen derecho de la página, entre otras funcionalidades.

Asimismo, en los últimos meses se han efectuado distintas mejoras en las herramientas de redacción (*ARDIDES*) y de visualización interna (corrección) del *DHLE* para mejorar su rendimiento y dar así una respuesta satisfactoria a los integrantes de los equipos de la red, cuya constitución multiplica el número de usuarios. En ese sentido, se ha simplificado el código y se han incorporado diversas mejoras y automatizaciones, como la implementación del árbol de lenguas en la sección del banco de datos de étimo de la herramienta de redacción, o la inclusión de una alerta que advierte sobre discordancias cronológicas entre los étimos o las bases de derivación y sus hipotéticos derivados o descendientes, o la prerredacción del campo del resumen.

Paulatinamente se van incorporando nuevas opciones de consulta para los usuarios; la principal novedad radica en la posibilidad de organizar las acepciones en función de un nuevo criterio: el genético (que, además, puede combinarse con una pauta cronológica), por lo que se perciben de un modo más nítido las relaciones de significado entre las palabras españolas y sus étimos (o sus bases de derivación). De este modo, el *DHLE* ofrece ya tres pautas para ordenar las acepciones de cada artículo: la cronológica (de la acepción más antigua a la más reciente), la de frecuencia (de la más documentada a la que dispone de un menor número de testimonios) y la genética (con la opción adicional de seleccionar el criterio genético-cronológico, de naturaleza mixta).

TAREAS DE DIVULGACIÓN

Con periodicidad bimensual y en estrecha colaboración con el Departamento de Comunicación de la Real Academia Española, el equipo central del *DHLE* elabora unos textos breves, publicados en la página web de la RAE (en el apartado *Noticias lingüísticas* del «Portal lingüístico»), para dar a conocer la vida de algunas palabras y, así, intentar extender el interés por la historia del léxico del español. Estas piezas, vinculadas con cierta frecuencia a una fecha señalada (días internacionales o mundiales), se detienen en algunos aspectos reseñables o curiosos de la trayectoria vital de algunas voces y, en ocasiones, ponen de manifiesto sus significados o usos menos conocidos. De este modo, por ejemplo, con ocasión del Día Mundial del Teatro, celebrado en marzo, se relata el vínculo que une a *alabardero*, *mosquetero* y *tifus*. El Día Mundial del Paludismo, a su vez, permitió mostrar la coexistencia en nuestra lengua de *malaria* (registrada desde 1832) y *paludismo* (atestiguada en 1861). O, por poner un ejemplo más, esta sección permite contemplar el recorrido en español de los sinónimos *electrómetro*, *guardarrayos* y *pararrayos*.

Diccionario panhispánico del español jurídico

SANTIAGO MUÑOZ MACHADO (Real Academia Española)

En julio de 2020 se llevó a cabo en la sede de la RAE, con la asistencia virtual, obligada por la pandemia, de numerosas autoridades de España y de América, la presentación de la versión electrónica del *Diccionario panhispánico del español jurídico (DPEJ)*, obra panhispánica fundamental, impulsada por la

Real Academia Española, que ha contado con el apoyo de la Asociación de Academias de la Lengua Española (ASALE), de la Cumbre Judicial Iberoamericana y del Consejo General del Poder Judicial. La publicación del *Diccionario panhispánico del español jurídico* en su versión impresa, en diciembre de 2017, había afrontado el reto de reunir el lenguaje jurídico de toda la comunidad hispanohablante por vez primera vez y en una sola obra, en pos del conocimiento y la claridad de la lengua del derecho en todo el ámbito del español.

A las más de 40 000 entradas de vocabulario procedente de todos los países hispanoamericanos y de España de la versión impresa, que fue ampliamente revisada, se fue añadiendo nuevo material léxico, tanto de carácter panhispánico como particular de los países americanos, elaborado a partir de las aportaciones realizadas por miembros de las veintidós academias de la lengua, de las academias de jurisprudencia y legislación, de órganos superiores del Poder Judicial (cortes y tribunales supremos de justicia y consejos nacionales de la magistratura) y de profesores de universidades de España y de América. Tuvo especial importancia la colaboración de la Universidad de Salamanca, que cuenta con estrechas relaciones con las universidades hispanoamericanas.

De todo el material recibido, se tuvieron a punto para la presentación de la edición digital las aportaciones de Argentina, Chile, Colombia, Costa Rica, Nicaragua y República Dominicana, y en fase preparatoria, el resto.

La edición en línea del *Diccionario panhispánico del español jurídico* marca el importante hito de comenzar la vinculación de las referencias legales presentes en el *Diccionario* con las bases de datos jurídicas americanas. Si bien ya el *Diccionario del español jurídico* electrónico presentaba enlaces al *Boletín Oficial del Estado* (*BOE*), la edición digital del *Diccionario panhispánico del español jurídico* ofrece como novedad el inicio de las vinculaciones con las bases de datos legislativas del resto de países hispanohablantes. Las normas legales tienen un doble cometido en esta obra lexicográfica. Por una parte, ponen en contexto el uso de la palabra, tal y como hacen las «autoridades» en el primer diccionario de la RAE, precisamente conocido como *Diccionario de autoridades*. Y por otra, amplían el conocimiento del concepto jurídico que se está definiendo y ayudan al usuario del diccionario a entender mejor la lengua del derecho. En esta primera fecha de 2020, se realizaron más de 24 000 vinculaciones, correspondientes a cinco países que cuentan con bases de datos legislativas digitalizadas: Argentina, Chile, Colombia, Costa Rica y España. Se está trabajando, no obstante, en desarrollar bases de datos legislativas digitalizadas para los países que, de momento, no cuentan con ellas.

Sin duda, las normas legales son una fuente fundamental para el estudio del léxico jurídico, por lo que el *Diccionario panhispánico del español jurídico* en su versión digital, que se está ofreciendo desde la página web de la RAE (https://dpej.rae.es/), contribuye a dotar de un corpus importante a este léxico, que tiene como característica propia la de compartir una parcela amplia con la lengua general y no estar restringido exclusivamente a un ámbito especializado.

Tras la publicación de la edición digital, se siguió trabajando, de cara a la siguiente actualización del *Diccionario*, en la incorporación de nuevos artículos y acepciones procedentes de los siguientes países y organismos:

- Argentina (Academia Argentina de las Letras, Universidad de Buenos Aires y Universidad de Salamanca)
- Bolivia (Universidad de Salamanca en colaboración con la Universidad Mayor de San Simón de Bolivia y equipo jurídico del *DPEJ*)
- Chile (Pontificia Universidad Católica Valparaíso, Poder Judicial de la República de Chile, Corte Suprema y Universidad de Salamanca con la colaboración de la Universidad Católica de Concepción)
- Colombia (Academia Colombiana de la Lengua, Consejo Superior de la Judicatura de Colombia, Universidad de Salamanca con la colaboración de la Universidad Católica de Medellín y la Pontificia Universidad Javeriana de Bogotá y el equipo jurídico del *DPEJ*)
- Ecuador (Academia Ecuatoriana de la Lengua)
- Guatemala (Academia Guatemalteca de la Lengua y el equipo jurídico del *DPEJ*)
- Honduras (Academia Hondureña de la Lengua)
- México (Universidad Nacional Autónoma de México y Universidad de Salamanca con la participación de la Universidad Xochicalco, en Baja California)
- Nicaragua (Academia Nicaragüense de la Lengua, Universidad de Salamanca y el equipo jurídico del *DPEJ*)
- Panamá (Academia Panameña de la Lengua)
- Perú (aportaciones hechas por el equipo jurídico del *DPEJ*)
- República Dominicana (Academia Dominicana de la Lengua, Universidad de Salamanca con la participación de la Academia Iberoamericana de Derecho del Trabajo y de la Seguridad Social de la República Dominicana, y el equipo jurídico del *DPEJ*)
- Uruguay (Universidad de Salamanca)

Por lo que se refiere a la revisión, que como cualquier otro diccionario el *Diccionario panhispánico del español jurídico* requiere, se confeccionaron distintos documentos con diferentes estrategias. Uno de ellos, con la intención de que cada uno de los países revisara las acepciones con la marca de su país. Otro, con la finalidad de que revisaran las acepciones que contenían la marca de América para que aportaran la información particular de cada país (información de uso, referencias legales, etc.).

Por su parte, se solicitó a los países centroamericanos y del Caribe la lectura de las acepciones con marcas diatópicas de los países próximos, para que comprobaran si comparten la palabra o la acepción en cuestión, dada la cercanía de los respectivos sistemas jurídicos.

En todos los casos y debido a la importancia que el *Diccionario panhispánico del español jurídico* tiene como corpus lingüístico y a la ayuda que las normas legales ofrecen en la comprensión de un término, se pidió que cada país aportara una referencia legal para las acepciones y, si era posible, el enlace correspondiente de dicha referencia a la base de datos jurídica del país. En el caso de las acepciones españolas o referidas a España también se incluyeron referencias legislativas (con su correspondiente vínculo al *Boletín Oficial del Estado*), o jurisprudenciales, a artículos que ya estaban en el *DPEJ*, pero que carecían de ellas. Las citas de documentos legales de los diferentes países ilustran tanto las voces específicas de un país como aquellas de uso panhispánico y enriquecen la acepción con sus diferentes contextos lingüísticos.

También se solicitó a cada país una relación de sus cincuenta leyes fundamentales, para que estuviesen representados en el *Diccionario* de manera equilibrada.

Se inició el estudio de acepciones correspondientes al derecho administrativo, al derecho civil, al derecho mercantil y al derecho público. Este estudio forma parte de una revisión temática más extensa que se irá realizando progresivamente. El resultado se materializa en puntos como la adición de nuevos lemas, la incorporación de otras marcas de ámbito del derecho y de otras marcas diatópicas, el enriquecimiento de la información adicional (por ejemplo, introducción de citas de sentencias, de referencias bibliográficas, de nuevas referencias legales de España y de América, etc.), los envíos que relacionan distintos artículos... Y, paralelamente, se comenzó el estudio de determinados artículos con el objeto de fundir varias acepciones en una sola, más amplia o más general, lo que ya se ha llevado a cabo en las acepciones correspondientes a los ámbitos del derecho civil, derecho internacional privado, derecho parlamentario, derecho de las telecomunicaciones y derecho medioambiental.

Muchas acepciones marcadas exclusivamente como de derecho canónico se extendieron, tras ser estudiadas, a otros ámbitos del derecho.

Aparte de la inclusión del léxico jurídico aportado por los colaboradores americanos, se trabajó también en el enriquecimiento del *DPEJ* con nuevos lemas y sublemas, con su correspondiente definición, referencia legal (vinculada en muchos casos al *BOE*) y, en algunos casos, nuevos envíos a otros artículos, para seguir tejiendo una red de relaciones cada vez más completa, que se hace más cómoda y necesaria con la navegabilidad que proporciona la edición electrónica.

El *Diccionario panhispánico del español jurídico* es un diccionario vivo que avanza con la sociedad, por lo que requiere la actualización continua de leyes que son sustituidas por otras nuevas (por ejemplo, la LOE por la LOMLOE). Esto tiene como consecuencia que en ocasiones haya habido que realizar algunos ajustes en las definiciones para adaptarlas a la nueva formulación de la ley.

Diccionario fraseológico panhispánico

Alfredo Matus Olivier (Academia Chilena de la Lengua)
Francisco Javier Pérez (Asociación de Academias de la Lengua Española)

Una vez concluidos los trabajos planificados para el 2020 (glosario de términos lexicográficos y fraseológicos, repertorio de marcas y abreviaturas y el manual de redacción), el *Diccionario fraseológico panhispánico* (*DFP*) se ha concentrado, durante 2021, en las siguientes tareas:

1) Elaboración de la versión consolidada de los aproximadamente 10 000 ítems fraseológicos seleccionados por las comisiones permanentes, versión que culminará en formato lexicográfico (como diccionario).
2) Se trabaja, asimismo, en la base de datos lexicográfica (BDL), que es una aplicación informática para la organización de un banco de datos fraseológicos.

El departamento de informática de la Real Academia Española auxilia al *DFP* en todas estas labores y procesa la que será la primera muestra del *DFP*.

En la hoja de ruta del *DFP* establecida para 2021, se incluye la incorporación del equipo de coordinación del *DFP* en la Academia Chilena de Lengua, fecha que está por determinar.

Diccionario escolar panhispánico

Francisco Javier Pérez (Asociación de Academias de la Lengua Española)

ESTADO ACTUAL, SEPTIEMBRE DE 2021

Tanto en el XVI Congreso de la Asociación de Academias de la Lengua Española, celebrado en Sevilla, en noviembre de 2019, como en la reunión telemática de directores y presidentes de academias, llevada a cabo en julio de 2020, se acordó utilizar la matriz lexicográfica que la Academia Mexicana de la Lengua había preparado para un *Diccionario escolar del español de México*.

La AML remitió esta matriz a la ASALE y esta fue revisada por los responsables académicos y editoriales del proyecto.

Cumplida esta etapa se procedió a enviar a las academias centroamericanas dicha matriz para su revisión, aprobación y adaptación al léxico de cada uno de los países de la región. Esta etapa se encuentra actualmente en proceso, con informes muy favorables de varias de academias.

Se espera que pueda salir el primer diccionario de la serie, correspondiente a México, Estados Unidos y Centro América, durante el año 2022.

Hacia una segunda edición del Diccionario de americanismos (DA)

Susana Cordero de Espinosa (Academia Ecuatoriana de la Lengua)

Vayan, a manera de epígrafe, estas palabras de Andrés Bello en el prólogo de su *Gramática* (Santiago de Chile, 1847): «No se crea que recomendando la conservación del castellano sea mi ánimo tachar de vicioso y espurio todo lo que es peculiar de los americanos».

1997, Zacatecas. Ciento cincuenta años después tiene lugar el I Congreso Internacional de la Lengua Española y García Márquez pronuncia las palabras que extraigo del discurso reproducido en nuestra singularísima *Crónica de la lengua española 2020:*

> La lengua española tiene que prepararse para un oficio grande en ese porvenir sin fronteras. Es un derecho histórico. No por su prepotencia económica, como otras lenguas hasta hoy, sino por su vitalidad, su dinámica creativa, su vasta experiencia cultural, su rapidez y su fuerza de expansión, en un ámbito propio de 10 millones de km cuadrados y 400 millones de hablantes al terminar este siglo. Con razón un maestro de letras hispánicas en EE. UU. ha dicho que sus horas de clase se le van en servir de intérprete entre latinoamericanos de distintos países. Llama la atención que el verbo *pasar* tenga 54 significados [...] y en cambio la palabra *condoliente*, que se explica por sí sola, y que tanta falta nos hace, aún no se ha inventado.

Fiel a su manera realista-mágica, sigue potenciando con su imaginación la realidad. Confiemos en que *condoliente* se inscriba en la segunda edición del *DA* y, aunque *pasar* no tenga 54 significados en el español estándar, sino 64, entre 'llevar, conducir de un lugar a otro' y 'morir' (GM se equivoca en los números, no en las palabras), él mismo sentenció: «desde hace tiempo el español no cabe en su pellejo».

Expondré algunas de las razones que justifican dilatar ese odre para que el léxico americano quepa en él, en su actualidad: ya quedó pequeño el que conocemos de más de dos mil páginas impresas, setenta mil entradas y ciento veintitrés mil acepciones, frente a las veintiocho mil entradas y dieciocho mil acepciones americanas de la última edición del *DLE*. Nuestras hablas crecen y también pierden léxico y maneras: el diccionario que las registra *está haciéndose* para revelar, entre palabras y modismos, nuestra idiosincrasia.

Me preocupa que en la *Crónica 2020* se haga alusión al *DA* solo como de pasada. Este año en que conmemoramos los setenta de fundación de nuestra ASALE, en 1971, sería doblemente significativo si para celebrarlo se comprometiera su reedición. Así, la edición de 2010, gigantesco trabajo coordinado por el inolvidable amigo Humberto López Morales, que culminó con su publicación a principios de ese año, será reivindicada. La ilusión de editar nuestro diccionario para homenajear las independencias americanas fue justísima, pero este no es un diccionario creado para celebrar una ocasión, por significativa que fuera: así como las hablas americanas se acrecientan, el libro que las contiene debe mudar.

¿Cabe extrañarnos del anhelo de seguir fijando el léxico americano dilatado en hablas múltiples, que revelan nuestra forma de ver la naturaleza y de mirar a los demás, de atisbar el mundo rico y variado que nos rodea, y así revelar y revelarnos?

Señalo brevemente el proceso que exigió su factura, la presencia de la ASALE y la RAE en su realización, en la cual tanto una como otra siguen siendo indispensables. Se contó con un equipo de lexicógrafos españoles e hispanoamericanos que preparó los borradores a base de fuentes esenciales: de nuestro diccionario general se vaciaron a la base de datos más de veintiocho mil palabras americanas, expresiones, modismos; también, glosarios, vocabularios y diccionarios del español americano, con el aporte del ARU, «programa en el cual el Departamento de Tecnología de la RAE reunió casi 150 diccionarios de americanismos, más otros inéditos, con ricos índices para la búsqueda». A tal trabajo excepcional hay que añadir, para una segunda edición, obras lexicográficas recientes como el *Diccionario integral del español de la Argentina* (2008) y el *Diccionario de la lengua de la Argentina,* de la Academia Argentina de Letras (2019); el *Diccionario de uso del español de Chile* y *Al cateo 'e la laucha, refranes y dichos de Chile,* de la Academia Chilena de la Lengua; el *Diccionario de colombianismos* del Instituto Caro y Cuervo (2018); el *Diccionario del español ecuatoriano,* dirigido por Fernando Miño Garcés (2016), y quizá muchos otros.

La sede madrileña, con sus recursos humanos, técnicos y económicos, es el ámbito ideal para su nueva realización, «con la ventaja añadida (al ser españoles la mayoría de los redactores), de la inmediata superación de particularismos regionales que han afectado y pueden seguir afectando al estudio del español americano», según el hispanista italiano Giuseppe Mazzocchi. Por supuesto, este trabajo requiere, más que ningún otro, de la participación crítica de cada academia americana. ¿A qué mejor tarea dedicar nuestro esfuerzo académico?, ¿qué trabajo resultará más y mejor panhispánico, aunque en el capítulo «Obras y proyectos panhispánicos» de la *Crónica* no haya referencia alguna al *Diccionario de americanismos*? ¿Qué academia, entre las nuestras, no trabajaría para incluirse en él, a fin de que sus palabras, modismos y localismos fuesen registrados y mejor conocidos?

Nos preguntamos si cabe, ante la casi infinita capacidad de la Red, incluir el *DA* dentro del diccionario general, pero este es normativo, mientras el *DA*, por su carácter descriptivo, carece de tal propósito, lo que explica la abundancia de vacilaciones fonéticas de muchos términos, y la presencia acrítica de lexemas vulgares y tabuizados; nuestro *DA* es *dialectal*, lo que no significa que alguna de las lenguas locales que lo atraviesan sea de mayor o menor prestigio. Es *diferencial*: el léxico de cada país es común en un porcentaje reducido no solo respecto del español peninsular, sino del de cada uno de los demás países americanos. Como *usual*, recoge palabras con gran frecuencia de uso y «otras cuya frecuencia es baja, otras obsolescentes, todas marcadas y caracterizados con atención a la lengua hablada y coloquial». Como *descodificador*, permite la comunicación, incluso entre hablantes de áreas distintas a las de la América hispana, pero no es recopilación de diccionarios de cada ámbito hispanoamericano. Dice su *Guía del consultor:*

> Nuestra esperanza es que las Academias americanas de la Lengua Española emprendan en breve tiempo la elaboración de una serie de diccionarios nacionales que les permita dar cabida en ellos a aquellos términos que no han podido entrar en estas páginas, de manera que quede reflejado todo lo rico, amplio y variado que es el panorama léxico americano.

Van algunas razones que en el congreso sevillano me permitieron «justificar» mi solicitud de una segunda edición de nuestro *DA*.

La extrema simplificación de algunas entradas. Valga el ejemplo de **ají**: entre sus lemas complejos de 44 variedades, algunas de nombres tan bellos como *ají pico de loro*, *ají rocotillo* o *ají de yunguilla*, al menos 38 se definen, una tras otra, como 'variedad de ají'. Han de evitarse tales acepciones circulares en la segunda edición.

La inclusión de marcas geográficas, sociolingüísticas y pragmáticas es indispensable; cada lema cuenta con marcación diatópica, aunque la marca correcta del país en el que el término se usa no siempre se encuentra en él; sucede menos que la marca se encuentre en casos en los cuales no debe estar. Las categorías o subcategorías gramaticales en una misma acepción deben separarse en el *DA*, como se hace en el *DLE*.

Es libro difícil de manejar por su tamaño; su edición es física y visualmente pesada, el tamaño de la letra mínimo y exigua la distancia entre acepciones; apenas hay espacio entre columnas. Ha de evitarse considerar americanismos, solo por su variante gráfica, palabras de idénticas pronunciación y definición. La enumeración en romanos, arábigos y letras obedece a criterios de microestructura, pero resulta abrumadora; menos y más precisos símbolos y marcas facilitarían la lectura: las de «culto», «espontáneo», «esmerado», que pueden sumarse, al mismo tiempo, a «popular», son engorrosas. ¿Entiende estas sutilezas el lector promedio, que no suele leer las páginas previas?

Existen paradigmas incompletos: nuestro **aceite** significa también 'soborno' y lleva la marca «Ec.»; pero **aceitada** y **aceitar**, de previsible producción, no la llevan. Habrán de corregirse remisiones mal puestas: la interjección de origen quichua **arrarray** expresa 'ardor, calentura', mientras **achachay** significa 'frío extremo', como consta en el *DLE*; en el *DA*, estos términos opuestos remiten uno al otro.

Nuestro análisis cuantitativo de una muestra de los lemas de la letra *a* tomados, respectivamente, del *Diccionario académico del habla del Ecuador* (en elaboración), el *Diccionario de americanismos* (*DA*) y el *Diccionario de la lengua española* (*DLE*) nos mostró, por ejemplo, que existen diez palabras entre las cuales no hay coherencia de marcación entre el *DA* y el *DLE*. Lemas que aparecen en el *DA* con marca «Ec.» no se tomaron en cuenta para su inclusión en nuestro *DAHE*, por no encontrarse reconocido su empleo en el habla del

Ecuador. De entre sesenta y nueve acepciones de palabras que comienzan con la *a*, nueve pertenecen al español general, con significados que coinciden.

En nuestro estudio anterior nos preguntábamos con qué criterio se elegían los términos para incluirse en el *DA*: ¿por el número de hablantes?, ¿por el de hablas originarias de cada país que influyen en el español?, ¿por el número de países en los cuales se emplea un mismo término para nombrar realidades similares? Al ser un diccionario descriptivo, y pues la norma —incluso desde el policentrismo— se encuentra en la gramática, ¿qué sucede en casos en los cuales las normas dejan de respetarse e incluso la sintaxis se ve constreñida por formas de expresión que la subvierten?

Hablamos de «actualidad», pero son ya once los años transcurridos desde su aparición, sin haberse hablado de una revisión.

Es justo también que rectifiquemos: en nuestra primera ponencia sobre este tema, juzgando importante la representatividad de las marcas geográficas según el número de hispanohablantes de cada país, escribimos: «El criterio elegido para la marcación hace que México, Colombia y Argentina rijan la mayoría de las acepciones y, por tanto, su ordenación». Luego nos hemos percatado de que la marcación no se señala por este tipo de preferencia, sino de modo, por así decirlo, espacial: de norte a sur, de oeste a este vuelan nuestras palabras. La marcación está presidida, pues, por los EE. UU., debido a su situación geográfica al norte de México. Si hay una acepción mexicana, esta predominará sobre las otras acepciones del lema, salvo la de los EE. UU., dada la situación geográfica del país, no por el número de hablantes.

En cuanto al *DA* digital, ¿podría crearse una aplicación electrónica como la que tiene el *DLE*, para descargar el diccionario en nuestros teléfonos inteligentes?

Sobre los valores que los estudiosos atribuyen a nuestro *DA* y que abonan la necesidad de su reedición se destaca, entre otras, la cuasiexactitud conseguida en la determinación del área geográfica de empleo del término o de su acepción; «el enorme esfuerzo por definir las características y ámbito de uso de cada término, los aspectos sociales, estilístico y pragmático y, sobre todo, la enorme cantidad de locuciones que recoge el *DA*, hasta ahora muy desatendidas, pero mucho más representativas del uso hispanoamericano y obstáculo mucho más serio para la comprensión entre hablantes»[7].

Resulta evidente, según el filólogo citado, que el *DA* apunta a una superación del estudio del léxico americano como limitado a la recolección de lexemas, y nos introduce en su uso variado y complejo. Así, «la antigua visión del

7. Mazzocchi, Giusseppe: «El *Diccionario de americanismos (DA)* de la Asociación de Academias de la lengua española (ASALE)», en *Cuadernos AISPI* 6 (2015), pp. 53-74.

español americano como una realidad diferenciada del español peninsular solo por la fonética y el léxico» queda superada. Tantos valores de nuestro *DA* exigen, más que ciertos errores y equívocos menos relevantes, su reedición sistemática.

Que la RAE, al mismo tiempo, consolide lo americano frente a lo general, sin que nada nos separe. Lo dice la *Crónica* y lo sabemos todos: «Los diccionarios son obras vivas que necesitan actualizaciones continuas para no quedarse desfasadas». Nuestro *DA* empezó su andadura, requiere que pensemos en él, valoremos su significado y amplitud y, como decimos en nuestro país, a pesar de que cada nación americana procura contar con su propio diccionario dialectal y se introducen en el diccionario general, continuamente, términos americanos, las hablas de América desbordan toda previsión. ¿Cómo conocernos mejor entre nosotros, sin este monumento a la forma de la América hispana? «Estamos ante un espacio extraordinario de riqueza cultural, idiomática e idiosincrásica», dije sobre el *DA* en su presentación en mi patria, hace más de diez años.

Que la *buena onda* acompañe este propósito, pues que en *proponer no hay engaño,* y aunque no quiero *dejar como chaleco de mono* estas palabras, *me apuro en acabar*, para no dar lugar a una *protestadera* inesperada.

Proyecto de actualización del Diccionario panhispánico de dudas

SALVADOR GUTIÉRREZ ORDÓÑEZ (Real Academia Española)

CONTINUIDAD DE LA ESENCIA PANHISPÁNICA DE LA OBRA

En la *Crónica* de 2020 se presentaron con detalle las líneas maestras del proyecto de actualización del *Diccionario panhispánico de dudas*, cuya primera y hasta ahora única edición se publicó en 2005, y que, respondiendo a la voluntad panhispánica reflejada ya en su mismo título, fue la primera obra académica realizada *ab initio* de forma colaborativa por todas las academias que en aquel momento integraban la Asociación de Academias de la Lengua Española (ASALE) —todas las actuales, salvo la Ecuatoguineana, que se creó posteriormente, en 2013—.

La vía establecida para asegurar esa autoría compartida fue la constitución, por primera vez dentro del funcionamiento de la ASALE, de una comisión interacadémica integrada por académicos representantes de todas las áreas hispanohablantes, que vehiculó las sugerencias y observaciones de todas las academias a los materiales redactados por el equipo de redacción, ubicado en el Departamento de «Español al día» de la Real Academia Española. Ese mismo principio de autoría compartida y de elaboración colaborativa se va a mantener, como no puede ser de otra manera, en el proceso de preparación de la nueva edición de esta obra.

NECESIDAD DE ACTUALIZACIÓN

Como se dijo entonces, la obra nació ya con el compromiso de su permanente actualización debido a la naturaleza intrínsecamente cambiante de la norma lingüística; pero, además, esa actualización es hoy perentoria, pues el contenido de su primera edición ha quedado en parte obsoleto por la aparición, en estos dieciséis años, de nuevas ediciones de las principales obras académicas —la *Nueva gramática de la lengua española* (*NGLE*) en 2009 y 2011; la *Ortografía de la lengua española* (*OLE*) en 2010, y la 23.ª edición del *Diccionario de la lengua española* (*DLE*) en 2014, con actualizaciones anuales sucesivas—, que incorporan, en algunos aspectos, valoraciones que no son ya coincidentes con las expuestas en la primera edición del *DPD*. Por otro lado, las consultas recibidas en los servicios de asesoramiento lingüístico normativo con que cuentan las distintas academias han hecho emerger aspectos novedosos no tratados en la primera edición y que plantean renovadas dudas de uso a los hispanohablantes. Todo ello justifica sobradamente que se acometa una nueva edición de la obra, ahora que, finalmente, se cuenta con los recursos técnicos y humanos para ello.

ESTADO DE LOS TRABAJOS

El Departamento de «Español al día» de la RAE, encargado de redactar los materiales que luego ha de revisar la comisión interacadémica para el envío de sugerencias y observaciones antes de su aprobación final, ha podido, por fin, iniciar en 2021 los trabajos conducentes a la preparación de la segunda edición gracias a la incorporación de cuatro nuevos miembros. Ese refuerzo le ha permitido compaginar, sin perjuicio de ninguna de ellas, sus dos actividades principales: la preparación de las enmiendas y adiciones al *DPD* y la gestión del servicio de consultas lingüísticas, fuente fundamental de información sobre las principales dudas de los hispanohablantes en su manejo cotidiano del idioma y, por tanto, observatorio imprescindible para la selección de nuevos materiales para el *DPD*.

Durante el primer trimestre del año los trabajos se centraron en la puesta a punto, en estrecha colaboración con el Departamento de Tecnología de la

RAE, del sistema de marcación XML del texto de la primera edición, y en la definición de los distintos elementos, atributos y valores de su etiquetado para la incorporación de esta obra a la plataforma común de bases datos lexicográficas (BDL) que va a albergar todos los diccionarios académicos, con las necesarias adaptaciones a las especificidades de cada uno de ellos. Paralelamente se trabajó en el desarrollo de la interfaz de uso asociada a la BDL del *DPD*, que permite la incorporación de las enmiendas y adiciones a la obra y la gestión del protocolo de aprobación. Este renovado sistema de trabajo y las nuevas herramientas informáticas utilizadas permitirán, a partir de ahora, actualizaciones controladas e inmediatas del contenido de la obra y una mejor recuperación de la información para su consulta en línea. Los trabajos preliminares también se centraron en la detección de aquellas entradas que debían modificarse para armonizar su contenido con lo expuesto en las publicaciones académicas aparecidas con posterioridad a la primera edición del *DPD*.

A partir del mes de abril, se comenzó ya propiamente el trabajo de redacción de las enmiendas para la adecuación del *DPD*, en una primera fase, a las últimas ediciones del *DLE* y de la *OLE*. Una vez cumplido ese primer objetivo, se iniciará la fase de adecuación a la *NGLE* y la incorporación de nuevas entradas sobre cuestiones no tratadas en la edición de 2005. Del total de entradas de esa primera edición —5124, descontadas las remisiones—, para finales de 2021 se prevé haber enmendado, en mayor o menor medida, alrededor de 600 artículos y redactado unas 200 entradas nuevas.

EJEMPLOS DE ACTUALIZACIÓN

Se ofrecen, a continuación, algunos ejemplos de los cambios motivados por la necesaria adecuación del *DPD* a las obras académicas publicadas con posterioridad a su primera edición, con una nota explicativa de las razones que los justifican, así como alguna de las nuevas entradas previstas. Para facilitar la comparación entre ambos textos, se han sombreado en color aquellos puntos donde se han realizado las modificaciones.

Adecuación al *DLE*

*DPD*1	*DPD*2
bizarro -rra. En español significa 'valiente, esforzado': «*Llega el capitán Andrés Cuevas, un bizarro combatiente al mando de un pelotón*» (Matos *Noche* [Cuba 2002]); y 'lucido, airoso': «*Vuestra juventud reverdecerá más bizarra y galana que nunca*» (Luján *Espejos* [Esp. 1991]). Debe evitarse su empleo con el	**bizarro -rra.** En español ha tenido tradicionalmente los sentidos de 'valiente, esforzado': «*Llega el capitán Andrés Cuevas, un bizarro combatiente al mando de un pelotón*» (Matos *Noche* [Cuba 2002]); y 'lucido, airoso': «*Vuestra juventud reverdecerá más bizarra y galana que nunca*» (Luján *Espejos* [Esp.

sentido de 'raro o extravagante', calco semántico censurable del francés o del inglés *bizarre:* ®*«—Es un nombre bizarro. —No cuando se ha nacido en Sídney y se es australiana»* (Leyva *Piñata* [Méx. 1984]). Tampoco debe emplearse *bizarría* con el sentido de 'rareza o extravagancia'.

1991]). A ellos se ha unido modernamente el de 'raro, extravagante o fuera de lo común', debido al influjo del inglés o el francés *bizarre*: *«—Es un nombre bizarro. —No cuando se ha nacido en Sídney y se es australiana»* (Leyva *Piñata* [Méx. 1984]); *«Me pareció demasiado bizarro todo el asunto. No me iba a creer»* (Forch *Campeón* [Chile 2002]). Este uso es especialmente frecuente en el español americano y su extensión justifica el levantamiento de la censura tradicional. Lo mismo cabe decir de *bizarría* con el sentido de 'rareza o extravagancia'.

Tanto en la 22.ª (2001) como en la 23.ª (2014) ediciones del *DLE* solo se registraban para este adjetivo las dos primeras acepciones que cita el *DPD1*. Se consideraba la tercera un calco semántico censurable de otras lenguas.

Pero, por su extensión en el uso, está ya previsto incorporar en próximas actualizaciones del *DLE* la acepción antes censurada en el *DPD1*, de ahí que se haya enmendado este artículo en el *DPD2*, eliminando la censura anterior.

Adecuación a la *NGLE* y al *DLE*

DPD$_1$

cesar. En la lengua culta formal, este verbo es intransitivo en todas sus acepciones: [...]
c) Dicho de una persona, 'dejar de desempeñar un empleo o cargo': *«En Francia cambiaron al ministro del Interior; cesó Deferre y nombraron a Pierre Joxe»* (Feo *Años* [Esp. 1993]). [...] Aunque es uso frecuente en el lenguaje periodístico, debe evitarse en el habla esmerada el empleo de este verbo como transitivo ('expulsar [a alguien] del cargo o empleo que ocupa'): ®*«El Consejo de Ministros de ayer cesó a José Víctor Sevilla»* (*País* [Esp.] 2.2.84); en estos casos debe emplearse el verbo destituir (→ destituir). En algunos países de América, se utiliza como transitivo el verbo *cesantear* (→ cesantear).

DPD$_2$

cesar. En la lengua culta formal, este verbo es intransitivo en todas sus acepciones: [...]
c) Dicho de una persona, '*dejar de desempeñar un empleo o cargo*': *«En Francia cambiaron al ministro del Interior; cesó Deferre y nombraron a Pierre Joxe»* (Feo *Años* [Esp. 1993]). [...] Es hoy frecuente en el lenguaje periodístico el uso de este verbo como transitivo ('*hacer que [alguien] cese en el cargo o empleo que ocupa*'): *«El Consejo de Ministros de ayer cesó a José Víctor Sevilla»* (*País* [Esp.] 2.2.1984); por su extensión, se considera uso admisible, si bien se recomienda emplear con preferencia en estos casos el verbo *destituir* (→ destituir). En algunos países de América, se utiliza como transitivo el verbo *cesantear* (→ cesantear).

En latín, el verbo *cessāre*, de donde procede *cesar*, era intransitivo, y con ese régimen se ha usado tradicionalmente en español; de ahí la censura, en el *DPD1*, de su uso transitivo, seguramente debido al influjo del verbo *destituir*, de sentido similar.

Pero la *NGLE* señala lo siguiente (§ 34.6i): «Muchos verbos intransitivos adquieren progresivamente usos transitivos causativos con desigual extensión geográfica o aceptación en la lengua estándar. [...] En el lenguaje periodístico de muchos países se ha extendido en los últimos años la variante transitiva de *cesar* ('hacer que cese'). Aunque este uso no se tiene por incorrecto, se considera preferible su equivalente *destituir*». La última edición del *DLE* (2014) ya incorpora la acepción transitiva s/v *cesar*: «4. tr. Destituir o deponer a alguien del cargo que ejerce. *Lo cesaron ayer*»; de ahí la modificación de esta entrada en el *DPD2*.

Adecuación a la *OLE2010*

DPD$_1$

guion[1] o **guión.** 'Escrito que sirve de guía' y 'signo ortográfico'. La doble grafía, con o sin tilde, responde a las dos formas posibles de articular esta palabra: con diptongo (*guion* [gión]), caso en que es monosílaba y debe escribirse sin tilde; o con hiato (*guión* [gi - ón]), caso en que es bisílaba y se tilda por ser aguda acabada en *-n*. La articulación con diptongo es la normal en amplias zonas de Hispanoamérica, especialmente en México y en el área centroamericana; por el contrario, en otros países americanos, como la Argentina, el Ecuador, Colombia y Venezuela, al igual que en España, esta palabra se articula con hiato y resulta, pues, bisílaba. Debido a esta doble articulación, y con el objetivo de preservar la unidad ortográfica, en la última edición de la *Ortografía* académica (1999) se establece que toda combinación de vocal cerrada átona y abierta tónica se considere

DPD$_2$

guion[1]. 'Escrito que sirve de guía' y 'signo ortográfico'. Esta palabra se articula de dos maneras: con diptongo, como monosílaba ([gión]); o con hiato, como bisílaba ([gi.ón]). La articulación con diptongo es la normal en amplias zonas de Hispanoamérica, especialmente en México y en el área centroamericana; por el contrario, en otros países americanos, como la Argentina, el Ecuador, Colombia y Venezuela, al igual que en España, esta palabra se articula con hiato. Con independencia de cómo se articule, debe escribirse sin tilde por tratarse de un monosílabo a efectos ortográficos, pues contiene una secuencia de vocal cerrada seguida de vocal abierta tónica, que se considera siempre un diptongo a la hora de aplicar las reglas de acentuación (→ TILDE[2], 1.1 y 2.1.1a).

diptongo a efectos de acentuación gráfica. Por ello, en *guion* y otras palabras en la misma situación, como *ion, muon, pion, prion, Ruan, Sion* y *truhan,* se da preferencia a la grafía sin tilde, aunque se permite que aquellos hablantes que pronuncien estas voces en dos sílabas puedan seguir tildándolas (→ TILDE[2], 1.2).

Ya en la edición de la *OLE* de 1999 se establecía que toda combinación de vocal abierta tónica en contacto con vocal cerrada se consideraría siempre un diptongo a efectos ortográficos (§ 4.2); pero se añadía (§ 4.5) que era admisible el acento gráfico conforme a las reglas anteriores si quien escribía percibía nítidamente el hiato y, en consecuencia, consideraba bisílabas estas palabras.

Para preservar la unidad ortográfica, al ser la vocal tónica la misma en ambas articulaciones y no ser función de la tilde indicar si una combinación vocálica es diptongo o hiato, en la última edición de la *OLE*, publicada en 2010, se determinó aplicar sin excepciones la regla ya establecida en 1999 que considera monosílabas estas palabras a efectos de acentuación. Por tanto, hoy solo es válida su escritura sin tilde (v. *OLE*, ed. 2010, pp. 235-236).

Propuestas de entradas nuevas para el *DPD*$_2$

acuaplanin. Adaptación gráfica propuesta para la voz inglesa *aquaplaning*, 'deslizamiento incontrolado de un vehículo por pérdida de adherencia de los neumáticos a causa de la presencia de agua en la calzada': *«Si se produce el tan temido acuaplanin* [...], *no frene»* (*Abc* [Esp.] 11.1.2021). Aunque, por su extensión, se admite el uso del extranjerismo adaptado, se recomienda emplear con preferencia los equivalentes españoles *acuaplaneo* e *hidroplaneo*: *«Con el acuaplaneo, la presión del agua provoca que el auto pierda contacto con el piso, causando accidentes»* (*Universal* [Méx.] 26.6.2009); *«Su salida de la calzada debe asignarse a numerosas causas, entre las que encontramos* [...] *descuido, sueño, hidroplaneo»* (Bruno *Reconstrucción* [Arg. 2001]).

aquaplaning. → acuaplanin.

emoji. Voz de origen japonés que designa la pequeña imagen o icono digital que se usa en las comunicaciones electrónicas para representar una emoción, un objeto o una idea: «Me respondió con un emoji de carita feliz» (Arriaga *Fuego* [Méx. 2020]). Se recomienda su empleo como préstamo fónicamente adaptado, esto es, con la pronunciación [emóji], que es la que corresponde en español a esa grafía. Quien mantenga la pronunciación originaria [emóyi] ha de escribir *emoji* con resalte tipográfico, como extranjerismo crudo, o usar la adaptación gráfica *emoyi*: *«Añade emoyis y emoticonos que estén en concordancia con tu propuesta de valor»* (Rojas *Monetizagram* [Esp. 2020] 41). También se emplea, con este mismo sentido, la voz *emoticono* o, con preferencia en América, *emoticón* (→ emoticono).

emoyi. → emoji.

Los trabajos para la nueva edición de la Nueva gramática de la lengua española

IGNACIO BOSQUE (Real Academia Española)
JOSÉ MARÍA BRUCART (Real Academia Española, miembro correspondiente)

Tras la publicación a finales de 2019 del *Glosario de términos gramaticales*, los trabajos del departamento de gramática de la RAE se han centrado en la preparación de la segunda edición de la *Nueva gramática de la lengua española* (*NGLE*), cuya primera edición vio la luz en 2009 en lo referente a los dos volúmenes de morfología y sintaxis y en 2011 en lo relativo al volumen de fonética y fonología, que incorporaba un CD-ROM anexo. En la *Crónica de la lengua española* de 2020 se expusieron la justificación, las bases y los objetivos de la nueva versión[8]. La finalidad de estas páginas es dar cuenta somera de las actividades desarrolladas en el proceso de revisión durante los meses transcurridos desde la aparición de ese trabajo y presentar una muestra de algunos de los problemas con los que debe lidiar el gramático en su trabajo.

La nueva edición no se concibe como una gramática de nueva planta, por lo que se mantendrá la misma distribución de capítulos y secciones de la anterior. Pero hay dos aspectos que se aspira a mejorar: por un lado, la información sobre la distribución geográfica y social de las construcciones estudiadas —esto es, todo lo concerniente a la variación, un factor esencial en una lengua hablada en un territorio tan extenso—; por otro, las herramientas de análisis y la descripción particular de algunos patrones sintácticos. Para llevar a cabo el primer objetivo, es fundamental contar con el mayor número posible de datos de las diversas variedades del español. Progresar en el segundo implica tener en cuenta los avances en la teoría gramatical y aplicarlos a la lengua española.

Las nuevas tecnologías —y especialmente la conectividad en red— han aumentado exponencialmente nuestra capacidad de acceder a los datos lingüísticos. En el período de elaboración de la primera edición ya se disponía de la información que proporcionaban los corpus de datos y, entre ellos, muy señaladamente, los de la propia RAE: el CREA y el CORDE. De ambas fuentes procede la mayoría de los ejemplos de la nómina de autores y medios de in-

8. I. Bosque, «La segunda edición de la *Nueva gramática de la lengua española* y el nuevo *Glosario de términos gramaticales*», en RAE, *Crónica de la lengua española 2020*, Barcelona, Espasa-Planeta, 2020, págs. 201-217.

formación contenidos en la primera edición de la *NGLE*. La creación en 2013 de un tercer corpus de referencia académico (el CORPES XXI, que almacena materiales producidos desde el inicio del nuevo siglo) ha venido a potenciar notablemente la posibilidad de obtener muestras representativas de la variación de nuestra lengua, especialmente la de los países americanos, cuyos textos constituyen el 70 % de esa base de datos. Todas estas fuentes pueden complementarse con consultas ocasionales en los motores de búsqueda de datos de internet (como *Google*) o con otras aplicaciones de las redes sociales (como *Twitter*), que suelen albergar material interesante de los usos coloquiales de la lengua.

No obstante, la principal aportación en lo referente a los datos nos la proporcionan, para cada uno de sus países, las academias que forman ASALE, que tienen una participación muy activa en la nueva edición, como lógica consecuencia de ser la gramática uno de los tres puntales de la política panhispánica de la institución —junto con el diccionario y la ortografía—. Cada una de las academias envía un informe pormenorizado de cada capítulo a partir de una lectura crítica del texto de la primera edición. Naturalmente, su contribución no se limita a sugerir nuevos datos o proponer la enmienda a los ya existentes, sino que se extiende al mismo análisis de las construcciones estudiadas. Las academias han ido enviando los informes según el calendario establecido y es de justicia agradecer su gran implicación en el proyecto y el esfuerzo de colaboración que todas ellas han llevado a cabo. Paralelamente a estos informes, se ha recabado la colaboración de dos profesores universitarios para que envíen asimismo comentarios detallados de todos los capítulos de la obra. Finalmente, cada capítulo cuenta con un informe específico de un experto en la materia. La tarea del departamento de gramática consiste en clasificar la cuantiosa información recibida, valorar la oportunidad y el modo de introducirla, llevar a cabo una lectura crítica de todo el texto y, con esas premisas, proceder a redactar las modificaciones que se discutirán en las comisiones interacadémicas.

El acceso a un gran volumen de datos es, sin duda, un aspecto fundamental en una gramática que aspira a describir pormenorizadamente una lengua de dominio tan extenso como el español. Pero el aumento del caudal empírico plantea asimismo retos a la hora de clasificar las distintas variantes, describirlas y otorgarles un análisis que refleje la relación que existe entre ellas. Un ejemplo ilustrativo lo proporciona el funcionamiento de la preposición *entre*. Aparte de otras posibilidades que no son relevantes para lo que ahora nos interesa resaltar, dicha preposición puede tomar como término (o complemento) sustantivos no coordinados en singular, siempre que pertenezcan a la clase de los no contables o de los colectivos, como se indica en el § 12.2s-u de la primera edición de la *NGLE*. Se atestigua este uso en combinaciones como *entre el dinero, entre la ropa, entre el barro, entre el humo, entre la yerba, entre la inmundicia, entre la vegetación, entre la tripulación, entre el pú-*

blico o *entre la gente*. También es posible la combinación de esta partícula con algunos sustantivos contables en singular, en concreto prendas tejidas que pueden formar pliegues: *entre la sábana, entre la falda*. Nótese que de estos ejemplos la interpretación que se obtiene es equivalente a «entre los pliegues de la sábana» o «entre los pliegues de la falda». En cambio, se señala que no es posible la combinación con sustantivos no contables que designan materias envolventes que no son lo suficientemente porosas como para presentar intersticios, como *el agua* o *el aire*, de manera que, en esos casos, la preposición seleccionada es *en*: *en el agua, en el aire*. Las combinaciones **entre el agua* y **entre el aire* aparecen consiguientemente marcadas en la primera edición con un asterisco que señala, como es habitual en las obras gramaticales contemporáneas, la agramaticalidad de la combinación. No obstante, una consulta a las bases de datos permite comprobar que esas combinaciones se atestiguan, si bien en un número reducido de casos, como sucede en los ejemplos siguientes:

> *Ella emerge desnuda entre el agua del pozo como una ninfa* (Roberto Rubiano Vargas, *El anarquista jubilado*).
>
> *[...] ese verdor casi sobrenatural que brillaba entre el aire húmedo* (Clara Obligado, *Salsa*).

Ante la existencia de ejemplos como estos, se le plantea al gramático una decisión difícil. Si mantiene el criterio de continuar considerando agramaticales estas combinaciones, desatiende la evidencia de que se presentan en la lengua —siquiera esporádicamente—, incluso en los registros formales. En cambio, si les otorga la consideración de plenamente gramaticales, deja de reflejar que en la competencia lingüística de la mayoría de los hablantes existe un contraste claro entre la naturalidad de *entre el público* y la naturaleza marginal de *entre el agua*. El problema, que se repite a propósito de otros casos, deriva de que la oposición entre *gramaticalidad* y *agramaticalidad* es estrictamente binaria. Una manera de paliar la situación es introducir un valor intermedio entre ambos conceptos, de modo que ciertas construcciones se pasen a considerar *semigramaticales* o *de gramaticalidad dudosa*; esto es, gramaticales solamente para una minoría de los hablantes. Hemos propuesto incorporar este tercer valor, que se utiliza habitualmente en los trabajos de investigación lingüística y en muchas gramáticas, a la nueva edición de la *NGLE*. Si la comisión interacadémica aprueba este cambio, será posible oponer, en un continuo que va de la gramaticalidad a la agramaticalidad, las tres opciones mencionadas: *entre el público* (gramatical), ??*entre el aire* (semigramatical) y **entre el niño* (agramatical). Como se ve, la marca tipográfica para señalar la semigramaticalidad es una doble interrogación de cierre volada. Es conveniente señalar que las distinciones que acabamos de establecer no son de carácter normativo, sino que pertenecen al terreno de la teoría gramatical. A partir de la descripción y del análisis de las combinaciones estudiadas, la decisión normativa (si es que tuviera que haberla para este caso concreto) debería abordarse posteriormente[9].

El reto que debe afrontar una gramática de referencia como la *NGLE* es doble: por una parte, debe presentar una descripción ordenada y lo más completa posible de las construcciones de la lengua; por otra, debe proponer análisis que permitan establecer las sutiles conexiones que existen entre estructuras aparentemente no relacionadas y que expliquen además a través de reglas y principios lo más simples posible cómo se arma el significado de las formas complejas a través de la combinación de otras más simples. El primer desafío es descriptivo; el segundo, teórico. Como señaló Bello de manera magistral en el prólogo de su admirable *Análisis ideológica de los tiempos de la conjugación castellana* (1841)[10]:

> Los significados de las inflexiones del verbo presentan desde luego un caos, en que todo parece arbitrario, irregular y caprichoso; pero a la luz de la análisis, este desorden aparente se despeja, y se ve en su lugar un sistema de leyes generales, que obran con absoluta uniformidad, y que aun son susceptibles de expresarse en fórmulas rigorosas, que se combinan y se descomponen como las de un idioma algebraico. [...] Cuando todos los hechos armonizan, cuando las *anomalías* desaparecen, y se percibe que la variedad no es otra cosa que la unidad, transformada según leyes constantes, estamos autorizados para creer que se ha resuelto el problema, y que poseemos una verdadera TEORÍA, esto es, una visión intelectual de la realidad de las cosas. La verdad es esencialmente armoniosa.

La herramienta gramatical que permite detectar lo uno en lo diverso es, como dice el insigne gramático venezolano, el análisis (sustantivo femenino en la época de Bello). En este sentido, la reducción de las anomalías a las que alude la cita anterior es un objetivo esencial del trabajo del gramático. A título de ejemplo, expondremos un caso particular discutido recientemente en

---

9. En el *Diccionario panhispánico de dudas* (RAE-ASALE, Madrid, Santillana, 2005) no hay mención de estas combinaciones con sustantivos en singular en la entrada dedicada a la preposición *entre*. En la *NGLE*, los datos se describen detalladamente, pero el hecho de considerar agramaticales sintagmas como *entre el agua* y *entre el aire* hacía innecesario abordar cualquier decisión normativa, puesto que una construcción agramatical está, por definición, fuera del sistema lingüístico. En el caso de que estas últimas combinaciones se etiqueten como semigramaticales, podría suscitarse la cuestión de si pasan a considerarse normativamente correctas o si se sigue optando por establecer en este caso la frontera de la corrección idiomática entre las combinaciones inequívocamente gramaticales y todas las demás, en virtud de su escasa aparición en los textos y de la poca naturalidad que les atribuye la mayoría de los hablantes. En cualquier caso, es evidente que este contraste afecta a un aspecto muy específico y de muy baja frecuencia en el uso, por lo que es probable que la gramática normativa siga sin interesarse por él.

10. En A. Bello, *Obras completas, Opúsculos gramaticales*, vol. 2, Madrid, Imprenta y fundición de Tello, 1891, págs. 4-5.

el equipo que prepara la nueva edición. En la primera edición de la *NGLE* se dedican dos secciones completas del capítulo 12 al estudio de las nominalizaciones; esto es, a los sustantivos derivados de una palabra perteneciente a otra categoría, principalmente verbos (*entrada*, derivado de *entrar*), aunque también adjetivos (*amabilidad*, obtenido a partir de *amable*). Se clasifican allí estas formas en cinco grupos diferentes (§ 12.11c), que se estudian a continuación detalladamente. Se explica la íntima relación que existe entre las nominalizaciones de acción y las de resultado, un vínculo que se refleja en los diccionarios al definir muchos de esos términos con la fórmula «acción y efecto de X», donde X representa al verbo que actúa como base del derivado. Así, el sintagma *la traducción de ese libro* puede referir indistintamente al proceso mismo de obtener una versión en otra lengua o al resultado concreto de ese proceso. En el primer caso, denota un proceso que dura en el tiempo (*La traducción de ese libro nos ocupó casi un año entero*). En el segundo, refiere al efecto o resultado de ese proceso (el libro en su versión traducida: *La traducción de ese libro se publicó en 2020*). Como los resultados se obtienen a partir de procesos dinámicos, no es esperable que los verbos de estado (que expresan pura permanencia sin dinamismo de ninguna clase) den lugar a nominalizaciones de efecto. Sin embargo, la *NGLE* señala en el § 12.12j que una nominalización como *recuerdo* (que procede del verbo de estado *recordar*) se ha considerado en la bibliografía con frecuencia como de efecto (*He comprado unos recuerdos para los amigos*). El mismo texto señala a continuación que ese análisis no puede generalizarse a otros derivados de verbos de estado, como *creencia*. El problema que se le plantea al gramático es, pues, si el comportamiento de *recuerdo* es excepcional o si se puede derivar de alguna propiedad más general. Una pista interesante a la hora de resolver el dilema nos la da el diccionario. Si consultamos las dos primeras acepciones del verbo *recordar* en el *DLE*, obtenemos las siguientes definiciones:

1. tr. Pasar a tener en la mente algo del pasado.
2. tr. Tener algo o a alguien en la mente o en consideración.

Es posible que el lector no especialista se sorprenda al leer la distinción anterior, pues el matiz diferencial entre ambas acepciones parece sutil. Sin embargo, es muy probable que en él esté el germen de la respuesta al problema que planteábamos más arriba. En efecto: la segunda definición caracteriza el verbo *recordar* como propiamente estativo; en cambio, la primera lo identifica como un verbo de cambio de estado y, por lo tanto, dinámico. Es este último valor el que justifica que dé lugar a una nominalización de efecto. Naturalmente, la imposibilidad de que *creer* siga la misma pauta deriva del hecho de que no es viable una lectura dinámica en ese caso: a uno le vienen a la cabeza los recuerdos, pero no las creencias. Así pues, a la luz de lo anterior, no tiene nada de extraño que *recuerdo* se pueda interpretar, en uno de sus sentidos, como una nominalización de efecto, con lo que, usando las sabias palabras de Bello, «este desorden aparente se despeja».

Hay otro aspecto del caso que acabamos de exponer que merece comentario: la interacción constante entre la lexicografía y la gramática. Para perfilar las definiciones de las palabras, los lexicógrafos deben estudiar detenidamente sus propiedades de combinación; esto es, su sintaxis. A su vez, en el proceso de formación de un enunciado complejo (como, por ejemplo, una oración), unas palabras (que en gramática llamamos *núcleos*) son las que legitiman la aparición de otras. Por lo tanto, el enunciado complejo que se forme dependerá crucialmente de las propiedades de los núcleos que posea y la construcción de su significado pivotará en torno a ellos. En la primera edición de la *NGLE* son muchísimas las referencias que se hacen al diccionario, una tendencia que se mantendrá sin duda en la nueva versión.

Acabaremos esta presentación mencionando un tercer ejemplo de los retos que plantea la reedición de la *NGLE*. En el primer capítulo de la obra se señala que la norma del español debe concebirse como pluricéntrica:

> A pesar de que no existe un español estándar único, en el sentido de una sola lengua culta y uniformada que todos los hispanohablantes compartan, el grado de cohesión y homogeneidad del español actual es muy elevado (*NGLE*, § 1.2i).

Como ya hemos señalado, uno de los retos fundamentales es describir y analizar todas las variantes de la lengua. Pero una gramática habla de la lengua usando la lengua, de modo que esta asume la función de objeto de estudio y a la vez de medio a través del cual se expresa su contenido. Esta función metalingüística es, justamente, una de las características distintivas de las lenguas naturales frente a otros sistemas simbólicos, que no poseen la capacidad de hablar por sí mismos sobre sí mismos. La *NGLE* es una obra elaborada y publicada por la RAE y por ASALE. Por lo tanto, va dirigida a toda la comunidad hispanohablante y es necesario que la lengua en la que se vehiculan sus contenidos se ajuste lo más fielmente posible a las opciones que son más comunes en el conjunto de su dominio hablado. Para ello, se solicitó a las academias que informaran de la posible presencia en la redacción de la primera edición de españolismos y que propusieran, en tal caso, opciones alternativas más abarcadoras. Además, se ha intentado que los textos reflejen las opciones mayoritarias en el dominio hispanohablante. Un caso interesante es el que afecta al uso del pretérito perfecto compuesto (*ha cantado*), sin duda el tiempo verbal con mayor grado de variación de los que componen la conjugación del español. Se trata de un tiempo que en algunas zonas de España (Asturias, León y Canarias, principalmente), así como en los países del Cono Sur americano se neutraliza completamente en favor de la forma simple del perfecto (*cantó*). A su vez, en México, Centroamérica y en buena parte del Caribe el uso de la forma compuesta solo se mantiene en la interpretación de antepresente (también denominada experiencial), como en *Ha sufrido mucho en la vida* o en *He estado muchas veces en ese país*. En la interpretación hodiernal (del latín *hodie*, 'hoy'), que expresa situaciones recientes ya acabadas (*Esta mañana he ido a la universidad*), la forma compuesta del perfecto es sustituida también por la forma simple (*Esta mañana fui a la universidad*). Eso significa que, en el conjunto de la comunidad hispanohablante, el uso hodiernal del pretérito perfecto compuesto es minoritario, por lo que en el texto de la *NGLE* se opta por usar el pretérito perfecto simple para esos casos —algo que, por cierto, no hemos tenido en cuenta en este texto, que va destinado a una publicación de la RAE— y se reserva la forma compuesta para los usos de antepresente.

En estas breves páginas hemos intentado dar noticia del proceso de elaboración de la segunda edición de la *NGLE*, señalando de paso algunos de los retos que supone. Somos conscientes de la importancia de la tarea y esperamos estar a la altura de las circunstancias. Pues como señaló Octavio Paz con la más poética de las prosas, la indagación gramatical nos acerca a la propia raíz de la racionalidad humana:

> El universo es un texto insensato y que ni siquiera para los dioses es legible. La crítica del universo (y la de los dioses) se llama gramática... (O. Paz, *El mono gramático*, Barcelona, Seix Barral, 1974, pág. 47).

Reediciones. Tomo III de la NGLE *y DVD* Las voces del español. Tiempo y espacio

JOSÉ MANUEL BLECUA (Real Academia Española)

El volumen III de la *NGLE*, dedicado a la Fonética y a la Fonología de la lengua española, consiste, en primer lugar, en la exposición del estado de los conocimientos enmarcados en una concepción teórica; también en un sistema de obtención de los datos y, por último, en unos procedimientos tecnológicos que permitían exponer de manera clara y rigurosa bastantes de los avances en el horizonte científico de finales del siglo XX y principios del siglo XXI. Se empezó a concebir en los años anteriores al 2003 y se publicó en el año 2011, bajo el generoso patrocinio de Caja España-Duero; la Fundación Instituto Castellano Leonés de la Lengua acogió en Burgos la sesión de la Comisión Interacadémica que aprobó la estructura y aspectos generales del DVD. Este disco se realizó gracias un convenio con la Universidad Rey Juan Carlos de Madrid, del que fue responsable el profesor Alfonso Palazón Meseguer, como más adelante se expondrá con detalle.

De acuerdo con los principios de redacción que había establecido el profesor Ignacio Bosque para los dos primeros volúmenes de la obra académica, *Morfología* y *Sintaxis*, publicados el año 2009, y que fueron ratificados en su trabajo publicado en *Crónica,* I, 201-211, «La segunda edición de la *Nueva gramática de la lengua española* y el nuevo *Glosario de términos gramaticales*», la obra debe seguir los sistemas de párrafos que estructuran los contenidos de los volúmenes citados. En todos los casos se va a intentar mantener la numeración en las citas oportunas para lograr la coherencia necesaria. Como sucede también en los dos volúmenes citados, la obra carece de bibliografía, ausencia que debe cubrirse en esta nueva reedición.

Desde los primeros momentos del proceso de reedición, se solicitó la participación en todos los trabajos de Francisco Javier Pérez, Secretario General de ASALE, ya que se consideró que su experiencia y su relación con las Academias eran fundamentales para las tareas que se presentarán en esta labor de las reediciones. También se ha solicitado el consejo y la aprobación del profesor José María Brucart, que ha sucedido a I. Bosque como responsable académico de la totalidad de la *NGLE*.

El inicio de los trabajos para la reedición del tomo III de la *NGLE* y de los datos informáticos del antiguo DVD consistió en revisar los contenidos de ambos soportes por los usuarios habituales del manual. La Universidad de Alcalá de Henares había utilizado el libro en los últimos diez cursos para las asignaturas correspondientes de lengua española. La profesora Isabel Molina Martos y su equipo tenían una experiencia más que suficiente en estas labores. Su informe ha sido el punto de partida de los primeros trabajos de la Comisión Técnica. Inmediatamente pareció que había que extender el sistema de informes a otros ámbitos y se encargaron a la profesora Erika Vázquez, de la UNAM de México, dos informes independientes para el libro y para el disco. La profesora Vázquez es colaboradora de Pedro Martín Butragueño en proyectos relacionados con los aspectos prosódicos del idioma y además investigadora del proyecto del Corpus Oral de México.

Desde el comienzo del proyecto se ha considerado la constitución renovada de los equipos colaboradores en las labores de reedición y se ha empezado a invitar a investigadores jóvenes de distintas formaciones para que las nuevas teorías y publicaciones recientes puedan estar presentes en adelante en los trabajos académicos.

Los equipos de redacción de los textos del volumen III y también los que colaboraron en la fabricación del DVD tuvieron como primera preocupación el rigor científico en la obtención de los datos. En primer lugar se construyeron unas encuestas muy completas que iban desde los elementos segmentales básicos a la grabación de la conversación libre. Esta fase tuvo aspectos extraordinariamente cuidados: los informantes, universitarios de los diferentes países, fueron elegidos por un profesional ajeno al proyecto. Se prefirió el modelo de encuestador único para garantizar el carácter homogéneo de la tarea. Esta delicada misión fue desempeñada por Pilar García Mouton, miembro del CSIC y académica correspondiente de la RAE. Las grabaciones se realizaron en locales de grabación profesionales y con el auxilio der técnicos especializados (Laboratorio de Fonética de la UAB y la empresa ACG Audio de Madrid). Los estudios de grabación garantizaban la fidelidad y calidad de los resultados y únicamente se utilizó un ordenador que carecía de disco duro para evitar ruidos ajenos a la encuesta. Los datos fonéticos de las grabaciones responden a los estándares científicos más rigurosos.

Estos datos son los básicos en los aspectos fonéticos especializados en el tomo III de la NGLE y son los que también aparecen en las grabaciones de los distintos apartados del DVD. Se trata de datos que ofrecen la garantía informática para los trabajos posteriores (espectrogramas o análisis de las entonaciones, por ejemplo). Las resonancias magnéticas se realizaron en la Centro de Diagnóstico por la Imagen Dr. Manchón, de Barcelona, bajo la dirección del Dr. Enrique Perelló.

Una vez obtenidos los datos fonéticos y los datos de las resonancias magnéticas, se procedió a los análisis de fonética acústica con el sistema del programa informático PRAAT y para las zonas de la entonación y de los elementos suprasegmentales se utilizó este programa adaptado a estos propósitos por Pauline Welby.

Como no podía ser de otra manera, se adoptó el sistema de transcripción del AFI (Alfabeto Fonético Internacional), que ya tenía tradición hispánica por su uso por A. Quilis y sus colaboradores en los trabajos del Laboratorio de Fonética del CSIC en Madrid.

Los mapas y el sistema de localización territorial fueron construidos por el Laboratori d' información geográfica i teledetecció (LIGIT) de la UAB. El profesor Robert Estalella Boadella, astrónomo de la UB, puso generosamente a nuestra disposición el sistema informático, de origen astronómico, que permite explicar los movimientos en los cambios fonéticos. Por fin, acabada la fase fonética, un experto en sonido, que posee dos Premios Goya por su labor cinematográfica, repasó todas las grabaciones para que tuvieran las condiciones de calidad y de perfección.

Estos elementos informáticos rigurosamente obtenidos y manejados en la obra y en el disco constituyen el modelo de los datos de laboratorio que es necesario conservar para determinados aspectos de la reedición, sobre todo en cuestión de análisis acústico. Sin embargo es necesario pensar que muchos de los datos que iluminarán futuros trabajos del proyecto se pueden obtener directamente de grabaciones de emisoras de radio o de televisión. La coexistencia de ambos tipos de datos fonéticos simplifica los trabajos de los investigadores y de los futuros usuarios, enriquece las posibilidades y abarata los gastos para esta segunda fase. En consecuencia, se mantendrán las metodologías de laboratorio para la renovación de zonas del proyecto que lo requieran y también para los análisis acústicos de unidades fonéticas altamente especializadas.

Esta decisión permite que la selección de ejemplos en las zonas nuevas del proyecto sea más fácil en todos los sentidos y amplíe los usuarios al universo que se aspira. El mantenimiento de una metodología «de laboratorio» mantendrá siempre el rigor imprescindible para la investigación a lo largo de todo el proyecto.

Como era imposible construir una Fonética y una Fonología sin sonido, se pensó que el libro tenía que ir acompañado de los datos fonéticos rigurosos que se habían obtenido en la fase ya descrita. Para la construcción informática del DVD se pensó en el Departamento de Comunicación de la Universidad Rey Juan Carlos por su experiencia en este tipo de trabajos, bajo la dirección del profesor Palazón Meseguer. La firma del oportuno convenio entre las instituciones cubrió los aspectos legales del proyecto y permitió un trabajo conjunto inédito hasta estos momentos en la lengua española.

Eran muy diversos los intereses que el DVD tenía que cubrir dada la situación de ls investigación y de la enseñanza de estas materias en los inicios del siglo XXI. Se eligió el sistema *Flash* que permitía manejar los datos con velocidad y sin excesivo gasto de programación. El primer objetivo era poder manejar con facilidad todos los datos fonéticos que se habían obtenido en las encuestas y también los elementos complementarios, como por ejemplo las resonancias magnéticas.

El DVD se construyó sobre pilares temáticos diferentes: la situación de la Lengua Española (*El español hoy*); su historia (*El español ayer*); un curso de Fonética con el sistema de autoaprendizaje, ya que había universidades que no habían podido ofrecer estas materias por la ausencia de profesores especializados (*Los sonidos del español*); por último, el apartado *Las voces del español* permitía consultar territorialmente todos los aspectos fonéticos fundamentales que se habían tratado en el libro (*NGLE*, III). El disco iba acompañado de los elementos básicos para los trabajos fonéticos y fonológicos contenidos en una útil *caja de herramientas*. Este apartado es básico para los no especialistas, ya que contiene todos los elementos que un usuario sin experiencia en la investigación puede necesitar: el Alfabeto Fonético Internacional (AFI), el acceso al sistema PRAAT y el catálogo de las fuentes documentales.

En estos momentos no queda otro remedio que prescindir del sistema *Flash*. Según ha informado el Departamento de Tecnología de la RAE no parece que haya dificultades para la recuperación de los datos del DVD, salvo en los problemas relacionados con las animaciones, que fueron básicas en la construcción del disco.

Al llegar a este punto es necesario reflexionar sobre el futuro soporte para la difusión general de estas obras. Es imprescindible la conversión del contenido del DVD en un soporte informático del tipo de un «lápiz» o *pendrive* que permita el acceso fácil a los datos con los ordenadores y programas actuales. Esta conversión entronca con la unión del tomo III con todos los datos contenidos en el DVD actual. Si se consiguiera legalmente sería el primer logro de esta segunda época. Todos los informes recibidos hasta hoy insisten en desaconsejar esta independencia y defienden la conexión e interdependencia de ambos soportes.

En el terreno de los datos de apoyo parece claro que se han cubierto con creces el soporte de trabajos de laboratorio y es necesario construir programas menos costosos y mucho más ágiles en su funcionamiento.

En esta renovación y ampliación de los datos debe centrarse en convenios con las estructuras de los medios de comunicación y la RAE y ASALE: RTVE, la FORTA, los grupos de comunicación americanos y las grandes empresas actuales.

Este punto de partida permite pensar que en esta nueva fase se puede entrar en aspectos monográficos del proyecto, aspectos que se unan con los apartados que son tradicionales en nuestros trabajos: dialectología, diacronía o sociolingüística, la construcción de corpus o el manejo de los datos bibliográficos. Esta perspectiva que se abre en la renovación debe examinarse con gran cuidado y prudencia; se ha pensado que un aspecto básico en nuestra lengua actual es *el español financiero*. Se trata de un aspecto sectorial de extraordinaria actualidad e interés y que ASALE, con la diversidad de centros, puede contribuir a analizar y a proporcionar datos en la Diccionario. La profesora Josefa Gómez de Enterría, especialista en estas cuestiones, se ha prestado generosamente a dirigir el futuro equipo que se haga cargo de estos aspectos monográficos.

Este apartado monográfico podrá completarse en esta nueva fase de renovación con un apartad los que ya son perfectamente conocido de recogida de materiales en el terreno de *La conversación*. En el DVD ya aparecieron lecturas de textos escritos, apartado que debe completarse en esta segunda fase. En el DVD se recogieron algunos datos de tipo «espontáneo» procedentes de los informantes y que quedaron almacenados y podrán utilizarse en el futuro.

El español financiero, el español de los negocios, como se denomina de manera habitual, aparece como un mundo de extraordinaria riqueza por su variación y por su uso. *La conversación* es un centro de interés y de investigación fundamental para su análisis y también para la docencia a alumnos extranjeros. Con la presencia de ambos centros monográficos de interés, unidos a los que son perfectamente conocidos por su aparición en el DVD, se plantea una fase de renovación en los próximos tiempos limitada en sus propósitos y de utilidad inmediata para los futuros usuarios.

La edición en línea del Glosario de términos gramaticales

IGNACIO BOSQUE (Real Academia Española)

El *Glosario de términos gramaticales* (en adelante *GTG*) es un pequeño diccionario de gramática. Está dirigido a los docentes de lengua española de todos los países hispanohablantes y ha sido elaborado fundamentalmente a partir de la información contenida en la *Nueva gramática de la lengua española*. El *GTG* es una obra de la RAE y la ASALE que fue publicada por la Universidad de Salamanca en 2019 y en cuya elaboración participaron todas las academias de la asociación. El *Glosario* se dirige fundamentalmente a los profesores de lengua de los cursos de secundaria y bachillerato (o sus equivalentes en los varios sistemas de organización docente que existen en América), pero la experiencia de estos años nos indica que resulta también útil a los alumnos de Filología Hispánica de los primeros cursos de la universidad, así como a los profesores de español como L2, entre otros destinatarios. He expuesto en otros trabajos las características fundamentales de este proyecto[11]. Es oportuno recordar aquí que, con la publicación del *GTG* —tanto en la edición en papel como en la versión en línea que ahora se prepara—, la RAE y la ASALE reafirman su voluntad de contribuir a la enseñanza y la difusión de la lengua española en los diversos ámbitos académicos en los que se estudia, con especial atención a la enseñanza media.

Los objetivos fundamentales del *GTG* son dos. El primero es mejorar el conocimiento de la estructura y el funcionamiento del español que poseen los docentes de lengua en todos los países hispanohablantes. El segundo es contribuir a que se unifique en alguna medida la terminología gramatical que se maneja en los múltiples países en los que se enseña nuestro idioma, especialmente en los cursos previos a la universidad.

11. I. Bosque: «La segunda edición de la *Nueva gramática de la lengua española* y el nuevo *Glosario de términos gramaticales*», en Real Academia Española (ed.): *Crónica de la lengua española 2020*. Madrid: Espasa, 2020, págs. 201-217; «El nuevo *Glosario de términos gramaticales*. Estructura, características y objetivos», *Bellaterra Journal of Teaching & Learning Language & Literature* 13 (2), 2020, págs. 1-15. Accesible en línea.

La edición en línea del *GTG* que está en marcha aspira a que el usuario que lo consulte pueda acceder con un solo clic al amplio conjunto de referencias internas y externas que la obra contiene. Las referencias internas remiten a otras entradas del *GTG*, así como a los cuadros y las tablas que aparecen al final del texto. Las referencias externas remiten a párrafos o a secciones de la *Nueva gramática de la lengua española* (en su versión extensa, actualmente en línea), de la *Gramática descriptiva de la lengua española* (obra colectiva en tres volúmenes publicada por la RAE en 1999) y del *Diccionario de la lengua española* (23.ª edición, actualmente en línea). Está previsto añadir asimismo referencias al *Diccionario panhispánico de dudas* y a la *Ortografía de la lengua española*.

En la situación actual, el usuario no puede conectar directamente entre sí los recursos lingüísticos de RAE-ASALE que están en línea. Para acceder a las referencias internas del *GTG* (obra que solo está disponible en papel), el lector debe avanzar y retroceder en el texto si desea ampliar o completar la información que se le proporciona en cada entrada. A la vez, para consultar las referencias externas debe acceder a otras obras académicas (o bien auspiciadas y publicadas por la RAE, como la *Gramática descriptiva*). La edición en línea del *GTG* permitirá conectarlo directamente con todas las obras mencionadas, lo que facilitará la consulta inmediata de cualquier término gramatical. Permitirá, a la vez, ampliar la información que cada entrada proporciona sobre él y vincularla con la que puede obtenerse de las demás obras académicas. Son considerables, en consecuencia, las ventajas que la edición que se desea elaborar puede aportar a alumnos y profesores, aun cuando unos y otros posean muy diversos intereses.

Los servicios informáticos de la RAE están elaborando una interfaz de uso sencillo e intuitivo que permitirá consultar en línea cualquier entrada del *GTG*, así como acceder al instante a las numerosas referencias internas y externas que las entradas contienen. La RAE ha conseguido recientemente la autorización de la editorial Espasa para reproducir en esta edición fragmentos de la *Gramática descriptiva de la lengua española*, obra agotada que no está previsto reeditar. Como es lógico, se citará en todos los casos a los autores de los textos que se reproduzcan, ya que esta gramática es una obra colectiva en la que cada autor es responsable del capítulo que firma. Se desea que el proyecto pueda presentarse, ya concluido, en el próximo Congreso Internacional de la Lengua Española (CILE), cuyas fechas no han sido decididas en el momento de escribir el presente texto.

Es importante resaltar que se pone en marcha con este proyecto la idea misma de conectar entre sí en línea varias obras de RAE-ASALE, y sería de desear que, en un futuro no muy lejano, la idea pudiera extenderse a las demás obras. Es cierto que el usuario de los recursos académicos puede abrir simultáneamente varios de ellos en la pantalla de su computadora, pero lo cierto es que no puede hacer clic sobre una palabra, una expresión, una construcción gramatical o un término técnico y pedir que el sistema le proporcione más información sobre la forma elegida, aun cuando esos contenidos aparezcan en otros recursos académicos que están asimismo en línea. El consultor debería poder pasar del diccionario común al diccionario histórico o al panhispánico de dudas sin salir de ninguno de ellos; debería poder acceder a los corpus de datos desde cualquiera de estos diccionarios, así como tener acceso a la *Gramática* o a la *Ortografía* desde cualquier otro recurso. Como se ve, no es del todo suficiente el que esas obras estén en línea. El servicio que los consultores esperan de forma natural es que las presentemos interconectadas. Con la nueva edición del *GTG* deseamos dar el primer paso en esa dirección.

El Corpus del Español del Siglo XXI (CORPES) y otros corpus textuales de la RAE y la ASALE

GUILLERMO ROJO (Real Academia Española)

LOS CORPUS TEXTUALES

El Corpus del Español del Siglo XXI (CORPES) pertenece al bloque de los llamados «corpus de referencia», conjuntos que están formados por un gran número de textos y, en la actualidad, constan de cientos o miles de millones de formas ortográficas. La denominación obedece a que, al menos en la intención de sus diseñadores, deben servir para proporcionar los datos correspondientes a una determinada etapa de una lengua que se precisan para obtener una idea clara de lo que está sucediendo realmente en diferentes parcelas del léxico o la gramática. Aunque las caracterizaciones habituales aluden de modo sistemático a que los corpus están formados por textos que nacieron como novelas, obras de teatro, ensayos sobre diferentes temas, noticias periodísticas, conversaciones más o menos informales, discursos parlamentarios, etc., es preciso tener en cuenta que los textos son solo la base del corpus, su punto de partida. El enorme trabajo necesario para la confección de un corpus no procede solo de la acumulación de materiales, tarea que, hoy en día y gracias a la gran cantidad de textos ya en formato electrónico, puede realizarse con cierta facilidad. El trabajo que supone la preparación y publicación de un corpus de referencia deriva fundamentalmente de las tareas adicionales que hay que realizar para que resulte realmente adecuado al propósito con que han sido construido.

En primer lugar, es necesario incorporar a todos los textos los llamados metadatos, es decir, el conjunto de informaciones referentes al carácter del texto, su autoría, el lugar y fecha de publicación, la editorial y demás rasgos de este tipo. La importancia de estos datos, que deben figurar de un modo que las aplicaciones informáticas entiendan de la forma adecuada, reside en el hecho de que es precisamente su inclusión lo que permite hacer luego las búsquedas selectivas tan útiles en las investigaciones. Un ejemplo trivial: podemos estar interesados en recuperar los casos de una determinada palabra en textos procedentes de un cierto país para poder comparar su frecuencia de uso con la que esa misma palabra presenta en otro lugar. Naturalmente, la forma adecuada de lograrlo no es buscar la aparición del nombre del país en el interior del texto, sino que esa información debe estar situada en un lugar especial, un lugar que la aplicación de consulta identifique precisamente como la indicación del país de origen del texto en cuestión. Este trabajo, conocido como codificación, comprende también indicaciones internas al texto como, entre muchas otras, formatos de carácter, partes de la obra (capítulos en una novela, actos en una obra de teatro, etc.), características pertinentes de las personas que intervienen en una conversación, una tertulia radiofónica, etc., para luego extraer datos de importancia sociolingüística.

En segundo término, la utilidad de un corpus como recurso de investigación se incrementa considerablemente si añade a las formas ortográficas la información lingüística. Si el corpus tiene únicamente el texto original, aunque esté codificado, será posible recuperar los casos de una forma como *esperando* o, incluso, utilizando los llamados «comodines», recurrir a *esper** para tratar de obtener todas las formas del verbo *esperar* (con muchas otras como *esperanza*, *espermatozoide*, *esperanto*, etc.), pero poco más. Lo realmente útil para las búsquedas procede de la posibilidad de utilizar conceptos abstractos como «el verbo *esperar*», «formas de gerundio de cualquier verbo», «formas de femenino singular», «sustantivo seguido de dos adjetivos», etc. Estas búsquedas son posibles únicamente si las informaciones correspondientes han sido incorporadas previamente. Y, puesto que estamos hablando de cientos o miles de millones de formas, esa tarea solo es posible si se realiza de forma automática, lo cual implica el desarrollo de programas que sean capaces de reconocer que, por ejemplo, *entregándotela* es una forma gráfica que está formada por tres elementos gramaticales distintos: el gerundio del verbo *entregar*, el pronombre personal de segunda persona *te* y el pronombre personal de tercera *la*. Está claro que no es una tarea fácil, puesto que es algo que afecta a todos los gerundios y sus posibles combinaciones con uno o más clíticos. Pero también es necesario tener en cuenta que expresiones como *sin duda*, *al frente de* y muchas otras deben ser consideradas conjuntamente y, por supuesto, que existen en español miles y miles de casos como *bajo*, que puede remitir a una preposición, un sustantivo, un adjetivo, un adverbio o una forma del verbo *bajar*. Es decir, se necesita todo un conjunto de programas informáticos que, aplicando técnicas de lingüística computacional, sepan resolver esas cuestiones y proporcionar la solución adecuada en un porcentaje razonable de casos (digamos, por ejemplo, el 98 %).

EL CORPUS DEL ESPAÑOL DEL SIGLO XXI (CORPES)

Orígenes del proyecto

En 1995, consciente de la importancia que estaba adquiriendo el uso de corpus textuales para la confección de diccionarios y tratados gramaticales, la Real Academia Española decidió acometer la confección del Corpus de Referencia del Español Actual (CREA). En su diseño inicial, el CREA debería constar de 125 millones de formas procedentes de textos originados en todos los países hispánicos entre 1975 y 1999. Dada la utilidad que mostraban los primeros resultados alcanzados, la RAE acometió poco después la confección del Corpus Diacrónico del Español (CORDE), diseñado para contener unos 250 millones de formas procedentes de textos desde los orígenes de la lengua hasta 1974. CORDE y CREA estaban configurados, por tanto, para permitir el análisis de los más diversos fenómenos léxicos y gramaticales a lo largo de toda la historia de la lengua.

Con estos dos proyectos ya en marcha y a disposición de todas las personas interesadas desde 1998, la RAE presentó en el XIII Congreso de la ASALE, celebrado en Medellín (Colombia) en marzo de 2007, el proyecto de construcción de un corpus más ambicioso, plenamente adaptado al enorme desarrollo que la lingüística de corpus había experimentado en los años precedentes. El pleno de la ASALE aprobó por unanimidad encargar a la RAE el diseño y desarrollo del Corpus del Español del Siglo XXI (CORPES), que recibió desde su mismo nacimiento la consideración de proyecto de la asociación. La primera versión pública del CORPES fue presentada en el VI Congreso Internacional de la Lengua Española, celebrado en la ciudad de Panamá en octubre de 2013.

Como consecuencia de su consideración como proyecto global, todas las academias de ASALE participan en la configuración del CORPES, bien sea de forma directa, mediante la indicación de textos que consideran de interés, o indirecta, como, por ejemplo, con la selección de textos para recursos como el Corpus Complementario del *DLE*. Además, en los equipos de trabajo (*cf. infra*) figuran la Academia Puertorriqueña de la Lengua Española (hasta 2010) y la Academia Argentina de Letras (hasta la actualidad).

Características generales

El diseño general del CORPES consiste en la introducción de 25 millones de formas ortográficas correspondientes a cada uno de los años del siglo XXI y procedentes de todos los países de habla hispana, incluidos Guinea Ecuatorial y Filipinas. En la distribución general, el 70 % de las formas procede de textos producidos en América, mientras que el 30 % restante se obtiene de textos originados en España.

En cuanto a su tipología, los textos se distribuyen en dos grandes bloques: ficción (novelas, relatos, teatro, guiones cinematográficos, etc.) y no ficción. En este segundo bloque entran textos procedentes de prensa y también ensayos, clasificados según su área temática (actualidad, ciencias y tecnología, salud, política, ciencias sociales, arte, etc.). Se incluyen además transcripciones de textos orales, algunos de los cuales permiten la recuperación del audio alineado con el texto, mientras que en otros es posible el acceso al audio o al vídeo original.

El CORPES combina las características de los corpus cerrados y los corpus abiertos. Es cerrado en tanto que va fijando e inmovilizando el conjunto de textos correspondientes a un año determinado. Es abierto en tanto que, a medida que pasa el tiempo, va incorporando textos de los períodos más recientes, de modo que nunca se interrumpe la entrada de textos y formas nuevas, con lo que constituye un recurso adecuado para investigar no solo las tendencias generales, sino también las novedades que el español va incorporando en su devenir histórico.

Sistema de trabajo

Los textos se seleccionan de acuerdo con el diseño general. Los libros se procesan desde su formato electrónico original al formato XML propio de CORPES. Los textos procedentes de prensa (digital) se transforman desde el HTML a ese mismo formato. Las fuentes orales se transcriben a texto, alineado fragmento a fragmento con el audio en muchos casos, y también se incorporan otros corpus orales, que se adaptan al formato de CORPES.

Las tareas de selección, adquisición y codificación se distribuyen entre un equipo central, ubicado en la sede de la Real Academia Española, y ocho equipos colaboradores procedentes de distintos grupos de investigación en instituciones, entre las que figura actualmente la Academia Argentina de Letras, y universidades tanto españolas como americanas.

El equipo central se ocupa de la coordinación y gestión del CORPES; para ello ha creado y mantiene la infraestructura técnica que permite mantener una adecuada comunicación con los equipos colaboradores. Desde la RAE se seleccionan los textos fuente procedentes de libros, de acuerdo con el diseño general del corpus, para mantener siempre el equilibrio necesario entre todos los parámetros de su construcción.

Los equipos colaboradores reciben por parte del equipo central el encargo de codificar un número de formas en una determinada distribución temática, geográfica y cronológica, y también las instrucciones necesarias para su selección, adquisición y codificación. Tras la validación de archivos por parte del equipo colaborador, el equipo central se ocupa también de su revisión final antes de su incorporación al CORPES.

El sistema de codificación de CORPES, basado en XML, ha sido diseñado y desarrollado en la Real Academia Española y se encuentra disponible para su descarga desde su página electrónica, tanto para textos escritos como para textos orales: [https://www.rae.es/sites/default/files/2020-06/2020_DisYCod_Escritos.pdf y https://www.rae.es/sites/default/files/2020-06/2020_DisyCod_Orales.pdf]

En cada equipo colaborador trabaja un grupo de codificadores, una persona que se encarga de la coordinación y control de estas tareas, y otra que dirige el subproyecto, a la que corresponde la interlocución con el equipo central. Actualmente participan en las tareas de CORPES los siguientes equipos: en América, Academia Argentina de Letras y Pontificia Universidad Católica de Perú. En España: Universidad de Alcalá, Universidad Autónoma de Barcelona, Universidad de León, Universidad de Salamanca, Universidad de Santiago de Compostela y Universidad de Valencia. Hasta el año 2010 también colaboró un equipo de la Academia Puertorriqueña de la Lengua.

Una vez realizada la codificación, los textos son procesados mediante programas desarrollados en el área de Lingüística Computacional de la RAE y posteriormente volcados a la aplicación de consulta desarrollada por el departamento de Tecnología de la RAE.

La participación de las academias es primordial por lo que respecta a la selección de textos de los países respectivos. Para la elaboración del Corpus Complementario del *DLE* se solicitó su colaboración para validar los textos incluidos en CREA, CORDE y CORPES, y también para proponer nuevas incorporaciones.

La versión 0.94 del CORPES (2021)

En 2021 se han publicado dos nuevas versiones del CORPES. En febrero, la versión 0.93. En el mes de julio se ha publicado una nueva versión, la 0.94, que cuenta con más de 327 000 documentos que suman unos 350 millones de formas ortográficas, procedentes de textos escritos y orales. Con respecto a la versión anterior supone un incremento de unos 18 millones de formas de las que 4,5 millones proceden de transcripciones de textos orales.

Por lo que respecta al bloque de ficción (novelas, guiones de cine, relatos, obras de teatro), las formas de CORPES sobrepasan los 95 millones, mientras que las contenidas en textos de libros de no ficción y en publicaciones periódicas (ciencias sociales, salud, política, artes, tecnología...) se acercan a los 250 millones. Los textos procedentes de libros suponen casi 172 millones de formas; las publicaciones periódicas están representadas con unos 167 millones. 6,5 millones más provienen de blogs, entrevistas digitales, redes sociales y miscelánea. Cronológicamente, aumenta el número de textos producidos entre 2016 y 2020, con algo más de 51 millones de formas en esta versión, y se añaden ya textos producidos en 2021, más de un millón de formas. Por lustros, el mayor peso recae en el segmento 2006-2010, con más de 107 millones de formas; más de 102 millones corresponden a formas producidas entre 2001 y 2005; y, de 2011 a 2015, supera los 82 millones de formas. El equilibrio previsto entre España y América (30 %-70 %) se mantiene: las formas producidas en textos clasificados como España suponen algo más del 30 % y los de América alcanzan los 250 millones de formas.

En esta versión, el CORPES ha sido sometido a un nuevo proceso de análisis lingüístico automático que tiene como objetivo asignar a cada palabra del corpus su correspondiente lema y hacer explícitos los valores morfológicos asociados a esa palabra. El proceso de análisis lingüístico se realiza en varias fases: en una primera fase, denominada de segmentación, se identifican las oraciones de un texto y se determinan las unidades de análisis. Aunque generalmente estas unidades coinciden con palabras ortográficas, también son adecuadamente caracterizadas formas verbales con enclíticos, abreviaturas, expresiones numéricas o temporales, expresiones formadas por más de una palabra u otras unidades complejas; en una segunda fase, las unidades identificadas son lematizadas y analizadas morfológicamente teniendo en cuenta el contexto lingüístico en el que aparece esa palabra o unidad. Este análisis se realiza mediante lexicones computacionales de análisis y modelos de aprendizaje automático.

Como en todas las versiones anteriores, la 0.94 incluye la estadística de frecuencias de formas ortográficas, elementos gramaticales y lemas, que las personas interesadas pueden descargar.

Recursos auxiliares del CORPES y difusión

El corpus de control

Para mejorar diversos aspectos relacionados con la anotación y el análisis lingüístico se ha generado un corpus de control de casi 10 millones de formas. Este corpus contiene los textos anotados correspondientes a las versiones 0.83, 0.90, 0.91, 0.92, 0.93 y 0.94 del CORPES. Su finalidad es la de poder analizar, en un contexto relativamente reducido y bien controlado, los efectos que tienen las modificaciones realizadas en los procesos de anotación y lematización.

Campaña de difusión

Además de ser un recurso del más alto interés para la investigación sobre el español, el CORPES resulta de gran utilidad para personas que necesitan datos sobre la distribución o usos de palabras.

En febrero de 2021, en colaboración con el departamento de Comunicación, se puso en marcha un plan de difusión tanto del CORPES como de los distintos corpus de la RAE y de la ASALE. Comenzó con motivo de la actualización de febrero y se realizaron diferentes entrevistas radiofónicas y se obtuvo presencia en publicaciones periódicas y en las redes sociales.

Actualmente se ha establecido una estrategia anual, en dos líneas, una dirigida a un público objetivo, lingüistas y profesionales, y otra en clave divulgativa, enfocada a un público más general, interesado también en los diversos usos que ofrecen los corpus, mediante vídeos y artículos en la web.

Trabajo en curso

Para diciembre de 2021 está prevista la publicación de la versión 1.0 del CORPES. Supondrá, como ha sucedido en todas las versiones anteriores, un incremento importante del número de textos y formas, pero presentará novedades de gran relevancia e interés en otros aspectos. En primer lugar, para materializar el carácter cerrado de los tramos temporales, en esta versión se fijarán los textos correspondientes al período 2001-2005. Por otro lado, se modificará el aspecto de la aplicación de consulta, diseñada hace ya unos cuantos años y un tanto alejada ahora mismo del estilo de la página web de la RAE, y, sobre todo, se añadirán posibilidades de consulta y recuperación de datos que no presenta la aplicación actual. Finalmente, la experiencia acumulada en la práctica de las últimas versiones permitirá introducir mejoras importantes en el sistema de anotación y lematización de los textos.

OTROS CORPUS DE LA RAE Y ASALE

Corpus Diacrónico del español (CORDE)

- Tamaño: 250 millones de formas.
- Ámbito temporal: desde los orígenes de la lengua hasta 1974.
- Contenido: textos narrativos, líricos, dramáticos, científico-técnicos, históricos, jurídicos, religiosos, periodísticos, etc.
- Distribución geográfica: textos americanos, españoles y, en menor medida, judeoespañoles.
- Corpus cerrado.

Corpus de Referencia del Español Actual (CREA)

- Tamaño: 160 millones de formas.
- Ámbito temporal: 1975-2004 (2001-2004 incluido también en el CORPES).
- Contenido: textos escritos (libros, prensa, miscelánea) y transcripciones orales.
- Temas: «Ficción»: novelas, relatos, teatro; y «No ficción» (libros y prensa): ciencias y tecnología; ciencias sociales, creencias y pensamiento; política, economía, comercio y finanzas; artes; ocio y vida cotidiana, y salud.
- Distribución geográfica: textos americanos y españoles.
- Otros: existe una versión reducida (1975-2000) anotada y lematizada.
- Corpus cerrado.

Corpus Oral del Español (CORALES)

- Tamaño: 1 millón de formas.
- Ámbito temporal: 2000-2004.
- Contenido: transcripciones de grabaciones radiofónicas (noticias, entrevistas, magacines...).
- Distribución geográfica: audios y textos americanos y españoles.
- El texto está alineado con el audio correspondiente. Las formas comprendidas entre 2001 y 2004 han sido integradas en el CORPES, anotadas y lematizadas.
- Corpus cerrado.

Corpus Complementario del *DLE* (24.ª edición)

- Tamaño (septiembre 2021): 3 855 468 formas.
- Ámbito temporal: 1619-2018.
- Contenido: los textos han sido seleccionados por las academias de la ASALE como complemento a los textos que integran el banco de datos.
- Distribución geográfica: textos americanos y españoles.
- Textos anotados y lematizados con el sistema de CORPES.
- Corpus en construcción.

Corpus del Diccionario Histórico (CDH)

- Tamaño: 355 millones de formas.
- Ámbito temporal: desde los orígenes de la lengua hasta el año 2000.

- Contenido (organizado en tres módulos): corpus nuclear (en buena parte común con el CORDE y el CREA); del siglo XII a 1975 (selección de obras procedentes del CORDE), y de 1975 a 2000 (títulos procedentes del CREA).
- Distribución geográfica: textos de todo el mundo hispánico.
- Textos anotados y lematizados.
- Corpus cerrado.

Corpus Diacrónico y Diatópico del Español de América (CORDIAM)

(*Vid.* p. 580).

Corpus Científico y Técnico (proyecto Enclave de Ciencia)

- Tamaño: 112 millones de elementos lingüísticos.
- Ámbito temporal: 2001 a 2019.
- Contenido: textos del CORPES pertenecientes a áreas científicas y técnicas, textos del Servicio de Información y Noticias Científicas (SINC) y otras publicaciones de la FECYT.
- Distribución geográfica: España, América, Guinea Ecuatorial y Filipinas.
- Textos anotados y lematizados.
- Corpus cerrado.

Corpus Anotado del Plan de Impulso a las Tecnologías del Lenguaje (CAPITEL)

- Tamaño (febrero 2020): 243 945 768.
- Ámbito temporal: 2007-2019.
- Contenido: formado por textos procedentes de fuentes periodísticas digitales.
- Temas: ciencias y tecnología; ciencias sociales, creencias y pensamiento; política, economía y justicia; artes, cultura y espectáculos; actualidad, ocio y vida cotidiana; salud y otros.
- Textos anotados y lematizados; la anotación morfosintáctica ha sido revisada manualmente en más de un millón de formas y la anotación sintáctica en casi medio millón de formas.
- Corpus cerrado.

Para una historia del español en América. El Corpus Diacrónico y Diatópico del Español de América (CORDIAM)

CONCEPCIÓN COMPANY COMPANY (Academia Mexicana de la Lengua)
VIRGINIA BERTOLOTTI (Academia Nacional de Letras de Uruguay)

RESUMEN

Se presenta aquí el Corpus Diacrónico y Diatópico del Español de América (CORDIAM), un corpus electrónico de acceso abierto, creado para generar infraestructura para la investigación, fundamentalmente en lingüística histórica, interna y externa, con el objetivo específico de hacer la historia de la lengua española en América y de enriquecer la lingüística histórica general con nuevas evidencias de muy distintas variedades del español. El CORDIAM constituye, además, una base empírica robusta para realizar investigación en muchas otras disciplinas, tales como antropología, sociología, historia, demografía y cultura en general, en tanto que la lengua es manifestación, actividad transversal y soporte de la vida cotidiana de cualquier ser humano. Los datos del CORDIAM, exclusivamente americanos, se procesan a través de una interfaz amigable y eficiente, producto de un trabajo interdisciplinario colaborativo. Este texto muestra las características lingüísticas, informáticas y textuales del CORDIAM, así como su integración en tres subcorpus: CORDIAM-Documentos, CORDIAM-Prensa y CORDIAM-Literatura. El CORDIAM radica en la Academia Mexicana de la Lengua (AML), fue presentado a la comunidad académica en noviembre de 2015, en ocasión del XV Congreso de la Asociación de Academias de la Lengua Española (ASALE) y fue acogido por dicha Asociación en el XVI Congreso de la ASALE, para convertirlo en un programa AML-ASALE[12].

ESTADO DE LA CUESTIÓN

La lingüística histórica es, cosa sabida, una disciplina obligada a trabajar con corpus, «lingüística con corpus», pero no es, necesariamente, «lingüística de

12. Agradecemos a Rodolfo Villagómez, colaborador de la AML, su valiosa ayuda en la conformación de una versión preliminar de este texto a partir de algunos trabajos previos nuestros.

corpus»[13]. La tendencia actual, cada vez mayor, es conjuntar lingüística histórica con corpus y lingüística de corpus, de manera que la primera se enriquece de la segunda y esta logra avances informáticos gracias, en buena parte, a nuevas evidencias y modos de acercarse al objeto de estudio, motivados, a su vez, por el ordenamiento de los textos con lógica informática. La lingüística histórica del español realizada con base en corpus históricos electrónicos tiene apenas tres décadas.

Hasta donde tenemos noticia, existen ocho corpus electrónicos diacrónicos de acceso libre para el español, que tienen, en general, escasa representación del español americano, o incluso nula[14]. Son los siguientes: el Corpus Diacrónico del Español (CORDE) y el Corpus del Diccionario Histórico (CDH), ambos de la Real Academia Española; el Corpus Hispánico y Americano en la Red: Textos Antiguos (CHARTA), radicado en la Universidad de Alcalá de Henares, coordinado por Belén Almeida; el Corpus de Documentos Españoles Anteriores a 1700 (CODEA+ 2015), de la misma universidad, coordinado por Pedro Sánchez-Prieto Borja; el Corpus del Español (CE), también conocido como «Corpus Davies», coordinado por Mark Davies; el Corpus Post Scriptum. Arquivo Digital de Escrita Cotidiana em Portugal e Espanha na Época Moderna (POSTSCRIPTUM), alojado en la Universidade de Lisboa, coordinado por Rita Marquilhas, y el Corpus de Biblias. Biblia Medieval, radicado en la Universitat de les Iles Balears y en el Centro de Lenguas de San Millán de la Cogolla, coordinado por Andrés Enrique Arias.

Algunos de estos corpus contienen textos americanos, como dijimos; sin embargo, basta consultar obras de referencia colectivas de gran envergadura para percatarse o bien de la falta de datos americanos en ellas o bien de la muy escasa representatividad del español americano en sus análisis, señal de que esos corpus no cuentan con una documentación americana suficiente y diversa, ni en la geografía ni en el tiempo, que permita a las obras de referencia incorporar la lengua de este continente, sea en perspectiva sincrónica, sea diacrónica. Basten tres ejemplos de obras de referencia del español con escasísima representación americana: la *Gramática descriptiva de la*

---

13. Cf. Johannes Kabatek, «Un nuevo capítulo en la lingüística iberorrománica: el trabajo crítico con los corpus», en *Lingüística de corpus y lingüística histórica iberorrománica*, Johannes Kabatek (ed.), *Lingüística de corpus y lingüística histórica iberorrománica*, Beihefte zur Zeitschrift für romanische Philologie, 405, Berlín: De Gruyter Mouton, págs. 1-17.

14. Dos trabajos de informatización y disponibilización de corpus históricos del español están en curso: el Corpus Histórico del Español del Reino de Granada, a cargo de Miguel Calderón Campos y Mayte García Godoy, de la Universidad de Granada, y el Corpus Histórico de Canarias, a cargo de Dolores Corbella, de la Universidad de La Laguna. Para un panorama de los corpus iberorrománicos existentes, ver el portal CORHIBER, bajo la coordinación de Joan Torruella y Johannes Kabatek, en http://www.corhiber.org/.

lengua española, la *Sintaxis histórica de la lengua española* o la *Enciclopedia de lingüística hispánica*[15].

El panorama anterior de ausencia de documentación americana en calidad y cantidad suficientes para poder enriquecer, o completar, la historia general de la lengua española, en un capítulo muy amplio en el tiempo, cinco siglos, y muy extenso geográficamente —19 países, algo más de 12 millones de kilómetros cuadrados ininterrumpidos—, motivó a las autoras de este artículo a construir, a partir de 2012, el Corpus Diacrónico y Diatópico del Español de América (CORDIAM), acogido, financiado y alojado desde esa fecha en la Academia Mexicana de la Lengua, y recientemente acogido como un programa de la ASALE. El hecho de que más del 90% de la población hispanohablante nativa sea nacida en América fue, sin duda, un acicate para nosotras para crear este corpus.

EL CORDIAM

El Corpus Diacrónico y Diatópico del Español de América (CORDIAM) es el único corpus electrónico histórico que contiene únicamente textos escritos en América, y escritos, en su gran mayoría, por hispanohablantes nativos americanos; es de acceso libre: www.cordiam.org. Tiene varias características innovadoras que lo constituyen en una herramienta informática novedosa, más allá de su especificidad americana. Veamos. 1) Abarca los 19 países de la actual Hispanoamérica más otros cinco países americanos actuales —Belice, Estados Unidos, Guyana, Jamaica y Trinidad y Tobago— en donde se habló y escribió en español, ya que formaron parte de la Corona española. 2) Temporalmente, se extiende de 1494 a 1905, es decir, tiene una profundidad histórica de 400 años. 3) Reúne tres conjuntos documentales o subcorpus: CORDIAM-Documentos, CORDIAM-Literatura y Cordiam-Prensa. 4) Contiene una tipología textual para cada uno de los tres subcorpus, con una clasificación textual *ad hoc*, que toma en cuenta la naturaleza textual, los contenidos y estructura del texto, como es lógico, más el tipo de circulación que el documento en cuestión tuvo, para el caso de CORDIAM-Documentos. 5) Cada texto va acompañado de una plantilla de metadatos para refinar las búsquedas, con 14 tipos de información —país, topónimo actual, topónimo histórico, adscripción administrativa, autoría, etnia, sexo, número de palabras, síntesis, datos de la edición príncipe si es el caso, etc.—, siete de los cuales pueden ser buscados. 6) Proporciona información cuantitativa del universo de palabras

---

15. La primera, dirigida por Ignacio Bosque y Violeta Demonte, 3 volúmenes, Madrid: Espasa-Calpe, 1999; la segunda, dirigida por Concepción Company, 7 volúmenes, México: Fondo de Cultura Económica-Universidad Nacional Autónoma de México, 2006, 2009, 2014; la tercera, coordinada por Javier Gutiérrez Rexach, 2 volúmenes, Londres: Routledge, 2016.

sobre el cual se ha realizado una búsqueda. 7) Permite ver el documento completo, y guardarlo en un dispositivo personal si así lo desea el usuario. 8) Permite ver el facsímil correspondiente a un determinado texto o documento[16]. 9) Posibilita guardar automáticamente las concordancias seleccionadas en una base de datos. Como todo corpus electrónico, permite al usuario búsquedas geográficas, históricas, textuales y autorales independientes y combinadas, en cada uno de los tres subcorpus o en la totalidad del corpus.

Por su especificidad americana, constituye una base robusta para hacer una gramática histórica comprehensiva del español; por su amplia diversidad geográfica, permite investigar la dialectología histórica de la lengua española en América; por su amplitud cronológica y por contener numerosos textos de diverso tema y naturaleza textual, permite estudiar o repensar fenómenos sociales, históricos y culturales de Hispanoamérica manifestados a través de la lengua española.

Dos imperativos han estado, desde su concepción y creación, en la base de la construcción del CORDIAM: uno es que, como dijimos, solo se suben textos escritos en América, motivo por el cual algunos textos eminentemente «americanos» no están subidos, ya que sus autores, aun cuando vivieron buena parte de su vida en América, escribieron desde España, tal es el caso, entre otros, de la *Historia natural de las Indias* de Gonzalo Fernández de Oviedo o de las *Cartas* de Diego de Ordaz. Dos, solo se incorporan materiales editados con una estricta óptica ecdótica. Por ello, por ejemplo, en CORDIAM-Documentos solo se suben aquellos textos que han sido seleccionados directamente en archivos y que han sido paleografiados de forma directa por especialistas; ocasionalmente, se han subido documentos no extraídos directamente de un archivo, pero en esos casos son revisados y cotejados contra el facsímil por especialistas en lingüística histórica o filología. Por lo anterior, no incorporamos textos transcritos por historiadores, que suelen concentrase en el contenido y no en la forma, a no ser que hayamos corroborado la fidelidad de la transcripción al original, tal como acabamos de indicar. En el caso de los textos de CORDIAM-Prensa, estos son convertidos a procesador de texto y cotejada la conversión contra los originales. En cuanto a CORDIAM-Literatura, cuando el equipo del CORDIAM considera que no existe una edición crítica fidedigna de una determinada obra, opta por la edición príncipe —tal es el caso, por ejemplo, de las dos obras del Inca Garcilaso, *Historia general del Perú* y *Comentarios reales*—, a partir de la cual, el equipo del CORDIAM transcribe, coteja, sistematiza con criterios ecdóticos y prepara el texto con fines informáticos; en el raro caso de existir varias ediciones

16. La subida de facsímiles está en proceso: los correspondientes a prensa están totalmente subidos; la literatura está parcialmente subida; respecto a los documentos, estamos organizándolos y clasificándolos, y empezarán a subirse en el segundo semestre de 2021.

críticas disponibles fidedignas de una obra literaria, se opta por la más conservadora.

El CORDIAM cuenta hasta hoy (30 de junio de 2021) con 14 682 unidades textuales[17], que suman 10 889 176 palabras, repartidas en las siguientes cantidades textuales por subcorpus: CORDIAM-Documentos, 5425; CORDIAM-Literatura, 2938; CORDIAM-Prensa, 6319, como muestra la tabla 1, que incluye también el número de palabras por subcorpus. Están en proceso de filtro de error y subida 939 unidades textuales más, lo cual aumentará en breve el universo total de palabras del corpus en varios miles de centenas.

	Documentos	Literatura	Prensa	Total
Número de textos	5425	2938	6319	14 682
Número de palabras	4 403 271	4 051 775	2 434 130	10 889 176

Tabla 1. Universos de palabras y textos del CORDIAM.

Respecto de su fecha de apertura a finales de 2015, ha crecido sustancialmente, tanto cuantitativa como cualitativamente: se han incorporado, bajo el mismo requisito de mantener una estricta calidad filológica y ecdótica, casi todos los documentos históricos americanos disponibles transcritos con fines lingüísticos, muchas obras de literatura, así como cientos de textos de prensa. Basta una mirada al listado de los corpus de documentos, de las obras literarias y de los textos de prensa incorporados al CORDIAM[18] para constatar el carácter colaborativo, la riqueza y diversidad textual de este corpus, construido, merece la pena señalarlo, a partir de corpus preexistentes en el caso de CORDIAM-Documentos; a partir de trabajos previos de digitalización de prensa en hemerotecas nacionales hispanoamericanas, para CORDIAM-Prensa, y a partir de ediciones críticas ya existentes, o de digitalización y cotejo de ediciones príncipe o de ediciones críticas realizadas por el equipo del CORDIAM en el caso de CORDIAM-Literatura.

17. El concepto de «unidad textual» varía según el subcorpus y no está asociado a la cantidad de palabras. En Documentos es aquella que el investigador que autorizó sus materiales consideró un texto independiente para integrar la edición crítica en cuestión, desde una carta o una nota de diez líneas, hasta un expediente jurídico completo, de 70 u 80 folios. En Literatura es cada una de las divisiones contenidas en el conjunto de la obra literaria de la edición crítica o príncipe subida al CORDIAM: un capítulo, un poema, un sermón, etc. En Prensa es un texto con autonomía comunicativa y reconocible gráficamente dentro del periódico del cual está tomada, sea cual sea su extensión en palabras; dicho de otro modo, una «noticia», «artículo», «nota editorial» o «publicidad» recortados electrónicamente.

18. El listado de los corpus de documentos tomados de archivo actualmente procesados e incorporados al CORDIAM puede ser consultado en http://www.cordiam.org/doc/documentos-referencias.html. El listado de periódicos de los cuales se tomaron unidades textuales, y ya incluidos en el CORDIAM, se encuentra en http://www.cordiam.org/doc/prensa-referencias.html. Las obras literarias incorporadas están consignadas en http://www.cordiam.org/doc/literatura-referencias.html.

Otras dos cuestiones merecen ser destacadas. Por una parte, es importante mencionar la riqueza de los materiales de investigación que eran poco accesibles a la comunidad académica por estar impresos, por ser de poca circulación o por ser manuscritos o impresos antiguos inaccesibles, en tanto que no habían sido editados hasta su subida al CORDIAM. Por otra parte, hasta la existencia del CORDIAM estos textos estaban, como es lógico, inconexos, de manera que investigar con ellos suponía un enorme esfuerzo adicional. Los datos hasta hace poco dispersos dificultaban fuertemente tener una visión general y poner en relación las continuidades, así como las discontinuidades, entre las variedades del español europeo y las del español americano.

El CORDIAM, como muchos corpus electrónicos, es una obra inacabada y sigue creciendo. Actualmente, se realizan dos grandes subidas anuales de unidades textuales, sistematizadas bajo estrictos criterios filológicos, con tres agendas en paralelo: en CORDIAM-Documentos, se invita a potenciales colaboradores y continuamos transcribiendo materiales de archivo, bien de países poco representados hasta la fecha en el corpus, o bien de periodos menos representados, tal es el caso del siglo XIX, una centuria bastante desatendida en la historia de la lengua española en América, ya que los historiadores de la lengua suelen centrar toda su atención, en cuanto a documentos de archivo se refiere, en los siglos coloniales. En CORDIAM-Literatura, la agenda es subir el canon literario de los siglos XVI al XIX para cada país de Hispanoamérica, en la medida en que tengan creación literaria, acorde con los criterios de especialistas en literatura de los diferentes países hispanoamericanos. Finalmente, en CORDIAM-Prensa, la agenda es subir todos los periódicos del siglo XVIII —no existe prensa en lengua española previa a este siglo— para aquellos países que tuvieron prensa en ese siglo, sea cual sea la periodicidad hemerográfica, y subir el siglo XIX de todos los países, pero fundamentalmente aquellos periódicos que se mantuvieron en lapsos considerables.

El CORDIAM, como ya señalamos, radica en la Academia Mexicana de la Lengua (AML); fue presentado a la comunidad académica en noviembre de 2015, en ocasión del XV Congreso de la Asociación de Academias de la Lengua Española (ASALE), y acogido por dicha Asociación en el XVI Congreso de la ASALE para convertirlo en un programa AML-ASALE.

EL EQUIPO CORDIAM

La construcción y actualización del CORDIAM ha sido en todo momento un trabajo colaborativo, interdisciplinario e interinstitucional, y ha requerido, y requiere, un diálogo multidisciplinario constante.

En cuanto a las personas, el equipo CORDIAM está conformado por seis jóvenes filólogos posgraduados, egresados de la Universidad Nacional Autónoma de México; cuatro de ellos son especialistas en literatura virreinal y colonial, dos de ellos son especialistas en variación lingüística e historia de la lengua con entrenamiento y habilidades informáticas. El CORDIAM cuenta con un gestor que coordina el programa de alumnos de servicio social y colabora con los filólogos en la identificación y solicitud de materiales digitalizados de archivos y de hemerotecas.

El proceso de selección, revisión, edición y sistematización de los textos está dirigido y supervisado en todo momento por especialistas. En el caso de la prensa, Magdalena Coll, especialista en léxico y gramática del español americano, de la Universidad de la República y miembro de número de la Academia Nacional de Letras de Uruguay, es la coordinadora de este subcorpus; en el caso de las obras literarias, estas son seleccionadas y editadas bajo la coordinación de Jorge Gutiérrez Reyna, especialista en literatura barroca novohispana y profesor de la Universidad Nacional Autónoma de México. La supervisión de la sistematización de documentos de archivo corresponde a las autoras de este capítulo. La dirección general del CORDIAM ha estado a nuestro cargo desde su creación.

El desarrollo del motor de búsqueda del CORDIAM y sus sucesivas remodelaciones y actualizaciones es trabajo de dos especialistas en procesamiento del lenguaje natural, Alexander Gelbukh y Grigori Sidorov, ambos investigadores profesores del Instituto Politécnico Nacional de México.

En cuanto a las instituciones, además de la Academia Mexicana de la Lengua, que acogió el proyecto y respalda el financiamiento para los seis filólogos, el Instituto Politécnico Nacional ha prestado su infraestructura informática cuando ha sido necesario y la Universidad Nacional Autónoma de México ha sido el semillero de comprometidos alumnos de grado que realizan servicio social cotejando materiaLes transcritos contra facsímiles. Para una etapa inicial del CORDIAM, contamos con el apoyo del Consejo Nacional de Ciencia y Tecnología (CONACYT) de México, y para iniciar y avanzar el subcorpus de Prensa gozamos de un apoyo del Consejo Superior de Investigaciones Científicas (CSIC) de la Universidad de la República, Montevideo, Uruguay.

Esperamos que la colaboración de las academias de la lengua hispanoamericanas que integran la ASALE permita en un corto o mediano plazo un crecimiento y enriquecimiento textual del CORDIAM; es nuestro vivo deseo, puesto que se trata de un programa y una obra electrónica AML-ASALE.

ARQUITECTURA DEL CORDIAM

El CORDIAM es un *corpus de corpus*, en cuanto que compila conjuntos documentales ya existentes, autorizados por lingüistas y filólogos, recaba materiales hemerográficos disponibles digitalmente, o se nutre de ediciones críticas existentes, autorizadas por sus editores, para poner a disposición de la comunidad académica, mediante un tratamiento y sistematización informática adecuados, todos estos materiales, además de editar con criterios CORDIAM documentos y textos cuando no hay corpus previos.

El CORDIAM, sin embargo, no es la mera suma de todos ellos, sino bastante más: es un corpus codificado y estandarizado de forma tal que ofrece acceso masivo a datos lingüísticos históricos americanos, datos geográficos e históricos del documento, quién lo elaboró y referencias de los escribientes; una herramienta de servidumbre transdisciplinaria construida pensando, en primer lugar, en generar la infraestructura para poder realizar la historia del español en América y, en segundo lugar, para integrar las variedades dialectales del español de este continente en una sólida historia general del español, sin parcelaciones dialectales, cuando ellas no sean pertinentes.

En ocasión de su construcción, además de la idea simple de juntar lo disperso, se tomaron algunas decisiones fundadas en concepciones de la investigación y del cambio lingüístico que se reflejan en la arquitectura y funcionamiento del corpus. En todo momento se buscó, también, que pudiera ser empleado por usuarios ajenos a las disciplinas lingüísticas, en tanto que la lengua es, como decimos, el soporte que atraviesa la vida diaria de todo individuo y, por ello, es soporte de investigación de otras disciplinas, tales como la sociología, la historia, la antropología, la literatura, los estudios culturales, etcétera. Cinco conceptos fundamentales guiaron su arquitectura.

1) *Concepción de historia de la lengua*. El corpus permite vincular la historia interna con la externa. Cuando el objeto de análisis lo requiere, elaboramos plantillas[19] de metadatos con información histórica, geográfica, étnica del autor del documento o universo de palabras del texto en cuestión, entre otras, para cada uno de los tres subcorpus contenidos en el CORDIAM —Documentos, Literatura y Prensa—, de tal manera que se puede realizar una historia de la lengua construida en evidencias robustas y no basada en datos espigados, como se había hecho tradicionalmente con bastante frecuencia.

2) *Integración de filología y lingüística histórica*. El CORDIAM integra la mirada clásica de la filología, en lo que hace al cuidado de las edicio-

19. Todos los metadatos proveen información relevante para la contextualización del documento y algunos de ellos reflejan variables sociales o textuales. La plantilla de CORDIAM-Documentos contiene 16 metadatos, siete de los cuales permiten búsquedas: nombre, siglo, año, autor (datos étnicos), autor (hombre/mujer), país, topónimo actual, topónimo histórico, adscripción histórica, archivo, tipo textual, número de folios, número de palabras, créditos, facsimilar disponible y síntesis.

nes en cualquiera de los tres subcorpus, con la propia de la lingüística histórica, centrada en las grandes dinámicas de estabilidad y de cambio lingüístico, concepto este no solo ligado a la variación diatópica, diastrática y diafásica, sino también a la variación concepcional y a la idea de que el cambio mismo es la suma de continuidades más discontinuidades[20].

3) *Discursividad y textualidad como condicionantes del cambio lingüístico*. La tipología textual que está en la base de la construcción y funcionamiento del CORDIAM se sustenta en una concepción de que el tipo textual y la tradición discursiva en que aquel se inserta pueden, y suelen, ser condicionantes de modos distintos de manifestarse la gramática, las construcciones o el léxico en cualquier etapa de la lengua; esto es, modos distintos de elaboración textual son, casi siempre, condicionantes de dinámicas distintas del cambio lingüístico.

4) *Importancia de la frecuencia de uso como síntoma de la estructuración de la gramática*. Desde su concepción inicial, el CORDIAM fue construido sobre la idea de que concentrados frecuenciales diferentes de un mismo fenómeno o construcción, sean por siglo o por país, pueden ser un reflejo de distintas puestas de relieve o elecciones gramaticales, a la vez que la frecuencia de empleo es un valioso indicador de continuidades y discontinuidades en los procesos diacrónicos[21].

5) *Respeto hermenéutico y responsabilidad social-académica*. Las bases y la infraestructura para la investigación deben ser de acceso abierto, sin obligación de suscripción, registro o pago, y deben ser totalmente explícitas. Por ello, el CORDIAM da acceso al corpus y a los textos que constituyen la base de datos en su totalidad y no solo al contexto de la concordancia. Ofrece la posibilidad, además, de bajar la unidad textual al dispositivo del usuario y permite ordenar automáticamente las concordancias seleccionadas con sus datos para ser analizados y manipulados con diversos *software* (hojas de cálculo o bases de datos)[22].

---

20. Cf., entre otros, Joan Bybee, *Language, usage and cognition*, Cambridge: Cambridge University Press, 2010, cap. 2.

21. El CORDIAM es el único corpus electrónico histórico, hasta donde tenemos noticia, que proporciona una disponibilidad inmediata en la misma pantalla de concordancias de los siguientes datos cuantitativos: el número de concordancias acompañado del universo de palabras en el que se encuentran esas concordancias, así como también el universo de unidades textuales en que ellas se documentan. Además, el CORDIAM muestra el universo de palabras y de textos en que se hizo una búsqueda, aunque el término o construcción buscados no aparezcan en el corpus.

22. Estas prestaciones de acceso total y reempleo o manipulación suponen una diferencia cualitativa informática muy importante respecto de todos los corpus electrónicos mencionados anteriormente, ya que aquellos, aun siendo de acceso libre en la red, solo ofrecen con-

Esta prestación es inexistente en los corpus históricos electrónicos mencionados en el estado de la cuestión de este trabajo (apartado I).

FUNCIONAMIENTO

El CORDIAM tiene tres componentes fundamentales: a) un conjunto de datos agrupados en tres subcorpus, ya descritos: CORDIAM-Documentos, CORDIAM-Literatura y CORDIAM-Prensa; b) un motor de búsqueda concebido con adecuación epistemológica y metodológica con lo expresado en la sección anterior, y c) una interfaz amigable que vehiculiza las diferentes funciones y herramientas de búsqueda.

En cuanto a las prestaciones, el CORDIAM ofrece búsquedas simples y complejas, como cualquier corpus, pero, a diferencia de la mayoría de los corpus electrónicos existentes para el español, las búsquedas complejas pueden ser de una cierta sofisticación sintáctica. El resultado se ofrece a través de concordancias, como cualquier corpus, pero ofrece, además, como dijimos, un contexto mayor y el acceso al documento completo en el cual aparece la concordancia, para permitir la interpretación de la concordancia en todos los casos en que el fenómeno bajo análisis requiere de una información textual y contextual más amplia.

Posibilita una búsqueda en todo el corpus, esto es, en la suma de los tres subcorpus, pero el usuario puede hacer la selección de subcorpus y de subtipos textuales dentro de cada uno de aquellos que le sea útil para una determinada investigación o búsqueda. El conjunto de metadatos buscables, asociado a cada unidad textual, permite al usuario la creación de su propio subcorpus, esto es, la selección de un subconjunto de documentos o textos que respondan a una o más variables buscables.

Las variables funcionales para búsquedas son: *a*) temporales (siglos, años o periodos y, en el caso de la prensa, día o días específicos); *b*) geográficas (países actuales); c) autorales (sexo, datos étnicos de los autores y, en el caso de la prensa y de la literatura, el nombre de los autores); *d*) para los textos de prensa, el nombre del periódico es una variable buscable, y *e*) para el caso de la literatura, el nombre del autor es una variable, como es usual en los corpus electrónicos.

Para cada uno de los tres subcorpus hemos construido una tipología textual que también puede ser empleada para realizar búsquedas. *Grosso modo,* y sin soslayar las muchas implicaciones teóricas que conlleva la creación de

---

cordancias en un contexto restringido del *locus* textual de la búsqueda y algunos corpus solo dan acceso a la concordancia.

una tipología, las hemos conciliado con el trabajo inductivo y con decisiones operativas guiadas por la pregunta de *qué* y *cómo* buscaría un usuario en un corpus electrónico[23].

Se encuentran en el CORDIAM cuatro tipos textuales de documentos, cinco de textos literarios y tres de prensa. Consideramos *tipo textual* la abstracción de un conjunto de clases o géneros, agrupables, al menos, por un rasgo externo común: la finalidad del texto y la recurrencia de ciertas regularidades internas como el tipo de secuencias (descriptivas, narrativas, argumentativas y dialógicas), los temas, el léxico o el grado de complejidad sintáctica. Con este concepto de *tipo*, establecimos los correspondientes a cada uno de los subcorpus, los cuales se pueden ver a continuación en la tabla 2. Es posible hacer búsquedas dentro de cada uno de los tipos textuales de cada subcorpus, y es asimismo posible buscar agrupando tipos textuales de un mismo o de diferentes subcorpus, si así lo requiere el usuario:

Documentos	Literatura	Prensa
Administrativos	Narrativos	Comentativos
Cronísticos	Poéticos	Informativos
Entre particulares: cartas y otros	Prosa varia	Publicitarios y anuncios varios
Jurídicos	Teatro	
	Textos cronísticos	

Tabla 2. Tipología textual del CORDIAM.

Existen otros recursos para las búsquedas. El usuario puede orientar su búsqueda sustituyendo un carácter por un comodín, lo cual es muy útil en casos, por ejemplo, de variación gráfica. O puede sustituir dos o más caracteres si solo quiere controlar el comienzo, el fin o el comienzo y fin de una palabra; así, puede buscar todas las palabras comenzadas por *bus**, todas las terminadas en **eda* o las comenzadas en *bus* y terminadas en *eda* con algo en medio, como en la búsqueda *bus*eda*. Es posible considerar o no mayúsculas y acentos.

Ya como prestaciones más sofisticadas, el CORDIAM habilita búsquedas contextuales consistentes en buscar una palabra, una parte de palabra o una construcción y, al mismo tiempo, otra palabra o parte de palabra, estableciendo la distancia entre ellas, así como la posición de la segunda, antepuesta o pospuesta. El CORDIAM está lematizado parcialmente, en un 70 % aproximadamente, de manera que el usuario puede buscar una determinada

23. Para más detalles y para la discusión de los límites de la tipología, cf. Virginia Bertolotti y Concepción Company Company, «El corpus para América: *CORDIAM*», en *Historia del léxico español y humanidades digitales*, Dolores Corbella, Alejandro Fajardo y Jutta Langenbacher-Liebgott, Berlin: Peter Lang, 2018, págs. 75-105.

voz como forma o como lema; por ejemplo, puede buscar *ir* como lema y la búsqueda arrojará todas las variantes existentes en el corpus de este verbo irregular; también puede buscar *ir* como forma, en cuyo caso arrojará solo la forma infinitiva y deberá buscar *ir* e *yr* por separado.

Finalmente, entre las prestaciones del CORDIAM se encuentra la posibilidad de visualización de los metadatos, bien como una ventana emergente al apoyar el cursor en la concordancia, bien como una ventana lateral a la derecha al seleccionar *Metadatos*, lo cual la contextualiza, facilitando la decisión de conservar o eliminar la concordancia en cuestión. Esto es especialmente relevante en la medida en que con las concordancias seleccionadas —también con todas las arrojadas en la solicitud, por cierto— es posible hacer una base de datos en automático que consigna tanto las concordancias como algunos de sus metadatos.

Parte de la arquitectura del CORDIAM es la prestación para ordenar los datos de diferentes maneras: cronológicamente (siglos, años, intervalos), geográficamente (por país) y textualmente (por los diferentes tipos textuales establecidos). Sin embargo, el usuario puede elegir cambiar cualquiera de estos tres órdenes y solicitar un ordenamiento aleatorio (replicable o cada vez diferente). El corpus también ofrece la posibilidad de escoger la ordenación alfabética para las concordancias, prestación muy útil para eliminar las concordancias no deseadas. Por ejemplo, en una búsqueda de la terminación *-ais* como flexión verbal va a incluir en sus resultados ocurrencias de *país* y de *pais* (si se buscó sin tilde). Al ordenar alfabéticamente, todas las formas *país* quedarán juntas y facilitará al usuario marcarlas una tras otra para eliminarlas luego fácilmente.

CONCLUSIONES

Hemos mostrado en este trabajo los criterios y el proceso de construcción de un corpus electrónico, de naturaleza diacrónica, cuya finalidad esencial es conocer las trayectorias de la lengua española en América, así como las culturas en ella sustentadas, además de contribuir a un mejor conocimiento del español general, en tanto que más del 90 % de los hispanohablantes nativos es nacido en el continente americano. Este corpus, el CORDIAM, se erige como el corpus de referencia para el español de América.

Hemos descrito tanto las propiedades diatópicas, diacrónicas, autorales y textuales cuanto las propiedades informáticas, así como una breve historia de la construcción del corpus.

Es mucho, aún, lo que queda por realizar, además de seguir creciendo cuantitativamente en los tres subcorpus, y cualitativamente cuando nuevos datos y necesidades de investigación soliciten ajustes y mejoras de programación.

Dos son las tareas futuras centrales: en un futuro inmediato será necesario completar la subida de facsimilares en los tres subcorpus, y en un futuro mediato, elaborar un programa *ad hoc* que acople la búsqueda con su ocurrencia en el facsimilar. También es muy deseable una lematización total.

El CORDIAM sienta las bases para una tarea general urgente: crear un Corpus de Español Atlántico, al que ojalá se unan pronto, mediante los respectivos corpus electrónicos históricos, el español de Canarias y el del sur y suroeste de España. El camino ya ha iniciado y está muy avanzado.

Lengua Española e Inteligencia Artificial (LEIA)

SANTIAGO MUÑOZ MACHADO (Real Academia Española)

Cada día los hispanohablantes tienen más máquinas inteligentes a su alcance: desde teléfonos móviles a asistentes de voz, pasando por televisiones con programación a medida, tabletas, ordenadores, auriculares o pulseras que son pequeños superprocesadores. La utilización de la tecnología más puntera es una constante en una jornada ordinaria. Una realidad digital que rebasa en número a las personas que hablan español en el mundo actualmente (más de 600 millones).

Ante esta situación, el proyecto LEIA (Lengua Española e Inteligencia Artificial) ha continuado, a lo largo de 2021, su andadura con paso firme. Los estragos y limitaciones provocados por la pandemia no han sido capaces de frenar los avances de LEIA ni han impedido que su labor se siga materializando en acciones concretas acordes con las intenciones y propósitos planteados ya en la presentación oficial en el XVI Congreso de la Asociación de Academias de la Lengua Española (ASALE), celebrado en noviembre de 2019 en Sevilla. Así, este año ha traído consigo varias novedades.

El objetivo estratégico de LEIA, trabajar para enseñar un español correcto a las máquinas, no se tambalea. La Academia mantiene viva su tarea de detener la propagación de errores en la tecnología, consciente de los perjuicios para la unidad del español que la interactuación de estos dispositivos parlantes y los humanos puede traer consigo si esta no se produce de la manera adecuada. A esta misión, de marcado carácter panhispánico, se suma la disposición de un creciente número de compañías interesadas en que la RAE acredite que sus aparatos digitales utilizan un cuidado y correcto español, lo que demuestra su preocupación y compromiso con la principal misión de LEIA.

Junto a esto, se sigue considerando una vía fundamental de trabajo la creación de herramientas que permitan aprovechar al máximo los recursos y materiales que poseen la RAE y las demás academias de la lengua española y hacerlos aún más útiles para los humanos: obras de consulta (diccionarios generales y especializados, ortografía, gramática...), corpus anotados con textos orales y escritos y de distintas fuentes, y las bases de datos con cientos de miles de dudas resueltas a los hispanohablantes a lo largo de los años. Todo este material es muy valioso e imprescindible para que los dispositivos de IA puedan aprender a hablar un buen español y para que entrenen con textos rigurosamente escogidos y con información contrastada.

Paralelamente, este año LEIA ha centrado gran parte de sus esfuerzos en fomentar la accesibilidad de los recursos relacionados con la IA en español. Nadie debe quedar excluido de la digitalización por falta de conocimientos técnicos, por limitaciones físicas, por su edad, por hablar una determinada variedad del español o por cualquier otra causa. Se mantiene igualmente el compromiso de potenciar nuestro idioma para que ocupe el lugar que le corresponde frente al inglés y lograr así que el lenguaje no suponga una traba para ningún hablante de nuestra lengua, incluyendo a aquellos que no poseen nociones suficientes de inglés. De ahí que uno de los principales fines que se ha marcado LEIA como prioritarios haya sido el de contribuir a la creación de bases de datos y otros materiales que permitan competir al mismo nivel que el inglés en lo que respecta a la IA.

Para atender a todos estos puntos, la actividad de LEIA en este año 2021 se ha articulado principalmente en torno a tres grandes campos de actuación: el diseño de un macroproyecto para aplicar la IA al español; los avances en las colaboraciones con las grandes tecnológicas, y la relación con las universidades, grupos y centros de investigación. Además, la RAE sigue en trámites para la elaboración de un sello que pueda certificar que las herramientas y aparatos digitales de los sectores privado y público utilizan bien el idioma.

MACROPROYECTO DE IA APLICADA AL ESPAÑOL

Alentados por el apoyo e interés que han mostrado los Gobiernos, principalmente el de España, en LEIA, se han definido las líneas principales de actuación que se pueden desarrollar en los próximos años en trabajo conjunto con algún organismo o entidad pública. Las autoridades han comprendido que es vital prestar atención al español hablado por las máquinas y confían en la Academia para liderar toda actividad relativa a este asunto. LEIA quiere aprovechar esta oportunidad y ha preparado ya un macroproyecto sobre el que empezar a operar.

Uno de los objetivos principales es aplicar la IA al español para elaborar herramientas lingüísticas de utilidad para el gran público, entre las que destacan un observatorio de neologismos, un verificador lingüístico, un chátbot y un buscador avanzado de dudas. El mencionado observatorio consistirá en un radar digital que, en tiempo real y de forma autónoma, sea capaz de detectar y extraer los neologismos que van surgiendo en la lengua, así como de sugerir alternativas en caso de que estas voces correspondan a extranjerismos.

A modo de corrector, el verificador integrará y aplicará los contenidos lingüísticos de la RAE para informar a los usuarios sobre la adecuación de sus textos no solo en lo que respecta a su corrección ortográfica y gramatical, sino también en la relativa al estilo. Las marcas podrán estar enriquecidas con enlaces a las obras académicas en las que se ofrezca la recomendación específica o con indicaciones resumidas de la cuestión que plantea el problema.

De manera similar, pero en formato de sistema conversacional, el chátbot podrá atender a los hispanohablantes y resolver sus dudas lingüísticas al instante o dirigirles a las obras académicas donde se puede encontrar la información pertinente. Una clasificación minuciosa de los ingentes archivos de dudas resueltas de que dispone la institución facilitará enormemente la creación de un programa de este tipo. Junto a estas innovaciones, el macroproyecto incluye objetivos no menos ambiciosos, como la recopilación masiva de material basado en la diversidad, actuaciones que garanticen la plena accesibilidad de las personas con discapacidad a las herramientas basadas en la IA y, por supuesto, todo tipo de acciones que fomenten el esfuerzo conjunto con las empresas y las universidades para fortalecer el español a través de la mejora de sus recursos, bases de datos y herramientas.

Igual de relevante será la constitución de grupos de trabajo con empresas del sector, así como el establecimiento de retos, becas y sistemas de ejecución con el ámbito investigador. Todo para poder utilizar la IA y los frutos de la revolución tecnológica en favor de la política lingüística panhispánica.

Lo anterior conduce asimismo a la creación de un sello con el que la RAE certificará que las empresas y sus herramientas y aparatos digitales utilizan un correcto y cuidado español. La Academia ya está revisando documentos de algunas entidades y organismos, pero lo hace principalmente a través de una supervisión humana. Lo que se busca con los avances de LEIA es, entre otras cuestiones, poder automatizar lo máximo posible esta tarea para optimizar y acelerar los procesos. Herramientas como el observatorio o el verificador permitirán valorar en muy poco tiempo la corrección del lenguaje utilizado en los textos de una determinada máquina.

COLABORACIÓN CON LAS GRANDES TECNOLÓGICAS

El papel de las grandes tecnológicas sigue siendo estratégico para el progreso y éxito de LEIA. Su experiencia, sus recursos y sus herramientas son fundamentales para explorar de la manera más eficaz el español en el mundo digital. Por ello, ya están en curso acciones concretas junto con Telefónica, Amazon, Google y Microsoft, y se siguen explorando líneas de trabajo con Facebook y Twitter, y con otras entidades, como RTVE o la Fundación Endesa.

Telefónica ha sido el socio principal de LEIA y tiene un papel importante dentro del ecosistema que se ha creado en torno al proyecto. La Academia trabaja con la compañía en distintas iniciativas. Una de estas actuaciones conjuntas ha consistido en la inclusión de juegos lingüísticos tipo test en Movistar Home, el dispositivo para el hogar que facilita y amplía la relación de los usuarios con los servicios de la compañía y que integra Aura (asistente virtual con inteligencia artificial), y estará pronto disponible en Movistar+ a través de una *Living App* (como se denominan las aplicaciones para la televisión de la plataforma). Estos retos lingüísticos plantean preguntas variadas sobre el uso del español (ortografía, gramática, léxico...) para que los usuarios puedan demostrar sus conocimientos. Además, la compañía está implementando los cambios tecnológicos y los procesos necesarios para que Aura perfeccione el español en sus respuestas y para incorporar entre estas las definiciones del *DLE* cuando se le pregunta por el significado de una palabra.

Adicionalmente, junto con Telefónica, se está llevando a cabo la supervisión de trabajos de fin de máster de alumnos de la Universidad Complutense de Madrid (UCM), como se explica más adelante.

Otro de los proyectos específicos en marcha se adentra en el universo literario clásico para determinar la verdadera autoría del llamado *Quijote* de Avellaneda. Las máquinas son entrenadas con diversos textos de los considerados posibles escritores de esta obra y, previsiblemente, la inteligencia artificial será capaz de dilucidar quién se esconde detrás de este libro, hasta ahora apócrifo. La misma tecnología se ha usado para el proyecto Maquet, un sistema de inteligencia artificial que ayuda a potenciales autores a escribir en el estilo de Arturo Pérez-Reverte.

Dentro de la colaboración con las demás empresas tecnológicas, se está estudiando, en primer lugar, el estado actual de nuestra lengua. Para ello se están analizando tanto textos formales como textos coloquiales y espontáneos de Internet (por ejemplo, los publicados en algunas redes sociales, los comentarios en plataformas comerciales y obras colaborativas), teniendo en cuenta criterios como la corrección ortográfica, el uso apropiado de formas y construcciones gramaticales o la riqueza y adecuación léxica, para responder a cuestiones como estas: ¿se ha empobrecido nuestra lengua?; ¿han aumentado las faltas de ortografía y los errores gramaticales?; ¿en qué registros y medios se documentan más?; ¿suponen una amenaza real para la unidad del español? Dentro de este análisis del español, se están investigando las diferencias y las similitudes entre las distintas variedades del español con el fin de esclarecer, por medio de un estudio detallado y riguroso, si existe algo que podamos llamar español estándar y determinar con datos exhaustivos, precisos y fiables el grado de variación existente en la lengua hablada en las distintas áreas geográficas.

En segundo lugar, se están desarrollando herramientas que permitan detectar de forma continua y automática todas las novedades del español, principalmente las relacionadas con el léxico. Se quiere tener constancia al segundo de cualquier voz novedosa que irrumpa en nuestra lengua, en cualquier rincón, para poder rastrearla desde su nacimiento y dar cuenta de su origen y significado, así como informar sobre la conveniencia de su uso a los hispanohablantes interesados. La IA posibilita la detección automática de una palabra, pero también puede ser capaz de sugerir una definición e incluso valorar su adecuación en función de los datos de su uso y la información sobre palabras de naturaleza similar presente en las obras académicas normativas.

En tercer lugar, se incluye la incorporación de información del diccionario y otras obras y publicaciones académicas en asistentes de voz, correctores, teclados, procesadores de textos, etc. Así, se puede garantizar, por ejemplo, que las correcciones y las palabras que propone un teclado predictivo están en armonía con las normas académicas y no incurren en errores aprendidos a partir de textos incorrectos. En esta línea, es indispensable que el *Diccionario de la lengua española* se consolide como la obra lexicográfica de referencia de los buscadores de Internet o de cualquier herramienta que proporcione definiciones de palabras. El *DLE* es el único diccionario ampliamente conocido en todos los rincones del mundo hispanohablante y que goza de un prestigio general consolidado a lo largo de los siglos. Está elaborado por lexicógrafos de primera línea del español, así como por cualificados especialistas de todas las ramas del saber, del pasado y del presente. Además, se trata de una obra panhispánica confeccionada en colaboración estrecha con las demás academias de la lengua española, lo que garantiza un cuidado y apropiado tratamiento del léxico de los territorios hispanohablantes de América, España, Filipinas y Guinea Ecuatorial.

Por otro lado, los contenidos que proporciona la RAE también deben ser aprovechados para crear recursos específicamente destinados a ayudar a los humanos a mejorar su uso de la lengua. Y no se puede olvidar el relevante papel que desempeñan los corpus lingüísticos en la IA. Estas grandes colecciones de textos son idóneas como fuente de aprendizaje para las máquinas (*machine learning*), las cuales podrían alertar sobre un uso incorrecto por el hecho de no haberlo visto nunca en el material al que se las ha expuesto previamente o podrían sugerir palabras con las que podemos combinar otra porque son las que con más frecuencia aparecen en un contexto similar en los textos con los que han entrenado. La posibilidad de elegir el tipo de documento, atendiendo al medio, registro, país, etc., abre aún más puertas, pues permite relacionar determinados usos con unas características concretas.

A los corpus académicos se podrían sumar horas de programación televisiva y otros contenidos audiovisuales, que supondrían un gran refuerzo para el conjunto de los textos orales que la RAE y el resto de las academias ya poseen. La aplicación de la IA a este material permitiría, entre otras cosas, estudiar con profundidad la lengua hablada y analizar sus diferencias con la lengua escrita, investigar cuestiones relacionadas con la asociación de imágenes y palabras o desarrollar técnicas de subtitulado automático. Por último, con respecto a la accesibilidad, se está trabajando con los distintos acentos de los hispanohablantes, para que la tecnología reconozca todo el español hablado, independientemente de su procedencia.

Hackathon RAE-Fundación Endesa

En mayo la RAE y la Fundación Endesa organizaron el *hackathon* «Neologismos y tecnicismos en el ámbito energético y medioambiental». El reto, para el que se creó un minisitio propio (https://www.retolenguayenergia.com/), estaba especialmente dirigido a estudiantes y centros de investigación relacionados con la aplicación de la tecnología y la inteligencia artificial al estudio del español. Después de una charla introductoria del director de la RAE, Santiago Muñoz Machado, y el presidente de Endesa y de la Fundación Endesa, Juan Sánchez-Calero Guilarte, que se pudo seguir en directo en el canal de YouTube, dio comienzo este *hackathon*. El objetivo era encontrar soluciones para detectar de forma automática tecnicismos, neologismos y extranjerismos utilizados en estos sectores. Los participantes disponían de 24 horas (desde las 14:00 h del 7 de mayo hasta las 14:00 h del 8 de mayo) para enviar sus soluciones.

Para la elaboración de las propuestas, se pedía responder a preguntas como las siguientes: ¿cuáles son las palabras de uso más reciente que se emplean en este sector?; ¿qué tecnicismos se utilizan?; ¿cuáles han pasado ya al uso general?; ¿qué extranjerismos son los más frecuentes?; ¿existen alternativas en español para esos extranjerismos?; ¿cómo se pueden identificar todos estos términos dentro de los textos?

Se inscribieron más de 400 personas y se recibieron ideas de notable originalidad y calidad. Una vez valoradas todas ellas, un jurado compuesto por miembros de la RAE y de la Fundación Endesa seleccionaron como ganador del primer premio, dotado con 3500 euros, a POEMA, proyecto presentado por el grupo SINAI de la Universidad de Jaén. El ganador del segundo premio, que recibió 1500 euros, fue el proyecto ADAN, desarrollado por el grupo VITADA.

A partir de un sistema de escucha activa en Twitter, el proyecto POEMA (cuyo nombre procede de las siglas de Palabras Orientadas a Energía y Medio Ambiente) propone un modelo basado en pasos secuenciales que involucran desde sistemas automáticos basados en inteligencia artificial —haciendo uso de herramientas y técnicas del procesamiento del lenguaje natural (PLN) y aprendizaje automático— hasta revisiones manuales por expertos en la materia. Para implementar los sistemas automáticos utilizan modelos de vanguardia como las redes neuronales profundas o modelos de transferencia de aprendizaje como BERT. Además, la herramienta que ofrecen incorpora un módulo de visualización gráfica en la que se lleva a cabo una monitorización y control del sistema.

Por su parte, el proyecto ADAN (siglas de Algoritmo de Detección Automática de Neologismos) ofrece un sistema basado en IA en el que se recurre también a técnicas relacionadas con las redes neuronales y que es capaz de procesar textos identificando palabras y multipalabras, obteniendo sus lemas y realizando un análisis sintáctico. Este sistema puede comparar textos y contrastar datos con fuentes de información fiables y revisadas para detectar las palabras claves empleadas en el sector de la energía y el medioambiente, y clasificarlas como neologismos, tecnicismos y extranjerismos. El sistema también lleva a cabo un análisis morfológico evaluando los posibles métodos de formación de palabras y un análisis semántico infiriendo el significado de los términos a través de su contexto. La propuesta también incorpora una interfaz con la que es posible acceder a la capa de procesamiento de datos del sistema e incluso analizar textos propios.

UNIVERSIDADES Y CENTROS DE INVESTIGACIÓN

El final del apartado anterior enlaza con este, pues ambos tienen que ver con la apuesta de LEIA por el talento que reside en las universidades y los centros de investigación, así como con sus esfuerzos por involucrar a alumnos, profesores e investigadores en su labor. Como parte del contacto directo con el mundo académico y de la investigación, dentro de LEIA se prevé ofrecer becas a diferentes grupos para que resuelvan cuestiones que puedan plantear dificultades, así como proponer algunos de estos temas a alumnos que estén en el momento de comenzar con sus trabajos de fin de máster.

Esta segunda vía ha llevado a la colaboración con el máster de Letras Digitales: Estudios Avanzados en Textualidades Electrónicas de las facultades de Informática y de Filología de la Universidad Complutense de Madrid (UCM). De sus estudiantes matriculados, ya hay algunos que han presentado con éxito sus TFM y otros que están en vías de hacerlo, todos ellos a partir de temas propuestos por la RAE y Telefónica. Sus tutores pertenecen a departamentos de lingüística, informática y lingüística computacional. La RAE y Telefónica se encargan de la supervisión y el seguimiento de todo el proceso.

Siempre en torno al español y la inteligencia artificial, los alumnos abordan cuestiones como la puntuación, el loísmo, el laísmo y el leísmo, o las consultas al diccionario, todas ellas propuestas por el equipo de LEIA. Uno de los objetivos principales es desarrollar sistemas de automatización con los que la RAE y la ASALE puedan clasificar y aprovechar al máximo toda la información con la que cuentan para poder aplicarla a la IA, de acuerdo con el espíritu de LEIA. Además de los aspectos técnicos, con estos TFM se busca responder a preguntas de interés general como cuáles son las cuestiones más consultadas, qué faltas de ortografía se cometen con mayor frecuencia o si es posible dar una respuesta automática cuando dudamos entre un *le* y un *lo* o un *la*.

COMUNICACIÓN

LEIA ha despertado gran admiración desde el mismo anuncio del proyecto. Multitud de medios de comunicación se han interesado por la iniciativa liderada por la RAE y su desarrollo futuro. Prueba de ello es el éxito del encuentro sobre Lengua Española e Inteligencia Artificial que tuvo lugar en la Real Academia Española en el mes de junio. Este acto puso de nuevo de actualidad la propuesta y sus avances.

El encuentro congregó a algunas de las principales tecnológicas para informar sobre los avances conjuntos dentro de LEIA y conversar sobre el estado del español en la IA. El director de la RAE, Santiago Muñoz Machado, presidió el acto, en el que estuvieron presentes David Carmona, director general de IA en Microsoft; Chema Alonso, director de la unidad global de Consumo Digital de Telefónica; Marie Mulot, jefa de Alexa España (Amazon), y Ester Marinas, jefa de *marketing* de Google España y Portugal. La cita fue clausurada por Carme Artigas, secretaria de Estado de Digitalización e Inteligencia Artificial, quien cerró la sesión dando cuenta del compromiso total del Gobierno con LEIA y con el impulso del español en la IA.

La conversación sirvió para constatar la preocupación de todas las empresas por utilizar un correcto español en sus máquinas y para que expusieran algunas de las acciones que ya están acometiendo al respecto. Se explicó en qué consisten el aprendizaje automático y el lenguaje natural, y se recordó la importancia que tiene la posibilidad de disponer de fuentes que presenten un español apropiado, libre además de sesgos, para que la IA pueda aprender sin errores ni matices que comprometan la unidad y la inclusividad. Asimismo, se destacó la idoneidad de una iniciativa como esta en un momento en el que la IA se encuentra inmersa en una nueva revolución, algo que resulta, pues, crucial para que, a través de LEIA, se pueda proteger desde la raíz el papel del español en la IA y que no quede rezagado frente al inglés.

Solo en un día se llegaron a contabilizar más de 120 impactos directos en medios tanto escritos como digitales y audiovisuales. El valor de comunicación obtenido superó los dos millones de euros, llegando a una audiencia de más de veinticinco millones de personas.

En concreto, la prensa resaltó el anuncio realizado por parte de Santiago Muñoz Machado sobre la concesión de certificados de buen uso del español a las máquinas que garanticen el cumplimiento de las normas expuestas en las obras lingüísticas de la RAE y de la ASALE. Algunos titulares con los que se hizo alusión a esta idea fueron los siguientes: «Un español más inclusivo y más correcto para las máquinas» (*El País*, 22 de junio de 2021); «Las grandes tecnológicas ya trabajan con el español de la RAE» (*ABC*, 22 de junio 2021); «Se buscan lingüistas para enseñar a las máquinas» (*El Mundo*, 22 de junio de 2021), o «Así enseñan a las máquinas a hablar español» (*La Razón*, 22 de junio de 2021). También dieron difusión al proyecto las agencias EFE, Europa Press o Colpisa y las cabeceras regionales asociadas. La cobertura en medios digitales también fue reseñable, sumando a las ediciones en línea de los medios antes señalados otras importantes cabeceras como *El Español*, *El Cultural*, *La Vanguardia*, *elDiario.es* o *El Periódico*. La noticia también fue recogida por Antena 3 y Telemadrid en sus informativos, y por Radio Nacional en el programa cultural *El ojo crítico* y en el boletín informativo de Radio 5.

Además, el proyecto se ha difundido a lo largo del año en varias ocasiones. El director de la RAE y presidente de la ASALE, Santiago Muñoz Machado, ha concedido entrevistas a grandes medios, como *ABC*, y también se ha hablado de LEIA en programas como *De Pe a Pa*, de RNE, con Pepa Fernández.

Igualmente recibió una especial cobertura el ya mencionado *hackathon* organizado junto a la Fundación Endesa. Aparecieron noticias relacionadas con LEIA en diversos medios y en las redes sociales, y se valoró especialmente que la RAE, en este caso en colaboración con la Fundación Endesa, se acerque a las universidades y a los estudiantes y escuche sus propuestas sobre temas tan actuales.

Ante la gran acogida que recibió el encuentro de junio, se han diseñado nuevos actos en los que expertos de diversas ramas de la IA, incluidos lingüistas computacionales, comparten en la Academia sus conocimientos y progresos. Como se afirmó entonces, estamos ante un momento de transformación digital ideal para que el español no pierda el tren de la IA y gracias a LEIA esto se está haciendo realidad.

Proyectos literarios

Colección de ediciones conmemorativas: MARCO MARTOS CARRERA (Academia Peruana de la Lengua), Los ríos profundos, *de José María Arguedas;* ADOLFO CASTAÑÓN (Academia Mexicana de la Lengua), Antología, *de Octavio Paz.* ■ FRANCISCO JAVIER PÉREZ (Asociación de Academias de la Lengua Española), *Colección Clásicos ASALE.* ■ IVÁN JAKSIC (Academia Chilena de la Lengua), *Nueva edición de las obras completas de Andrés Bello.*

Colección de ediciones conmemorativas

José María Arguedas, Los ríos profundos
MARCO MARTOS CARRERA (Academia Peruana de la Lengua)

Octavio Paz, Antología
Adolfo Castañón (Academia Mexicana de la Lengua)

JOSÉ MARÍA ARGUEDAS, *LOS RÍOS PROFUNDOS*

La Academia Peruana de la Lengua coordina la edición conmemorativa de la obra de José María Arguedas, *Los ríos profundos*, que se publicará con motivo de la celebración del IX Congreso Internacional de la Lengua Española en Arequipa (Perú) el próximo 2022. Se rendirá así homenaje a uno de los más grandes representantes de la literatura en Perú.

Esta nueva edición formará parte de la colección académica de ediciones conmemorativas inaugurada con la del *Quijote* del IV Centenario y continuada con *Cien años de soledad* (2007), *La región más transparente* (2008), *Pablo Neruda. Antología general* (2010), *Gabriela Mistral en Verso y prosa* (2010), *La ciudad y los perros* (2012), *Rubén Darío. Del símbolo a la realidad* (2016), *La colmena* (2016), *Borges esencial* (2017), *Yo el Supremo* (2017), *Rayuela* (2019) y *El Señor Presidente* (2020).

La edición que, como el resto, unirá a su carácter popular la riqueza lingüística de su contenido, y una cuidada presentación, tendrá la misma tipología formal y análoga estructura: introducción institucional, trabajos sobre la obra de los estudiosos más rigurosos, textos fijados por especialistas sobresalientes, glosario de voces, y una concisa bibliografía.

OCTAVIO PAZ, *ANTOLOGÍA*

La Academia Mexicana de la Lengua preparará una antología de la poesía y el ensayo de Octavio Paz, que formará parte de la colección de ediciones conmemorativas que publica la Asociación de Academias de la Lengua Española con el sello editorial de Alfaguara y que será presentada en el próximo congreso de la lengua española, que habrá de celebrarse en la ciudad peruana de Arequipa.

El propio poeta preparó para la colección Bibliothèque de la Pléiade, editada por Gallimard y publicada en 2008, un volumen que contiene una selección de su poesía e incluye «Libertad bajo palabra (1935-1957)», «Piedra de sol», «La hija de Rappaccini», «Días hábiles», «Homenaje y profanaciones», «Salamandra», «Solo a dos voces», «Ladera este», «Hacia el comienzo (1964-1968)», «Blanco», «El mono gramático», «Vuelta», «Pasado en claro», «Árbol adentro», «Poemas (1989-1996)». También en ese tomo aparece una selección de los libros de ensayos, como son «El arco y la lira», «Recapitulaciones», «Punto de convergencia», «Los hijos del limo. Del romanticismo a la vanguardia», «Hablar en lenguas. Lectura y contemplación», «La otra voz».

A esa selección básica se añadirán otros textos que Paz no consideró para la edición en francés, algunos de los cuales no se encuentran recogidos en las *Obras completas* del Fondo de Cultura Económica, como es el caso de «Nubes y sol» (las palabras de Octavio Paz en la inauguración de la Fundación Octavio Paz), o bien algunos otros que sí están en los tomos del FCE, pero que será importante tener presentes: «Una Francia íntima», poemas y traducciones, y las palabras dedicadas a «Primero sueño», de *Sor Juana o las trampas de la fe*.

Entre los materiales que se considerarían, además de la introducción, presentación o advertencia editorial, y del texto firmado por el director de la Academia Mexicana de la Lengua, figura un calendario en el que se enunciarán los 365 días del año poniendo en cada fecha la referencia de lo escrito o publicado por Octavio Paz en ese día a lo largo de los años, y estudios inéditos de algunos colaboradores mexicanos y de otras latitudes, académicos y no académicos.

Colección Clásicos ASALE

FRANCISCO JAVIER PÉREZ (Asociación de Academias de la Lengua Española)

La colección Clásicos ASALE tiene por finalidad la edición de estudios y ensayos fundamentales para el conocimiento de la lengua española desde la pluralidad de las escuelas lingüísticas y de los estilos literarios. Busca darle una nueva oportunidad a textos que en su tiempo fueron considerados capitales por sus aportes renovadores y que hoy entendemos como indispensables para entender el curso de los procesos en los que tuvieron cabida.

Cada uno de los textos escogidos estará acompañado por un prólogo, escrito por un académico del país del autor, que subraye sus méritos históricos y que ofrezca el contexto teórico del que formaron parte, con la finalidad de promover la significación de cada texto para los estudiosos y lectores del presente.

La Asociación de Academias de la Lengua Española (ASALE) y la Fundación José Manuel Lara (Grupo Planeta) se han unido en esta experiencia para hacer posible que al cabo del tiempo se pueda contar con un conjunto de estudios fundacionales sobre nuestra lengua y su literatura.
Hasta el presente se han publicado nueve números:

José Pedro Rona: *¿Qué es un americanismo?* Prólogo de Adolfo Elizaincín (Academia Nacional de Letras de Uruguay).

Dialectólogo uruguayo nacido en la antigua Checoslovaquia, José Pedro Rona (1923-1974) desarrolló una de las más brillantes carreras sobre el estudio del español americano que se recuerden. Promueve en numerosos trabajos la necesidad de consolidar una dialectología científica amparada en la clasificación de hechos lingüísticos (fonéticos, morfosintácticos y léxico-semánticos). Discípulo y sucesor de Eugenio Coseriu, cumple sus estudios de licenciatura en la Universidad de la República y de doctorado en la Universidad Católica de Porto Alegre. Ejercerá la docencia universitaria en la primera de estas instituciones, en Uruguay, y, al final de su vida, en la Universidad de Ottawa, en Canadá. Entre muchas otras contribuciones, se le debe la institucionalización de la lingüística en Uruguay.

Su ensayo *¿Qué es un americanismo?* fue considerado a partir de su publicación, en 1969, un texto de culto en toda Hispanoamérica por su propuesta de una dialectología moderna, sustentada en la diferenciación y cuestionamiento tradicional de los conceptos de americanismo y regionalismo, conquistando sin discusión el título de clásico contemporáneo de la lingüística americana.

Al cuidado del actual presidente de la Academia Nacional de Letras de Uruguay, el doctor Adolfo Elizaincín, discípulo y continuador de las enseñanzas de Rona, la edición de este texto permitirá a los estudiosos de hoy entrar en contacto con una de las piezas más representativas de la lingüística hispanoamericana de nuestro tiempo, cuyo aporte e impacto aún siguen vigentes.

Ramón Menéndez Pidal: *El diccionario que deseamos*. Prólogo de Pedro Álvarez de Miranda (Real Academia Española).

Maestro de la filología, dedica su larga y productiva vida al estudio de los orígenes de la lengua española. Apasionado por el mundo medieval, Ramón Menéndez Pidal (1869-1968) hará una de las gestiones de sabiduría más encomiables que recuerden los tiempos modernos. Su rigurosa disciplina, su fe en el documento y el ejercicio de una lingüística armoniosa y bien llevada, lo colocaron al frente del movimiento de renovación de la ciencia social española durante el siglo XX, del que fue protagonista estrella. Dedica al estudio del *Cantar de Mío Cid* sus más altas realizaciones, logrando en este campo su reconocimiento más perdurable. Dos veces director de la Real Academia Española, durante su segundo período, que comienza el año 1947 y que finaliza el mismo en que muere, se funda en 1951 la Asociación de Academias de la Lengua Española.

En *El diccionario que deseamos*, el maestro despliega su amplio saber sobre los diccionarios y promueve, a partir de una crítica firme y amable a la vez, las claves para alcanzar la elaboración perfecta de estas obras.

Al cuidado del lexicógrafo y académico Pedro Álvarez de Miranda, numerario de la Real Academia Española, la edición de este texto hará posible que los estudiosos de hoy cuenten con el iluminador escrito, bitácora en el arduo camino para la elaboración de los diccionarios del español.

Ángel Rosenblat: *El castellano de España y el castellano de América*. Prólogo de Francisco Javier Pérez (Academia Venezolana de la Lengua/ ASALE).

Dialectólogo, lexicógrafo e historiador venezolano-argentino nacido en Polonia, Ángel Rosenblat (1902-1984) es considerado el fundador de la moderna lingüística en Venezuela y uno de los maestros imprescindibles de la filología hispanoamericana. En Buenos Aires, desplegará una compleja tarea de estudio del español americano. En Caracas, producirá el cuerpo de reflexiones más notable de la moderna filología venezolana.

El castellano de España y el castellano de América es pieza clave en la concepción de una lingüística diferencial que haga comprensible el sentido unitario y diverso de la lengua española y del papel activísimo que juega el español americano en la fragua de la lengua a partir del siglo XV.

Al cuidado del lexicógrafo y académico venezolano Francisco Javier Pérez, secretario general de la ASALE, la edición de este texto arrojará luz sobre un momento cúspide de la lingüística española, del que resulta su mejor reflejo. Asimismo, hará posible determinar el lugar que ocupa el sabio en el trayecto de una lingüística menos formalista y más humana y de una filología social ajena a cualquier forma de álgebra teórica, vacía y carente de sentido.

Eugenio María de Hostos: *Hamlet. Ensayo crítico*. Prólogo de José Luis Vega (Academia Puertorriqueña de la Lengua Española).

Filósofo, escritor, sociólogo y educador, el puertorriqueño Eugenio María de Hostos (1839-1903) ostenta, junto a otros sabios de América (Bello, Rodríguez, Montalvo, González Prada, Varona, Martí, Rodó), el título de patriarca del pensamiento hispanoamericano. Héroe civil, hizo de la educación su caballo de batalla en favor de una sociedad más justa y libre. La «moral social» constituyó el principio central de su credo por encima de cualquier otro. La independencia de Puerto Rico vino, especialmente, a entenderse como su acción benéfica más encomiable. «Ciudadano de América» fue el epíteto con el que se rubricó su noble empresa de bien hacia el continente.

Hamlet. Ensayo crítico es uno de los ensayos más notables escritos durante el siglo XIX, en donde la figura del personaje shakesperiano cobra sentido como símbolo de rebelión, independencia y justicia. Escrito con el corazón, hoy es modelo de una forma de hacer literatura que hizo historia en las letras hispanoamericanas.

Al cuidado del escritor y académico puertorriqueño José Luis Vega, director de la Academia Puertorriqueña de la Lengua Española, la edición de este texto constituye una auténtica y comprometida recuperación, tanto como su reconocimiento moderno, de un autor clave para el pensamiento literario en lengua española.

Amado Alonso: *El problema argentino de la lengua*. Prólogo de Pablo Cavallero (Academia Argentina de Letras).

Lingüista, filólogo, crítico y gramático hispano-argentino, Amado Alonso (1896-1952) representa el modelo complejo del moderno estudioso del lenguaje. Sistemático, creativo, innovador, sabio y artista, se le deben no solo algunos de los análisis más perdurables para el conocimiento de la lengua y algunos de sus anclajes teóricos más sólidos, sino la constitución de la primera gran escuela internacional de lingüística en suelo americano: el Instituto de Filología, en la Universidad de Buenos Aires.

El problema argentino de la lengua, pieza maestra de la estilística española, traza el recorrido de la diferenciación como método de investigación lingüística. Como Ferdinand de Saussure, al que traduce y estudia, construirá sus reflexiones sobre la base de antinomias teóricamente productivas (lengua escrita y oral, comunicación y expresión, lengua literaria y cotidiana, lengua familiar y urbana, norma general y particular, unidad y diversidad, descripción y prescripción), para poder evaluar el español de Argentina.

Al cuidado del latinista y académico argentino, Pablo Cavallero, numerario de la Academia Argentina de Letras, la edición de este texto rescata y pone de nuevo en circulación un ensayo fundamental para el conocimiento de la teoría del lenguaje, de la lingüística moderna y de la lingüística americana.

Marcos A. Morínigo: *Dos perspectivas americanas*. Prólogo de José Manuel Blecua Perdices (Real Academia Española).

Filólogo y lexicógrafo, el paraguayo-argentino Marcos A. Morínigo (1904-1987) es considerado como una de las figuras clave de la lingüística hispanoamericana del siglo XX. Discípulo de Amado Alonso en el Instituto de Filología de la Universidad de Buenos Aires, se afilió al estudio moderno de autores clásicos en lengua española, entre otros, Lope de Vega y Alonso de Ercilla, evaluando la visión americana presente en la obra de estos autores. Un consenso entre los estudiosos de nuestra lengua reconoce su notable labor lexicográfica, desarrollada a partir de la publicación de su *Diccionario manual de americanismos*, publicado en 1966, y de un conjunto de diccionarios subsidiarios de esta importante obra.

Dos perspectivas americanas reúne tres estudios sustantivos: «América en España en el siglo XVI», «América en el instrumental retórico del siglo XVI» y «Difusión del español en el noroeste argentino». Fundamentales, los dos primeros para la historia del español americano y de la cultura en América en su nutricio intercambio con España y clave, el tercero, para el estudio del segmento indígena en el español argentino.

Al cuidado del lingüista y académico español José Manuel Blecua, numerario y exdirector de la Real Academia Española y expresidente de la Asociación de Academias de la Lengua Española, la edición constituye un indiscutible rescate de estas piezas para el conocimiento de la lingüística y cultura del español.

Adolfo Tortoló Domínguez: *La legitimidad gramatical de la pronunciación hispanoamericana*. Prólogo: Marlen A. Domínguez (Academia Cubana de la Lengua).

Filólogo y académico cubano, Adolfo Tortoló Domínguez (1902-1984) desarrolló una importante labor como profesor de gramática y como investigador de temas ortográficos y de pronunciación. El impacto que causaron sus renovadores estudios hizo que la Academia Cubana de la Lengua lo distinguiera, en 1957, eligiéndolo miembro de número y que le confiara primero la secretaría y luego la vicedirección de la corporación. Su brillante hoja académica reporta, en clave americanista, la lectura del discurso en homenaje a Andrés Bello por el bicentenario de su nacimiento, el año 1981.

La legitimidad gramatical de la pronunciación hispanoamericana resulta su trabajo mejor valorado por lo que supone de exposición y análisis del *seseo* como fenómeno definidor de la pronunciación americana. El texto constituyó la memoria que su autor presentó en el II Congreso de la Asociación de Academias de la Lengua Española, celebrado en Madrid, en 1956, y que fue recibida con mucho interés por Ramón Menéndez Pidal y por Julio Casares y respaldada oficialmente por el congreso.

La edición que hoy presentamos, al cuidado de la lingüista y académica Marlen A. Domínguez, numeraria de la Academia Cubana de la Lengua, constituye un auténtico rescate de un estudio vindicador del español americano y una muestra más de la vocación diferenciadora de su autor.

Rodolfo Lenz: *¿Para qué estudiamos gramática?* Prólogo de Victoria Espinosa Santos (Academia Chilena de la Lengua).

Lingüista, filólogo, gramático, lexicógrafo, indigenista y folclorista chileno-alemán, Rodolfo Lenz (1863-1938) se convirtió en una de las figuras más representativas de la lingüística americana durante el final del siglo XIX y el comienzo del XX, debido a sus fundamentales investigaciones sobre el español de Chile, país al que llega en 1890 y en el que vivirá hasta su muerte. Poseedor de una inobjetable formación científica, suma a su labor de estudio una variada gama de intereses disciplinarios que le permitieron abordar los temas más determinantes y ofrecer sobre ellos algunos de sus aportes más duraderos. Los títulos centrales de su bibliografía así lo avalan: *Chilenische Studien, La oración y sus partes, Colección de poesía popular del siglo XIX, El español en Chile* y, entre otros, el admirable *Diccionario etimológico de las voces chilenas derivadas de lenguas indígenas*, obra capital de la lexicografía americana.

¿Para qué estudiamos gramática? fue originalmente una conferencia que Lenz dictó en la Universidad de Chile, en 1912. En ella discute el concepto de gramática y cómo deben aprenderse y enseñarse temas siempre polémicos en los estudios gramaticales. A este respecto, sus señalamientos resultan muy actuales y renovadores de las concepciones tradicionales de enseñanza de la gramática del español.

La edición que hoy presentamos, al cuidado de la lingüista, dialectóloga y académica Victoria Espinosa, numeraria de la Academia Chilena de la Lengua, debe entenderse como un aporte de primer orden para la redifusión de la obra del maestro Lenz y un merecido homenaje contemporáneo a su aquilatada figura.

Pedro Henríquez Ureña: *Seis ensayos en busca de nuestra expresión. Dos ensayos*. Prólogo de Bruno Rosario Candelier (Academia Dominicana de la Lengua).

Ensayista, crítico, filósofo, filólogo y gramático dominicano, Pedro Henríquez Ureña (1884-1946) hizo de su extensa obra un prolongado elogio de la lengua, la literatura y la cultura española y americana, y un exhaustivo memorial de lo que estas significaron para la fragua de su humanismo de raíz filológica. Santo Domingo, Estados Unidos, Cuba, México y Argentina, por último, fueron los lugares en donde pudo desplegar su potente magisterio y gracias a ellos completó su proyecto como padre moderno de las letras hispanoamericanas. Los títulos centrales de su monumental bibliografía así lo asientan: *Ensayos críticos, La utopía de América, En la orilla. Mi España, Seis ensayos en busca de nuestra expresión, La cultura y las letras coloniales en Santo Domingo, Sobre el problema del andalucismo dialectal de América, Plenitud de España, Las corrientes literarias en la América Hispana, El español en Santo Domingo, Historia de la cultura en la América Hispana* y *El endeca-*

sílabo castellano. Funda, junto a Amado Alonso y a Eleuterio Tiscornia, el Instituto de Filología de la Universidad de Buenos Aires, cuna de la moderna lingüística hispanoamericana. La Academia Argentina de Letras lo distinguió como su miembro correspondiente por la República Dominicana. Alonso dijo de él que era «la primera autoridad del mundo».

De *Seis ensayos en busca de nuestra expresión*, se han escogido hoy sus dos primeros textos, «El descontento y la promesa» y «Caminos de nuestra historia literaria», pues dan cuenta generosa de la América virginal clamando después de la colonia por una vida libre y por una expresión liberadora. La utopía americana nunca superada y siempre con nosotros.

La edición que hoy presentamos, al cuidado del pensador, poeta y académico Bruno Rosario Candelier, actual director de la Academia Dominicana de la Lengua, permitirá acercarnos a la figura de este moderno patriarca de nuestras letras, gracias al trato inteligente y sensible de este texto fundamental.

Este año 2021 se han publicado los siguientes títulos, actualmente en fase de producción editorial:

— Humberto Toscano Mateus: *El español en el Ecuador. Introducción*. Prólogo de Susana Cordero de Espinosa (Academia Ecuatoriada de la Lengua).

— Juan M. Lope Blanch: *Léxico indígena en el español de México*. Prólogo de Pedro Martín Butragueño (Academia Mexicana de la Lengua).

— Carlos Coello: *Tres estudios sobre lexicografía y español boliviano*. Prólogo de España Rosario Villegas (Academia Boliviana de la Lengua).

Nueva edición de las obras completas de Andrés Bello

IVÁN JAKSIC (Academia Chilena de la Lengua)

La Academia Chilena de la Lengua ha aprobado en sus diferentes instancias la nueva edición de las obras completas de Andrés Bello bajo la dirección de Iván Jaksić como editor general. Esta nueva edición cuenta con los auspicios chilenos de la Cátedra Andrés Bello de la Universidad Adolfo Ibáñez y de la Biblioteca Nacional de Chile. A nivel internacional cuenta con el apoyo de la Academia Venezolana de la Lengua, de la Fundación Ignacio de Larramendi en Madrid y de la Asociación de Academias de la Lengua Española (ASALE). Esta última cumple en 2021 setenta años desde su fundación en México y proporciona la ocasión para celebrar a uno de los más grandes pensadores panhispánicos.

La vida y obra de Andrés Bello son inseparables de la construcción cultural e institucional de Hispanoamérica y, por lo mismo, resulta pertinente y también urgente renovar el esfuerzo que hizo Bello por pensar en la comunidad de las naciones hispánicas. Esto solo bastaría para justificar una edición moderna de sus escritos clásicos. Pero es necesario, además, incorporar la aparición reciente de textos inéditos y actualizar el aparato crítico. La primera edición de las *Obras completas* se publicó en Chile en 15 tomos entre 1881 y 1893, pero es hoy difícil de encontrar y está notoriamente incompleta. Venezuela asumió la tarea de una edición más acabada, la que se publicó en 24 tomos entre 1951 y 1981. Lo más notable de esta edición es la calidad de los estudios preliminares y los comentarios de la comisión editora a cada volumen. A continuación, se realizó en Venezuela una edición facsímil entre 1981 y 1984, a la que se agregaron dos tomos nuevos de correspondencia. Esta es, hasta hoy, la edición más autorizada, pero por el tiempo transcurrido desde entonces, cuatro décadas, no registra el notable avance realizado por el bellismo internacional.

La nueva edición intenta renovar la circulación de la obra de Andrés Bello a través de las formas tradicionales de imprenta y de las nuevas plataformas tecnológicas. Sigue de cerca la segunda edición venezolana, pero en una secuencia diferente que facilita la comprensión del conjunto de la obra de Bello. Es decir, las tres grandes categorías en que se puede clasificar el corpus: lengua y literatura; educación, historia y ciencias, y gobierno y Estado de derecho.

Este nuevo ordenamiento permite un flujo mayor entre las diversas ramas del conocimiento cultivadas por Bello. Es decir, refleja las tres dimensiones del orden que forman el hilo conductor de la obra de Bello: el humanista, relacionado con el cultivo de la lengua y las letras para el desarrollo humano individual y colectivo; el internacional, que responde a las realidades generadas por la independencia y la inserción de Hispanoamérica en un concierto mundial, y el orden interno, concebido como Estado de derecho.

La novedad más importante de esta nueva edición consiste en ubicar el epistolario de Andrés Bello en una posición más central de la que ha tenido hasta el momento. De hecho, el epistolario es lo menos conocido de este pensador, puesto que las cartas solo fueron compiladas en 1984 en la segunda edición venezolana y se han encontrado nuevos documentos desde entonces. Este valioso epistolario no ha tenido la circulación necesaria para incorporar la biografía de Bello a los ejes principales de su pensamiento. Se agrega además el nuevo material compilado sobre la base de los manuscritos de Londres y un nuevo volumen que recopila los prólogos de los más importantes bellistas del siglo XX, que son en sí referentes indispensables para cualquier discusión sobre el pensamiento de Bello.

Divulgación

Colección Divulgativa
SOLEDAD PUÉRTOLAS (Real Academia Española),
Nunca lo hubiera dicho.

COLECCIÓN DIVULGATIVA
SOLEDAD PUÉRTOLAS, *NUNCA LO HUBIERA DICHO*

La Real Academia Española y la Asociación de Academias de la Lengua Española comienzan una nueva colección, «Divulgativa», de carácter divulgativo con el fin de poner al alcance de un amplio público lector las cuestiones fundamentales del lenguaje. La colección abordará asuntos muy variados, referidos, en buena parte, a la historia de las palabras, la etimología, la ortografía, la gramática o la semántica. Asimismo, abordará las dudas y preguntas más frecuentes que plantea el uso de la lengua, y las diversas modalidades de la lengua.

La colección se inaugura con el título, *Nunca lo hubiera dicho*, al cuidado de Soledad Puértolas, y tratará de manera clara y amena curiosidades y anécdotas relacionadas con la historia del español, el léxico, la ortografía o la gramática: castellano o español, el mito del español más puro, la hache, los acentos; una variedad de claves para descubrir los secretos de la lengua.

El espíritu de la colección es atender al interés y curiosidad que los usuarios tienen por la lengua. En palabras de Soledad Puértolas: «Sin duda, no son pocos los hablantes que se preguntan de vez en cuando si no deberían tener más conocimientos sobre la lengua, sobre su origen, sobre su extensión, sobre las normas que facilitan una expresión correcta, sobre los diferentes usos de las palabras y los matices que caracterizan la forma de hablar en los lugares donde se practica, y otra gran variedad de datos. Unos conocimientos que les permitieran, en fin, utilizarla con seguridad y con satisfacción. Acceder a una mayor proximidad, a un mayor conocimiento de la lengua, de sus curiosidades grandes y pequeñas, de su historia y sus tensiones actuales, y de muchas otras cuestiones íntimamente relacionadas con el lenguaje, es el propósito de la colección que la RAE ha proyectado y que se inaugura con este primer volumen, dedicado a los asuntos más básicos, los que, al día de hoy, resultan más visibles. Al hablar, al expresar o poner por escrito pensamientos, emociones, ilusiones y sueños, somos nosotros, los usuarios de la lengua, la razón de ser de los diccionarios, de los manuales que se refieren a ella y de estos textos de vocación divulgativa dirigidos al amplio público lector, que responden a uno de los objetivos primordiales de las Academias».

Proyectos en debate

MARCO MARTOS CARRERA (Academia Peruana de la Lengua), *Diccionario panhispánico de gastronomía.* ■ PABLO ADRIÁN CAVALLERO (Academia Argentina de Letras), *Proyecto del* Diccionario panhispánico de escritores. ■ ACADEMIA COSTARRICENSE DE LA LENGUA, *Hacia una antología panhispánica de poesía contemporánea.*

Diccionario panhispánico de gastronomía

MARCO MARTOS CARRERA (Academia Peruana de la Lengua)

El *Diccionario panhispánico de gastronomía*, coordinado por el presidente de la Academia Peruana de la Lengua, Marco Martos Carrera, se propone analizar el léxico gastronómico de todos los países hispanohablantes.

Sus fuentes principales serán literarias, ensayísticas, además de prensa, radio, televisión, pero el peso fundamental recaerá en las encuestas orales; la voz del ciudadano será la fuente más autorizada. Esto no descarta, por otra parte, el uso de los materiales lexicográficos de cada país.

Los trabajos de la obra están avanzados. Se ha seleccionado un lemario básico de cerca de cuatro mil entradas de todos los países. Se han completado y definido los listados de palabras de los siguientes países: Venezuela, Ecuador, Perú, México, Cuba, El Salvador, Colombia, República Dominicana, Uruguay, Filipinas, República de Guinea Ecuatorial y Honduras. Para ello ha sido muy valiosa la información procedente de las Academias así como de los distintos especialistas de cada país consultado.

Se prevé finalizar una primera versión del trabajo el próximo mes de noviembre fecha en que pasará a la revisión por cada una de las academias como trabajo previo a su publicación.

Proyecto del Diccionario panhispánico de escritores

PABLO ADRIÁN CAVALLERO (Academia Argentina de Letras)

Los diccionarios son instrumentos de información que pueden abarcar los diversos campos de la ciencia, las artes, la cultura en general. En la actualidad, su uso y su alcance están favorecidos por la tecnología de la informática, dado que sus contenidos pueden ser ampliados digitalmente de manera constante, pueden estar vinculados a archivos que los ilustran también en formato digital y, además, resultan accesibles desde variadas perspectivas de búsqueda, sea de forma secuencial o cruzada mediante hipertextos. El lector, pues, tiene la posibilidad de encontrar más fácilmente mayor información. A la vez, con estos diccionarios se intenta preservar y hacer disponibles monumentos culturales que muchas veces resultan inhallables.

Esto es lo que pretende la moción que la Academia Argentina de Letras presentó en el Congreso de la ASALE celebrado en Sevilla, en noviembre de 2019, y que fue aprobada por el plenario de la asamblea.

Dicha moción propone componer en línea un *Diccionario panhispánico de escritores* (*DiPE*), es decir, un repositorio relativo a los escritores de los diversos géneros literarios que hayan sido reconocidos desde el surgimiento de cada nación hispanohablante. En este repositorio se incluirán datos biográficos del escritor, bibliografía especializada y textos ilustrativos de su obra, compuestos de manera científica y actualizada, como resultado de una tarea mancomunada de todas las academias con el auxilio de bibliotecas; asimismo, se incorporarán fotografías o retratos de los autores. El público al que se apunta es tanto el especializado como el general.

Hasta la fecha se ha acordado la disposición que tendrá el diccionario. Las academias organizan un listado alfabético cuyos componentes luego se unificarán en un orden general panhispánico. Al apellido y nombre del escritor seguirán su nacionalidad, fechas de nacimiento y muerte, reseñas biográfica y bibliográfica, obras accesibles, indicaciones bibliográficas de estudios científicos y críticos sobre la obra del escritor. Cada artículo tendrá su responsable, más allá de la coordinación general. Se contará además con un listado de abreviaturas usuales. Asimismo, se aprovecharán obras precedentes, sean diccionarios o enciclopedias de las literaturas nacionales, de autores locales y latinoamericanos, como también estudios específicos, historias de la literatura y bases de datos disponibles en Internet, como, por ejemplo, «Autores.ar» para el caso de los argentinos (http://dominiopublico.org.ar/obras-escritas).

Respecto de la Argentina, se ha hecho un corpus provisorio, en forma cronológica pero también alfabética, dado que este último formato es el básico. Por ahora contamos con trescientos dieciséis autores:

Ábalos, Jorge Washington (1915-1979)
Abella Caprile, Margarita (1901-1960)
Abós, Álvaro (1941)
Accame, Jorge (1956)
Actis, Beatriz (1961)
Adúriz, Javier (1948-2011)
Aguirre, Raúl Gustavo (1927-1983)
Aguirre, Sergio (1961)
Aira, César (1949)
Alberdi, Juan Bautista (1810-1884)
Alberó, Danilo (1947)
Alcorta Mansilla, Gloria (1915-2012)
Aliberti, Antonio (1938-2000)
Almada, Selva (1973)
Almeida, Eugenia (1972)
Alonso, Rodolfo (1934)
Álvarez Tuñón, Eduardo (1957)
Álvarez, José S. (= Fray Mocho, 1858-1903)
Anadón, Pablo (1963)

Andahazi, Federico (1963)
Anderson Imbert, Enrique (1910-2000)
Andrade, Olegario Víctor (1839-1882)
Andruetto, María Teresa (1954)
Angelis, Pedro de (1784-1859)
Anzoátegui, Ignacio Braulio (1905-1978)
Arias, Abelardo (1908-1991)
Arlt, Roberto (1900-1942)
Armani, Horacio (1925-2013)
Arrieta, Rafael Alberto (1889-1968)
Ascasubi, Hilario (1807-1875)
Asís, Jorge (1946)
Azcuénaga, Domingo de (1758-1821)
Balmaceda, Carlos (1954)
Banchs, Enrique (1888-1968)
Báñez, Gabriel (1951-2009)
Barbieri, Vicente (1903-1953)
Barcia, Pedro Luis (1939)
Barco Centenera, Martín del (1510-1580)
Baron Biza, Jorge (1942-2001)
Barreiro, Ricardo (1949-1999)
Basualdo, Ana (1945)
Battista, Vicente (1940)
Bayley, Edgar (1919-1990)
Beccacece, Hugo (1941)
Belgrano Rawson, Eduardo (1943)
Benarós, León (1915-2012)
Benesdra, Salvador (1952-1996)
Bernárdez, Francisco Luis (1900-1978)
Bernatek, Carlos (1955)
Berti, Eduardo (1964)
Bioy Casares, Adolfo (1914-1999)
Bird, Poldy (1951-2018)
Birmajer, Marcelo (1966)
Bizzio, Sergio (1956)
Bodoc, Liliana (1958-2018)
Borges, Jorge Luis (1899-1986)
Bornemann, Elsa (1952-2013)
Brasca, Raúl (1948)
Brindisi, José María (1969)
Brizuela, Leopoldo (1963-2019)
Butti, Enrique (1949)
Califa, Oche (1955)
Calvetti, Jorge (1916-2002)
Cambacères, Eugenio (1843-1888)
Cambours Ocampo, Arturo (1908-1996)
Campo y Luna, Estanislao del (1834-1880)
Cané, Miguel (1851-1905)
Caparrós, Martín (1957)
Capdevila, Arturo (1889-1967)
Carilla, Emilio (1914-1995)
Carlino, Carlos (1910-1981)
Carranza, Gonzalo (1965)
Carriego, Evaristo (1883-1912)
Caruso, Marcelo (1968)
Castagnino, Raúl Héctor (1914-1999)
Castañeda, Francisco de Paula (1776-1832)
Castelnuovo, Elías (1893-1982)
Castilla, Manuel José (1918-1980)
Castillo, Abelardo (1935-2017)
Castillo, Horacio (1934-2010)
Cerretani, Arturo (1907-1986)
Chejfec, Sergio (1956)
Chernov, Carlos (1953)
Chitarroni, Luis (1958)
Cohen, Marcelo (1951)
Consiglio, Jorge (1962)
Conti, Haroldo (1925-1976)
Coronado, Martín (1850-1919)
Cortázar, Julio (1914-1984)
Cossa, Roberto (1934)
Cross, Esther (1961)
Cruz, Jorge Enrique (1930)
Dávalos, Jaime (1921-1981)
De Cecco, Sergio (1931-1986)
De Santis, Pablo (1963)
Defilippis Novoa, Francisco (1890-1930)
Delaney, Juan José (1954)
Denevi, Marco (1922-1998)

Di Benedetto, Antonio (1922-1986)
Di Paola, Jorge (1940-2007)
Díaz de Guzmán, Ruy (1558-1629)
Díaz Mindurry, Liliana (1953)
Díaz, Leopoldo (1862-1947)
Discépolo, Armando (1887-1971)
Dolina, Alejandro (1944)
Domínguez, Carlos María (1955)
Echeverría, Esteban (1805-1851)
Eichelbaum, Samuel (1894-1967)
Enríquez, Mariana (1973)
Esquiú, Mamerto (1826-1883)
Estrada, José Manuel (1842-1894)
Falco, Federico (1977)
Faretta, Ángel (1953)
Feiling, Carlos (1951-1997)
Feinmann, Juan Pablo (1943)
Fernández Díaz, Jorge (1960)
Fernández Latour de Botas, Olga Elena (1935)
Fernández Moreno, Baldomero (1886-1950)
Fernández Moreno, Inés (1947)
Fernández, Macedonio (1874-1972)
Figueras, Marcelo (1962)
Fijman, Jacobo (1898-1970)
Filloy, Juan (1894-2000)
Fogwill, Rodolfo (1941-2010)
Fontanarossa, Roberto (1944-2007)
Forn, Juan (1959)
Fresán, Rodrigo (1963)
Gainza, María (1971)
Gálvez, Lucía (1942)
Gálvez, Manuel (1882-1962)
Gambaro, Griselda (1928)
Gamerro, Carlos (1962)
Gandolfo, Elvio (1947)
García Mérou, Martín (1862-1905)
Gardini, Carlos (1948-2017)
Gelman, Juan (1930-2014)
Giardinelli, Mempo (1947)
Giménez, Eduardo Abel (1954)
Girondo, Oliverio (1891-1967)
Girri, Alberto (1919-1991)
Godino, Rodolfo (1936-2015)
Gómez Bas, Joaquín (1907-1984)
González Tuñón, Raúl (1905-1974)
González, Joaquín V. (1863-1923)
Gorostiza, Carlos (1920-2016)
Gorriti, Juana Manuela (1818-1892)
Goyena, Pedro (1843-1892)
Granata, María (1923)
Groussac, Paul (Francia, 1848-1929)
Guebel, Daniel (1966)
Guido y Spano, Carlos (1827-1918)
Guido, Beatriz (1922-1988)
Güiraldes, Ricardo Guillermo (1886-1927)
Gusmán, Luis (1944)
Gutiérrez, Eduardo (1851-1889)
Gutiérrez, Juan María (1809-1878)
Gutiérrez, Ricardo (1836-1896)
Heer, Liliana (1943)
Heker, Liliana (1943)
Hernández, José (1834-1886)
Hidalgo, Bartolomé (1788-1822)
Hudson, Guillermo E. (1841-1922)
Iparraguirre, Sylvia (1947)
Isaacson, José (1932-2020)
Izaguirre, Ester de (Paraguay 1923-2016)
Jarkowski, Aníbal (1960)
Jeanmaire, Federico (1957)
Juarroz, Roberto (1925-1995)
Kartún, Mauricio (1946)
Kociancich, Vlady (1941)
Kohan, Martín (1967)
Kovadloff, Santiago (1942)
Laferrère, Gregorio de (1867-1913)
Lafinur, Juan Crisóstomo (1797-1824)
Lagunas, Alberto (1940-2018)
Laiseca, Alberto Jesús (1941-2016)
Lamberti, Luciano (1943)
Lamborghini, Osvaldo (1940-1985)
Larreta, Enrique (1875-1961)
Lavardén, Manuel José de (1754-1809)

Libertella, Héctor (1945-2006)
Llinás, Julio (1929)
Lojo, María Rosa (1954)
López Merino, Francisco (1904-1928)
López y Planes, Vicente (1785-1856)
López, Lucio Vicente (1848-1894)
López, Vicente Fidel (1815-1903)
Luca, Esteban de (1786-1824)
Lugones, Leopoldo (1874-1938)
Lynch, Marta (1925-1985)
Mairal, Pedro (1970)
Mallea, Eduardo Alberto (1903-1982)
Manguel, Alberto (1948)
Mansilla, Eduarda (1834-1892)
Mansilla, Lucio V. (1831-1913)
Marasso, Arturo (1890-1970)
Marechal, Leopoldo (1900-1970)
Mariño, Ricardo (1956)
Mármol, José (1817-1871)
Martel, Julián (José María Miró, 1867-1896)
Martínez Cuitiño, Luis (1928-2004)
Martínez Cuitiño, Vicente (1887-1964)
Martínez Estrada, Ezequiel (1895-1964)
Martínez Siccardi, Fabián (1964)
Martínez, Carlos Dámaso (1945)
Martínez, Guillermo (1962)
Martínez, Tomás Eloy (1934-2010)
Martini Real, Juan Carlos (1940-1996)
Martini, Juan (1944)
Martoccia, María (1957)
Mastronardi, Carlos (1901-1976)
Maziel, Juan Baltasar (1727-1788)
Miranda, Luis de (1500-1575)
Mitre, Bartolomé (1821-1906)
Molina, Enrique (1910-1997)
Molinari, Ricardo Eufemio (1898-1996)
Montes, Graciela (1947)
Monti, Ricardo (1944)
Moreno, María (1947)
Mujica Láinez, Manuel (1910-1984)
Murena, Héctor (1923-1975)
Muzzio, Diego (1969)
Nalé Roxlo, Conrado (1898-1971)
Negroni, María (1951)
Nicotra, Alejandro (1931)
Nielsen, Gustavo (1962)
Obligado, Carlos (1889-1949)
Obligado, Clara (1950)
Obligado, Rafael (1851-1920)
Ocampo, Silvina (1903-1993)
Ocampo, Victoria (1890-1979)
Ocantos, Carlos María (1860-1949)
Oesterheld, Héctor Germán (1919-1977)
Olguín, Sergio (1967)
Orozco, Olga (1920-1999)
Ortiz, Juan L. (1896-1978)
Osorio, Elsa (1952)
Oteriño, Rafael Felipe (1945)
Oyuela, Calixto (1857-1935)
Pacheco, Carlos Mauricio (Uruguay 1881-1924)
Pagano, Mabel (1945)
Pagés Larraya, Antonio (1918-2005)
Palacios, Pedro Bonifacio (= Almafuerte, 1854-1917)
Pampillo, Gloria (1938-2013)
Paszkowski, Diego (1966)
Pauls, Alan (1959)
Pavlovsky, Eduardo (1933-2015)
Payró, Roberto J. (1867-1928)
Paz, José María (1791-1854)
Pescetti, Luis María (1958)
Piglia, Ricardo (1941-2017)
Piñeiro, Claudia (1960)
Pizarnik, Alejandra (1936-1972)
Plá, Roger (1912-1981)
Plaza, Ramón (1937-1991)
Ponferrada, Juan Oscar (1907-1990)
Portogalo, José (1904-1973)
Posse, Abel (1934)
Pradelli, Ángela (1959)

Pron, Patricio (1975)
Puig Delledonne, Juan Manuel (1932-1990)
Quiroga, Horacio (Uruguay 1878-1937)
Rabanal, Rodolfo (1940-2020)
Requeni, Antonio (1930)
Rivarola, Pantaleón (1754-1821)
Rodríguez, Cayetano (1761-1823)
Rojas, Ricardo Mario José (1882-1957)
Roldán, Belisario (1873-1922)
Sabato, Ernesto (1911-2011)
Saccomanno, Guillermo (1948)
Sacheri, Eduardo (1967)
Saer, Juan José (1937-2005)
Salas, Horacio (1938-2020)
Sampayo, Carlos (1943)
Sánchez Gardel, Julio (1879-1937)
Sánchez, Florencio (1875-1910)
Sánchez, Matilde (1958)
Sánchez Sorondo, Fernando (1943)
Sarlo, Beatriz (1942)
Sarmiento, Domingo Faustino (1811-1888)
Sasturain, Juan (1945)
Schmidl, Ulrico (1510-1580)
Schweblin, Samanta (1978)
Serra Bradford, Matías (1969)
Shua, Ana María (1951)
Sicardi, Francisco (1856-1927)
Siscar, Cristina (1947)
Sola González, Alfonso (1917-1975)
Soler Cañas, Luis (1918-1984)
Soriano, Osvaldo (1943-1997)
Sorrentino, Fernando (1942)
Spregelburd, Rafael (1970)
Storni, Alfonsina (1892-1938)
Suárez, Patricia (1969)
Suez, Perla (1947)
Sylvester, Santiago (1942)
Tejeda y Guzmán, Luis de (1604-1680)
Tiempo, César (Israel Zeitlin, Ucrania, 1906-1980)
Tizón, Héctor (1929-2012)
Torres Zavaleta, Jorge (1951)
Trillo, Carlos (1943-2011)
Ulla, Noemí (1940-2016)
Valenti, Roberto (1907-1958)
Varela, Juan Cruz (1794-1839)
Vega, Ventura de la (1807-1865)
Veiravé, Alfredo (1928-1991)
Villafañe, Javier (1909-1996)
Viñas, David (1927-2011)
Vitagliano, Miguel (1961)
Wadel, Leonardo (1913-2003)
Walsh, María Elena (1930-2011)
Walsh, Rodolfo (1927-1977)
Wast, Hugo (Gustavo Martínez Zuviría, 1883-1962)
Wilde, Eduardo Faustino (1844-1913)
Wolf, Ema (1948)
Wood, Robin (Paraguay 1944)

Se ha constituido una comisión para el *Diccionario panhispánico de escritores*, proyecto dirigido por la Academia Argentina de Letras. Estará compuesta, junto al secretario general, por los siguientes académicos:

— Doña Alicia María Zorrilla, presidenta de la Academia Argentina de Letras.

— Don Gonzalo Celorio, director de la Academia Mexicana de la Lengua.

— Doña Adriana Valdés, directora de la Academia Chilena de la Lengua.

— Don Rogelio Rodríguez Coronel, director de la Academia Cubana de la Lengua.

— Don José Roberto Arze, director de la Academia Boliviana de la Lengua.

— Don Wilfredo Penco, presidente de la Academia Nacional de Letras de Uruguay.

— Representación de la RAE.

El próximo paso será la reunión de la comisión interacadémica para aunar criterios respecto de la planta y comenzar a trabajar en el desarrollo de los artículos con académicos y especialistas.

Hacia una antología panhispánica de poesía contemporánea

(Academia Costarricense de la Lengua)

En el marco del programa de trabajo acordado en el congreso de Sevilla (2019), la Academia Costarricense de la Lengua ha preparado un «Anteproyecto para la elaboración de la antología panhispánica de poesía contemporánea», como base para abordar esta iniciativa que responde al interés de la ASALE por ensanchar su trabajo en el ámbito literario. La propuesta, elaborada por las académicas Mía Gallegos, Estrella Cartín y Julieta Dobles, aborda cuestiones concernientes tanto al contenido de la obra como a la metodología conveniente para su elaboración.

El proyecto, una vez analizado tanto por la Comisión de Publicaciones como por el pleno de directores y presidentes, ha pasado a estudio de cada una de las Academias.

Una nueva web para la ASALE. Las redes sociales

ASOCIACIÓN DE ACADEMIAS DE LA LENGUA ESPAÑOLA

Comunicar el trabajo panhispánico que viene realizando con nuestro idioma la Asociación de Academias de la Lengua Española (ASALE) continúa siendo uno de sus objetivos principales. De hecho, este 2021 se ha querido reforzar más si cabe su presencia digital a través de las redes sociales y su página web, totalmente renovada.

La ASALE está presente en los dos principales canales sociales, Twitter y Facebook. Este año, las campañas en línea y el contenido que se promociona en ambas plataformas se han incrementado en cantidad y variedad con el fin de aumentar la base de seguidores y la repercusión de las informaciones sobre el trabajo académico de las corporaciones que forman la asociación.

Concretamente, el perfil de Twitter cuenta con un total de 42 000 seguidores (en septiembre de 2021), lo que supone un aumento de 10 000 usuarios en el último año. En los últimos doce meses, esta red social ha crecido más de un 30 %, frente al 10 % de periodos anteriores. Es evidente que esta renovada estrategia de publicación de contenido digital está dando sus frutos.

No solo en Twitter, también en Facebook se ha hecho un esfuerzo adicional para impulsar la información que genera la ASALE. Y los números demuestran que ha funcionado, ya que la base de seguidores ha crecido un 50 % en el último año, hasta alcanzar los 14 000.

Además de las noticias de actualidad y sobre la historia, funcionamiento, obras y trabajos de la asociación, las redes sociales de la ASALE han enriquecido sus publicaciones con otro tipo de temas relevantes, como efemérides literarias, celebración de días internacionales y contenido lingüístico, como las «Palabras americanas», donde se proponen a los seguidores voces del continente americano con el fin de darlas a conocer en el resto de los países hispanohablantes y debatir sobre su significado y diversos usos. Como no podía ser de otra manera, también se han incrementado las publicaciones acerca de cursos, congresos, presentaciones y todo tipo de actos que han tenido lugar en las academias, poniendo especial hincapié en aquellas que los usuarios pueden seguir en línea. Además, se han promocionado los servicios lingüísticos y de otra índole de los que disponen las corporaciones con el fin de que nuestros seguidores conozcan todos los recursos que tienen al alcance de la mano, de manera libre y gratuita, gracias al trabajo de los académicos.

Por supuesto, la página web de la ASALE continúa siendo una herramienta fundamental para alojar toda esa información académica y de la asociación, y tenerla disponible en cualquier momento y desde cualquier país para los usuarios hispanohablantes de la red de redes.

Consciente de que el mundo digital cambia a un ritmo vertiginoso, la ASALE ha finalizado la tarea de renovación de su página web con el fin de que se adapte a los nuevos tiempos imperantes, en los que se exige una navegación más rápida, intuitiva y funcional.

Por eso, la nueva www.asale.org, que se acaba de lanzar recientemente, responde a esas demandas con un diseño innovador que pretende hacer más atractiva la muestra de todo el contenido que producen las academias, tanto en su vertiente institucional —funcionamiento, congresos, organización, académicos— como en la más divulgativa —obras, publicaciones, noticias, novedades, cursos o servicios—.

De hecho, el nuevo portal cuenta con una sección especial sobre las academias, en la que los usuarios pueden profundizar en la historia de las corporaciones, cómo se organizan, quiénes son sus académicos, así como conocer imágenes de sus sedes y curiosidades, o redirigirse directamente a las webs propias de cada institución. También merece una mención especial la página dedicada a los miembros de número de todas las instituciones que conforman la asociación. Cada uno de ellos cuenta con una ficha personal con su trayectoria que puede ser consultada en todo momento.

IV.
Ensayos lingüísticos

Enfoque psicosocial del apodo en la Argentina

NORMA CARRICABURO

Academia Argentina de Letras

Delimitación lingüística del apodo. ■ Tipos de apodos y enfoque psicosocial.

DELIMITACIÓN LINGÜÍSTICA DEL APODO

La palabra *apodo* integra una constelación semántica con otras, tales como *alias, apelativo, hipocorístico, mote, seudónimo, sobrenombre.* Muchas veces la sinonimia que se les atribuye se debe a una percepción brumosa de sus límites. Para tratar de establecerlos me basaré en la definición, en la normativa gramatical y en el uso rioplatense.

El *Diccionario de la lengua española (DLE),* en su vigesimotercera edición, de 2014, define estas palabras, que transcribo solo en las acepciones pertinentes:

> **alias.** (Del lat. *alias* 'de otro modo'). m. Apodo o sobrenombre. • adv. Por otro nombre.
>
> **apelativo.** m. 1. adj. Que apellida o califica. [...] 3. m. **nombre apelativo.** 4. **apellido** (‖ nombre de familia).
>
> **apodo.** m. Nombre que suele darse a una persona, tomado de sus defectos corporales o de alguna otra circunstancia.
>
> **hipocorístico, ca.** (Del gr. ὑποκοριστικός *hypokoristikós* 'acariciador'). adj. *Gram.* Dicho de un nombre: Que, en forma diminutiva, abreviada o infantil, se da como designación cariñosa, familiar o eufemística; p. ej. *Pepe, Charo.* U. t. c. s. m.
>
> **mote.** (Del occit. o fr. *mot* 'palabra, dicho'). m. 1. Sobrenombre que se da a una persona por una cualidad o condición suya.
>
> **seudónimo, ma.** (También **pseudónimo**). [...] m. Nombre utilizado por un artista en sus actividades, en vez del suyo propio.
>
> **sobrenombre.** m. 1. Nombre que se añade al apellido para distinguir a dos personas que tienen el mismo. 2. Nombre calificativo con que se distingue especialmente a una persona.

Según estas definiciones podemos distinguir dos que difieren netamente de los apodos: los hipocorísticos y los seudónimos. **Los hipocorísticos** son mutaciones del nombre para el afecto o la intimidad. Constituyen abreviaturas o modificaciones socialmente aceptadas: *Lola* por Dolores, *Paco* o *Pancho* por Francisco, *Mecha* o *Merche* por Mercedes, etc. En su formación pueden concurrir muchos fenómenos. Quizá el más original sea *Pepe,* tomado del lenguaje eclesiástico, donde el nombre del santo iba seguido de doble *p* para señalar la figura de padre putativo. También puede estar presente la aféresis de sílaba(s) iniciale(s) más la sufijación diminutiva, como en el caso de *Titos/as* y *Litos/as,* y en *Moncho,* de Ramón, con el diminutivo euskera *-txu*; la misma aféresis, pero sin diminutivo, como en *Be(r)to* por Alberto o Roberto, *Mingo* por Domingo; aféresis y duplicación silábica, muy propia del lenguaje infantil, como *Mimí, Dedé, Toto.* Muchos hipocorísticos presentan alteraciones morfológicas por pérdidas vocálicas o por alteraciones consonánticas. En los nombres compuestos suelen utilizarse acrónimos, como *Chema* o *Josema* por José María, *Maite* por María Teresa, *Maribel* por María Isabel, etc. El uso más difundido en la actualidad es la apócope, como *Nico* por Nicolás, *Vicki* por Victoria. Muchos de los hipocorísticos han pasado a ser nombres, como *Lola, Maribel, Tiago*. Este hecho consolida la identificación entre hipocorístico y antropónimo.

El seudónimo es el que tiene una significación más distintiva, ya que no es el nombre que le dan a alguien, sino el que alguien se da a sí mismo para un determinado fin. En el marco de las llamadas políticas de género, las mujeres escritoras, en el siglo XIX y principios del XX, firmaban con seudónimos masculinos para no ser discriminadas y llegar a ser leídas por los hombres de su época. Por ejemplo, César Duayen, en nuestro país.

El alias puede ser un nombre artístico, y en ese caso coincide con el seudónimo; también puede ser un apodo o un nombre sustituto para esconder actividades ilícitas o con el deseo de amedrentar, por ejemplo, en los barrabravas: *el Karateca*, *Sandokan*. Aparece frecuentemente en la crónica policial de la prensa argentina en hechos criminales o en operaciones clandestinas, ilegales, fraudulentas o delictivas. El alias, a veces, coincide con el apodo, especialmente en el ambiente carcelario (*el Gordo Valor*, *el Topo*), o es un nombre falso. Fuera del orden criminal o de situaciones clandestinas, esta palabra tiene uso limitado y se lo suele aplicar con cierta ironía. Cito ejemplos de policiales de *La Nación:* «El 31 de octubre de 1995, el chofer de Gordon, Ernesto Lorenzo —alias *Mayor Guzmán*— cayó en el barrio de Belgrano con el Goya robado 12 años antes en Rosario»; «*Hugo Jara* era un nombre falso. Detrás de él se ocultaba Luis Raúl Menocchio, alias *Gusano*, el asesino de las mil caras»; «Enseguida le cayeron encima a Margarita Di Tullio, alias *Pepita la Pistolera,* mote que se había ganado cuando mató a tres ladrones que entraron a su casa en Mar del Plata».

También los alias fueron muy usados en las organizaciones guerrilleras de la década de los 70. La clandestinidad y la necesidad de presentar una nueva identidad propiciaron que se tomaran nombres alternativos y apodos. Por ejemplo, Mario Roberto Santucho era conocido como *el Negro*, *Robi*, *Carlos* y *Carlos Ramírez*. Algunos párrafos de *Por la sendas argentinas...*[1] dan una pauta de la extensión del fenómeno:

> ... en ese momento *Mauro* [Carlos Germán] había sido medio castigado, *el Pelado* [Enrique Haroldo Gorriarán Merlo] también había sido castigado, *el Gringo* Menna no estaba, *el Flaco* Carrizo también, ¿quién quedaba? *Leopoldo* [Rogelio Galeano] era impresentable digamos como secretario general. No éramos ni yo ni *Al-*

1. Pozzi, Pablo: *Por las sendas argentinas. El PRT.ERP. La guerrilla marxista*. Buenos Aires, Eudeba, 2000, pp. 399-400. Los corchetes de la cita pertenecen al original.

> *berto* [Eduardo Merbilháa] compañeros presidenciables [...]. *El Negro Jorge* [Julio Oropel] tampoco [...]. Bueno, él era un cuadro que había sido de primera línea, pero nunca fue un compañero de elaborar, de escribir. Tampoco lo era *Mattini* [Arnold Kremer].

Actualmente, en la cultura digital, el alias se resemantiza para generar alias bancarios y de dominio.

El apelativo es el apellido o el nombre de familia, pero también es un calificativo, y entramos en la zona de sinonimia que refuerza el punto 3: «nombre apelativo». De este dice el *DLE:* «m. Sobrenombre. *El Caballero de los Leones*». De acuerdo con este ejemplo quijotesco, hay que agruparlo con los sobrenombres y solo se usaría en función narrativa.

El apodo y el **mote** parecen compartir significación y normativa. Se trata de un sustantivo, de un adjetivo o de una construcción nominal que se usa como vocativo o con artículo determinante en función narrativa.

En cuanto a normativa, advierte la *Nueva gramática de la lengua española*, Madrid, RAE, 2009, tomo I, §12.8j:

> Los SOBRENOMBRES constituyen sustantivos o grupos nominales de valor identificativo, tanto si constituyen apodos o motes (*el Cojo, el Tuerto*) como si se trata de seudónimos (*Azorín, el Brocense, Cantinflas*) o de calificativos atribuidos a una personalidad (*el Magnánimo, el Sabio*) [...]. Los seudónimos son nombres que emplean los autores para ocultar el propio: *En 1970, Perón admitió que había firmado algunos artículos con el seudónimo* Descartes [...]. Los motes y apodos designan a los individuos a los que se refieren con términos que revelan confianza o ironía, pero también con calificativos que pueden ser hostiles o hirientes.

De este parágrafo podemos desprender que *mote* o *apodo* son sinónimos. La preferencia por uno u otro posiblemente responda a usos diatópicos o a idiolectos. Se infiere también que el término *sobrenombre* es un hiperónimo con respecto a los otros lemas que venimos analizando. Así lo había señalado ya Rebollo Torío en 1993[2].

El sobrenombre, según la definición del *DLE* en su primera acepción, desambigua el apellido o nombre de una persona, como en el caso de *Plinio el Joven, Felipe VI, Carlos Menem Junior*. Coincide con el tradicional **agnomento,** al que el *DLE* define como «m. desus. Sobrenombre dado a una persona del mismo nombre que otra para distinguirla de esta». En su segunda

2. Miguel A. Rebollo Torío en «El apodo y sus características» destacó: «Podríamos decir que un apodo es un sobrenombre, pero no todo sobrenombre es forzosamente un apodo. El sobrenombre tendría una relación de hiperonimia con respecto a los demás». *Anuario de Estudios Filológicos*, vol. 16, 1993, pág. 345.

acepción define al sobrenombre como construcción calificativa, sea pospuesta al nombre, como *Córdoba la docta, Salta la linda, Rosas el Restaurador de las Leyes*, o sola: *el Libertador, la Reina del Plata.* Coincide con el **cognomento**, al que define como «m. Renombre que adquiere una persona por causa de sus virtudes o defectos, o un pueblo por notables circunstancias y acaecimientos». La diferencia entre el apodo y el sobrenombre como forma calificativa es que, si bien ambos tienen una estructura similar (artículo más adjetivo, sustantivo o construcción nominativa), el apodo solo se pospone al nombre en función apositiva y usado como narrativo, en tanto que el sobrenombre, de acuerdo con esta definición del *DLE*, solo sería narrativo y no admitiría el uso como vocativo (propio del apodo), salvo quizá en estilo retórico.

TIPOS DE APODOS Y ENFOQUE PSICOSOCIAL

Los apodos pueden ser individuales, familiares y grupales. Del barrio de mi infancia recuerdo *los Pierinos* para una familia italiana que había nombrado Pierina a una de las hijas, y *los Paletos* para otra familia que se comportaba con poca urbanidad. Los apodos grupales suelen provenir del fútbol o de ideologías. Por ejemplo, *los Xeneizes, los Millonarios, los Troskos, los Gorilas.*

El apodo individual a su vez se divide en familiar o en social. El familiar suele acompañar desde el nacimiento o primera infancia. El social puede comenzar en la escuela (*el Cuatrochi, el Tarta*) o en cualquier momento de la vida. Frente al *Chacho Peñaloza* (aféresis de *muchacho*) nos encontramos con *el Viejo Viscacha* en la literatura o *el Viejo Bruno,* apodo que se dio al Almirante Brown.

Tanto el apodo como el nombre de pila constituyen una forma de tratamiento informal y de confianza. Los apodos son connotativos, en tanto que los antropónimos son denominativos[3]. El apodo connota rasgos físicos (*el Ñato, el Orejas*), defectos (*el Sordo, el Tuerto*) o alguna característica de la personalidad (*el Corcho, el Nerd*).

Los apodos familiares son casi siempre cariñosos. Algunos son irónicos, como llamar *la Bruja* o *la Jefa* a la mujer. Muchos suelen recordar un rasgo del recién nacido o del hijo pequeño que hizo que se lo llamase *Bocha* si nació sin pelusa, *Negrito* por el pelo oscuro, *Chino* por los ojos rasgados, *Ñato* por la nariz pequeña, *Colo(rado)* si es pelirrojo, *Chueco* por las piernas torcidas, etc. *El Bebe* o *la Beba* suelen aplicarse a los benjamines de la familia. Los apodos sociales pueden coincidir con los familiares.

---

3. Los antropónimos tampoco son absolutamente denotativos: suelen expresar nacionalidad, credo, ideología, nivel social, ídolos mediáticos, modas, épocas.

Para un enfoque psicosocial tomaré los apodos de protagonistas de nuestra historia o dirigentes de estas dos centurias, lo que permitirá una visión diacrónica, con la perspectiva social de distintas épocas. Cada país, cada región, cada comunidad, cada época tienen sus propias costumbres y circunstancias, sus propios gustos y, sobre estos parámetros, se crean los apodos. Por ejemplo, antes de la penicilina las mujeres rellenitas eran socialmente estéticas, pues mostraban un cuerpo y un semblante saludables. El apodo *Gordita* era ponderativo. En esta época de bulimia y anorexia son pocos los que se animan a dar ese apodo.

En un país marcado por la inmigración, como la Argentina, el gentilicio fue una forma fácil de distinguir y llamar. De ahí, *el Turco, el Ruso, el Gallego, el Indio, el Francés, el Polaco, el Tano, el Vasco, el Ponja, el Chino* servían para señalar a alguien por la procedencia u origen, aunque estas atribuciones fueran geográficamente latas. A principios del siglo XX, con *turcos* se denominaba a turcos, armenios y sirio-libaneses; con *rusos* a quienes venían de Europa del Este, pero también a quienes profesaban la religión judía; con *tanos* a los italianos del sur, con *gallegos* a los españoles, etc. *Ponjas*, con la inversión silábica del país de origen, fue el modo de designar a los inmigrantes japoneses que empezaron a llegar a comienzos del siglo XX. Ya en 1911 se registraron nacimientos de hijos de nipones, sobre todo en el noreste. La denominación *chinos* es muy amplia. Se llama así a nativos con alguna mezcla de sangre indígena y también a los inmigrantes de China, Tailandia, Corea. Asimismo, las atribuciones pueden ser temporalmente imprecisas, y *el Tano* o *el Vasco* pueden ser de segunda o tercera generación, por portación de apellido.

A fines del siglo XIX la inmigración no gozaba de simpatía entre los nativos. Basta con leer la literatura naturalista argentina, en especial los casos clínicos de los médicos de la generación del 80, para tener una dimensión de la xenofobia. *Irresponsable*, novela de Manuel Podestá, es un buen ejemplo. La aceptación del aluvión inmigratorio respondió a dos acciones conjuntas: la unificadora del discurso oficial, que necesitaba mano de obra y poblar el país, y la niveladora de la escuela pública. Los eslóganes «tierra de promisión», «crisol de razas» (ahora se dice «crisol de culturas») se desplegaban desde los textos escolares. *Tierra de promisión* se llamó, incluso, un libro de lectura de sexto grado. La literatura del siglo XX contribuyó a la ponderación del inmigrante, con las historias de sacrificio y frustración contadas, desde dentro, por los hijos de la inmigración. Ejemplo son el grotesco criollo teatral o, siguiendo estas pautas, *Sobre héroes y tumbas*, de Ernesto Sábato.

El éxito de las políticas inmigratorias, con la articulación del inmigrante y/o de sus descendientes en el país proyectado, hizo posible que hubiera presidentes de la República apodados con gentilicios. A Victorino de la Plaza, nativo del Valle de Lerma, se lo llamó *el Chino* por su rostro aindiado, la impasibilidad del gesto y los ojos achinados. Igual apodo tuvo Ricardo Balbín.

Carlos Pellegrini, hijo de padres franceses y que hablaba el español como extranjero, fue apodado *el Gringo*[4]; Pedro Aramburu fue *el Vasco*; Raúl Alfonsín, *el Gallego*, y Carlos Menem, *el Turco*.

Sin embargo, una vez consolidado el proyecto de país, salvo los refugiados de guerra o migrantes calificados, un sentimiento xenófobo se fue imponiendo, sobre todo para quienes llegaron en las últimas décadas de países vecinos y reciben planes sociales o participan en tomas de tierras. Los apodos peyorativos lo certifican: *los paraguas*, *los bolitas*, *los boliguayos* y *los/las Cokas*. Este último alude al narcotráfico y a la nacionalidad peruana y boliviana[5].

Otro apodo común es *el/la Negro/a*. No posee connotación peyorativa y se suele llamar así al que tiene piel mate o pelo moreno. El comercio de africanos durante la Colonia perdió vigor con la libertad de vientres, otorgada en enero de 1813. La independencia de los países sudamericanos coincidió con las teorías abolicionistas que venían de Europa y, curiosamente, de las potencias más esclavistas, como el Reino Unido y Portugal. Esta posición abolicionista se concretó en la Constitución de 1853 para la Confederación y a partir de 1861 para todo el país. Los africanos desde un principio se sumaron a las luchas contra la dominación española y más tarde a las guerras intestinas. Juan Manuel de Rosas captó a *los Naciones*, como solía llamarse a los africanos, ya que se fueron agrupando por naciones o etnias de origen. Muchos de ellos alcanzaron rangos militares de mayor o coronel[6].

Desde el siglo XX, *el Negro*, *la Negra* y sus diminutivos son expresiones de cariño, de hermandad o de amistad. El valor peyorativo se da por el agregado de una expresión escatológica. Sin embargo, a mediados del siglo XX, con el advenimiento de Juan Domingo Perón y los cinturones industriales de las principales ciudades, hubo una discriminación de los migrantes de las pro-

4. La palabra *gringo* tiene distintos significados en América hispana. En el caso de Pellegrini, el presidente en el momento del aluvión inmigratorio, sin duda fue una forma de diferenciarlo del endogrupo patricio.

5. A este respecto es interesante leer los estudios sobre la discriminación a los niños inmigrantes en la escuela pública y privada de Capital y Gran Buenos Aires, tanto por parte de docentes como de alumnos.

6. En el *Martín Fierro*, Hernández nombra *Moreno* a quien luego se presenta a sí mismo como *negro*. También así lo apela el protagonista, pero deja claro en la payada: «Dios hizo al blanco y al negro / sin declarar los mejores, / les mandó iguales dolores / bajo de una mesma cruz, / mas también hizo la luz / pa distinguir los colores. // Ansí ninguno se agravie, no se trata de ofender; / a todo se ha de poner / el nombre con que se llama, / y a naides le quita fama / lo que recibió al nacer» (*Vuelta*, vv. 4085-4096). Pero este es el personaje reflexivo que ha pasado por la experiencia del desierto. El gaucho de *La ida* era el intolerante que insultó a la negra y se desgració en la pelea con el Moreno tras la «coplita fregona»: «A los blancos hizo Dios, / a los mulatos San Pedro, / a los negros hizo el diablo / para tizón del infierno» (*Ida*, vv. 1167-1170).

vincias del norte, que por lo general eran peronistas, y se los conoció como *los Cabecitas negras*. Aunque en general el argentino piensa que no discrimina, siempre hay una barrera frente a lo que es distinto, lo que produce temor, y temor y estupor producían las primeras manifestaciones multitudinarias y los pies en la fuente.

La zoología sirvió siempre para encontrar parecidos físicos o destacar características personales. Animalizar es negarle humanidad a alguien. La historia argentina está atravesada por todo tipo de apodos animales, desde *la Cotorrita*, como llamaban a Manuel Belgrano por su gusto por vestirse de verde (y acaso por su voz aflautada), hasta *el Gato*, apodo tumbero que recibió Mauricio Macri el 16 de mayo de 2016 en Calilegua, Jujuy[7]. Allí Luis Llanos le gritó *gato* al presidente. En la jerga carcelaria *el Gato* es el que trabaja de modo incondicional para un jefe y recauda para este. De ese modo el jujeño le imputaba al presidente que operara para corporaciones o fuera la cara visible de un *establishment*. Los electores de Macri, ajenos a esta jerga, no entendieron, el apodo les resultó gracioso y lo adoptaron.

En el siglo XIX, hubo dos *tigres*[8], así apodados por su ferocidad: Facundo Quiroga, *el Tigre de los Llanos*, y Justo José de Urquiza, *el Tigre de Montiel*. Bernardino Rivadavia fue apodado *el Sapo del diluvio* por el escritor y periodista fray Francisco de Paula Castañeda, apodado a su vez *el Gauchipolítico*. Carlos Tejedor recibió de apodo *el Camaleón* por su adaptabilidad a los cambios políticos y su afán por escalar puestos ejecutivos en la conducción de la República. La revista *El Mosquito* lo representó como un camaleón trepando al árbol del poder. Nicolás Avellaneda fue apodado *el Chingolo*, porque era muy bajito y caminaba como en puntas de pie. Julio Argentino Roca fue conocido como *el Zorro* por su astucia y habilidad política. Miguel Juárez Celman, concuñado del anterior, fue apodado *el Burrito cordobés*, y era cordobés, pero no burro, solo estaba apurado por enriquecerse con la obra pública. Luis Sáenz Peña fue apodado *el Pavo*, por la debilidad que mostró durante su mandato. José Evaristo Uriburu fue *la Lechuza* debido a la forma acorazonada de su rostro, acentuada por la raya al medio del peinado, el arco de las cejas y el pico del mentón, que lo asemejaba a la cara de ese búho. Estos cuatro apodos últimos los puso el ilustrador español Eduardo Sojo, director del semanario *Don Quijote* y que firmaba como *Demócrito*. Fue el impulsor del animalismo político.

Ya en el siglo XX Lisandro de la Torre fue apodado *el gato amarillo* por su carácter independiente, la rapidez para el zarpazo y su pelo de un raro color.

---

7. Disponible en: https://www.eldestapeweb.com/nota/la-historia-completa-por-que-lo-apodan-macri-gato-al-presidente-2017-3-3-15-400?gcli=Cj0KCQiAs5eCBhCBARIsAEhk4r4lgE-LIRTyTP5lA509xH_ ETNfJpZmf5n rOkSaQrugidKt7sTGtFma2AaAh1REALw_wcB.

8. En la Argentina no hay tigres. Es la denominación vulgar de la *panthera onca*, conocida en el NE como *jaguar*, *yaguar* o *yaguareté*, y también del *Puma concolor* o *puma argentino*.

Hipólito Yrigoyen fue conocido como *el Peludo* tanto por sus correligionarios como por sus detractores. El apodo se lo había puesto el conservador bonaerense Pedro T. Pagés, y fue difundido por el periódico *La Fronda*. Lo llamaron así porque le gustaba la soledad y se sentía cómodo en ella, como el peludo en la cueva. Edelmiro Farrell era llamado *el Mono* por sus íntimos, sin duda por la notable distancia entre la nariz y el labio superior. Oscar Alende fue *el Bisonte* por la forma en que enfrentaba los problemas y arremetía. Dijo *La Nación*: «Hombre de elevada estatura y de cabeza inclinada hacia adelante, le daba también un símil lejano con ese animal poderoso con que lo comparaban cariñosamente sus partidarios». Posiblemente sea este el más ponderativo de los apodos animales que le cupo a un político. A Arturo Frondizi lo llamaron *el Lobo de Gubbio*. De esa ciudad asediada por el lobo domesticado por San Francisco de Asís venían los padres del presidente. En realidad, Frondizi no fue un lobo asediante sino un lobo asediado, primero por Perón, con quien había firmado un pacto preelectoral, y luego por las fuerzas castrenses, cuando Perón dio a conocer el pacto desde el exilio.

Con la revolución libertadora entra en escena una publicación periodística, *Tía Vicenta* (1957). *Landrú* (Juan Carlos Colombres) fue su director. Primero aparece mensualmente y luego pasa a quincenal, como suplemento del diario *El Mundo*. Aramburu era representado como una vaca. Según Carlos Garaycochea, por «esa cosa que tienen las vacas, que no se desesperan por nada, que son buenas. Se hizo con toda buena intención»[9]. Isaac Rojas conoció dos apodos puestos por *Landrú*, según declaraciones del propio almirante, y fueron *el Gorila*[10] y *la Hormiga negra*[11], este último por su color, por ser menudo y por los anteojos negros que usaba. La animalización fue fundamental para los viñetistas, pero Frondizi casi nunca perdió la linealidad impuesta por una figura delgada, casi esquelética, aunque en alguna representación salen chorros de su cabeza, como a una ballena, pero de petróleo. También por la estilización de su cuerpo se lo representó como jirafa. Álvaro Alsogaray fue *el Chanchito*, creación de *Landrú* a partir de sus curiosas ore-

---

9. En A. Gandolfo, «*Tía Vicenta*, entre Frondizi y Onganía (1957-1966)», *Caiana*, 2, agosto de 2013. Disponible en: http://caiana.caia.org.ar/template/caiana.php?pag=articles/article_2.php&obj=99&vol=2.

10. *Los gorilas* se llamó desde mediados de la década de los 50 a los antiperonistas. Este apodo a Rojas lo califica como el antiperonista por antonomasia. El nombre no respondió a una animalización; tuvo origen cinematográfico, debido el estreno de la película *Mogambo* (1953). En una escena amorosa entre una de las parejas protagónicas se oyen ruidos, la chica se asusta y el muchacho, que no quiere perder el clímax, la tranquiliza con la frase «deben de ser los gorilas». Un programa radial cómico, *La revista dislocada*, hizo una pequeña canción sobre esta frase: «Deben ser los gorilas, deben ser / que andarán por ahí». Como en ese tiempo había muchos trascendidos sobre el malestar de las Fuerzas Armadas con Perón, se comenzó a designar así a los antiperonistas.

11. De este modo había sido llamado el gaucho criminal que inmortalizó el folletín de Eduardo Gutiérrez.

jas. Afirmó más tarde el humorista: «Yo lo miraba hablar y no me costó nada bautizarlo *el Chanchito*. Ahora le dicen, peyorativamente, *el Chancho*, pero mi apodo pretendía ser simpático». También pusieron y difundieron los apodos de Arturo Illia, *la Tortuga*[12], y de Juan Carlos Onganía, *la Morsa*. La Tortuga, como signo de lentitud y falta de eficiencia, preparó a los argentinos e influyó en el golpe de Estado que se venía. Juan Carlos Onganía fue *la Morsa* por los bigotes de ocho y veinte que le caían sobre el labio, zona en la que tenía una cicatriz. Como se decía que el golpe militar a Illia había sucedido por culpa de *Tía Vicenta*, Onganía hizo cerrar el semanario[13].

En la década pasada el periodista Jorge Lanata dio el mismo apodo a Aníbal Fernández. Más allá del bigote, la animalización del entonces jefe del Gabinete de Ministros se producía desde el nombre, casi homófono del sustantivo *animal*, salvo por la nasalización del fonema bilabial y la sílaba en que cae el fonema suprasegmental, acento que Lanata neutralizó al desplazarlo a la primera: *ánimal*.

En la década de los 70, Jorge Rafael Videla fue apodado *la Pantera rosa* por su enemigo íntimo, Emilio Eduardo Massera, quien lo llamó así por su facha alargada y su modo de andar[14]. No apunta a un animal, sino al dibujo animado que comenzó con los créditos de la película homónima de 1963. Pero también pudo ser leído por la gente como muestra de la distancia entre la representación que de sí mismo hacía Videla en contraste con sus obras: desaparición de militantes del ERP, de Montoneros y de las ramificaciones de ambos movimientos.

Ya en el siglo XXI, el matrimonio presidencial recibe distintos apodos. Néstor Kirchner tuvo dos. Uno en Santa Cruz, donde, según cuenta Fabián Gutiérrez (exsecretario de Cristina Fernández y arrepentido en la Causa de los Cuadernos asesinado en El Calafate en julio de 2020), lo llamaban *el Gansito*. Al llegar a la Casa Rosada, con su corte sureña, Kirchner fue apodado *el Pingüino* y sus colaboradores fueron *los Pingüinos* y *la Pingüinera*. Curiosa-

---

12. *Landrú* dibujó dos tortugas y una le decía a la otra: «Por fin tenemos gobierno propio en la Argentina». Y *Flax* (Lino Palacios) hizo célebre el híbrido de la tortuga con la cara de Illia muy arrugadita. Ambos dibujantes publicaban en *Tía Vicenta*. Asimismo, Roberto Mezzadra, desde *Crónica*, dibujaba al presidente acompañado por una tortuga. Siulnas publicó, para el Día del Niño de 1965, el juego de la tortuga, más difícil que el de la oca, porque la tortuga insistía en volver hacia atrás y hacer retroceder a los jugadores (*Tía Vicenta*, 319, 1 de agosto de 1965). Cuando asumió la presidencia Onganía, *Landrú* presentó una viñeta con dos morsas, y una le decía a la otra: «¡Al fin tenemos un gobierno como Dios manda!».

13. No hay que olvidar el peso de dos semanarios de la época: *Primera Plana* (1962) y *Confirmado* (1967), ambos fundados por Jacobo Timerman. Desde ellos y en defensa de intereses económicos (las industrias farmacéuticas, el campo), se desprestigió al presidente Illia y también se fue alentando el golpe cívico-militar.

14. Disponible en https://www.abc.es/internacional/20130518/abci-videla-vivos-muertos-desaparecidos-201305181314.html.

mente ambos apodos remiten a aves palmípedas, a las que se les atribuye necedad y torpeza. El *DLE* propone dos acepciones de *ganso* aplicadas a los humanos: «persona tarda, perezosa, descuidada» y también «persona patosa, que presume de chistosa y aguda, sin serlo». En cuanto al pingüino, es llamado *pájaro bobo* por la torpeza de sus movimientos. A Cristina Fernández, en cuanto a animalización, le correspondió el apodo de *la Yegua*. Nuestro *Diccionario de la lengua de la Argentina* define así *yegua:* «2. coloq. despect. Mujer vil, despreciable». Según reveló Fabián Gutiérrez, nadie quería trabajar con ella y la llamaban, además, *la Loca*. Los malos tratos de la pareja para con sus colaboradores fueron proverbiales y retornaban en agresión verbal con apodos injuriantes[15].

Frente a todo este despliegue zoológico, la botánica es casi inexistente. El periódico *La Fronda* llamó *el Ciprés* a José Pascual Tamborini, ministro de Interior en la época de Marcelo Torcuato de Alvear, porque era alto, triste y no daba frutos. El vicepresidente de la fórmula Perón-Quijano firmaba J. Hortensio Quijano. La jota pertenecía a *Juan*, nombre que no gustaba a Quijano. Natalio Botana, director del diario *La Prensa*, amparándose en su segundo nombre, comenzó a llamarlo *el Jazmín*, ridiculizándolo con un imaginario ramillete floral.

Apodo de la mecánica recibió Marcelo Levingston, al que llamaron *el Jeep* porque era militar y lo habían traído de Estados Unidos.

Otras formas de restar humanidad son, por una parte, recurrir a prácticas que se operan con los animales, como sucedió con Ignacio Álvarez Thomas, apodado *el Capón,* y, por otro, negar autonomía y autoridad, como sucede con Alberto Fernández, que prácticamente se autoapodó *el Títere.*

En la historia hay pocos apodos laudatorios. A Juan José Castelli se lo apodó *el Pico de oro* por su enjundiosa oratoria. Luego los historiadores y Andrés Rivera, en su novela *La revolución es un sueño eterno*, lo llamaron el *Orador de la revolución*. Lo cito porque el que otorga la posteridad no es un apodo, es un sobrenombre o cognomento, como lo es *el Padre del aula* para Sarmiento o *el Libertador de América* para San Martín. Volviendo a los apodos laudatorios, José Rondeau fue *la Mamita* por el trato cariñoso y la preocupación que sentía por sus tropas. Alfredo Palacios fue apodado *el Mosquetero,* según algunos porque se batió a duelo, cosa prohibida por el Partido Socialista y, según otros, porque siempre estaba en defensa de los necesitados. En su chapa de abogado se leía que no cobraba a los pobres.

También hubo apodos que recurrieron a títulos de parentesco, como *el Tío,* que llevó Héctor Cámpora por la supuesta hermandad política con Pe-

---

15. En *La Provincia* S.J. Disponible en https://www.diariolaprovinciasj.com/elpais/2020/7/4/que-habia-declarado-fabian-gutierrez-arrepentido-en-la-causa-de-los-cuadernos-134595.html.

rón, y *el Yerno* para Raúl Lastiri, casado con Norma López Rega. Y no hay que olvidar que, a su vez, el suegro fue apodado *el Brujo* por los rituales esotéricos llevados a cabo con Perón e Isabelita. También hubo uno que semeja un título nobiliario. José María Guido, compañero de fórmula de Frondizi, y a quien cupo terminar el mandato, fue apodado *el Barón de Río Negro* porque venía de esa por entonces reciente provincia (pasó a serlo en 1957) donde había comenzado su carrera política, y por el prestigioso vino de Allen, de la bodega de Patricio Piñeiro Sorondo. Este ya había usado ese título. Se había presentado como *el Barón del Río Negro* ante el brasilero barón de Rio Branco, quien, esperando sacar provecho para su país, apoyaba a Uruguay cuando el conflicto con la vecina República por la jurisdicción de las aguas del Río de la Plata.

Los rasgos o defectos físicos que sirven para señalar a políticos o dirigentes de distintas épocas parecen ser descriptivos, pero al aplicarlos el pueblo suele dejar filtrar algo de humor cáustico, de decepción y hasta de resentimiento. Baltasar Hidalgo de Cisneros, último virrey del Río de la Plata, fue apodado *el Sordo*; José María Paz, *el Manco*; Mariano Moreno, *el Mulato*, y Martín Miguel de Güemes, *el gangoso*[16]. A Marcelino Ugarte le correspondió *el Petiso orejudo; a* Arturo Frondizi, *el Flaco;* a Eduardo Duhalde, *el Cabezón*, y a Roberto Marcelino Ortiz, *el Gordo*. Con el apodo *el Pelado* llamaron a Marcelo Torcuato de Alvear, y como *el Viejito* a Ramón Castillo, en tanto que, por su delgadez, Pedro Pablo Ramírez llevó de apodo *el Palito*. Alejandro Lanuse fue *el Cano* y, Néstor Kirchner, *el Bizco*.

Por los rasgos de su personalidad, Domingo F. Sarmiento fue apodado *el Loco* por Urquiza. Así lo dice en una carta a su amiga Mary Mann, pero lo cierto es que ese apodo fue el más reiterado, y eso que superó de lejos tanto en motes como en sobrenombres a todos los políticos argentinos[17]. Cuentan que su exministro de Instrucción Pública, Nicolás Avellaneda, cuando llega a la presidencia, tras una campaña en la que habían trabajado juntos, entró a su despacho y se encontró a Sarmiento sentado en el sillón de Rivadavia, le-

---

16. Por frases o muletillas del discurso, apodaron a Manuel Quintana, *el Manequí*. Era un elegante, pero repetía mucho «hay que ponerse los pantalones», frase que fue determinante. Ernesto Guevara fue *el Che* por el uso de este apelativo e interjectivo en distintos países de la América no checheante.

17. A Sarmiento se le dieron muchos sobrenombres y algunos otros apodos como consecuencia de su personalidad polémica. Así lo llamaron los políticos e intelectuales contemporáneos: Alberdi, *Caudillo de la pluma* y *Tartufo*; Menéndez Pelayo, *Montonero intelectual*; Paul Groussac, *Don Yo*; Pedro Goyena, *Animalis homo*. Los periódicos y sus ilustradores lo satirizaron así: *Don Quijote* lo llamó *el Profeta*; el periódico *El Mosquito*, *Al Ben Racín*, por el origen árabe de su apellido materno, y también *Duque de Carapachay, la Solterona Dominga, el Sultán de nuestras escuelas*. El dibujante Carlos Monnet, en el semanario *La Presidencia*, lo llamó *el General Bum Bum*, etc. Véase «Los apodos de Sarmiento», disponible en http://olgaydanielhistoria.blogspot.com/2010/09/los-apodos-de-sarmiento.html.

yendo la correspondencia. Avellaneda venía con Roca, y Sarmiento no se inmutó y siguió con su tarea. Avellaneda llevó a Roca a una ventana, como para mostrarle algo, y le preguntó: «¿Qué hacemos con este loco?». Como ya vimos, este apodo en femenino también le cupo a Cristina Fernández. Leopoldo Fortunato Galtieri fue llamado *el Borracho.*

Por lo general, muchos apodos son una forma de ridiculizar, y dicen del que lo lleva, pero también dicen mucho de quienes los ponen, de los prejuicios, de las ideologías e intereses circunstanciales, como los económicos. Este paseo por la historia nos sirve para verificar que hay apodos que se repiten, fundamentalmente los que animalizan, los que se sustentan en características físicas o rasgos del carácter de los destinatarios. Otro elemento para señalar es la importancia que la prensa tiene en la caricaturización y en la divulgación. Los dibujantes o viñetistas tienen la intuición y el arte para destacar ciertos rasgos. Luego los periodistas difunden y la oralidad de los lectores festeja y repite. Siempre el receptor es el que prioriza y determina o no el éxito.

Morfología del pronombre. Acecho a una palabra esquiva

JUAN CARLOS DIDO

Academia Norteamericana de la Lengua Española

Algunas confusiones. ■ Un paseo histórico. ■ El pronombre en las gramáticas académicas. ■ El pronombre en textos modernos. ■ Para contribuir a la confusión general. ■ Conclusión.

ALGUNAS CONFUSIONES

En los diversos enfoques gramaticales y en la enseñanza escolar, se perciben varias confusiones en el tratamiento del pronombre. Históricamente ha predominado en su definición el aspecto semántico. Aun las consideraciones más recientes, que se apoyan en el fenómeno de la deixis, se mantienen dentro del área del significado. Esto no es erróneo, siempre que aporte precisiones, sea coherente y no deje ninguna clase de pronombre fuera de la definición.

¿Reemplaza o no reemplaza al nombre?

La definición con presencia más sólida afirma que «reemplaza al nombre». En esta identificación pesa su propia denominación: *pro-nombre*, que está en lugar del nombre. Por nombre se entiende, en estas visiones, el sustantivo y el adjetivo, aunque modernamente estas denominaciones han marginado a la segunda y nombre se identifica solo con sustantivo. Lo cierto es que no existe tal reemplazo. Redacte alguien un párrafo en el que aparezcan pronombres personales y relativos, y luego trate de reescribirlo supliendo los pronombres con los nombres que presuntamente ellos reemplazan. Es imposible. Ello se debe a que las funciones esenciales del pronombre se relacionan con la construcción sintáctica, la cohesión y la estructura general del texto.

Los demostrativos, ¿a veces son pronombres y a veces adjetivos?

Es bastante frecuente observar en las explicaciones escolares que se diferencia entre adjetivos demostrativos y pronombres demostrativos, según esté presente el sustantivo o falte. Así, en la oración *Esta casa permanece desocupada,* la palabra *esta* es adjetivo. En cambio, en *Esta permanece abandonada,* es pronombre. Algo similar ocurre con los posesivos. En *La idea suya es original,* la palabra *suya* suele tomarse como adjetivo. En *La suya es original,* se la considera pronombre. Esta concepción viene de lejos y se apoya en el concepto de «pronombre adjetivo», presente en algunas gramáticas tradicionales, como indica el *Diccionario* de la Real Academia Española en su vigésima segunda edición (2001). También figura en el *Esbozo de una nueva gramática de la lengua española* de la Real Academia, publicado en 1973, aplicado a los pronombres en función adjetiva.

En realidad, según lo fundamentaremos más adelante, los demostrativos y los posesivos son siempre pronombres que funcionan como adjetivos o sustantivos, según los casos.

¿Clase de palabra o parte de la oración?

Estas denominaciones alternan en el uso y la indefinición también tiene una larga historia. Creemos que la ubicación correcta es «clase de palabra», como reconoce el *Esbozo*. En efecto, el pronombre no tiene funciones propias en la oración. Al hacer el análisis sintáctico de una oración en la que haya pronombres, se notará que no hay una función reservada para él. No es parte de la oración, porque asume las funciones asignadas a otras clases de palabras que sí son parte de ella.

UN PASEO HISTÓRICO

El pronombre en los diccionarios académicos

El vocablo figura en todos los diccionarios académicos. En el siguiente cuadro figuran la definición y las clases que cada edición ha consignado. Luego podrán realizarse algunas observaciones que ayudarán en la búsqueda de mayor coherencia y precisión.

Año	Definición	Clases
1737 (A) 1780 (U) 1783 (U) 1791 (U) 1803 (U) 1817 (U) 1822 (U)	La dicción que se pone en lugar del nombre propio o apelativo, para evitar la repetición de él, significando lo mismo que hiciera el nombre.	Personal, relativo, demostrativo y posesivo.
1832 (U) 1837 (U) 1843 (U) 1852 (U) 1869 (U) 1884 (U)	Parte de la oración que se pone algunas veces en ella en lugar del nombre para evitar su repetición.	Personal, relativo, demostrativo, posesivo e indeterminado.
1899 (U) 1914 (U) 1925 (U) 1927 (M) 1936 (U) 1939 (U) 1947 (U) 1950 (M) 1956 (U) 1970 (U)	Parte de la oración que suple al nombre o lo determina.	(SE MANTIENE LA ANTERIOR CLASIFICACIÓN).
1984 (U)	(SE MANTIENE LA ANTERIOR DEFINICIÓN).	(AGREGA «INDEFINIDO» COMO SINÓNIMO DE «INDETERMINADO»).

Año	Definición	Clases
1985 (M) 1989 (M)	(AGREGA «Tiene carácter deíctico y en español la mayoría presenta flexión personal»).	(SE MANTIENE LA ANTERIOR).
1992 (U)	(DESAPARECE EL AGREGADO DE «DEÍCTICO» Y RETOMA LA DE 1899).	(SE MANTIENE LA ANTERIOR).

Definición y clases de pronombres según los Diccionarios Académicos.

Notas: (A) Diccionario de autoridades / (U) Diccionario usual / (M) Diccionario manual.

La vigésima segunda edición del *Diccionario* usual (2001) define el pronombre como la «clase de palabras que hace las veces del sustantivo», y reconoce las siguientes clases: adjetivo, demostrativo, indefinido, indeterminado, interrogativo, personal, posesivo y relativo. Incorpora tres clases que no figuraban antes, diferenciando, además, entre el indefinido y el indeterminado.

- Adjetivo: «En algunas gramáticas tradicionales, el que determina al sustantivo».
- Indefinido: «El que vagamente alude a personas o cosas, o expresa alguna noción que cuantifica; p. ej., *alguien*».
- Indeterminado: «El que vagamente alude a personas o cosas; p. ej., *alguien, nadie, uno,* etc.».
- Interrogativo: «El que, sin acompañar al nombre, permite construir enunciados interrogativos u oraciones interrogativas indirectas».

La definición ha variado muy poco desde el *Diccionario de autoridades* (1726-1739), que lo mencionaba como «dicción» y declara su función de reemplazo y su significado adoptivo. El primer cambio se registra en 1832. Allí se lo llama por primera vez «parte de la oración», se insiste que está en lugar del nombre (así, solo) y se suprime la referencia al significado. En la edición de 1899 aparece la acepción más escueta, que se mantiene hasta 1992, aunque entre 1985 y 1989 se agregaron los conceptos de deíctico y flexión, que luego se eliminaron.

Respecto de las clases, comienza en 1737 con cuatro: personal, relativo, demostrativo y posesivo. Se agrega «indeterminado» en 1832. En 1984 se añade «indefinido» como sinónimo de «indeterminado», por lo que las clases se mantienen en cinco hasta la edición de 2001, que se suma abiertamente a la confusión general. En la definición se conserva la idea de reemplazo, de en lugar de o de «hace las veces de», como expresa este diccionario. ¿Y de quién hace las veces? Del sustantivo, responde rotundamente. Desconoce ahora que también puede funcionar como adjetivo o adverbio.

Esta última edición despliega una clasificación muy generosa que comienza con una clase meramente histórica, el pronombre adjetivo. Incorpora el interrogativo y divide un grupo en dos: indefinido e indeterminado, definiéndolos de la misma manera y con cita de los mismos ejemplos (véase p. 648).

EL PRONOMBRE EN LAS GRAMÁTICAS ACADÉMICAS

La primera gramática castellana aparece mucho antes de la creación de la Real Academia Española. En ella, Antonio de Nebrija define al pronombre así: «Es una de las diez partes de la oración, la cual se declina por casos y tiene personas determinadas. Llámase pronombre porque se pone en lugar del nombre propio». Da ejemplos de uso, pero no presenta una clasificación.

En la gramática académica de 1904, se lee «es la palabra o parte de la oración que sustituye al nombre para evitar su repetición». En la de 1920, «es la parte de la oración que designa una persona o cosa sin nombrarla, y denota a la vez las personas gramaticales». El concepto se mantiene en la edición de 1931, considerada la última oficial. El *Esbozo*, a su vez, remarca la función deíctica: «Mejor que hablar de sustitución será decir que los pronombres señalan, remiten a algo o lo representan, o más cómodamente, con las palabras tradicionales, que son deícticos o anafóricos».

En cuanto a las clases, las gramáticas han mantenido un grupo uniforme: personales, relativos, demostrativos, posesivos, interrogativos e indefinidos. En el *Esbozo* se agregan los cuantitativos (diferenciados de los numerales) y el ya citado pronombre adjetivo. Además, reconoce los adjetivos numerales y los adjetivos indefinidos.

EL PRONOMBRE EN TEXTOS MODERNOS

En su *Introducción a la gramática*[1], José Roca Pons reflexionó acerca de todo el sistema gramatical y actualizó los principales conceptos. Después de minuciosas y lúcidas consideraciones sobre el pronombre y la enumeración de sus clases, concluye con una afirmación muy clara: «Los pronombres no constituyen una parte de la oración en el sentido más estricto de la palabra, es decir, en tanto no desempeñan ninguna función específica». Pero al cerrar el capítulo intentando una definición, todo se opaca y solo queda una idea indescifrable: «El pronombre es una forma o categoría gramatical, con su contenido significativo y con su modo peculiar de relacionarse con otros ele-

---

1. Roca Pons, José: *Introducción a la gramática*, Barcelona, Vergara Ediciones, 1960.

mentos significativos de valor gramatical, o, dicho de otro modo, con funciones propias y características».

Manuel Seco, de la Real Academia Española[2], analiza ampliamente el pronombre en su gramática. Declara la función deíctica que le es característica: «Los nombres comunes y los propios coinciden en que están fijados a los seres designados por ellos, de tal modo que, normalmente, mientras esos seres sigan existiendo, conservarán siempre el mismo nombre. Pero también pueden ser designados los seres por medio de otras palabras que no están fijadas a ellos, sino que se les aplican temporariamente, pues no los "nombran" —como hacen los nombres—, sino que los "señalan", designándolos en razón de las circunstancias —lugar, situación en el diálogo, cantidad, indeterminación— en que esos seres se encuentran al momento de ser mencionados».

Según Seco, el pronombre equivale siempre al sustantivo, condición que ratifica más adelante: «Ya queda dicho que los pronombres son sustantivos que se distinguen de los nombres en la manera de designar a los seres: mientras un nombre está siempre referido a un determinado ser [...], un pronombre apenas significa otra cosa que una circunstancia utilizada para señalar al ser de una manera provisional».

Acierta en definir la deixis del pronombre. Pero la limitación a su función de sustantivo no coindice con sus propias demostraciones en numerosas muestras que ofrece en otras partes de su texto. Considera, por ejemplo, que *ambos* es pronombre si no acompaña al sustantivo, pero no lo es en *ambos caminos*. En su clasificación, figuran los numerales y los indefinidos, pero no los posesivos, que tampoco menciona como adjetivos.

La llamada gramática del texto ratifica que el pronombre cumple una función deíctica que permite evitar repeticiones, asegurar la cohesión y construir una estructura ordenada en el mensaje. Marta Marín[3] admite que «desde el punto de vista sintáctico, los pronombres pueden tener función de sustantivo, adjetivo o adverbio». En su clasificación incluye los indefinidos, no los numerales. Menciona los enfáticos, que comprenden interrogativos y exclamativos. Sin embargo, al enumerar las clases, los exclamativos no aparecen.

PARA CONTRIBUIR A LA CONFUSIÓN GENERAL

Era de esperar que la autoridad lingüística de nuestro idioma, tras una largamente demorada actualización en la materia, tratara de iluminar con clari-

---

2. Seco, Manuel: *Gramática esencial de la lengua española*, Madrid, Espasa Calpe, 1999.
3. Marín, Marta: *Conceptos claves: gramática, lingüística, literatura*, Buenos Aires, Aique, 1992.

dad académica la problemática del pronombre. Pero la reciente publicación de la *Nueva gramática*[4], lejos de aportar luz, amplía las difusas penumbras. En principio, solo reconoce como pronombres a los personales, en los que no menciona función deíctica alguna. Dice así: «Los pronombres personales se denominan así porque manifiestan rasgos gramaticales de persona».

Citando por la versión *Manual*[5], ya en el índice (págs. xix-xxi) anuncia como título del capítulo 16: «El pronombre personal». El título del siguiente es «Los demostrativos»; el del 18, «los posesivos», y el título del 19 es «Los cuantificadores». No se considera, en esta sección previa del texto, a los demostrativos y los posesivos como pronombres, que aparecen como distintas clases de palabras, y los anteriores numerales e indefinidos se agrupan en la categoría de los cuantificadores.

En el apartado 1.4.2a, la situación queda planteada (y sin solución). Es oportuno transcribirlo completo:

> En la tradición gramatical hispánica los indefinidos y los numerales se analizaban como una clase de adjetivos, en tanto que modifican a los sustantivos (*alguna oportunidad, tres árboles, varios aciertos, todo cuerpo, sin duda alguna, ¿cuántos gorriones viste?*), pero también como una clase de pronombres, en cuanto que pueden subsistir sin los sustantivos y desempeñar las mismas funciones sintácticas que ellos (*no me queda ninguna; llegaron todos; alguno habrá; ¿cuántos viste?; he leído tres*). Entre los indefinidos, se suele reconocer un tercer grupo, el de los adverbios (*viajar poco, estudiar mucho un asunto*). Actualmente es de uso general en la lingüística contemporánea el concepto transversal de cuantificador, en el sentido de categoría gramatical que expresa cantidad, número o grado. Los cuantificadores pueden ser elementos adverbiales, pronominales o adjetivales. También los demostrativos pertenecen a más de una clase gramatical: pueden ser adjetivales (*quiero este libro*) y pronominales (*quiero este*).

Según este planteo, indefinidos y numerales salen de la categoría de adjetivos y se integran como «elementos» a los «cuantificadores», junto con adverbios y pronombres.

En el capítulo 17, bajo el título «Los demostrativos como expresiones deícticas», expresa: «Los demostrativos son determinantes, pronombres o adverbios que identifican a algo o a alguien por la distancia a la que se encuentra en relación con el hablante o el oyente». Es decir, que los demostrativos constituyen una categoría básica y pueden funcionar como determi-

---

4. RAE y ASALE: *Nueva gramática de la lengua española*. Madrid, Espasa, 2009.

5. RAE y ASALE: *Manual* de la *Nueva gramática de la lengua española*. Madrid, Espasa, 2010.

nantes, pronombres o adverbios. ¿Y dónde queda el pronombre? La confusión no puede ser mayor. Si no se lo identifica, definiéndolo con cierta precisión, es imposible reconocer sus clases y funciones, tanto del pronombre como de cualquier otra clase de palabra. Al enumerar las clases de palabras, menciona «[...] pronombre (*tú, quien*)». Reconoce como tales a los personales y a los relativos, aunque en el capítulo correspondiente no identifica estos últimos como pronombres, sino como una categoría separada. Más adelante, explica, como ya se ha citado más arriba: «En la tradición gramatical hispánica los indefinidos y los numerales se analizaban como una clase de adjetivos, en tanto que modifican a los sustantivos (*alguna oportunidad, tres árboles, varios aciertos, todo cuerpo, sin duda alguna, ¿cuántos gorriones viste?*), pero también como una clase de pronombres, en cuanto que pueden subsistir sin los sustantivos y desempeñar las mismas funciones sintácticas que ellos». Acá admite que indefinidos y numerales son pronombres cuando sustituyen (reemplazan) al nombre, condición ya abandonada por la gramática, que centra la característica en la deixis. Sostiene el mismo criterio para los demostrativos.

Como se ve, el tratamiento del pronombre en la *Nueva gramática* es, por lo menos, incoherente.

Propuesta de definición y clasificación

No es sencillo encerrar al pronombre en una definición comprensiva y precisa. Tampoco lo es diseñar una clasificación que respete la definición y abarque todos los pronombres, cada tipo en su casillero. La exposición anterior deja claro que diferentes enfoques han dado diferentes resultados. Y existen otros. Pero ninguno ha logrado capturar con propiedad una definición ni ordenar una clasificación coherente. El intento que sigue procura avanzar en la superación de tales aspectos, aunque deja margen para mejoras.

> La definición: ***El pronombre es una clase de palabra deíctica que adopta significados y funciones de otros componentes del enunciado y puede funcionar como sustantivo, adjetivo o adverbio.***

La indicación de significados y funciones constituye una extensión de la deixis, que opera en la enunciación y no termina en la función de «señalar», sino que se completa en la apropiación.

Algunas consecuencias de esta definición

1) No existen pronombres indefinidos. *Alguno, otro, ninguno, cualquiera* y sus allegados son adjetivos, lo mismo que los numerales. Esto es

coherente, porque unos y otros solo significan cantidad, unos con precisión, otros sin ella. En este sentido, podría agrupárselos en una clase de adjetivos cuantitativos. Su carácter de adjetivos es evidente. En ausencia del sustantivo, funcionan como tal.

2) *Alguien, algo, nadie, nada, quienquiera* y alguno más no son pronombres. Carecen de toda función deíctica. Se trata de sustantivos indefinidos.

3) Es conveniente desprender el vocablo pronombre de su sentido original, que lo une al nombre. Su campo funcional comprende al sustantivo, al adjetivo y al adverbio.

La clasificación

Las clases figuran en el siguiente cuadro:

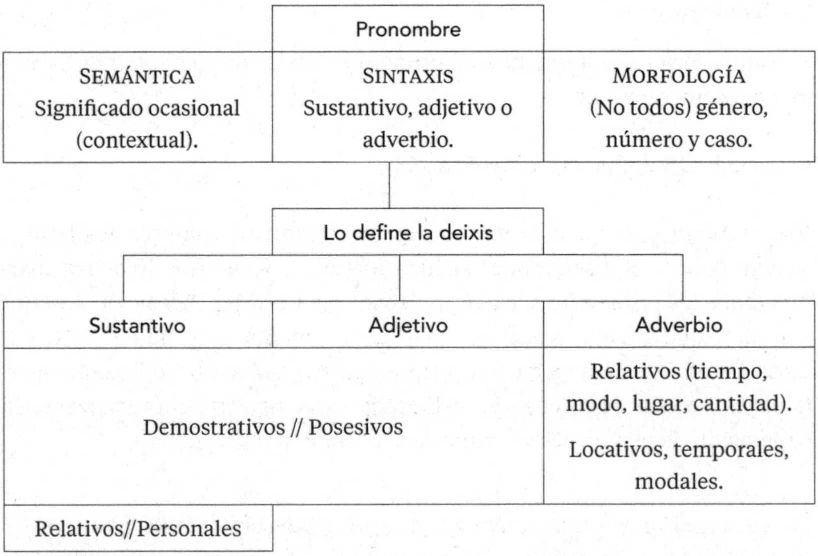

Algunas aclaraciones

Probablemente requieran explicaciones los pronombres ubicados en la celda de la función «adverbio».

Los relativos adverbiales son:

De lugar: *donde, adonde*.
De tiempo: *cuando*.
De modo: *como*.
De cantidad: *cuanto*.

Locativos: *aquí, ahí, acá, allá.*
Temporales: *ahora, hoy, ayer, mañana.*
Modales: *así.*

Los relativos permiten además la construcción de enunciados interrogativos y exclamativos. En esta función puede considerárselos como pronombres enfáticos.

CONCLUSIÓN

El pronombre ha sido estudiado desde diversas perspectivas. Ha ofrecido (y ofrece) notorias dificultades para definirlo y clasificarlo con precisión y coherencia, por lo que existen marcadas diferencias entre los autores. En este trabajo se adoptaron criterios modernos para encarar una definición y una clasificación ajustada a nuevos conceptos gramaticales.

* Entrada **pronombre** en el diccionario académico en línea (rae.es).

pronombre

1. m. *Gram.* Clase de palabras cuyos elementos hacen las veces del sustantivo o del sintagma nominal y que se emplean para referirse a las personas, los animales o las cosas sin nombrarlos. *Ella, esto, quién* son pronombres.

2. m. *Gram.* Cada uno de los elementos que integran la clase **pronombre.**

pronombre adjetivo

1. m. *Gram.* En algunas gramáticas tradicionales, **pronombre** que determina al sustantivo. Mi *es un pronombre adjetivo.*

pronombre demostrativo

1. m. *Gram.* **pronombre** que señala algo o a alguien y lo identifica en función de la distancia espacial o temporal que lo separa del hablante. Esto *es un pronombre demostrativo.*

pronombre exclamativo

1. m. *Gram.* **pronombre** que permite construir expresiones exclamativas. *Quién* en *¡Quién se lo podía imaginar!* es un pronombre exclamativo.

pronombre indefinido

1. m. *Gram.* **pronombre** que expresa cantidad o grado de manera indeterminada. *Alguno* es un pronombre indefinido.

2. m. *Gram.* **pronombre** que se refiere a entidades no consabidas por los interlocutores. *Algunos* en *Vinieron solo algunos* es un pronombre indefinido.

pronombre indeterminado

1. m. *Gram.* **pronombre indefinido** (‖ que se refiere a entidades no consabidas).

pronombre interrogativo

1. m. *Gram.* **pronombre** que permite construir enunciados interrogativos. *Quién* en *No sabe quién vino* es un pronombre interrogativo.

pronombre personal

1. m. *Gram.* **pronombre** que posee flexión de persona, número y caso y que designa a los participantes en el discurso. *Yo, tú, él* son pronombres personales.

pronombre posesivo

1. m. *Gram.* Tradicionalmente, **pronombre** que indica posesión o pertenencia; p. ej., *mío, tuyo, suyo.*

pronombre relativo

1. m. *Gram.* **pronombre** que desempeña una función sintáctica en la oración subordinada que introduce, inserta esta en una unidad superior y tiene antecedente expreso o implícito. *Que* en *La casa que compró* o *cuanto* en *Desprecia cuanto ignora* son pronombres relativos.

NOTA: Los diccionarios académicos anteriores a 1992 y la *Gramática* de Nebrija fueron consultados a través de Internet (www.rae.es y numerosos sitios con el nombre de Nebrija).

Vocabulario médico en Cuba a propósito de la COVID-19

MARLEN DOMÍNGUEZ HERNÁNDEZ

Academia Cubana de la Lengua

A F. Durán, que nos enseñó el significado
de tórpido, y a luchar contra ello.

INTRODUCCIÓN

Aunque los vocablos *epidemia* y *pandemia* se remontan en el léxico médico hasta los siglos XVII y XIX o inicios del XX[1], respectivamente, los fenómenos a que aluden, sobre todo el primero, son de larga data en el curso de la humanidad.

La historia de la cultura cubana y su lengua, en consecuencia, han estado marcadas sistemáticamente por la presencia de enfermedades generalizadas que han asolado nuestro archipiélago. Para nombrarlas, se ha hecho uso de *términos*, provenientes de los focos de desarrollo científico, y de un elenco de otras piezas con grados decrecientes de especialización. Dentro de ese corpus se han destacado piezas marcadas como *americanismos*, *antillanismos* o *cubanismos*, que han permitido poner de relieve los contextos y relaciones en los que se ha insertado el país, así como las virtudes lingüísticas creativas, frecuentemente asociadas a procesos de intensificación, de sus hablantes.

A partir de la experiencia alcanzada en la observación sistemática del vocabulario médico en Cuba en los siglos XVIII y XIX[2], y tomando en cuenta las directrices, los indicadores y las categorías develados en esa investigación, se realiza una primera aproximación al vocabulario caracterizador de la pandemia de COVID-19 en Cuba. Tal búsqueda parece pertinente, no solo para determinar el impacto lingüístico de un fenómeno higiénico-sanitario que por su magnitud ha subvertido al mundo entero, sino para precisar las notas singulares que ese proceso podría tener en la Cuba de hoy, a partir de sus contextos y de las características de su sistema de salud, en la medida en que sean reveladas a partir de los usos léxicos.

Para llevar adelante el estudio se ha confeccionado un corpus de 37 documentos públicos aparecidos en prensa plana y digital en la franja temporal entre marzo y noviembre de 2020, incluidas versiones escritas de secciones de televisión y radio. La muestra abarca partes médicos, noticias, reporta-

1. La primera documentación del término *epidemia* —cuyo étimo remite a *democracia*, por cuanto proviene del griego *demos* 'pueblo' y *epi-* 'sobre' y se deriva de su acepción de 'vivir en un lugar'— se encuentra en F. de Quevedo y revela que el término tuvo que pasar por un largo proceso de cambio semántico hasta su aparición, más o menos reciente, en el vocabulario médico. Por su parte, *pandemia* —del mismo origen, pero con el prefijo *pan-* 'todo'— solo se encontrará en el diccionario académico a fines del siglo XIX o principios del XX. Fuentes: *Diccionario crítico etimológico castellano e hispánico* y *Nuevo tesoro lexicográfico de la lengua española (NTLLE)*.

2. Se incluyen en las referencias bibliográficas.

jes o comentarios de más cuerpo, producidos por cubanos y publicados en 18 medios oficiales (anexo 1). Del total de 35 819 palabras[3] contenidas en los documentos (anexo 2), se ha expurgado un elenco de 3091 unidades léxicas más afines al vocabulario médico, sobre las cuales se levantará el análisis.

ANTECEDENTES

Como parte del estudio lingüístico del período colonial, se ha observado que la frecuencia de epidemias se relaciona con las condiciones de pobreza e insalubridad y con la afluencia de las flotas (Martínez-Fortún 2005): la concentración demográfica en las ciudades, así como los enfrentamientos armados y la trata, los ciclones (como en 1755, 1766, 1780, 1794), sequías (1770, 1783, 1796), inundaciones (1799), incendios (1785, 1788, 1793, 1796) y movimientos de tierra en la zona oriental van a significar la aparición y aumento de problemas higiénicos y de salud (Torres Cuevas y Loyola 2002). De los documentos se obtienen noticias de las enfermedades que se reportan con mayor asiduidad y su nomenclatura: *viruela*, *fiebre amarilla*, *gripe* y *sarampión*. También existen datos sobre numerosos casos de *rabia* y *disentería*, y se mencionan el *mal de San Lázaro* (elefantiasis) o el *venéreo* (sífilis), en cuya designación se advierten nominaciones descriptivas o diferentes de las actuales.

De esas observaciones se pudo inferir todo un panorama higiénico-sanitario evidenciado en un vocabulario que muestra el hábito de realizar curaciones con elementos de la vida cotidiana, como el *vinagre*, una hierba conocida como *del pollo* o la bebida espirituosa *fucanga* o *fuçanga*, elaborada con mieles de la caña. Se detectó el uso de expresiones genéricas y metafóricas acordes con el imaginario de la época, como *miasmas mefíticos*, o específicas, como cuando se mencionan las *hemorragias* o *efusiones de sangre*. Algunas de estas piezas léxicas componen todo un campo a partir de las especificaciones que recibe el elemento nuclear: es el caso de *fiebres*, sustantivo restringido sucesivamente por *tercianas*, *cuartanas*, *escorbúticas*, *pútridas*, *benignas*, *malignas*, *perniciosas* (Toledo 2000) en relación con el momento de su aparición o duración, los síntomas que las acompañan o la enfermedad que las motiva, entre otros factores.

Para esa época, en consecuencia, se refieren *epidemias* en 1725 (provenientes de Francia); de *viruelas* en 1732 y 1770; en 1756, de *peste*; en 1765, de *calentura terciana* en Santiago de Cuba; en 1782 y 1789, de *dengue*; y de *fiebre amarilla* se reportan brotes epidémicos en 1709 y 1770 en Remedios, en 1731, 1733, 1738, 1742, 1761, 1762, 1764, 1780, 1793 en La Habana, muchas de ellas

---

3. El conteo automático no ha sido intervenido, por lo cual el número de unidades puede precisarse.

vinculadas con el arribo de las flotas de la Armada o en general con movimiento de tropas o población, y en 1794, en Santa Clara (López 1970a y b).

Ya en el siglo XIX, dan buena muestra de la frecuente situación epidémica los acuerdos y memorias recogidos en actas de cabildo, como las del 12 de diciembre de 1818 en que se valoran las consecuencias de los errores en la *inoculación* y se brindan datos para evidenciar el papel de la Junta Central en la propagación del *antídoto* que ha contribuido a la desaparición de la epidemia de *viruelas*.

Las obras de Tomás Romay permiten la puesta al día en relación con los adelantos médicos europeos (1824) y se hace evidente que las constantes epidemias y enfermedades comunes hacen necesario compartir la investigación y los resultados en la atención médica, lo que significó la influencia de terminología del francés, el alemán y el inglés, en ese orden, en el dominio médico. Así, en los textos se nombran las epidemias con extranjerismos crudos como *maladie de Siam* (francés) y *yellow fever* o *black vomiting* (inglés), términos todos que aluden a algún signo motivado por una misma enfermedad y de los cuales son calcos los hispánicos *fiebre amarilla* o *vómito negro* (Sánchez Godínez 2016; Álvarez Trenard 2017). La variación denominativa puede develar de modo indirecto esas influencias: «También hay una diferencia muy notable entre los síntomas que esperimenta el primer hombre inoculado con la materia del *cowpox* ó *viruela natural de la vaca*...» (Romay en Francisco 1860: 153)[4].

La índole del vocabulario, como es lógico, cambia según el tipo textual, el destinatario y la situación de comunicación, de manera que Romay, en una memoria leída el 15 de abril de 1825 ante la Junta Central de la Vacuna, usa términos técnicos (*fiebres exantemáticas*), mientras que sus textos periodísticos, que informan, comentan o divulgan los experimentos relacionados con la vacuna, sus efectos y las polémicas sobre su eficacia, registran términos menos específicos. A este respecto se puede percibir que el autor utiliza variantes sinonímicas de uso cubano:

> En 29 de febrero le vacuné una niña como de 4 meses, la cual a principios de abril ha tenido una leve erupcion de viruelas volantes, llamadas vulgarmente chinas, y el sexto dia ya estaban todas enteramente secas. Esta niña vive aun, y está muy sana. Casi al mismo tiempo que me llevaron esa niña, la Señora suegra del Dr. Rendon me presentó otra poco mayor, y rehusé vacunarla por tener todo su cuerpo lleno de ciertos granos conocidos con el nombre de malditas (Romay en Francisco 1860: 156).

---

4. Véanse también otras como *croup*, del inglés 'difteria', que se documenta desde el siglo XIX en Cuba (Álvarez Trenard 2017), recogida en el *DLE* hoy adaptada como *crup*.

Y es que en el vocabulario médico aparecen usos específicos reportados desde el primer diccionario «provincial» que se conserva, el del geógrafo E. Pichardo (1836-1875). Allí podemos encontrar lemas que en la lexicografía general del español se recogen con la marca *Cuba* en sus acepciones médicas (1):

(1) *aire*: Enfermedad perlática que tuerce o invalida alguna facción o miembro del cuerpo repentinamente: *tiene aire, le dio aire;*

güito: Del inglés *white.* Pinta o mancha amarillosa o blanca que suele aparecer en el cutis de una persona. Sin. *mancha de melancolía;*

ojo de pescado: Excrecencia callosa redonda que a manera de verruga suele salir más frecuentemente en las manos.

También se consideran cubanismos los usos con esa documentación lexicográfica que, sin embargo, no se incluyen en la lexicografía general, como *chinas* o *romper la fuente*, o aquellos cuya primera aparición se indica en diccionarios posteriores a Pichardo (2).

(2) *sapillo:* Conjunto de ulceritas que aparecen como pintas blancas en la lengua y boca de los niños, enfermándolos e impidiéndoles mamar.

Es interesante observar que este vocabulario médico cubano suele ser coloquial y no especializado en sentido estrecho, pero de uso común entre pacientes o entre estos y los médicos.

Aunque, como parte de la historia de la lengua española en Cuba, estas investigaciones no han llegado aún más allá de la primera mitad del siglo XIX, sus resultados nos permiten afirmar:

- un seguimiento de la ciencia internacional por la medicina del país, con la consiguiente expansión de términos científicos generales;
- la posibilidad de categorizar y agrupar las unidades en campos relativos a (Martínez Guillerme 2020):
  - enfermedades,
  - sus signos y síntomas,
  - condición del enfermo,
  - procedimientos y recursos de curación,
  - procesos mórbidos y sus consecuencias;
- la ubicación de las unidades léxicas en una escala de más a menos especializadas;
- la incidencia de las variables tipo textual, registro y participantes en la interacción en la índole de las unidades léxicas;

- la presencia de unidades léxicas con marca geográfica de americanismo, antillanismo o cubanismo.

Tales estudios nos preparan para esta primera observación de la lengua ante la pandemia actual.

VOCABULARIO MÉDICO EN CUBA ANTE LA PANDEMIA

Situados ante el vocabulario asociado con la pandemia de COVID-19 en Cuba, será pertinente comentar cómo se producen los procesos de actualización léxica y los neológicos, si se advierten focos claros de irradiación y extensión de los términos, el peso de lo propio y lo importado en la selección léxica, así como los niveles de especialización.

Frecuencia

Para este análisis se tomaron en principio los cien primeros vocablos (aislados y lematizados) en la tabla de frecuencia. Por su nexo semántico, se agruparon en el conteo, cuando fue pertinente, los verbos, sustantivos y adjetivos que comparten una base o raíz (anexo 3).

De modo general, se advierte que, en principio, se trata de voces patrimoniales, de larga data, hiperonímicas muchas de ellas (3), que se recogen en los repertorios lexicográficos del español en sus acepciones relacionadas con la medicina, pero sin marca diatécnica (4), aunque algunas la conservan (5).

(3) *enfermedad, paciente, vacuna*

(4) *tratamiento, contagio*

(5) *diagnóstico, diagnosticar, síntoma*

La frecuencia parece presentarse en proporción inversa a la intensión o especialización, no solo entre las cien unidades más frecuentes (6), sino en todo el repertorio.

(6) *virus*: 0.02296; *coronavirus*: 0.01423; *SARS-CoV-2*: 0.00808

(7) *fiebre*: 0.00097; *meningococo*: 0.00032

De modo general, puede afirmarse, a partir de estos análisis, que el vocabulario empleado a propósito de la pandemia en Cuba, en principio, actualiza vocablos del fondo léxico del español.

Entre las más frecuentes aparecen también voces no ligadas al dominio de la medicina en los estudios anteriores (8), pero que demuestran aquí la concepción actual de vínculo entre la salud y la enfermedad con un enfoque preventivo antes que curativo y al ser humano como una entidad biosicosocial, y están relacionadas con el creciente conocimiento científico.

(8) *epidemiológico, medida, control, pesquisa, protocolo*

Aunque predominan los sustantivos en la lista de mayor frecuencia, resultado lógico para un léxico de especialidad, llama la atención la recurrencia de adjetivos como *clínico* o *epidemiológico,* y en particular de *nuevo,* en tanto parte de unidades designativas, y la expansión de las unidades complejas, según se verá más adelante.

La presencia y frecuencia de algunas piezas covaría con la data crónica de los documentos —en consecuencia, con la evolución de la pandemia, el conocimiento del virus y los tratamientos correspondientes—. Así, se advierte el incremento sostenido de la frecuencia de ciertas unidades léxicas desde mediados hacia finales del año 2020 (9), y en otros casos en meses específicos, al poner el foco de atención en alguna temática llevada a primer plano por el desarrollo de la enfermedad (10). Es así como una observación acuciosa de la frecuencia permite seguir tanto el proceso de la enfermedad como los énfasis de su enfrentamiento en diferentes momentos del período estudiado.

(9) *biotecnología, foco, dosis, PCR, vacuna, candidato (vacunal)...*

(10) *salud (mental), (respuesta) inmune*

Actualización léxica y neología

Existe consenso en cuanto a la productividad léxica que ha significado la pandemia de COVID-19 en la presencia tanto de neologismos como de términos científicos en el uso común (Lemus 2020; Rodríguez Abella 2021) y en cuanto a la probable vida efímera de muchas de estas creaciones.

Por razones obvias, palabras de uso limitado en circunstancias normales incrementan su frecuencia[5] (*pandemia*) y se socializan, desplazando a otras más conocidas (*epidemia*), lo que puede redundar en la pérdida de su marca diatécnica[6].

Los empleos por antonomasia convierten palabras generales en sinónimos (contextuales) de otras (*pandemia /COVID-19*) y las que no tienen un uso médico específico se actualizan en una acepción de ese carácter, por lo que

5. Lugar número 6 en la lista de frecuencia.

6. Lugar número 70 en la lista de frecuencia. *Epidemia* no conserva marca diatécnica en el *Diccionario de la lengua española*.

podrían ser redefinidas (11). Así *brote, rebrote, pesquisa* y otros reducen su espectro sémico en estos textos únicamente a los procedimientos y circunstancias relacionados con la pandemia.

(11) *contacto*: Persona que se ha relacionado de manera directa con un paciente confirmado.

Precisamente a propósito de la pandemia, la ASALE y la RAE han añadido al *Diccionario de la lengua española* (*DLE*), en artículos completos, neologismos con marca *med.* (*COVID y COVID-19, coronavirus, coronavírico*) o sin ella (*cuarentenar, cuarentenear, encuarentenar, desconfinamiento, desescalada*) y acepciones dentro de artículos prexistentes (*confinamiento*). Se trata de casos de neología absoluta, formada por procesos derivativos o semánticos, que restringe vocablos generales a sus acepciones médicas.

A este respecto, valdría decir, aunque parezca una verdad de Perogrullo, que la resignificación del vocabulario actualizado con la pandemia se afinca en las determinaciones culturales y contextuales de cada lugar. Así, en el caso de Cuba, *confinamiento* —que ha extendido su uso en otras diatopías luego de procesos de restricción semántica— escasea, pues se prefiere para objetos[7] y en su acepción jurídica, circunstancia esta última que lo estigmatiza.

En el *DLE* se han realizado, asimismo, enmiendas a acepciones de forma simple (*confinar, barbijo, mascarilla, morgue*), a acepciones de forma compleja (*depósito de cadáveres, estado de alarma*) y a artículos (*confinado, -da*).

De estos lemas, se documentan en la muestra como neologismos, entre las unidades que ocupan los más altos lugares de la tabla de frecuencia y marcados diatécnicamente, *coronavirus, COVID* y *COVID-19*[8], con absoluto predominio de la forma más especificada.

La fuente de los neologismos se encuentra en denominaciones establecidas por consenso en organismos internacionales, como el Comité Internacional para la Taxonomía de los Virus (ICTV), que toman el inglés como lengua de partida, de ahí que *COVID-19* sea un acrónimo de *coronavirus disease* que incluye la fecha de su aparición (Rodríguez Abella 2021: 78 y ss.) y *SARS-CoV-2* el que nombra un coronavirus (CoV) de segundo tipo que produce un *severe acute respiratory syndrome* (*SARS*).

---

7. Por ejemplo, en www.tribuna.cu: «Las losas de granito con reproducciones de obras de artistas cubanos entregaban al pueblo lo que había estado **confinado** en los museos».

8. No se han tenido en cuenta las variantes gráficas, pero palabras como *COVID* pueden encontrarse en altas o solo la inicial mayúscula; también se hallan formas diferenciadas de escritura de *SARS-CoV-2* en cuanto al uso de mayúsculas, minúsculas y guiones.

De los restantes vocablos considerados en el *DLE*, se incluyen entre los primeros 100, por su frecuencia en la muestra, *cuarentena* y *mascarilla*.

El caso de *cuarentena*, que mantiene como un fósil en su estructura la huella de su significado etimológico —y que aparecía ya definido bajo el lema *cuarenteno, -na*, en su acepción 6 con su cambio semántico ('aislamiento preventivo a que se somete durante un período de tiempo, por razones sanitarias, a personas o animales')—, se presenta ahora en esta acepción exclusivamente en la forma femenina y aplicable también a cosas, en períodos menores, y lamentablemente también mayores, de cuarenta días. Este uso comprobado en la muestra se corrobora en el dominio .cu de internet.

Por su parte *mascarilla*, enmendada su acepción 2 en el *DLE* como «máscara que cubre la boca y la nariz de su portador para protegerlo de la inhalación y evitar la exhalación de posibles agentes patógenos, tóxicos o nocivos»[9], aparece en el lugar 75 de nuestra lista de frecuencia con un coeficiente del 0.004205758. Su uso, sin embargo, parece condicionado (y diríamos que inducido) por el medio y el tipo textual, al considerarla forma más prestigiosa por ser la del estándar. La forma habitual (y prácticamente única en el coloquio oral), en cambio, es *nasobuco*, como lo demuestra su posición 26 y su coeficiente (0.01164672) en la tabla de mayor frecuencia.

Los demás lemas añadidos o modificados en el *DLE* o aparecen con escasísima frecuencia (12) o no se documentan (13) en la muestra.

(12) *barbijo*[10], *desescalamiento*

(13) *coronavírico, morgue*

La variedad léxica hallada en la muestra se asocia con el etiquetado de los pacientes en relación con el padecimiento o el virus que lo produce (14), con el estadio de la enfermedad (15) o con los regímenes para su prevención (16); pero también da cuenta del origen geográfico de la fuente de infección (17).

(14) *contagiados, confirmados, infectados, positivos, recuperados*

(15) *graves, críticos...*

(16) *contactos, sospechosos, aislados, ingresados, vulnerables*

(17) *importados, autóctonos*

9. Dado que la definición anterior no correspondía de manera adecuada al referente.

10. Se recoge en un comentario metalingüístico. La palabra es una adición reciente del *DLE* y aparece con marca geográfica de algunos países de América.

Las clasificaciones siguen un criterio jerárquico y escalar, y algunas se organizan en oposiciones antonímicas gramaticales (18) o léxicas complementarias o contrarias (19).

(18) *infección/desinfección, sintomáticos/asintomáticos*

(19) *positivo/negativo, alto/bajo*

Ocupan un lugar destacado las denominaciones de los agentes en el trabajo de atención y curación (20), en una escala que va de la mayor a la menor extensión, y, aunque algunos son sinónimos más fuertes, otros van incluyendo semas diferenciadores de diferentes identidades y posiciones en esa jerarquía laboral.

(20) *autoridades sanitarias, trabajadores de la salud, personal sanitario, personal de salud, expertos, médicos, médico de la familia, doctor, enfermero, técnicos...*

Tienen una particular incidencia los vocablos relativos a los momentos y grados que se pueden detectar en la pandemia (21) y los que refieren la dimensión del ámbito de la transmisión (22).

(21) *fases, post-COVID, nueva normalidad*

(22) *local, comunitaria...*

A este respecto, los propios hablantes buscan definir los alcances de cada uno de los términos (23), algunos de los cuales son unidades complejas, y, más allá de la pertinencia de las definiciones, se advierte la voluntad de que sean precisas:

(23) *sospechoso:* «Si presenta algún elemento epidemiológico, con síntomas, el cual se ingresa, se le aplica tratamiento y se le hace un protocolo ingresado en una institución de la salud».

contacto: «Relación con confirmado y el contacto de segundo orden, hoy y desde hace una quincena, se le aplica ingreso domiciliario, al igual que el contacto del sospechoso».

casos activos: «Son aquellas personas que tienen la enfermedad, confirmado con PCR, está ingresado y por el protocolo de Cuba se mantiene en las instituciones sanitarias mientras está positivo» (*Trabajadores*, 6 de noviembre).

Al igual que los anteriores ejemplos, *foco* y *evento*, bien establecidos en el fondo léxico del español en sus acepciones comunes, obligan a su redefinición (24) como términos emergentes —interés que se advierte en la población (25)—, redefinición que se logra a partir del reanálisis de algunos semas en las acepciones afines de los repertorios lexicográficos en que están recogidos, a partir de los datos que aportan los comentarios en el dominio .cu de Internet y a partir de las disposiciones establecidas por las autoridades sanitarias cubanas. Solo la segunda acepción de estas voces permitiría una combinatoria como la que recogen los documentos (26):

(24) *foco*: 1. Fenómeno de transmisión de hasta 10 contagios de la pandemia en un espacio geográfico.

localizado. ‖ 2. Área de atención gubernamental de un foco 1.

evento: Fenómeno de transmisión de más de 10 contagios de la pandemia en un espacio geográfico

localizado. ‖ 2. Área de atención gubernamental de un evento 1.

(25) http://www.sld.cu/noticia/2020/07/16/foco-o-evento-sin-importar-la-distincion-lo-que-urge-es-cuidarse: «En este sentido, el especialista enfatizó en que se le denomina "foco" a determinados casos aislados que pueden haberse contagiado fuera de sus lugares de residencia e infectar solo a los que conviven con ellos»; de manera que «se considera "un evento" cuando el número de contagiados sobrepasa la cifra de 10 en una localidad».

(26) *abrir un foco, cerrar un evento; foco abierto*

En cuanto a la adjetivación, *nuevo, -va* es, como se ha dicho, elemento compositivo frecuente para la creación de unidades designativas y se presenta en una combinatoria variada, que agota prácticamente todas las acepciones del vocablo[11], aunque predominan *nuevo coronavirus*, que contextualmente precisa al sustantivo más extenso y le permite restringirse y funcionar como anáfora de *COVID-19*, y *nueva normalidad*, unidad designativa de la última etapa considerada en la evolución de la pandemia antes de su liquidación (o rebrote) y que supone el mantenimiento de restricciones innecesarias en la situación «normal» previa a la pandemia.

Como adyacente de otros sustantivos (27), casi siempre en plural, los sintagmas aluden a la sucesión y acumulación permanente de hechos y actividad humana alrededor de la enfermedad, la cual, por cierto, es asumida como una batalla, tal como lo muestra el léxico actualizado, en el que destaca la nominalización *enfrentamiento*.

(27) *nuevo, -va: caso, evento, brote, plan, medida, disposición, formulación, intervención terapéutica...*

---

11. *DLE*: 1. Recién hecho o fabricado. || 2. Que se ve o se oye por primera vez. || 3. Repetido o reiterado para renovarlo. || 4. Distinto o diferente de lo que antes había o se tenía aprendido. || 5. Que sobreviene o se añade a algo que había antes. || 6. Recién incorporado a un lugar o a un grupo.

Asimismo, en materia de adjetivación, cabría añadir el énfasis que puede colegirse de la recurrente presencia de *epidemiológico, -ca*, asociado a numerosas bases tanto generales como específicas (28) y pospuesto, lo que indica su valor restrictivo y su tendencia a la creación de unidades de significado único.

(28) *epidemiológico, -ca: problema, escenario, situación, contexto, indicador, medida, foco, encuesta, vigilancia...*

En general, aunque —a reserva de un conteo fino— parecen predominar en el uso los adjetivos relacionales y descriptivos, se localiza una gama de adjetivos graduables (29) que suponen una norma implícita (RAE y ASALE 2009: 916) cuyos indicadores objetivos de medida sería necesario precisar.

(29) *incidencia: adecuada, significativa, importante, alta, baja...*

Procesos morfosintácticos de lexicogenesia

En estas voces se aprecia un incremento de los procesos de derivación y composición con formantes como *bio-*, sumamente productivo en la muestra (30), y otros, legitimados por sus fuentes, que entran en la composición de los neologismos (31). Se revelan como más interesantes aquellas voces que muestran derivación de segundo o tercer grado (32).

(30) *bioestadístico, biofarmacéutico, biomodelo, biomodulina T, bioproducto, bioseguridad, biotecnología, biotecnológico*

(31) *inmunodeprimido, inmunomodulador*

(32) *antirretroviral, antibacterial*

Aunque estos recursos lexicogenésicos emplean como fuentes últimas formantes latinos y griegos, usuales para la lengua de la ciencia, muchos de ellos son tomados de creaciones del inglés u otras lenguas y luego se adaptan al español (33).

(33) *biostatistics, retrovirus, biotechnology, immune*

Mientras se comparten con el resto del mundo hispanohablante algunas unidades complejas o sus núcleos (34), otras, frecuentes en Cuba, parecen tener carácter más local (35). No hemos precisado aquí, en ningún caso, si se trata de lexicalizaciones, semilexicalizaciones o colocaciones, pero el hecho de constituir unidades designativas, la fijeza de la construcción y los procesos de elipsis muestran el avance en el grado de estabilidad de muchas de estas piezas.

(34) *distanciamiento físico, distanciamiento social, centro de {aislamiento, confinamiento, contención, resguardo}...*

(35) *pesquisa activa, control de foco, percepción de riesgo, protocolo de actuación, candidato vacunal*

Distanciamiento social ha sido discutida como una unidad léxica políticamente impropia internacionalmente, por entendérsela como una conminación a la 'falta de contacto o relación entre grupos sociales'. En consecuencia, se ha propuesto para sustituirla *distanciamiento físico,* en el entendido de que hay medios para mantener y aun fomentar la relación entre las personas y grupos, por vía de las redes entre otras, y que no se insta a romperla.

En Cuba se ha producido, por parte de especialistas (sicólogos, sociólogos, comunicadores), la misma discusión pública, pero la permanencia de la forma en los documentos parecería indicar que no ha sido entendida en el sentido criticado, sino más bien como 'obligación, establecida socialmente, de separación física entre grupos de personas para evitar el contagio de una enfermedad', mientras *distanciamiento físico* estaría vinculada a una acción consciente y volitiva de separación física entre las personas individualmente, con el mismo objetivo.

Las unidades complejas pueden aparecer en su forma plena o con procesos de elipsis, perfectamente comprensibles dada la frecuencia de uso (36) y que resultan casos de antonomasia. De otro lado, se precisan diferencias que antes pasaban inadvertidas para los no especialistas (37) y que obligan a evitar elipsis en los documentos, ya que generarían ambigüedad.

(36) *hipoclorito de sodio / hipoclorito*

(37) *alta clínica / alta epidemiológica*

A partir de estas consideraciones se advierte que los vocablos nuevos o actualizados pueden organizarse según los campos encontrados tradicionalmente (38), pero también que quedan fuera de estos un grupo grande para los cuales sería preciso ampliar los conceptos que se definen para el etiquetado en los ya existentes o proponer nuevos campos, como podrían ser los relativos a medios de prevención y diagnóstico (39), formas de transmisión del virus (40), estadios o fases de la enfermedad (a nivel social o de la evolución del enfermo) (41) y procedimientos organizativos del sistema de salud ante la situación epidemiológica[12] (42). Asimismo, habría que ubicar en otros campos la nomenclatura de las ciencias conexas (43).

---

12. Que son reflejo de atribuciones del Estado no ejercidas o visibles antes, tales como el cierre total o parcial de fronteras o la habilitación de vuelos humanitarios.

(38) enfermedades (*diabetes*), signos y síntomas (*fiebre, náuseas*), condición del enfermo (*asintomático*), procedimientos y recursos de curación (*ingreso, medicamentos inmunomoduladores*), procesos mórbidos y sus consecuencias (*infectar, infectado*)

(39) *pesquisa, prueba PCR, centro de aislamiento, autocuidado*

(40) *contacto directo, propagación, transmisión local*

(41) *fase de transmisión local autóctona, etapa de recuperación, evolución clínica estable*

(42) *pronóstico, protocolo, tasa, ensayo clínico, medida, control, letalidad*

(43) *respuesta inmune, péptido, bioseguridad, antígeno, polimerasa*

Data crónica

De las palabras a las cuales puede asignarse un valor más restringido al dominio médico, las que aparecen reportadas en el *NTLLE* son mayoritariamente voces cuya primera documentación se ubica en el siglo XX, e incluso en su último cuarto (44).

(44) *antigripal* 1970, *hemodiálisis* e *inmunológico* 1984, *vírico* 1985, *biomédico* y *monoclonal* 1992.

Ello nos permite afirmar que se trabaja con una ciencia que experimenta un salto de las postrimerías del siglo XIX a las del XX, lo cual se refleja en el léxico. Léxicamente, se corrobora este decurso, además, con el crecido elenco de voces que no se reportan en el *NTLLE* relativas a fenómenos patológicos, a sus procedimientos de curación y a las ciencias que intervienen en ellos, voces que solo se hacen visibles en el nuevo milenio. De ahí que en los diccionarios del siglo XXI aparezcan vocablos no localizados con anterioridad (45), que a veces se documenten los sustantivos (46), pero no los adjetivos, de la muestra y que haya vocablos que siguen ausentes, lo que indica su creación reciente y su expansión en proceso (47).

(45) *antiviral, cardiovascular, péptido, polimerasa*

(46) *bioestadística, inmunodepresión, serología*

(47) *bioseguridad, intranasal, VIH*[13]

Especialización y marcación diatécnica

De las palabras más especializadas, un grupo aparece con marca en los repertorios lexicográficos, con predominio de *med.* (48) y otras propiamente

---

13. Se encuentra en cambio en el *DLE* la enfermedad que este virus produce (*sida*).

médicas o farmacéuticas, como *anat., patol., terap., cirug.* (49), y también, más escasas, de ciencias relacionadas que se imbrican en el proceso salud/enfermedad, como *quím., bacteriol., biol.* (50), lo que refleja el incremento del carácter cada vez más interdisciplinar de la solución de estos problemas.

(48) *anticuerpo, cardiología, difteria*

(49) *antipalúdico, diabetes, mucosa*

(50) *monoclonal, hipoclorito, toxoide*

Sin embargo, desde su primera documentación lexicográfica, hay un grupo de estos vocablos que se presentan sin marca, lo que es lógico en las derivadas (51) y justificamos en las que no lo son por el probable carácter extendido del uso en el momento en que se recogen (52). No obstante, hay algunas cuya primera aparición no incluye la indicación diatécnica y que luego la adquieren; por ejemplo, *epidemiología* no presenta marca en Zerolo 1895, que es su primera documentación, pero la tiene desde el *DRAE* 1970 en adelante, de manera que el flujo en la escala especialización / no especialización no parece lineal y debe ser inferido no solo de la marca, sino de las acepciones y el comportamiento en la documentación textual.

(51) *terapéutico, epidemiológico*

(52) *cefalea, herpes, influenza*

Se puede advertir que la mayor concentración de unidades léxicas especializadas se encuentra en los partes médicos de enfermos graves y críticos y de fallecidos, que no se adaptan, como se comprueba al verlos reproducidos en los medios, a la comprensión de los públicos no especializados:

> Ciudadana cubana de ... años, procedente del municipio ... Antecedentes de cardiopatía isquémica. Comenzó con falta de aire y bradicardia sinusal, por lo que se decidió pasar a terapia intensiva. Se encuentra estable hemodinámicamente con electrocardiograma con bloqueo completo de rama izquierda y bloqueo aurículo-ventricular de primer grado. RX de tórax con mejoría de las lesiones inflamatorias en base derecha, imágenes areolares sugestivas de bronquiectasias. Se reporta en estado grave (*Trabajadores*, junio de 2020).

Cubanismos

Más allá de la presencia de vocablos globales, de uso internacional, y de los empleados en todo el ámbito hispánico, se localizan, además del llevado y traído *nasobuco*, vocablos que resaltan en Cuba.

El sustantivo *nasobuco* en esta acepción es una palabra que se documenta en el ámbito médico y particularmente odontológico desde fechas anteriores a la pandemia, de uso entre especialistas y personal sanitario cubano y en medios académicos con ellos relacionados (53):

(53) Limpieza quirófano: normas de limpieza quirófano

www.quirofano.net › normas-quirofano › limpieza-quir...

30 nov. 2008.— Se evitará que otras prendas sobresalgan al **nasobuco** o al pijama y sobrebata en el caso de prendas de cuello. Solo podrá deambular por el salón, cuando...

Bioseguridad vs. enfermedades infecciosas en estomatología...

www.monografias.com › trabajos96 › bioseguridad-vs-...

7 mar. 2006.— Las medidas de bioseguridad más utilizadas fueron el uso de guantes, el lavado de las manos, el uso del **nasobuco** y la activación de la pieza de mano 20 o 30...

dspace.uclv.edu.cu › bitstream › handle PDF

Universidad de Ciencias Médicas de Sancti Spíritus tesis.sld.cu › ... PDF

16 oct. 1999.— Medios de protección (guantes quirúrgicos y **nasobuco**).

Como se documenta también el adjetivo *nasobuc* (*-o-*, *-al*) como modificador de sustantivo (en particular de *máscara*), tanto en un proceso intermedio de su integración compositiva con guion como completamente integrado (54) y con el modelo de los compuestos equivalentes en inglés o francés (55), podría afirmarse, entonces, un proceso de elipsis y/o metonimia del término, y su extensión del ámbito restringido a otros afines (oficios o profesiones donde era necesario el objeto o un equivalente) en una primera etapa, pre-COVID (56), asociado al incremento de las acciones de bioseguridad.

(54) tipos de máscaras, que pueden ser nasales, **naso-bucal** o faciales totales

https://sisbib.unmsm.edu.pe/bibvirtual/libros/linguistica/leng_ni%C3%B1o/cal_voz_diferen_pers.htm

Calidad de voz y sus diferencias en las personas

sisbib.unmsm.edu.pe › leng_niño › cal_voz_diferen_pers

1 feb. 2001.— ... de modificaciones resonanciales **nasobuco-faríngeas**.

(55) www.home-air-purifier-expert.com › ...

Ammonia does not build up in the food chain, but serves as a nutrient for plants and... Giant Pure Power Window Cleaner Trigger Spray Home inside spray 1.00... Also evaluated was the gas absorption of the nasobuccopharyngeal section of ...

www.orkyn.fr › algie-vasculaire-face

L'oxygène médical par masque nasobucal doit être administré à un débit élevé: 10 à 15 L/min1 pendant 15 à 30 minutes. Ouvrer le robinet puis ajuster votre...

(56) www.tecnicrim.co.cu › sites › default › files › publicacion PDF

10 jun. 1994.— Huellas e indicios de toda índole y origen, en... y/o dejados por cualquier individuo, organismo u... overol, guantes, gorras, **nasobucos** y otros con el objetivo...

Como se advierte, ante la llegada de la pandemia, el vocablo estaba disponible y se hacía necesario en su especificidad, dado que el tradicional *tapaboca* no cubría el ámbito referencial y el estándar *mascarilla* era usual al menos en otras dos acepciones, no relacionadas[14] y, por tanto, estaba falto de la precisión que se reclamaba. En cuanto al procedimiento de cambio semántico verificado (generalización) y la documentación de su uso (frecuencia), entendemos entonces *nasobuco* como un neologismo y un cubanismo[15], cuya productividad se corrobora, además, por el alto número de datos en el dominio .cu de internet y por la existencia de una variante en la oralidad marcada sociolectalmente, *nasabuco*, etimología popular que lo relaciona no con el elemento compositivo latino *naso-*, sino con el modelo del adjetivo *nasal*.

Igualmente, el resto de las piezas que aparecen como locales son, en primer lugar, voces anteriores a la pandemia, que dan cuenta de situaciones específicas del país, y coloquiales en algunos casos, que pueden estar recogidas en el *DLE* (57) o en el *Diccionario del español de Cuba* (*DECu*) (58), pero que en su mayor parte están ausentes de ambos repertorios (59).

(57) *terapia (intensiva)*[16]: Unidad de cuidados intensivos.

(58) *médico de la familia*: El que desarrolla la atención primaria de salud en los consultorios ubicados por cuadra o manzana, para atender sistemáticamente a los moradores de ese segmento poblacional.

Se define en el *DECu* como «médico que tiene bajo su responsabilidad la atención primaria de aproximadamente 120 familias, que viven en un área determinada». También se documenta en los textos *enfermera de la familia*, menos frecuente.

---

14. Se emplea en acepciones muy específicas: 'capa de sustancia cosmética que se extiende sobre la cara para su limpieza y extracción de las espinillas' y 'vaciado en yeso del rostro de una persona, generalmente fallecida'.

15. Se localiza en Internet algún dato nicaragüense en el que habría que profundizar.

16. Aunque existen en los hospitales dos tipos de secciones para tratamiento a enfermos graves y críticos (*terapia intensiva* y *terapia intermedia*), se suele elidir el adjetivo del compuesto sintagmático para aludir a la de cuidados intensivos. Su uso generalizado ha dado lugar a unidades fraseológicas coloquiales como *estar para terapia*, que se alejan cada vez más de su referencia a la enfermedad.

(59) *tarjetón*: Documento expedido por el médico a favor de personas con enfermedades crónicas para el control en la farmacia del expendio de los medicamentos que necesita[17].

medibús: Transporte especializado en trasladar pacientes que deben efectuar consultas médicas en la capital de provincia, desde y hacia sus zonas rurales de residencia.

Otras, en cambio, se reconocen como marcas registradas de medicamentos y fármacos cubanos (60), como sustantivos propios o comunes de recursos curativos que se comercializan con otro nombre.

(60) *Heberferón*: Composición farmacéutica que combina el interferón alfa 2b humano recombinante con el interferón gamma humano recombinante en un solo vial.

Heberpenta: Vacuna pentavalente líquida contra la difteria, tétanos, tos ferina, hepatitis B y *Haemophilus influenzae* tipo b.

Hebertrans: Factor de transferencia [derivado de la descomposición de leucocitos de un donante inmune capaz de transferir inmunidad a un receptor con déficit inmunológico]. Nombre comercial: Heberon Alfa R[18].

Nasalferón: Formulación de IFN-alfa-2b-humano recombinante para administración nasal que, gracias a las propiedades inmunomoduladora y antiviral del IFN-alfa, logra una protección frente a la exposición al SARS-CoV-2.

Péptido CIGB-258: Péptido [proteína de pocos aminoácidos] que regula la magnitud de la respuesta inflamatoria sin causar inmunosupresión en pacientes con artritis reumatoidea.

Surfacén: Surfactante [sustancia que mantiene la tensión superficial en el alveolo pulmonar] pulmonar de origen porcino, para el tratamiento del Síndrome de Dificultad Respiratoria.

Las definiciones consignadas en (60), extraídas del dominio .cu de Internet, han sido intervenidas para hacerlas más propias, pero aun así reflejan altos niveles de especialización y obligan a nuevas búsquedas y remisiones.

En cuanto a otras unidades complejas que resaltan en los documentos cubanos, cuya estabilidad habría que corroborar, reclamarían procesos de definición como los que proponemos aquí (61). *Candidato vacunal* es un

17. Existen unidades léxicas diferenciadas para indicar la regulación de medicamentos: *tarjetón* (ut supra) y *receta* (*médica*), 'documento que ampara la compra/venta de medicamentos en la farmacia ante una enfermedad circunstancial'. La expedición del *tarjetón* supone un *certificado* (*médico*) previo, expedido en la atención secundaria de salud (*policlínico*).

18. No se documenta en los textos.

buen ejemplo de los procesos que ocurren: allí el núcleo de la pieza léxica adquiere una acepción nueva, que no tenía en la lengua, y por un procedimiento ordinario se crea un adyacente derivado, de buena formación, que tampoco existía.

(61) *percepción de(l) riesgo*: Comprensión y conocimiento del daño que puede acarrear algo, especialmente una enfermedad.

protocolo de actuación: Conjunto y ordenamiento de las acciones que se deben realizar para algo, especialmente prevenir, diagnosticar, tratar y curar una enfermedad.

pesquisa activa: Indagación sistemática, casa por casa, que realiza el personal sanitario acerca del estado de salud de las personas.

candidato vacunal: Cada una de las formulaciones que se ensayan para obtener una vacuna.

La unidad *paso podálico*, usada y extendida para el 'dispositivo con un paño embebido en hipoclorito de sodio que se coloca a la entrada de los edificios e instituciones para la desinfección de la suela de los zapatos' ha generado polémica en la prensa (Toledo Sande 2020), al considerarse mal formada. El comentarista revisa cada lema (*podal* y *podálico*) en el *DLE* y de las acepciones allí recogidas concluye la ilegitimidad de la segunda para el uso que se le da en la prensa cubana.

Tratando de entender la lógica de la creación, podríamos decir que se trata de un proceso de doble derivación denominal [[*pod -al*] *-ico*]. En un proceso legitimado por su inclusión en repertorios lexicográficos generales, se había producido un primer grado de derivación: sobre la base culta de origen griego *pod-* 'pie' con la adición del sufijo *-al* 'relativo a', se había formado el adjetivo relacional *podal*. Ahora a él se aplica, en un segundo grado de derivación, el sufijo *-ico*, de la misma índole semántica que el anterior, una especie de morfo redundante cuya aparición no es extraña en la lengua y que tomaría como modelo analógico otras construcciones posibles y usuales[19], con lo que se crea una nueva acepción o entrada.

Más allá de las discusiones sobre la pertinencia, desde la perspectiva normativa, de alguna de estas unidades complejas, su recurrencia se asocia con la filosofía del trabajo de enfrentamiento a la pandemia —«El asunto siempre estará en prevenir a tiempo, actuar bien, lograr que no se enferme nadie más, que los enfermos no se agraven y que los graves no fallezcan» («El ene-

19. Piénsese en el origen de *vocálico*, amén de los procesos de especialización semántica posteriores. Esta pieza léxica se propaga de arriba abajo, por lo que quizá no se extienda lo suficiente como para ser sancionada por los repertorios lexicográficos.

migo vuelve a casa», *Bohemia*, 24 de noviembre 2020)— y hace mención a una práctica preventiva y diagnóstica extendida a todo el país.

CONCLUSIONES

Concebimos el proyecto con tres subcorpus, de los cuales hemos observado solo el primero, por lo cual convendría analizar y comparar con lo obtenido hasta aquí los documentos provenientes de foros web o de correos, los internos de algún centro de trabajo, etc., por su índole diferente, y profundizar en textos metalingüísticos[20], pues una de las características de la pandemia, y no solo en Cuba, es que ha despertado variadas reacciones y comentarios de este tipo.

Mientras ello ocurre, podríamos arribar con lo analizado hasta hoy a algunas conclusiones parciales:

A partir de la observación del léxico, y en contraste con los estudios coloniales realizados, se observa un cambio drástico en el abordaje de la enfermedad, condicionado en este caso por tratarse de una pandemia y relacionado con la creciente interconexión de Cuba con el mundo, que favorece continuos trasiegos de personas desde y hacia los más variados puntos de la geografía humana, de donde proviene léxico de uso global. Ello se interpreta como reflejo de la actualización constante y sistemática de la ciencia cubana, al ritmo de los centros de irradiación de todas partes del mundo, y en particular de los análisis y medidas provenientes de la Organización Mundial de la Salud, para compartir y aprovechar la investigación y los resultados globales en la atención médica, en unas proporciones impensables para la medicina cubana decimonónica. En relación con la pandemia estudiada ello significa el empleo de vocabulario de uso general al cual no podría atribuirse con propiedad la denominación de *extranjerismo*.

Según los datos de la muestra, en el país el incremento de la enfermedad se asocia, además de a los viajeros, a la concentración demográfica, en particular en las ciudades, y a la inobservancia de las medidas epidemiológicas, relacionada con la situación de escasez y con hábitos culturales en relación con los contactos y espacios personales, como se colige de la insistencia en vocablos como *distanciamiento* y *aislamiento* y en los que reclaman conductas responsables hallados en los documentos.

El panorama higiénico-sanitario que dibuja el vocabulario de la pandemia en Cuba no remite ya a procedimientos y medios de curación ingenuos

---

20. A título de ejemplo podría tomarse el análisis de la Dra. Gema Mestre, de la Universidad de Las Villas, acerca del artículo pertinente a emplear delante del sustantivo COVID (Rey 2020).

o naturales, sino asociados a la más alta tecnología, de total actualidad, que se tratan de poner al alcance del gran público y que favorecen la presencia en los medios de voces de alto grado de especialización, a las cuales se unen nominaciones descriptivas como recurso sinonímico para la comprensión.

Mientras, por una parte, el vocabulario revela la actualidad de la ciencia médica cubana, por otra, como obtenido de medios públicos, acusa la situación de comunicación (información, apelaciones a ciertos comportamientos...) y el destinatario (no especializado) a quien interesa educar, hacer comprender la solución y participar en ella. Esto último condiciona que el elenco de voces asociadas en particular a la prevención se caracteriza por ser general y no especializado[21], dentro de un escenario que se revela orientado a lo estratégico, planificado y preventivo, a la educación y participación popular, a la interconexión de las ciencias entre sí y con la gestión gubernamental, lo que abre el espectro del vocabulario de la medicina no solo hacia especialidades afines, sino que rebasa los campos léxico-semánticos cubiertos históricamente hacia otros de índole estratégica e interdisciplinar, bajo la óptica de la (bio)seguridad, en que lo clínico, atendido de modo prioritario en la historia, se complementa con lo epidemiológico, por lo que se hace necesario reformular las etiquetas elaboradas para la denominación de los campos léxicos que se localizaban en el período colonial e incluir otras.

La variación denominativa hallada, por tanto, acusa influencias y pertenencias que reflejan estos agentes e intenciones (ciencia global, especialización cubana, educación, público general...), donde tiene un papel el peso de los usos frecuentes cubanos en su singularidad.

Todavía reclaman atención unidades léxicas de uso médico (presentes o no en el fondo léxico del español) que han aparecido en los medios televisivos, pero que no se han documentado en la muestra, como *comorbilidad*, *senescencia* o *compasional*, así como otras que se han creado o han incrementado su frecuencia con la pandemia, como fenómenos no médicos derivados de ella, tales como *manzanero*, *comercio electrónico*, *colero*, *teletrabajo*, *trabajo a distancia* y otras que rebasan los límites de esta investigación.

REFERENCIAS BIBLIOGRÁFICAS

ÁLVAREZ TRENARD, Viviana (2018): *Vocabulario científico de la medicina en el siglo XIX cubano*. Tesis de grado: Universidad de La Habana.

COMPANY COMPANY, Concepción y Javier CUÉTARA (2007): *Manual de gramática histórica*. México: UNAM.

21. Voces específicas, como el llamado *Prevengho-Vir*, cuestionado por científicos por su índole homeopática, apenas se reportan o tienen escasa frecuencia.

COROMINAS, Joan y José A. PASCUAL (1984): *Diccionario crítico etimológico castellano e hispánico*. Madrid: Gredos.

DOMÍNGUEZ HENÁNDEZ, Marlen A. y Grechel CALZADILLA (2018): «El diccionario de Esteban Pichardo como fuente del vocabulario de la medicina del siglo XIX en Cuba». *Anuario LL* 46, págs. 100-126.

DOMÍNGUEZ HERNÁNDEZ, Marlen A. *et al.* (2019): «Para un estudio del vocabulario de la medicina en el siglo XIX en Cuba». En María Luisa Arnal Purroy *et al.* (eds.): *Actas del X Congreso Internacional de Historia de la Lengua Española*, vol. II, págs. 1903-1928. Zaragoza: Institución Fernando el Católico.

— (2015): «Apuntes para el estudio léxico del vínculo entre producción azucarera y medicina a fines del siglo XVIII y principios del XIX». Ponencia presentada en la IX Conferencia Internacional Lingüística 2015. Instituto de Literatura y Lingüística del CITMA, La Habana.

DOMÍNGUEZ HERNÁNDEZ, Marlen A., Barbra E. SÁNCHEZ GODÍNEZ, Viviana ÁLVAREZ TRENARD, Loisi SAINZ (2019): «Avances en el estudio del léxico de la medicina en Cuba: siglos XVIII y XIX». Ponencia presentada en el *Congreso Internacional de Historia de la Lengua Española*. Universidad de Querétaro (en prensa).

FRANCISCO VALDÉS, Ramón (1858-1860): *Obras escogidas* del Dr. D. Tomás Romay. Tomos I, II, III, IV. La Habana.

GARCÍA MORENO, María Luisa (2020): «La lengua en tiempos de coronavirus», *Cubaperiodistas*, abril 21.

HAENSCH, Günther, Reinhold WERNER, Gisela CÁRDENAS MOLINA y Antonia M. TRISTÁ (2000): *Diccionario del español de Cuba*. Madrid: Gredos.

LEMUS, Jorge (2020): «Eufemismos de pandemia». Academia Salvadoreña de la Lengua, 23 de mayo.

LÓPEZ SÁNCHEZ, José (1970): *La medicina en La Habana, 1550 a 1730. Cronología de los hechos médicos consignados en las Actas capitulares del Ayuntamiento de La Habana*. 1.ª parte. Cuadernos de Historia de la Salud Pública 47. La Habana: Ministerio de Salud Pública.

— (1970): *La medicina en La Habana, 1731 a 1799. Cronología de los hechos médicos consignados en las Actas capitulares del Ayuntamiento de La Habana*. 2.ª parte. Cuadernos de Historia de la Salud Pública 48. La Habana: Ministerio de Salud Pública.

MARTÍNEZ GUILLERME, Grethel (2020): *El vocabulario de la medicina en repertorios lexicográficos (1836- 1936)*. Tesis de grado: Universidad de La Habana.

MARTÍNEZ-FORTÚN FOYO, José A. (2005): *Historia de la medicina en Cuba* (1751-1839). Cuadernos de Historia de la Salud Pública 97. La Habana: Ministerio de Salud Pública.

PICHARDO, Esteban (1836. *Diccionario provincial casi razonado de vozes y frases cubanas*. Matanzas: Imprenta de la Real Marina.

RAMÍREZ LUENGO, José Luis (2013): «Aproximación al léxico de la medicina en el Buenos Aires del siglo XVIII». *Actas del IX Congreso Internacional de Historia de la Lengua Española:* 1- 20. Madrid/Fráncfort: Iberoamericana/Vervuert.

Real Academia Española y Asociación de Academias de la Lengua Española (2009): *Nueva gramática de la lengua española*. Madrid: Espasa.

Real Academia Española: *Nuevo tesoro lexicográfico de la lengua española (NTLLE)*. Disponible en http://www.rae.es/recursos/diccionarios/diccionarios-anteriores-1726-1992/nuevo-tesoro-lexicografico.

REY, Lourdes (2020): «El o la covid-19: entrevista a Gema Mestre». *Trabajadores*, 3 de mayo.

RODRÍGUEZ ABELLA, Rosa M. (2021): «Palabras para una pandemia. Algunas notas sobre las creaciones neológicas utilizadas para comunicar la enfermedad por coronavirus SARS-CoV-2». En Centro de Lingüística Aplicada de Santiago de Cuba: *Contribuciones a la lingüística y a la comunicación social*, págs. 78-82. Santiago de Cuba: Ediciones del CLA.

SÁNCHEZ GODÍNEZ, Barbara E. (2016): *Análisis de los términos médicos del siglo XVIII en Cuba a partir de una muestra de las «Obras escogidas» de Tomás Romay*. Tesis de grado: Universidad de La Habana.

TOLEDO CURBELO, Gabriel José (2000): «La otra historia de la fiebre amarilla en Cuba. 1492-1909». *Revista Cubana de Higiene y Epidemiología* 38/3, págs. 220-227.

TOLEDO SANDE, Luis (2020): «Podal y podálico». *Juventud técnica*. Disponible en https://medium.com/juventud-t%C3%A9cnica/podal-y-pod%C3%A1lico-diferencias-78b5f56a4c92.

TORRES CUEVAS, Eduardo y Oscar LOYOLA (2002): *Historia de Cuba (1492-1898). Formación de la nación*. La Habana: Editorial Pueblo y Educación.

Anexos

1. Fuentes
2. Total de palabras por mes
3. Vocablo más freucnrtes

1. FUENTES

	Medio de difusión
1	*Ahora*
2	*Bohemia*
3	Canal Caribe
4	*Cubadebate*
5	*Escambray*
6	*Granma*
7	Guerrillero
8	*Invasor*
9	*Juventud Rebelde*
10	*La Demajagua*
11	Radio Angulo
12	Radio Bayamo
13	Radio Camoa
14	Radio Rebelde
15	Televisión de Santiago de Cuba
16	*Trabajadores*
17	*Tribuna*
18	*Vanguardia*

2. TOTAL DE PALABRAS POR MES

Mes	Total de palabras*
marzo	3562
abril	2417
mayo	4130
junio	3264
julio	2734
agosto	3597
septiembre	4306
octubre	4422
noviembre	7387
Total	35 819

* Para un promedio mensual de 3979 palabras y una desviación promedio de 961.

3. VOCABLOS MÁS FRECUENTES

Orden	Vocablo	Cantidad	Coeficiente
1	*covid*	155	0.05014558
2	*salud*	155	0.05014558
3	*caso*	140	0.04529279
4	*tos*	131	0.04238111
5	*medida*	102	0.03299903
6	*pandemia*	73	0.02361695
7	*virus*	71	0.02296991
8	*paciente*	69	0.02232287
9	*nuevo*	68	0.02199935
10	*enfermedad*	67	0.02167583
11	*epidemiología, epidemiológico, epidemiólogo*	66	0.02135231
12	*vacuna*	63	0.02038175
13	*confirmar, confirmación*	59	0.01908767
14	*aislar, aislamiento*	50	0.01617599
15	*fase*	50	0.01617599
16	*control*	47	0.01520544
17	*positivo*	45	0.0145584
18	*coronavirus*	44	0.01423488
19	*transmitir, transmisión*	43	0.01391136
20	*sanitario*	42	0.01358784
21	*médico*	41	0.01326432
22	*infectar, infección*	41	0.01326432
23	*riesgo*	38	0.01229376
24	*enfrentar, enfrentamiento*	37	0.01197024
25	*hospital*	36	0.01164672
26	*nasobuco*	36	0.01164672
27	*contacto*	35	0.0113232
28	*contagiar, contagio, contagioso*	32	0.01035264
29	*evento*	30	0.0097056
30	*centro*	29	0.00938208
31	*diagnosticar, diagnóstico*	29	0.00938208
32	*prevenir, prevención, preventivo*	29	0.00938208
33	*clínico*	29	0.00938208
34	*fallecer, fallecimiento*	28	0.00905856
35	*atender, atención*	28	0.00905856

Orden	Vocablo	Cantidad	Coeficiente
36	*reportar, reporte*	28	0.00905856
37	*inmunizar, inmunidad, inmune, inmunológico*	27	0.00873504
38	*brote*	27	0.00873504
39	*pesquisa*	26	0.00841152
40	*SARS*	25	0.008088
41	*grave*	25	0.008088
42	*protocolo*	24	0.00776448
43	*ingresar, ingreso*	24	0.00776448
44	*recuperar, recuperación*	24	0.00776448
45	*proteger, protección*	23	0.00744096
46	*respirar, respiración, respiratorio*	23	0.00744096
47	*acción*	22	0.00711744
48	*medicamento*	22	0.00711744
49	*vigilar, vigilancia*	22	0.00711744
50	*doctor*	21	0.00679392
52	*síntoma*	21	0.00679392
53	*sospechoso*	21	0.00679392
54	*tratamiento*	19	0.00614688
55	*rebrote*	18	0.00582336
56	*soberana*	18	0.00582336
57	*muestra*	18	0.00582336
58	*plan*	18	0.00582336
59	*crítico*	18	0.00582336
60	*detectar, detección*	18	0.00582336
61	*normalidad*	17	0.00549984
62	*asintomático*	17	0.00549984
63	*cuarentena*	17	0.00549984
64	*prueba*	16	0.00517632
65	*foco*	16	0.00517632
66	*PCR*	15	0.0048528
67	*protección*	15	0.0048528
68	*personal*	15	0.0048528
69	*ensayo*	15	0.0048528
70	*epidemia*	14	0.00452928
71	*incidencia*	14	0.00452928
72	*restricción, restrictivo*	14	0.00452928
73	*autóctono*	14	0.00452928

Orden	Vocablo	Cantidad	Coeficiente
74	*servicio*	14	0.00452928
75	*mascarilla*	13	0.00420576
76	*enfermo*	13	0.00420576
77	*distanciamiento*	13	0.00420576
78	*evolución*	13	0.00420576
79	*fórmula, formulación*	12	0.00388224
80	*información*	11	0.00355872
81	*experto*	11	0.00355872
82	*tasa*	11	0.00355872
83	*candidato*	11	0.00355872
84	*biotecnología, biotecnológico*	10	0.0032352
85	*pronosticar, pronóstico*	10	0.0032352
86	*alta*	10	0.0032352
87	*percepción*	9	0.00291168
88	*vacunal*	9	0.00291168
89	*seguridad*	9	0.00291168
90	*morir, muerte*	9	0.00291168
91	*dosis*	8	0.00258816
92	*autoridad*	8	0.00258816
93	*incrementar, incremento*	8	0.00258816
94	*estable*	8	0.00258816
95	*recurso*	7	0.00226464
96	*trabajador*	7	0.00226464
97	*propagar, propagación*	7	0.00226464
98	*letalidad*	6	0.00194112
99	*parte*	6	0.00194112
100	*antígeno*	6	0.00194112
101	*enfermero*	6	0.00194112
102	*vulnerable*	6	0.00194112
103	*autocuidado*	5	0.0016176
104	*batalla*	5	0.0016176
105	*crisis*	5	0.0016176
106	*zona*	5	0.0016176

Rasgos del argot actual de los jóvenes y adolescentes españoles

EMILIO GAVILANES FRANCO
ELENA CIANCA AGUILAR

Departamento de «Español Jurídico» de la Real Academia Española

---

Introducción. ▪ Rasgos generales ▪ Recursos lingüísticos. ▪ Feminismo y homofobia. ▪ Importancia del humor. ▪ Presencia del argot juvenil en el habla coloquial.

INTRODUCCIÓN

En los años sesenta del siglo XX, coincidiendo con el *boom* turístico y con un momento de prosperidad económica, se produjeron en España una serie de cambios sociales (emigración, auge de los medios de comunicación, cierta apertura política...) que favorecieron la entrada de nuevos valores y hábitos que llegaron a toda la sociedad, pero que protagonizaron muy especialmente los jóvenes. Estos comenzaron a mostrar una manera diferente, poco convencional, de vestir, de peinarse, de escuchar música, de relacionarse sexualmente y también de hablar[1], aunque esta aún no llegara a constituir un argot específico propio. Poco a poco, la juventud pasaría a ser un período de la vida cada vez más largo. Y ser joven se iría convirtiendo en un valor en sí mismo para el conjunto de la sociedad, que adoptaría sus hábitos y formas de pensar.

Este movimiento juvenil, que seguramente hunde sus raíces en la generación *beat* norteamericana de la década de los cincuenta, irá evolucionando y diversificándose en multitud de grupos, que en los años setenta y ochenta, con el fin del franquismo y la crisis económica, tendrán algo que los aglutine: su rechazo de la cultura oficial y de los principios establecidos. Aquella juventud no formaba un grupo muy homogéneo, pues había desde jóvenes marginales, algunos en tratos con la delincuencia, hasta jóvenes automarginados, en busca de una vida alternativa, con criterios contraculturales (antimaterialistas, antiautoritarios, que defendían la libertad sexual, el consumo de drogas, un arte transgresor, una música rupturista, etc.), pasando por un mayoritario grupo de jóvenes de clase media que experimentaban el enorme salto generacional que los separaba de sus padres, muchos de ellos emigrantes que habían cambiado sus orígenes rurales, sin abandonar sus valores tradicionales, por unas grandes ciudades, en las que se estaban produciendo unos cambios que, en la mayoría de los casos, les sobrepasaban o no entendían. Todos esos jóvenes fueron forjando un argot que se nutría de las jergas marginales (argot carcelario y delincuencial, del mundo de la droga, de la prostitución...), del caló, del inglés, de la germanía, del habla coloquial, de popularismos, y lo mezclaron con muchas innovaciones y creaciones y hallazgos propios. Es el argot que en los años ochenta se llamará *cheli*, el argot de la movida y de los posmodernos. Este, quizá, sea el primer argot juvenil español.

No parece que antes hubiera un argot juvenil específico, fuera de algunos términos y expresiones esporádicos. Por ejemplo, el diccionario de argot de Luis Besses, de 1905, no da cuenta de un habla juvenil; el título es bastante

---

1. V. Rodríguez, Félix: «Lenguaje y contracultura juvenil: anatomía de una generación». En Félix Rodríguez (coord.): *El lenguaje de los jóvenes*. Barcelona: Ariel, 2002, págs. 29-56, donde se sigue la evolución pormenorizada de todos estos grupos. V. también la introducción, del mismo autor, en la que expone de manera breve y sintética esa misma historia (especialmente las págs. 19-22).

explícito: *Diccionario de argot español o lenguaje jergal, gitano, delincuente, profesional y popular*[2]; no hay alusión a lo juvenil ni nada parecido. En los años veinte, en la descripción de la España de esa época que Pérez Rioja hace a través del lenguaje[3], no hay rastros de un argot juvenil, solo coloquialismos generales. En los cincuenta, en una novela como *El Jarama* (1955), con tantos personajes jóvenes y tan dialogada, tan atenta al lenguaje oral, no hay rastros tampoco de un argot juvenil.

Evaristo Correa Calderón, en un artículo del 31 de enero de 1960, en *ABC*, titulado «El último dialecto de Madrid», habla del especial modo de hablar de los niños pijos, o niños pera, o niños bien, o niños de papá, es decir, los jóvenes de clase acomodada, y recoge algunas de sus expresiones características, como *incinérame el cilindrín* 'dame fuego', *tumbar la aguja* 'correr mucho con el coche', *castígueme la pepsi con gin* 'póngame un cubalibre' y otras igualmente perifrásticas[4], lo que no parece constituir realmente un argot, sino una manera de hablar próxima al habla chulesca madrileña, a su vez influida por los sainetes y las zarzuelas.

Aquel argot de los años setenta y ochenta, incluso noventa, al que nos referimos, que es el empleado por los que ahora se conocen como *boomers* (los nacidos en torno a 1960) y por la posterior generación X (la que está reflejada en la novela de José Ángel Mañas *Historias del Kronen*, de 1994, y que tenía un argot con aportaciones desconocidas en años anteriores), quedó recogido en varios diccionarios, entre los que cabe destacar los de Juan Manuel Oliver (1987), Víctor León (1992), Ramoncín (1996), Julia Sanmartín Sáez (1998), Delfín Carbonell (2000), Ciriaco Ruiz (2001) y José María Iglesias (2003)[5].

RASGOS GENERALES

A continuación, nos proponemos dar cuenta de las líneas generales que caracterizan el argot de los jóvenes llamados *millennials*, que nacieron —aunque los límites son imprecisos, además de que sobre esto no hay un acuerdo

---

2. Barcelona: Sucesores de Manuel Soler editores.

3. Pérez-Rioja, José Antonio: *La España de los años 20 en el lenguaje*. Madrid: Asociación de Escritores y Artistas Españoles, 1990.

4. V. Vigara Tauste, Ana María: «Cultura y estilo de los "niños bien": radiografía del lenguaje pijo». En Félix Rodríguez (coord.): *El lenguaje de los jóvenes*. Barcelona: Ariel, 2002, págs. 195-242.

5. Oliver, Juan Manuel: *Diccionario de argot*. Madrid: Sena, 2.ª ed., 1987; León, Víctor: *Diccionario de argot español y lenguaje popular*. Madrid: Alianza, 2.ª ed., 1992; Ramoncín: *El nuevo tocho cheli*. Madrid: Temas de Hoy, 1996; Sanmartín Sáez, Julia: *Diccionario de argot*. Madrid: Espasa, 1998; Carbonell Basset, Delfín: *Gran diccionario del argot, El SOEZ*. Barcelona: Larousse, 2000; Ruiz, Ciriaco: *Diccionario ejemplificado de argot*. Barcelona: Península, 2001; Iglesias, José María: *Diccionario de argot español*. Madrid: Alianza, 2003.

unánime— poco antes del cambio de siglo, y el de los adolescentes de la que se conoce como generación Z, la generación posterior, aquellos que nacieron cuando los anteriores ya eran adolescentes, y que ya muestran innovaciones propias, como, por ejemplo, los recientes *sí so*y 'estoy de acuerdo', o *mamadísimo/mamadísima* 'que está muy fuerte', que ha sustituido a *mazado/mazada* y a *ciclado/ciclada*, con el mismo sentido, empleados por los *millennials*.

Hacemos esta exposición desde nuestra perspectiva de compiladores y estudiosos de este léxico juvenil, una labor que venimos realizando desde hace años y de la que hemos ofrecido una muestra en varios artículos[6]. El contenido que aquí ofrecemos se sustenta en esa compilación, que, en su mayor parte, hemos realizado como trabajo de campo, estudiando «en directo» su utilización espontánea entre los jóvenes de nuestro entorno, en la calle, en el transporte público, en chats, en blogs, en distintas páginas de internet, creando también una red de informantes por toda España, y corroborando todos los usos, escuchados o facilitados por los informantes, en el COLA[7], en las redes sociales, en Google, en Whatsapp, en Facebook, en Twitter, en Instagram, donde aparecen en contextos conversacionales, y todo ello sin desatender la bibliografía sobre el tema.

Aunque Internet y las redes sociales han contribuido en grado sumo a que el argot juvenil y adolescente actual de las distintas regiones españolas sea mucho más uniforme que en generaciones anteriores y a que haya una gran masa común en todo el territorio, no es un lenguaje homogéneo, pues sus hablantes están sujetos a condicionantes diversos como la clase social, el registro, la procedencia geográfica, etc. Este argot refleja distintas variedades de habla. Lo que realmente es común a todos ellos es la edad, si bien el carácter efímero de este lenguaje puede hacer que se produzcan diferencias lingüísticas entre jóvenes de edades muy próximas.

El último argot juvenil y adolescente ha abandonado su función críptica, como pudo tenerla en los años setenta, y se ha quedado únicamente con la de pertenencia a un grupo (de hecho, la exclusión del adulto no es algo que intencionadamente busquen los jóvenes de ahora). La manera de expresarse cumple la misma misión que, por ejemplo, las prendas de vestir: indica que quien la usa forma parte del grupo, no está marginado de él, que es uno de los grandes temores de esa edad.

---

6. V. Gavilanes Franco, E., y Elena Cianca Aguilar: «Voces y expresiones del argot juvenil madrileño actual». *Círculo de Lingüística Aplicada a la Comunicación*, 74, 2018, págs. 147-168. Disponible en http://webs.ucm.es/info/circulo/no74/cianca.pdf, http://dx.doi.org/10.5209/CLAC.60518; y Gavilanes Franco, E., y Elena Cianca Aguilar: «Buenro, sin postureo y sin rayarse. El léxico juvenil del español actual». *Archiletras*, 7, abril-junio 2020, págs. 112-131.

7. Corpus Oral del Lenguaje Adolescente.

Por su propia naturaleza, casi por definición, el argot juvenil, en general, es un vocabulario reducido. Hereda la armazón sintáctica del español y la mayor parte de su léxico, especialmente los coloquialismos, y sustituye algunas unidades, las que chocan con sus gustos y valores, por otras que pasan a formar parte de su argot exclusivo.

El argot juvenil reciente presenta muchas novedades con respecto al argot juvenil de generaciones anteriores, y muchos de los términos y expresiones creados en su seno ya han dado el salto a la lengua coloquial general (el caso de *finde* 'fin de semana', *postureo* 'lucimiento para aparentar', *viejuno* 'anticuado, rancio'... y bastantes otros)[8], aunque siguen siendo especialmente característicos de su habla.

Una de las características del argot juvenil es la velocidad a la que cambia, mayor en el actual, tanta que los propios jóvenes (no digamos los adolescentes) consideran que gran parte de los términos y expresiones que se dan como propios de ellos ya están anticuados, desfasados. Ocurre con los que a un observador externo le parecen más característicos, como el en su origen madrileño *mazo* 'mucho, muy', o *a cascoporro* 'en gran cantidad', o *cero coma* 'muy poco tiempo', o *pasarse varios pueblos* 'excederse', o *venirse arriba* 'crecerse, sobreponerse', o *perroflauta* 'joven que pide por la calle tocando algún instrumento y que suele ir acompañado de un perro', o *gepeto* 'cara', que quizá estén en retroceso. Pero también lo dicen de *putivuelta* 'vuelta que se da en una discoteca o en una fiesta para estudiar si hay alguien con quien poder ligar ', o de *sujétame el cubata* 'expresión humorística con que se acompaña un reto o un desafío', que son más recientes. En todo caso, aunque numerosos términos y expresiones hayan decaído en su uso, los jóvenes no olvidan que pertenecen a su argot, y es raro que tarde o temprano no recurran a ellos en determinadas ocasiones.

En el argot juvenil de ahora los elementos marginales, tan presentes en el argot juvenil anterior, van teniendo cada vez menos presencia. En los años setenta y ochenta no era difícil oír en una conversación entre jóvenes no marginales nombrar alguna vez la *fusca* 'la pistola', o el *bardeo* 'la navaja' —el *baldeo* de Cervantes y de la germanía—. Ahora eso es mucho más raro, casi impensable (entre otros motivos porque en aquellos años los delincuentes tenían cierto prestigio, en cuanto gente enfrentada al sistema, y ese prestigio ha desaparecido). O puede ocurrir que un término se use sin conciencia de su

---

8. El proceso que siguen algunos términos del argot juvenil en la lengua queda descrito por Isabel Molina Martos («Difusión social de una innovación lingüística: la intensificación en el habla de las jóvenes madrileñas». *ORALIA*, vol. 13, 2010, págs. 197-214, especialmente la pág. 200), del siguiente modo: 1. Del argot al habla de los jóvenes (*argotización* del sociolecto juvenil). 2. Del lenguaje de los jóvenes al registro coloquial (*juvenización* de la lengua coloquial). 3. Del registro coloquial a la lengua general (*coloquialización* de la lengua general).

origen; por ejemplo, *pipa* 'tonto' (*un pipa* en el argot carcelario es 'un mirón'). Pero también hay casos muy concretos en los que esa vinculación con la jerga carcelaria, o de la delincuencia, se mantiene, como en el koruño, el argot juvenil de la ciudad de La Coruña.

Los jóvenes de ahora están inmersos en una sociedad muy diferente a la de los jóvenes de los setenta o de los ochenta. La mayoría están muy apartados de los ambientes marginales de aquella época y forman un grupo más homogéneo. La sociedad ha ido avanzando hacia el estado del bienestar, hacia un mundo más amable, más despreocupado[9]. Los problemas e inquietudes, que se reflejan en su léxico, son muy diferentes.

RECURSOS LINGÜÍSTICOS

Seguidamente vamos a señalar algunos de los aspectos lingüísticos más relevantes del argot juvenil actual.

Cambios semánticos

El lenguaje juvenil a menudo toma voces del español estándar y las dota de nuevos sentidos o nuevos usos, como se ha hecho con *perjudicado/perjudicada*, al que se ha añadido el valor de 'borracho' (*Está perjudicado*). O con *tocho/tocha*, que en la lengua común significa 'tosco, burdo' y 'libro grueso', y en el argot anterior 'fuerte' (*Está muy tocho*), sentido que en el argot adolescente actual ha sido desplazado por el de 'estupendo': *Para mi cumpleaños quiero celebrar una fiesta tocha*. Otro ejemplo sería el verbo *liarse*, que ahora entre *millennials* tiene el sentido de 'besarse', no el de 'tener una relación amorosa'.

También ha ocurrido con la forma ***puto***, que ha experimentado en el argot juvenil español cambios semánticos y sintácticos. La palabra *puto/puta* tiene en español coloquial un uso adjetivo, de carácter malsonante, con varios significados, todos ellos recogidos por el *DLE*[10]: *Me quedé en la puta calle*, *Qué puta suerte tiene siempre*, *No tengo un puto duro*. Estos sentidos adjetivos se siguen oyendo entre los jóvenes: *Es una puta mierda de libro*, *Es un puto imbécil*. Una particularidad es que en la expresión *no hacer ni puto caso*,

---

9. Este cambio en la sociedad ya se apreciaba a través del léxico de los jóvenes a comienzos del siglo XXI (Marimón Llorca, Carmen e Isabel Santamaría Pérez: «Procedimientos de creación léxica en el lenguaje juvenil universitario». *Estudios de lingüística*, n.º 15, 2001. Alicante: Universidad de Alicante, págs. 87-114).

10. Real Academia Española: *Diccionario de la lengua española*, 23.ª ed. [versión 23.4 en línea]. [Consulta: 15 de junio de 2021]. Disponible en https://dle.rae.es.

y en otras semejantes, ahora es fácil oír que se omite *ni*: *No me haces puto caso, No me hace puta gracia*.

En los últimos años, la forma *puto* ha adquirido una nueva función de adverbio que se ha desarrollado en el lenguaje de los jóvenes y que sintácticamente es muy chocante. Cuando la forma *puto* se antepone a un verbo, la Academia, a través de Twitter, la ha considerado prefijo intensificativo (*Me putoencanta*), a diferencia de otros autores, que la califican de adverbio (*Me puto encanta, Me puto flipa, Me puto meo*). El empleo adverbial de la forma *puto* se ha comparado con el de *fucking* o *bloody* o *totally* en inglés.

Además, tiene otros comportamientos, como puede apreciarse en los siguientes ejemplos: modificando a un adjetivo (*Es puto asqueroso*) o a un adjetivo que acompaña a un nombre (*Qué puto buen día hace*), acompañando a un verbo (*No puto entiendo esta pelicula*) o a una perífrasis verbal (*Da puto asco*), acompañando a un nombre actuando como un adverbio (*Quiero acabar ya puto Biología*), acompañando a un pronombre (*Que no tratéis de mentirme o hablar a mis espaldas, me entero de puto todo, incluso de las cosas de los demás, Yo me quiero cambiar el usuario de Insta, pero no sé por puto cuál*). Puede intervenir en construcciones como *lo más* o *lo peor*: *Es lo puto más, Sois lo puto peor*. Y, aunque menos, asimismo se usa como infijo expletivo (*Cálla-puto-te, jo-puto-der*, con guiones o no) [11].

También ha adquirido nuevas funciones la construcción ***en plan***, que se oye continuamente en el último argot juvenil, y que no es nueva en el español coloquial como locución modal, con un sentido de 'en actitud de' o 'con propósito de' (*Todo se llevó a cabo en plan amistoso*).

En el argot juvenil de hoy tiene varios valores. Uno de ellos busca atenuar o restar importancia a algo que se dice (*No te lo digo en plan crítica*; *No dije nada porque no quería hablar en plan mal*). Otro aporta un sentido aproximativo (*Me he comprado un pantalón deportivo, en plan chándal*; a veces se combina con *tipo*: ... *en plan tipo chándal*, se podría oír). Otro valor es el de reformulador, equivalente a 'esto es' (*Está superenganchada a esa serie, en plan que se ve cinco capítulos al día*; *Lo he quitado, en plan he omitido la red y ya ha funcionado*). Igualmente tiene función citativa [12], es decir, introduce un

---

11. V. Estrada Arráez, Ana, y Carlota de Benito Moreno: «Variación en las redes sociales: datos twilectales». *Revista Internacional de Lingüística Iberoamericana*, vol. 14, n.º 2 (28), 2016, págs. 77-111, especialmente las págs. 85 y 86; Gallardo Nieto-Sandoval, David: «"Eres puto gilipollas" – Typology, frequency, perception and usage of the adverbial "puto" in Peninsular Spanish», 2015. [Consulta: 15 de enero de 2017]. Disponible en https://www.academia.edu/11798258/Eres_puto_gilipollas_Tipology_frequency perception and usage of the adverbial puto in Peninsular Spanish; y García Pérez, José: «Hacia una delimitación de los valores discursivos de *puto/a* como adjetivo antepuesto». *Estudios interlingüísticos*, 7, 2019, págs. 71-77.

12. Algunos autores han señalado la similitud entre esta función citativa de *en plan* y el inglés *like*. V. Méndez Orense, María: «Valores pragmático-discursivos de la construcción lin-

pensamiento o una intervención de alguien (*Me dijo, en plan: vete de aquí; y yo, en plan: pero qué querrá esta tía*). En ocasiones funciona como apoyo expresivo e introduce un rodeo, una explicación o una comparación, para aclarar lo que se quiere decir (hay veces en que podría parecer que no añade ningún matiz de contenido; por ejemplo, se dice *Esta habitación es en plan muy rosa* y parece que se podría prescindir de *en plan* sin que se resintiera lo que se dice, pero sirve para centrar la atención en el color; tiene función focalizadora). También puede funcionar como forma expletiva, o muletilla, lo que proporciona fluidez y cohesión al discurso. Los valores de *en plan* pueden presentarse simultáneamente, lo que puede dar lugar a distintas interpretaciones.

Esta locución (lo mismo que *puto*, tratado en el párrafo anterior) destaca por lo que supone de innovación lingüística en nuestra lengua y por la gran frecuencia con que la usan los jóvenes, y ha despertado el interés de los investigadores, como muestran los estudios que se han realizado desde 2006[13]: Stenström (2008), Jørgensen (2009), Méndez Orense (2016), Borreguero Zuloaga (2016), Siebold (2016)[14].

Y también la palabra *mazo* ha desarrollado en el argot juvenil actual funciones de adverbio o de cuantificador, equivalentes a *mucho*, o *muy*, a partir de los significados ya existentes en la lengua general de 'martillo grande' y de 'conjunto abundante de papeles atados': *Había mazo gente*; *He comido mazo*; *Es mazo grande*. Se puede construir asimismo con *de*: *Había mazo de gente, Es mazo de grande*. *Mazo* sustituye a *cantidad* y a *mogollón* (de generaciones anteriores), prácticamente en todos los contextos: *Mola mazo* se decía *Mola cantidad* o *Mola mogollón*; *mazo (de) gente* era *cantidad de gente* o *mogollón de gente*, etc. Tanto *mazo* como *cantidad* y *mogollón* actúan como intensificadores. Por su origen, esta palabra identifica sin duda a quien la utiliza —ya

---

güística *en plan*. ¿Formación de un nuevo marcador?». *Philologia Hispalensis*, 30/1, 2016, págs. 123-144, especialmente la pág. 139.

13. La primera referencia de un estudio académico de esta locución es Nord, M.: *En plan* en plan *científico. Las funciones de* en plan *en el lenguaje juvenil de Madrid: estudio descriptivo*. Tesis de maestría no publicada. Department of Romance Studies, University of Bergen, 2006.

14. Stenström, Anna-Brita: «Algunos rasgos característicos del habla de contacto en el lenguaje de adolescentes en Madrid». *ORALIA*, vol. 11, 2008, págs. 207-226; Jørgensen, Anette Myre: «*En plan* used as a hedge in Spanish teenage language». En Anna-Brita Stenström y Anette Myre Jørgensen (eds.): *Youngspeak in a Multilingual Perspective*. Amsterdam/Philadelphia: John Benjamins Publishing Company, 2009, págs. 95-115; Méndez Orense, art. cit.; Borreguero Zuloaga, Margarita: «Los aproximantes en el lenguaje juvenil: esp. *en plan* e it. *tipo* en contraste». Comunicación leída en el *Congreso internacional de atenuación lingüística: perspectivas semánticas y pragmáticas*, en Valencia, el 15 de junio de 2016; Siebold, Kathrin: «¡Lo que nos faltaba! Un marcador discursivo en plan *like*». Comunicación leída en el *Congreso internacional de atenuación lingüística: perspectivas semánticas y pragmáticas*, en Valencia, el 16 de junio de 2016.

lo hemos dicho— como joven de Madrid, pero su utilización se ha extendido a muchos otros lugares e incluso donde no se emplea se entiende perfectamente[15]. A veces se oye el superlativo *macísimo*: *Mola macísimo.*

Prefijos y sufijos

Debido a su naturaleza eminentemente oral, es característico de este argot el abundante empleo de recursos intensificadores, que pueden ser sintácticos, léxicos (como *mazo*, que acabamos de ver), fonéticos o morfológicos.

Entre los morfológicos son habituales los prefijos que tienen carácter gradativo y valorativo: *hiper-*, *ultra-*, *mega-*, *super-*. Este último fue ya muy usual entre los jóvenes de los ochenta (se oía mucho *superguay* 'maravilloso') y aún está vigente entre los jóvenes de todos los niveles sociales y culturales[16]. Ahora, las dos últimas generaciones añaden una peculiaridad a la intensificación conversacional: el uso simultáneo de más de un prefijo (*hipermegasuperguay, hipersupermegabonito, ultramegaguay*), en donde el orden de cada uno de los elementos es arbitrario.

Entre los sufijos intensificadores se emplean especialmente *-azo/-aza* (*ascazo* 'asco muy grande') e *-ísimo/-ísima* (*bastísimo* 'muy impactante'). Ciertos sufijos dan lugar a voces que se acaban lexicalizando. Por ejemplo, el sufijo *-azo/-aza* ha dado lugar a *nextazo,* usado para mostrar indiferencia, para pasar a otra cosa (< ingl. *next* 'siguiente' + *-azo*), *lookazo* 'buena imagen de alguien' (< ingl. *look* 'aspecto' + *-azo*), *lolazo* (siglas del inglés *lots of laughs* 'muchas risas' + *-azo*), híbridos los tres de anglicismo con el sufijo español *-azo*, o a *pintaza* 'buen aspecto de una comida', o a *pelazo* 'pelo abundante y bonito'. Se emplea también el sufijo *-aco/-aca*, de aumentativo, muy productivo: *fiestaca* 'fiesta muy grande', *tontaco* 'hombre muy tonto'.

Es curioso que el sufijo *-ata*, tan productivo en el argot de generaciones anteriores (*camarata* o *camata* 'camarero', *cubata* 'cubalibre', *segurata* 'empleado de seguridad', *bocata* 'bocadillo', *tocata* 'tocadiscos', *fumata* 'fumador', *ordenata* 'ordenador', *jubilata* 'jubilado', *drogata* 'drogadicto', *subata* 'personal subalterno de Correos' [años 80]...), haya desaparecido por completo. Algunas de estos vocablos han sobrevivido —*cubata, segurata, bocata...*— y han pasado a la lengua coloquial general, proceso que, como ya hemos señalado, ocurre a menudo.

---

15. Sobre *mazo,* v. Enghels, Renata, y Linde Roels: «*Mazo (de)* y otros recursos de intensificación en el lenguaje juvenil madrileño: factores lingüísticos y sociales». *Moderna språk,* 111 [2], 2017, págs. 45-61.

16. Enghels y Roels, en el art. cit, en su análisis cuantitativo del Corpus Oral del Lenguaje Adolescente de Madrid, concluyen que el prefijo *super-* y el sufijo *-ísimo* son usados mayoritariamente por las chicas de la clase social alta y el intensificador *mazo* es el recurso preferido de las clases media (chicos, sobre todo) y baja (especialmente, las chicas).

El empleo frecuente de los sufijos diminutivos (*-ito/-ita* e *-illo/-illa*) marcan, por otra parte, el carácter afectivo o atenuador de la conversación (*¿Quedamos un ratillo y nos tomamos unas cañitas?*). El más relevante en el argot juvenil actual es el sufijo *–i* (*amigui* 'amigo', *besis* 'besos', *guapi* 'guapo', *holi* 'hola', *okis* 'ok') para dar un tono más cariñoso y familiar a la conversación (el gramático Otto Jespersen anotó que «el sonido i tiene una afinidad natural con la noción de pequeño, delicado, insignificante y débil»[17]). La mayoría de estas voces se usan en mensajes escritos; menos, en la lengua hablada. Es posible que este tipo de palabras las usen sobre todo las chicas.

Acortamientos

Uno de los procedimientos de formación de palabras o expresiones utilizados por los jóvenes de hoy es la unión de dos o más, acortando a partir de la segunda para hacer otra bisílaba: *buenro* 'buen rollo', *malro* 'mal rollo', *hacer un simpa* 'irse sin pagar', *Cienmon* 'Cien Montaditos' (nombre de una cadena de bares), etc. El acortamiento constituye uno de los recursos habituales de este tipo de vocabulario; una de las características que da Baroja del habla jergal de Beltrán, personaje de *Las noches del Buen Retiro* —novela ambientada en torno a 1900— que tiene tratos con el mundo de la delincuencia, es precisamente el gusto por cortar las palabras; es también procedimiento usado a menudo en el habla popular madrileña de principios del siglo XX[18], y bien entrado este siglo, como observa el escritor leonés Antonio Pereira (en su diario *Oficio de mirar*), al señalar el acortamiento de *simpa* por *simpático*: [en los años setenta] «se lleva capar las palabras». Este recurso ha sido siempre muy usual entre los jóvenes (incluso entre niños: *boli* 'bolígrafo', *cole* 'colegio', *borra* 'borrador', *profe* 'profesor o profesora'...). Pero es específico de jóvenes y adolescentes de hoy el acortamiento no de una palabra, sino de dos o más palabras fundidas, como acabamos de ver (otros ejemplos son nisu '*ni su* padre lo conoce', o *mejo/meja* 'mejor amigo o amiga', o *finde* 'fin de semana').

Fusión de palabras

Un procedimiento de creación léxica muy característico de las últimas generaciones es la fusión de palabras, lo que en inglés se llama *blend*. Este recurso

---

17. Rodríguez, Félix: «Novedades a propósito del sufijo *i*». *Archiletras*, n.º 11, abril-junio de 2021, págs. 80-81, en la pág. 80.

18. Roberto Pastor y Molina («Vocabulario de madrileñismos». *Revue Hispanique*, t. XVIII, 1908, págs. 5-26) proporciona algunos ejemplos en el habla madrileña de principios del siglo XX: *combina* por *combinación*, *delega* por *delegación* (también se daba un fenómeno opuesto, antisintético: *el desencuadernado* era 'la baraja', o *dar una carrera en pelo* era 'reñir, regañar'; ya hemos visto el gusto por la perífrasis y el alargamiento entre los jóvenes de clase acomodada de los años cincuenta).

no es ajeno al español, donde existe desde antiguo. Son conocidos los ejemplos de Lope de Rueda (*necenciado* < *necio* + *licenciado*), de Quevedo (*alcamadre* < *alcahueta* + *madre*), de Cervantes (el famoso *baciyelmo* del Quijote < *bacía* + *yelmo*)... Es un procedimiento que suele tener intención humorística. Son ejemplos de argot juvenil actual *juernes* 'jueves en el que se sale de fiesta como si fuese un viernes' (*jueves* + *viernes*), *jipijo/jipija* 'pijo que aparenta ser un jipi' (*jipi* + *pijo*), *fachaleco* 'chaleco que se considera típico de hombres de derechas' (*facha* + *chaleco*), etc. También se hace con nombres propios; por ejemplo, a la pareja que formaban Brad Pitt y Angelina Jolie se la llamaba *Brangelina*; o *Almaia* a la que formaban Amaia y Alfred (dos cantantes del concurso televisivo *Operación triunfo*), etc.

Otras formaciones de palabras

También se forman neologismos por composición, como *yonkilata* 'bote de cerveza de medio litro', un espléndido hallazgo expresivo y humorístico, con una formación a la inglesa, pues el elemento que determina —*yonki*— va delante (no es un 'yonki que lleva una lata grande', sino el 'bote grande característico de los yonkis').

Y por derivación se forman verbos denominales, como *dramar* 'hacer un drama', a partir del sustantivo *drama*. O sustantivos de acción, como *mañaneo* 'acción de salir con los amigos por la mañana', *tardeo* 'acción de salir con los amigos por la tarde', *cerveceo* 'acción de salir con amigos a tomar cerveza', *terraceo* 'acción de ir a terrazas de bares con amigos', sin la creación del verbo correspondiente o con una utilización escasa de este.

Igualmente, se forman palabras mediante la adición de sufijos españoles a extranjerismos o viceversa, como (lo volveremos a ver, al tratar de los anglicismos) *stalkear* 'fisgar, cotillear', *shipear* 'emparejar a dos personas' o *miérder* 'persona despreciable'.

Siglas

También se aprecia en el argot juvenil actual un uso cada vez mayor de las siglas en la escritura que se hace en las redes sociales, por economía del lenguaje o por deseo de establecer una comunicación rápida (por otra parte, el reducido espacio con que se cuenta en las redes sociales condiciona igualmente este hábito). La mayoría de ellas son inglesas: *bff* (*best friend forever*), *IDK* (*I don't know*), *LOL* (*lots of laughs*; sobre esta se ha formado una palabra de aspecto castizo, *lolazo*), *OMG* (*Oh, my God*)... Pero no todas lo son. Hay algunas del español: *KMK* (*qué me cuentas*, con *k* anticonvencional o transgresora), *NTP* (*no te preocupes*), *mg* (*me gusta*). Las siglas son un recurso muy habitual.

Emoticonos

En este mismo sentido de aprovechar al máximo el espacio de los textos (y el tiempo que se emplea en escribirlos), es frecuente en sus mensajes en redes sociales y en chats el empleo de emoticonos (secuencias de caracteres de un teclado que, mirándolas de determinada manera, se parecen a caras que expresan alguna emoción) del tipo:

:)	:-)	:=)	:3	:-3	(para expresar sonrisa);
owo	OwO	O.O	O_O		(para expresar sorpresa);
T.T	T_T	:'(			(para expresar llanto);
:|	:-|				(para expresar seriedad).

Pero los emoticonos están siendo desplazados por los emojis y las pegatinas (*stickers* 'iconos gráficos o pequeñas imágenes que en las comunicaciones digitales se emplean para representar una emoción, un objeto o un símbolo'), que resultan más rápidos y más expresivos (y humorísticas, las pegatinas).

Anglicismos

Uno de los recursos del argot juvenil y adolescente actual es la utilización cada vez mayor de anglicismos, más que en épocas anteriores, y más entre adolescentes, como se puede ver en diferentes repertorios: Sánchez (2015), Viñas (2017), Díaz (2018), Camps (2019), Fernández y Marrón (2019), Soler (2019)[19].

---

19. Sánchez, Elisa: «"Hacer un nextazo", y otras 41 expresiones de su hijo que no conoce». *El País*, 22 de junio de 2015. [Consulta: 22 de junio de 2021]. Disponible en https://elpais.com/elpais/2015/06/01/icon/1433161650_187368.html; Viñas, María: «"Shippear", "crush", "salseo": Diccionario para entender a tu hijo adolescente». *La Voz de Galicia*, de 17 de noviembre de 2017. [Consulta: 17 de noviembre de 2017]. Disponible en https://www.lavozdegalicia.es/noticia/cultura/2017/11/17/shippear-crush-salseo-diccionario-entender-tu-hijo-adolescente/0003151090847799747815.htm; Díaz, Joche : «Diccionario millenial: 17 palabras que te permitirán entender a los jóvenes». *Yass*, 18 de enero de 2018. [Consulta: 18 de enero de 2018]. Disponible en https://www.yasss.es/in-cultura/palabras-millennial-que-es-crush-bae_0_2500050997.html; Camps, Magí: «¿En forma?». *La Vanguardia*, 7 de octubre de 2019. [Consulta: 7 de octubre de 2019]. Disponible en https://www.lavanguardia.com/vida/20191007/47848316081/en-forma.html; Camps, Magí: «"¡Bebé, hoy se lía!"». *La Vanguardia*, 13 de octubre de 2019. [Consulta: 13 de octubre de 2019]. Disponible en https://www.lavanguardia.com/cultura/20191013/47934378931/lenguaje-juvenil-expresiones.html?utm_source=twitter&utm_medium=social&utm_content=cultura; Fernández, Juan, y Muría Marrón: «"En plan... mi crush me putoflipa": diccionario de la jerga adolescente». *El Periódico*, 6 de julio de 2019. [Consulta: 6 de julio de 2019]. Disponible en https://www.elperiodico.com/es/mas-periodico/20190706/en-plan-crush-putoflipa-diccionario-de-argot-adolescente-7538640; y Soler, Eli: «Diccionario adolescente». *Educar adolescentes*, 10 de septiembre de 2019. [Consulta: 10 de septiembre de 2019]. Disponible en https://elisoler.com/diccionario-adolescente/.

En algunos casos se trata de anglicismos crudos, tanto en su escritura como en su pronunciación (*ghosting* 'ruptura de una relación amorosa o afectiva sin dar explicaciones', *team* 'partidario de', *loser* 'perdedor, fracasado', *non stop* 'sin parar', *cosplay* 'disfraz de personaje de ficción'). O de anglicismos semánticos, como *comida real* 'comida no procesada', calco de *real food*, o *hermano/hermana*, como vocativo, calco del inglés *bro* o *brother*.

Pero lo más habitual es que contengan alguna modificación, alguna adaptación. Por ejemplo, a veces, en palabras que prácticamente solo se usan escritas, se hace una escritura fonética, una transcripción española de su pronunciación inglesa, que puede tener efectos humorísticos: *letsguere* —*let's get it*— '¡vamos'!, *guatdefoc* —*what the fuck*— '¡qué me dices!', *yass* —*yes*— 'sí', *oc* —*OK*— 'de acuerdo' (del mismo modo que en los años ochenta se escribía *plis*, por *please*). O se toma un término inglés y se le da un aspecto castizo añadiéndole alguna terminación española, como *-ear*, el sufijo más utilizado para adaptar los verbos: *estanear* 'seguir a alguien como fan obsesivo', *favear* 'marcar como favorito en una red social un mensaje', *shippear* 'emparejar a dos personas', *stalkear* 'fisgar, cotillear'; o *-azo*, sufijo aumentativo con mayor actividad en el lenguaje juvenil, con un valor humorístico en estos ejemplos: *nextazo* 'usado para mostrar indiferencia', *lookazo* 'buena imagen de alguien'.

Puede ocurrir que el anglicismo se pronuncie, a sabiendas y no por ignorancia (tal y como hemos podido comprobar), no a la inglesa, sino según se leería en español; por ejemplo, *rave* 'fiesta al aire libre' se dice /rábe/; *goals* 'meta, objetivo' se dice /góals/.

A veces se toma el sufijo inglés *-er* y se añade a una raíz española para formar términos de apariencia inglesa, con efectos humorísticos: *miérder* 'persona despreciable', *errejóner* 'partidario del político Íñigo Errejón' (a imitación de la manera de nombrar a los seguidores de cantantes o grupos musicales anglosajones, como *directioner* 'fan de One Direction').

En alguna ocasión, jugando con el inglés, se toma una palabra española y se le da una pronunciación a la inglesa; por ejemplo, *pibón* 'persona muy atractiva' se pronuncia y se escribe a menudo *páibon*.

Toda esta variedad de procedimientos pone de manifiesto una gran creatividad. En las conversaciones de los jóvenes los anglicismos no constituyen una presencia invasiva (hay otros elementos, como, por ejemplo, *en plan*, *tío/tía* o los compuestos con *super-* u otros, que son omnipresentes; este uso excesivo de ciertos elementos lingüísticos de tipo coloquial constituye una característica del lenguaje juvenil en general). Además, los anglicismos crudos son una especie de adorno. Se espolvorean en el discurso. Y, por otra parte, los propios jóvenes no tardan en abandonar muchos anglicismos. Tienen un ciclo vital más efímero que otros términos de este argot.

Otros extranjerismos

Apenas hay extranjerismos de otras lenguas. El inglés es la lengua extranjera que habitualmente se estudia hoy en España. Estamos lejos de los tiempos de los *boomers*, cuando en la mayoría de los colegios la lengua más estudiada era el francés. Prueba de ello es el galicismo *déjà vu*, que escriben sin las tildes originales y que pronuncian, más o menos, */deyá-bú/* o */deyabú/*; y, si alguien lo pronuncia tratando de aproximar el timbre vocálico un poco al francés (*/de-yá-bí/*), idioma que hoy no conocen muchos jóvenes, no es raro que le corrijan.

Ocasionalmente, pueden aparecer palabras de otras lenguas, como el japonés *senpai*, voz con la que se nombra a una persona con mucha experiencia, con intención irónica o humorística, y que proviene del mundo del manga o del anime.

También se han incorporado algunas palabras del caló: *primo/prima* o *surmano/surmana* (fórmulas de tratamiento entre amigos), *ronear* 'coquetear' y *roneo* 'coqueteo', *jambo/jamba* 'persona anónima'... Sigue habiendo cierta fascinación por la cultura gitana, quizá relacionada con el gusto por la música flamenca moderna.

Vulgarismos y cultismos

Otro recurso del habla juvenil y adolescente consiste en extremar los rasgos vulgares, tanto en la elección del léxico como en su expresión, como si fingiesen pertenecer a una clase sociocultural más baja que la suya. Y así es habitual la utilización de léxico malsonante, escatológico, tabú, así como de modos de pronunciación que podrían considerarse vulgares, como la supresión de elementos del discurso (*Me ha pegado to'l sobo* 'Ha sido muy pesado conmigo', *Esta hamburguesa está to buena* 'Esta hamburguesa está muy buena', *Está pa chope* 'Está hecho polvo, muy mal'), que oímos empleados por jóvenes con un nivel educativo alto. No parece que sea un fenómeno de relajación coloquial análoga a la desaparición de la *-d-* intervocálica en los participios en *-ado*, fenómeno extendido en todos los niveles socioculturales. Hay que verlo más bien como rasgo de identidad o pertenencia a un grupo, incluso como modo de provocación, de choque o enfrentamiento ante el sistema lingüístico.

Pasa también lo contrario (aunque mucho menos), que se usan algunas palabras cultas o de otro registro, como, en el primer caso, *obviamente* y, en el segundo, *en verdad*.

Locuciones y expresiones

Se han creado locuciones que expresan su sentido a través de imágenes muy visuales y muy características del actual argot juvenil, como *hacer un calvo* 'enseñar las nalgas como gesto de desprecio', *hacer la cobra* 'evitar los besos de otra persona', *hacer cucharita* 'dormir dos personas abrazando una a la otra por la espalda' o *poner ojitos a alguien* 'tratar de conquistarle'.

Es igualmente un recurso sintáctico frecuente, sobre todo en la expresión escrita, la supresión del verbo; por ejemplo, *Muy fan de, Grande* o *Ganitas de verte*, en vez de *Soy muy fan de, Es grande* o *Tengo ganas de verte*. Se trata de expresiones enfáticas que quizá tengan que ver con la economía de escritura en redes sociales; el hecho es que es un recurso que se ha convertido en seña de identidad.

FEMINISMO Y HOMOFOBIA

El avance del feminismo ha generado algunos neologismos que ridiculizan el machismo: *machirulo* 'machista que se comporta chulescamente', *señoro* 'hombre machista, anticuado, rancio', *heterobásico/heterobásica* 'persona heterosexual con ideas muy machistas', el expresivo *unga unga* 'joven machista de actitudes muy primitivas'...

A la vez hay entre los jóvenes un rechazo bastante extendido hacia el uso de léxico homófobo más rancio (si bien es verdad que, por ejemplo, hay una especie de reivindicación del término *maricón* como vocativo no ofensivo de uso coloquial y amistoso, sobre todo entre personas que pertenecen a grupos LGTBI, y que se dirige tanto a hombres como a mujeres: *Qué me dices, maricón*; en alguna película de Pedro Almodóvar, como *Los amantes pasajeros*, de 2013, se refleja este uso). Y aunque no faltan los términos y expresiones argóticas de este tipo (*perder aceite* y *tener pluma* 'ser homosexual muy amanerado'; *un trucha* 'un hombre homosexual'...), aun siendo expresiones atenuadas, cada vez se oyen menos entre jóvenes, en todo caso menos que en generaciones anteriores; lo mismo que *mongolo/mongola* 'retrasado mental' y otros términos que pueden ofender a determinados grupos sociales, y que ya apenas se oyen.

IMPORTANCIA DEL HUMOR

Pero casi diríamos que el rasgo más característico del argot juvenil actual es la abundancia de expresiones y recursos humorísticos, el protagonismo que tiene el humor en este argot, que parece envolverlo todo, y del que ya hemos visto unos cuantos ejemplos (*putivuelta, yonkilata, sujétama el cubata*...). Encontramos muchos procedimientos para conseguirlo, como las rimas absurdas: *a saco Paco* 'con todas las ganas', *ser la polla con cebolla* o *ser la polla de Troya* 'ser muy bueno', *más pedo que Alfredo* 'muy borracho', *estar más a gusto que un arbusto* 'estar muy a gusto', *estar feliz como una perdiz* 'estar muy feliz', *gay sin ley* 'gay sin ninguna duda', *ser un pipa de La Elipa* 'ser muy tonto', *un truño como un puño* 'una mierda'...[20]; la deformación de ciertas palabras y fórmulas de la lengua: *ya ves truz* (por *ya ves tú*), *cómo andamios* (por *cómo andamos*), *parece menterio* (por *parece mentira*)...; la formación de palabras y frases con elementos inesperados, como las ya mencionadas *miérder* (mezcla de una palabra malsonante con un sufijo del inglés y, por ello, prestigioso), *perroflauta* (combinación de dos palabras en la que no hay rastros de que designe a un tipo de persona), *que si quiere bolsa* (fórmula que remite al momento de pago en una tienda o en un supermercado y que se usa como réplica para cortar a alguien que no para de hablar o que está soltando un discurso largo, didáctico y pesado...); la sustitución de una palabra por otra formalmente próxima, como *clarinete* por *claro* (*Lo tienes clarinete*)... Prácticamente en todas las palabras y expresiones hay algún rasgo de humor; algunas ya han sido aprovechadas en otros contextos, por ejemplo en el título de películas, como *pagafantas* 'chico enamorado de una chica, a la que obsequia continuamente y que no consigue que le corresponda'.

Así como el argot juvenil de los años 70 y 80 reflejaba un contexto social general de protesta, de oposición al sistema (la contracultura, el mayo del 68...) mediante procedimientos lingüísticos como la antífrasis, la alusión a lo escatológico, la expresión ordinaria[21], el contexto social que refleja el último argot juvenil es más despreocupado (aunque los grupos antisistema estén compuestos principalmente por jóvenes, son grupos minoritarios) y eso se aprecia en que detrás de muchos de los términos y expresiones hay un tono irónico, de broma, una exaltación del humor.

PRESENCIA DEL ARGOT JUVENIL EN EL HABLA COLOQUIAL

Es curioso que muchos términos del argot de generaciones anteriores, que en su momento tuvieron un gran peso, hasta verse como elementos identificadores de ellas, hayan desaparecido del habla de los jóvenes de ahora. Por ejemplo, ya no hablan del *loro*, ni como 'radiocasete' (objeto que práctica-

---

20. El recurso de la rima ha sido muy empleado en el lenguaje juvenil. En Madrid, en los años 60 del siglo XX, Luis Carandell (*Vivir en Madrid. Años 60*. Madrid: MAEVA; incluye al final un interesante y divertido «Diccionario madrileño-castellano») recogió todas estas expresiones rimadas (que están más cerca de los juegos perifrásticos de los pijos de los cincuenta que del argot de los setenta): *Corta, Blas, que no me vas*; *Toma del frasco, Carrasco*; *Vacilar con cinco de caviar*; *Que te veo, Macabeo*; *Evaristo, que te han visto*; *Toma, Jeroma, pastillas de goma*; *Echa el freno, Madaleno*; *De eso nada, monada*; *Te jodes como Herodes*; *La jodienda no tiene enmienda*; *No te enrolles, Charles Boyer*; *Que no te enteras, Contreras*; *Echa el cierre, Robespierre*.

21. Félix Rodríguez, *op. cit.*

mente no existe), ni como ningún otro aparato reproductor de música que podría haber heredado el nombre. Tampoco emplean la locución adjetiva *al loro* 'atento' (*Habla más bajo, que ese está al loro de lo que decimos*). Y, del mismo modo, han desechado del habla juvenil multitud de voces que hasta hace unas décadas se usaban con frecuencia: *queli* o *keli* 'casa', *buga* 'coche', *bul* o *bulla* 'culo', *sobar* 'dormir', *piltra* 'cama', *peluco* 'reloj de pulsera', *tolili* 'tonto', *abrirse* 'irse', *tirarse el pingüi* 'presumir', *niquelar* 'arreglar muy bien, dejar perfecto' y un larguísimo etcétera. No es que su uso haya languidecido y hayan acabado siendo sustituidas. Es que los nuevos jóvenes las han rechazado y han creado su propio argot sobre referentes distintos (en ocasiones, sobre los mismos; por ejemplo, han sustituido el antiguo *carroza* 'anticuado, rancio' [*Una moda muy carroza*] por *viejuno/viejuna* [*Una moda muy viejuna*], o *levantar* 'robar' [*Ya me han levantado el mechero*] por *picar* [*Ya me han picado el mechero*]). Es posible oír algunas de esas voces del argot anterior de manera esporádica entre jóvenes de ahora, pero seguramente es debido a que quien las dice las ha oído en ambientes familiares o en círculos cercanos de personas de más edad y las sienten no como jerga juvenil anterior, sino como lengua general. También hay reductos en los que se mantiene mucha más jerga anterior que en el resto de lugares. Por ejemplo, en el koruño (la ya mencionada jerga juvenil de la ciudad de La Coruña) se conservan muchas voces y expresiones que fueron habituales en los años 80 del siglo XX y que después quedaron en desuso en el resto de España[22].

Sin embargo, otros términos del argot de generaciones anteriores siguen muy vivos, incluso han traspasado la línea del argot y se han extendido al habla coloquial general[23], pues el lenguaje juvenil es una de las fuentes principales del enriquecimiento lingüístico; por ejemplo, *alucinar* 'sorprender, asombrar', *flipar* 'maravillar', *marrón* 'problema', *movida* 'diversión, alboroto', *pasar* 'desentenderse', *pasota* 'persona sin interés en nada', *tío* 'tratamiento', *tronco/tronca* 'tratamiento', entre otras; todas ellas recogidas ya en el *Diccionario de la lengua española* de la RAE y ASALE.

Y algunas voces más recientes, del argot juvenil actual, como *postureo* 'lucimiento para aparentar', *rayarse* 'obsesionarse', *venirse arriba* 'crecerse, sobreponerse', *finde* 'fin de semana', *viejuno* 'anticuado, rancio' y otras, no es

22. Hay una publicación que recoge más de 400 palabras y expresiones del koruño (Centro Cívico de Labañou: *A nosa xerga*. A Coruña, 2006), y muchas de ellas ya se usaban en el argot juvenil en los años 80 (algunas incluso antes): *achantarse* 'acobardarse', *alpiste* 'alcohol', *aforar* 'pagar', *bul* 'culo', *de buten* 'muy bien, extraordinario', *cacharro* 'cubata', *chanar* 'entender', *chapas* 'pesado', *chinarro* 'niño pequeño', *chorbo* 'tío', *ful* 'de poco valor', *gasofa* 'gasolina', *guita* 'dinero', *ja* 'novia', *jalar* 'comer', *junar* 'ver', *julái* 'pringao', *kel* 'casa', *kilar* 'follar', *ligar* 'pillar', *lumi* 'prostituta', *matao* 'pringao', *mazas* 'persona muy musculosa', *melocotón* 'borrachera', *notas* 'persona', *pisparse* 'enterarse', *tajarse* 'emborracharse', *truco* 'puñetazo', *truja* 'cigarrillo'...

23. V. la nota 8.

difícil oírlas entre personas maduras, incluso en contextos más o menos formales, como un telediario.

El argot juvenil es un registro que utilizan los jóvenes cuando están entre amigos y compañeros, entre quienes tienen la misma edad, un registro que se añade (y a veces se solapa) al coloquial general. No lo sustituye. Es decir, no constituye la totalidad de sus recursos lingüísticos. Como ocurre con cualquier jerga, su vocabulario es más escaso, más limitado que el de la lengua estándar. Pero está reinventándose continuamente, es muy creativo y muy expresivo, tiene un valor por sí mismo como sistema lingüístico, a lo que se añade que muchas de sus innovaciones pasan a la lengua general, enriqueciéndola, especialmente en el aspecto léxico.

Las palabras de la Constitución

IVÁN JAKSIC
PAULA PEÑA

Academia Chilena de la Lengua

¿Equidad o *igualdad*?

Durante los meses de marzo y abril de 2021, la Academia Chilena de la Lengua, por decisión de su Mesa Directiva, emprendió una campaña a través de sus redes sociales para determinar el nivel de interés ciudadano por las palabras que, en su concepto, deberían figurar en la nueva Constitución de la República. De esta forma, la Academia buscaba aportar desde la lengua a un proceso social y político de dimensiones históricas, además de vincularse con la sociedad a través de los medios actuales de comunicación. En el presente artículo se realiza un breve resumen del momento político y del formato de la campaña, y un análisis de los resultados, particularmente de las palabras que más figuraron entre las respuestas.

Durante el año 2019 se produjeron manifestaciones sociales que combinaban una protesta contra el actual modelo económico con demandas de carácter social, como la mejora de las condiciones de educación, salud y pensiones, y una fuerte crítica a las instituciones de la democracia representativa. Estas manifestaciones fueron multitudinarias y, en general, pacíficas, pero crecientemente derivaron en violentos desmanes que generaron un clima de ingobernabilidad. Esta situación llevó a un acuerdo político (Acuerdo por la Paz y la Nueva Constitución), alcanzado el 15 de noviembre de 2019, que estableció un calendario para decidir si el país debía adoptar una nueva constitución, dado que la vigente, promulgada bajo la dictadura de Augusto Pinochet (1980), se consideraba como responsable del creciente malestar ciudadano, a pesar de las reformas introducidas en 2005 bajo el gobierno del socialista Ricardo Lagos y del desmantelamiento de varios enclaves autoritarios.

El cambio constitucional fue sometido a plebiscito el 25 de octubre de 2020, al que acudió un 51 % de los potenciales votantes, y que fue aprobado por el 78 % de estos. El calendario contemplaba la elección de 155 constituyentes elegidos mediante votación directa, con paridad de género y con 17 escaños reservados para los pueblos indígenas. La elección debía inicialmente realizarse entre el 10 y el 11 de abril de 2021, pero, dadas las condiciones sanitarias producto de la pandemia de COVID-19, fue postergada para el 15 y 16 de mayo. Los constituyentes que fueron elegidos en esa ocasión tendrán nueve meses a partir de su instalación para redactar la nueva Constitución (con una posible prórroga de tres meses), la que debe ser ratificada por un plebiscito «de salida», con voto obligatorio, para mediados de 2022.

Debido al calendario original de la elección de los constituyentes en abril de 2021, la Academia Chilena de la Lengua lanzó su campaña para recoger las «Palabras de la Constitución» el día 26 de marzo, es decir, con dos semanas de anticipación. Cuando se anunció la postergación de estas elecciones, la Academia amplió el plazo de recepción de las respuestas hasta el 30 de abril, lo que dio como resultado una leve diferencia entre las palabras entregadas en la primera convocatoria y las que llegaron para la segunda. Aparte de las redes sociales, los medios tradicionales de comunicación acogieron con gran interés el proceso y los resultados, como se refleja en entrevistas y columnas en *El Mercurio*, en radioemisoras como Pauta y ADN, y en redes sociales (ver en anexos).

La pregunta de la convocatoria fue simple: «¿Qué palabras quieres ver en la nueva Constitución?», lo que generó 197 respuestas que sugerían 104 términos diferentes. En los primeros resultados, las tres palabras principales incluyeron *dignidad*, *empatía* y *educación*, mientras que en la ampliación de la consulta se impuso la palabra *equidad*, seguida por *dignidad* y *educación*. Otros términos mencionados fueron *plurinacional*, *agua*, *justicia*, *integración* y *naturaleza*. Más allá de estas palabras se produjo una gran dispersión en las preferencias, pero cabe destacar el énfasis en los términos valóricos, que no son necesariamente comunes en el lenguaje constitucional. Esto último es importante, puesto que revela una aspiración o expectativa ciudadana. El análisis de las palabras que generan una mayor identificación puede representar un aporte para la discusión sobre el futuro del país a través del documento que regirá a la república a partir de 2022.

La palabra *dignidad*, que predominó en la primera serie de respuestas, tiene una resonancia concreta: las movilizaciones del año 2019, cuando llegó a nombrarse la tradicional plaza Baquedano (también Italia), *plaza de la Dignidad*. Es decir, el término pasó a representar un símbolo de las protestas, una exigencia de un mejor trato, o respeto (que también figuraba como término importante en la primera ronda) por personas que se sienten discriminadas o perciben que el país es profundamente desigual. Pero *dignidad* adquirió una connotación de protesta urbana violenta que terminó desplazándola a un segundo lugar.

El hecho de que *dignidad* haya cedido paso a *equidad* es significativo, en cuanto representa un término que, estando presente en la primera, surgió con fuerza en la segunda. Por lo tanto, amerita una reflexión en cuanto al significado de esta última preferencia.

La palabra *equidad* figura en el ordenamiento jurídico de Chile, particularmente en el artículo 24 del Código Civil de la República de Chile, actualmente vigente, si bien no tiene rango constitucional. El artículo ofrece una resolución respecto de los problemas que pueden surgir en la interpretación de las leyes, como las ambigüedades, generalidades o vacíos, por lo que el Código recomienda un criterio de «equidad natural»:

> Art. 24: En los casos a que no pudieran aplicarse las reglas de interpretación precedentes [arts. 22 y 23] se interpretarán los pasajes oscuros o contradictorios del modo que más conforme parezca al espíritu general de la legislación y a la **equidad natural**.

Estas palabras pertenecen a Andrés Bello[1], pero el concepto de equidad se remonta a la Antigüedad clásica. Aristóteles, en su *Ética a Nicómaco* (V c. 10), se refiere a la equidad (*epiéikeia*) como un correctivo de la justicia, en el sentido de que la justicia se basa en la ley, pero la ley positiva no contempla el universo de los casos posibles, por lo cual se hacen necesarias consideraciones de otra índole. El propósito de la equidad es evitar una adherencia demasiado rígida a la letra de la ley, la que puede producir lo contrario a la justicia. La equidad, en este sentido, es una virtud, la que permite corregir una ley sin negarla. Como ejemplo, Aristóteles menciona que es equitativo (*epieikés*) perdonar la debilidad humana, y no fiarse en la ley (escrita), sino más bien en el legislador. Santo Tomás sigue de cerca el razonamiento de Aristóteles, agregando un principio de «armonía y consonancia» con las exigencias del bien común. Andrés Bello, a su vez, tenía en mente esta tradición, al sugerir en el artículo 24 un principio que trasciende la aplicación de una ley si ella vulnera el necesario equilibrio entre lo individual y lo colectivo. Este principio de equidad, como se ha mencionado, está presente en el Código Civil, pero no en la Constitución. Hoy, en 2021, *equidad* es la palabra que los chilenos consultados quieren ver en esta última. Cabe preguntarse, entonces, si este término se enmarca en la tradición aristotélica, o si tiene otro significado.

¿EQUIDAD O IGUALDAD?

Según el *Diccionario de la lengua española* (RAE y ASALE, 2014; en adelante, *DLE*), el término *equidad* admite cinco acepciones:

> **equidad:** 1. f. Igualdad de ánimo. 2. f. Bondadosa templanza habitual, propensión a dejarse guiar, o a fallar, por el sentimiento del deber o de la conciencia, más bien que por las prescripciones rigurosas de la justicia o por el texto ter-

---

1. En su ensayo *Observancia de las leyes* (1836), Bello desarrolló más detalladamente su concepto de equidad: «No ignoramos que la rigurosa aplicación de las leyes está sujeta algunas veces a inconvenientes, y que, en el orden de la justicia criminal, es necesario, de cuando en cuando, templar su severidad; porque, siendo generales sus disposiciones, es imposible que prevean todas las circunstancias que modifican la gravedad de un delito, y todas las consideraciones extrínsecas que, si se hubieran presentado a la mente del legislador, le habrían probablemente sugerido excepciones. De dos maneras se ha procurado remediar este defecto. El primero consiste en no señalar para cada crimen una pena idéntica en especie o grado; la ley deja a la prudencia del magistrado ya la elección entre dos castigos, ya la determinación de la cantidad en que debe aplicar una pena específica, fijando los límites máximo y mínimo a que ha de ceñirse. Mas aun así podría suceder muchas veces que razones poderosas de humanidad o de política se opusiesen a la exacta observancia de las reglas legales; y este es el caso del segundo remedio. **Es preciso que haya una fuente de equidad y clemencia, que concilie la justicia con la humanidad.** Pero esta autoridad conciliadora no puede residir en los magistrados judiciales; nuestra constitución la ha separado sabiamente de ellos, porque es incompatible con aquel escrupuloso respeto y estricta adhesión a las leyes, que es el distintivo de la judicatura».

> minante de la ley. 3. f. Justicia natural, por oposición a la letra de la ley positiva. 4. f. Moderación en el precio de las cosas o en las condiciones de los contratos. 5. f. Disposición del ánimo que mueve a dar a cada uno lo que merece.

Es decir, las definiciones del *DLE* son congruentes con la tradición filosófica, política y jurídica con bases en la Antigüedad clásica. El uso que se le ha dado en Chile, sin embargo, es diferente, y se acerca más al significado de *igualdad*, si bien es una igualdad que no se refiere estrictamente a la ley positiva, sino a igualdad de oportunidades, igualdad en el trato (conducta no discriminatoria) e igualdad en el acceso a los bienes que proporciona o debe proporcionar el Estado. Obedece a demandas que se hicieron presentes en el llamado «estallido social» de 2019, y que se manifiesta una y otra vez en las declaraciones de los ciudadanos y también en el discurso político. *Equidad*, entonces, contiene elementos valóricos congruentes con los términos *igualdad*, *dignidad*, *empatía*, *respeto*, *solidaridad*, *honestidad* y *tolerancia*, todos ellos presentes en las palabras mencionadas. *Igualdad*, según el mismo *DLE*, tiene las connotaciones de *uniformidad*, *equiparación* y *equivalencia*.

He aquí la definición de *igualdad*, según el *DLE*:

> **igualdad:** 1. f. Conformidad de algo con otra cosa en naturaleza, forma, calidad o cantidad. 2. f. Correspondencia y proporción que resulta de muchas partes que uniformemente componen un todo. 3. f. Principio que reconoce la equiparación de todos los ciudadanos en derechos y obligaciones. 4. f. *Mat*. Equivalencia de dos cantidades o expresiones.

Desde un punto de vista semántico, resulta interesante comparar los conceptos de *equidad* e *igualdad*, ya que se los tiende a asociar como muy cercanos. De hecho, puede afirmarse que ambas palabras son sinónimos, aunque existen algunos matices de significado que las distinguen, es decir, no serían sinónimos estrictos. Por una parte, de acuerdo con la quinta acepción de *equidad* en el *DLE*: «Disposición del ánimo que mueve a dar a cada uno lo que merece», dicha palabra apunta a una repartición proporcional basada en lo que corresponde a cada persona, esto es, se orienta más hacia la idea de una distribución equitativa de los recursos. Por otra parte, la tercera acepción de *igualda*d, en la misma fuente: «Principio que reconoce la equiparación de todos los ciudadanos en derechos y obligaciones», apunta más a la idea de igualdad ante la ley, la cual no es proporcional, sino absoluta, pues todos los ciudadanos deben tener los mismos derechos. No obstante, cabe advertir que para la mayoría de los hablantes se trata de palabras muy cercanas. Es probable, además, que el concepto de *equidad* haya estado más presente en Chile en los últimos años, lo que implique que las personas lo reconozcan más o se identifiquen más con él.

El uso, por lo tanto, demuestra que las actitudes y percepciones de quienes respondieron a la consulta no se rigen necesariamente por definiciones o normas, sino por resonancias que obedecen a ciertos contextos históricos específicos. Si bien *equidad* e *igualdad* son sinónimos cercanos, no lo son en sentido estricto: ser equitativo no es lo mismo que ser igualitario. Lo equitativo atiende a la proporción basada en el mérito, mientras que lo igualitario se refiere a la misma proporción para todos. En el contexto social actual, el término *equidad* parece ser más alcanzable, y más conocido, que el de *igualdad*, si bien en el uso cotidiano tienden a confundirse. También entre los constituyentes ya elegidos, el uso del término puede prestarse a ambigüedades, aunque con una clara tendencia hacia el concepto de igualdad. Como ejemplo puede mencionarse la siguiente declaración: «Me interesa contribuir a un peso mínimo de equidad social instaurando derechos sociales universales en salud, educación y pensiones» (*El Mercurio*, 1.º de junio de 2021).

La Academia Chilena de la Lengua no busca corregir o sustituir el uso actual de la palabra *equidad*, sino llamar la atención sobre el contexto lingüístico y político-histórico en que se sitúa. También, llamar la atención sobre la importancia de las palabras que parecen representar el sentimiento actual de la población, lo que amerita el examen tanto del uso como de la norma.

Paradojas del lenguaje juvenil[1]

SANTIAGO KOVADLOFF

Academia Argentina de Letras

---

1. Pronto hará cuarenta años que publiqué por primera vez este pequeño ensayo. Corrían por entonces en la Argentina los días pavorosos de la última dictadura militar.

   Si hoy lo propongo para su reedición es porque algo esencial de lo que en él se dice sobre el vocabulario juvenil de entonces sigue vivo en la expresión de los adolescentes argentinos de este momento e impide que el alcance de esta breve meditación se agote en la referencia a lo que hace ya tanto tuvo lugar.

   Por lo demás, quiero creer que los lectores españoles e hispanoamericanos que no estén familiarizados con las palabras a las que aquí remito y que forman parte de ese léxico juvenil de mi país, sabrán comprender los sentimientos que las inspiran y el porqué de su, hasta hoy, empecinada vigencia.

Que los adolescentes siempre han tenido su modo de hablar es cosa bien sabida. Tan bien sabida como que los adultos nunca dejaron de reconocerlo, ya sea para criticar esa forma de decir, celebrarla o repudiarla. Admitamos, sin embargo, que en la interminable caravana de las generaciones lo que los «grandes» opinaron u opinan sobre la jerga de los «chicos» varía menos, mucho menos, que tal jerga. Y, dentro de esa relativa monocordia, el tono dominante suele ser el menosprecio.

Platón, que oyó a mucho aspirante a ingresar a su Academia, recomendaba no tomar en serio nada que dijera un hombre menor de treinta años. Y Séneca, alarmado por el cocoliche de los soleados suburbios romanos, sugería a la muchachada que no se distanciara tanto del buen latín, a riesgo de franquear la puerta a la barbarie también por el lado del idioma.

Esas mismas distorsiones callejeras, pero sufridas en París mil seiscientos años más tarde, persuadieron al astuto Richelieu sobre la conveniencia de crear una academia del idioma; no fuera cosa que los jóvenes pisotearan el francés antes de que *la plus belle langue* estuviera en condiciones de subírseles a la cabeza.

De modo que, si bien son muchos e ilustres los que reaccionaron con hiriente ironía, desdén u horror ante la papilla en que la buena lengua se convierte en boca de adolescentes, no son en cambio demasiadas las variaciones introducidas en el repertorio más que milenario de los veredictos adultos sobre el tema.

Hubo y hay, sin embargo, unos pocos que sobre este asunto optaron por la meditación tolerante y, al prejuicio almidonado y condenatorio, antepusieron el juicio flexible, a veces divertido y siempre solidario. Hablo de gente que alguna vez fue muy joven y tuvo la delicadeza de no olvidarlo; y que, además, supo advertir, con buena oreja y mejor neurona, que si la juventud habla como habla es porque algo quiere decir con su jerga también a quienes no son sus coetáneos ni parte activa de su mundo.

Pues bien, aterricemos en Ezeiza[2] y preguntemos qué diablos quieren decirnos los imberbes que aquí dominan la ciencia de hablar como no se debe.

Mi tesis, complicada solo en apariencia, es esta: juraría que nuestros adolescentes dicen lo que quieren, pero no quieren decir lo que literalmente dicen.

Me explico con urgencia: rehuyendo el sentido de muchas de las palabras que emplean, optaron por usarlas para expresar exactamente lo contrario de lo que ellas significan. Así, un tipo inteligente, capaz de ganarse el consenso

2. Aeropuerto Internacional de Buenos Aires.

de sus pares a fuerza de talento y lucidez, es un *hijo de puta*. Una gran experiencia, un proyecto que logra despertar toda la vitalidad adormilada y arrebatar de entusiasmo, es algo que *mata*; y si se trata de una buena idea que permite superar una encrucijada, el tedio o devolver el júbilo perdido, entonces *mata mil*. Cuando una piba enriquece, a fuerza de calor y curvas, la realidad cotidiana, se vuelve *alucinante*. Los que en mi tiempo eran, por obra de la admiración, *bárbaros y bestias*, hoy son *genios y maestros*, y para alcanzar este rango excepcional no se requiere más título ni condición que ser simpático y sociable. El *kilo* de los años 50 se ha devaluado penosamente y, en estos albores del 80, hace falta un *montón* para no decir más que mil gramos. Alguien cuyos puntos de vista coinciden con los nuestros es un *loco*. Para llamar la atención de un amigo, su nombre sobra y *boludo* basta; y un conocido, aunque sea gordo y más que gordo, es siempre un *flaco*. Un disgusto, un contratiempo o una simple tristeza, por ínfimos que fueren, resultan, hiperbólica y fatalmente, una *pálida*; y, cuando no son una pálida, son, más allá de su incidencia real sobre la agilidad del intestino, una soberana *cagada*.

En este reino de lo superlativo, el contrasentido y la paradoja, lo más llamativo, sin embargo, es el rotundo abandono de la connotación literal; la entusiasta afición a un léxico que recurre a la denigración para exaltar el afecto y se vale muchas veces de la imprecisión, la anomalía, lo repulsivo y los nombres de la muerte para enunciar sentimientos de ternura, pena o solidaridad.

¿Mero fenómeno retórico o síntoma de una experiencia más honda?

¿Dónde han crecido los chicos que hoy hablan así? ¿Qué y quiénes les enseñaron a recorrer el camino verbal que reivindican como propio en la charla, en las canciones, en la intimidad de sus diarios, cuentos y poemas?

Basta una ojeada livianita al entorno, un módico asomo de nariz a la dura realidad social circundante, para advertir la sugestiva relación que guarda este modo de hablar juvenil con el lenguaje del oficialismo.

Los adolescentes de esta mal parida década del 80 crecieron en una Argentina corrompida por la demagogia y clausurada y envilecida por la dictadura militar. Aprendieron, desde niños, que cuando hablan los gobernantes hay que entender como real lo contrario de lo que dicen. Si aseguran que vivimos «en una isla de paz» es porque se han saturado los cementerios de cadáveres clandestinos y abarrotado las cárceles de disidentes mientras mucha gente, a falta de mejor pan, se come los codos. Si deponen a un gobierno constitucional, a fin de «terminar con la corrupción y el vacío de poder», es para ensanchar la promiscuidad hasta límites impensables. Si afirman que no hay crisis ni discrepancias de fondo en los cuarteles es porque las tensiones lindan con el desborde incontrolable. Si los partes oficiales pretenden hacernos creer que estamos ganando una guerra contra el Reino Unido es porque la estamos perdiendo. Si aseguran que buscamos la unidad latinoamericana es porque nunca nos importó menos. Si fugaces ministros prometen un dólar estable es porque habrá estampida, y si no menos transitorios presidentes sostienen, a grito pelado, «que se acabó el tiempo de las palabras y empezó el tiempo de los hechos» es porque el guitarreo se prolongará indefinidamente.

Los chicos que hoy no tienen 20 años todavía saben que la verdad, en el lenguaje oficial, está sepultada por la patraña. Que ser civil, en este país, es casi un delito y motivo sobrado para el atropello, la celda y la muerte. Han aprendido a callar como callan, muchas veces, sus propios padres, porque reconocen que el derecho a hablar no lo confieren la honestidad ni la inteligencia, sino la fuerza bruta. Y también saben que viven en una nación donde el oficialismo emplea la palabra *filosofía* para encubrir la magnitud del asesinato y el secuestro; donde los que hablan claro corren el riesgo de morir oscuro, y donde los que callan servilmente disponen de los medios de comunicación estatales para difundir la retórica de la mentira y la mediocridad a un pueblo asqueado de tantos abusos.

Es en esta república, en este siniestro reino del revés, donde los jóvenes han aprendido a hablar como hablan: a intentar, como sea, la ruptura del encierro, una burla y un desacato a la perversión que los ahoga, y han sabido valerse, para ello, de las enseñanzas que les suministra el propio régimen.

Los chicos, chicos al fin, siguen el ejemplo de los adultos. Saben, como sus gobernantes, recurrir al lenguaje para ocultar lo que hacen y disimular lo que sienten. Conocen, como ellos, el arte de expresar por omisión lo que les pasa, y han dejado en la memoria colectiva su testimonio del tiempo trágico que les tocó. Tal la tergiversación, la patología cívica que, en parte, también ellos acusan y que, floreciendo en el lenguaje juvenil, demuestra la hondura con que la sórdida enseñanza de los dictadores caló en el alma de nuestros adolescentes: si queremos comunicarnos, aprendamos a no decir francamente lo que somos y sentimos. Pero lo que en cambio no logró ese pérfido magisterio fue persuadirlos de olvidar quiénes son y qué sienten. Por eso, a golpe de hipérbole, contrasentido, desmesura e ingenio, supieron preservar, mediante las más duras palabras, esa flor imprescindible que Tuñón llamaría rosa blindada del amor.

Ya llegará el día en que, como el Dios de la biblia hebrea, a la luz la llamen luz y patria a la libertad.

El diccionario del alma dominicana

JOSÉ RAFAEL LANTIGUA

Academia Dominicana de la Lengua

Orlando Gil, César Medina, Alfredo Freites y Pablo McKinney son los cuatro columnistas del diarismo dominicano que con mayor frecuencia hacen uso, en sus artículos, de la fraseología del habla dominicana. Lo demuestra la publicación del *Diccionario fraseológico del español dominicano* y lo confirma el propio director de la Academia Dominicana de la Lengua, Bruno Rosario Candelier. Las frases peculiares del español que hablamos los habitantes de esta media isla han sido utilizadas por escritores, periodistas y hablantes de cualquier estamento social; pero, para poder construir el armazón extraordinariamente valioso de este novedoso diccionario, sus autores han debido recurrir a los diarios y revistas, y a las producciones literarias, como fuentes directas para localizar las idiolexías del habla criolla, que, como bien explica Rosario Candelier, constituyen «una rica veta idiomática de nuestra creatividad lingüística».

Cuando Orlando Gil escribe en su imprescindible columna diaria en *Listín Diario* «Si fueran honestos y soltaran el buche, como se dice, se conociera la verdadera opinión de las partes...», está aprovechando esa locución del habla criolla para sugerir que se diga la verdad. Si César Medina, en otra columna de obligada lectura, escribe «Afiló cuchillo para su propia garganta porque perdió de Leonel, que aprovechó la brecha para reelegirse en 2008», lo que está diciendo con esa locución verbal es que la persona en referencia actuó contra sí misma. Alfredo Freites, por ejemplo, escribe: «... los miembros del Comité Político blanco y regidores santiaguenses dejaron al alcalde Gilberto Serulle más solo que la una». Pues dejar a alguien *más solo que la una* significa que lo abandonaron en medio de un proceso. En su sabrosa columna, Pablo Mckinney apunta: «El PLD ha llegado a creer que el maco e'peje porque nada», para explicar que no se puede confundir una cosa con otra por su apariencia. Y así las cosas. Hemos de encontrar muchas locuciones, frases, adagios y giros —que forman los idiolemas o frasemas— en este importante diccionario que acaba de producir la Academia Dominicana de la Lengua, y que ha dejado para una segunda edición las paremias, o sea, las máximas, proverbios y refranes. Este es el primer diccionario fraseológico dominicano, lo cual es un logro indiscutible de nuestra bibliografía lingüística, sobre todo porque, como comentábamos con algunos escritores a los que les ha sucedido igual, no solo sirve para consulta, sino que uno lo lee como si se tratase de una obra literaria cualquiera, permitiéndonos de este modo profundizar en el conocimiento de las expresiones fraseológicas que se utilizan en todos los medios sociales y que tienen carácter popular por lo usual que resultan sus menciones en el habla cotidiana.

Hemos puesto los ejemplos de los columnistas citados por ser los que mayores entradas tienen en este diccionario, pero la obra está llena de ejemplos de escritores y periodistas reconocidos, y de algunos que ni siquiera sospechan que aquí se colocan sus escritos como ejemplos de uso de la fraseología criolla. Rafael Peralta Romero, que es un escritor reconocido, escribe en una de sus obras lo siguiente: «Jugar con esa gente es ponerte de matojos para que los perros te meen». Y esa frase, que de seguro es común escuchar en su nativa Miches, lo que significa es que una persona se ofrece para el escarnio o el abuso. Extraigo esta frase de José Báez Guerrero, de su columna en *El Día*: «Platón, en su peor pifia, quiso legislar sobre poesía..., y eso, cualquier monaguillo lo entiende». Y lo que quiso decirnos el reconocido escritor y periodista es que cualquier persona puede comprender un asunto. Y como esta búsqueda entusiasma —ya lo comprobará el lector que decida asumir la adquisición de esta obra fundamental—, me encuentro con esta locución sustantiva de Mario Emilio Pérez (habitual en la fraseología dominicana que bien conoce): «Esta mujer uno la mira, y como que se acaba de una vez. Otro más atrevido le gritó: Ave María, pero que chin de mujer». Esta estampa de Mario Emilio nos muestra con palabras criollas que la mujer era de baja estatura. Ligia Minaya escribe en uno de sus cuentos: «... pero Lucía, que ha sido siempre más terca que una mula cimarrona, no quiso escuchar mis reclamos...». Y lo que Ligia quiere decir es que Lucía tenía siempre una actitud obstinada. Claudio Acosta, en su columna en *Hoy*, aludiendo a un conocido caso, escribe: «... vivirá donde se le informó al juez... que lo haría, pero que quiere mantenerse en bajo perfil». Lo que el destacado columnista quiere dejar sentado es que esa persona de quien habla va a permanecer al margen del figureo y la exhibición. Y la lista de ejemplos es larga. Veo citas de escritores y periodistas de talla como por igual de las nuevas generaciones, tales Juan Bosch, Marcio Veloz Maggiolo, Andrés L. Mateo, Manuel Salvador Gautier, Alfredo Fernández Simó, Manuel Matos Moquete, Adriano Miguel Tejada, Franklin Gutiérrez, Miguel Guerrero, José Ramón López, Tulio Cestero, Joaquín Balaguer, Aristófanes Urbáez, Jacinto Gimbernard, José Miguel Soto Jiménez, Emelda Ramos, Francisco Nolasco Cordero, Xiomarita Pérez, Dinorah Coronado, Manuel Mora Serrano, Ubi Rivas, Roberto Marcallé Abréu, entre otros muchos. Pero creo que este diccionario es de Orlando Gil, que está citado en casi todas sus páginas. Es asombroso el empleo que este reputado columnista hace del habla dominicana en sus artículos diarios, de redacción impecable y de una destreza analítica sorprendente. El *Diccionario fraseológico del español dominicano* es el producto de largos meses de investigación de una tripleta formidable: Bruno Rosario Candelier, Irene Pérez y Roberto Guzmán, este último un lingüista francomacorisano residenciado en Miami que ha reunido en libro sus artículos publicados en medios digitales, bajo el título *De palabra en palabra*, que funciona como un diccionario porque como tal ha sido recopilado, y que descubro con sorpresa y agrado, ya que no conocía la impronta de este profesional de la UASD con estudios en París y Burdeos. A los tres ha correspondido esta tarea sin igual que me refiere al formidable *Diccionario fraseológico documentado del español actual*, con locuciones y modismos españoles, de la autoría de Manuel Seco, Olimpia Andrés y Gabino Ramos, publicado en 2004.

La gestión de Bruno Rosario Candelier como director de la Academia Dominicana de la Lengua tiene tres puntos luminosos que bastan para su consagración como tal. Primero, introdujo cientos de vocablos del español dominicano y de expresiones de nuestro lenguaje en el *Diccionario de la lengua española* de la RAE y en el *Diccionario de americanismos*, una labor sin antecedentes, facilitada, sobre todo, por la apertura de la Real Academia, que decidió, hace algunos lustros, democratizar su dinámica y coproducir sus diccionarios junto a todas las casas que se cobijan bajo el techo de la docta corporación. En la gestión de Bruno, el habla dominicana ha sido incorporada, por primera vez, al español universal. Segundo, el *Diccionario del español dominicano*, cuya investigación y recopilación dirigió María José Rincón, y que es una pieza imprescindible en nuestra bibliografía, de uso obligado de todo escritor y lector nuestro. Y, en tercer lugar, este *Diccionario fraseológico*, que no tiene parangón en nuestra historia cultural al recoger expresiones que forman parte del «alma dominicana» y que confirman, como anota Bruno, «que el lenguaje es la mejor carta de identidad de nuestra idiosincrasia cultural» y que «la lengua es la cara visible de la cultura de un pueblo». Debemos festejar este acontecimiento.

La lengua que hablamos, la lengua en que escribimos

RAFAEL FELIPE OTERIÑO

Academia Argentina de Letras

Provincia y globalización. ■ Un delta de muchos brazos. ■ El topónimo *rioplatense.* ■ Dominio de la memoria.

PROVINCIA Y GLOBALIZACIÓN

El tema fue analizado por Santiago Sylvester con referencia al escaso reconocimiento hecho a la literatura de provincias en el marco de las antologías que se fueron sucediendo desde *La lira argentina*, recopilada por Ramón Franco en 1824[1]. Habla de una culpa compartida. Y, en cuanto a los protagonistas, de estrategias de exhibición, hábitos malsanos y abuso de poder por parte de la más fuerte acción capitalina, y de panegírico de amigos y falsa abundancia en lo que respecta a los operadores del interior. Comparto sus argumentos. Pero no es mi propósito abordar la cuestión desde la entronización de unos poetas en desmedro de otros, sino desde las cualidades de la lengua propiamente dicha, a fin de observar si esos desequilibrios se mantienen en lo referido al acto creador. Esto es, si hay diferencias sustanciales entre la poesía de provincia y la capitalina en cuanto a la interpretación y plasmación del hecho literario.

Decir que en estos tiempos de globalización[2] la dicotomía entre provincia y metrópolis ha quedado borrada (debemos hablar en plural para destacar la idea de que no es una, sino que son varias las ciudades irradiantes) sería incurrir en una simplificación. Cuando reviso la antología *Poesía argentina actual* de David Martínez[3]), que cubre el segmento de 1930 a 1960, con nombres que van desde Juan L. Ortiz a Héctor Viel Temperley, pasando por Jorge Calvetti, César Fernández Moreno, Enrique Molina, Joaquín O. Giannuzzi, Alberto Girri, Francisco Madariaga, Mario Trejo, Amelia Biagioni y otros, encuentro menos diferencias en cuanto a motivos y temas que desiguales energías de la lengua. Todos hablan del país, de un paisaje —tanto interior como exterior— y de la decisión de consumar el esplendor de la palabra en el lenguaje poético. Están los que lo hacen de manera llana, cantada, con mayor colorido local, y aquellos otros que lo expresan de manera críptica, más apremiante, pasando por el sesgo del juicio crítico. Pero todos —como señala el antólogo— se encuentran atravesados por la misma fe tendiente a llevar el lenguaje hacia nuevos horizontes del decir y del contar.

Hoy como ayer (hablo de un ayer no lejano) es difícil, casi imposible, separar la provincia de las metrópolis, salvo en los aspectos de difusión a los que alude Sylvester. Podríamos decir que la provincia está en todas partes, porque el centro del mundo no está en ninguna. La información y los modelos literarios llegan por igual a todos los sitios. Ahora más rápido que antes,

---

1. Sylvester, S.: «El país amputado», *Hablar de poesía*, n.° 16, Buenos Aires, Nuevohacer, Grupo Editor Latinoamericano, 2006, pág.108.
2. El término alude al proceso económico, político, tecnológico, social y cultural que ha transformado el mundo en un lugar más interconectado.
3. Martínez, David, *Poesía argentina actual*, Buenos Aires, Ediciones Culturales Argentinas, 1961.

gracias a la generalización de los medios tecnológicos de comunicación. Pero tiempo atrás esa información también llegaba a quienes la buscaban (de eso siempre se trata: de quien la busca), filtrada en libros pasados de mano en mano, ilustrada en las páginas de una revista o de los suplementos literarios, y los poetas de provincia armaban su discurso poético con los mismos recursos que los capitalinos. Recuerdo haber estado —hace más de 30 años— en la casa del poeta salteño Raúl Aráoz Anzoátegui y comprobado que los libros de su biblioteca no eran distintos de los de la biblioteca porteña de su contemporáneo Horacio Armani. Y lo mismo cabe decir de un poeta tan provinciano y, a la vez, universal como Alejandro Nicotra, quien, con su finura léxica y el colorido de su decir en imágenes, está más próximo al mediterráneo René Char que a sus contemporáneos cordobeses de Traslasierra.

Pienso en el idéntico tratamiento de la calle suburbana por parte de Borges y de su contemporáneo platense[4] —de hecho, provinciano— Francisco López Merino («Las calles de Buenos Aires ya son la entraña de mi alma. / No las calles enérgicas, / molestadas de prisas y ajetreos, / sino la dulce calle de arrabal...», escribe el primero; «Amo el silencio humilde de esta calle, / ennoblecida de árboles serenos...», dice en paralelo el otro). Pienso en los poetas de La Carpa, que fueron tanto o más innovadores en el noroeste argentino que los de su misma generación porteña. Y aludo, en tiempos más recientes, a Hugo Foguet y Juan José Hernández, a Inés Aráoz y Rogelio Ramos Signes, en Tucumán, escribiendo una poesía cultivada y paradojal, aunque no libre de sabor provinciano. Y en el mencionado Sylvester —de origen salteño—, con su lenguaje conversado, de fuerte protagonismo plástico fundado en la distribución de los versos en la página, y casi ninguna concesión a las viejas preceptivas.

Es muy difícil definir literariamente a cualquiera de ellos por su topónimo provinciano, a espaldas de ese otro rasgo más distintivo: el particular tono de su respirar (ritmo) y de su contar y dramatizar (que es atinente a su verdad), hecho de modulaciones interiores que son fruto del diálogo con su tiempo, además del inevitable contacto con la comarca nativa. El entrerriano Juan L. Ortiz defendió su «provincianismo» como una forma de proteger la experiencia de la soledad en las variaciones del paisaje autóctono. Lo mismo ocurrió con los renombrados Kavafis y Ungaretti, en la primera mitad del siglo XX, y con Eliot y Larkin, en la segunda. Los dos primeros nacieron en Alejandría, o sea, en la periferia de la encumbrada literatura europea —a la que no tardarían en influenciar—, mientras que el autor de *La tierra baldía* —norteamericano de origen pero inglés por elección— es más recipiendario de Dante que de Coleridge y Wordsworth. A su vez, Larkin, hasta su reconocimiento en los cenáculos metropolitanos —cuando ya promediaba su edad—, fue un poeta marginal e inclasificable de la Inglaterra monárquica.

4. Oriundo de La Plata, capital de la provincia de Buenos Aires.

El apartado «Juanele»[5] y su geografía lírica organizada en un horizonte idílico solo comparable al «Salmo pluvial» lugoniano; Kavafis, con su novedoso distanciamiento y la reelaboración de la cultura antigua; Ungaretti, desde la sencillez de una poesía apegada a las cosas cotidianas y al dramatismo interior que sobre ellas sobrevuela; Eliot, puesto a unir la voluptuosidad del presente con las fuentes de la cultura clásica; Larkin y su mirada irónica de bibliotecario de un pueblo de provincia desenmascarando las jactancias del común de la gente: todos ellos expresan por igual la congoja del hombre frente al barrido de la historia. Los cinco oponen el perfil de la persona criatura-física-individual, hija del terruño y la cultura, a la impetuosidad de su tiempo. Y con esa sensibilidad expresan al hombre universal. Y a ellos podría agregar la poesía horaciana de Robert Frost, con su agudeza para expresar la vida rural de Nueva Inglaterra: «buenos cercos crean buenos vecinos», dice con su lirismo cargado de sabiduría práctica.

Lo que señalo es que el escritor, ya sea de provincia o de la gran metrópoli, es «provinciano» en el momento de escribir, en el sentido de ser independiente, apartado y solitario —bajo este designio: intemporal— al tiempo de ejecutar su lengua. Fruto de su mundo cultural y de su experiencia vital, cada uno porta, a su manera, una tipicidad propia que, filtrada en párrafos y versos, tiene la virtualidad de hacer de su lenguaje una estación única e irrepetible. Ciertos mitos locales, ciertas magias contagiadas por la tradición, un contacto más estrecho con el paisaje nativo o, en su caso, con el rito urbano, crean una geografía mental que opera como la otra naturaleza donde la literatura encuentra su voz propia. Pienso ahora en Manuel Puig y en los perfiles psicológicos y sociales de la pampa húmeda bonaerense; en Juan Carlos Onetti y en Juan José Saer y sus mundos cerrados de una ciudad imaginaria, que era y no era la ciudad real de sus días. «Nunca se vuelve a casa —señala la poeta Diana Bellessi refiriéndose a la memoria del escritor—, sino a otra casa que lleva consigo las casas previas donde se ha abrevado...».

Porque lo que el escritor escucha, tanto en la provincia como en la capital, es la experiencia del contacto, el poderío de las historias individuales, los lenguajes familiares, el venero de la palabra oral en el decir y el contar, unidos a lo aprendido, leído y recogido, y potenciado más tarde por la colecta de la memoria y la imaginación. No otros son los estímulos de la escritura, que —como sabemos— nunca muele en el vacío. Pienso también en los *Poemas solariegos* y en los *Romances del Río Seco* de Lugones, quien, al amparo de su modernidad, uniendo extremos, confiesa la unidad de su lengua: «En la Villa de María del Río Seco. / Al pie del cerro del Romero, nací. / Y esto es todo cuanto diré de mí, / porque no soy más que un eco / del canto natal que traigo

---

5. Apodo que los admiradores y discípulos suelen darle al poeta entrerriano Juan L. Ortiz (1896-1978).

en mí». Y entonces relaciono a todos aquellos que escribieron y escriben en la divisoria de aguas de la provincia y la metrópoli, demostrando que la voz de un poeta es un dialecto en el que se amalgaman las voces recogidas del terruño con las otras derivadas del tronco común de la tradición.

De lo que se trata es de una escritura dotada de la fuerza vital que anima la lengua; del brío de una palabra que se resiste a la masificación, al hombre anónimo, al dolor no compartido, extremos desde los que se escribe toda obra literaria. Y, en cuanto al escritor, de «desafiar la idea del lugar subalterno y remoto que la historia le asigna a la provincia», conforme recojo de Alberto Tasso[6]. Esto ocurre cuando se dan ciertas condiciones de distancia, concentración y libertad que hacen que el escritor sea testigo y, a la vez, parte de un mundo —provincial o capitalino— que lo incita a darle asiento verbal y escrito a sus cuitas y secretos. De donde el localismo —destaco— es, paradójicamente, universal, pues alude a cuestiones mundanas, como son las de quién nace, quién muere, quién construye su casa, quién parte de viaje, quién no regresa, quién sueña con la infancia que dejó atrás. Cuestiones de vecinos comunes a todos los hombres, recuperadas desde una visión que indaga sobre lo callado, lo omitido, lo silenciado contenido en ellas. Lo demás es pintoresquismo, alarde verbal, sobreactuación, elocuencia, que no tienen nada que ver con el provincialismo ni con la gran ciudad.

En esa lengua no masificada por el mundo globalizado los poetas crean objetos verbales inseparables de las palabras que los expresan, permitiéndose responder a su época de un modo universal y nada provinciano. Será su talento y no la temática lo que dará a su literatura la imagen de un país y de un territorio. Y así tenemos que la provincia, con su colorido y temperatura propios, y, en la otra vereda, la ciudad cosmopolita, con su susurro interminable, ponen de relieve —como un delta de muchos brazos— que las fuentes de la poesía son plurales. Están aquí y allá, provienen de la reelaboración de materiales propios y ajenos (bien se ha dicho que la escritura comienza allí donde tuvo término la última palabra de los predecesores), pero nunca son serviles de la copia ni del embaucamiento.

UN DELTA DE MUCHOS BRAZOS

La Argentina ocupa un territorio extenso, de fronteras dibujadas por mares, ríos, desiertos y la orografía plural de la montaña. Como es un Estado de constitución política federal, encierra muchas tipologías reunidas por una historia común y lazos que se fueron fortaleciendo a lo largo de sus doscien-

---

6. Tasso, Alberto, *Provincianamente. Notas sobre el lugar donde vivimos*, Barco Edita, Santiago del Estero, Argentina, 2016.

tos años de existencia. Para describir su poesía es mejor hablar de regiones: Noroeste, Litoral (también denominada Mesopotamia), Región pampeana, Cuyo, Pampa húmeda, Alto Valle del Río Negro, Patagonia e islas australes, y la Ciudad Autónoma de Buenos Aires. Cada una de estas regiones tiene su paisaje y costumbres; algunas tienen, además, una lengua propia que sobrevive junto al idioma oficial: el español. Buenos Aires, su capital, se encuentra emplazada en la desembocadura de dos ríos aluviales, el Paraná y el Uruguay, que bajan del norte y dan nacimiento a otro río caudaloso: el río de la Plata. De «plata» este río no tiene ni siquiera el color —es oscuro y barroso— y es tan ancho que su descubridor español lo confundió con un mar... dulce.

Este río, que se abre hacia el este y linda con el océano Atlántico, tiene mucho protagonismo en la historia del país, ya que por allí entraron los primeros viajeros, salió luego hacia el mundo buena parte de sus riquezas —primero por el contrabando, luego por el comercio— y —con lo que mejor define su perfil social— por allí entraron —en barcos, claro está— las corrientes migratorias que conforman gran parte de su tejido humano y social, en este orden: españoles, italianos, ingleses e irlandeses, árabes, polacos, rusos, griegos, croatas, ucranianos..., a los que se han sumado pueblos hermanos que atraviesan sus fronteras terrestres, esto es, bolivianos, paraguayos, peruanos, chilenos. Otras corrientes inmigratorias entraron por el norte, desde el virreinato del Alto Perú, y fueron predominantemente españoles, de poca o nula mezcla con el habitante nativo (que tenía sus propios ritos, su *tempo* histórico, sus divinidades y su nobleza ancestral).

Buenos Aires es una Babel con puerto, asentada sobre una llanura que se extiende, ilimitada, hacia el oeste. Pero no se la advierte, propiamente, como una ciudad portuaria, ya que por su extensión —viven en ella más de tres millones de personas y durante los días laborales recibe la visita de otros dos millones— casi ha perdido contacto con el río, el cual, por su condición lateral, solo se divisa desde los edificios más elevados. En Buenos Aires confluye el pulso de este extenso país, poblado por alrededor de cuarenta y cinco millones de habitantes. Contemporizan en sus espacios las ideas y estéticas del mundo. En sus calles, bares, mercados, museos y universidades se vitalizan y transforman con rasgos propios las costumbres de las distintas metrópolis, lejos de los pintoresquismos culturales, tanto sea de ultramar como de las variadas regiones nativas que preceden temporal e históricamente a la nación.

Tan cierto es esto que, a menudo, se escucha decir que para representar al país en algún foro extranjero no es necesario buscar a sus intérpretes en el interior, ya que Buenos Aires tiene una colonia de artistas de todos los estados provinciales, y de su mano se puede trazar un mapa muy completo de las particularidades locales. Esto es así, aunque solo en parte, pues el contacto con la gran ciudad hace que muchos de esos artífices pierdan, con miras a una pretendida universalidad, los perfiles más singulares de su terruño, seducidos y amañados por este hoy inevitable mundo global. También sabemos que una de las continuidades del arte está sostenida por la sabia amalgama del color local con el espíritu cosmopolita de un presente que se ha ido extendiendo e igualando en todas las latitudes, tanto por mimesis como por la asimilación de las experiencias compartidas.

Si tuviéramos que dibujar un escenario de la poesía argentina y de su lengua, deberíamos comenzar por su tradición (no tan prolongada, ya que se trata, comparativamente, de un país joven), examinar luego las corrientes literarias que lo atravesaron durante los siglos XIX y XX, hasta llegar al provechoso presente, en el que su poesía recoge las experiencias literarias en boga, pero las reelabora desde un canon propio, no libre de las variantes del *ethos* singular que marca las horas del continente sudamericano. En cuanto a lo primero, debo nombrar a Esteban Echeverría (1805-1851), José Hernández (1834-1886), Leopoldo Lugones (1874-1938) y Jorge Luis Borges (1899-1986), que buscaron —cada uno a su manera— dar testimonio del sabor y el color de la tierra, y contraponer a este último la figura de su contemporáneo Oliverio Girondo (1891-1967), quien con su iconoclasia verbal y temática, sus juegos idiomáticos e irreverencia lúdica muestra la dinámica del arte y su propensión a rehacerse de continuo, oponiendo la tradición de la aventura al testimonio de la tradición.

Con el poema costumbrista *El gaucho Martín Fierro* (1872), José Hernández da representación lírica a la asunción del territorio y la peripecia vernácula, a la puja entre el nativo y el nuevo poblador, y a la entronización de valores que van a caracterizar al hombre argentino: el venero de la familia y la amistad, la impronta del desierto y la inocultable sentimentalidad que es propia del alma rioplatense, el exilio interior. Lugones simboliza la presencia en nuestro país de las corrientes literarias de su tiempo —el clasicismo, el parnaso, el modernismo *aggiornato* a la emoción local, la impronta del barroco—, hasta la irrupción del «sencillismo» literario, llano y coloquial, puestos a refundar, durante la primera mitad del siglo pasado, un territorio lírico. Borges es un criollo universal, pues su poesía bebe tanto de la tierra, del barrio y de la historia local observada desde su costado épico, como de las mitologías universales. Es el que reescribe toda la literatura anterior y quien coloca a la Argentina en el concierto de la literatura universal.

Luego de un siglo XIX dominado por un romanticismo extrapolado por cultores eruditos y una primera reflexión sobre el país, y ya puesta nuestra literatura a dialogar literariamente con el mundo, el siglo XX da muestras de la penetración de las corrientes literarias que se fueron gestando principalmente en Europa: el neorromanticismo, el surrealismo, la poesía ahistórica de tendencia al solipsismo y la pureza, la poesía urbana de corte social y político, el hermetismo de remoto origen alejandrino llegado a nuestro medio a través de la poesía de Eugenio Montale y Mario Luzi, la notación privada de la poesía intelectual portadora de las enseñanzas de T. S. Eliot y, por fin, el objetivismo y su intento de quitar del poema todo rastro de idealización subjetiva, con la mira puesta en otra forma de pureza: la del objeto en sí, tal como es o parece ser.

Próximos al presente han surgido expresiones del barroco, en paralelo con el testimonio del hombre que viene a dar cuenta de su horror ante la violencia de orden político. Como derivas de la historia reciente —que dejó la marca de un lenguaje utilizado para subvertir la realidad, llamando «desaparición» a la muerte y «vuelo» al homicidio— surge asimismo una poesía contagiada por la vehemencia de las ofensas proferidas. El poema «Cadáveres»[7] de Néstor Perlongher es testimonio de ello. Oracular, auditivo, inclasificable, animado por una corriente de conciencia que le confiere unidad a la interminable enumeración de sitios, pasos y personas, haciéndose cargo de una culpa social, al tiempo de darle cobijo al dolor: «Bajo las matas / En los pajonales / Sobre los puentes / En los canales / Hay Cadáveres / En la trilla de un tren que nunca se detiene / En la estela de un barco que naufraga / En una olilla, que se desvanece / En los muelles los apeaderos los trampolines los malecones / Hay Cadáveres [...]».

Dos miradas parecen resumir el presente: los poetas de la celebración y los poetas de la urdimbre. Lo que es tanto como decir los poetas que glorifican la realidad y los poetas que, como dudan de la realidad, la convierten en masa crítica de su escritura. O, desde otro ángulo más personal, los poetas de la comunión y los poetas de la soledad. Poetas del canto y poetas del pensamiento, también se les ha llamado. Unos, más afirmativos, frontales y transparentes, parten de contenidos sabidos; los otros operan como tejedores de un material verbal cuyos contenidos ignoran y que recién se hará explícito a partir de su elaboración. A estos últimos la obra se les hace clara al andar, la forma les impone el contenido, la rima (en su caso) les dicta el próximo vocablo, en tanto que la cadencia conduce el poema hacia direcciones impensadas. Son dos actitudes: el estar aquí, animando el mundo en su marcha a la visibilidad; y el estar ahí, ayudándolo —como una partera— a nacer.

Apunto las siguientes poéticas: el naturalismo adánico, tierno y gozoso; la poesía de indagación y pensamiento; el intimismo humanista; la poesía pura, con tendencia a la abstracción; el objetivismo escrutador; la pasión crítica; el coloquialismo social; la fantasía urbana; la recreación del paisaje natal; la recuperación de la épica bajo el modelo de la gauchesca; el minimalismo y la afición por el detalle; la reelaboración lírica de la belleza del mundo; el clasicismo epifánico; la idealización constructiva. Con estas positivas vertientes trazo el escenario parcial y subjetivo de una poesía que, sea por afirmación o por oposición, se sabe continuadora de las estéticas de quienes

7. Perlongher, Néstor, *Alambres*, Buenos Aires, Editorial Último Reino, 1987.

fueron nuestros mayores: Oliverio Girondo, Juan L. Ortiz, Ricardo E. Molinari, Carlos Mastronardi, Jorge Luis Borges, Raúl González Tuñón, Enrique Molina, Alberto Girri, Olga Orozco, Edgar Bayley, Rodolfo Juarroz, Manuel J. Castilla, Joaquín O. Giannuzzi, Leónidas Lamborghini, Juan Gelman, Amelia Biagioni, Francisco Madariaga, Alejandra Pizarnik, Horacio Castillo.

EL TOPÓNIMO *RIOPLATENSE*

El topónimo *rioplatense* designa la geografía del continente sudamericano donde se dice *vos, querés* (donde se vosea), y donde el nombre de la popular infusión elaborada con yerba mate desplaza hacia la lengua culta la genérica denominación *hierba* de las plantas de tallos y hojas herbáceas. Examinado como tipología social, surge una primera explicación: es el particular carácter psicológico, emotivo y temperamental forjado entre la inabarcable Buenos Aires y la íntima Montevideo y sus aledaños. O acaso sería mejor decir: la nostalgia que da nacimiento a una cultura y a una sensibilidad. Pero, en un análisis más profundo, la expresión define no solo un perfil, sino también una cultura. La ancha boca del río de la Plata, con sus dos orillas —una en la vecina República Oriental del Uruguay; la otra lindante con los campos porteños— es un manantial de lenguas, historias y afectos que tuvo la aptitud de consolidar una personalidad en el habitante y un tinte imborrable en las costumbres, que la literatura supo generosamente expresar.

Desde las letras del tango, que sellan un modo de sentir e inteligir («Hoy vas a entrar en mi pasado, / en el pasado de mi vida. / Tres cosas lleva el alma herida: / amor, pesar, dolor[8]); pero aun antes, en el *Martín Fierro* («algún día hemos de llegar, / después sabremos adónde»); pasando por *Don Segundo Sombra* de Ricardo Güiraldes, que pone nombre al desconsuelo con la ahogada confesión «me fui como quien se desangra»; y, más tarde, en la melancólica murmuración —casi un llanto— del viejo inmigrante Humberto J. D'Arcángelo de *Sobre héroes y tumbas* de Ernesto Sábato: «Addio patre e matre, addio sorelli e fratelli»; o en el deliberado ademán antipoético de Leónidas Lamborghini, cargado de desparpajo, falta de respeto y humoradas; y más acá, en el peregrinar del Ulises nativo del *Adán Buenosayres* de Leopoldo Marechal, o en la no menos mítica Santa María de Juan Carlos Onetti. En todas esas adivinaciones —contrastadas con «la honda visión / hecha de gran llanura y mayor cielo», como ilustra Borges— se bosqueja esta zona del espíritu calificada con la expresión *rioplatense*.

Producto del trajín de la historia, pero también de la materia de los sueños, sus notas están dadas por una tendencia a lo mundano, en reemplazo

---

8. *Los mareados* (1942), letra de Enrique Cadícamo, música de Juan Carlos Cobián.

del aún fresco pasado aldeano situado, invariablemente, del otro lado del océano; por la lisura de calles que conducen a una plaza en cuya cercanía se adivina la tertulia en torno de la mesa de un café; por avenidas con estatuas de próceres, maestros y guerreros, más o menos conocidos, que se yerguen como custodios y guías del caminante; por la cuadrícula urbana en la que se alternan manzanas, diagonales y espacios públicos, recordándonos que hay una razón y un cálculo por detrás de las pasiones humanas. Extremos que fueron delineados por Georges Steiner con referencia a las ciudades del viejo continente[9], pero que, por afinidad y ascendencia cultural, se vuelven absolutamente aplicables al territorio rioplatense.

Se encuentra, también, en el amor por las ciencias y las artes, el deporte y la amistad; en el mínimo o casi ningún resabio actual de xenofobia, ya que la matriz rioplatense es plural y con tendencia a la integración; en el saberse sus protagonistas herederos tanto de aquella razón constitutiva como de esa otra fe unitiva y devota que Steiner atribuye al ciudadano europeo. Aunque, en nuestro caso, sin llegar a neutralizar con dichas tipologías los ardores mesiánicos derivados de la idolatría a gobernantes del pasado o ciertos rasgos anímicos como los del consuetudinario pesimismo. En fin, con su matiz local —en la ciudad de Eduardo Mallea «junto al río inmóvil», o «en la honda visión / hecha de gran llanura y mayor cielo», tanto como en su río, «hecho de sueñera y de barro», según enseña, una vez más, Borges—, la condición rioplatense expresa una épica austera alimentada por entusiasmos periódicos y extrañamientos no menos recurrentes.

Su fuente —si de una sola fuente pudiera hablarse, ya que el conjunto de factores es variado (Murena señala que en América el mestizaje fue mental[10])— está en la nostalgia por otro mundo que se ha perdido irremediablemente, al que se extraña e idealiza y se protege con la coraza de un mutismo ahogado. Un mundo tanto físico como espiritual que abraza sin sujeción, que protege sin abrigo, dando la ilusión de que en los pliegues de lo real hay todavía algo más —secreto e irremediable— que parece estar a punto de ser revelado. Parecida a la morriña gallega —con la que naturalmente tiene tanto en común—, es la nostalgia alimentada por esa masa de agua que no fluye, a diferencia de los otros ríos, sino que parece volcarse pertinaz sobre sus orillas, creando la ilusión de un permanente recomenzar. Sí, eso creo: en la palabra *nostalgia* —tan apreciada por el romanticismo alemán—, compuesta por los vocablos griegos *nóstos* ('regreso') y *álgos* ('dolor'), está escondido el secreto de este *continuum* expresado por el vocablo *rioplatense*.

---

9. Steiner, Georges, *La idea de Europa*, con prólogo de Mario Vargas Llosa, Siruela, España, 2005.

10. Murena, H. A., *El pecado original de América*, prólogo de la segunda edición, Buenos Aires, Sudamericana, 1965.

DOMINIO DE LA MEMORIA

Nuestra literatura ha revitalizado el dominio de la memoria como potencia capaz de completar aquello que el discurso teórico tiende a simplificar. De su mano, la poesía echa luz sobre aspectos tradicionalmente desatendidos del relato histórico lugareño, permitiendo sacar de la invisibilidad amplias manifestaciones sociales, políticas y humanas que son ineludibles para conocer la conformación de la identidad rioplatense. Perdida su incidencia en la historia, abandonada su práctica como gracia nemotécnica, devuelve la atención sobre la vida privada. En una época entregada a la idolatría del mercado, con la consiguiente aniquilación de los lenguajes familiares, las obras tienden, antes que a una representación de lo objetivamente visible, a poner de manifiesto lo que permanece oculto, soslayado, omitido. Es por eso que la tarea realizada por los autores en el ancho delta del río de la Plata permite reafirmar la idea de que la identidad no puede ser entendida si no es desde los parámetros de la alteridad: como presencia del otro y de la imaginación puesta a configurar el mundo.

Los resultados de esa búsqueda ponen de relieve costumbres, hábitos, prácticas y modos de ser de una sociedad multifacética. Así podemos interpretar que el escritor rioplatense no es ajeno a la dinámica de los viajeros, turistas y migrantes. Precisamente por esa versatilidad, es él quien puede dar a la palabra *huésped* la doble condición —como de hecho la tiene en su raíz latina— de mentar al viajero y asimismo al anfitrión y dueño de casa. Es en este punto donde todas las voces confluyen. Antes de relativizar el presente, lo que hace esta orientación es integrar a las personas como metáforas, conductas e imágenes nacidas del hecho de vivir. La fuerza de una imagen, el vigor de una anécdota, la persuasión de una historia fragmentada hablan más claro que todas las definiciones que puedan intentarse sobre el discurrir de los hechos e, inclusive, sobre lo que todavía no ha llegado a ser asimilado.

Dicha elección de lo singular por sobre lo general de la abstracción y el concepto apareja un cuadro vivo, íntegro y sensible de los caracteres que nos definen. A partir de esta lectura de la realidad podemos aproximar respuestas a la pregunta que es de tácita formulación: ¿quiénes somos? La literatura no busca hurgar en el pasado para suscitar nostalgia (la nostalgia está allí, de todos modos, como una atmósfera y un estado del deseo). Su contacto no tiene un propósito sentimental, aunque despierte sentimientos; ni es meramente historicista, aunque sume datos históricos. Su finalidad es más provechosa: conocer, en su mayor dimensión, el horizonte social, moral, ético y político de la sociedad que nos contiene y a la que damos vida a partir de la lengua que hablamos y en la que escribimos.

Lenguaje jurídico claro: nuevos desafíos para las academias

CLAUDIA ANDREA POBLETE OLMEDO
Pontificia Universidad Católica de Valparaíso

Hemos avanzado. Inicio este texto con esta frase, ya que representa lo que pienso hoy. El camino recorrido desde que mirábamos las experiencias e hitos del lenguaje claro en otras lenguas ha sido largo; sin embargo, hoy podemos ver avances ciertos que nos invitan a asumir nuevos desafíos en un campo interdisciplinar que crece y toma fuerza. La pandemia que nos ha consumido estos dos años ha gatillado, a mi juicio, la necesidad imperiosa de este avance en la construcción de un puente hacia los ciudadanos a través del lenguaje.

Como hemos señalado (Poblete, 2019), todo Estado que desee consolidar su democracia y justicia no solo debe sustentarse en la presunción del conocimiento de la ley[1] por parte de los ciudadanos, sino que tiene la obligación de difundir sus normas para que sean conocidas. Varios países, entre ellos Chile, tienen como compromiso internacional (firmado por más de 70 países), a través de la Alianza de Gobierno Abierto, el deber del Estado de hacer más accesible la información[2]. Esto nos obliga, casi como un deber institucional, a clarificar la información a través del lenguaje que utilizan los diversos poderes del Estado para comunicarse con los ciudadanos.

Ese derecho a recibir información ha adquirido una nueva dimensión en el mundo actual y se manifiesta hoy como un derecho a comprender (Sánchez, 2011: 25-38). Si bien este derecho nace en España como una propuesta[3] —y de la Carta de Derechos de los Ciudadanos ante la Justicia (Montolío y Tascón, 2021), aprobada por el Congreso de los Diputados, bajo el título de *Una justicia comprensible*—, se ha posicionado como un derecho transversal a las iniciativas de lenguaje claro y de los derechos que debe tener una persona ante un proceso judicial a nivel global.

El contexto actual da cuenta de variada bibliografía —para ser un campo de estudio emergente— que señala que el diagnóstico acerca de la claridad de los textos jurídicos está bastante consolidado. Los artículos e investigaciones en el ámbito hispanoamericano señalan la dificultad de comprensión de los textos jurídicos en todos sus ámbitos (judicial, administrativo y legislativo) y formas por parte de los ciudadanos que necesitan entenderlos para la vida diaria. Junto con ello, ya podemos registrar también publicaciones que muestran un análisis del problema en diferentes países hispanoamericanos sobre el tema del lenguaje claro, ya sea aplicado al contexto judicial o al administrativo (Poblete y Fuenzalida, 2018; Yepes, 2019; Da Cunha, 2020).

---

1. En el caso de Chile, ello queda establecido en el artículo 8.º de su Código Civil, que señala: «Nadie podrá alegar ignorancia de la ley después que esta haya entrado en vigencia».
2. Esta premisa ratifica que no basta con exigir el conocimiento de la ley, sino que también el Estado debe hacer algo para ese fin.
3. No como una ley propiamente tal.

Sabemos que uno de los principales problemas que enfrenta la comprensión de los documentos en el ámbito jurídico en general es la complejidad en la manera en que están redactados los textos, lo que se evidencia en la sintaxis imbricada y en la elaboración de párrafos que muchas veces tienen incluso una sola oración. Diversos autores señalan que, por ejemplo, la escritura judicial, en general, se presenta como antigua, rodeada de una sintaxis compleja, cargada de gerundios, etc. (Rodríguez, 2015; De Sousa Rodrigues, 2015; Jiménez Yañez, 2016; De Cucco, 2016; Carretero, 2011; Montolío y Samaniego, 2008; Montolío, 2011, entre otros). Junto con lo anterior, se señala que en el género de mayor circulación en el ámbito judicial (Carretero, 2015), a saber, las sentencias, son las que más contribuyen a la oscuridad del lenguaje jurídico (Agüero, 2014).

En la primera mesa que se celebró con el tema «lenguaje jurídico claro» (Congreso de la Lengua, Córdoba, 2019), señalábamos que la revisión de la bibliografía acerca de lenguaje jurídico en general evidenciaba que tenemos varias tareas por delante si queremos que esta área de estudio e investigación avance. En primer término estaba el «deslindarnos y definirnos» como campo de estudio, es decir, trabajar en la *precisión conceptual*. En esta tarea se ha avanzado en los últimos años; parte de ello es el trabajo de difusión que se hace desde varias latitudes para definir lo que entendemos por lenguaje claro y lo que *no es* lenguaje claro.

Una definición de lenguaje claro ya bastante difundida es la que propone el International Plain Working Group and Ginny Redish, que señala que lenguaje claro es una comunicación en la que la escritura y el diseño sean claros y que la gente pueda fácilmente encontrar lo que necesita, entender lo que encuentra y utilizarlo para fines prácticos. Esta definición implica, al menos, mirar el lenguaje desde su pertinencia y aplicabilidad.

Sobre esta misma cuestión de la precisión conceptual, el lenguaje claro ya se comienza a deslindar de otras áreas de trabajo, por ejemplo, de la lectura fácil; no obstante, es conveniente insistir en ello: la lectura fácil tiene por objetivo promover la accesibilidad de la información escrita por parte de la ciudadanía, pero con énfasis en las personas en situación de riesgo de exclusión social, es decir, una audiencia más específica que lo que contempla el lenguaje claro, donde el destinatario son los ciudadanos en general, que deben entender, por ejemplo, un formulario de solicitud de asistencia social, una sentencia o una ley regulatoria.

La precisión del área de estudio también implicó despejar y refutar algunos mitos recurrentes que se escuchan desde las propias esferas del derecho: lenguaje jurídico claro no es vulgarizar el derecho, no es eliminar todos los latinismos, no es bajar el nivel de la ciencia jurídica, no es empobrecer la lengua. Quizá el mayor desafío fue sostener y demostrar que la dificultad de comprensión de los textos jurídicos no radica exclusivamente en sus tecnicismos.

Con estos pasos previos en los que se ha avanzado, podemos esbozar una definición inicial de lenguaje jurídico claro: campo de estudio interdisciplinario que tiene por objeto los textos (orales y escritos) del ámbito jurídico en sentido general y particular (judicial, legislativo y administrativo). En este campo de estudio se promueve la investigación acerca de los estándares o criterios de claridad del español a nivel sintáctico, semántico y pragmático que sean aplicables en el contexto jurídico general (Poblete, 2019). En lo particular, señalamos que un texto que utiliza lenguaje jurídico claro considera en el proceso de escritura un estilo sencillo y directo, considera el propósito comunicativo (para qué escribimos) y el destinatario (para quién escribimos). Tal como señalan Tascón y Montolío:

> El lenguaje claro trata de clarificar textos complejos formulándolos y diseñándolos de tal manera que se entiendan. El lenguaje claro utiliza una sintaxis correcta, sucinta y clara, y un léxico comprensible y no rebuscado, pero sin renunciar nunca a la precisión y el rigor. Los destinatarios de los documentos que cumplen los estándares de lenguaje claro no son expertos en la materia de la que trata el texto, pero tampoco tienen dificultades particulares de comprensión; de hecho, pueden (y suelen) ser expertos en algún otro campo de conocimiento, diferente al del texto (2020:104).

LO QUE HEMOS LOGRADO

Un primer y significativo paso lo dio la Cumbre Judicial Iberoamericana en el año 2015, cuando Chile y España lideraron el proyecto Justicia y Lenguaje Claro: por el Derecho del Ciudadano a Comprender la Justicia, al que se sumaron otros países de la región (Uruguay, México, Paraguay y Colombia, entre otros). Uno de sus objetivos fue proponer estrategias de clarificación del lenguaje judicial en los textos que afectan de forma directa al ciudadano, a partir de un diagnóstico de la escritura de los fallos y su nivel de comprensión[4]. El grupo de trabajo de la cumbre propuso una serie de recomendaciones para mejorar y hacer las sentencias más claras.

Con este hito inicial se manifiesta la intención de los poderes judiciales de Latinoamérica de advertir acerca de la necesidad de que la judicatura considerara este criterio y el llamado a «buscar un equilibrio entre el rigor técnico necesario de las expresiones y su comprensión por parte de la ciudadanía» (Muñoz, 2021:31).

A este propósito de clarificar los escritos jurídicos y mejorar la precisión del léxico de la ciencia del derecho se suman en el contexto hispano-

---

4. Cumbre Judicial Iberoamericana 2015. Disponible en http://www.cumbrejudicial.net/c/document_library/get_

americano varios glosarios que reúnen los términos más usados por los ciudadanos en determinados contextos judiciales y que son definidos con lenguaje claro, entre ellos: el *Glosario de términos legales* del Poder Judicial de Chile (2018)[5] o el *Glosario jurídico en lenguaje claro* del Consejo de la Magistratura del Poder Judicial de la ciudad de Buenos Aires[6], entre otros.

Por otra parte, se han publicado diversos manuales de estilo enfocados al lenguaje claro: el *Manual judicial de lenguaje claro y accesible a los ciudadanos,* del Poder Judicial de Perú, 2014[7]; la *Guía de lenguaje claro para servidores públicos de Colombia*, del Departamento Nacional de Planeación, 2015[8]; y otras publicaciones que orientan la redacción de las sentencias con enfoque en la claridad, como la de Aránguiz (2015) y la *Propuesta de manual de estilo para redacción de sentencias*, del Poder Judicial de Chile (2019)[9]. En la modalidad oral de la lengua podemos mencionar los trabajos en contextos judiciales de Briz, 2011 y 2012.

En España, destacan los trabajos de campo que derivaron en el *Informe de la Comisión de Modernización del Lenguaje Jurídico* (2011).

Dentro de este avance, a nivel hispanoamericano ya contamos con varias sentencias que mencionan el lenguaje claro en su redacción:

> Noveno: Que, en este contexto, aparentemente, se han producido errores u omisiones en el cálculo del consumo efectivo de electricidad de la recurrente y en el proceso de refacturación de los períodos reclamados, los que deberán ser calculados nuevamente, incluida una evaluación del sistema medidor de electricidad, actuaciones que una vez realizadas deben ser informadas con detalle y precisión a la recurrente en un lenguaje claro y sencillo que permitan una fácil comprensión, sin necesidad de asesoría letrada, garantizándose de esta forma el acceso a la justicia[10].

Y, lo más significativo desde la mirada del usuario, señalan de forma explícita que se debe comunicar con lenguaje claro:

---

5. Disponible en https://www2.pjud.cl/documents/10179/4144819/GLOSARIO_web.pdf/c1b985f9-1a21-40d0-8c36-92ee3c47d9a8
6. Disponible en http://editorial.jusbaires.gob.ar/libro/cargar/242
7. Disponible en https://www.pj.gob.pe/wps/wcm/connect/7b17ec0047a0dbf6ba8abfd87f5ca43e/MANUAL+JUDICIAL+DE+LENGUAJE+CLARO+Y+ACCESIBLE.pdf?MOD=AJPERES
8. Disponible en https://www.portaltributariodecolombia.com/wp-content/uploads/2015/07/portaltributariodecolombia_guia-de-lenguaje-claro-para-servidores-publicos.pdf
9. Disponible en https://www2.pjud.cl/documents/10179/11733124/Manual+digital.pdf/910ce8d1-6a22-4fd0-917d-44724e2dc4a8
10. Corte Suprema de Chile, CS-15.6.2021, rol 132189-2020.

l) Que se cree y mantenga un sitio web en el que se incorporarán todos los datos, antecedentes, pesquisas, resultados, informes, etc., que den cuenta de las distintas actuaciones llevadas a cabo con el objeto de dar cumplimiento a las medidas dispuestas en la presente sentencia, utilizando, en la medida de lo posible, un lenguaje claro que simplifique la comprensión de los asuntos abordados[11].

En el ámbito legislativo, en Colombia, en el año 2018 se presentó en la Cámara un proyecto de ley (proyecto de ley 063) que tenía por objetivo introducir elementos claves de lenguaje claro en la ley de transparencia. Esta iniciativa se archivó, ya que requería (por el tipo de ley que modificaba) más tiempo y discusión para aprobarse, y no se logró en el tiempo fijado. No obstante, el 20 de julio de 2020 se presentó en la Cámara un nuevo proyecto de ley ordinaria (proyecto de ley 020 de 2020, cámara-479 de 2021 senado, presentado por la representante Nubia López), que tiene como plazo hasta julio de 2022 para ser aprobado. Actualmente, el proyecto de ley está en la mitad del trámite legislativo. Ha superado dos de los cuatro debates reglamentarios en el Congreso. Se espera que a partir del 20 de julio de 2021 se inicie la discusión en el Senado (Arenas, 2020).

En Argentina, en 2014 se presentó en la Cámara de Diputados un proyecto de ley de reforma al Código Procesal Civil y Comercial de la Nación. Este señalaba que las sentencias definitivas de primera instancia deberían contener un apartado en el que el juez se dirigiera a las partes en un lenguaje coloquial, simple y directo, con el objeto de facilitarles la comprensión de las sentencias. En los fundamentos del proyecto, se aclaraba:

> Con esta propuesta no se busca terminar con la riqueza del lenguaje jurídico ni sustituir la estructura tradicional de las sentencias. Por el contrario, solo se trata de añadir un complemento, en donde el juez se dirija a las partes evitando tecnicismos, en un lenguaje coloquial, simple y directo, a fin de precisar sus alcances, y los derechos y obligaciones que de ella emanan[12].

Como un hito en este país, desde el año 2020 Argentina cuenta con dos leyes sobre lenguaje claro. La primera, la ley 6367 (sancionada el 3 de diciembre de 2020)[13], promueve el uso del lenguaje claro en actos y documentos del sector público de la Ciudad Autónoma de Buenos Aires (CABA). La ley, en su artículo 3.º, señala:

---

11. Corte Suprema de Chile, rol 5888-19, 28 de mayo de 2019.
12. Proyecto de Ley n.º 9263-D-2014, pág. 4. Disponible en: http://www.pensamientocivil.com.ar/system/files/2014/11/Miscelaneas310.pdf
13. La iniciativa legislativa fue de la diputada Manuela Thourte.

ART. 3.°- Objetivos. Son objetivos del lenguaje claro:

a) Reducir errores y aclaraciones innecesarias;

b) Reducir costos y cargas para el ciudadano;

c) Reducir costos administrativos y de operación para las entidades públicas;

d) Aumentar la eficiencia en la gestión de las solicitudes de los ciudadanos;

e) Reducir el uso de intermediarios;

f) Promover la transparencia y el acceso a la información pública;

g) Facilitar el control ciudadano a la gestión pública y la participación ciudadana;

h) Generar confianza en la ciudadanía, limitar ambigüedades y proveer comunicaciones efectivas[14].

La segunda corresponde a la ley 15.184 para la promoción del uso y desarrollo del lenguaje claro en los textos legales y formales, que fue presentada en la provincia de Buenos Aires[15] y se sancionó como tal el 10 de septiembre de 2020. Esta ley, en su artículo 1.° señala:

> La presente Ley tiene por objeto garantizar el derecho que tienen todos los ciudadanos a comprender la información pública, y promover el uso y desarrollo de un lenguaje claro en los textos legales y formales[16].

En Chile se encuentra ya en trámite final el proyecto de ley que modifica la ley n.° 20.285 sobre acceso a la información pública[17] («ley de transparencia 2.0»), que modifica el artículo 11 de la ley actual. La actual normativa señala: «Artículo 11.— El derecho de acceso a la información de los órganos de la Administración del Estado reconoce, entre otros, los siguientes principios», a lo que se agrega como principio lo siguiente:

> l) Principio de lenguaje claro, conforme al cual en la generación, publicación y entrega de la información los órganos del Estado deberán procurar que esta sea accesible, utilizando un lenguaje claro y sencillo para toda persona.

En esta misma línea se aprobó el *Reglamento de participación ciudadana de la Cámara de Diputados*[18], elaborado en el marco del trabajo que realiza el Gru-

---

14. Texto completo disponible en http://www.saij.gob.ar/LPX0006367?utm_source=newsletter-semanal&utm_medium=email&utm_term=semanal&utm_campaign=ley-provincial

15. La iniciativa corresponde a la diputada Laura Aprile.

16. Texto completo disponible en http://www.saij.gob.ar/LPB0015184

17. Proyecto de ley, en segundo trámite constitucional, que modifica la ley n.° 20.285, Sobre Acceso a la Información Pública, con informe de la Comisión de Gobierno, Descentralización y Regionalización. (discusión en general). (Boletín n.° 12.100-07 [ver]).

18. Disponible en https://www.camara.cl/transparencia/doc/regParticipacioCiudadana.pdf

po Bicameral de Transparencia del Congreso Nacional (2020). Este reglamento señala en su artículo 2.º (Principios que rigen la participación ciudadana):

> Los principios que rigen la participación ciudadana son los siguientes:
>
> b) Transparencia: las modalidades y procedimientos de participación ciudadana, los insumos empleados y los resultados que generen serán públicos, salvo que estén comprendidos dentro de las excepciones que la Constitución y las leyes establecen.
>
> Para ello, se publicarán en el sitio electrónico institucional, **procurando emplear un lenguaje claro**[19], que proporcione a todas las personas una adecuada comprensión de la información a fin de que puedan desarrollar una participación efectiva. Sin perjuicio de lo anterior, se adoptarán medidas para la protección de los datos personales de todas las personas naturales que participen, sea en su nombre o en representación de una entidad.

En marzo de 2021 se firma en España el «Protocolo general de colaboración para el fomento de un lenguaje jurídico moderno y accesible para la ciudadanía». Este hito le da fuerza e impulso al estudio de la modernización del lenguaje del 2011, y como aporte significativo está el hecho de que asisten a la firma las facultades de derecho de España.

Todos estos esfuerzos, desde el ámbito legislativo, sin duda representan un avance en la búsqueda de una comunicación clara entre el Estado y la ciudadanía.

LAS REDES DE LENGUAJE CLARO

La creación de redes de lenguaje claro en Chile, Argentina y Colombia ha dado un impulso significativo al tema del lenguaje claro en el ámbito jurídico-administrativo. En marzo de 2017, siete instituciones públicas de Chile[20] suscribieron un acuerdo de colaboración cuyo eje es el lenguaje claro[21]. En este documento se declaran las siguientes intenciones:

> Consolidar una Red de Lenguaje Claro (Red-LC) al interior de sus instituciones y promoverla en otros órganos públicos. Utilizar lenguaje claro en los documentos

19. El destacado es nuestro.

20. La Pontificia Universidad Católica de Valparaíso, Corte Suprema, Cámara de Diputados, Contraloría General de la República, Consejo para la Transparencia, Ministerio Secretaría General de la Presidencia y Biblioteca del Congreso Nacional.

21. Disponible en http://www.lenguajeclarochile.cl/wp-content/uploads/2018/03/ACUERDO%20DE%20COLABORACIO%CC%81N%20RED%20L%20C.pdf

y/o iniciativas, escritas o audiovisuales, que emanen de las partes firmantes. Promover y difundir el uso del lenguaje comprensible al interior de las entidades firmantes, como en otras instituciones públicas con las cuales se relacionen. Elaborar estándares de lenguaje claro y comprensible que sean considerados por los distintos organismos del Estado en la redacción de normas y de documentos públicos.

Con este acuerdo se dio forma a la Red de Lenguaje Claro Chile, cuyos objetivos son facilitar la comprensión de los textos que sean redactados desde las instituciones públicas con el propósito de incentivar la transparencia mediante el uso de un lenguaje claro. A la fecha, esta red cuenta con más asociados que comparten los principios del lenguaje claro[22] y es reconocida por sus aportes en Hispanoamérica:

> En Chile se ha organizado la Red Lenguaje Claro-Chile desde 2017, formada por un conjunto de organismos que comparten los objetivos de mejorar la comunicación entre el Estado y la ciudadanía, utilizar el lenguaje claro en sus documentos e iniciativas y difundir el uso del lenguaje comprensible entre las instituciones (Montolío y Tascón, 2020:32).

La creación de la red en Chile sirvió de impulso para que en el 2018 se fundara la Red Lenguaje Claro Argentina. Junto con ello, destaca en la redacción de sentencias con lenguaje claro el Juzgado del Fuero Penal, Contravencional y de Faltas n.º 13 de la ciudad de Buenos Aires, cuyo ejemplo de justicia abierta es seguido por muchos magistrados.

Con el mismo eje articulador e intereses comunes se creó la Red de Lenguaje Claro Colombia[23], que agrupa a más de siete instituciones. La red señala entre sus principios el siguiente: «[...] difundir y promover el lenguaje claro para mejorar la comunicación principalmente entre el Estado y la sociedad» (Perafán, 2021: 20).

Este recorrido y estos avances no serían posibles si no contáramos en Hispanoamérica con el hito fundante de las redes de lenguaje claro que se han formado desde el año 2017, y a las que esperamos se sumen otras en esta misma línea.

---

22. Entre ellas, Ministerio Público, Defensoría Nacional, Corporación de Asistencia Judicial Valparaíso, Primer Tribunal Ambiental.

23. Forman parte de la Red de Colombia el Departamento Nacional de Planeación, el Instituto Caro y Cuervo, el Departamento Administrativo de la Función Pública, la Veeduría Distrital, la Agencia Nacional de Defensa Jurídica del Estado, el Consejo de Estado, la Cámara de Representantes, la Universidad de los Andes, la Universidad Eafit, la Universidad Icesi, la Universidad del Norte y la firma de abogados Peña Delgado & García.

El aporte de la RAE ha constituido un impulso en la vinculación del lenguaje, el derecho y la claridad al desarrollar los siguientes proyectos vinculados al lenguaje del derecho: el *Diccionario del español jurídico* (*DEJ*), el *Diccionario panhispánico del español jurídico* (*DPEJ*) y el *Libro de estilo de la Justicia* (*LEJ*), todo ello en el marco de un convenio suscrito con el Consejo General del Poder Judicial de España a finales de 2014. En su conjunto, estas obras proponen promover la claridad y la seguridad del lenguaje jurídico. Sumamos a lo anterior, como hito, la presencia de una mesa temática de lenguaje jurídico claro en el Congreso de la Lengua de Córdoba (Argentina).

En esa misma ocasión, y al amparo de la RAE, se firmó un acuerdo para crear la Cátedra Latinoamericana de Lenguaje Jurídico Claro. El objetivo de esta cátedra es contribuir a la formación de los abogados para que se comuniquen de manera clara con los ciudadanos en general, con el fin de unir el lenguaje claro con un ámbito especializado como es la disciplina jurídica. Este programa lo integran cinco facultades de derecho de las universidades[24] que forman parte de las tres redes de lenguaje claro existentes en Latinoamérica, que se unieron para dar forma al programa y trabajar en investigación, docencia, currículum y vinculación con el medio, así como para promover la cooperación internacional entre ellas. Era una tarea pendiente: la formación de los futuros abogados. En esta línea, los aportes que se hagan desde el ámbito académico son imprescindibles. Se deben incorporar las habilidades orales y escritas enfocadas a la claridad y contextualizadas en el mundo jurídico (Poblete, Arenas, Córdova, González y Tapia, 2018).

La cátedra se concentra en difundir el lenguaje jurídico claro como una de sus áreas de trabajo con el fin de evitar que, en la práctica, se sigan utilizando modelos antiguos de documentos y se repliquen esquemas de una escritura poco precisa, artificiosa, con un léxico arcaico y que es reconocida —paradojalmente— como «prestigiosa» dentro de la comunidad discursiva jurídica.

La presencia de las universidades aumenta y se dan nuevos pasos. En mayo de 2021 se crea el Observatorio Jurídico de Lenguaje Claro al amparo de la Facultad de Derecho de la Universidad de Buenos Aires.

Como observamos en este recorrido (en el que hay muchas omisiones, sin duda), el lenguaje jurídico claro se ha instalado como un área de estudio creciente en Hispanoamérica. Hoy tenemos muchas nuevas áreas que explorar y desarrollar. Simplemente una mirada al aporte que se hace desde la inteli-

24. La integran la Facultad de Derecho de la Pontificia Universidad Católica de Valparaíso (Chile), la Facultad de Derecho de la Universidad de los Andes (Colombia), la Escuela de Derecho de la Universidad Eafit (Colombia), la Facultad de Derecho de la Universidad Austral (Argentina) y la Facultad de Derecho y Ciencias Sociales de la Universidad Icesi (Colombia).

gencia artificial y la claridad o la experiencia de usuario y la habilitación nos muestran ventanas en las que podríamos profundizar[25] y que necesitan un trabajo colectivo:

> Todos estos retos tecnológicos han originado una nueva forma de trabajar y una especialidad denominada «diseño de servicios». Probablemente las aportaciones del diseño de servicios sea uno de los cambios más significativos en las últimas dos décadas de trabajo en el lenguaje claro; un cambio casi natural en el mundo digital, pero del que se han mantenido al margen buena parte de los profesionales de las áreas jurídicas y lingüísticas (Montolío y Tascón, 2020:114).

Todo lo anterior debe consolidarse con la ayuda de las academias de la lengua. Ya sabemos que desde otros contextos se trabaja en normas de estandarización para todas las lenguas y desde otra lengua[26]; por ello, el rol que deben jugar las academias de la lengua española en sentar las bases del español claro es necesario y urgente. Solo con ese aporte podremos aspirar a tener criterios de claridad para el lenguaje jurídico claro en español que sean válidos y pertinentes, con un trabajo conjunto entre las academias de la lengua y las redes de lenguaje claro.

Es necesario establecer criterios, guías, pautas, sugerencias para que el texto jurídico sea claro, y para ello hay que definir qué entendemos por claridad y qué elementos de nuestra lengua facilitan la comprensión de un texto jurídico (Poblete, 2018b). Debemos ampliar las investigaciones en el área con metodologías cuantitativas y cualitativas. Los datos son necesarios para convencer y mostrar evidencias. Se deben replicar investigaciones (Roseth, Reyes y Santiso, 2017), en las que, desde la más estricta medición, se demuestra que un documento redactado con lenguaje claro sí genera beneficios para los usuarios y ahorro al Estado.

La importancia de considerar el lenguaje jurídico claro como un área que debe mirarse desde las academias de la lengua está en la relación que se establece desde el lenguaje con la seguridad jurídica y la sociedad, es decir, el «principio general del derecho que impone que toda persona tenga conocimiento cierto y anticipado sobre las consecuencias jurídicas de sus actos y omisiones» (*Diccionario del español jurídico*, 2016).

Finalmente, el llamado a la Asociación de Academias de la Lengua (ASALE) es a sumarse a este esfuerzo por un lenguaje jurídico claro como una *puerta de entrada* a la democracia: todos deben tener acceso a los textos redactados por las autoridades, y este acceso no es un solo el acto físico de que estén

---

25. Ya se cuenta con al menos dos páginas o programas que se ofrecen como asistentes de redacción y que se inspiran en la claridad del lenguaje administrativo.

26. V. https://accedes.es/el-lenguaje-claro-avanza-hacia-una-norma-iso-internacional/

disponibles en un lugar (web), sino que significa el acceso a la comunicación *con* alguien.

REFERENCIAS

AGÜERO, C. (2014): «¿Conforman las sentencias penales un género discursivo?». *Estudios Filológicos*, 53, págs. 7-26.

ARÁNGUIZ, C. (2015): «Lenguaje claro. Condición democrática de los fallos judiciales». *Revista del abogado.* Colegio de abogados de Chile, 65, págs. 14-16. Disponible en https://www2.pjud.cl/documents/10179/11929010/Lenguaje+Claro+-++Condici%C3%B3n+democr%C3%A1tica+de+los+Fallos+Judiciales.pdf/4f86a7ff-f61b-4a3c-9f12-c978a6ece42b.

ARENAS, G. (2020, 28 de septiembre al 1 de octubre): «El lenguaje claro: una estrategia para promover la transparencia y comprender la información pública», ponencia presentada en el Congreso Internacional de Transparencia, organizado por la Universidad Nacional de Educación a Distancia de España, UNED, modalidad en línea.

BRIZ, A. (2012): «El discurso judicial oral a partir de un análisis de corpus». En E. Montolío (ed.), *Hacia la modernización del discurso jurídico* (págs. 39-64). Barcelona, Universitat de Barcelona.

BRIZ, A. (dir.). (2011): *Estudio de campo: lenguaje oral.* Ministerio de Justicia, España.

CARRETERO, C. (2015): «La claridad y el orden en la narración del discurso jurídico». *Revista de Llengua i Dret*, 64, págs. 63-85.

CARRETERO, C. (dir.). (2011): *Estudio de campo. Políticas comparadas.* Ministerio de Justicia.

DA CUNHA, Iria (2020): El discurso del ámbito de la Administración. Una perspectiva lingüística. Granada, Comares. ISBN 978-84-9045-955-3

DE CUCCO, M. (2016): «¿Cómo escribimos los abogados? La enseñanza del lenguaje jurídico». *Revista sobre Enseñanza del Derecho* [Buenos Aires], año 14, n.° 28 (2016), págs. 127-144.

DE SOUSA RODRIGUES, G. (2015): «El lingüista en el Parlamento». En Gordejuela, A.; Izquierdo, D.; Jiménez, F.; De Lucas, A., y Casado, M. (eds.), *Lenguas, lenguaje y lingüística. Contribuciones desde la lingüística general.* Pamplona, Universidad de Navarra, págs. 153-160.

http://portal.uned.es/pls/portal/docs/PAGE/UNED_MAIN/LAUNIVERSIDAD/VICERRECTORADOS/SECRETARIA/NORMATIVA/OTROS/RECOMENDACIONES_DE_LA_COMISI%C3%93N_DE_MODERNIZACI%C3%93N_DEL_LENGUAJE_JUR%C3%8DDICO.PDF

https://congresosdelalengua.es/cordoba/paneles-ponencias/competitividad/poblete-claudia.htm

JIMÉNEZ YÁÑEZ, R. (2016): *Escribir bien es de justicia.* Navarra, Aranzadi.

Ministerio de Justicia (2011): *Informe de la Comisión de Modernización del Lenguaje Jurídico*. España. Disponible en:

MONTOLÍO, E. y LÓPEZ SAMANIEGO, A. (2008): «La escritura en el quehacer judicial. Estado de la cuestión y presentación de la propuesta aplicada en la Escuela Judicial de España», *Signos*, 41 (66) (2008), págs. 33-64.

MONTOLÍO, E. y TASCÓN, M. (2020): *El derecho a entender*. Madrid, Catarata.

MUÑOZ, LAUTARO (2021): «Constitución y lenguaje claro: una oportunidad que se abre para el derecho a comprender las normas». *50 más UNO, Revista de derecho parlamentario*. En https://derechoparlamentario.cl/wp-content/uploads/2021/07/501-2021-julio.pdf.

PERAFÁN, Betsy (ed.). (2021): *Por el derecho a comprender. Lenguaje claro*. Ediciones Uniandes y Siglo del Hombre Editores (en prensa). Bogotá, 2021.

POBLETE OLMEDO, Claudia (2018): «Proposal of International Plain Language Standards». *The Clarity Journal*, n.° 79, págs. 33-34.

— (2019): «Estándares de claridad y precisión jurídica: avances y desafíos en la comunicación y formación jurídica actual». Ponencia presentada en el VIII Congreso Internacional de la Lengua Española, Córdoba, del 27 al 30 de marzo. Disponible en:

POBLETE, C.; ARENAS, L.; CÓRDOVA, A.; GONZÁLEZ, E. y TAPIA, D. (2018): *Estrategias de comprensión del discurso escrito en contextos jurídicos*. Valparaíso, Ediciones Universitarias de Valparaíso.

POBLETE, C. y FUENZALIDA, P. (2018): «Una mirada al uso de lenguaje claro en el ámbito judicial latinoamericano». *Revista de Llengua i Dret*, n.º. 69, págs. 119-138.

Real Academia Española y Consejo General del Poder Judicial (2016): *Diccionario del español jurídico* (dirigido por Santiago Muñoz Machado). Madrid, Espasa.

Real Academia Española y Consejo General del Poder Judicial (2017): *Diccionario panhispánico del español jurídico* (dirigido por Santiago Muñoz Machado). Madrid, Espasa.

Real Academia Española y Consejo General del Poder Judicial (2017): *Libro de estilo de la Justicia* (dirigido por Santiago Muñoz Machado). Madrid, Espasa.

RODRÍGUEZ, C. (2015): «La técnica legislativa y el lenguaje claro en la elaboración de la ley: diagnóstico del caso chileno en la etapa prelegislativa». *Revista Hemiciclo*, 12 (segundo semestre, 2015), págs. 65-78.

ROSETH, B.; REYES, A. y SANTISO, C. (2017): *El fin del trámite eterno. Ciudadanos, burocracia y gobierno digital*. BID. Disponible en https://cloud.mail.iadb.org/tramites.

SÁNCHEZ, Ana (2011): «Razones y objetivos que motivaron la creación de la Comisión de Modernización del Lenguaje Jurídico por acuerdo del Consejo de Ministros de 30 de diciembre de 2009». En Montolío, Estrella (ed.), *Hacia la modernización del discurso jurídico*. Barcelona, Universitat de Barcelona, 2011, págs. 25-38.

YEPES VILLEGAS, Paulina (2019): «Lenguaje claro en discursos jurídicos. Análisis del discurso de textos jurídicos emitidos desde el Consultorio Jurídico de la Universidad Eafit», en https://repository.eafit.edu.co/handle/10784/15923.

El español como lengua legislada en Guinea Ecuatorial

JOSÉ-FERNANDO SIALE DJANGANY

Academia Ecuatoguineana de la Lengua Española

Bautistas, presbiterianos y jesuitas. Inglés vs. español. ■ Claretianos y legislación condescendiente. ■ El modelo condigno. ■ Resistencia y enmiendas. ■ El efecto mariposa.

El seis de noviembre de 1843, siendo Fernando Poo de habla bubi e inglesa, fue elevado al Ministro de Ultramar español un proyecto de la Comisión de Colonización que recomendaba el regreso de Juan José de Lerena y Barry a Fernando Poo, en su calidad de comisario regio, «con el pensamiento de españolizar el país [...], debilitar la influencia de los misioneros bautistas, llegando incluso a expulsarlos [...], y extender el idioma español, empezando por establecer escuelas como principales herramientas de colonización».

BAUTISTAS, PRESBITERIANOS Y JESUITAS. INGLÉS VS. ESPAÑOL

La primera escuela abierta en la ciudad de Clarence, en la isla de Fernando Poo, fue establecida en el año 1828 por los baptistas, que luego la extendieron a varios pueblos bubis[1]. Se trataba de una escuela infantil construida en el barrio Bushy Park a iniciativa del capitán Harrison. Los 120 primeros alumnos eran esclavos liberados de dos barcos negreros, el Elisabeth y El Pez Volador[2]. El uno de enero de 1841 los reverendos John Clarke y John Price, de la Sociedad Misionera de la Iglesia de Inglaterra, llegaron a Clarence. De su presencia quedó en Santa Isabel el establecimiento de la British Chaplecie School de la iglesia metodista. Durante el periodo del auge de la Compañía del África Occidental en Clarence (1836-1843), señala Martín del Molino, de los bubis que se unieron a la ciudad, muchos se iniciaron en el inglés. Cuenta el mismo autor[3] que la actividad religiosa, moral y cultural anglófona fue tal en la ciudad que «Clarence se convirtió en un centro cultural para la costa vecina. Muchos jóvenes de Camerún, los duala, y de Bimbia, los isubu, así como de Calabar, los efik, hijos de jefes, venían a Clarence para aprender a leer y escribir en lengua inglesa». En 1845 llegaron a esos territorios «españoles» los señores Manterola, el cónsul Guillemard de Aragón y el misionero Jerónimo Usera. La única innovación simbólicamente española en una ciudad de Clarence anglófona, criolla y bubi, donde solo habitaban dos hispanohablantes, fue rebautizarla escurridizamente con el nombre ibérico de Santa Isabel, pues todas las calles de la ciudad conservaron sus nombres anglófonos: Hill Street, Good Rich Street, High Street, Water Fall Street, etc. El mismo año, la Real Orden de treinta de septiembre de 1845 decretaba la expulsión de los misioneros anabaptistas de los territorios españoles.

Ante ese contexto anglófono, en 1944, Jesús de la Serna Burgaleta, director del grupo escolar Ramón y Cajal de los TEGG, en su libro sobre la evolu-

---

1. En esas fechas el presbiterianismo americano estaba instalando centros religiosos y educativos en las zonas *ndowe* y benga de Río Muni.
2. Martín del Molino: *La ciudad de Clarence*, pág. 64.
3. *Ibid*., pág. 142.

ción de la capacidad mental del niño guineano a la luz del estudio del cociente intelectual[4], dirá: «En todas las edades el niño se encuentra encuadrado entre una lentitud de espíritu, tope superior, y una zona marginal de insuficiencia, tope inferior [...]; a los diez años [...] el CI es de los más altos que alcanzará en su edad escolar». Más estudios científicos, como los de Vicente Beato González y Ramón Villarino Ulloa (1944) demostrarán, ciencia en mano, la discapacidad del africano para asimilar la lengua española.

Empero, la situación sobre el terreno ya hubo impulsado una política legislativa tendiente a canalizar los mecanismos de introducción y adquisición del español en los TEGG. En el año 1857, ante el eventual retorno de Fernando Poo bajo el total dominio de la Compañía Inglesa del África Occidental, una real orden de seis de julio facultó al Colegio de la Compañía de Jesús de Loyola a establecer en las islas españolas del golfo de Guinea misiones y escuelas religiosas que procurasen la educación en las primeras letras españolas. La labor misional comprendía la instrucción de los indígenas en las destrezas comunicativas básicas de la lengua española y en los principios nacionales fundamentales[5]. Sin embargo, «la aceptación de esos valores por la organizada sociedad bubi iba a ser mucho más difícil [...], no entendían en qué podía beneficiarles tal idioma o los conocimientos de la escuela misional»[6]. Y la preocupación también será válida para los fernandinos de Santa Isabel, los *ndowe* y los benga, y otros grupos etnoculturales del Río Muni. Un detalle práctico evidenciaba el fuerte antagonismo a la españolización, pues se exigía de los de la Compañía de Jesús enviados a la Colonia «estar versados en el uso de la lengua inglesa». En este proceso, el Real Decreto de trece de diciembre de 1857, por el que se aprobaba el Estatuto Orgánico de la Administración Colonial Local, previó el nombramiento, con cargo a los presupuestos destinados a la Colonial, de un funcionario-intérprete versado en inglés, francés y portugués, dotado con dos mil pesos anuales de sueldo. Sus términos de referencia consistían en facilitar la interacción de la incipiente administración española con los habitantes de la ciudad de Santa Isabel. El veintisiete de diciembre del año siguiente, otra real orden, en concordancia con la anterior normativa del cincuenta y siete, establecía los requisitos de formación y concurso para los intérpretes de inglés, francés y portugués que solicitaran su contratación por el Gobierno español para prestar servicios en la colonia española de África. Eso se debió a la imperiosa

4. Prólogo del general José Díaz de Villegas y Bustamante, responsable de la Dirección General de Marruecos y Colonias, y la Dirección General de Plazas y Provincias Africanas, 1944-1968.

5. Carrasco Gonzáles, Antonio-Manuel: *Derecho colonial en África y su aplicación al origen del ordenamiento español en Guinea (1777-1858)*. Madrid: Universidad Complutense, 2007, pág. 459.

6. De Castro Antolín, Mariano L. y De la Calle, M.ª Luisa: *La colonización española en Guinea Ecuatorial (1858-1900)*. Vic: Ceiba, 2007, pág. 279.

necesidad de los representantes de España en la colonia de interactuar continuamente con una urbe anglófona y lusófona asentada en Fernando Poo. De ser los intérpretes con los naturales del país se estaban encargando ya los religiosos, esforzándose en el aprendizaje de las lenguas autóctonas designadas entonces como «dialectos». Ecos de esa empresa pueden percibirse en la revista *La Guinea Española* (*LGE*)[7]. De Castro y De la Calle[8] refieren el Real Decreto de dieciséis de junio de 1857, parejo a la preparación de la misión de Carlos Chacón a las posesiones del golfo de Guinea para el año 1858, previendo el traslado de una misión jesuítica para instruir a los naturales en las primeras letras del español. En la fecha en que tomaba posesión del gobierno en Santa Isabel, Carlos Chacón, con el ánimo de sortear el inglés, publicó un bando el veintiséis de mayo prohibiendo todo culto público fuera del católico. Por su lado, el P. Irisarri, superior jesuita, observó con desesperación cómo «se asentaba un núcleo de población [en la Colonia] con lenguas y costumbres inglesas, y religión protestante». Los jesuitas abrieron su primera escuela en Santa Isabel en junio de 1858, donde impartían a los pocos niños asistentes el catecismo cristiano, la lengua castellana, y la lectura y escritura en español. En noviembre de 1858 varios niños de Santa Isabel sabían ya hablar, leer y escribir en español[9]. Pero la asistencia escolar no dio resultados numéricos muy alentadores. Los fernandinos, a pesar de sus promesas, no enviaron a sus hijos a la escuela jesuita por cuanto que no les quedaba muy clara la motivación.

En 1862, el P. Irisarri proyectó un plan misional para todo el territorio de las posesiones españolas. El proyecto comprendía la misión central, con un internado en Santa Isabel, y misiones rurales en régimen externo. La idea presupuestaria de Irisarri previó un coste de 108 pesos fuertes anuales por niño interno en Santa Isabel, y 36 pesos fuertes anuales por cada niño externo en Annobón y Cabo San Juan[10]. En aquel entonces el gobernador colonial De la Gándara se reunió con los habitantes de Santa Isabel, en particular con los fernandinos, aconsejándoles la escolarización de sus hijos en la misión central jesuita. Los fernandinos no se mostraron muy reacios a edu-

---

7. Véase *LGE*, año VI, n.º 1, págs. 13, 14 y *LGE*, año VII, n.º 15, págs. 12, 14. El cuaderno *Boehia boe Kristiano* del beato Antonio-María Claret, que trascribe al bubi el catecismo de la doctrina cristiana, es un ejemplo de aquel trabajo; como también lo son el *Diccionario español-bubi* del P. Miguel Martínez y Sanz, y el de A. Aymemí. Es de citar asimismo el *Diccionario combe-español* de Leoncio Fernández Galilea en la década de los años cincuenta (hecho con la ocultada contribución de don Luis Rondo Maguga); el *Cantoral* religioso *a nkobo fang* de los Misioneros, Cmf., impreso en 1968 en Santa Isabel; o el trabajo del P. Claret, editado tardíamente en Barcelona en el año 1984 bajo el título *Catecismo Nge kalara bekristen a lere bot bese mam me Zama nkobo ntumu*.

8. De Castro Antolín, Mariano L. y De la Calle, M.ª Luisa, 2007, pág. 280-281.

9. *Ibid.*, pág. 285.

10. *Ibid.*, pág. 286.

car a sus hijos en la lengua española, pero, al no convenirles el proyecto religioso, propusieron al gobernador la creación de una escuela aconfesional, llevada por un maestro público contratado por la comunidad, donde los niños podrían ser instruidos para escribir, leer y contar en español. En 1862, De la Gándara remitió al ministro de Guerra y Ultramar la propuesta para el establecimiento en Santa Isabel de profesores de Primera Enseñanza pública en español. La resolución ministerial autorizando el establecimiento de la primera escuela pública atendida por profesores españoles será de fecha dos de agosto de 1862, y se siguió de la Real Orden de la reina de España[11], de dos de agosto del mismo año, autorizando el establecimiento, en la colonia africana de los TEGG, de escuelas de Primera Enseñanza imperativa en español, independientes de las misionales. El artículo tercero de otra real orden de veintiséis de diciembre de 1862 fue más categórico, mandando establecer en cada misión una escuela de instrucción primaria y secundaria en lengua española, cuya edificación, así como su funcionamiento, corrían de cargo al Gobierno. En virtud de otra real orden de cuatro de mayo de 1863, se ampliaron las escuelas misionales como vectores del español en la Colonia. A la vez, se llevó a cabo la RO de 11 de diciembre de 1863, que dispuso el establecimiento de una escuela misional en Basupú, como extensión de la que ya funcionaba en Banapá. La misión de Corisco, autorizada con anterioridad, se terminó de ensamblar el once de diciembre de 1863; aunque fue más tarde, por real orden de diez de diciembre de 1864, cuando se aprobó el presupuesto de 525 pesos y 92 céntimos para la construcción de la escuela de dicha misión.

Idéntica oposición del inglés y el kombe encontrará la lengua de Cervantes en sus primeras incursiones en el río Muni[12], debido a la larga presencia del presbiterianismo americano en los pueblos *ndowe* y benga de Mandjí, Bata, Bolondo, Mbònda, Hànjē, Myuma. Esos kombes tampoco veían muy claro por qué enseñar a sus hijos un idioma en un contexto en el que carecería de función institucional, y menos todavía social; y percibían con justificada sospecha el nuevo cisma que se iba a instaurar entre esa lengua colonial y la cultura. En 1874 el reverendo benga Ibìya j'Ikēnguē había sido autorizado a establecer un centro presbiteriano avanzado en Mbònda, aunque, en estas fechas, tanto las escuelas como los oficios religiosos se impartían ya en benga, habiéndose traducido del inglés tanto la Biblia como los cantos litúrgicos y los materiales escolares[13].

---

11. Real orden insertada en la *Gaceta de Madrid* de 20 de agosto del mismo año.

12. Enêngue A'Bodjedi: *Las iglesias presbiterianas ndòwē*, en *Oráfrica*, núm. 2, 2006 (Vic, ediciones Ceiba), y *Los pastores presbiterianos ndòwē*, en *Oráfrica*, núm. 4, 2008 (Vic, ediciones Ceiba).

13. Los kombes de Èyo llamaban «Londres» al pueblo de Benjēnguē por la anglofilia de sus habitantes y las alianzas del jefe Vilàngwa vya Metyèba con los ingleses. En 1884 el pueblo de Sípolo se apodaba «París» debido a la influencia francesa; y Hànjē era conocida con el seudónimo de «Nueva York».

No obstante las disposiciones imperativas, la escuela oficial pública no se establecerá de hecho en la Colonia hasta en el año 1870. En noviembre de 1864, el procurador de las misiones de la Compañía de Jesús presentó al Gobierno un informe en contra del establecimiento de escuelas aconfesionales, por innecesarias y perjudiciales, y el riesgo de erigir «altar contra altar»[14] en la Colonia. Él entendía la civilización en el sentido de unir a fernandinos y españoles bajo un mismo idioma, cierto, pero también bajo la misma fe. A raíz del Decreto Orgánico de doce de noviembre de 1868 que lanzaba la convocatoria para plazas de maestros en Fernando Poo, fueron nombrados dos hombres y una mujer. La escuela pública y gratuita de Santa Isabel se inauguró el dieciséis de octubre de 1870, mas su futuro fue discontinuo y precario debido al ausentismo escolar y al apremiante regreso de los maestros a España, al verse gravemente afectada su salud.

Debido a los enfrentamientos entre la sociedad y el Gobierno por causa de la presencia de la escuela metodista, un bando del gobernador general de nueve de enero de 1872 hacía saber a todos los españoles de la Colonia que la escuela oficial era secular y que en ella no se enseñaría religión alguna. Matizó el gobernador Antonio Vivar que todos los menores de ambos sexos que no dependieran de su oficio o labor habrían de asistir forzosamente a la escuela pública obligatoria, gratuita y laica, donde solo se enseñaría la religión católica a los niños que profesaran dicha fe. Como consecuencia del referido bando, se dio la real orden de dieciséis de abril del mismo año reafirmando el carácter laico de la escuela pública en Santa Isabel. A raíz del referido bando todos los españoles y demás residentes estaban obligados a escolarizar a sus hijos, so pena de cinco pesos de multa o un mes de arresto, y veinticinco pesos y cinco meses de arresto a los reincidentes. Era la primera vez en el ordenamiento jurídico colonial que el ausentismo escolar para el aprendizaje del español se calificaba como infracción punible, rompiéndose así todos los esquemas de la adquisición innata o pragmática de una lengua. Como consecuencia, el primero de mayo de 1872 asistían a la escuela oficial laica de Santa Isabel 118 niñas y niños. Empero, la intransigencia de los metodistas no cejaba, y los recalcitrantes fueron citados ante el juez por el delito de desacato y, posteriormente, sancionados; no obstante, enseguida obtuvieron la gracia del gobernador[15]. La influencia de la escuela laica duró poco. Un real decreto de seis de diciembre de 1878 la excluía de los presupuestos gubernativos y suprimía la de Santa Isabel. La nueva Constitución española de treinta de junio de 1876, al establecer de nuevo el catolicismo como religión del Estado, tenía consecuencias en el ámbito educativo, si bien una circular de veintitrés de octubre dispuso que los establecimientos escolares habrían de ser indepen-

14. De Castro Antolín, Mariano L. y De la Calle, M.ª Luisa, 2007, págs. 288-290.

15. De Castro Antolín, Mariano L. y De la Calle, M.ª Luisa, 2007, págs. 302-305.

dientes de los templos. Un decreto orgánico de seis de diciembre de 1878 previó el establecimiento de una misión religiosa en la Colonia con el fin de generalizar el uso del español. La necesaria enseñanza del español en Fernando Poo y Río Muni se reiteró en el artículo cuarto, párrafo segundo, del Real Decreto de veintiséis de noviembre de 1880, por el que se establecía en Santa Isabel, para la educación e instrucción de los naturales de la isla y los vecinos de la población, una escuela mixta de enseñanza primaria sostenida por el Estado, con una retribución de 500 pesos al maestro y una gratificación de la cuarta parte del anterior sueldo para su mujer si contribuía al buen funcionamiento de la escuela. Por razones que aquí no traen causa, el 4 de abril de 1872 los dos últimos misioneros jesuitas que quedaban en Fernando Poo abandonaron la colonia española.

CLARETIANOS Y LEGISLACIÓN CONDESCENDIENTE

El real decreto presupuestario de tres de octubre de 1884 confirmaba la dotación de dos mil quinientos pesos anuales para el profesorado de instrucción primaria asumida por los misioneros católicos. Cuando los claretianos arribaban a Fernando Poo el trece de noviembre de 1883, encontraron una escuela oficial pública llevada por el maestro interino Antonio Borges, nombrado a mediados de 1879. Este presentó su dimisión al entender ya innecesarias sus funciones. En Annobón, en 1885, los claretianos se encontraron con solo dos naturales que se conocían el alfabeto español[16]. El artículo cuarto del nuevo Estatuto Orgánico de la Colonia, promulgado por R. D. de diecisiete de febrero de 1888, previó la instrucción y educación en lengua española de los naturales y vecinos de la Colonia bajo los auspicios de la Congregación de los Hijos del Inmaculado Corazón de María, asistidos por las hermanas concepcionistas para la educación de las niñas. Pero en la discusión presupuestaria para el ejercicio 1894-95 se criticó la ausencia de una escuela laica en la Colonia. Por lo que mediante real decreto de once de agosto de 1895 se creó una escuela oficial de niños en Santa Isabel. En el siguiente presupuesto se incluyó la partida correspondiente a dicha escuela, y se nombró a un seglar para regentarla. A raíz de la RO de abril de 1897 que informaba al GGTEGG[17] de la recepción de la *Memoria* del maestro Santiago José Tejero (de 31 de diciembre 1896) sobre la escuela pública en los TEGG, los presupuestos de 1897-98 consignarán 300 pesos para el material escolar de la escuela pública de Santa Isabel, y 10 000 pesos para la construcción de la escuela concepcionista y la casa-escuela secular oficial de niños. En la escuela de niños de Santa Isabel se dispensaba, entre otras materias, lectoes-

16. *Ibid.*, pág. 293.

17. Gobernador general de los territorios españoles del golfo de Guinea.

critura y gramática española, que en virtud del decreto de veintiséis de octubre de 1901 formaban una sola asignatura.

Si desde el punto de vista normativo cabría destacar el esfuerzo desplegado para la introducción y la adquisición del español en los TEGG a lo largo de la segunda mitad del siglo XIX, para los claretianos tales iniciativas legislativas no producían los merecidos frutos, por falta de entusiasmo y celo. En la revista *LGE* de doce de agosto y veintiocho de octubre de 1903[18], se publicaron artículos intitulados *Hablemos en español* o *¡Qué lástima!* Bajo la crítica velada del poquísimo progreso de la enseñanza del español en las calles y plazas de la capital colonial donde «resuenan continuamente voces extranjeras, voces que sería mejor guardarlas para las posesiones de la Gran Bretaña [...], ¿será imposible conseguir que los indígenas del territorio español hablen en lengua española, por lo menos cuando se hallen en su país natal? Esto y mucho más se merece un idioma del que se ha dicho ser el más noble para hablar con Dios. [...] Urge, por tanto, que todos los españoles, residentes en la colonia, celemos por la honra de nuestro idioma». En ese sentido, en la misma revista[19], el editorial, firmado por un *Guineófilo*, se consterna al constatar que el inglés es la lengua vehicular en Fernando Poo:

> ... que una lengua extranjera se haya posesionado de nuestra amadísima colonia; que ella sea la única que se oiga en caminos, calles y plazas; que en territorios sujetos a la soberanía de España estemos a todas horas oyendo inglés; y que rarísima vez resuenen palabras de la bella y majestuosa habla de Cervantes [...] es cosa que hiere los sentimientos más delicados de mi corazón español [...] y cubre mi rostro con tupido velo de vergüenza.

El número 20 de *LGE*[20] incluye el artículo *La civilización de la Guinea española*, que insiste acerca de la sagrada misión otorgada a los claretianos, a través de la enseñanza del español, para diezmar el salvajismo y erradicar la densa niebla de la ignorancia y el error en la Colonia. «Para que la Guinea española esté civilizada como acostumbró civilizar siempre nuestra noble Patria, es sumamente preciso que resuene por doquier el idioma del inmortal Cervantes». No obstante, la misma revista en un artículo de su corresponsal en María Cristina (actual Batete) afirmará que «el colegio de María Cristina, dirigido por los Misioneros, es numeroso, próspero y floreciente; en él se van instruyendo los niños del pueblo [...], quedan aquí todavía muchísimas niñas, ansiosas de instruirse y bastantes para llenar por sí solas un espacioso colegio de madres (Concepcionistas)». Del pueblo referido (María Cristina),

---

18. Núms. 10, 14 y 15 del año 1.

19. Núm. 17, de 28 de noviembre de 1903.

20. Año II, enero de 1904.

situado al sureste de la isla, ya comentaban los claretianos que «el pueblo de Batete formado por la Misión católica [...] es el único verdaderamente español de esta isla, puesto que ahí no se habla otra cosa que nuestro hermoso idioma»[21]. A finales del año 1903, se dará un hecho relevante que hará jactarse sobremanera a los soldados de la españolización de los TEGG. En aquellas fechas, el Rdo. P. Pedro Sala remitía a la atención de la redacción de la revista *LGE* una correspondencia que será editada al año siguiente bajo el título de *Carta de un Bubi*. Al año siguiente se publica la correspondencia[22], firmada en español por Carmelo Silo, oriundo del pueblo de María Cristina (Batete), «perfectamente redactada y ajustada a las leyes gramaticales, lo cual no es decir poco en un muchacho de color» —comenta el articulista que introduce la publicación—, dirigida al Rdo. Padre Sala en los siguientes términos:

> Rdo. P. Pedro Sala. Amado Padre. Tomo hoy la pluma para referirle que el día 28 del pasado tomé estado, casándome con Dña. Carmen Rioe, a quien V. R. puede conocer muy bien. Tenemos casa de piso y vivimos en la plaza de la Constitución. Nunca puedo olvidar, mi caro Padre, los grandes beneficios que me ha hecho y lo mucho que V. R. trabajó para que yo tuviese dinero. Mil gracias por todo. Ruego mucho, Padre, por mí y por mi esposa, para que sepamos vivir cristianamente y para que el Señor nos conceda muchos bienes de fortuna [...], pues por lo que ya vamos viendo, sin dinero no se puede hacer nada. [...] Mándenos algún librico como recuerdo, que se lo agradecerá mucho el que le saluda y es su afectísimo...

Un año antes, en el número 19 de *LGE* de veintiuno de diciembre del año 1903, se había publicado uno de los primeros relatos (si no el primero) de viajes de la literatura de los TEGG, escrito por un indígena. El relato fue redactado y rubricado por Ramón Encogo, alumno del colegio de Banapá, bajo el título de *Un paseo por la Isla (por un moreno)*. Se editaba la narración «no porque sea modelo de literatura ni de corrección —comentaba el articulista que la presentó—, sino porque se vea que los morenitos van adelantando en el arte de hablar y escribir el castellano. Los defectos de que adolece son ciertamente perdonables en un muchacho nacido en el salvajismo». Un extracto de la narración se recoge a continuación:

> Es achaque común a todos los hombres cuando han ejecutado una acción que les agrada, sea de mucha o poca importancia [...] escribirlo [...] para que sea notorio a los demás. Creo que no estoy yo exceptuado de este achaque general. [...] Voy a

21. De Castro Antolín, Mariano L. (2005): *La enseñanza pública en Santa Isabel: 1896, 1902*. Vic: Ceiba ediciones.

22. *La Guinea Española*, 12 de febrero de 1904, año II, n.º 22. Ver también *La Guinea Española. La civilización de la Guinea Española*, 12 de enero de 1904, año II, n.º 20. // n.º 1.583-84, Santa Isabel, agosto-septiembre 1964. // *Hablemos en español*, año I, n.os 10 y 14, Santa Isabel, 12 de agosto de 1903. // n.º 1.554, Santa Isabel, marzo-abril de 1962.

> relatar el viaje que hice con mis compañeros carpinteros de Banapá, primero a estas alturas de Musola y después a las aguas minerales de Mioko y de Moka. Salgan bien o mal trazados mis renglones, no tengo ningún apuro en mi mente de que Vd. en su serio criterio los recibirá con benevolencia. Zarpaba en las aguas el vapor «Mogador» con destino a S. Carlos y en él me embarcaba yo con mis compañeros. Salimos de la bahía de Santa Isabel el 29 de octubre, a las 7 de la mañana, y después de unas 30 millas fondeó en el puerto de S. Carlos a las 10 de la mañana, y ahí desembarqué. Después de descansar un poco, salimos para Boloko, desde donde hay camino para Musola. [...] El camino no ofrecía para nosotros ningún aspecto hermoso, pues estaba lleno de barro por todo. [...] El segundo viaje que hemos hecho fue a las aguas minerales de Mioko y a la comarca de Moka. Salimos de Musola el 3 de noviembre a las 7 de la mañana [...] después de haber andado unas dos horas y media, encontramos en un corpulento árbol, recreándose en sus ramas, varios faisanes, a los que saludamos con unos tiros; pero los pillos supieron despabilarse y no pudimos matar más que uno [...] A la 1'30 llegamos a la casita construida por los misioneros junto a las aguas minerales. [...] Admiración causa al viajero que por primera vez ve aquel fenómeno: tuve ansias de probar su gusto, y es semejante al del «Fruit Salt». Volvíme luego a la cabaña, sofocado y lleno de hambre y encontré una olla de arroz preparada. [...] Aunque había llovido mucho la Divina Providencia supo mantenernos, y también hizo que saliera después mucho sol para secar nuestra ropa. [...] ¡Qué paisajes tan espléndidos ofrece esta vasta región, compuesta casi toda de praderas! Continuando con nuestra marcha, llegamos al lugar donde tiene su residencia Sas, Jefe supremo de los indígenas. [...] ¿A quién no sorprende ver a unos hombres forzudos, semejantes al Gigante Goliat que nos refiere la Historia Sagrada? [...] Fueron tantos los ñames que nos traían, que tuvimos que mandar suspender traer [...], quiera Dios civilizar un día a todas estas gentes.

Un acorde bemol se introdujo con el artículo 25 del Real Decreto de once de julio de 1904 sobre Administración Local: «La enseñanza en las escuelas de Primera Enseñanza deberá darse en castellano y, en su caso, en los idiomas del país». No obstante, la opción no espesará por constituir una reculada en la política pedagógica. En la revista *LGE* número 20 del año II se critica disimuladamente tal disposición en un artículo sobre la *Civilización de la Guinea Española*: «... que bien poquito se adelantaría en tan preciosa causa si todo se redujese a tener unas cuantas horas de clase, pasadas las cuales, se ve forzado el niño a expresarse en un idioma que en nada se parece al nuestro». Pero no será hasta el año 1907 cuando, por decreto del gobernador general, se publicará en el *Boletín Oficial de la Colonia* de primero de marzo el Reglamento de Enseñanza en las Colonias de África. Esta disposición decretaba obligatoria la instrucción escolar desde los tres hasta los catorce años, para enseñarles a los niños, desde temprana edad, a recitar en español el himno, la Marcha Real y otras oraciones a través de materias como Principios de Gramática Castellana y Ortografía, Lectura y Escritura del Español.

Por real decreto presupuestario de doce de diciembre de aquel año se incrementaron los salarios del maestro de educación primaria y de la maestra elemental, pasando a dos mil pesos de sueldo y cuatro mil de sobresueldo. El decreto creaba la primera Junta de Instrucción Pública, compuesta por el gobernador general en calidad de presidente, por el director del hospital Reina Cristina y, entre otros, por el reverendo padre de las misiones católicas, Joaquim Juanola Rovira. A renglón seguido se publicó el bando gubernativo de veinticuatro de mayo de 1907 por el que la enseñanza en los TEGG debía dispensarse en lengua española, quedando prohibido el uso de un idioma otro que el español en la redacción de contratos y en los documentos públicos y oficios religiosos, inclusive, entre protestantes y anabaptistas. La obligación prevista en el anterior bando se reiterará en la circular gubernativa de veinticinco de febrero de 1908, en el sentido de que todas las autoridades y, en especial, los delegados gubernativos, procurasen velar por la asistencia de los niños y niñas a las escuelas establecidas.

EL MODELO CONDIGNO

Hasta entonces, de las disposiciones relativas a la obligatoriedad escolar para el aprendizaje de la lengua y costumbres españolas en los TEGG no se seguían supuestos ilícitos efectivamente calificados y sancionados, ni otras medidas, fueran de naturaleza condigna o compensatoria, en el fortalecimiento de las leyes sobre educación en la españolidad, salvando el derogado bando del gobernador general de nueve de enero de 1872, que sancionaba con multas y un mes de arrestos a los tutores que no enviaran a sus hijos a la escuela. Ese vacío sobre una base legal punitiva, obviamente, tuvo efectos relacionados con la falta de entusiasmo escolar y el absentismo colegial en los últimos años del siglo XIX y primeros del siglo XX, lo que incidía bastante en el retraso que experimentaba la adquisición de lengua española en los TEGG. En el año 1902, los maestros seglares Santiago-José Tejero y Gregorio Bella escribieron en sus memorias, en referencia al estado de instrucción de Fernando Poo, lo siguiente: «El padre exige de sus hijos la aplicación y el estudio [...], y lo exige con reprensiones y castigos cuando el niño, dado por naturaleza a las diversiones, desatiende los paternales consejos, y ¿habrá quien se atreva a vituperar esta conducta? De ninguna manera»[23]. «Cuantos aquí han venido [...] han excluido de sus procedimientos lo que es verdadera base de riqueza general y particular: el idioma. [...] Solo con su imposición (la lengua española) de grado o por fuerza sacaremos de los indígenas y demás súbditos el partido que se quiera [...] y como consecuencia la adaptación de

23. Santiago José Tejero. 1896 (en Mariano L. de Castro Antolín, 2005).

nuestros usos y costumbres»[24]. La introducción de medidas coercitivas tendientes a doblegar esa perseverante resistencia a la españolización tenía desde antaño una base doctrinal y psicológica a la que agarrarse. La inflexión condigna se asentará en el preámbulo al decreto del gobernador general de diecisiete de octubre de 1914, en los siguientes términos:

> Este Gobierno general viene notando con profundo sentimiento el poco interés de los habitantes de esta capital por la asistencia de sus hijos e hijas a las escuelas públicas, y preocupado por que la enseñanza pública sea recibida como es necesario [...], en distintas ocasiones ha exhortado a estos habitantes a que envíen a sus hijos a las escuelas públicas, sin que haya podido lograr que se salga de la apatía [...] he venido en disponer lo siguiente. 1.º Se declara obligatoria la asistencia a las Escuelas públicas de esta capital y de los lugares donde se establezcan escuelas de los niños y niñas desde los cinco hasta los quince años [...] 3.º Serán responsables de las faltas de asistencias a las escuelas los jefes de familia, a los que se impondrán multas [...] 4.º [...] no consintiéndoles (a las niñas y niños) que en las escuelas hablen otro idioma que el castellano.

Seguidamente, el Reglamento de Escuelas Oficiales se insertará en el *BOC* de quince de marzo de 1914, cuyo artículo sexto reiteraba la obligatoriedad de la enseñanza, ahora desde los cinco hasta los quince años, siendo además imperativo como único idioma de aprendizaje el español. Se establecía, a cargo de los maestros, la llevanza de un libro diario de registro de asistencias y ausencias, cuya estadística trimestral remitirían al Gobierno General a los efectos de control de ausencias y el ejercicio del correspondiente poder sancionatorio hacia los padres y tutores responsables de toda infracción absentista. El poder compensatorio previsto en el DGG de octubre de 1914 se dejó en manos de los maestros, a quienes se otorgó la facultad de distinguir, en presencia de todo el alumnado, a los más destacados discípulos como colaboradores suyos de enseñanza, a los que premiarán de cualquier otra manera que convenga.

Considerando la necesidad no solo de empezar desde abajo, sino también de otorgar a los adultos la herramienta lingüística necesaria para desenvolverse en el mundo hispánico que se avecinaba y se expandía, los artículos 32, 33, 34 y 35 del Reglamento de 1914 establecerán clases especiales de adultos mayores de quince años, mediante cursos dispensados en horas nocturnas y durante los domingos. Pero ya se planteaba desde hacía buen tiempo el dilema de la generalización del español allende las zonas urbanas de Santa Isabel, Bata, San Carlos y en aquellos puntos del territorio donde las misiones no te-

24. Gregorio Bella, diciembre 1902. En Mariano L. de Castro Antolín: *La enseñanza Pública en Santa Isabel: 1896-1902*, 2005.

nían instaladas sus escuelas. La preocupación dará lugar a un programa de formación de un profesorado indígena extensionista, cuya labor, una vez cursado lo que vino a llamarse el Magisterio Colonial en la Escuela Urbana Mixta, será la de regentar las futuras escuelas rurales y amplificar, a través de ellas, el español hacia el campo. Por decreto de veinticuatro de julio de 1918, el Gobierno General promulgó el reglamento para el régimen de las escuelas a cargo de maestros indígenas para plazas en Bata y Elobey, después de la de Sácriba el año anterior, con el fin de extender en las áreas rurales alejadas «la enseñanza del idioma patrio». Pero algo más se introdujo en la normativa de 1918. Subyacía la dificultad de cómo instruir en español en un entorno rural no hispano donde no solamente nadie había escuchado ni hablado ese idioma, sino también donde se darían cotos de resistencia o desinterés. Así fue como dos siglos después de que Francisco de Goya pintara su violenta obra *La letra con sangre entra* el articulado del decreto comentado confería a los maestros extensionistas rurales un poder punitivo a través del deber de *imponer* «suaves azotes» a sus discípulos díscolos o desaplicados. Aunque mucho antes de aquel decreto el castigo físico ya imperaba en la Colonia: en el n.º 20, año II, de la revista *LGE* de doce de enero de 1904, la columna «La civilización de la Guinea Española» se enorgullecía de la cruzada lingüística llevada a cabo en los TEGG, ensalzando «los castigos que se imponen a los que no hablan nuestro idioma».

El castigo físico escolar como conducta de amaestramiento vino a ser legislado como un comportamiento inherente a la época y al contexto, y no carente de justificación social, de tal suerte que dicha práctica alcanzó el grado de praxis pedagógica necesaria. Y esa pericia académica impregnó las mentalidades, dominando el entusiasmo en la enseñanza del español en los TEGG. Pocos alumnos en la colonia como en la Guinea Ecuatorial poscolonial se libraron de los castigos corporales en el entorno escolar. El *don pepe*[25] azotó a más de una, de rodillas, con los brazos en cruz y dos pesados libros en cada palma. Tanto educandos como docentes resurgieron bastante embrutecidos de esa confrontación, con la violencia cotidiana como mecanismo de adquisición de la lengua y del conocimiento. Como vivencia escolar guerrerista, aquel recuerdo sigue vivo y conservado por aquellos que guardan con recelo su experiencia entre los muros de la escuela colonial. En los testimonios de los mayores brota la evocación de una pedagogía autoritaria y brutal. Santiago Compaña Ricorico (Santa Isabel, 1951) lo relata de tal suerte que se denota, a día de hoy, la naturalidad con la que se interiorizó y aceptó la violencia[26]:

---

25. Nombre otorgado a un palo por un maestro del centro escolar García Lizaso de Santa Isabel en los años sesenta, con el que golpeaba por las mañanas a unos cuantos alumnos escogidos al azar.

26. Riochí Siafá, Juan: *La historia de Guinea Ecuatorial a través de sus protagonistas*. Madrid: Diwan Mayrit. 2020, pág. 368.

> Los maestros eran hombres muy serios y responsables. [...] Tenían más autoridad que nuestros padres. Cuando nos comportábamos mal ellos nos azotaban directamente. [...] Algunos niños se escapaban al bosque y huían de toda esa presión. Había unos alumnos más mayores que eran los que se encargaban en ir a buscar a los prófugos [...], ibas donde ibas o te escapabas donde te escapabas, te localizaban [...], los castigos y azotes eran habituales. Era la forma de educar en aquella época [...], eran otros tiempos. Los derechos eran otros.

La formación de maestros indígenas extensionistas, en sí, no resolvía el problema del impulso del español allende las urbes mientras los pueblos indígenas estuvieran organizados y dispersados en comunidades aldeanas. Por consiguiente, sobre la base de una antigua real orden de nueve de agosto de 1882 del ministro de Ultramar, se reforzó la reducción de los pueblos indígenas de comunidades aldeanas a cotos concentrados de varias comunidades aldeanas reunidas, donde fuera más fácil y menos costoso establecer escuelas rurales y demás instituciones del Estado. La concentración rural se había legitimado antaño por el R. D. de once de julio de 1904 y su Reglamento de aplicación de dieciséis de enero de 1905, regulador de la tenencia de tierras.

Además del talante legislativo para la previsión del castigo físico como recurso académico, brotó de las mentes hispanizantes el «Símbolo», como sanción psicológica, copiada, *mutatis mutandis,* del vecino colonialismo francés[27]; aunque puniciones similares como las orejas de burro o la lengua de trapo se practicaban ya en el sistema escolar metropolitano español. Fue el profesor Julián-Bibang Oyee de la AEGLE quien alertó mi atención acerca de aquel hecho singular en el sistema educativo colonial. El «Símbolo», contrario a la golpiza o a cualquier otro atentado contra el cuerpo físico, no estaba concretamente legislado; en todo caso, no hemos hallado referencia alguna en el compendio de Miranda Junco del que nos hemos servido bastante[28]. Puede encontrarse una base doctrinal del Símbolo en los informes de los maestros Tejero y Bella. ¿En qué consistía? Radicaba en coger una lata de tomate vacía, en la que se insertaba arena y gravilla. Se cerraba de nuevo el recipiente con un cableado de alambres y, con un colgador, se tendía del cuello del pobre diablo que se hubiere atrevido a hablar su lengua vernácula en plena enseñanza del español. Doña Ana-María Dyangani Rondo, que en los años coloniales fue alumna de la escuela pública de Nsork-Esebekan en Río Muni, donde ejercían de maestros don Inocencio Lawson Upolo y don Sebastián

---

27. El compendio *Le vocabulaire de la francophonie*, Édition Garnier, 2008 define *Symbole* como sigue: [...] || Centroáfrica y Costa de Marfil. Durante la época colonial, objeto deshonroso que un maestro entregaba a un alumno para castigarle por haberse expresado en una lengua africana en lugar del francés [...], un objeto del que no podía desembarazarse salvo denunciando a un compañero autor de la misma falta. (Traducción libre del autor).

28. Miranda Junco, Agustín: *Leyes coloniales*. Madrid, 1945.

Makendengue, nos dijo que aquello era una de las experiencias más humillantes y vergonzosas que podía vivir una niña o un niño: «eso te devastaba moralmente y ante tus amigos, eras la risa, la comidilla. El Símbolo repiqueteaba como el cencerro de las cabras». El alumno o la alumna solo se desprendía de esa ignominia delatando a su vez el desliz de otro díscolo o cuando el encargado del aula se lo quitaba para imponérselo a otra *dialectohablante*. Matilde Meseguer Congüe, maestra de profesión, cuenta que en el año 1979, al ser destinada a Batoicopo, en la isla de Bioko (Fernando Poo), todavía seguía prevaleciendo el Símbolo, pero en aquel tiempo utilizaban un caracol gigante colgado del cuello del alumno y expuesto a la mofa multitudinaria. El Símbolo, como fuente de ansiedad y sentimiento de culpa y humillación, no desaparecerá como apareció, hubo que apelar a la intervención del legislador y al largo paso del tiempo[29].

RESISTENCIA Y ENMIENDAS

La Administración pública, instrumento por excelencia de la labor colonizadora, precisaba también de su españolización. Prácticamente una década después de declararse la obligatoriedad de la enseñanza infantil y juvenil, un decreto del Gobierno General de veinticuatro de febrero de 1924 vino a establecer un plazo perentorio de seis meses para el aprendizaje de la lengua española por parte de todo funcionario indígena. La instrucción estaría fomentada a través de la formación dispensada en las escuelas y centros de cultura, siendo dados de baja aquellos que, vencido el referido plazo, no estuvieran al tanto de los rudimentos del conocimiento y uso de la lengua colonial. El nueve de agosto de 1926, un nuevo DGG sancionado en virtud del decreto de febrero de 1924 marcó el vencimiento del plazo semestral otorgado a los servidores públicos indígenas para aprender el español, instruyéndose a los jefes de departamentos administrativos en elevar, sin demora, sus propuestas de «cesantía de aquellos individuos que no hablen el referido idioma».

A su vez, la RO de veintiséis de julio de 1928 aprobaba el Reglamento de Enseñanza de las posesiones españolas del golfo de Guinea clasificando las escuelas de la Colonia en oficiales públicas y escuelas no oficiales. Su tenor reiteraba la exclusividad del español como lengua de enseñanza. Un documento anejo al Reglamento recogía el principio de la enseñanza sistematiza-

---

29. La problemática de los castigos físicos y psicológicos en el entorno educativo llegó a tal gravedad inclusive después de la independencia de Guinea Ecuatorial que el legislador poscolonial, mediante el *Decreto número 8/2003 de 9 de diciembre (BOE N.º 5, 2004, Malabo) por el que se regulaba el Estatuto del Personal Docente*, calificó de falta grave punible el hecho de practicar castigos y torturas físicas, morales y psicológicas a los alumnos y alumnas como medida disciplinaria.

da de la lengua, así como las clases de adultos. Igualmente recalcaba el lenguaje hablado, leído y escrito como ejes en la enseñanza fundamental en las escuelas de la Colonia con la finalidad de difundir la lengua española, de tal suerte que llegue a ser «como una lengua propia indígena». Sería la primera vez que el español no se determinaba como lengua imperialista, sino como lengua del terruño, una lengua natural que debía alcanzar el grado de impregnación del fadambo, el *ndowe* o el *pidgin-english*. La edad escolar se restringía, estableciéndose entre los seis y los doce años, siendo obligatoria la escolarización durante un lapso de cuatro años. A la sazón se creaba una Escuela Primaria Superior para la formación futura de administrativos, personal telegrafista de correos, escribientes y maestros auxiliares destinados a las escuelas de primer grado para la enseñanza, el conocimiento y la divulgación del español. La obligatoriedad de la enseñanza infantil y juvenil, prevista por el DGG de diecisiete de octubre de 1914 y en el decreto de 1925 con el reglamento de 1928, se reiterará en la orden del gobernador de treinta de abril de 1936 relativa a la enseñanza en los TEGG. Dicha orden estimulaba a la infancia indígena aprender las enseñanzas que se impartían en las escuelas, singularmente el español. Se reiteraba la edad de los seis años como edad escolar obligatoria para las escuelas primarias elementales. Sin embargo, a pesar de la inflación legislativa, el ausentismo escolar seguía imperturbable, habiendo observado el gobernador el poco celo de algunos jefes indígenas, así como de familiares y tutores de niños en edad escolar, en exigirles de manera contundente la asistencia a la escuela. Por consiguiente, el tres de julio de 1925 el gobernador se vio obligado a dictar un nuevo decreto por el que ordenaba la recogida por la Policía, y la sanción económica progresiva a los padres y tutores, de todo niño o niña hallado vagabundeando en la vía pública en horas lectivas. Los resultados de este decreto tampoco fueron satisfactorios, debido a la intransigencia de los padres, tutores, jefes de pueblo e, inclusive, de los maestros. Mediante un decreto de nueve de julio de 1935 se insistió en la obligatoriedad de la asistencia escolar, prohibiendo a maestros, y a cualesquiera otras autoridades, conceder permisos de ausencia escolar durante los diez meses lectivos. La normativa del año treinta y cinco exigía de los comandantes de la Guardia colonial, de la Policía gubernativa y de los delegados del Gobierno el más exacto cumplimiento de sus disposiciones, quedando facultada la Policía gubernativa de Santa Isabel para detener a toda niña o niño encontrado holgazaneando por la ciudad durante las horas lectivas. Esta medida se completaba con la competencia del gobernador para sancionar a aquellos jefes indígenas que no observaran meticulosamente las previsiones del decreto.

De manera general, una OGG de fecha siete de febrero de 1936 vino a vedar la proyección, en los TEGG, de películas habladas en idioma extranjero, disposición que se promulgará e insertará en el *BOC* de quince de febrero. En este lapso, la clase especial preparatoria para el ingreso al Magisterio colonial se inauguró, en virtud del artículo primero de la orden del gobernador de trece de junio de 1936, el día diez de julio del mismo año. El artículo tercero de la referida orden gubernativa desestima la inscripción al curso preparatorio de «los indígenas que no conozcan nuestro idioma con una relativa perfección». Como colofón, y para constreñir al cumplimiento de las normas sobre el español en la Colonia, el GG dictará la orden de veintiocho de junio del treinta y seis por la que se multará con cinco, quince y veinticinco pesetas la primera, segunda y tercera resistencia o inasistencia del alumno a los padres o tutores que no matriculasen a sus hijos o no corrigieran las causas de sus inasistencias a clase. Estas medidas sancionatorias se completarán con la ordenanza del GG de 31 de marzo de 1837, por la que se penará el absentismo de los aspirantes becarios a maestros indígenas con multas de 5 a 25 pesetas, siendo la reincidencia sancionada con la pérdida de la beca de estudios. En esta lógica se insertó la ordenanza del GG de seis de abril de 1937, que refundió en un único reglamento aplicable a la Colonia las diversas disposiciones sobre enseñanza del español dadas en distintos momentos anteriores, extendiéndose el aprendizaje del español a los extranjeros que estuvieran residiendo en la Colonia. Otra introducción, pero infructuosa, de la ordenanza de abril de 1937 fue enunciada en su artículo 37, párrafo tercero: «En ningún caso se emplearán castigos corporales o aflictivos». Una de las innovaciones de la ordenanza de abril de 1937 fue la obligación impuesta a los particulares o finqueros que tuvieren a su cargo empleados o braceros, y cuyo centro de trabajo se encontrase a más de 5 km del centro escolar cercano, de construir y hacer funcionar a su cuenta una escuela para clases de adultos, así como para los niños que ahí residieran. El impulso legislativo para la enseñanza del español a los extranjeros residentes o transeúntes se concretará más tarde con la apertura en el año 1955, por los hermanos del Inmaculado Corazón de María, de la Escuela San Antonio María Claret para nigerianos en la ciudad de Santa Isabel, proyectada para la escolarización de los hijos de los trabajadores nigerianos. En el año 1962, la escuela de Claret contaba con una matrícula de 610 alumnos. Otra orden gubernativa de seis de julio de 1937 impuso de nuevo la conveniencia del uso común del español por los originarios de la colonia y por aquellos indígenas expatriados con dilatada residencia en los territorios españoles, instaurando para ello clases gratuitas abiertas para el cumplimiento de dicha «misión patriótica de tanta trascendencia». El artículo 1 de la referida OGG reiteró el impedimento de pertenecer al servicio del Estado a quienes desconozcan o no hablen el idioma español, debiendo ser, sin demora, cesado todo funcionario que se hallare en tal circunstancia. La orden del gobernador general de veinticuatro de enero de 1938 incluyó en la formación dispensada en el Magisterio colonial un cursillo sobre Religión y Patria, canto del himno nacional y demás himnos patrióticos. En este orden de ideas, la circular de la Inspección de Enseñanza de veintiséis de marzo de 1938, relativa a las instrucciones para los maestros, perseveraba en la enseñanza religiosa y la génesis y desarrollo del «glorioso Movimiento Nacional», con especial insistencia en cuando España se libra de sus enemigos, de tal suerte que, «reunidos en el patio, campo [...], cantarán los escolares algún himno patriótico, terminando con vítores a España».

EL EFECTO MARIPOSA

El fenómeno del aprendizaje del español y de la cultura ibérica había provocado, a lo largo de un siglo y medio, no solamente cambios en la función comunicativa, sino también, y sobre todo, profundos y significativos cambios identitarios. Pero, si algo había ignorado la enseñanza del español, era que también se habían sembrado las raíces de un instrumento político y jurídico. El trece de noviembre de 1940 estaban inscritos en el escalafón de enseñanza de Magisterio, publicado en el *BOC*[30] de primero de diciembre de 1940, los nombres de maestras y maestros indígenas acreditados como extensionistas de la lengua y la cultura españolas, como Balbina Kake, Encarnación Ebuera, Paula Epam, Luis Rondo Maguga, Miguel Zamora, Santiago Riopo, Marcos Ekedangando, Cornelio Champion, Alejandro Matzen, Agustín (Inocencio) Lawson Upolo, Bonifacio Obiang Efon, etc. En los escalafones de auxiliares indígenas publicados en el *BOC* de quince de marzo de 1942, asomarán nombres que gozarían de resonancia en la pugna emancipatoria. Se tratará, entre otros tantos, de José Perea Epota, Marcelo Asistencia Ndong, Pedro Lumu Matindi o Lorenzo Madiba Rolé. El seis de agosto de 1943, una OGG aprobó el Estatuto de Enseñanza de los TEGG, estructurado en XXVIII bases, el cual, además de subrayar el objetivo de conseguir a través de la lengua española la adhesión perfecta del indígena con España y con los ideales de la hispanidad, instará el principio establecido por la circular de Inspección de 1938 que declaraba gratuita la enseñanza y obligatoria la asistencia, y que indicaba, en su base II, el fundamento de la escuela en las posesiones españolas: «crear en el indígena una conciencia patriótica, difundiendo el idioma y virtudes de la raza patriótica». Para más sazón, el estatuto reforzó la Escuela Elemental y Preparatoria a cargo de maestros indígenas como institución disciplinaria y educativa para niños de áreas urbanas y rurales, a fin de lograr la extensión de la lengua española en dichos espacios geográficos. Ese estatuto dio lugar al Reglamento de la Escuela Superior Indígena, cuyos bancos formarán auxiliares de los cuerpos coloniales oficiales, escribientes, taquimecanógrafos, funcionarios poscoloniales. Se establecerá que todos los trámites relativos a los actos administrativos de la vida del indígena sean asentados en documento público redactado en lengua española, ciñéndose, por mero ejemplo, a los modelos de actas y licencias administrativas referidas en la Orden del

30. *Boletín Oficial de la Colonia.*

Gobierno General de primero de agosto de 1942 sobre Registro Civil. La misión de los extensionistas educativos se llevará a cabo, entre otros manuales, con la ayuda de la *Enciclopedia pedagógica de primer grado*, y los libritos *Mi cartilla, El parvulito, Djoba, Nguema y Bokesa*.

La introducción del libro escrito en español en los TEGG, como instrumento de adquisición de la lengua y la aculturación, dio paso a la inauguración de una biblioteca pública en Fernando Poo. La Ordenanza del GG de 31 de octubre de 1944 aprobó el Reglamento para el Buen Funcionamiento de la Biblioteca Pública de Santa Isabel; una institución que conocerá a un destacado auxiliar bibliotecario y después director de la institución, uno de los precursores de las letras nacionales: don Juan Chema Mijero. Un siglo después de la imposición de la lengua al amparo de disposiciones y estructuras vinculantes, retomando la expresión de Ferran Iniesta, desembocamos en hombres que se expresan con destreza en el sistema de pensamiento ibérico. Y como dice Gloria Nistal Rosique, la lengua es diacrónica y mestiza [...], es algo que no se puede controlar ni predecir; un giro de vuelta fundamental en el uso de la lengua española se coligó desde los años treinta con la exigencia de derechos, el nacionalismo y el derecho de autodeterminación. Exigencias que brotaban de nuevo, pero expresadas ahora con pensamiento y letra ibérica, digo, letra del terruño. Los africanos de los TEGG redefinen ampliamente el alcance de nuevas funciones para el español, pues el sujeto subalterno y acrítico que se proyectó a través del aprendizaje del español estaba mutando en actor en su propio escenario y guion. Los ecuatoguineanos en potencia usarán la grafía española para comunicarse mano a mano con el mundo entero, incluida España. Textos subversivos basados en preocupaciones sociales y reivindicación cultural y política nacen con pujanza lírica de la pluma de los egresados de esas escuelas extensionistas y administrativas. Un giro inesperado en la semántica del español como lengua legislada vislumbra el panorama. El español hablado y escrito de los indígenas derivaba repentinamente hacia un contenido totalmente imprevisto en los planes de la españolización de los TEGG, que vehiculará y hará público el descontento que se venía gestando desde inicios de siglo. A partir de la década de los años treinta, harán destacado uso del español como lengua de denuncia y de exigencia de derechos humanos, tras haber aprendido en aquel Magisterio indígena de la Escuela Superior palabras españolas de alto contenido semántico como justicia, derechos, igualdad, ley, libertad. Fue así como el veintiocho de agosto de 1931 Pablo Paco redactará, a la atención del Gobierno colonial, una carta de protesta, denunciando[31] lo siguiente:

31. *AGA* Caja 81-08028 E-2. Proposición de los hijos del país (contiene la correspondencia de Pablo Paco).

> ... el colmo de una situación cada día más apremiante de la usurpación del derecho a nuestra individualidad, como era que también nosotros tengamos algún derecho a la vida social como criaturas que somos de Dios como los demás.

El doce de junio de 1942 varios jefes indígenas de Bata, entre ellos Raymundo Roku y Salvador Idjabe, escribirán a su vez otra protesta al gobernador colonial, reclamando la enseñanza del idioma español como instrumento de comunicación; y, sobre todo, exigirán del Gobierno la debida consideración al africano, respeto por sus costumbres e igualdad en el trato dispensado por las instituciones públicas a blancos y negros:

> ... un mejor estado del indígena en su país de naturaleza. [...] Que haya escuelas con bastante estudio para que nuestros hijos sean instruidos como españoles. [...] Que haya justicia entre el indígena y el europeo. [...] Si el gobierno español prohibió casarse con jóvenes de menores de edad, no equivale que los europeos se dediquen a explotarlas como ahora ocurre, desmoralización. [...] Queremos que en los hospitales españoles haya un mejor tratamiento a los indígenas, no maltratándolos con malas comidas. [...] Hasta que no venga aquí la gente nueva, o mejores europeos, nunca se arreglará la colonia, sino estaríamos siempre intranquilizados. [...] Implora a S. E. su respetado mayor criterio permita junta indígena, donde se puede ir recordando sus cosas en uso de costumbre del país [...] en donde el indígena podrá defender sus derechos.

En 1948, Marcelo Asistencia Ndong redactó un texto en español sobre exigencia de mejor gobernabilidad en la Colonia. Pliego que le valdrá un proceso judicial y sanciones pecuniarias y privativas de libertad. La España, otrora hispanizante, intentará cortarles las alas a las escrituras y voces reivindicatorias, letras escritas y pronunciadas en aquel español que tanto ansiaron y lograron africanizar. Pero son legión ya aquellos que escriben y vociferan por el libre albedrío. Actúan en falange con un español de contenido y alcance nuevos. La fuerza del verbo ha sido imprevisible e irresistible, desbordando del cauce programado; y ahora brota con abolengo terruño. Una literatura social en torno a las costumbres y al individuo, sin antecedentes en los TEGG, nacerá de la caligrafía hispánica de Rafael M.ª Nze Abuy, Esteban Bualo Bokamba, Leoncio Evita Enoy, y otros como Chema Mijero y Jones Mathama, aunque con una pronunciada inclinación panegírica proespañola[32]. Pero dichos autores se nutren también de fuentes africanas, transmiten y reviven las costumbres de su tierra natal. Descubren y hacen descubrir que lejos de sus balbucientes inicios condignos, a veces compensatorios, el español es puente para tránsito de emociones, conciertos, acepciones, mitología

32. Pereyra, Verónica y Mora, Luis María (1998): *Literaturas africanas (de las sombras a la luz)*. Madrid: Editorial Mundo Negro, 1998.

africana, creatividad literaria, y no una suerte de fatalidad histórica. Como por arte de pluma y labia convierten de hecho el español en una lengua africana, vieja de dos siglos. Forjan un idioma que desde entonces les pertenece por historia. Cronológicamente, Evita Enoy dirá en 1953[33]:

> John abandonó de un brinco el lecho y se vistió apresuradamente [...], el reyezuelo Combe estaba tumbado de bruces sobre un duro lecho de bambú...

Bualo Bokamba, en 1962, escribirá:

> En este día de gozo en que se redime a los pueblos playeros de miserias, ignorancia y hambre, demos gracias a los espíritus de nuestros muertos por haber alcanzado felizmente estas costas de promisión...

Mathama Jones rubricará en 1962[34]:

> Los misioneros llevaban a cabo su humanitaria labor con mucho celo y cariño, y los fieles habitantes de aquellos poblados, carentes de todo principio moral y cristiano, pero con un corazón sin adulterar, hubieran dado su vida por esos misioneros...

Chema Mijero, con su *¡León de África!,* recitará en 1964[35]:

> ... la civilización
> te ilumina con luz fulgente
> España... la noble nación [...]
> ofrece su gran corazón
> de fecunda protección.

Como acotación a este largo quehacer, irradió la carta pastoral del Dr. Rafael M.ª Nze Abuy, publicada en el año 1967, en plena pugna emancipatoria, con el título *Los cristianos ante la evolución política de Guinea Ecuatorial.* Nze Abuy se expresa en pro de una libertad que presagiaba con tintes de decomiso. El religioso sitúa el giro de tuerca en el papel que habría de jugar aquella iglesia, otrora soldado de la españolización a ultranza, en el nuevo marco de los derechos fundamentales que paulatinamente ocupaban la arena. Alegará Nze Abuy que la independencia es una modalidad del derecho del hombre a la libre expresión a través de la palabra emancipada, consciente y debida-

---

33. Evita Enoy, Leoncio (1953). *Cuando los combes luchaban.* Barcelona: CSIC.

34 Jones Mathama, Daniel (1962). *Una lanza por el boabí.* Barcelona: TIP. CAT. CASALS SL.

35. Ndong-Bidyogo, Ngom Mbare (2000). *Literatura de Guinea Ecuatorial, antología.* Madrid: Casa de África.

mente articulada para recibir y dar información, para aprender y para comunicarse. En el año 1967, inmersos en una contradicción histórica, serán, en negación con su propia historia, los administrativos-políticos guineanos, que aprendieron el español y lo utilizan durante la lucha emancipatoria, quienes le pondrán trabas a ese acontecimiento revolucionario planteado por la carta pastoral. El lenguaje, desde entonces, no dejará de ser, en Guinea Ecuatorial, una zona de turbulencias. Nze Abuy escribió con arrebato en aquel idioma que con sangre y Símbolo entró, y que ahora clama libertades confiscadas:

> Que la Iglesia no debe entrar en política [...] es un tópico que se ha hecho ya maloliente en el ambiente guineano. [...] El pensamiento de la Iglesia está claro. Los principios del bien común exigen el respeto del derecho de cada pueblo a la vida [...], la independencia es una forma del derecho del hombre a la libertad [...] en la medida en que respete esa ley, una nación es verdaderamente libre. [...] Los cristianos deben tener siempre presente que la libertad y la responsabilidad van a la par [...], su derecho a la existencia incluye el derecho a expresar diferentes opiniones...

Llegó la independencia y la Ley Fundante Básica de Guinea Ecuatorial (1968) reconocerá el español como lengua oficial de la república. Prescripción que se descartará en la Constitución revolucionaria de 1973. Pero la misma Constitución se redactó en español, certificaba la libertad de la prensa editada en español por las revistas *Poto-Poto* y *Ébano*, y la radio nacional emitía en español. En la Ley Fundamental de 1982 el español se constitucionalizó de nuevo como lengua oficial, lo que la Ley Fundamental de 1991 reproducirá textualmente. La norma básica en este momento vigente, la reforma de la Ley Fundamental hecha en Palea en el año 2012, declara el español como lengua oficial en la República de Guinea Ecuatorial. En el ordenamiento jurídico actual sobre el español, la Ley de Procedimiento Administrativo reza textualmente que la lengua de uso en los procesos sustanciados por la Administración pública ecuatoguineana es el español, siendo nulos los actos administrativos establecidos en otro idioma. La Ley de Educación Nacional[36] indica que las áreas de actividad educativa en la educación primaria comprenderán el estudio de las lenguas oficiales, que son, constitucionalmente, el español, el francés y las que la ley determine, siendo reconocidas las lenguas autóctonas «como integrantes de la cultura nacional». La LOGT[37] instituye que las órdenes e instrucciones y demás disposiciones dirigidas al trabajador serán impartidas en la lengua oficial de Guinea Ecuatorial. Mas el

---

36. *Ley n.º 5/2007, de fecha 30 de octubre, por la que se modifican ciertos artículos de la Ley n.º 14/1995, reformando el Decreto-Ley sobre Educación General en Guinea Ecuatorial* (*BOE*).

37. Ley del Ordenamiento General de Trabajo.

español irradia hoy allende el espacio ecuatoguineano como lengua oficial de la Unión Africana. El Tratado de la OHADA[38] lo estatuye también como lengua oficial de la organización subregional africana, como también lo prevé el reglamento procesal de la Corte Común de Justicia y Arbitraje de la misma organización.

El primer Congreso Internacional Hispano-Africano de Cultura se celebró en junio de 1984 en la ciudad de Bata. En palabras del escritor Donato Ndong Bidyogo[39], el encuentro sirvió para fijar la identidad geolingüística de Guinea Ecuatorial como país hispánico de estirpe bantú. En sus recomendaciones, el Congreso exhortó a España a promover la enseñanza y difusión de la lengua española para situarla en el lugar que le corresponde en el continente africano, con el fin de hacer de Guinea Ecuatorial el puente de la hispanidad en África. Por su historia y su idiosincrasia, vinculada a la comunidad hispánica, debe darse un estrechamiento de los vínculos lingüísticos entre Guinea Ecuatorial, España e Iberoamérica. El Congreso alentó a la creación de una academia guineana de la lengua española como instrumento de limpieza, fijación y esplendor del español en el país[40]. El decreto número 163/2013 de 8 de octubre creó la Academia Ecuatoguineana de la Lengua Española (AEGLE), correspondiente de la RAE y miembro de la ASALE. Su finalidad es impulsar el cultivo de la lengua española y de las literaturas hispánicas.

Henos aquí, en el lapso contemporáneo de esta prolongada vereda, que en nuestras manos reposan a veces las estrofas y párrafos que han superado los certámenes literarios de la AEGLE, cuyos ganadores son recompensados por su dominio de la lengua de Cervantes. Pero hay un pero vigente, la identidad nacional se ha hecho más compleja. Nánay-Menemôl Lêdjam, poeta ganador del concurso literario Miguel de Cervantes (AEGLE, 2018), la formula con las siguientes palabras: «No traigo sueños, / sino lo que soy por legado [...] cantos y danzas traigo de mi dual mundo [...] traigo mi identidad...».

---

38. Organización para la Armonización del Derecho Mercantil en África firmado el 17 octubre 1993 en Port-Louis, en las islas de la República de Mauricio. Fue revisado en Quebec (Canadá) el 17 de octubre de 2008.

39. *África 2000. Revista de cultura*. Año VII, época II, n.º 16. Malabo: CCHG, 1992.

40. *El CICTE en la Guinea de hoy* (2019). Malabo: Ediciones CICTE Press.

Lengua y ciudadanía en Chile[1]

ADRIANA VALDÉS BUDGE

Academia Chilena de la Lengua

El lenguaje claro: el ejercicio de la ciudadanía en el ámbito jurídico. ▪ Los cambios en la lengua y los cambios en la sociedad: género y etnia. ▪ Lengua, desigualdad social y educación. ▪ Peculiaridades de la lengua en Chile: la «variante chilena». ▪ Libertad, ciudadanía e ingenio: la lengua democrática y la emancipación ciudadana.

1. Este artículo fue escrito en relación con los preparativos de la convención constituyente instalada en Chile el 4 de julio 2021. Forma parte del libro, editado por Lucía Dammert y Pamela Figueroa, *Cómo funciona nuestra democracia: guía para ciudadanos y ciudadanas,* que aparecerá próximamente en la Editorial de la Universidad de Santiago de Chile (USACH).

El tema de la lengua que se habla en un país, y de cómo se habla, puede tener una relación estrecha con el ejercicio democrático de la ciudadanía en condiciones de igualdad. Es una hipótesis que exploraré en las siguientes páginas desde diversos ángulos, sin otra pretensión que el provocar conversaciones ciudadanas en torno al tema, considerando cómo la lengua puede favorecer u obstaculizar dicho ejercicio.

Respecto del uso de la lengua en Chile, la percepción extendida actualmente es la de una reducción de vocabulario, del uso activo de muy pocas palabras; también la de una extensión, a todas las esferas, del lenguaje que en el diccionario llevaría las marcas de familiar (*fam.*) y vulgar (*vulg.*). Esto no favorece la discusión de ideas, ni la serenidad en la argumentación, ni un encuentro respetuoso entre personas que se consideran iguales. Por el contrario: promueve enunciados que niegan de partida esa igualdad y, en vez de crear disposición al diálogo y al encuentro, llevan a la ira de quienes se sienten desplazados, en lo que dice el otro, a una condición inferior, estigmatizada[2]. Las redes sociales entregan diariamente ejemplos innumerables. El texto fundamental de la república debe ser, por cierto, otra cosa que la repetición de consignas ya fláccidas y degradadas. El texto fundamental de la república debe, irrenunciablemente, inspirar. A todos los chilenos, sin excepciones ni exclusiones.

El ejercicio de la ciudadanía y la próxima convención constituyente nos llaman a tomar muy en serio el asunto del uso de la lengua. La capacidad de sostener un diálogo fructífero, igualitario y respetuoso es decisiva; lo es también la capacidad de redactar los textos finales de manera clara, correcta y sin ambigüedades que dificulten su aplicación. Lo dicho es apenas un mínimo. Cabe la esperanza de que también pueda imponerse un lenguaje inspirador, consciente de lo mejor del pasado de nuestro país y abierto a un futuro cada vez más impredecible, en que la solidaridad social se vuelve no solo una aspiración, sino una necesidad imperiosa de sobrevivencia. El lenguaje del texto fundamental debe unir en torno a un país posible, solidario, inclusivo y capaz de un alto vuelo.

EL LENGUAJE CLARO: EL EJERCICIO DE LA CIUDADANÍA EN EL ÁMBITO JURÍDICO

El lenguaje especializado, de los «expertos» o de los «técnicos», es indispensable, por cierto, en el ámbito de cada disciplina. Fuera de ella, suele funcionar también, consciente o inconscientemente, como instrumento de poder y

2. Humberto Maturana: *Emociones y lenguaje en educación y política*. Santiago de Chile, Dolmen Editores, 2001.

de exclusión del no iniciado: una retórica del poder social de las profesiones, que se da prácticamente en todas. En el ámbito jurídico, el Poder Judicial de Chile ha procurado activamente evitar que el uso de la lengua constituya un obstáculo para el ejercicio de los derechos ciudadanos.

Existe desde hace tiempo la iniciativa llamada del lenguaje claro, cuya finalidad es facilitar la comprensión del lenguaje utilizado en procedimientos y sentencias de los tribunales. En mayo de 2019, el coordinador de la respectiva comisión, miembro de la Corte Suprema y de la Academia Chilena de la Lengua, presentó junto al presidente de la Corte una *Propuesta de manual de estilo para redacción de sentencias* y un *Glosario de términos jurídicos*. La primera contiene recomendaciones para jueces y juezas, con miras a que los fallos y sus fundamentos sean entendidos por los interesados, aunque no tengan formación jurídica. El segundo aspira a ser de uso extendido entre quienes recurran a los tribunales.

Claramente, el Poder Judicial de Chile, al crear la comisión, estuvo consciente de una situación que debía repararse. Muchas veces los ciudadanos se han visto enfrentados a documentos que los afectan profundamente y de los que no entienden una palabra, por el uso de un lenguaje innecesariamente complicado y técnico. El Poder Judicial mandó un mensaje nítido: no es libre quien no entiende. Es obligación de los poderes del Estado expresarse de tal manera que un ciudadano atento, que cuente con los requisitos mínimos de educación también fijados por el Estado, sea capaz de comprender los documentos jurídicos que lo afectan en lo familiar, en lo económico o en cualquiera de sus derechos como ciudadano. Esta iniciativa es muy potente como testimonio de la conciencia, al más alto nivel de uno de los poderes del Estado, de cómo el lenguaje impenetrable puede ser un instrumento de ejercicio del poder, y el lenguaje claro, un instrumento que facilita el ejercicio de los derechos y de la libertad.

La presentación durante el presente año del *Diccionario panhispánico del español jurídico*, de la Asociación de Academias de la Lengua Española (ASALE), es un hito imposible de descuidar cuando se habla del ámbito legal. En efecto: este diccionario en línea, que es novedad todavía para muchos, permite acceder a toda la terminología jurídica del mundo hispanohablante; establece los parentescos y los parecidos entre procesos que se denominan de manera distinta en los diversos países; y no solo eso, sino que da acceso electrónico a numerosos documentos en que los términos se emplean en su contexto. Todavía está por descubrir la tremenda potencialidad que tienen iniciativas como esta en la emancipación de los ciudadanos, en su capacidad para comprender los procesos que los afectan y promover cambios que favorezcan el pleno ejercicio de sus derechos.

Este es una instancia y un ejemplo concreto de un tema mucho más amplio y relacionado con los derechos ciudadanos. Las retóricas burocráticas suelen oprimir a muchas personas usuarias de servicios estatales. Varios otros organismos del Estado de Chile han hecho recomendaciones al personal en el sentido de evitar que un uso innecesariamente complicado del lenguaje burocrático se transforme en una pesadilla para los usuarios, o en un instrumento de poder para quienes lo utilizan con mezquindad y escasa conciencia. Este tipo de iniciativas contribuyen a mejorar la situación de los más desvalidos tanto en lo económico como en lo cultural, y es fundamental para «emparejar la cancha» en cuanto al ejercicio de los derechos de ciudadanía.

LOS CAMBIOS EN LA LENGUA Y LOS CAMBIOS EN LA SOCIEDAD: GÉNERO Y ETNIA

La lengua puede imaginarse de muchas maneras. En nuestros tiempos, que son los del fin de la era de Gutenberg, muchas veces se piensa en el lenguaje como un libro impreso, y en el diccionario como una especie de lista de vocablos «autorizados» o permitidos por una autoridad. En el caso del español, se piensa en la Real Academia Española (RAE) o, si hay mejor información, en la Asociación de Academias de la Lengua Española (ASALE). Esta última asociación corresponde al reconocimiento de un hecho evidente: la enorme mayoría de los más de 500 millones de hablantes de español están fuera de España, y el uso del idioma hoy no puede estar determinado por las prácticas peninsulares. Los diccionarios, la gramática y la ortografía de las academias toman hoy en cuenta el uso del español en todas sus variantes nacionales. Lo que impera no es la norma, sino el uso, y el uso entre todos los hispanohablantes, no solo los españoles. Esta aclaración es innecesaria para cualquier estudioso de la lengua, pero no tanto para el público en general.

Hay una relación sumamente interesante entre la ciudadanía y las nuevas maneras de imaginarse el lenguaje. En la era de Internet, el lenguaje se puede imaginar no como un libro, sino como algo que se encuentra «en línea», como de hecho está el *Diccionario de la lengua española*. Se puede imaginar no como la imposición de una norma, sino como el registro de un uso que se modifica continuamente: las únicas lenguas que no cambian son las lenguas muertas. La lengua está continuamente renovándose, como un ser vivo. Está produciéndose en un gran proyecto inconscientemente colaborativo. Según una joven lingüista canadiense, «para decirlo en términos tecnológicos, el lenguaje es el más espectacular de los proyectos humanos abiertos al aporte y al uso de todos (*open-source project*), y la lengua se difunde, se extiende y se disemina gracias a nuestras conversaciones e interacciones»[3].

3. Gretchen McCulloch: *Because Internet: Understanding the New Rules of Language*. Penguin, 2019.

En ese sentido, un lenguaje que se está haciendo gracias al uso y al aporte de todos está continuamente cambiando, y algunos de esos cambios tienen que ver con cómo se concibe la ciudadanía. Esta, pensada como una aspiración más que como un colectivo ya existente, también cambia y debe ir acogiendo e incorporando nuevos integrantes y nuevas «subjetividades», como suele decirse desde Foucault y desde la antropología. Hoy, las mujeres somos ciudadanas, no lo éramos hasta hace muy poco, por ejemplo.

No basta con nacer chileno o adquirir la nacionalidad. La ciudadanía como aspiración es algo a lo que se accede, ejerciendo los derechos y cumpliendo los deberes que se asocian a ella en distinta medida, según las posibilidades de cada cual. Al hablar de la ciudadanía en Chile, el pecado original de la desigualdad social que se mencionó al inicio se remite al primerísimo artículo de la Declaración Universal de los Derechos Humanos, que habla de la igualdad. El ejercicio de la lengua es un modo de habilitarse para la vida ciudadana, un instrumento de emancipación de los sujetos ante determinismos históricos que los clasifican en lugares desventajosos dentro de la sociedad y los transforman en objetos de discriminación. Etnia y género son ejemplos de tales determinismos históricos.

Este preámbulo es necesario para comprender demandas como las del lenguaje inclusivo. Estas, por cierto, no son propias solo de nuestro idioma, sino que han aparecido prácticamente en todas las lenguas occidentales al adquirir importancia política el tema de la igualdad de derechos de las mujeres. La memoria colectiva suele pasar por alto que reconocer a las mujeres como ciudadanas es algo que las sociedades han hecho hace muy pocos años. En la historia de la humanidad, menos de cien años es algo así como un suspiro. La legislación puede cambiar, pero el cambio cultural que ella implica es muchísimo más lento. Se puede abolir la esclavitud, pero el reconocimiento de la igualdad de alguien de otra etnia demora mucho más, especialmente en la vida cotidiana.

En el caso de las mujeres, la demanda política de un lenguaje inclusivo se basa en el supuesto de que la lengua que usamos perpetúa, por sus formas, las discriminaciones contra las mujeres. Decir «el hombre» por el género humano ya no es uso aceptable. En ese sentido, en el uso se ha desterrado «los derechos del hombre», por ejemplo, para sustituirlo por «derechos humanos». Se han preparado numerosos manuales que invitan a las personas del sector público a evitar el uso de lenguaje sexista; lo mismo ha sucedido en universidades y otros medios académicos. Los movimientos estudiantiles tienen voceras que intentan por todos los medios utilizar el lenguaje inclusivo en sus declaraciones públicas, y pueden encontrar dificultades no menores al hacerlo. En España, uno de los partidos de gobierno se llama Unidas Podemos, lo que podría indicar, tomado al pie de la letra, que se trata de un partido al que solo pertenecen mujeres. No es así: hasta hace poco el vicepresidente (y no vicepresidenta) del Gobierno era de sexo masculino. En fin: el tema es motivo de controversia. El deseo de «ponerse al día» y evitar el sexismo llevó a la constitución vigente en el hermano país de Venezuela a ser el mayor ejercicio de redundancia del que se tenga memoria. Un *caveat* para futuros redactores de documentos de importancia pública.

Flaco favor les hicieron a las lenguas con llamar *gender*, género, a todo un pensamiento antropológico y social relacionado con la construcción cultural de una «feminidad» por oposición a una «masculinidad» dominante. El género, no como concepto de la antropología, sino como concepto gramatical, es otra cosa. Tal como el número, es una categoría formal que rige la concordancia entre el nombre sustantivo, el artículo y el adjetivo. Por eso es tan difícil «hablar» un discurso completo en «lenguaje inclusivo». «Todes les estudiantes estamos descontentes con ...», etc. Decir, a modo de testimonio, que nos dirigimos a «todes» es bastante más fácil.

En la redacción de este ensayo, debimos renunciar desde un principio a emplear a rajatabla el lenguaje «inclusivo», por crear incontables dificultades a la redacción y, por ende, al pensamiento. La lectora percibirá que hemos buscado las fórmulas menos ofensivas: que utilizar, por ejemplo, *persona*, palabra de género femenino, no hiere sensibilidades. Lo importante es conocer las sensibilidades y la validez política que tienen en relación con el ejercicio de la ciudadanía.

En el año 2019, la Academia Chilena de la Lengua hizo una conversación pública, aprovechando las preguntas y el revuelo creado por el primer nombramiento de una mujer como directora. Lingüistas y periodistas de la Academia conversaron durante casi tres horas con un público muy ilustrado y con fuertes opiniones respecto del lenguaje inclusivo. La conversación se subió a la página electrónica de la Academia y luego dio origen a la publicación del libro *Sexo, género y gramática*, en coedición con la editorial Catalonia. De todos los numerosos ejemplos y de las reflexiones de este libro, en los que no hay tiempo de entrar aquí, cabe tal vez quedarse apenas con una: si bien el uso de @ o de *x* o *e* para evitar los nombres terminados en *a* y *o* crea no pocas dificultades de comunicación, tiene la virtud de señalar un titubeo cultural y antropológico. Como dijo la presidenta de la Comunidad Mujer en esa conversación pública, y se recogió luego en el libro, «lo que me gusta es ese espacio que crea en la palabra esa *x* o esa @ o esa *e*. Me gusta esa detención. Deja lugar [...] para preguntarse eventualmente '¿quiénes no están siendo incluidos'? ¿Esto podría ser de otra manera?».

Análoga vacilación se produce en la prensa, por ejemplo, con el plural de la palabra *mapuche*. Muchos periodistas la consideran ya como invariable en cuanto a número: «las costumbres ancestrales mapuche», por ejemplo. En el sistema de la lengua española, por cierto, el plural correcto es *mapuches*. Hacerla invariable en cuanto a número intenta reflejar que *gente de la tierra* ya es un plural, por lo que agregar *s* es redundante. Intenta trasladar la «lógica» de una lengua (el mapudungun) a la de otra distinta (el español). Se crea entonces un espacio, un lugar, una detención que da lugar a una pregunta que no solo tiene que ver con gramática: tiene que ver con la inclusión social.

La inclusión social será un tema de capital importancia en la próxima convención constituyente. No se ha destacado lo suficiente que es la primera vez en el mundo en que una convención constituyente será paritaria: habrá un número igual de ciudadanas y de ciudadanos. Por otra parte, habrá representación de los pueblos originarios mediante el mecanismo de los escaños reservados. Género y etnia, en ese sentido, habrán de estar presentes en la nueva constitución, y no solo en las ideas, sino también en la lengua.

Cabe recordar que nuestra lengua, un sistema vivo que se va haciendo a sí mismo mediante las conversaciones, los escritos y las interacciones de sus hablantes, ha sido históricamente generosa en la incorporación de nuevas palabras: el léxico es permeable, y llegan vocablos a los diccionarios una vez que pasa la etapa de la novedad, donde mueren muchos, y se establecen en el uso, tanto en el uso culto como en el familiar o en el vulgar. En este último caso se incorporan con la respectiva marca. (Un ejemplo favorito es del español del siglo XVI: se incorporó el italianismo *joven*, aunque muchos opinaban que era innecesario, pues *mozo* decía lo mismo). Palabras como *presidenta* o *abogada* ya no son problema para nadie y figuran en todos los documentos oficiales y académicos, aunque hubo un titubeo inicial y algunas negociaciones. No sucede lo mismo con las modificaciones de la sintaxis. En este caso, el voluntarismo testimonial puede ser un gran enemigo de un buen texto constitucional. Dependerá de las destrezas de redacción poder llegar a una constitución cuyo lenguaje sea a la vez claro y perfectamente inclusivo.

LENGUA, DESIGUALDAD SOCIAL Y EDUCACIÓN

La desigualdad social y económica es reconocidamente una falla trágica de la sociedad chilena, reconocida como tal por todo el espectro de la opinión nacional. Las declaraciones de principios, por coherentes y bien intencionadas que sean, suelen estrellarse en la práctica con hábitos seculares de discriminación. Tal como sucede con el género, la lengua no crea esta discriminación, pero la refleja en forma consciente y sobre todo inconsciente, tanto en su léxico como en su estructura.

Es fundamental reconocer que existen desigualdades profundas entre los hablantes. Aunque esto sea muy evidente, no suele tomarse en cuenta en muchos discursos, ni suele sopesarse su gravedad política. No todos tienen los mismos recursos ni económicos ni culturales. Hay una profunda diferencia en cuanto a las oportunidades de acceder a la lengua materna y al dominio de su adecuado uso, como hay una profunda diferencia en el acceso al llamado «capital cultural» en general: baste con evocar el conjunto de supuestos, de censuras y de lagunas que toda educación implica, acepta y pasa por alto («naturaliza»), creando un círculo mágico de personas privilegiadas[4]. Estas, en la mayoría de los casos, no tienen plena conciencia de la desigualdad social básica que da origen a su privilegio. Hay ciudadanos que son más ciudadanos que otros, para recordar una vez más la célebre frase de Orwell.

Podemos pensar en la educación como un factor fundamental en la igualdad en cuanto al ejercicio de los derechos y deberes ciudadanos. Sin embargo, no todo el ejercicio de la igualdad en la educación se puede solucionar proporcionando un ambiente propicio, de excelencia, con profesores y alumnos de buen nivel (aunque esta aspiración es fundamental). La sociolingüística tiene trabajos célebres que muestran cómo los más pobres, aunque pertenezcan al mismo curso escolar y tengan los mismos profesores, comienzan a retrasarse en relación con sus pares, en relación con el menor «capital cultural» y de lenguaje de sus familias de origen.

Las excepciones son muchas y notables; pero, en general, dependen menos del entorno escolar y familiar que de una tozudez, un tesón desmesurado de alumnos que leen mucho, mucho más allá de lo que sus estudios les exigen, y siguen sus obsesiones personales a través de la lectura. Gabriela Mistral —Lucila Godoy Alcayaga— y Pablo Neruda —Neftalí Reyes Basualto— son ejemplos de ello, los más ilustres de nuestro país. Muchos otros han logrado con éxito superar barreras de discriminación social, logrando un nivel de lenguaje e inteligencia que los ha convertido en referentes culturales: el dominio del lenguaje y del pensamiento ha sido para ellos totalmente emancipador[5]. Con esto quiero decir que el dominio del lenguaje y del pensamiento es un factor que va en contra del determinismo social, una vía importantísima hacia la libertad personal y el pleno ejercicio de los derechos ciudadanos.

La lengua materna está básicamente al alcance de todos, aunque no en igualdad de condiciones, y hay un elemento que no es ni sentimental ni retórico: los niños no pueden esperar[6]. La educación preescolar temprana es ex-

4. Pierre Bourdieu: *Leçon sur la leçon*. Paris, Les Éditions de Minuit, 1982.

5. En este texto, las palabras *emancipar* y *emancipación*, que tienen muchas referencias filosóficas, se utilizan en el marco de la reflexión de Jacques Rancière.

6. Gabriela Mistral: «Muchas de las cosas que nosotros necesitamos **pueden esperar, los niños no pueden**, ahora es el momento, sus huesos están en formación, su sangre también lo está y sus sentidos se están desarrollando, a él nosotros no podemos contestarle mañana, su nombre es hoy». La neurobiología de nuestro tiempo le ha dado enteramente la razón. No solo los huesos, la sangre, los sentidos: las neuronas de los niños no pueden esperar. La estimulación y el afecto, la

traordinariamente importante en cuanto al desarrollo de las competencias lingüísticas. Los niños aprenden por imitación, y entrar en contacto con más palabras, más necesidad de usarlas y mayor comprensión de su contexto comunicativo es algo que debe producirse a temprana edad, cuando el cerebro infantil adquiere hábitos e improntas imborrables. Muchas capacidades lingüísticas se adquieren mejor, como jugando, en la primera infancia, y luego, en otras etapas del desarrollo, se hacen muy difíciles. La precariedad de la educación pública hoy impide, en gran parte de los casos, que las escuelas básicas suplan las carencias de los lugares de origen. Las condiciones para ejercer igualitariamente los derechos ciudadanos dependen en gran medida de una educación que habilite especialmente a los más desvalidos, que les abra posibilidades para liberarse de la desigualdad. En esto, la lengua es elemento fundamental.

Las bibliotecas, que hoy no solo tienen libros, sino también material audiovisual, son campos de curiosidad y de descubrimiento que deben estar abiertos muy especialmente a los niños, sin limitar sus lecturas a libros adaptados o creados «para su edad». Permiten a los más interesados y a los más dotados prácticamente educarse a sí mismos, en contacto placentero con su lengua, adquiriendo paulatinamente no solo conocimientos fundamentales, sino además las maneras de aprenderlos y comunicarlos a través de la palabra. Nuestros dos premios nobeles de literatura se educaron en gran medida a sí mismos, notablemente en el caso de Gabriela Mistral, y excedieron cualquier marco de educación formal. Ambos son un símbolo de la enorme pérdida que significaría para una sociedad reservar el «capital cultural» para aquellos que pueden de antemano pagarlo, y con eso caer en un determinismo lamentable. Los talentos naturales de nuestros ciudadanos futuros no se reparten según el poder económico de los padres. Un maestro o una maestra, o quien está con los niños en las bibliotecas, suele ser el que logra habilitar a alguien postergado. El país logra entonces contar un futuro ciudadano con méritos, esfuerzos y una experiencia personal que no es la de la élite. Una biblioteca abierta y bien manejada es una apertura de mundo que en muchos casos notables brinda tanta o más oportunidades que la educación formal para adquirir manejo del idioma.

Liberar a los niños del determinismo social que los margina es tarea ciudadana por antonomasia. Un joven egresado de educación básica, y más aún de la media, debe ser capaz de expresarse en varios registros del lenguaje, no solo en los familiares y vulgares. No es que no pueda utilizarlos en el contexto apropiado; pero tiene que ser capaz de cambiar de registro cuando quiera,

---

conversación desde los primeros juegos de sonidos van formándolas y abriendo posibilidades diferenciadas en las distintas etapas de la vida infantil. Por eso un programa como «Chile crece contigo» es inspirador y necesario de recordar cuando se habla de ciudadanía.

de poder entrevistarse con quien sea sin quedar estigmatizado socialmente, y ser capaz de ser fiel a lo que quiere expresar[7]. *Lo pienso bien y lo digo mal* es el título de una publicación de la Academia Chilena de la Lengua que estuvo un buen tiempo entre los libros más vendidos. Este solo hecho muestra cuánto valoran los chilenos la capacidad de hablar mejor, y tener así la posibilidad de ejercer derechos y deberes ciudadanos en todos los niveles.

Las formas de hablar suelen reforzar la desigualdad existente, poner de manifiesto las carencias del hablante y ayudar al oyente a ubicarlo dentro de un esquema social donde puede ser sujeto de discriminación. Un lingüista extranjero residente en el país dijo una frase elocuente: «Abrir la boca en Chile equivale a entregarle tu ficha Casen al interlocutor»[8]. Un ejemplo en dos vertientes: la del estudio lingüístico y la de la percepción directa de los hablantes. No hace mucho, la Academia Chilena de la Lengua premió un excelente trabajo titulado *Alofonía sociolectal del fonema <ch> del español hablado en Santiago de Chile: un estudio sobre variación sociofonética y conciencia sociolingüística de adultos santiaguinos*. Este título, intimidante, se refiere muy bien, de manera científica y, a la vez, sencilla, a cómo los habitantes de Santiago perciben la diferencia social según cómo cada uno pronuncia la *ch*.

Haciendo un giro brusco desde esta tesis universitaria a la percepción popular del mismo hecho, veamos lo que decía una pancarta de las manifestaciones del 18 de octubre, que lo resume mejor que cualquier comentario:

Tchile despertó.
Chile despertó.
Shile despertó.
Shile dispertó.
(No importa cómo lo diga, la cosa es que lo diga).

Hablar y escribir de manera de no reforzar la desigualdad social que se encuentra tras muchas prácticas lingüísticas es un gran objetivo ciudadano; un objetivo aún mayor es el de habilitar, emancipar, «empoderar» a los ciudadanos para que la lengua que hablan sea un instrumento de ciudadanía plena.

---

7. Ambrosio Rabanales, con fines metodológicos, distinguió entre dos niveles socioculturales extremos, el *culto* y el *inculto* y, en cada caso, dos subniveles correspondientes a dos actitudes diversas —y también extremas— del hablante, *formal* e *informal*, lo cual da como resultado cuatro grandes normas diferenciables: la *culta formal*, la *culta informal*, la *inculta formal* y la *inculta informal*.

8. Scott Sadowsky, lingüista norteamericano y académico de la Universidad de La Frontera, citado en artículo de *La Tercera* (2014).

PECULIARIDADES DE LA LENGUA EN CHILE: LA «VARIANTE CHILENA»

Cada país hispanohablante habla el idioma castellano de una determinada manera: se podría hablar de una «vertiente» o de una variedad chilena, de una peculiar manera de usar el idioma común, que es poco perceptible para los chilenos mismos y suele hacerse mucho más evidente para los extranjeros. De hecho, la adaptación al «chileno» suele ser difícil para muchos que llegan al país habiendo aprendido el idioma en cursos dictados fuera; puede ser que por varios meses entiendan muy poco de lo que se dice a su alrededor. Esto corresponde a lo dicho antes acerca de la extensión de los registros familiar y vulgar a muchas otras situaciones del habla. Corresponde también a un fenómeno universal, que es el cambio rápido del léxico juvenil y de tribus urbanas, que por su impermanencia deja poca huella en diccionarios y otros libros de consulta.

Se escriben libros más bien humorísticos para familiarizar a los extranjeros con el léxico actual de Chile y sobre todo con los dichos que se usan abundantemente en la conversación informal, en la calle, y apenas se establece una mínima familiaridad en la vida social. Con el mismo objeto, se dictan cursos para quienes vienen al país a trabajar. Es muy reveladora la percepción de quienes los enseñan, pues están especialmente conscientes de las peculiaridades del habla chilena. Un profesor advierte en nuestro país «una incomodidad en comunicar directamente algo negativo», lo que atribuye a la necesidad de cuidar las relaciones en un país «chico y aclanado».

Los estudios lingüísticos se han propuesto desde hace muchos años señalar rasgos propios del español de Chile. La obra de Ambrosio Rabanales fue pionera en este sentido y es un punto de referencia obligado respecto del léxico, la «norma culta», el sentido del humor (tema que se retomará en el último apartado) y el eufemismo, entre muchos otros temas. En 2010 la Academia Chilena de la Lengua publicó el *Diccionario del uso del español de Chile* (*DUECh*), bajo la dirección de Alfredo Matus. El presente ensayo no pretende dar cuenta de la riqueza de este aporte académico; se refiere solo a aquellos aspectos relacionados con su propio tema central, el del ejercicio de la ciudadanía.

Una relación con el uso de la lengua se encuentra en un tono comparativamente «ladino» emparentado con usos campesinos tradicionales, cautelosos y evasivos. *Cazurro* es un adjetivo utilizado en este sentido, generalmente a manera de elogio y como referencia a una «astucia criolla». El hablante astuto está consciente de un peligro y busca «atrapar» a su interlocutor, enredarlo en sus propias palabras, obtener información que aparenta poseer él mismo. La doble intención, el doble sentido, el reservarse las opiniones propias o darlas a conocer de manera equívoca, para provocar una situación difícil para el interlocutor, son propias de este tono. La descripción puede evocar el entorno campesino, pero en los entornos urbanos persiste un uso de la lengua intencionadamente equívoco.

Las observaciones del cineasta chileno y francés Raúl (o Raoul) Ruiz, hechas desde muy cerca y a la vez desde muy lejos, son valiosísimas para dejar planteado el tema y dejan además varias interrogaciones pendientes para quienes estudien el habla chilena. «Lo que me gusta de Chile es esa manera tan especial que tenemos de hablar los chilenos y que muchos creen que viene de los años de la dictadura, pero yo sé, porque viví aquí, que antes de eso también era así. [...] Los chilenos a veces son capaces de hablar sin usar ni verbo ni sujeto, o usan los verbos y el sujeto desplazado, lo que hace que hablen horas y no se sabe de qué. [...] Esa manera incierta de hablar, que hace que todos los chilenos hablen como en las obras de Samuel Beckett, es interesante». Ver *Tres tristes tigres* desde esta perspectiva, como lo han hecho Ascanio Cavallo y Bruno Cuneo, da perspectivas sobre lo escurridizo y lo ladino como elemento del habla chilena.

Agrega Ruiz una variante, que también es de interés lingüístico, sobre el acento: «Chile fabrica una forma muy curiosa de lenguaje artificial en el que la entonación tiene casi tanta importancia como las palabras que se emiten...», otro de los dolores de cabeza de quienes enseñan el habla chilena a los extranjeros.

Y tiene además su propia observación acerca de «la sintaxis rara». «Se empieza una frase y se termina con puntos suspensivos, se empieza otra y otra y lo que pasa es que la gente está hablando con tres discursos paralelos, y pasan de uno a otro como en una fuga de Bach y no dicen nada. Y, entremedio de todo esto, dicen contradicciones y constantemente están metiendo chistes que lo anulan todo»[9].

Cuento estas citas de Ruiz entre lo más agudo que se ha dicho sobre las peculiaridades del habla de los chilenos desde el ámbito de la observación no especializada. Nicanor Parra es tal vez el poeta en que más podemos apreciar la recreación consciente de este vagabundaje de lengua y pensamiento; una ironía, un «hablar siempre entre comillas» a lo cual también se refirió Ruiz.

Hay estudios lingüísticos acerca de la «atenuación» en el habla de Chile, entendiendo por ella el uso excesivo de eufemismos y diminutivos, por ejemplo, o bien, como se aprecia incluso en la prensa, el empleo extendido del condicional para evitar afirmaciones tajantes: «habría estado involucrado en actos de corrupción»[10]. Estos usos timoratos culminaron con la locución «presuntos desaparecidos» durante el régimen militar.

---

9. Bruno Cuneo: *Ruiz. Entrevistas escogidas*. Santiago de Chile, Ediciones UDP, 2013.

10. Juana Puga: *La atenuación en el castellano de Chile, un enfoque pragmalingüístico*. Santiago de Chile, Universidad Diego Portales, 1997.

Esta situación, según quienes la han estudiado, excede el ámbito de lo lingüístico y tiene que ver con la historia, la sociología y la antropología, temas que superan los límites de este ensayo. Las feministas de los años setenta hablaban de «las tretas del débil», y esa expresión resulta acertada no solo cuando se refiere a las relaciones de género, sino también a todas las relaciones de desigualdad en el ejercicio del poder, tanto presentes como históricas. Una variante del castellano que se caracteriza por ser ladina y escurridiza está muy enraizada todavía en Chile, a pesar de las modificaciones que introduce la globalización de un «español estándar» mediante los medios de comunicación.

«El último en darse cuenta de la existencia del agua es sin duda el pez». Inmersos como estamos en la «vertiente chilena» del idioma español, probablemente sea difícil para nosotros darnos cuenta de sus diferencias. Lo que no podemos negar es que, cuando aparecen, tienen el signo de lo escurridizo, lo ladino, lo «zorro», no de lo frontal. En comparación con el habla de España o de los rioplatenses, por ejemplo, muestran falta de asertividad. El hábito ancestral de irse por la tangente en el habla cotidiana, de evitar compromiso, parece poco propicio para favorecer el pleno ejercicio de la ciudadanía democrática, que es el eje de este ensayo; pero lo ladino tiene una contracara creativa que es preciso también examinar, aunque sea brevemente, con vistas a la nueva constitución.

LIBERTAD, CIUDADANÍA E INGENIO: LA LENGUA DEMOCRÁTICA Y LA EMANCIPACIÓN CIUDADANA

Refiriéndose a los Estados Unidos, el historiador Timothy Snyder señalaba hace dos años que el lenguaje estaba colapsando: que la gente usaba cada vez menos palabras, que se repetían frases hechas y consignas una y otra vez, lo que es funcional para la instalación gradual de la «normalización» de tiranías de cualquier signo. Por el contrario, opina en una entrevista reciente, un lenguaje que haga posible para cada persona una cierta creatividad, una combinación insólita de palabras que aparte de los lugares comunes, favorece un pensamiento ágil y crítico: usar así el lenguaje es «como el agua fresca, algo que te puede despertar», para darse cuenta de que hay otras posibilidades en la realidad, de que es posible resistirse a repetir eternamente lo mismo o tener que plegarse siempre a lo que dicen en determinado momento los demás[11].

---

11. Paula Escobar, en *La Tercera*, Santiago, 28 de noviembre 2020. «Timothy Snyder: 'Si no piensas que el futuro puede ser mejor, entonces es difícil creer en la democracia'» https://www.latercera.com/tendencias/noticia/timothy-snyder-si-no-piensas-que-el-futuro-puede-ser-mejor-entonces-es-dificil-creer-en-la-democracia/C44YZ3WRYFF-2DKBSY6Y2JZ7KE4/.

A pesar de lo escurridizo, dubitativo y poco asertivo de gran parte del habla en Chile, no falta por estos lados «el agua fresca, algo que te puede despertar». En 1988, año del plebiscito, año del «no», el fenómeno de *La Negra Ester* fue el agua fresca. Las décimas de Roberto Parra, junto a la extraordinaria puesta en escena de Andrés Pérez, sintonizaron con el ánimo de una sociedad que se había liberado. Lo hicieron en clave carnavalesca, una clave que se ríe de las jerarquías sociales y pone el mundo de cabeza. El despliegue de talentos se hizo en torno de la décima, forma de versificación popular por excelencia, la misma en que Violeta, hermana de Roberto, escribió su autobiografía y gran parte de sus canciones. Al prologar la primera edición, Nicanor Parra anotó: «Con *La Negra Ester*, su único libro publicado hasta la fecha, Roberto se sitúa —cuando menos— a la altura de sus hermanos mayores. Lo que no es poco decir, ¡caramba!».

Lo extraordinario de la recepción de *La Negra Ester* en 1988: un país sumamente enfrentado y dividido, tanto como ahora y es mucho decir, logró reconocerse a sí mismo más allá de las contiendas del momento. La varita mágica fue el sentido del humor de su lengua propia, «la jocosidad, el espíritu festivo, la gracia socarrona» que los estudios lingüísticos habían detectado muchos años antes[12]. Fue y es un hito en la vida cultural chilena, un momento de sintonía máxima entre la vida ciudadana y la producción artística. Tanta esdrújula parece quedarle grande a una historia de burdel de puerto, pero no es así. La sorpresa de reconocerse desde todos los estratos sociales, la liberación de ver a todos reírse de lo mismo y de sí mismos en esos personajes populares, demuestra una vez más la existencia en el habla chilena de un tesoro común, encarnado en palabras, giros, refranes, dichos, expresiones. Un espesor que es de este país y de cada uno de los criados en él y en su lengua propia. Un espesor capaz de unir: una parte fundamental de lo que nos es común. La lengua da en ese momento una muestra fulgurante de cómo forma parte del proceso personal y colectivo de cómo se constituye y se experimenta una común pertenencia igualitaria a una sociedad, es decir, cómo se constituye y se experimenta la ciudadanía.

Demás está decir que este es un solo ejemplo, notable por cierto, pero no único. Encontrar el talante de Chile en el habla es algo que se ha hecho en nuestra literatura, tanto popular como culta (sería bueno ir dejando de lado esta distinción) desde sus comienzos. Se trata de describir, reflejar, pero también ahondar y revelar: y, sobre todo, incorporar a la sociedad las voces y lo

12. Véase Ambrosio Rabanales: *Introducción al estudio del español de Chile. Determinación del concepto de chilenismo*. Santiago de Chile, Editorial Universitaria, 1953. También «Recursos lingüísticos en el español de Chile de expresión de la afectividad». Separata del *Boletín de Filología de la Universidad de Chile,* tomo X. Instituto de Filología, Universidad de Chile, 1958. Finalmente, Teresa Ayala Pérez: «Ambrosio Rabanales y el español de Chile: una aproximación a los conceptos de *norma* y de *chilenismo*», *Boletín de Filología*, tomo XLVI, número 2 (2011), págs. 199-218.

matices que aún no se reconocen. El presupuesto de la ciudadanía actual es la igualdad y la no discriminación. En el marco de esa ciudadanía debe caber el habla de la multiplicidad de subjetividades que hoy se manifiestan en el país y que constituyen una diversidad nunca antes puesta en escena y en gran medida legitimada.

Cabe recordar que las democracias históricas se han hecho sobre la base de muy importantes exclusiones. La definición de un ciudadano habilitado en Atenas, cuna de la democracia, ciertamente no incluía ni a las mujeres ni a los esclavos. A veces la habilitación del ciudadano pasó por la propiedad privada. Las razones de etnia, género y poder definían quiénes eran o no ciudadanos. En países de alta inmigración, como Argentina y Uruguay a comienzos del siglo XX, la educación pasó a ser una máquina de producción de ciudadanos: se trataba de que niños de ambos sexos y de muy distinto origen y costumbres llegaran a compartir esa condición, de imbuirlos de la lengua y la historia, y de enseñarles una disciplina compatible con la ciudadanía del país.

En nuestros días, la diversidad social hace que la ciudadanía sea más compleja. A la ciudadanía se incorporan, en primer lugar, aunque más no sea por su número, las mujeres; las etnias originarias aspiran a una ciudadanía que reconozca sus valores y sus culturas; y los seres humanos se van haciendo a sí mismos, personal y colectivamente, mediante relatos construidos con las palabras que usamos, y todas sus connotaciones. Nuestra lengua, lo hemos dicho antes en el texto, no crea las discriminaciones y las exclusiones, pero las refleja, y su uso inconsciente tiende a perpetuarlas. El lenguaje no solo puede revelar; también puede ser un conjunto de sesgos y de anteojeras que limite nuestra percepción acerca de los demás y los clasifique en lugares distintos a la igualdad ciudadana.

Parte, entonces, de la construcción de una ciudadanía democrática e igualitaria pasa por un examen del lenguaje, por una conciencia de las discriminaciones que implica y por una voluntad práctica de ir eliminando tales discriminaciones en el habla propia y en el habla colectiva. Las demandas clásicas del lenguaje inclusivo apuntan a la existencia de esas discriminaciones muchas veces inconscientes, y por eso deben tomarse en cuenta. La lengua que hablamos en Chile tiene múltiples recursos y agilidades que permiten ir más allá de fórmulas sintácticamente complicadas: tiene recursos de léxico, y tiene recursos de ingenio, y tiene las habilidades necesarias para contextualizar de manera oportuna cada uno de sus enunciados, a fin de reconocer la igualdad entre todos los ciudadanos y eliminar formas de discriminación.

Podemos terminar volviendo a la libertad en el lenguaje, y a la creatividad en el lenguaje como expresión de esa libertad. La repetición de consignas, el pensamiento binario, la reducción del vocabulario son sesgos y anteojeras que no permiten el desarrollo de un pensamiento propio en cada ciudadano. El lenguaje propio despierta y dinamiza un pensamiento propio, una libertad de pensamiento. Uno no piensa lo que quiere, piensa lo que puede; lo que el lenguaje que sabe le permite pensar. «Reconstruir las relaciones entre lugares e identidades, espectáculos y miradas, proximidades y distancias», ¿no suena acaso a un ejercicio de imaginación, pero también a un ejercicio político de disenso, de resistencia, aplicable al arte, pero también a la vida ciudadana en que participamos?[13].

Hay una relación evidente entre la creatividad, la riqueza de lenguaje y el ejercicio de una ciudadanía plena, asertiva e inspiradora para los demás. Hay una relación evidente entre el lenguaje y la emancipación ciudadana del pensamiento. Hacer del ejercicio de la palabra un ejercicio de emancipación para cada ciudadano, en su diversidad, es una tarea democrática por antonomasia, y es una tarea cotidiana para todos los que vamos haciendo nuestra lengua a través de nuestras intervenciones y nuestras conversaciones.

13. *Cfr.* «Art of the Possible. Fulvia Carnevale and John Kelsey in Conversation with Jacques Rancière», *Artforum International,* vol. XLV, n.º 7 (2007), págs. 257-264.

V.
Estudios y crónicas

La filosofía de Montalvo[1]

ROBERTO D. AGRAMONTE

Universidad de Puerto Rico, Río Piedras

Juan Montalvo, filósofo. ■ Dualismo irreductible. ■ Tabla de valores morales. Contravalores. ■ Valores positivos, económicos y corporales. ■ Valores de asociación. ■ Valores lúdicos y de carácter. ■ Teoría de la justicia. ■ Amor, dolor, destino.

1. Debemos al conocido crítico cubano Roberto Agramonte y Pichardo (Villa Clara, Cuba, 1904 - Puerto Rico, 1995), filósofo, sociólogo y político cubano, exdecano de la Facultad de Filosofía y Letras y exrector de la Universidad de La Habana, este minucioso estudio sobre la filosofía moral del escritor ecuatoriano don Juan Montalvo Fiallos.

El crítico ha espigado en cada uno de los escritos montalvinos, sin prescindir en su búsqueda de ninguna de las obras del ecuatoriano, y en su artículo «La filosofía de Montalvo» pone énfasis en la ética del escritor, pregonada fundamentalmente en los *Siete tratados*, y encarnada en sus dos inolvidables personajes de *Los capítulos que se olvidaron a Cervantes*, don Quijote y Sancho.

En la «advertencia preliminar» del libro *Juan Montalvo en Francia, Actas del Coloquio de Besançon* (Facultad de Letras y Ciencias Humanas, Departamento de Estudios Hispánicos e Hispanoamericanos, 15-17 de marzo de 1975), los profesores Albert Dérozier y Jaime Díaz Rozotto, manifiestan:

> Con esta empresa, el Departamento de Estudios Hispánicos e Hispanoamericanos de Besançon, desea tributar a Juan Montalvo un merecido aplauso *post mortem*, ayudar a un mejor conocimiento de su vida, obra y época, y finalmente incitar a los investigadores a proseguir y ensanchar estos indispensables estudios que son el reflejo del interés que todos dedicamos al siglo XIX en el continente latinoamericano.

No otro es nuestro propósito, al publicar este artículo en *Crónica de la lengua española 2021*, en el afán de reivindicar, contra el olvido, la personalidad y la obra del gran ensayista y polemista ecuatoriano.

JUAN MONTALVO, FILÓSOFO

Ha sido discutido por los críticos si Montalvo puede ser llamado filósofo y hay quienes aseguran que ni aun puede llamársele pensador. González Prada, refiriéndose al escritor ecuatoriano, dijo que, de la misma manera que sus arcaísmos implican retroceso, su pensamiento es retrógrado. Rodó lo llama «pensador fragmentario y militante», y también «esgrimidor de ideas»[2]. En una carta de Guillermo Lavino dirigida a Montalvo en 1869, se subraya, en cambio, la veta emotiva, apasionada, de su filosofía, no centrada predominantemente sobre el ariete de la razón. «Lo que más me agrada —le dice— es el castigo que Ud. impone al cinismo de nuestros filósofos, que en su culto a la razón se desentienden del culto al corazón humano, cuyos derechos sagrados merecen no obstante preferencia».

Empero, quien más ha dado en el blanco ha sido don Juan Valera en el juicio que transcribimos. Valera —influido por Flores— se formó un juicio adverso de Montalvo. Luego rectificó. Helo aquí: «Para decir si Juan Montalvo tuvo o no una filosofía propia seria menester meditar y cavilar mucho. Y para exponer con nitidez concisa y con despejado orden didáctico dicha filosofía, sería necesaria mucha habilidad y paciencia; y para juzgar a Montalvo, para dar una idea aproximada de lo que vale y de lo que significa, sería menester escribir un grueso volumen. Me arredra el gran valer de Montalvo». A mayor abundamiento, será el propio Cosmopolita quien precisará —en juicio de resonancia autopsíquica— los quilates de su propio pensamiento, al decir:

> Los primores de la inteligencia son como los de la naturaleza: no se hallan en la superficie ni a los alcances de todo el mundo: el oro está en lo duro de la roca, el diamante debajo de la tierra. Así los grandes y bellos pensamientos requieren inteligencia y atención de parte de quien los lee, porque no vienen sobrenadando como espuma. La profundidad es indispensable para la solidez, la solidez para la duración: sin profundidad, pues, no hay hermosura: la hermosura ha de ser sólida para ser grande y perpetua. ¿Y quién duda que en lo profundo reina siempre una oscuridad respetable?[3].

Tal es la naturaleza del propio pensamiento de Montalvo. Examinemos someramente diversas facetas de este, a manera de bosquejo de nuestro estudio más amplio sobre esa su filosofía.

Montalvo define la filosofía, de un modo breve, como «la ciencia de la verdad»[4]. Nos incita a ir en su busca, adorándola cuando la hemos descu-

---

2. Rodó, José Enrique: «Montalvo». En *Hombres de América*. Montevideo: [s. e.], 1944, pág. 99.
3. Montalvo, Juan: *Capítulos que se le olvidaron a Cervantes*. [s. l.]: Montaner, [s. f.], pág. 191.
4. Montalvo, Juan: *Siete tratados*, I. [s. l.]: Garnier, [s. f.], pág. 28.

bierto y, por fin, salvándonos de ella[5]. En este aspecto, otorga a la verdad un sentido teleológico, en que la meta es la salvación. Puesto que la verdad es alcanzable, ha de servir para algo. La verdad nos pone en contacto con las cosas por medio de juicios ejecutados sobre el valor de estas, sobre su virtud. Pero ¿dónde radica la virtud de las cosas enjuiciadas, en el sujeto que las aprehende o en los objetos aprehendidos? La alternativa es resuelta de un modo claro: «La virtud de las cosas está en ellas mismas, no en la opinión de los que juzgan de ellas»[6]. Queda, de este modo, precisada la objetividad de los valores, en consonancia con la filosofía absoluta y platoniana de que participa este pensador americano. Y puesto que la virtud de las cosas está en las cosas mismas, urge preguntar cuál ha de ser la posibilidad y cuáles los límites de nuestro conocer en relación con ellas. Nuestro filósofo adopta una posición prudente en cuanto a la posibilidad del conocimiento previniendo de este modo: «Conviene no translimitar los confines de la inteligencia humana en el peligroso afán de averiguar el principio de las cosas»[7]. En esta misma sentencia existe un sentido de precaución tocante a los límites de nuestro conocer, pero a la vez señala el ímpetu de conocer cuando dice: «La inteligencia es más fuerte para acometer lo infinito y engolfarse en él, y a un paso es impotente contra lo finito»[8].

Pero ¿quién puede ser el detentador de la verdad, a la cual otorga tan señalada significación? ¿Quién está preparado para recibirla y salvarse en ella? No es para el filósofo ecuatoriano el mero estudiador ni el erudito que suele ser con frecuencia «un sabio ignorante» o un «guardador ilustre de materiales»[9]: son el santo y el verdadero sabio «los únicos hombres dueños de su suerte». Recuérdese que, según Max Scheler, la misión del auténtico modelo —el santo, el sabio, el íntegro— consiste en servir de escalones, en ser guías que aclaren y precisen el destino de cada hombre enseñándole a conocer sus propias fuerzas. Es lo que reitera el pensador ecuatoriano en este texto: «La verdad, gran ser invisible, no se revela ni se muestra sino al filósofo, al pensador, al sabio, al que a fuerza de virtud y pureza de alma se pone en contacto con la divinidad, dilata la vista por las obscuridades eternas de la creación y adivina tal cual secreto del universo»[10]. Es quizá para el ambateño el encontrar la verdad una especie de agradecimiento.

El mérito de la doctrina filosófica de Montalvo no reside tanto en haber creado *ex novo* un conjunto de originales pensamientos filosóficos, cuanto

5. Montalvo, Juan: *Tratados*, I, pág. 208.
6. Montalvo, Juan: *El buscapié*, XXVIII. [s. l.]: [s. e.], [s. p.], véase nota 2.
7. Montalvo, Juan: *Tratados*, I, pág. 7.
8. Montalvo, Juan: *El Espectador*, II. [s. l.]: Garnier, [s. f.], pág. 54.
9. Montalvo, Juan: *Buscapié*, XXVIII y LVI.
10. Montalvo, Juan: *Mercurial eclesiástica*. [s. l.]: Andrés Bello, [s. f.], pág. 44.

en el ímpetu con que se consagró a vivir y a propagar con vehemencia un conjunto de verdades ético-metafísicas: a base de ellas, dotó su vida de unidad. En definitiva, en la historia del pensamiento —y así ocurre en el pensamiento americano— no se suelen descubrir verdades nuevas de un modo absoluto, y la originalidad suele consistir de suyo en el modo personal con que vuelven a vivirse determinadas verdades y con que, según cada peculiar y vital experiencia, vuelven a plasmarse.

La filosofía de Montalvo es de subido tono espiritualista. Sobre esta filosofía levanta la bóveda de sus razones y pensamientos. Él lo confiesa claramente: «Cuán lejos ando yo —dice— del materialismo de Littré, admirador y continuador de Darwin. Si de algo peco es de espiritualismo»[11]. En ello se diferencia de Martí, que era adorador del padre del evolucionismo. Conviene, pues, determinar la significación que tienen en su pensamiento los supuestos metafísicos de espíritu y alma. Que espíritu y materia son dos principios inconfundibles e independientes lo expresa claramente en este postulado: «El espíritu no está sujeto a la materia»[12]. No solo insiste en este dualismo metafísico, sino que rechaza la filosofía sensista; llega, en efecto, a calificar de insensatez el sensualismo de Condillac, y contrapone al principio de *Nihil est in intellectu quod prius non fuerit in sensu* este otro: «El espíritu es contrario de los sentidos»[13]. Este antisensismo, unido a su aversión al materialismo, es reiterado de modo categórico. «Príncipe de la Iglesia ha habido —advierte— que me ha llamado materialista porque no adoro a la materia»[14].

DUALISMO IRREDUCTIBLE

Para la concepción tradicional, el alma del hombre es divina e inmortal. El filósofo Warner Fite prefiere —frente al evolucionismo o animalismo— esta explicación, y ello no constituye quizás una refutación a la teoría darwiniana de la descendencia, solo que el darwinismo es insuficiente al olvidar que la excelencia del hombre está en su espíritu, siendo por ello la criatura más favorecida y no un animal más. Es la misma doctrina de Montalvo en su acabado artículo «De los animales», donde expresa el filósofo ecuatoriano:

> Si por las facultades de la materia nos asimilamos a los brutos, por las del espíritu nos remontamos al cielo y somos imagen del Creador: el alma es la excelencia del hombre; el alma, este principio indefinido, esta sustancia invisible e impal-

11. Montalvo, Juan: *Mercurial*, pág. 182.
12. Montalvo, Juan: *Las catilinarias*, I. [s. l.]: Garnier, [s. f.], pág. 2.
13. Montalvo, Juan: *Tratados*, I, pág. 179.
14. Montalvo, Juan: *Espectador*, I, pág. 128.

pable..., esta animación, este anhelo por lo divino, que nos hace considerarnos superiores y que nos aflige cuando la vemos atada a la carne mortal. Hacía bien Plotino en derramar lágrimas cada vez que se sentaba a la mesa. Esas lágrimas querían decir: siento dentro de mí un espíritu celestial y me veo sujeto a las necesidades de los entes sin razón; una llama ardiente, inspiradora, purificadora, me lame las entrañas y me levanta a la región etérea, y los apetitos del cuerpo me tienen encadenado a la tierra; mi juicio se abre, ofrece anchurosos ámbitos a los más puros y encumbrados pensamientos: Dios mismo cabe en él[15].

Pero a la vez en su dualismo irreductible, sabrá exponer con finura una delicada filosofía del organismo y concebir este como obra de un ser creador, algo análogo a las razones con que el teólogo Paley, escrutando cada tejido u órgano del hombre o del animal, probaba la existencia de una divinidad creadora. Dice Montalvo sabiamente:

> La organización sutil y perfecta, la fibra elástica, los nervios tejidos con el primor que gasta la naturaleza cuando trabaja bajo la inmediata dirección divina, hacen del uno este ser elevado cuya inteligencia le actúa en los misterios de la creación, y cuya sensibilidad le comunica esa delicadeza por medio de la cual goza y padece, girando en la órbita casi infinita de ideas y sensaciones que le ha prescrito el Hacedor. La bronquedad del organismo, esa fibra tiesa y resistente, esos nervios sordos, irreducibles, esa piel bravía, esas formas imperfectas, esos sentidos incultos le vuelven al otro el ente descabalado que no piensa ni siente más que los animales de los bosques por los cuales arrastra su existencia miserable[16].

Tal es su ahondadora filosofía biológica comparada.

Piensa nuestro prosador filósofo que el espíritu es una entidad desconocida para el hombre, si bien este desconocimiento es de suyo útil. He aquí una doctrina que acentúa una disociación entre los valores cognoscitivos y los valores utilitarios. No son, pues, coincidentes siempre lo útil y lo verdadero. Es que el conocimiento de la verdad —según sostiene Messer— no se revela siempre como algo útil, pues hay casos en que incluso es nocivo conocer la verdad. Esto mismo es expresado por Montalvo si bien circunscrito al problema del espíritu: «Hay dentro de nosotros un África recóndita, a la cual no llegaremos, porque lo desconocido es lo más respetable, y conviene que haya en nosotros algo de respetable y aun de santo»[17]. Pero concede que la ciencia continúa escudriñando secretos en su afán de descubrir lo desconocido y, por eso, «desde Sócrates hasta Bacon mucho han descubierto los ex-

---

15. Montalvo, Juan: *El cosmopolita*, I. [s. l.]: Garnier, [s. f.], págs. 366-367.

16. Montalvo, Juan: *Tratados*, pág. 13.

17. Montalvo, Juan: *Geometría moral*. [s. l.]: Americalee, [s. f.], pág. 67.

ploradores del espíritu»[18]. En los antiguos escritos sacros en verdad se dice que es designio de Dios que el hombre no conozca enteramente la verdad desde el principio hasta el fin.

Su espiritualismo gira en torno al concepto o don del alma, que denomina «la excelencia del hombre»; es decir, lo que le hace susceptible de diferenciarse del resto del mundo organizado, o, más concretamente, lo que le sustrae del mecanicismo animal. Seguidamente, lo define como «principio indefinido, sustancia invisible e impalpable no conocida por nosotros»[19]. En este punto, Montalvo parece aceptar la doctrina platónico-cristiana del alma, y llega aún más lejos, haciendo suya la doctrina estoica de la ubicación del alma en el corazón, cuando asegura que «donde no hay corazón no hay alma»[20]. La doctrina del alma desemboca en una última conclusión de cariz cristiano y estoico. Esta: puesto que el alma es sustancia invisible e impalpable, «no está sujeta a los padecimientos físicos»[21].

Con respecto a la inmaterialidad del alma, el filósofo toma posición frente al dogma ortodoxo de la unión de aquella con su respectivo cuerpo al día del juicio, afirmando que «es cosa notoria que dicho cuerpo se convierte en polvo y ceniza»[22]. Esta incertidumbre en torno al problema del alma se complica más, debido a la insuficiencia de datos relativos a su constitución y estructura psicológica, ya que «existen continentes en el alma no visitados aún, regiones envueltas en el misterio y la ignorancia»[23]. En este aspecto, el pensador ecuatoriano coincide con la idea generalizada de que es más que imposible alcanzar los límites del conocimiento del alma, porque cuando se está en camino de tocarlos, el misterio se hace más impenetrable.

La concepción religiosa del alma en cuanto sustancia inmortal aparece resuelta en forma ambivalente en la filosofía que examinamos. Uno de los términos de la alternativa es la nada, el otro, un tipo de felicidad transterrenal, un eudemonismo del más allá, pero ambos llevan implícito el afirmar el mal de este mundo. «Cuando se nos acabe esta miserable vida —asienta Montalvo— entonces dejaremos de llorar y de gemir, y nos sepultaremos en el profundo olvido de la nada eterna o principiaremos a ver y saber lo que es la felicidad de los hombres buenos»[24]. Tal es la meta de la vida, hecha esta de esfuerzo y de lucha. Por último, la felicidad se ofrece como recompensa del bien. Montal-

---

18. Montalvo, Juan: *Geometría*, pág. 67.
19. [Falta referencia en el texto original]
20. Montalvo, Juan: *Catilinarias*, I, pág. 74.
21. Montalvo, Juan: *Mercurial*, pág. 118.
22. *Ibid.*, pág. 119.
23. Montalvo, Juan: *Geometría*, pág. 67.
24. Montalvo, Juan: *Mercurial*, pág. 120.

vo no se resigna a pensar que el comportamiento noble y la lucha denodada por lo justo y lo bueno en la tierra no tengan una compensación ultraterrena.

TABLA DE VALORES MORALES. CONTRAVALORES

El Cosmopolita, conversando en el destierro de Ipiales con su dilecto amigo y discípulo Roberto Andrade, le decía: «Mi vena es la moral»; y, en efecto, el contenido más vasto de la filosofía de Montalvo es predominantemente ético. La conducta humana es el tema central de su filosofía. Comienza presentando las divergencias entre la reflexión moral y la realidad concreta cuando dice que «las máximas que encierran grandes verdades suelen tener escasa aplicación en las cosas de la vida»[25]. Lema de su ética es la sentencia de Spinoza —a quien considera «uno de los más profundos filósofos modernos»— tenida como raíz de la reflexión moral: *Non flere, non indignari, sed intelligere*[26]; con la cual queda fundamentado ese lamentarse ni indignarse tocante a las acciones de los hombres, sino «comprenderlas». Montalvo ha captado con exactitud el genuino problema de la moral. Pero para él comprender no es siempre perdonar. Ya calificó el perdonar a los enemigos de «ciencia de almas iluminadas por los ojos de Dios»[27]; pero —insobornablemente— con una excepción: «crímenes, desvergüenzas y maldades, al verdugo»[28].

La moral presupone elección, vivir no mecánicamente, no por hábito, sino por reflexión. Presupone vivir consecuentemente, con la conciencia clara de lo que hacemos y expresamos. «Sin luz no hay vida»[29]. Luz es reflexión, concienciosidad, claridad de motivación, plenitud de los motivos de nuestra conducta. Por eso prohibir no es discutir: «El que me prohíbe —dice— no me convence»[30]. Virtud es fuerza de vida interior. Ni es moral tampoco condenar: condenar no es aclarar; el que, en vez de enseñar, condena no aclara y «no hace sino poner de manifiesto el vacío de su pecho»[31]. Esta moral del castigo vindicativa, de potestades autoritarias, que refuta, es la de la pastoral de Ordóñez que Montalvo padeció al publicarse sus *Siete tratados*, por su condición de librepensador en un ambiente estrecho y atrasado. En cambio, este gran libro fue celebrado por el egregio cristiano y ecuménico historiador César Cantú. Entiende Montalvo que en puntos de controversia

---

25. *Ibid.*, pág. 9.
26. Montalvo, Juan: *Mercurial*, pág. 9.
27. *Ibid.*, pág. 73
28. Montalvo, Juan: *Buscapié*, pág. LXXXIII.
29. Montalvo, Juan: *Geometría*, pág. 64.
30. Montalvo, Juan: *Mercurial*, pág. 30.
31. *Ibid.*, pág. 31.

no hay que llegar a la soez injuria para potenciar la recta opinión, ni allanar las fronteras del comedimiento. No insultar, porque «si insultas te expones a recibir el pago en la misma moneda; si condenas como ciego, como torpe, serás condenado a tu vez»[32]. «La injuria —declara— no es licor que reconforta y salva».

Examinemos la tabla de valores negativos de Montalvo, empezando por la doctrina del mal. El mal es una realidad empírica, es «sombra del hombre»[33]. Para alejar de él al hombre se suelen poner en juego resortes de temor. Si no hubiera infierno —como en la tesis de Voltaire—, habría que inventarlo. Considera por ello útil la idea del infierno. «Por esto, sin duda, no hay pueblo antiguo, de los sabios, que no haya tenido infierno, cada cual a su modo y según su imaginación»[34]. Son formas de manifestarse el mal, la perversidad y la envidia, y su más tremendo efecto consiste en que estas emplean todas sus fuerzas en labrar la desgracia humana: «Para la perversidad y la envidia toda arma es buena»[35] y todos los medios son lícitos; es que «el perverso tiene en las pasiones insanas una camisa que le coarta para el bien».

Montalvo enumera, entre los valores negativos, la ignorancia, que es «negatividad rústica aldeana»; la avaricia, que es «negatividad vestida de andrajos»; el hambre, negadora de la moral, negadora desesperada; y la mala suerte, que «es un *no* espantoso que ciega y aturde al mundo con su obscuridad y su silencio»[36]. Cree que es conveniente estigmatizar el vicio donde quiera que se le encuentre: «Los vicios son el segundo alto de las almas no desnudas, y los delitos capa de coro»[37]. La actitud del hombre recto frente al crimen ha de ser resuelta: no procede una situación intermedia; no puede haber entre el crimen y el hombre de bien compromiso alguno. Aquel que reprueba el crimen, debe hacerlo con franqueza, con fuerza y hasta con indignación. La opinión condenatoria cumple así su justo cometido.

El error es también un valor negativo. Nada es tan invencible como la verdad. Cuando esta se presenta «desnuda, echando luz por los ojos y centellas con la mano», el error «no hace pie contra esta fuerte diosa». Es que «la verdad no puede ser vencida»[38]. Y el que prescinde de la verdad arruina su alma. Esto puede ocurrir por el maleficio de tres enemigos: la mentira, la hipocresía y la maledicencia. Uno de los exponentes de la hipocresía es el falso

---

32. *Ibid.*, pág. 92.
33. Montalvo, Juan: *Espectador*, I, pág. 121.
34. Montalvo, Juan: *Mercurial*, pág. 116.
35. *Ibid.*, pág. 121.
36. Montalvo, Juan: *Geometría*, pág. 64.
37. Montalvo, Juan: *Mercurial*, pág. 133.
38. Montalvo, Juan: *Mercurial*, pág. 30.

devotismo que convierte la religiosidad en profesión, se hace profesionista de las mercedes espirituales. Es perjudicial para la verdadera religión y para la sociedad humana. El devoto de profesión y el hipócrita son una misma cosa[39]; pero la hipocresía misma es a veces inhábil: «Deja caer la máscara cuando menos acuerda y es objeto muchas veces de burla y pasatiempo»[40]. El padre Varela vio esto en sus *Cartas a Elpidio* sobre la superstición y la impiedad. Y en los *Siete tratados* Montalvo dice: «Dejémonos herir por los destellos de la verdad, y oiremos en lo profundo del pecho un son vago, embelesante que nos haga sospechar la música del cielo». La verdad es instrumento celestial.

Nuestro filósofo explica su tabla de valores negativos presentando al ser humano por su lado más triste y feo. Quien comete mal, pone de relieve su ineptitud[41]. Toda alma elevada es, por naturaleza, opuesta a la bajeza de la plebe y «al desenfreno asqueroso de la canalla que profesa el pecado por industria y el crimen por inclinación»[42]. Por último, son otras formas de mal la cólera, la violencia, el odio y la soberbia. La cólera es madre de la injusticia[43]. La violencia hace perder al hombre y «sacrifica a los que tienen la desgracia de seguirla»[44]. El odio daña forzosamente porque «no puede permanecer oculto ni engañar con vanas palabras»[45]. La soberbia «resulta completamente estéril, pues nunca da fruto saludable». Así hablaba el filósofo moralista de América.

VALORES POSITIVOS, ECONÓMICOS Y CORPORALES

Examinemos la tabla de valores positivos. Para Montalvo no hay nada bueno sin limitación como un pensamiento recto: «Mientras los buenos pensamientos gravitan sobre el corazón, nunca llega la ocasión de perderse ni arruinarse»[46]. El pensamiento bueno, recto y justo. Pero ¿cuál es para nuestro filósofo el imperativo, el criterio ético fundamental? Montalvo contesta cristianamente: «Vivir para el semejante, vivir para el hermano» *Vivre pour autrui*, diría Comte; «amar al prójimo», enseña la regla de oro de la Escritura; considerar al semejante como fin y no como medio, aclarará Kant. Pero la

39. *Ibid.*, pág. 169.
40. Montalvo, Juan: *Catilinarias*, II., pág. 230.
41. Montalvo, Juan: *Mercurial*, pág. 252.
42. Montalvo, Juan: *Geometría*, pág. 56.
43. Montalvo, Juan: *Mercurial*, pág. 29.
44. *Ibid.*, pág. 44.
45. *Ibid.*, pág. 92.
46. *Ibid.*, pág. 156.

auténtica bondad no se cumple en actos de apariencia, ni basta con participar inconscientemente en ritos, como ayudar, si no se hace de corazón, pues la práctica de la virtud debe ser ejecutada en silencio, realizando obras de misericordia, aliviando penas y ejemplificando con el santo sufrimiento[47]. «Dar de comer al hambriento, dar de beber al sediento, vestir al desnudo, enseñar al que no sabe, visitar a los enfermos: esto es ser bueno»[48]. ¿Que es la bondad un don modesto, casi humilde? «Yo la prefiero a las prendas que envanecen y a los méritos que ensoberbecen»[49]. Como todo lo positivamente valioso, la bondad es transparente. Así, «todo lo puro, limpio y legítimo es desnudo: la verdad desnuda, el amor desnudo»[50]. Nuestro filósofo moral considera la piedad —una de las cuatro virtudes socráticas— como uno de los valores primordiales y anhela una república de ciudadanos piadosos. «El culto sensato rendido a la divinidad —dice— no es cosa opuesta a los progresos de la civilización ni a los refinamientos de las ciudades cultas. Cualquiera que sea la convicción secreta del que tiene el poder en la mano hará bien en contribuir decorosamente a esas demostraciones que no perjudican al orden ni a las luces»[51].

¿Cuál ha de ser el contenido de la moral en la teleología de la conciencia? Como Spinoza en cuya última sentencia de la *Ethica* establece que el premio de la virtud es la virtud misma, Montalvo pide que «pongamos la corona de gloria en las sienes de los hombres virtuosos». El triunfo de la moral tiene un doble sentido: el mejoramiento del mundo y la santificación de la vida[52].

Puesto que la ética tiene por objeto la aprehensión de los valores y es el principio del valor lo que determina los ideales humanos, es oportuno examinar más a fondo el pensamiento de Montalvo al respecto. Veamos la actitud que asume nuestro pensador tocante a los valores económicos. Estos tienen una eficacia instrumental, no intrínseca, pues la posesión de la riqueza *per se* es solo valiosa para el avaro. Para Montalvo el dinero es un bien cuando la riqueza es bien ganada y administrada, y cuando se tiene en forma ruin es un mal; y así dice que «donde entra el ruin dinero [*se refiere no al dinero en sí, sino al oro corruptor*], ya no hay cosa que valga»[53]. Pero como a su vez sin economía la vida carece de base, sitúa el problema en su justo medio. «No le pedimos al Señor —dice— sino dos cosas: le pedimos que nos aleje de la vanidad y la mentira, y que no nos abrume con la pobreza extrema ni con

47. *Ibid.*, pág. 168.
48. Montalvo, Juan: *Mercurial*, págs. 168-169.
49. *Ibid.*, pág. 11.
50. *Ibid.*, pág. 132.
51. *Ibid.*, pág. 169.
52. *Ibid.*, pág. 152.
53. Montalvo, Juan: *Espectador*, II, págs. 3-4.

la riqueza excesiva»[54]. He aquí la doctrina del justo medio de la moral aristotélica: de nada demasiado. «Yo aconsejo la moderación y la practico»[55], dirá. Y añade: «En todo, el acierto está en la moderación»[56]. Puesto que el hombre es un ser apetitivo, deberá guardar en todo los límites de la justa medida. «Yo quisiera —escribe— que con el oro sucediera lo que con el maná del desierto; esto es, que lo que sobrara del necesario se corrompiera al punto»[57]. Mantiene parejamente la siguiente doctrina económico-social: «tener cada cual el equilibrio perfecto entre las necesidades y las satisfacciones»[58]. Esta doctrina la desarrolla con referencia a dos formas de la vida económica: el laboreo de la tierra y el trabajo de las propias manos[59].

Con respecto a los valores corporales, Montalvo sienta doctrinas claras. ¿Qué significación tiene el cuerpo para nuestro filósofo? ¿Es la cárcel de donde no hay esperanza de salir, o es el hermano cuerpo, si bien hermano asno? ¿O es el cuerpo el servidor fiel del alma? La salud y la belleza corporal son en sí valores, según Montalvo, pero «una vez que la física está llegando a prevalecer sobre la moral, es el punto de hacer alto, no sea que a fuer de gruesos y pujantes, vengamos a dar al alma una solidez por medio de la cual no le fuera posible a la inteligencia requerir en los cielos el gran motor del universo»[60]. El criterio mantenido es que la inteligencia no naufrague, que el espíritu no vaya hacia la materia, que el alma no se pierda «en la jurisdicción de la carne oscura y sorda». Los hércules del circo romano carecen de alma, porque «han perdido la parte celestial del género humano». Todo auge del cuerpo que sea funesto para el espíritu, todo lo que sea tumba de la razón es negativo axiológicamente visto. Es evidente que para Montalvo el espíritu no es una parte del universo, sino todo el universo, de acuerdo con su posición filosófica idealista y espiritualista.

VALORES DE ASOCIACIÓN

El hombre, que vive en cuanto cuerpo, que subsiste en cuanto *homo oeconomicus*, vive para alguien, que condiciona su vida de relación. Es decir, este hombre se comporta socialmente por cuanto convive. La convivencia produce los valores que emergen de la asociación. Montalvo describe psicológicamente el principio socializador en «El banquete de los filósofos», integrantes

---

54. Montalvo, Juan: *Tratados*, pág. 227.
55. Montalvo, Juan: *Cosmopolita*, II, pág. 316.
56. *Ibid.*, I, pág. 100.
57. Montalvo, Juan: *Catilinarias*, II, pág. 560.
58. *Ibid.*, II, pág. 360.
59. Montalvo, Juan: *Cosmopolita*, I, pág. 54.
60. Montalvo, Juan: *Tratados*, I, pág. 22.

de los *Siete tratados*. La virtud de la asociación se revela en su lado negativo por una emoción concreta que se denomina ausencia y confirma la necesidad que el hombre tiene del semejante. La ausencia es «cadáver invisible, cuya virtud es no tener olor ninguno»[61]. La sociedad es imprescindible, ya que «es el roce de los ciudadanos entre sí lo que les comunica actividad y fuerza»[62]. La soledad es ese sentimiento de vacío, de que habla Simmel, que se apodera de nosotros cuando nos perdemos en medio de una muchedumbre de gente extraña en el tumulto de una gran ciudad y somos extraños. Es la soledad ese sentimiento que venció tan bien Montalvo durante veinte años de destierro. Por eso a esta callada experiencia la llama «vieja hechicera con ensalmos que todo lo deshace, yerbas con que labra el olvido»[63]. Y da esta norma: «Vivir en uno con los hombres»[64].

Antídotos de tal sentimiento negativo son la amistad, el amor, la reunión, la asociación; en una palabra, la vida social culta y civilizada. La amistad debe fomentarse. Recuérdese aquella *filia* socrática que era la comunidad de ruta espiritual. Montalvo practicó esta sentencia, que él considera como el supuesto indispensable del valor moral de la asociación: «Cuenta y razón conservan amistad». «El amigo fiel es un resguardo poderoso»[65], añade. De ahí que considerase a los jóvenes —sus amigos— como su elemento; que los estimase como un «elemento de salvación y de vida», alentándolos de este modo: «¡Jóvenes, oh, jóvenes, vivid, creced, salvad la patria!»[66] Tal fue el mensaje de Montalvo a la juventud de América y la devoción de esa juventud hacia Montalvo, cuya voz aleccionadora resuena hoy, ayer y resonará siempre en sus oídos.

Más allá de la amistad existe otro valor de asociación, engendrado por la comunión espiritual de dos seres, que da a la asociación un contenido sensible: el amor. Montalvo diferencia el matrimonio del amor. No sabe a ciencia cierta si ser casado lleva siempre a la dicha, pero da por seguro que «siempre hubiera desdeñado un enlace en donde el orgullo y la soberbia de casta o fortuna viniesen moviendo los brazos»[67]. Reflejando su situación anímica propia, de ausencia de afinidad conyugal, llamó al matrimonio «cadena orinecida, pesada y crujiente»[68], lo calificó de sagrado compromiso[69]; pero añoró más de una vez la vida tranquila en el seno de la familia. El amor,

---

61. Montalvo, Juan: *Geometría*, pág. 66.
62. Montalvo, Juan: *Mercurial*, pág. 81.
63. Montalvo, Juan: *Geometría*, pág. 55.
64. Montalvo, Juan: *Cosmopolita*, I, pág. 251.
65. *Ibid.*, I, pág. 153.
66. Montalvo, Juan: *Mercurial*, pág. 129.
67. Montalvo, Juan: *Cosmopolita*, II, pág. 46.
68. Montalvo, Juan: *Buscapié*, pág. citada.
69. Montalvo, Juan: *Geometría*, pág. 63.

por otra parte, lo considera como «una conexión misteriosa que aproxima a dos almas por vías no conocidas», que el vulgo suele considerar como destino. Como concepto afirmativo que es, el amor lo simboliza en *Geometría moral* con una sola palabra: *¡sí!*, «en cuyas entrañas circunscritas viene apiñada una vida entera», determinando como resumen terrible la desgracia o la felicidad[70]. El *sí* en la vida ocupa buena parte de la metafísica un tanto entretenida y originalísima de *Geometría moral*. Inicialmente, el amor adopta una forma: es el encuentro lo que lo determina, pero la cuestión no es convencer a la mujer, sino conmoverla[71]. Para Montalvo es posible aventurar una teoría eléctrica que explique la afinidad de dos seres: el hombre está animado de electricidad positiva, la mujer de electricidad negativa. El amor se genera por el choque de ambos fluidos invisibles y «brota de ellos una serpiente luminosa que se nos enreda dentro del pecho y nos bebe el corazón»[72].

Una segunda cuestión resta. Puesto que el amor es una verdad del corazón, ni la inteligencia por sí, ni la excelencia de fisonomía lo determinan en lo sustancial. El amor es un orden interior: «Amar es hacer llama, quemar uno lo que toca, enviar por arte mágico serafinillos invisibles a la bóveda celeste o ángeles malditos al profundo»[73]. El amor toca más bien al carácter que a la figura. Puede que la hermosura varonil influya, pero «feos hay que la cortan en el aire en eso de rendir voluntades»[74], si bien esto tiene vigencia solo tocante a mujeres de singular sensibilidad e inteligencia, que puedan comprender las virtudes imbíbitas a un feo, pero no a las vulgares[75].

Finalmente, existen dos emociones delicadas que motivan grandemente la realización de los valores asociativos: la simpatía y la admiración. Montalvo define la simpatía como «la similitud y el ritmo que guardan en sus propensiones dos individuos de una misma especie»[76]. Este sentimiento, previo al amor entre hombre y mujer, es raíz de la admiración, que es producida, bien por la hermosura, bien por el valor, bien por la inteligencia, determinando un justo y subjetivo juicio de valoración. Por eso «de la admiración, que es una fuente de simpatía, al amor, no hay sino un paso»[77]. Como se ve, la teoría del amor en Montalvo es muy amplia y elaborada.

70. *Ibid.*, págs. 59-60.
71. *Ibid.*, pág. 65.
72. *Ibid.*, pág. 57.
73. *Ibid.*, pág. 80.
74. *Ibid.*, pág. 75.
75. *Ibid.*, pág. 81.
76. *Ibid.*, pág. 68.
77. *Ibid.*, pág. 68.

Los valores de asociación son mirados, en su último desarrollo, por Montalvo como una gradual evolución de las diversas esferas sociales: la familia, la patria, el género humano. Al llegar a este punto, Montalvo es el nuevo estoico que proclama el cosmopolitismo, la ciudad universal con su secuela: los derechos naturales. «El género humano, la patria, la familia, el individuo, tal es la graduación de la filosofía», alecciona[78]. Y previene al instante: «Llamar patria al país en que vivimos solamente es mezquindad: el mundo es la patria del género humano»[79]. Este tópico sociológico ya se ha precisado en mi *Sociología latinoamericana*, capítulo 6, II, en que se analiza el pensamiento sociológico de Montalvo.

VALORES LÚDICOS Y DE CARÁCTER

Los valores de recreación son necesarios para el esparcimiento del espíritu. Así lo percibió Schiller, al afirmar que el hombre es solo totalmente hombre cuando juega. El gimnasio, la esgrima (véase el elogio de la esgrima en un artículo de *El Espectador*) y el baile potencian la vida. El baile es una de las manifestaciones del espíritu y «una muda pero enérgica manera de dar forma a los sentimientos del ánimo». Así las danzas de los antiguos y las danzas salvajes, las danzas fúnebres y las danzas religiosas. Estas no son sino impulsos naturales expresados con arte. El movimiento imprime cierta sensación al espíritu: «Una danza perfecta es un poema donde el alma se está manifestando en el vaivén armónico y grandioso de las acciones de los miembros»[80]. De aquí ha de surgir un nuevo principio de explicación. «La vida se manifiesta por el movimiento: se conserva en él y acaso nació de él», dice Montalvo incorporándose tácitamente a la filosofía hinduista del movimiento. Por eso todas las cosas de la vida necesitan del juego, que es en esencia movimiento[81].

Empero ninguno de los citados valores alcanza en nuestro filósofo moral la preeminencia de los valores de carácter, que constituyen por antonomasia el auténtico *ethos*. Las virtudes hacen noble al hombre. De ahí este su deseo: «Tu nobleza sea el cultivo de la inteligencia, tu orgullo la práctica de las virtudes»[82]. Orgullo legítimo ha de ser, pues, atesorarlas: «La virtud acendrada no se presta a la ridiculez»[83]. No importa que se desestime en la tierra. Ni que haya que sobrecogerse de pesimismo y exclamar: «¡Virtud, oh virtud, pobre

---

78. Montalvo, Juan: *Cosmopolita*, II, pág. 170.
79. Montalvo, Juan: *Cosmopolita*, II, pág. 168.
80. Montalvo, Juan: *Geometría*, págs. 152-153.
81. *Ibid.*, pág. 153.
82. Montalvo, Juan: *Tratados*, I, pág. 32.
83. Montalvo, Juan: *Catilinarias*, II, pág. 230.

virtud, el mundo no es tu reino!»[84]. Solo los que la aman, los que obran de acuerdo con la ley de su conciencia, la practicarán. Por eso la primera ley del *ethos* montalvino es el respeto al que la practica, quienquiera que sea. «Yo las amo —escribe— y las respeto en los que las practican: en el secular como en el eclesiástico, en el fraile como en el soldado»[85]. Tal es el sentido de la virtud en general. Concretando algo más su zona de validez, llegamos a las virtudes específicas, que son la sabiduría, la justicia, la cordura, la veracidad, la caridad, el pudor, el pundonor y otras muchas que Montalvo describe prolijamente.

La sabiduría es virtud que nos hace verdaderos filósofos. En el principio aparece unida a la fe[86]. Consiste la sabiduría en dotar la vida de auténtico sentido. Es un poder basado en un pensar recto. El arquetipo del sabio es, para Montalvo, Sócrates, aquel «filósofo sin par, hombre tan solo inferior a Jesús»[87], dotado de alma sublime, que ponderaba «que nada sabía, a pesar de ser el más sabio de los hombres»[88]. Fue «el filósofo más santo de la Grecia»[89].

La justicia —definida egregiamente por Sócrates como el conocimiento sereno que debe presidir las relaciones con nuestros semejantes— implica la fusión de tres ingredientes indispensables: inteligencia, mansedumbre y caridad[90].

La justicia se halla asimismo ligada a la cordura. Esta última virtud es tan esencial que supera a la propia sabiduría: «Ser cuerdo es más que ser sabio: cordura es prudencia, cordura es mansedumbre, cordura es benignidad»[91]. Por eso ella es un «emblema que bien descifrado da de sí la felicidad del hombre»[92].

La veracidad dota de opinión y personalidad a quien la profesa. El siguiente precepto comprueba esta idea: «Cuando hagas un cargo grave cita el hecho; de otro modo, puedes pasar por malicioso, inventor de cosas que no existen»[93]. El individuo veraz gozará siempre de la concordia del alma consigo mismo.

---

84. Montalvo, Juan: *Buscapié*, I.
85. Montalvo, Juan: *Mercurial*, pág. 13.
86. Montalvo *Tratados*, II, pág. 5.
87. Montalvo, Juan: *Cosmopolita*, I, pág. 130.
88. *Ibid.*, II, pág. 234.
89. *Ibid.*, I, pág. 129.
90. Montalvo, Juan: *Mercurial*, pág. 10. Véase sobre la teoría de la justicia, el apartado siguiente.
91. *Ibid.*, pág. 14.
92. Montalvo, Juan: *Cosmopolita*, II, pág. 135.
93. Montalvo, Juan: *Mercurial*, pág. 91.

La caridad —predicada y practicada por Montalvo— ha de ser modesta, callada. Por eso la caridad se une a la cordura, porque el que la practica, aconsejando modestia y silencio, ha de ser sagaz y comedido[94].

Consideremos el pudor y la vergüenza en la ética de Montalvo. Hay dos clases de pudor: el natural y el ficticio. El primero es una valiosa virtud que anuncia y revela el alma impoluta de la persona humana, es «marea de oro» imprimida fuertemente en ella. Incluso en la mala mujer se ha de respetar el pudor[95]. El segundo «es lo primero que pierde el hipócrita, ese que se reviste del pudor artificial para sus trapacerías»[96]. La vergüenza es un sentimiento muy personal, pero de positiva resonancia social. (Un notable pensador, Vladimir Soloview, fundamenta éticamente la sociedad en tres sentimientos fundamentales: la honradez, la verdad y la vergüenza). Se trata de un sentimiento casi inocente: «La vergüenza está imprimida en el horizonte cuando ha roto la aurora; la vergüenza delicada, pura, siempre está echando fuego, el fuego divino que atizaban las vestales»[97]. Es por esto —porque el fuego quema y purifica— que quien la posee como un tesoro se aparta y se opone a las obras maléficas que acarrean desconsideración e infamia. La vergüenza es «fuego del espíritu y uno de los elementos de la naturaleza del hombre»[98]. Unida a ella está el pundonor, que Montalvo considera ley común, y nadie tiene el derecho de abstenerse a su exigencia[99].

TEORÍA DE LA JUSTICIA

Dos fundamentos tiene la justicia dentro de la filosofía social de Montalvo: uno, ético-social, otro cristiano. Será don Quijote filósofo quien, dirigiéndose a unos abogados, les enseñará que «sin justicia no hay sociedad humana, y sin ministros u oficiales de ella no puede haber justicia práctica»[100]. De ahí su bondad general, y es el propio don Quijote quien sabrá decirle a Sancho, recordándole lo que establece don Alfonso el Sabio en *Las siete partidas*, que «la justicia es siempre muy buena cosa en sí, e que debe el rey siempre usar»[101].

Pero, en su raíz ética, tiene este sentimiento social un fundamento cristiano. «¿Habéis oído? La justicia, siempre la justicia: el Señor no quiere sino

---

94. *Ibid.*, pág. 21.
95. *Ibid.*, pág. 82.
96. *Ibid.*, pág. 79.
97. *Ibid.*, pág. 79.
98. *Ibid.*, pág. 80.
99. *Ibid.*, pág. 144.
100. Montalvo, Juan: *Capítulos*, pág. 272.
101. *Ibid.*, pág. 260.

la justicia... Los grandes del mundo la desprecian; vosotros, pequeñuelos [*le aconseja al pueblo*], respetadla». Y la concibe como inexorable: «En el día supremo, vosotros seréis grandes y los grandes pequeñuelos»[102]. Luz es para el justo. Es personaje que se viste con modestia, de porte austero, y trae en la mano una balanza, que «infunde cierto respetuoso pavor»[103]. Frente a lo que llama, aplicado a la época de Veintimilla, la Sodoma de la política, Montalvo incita a volver los ojos cargados de esperanza al templo de la justicia[104].

Y esta es su teoría de este valor social, cuyas reglas están grabadas en los corazones de los hombres honestos[105]. Ella constituye una parte esencial de la virtud; y «tan reprensibles somos cuando damos la razón al que no la tiene, como cuando la negamos al que abunda en ella»[106]. La considera como ley universal. «Ni de padre a hijo se ha de defender lo inicuo a todo trance, ni puede darse moral que nos prescriba obligaciones contrarias a la gran ley de la justicia universal»[107]. Es, en segundo lugar, distributiva. Y otra vez se apoya para enfatizar esa naturaleza distributiva en la historia, que es maestra de la vida. Con el rey de Esparta Agesilao repite que la justicia es la mayor de las virtudes: «La justicia, en los individuos, es la mayor de las virtudes; en los gobiernos, en los pueblos es una divinidad exigente y severa, a cuya devoción no puede uno faltar, sin incurrir en la pena con que los dioses conminan a los peores de los hombres»[108]. No hay excusa frente a la ley distributiva que la rige; «dar a cada uno lo que es suyo; recompensarle la bondad de sus acciones», tal es la norma montalvina, pues cree que las distribuciones odiosas son la gangrena de los gobiernos despóticos. Y hasta en la solidaridad en el mal luce bien —aunque parezca paradójico— cumplir la ley de distribución, como sucedía entre los bandoleros de la banda de Bardilis, que repartían con equidad sus hurtos, y les hicieron por ello honores[109].

Universal, distributiva, ilimitada: he ahí sus caracteres. Con Blas Pascal, quiere la justicia allende y aquende los mares. *Plaisante justice qu'une riviere ou une montagne borne*. Ella no reconoce límites. Es universal. Se extiende por todos los ámbitos del universo[110]. Pero, seguidamente, el filósofo social va a ser abogado de la doctrina del relativismo social, en determinados casos. No del relativismo de debilidades, de «justicia de covachuela». de la falsa y

---

102. Montalvo, Juan: *Cosmopolita*, I, pág. 326.

103. *Ibid*., II, pág. 296.

104. Montalvo, Juan: *Catilinarias*, I, pág. 194.

105. Montalvo, Juan: *El Regenerador*, II. [s. l.]: Garnier, [s. f.], pág. 178.

106. *Ibid*., II, pág. 196.

107. Montalvo, Juan: *Cosmopolita*, I, pág. 199.

108. Montalvo, Juan: *Regenerador*, I, pág. 43.

109. *Ibid*., I, pág. 43.

110. Montalvo, Juan: *Cosmopolita*, I, pág. 203.

ruin justicia de las vanas sutilezas del leguleyo, del abogadillo; sino del relativismo humano que proclama «la justicia verdadera, la elevada justicia; esta justicia es la moral, la filosófica. Es que la justicia absoluta, la estricta justicia es mezquina muchas veces; el hombre de clara inteligencia y de conciencia se queda a la relativa, entendiéndose por esta aquella que rompe las ataduras con que la quiere sujetar la malicia, y se encumbra, y llega a Dios»[111]. He aquí el modo de llegar a Dios por vía de la relatividad. Es la propia tesis de *El tema de nuestro tiempo,* de Ortega y Gasset. Es la misma tesis de Malebranche. Dios ante todos los horizontes relativos de suyo. Es ese hermoso texto humanista: frente a la letra farisea que mata, el espíritu humanista que salva. Pero esa relatividad no está, ni puede estar, exenta de firmeza: «Firme en la justicia —mantiene—, si bien no tan extremo que no blandee alguna vez en beneficio de la clemencia y apoyada en la vara de la sabiduría»[112]. Nada de justicia aparente, de aquellos oportunistas y provechados sofistas: «Donde falta la razón, buenas son para el inicuo las apariencias de justicia»[113]. Y a su vez, «a nadie le salva la benevolencia de los compasivos, si la justicia de los austeros le acomete» —según se lee en el filosófico opúsculo «El antropófago»—[114].

La justicia es uno como rasero. Ya Aristóteles hablaba del cartabón para medir las paredes lesbias. En «Dictadura perpetua», Montalvo pone ese rasero en la mano de Dios; «juez acendrado es ese..., nos mide por el mismo rasero, como si fuéramos granos de trigo, no mayores unos de otros»[115]. De nuevo, rige la doctrina esotérica de peso, número y medida. Y es un «justo medio» esa doctrina que tan bien conoció la antigüedad: «Lo justo —dirá el Cosmopolita— está siempre en el término medio: si tiras por los extremos vas fuera del camino»[116]. Se han de tener «pensamientos ajuiciados». Y se ha de ver, a su vez, el destino de justos y pecadores. Y define el problema: «Justos por pecadores, ley de los hombres sin conciencia que sacrifica hijos por padres, hermanos por hermanos»[117]. Montalvo ve que la sanción moral es incomunicable y personal el tanto de culpa, y dirá: «Desde el principio del mundo los justos han pagado por los pecadores; si bien algunas veces los pecadores suelen pagar por los justos»[118].

---

111. *Ibid.*, II, pág. 194.

112. Montalvo, Juan: *Cosmopolita*, I, pág. 9.

113. Montalvo, Juan: *El libro de las pasiones*. La Habana: Editorial de la Universidad de La Habana, 1935, pág. 305.

114. Montalvo, Juan: *Páginas desconocidas*. La Habana: Editorial de la Universidad de La Habana, 1936, [s. p.].

115. Montalvo, Juan: *Páginas*, pág. 316.

116. Montalvo, Juan: *Cosmopolita.*, I, pág. 319.

117. Montalvo, Juan: *Catilinarias*, II, pág. 335.

118. Montalvo, Juan: *Espectador*, pág. 251.

Pero para que el juez o los tribunales de justicia puedan impartirla, distribuirla debidamente, hace falta algo *sine qua non*, a saber: que sea libre, independiente. Es la independencia del poder judicial. Y dirá: «La justicia, la cosa mayor y más noble en el mundo, concilia majestad a todo lo que tiene que ver con ella: sus ministros han de ser sabios, prudentes, fuertes, libres. ¡Libres!...». Esclavo no puede ser el juez; en su negra condición, ni entiende, ni siente la justicia»[119]. Es que de los tribunales de justicia deben salir la paz y la concordia «coronadas de rosas, con ese amable sonreído con que se hacen adorar del hombre justo»[120].

Respecto de la justicia humana y terrena, el regenerador formuló una serie de preceptos, que bien podemos condensar en el tetrálogo que sigue. Primero: Respeta a Dios, sé justo y no temas a nadie. Este es consejo que una madre justa dio a su hijo y que el moralista recoge[121]. Segundo: No exaltes a los inicuos, ni deprimas a los buenos, pues herirás el rostro de la justicia, «divinidad sin la cual no puede haber salud para los mortales»[122]. Tercero: Como Job, cree que para Dios «son justos, no los que escuchan la ley, sino los que la practican»[123]. Cuarto: Sé como dice el Señor que es el justo: «El justo es como el sol matinal, sube y crece hasta el mediodía»[124]. Pero, alma cristiana, el filósofo ambateño cree también, y cree más, en una justicia transhumana, divina. Y es la que expone en su opúsculo «Las leyes de García Moreno y la reforma»: «Vi al impío fuerte como el cedro: cuando volví, ya no lo encontré. La justicia divina toma en ocasiones forma de vientos desencadenados, que se estrella contra los soberbios y los derriban al suelo»[125].

AMOR, DOLOR, DESTINO

Un principio ético superior completa la previa escala de valores y determina nuestro destino ético: el amor en sentido cristiano. «Quien bien ama, cree y espera bien», dice la sentencia agustiniana. «El amor lo acomoda todo, enseña y salva»[126], predica Montalvo. Pero en el mundo terreno este principio suele ser con rareza practicado, expuesto como está constantemente a perecer. Al amor —unidad de contrarios— se une el dolor. El hombre moral y

---

119. Montalvo, Juan: *Regenerador*, I. pág. 202.

120. Montalvo, Juan: *Páginas*, pág. 41.

121. Montalvo, Juan: *Regenerador*, I, pág. 238.

122. *Ibid.*, I, pág. 213.

123. Montalvo, Juan: *Cosmopolita*, II, pág. 57.

124. *Ibid.*, II, pág. 56.

125. Montalvo, Juan: *Regenerador*, I, pág. 145.

126. Montalvo, Juan: *Mercurial*, pág. 92.

consciente debe renunciar a toda alegría. Cumple aquí aludir a la nota grave de la filosofía de Montalvo, quien, en consonancia con su temple trágico, proscribe la vana alegría. «¿La alegría? ¿Todos los que ríen son alegres? Ríe el dolor, ríe la desdicha»[127], cual un romántico del mal del siglo, se confiesa temperamentalmente melancólico y en la «Carta de un viajero inglés», que aparece en *El Cosmopolita*, describe su propia e íntima afectividad y confiesa: «Corazón, pecho, alma, todo me duele, todo me mata»[128]. Empero, no es esta una actitud ficticia, sino hecha de introspección: «Esto, en fin, que llaman en mí orgullo y hurañería no es sino desgracia»[129]. La vida en su etapa juvenil es concebida románticamente y en tono un tanto pesimista: «La vida es una enfermedad para mí: deseo la muerte y la llamo con cólera; no viene y rompo a quejarme de ella»[130].

En otra fase entra a hablar el místico y la impresionante metáfora de la cárcel se ubica en la mundividencia de Montalvo, tal cual la expresa de un modo platoniano en este pasaje: «Cuando sacuda los miembros que aprisionan esta vida, y rota su cárcel salga libre, he de volar a la eternidad y he de desaparecer en el océano de luz infinita»[131]. Es el hombre cuyo ideal no ha podido hacerse realidad empírica y lo sublima. Es el hombre que se esfuerza denodadamente por trocar su realidad humana en otra superior. Es el deseo de infinidad, de profundidad, que choca en la mismidad de su ser contra lo finito y limitado.

No hay felicidad para este peregrino del ideal. «La felicidad es un préstamo, es pasajera, y cuando se recuerda el bien perdido nos encontramos frente al mayor de los males»[132], dice. Aquí se identifica Montalvo con el filósofo Manrique y el *nessun maggior dolore*. Mas, ¿de qué clase de dolores se sufre en este mundo? Montalvo contesta, dando una respuesta contraria a la del filósofo de Cirene. Este temía ante todo el dolor físico. Según la filosofía del ecuatoriano, «las penas morales son mucho menos llevaderas que las físicas»[133], y las dota de un valor purificante y cree que solo las sobrelleva aquel que posee una personalidad entera y firme y se yergue sobre la miseria del mundo. Por ello, el infortunio ha de acogerse con paciencia y humildad: «El infortunio es el hoplita descubridor que va abriendo el campo a los varones ínclitos»[134]. Esta filosofía, de cariz estoico o senequista, que busca en el dolor lo que nos hace esenciales, se contrapone a toda concepción hedonista de la vida. Mon-

---

127. Montalvo, Juan: *Buscapié*, XVII.
128. Montalvo *Cosmopolita*, II, pág. 123.
129. *Ibid.*, II, pág. 123.
130. *Ibid.*, II, pág. 125.
131. Montalvo, Juan: *Catilinarias*, I, pág. 162.
132. Montalvo, Juan: *Cosmopolita*, II, III.
133. *Ibid.*, II, pág. 65.
134. Montalvo, Juan: *Buscapié*, I, XV.

talvo cierra el paso a esta filosofía, considerando el placer como afirmación parcial de la vida, como «forma de atrevimiento»[135]; y divide los deseos o apetencias en dos especies: una, la de los que son «legítimos y puros», que tienen su objeto en Dios y alegran la vida; otra, la de los que son «bajos y sin fuero», y con cuya práctica «el hombre cae y se trueca en ángel maldito»[136].

En cuanto a la determinación ético-evolutiva de la persona, el filósofo no pudo dejar fuera de sus meditaciones el problema del albedrío. Su criterio es que nuestra vida está gobernada por un destino, por un poder, por una voluntad incontrastable. La mano de este poder es irresistible y, disfrazado como una sombra, es «una nada que no está sujeta a la vista, al tacto ni al oído»[137]. El destino es, según esta concepción, algo transvolitivo, que actúa oculto según una ley secreta, en relación con la cual somos esclavos. No existe posibilidad de sustraerse a su influjo. El destino, aunque sea duro, es el destino: «Destino es hecho consumado contra el cual no protestamos ni nos rebelamos: destino es Providencia: destino es orden de Dios, y todo está dicho»[138]. El destino es, pues, una especie de ordenamiento cósmico, a cuyo desigual reparto hemos de someternos. Es, constitutivamente, la ley del mundo y, por ello, el ser humano ha de seguirlo, como los planetas sus movimientos siderales. Montalvo podría haber dicho paradójicamente que su agonía por la libertad fue su destino. Recuérdese la sentencia de Dilthey: «La vida es una misteriosa trama de azar, destino y carácter». Los bienes que a los mortales nos toca en ese reparto son desiguales y no debemos inquirir la justificación de ello. Este es un problema último relativo a la metafísica del ser humano, a su ontología inescrutable.

«Ciego es el destino, nadie puede evitar su suerte», afirma el filósofo, aplicándolo a la inexorabilidad de la muerte de César en el Senado. Estaba escrito[139], y es nada menos que don Quijote, no el de los *Capítulos que se le olvidaron a Cervantes*, sino el de la escena que apareció como primicia en *El Cosmopolita*, el que define los hados como «lo que la gente rústica y el vulgo suelen llamar destino». Se reitera el concepto como «aquella fuerza en cuya razón nadie es dueño de dejar de hacer cosa, de ir a tal parte o dejar de ir». O mejor: «Hados son los decretos que en bien o en mal están escritos por la Providencia de toda una eternidad». Lo hace equivalente a lo que el hombre común llama suerte; los teólogos, predestinación; estrellas los poetas y el escritor, destino[140]. Montalvo inserta estos juicios en ese capítulo del *Quijote* americano, como Ortega filosofa en su escena del juego de golf, donde expo-

135. Montalvo, Juan: *Geometría*, pág. 63.

136. *Ibid.*, pág. 63.

137. *Ibid.*, pág. 59.

138. *Ibid.*, págs. 59-60.

139. Montalvo, Juan: *Cosmopolita*, I, pág. 330.

140. *Ibid.*, II, pág. 20.

ne la idea del *dharma*. Y ello es, en ambos casos, un filosofar, no a lo germánico, sino a lo hispánico, pero es un filosofar auténtico.

En el drama *Jara*, este sombrío personaje habla así: «Soy agente del destino y a nadie le es dado trastornar sus imposiciones»[141]. En *Geometría moral* insiste en estos propios conceptos. Ley ciega, inexorable, lo llama[142], «divinidad oculta que obra según una ley secreta, y cumple sus fines señalados en la órbita de la creación»[143]. Y lo delimita como «una nada que no está sujeta a la vista»[144]. Intención de Dios, que es ley para nosotros[145]. En el drama *Granja*, el padre Bernardo lo precisa como «un querer de Dios»[146]. Y en dos monosílabos —en el principio era el verbo— lo resume: *sí, no*; o sea, felicidad, desesperación. También habla el filósofo de la rebelión contra el destino, como Jerjes, que hace azotar al mar por haberse roto el puente que echó sobre el Helesponto para que su ejército pasase[147].

Las dos formas en que se manifiesta el destino son la adversa y la propicia. Si es adverso el destino, su misión será matar; si es propicio, su misión será dar vida y alegría[148]. He ahí la tremenda alternativa que la vida plantea al filósofo. Yo soy uno mismo. Yo soy yo y, sin embargo, mi destino puede ser este o aquel. Pero volviendo los ojos hacia la ciencia del espíritu, inquiramos si no hay tras ese destino señalado una voluntad libre capaz de torcer su implacable ruta. Montalvo, en una aparente paradoja, resuelve este metablema, quizá para caer de nuevo en un círculo vicioso: «Destino es cosa no tan ciega como dicen: origen reconoce y motivos que le determinan»[149]. He ahí un determinismo indeterminista: la conducta del individuo está predeterminada según un *fatum* y según los elementos determinantes con que ingresa en la vida. Como en un caballo de carrera, el lastre que lleva consigo podrá solo aplazar la llegada feliz a la meta. Estos motivos son físicos, morales, intelectuales o sociales; puede ser la hermosura o la valentía o la inteligencia o la generosidad o el nombre excelso o las virtudes. Pero el hombre Montalvo, el que vivió en lucha perenne contra un destino adverso —si bien realizó su destino de escritor, su programa de vida, que fue su afán principal— y acatólo sumiso, más de una vez volvería a plantearse la pregunta: ¿por qué este destino cuyo origen palpo, cuyo sentido reconozco?

---

141. Montalvo, Juan: *Pasiones*, pág. 250.
142. Montalvo, Juan: *Geometría*, pág. 50.
143. *Ibid.*, pág. 59.
144. *Ibid.*, pág. 59.
145. *Ibid.*, pág. 59.
146. Montalvo, Juan: *Pasiones*, pág. 250.
147. Montalvo, Juan: *Tratados*, pág. 148.
148. Montalvo, Juan: *Geometría*, pág. 61.
149. *Ibid.*, pág. 65.

Figuras y ejes discursivos de la poesía femenina hispana de los Estados Unidos

LUIS ALBERTO AMBROGGIO

Academia Norteamericana de la Lengua Española

La poesía colonial (1539-1810). ■ La poesía mexicanoestadounidense. ■ Poesía de Puerto Rico en el Estados Unidos continental. ■ Poesía cubanoestadounidense. ■ Poesía femenina de los exilios más allá de los cuerpos anteriores. ■ Observaciones finales.

Ya no se puede sostener lo que en 1917 afirmaba Miguel Romera-Navarro de que «la historia y exposición del hispanismo literario en Norte-América están por escribirse. Ni un solo estudio, comprensivo o superficial, popular o erudito, se le ha dedicado»[1]. La literatura (poesía, novela, cuento, ensayo, teatro) escrita en español en los Estados Unidos merece un capítulo destacado en cualquier antología de literatura iberoamericana que se precie de completa, ya que somos parte de la literatura estadounidense e hispanoamericana. El énfasis de este ensayo es un llamado de atención, sin pretender abarcar su totalidad, sobre la producción cultural femenina, dejando constancia solamente de nombres y títulos de obras de mujeres escritoras hispanas y latinas estadounidenses, con sus peculiaridades estéticas, temáticas, testimoniales, afirmando su identidad, sus experiencias autobiográficas, los temas relacionados con su sexualidad, las relaciones, pasiones, deseos, esperanzas, desilusiones, posturas sociales y políticas de su sentir femenino en sus creaciones, ficciones, textos, testimonios, desde la época colonial hasta la actualidad posmodernista, de posglobalización. En la concepción de Rosario Ferré en su ensayo «La cocina de la escritura»[2], la escritura femenina rescata la voz de la mujer y se preocupa de darles paso a las experiencias vitales interiores de su cuerpo de madre, amante, gestora de vida, al mismo tiempo que propone el planteamiento de temas relegados por la tradición literaria tradicional escrita por hombres, además de todas las características y preocupaciones de la literatura hispanoestadounidense, como son las complejidades identitarias, el dualismo cultural, el aferramiento a las raíces, el hogar, los desvalores del exilio, la discriminación, las tensiones entre dominante y dominado, etc., como iremos detallando en el transcurso de este recorrido rápido, enciclopédico, pero sin pretensión de ser completo. Por razones de espacio nos limitaremos en este ensayo a abarcar solamente el género poético.

De los cuatro tipos de lenguaje español utilizado en EE. UU. (puro, bilingüe, *spanglish*, inglés con salsa), nos concentraremos en documentar la poesía escrita en español «puro», sin ser puristas y reconociendo la dinámica del lenguaje (con las adecuaciones e idiosincrasias del caso, dado que se trata de un *melting pot* también de raíces hispanoamericanas). En este sentido, adoptamos la clasificación de algunos críticos literarios, arbitraria como todas las clasificaciones (sin mayor profundización en este uso de nomenclaturas, tan controvertido), para distinguir entre poesía hispana, poetas «hispanas», aquellas de procedencia hispánica en los Estados Unidos que han optado por escribir en español, y «latinas», aquellas de procedencia hispánica que escri-

---

1. *El hispanismo en Norte-América: exposición y crítica de su aspecto literario*. Madrid: Renacimiento,1917, pág. 1.
2. Rosario Ferré: «La cocina de la escritura». *Sitio a Eros*. México: Joaquín Mortiz, 1980, págs. 13-33.

ben en inglés[3], cuyas figuras y creaciones no se han tomado en cuenta en esta compilación, independientemente de su reconocida importancia y de compartir muchos de sus ejes discursivos y características estéticas con la poesía hispana de los Estados Unidos.

LA POESÍA COLONIAL (1539-1810)[4]

Dentro de este importante período fundacional de la poesía escrita en español en el territorio estadounidense, no se encuentran representantes de poetas mujeres (como lo son sor Juana Inés de la Cruz en México o Clarinda y Amarilis en Perú), aunque la figura femenina —con imagen de heroína— aparece en los textos de esta época escritos por exploradores, frailes, viajeros y conquistadores, que dejaron un legado en diferentes tipos de prosa narrativa y poemas como testimonios de sus hazañas, descubrimientos, paisajes y costumbres nativas dentro de lo que se ha llamado «la estética de la violencia colonial»[5]. Son textos que corresponden al período barroco de la literatura hispana, en el que la sociedad admiraba la figura del soldado poeta durante sus siglos de expansión imperial, con figuras como Garcilaso de la Vega, Miguel de Cervantes, Alonso de Ercilla, entre otros. Curiosamente, en el caso de Pedro Calderón de la Barca, en su obra *La vida es sueño,* interviene en un rol protagónico Rosaura, una mujer soldado, amazona, quijotesca, con el poder civilizador de la belleza, como aparece en los versos «Mi espada es esta, que a ti / solamente ha de entregarse, / porque, al fin, de todos eres / el principal y no sabe / rendirse a menos valor».

Sin embargo, me atrevo a descubrir un tono femenino, ecos de las antiguas jarchas, en muchas composiciones de la fecunda tradición oral que se generó en este período y se mantuvo entre los hispanos de los Estados Uni-

3. Esta es la tesis que sostiene, entre otros, William Luis en su libro *Dance Between Two Cultures: Latino Caribbean Literature Written in the United States.* Nashville: Vanderbilt University Press, 1997.

4. Basado en el ensayo «El período colonial en la poesía escrita en español en los Estados Unidos (1539-1810): importancia fundacional», que presenté en el IV Congreso Internacional CELEHIS de Literatura: *Literatura española, latinoamericana y argentina.* Mar del Plata, 7, 8 y 9 de noviembre de 2011: http://www.mdp.edu.ar/humanidades/letras/celehis/congreso/2011/actas/ponencias/ambroggio.htm.

5. Como se puede leer en los versos del canto trece del poema de Gaspar Pérez de Villagrá *Historia de la Nueva México* (1610): «Vimos todos venir a nuestro puesto / Vna furiosa baruara gallarda / Frénetica de amor, de amores pressa, / Vnas vezes apriessa caminando, / Otras corriendo, a vezes reparada, / Aderezaua bien lo que traía, / Que era vn hermoso niño, lindo y bello, / [...] / Viendo, pues, el Sargento su donaire, / La gracia y desenfado que traía, / A todos mandó darle franca entrada / Por ser muger cuya belleza illustre / A toda cortesía combidaua...».

dos simultáneamente con el legado escrito. Este significativo cuerpo literario de diferentes géneros se manifiesta en dichos, rimas, adivinanzas, corridos, baladas, décimas, canciones, alegorías («La Llorona», por ejemplo), dentro del anonimato.

Además, en algunos de los poemas típicos de esta época se destacan personajes femeninos y la presencia de la mujer hispana como mantenedora de la tradición y protagonista de una cultura permanente; tal es el caso del pionero barroco Gaspar de Villagrá en su *Historia de la Nueva México* (1610) con doña Eufemia, la primera heroína hispana (canto veintisiete) y de sus alusiones en el poema a otras mujeres nativas que sacrificaron sus vidas por una causa merecida; en concreto, el suicidio colectivo de cuatro hermanas y una madre indias, que deciden quemarse vivas cuando descubren el cadáver de su hermano, el noble Zutalcampo. Documentación que también intentó el siglo pasado Sabine Ulibarri en algunas de sus obras, como *Mi abuela fumaba puros*.

LA POESÍA MEXICANOESTADOUNIDENSE

En la evolución de la poesía mexicanoestadounidense se observan una serie de etapas o épocas con características bien definidas y cuatro presencias en el patrimonio literario de cada una de ellas: indigenismo, criollismo, mestizaje y angloamericanismo[6]. El período comprendido entre los años 1810 y 1848 corresponde a la época de la independencia y autonomía literaria, que, si bien continúa con la poesía de la época colonial con romances y corridos, ve la aparición de otras formas de poesía popular como la *indita*, el *trovo*, el *cuándo*, las *décimas* y las utilizadas en las dramatizaciones llamadas *pastorelas*, en las que figura el personaje femenino, por ejemplo, de la Malinche con todo su simbolismo —la naturaleza se insinúa con mimos de mujer—; y se cantaban en Nuevo México los corridos titulados *Delgadina, La dama y el pastor, La esposa difunta, La doncella guerrera,* entre otros, haciéndose eco de la función protagonista de la mujer en el romancero.

La segunda época de la literatura mexicanoamericana llamada «territorial» se desarrolló entre los años 1848 y 1912, donde se ubica el poema publicado en California bajo un seudónimo con la inicial V, en el que con sarcasmo se deja constancia de las dificultades de la coexistencia entre los lenguajes, con el protagonismo de una joven: «Conocí aquí en California / Una paisana muy bella / Mas como estaba educada / En la americana escuela / Inglesaba algunas frases / Que olían a gringo a la legua».

---

6. Luis Leal: «Las cuatro presencias en el patrimonio literario del pueblo chicano», en *Antología de literatura latina, Cruzando puentes II. Ventana Abierta*, vol. VII, n.º 25, otoño 2008, págs. 8-18.

Como señala Víctor Fuentes en su libro *California hispano-mexicana*[7], numerosos son los poemas publicados en el periódico *El Clamor Público* (recogidos ahora en la antología de Reynaldo Ruiz, de 465 páginas, *Hispanic Poetry in Los Angeles, 1850-1900*). La poesía angelina[8], la mayoría anónima, asombra por su similitud de nivel con lo publicado en periódicos de ciudades españolas e hispanoamericanas de la época, con una «variedad de letrillas, romances, sonetos, epigramas» (VF 140-141), «variada la temática: poemas satíricos en la vena de Quevedo, a "Una viuda" (251); amorosos, como "El ángel de amor" (147); otros de amor pastoril; leyendas exóticas, como "Ritja o Balada" (157-162); y poesía de *ethos* romántico, como el tan sorprendente "¿Será verdad?-mujeres? (2221-224), poesía femenina *avant la lettre* y continuadora, a su modo, del poema "Hombres necios que acusáis", de sor Juana Inés de la Cruz: "Los Camilos y Soteros / Viven solo por comer. / Y es preciso conocer / Que todos los hombres juntos / Inclusive los difuntos / No valen una mujer"» (224)[9].

Los años 50 marcan el comienzo de la literatura chicana contemporánea, caracterizada por la necesidad de la cultura chicana de encontrar su propio espacio, su militancia y expresión propia dentro de su familia, comunidad y modo de ser, ante el rechazo de varios frentes, algo que se consolida en los años sesenta. Así, se llega a los ochenta y la posmodernidad, donde sobresale un grupo de chicanas, entre ellas Lorna Dee Cervantes (*Emplumada*). En *Barco de refugiados* escribe: «Como almidón de maíz / me deslizo, pasando por los ojos de mi abuela, / biblia a su lado. Se quita los lentes. / El pudín se hace espeso. / Mamá me crio sin lenguaje. / Soy huérfano de mi nombre español. / Las palabras son extrañas, / tartamudeando en mi lengua. / Mis ojos ven el espejo, mi reflejo: / piel de bronce, cabello negro. / Siento que soy un cautivo / a bordo de un barco de refugiados. / El barco que nunca atraca. / El barco que nunca atraca».

La figura del «gringo» aparece en los poemas de Bernice Zamora, empezando por su poema «Sunday's Faith». Gloria Anzaldúa versifica en *Borderlands / La frontera: The New Mestiza*, 1987: «Ahogadas, escupimos el oscuro. / Peleando con nuestra propia sombra / el silencio nos sepulta». Cheri Moraga hace enfrentarse a Malinche con Cortés, a quien culpa del padecimiento causado por 500 años de sufrimiento. La inmigrante de México Lucha Corpi, acaso una de las mayores expresiones poéticas, escribe en español puro en *Palabras de Mediodía*: «De la rama cuelga una naranja / Todavía sin promesa de azahar» (de «Romance Negro»). También ella se refiere al rol de

7. Nueva York: Academia Norteamericana de la Lengua Española, Colección Plural Espejo, 2014.

8. Lewiston: The Edwin Mellen Press, 2000.

9. Víctor Fuentes, *op. cit.*, pág. 141.

la Malinche en «Marina Madre»: «Tú no la querías ya y él la negaba / y aquel cuando niño "¡mama!" le gritaba / cuando creció le puso por nombre "la chingada"».

Luego están Sandra Cisneros, Ana Castillo o Pat Mora, quien en el poema «Legal Alien», irónico desde el doble sentido del título, dice: «Bi-lingual, Bi-cultural, / able to slip from "How's life?" / to "Me'stán volviendo loca"... / sliding back and forth / between the fringes of both worlds / by smiling / by masking the discomfort / of being pre-judged / bi-laterally».

Añadimos a las poetas de San Antonio Ángela de Hoyos, Evangelina Vigil-Piñón y Carmen Tafolla. En otros lados, Yolanda Luera, Alma Villanueva, Demetria Martínez. Judy Lucero y su memoria poética desde la prisión. Y otras, como Diana Marie Delgado, Sheryl Luna, Alivia Nada, Emy Pérez, María Meléndez, Carolina Monsiváis, Brenda Cárdenas, Lisa Chávez, Margarita Cota-Cárdenas y Xanath Caraza.

En ese intento concreto por redefinir la identidad o subjetivación en este período de posglobalización, traemos nuevamente a colación, como ejemplo, a Margarita Cota-Cárdenas en su segundo poema de *Noches despertando inConciencias*, titulado «Crisis de identidad» o «Ya no chingues», y su iconográfico verso: «Soy chicana macana / o gringa marrana, / la tinta pinta / o la pintura tinta». En este contexto, debemos aludir y contrastar, como ejemplo de la dialéctica de los movimientos literarios, los ensayos sobre «lo postransfronterizo» a partir del ya clásico libro de Néstor García Canclini *Culturas híbridas. Estrategias para entrar y salir de la modernidad*, y la crítica de la aplicación entusiasta de teorías posmodernistas a «la frontera», el hibridismo, como parte de un discurso hegemónico construido para explicar otros imaginarios y entornos, con una estrategia cultural conservadora ms que innovadora, valga la antítesis.

POESÍA DE PUERTO RICO EN EL ESTADOS UNIDOS CONTINENTAL[10]

En este recorrido por la memoria poética hispanoestadounidense femenina se omite, a pesar de corresponder su inclusión dada la pertenencia política de Puerto Rico a los Estados Unidos, la poesía de Puerto Rico en la isla. En el período del antirromanticismo y premodernismo, período del cual solo nos limitamos a destacar a Lola Rodríguez de Tió (1848-1924), que vivió, en uno de sus tantos exilios, en Nueva York y fue precursora, con su poesía, de Martí

10. Adaptado del capítulo «La poesía puertorriqueña» que escribí para la *Enciclopedia del español en los Estados Unidos*. Nueva York: Instituto Cervantes y Editorial Santillana, 2008, págs. 672-677.

y sus *Versos sencillos*. Entre su poesía más conocida están los poemarios *Mis cantares* (1876), *Claros y nieblas* (1885), *A mi patria en la muerte de Corchado* (1885) y *Nochebuena* (1887). Del breve decasílabo titulado «Autógrafo» unos versos la retratan: «Yo no me siento nunca extranjera; / En todas partes hogar y abrigo / Amplia me ofrece la azul esfera; / Siempre mis sienes un seno amigo / Hallan en una u otra ribera / Porque la Patria llevo conmigo», como así también sus famosos versos de «A Cuba», que proclaman una característica de la hermandad de las naciones caribeñas en la lucha por su independencia: «... Cuba y Puerto Rico son / de un pájaro dos alas, / reciben flores o balas / sobre un mismo corazón».

Otra de las más conocidas activistas es la poeta Julia de Burgos (1914-1953), con sus tres poemarios *Poema en 20 surcos, Canción de la verdad sencilla* y *El mar y tú,* de donde son aquellos versos señeros de la esencia puertorriqueña: «Morir conmigo misma, abandonada y sola / En la más densa roca de una isla desierta». Julia Burgos expresó el erotismo femenino, siendo explícita y directa en plasmar sus deseos y su juicio de los hombres, como hace en su poema «Río Grande de Loíza»: «... Río hombre. Único hombre / que ha besado en mi alma al besar en mi cuerpo...». Con esto, esta poeta ícono, que acaba suicidándose, se une a la poesía femenina contestataria, expresión nacional de Puerto Rico, en la que pareciera ser que la mujer y el país estaban siempre sujetos a un amo: «¡Río Grande de Loíza!... Río grande. Llanto grande. / El más grande de todos nuestros llantos isleño / si no fuera más grande el que de mí se sale / por los ojos del alma para mi esclavo pueblo».

Más tarde, aparecen Olga Nolla (1938-2001) y la reconocida Rosario Ferré (1938-2016), cuya estadía en varios lugares del Estados Unidos continental y, en especial, en la zona metropolitana de Washington D. C. mientras sacaba su doctorado en la Universidad de Maryland marcó su autoidentidad como mujer y crítica literaria, así como su obra poética. En esa época se concibe su conocido poemario *Fábulas de la garza desangrada*[11]. Además, cumplo en mencionar a Brenda Alejandro (1947) y Lourdes Vázquez[12] (1949), que participan en la antología *Los paraguas amarillos*[13], además de Ferré y Soto. Luz

11. México: J. Mortiz, 1982.

12. Ampliamente antologada y publicada en revistas. Su libro de poemas *Las hembras* (Chile: Papeles del Andalicán, 1987) fue mencionado por la crítica puertorriqueña como uno de los diez mejores libros del año. En 1988, el Museo Omar Rayo de Colombia publica el texto *La rosa mecánica* en su serie de mujeres poetas de América Latina. Entre 1995 y 1997, publica *El amor urgente, The Broken Heart* y *Erótica de bolsillo*. En 1999, publica su libro de cuentos *Historias de Pulgarcito* (Ediciones Cultural); además *Bestiary: Selected Poems, 1986-1997* (2004); *La estatuilla* (2004); *Salmos del cuerpo ardiente* (México: Chihuahua Arde, 2004); *May the Transvestites of my island who tap their heels exquisitely* (2004); *Obituario* (2004); *Desnudo con huesos / Nude with Bones* (2003); *Park Slope* (2003).

13. Hanover, NH and Binghamton: Ediciones del Norte and Bilingual Press, 1983.

María Umpierre (1947)[14] y Carmen Valle (1948), poesía en español de contrastes con los poemarios *Un poco de lo no dicho* (1980), *Glenn Miller y varias vidas después* (1983), *De todo da la noche al que la tienta* (1987), *Preguntas* (1989), *Desde Marruecos te escribo* (ed. bilingüe, 1993), *Entre la vigilia y el sueño de las fieras* (ed. bilingüe, 1996) y *Esta casa flotante y abierta* (2004).

La poesía social y política del «movimiento niuyorricano», fundado por Jesús Colón (1901) y antologado en dos libros fundamentales, *Nuyorican Poetry. An Anthology of Puerto Rican Works and Feelings* (Miguel Algarín y Miguel Piñero, eds. New York: Morrow, 1975) y *Aloud. Voices from the Nuyorican Poets Café* (Miguel Algarín y Bob Halman, eds. New York: H. Holt, 1994), que me dedicara el mismo Miguel Algarín en 1995, e incluye las siguientes voces femeninas: Sandra María Esteves (1948), Martita Morales, Lucky Cienfuegos, entre muchos poetas. Se caracteriza por su antintelectualismo y su profeso antiesteticismo. Los poemas fueron escritos en su mayoría en el inglés «vernáculo» del «barrio» (más bien un concepto que un lugar físico definido) puertorriqueño de Nueva York, por lo que no nos detenemos en él, a pesar de abundar las incrustaciones de palabras en castellano y, en ocasiones, con versiones bilingües originales.

Así, este movimiento permitió a otros poetas puertorriqueños en los Estados Unidos desarrollar sus propios estilos diferenciados del movimiento tanto en su temática como en su forma, en lo que Frances Aparicio[15] cataloga como poesía posniuyorricana: aquí se encuentran poetas como Luz María Umpierre, con obras como *Una puertorriqueña en Penna* (1979), *En el país de las maravillas (Kempis puertorriqueño)* (1982), *Y otras desgracias / And Other Misfortunes*, que es una luchadora por los derechos humanos y la igualdad social, y documenta su experiencia como inmigrante, el bilingüismo y los temas relacionados con el lesbianismo / homosexualismo / bisexualismo / transgénero (LGBT).

Contemporáneamente con estos movimientos hacemos referencia a la creación de los poetas puertorriqueños continentales Olga Casanova Sánchez (1947), con *Raíz al aire;* Elizan Escobar (1948); Giannina Braschi (1953), con *El imperio de los sueños,* de múltiples ediciones[16]; Luz Ivonne Ochart

---

14. Comenzando con su poemario *En el país de las maravillas* (1979), ha seguido publicando artículos de crítica literaria, narrativa y poesías.

15. En la discusión de la poesía protoniuyorriqueña, niuyorriqueña y posniuyorriqueña, además de complementarlo, me baso en el estudio de Frances R. Aparicio «From Ethnicity to Multiculturalism: An Historical Overview of Puerto Rican Literature in the United States», incluido en el *Handbook of Hispanic Cultures in the United States: Literature and Art*, editado por Francisco Lomeli, General Editors Nicholas Kanellos and Claudio Esteva-Fabregat (University of Houston: Arte Público Press, 1993).

16. Barcelona, Anthopos, Editorial del Hombre, 1988; Editorial de la Universidad de Puerto Rico, Río Piedras, 2000; Amazon Crossing, Seattle, 2011, 3.ª edición.

(1954)[17]; Jan Marínez (1954), con sus poemarios *Minuto de silencio* (1977), *Archivo de cuentas* (1987) y *Jardín, obra escogida* (1977-1997) (1998); Marithelma Costa (1955), que publicó tres poemarios: *De Al'vión* (1987), *De tierra y de agua* (1988) y *Diario oiraí* (1997). Ellas integran —entre muchas otras ya mencionadas— la antología *Papiros de Babel. Antología de la poesía puertorriqueña en Nueva York* (Universidad de Puerto Rico, 1991), una de las más completas hasta la fecha, que ha editado el destacado poeta y crítico Pedro López Adorno (1954)[18]. A las que añado algunas no incluidas como Marta Magaly Quiñones (1945)[19]; Judith Ortiz-Coffer (1952), que escribe principalmente en inglés[20]; Myrna Nieves (1949), con *Viaje a la lluvia: poemas* (2002); Egla Blouin; María Juliana Villafañe, con *Dimensiones en el amor* (1992) y *Entre dimensiones* (2002); Naomí Ayala (1964), que escribe poemas en español y ha publicado en edición bilingüe, con Bilingual Review Press, *Calling Home: Praise Songs and Incantations (Canto cosas),* aunque sus primeros poemarios, *This Side of Early* (2007) y *Wild Animals on the Moon* (1997), fueron escritos en inglés; Rebecca Villareal, y otros, con poesías antologadas y obras premiadas.

Los diferentes oleajes del posniuyorricanismo han tenido escenarios diversos y producciones desiguales en su calidad estética. Uno de ellos ha sido captado por Juan Flores y Jorge Matos en su edición de 1999 en la *Revista de Estudios Puertorriqueños* con su selección de poetas «diasporricanos». Otra de las nuevas generaciones poéticas, ahora llamada de los «neorrriqueños», publica en antologías, revistas latinas o multiculturales como *Ratallax, The Americas Review* y otras, con «nuevas» propuestas estilísticas y temáticas, aboliendo geografías y distinciones, dado que sus integrantes expresan una realidad más compleja en un territorio fluido y, por lo tanto, abordan temas más amplios que los de la identidad, la cual —en palabras de Juan Flores y Myrna Santos Febres— «ya definitivamente no es vista como un bloque monolítico, coherente y atado a un idioma o un espacio geográfico o a una etnia/raza. La ven, en cambio, como un territorio poroso, lleno de contradicciones y de experiencias yuxtapuestas que también definen esa terrible y hermosa realidad que es "ser puertorriqueño"»[21]. La antología *La ciudad prestada:*

---

17. Poemarios *Ritos de muerte* (1975) y *Obra poética.*

18. Autor de *Rapto continuo* (1999), *Viaje del cautivo* (1998), *Concierto para desobedientes* (Río Piedras, 1996), *Los oficios* (1991), *País llamado cuerpo* (1991), *Las glorias de su ruina* (1988), *Hacia el poema invisible* (1981).

19. Con numerosos poemarios publicados, entre ellos, *Entre mi voz y el tiempo* (1969), *Era que el mundo era* (1974), *Zumbayllu* (1976), *Cantándole a la noche misma* (1978), *En la pequeña antilla* (1982), *Nombrar* (1985), *Razón de lucha* (1989), *Sueños de papel* (1996), *Patio de Fondo* (2003), *Mi mundo* (2003).

20. Como *A Love Story Beginning in Spanish: Poems, Silent Dancing, Terms of Survival, Reaching for the Mainland* y *The Latin Deli: Prose and Poetry.*

21. Hostos Review *Micrófono abierto. Nuevas literaturas puertorriqueñas*, n.º 2, 2005, *Introducción,* pág. XII.

poesía posmoderna en Nueva York (2002), compilada y editada por Pedro López Adorno, incluye a la poeta puertorriqueña Giannina Braschi.

Culminamos así con la novísima poesía puertorriqueña de las llamadas generaciones de los 80 y los 90, destacada en la edición de *Hostos Review* bajo el título *Micrófono abierto. Nuevas literaturas puertorriqueñas,* editada por Juan Flores y Mayra Santos-Febres (n.º 2: 2005), que incluye a poetas —además de las anteriormente citadas en relación a otros grupos o movimientos— a Mariposa, de Nueva York, con su *Ode to the Disporican (pa mi gente)*; la puertorriqueñocostarricense Kattia Chico (1969); Caridad de la Luz, alias «la Bruja», poeta, actriz, cantante; María Luisa Arroyo (1971), autora de *Raíces de silencio* (2005); Chiara Merino Pérez Carvajal (1973); el «rapero» Gallego (1974); Nicole Cecilia Delgado (1980); Raquel Z. Rivera[22]. La poesía de estas generaciones de los ochenta y noventa y posteriores es una poesía híbrida, como afirmamos anteriormente, con nuevas temáticas y estilos, experiencias y performances de hiphop, con formas múltiples de difusión artística, pero auténticamente puertorriqueños, diasporriqueños o niuyorrriqueños en su fondo de inspiración y creación poética.

POESÍA CUBANOESTADOUNIDENSE[23]

El complejo y rico cuerpo de la poesía cubanoestadounidense encuentra también sus orígenes en el siglo XIX con la presencia de grandes como el neoclásico José María Heredia (1803-1839), Martí y muchos otros poetas.

Esta copiosa tradición poética cubanoamericana continúa en el siglo XX con diversas manifestaciones generacionales no solo en relación con épocas, sino también con características estéticas: la vanguardia, la generación de

---

22. Los poetas que menciono a continuación escriben casi exclusivamente en inglés, aunque incluyen frases o versos en español en sus creaciones: Edwin Torres (1958);Tony Medina, ahora en Howard University; el puertorriqueñoecuatoriano Emanuel Xavier (1971), con sus poemarios *Pier Queen* (1997) y *Americano* (2002); Nydia Rojas en Wisconsin; Ed Morales; Frank Varela; Shaggy Flores; Anthony Morales; Sandra García Rivera; el nuevo niuyorricano Flaco Navaja; Héctor Luis Rivera y Ray Ramírez, fundadores de *Welfare Poets*; la afropuertorriqueña Aya de León; Magda Martínez; Hugo J. Ríos Cordero; John Rodríguez, y Bonafide Rojas, autor de *Pelo bueno.* Son pocos los poetas de esta antología que tienen poemarios publicados, pero sus creaciones literarias han aparecido en revistas y antologías en papel o virtuales. Algunos de los autores presentes en la *Antología* de Juan Flores y Mayra Santos-Febres no han sido mencionados por residir fuera del Estados Unidos continental, publicar en otros géneros literarios o solo en inglés.

23. Resumo y actualizo en la presentación de este cuerpo poético el estudio de Rodolfo J. Cortina, «History and Development of Cuban American Literature. A Survey», en el *Handbook of Hispanic Cultures in the United States: Literature and Art,* editado por Francisco Lomeli, General Editors Nicholas Kanellos and Claudio Esteva-Fabregat, University of Houston, Arte Público Press, 1993.

Orígenes, la generación prerrevolucionaria del 1953, la generación del 1970, el grupo El Puente y los Conservadores, los de Mariel, el grupo de los Atrevidos y los movimientos más recientes.

Entre las representantes cubanoestadounidenses de la vanguardia recobramos las primeras expresiones de la poesía cubanoestadounidense femenina en Emilia Bernal (1884-1964), de la que, con la publicación del volumen *Alma errante / América* en 1990, se recuperaron las respectivas ediciones facsimilares de esos dos poemarios suyos (el primero salió a la luz originalmente en La Habana en 1916 y el segundo en Chile en 1938). Destaco también a Clara Niggeman (*En la puerta dorada*, *Como un ardiente río*), poeta ampliamente antologada que pertenece a esta época, si bien resulta difícil de encuadrar en algún movimiento específico de principios de siglo.

La generación de 1953 (Grupo Renuevo, liderado por Angel N. Pou), que reacciona contra el barroquismo del lenguaje de la generación de Orígenes, está ampliamente presente en los Estados Unidos en la voz de Ana Rosa Núñez —la impulsora de este grupo, con la producción creativa y crítica en sus obras *Las siete lunas de enero*, *Réquiem para una isla*, *Escamas del Caribe: haikus de Cuba*— y de la esposa de Heberto Padilla (recuerdo aún nuestra última conversación telefónica), uno de los poetas más importantes de este grupo, Belkis Cuza Malé, quien aún sigue publicando, además de su obra, la prestigiosa revista *Liden Lane Magazine*. También de esta generación son Rita Geada y Yara González, esposa de Matías Montes Huidobro, todos ellos profesores, críticos y profusos escritores, con prestigiosos premios y reconocimientos por su labor creativa. Asimismo, Juana Rosa Pita, con más de 30 poemarios, desde *Pan de sol* (Washington: Ediciones Solar, 1976) y *Viajes de Penélope* (con prólogo de Reinaldo Arenas. Miami: Solar, 1980) hasta *Puentes y plegarias / Ponti e preghiere* (Boston: El Zunzún Viajero, 2015), y a quien Pablo Antonio Cuadra calificara como «una de las voces destacadas de la cultura peregrina de Cuba». Cierro esta rápida referencia a una generación con tantos exponentes importantes con los nombres de Gladys Zaldívar, Carmen Valladares, Teresa María Rojas, Rosa Cabrera, Carmen R. Borges, y también Mireya Robles, con sus obras *Petits poèmes* (1969), *Tiempo artesano* (1973) y *En esta aurora* (1976).

La siguiente generación, la de 1970, encuadra a poetas que empezaron a escribir en los años setenta. Rodolfo Cortina, en el artículo citado, la divide en tres subgrupos: primero, El Puente y los Conservadores, en el que destacan Magaly Alabau, que reside en Nueva York, y Uva Clavijo; segundo, el grupo Mariel, al que pertenecen, entre otras, Rina Lastres Beritán, autora de la antología póstuma *A cal y canto. Poesía y prosa, 2005-2011*; Carlota Caulfield y la antes mencionada Belkis Cuza Malé; y tercero, el grupo de los Atrevidos, según la clasificación de Carolina Hospital en su antología de poetas muy diversos. Las más destacadas de este grupo son Mercedes Limón, Iraida Iturralde, Lourdes Gil y Bertha Sánchez Bello. Desafortunadamente, los poetas que conozco personalmente dentro de este grupo (Hospital, Pérez-Firmat y Pau-Llosa) han optado por escribir cada vez más exclusivamente en inglés, por lo que no encajan en los criterios de este ensayo. Iralda Iturralde (*Hubo la viola* y *Tropel de espejo*) y Lourdes Gil (*Manuscrito de la niña ausente*, *Vencido el fuego de la especie* y *Blanca aldaba preludia*), por el contrario, han optado por publicar en español sus obras antes citadas.

Complementa este cuerpo poético la creación de algunos poetas posteriores o cuyo esfuerzo es más «cosmopolita», como es el caso de Eliana Rivero y Mabel Cuesta, quienes exploran en su poesía la condición femenina y las fronteras culturales desde su formación hispanohablante; Josefina Leyva; Maricel Mayor, autora de varios poemarios y editora de la revista *Baquiana*, y voces más jóvenes que se perfilan con sus poemarios recientemente, como Madelin Longoria; Yanitzia Canetti; Yosie Crespo, residente en Miami, integrante de la así llamada *generación cero;* Odalys Interián, y muchas más.

POESÍA FEMENINA DE LOS EXILIOS MÁS ALLÁ DE LOS CUERPOS ANTERIORES[24]

Agrupamos los exilios en un contexto geográfico para organizar de algún modo la información, sin detenernos mucho en las categorizaciones de corrientes, cronologías o movimientos a los que pertenecieron los integrantes de estos exilios, que enumeramos con muy escasas referencias biobibliográficas. Asimismo, definimos «exilio» en un sentido amplio, en cuya acepción importa principalmente el hecho de que se resida y se haga poesía en los Estados Unidos, fuera del país de origen, ya sea por razones políticas, socioeconómicas, profesionales o personales, lo que convalida la frase del filósofo Leszek Kolakowski de que «la creación es hija de la inseguridad, de alguna clase de exilio, de la experiencia del lugar perdido».

Del exilio de España

Después de Juan Ramón Jiménez, Federico García Lorca, Ángel González, debemos mencionar los pasos fugaces por Nueva York y varios lugares de EE. UU. de mujeres poetas como Concha Espina y, más tarde, de otras dos grandes poetas, Rosa Chacel y Gloria Fuertes, quienes estuvieron por un período preciso y

---

24. Se han publicado numerosos estudios sobre cada uno de los exilios a los que vamos a aludir en este apartado, si bien referidos a la producción literaria en general y no específicamente al género poético. Una extensa bibliografía puede encontrarse en el artículo del profesor chileno Juan Armando Epple «Hispanic Exile in the United States», en el *Handbook of Hispanic Cultures in the United States: Literature and Art*, editado por Francisco Lomeli, General Editors Nicholas Kanellos and Claudio Esteva-Fabregat, University of Houston, Arte Público Press: 1993.

corto, solo dos años, en Nueva York (1959-1961) en el caso de Rosa Chacel, a raíz de haber obtenido una beca Guggenheim, y entre 1961-1963 Gloria Fuertes —la que, según ella, fue la mejor época de su vida—, al haber ganado una beca Fullbright para impartir clases de literatura española en la Universidad de Bucknell.

Añadimos, además de las anteriormente nombradas, la obra de poetas importantes que figuran en la antología *Escritores españoles en los Estados Unidos*, editada por Gerardo Piña-Rosales, que compila textos de Ana María Fagundo, que nació en Santa Cruz de Tenerife en 1938. En 1967 obtuvo el doctorado en Literatura Comparada por la Universidad de Washington y, durante esta residencia en los Estados Unidos, publicó la mayoría de sus poemarios: *Brotes* (1965), *Isla adentro* (1969), *Diario de una muerte* (1970), *Configurado tiempo* (1974), *Invención de la luz* (1978), *Desde Chanatel, el canto* (1981), *Como quien no dice voz alguna al viento* (1984) y *Retornos sobre la siempre ausencia* (1989). Son poemarios luego recogidos en *Obra poética* (1990), *Isla en sí* (antología de su poesía, 1993), *El sol, la sombra, en el instante* (1994), *Antología poética* (1994), *Trasterrado marzo* (1999), *Obra poética: 1965-2000* (dos tomos), *En isla. Antología poética: 1965-2003* (2003) y *Palabras sobre los días* (2004). María del Águila Boge Pineda, residente durante mucho tiempo en California, con sus poemarios *Dualidad del mar y él* y *Porque he sobrevivido*. Más recientemente, en la era de la posglobalización (los novísimos), Ana Merino; María Paz Moreno; Alicia Giralt, la iniciadora de la poesía destructivista y electrónica; Tina Escaja; Ada Vilageliu Díaz, que aparece en la antología *Al pie de la Casa Blanca. Poetas hispanos de Washington, DC.* (editada por Luis Alberto Ambroggio y Carlos Parada Ayala)[25], y, por ejemplo, las que se agrupan en la antología *Piel Palabra. Muestra de la poesía española en Nueva York* (Francisco Álvarez-Koki, ed., 2003), que incluye a las poetas Josefina Infante y Marta López Luaces, que escribe en español y gallego.

Del exilio suramericano

De igual manera, es importante la construcción y deconstrucción de la memoria en la poesía en español que produjo en los Estados Unidos el exilio sudamericano, que, en su necesidad de reescribirse, crea un discurso híbrido, un signo poético desasociado, con múltiples referentes al pasado, a la raíz, a sus símbolos, a las causas del sufrimiento por la impureza y contradicción en la condición del ser humano de la que habla Dostoiesvki.

Comenzando por el Cono Sur, de Argentina, limitándonos a algunas poetas solamente[26], vinieron Silvia Molloy, María Negroni, Zulema Moret (com-

25. Publicada por la Academia Norteamericana de la Lengua Española (Nueva York, 2010).

26. Para más información, consúltese mi artículo «Poesía del exilio argentino en los EE. UU.: registros y figuras», disponible en www.ildialogo.org/poesia/islanegra128especialeupoen.pdf.

piladora de la antología *Mujeres mirando al sur. Antología de poetas sudamericanas en USA*[27]), Mercedes Roffe, Emma Sepúlveda (que creció en Chile antes de emigrar a los Estados Unidos), Alicia Borinski (con sus significativos poemarios *La ventrílocua y otras canciones*, *Mujeres tímidas y la Venus de China*, *Mina cruel*, *Golpes bajos*, *La mujer de mi marido*, *Frívolas y pecadoras*, entre otros, y el uso del lunfardo), Alicia Ghiragossian, Nela Río y Margarita Feliciano (que residen ahora en Canadá), Gladys Illarregui, Lila Zemborain, Alicia Portnoy, Cristina Iglesias Kinczly, Elena Smidt, Silvia Tandeciarz (acaso con una residencia breve), Diana Bellesi (que publica en 1984 *Contéstame, baila mi danza*, una antología de poetas estadounidenses), Juana Arancibia (fundadora del Instituto Literario Cultural Hispano y su poema canónico titulado «Chañi»). Así como Juana Arancibia evoca nostálgica y alegóricamente un referente topográfico, otras lo hacen con un instrumento, un tipo de música (el tango, Nela Río), el mate, la siesta (Lila Zemborain), una ciudad específica (Buenos Aires, Silvia Tandeciarz). También destacamos a Zulema Moret, que, en su introducción, enfatiza el apego al cuerpo de la memoria, del idioma, de la cultura, de la familia, el cuerpo del amor y del amado como característica compartida [28] por las poetas que integran su antología *Mujeres mirando al sur. Antología de poetas sudamericanas en USA*. Alicia Portnoy, con la presencia del encarcelamiento y tortura como trauma referencial, como en el poema «Venganza de la manzana». En «Los molinos de la memoria» escribe «¿sobre qué muertos echaremos qué culpas / cuando se nos desteja la trama del silencio /... me sacaran del cajón»[29], experiencia compartida por Margarita Drago. De Bolivia, Yolanda Bedregal, que estudió en el Barnard College de la Columbia University; también Marty Sánchez Lowery, con poemas como «Maruja», «Ser quechua»; Edith Graciela Sanabria. De Colombia, Elisa Dávila, Lucía de García, Consuelo Hernández, Antonieta Villamil (organizadora de La Poesía Festival), Clara Eugenia Ronderos, recientemente ganadora del premio «Carmen Conde» de poesía con su poemario *Estaciones en exilio*. Su poema «Tierra firme», que parte del epígrafe del *Libro de buen amor* «En uno atados son los pies, en uno, las voluntades non», expresa así las gamas de emociones. Y, por supuesto, Pilar Vélez, poeta, novelista, promotora cultural, ganadora del International Latino Book Award por sus poemarios *Soles manchados* y *Pas de Deux. Relatos y poemas en escena*, del cual es coautora, además de creadora de la Celebración Internacional del Mes del Libro Hispano, presidenta de la Hispanic Heritage Literature Organization y directora y fundadora de AIPEH Miami. De Chile, Gabriela Mistral, premio nobel de literatura, que vivió residencias extendidas en diversas par-

---

27. Madrid: Ediciones Torremozas, S. L., 2004.

28. Madrid: Ediciones Torremozas, S. L., 2004.

29. Para más información, consúltese mi artículo «Poesía del exilio argentino en los EE. UU.: registros y figuras», disponible en www.ildialogo.org/poesia/islanegra128especialeupoen.pdf.

tes de Estados Unido y falleció en Nueva York, como se documenta en el volumen de la Academia Norteamericana de la Lengua Española (2011), y numerosas otras renombradas poetas como Marjorie Agosín, Lilianet Brintrup, Cecilia Vicuña, Miriam Balboa, Mary Rosa Moraga Barrow. De Ecuador, Yvonne Gordon Vailakis. De Paraguay, Lourdes Espínola, que estudió en los Estados Unidos y, entre otras obras, publicó en 1985 en versión bilingüe inglés-español *Ser mujer y otras desventuras* y, en 2011, *Desnuda en la palabra*, con prólogo de José Emilio Pacheco. Del Perú, Cecilia Bustamante, Marita Troiano, Rocío Silva-Santisteban, Mariela Dreyfus, Victoria Guerrero, Odi Gonzales, Rocío Uchoffen, entre otras. De Uruguay, Cristina Rodríguez Cabral. De Venezuela han escrito y residido en EE. UU. Ana Teresa Torres, Lydia Zacklin (ensayista y traductora), María Auxiliadora Álvarez, Josefina López, Carmen Rojas Larrazábal, Massiel Álvarez.

Del exilio caribeño-centroamericano

En la poesía del exilio caribeño-centroamericano localizamos los siguientes nombres: De El Salvador, destacamos la residencia de Claudia Lars, de padre estadounidense; luego, Lilian Serpas, que residió en los Estados Unidos cultivando una poesía conceptual, con la formalidad del soneto y dentro del posmodernismo; en nuestro tiempo, Mayamérica Cortés, Karla Coreas, Juana Ramos, autora del poemario *Multiplicada en mí*, que representa la ciudad como un monstruo antropófago que devora al sujeto, como indican sus versos: «Aquí, desde este lugar / que me tragó entera, / que me eructa, me vomita». De Honduras, Aída Ondina Sabonge Gutiérrez, que dividió su tiempo entre su país y los Estados Unidos, y la poeta y editora Amanda Castro. De Nicaragua, entre muchas otras, Claribel Alegría, cuyo mentor fue Juan Ramón Jiménez en Washington D. C., graduada de la GW University; luego, como ejemplo de los tiempos prefigurativos, configurativos y refigurativos de la memoria, el caso de las poetas Gioconda Belli y Daisy Zamora, ambas residentes por períodos largos en California, cuyo discurso literario, luego de decepciones, fracasos, nuevos acuerdos de paz, dejan el guerrillerismo y se concentran en una redefinición de paradigmas estéticos en términos de modelos y proyectos culturales, nuevas prioridades e identidades, con el siempre presente magnetismo de una revolución ideal; también Rubí Arana, Yolanda Blanco, Conny Palacios, Milagros Terán, Vilma Duarte. De Panamá, la afropanameña Yvette Modestin. Del Caribe hispano, además de las ya mencionadas poetas puertorriqueñas y cubanoamericanas, enumeramos, de la República Dominicana, a Sherezada «Chiqui» Vicioso, Yoselí Castillo Fuertes, Miriam Ventura, Teonilda Madera, Maria Palitachi, Norma Féliz, Josefina Báez y las representantes de la generación de los ochenta, la posmodernidad, el así llamado grupo de Posguerra, en el que se destacan Marianela Medrano e Yrene Santos.

Es importante señalar que, si bien algunas de las autoras señaladas han tenido períodos limitados de residencia en los Estados Unidos, muchas de las aquí mencionadas dentro de los exilios abarcados en estos listados necesariamente incompletos se han destacado no solo por su importante creación poética, sino también por estar involucradas en actividades, instituciones, publicaciones e iniciativas editoriales de relevancia para la promoción de la poesía hispana en sus ciudades y centros de influencia.

OBSERVACIONES FINALES

En la historiografía de la poesía escrita en español en los Estados Unidos, se encuentran pocas excepciones a la ausencia de mujeres poetas desde el período colonial hasta finales del siglo XIX, por las mismas causas sociopolíticas que motivaron este desafortunado fenómeno en la literatura hispanoamericana en general, resultado, en parte, del sometimiento dogmático en la conceptualización de Jean Franco y otros especialistas, además de «la pereza crítica», la falta de interés para valorar esas obras, y los «estereotipos y clichés» adjudicados a la escritura femenina y su marginalización[30].

Podría coincidir inicialmente con Luis Melgar en que uno de los roles de la mujer poeta en Estados Unidos —como en la literatura latinoamericana[31]—, en cuanto a tema y en cuanto a género femenino, haya sido la restauración de las heridas de la madre tierra identificada principalmente con la mujer, y del árbol de la vida, en general. Sin embargo, hay muchos otros roles de la mujer poeta al expresarse en la patria/matria de su idioma, su visión idiosincrática, su temática, su interioridad subjetiva en la vivencia del amor, de la sexualidad, del dolor, la violencia, el deseo de posesión, pertenencia, superación y superioridad, su rebeldía, su cosmología ginocéntrica, en términos de la prefiguración, configuración y refiguración de su experiencia peculiar de vida en los Estados Unidos, como documenté, por ejemplo, en el caso de las poetas chicanas de los ochenta, ya sea como nativa, mestiza o exiliada.

Por una parte, las voces femeninas reflejan el lenguaje literario hispano en general (y el poético, en particular) en los Estados Unidos, que se caracteriza, a lo largo de su prolongada y multifacética historia, por una riqueza multicultural, voz antigua y nueva, que se expresa en diferentes códigos (español, inglés, bilingüe, *spanglish*) que, en ocasiones, aparecen mezclados

---

30. J. M. Oviedo: *Historia de la literatura hispanoamericana*. Madrid: Alianza Editorial, 2002, pág. 250.

31. En su ponencia «La mujer en la literatura latinoamericana», presentada en el Centro de Estudios Brasileños el 7 de diciembre de 1996.

con naturalidad, lo que da una dimensión peculiar e idiosincrática al lenguaje, a las figuras y expresiones formales de este. Por otra parte, el enfoque peculiar de la poesía femenina, multivocal y polivalente en su estilo, imágenes y temáticas, si bien refleja el dinamismo de esta experiencia multicultural en sus diversas plasmaciones (de opresión-oprimido-opresor, lucha y subversión, esfuerzo de preservación, identidad, orfandad, relaciones étnicas, inmigración y exilio, peregrinaje, melancolía y rencor, desgarramiento y nostalgia —en una voz generacional y geográficamente a la vez diversa y coincidente—, aculturación, en fin, en el amor y en la muerte en un contexto definitorio), produce un corpus poético definido y distinguible de la poesía masculina, al adueñarse de su propio destino. Además de la peculiaridad de su subjetivismo liberado, potenciado, ahogo y desahogo, el erotismo y la sexualidad en sus manifestaciones más femeninas y desnudas, el énfasis más relacional en la temática, la rebeldía más específica contra el sometimiento del pasado patriarcal, las imposiciones religiosas y sociales discriminantes, se nota —como señala Zulema Moret— un «proceso de re-unir lo disperso, lo fragmentario, lo residual»[32] solidario y otros ejes discursivos a los que aludiremos a continuación.

Los conceptos estéticos coinciden y matizan, con características propias de «ser mujer», sus creaciones poéticas en su tratamiento del cuerpo, la memoria, la lengua, las actitudes sociopolíticas, como destaca Susana Reisz en su libro *Voces sexuadas. Género y poesía en Hispanoamérica*[33], específicamente en el caso de la poesía escrita en los Estados Unidos: 1) En su comunión con la raíz madre, el nido y el entorno popular en el que se forman y se explican, re-creación del pueblo vivido e imaginado, corriente y dejado, de sus almas plurales, más allá de un mero costumbrismo. 2) En su aferramiento a su propio cuerpo y al otro, de hija, madre, esposa, amante, profesional, activista, de subjetividad femenina en todo su potencial, al cuerpo del amado, al cuerpo de la familia, a los cuerpos de seres queridos, al cuerpo del idioma, al cuerpo de los ancestros, de la cultura hispánica con sus idiosincrasias nativas, mestizas, identitarias, al cuerpo de ese imaginario, cuerpos solidarios, cuerpos deseantes, sujetos de su propio placer y, como signos polisémicos, cuerpos «como *locus* desde donde desafiar y transgredir los cánones establecidos»[34]. 3) En su compromiso social, político, de dignidad igualitaria, de independencia, de reivindicación, de cuestionamiento y resistencia al poder viril dominante, además de a la cultura dominante. 4) Poética revolucionaria no solo en su contenido de revertir las estructuras de poder e impo-

---

32. Zulema Moret, *op. cit.*, pág. 12.

33. Universitat de Lleida: Asociación Española de Estudios Literarios Hispanoamericanos, 1996.

34. Zulema Moret, *op. cit.*, pág. 16.

siciones unilaterales, sino también en sus formas: en algunos casos populismo vernáculo y hasta vulgar adrede («feísmo»), lecturas solapadas bajo una apariencia inocua, erótica y hasta humorística; pero siempre con una solidaridad con la emancipación universal, la integración del bilingüismo, síntesis multicultural de forma y fondo, más allá de las técnicas innovativas de la poética del siglo XX. 5) Más recientemente, en la poesía de los exilios se expresan los jugos de un cruce fertilizante, la distancia y presencia crítica, los tires y aflojes del proceso de adaptación espiritual y material, y la soledad bulliciosa en una reencarnación llena de adioses y casi sin repercusión (dado el uso de otro idioma) en la belleza y diversidad del grito; y, en el caso de las mujeres poetas, cargado de emociones de pérdidas (en recuerdo de desaparecidos, de separaciones forzadas, etc.), contra la violencia que las ha afectado de tantas maneras, una busca generalizada de paz frente al guerrerismo del varón, frente al machismo político e intrafamiliar y, más recientemente, el cuestionamiento de actitudes, tendencias, y del sistema de valores masculinos[35].

En fin, con este recorrido, necesariamente incompleto, he intentado solo esbozar la presencia de mujeres poetas hispanas en los Estados Unidos y ser testigo para el futuro, mientras el fuego aumenta y las expresiones poéticas en español en los Estados Unidos se multiplican. La presencia de mujeres poetas en términos de cantidad, calidad y reconocimiento es cada vez mayor y, sin abandonar algunas de sus militancias estéticas, se sienten más en casa, responsables de su forma y de su fondo, y, en un histórico darse vuelta de los papeles, sobresalen en el firmamento de la literatura nacional y universal.

---

35. Aproximaciones críticas generales sobre el lenguaje y las características estéticas de la poesía hispánica de los Estados Unidos y algunos ensayos específicos sobre algunas figuras y aspectos femeninos en esta historia se pueden encontrar en el volumen *La poesía hispánica de los Estados Unidos*, editado por Lillianet Brinrup, Juan Armando Epple y Carmen de Mora (Sevilla: Universidad de Sevilla, 2001).

Borges y la condición postmoderna

RAÚL CÉSAR ARECHAVALA SILVA

Academia Hondureña de la Lengua

La condición postmoderna. ■ La famosa cita de Foucault. ■ Kafka y Borges, la hipérbole y las citas eruditas (tanto auténticas como apócrifas). ■ ¿Consolación por la filosofía? ■ La ironía y la burla en el *Aleph*. ■ *Töln, Uqbar, Orbis Tertius*. ■ A modo de breve conclusión.

Dedicado a la profesora Sara Rolla,
colega y extraordinaria compañera

Este texto, este breve ensayo sobre Borges y la condición postmoderna surge de una pregunta que el escritor y crítico literario centroamericano Mario Gallardo me hiciera en un espacio académico de la Universidad Autónoma de Honduras acerca del trasfondo filosófico de la obra de Borges.

Inmediatamente construí, mentalmente, una lista de los filósofos frecuentados por Borges en su inmensa obra, digo inmensa no tanto por una gran cantidad de volúmenes, sino por su densidad. En esa lista aparecieron los nombres de Heráclito, Zenón de Elea, Platón, Plotino, san Agustín, Spinoza, Berkeley, Hume, Schopenhauer, Spengler, Bergson. Sin embargo, como después veremos con más detalle, las conoce, pero no se convierte por ello en platónico, ni plotiniano, ni agustiniano...

Frente a estos filósofos, la actitud de Borges es la de la contemplación estética, más que la del filósofo, aunque en muchos casos utiliza sus argumentos para elaborar complejas tramas. Pareciera primar el artista antes que el pensador, aunque, a la vez es un artista y un pensador.

En muchos de los textos de Borges, se borran los límites de la literatura y la filosofía, como en el caso de Platón o Nietzsche. Su concepción es en varios sentidos muy diferente, y hasta contraria, a la de Sartre, quien separa muy bien su obra filosófica de la literaria. No hay mezclas, están bien delimitados los campos. Además, para Sartre, la literatura, sobre todo la novela, debe ser comprometida, tal como lo expone en *¿Qué es la literatura?* No es el caso aquí de abundar en este tema. Pero sí en que el compromiso de Borges tiene otra dimensión.

José Gaos, el traductor de *Ser y tiempo,* de Heidegger, a la lengua castellana, en un texto que se llama *Historia de nuestra idea del mundo* (Gaos, 1992) posiblemente nos permita entender el sentido estético de Borges, que se ve atraído, estéticamente, por algo tan abstracto como un sistema filosófico, digamos el de Spinoza. En este libro, Gaos compara la monumental catedral gótica de Chartres con la *Summa Theologiae* de santo Tomás de Aquino. Dos monumentos muy diferentes, pero que respondieron a un mismo espíritu, dicho en términos foucaultianos, a una misma episteme. Frente a este tipo de obras, en primer lugar, antes de desentrañar la compleja argumentación, nos detenemos un poco atónitos ante la arquitectura.

LA CONDICIÓN POSTMODERNA

Como bien lo señala Lyotard, la condición postmoderna no es una etapa histórica, sino más bien un sentimiento, si bien el mismo autor señala una fecha bastante precisa, 1950, fin de la Segunda Guerra Mundial y época de la reconstrucción de Europa, como una fecha indicativa del tiempo en que se iniciaría esta condición. Coincide con otro «sentimiento», el del existencialismo, y con otro mucho más contestatario, el del situacionismo. Siempre es muy riesgoso encasillar a alguien bajo una etiqueta, sea cual sea, y, posiblemente lo sea todavía más, e injusto y hasta molesto, en el caso de Borges, porque su pensamiento se expresó sobre todo en la literatura, pero también en múltiples ensayos.

La condición postmoderna, si la tomamos en su acepción de descreimiento en los grandes relatos, al estilo del de la Ilustración o el de Hegel, permitiría decir que Borges fue un postmoderno *avant et après la lettre*. Digo esto porque se podría rastrear estos elementos antes y después del 50, si es que tomamos esta fecha como el fiel de la balanza. Desde otro punto de vista, quizás más abarcador, podríamos decir que, prácticamente, todo el siglo XX, es en cierta forma postmoderno. Visto estrictamente desde la filosofía, en 1900 muere Nietzsche, que, como bien señala Heidegger en su obra homónima (Heidegger, 2000), cierra el ciclo de la metafísica occidental.

Veamos qué nos dice Lyotard respecto a la condición postmoderna:

> [Es] la condición del saber en las sociedades más desarrolladas. Se ha decidido en llamar a esta condición «postmoderna». El término está en uso en el continente americano, en pluma de sociólogos y críticos. Designa el estado de la cultura después de las transformaciones que han afectado a las reglas del juego de la ciencia, de la literatura y de las artes a partir del siglo XIX. Aquí se situarán esas transformaciones con relación a la crisis de los relatos. [...] Ese era el relato de las Luces, donde el héroe del saber trabaja para un buen fin épico-político, la paz universal[1].

Simplificando al máximo, se entiende por «postmoderno» la incredulidad con respecto a los metarrelatos. Esta es sin duda, un efecto del progreso de las ciencias; pero ese progreso, a su vez, la presupone. Al desuso del dispositivo metanarrativo de legitimación corresponde especialmente la crisis de la filosofía metafísica y de la institución universitaria que dependía de ella (Lyotard, 1998, págs. 9-10).

El gran metarrelato del siglo XIX fue el de Hegel, quien lleva a la razón, historizándola, a una especie de monismo omnicomprensivo de la historia universal.

---

1. Esta es una referencia explícita a una obra de Kant: *Zum ewigen Frieden* [Para la paz perpetua] (1795).

LA FAMOSA CITA DE FOUCAULT

De ninguna manera puede ser casual que uno de los más conspicuos filósofos postmodernos, Foucault[2], haya incluido en el prefacio de *Las palabras y las cosas* (Foucault, 1972) esa extraña clasificación que aparece en el relato de Borges, *El idioma analítico de John Wilkins* (Borges, 1974, pág. 706):

> Ce livre a son lieu de naissance dans un texte de Borges. Dans le rire qui secoue à sa lecture toutes les familiarités de la pensée —de la nôtre: de celle qui a notre âge et notre géographie—, ébranlant toutes les surfaces ordonnées et tous les plans qui assagissent pour nous le foisonnement des êtres, faisant vaciller et inquiétant pour longtemps notre pratique millénaire du Même et de l´Autre. Ce texte cite «une certaine encyclopédie chinoise» où il est écrit que «les animaux se divisent en: a) appartenant à l´Empereur, b) embaumés, c) apprivoisés, d) cochons de lait, e) sirènes, f) fabuleux, g) chiens en liberté, h) inclus dans la présente classification, i) qui s´agitent comme des fous, j) innombrables, k) dessinés avec un pinceau très fin en poil de chameau, l) *et cætera*, m) qui viennent de casser la cruche, n) qui de loin semblent des mouches». Dans l´émerveillement de cette taxinomie, ce qu´on rejoint d´un bond, ce qui, à la faveur de l´apologue, nous est indiqué comme le charme exotique d´une autre pensée, c´est la limite de la nôtre: l´impossibilité nue de penser cela. (Foucault: *Les mots et les choses*, pág. 7)[3].

Y todavía agrega Foucault, para completar esta idea:

> La monstruosité que Borges fait circuler dans son énumération consiste au contraire en ceci que l´espace commun des rencontres s´y trouve lui-même ruiné.

---

2. «El mismo Foucault, con cierta frecuencia, ha señalado el carácter fragmentario e hipotético de su trabajo, su renuencia a elaborar teorías acabadas, *su horror a la totalidad*» (Castro, 2011, pág. 11) [*la itálica es mía*]. Y en el artículo dedicado a **totalidad**, se dice: «Si la filosofía ha sido, a partir de Hegel, un pensamiento de la totalidad, la arqueología y la genealogía foucaultiana buscan pensar el saber y el poder sin referirlos a ninguna forma de totalidad» (Castro, 2011, pág. 384). Es necesario relacionar estas ideas de Foucault con la definición de Lyotard.

3. «Este libro nació de un texto de Borges. De la risa que sacude, al leerlo, todo lo familiar al pensamiento —al nuestro: al que tiene nuestra edad y nuestra geografía—, trastornando todas las superficies ordenadas y todos los planos que ajustan la abundancia de seres provocando una larga vacilación en inquietud en nuestra práctica milenaria de lo mismo y lo otro. Este texto cita "cierta enciclopedia china" donde está escrito que "los animales se dividen en: a) pertenecientes al emperador, b) embalsamados, c) amaestrados, d) lechones, e) sirenas, f) fabulosos, g) perros sueltos, h) incluidos en esta clasificación, i) que se agitan como locos, j) innumerables, k) dibujados con un pincel finísimo de pelo de camello, l) etcétera, m) que acaban de romper el jarrón, n) que de lejos parecen moscas". En el asombro de esta taxonomía, lo que se ve de golpe, lo que, por medio del apólogo, se nos muestra como encanto exótico de otro pensamiento, es el límite del nuestro: la imposibilidad de pensar esto» (Foucault, 1972, pág. 1).

> Ce qui est impossible, ce n´est pas le voisinage des choses, c´est le site lui-même où elles pourraient voisiner (Foucault: *Les mots et les choses*, pág. 8)[4].
>
> Ce texte de Borges m´a fait rire longtemps, non sans un malaise certain et difficile à vaincre. Peut-être parce que dans son sillage naissait la soupçon qu´il y a pire désordre que celui de l´incongru et du rapprochemente de ce qui ne convient pas; ce serait le désordre qui fait scintiller les fragments d´un grand nombre d´ordres posibles dans la dimensión, sans loi ni géométrie, de l´hétéroclite (Foucault: *Les mots et les choses*, pág. 9)[5].

En el cuento referido por Foucault, Borges, haciendo alusión a las arbitrariedades del enciclopedista chino, nos recuerda que «notoriamente no hay clasificación del universo que no sea arbitraria y conjetural» (Borges, 1974, pág. 708).

Hay páginas de Borges en las cuales no podríamos decidir nunca si se trata de filosofía, de ciencia o de literatura. Los límites son difusos.

> Nietzsche recurre a la energía: la segunda ley de la termodinámica declara que hay procesos energéticos que son irreversibles.
>
> [...]
>
> La primera ley de la termodinámica declara que la energía del universo es constante; la segunda, que esa energía propende a la incomunicación, al desorden, aunque la cantidad total no decrece. Esa gradual desintegración de las fuerzas que componen el universo es la entropía. Una vez igualadas las diversas temperaturas, una vez excluida (o compensada) toda acción de un cuerpo sobre otro, el mundo será un fortuito concurso de átomos. En el centro profundo de las estrellas, ese difícil y mortal equilibrio ha sido logrado. A fuerza de intercambios el universo entero lo alcanzará, y estará tibio y muerto (Borges, 1974, pág. 391).

Y nos indica que para la «noticia anterior» (que, por supuesto, es más extensa) y que pertenece a un texto de *La historia de la eternidad* (1936), *La doctrina de los ciclos*, entre la bibliografía consultada figuran Nietzsche (en alemán), Russell (en inglés), Eddington, un diccionario de filosofía en alemán y *La ciudad de Dios*, de san Agustín, en una versión en castellano.

---

4. «La monstruosidad que Borges hace circular por su enumeración consiste, [...] en que el espacio común del encuentro se halla él mismo en ruinas. Lo imposible no es la vecindad de las cosas, es el sitio mismo en el que podrían ser vecinas» (Foucault, 1972, pág. 2).

5. «Este texto de Borges me ha hecho reír durante mucho tiempo, no sin un malestar cierto y difícil de vencer. Quizás porque entre sus surcos nació la sospecha de que hay un desorden peor que el de lo *incongruente*, y el acercamiento de lo que no se conviene; sería el desorden que hace centellear los fragmentos de un gran número de posibles órdenes [*¿tiempos también?*] en la dimensión, sin ley ni geometría, de lo *heteróclito*" (Foucault, 1972, pág. 3). En el texto original editado por Gallimard, las dos palabras que aquí figuran en itálica están con letra redonda.

De cualquier manera, parece bastante raro establecer una relación entre Nietzsche y las leyes de la termodinámica. Sin embargo, en todo el texto aludido, hay una permanente combinación entre argumentos filosóficos y físicos, en una prosa impecable que llega en cierto momento a ser poética.

KAFKA Y BORGES, LA HIPÉRBOLE Y LAS CITAS ERUDITAS (TANTO AUTÉNTICAS COMO APÓCRIFAS)

Borges ha reconocido la influencia de Kafka en su obra; sin embargo, este reconocimiento merecería ser puntualizado, al menos en algunos aspectos notables de los dos escritores: por un lado, la hipérbole y por el otro, la referencia o las citas eruditas —a veces auténticas y otras, falsas—.

El ejemplo que quiero aportar de Kafka proviene de un cuento extraordinario, «Beim Bau der Chinesischen Mauer» [De la construcción de la muralla china] cuyo clímax quizás sea justamente una hipérbole: «Dahin zielte aber der Gelehrte gar nicht, sondern er behauptete, erst die grosse Mauer werde zum erstenmal in der Menschenzeit ein sicheres Fundament für einen neuen Babelturm schaffen» (Kafka, 1998, Seite 54)[6].

Este tipo de maravillosas hipérboles y referencias eruditas las encontraremos muchas veces, como dije anteriormente, en ambos autores.

Por ejemplo, *La Biblioteca de Babel*: «El universo (que otros llaman la Biblioteca) se compone de un número indefinido, y tal vez infinito, de galerías hexagonales, con vastos pozos de ventilación en el medio, cercados por barandas bajísimas» (Borges, 1974, pág. 465). En *Funes el memorioso* la hipérbole consiste en que, después de haber tenido un accidente, Funes no puede olvidar y su vida se hace insoportable. En *La esfera de Pascal* comienza diciendo: «Quizás la historia universal es la historia de unas cuantas metáforas». Y en *El rigor en la ciencia,* consiste en el mapa inútil, porque tiene las mismas dimensiones del territorio que debiera representar.

La hipérbole tiene un sentido filosófico, ya que la filosofía tiende a la totalidad. En una nota a pie de página indicábamos que Foucault no quería que su pensamiento fuera un pensamiento de totalidad. La hipérbole tiende a totalidades, cosa que el pensamiento filosófico suele hacer, como una prueba de pensamiento: ¿qué pasaría si? (como el *als ob* kantiano). Tanto en Kafka como en Borges está presente esta figura que nos obliga a ponernos en la actitud filosófica del *als ob,* del *como si.*

---

6. «Pero el sabio ni siquiera apuntaba hacia allí, sino que afirmaba que solo la gran muralla, por primera vez en los anales de la humanidad, procuraría cimientos seguros para levantar una nueva torre de Babel» (Kafka, *La muralla china*, 2001, pág. 11).

En cuanto a las citas (tanto falsas como auténticas), nos remiten a una hipertextualidad constante que constituye una de las características del estilo borgiano. Incluso cuando Borges se refiere al gaucho o al malevo de barrio, no es porque hubiera visto en su vida a un gaucho o a un malevo y hubiera hecho de ellos un cuadro más o menos realista; siempre se trata de referencias literarias de la literatura gauchesca, que constituye todo un género, o del malevo, personaje de los arrabales caracterizado por cierta literatura urbana y por el tango. Ricardo Güiraldes, en cambio, tomó a un personaje real, conocido por él, para construir su famosa novela *Don Segundo Sombra.*

¿CONSOLACIÓN POR LA FILOSOFÍA?

Así titula Luis Harss, el «influyente cronista de la literatura latinoamericana»[7], el capítulo dedicado a Borges.

Dice Harss: «De Borges se puede decir, como ha dicho él de Valéry, que "en un siglo que adora los caóticos ídolos de la sangre, de la tierra y de la pasión, prefirió siempre los lúcidos placeres del pensamiento y las secretas aventuras del orden". Su obra ha sido una especie de larga consolación por la filosofía» (Harss, pág. 130).

Sin embargo, con todo el respeto que me inspira el análisis de Harss, me parece que no es realmente «una consolación por la filosofía» lo que sucede con Borges, sino que, más bien, la consolación (¿la salvación?) provenga de la belleza que tiene la especulación filosófica, por el sentimiento estético que produce.

Pero, por otra parte, indica con absoluta precisión la relación de Borges con la filosofía:

> ... maneja libremente una serie de doctrinas, utilizándolas para satisfacer necesidades personales. No se adhiere necesariamente a ninguna de ellas. Su propósito, en general, ha sido siempre, nos dice, «explorar las posibilidades literarias de ciertos sistemas filosóficos. Es decir, aceptando a Berkeley, o aceptando a Schopenhauer, o aceptando a Bradley, o aceptando también a ciertos dogmas del cristianismo, o aceptando la filosofía platónica, o ideas sobre el tiempo reversible, o lo que fuera, vamos a ver qué puede hacerse literariamente con eso» (Harss, pág. 147).

Esta apreciación nos remite a su vez a Homero y a Mallarmé. Nos recuerda Walter Otto: «En la *Odisea* se dice (VIII, 579) que la guerra de Troya, con toda

7. Tomás Eloy Martínez, en un artículo de *El Espectador.*

su miseria y destrucción, era necesaria para convertirse en canto para la posteridad» [*el subrayado es mío*] (Otto, 1968, pág. 37) o, como ha dicho Mallarmé, de una forma más general, menos brutal, si se quiere: «*Le monde est fait pour aboutir à un beau livre...*»[8]. Me atrevería a decir que Borges adhiere a esta idea, totalmente contraria al «compromiso», al *engagement*, aun cuando tanto en Borges como en Kafka el compromiso de vida es con la literatura. Los dos, en forma muy diferente, estuvieron dedicados y vivieron en la literatura y para la literatura. Ninguno de los dos vivió de la literatura, salvo en los últimos años de Borges, cuando ya era aclamado en todo el mundo y pasaba dando conferencias tanto por Estados Unidos como por Europa.

LA IRONÍA Y LA BURLA EN EL *ALEPH*

Posiblemente sea el *Aleph* uno de los cuentos de Borges más conocidos popularmente; pero me parece que, a pesar de haber adquirido una fama que lo liga indisolublemente al autor, se ha leído mal, como una especie de obra mística. Se ha interpretado como una obra muy seria y, en cambio, lo que se puede identificar en él es la mofa más sangrienta, más profunda a la mediocridad personificada en el «escritor» Carlos Argentino Daneri y toda su fanfarronería, toda su fatuidad y miseria. Borges es el otro personaje del cuento, además de Beatriz Viterbo, que había muerto tiempo antes.

Hasta el mismo Hegel en la *Fenomenología del espíritu*, obra, por cierto, seria y difícil de leer, se burla también de la extravagancia de ciertos artistas. Lo hace citando a Diderot, una obra de Diderot, el gran enciclopedista que tanto influyó en la Revolución francesa, *El sobrino de Rameau*, el famoso músico, que había sido traducida por Goethe al alemán. Está en la parte dedicada al espíritu absoluto, en la traducción castellana de Wenceslao Roces, fue subtitulada como *La vanidad de la cultura:* «Diese Rede ist Verrücktheit des Musikers der "dreiβig Arien, italienische, französische, tragische, komische, von aller Art Charakter, häufte und vermichte; bald mit einen tiefen Baβ stieg er bis in die Hölle, dann zog er die Kehle zusammen, und mit einem Fistelton zerriβ er die Höhe der Lüfte... wechselweise rasend, besänftigt gebieterisch und spöttisch"» (Hegel, 1986, S. 387)[9].

---

8. «El mundo está hecho para convertirse en un bello libro».

9. «Este discurso es la chifladura de aquel músico que "amontonaba y embrollaba, todas revueltas, treinta arias italianas, francesas, trágicas, cómicas y de toda suerte de caracteres; que tan pronto descendía a los infiernos con una voz de bajo profundo como desgarraba las altas esferas celestiales con voz de falsete y desgañitándose, adoptando sucesivamente un tono furioso, calmado, imperioso y burlón"» [cita Hegel al *Sobrino de Rameau*, traducido por Goethe] (Hegel, G., 1966, pág. 308).

Todo el cuento de Borges está inmerso, diríamos, en una inmensa ironía, que por momentos llega a la burla más sarcástica. Sin embargo, esa ironía no solo se enfila hacia el escritor mediocre que pretende un poema total, acaso como la cartografía de *El rigor de la ciencia*, sino que también la dirige hacia sí mismo, en ese amor que parece haber sido siempre lo que se llama un amor platónico y que ha persistido hasta después de la muerte, pero que no pareciera haber sido correspondido por Beatriz, ya que se había casado; incluso, por la visión que le proporciona el Aleph, pudo enterarse de una relación amorosa de Beatriz con su primo Carlos Argentino. Borges no tiene piedad ni siquiera de sí mismo, llegando hasta al patetismo (lo digo en el sentido griego del término, no en el que se usa comúnmente en el inglés actual, aunque tiene también algo de ese sentido) en la declaración de amor que hace al cuadro de Beatriz en una distracción de Carlos Argentino, su cicerone hacia el Aleph.

> No podía vernos nadie; en una desesperación de ternura me aproximé al retrato y le dije:
>
> —Beatriz, Beatriz Elena, Beatriz Elena Viterbo, Beatriz querida, Beatriz perdida para siempre, soy yo, soy Borges.
>
> Carlos entró poco después (Borges, 1974, pág. 624).

Borges hace una descripción muy caricaturesca de Carlos Argentino, a quien lo relaciona con su prosapia italiana: «A dos generaciones de distancia, la ese italiana y la copiosa gesticulación italiana sobreviven en él» (Borges, 1974, pág. 618).

El poema que había compuesto Carlos Argentino era una especie de poema total (¿otra de las hipérboles borgianas?) que así describe el personaje-autor: «El poema se titulaba *La Tierra*; tratábase de una descripción del planeta, en la que no faltaban, por cierto, la pintoresca digresión y el gallardo apóstrofe». (El «por cierto» remarca la ironía y se remata con «a pintoresca digresión» y el «gallardo apóstrofe»).

Finalmente, Borges desciende al Aleph[10]:

> El diámetro del Aleph sería de dos o tres centímetros, pero el espacio cósmico, sin disminución de tamaño. Cada cosa (la luna del espejo, digamos) era infinitas cosas, porque yo claramente la veía desde todos los puntos del universo (Borges, 1974, pág. 625).

---

10. Aleph es la primera letra del alfabeto hebreo, cada una de esas letras tiene su interpretación en la kábala. «La kábala es la parte esotérica del judaísmo. Es la filosofía hermética de esta tradición y, a través de ella, se trata de interpretar la Ley (la Torá). [...] El objeto de estudio de la kábala consiste en "romper la cáscara de cada letra" como si fuera una nuez, para encontrar su fruto, su esencia, una posible verdad» (Borovich, 1999, págs. 17-19).

Según nos refiere Harss: «Subiendo por una escalera en su casa se golpeó la cabeza contra una ventana, tuvo un desmayo y pasó tres semanas en el hospital, afiebrado y delirante. Lo operaron y cuando convalecía escribió su primer cuento fantástico: "Tlön, Uqbar, Orbis Tertius"» (Harss, 1969, pág. 148).

En este cuento las alusiones filosóficas forman parte fundamental de la trama, en realidad forman parte esencial de la construcción de ese mundo de *Tlön*... Según él mismo decía, había sucumbido a la filosofía de Kant («también muchos alemanes», decía), sin embargo, hay en este cuento algunas alusiones explicitas al filósofo de Könisberg. «El hecho de que toda filosofía sea de antemano un juego dialéctico, una Philosophie des Als Ob»[11] (Borges, 1974, pág. 436) nos indica que conocía esa filosofía, aunque no le llamaba la atención, porque no puede tener ningún valor estético al ser una filosofía crítica y no constructiva (de un sistema).

Finalmente, hay un pasaje de *Töln*... que parece aludir a las geometrías no euclidianas y al mismo Einstein:

> La geometría de Töln comprende dos disciplinas algo distintas: la visual y la táctil. La última corresponde a la nuestra y la subordinan a la primera. La base de la geometría visual es la superficie, no el punto. Esta geometría desconoce las paralelas y declara que el hombre que se desplaza modifica las formas que lo circundan (Borges, 1974, pág. 438).

A MODO DE BREVE CONCLUSIÓN

En este breve ensayo, he tratado de mostrar algunos elementos que hacen de Borges un escritor (en ambos sentidos de esta palabra, como literato y también como pensador) postmoderno, a pesar de que el concepto mismo de postmodernidad es bastante controversial; pero sí nos indica una diferencia, un corte, una ruptura, que no es tanto de época, sino de sentimiento, de enfoque hacia la realidad, por eso los autores que han tratado del tema hablan de «condición» y no de etapa o época histórica.

Entre esos elementos están la ironía, el humor, la intertextualidad, la contemplación estética del pensamiento filosófico, la utilización de sistemas filosóficos para la elaboración de tramas fantásticas, que en algunos casos tocan lo absurdo. Un escepticismo radical que deriva, posiblemente, del quiebre de la razón occidental a fines del siglo XIX y del cual dan testimonio tres grandes representantes: Kierkegaard, Nietzsche y Kafka.

---

11. Una filosofía del *como si.*

BIBLIOGRAFÍA CONSULTADA PARA ESTE TRABAJO

BORGES, J. L. (1974): *Obras Completas.* Buenos Aires: Emecé Editores.

BOROVICH, B. (1999): *Los caminos de Borges. La kábala, los mitos y los símbolos.* Buenos Aires: Lumen.

CASTRO, E. (2011): *Diccionario Foucault.* Buenos Aires: Siglo XXI.

FOUCAULT, M. (1966): *Les mots et les choses.* Paris: Gallimard.

— (1972): *Las palabras y las cosas. Una arqueología de las ciencias humanas.* México: Siglo XXI.

GAOS, J. (1992): *Historia de nuestra idea del mundo.* México: Fondo de Cultura Económica.

HARSS, L.: *Los nuestros.* Buenos Aires: Sudamericana.

HEGEL, G. W. (1966): *Fenomenología del Espíritu.* México: Fondo de Cultura Económica.

— (1986): *Phänomenologie des Geistes.* Baden-Baden: Suhrkamp.

HEIDEGGER, N. (2000): *Nietzsche.* Barcelona: Ediciones Destino.

KAFKA, F. (1998): *Bescreibung eines Kampfes.* Frankfurt an Main: Fischer Taschenbuch Verlag.

— (2001): *La muralla china.* Madrid: Alianza Editorial.

LYOTARD, J.-F. (1998): *La condición postmoderna.* Madrid: Cátedra.

OTTO, W. (1968): *Teofanía. El espíritu de la antigua religión griega.* Buenos Aires: Eudeba.

Hacia una carta arzobispal. Carta de monseñor Federico González Suárez, arzobispo de Quito, a don Alejandro Pidal y Mon, director de la Real Academia Española de la Lengua. 24 de marzo de 1908

SUSANA CORDERO DE ESPINOSA
Academia Ecuatoriana de la Lengua

Si no el español, ¿qué otra lengua nos une? ■ Posiciones opuestas. ■ Los sueños del gramático.

Luego de haber leído con el mayor interés los sucesivos descubrimientos que nos procura el libro *Hablamos la misma lengua*, del actual director de la Real Academia Española y presidente de la Asociación de Academias, don Santiago Muñoz Machado[1], emprendo la escritura de este texto, alrededor de una carta que revela el fino y firme espíritu, respecto de nuestro idioma castellano, que manifiesta el notabilísimo prelado ecuatoriano Federico González Suárez (Quito, 12.4.1844-1.12.1917), escritor, historiador y arqueólogo, miembro de número de la Academia Ecuatoriana de la Lengua y fundador, en 1909, de la Sociedad de Estudios Históricos Americanos, que devendría en la prestigiosa Academia Nacional de Historia del Ecuador.

Sucesivamente obispo de Riobamba, obispo de Ibarra y arzobispo de Quito, crítico acervo de ciertos comportamientos de algunos miembros del clero de sus diócesis, escribió la *Historia general de la República del Ecuador* (1890-1903), que abarca siete tomos, desde el período aborigen hasta el siglo XVIII, además de su *Atlas arqueológico* (1892). Vive con intensidad política y sacerdotal las polémicas circunstancias de la Revolución Liberal de 1895 y las consiguientes tensiones entre Estado e Iglesia. Siempre firme en la doctrina, se opone a leyes de avanzada de los Gobiernos liberales, fundamentalmente a las dictadas en los mandatos de Eloy Alfaro y Leonidas Plaza, entre ellas las correspondientes al registro civil, la libertad de cultos, el matrimonio civil, el divorcio y el laicismo.

Figuró intensamente en la vida pública nacional, con el prestigio que le ganaron su extremada inteligencia y su entrega al trabajo intelectual y apostólico, así como su interés por la vida pública ecuatoriana, sin excluir su participación en ella, incluso en calidad de senador, primeramente, y diputado, después. Estudioso de la historia, pero ante todo prelado, el papa León XIII lo escogió para ocupar el obispado de Riobamba; posteriormente fue obispo de Ibarra, y culminó su misión apostólica en el arzobispado de Quito. Sus publicaciones *Hermosura de la naturaleza*, *La poesía en América* y *Memorias íntimas* tuvieron extraordinario éxito en esa época. Joven todavía, pero ya sacerdote, pronuncia un discurso cuyo lema fue «La poesía en América», del cual trasladamos estas palabras:

> Principiaré repitiendo lo que repetía el árabe aquel de las *Mil y una noches*: Yo no sé más que historias de mi patria; y ciertamente, del grande amor que tengo a la América, creo que no se me hará un crimen, ni temo que censuréis mi entrañable afecto y tierno cariño al Ecuador, mi patria idolatrada. Amo a la América. La amo con ternura por sus largos padecimientos; amo a la América y la admiro por su

---

1. Muñoz Machado, Santiago: *Hablamos la misma lengua. Historia política del español en América, desde la Conquista a las Independencias*. Barcelona: Crítica, 2017.

heroico valor; la amo con cierta especie de reverencia, por ser la patria de mis padres, y quiero con especial cariño al Ecuador, por ser mi patria[2].

Vienen muy a propósito, para transparentar mejor su concepción del trabajo que se impuso como historiador, los siguientes conceptos vertidos por él mismo, casi a modo de resumen, no solo de su voluntad de trabajo histórico a favor del mejor conocimiento de su patria, sino de sus inclinaciones axiológicas y su capacidad personal:

> Las aseveraciones históricas, para que merezcan ser creídas, han de estar siempre apoyadas en el testimonio de escritores autorizados y dignos de crédito: los juegos de la imaginación, las visiones de la fantasía exaltada y los alardes vanidosos del ingenio, que no busca sencillamente la verdad, no tienen cabida en la historia. Esta es siempre austera, grave y concienzuda: en el crisol de la crítica depura las opiniones, aquilata la verdad y discierne lo cierto de lo fabuloso. El carácter severo de la historia exige, por lo mismo, que todo cuanto diga el escritor vaya apoyado en la autoridad de testigos irrecusables: cumpliendo nosotros con este deber, impuesto por lo que pudiéramos llamar moral literaria, hemos indicado siempre con exactitud los autores y las obras en que hemos estudiado la materia. De este modo, nuestra opinión no aparece aislada, ni nuestras investigaciones históricas se tendrán como trabajos puramente especulativos[3].

Con este párrafo termina la «Advertencia» con la cual el genial arzobispo de Quito (1844-1917) emprende la redacción del volumen titulado *Atlas arqueológico* (complemento del tomo primero de su *Historia general de la República del Ecuador*). Lamentablemente, su *Historia general* no llegó a narrar la de nuestra independencia. A este propósito, traslado este texto de Carlos de la Torre Reyes:

> Habría sido imposible en tales circunstancias, en las que el historiador era descollante protagonista de un complejo y duro período político, dedicarse a la paciensiosa y absorbente busca de documentos y estructuración mental de la historia política y eclesiástica de Quito en el complejo y poco esclarecido aún período emancipador. [...] Según propia confesión: «...faltan documentos: los que existen son pocos y deben analizarse con un criterio muy desprevenido. En efecto, casi todos proceden de las autoridades españolas, de los gobernantes de la Colonia y hablan la lengua de la pasión; los que han dejado los insurgentes son muy esca-

---

2. Batallas, Leonidas: *Federico González Suárez: apuntes para su biografía*. Quito: Corporación Editora Nacional, 1995, pág. 15.

3. González Suárez, Federico: «Advertencia», en *Historia general de la República del Ecuador. Atlas arqueológico*. Quito: Clásicos Ariel, [s.f.], pág. 15.

sos, y por las precauciones que los patriotas se veían obligados a emplear, no dejan traslucir fácilmente la verdad»[4].

En esta corta aproximación textual a la personalidad y el talante de monseñor González Suárez, he procurado incluir los datos más salientes de su trabajo, sus preocupaciones y calidad humana, en los que se fundamentó su pertenencia a la Academia Ecuatoriana de la Lengua, además, por supuesto, de su defensa irrestricta del valor del español como el único idioma que puede y debe regir el espíritu de las nuevas repúblicas independientes, aun, en ciertos casos, a pesar de ellas mismas. Dice, al respecto, Muñoz Machado:

> El español será, pues, la lengua de las Independencias americanas. Era inevitable, pero para las aspiraciones de algunos resultó paradójico. Una nueva nación precisaría un idioma propio, pero aquellas Repúblicas nacientes estaban abocadas a utilizar el español, la lengua de la metrópoli contra la que habían luchado[5].

Según Enrique Anderson Imbert (Córdoba, Argentina, 12.2.1910-Buenos Aires, 6.12.2000), el crítico argentino que estudió minuciosamente la obra del notable escritor ecuatoriano Juan Montalvo,

> aquí, en la América Oriental, esa hinchazón geográfica que se mete más y más en el Pacífico —Perú, Ecuador, Colombia— acentúa sus rasgos conservadores, quietos, de más honda tradición española. Por las herencias más vivas que dejó España durante la Colonia y por no recibir luego las constantes oleadas cosmopolitas del Atlántico, las minorías de esa zona americana permanecieron más desapegadas de la plebe, más fieles al pasado, más respetuosas de las normas castellanas, más decididas a conservar como un bien la unidad de lengua y literatura[6].

Esto, en relación con países como Colombia, Ecuador, Perú. Pero, además, como afirma Muñoz Machado,

> las especialidades lingüísticas no afectaron, en la etapa decisiva de los movimientos independentistas, a que el español se abriera paso como lengua de todas las nuevas repúblicas. Las naciones emergentes utilizaron la lengua española como herramienta para la construcción social y política. La creación de instituciones políticas jurídicas y sociales había tenido lugar en otras partes del mundo como consecuencia de las revoluciones de finales del XVIII, y en todas ellas las

---

4. De la Torre Reyes, Carlos: «Estudio introductorio», en González Suárez: *Colección de escritores ecuatorianos*. Quito: Banco Central del Ecuador, 1995, pág. 29.
5. Muñoz Machado: *Hablamos*, pág. 565.
6. Anderson Imbert, Enrique: *El arte de la prosa en Juan Montalvo*. México: El Colegio de México, 1948, pág. 15.

nuevas naciones necesitaron una lengua en la que expresarse: la de los libertadores era el español[7].

SI NO EL ESPAÑOL, ¿QUÉ OTRA LENGUA NOS UNE?

Es sabido que no todos los países, ya lograda su independencia, aceptaron fácilmente el español como la lengua que revelaría su nueva libertad. Algunas de las nuevas repúblicas americanas quisieron encontrar o crear un idioma «otro», que diera la medida de su total independencia respecto de España y de sus nuevas y distintas esperanzas.

También, en países como Colombia, Ecuador, Perú, según Muñoz Machado:

> Una gramática publicada en Barcelona en 1833, que recoge Toscano Mateus, describe la situación lingüística de Quito en términos que seguramente son iguales a los que se daban en Ecuador y el noreste de Argentina durante la época colonial: «La lengua que se habla en Quito y su provincia no es uniforme. Unos hablan la castellana y otros la de los incas, particularmente los criollos que usan también aquella, pero una y otra adulterada con cosas de ambas. La primera que pronuncian los niños es muchas veces la de los incas, por ser indias las nodrizas, no hablando con frecuencia la castellana hasta los cinco o seis años»[8].

Quizá lo que señala Muñoz Machado, a propósito del texto referido por el gran filólogo ecuatoriano, habrá sido el comienzo de la decidida influencia quichua en nuestro español. Desde entonces, nuestra habla española acogió muchos términos de origen quichua, y, más allá del léxico, hay construcciones y elementos sintácticos, ya registrados en la *Nueva gramática de la lengua española*, a los que Toscano se refirió en su singular *El español en el Ecuador*. También la lengua cañari, de entre otras lenguas indígenas existentes hasta hoy, dotó al español ecuatoriano de topónimos, términos botánicos, antroponímicos, gastronómicos, etc., que empleamos aún cotidianamente en nuestra vida. Lo notable es que ninguno de estos aportes arremetiera contra la profunda unidad del español hablado y escrito en nuestros países hispanoamericanos.

Terminadas las luchas por las independencias, entre su inicio en Quito el 10 de agosto de 1809, cuando los patriotas dieron en esta ciudad el «primer grito de la independencia americana» (imposible olvidar que un año más tar-

---

7. *Ibid.*, pág. 575.
8. *Ibid.*, pág. 579. La cita que reproduce Muñoz Machado está tomada de Humberto Toscano Mateus: *El español en el Ecuador*. Madrid: CSIC, 1953.

de, el 2 de agosto de 1810, esos héroes fueron alevosamente asesinados en su prisión quiteña del Cuartel Real de Lima) y 1825, cuando Uruguay —entonces Banda Oriental del Río de la Plata— logró su independencia respecto de Brasil y Portugal, el primer planteamiento que se hacían a sí mismas las nuevas repúblicas, y que parece no haber cesado hasta ahora, fue el de su *identidad cultural*, que significará, a la vez, su *identidad nacional*. Al cabo de tres siglos, para algunas de esas naciones, fundamentalmente para las repúblicas del sur, los lazos culturales adquiridos en la lengua seguían siendo los mismos y había que liberarse de ellos para cortar, por supuesto, tales *aberrantes* lazos culturales.

> Pero no se habían podido cortar los lazos culturales. Los criollos independentistas hablaban castellano, la lengua del Estado colonizador y opresor, sus costumbres eran las que les habían transmitido sus padres y abuelos españoles; la literatura estaba toda influida por las corrientes y estilos dominantes en la Península; no había una tradición literaria propia de América... Considerando esta situación, algunos creyeron que era imprescindible conquistar la independencia cultural y, especialmente, lingüística, que completaría la independencia política[9].

¿Algunos? Sí, sobre todo argentinos y chilenos; había que luchar contra el español peninsular, que fue parte de la opresión y el oprobio, no solo políticos, sino culturales, sufridos en tiempos coloniales; había, pues, que entregarse a esta lucha con todo el poder intelectual posible, a lo que contribuyeron de modo fehaciente los individuos que pertenecieron a la generación llamada del 37:

> Sostuvieron con firmeza sus propuestas separatistas a lo largo de casi todo el siglo XIX, ayudados por epígonos que repitieron los argumentos con el mismo ardor que los pioneros. La ideología de aquella generación se alimentó también de una animadversión contra España que, en buena medida, era consecuencia de los años de opresión colonial, y, sobre todo, de las heridas que las guerras de independencia habían dejado abiertas. Nada que recordara a España o tuviera origen en esta nación, atrasada e indolente, negada para el progreso, que se había mantenido al margen de la revolución científica, no había inventado nada de interés y ni siquiera contaba con escritores que admirar, nada de esa procedencia, decían, podía ser admitido en la América liberada del yugo castellano. Incluso el idioma se mantenía anclado en el pasado y carecía de recursos para explicar los nuevos fenómenos que la ciencia iba descubriendo y acceder a la modernidad[10].

Aunque también, en esas mismas naciones, encontramos al respecto supuestos distintos en las últimas décadas del siglo XIX: ya no habrían de bus-

---

9. *Ibid.*, pág. 581.

10. *Ibid.*, pág. 582.

carse para sus naciones lenguas que diferenciaran a cada nueva nación de las otras; al contrario, habría de protegerse la lengua heredada, *contra su posibilidad de corrupción* y, con ella, la pérdida de la unidad que ha de salvarse de la fragmentación, para muchos, ineludible. Entonces surge la pregunta que más interesa, aquí:

> ¿Podría ser la Real Academia Española la autoridad reguladora de la lengua en América, o su presencia era una prolongación subrepticia de la antigua colonización política de la que los americanos se habían desembarazado?[11]

¿Podría, en consecuencia, regular la nueva literatura, la nueva cultura, enriquecida ya por la llegada de individuos venidos de la más adelantada Europa, franceses, italianos, cuya presencia iba llenando la lengua española de neologismos que parecerían anunciar el nacimiento de otro idioma posible?...

La Real Academia, ¿no sería, no lo era ya, una nueva forma de dominio, esta vez más sutil, pero no menos insidioso, por serlo del espíritu?

POSICIONES OPUESTAS

Muñoz Machado hace un extraordinario resumen de las distintas posiciones relativas a este tema, sobre todo en la Argentina, donde Juan Cruz Varela, ante la para él inexistente o irrelevante literatura nacional argentina, busca el camino para superarla, partiendo del auténtico dominio de la lengua española, «tesoro por conservar y pulir», y culpa a España de haber descuidado lo cultural en pro de lo económico. En Argentina y Chile, para entonces, el español sufría la invasión de neologismos de origen francés y de otras lenguas, y Varela aboga en favor del uso y enriquecimiento del español en las naciones conquistadas por España, previniendo contra usos nuevos y mezclas corruptoras que fragmentarían para siempre la unidad del español, como sucedió con la del latín. Muñoz Machado sostiene cómo una nueva corriente empezaba a exaltar la posición contraria:

> Muy pocos años después de que estas buenas intenciones fueran escritas, emergió con gran fuerza una corriente de pensamiento lingüístico, de carácter romántico, que preconizaba todo lo contrario: el dueño de la lengua es el pueblo y... había que respetar sus inclinaciones y las variaciones que iba introduciendo en su forma de hablar, cualquiera que fuese su causa[12].

---

11. *Ibid.*, pág. 583.

12. *Ibid.*, pág. 585.

No podemos sino pasar, no sin lamentarlo, por encima de las ideas de tantos ilustres defensores del «nacionalismo lingüístico», entre los cuales brillan Juan Bautista Alberdi y Domingo Faustino Sarmiento, que defienden «la soberanía del pueblo en cuestiones de habla».

LOS SUEÑOS DEL GRAMÁTICO

Andrés Bello, el gran gramático americano, defiende, por su parte, su misión, que resume en estas palabras:

> Los gramáticos no son un Senado conservador sino un cuerpo sabio que evita, para servir al pueblo y por su mandato, que cada uno hable como «se le dé la gana». Por tanto, [...] son los custodios filosóficos de la lengua; «de lo contrario, admitidas las locuciones exóticas, los giros opuestos al genio de nuestra lengua y aquellas chocarreras vulgaridades e idiotismos del populacho, vendríamos a caer en la oscuridad y el embrollo, a lo que seguiría la degradación... »[13].

Al respecto Muñoz Machado manifiesta:

> Su actitud fue siempre defensora de la lengua culta. Aspiró a la «conservación de la lengua de nuestros padres en su posible pureza» y a que el castellano tuviera una norma o patrón único en el que mirarse. En la gran obra lingüística de Bello, su citada *Gramática de la lengua castellana destinada al uso de los americanos*, estableció algunas consideraciones, empezando por el título elegido, que hicieron pensar a sus exégetas que aspiraba a fijar un canon particular para América. [...] Pero lo cierto es que el modelo de lengua culta que la gramática proponía estaba basado en los clásicos españoles como Cervantes o Lope de Vega, o el que hablaban los españoles cultos con los que se encontró en Londres (Alcalá Galiano, Clemencín, Jovellanos, Martínez de la Rosa, Moratín, etc.)[14].

La unidad lingüística y cultural continental fue lo que preocupó principalmente a Bello, cuando redactó su *Gramática de la lengua castellana destinada al uso de los americanos:*

> Se había formado como lingüista en el estudio de los clásicos españoles y latinos, y completado sus puntos de vista con los contactos que había tenido en Londres con exiliados españoles. En Chile encontró que incluso las personas de cierta cultura utilizaban un lenguaje plagado de formas que no consideraba correctas. Preocupado por la situación desplegó toda clase de medios para corregirla (gru-

13. *Ibid.*, pág. 595.

14. *Ibid.*, pág. 604.

pos de estudio, libros, artículos, polémicas). [...] El castellano era, para Bello, el resultado de una herencia recibida de España, que había alcanzado su máximo esplendor en el Siglo de Oro y que no podía cambiarse caprichosamente aceptando neologismos y modas temporales[15].

Del prólogo a su *Gramática* de 1847, Muñoz Machado cita:

> No se crea que recomendando la conservación del castellano sea mi ánimo tachar de vicioso y espurio todo lo que es peculiar de los americanos. Hay locuciones castizas que en el Península pasan hoy por anticuadas, y que subsisten tradicionalmente en Hispanoamérica. ¿Por qué proscribirlas? Si según la práctica general de los americanos es más lógica la conjugación de algún verbo, ¿por qué razón hemos de preferir lo que caprichosamente haya prevalecido en Castilla?[16].

Es conocida, en los últimos años del siglo XIX, la posición del gran filólogo y humanista don Rufino José Cuervo, quien, conocedor y amante, como lo fueron pocos, de nuestra lengua española, era profundamente pesimista respecto de su posibilidad de preservación, es decir, de su unidad: a la larga, la fragmentación y disolución eran su sino. Cuervo se pregunta si bastan las cátedras y las lecturas que buscan mantener la unidad para mantenerla realmente o es más seguro que ocurrirá lo que con el latín en el Imperio romano.

El gran Juan Valera, que había tenido largas controversias con Cuervo, pone en duda que este último «desconfíe de verdad de la capacidad de adaptación de la lengua castellana [para estudios de temas filosóficos y científicos] ni que tenga claro que los hispanoamericanos terminen algún día hablando lenguajes distintos»[17].

Este largo y deslavado resumen de un vastísimo e inteligente conjunto de avatares e ideas alrededor de la vida americana del español fue redactado, a partir del texto de Muñoz Machado, para servir de apertura a una carta de monseñor Federico González Suárez escrita en 1908:

> Excmo. Señor don Alejandro Pidal y Mon, Director de la Real Academia Española de la Lengua.
>
> Madrid.
>
> Excelentísimo Señor.
>
> Hay, como V. E. bien lo sabe, entre la lengua que se habla y el ánima del hombre una unión tan íntima, un vínculo tan apretado, una dependencia tan recí-

15. *Ibid.*, pág. 603.
16. *Ibid.*, pág. 605.
17. *Ibid.*, pág. 610.

proca, que el lenguaje viene a ser, por eso, uno como espejo vivo, en que aparece reflejada el alma, con exactitud: cultivar, pues, el idioma, estudiarlo, analizarlo y procurar conservarlo puro, genuino e incontaminado es obra civilizadora; y tanto más civilizadora cuanto (como sucede en el castellano) el idioma que se habla sea más perfecto, más rico, más variado y esté ya fijado mediante la formación de una literatura, en la [cual lo] que solemos llamar el fondo de las obras literarias se halle en armonía con la expresión. Una lamentable equivocación comenzó a cundir, hace algún tiempo, en los pueblos hispano americanos, y fue la de creer que también el idioma en nuestras Repúblicas debía emanciparse de España, así como las colonias se habían emancipado de la Metrópoli; confieso llanamente a V. E. que yo no puedo entender cómo se podría haber verificado semejante emancipación del idioma, a no ser que se hubiera convenido [en] la democracia americana en hablar una lengua del todo indisciplinada, lo cual, aunque se hubiera querido, habría sido metafísicamente imposible realizar. Por el idioma castellano, que es el habla materna de los americanos, todavía, hasta ahora, como en los días de Carlos Quinto y de Felipe Segundo, el sol no se pone en los dominios pacíficos de esa Real Academia Española de la Lengua.

Con profundo respeto, soy de V. E., Excmo. Señor Marqués, atento servidor y capellán +Federico. Arzobispo de Quito.

Quito, 24 de marzo de 1908

Creo profundamente que las breves pero trascendentales ideas de esta carta merecían el aporte histórico-político de que nos proveyó parte fundamental del sabio texto titulado *Hablamos la misma lengua*.

Quizá en esta hermosa y sabia carta, el prelado cumple la misión académica fundamental, en la que todos los países de habla española, pues todos pertenecemos a las respectivas academias de la lengua, quisiéramos vernos retratados. No tengo hoy duda alguna respecto de que lo que nos une verdaderamente a España y a cada uno de los pueblos hispanohablantes, sin por ello permitirnos relegar una pizca de nuestro propio ser geográfico, cultural y político, ni abandonarlo «en otras manos» es el don maravilloso e irremplazable de nuestra lengua española. Sé que será «metafísicamente imposible» que *el idioma en nuestras Repúblicas se emancipe de España*. Tengo la convicción de que la personalidad y el trabajo de cada una de nuestras respectivas academias y nuestra pertenencia a la asociación presidida por el director de la Real Academia Española sirven para potenciar a cada uno de nuestros hablantes y de nuestros países, hacia conquistas culturales de las que toda Hispanoamérica ha ido dando cuenta, a lo largo sobre todo de los siglos XIX y XX, precisamente a partir de sus independencias que, al dotarnos de una libertad abonada y enriquecida por la lengua, sigue, ya al alborear del siglo XXI, produciendo literariamente obras de enorme riqueza, que fortalecen, dignifican y enriquecen soberanamente a nuestra lengua, sin quitarle una pizca de su personalidad, señorío y dignidad.

El género policial, una literatura esencial de nuestra historia

JORGE FERNÁNDEZ DÍAZ
Academia Argentina de Letras

En uno de sus últimos textos críticos, Ricardo Piglia sostiene que el detective es una de las mayores representaciones modernas de la figura del lector. Acude, para demostrarlo, al cuento que funda todo el género, *Los crímenes de la calle Morgue*, que comienza precisamente en una librería de Montmartre y que presenta en sociedad a Auguste Dupin, un bibliófilo incurable. Poe, que cultivaba a la vez el relato gótico y sobrenatural, inventa en ese texto positivista la ficción policial y, con ese simple movimiento, tiende un puente simbólico y perfecto entre el fin de una era y el comienzo de otra. Se ha escrito mucho acerca de que la novela criminal era hija del conservadurismo victoriano y de la burguesía moderna, donde el asesino rompía el orden establecido y el investigador lo restituía. Borges no contradecía esta hipótesis, pero tenía sus propias ideas sobre el tema. En una conferencia de 1979, afirma: «Poe no quería que el género policial fuera un género realista, quería que fuera un género intelectual, un género fantástico si ustedes quieren, pero un género fantástico de la inteligencia».

En efecto, las facultades razonadoras de esos primeros detectives eran tan portentosas, geniales y, a menudo, rebuscadas que resultaban sobrehumanas, increíbles, en el fondo, fantásticas. Es curioso, porque esta verdadera operación de superpoderes cuasimágicos se hacía en nombre de la ciencia. Holmes la llamaba, en concreto, «la ciencia del razonamiento deductivo», algo que, en ese momento, también era una completa ficción, pero que le garantizaba verosimilitud literaria y anticipaba rudimentariamente la criminología. Esta disciplina social contemporánea estudia las causas y circunstancias de los distintos delitos, la personalidad de los delincuentes y el tratamiento adecuado para su represión, pero poco se parece a aquella observación infalible, milagrosa y clarividente de los investigadores ficcionales del policial blanco, todos ellos héroes de una agudeza exagerada, claramente imposible.

La definición de Borges es muy poco citada por los críticos, pero resulta crucial, puesto que explica muy bien la inminente derivación norteamericana, la llamada novela negra, que no es fruto entonces del género fantástico, como su predecesora, sino del realismo. Esta diferencia radical explica en gran parte toda la genealogía de una literatura que ha mutado y ha encontrado nuevas formas híbridas, pero que no ha dejado de producir grandes escritores ni de multiplicar lectores en todas las épocas y en todas las partes del mundo. Su explosiva vigencia no se explica, a mi entender, en el hecho de que el detective sea efectivamente un lector, como prefiere Piglia, sino en que representaba entonces, y sigue encarnando ahora mismo, la figura del cazador. La prosa policial dramatiza la caza, actividad atávica del hombre que comenzó en la prehistoria y que, por lo tanto, se encuentra inscripta en nuestro genoma. El hombre civilizado lee acerca de peripecias y persecuciones porque tiene dentro de sí ese ímpetu dormido, ese ADN explorador y carnívoro, y porque le resulta irresistible «revivir» las múltiples experiencias del cazador primigenio: los detalles, la conjetura, el seguimiento, el acorralamiento y el asalto final.

Salvador Vázquez de Parga, tal vez el máximo especialista español de toda esta novelística, lo explica a su manera: «La novela policial es el relato de una persecución —escribe—. Hasta ahora los teóricos del tema han cifrado el corazón de la novela criminal en el enigma, y realmente en ningún caso puede carecer de él, pero su situación como punto álgido de la trama puede hallarse desplazada. La novela detectivesca pura hace efectivamente del problema el centro de gravedad alrededor del cual gira toda la narración. Las distintas transformaciones del género, sin embargo, han podido desplazar el punto vital al misterio, al suspenso, a la aventura, a la acción, al criminal, a la víctima, a la sociedad, al ambiente, etc., dando lugar a los distintos subgéneros de la literatura criminal».

Personalmente, creo que hasta el enigma racionalista a la manera de Sherlock Holmes (alguien capaz de analizar pisadas y de utilizar un perro para seguir olores y huellas) reproduce las habilidades del hombre primitivo para deducir y anticipar los movimientos de su presa, y darle caza. Es que dentro de esta clase de narraciones hasta el problema más intelectual es, en verdad, una duda, un acertijo sobre el terreno, una búsqueda, un acoso, una batida. Borges y Bioy Casares llegan a un extremo cuando, con los cuentos de don Isidro Parodi, colocan al cazador en el más completo aislamiento: el «detective» está preso y por meras referencias verbales inicia la cacería mental y da con el culpable sin moverse un centímetro de su celda. Significativamente, de la caza de un animal homicida termina tratando *Los crímenes de la calle Morgue:* Dupin descubre que el asesino no es un humano, sino un enorme orangután de Borneo.

Si el detective es el cazador, podemos decir que el suspenso sin investigadores es la novela de la presa, inocente o culpable: William Irish, Charles Williams, David Goodis, Patricia Highsmith y tantos otros cultivaron esta otra narración apasionante, cuya empatía y punto de vista se encuentran ya no en el clásico perseguidor, sino en el perseguido.

Caído el Muro de Berlín y terminada la Guerra Fría, un particular depredador sin ideología se ha puesto de moda en esta gran cacería literaria, y es el asesino serial. El *noir* escandinavo, que se ha vuelto famoso en todo el planeta y que incluso ha contagiado al cine universal y, específicamente, a la televisión anglosajona, pone el ojo en ese animal sediento de sangre y utiliza sus siniestras andanzas para mostrar las perversiones de la vida moderna y, sobre todo, el femicidio, penoso y extendido fenómeno de época que la escritura intenta denunciar. Un antecedente de esta poderosa tendencia lo constituye el «Drácula de la era de las computadoras y de los teléfonos celulares», como Stephen King nombró alguna vez a Hannibal Lecter, que, por supuesto, es el más refinado depredador de la literatura policial. La criatura de Harris es cultísima y tiene predilección por la carne humana, y constituye el punto culminante de ese juego del gato y el ratón que libran el cazador y su peligrosa presa, en un permanente intercambio de roles. *El dragón rojo* y *El silencio de los inocentes* provienen de episodios tristemente célebres de la realidad norteamericana y derivan en cientos de ficciones en las que ingeniosos asesinos múltiples buscan emular al más perfecto y aterrador de todos. Holmes y Poirot fueron los responsables de una ola infinita de imitadores de esos detectives agudos y caballerescos; Hannibal es culpable de una avalancha de psicópatas monstruosos.

El paso, a principios del siglo XX, de la novela de cuartos cerrados y salones con venenos y dagas a la calle salvaje, sucia y trepidante, encumbró a los detectives privados de Hammett, Chandler y Ross MacDonald. Estos quijotes melancólicos y escépticos eran cazadores cansados, pero lo novedoso que tenían esas narraciones radicaba en las sociedades que sus autores pintaban con gran talento. Allí, el cazador y la presa a veces no eran más que piezas de un tablero intricado y lleno de asechanzas: la ciudad como protagonista y, fundamentalmente, como selva. O «la jungla de asfalto», como la denominó Burnett en la célebre novela que filmó John Houston. Ese género nació en un pequeño cuento de Hemingway: *Los asesinos*. Dos sicarios, dos fieras cínicas, llegan a un bar buscando a un hombre a quien deben eliminar: la psicología, la atmósfera, los diálogos y la violencia flotan en esa obra maestra que condensa y anticipa todo el género negro.

Los secretos de la selva urbana, sus interconexiones privadas, sus arquetipos, recodos y trampas, y sus lógicas de poder son esenciales para esta pléyade de detectives realistas y descarnados, a quienes Borges desdeñaba porque practicaban una cierta truculencia y le parecían simples «malevos», pero a quienes tuvo a bien colocar en el canon literario al darles su lugar en la legendaria colección del Séptimo Círculo. Para estos narradores, el crimen es una especie de excusa de la que se valen para descubrir la trama oculta de la sociedad, donde ricos y poderosos se codean con lúmpenes y donde al final ya casi no importa quién mató a quién, sino el viaje por la jungla que hemos experimentado siguiendo los pasos audaces del cazador. Por eso, el género negro se convierte, con el tiempo, en la gran novela sociológica. Y, por supuesto, también en la novela política que da cuenta del presente.

Hoy en día, la geografía se ha transformado en algo tan central y decisivo que, prácticamente, cada año podemos viajar a Grecia de la mano de Márkaris, a Sicilia con Camileri, a Suecia con Mankell, a París con Lemaître, a Dublín con Benjamin Black, a Shanghái con Andy Oakes. Los contextos sociales, sus culturas dominantes, sus gastronomías y sus problemáticas son tan importantes como la personalidad de los detectives y de hecho mucho más relevantes que los crucigramas del enigma, convertido apenas en un anzuelo que mordemos con gusto. El lector de policiales es hoy un turista feliz que se desplaza alrededor del globo y esos sabuesos costumbristas son guías involuntarios en lejanas y escabrosas junglas de cemento por donde vagan y husmean en busca de pistas.

El desarrollo de este género en la Argentina está lleno de curiosidades y conflictos. Podríamos decir que goza de considerable prestigio literario merced a estos dos defensores ardorosos: Borges y Piglia. Pero aquí el género no ha brillado mayormente en novelas, sino en cuentos breves. Aun así, prácticamente, no existe escritor de primera línea que no haya incursionado en el género o, aunque sea, se haya visto tentado alguna vez a merodear en él: desde Lugones, Groussac, Nalé Roxlo y Roberto Arlt hasta Cortázar, Castillo y Saer. ¿Podríamos decir que *El túnel*, de Sábato, es, de algún modo, también una novela policial y que, acaso, *Informe sobre ciegos* es un *thriller* paranoide? Yo creo que sí. Pero vayamos a lo seguro: Borges crea a Lönnrot en *La muerte y la brújula* para ejecutarlo con una vuelta de tuerca en el acto final, Bioy reescribe a James Cain en *Cavar un foso,* Peyrou practica la alegoría en *El estruendo de las rosas,* Castellani se inspira en Chesterton para las pesquisas del padre Metri, Velmiro Ayala Gauna da vida a un pintoresco comisario correntino que resuelve delitos de la vida rural, Denevi sorprende con una trama amorosa ejecutada bajo una estructura de novela de misterio en *Rosaura a las 10,* Walsh reinventa el enigma británico en los relatos de *Variaciones en rojo,* María Angélica Bosco pone en escena el homicidio de una mujer y alude a lo político y a lo psicológico en *La muerte baja en ascensor,* Tizziani narra la fuga de un delincuente en *Noches sin lunas ni soles,* Feinmann dibuja un frío asesino profesional en la borgeana *Últimos días de la víctima,* Soriano homenajea a Phillip Marlowe en *Triste, solitario y final,* Sasturain parodia a los fanáticos de Chandler y de Hammett en *Manual de perdedores,* Guillermo Martínez se luce con una intriga matemática en *Crímenes imperceptibles* y el académico De Santis da a luz a un sinfín de deliciosos investigadores *amateurs*. Hay muchos otros ejemplos en nuestra prosa, que, sin embargo, adolece de un mito propio. La gran imposibilidad de crear un detective empático y noble, y a la vez creíble, que goce de popularidad y de respeto crítico entre los lectores más pedestres y entre los más calificados, como sucede en muchos otros países, ha sido quizá explicada por el propio Borges en «Leyes de la narración policial», que escribe en 1933 y que recogen sus *Textos recobrados*: en esas páginas, acomete irónicamente contra el criollo, a quien siempre le parece extraño —dice— «el apetito de legalidad» de los ingleses. En un ensayo posterior, afirma que los argentinos no denunciamos un crimen porque nos sentimos delatores y tendemos a sospechar del Estado y a ver a la policía como una mafia. El primer concepto habla de un rasgo social, tal vez heredado de los inmigrantes italianos y españoles, pero, curiosamente, el segundo dejó con el tiempo de ser un prejuicio o un malentendido, y terminó resultando una verdad dramática: para el ciudadano de a pie la policía es hoy sinónimo de ilegalidad y de corrupción. En la actualidad, muchos argentinos piensan, y con razón, que las policías manejan el delito común y el narcotráfico. Es decir, que el cazador es, a la vez, el depredador, como en las viejas novelas de Jim Thompson.

Como el detectivismo privado es una superstición norteamericana que resulta una impostura en la Argentina y los comisarios e inspectores locales no gozan de buena reputación, algunos escritores han buscado en la figura del periodista de investigación o del cronista policial un sucedáneo del sabueso clásico, hasta ahora con relativa suerte. El gran detective argentino es todavía una asignatura pendiente, la presa dorada que los cazadores de la pluma seguirán buscando en la gran selva de nuestra literatura.

REFERENCIAS

BORGES, Jorge Luis (2011): *Borges oral*, en *Obras Completas*. Buenos Aires: Penguin Random House Grupo Editorial.

— (2001): *Textos recobrados* (1931-1955). Buenos Aires: Emecé.

LAFFORGUE, Jorge y RIVERA, Eduardo B. (1977): *Asesinos de papel. Ensayos sobre narrativa policial*. Buenos Aires: Ediciones Colihue.

PIGLIA, Ricardo (2014): *El último lector*. Buenos Aires: Penguin Random House Grupo Editorial.

VÁZQUEZ DE PARGA, Salvador (1981): *Los mitos de la novela criminal*. España: Planeta.

— (1986): *De la novela policíaca a la novela negra*. España: Plaza y Janés.

El decreto ortográfico de 1927 en Chile: desde la ortografía «de Bello» a la ortografía de la Real Academia Española[1]

IVÁN JAKSIC

Academia Chilena de la Lengua

1. Una versión anterior de este ensayo fue publicada en José del Valle, Daniela Lauria, Mariela Oroño y Dario Rojas, eds.: *Autorretrato de un idioma: Crestomatía glotopolítica del español*. Madrid: Lengua de Trapo, 2021, págs. 391-396. Se incluye aquí con el permiso de los editores.

El decreto 3876 del 20 de julio de 1927 dio por terminada una práctica denominada «ortografía de Bello» en Chile, así nombrada por las propuestas que hizo en su momento Andrés Bello (Caracas, 1781-Santiago de Chile, 1865), el intelectual venezolano radicado en Chile desde 1829. Esta ortografía tuvo vigencia en el país a partir de 1844, aunque en algunos aspectos se usaba con anterioridad. Dado que el decreto que la eliminaba fue firmado durante el gobierno autoritario de Carlos Ibáñez del Campo (1927-1931), podría pensarse que la decisión de adoptar la ortografía de la Real Academia Española fue parte de una política unilateral en materias de lenguaje[2].

Sin embargo, la contextualización histórica revela otras facetas. La llamada ortografía «de Bello» nunca fue completamente asimilada, incluso en sus momentos de auge en la década de 1840. Jamás hubo acuerdo sobre las reformas ortográficas, y las que se lograron no prendieron más allá de Chile, por lo cual un creciente consenso entre educadores, lingüistas e instituciones relacionadas con el lenguaje derivó en la acción gubernamental de 1927. Aun así, las reformas ortográficas «de Bello» continuaron siendo consideradas como producto de criterios racionales y científicos, para quienes estimaban que la fonética debía ser la base del lenguaje escrito. Si bien imperó el criterio ortográfico de la Real Academia Española, el acercamiento entre esta y sus filiales hispanoamericanas (además de aquellas de Filipinas y Guinea Ecuatorial) ha posibilitado un diálogo que eventualmente podría modificar la ortografía castellana. Los cambios en el lenguaje, tanto oral como escrito, siempre han sido lentos. En el caso de Chile, la intervención de 1927 zanjaba una disputa, pero no cerraba la discusión.

El origen de las controversias tiene como telón de fondo el derrumbe del imperio español en América y el surgimiento de las nuevas naciones hispanoamericanas en las primeras décadas del siglo XIX. Andrés Bello, quien representó al gobierno provisional de Caracas en Gran Bretaña en 1810, y quien residió en ese país hasta su instalación en Chile en 1829, dedicó gran parte de su estadía londinense a la investigación filológica. Su propósito era trazar el origen de las lenguas románicas a partir del lento declive del latín en Europa. Este propósito era parte del auge filológico europeo del período, con elementos románticos, pero también tenía un aspecto político: si la proliferación de lenguas vernáculas estaba ligada al colapso del Imperio Romano, quizás la disolución del Imperio Español tenía como destino la fragmentación del lenguaje. Fue esta reflexión, combinada con su investigación en los archivos del Museo Británico, la que llevó a Bello (en colaboración con el neogranadino Juan García del Río) a proponer reformas ortográficas destinadas a promover la alfabetización y mantener la unidad del idioma en Hispanoamérica. La

2. Véase la transcripción del documento en el Anexo.

unidad continental, cabe recordar, fue el tema principal del Congreso de Panamá en 1826.

Con anterioridad, en 1823, Bello y García del Río publicaron en Londres el ensayo «Indicaciones sobre la conveniencia de simplificar y uniformar la ortografía en América» en el periódico *Biblioteca Americana* (y reimpreso en *El Repertorio Americano* en 1826). Allí, abogaron por la simplificación del alfabeto castellano, suprimiendo algunas letras, sobre todo las mudas, y buscando una mayor correspondencia entre letra y sonido. Sobre todo, criticaron el recurso a la etimología como fundamento para la representación de las letras. Lo hicieron de la mano de algunas reformas ortográficas introducidas por la Real Academia Española en 1804 y 1815, pero consideraron que la etimología continuaba siendo un criterio que obstaculizaba el aprendizaje de la escritura en un continente americano mayoritariamente analfabeto. 1823 es una fecha importante, dado que la independencia hispanoamericana, si bien no era todavía una realidad en todo el territorio, resultaba ya inminente. Los progresos de la insurgencia, liderados por Simón Bolívar y José de San Martín, se acercaban peligrosamente al último bastión del Imperio Español en el Perú, siendo decisiva la batalla de Ayacucho, en la actual sierra peruana, en diciembre de 1824. Bello y García del Río se anticiparon a este resultado, pensando que comenzaba así la tarea de construir nuevas naciones. Y para ello resultaba fundamental la educación. Para que esta se expandiera, era imprescindible facilitar la adquisición de la lectura y la escritura, de modo que la ciudadanía pudiera comprender las leyes que habían de regirla mediante un régimen constitucional en donde el imperio de la ley reemplazaba a la legitimidad monárquica.

Una vez en Chile, Andrés Bello tuvo la oportunidad de profundizar estas reformas cuando comenzó a jugar un papel central en la construcción del sistema educacional público: fue director del Colegio de Santiago, integró comisiones en el Instituto Nacional, pero sobre todo difundió ideas sobre educación, lenguaje y política tanto desde sus puestos de gobierno como en la prensa periódica (destacables son sus ensayos en *El Araucano*). En 1842, el gobierno de Manuel Bulnes le encomendó la creación de la Universidad de Chile, institución que asumió el papel de superintendencia de la educación en el país, con poderes para supervisar la enseñanza primaria y secundaria a nivel nacional, que ejerció hasta entrado el siglo XX. Es desde allí que Domingo Faustino Sarmiento (1811-1888), como miembro de la Facultad de Filosofía y Humanidades, propuso las reformas ortográficas (1843) inspiradas en el ensayo de Bello y García del Río de 1823, y renovadas en 1826 con la publicación de *El Repertorio Americano*.

La reforma propuesta por Sarmiento, a pesar de su inspiración bellista, generó una rápida oposición, incluyendo la de sus propios colegas en la Facultad de Filosofía y Humanidades. Tanto es así que, en nombre del Consejo Universitario, el rector Andrés Bello dirigió un oficio al Ministerio de Justicia, Culto e Instrucción Pública (15 de abril de 1851) en el que manifestó la inconveniencia de insistir en la ortografía reformada «desde que la ha visto completamente abandonada en impresos y manuscritos. Parece, pues, consiguiente el abandono que de ella debe hacerse, igualmente en las escuelas primarias, para obviar los inconvenientes de una enseñanza inútil y de la falta de uniformidad». Por su parte el Ministro del ramo, Máximo Mujica, respondió el 5 de mayo del mismo año que «se ha dado orden al visitador general de escuelas para que cuide que se abandone en esos establecimientos la ortografía reformada, y se siga la española»[3].

Sin embargo, algunas reformas sobrevivieron hasta el decreto de 1927 (e incluso más allá de tal fecha), en particular el reemplazo de la *y* griega por la *i* latina, con la excepción del uso de aquella como consonante. También, el uso de la *j* en lugar de la *g* allí donde el sonido suave en *gue* o *gui* recomendaba su retención. No sobrevivió la supresión de la *u* muda en *que*, o la *h* muda en palabras como *honor*, si bien no desaparecía del alfabeto y seguiría usándose en nombres como *Chile*.

Incluso en esta limitada supervivencia de las reformas hubo oposición, si bien su uso fue bastante difundido por el resto del siglo XIX, como lo atestiguan los escritos del mismo Bello y los de José Victorino Lastarria (1817-1888). Fue posteriormente defendida con gran convicción por el principal discípulo de Bello, Miguel Luis Amunátegui Aldunate (1820-1888) y su sobrino Miguel Luis Amunátegui Reyes (1862-1849). También fue defendida por el gran lingüista Rodolfo Lenz (1863-1938). Los argumentos de todos ellos enfatizaban las ventajas de la escritura fonética para los fines de alfabetización y difusión de una cultura que ya no bebía de fuentes peninsulares. Como manifestó Lenz en su artículo «De la ortografía castellana» (1894), los principios ortográficos de la Real Academia Española eran cuestionables: «De los tres principios admitidos por esta Sociedad, a saber, la pronunciación, la etimología i el uso, la ciencia lingüística de hoi solo acepta el primero. La escritura no debe ser más que la espresion gráfica, visible de la palabra hablada; para este fin se ha inventado, i no para lucir conocimientos científicos, etimolójicos». Para él, la escritura chilena «es más fonética, más lójica i más sencilla; nos ahorra algunas *reglas*, i por esto es preferible»[4]. Más tarde, en vísperas del decreto que nos ocupa, afirmó que «Mientras más fonética es la escritura, más tiempo se gana en la instrucción pública para insistir en la pronunciación correcta de la lengua literaria»[5].

---

3. Citado en la recopilación de documentos de Lidia Contreras: *Historia de las ideas ortográficas en Chile*. Santiago de Chile: Centro de Investigaciones Diego Barros Arana, Biblioteca Nacional, 1993.

4. Rodolfo Lenz: «De la ortografía castellana». En *Anales de la Universidad de Chile*, 1894, n.º 87, Santiago de Chile, págs. 559-579. La cita se encuentra en la pág. 563.

5. Rodolfo Lenz: *Problemas del diccionario castellano en América*. Buenos Aires: Imprenta de la Universidad, 1926, pág. 33.

Sin embargo, continuó imperando el desacuerdo, incluso en el seno de la Universidad de Chile (organismo, cabe señalar, designado oficialmente para dirigir la instrucción pública), la que mantenía la ortografía de Bello. En 1888, por ejemplo, esta fue derrotada por 4 votos contra dos, pero volvió a ser la elegida en 1894 y aceptada por el gobierno en agosto de ese año. El tipo de argumentos esgrimidos en contra de la ortografía nacional lo resumió Pedro N. Albornoz, quien manifestó en 1885 que «Si la regla de la ortografía española tiene sus ventajas y la nuestra no las tiene mayores, juzgamos que sería conveniente ajustarnos también en esta parte a la costumbre de la madre patria, ya que, sin perder nada, daríamos otro paso hacia la uniformidad del idioma»[6]. También defendió la ortografía académica Jacobo Edén (seudónimo de Rafael Egaña), quien afirmó que «en asuntos de gramática, como en todos los contenciosos, debe haber un tribunal superior que falle sin apelación; pero no tratándose aquí de verdades inmutables, es lícito discutir aquellos fallos... La [Real] Academia de la Lengua ha sancionado tantas innovaciones desde el día de su fundación hasta el presente, que el hecho que no innove actualmente un punto ortográfico no es razón para que no haya de innovarlo jamás»[7].

Con todo, la ortografía «de Bello» continuó vigente, no sin críticas, hasta que en 1913 la Universidad de Chile, en sesión del 14 de noviembre de ese año, acordó seguir la ortografía académica por 10 votos a favor, 6 en contra, y dos abstenciones, pero esta fue rápidamente rechazada por el Consejo de Instrucción Pública en la sesión del 3 de agosto de 1914.

Quizás el paso decisivo a favor de la ortografía académica lo dio la Academia Chilena de la Lengua, que se había mantenido al margen de las discusiones en los primeros años de su fundación (1885-1887), pero que, a partir de 1918, luego de un largo receso, defendió con vigor la ortografía de la Real Academia. Bajo la presidencia de Crescente Errázuriz, en 1918, la Academia Chilena de la lengua dirigió un oficio a los Ministros de Estado presentando diez argumentos a favor de la adopción de la ortografía de la Real Academia Española[8]. El principal de ellos consistía en que, al no difundirse la ortografía de Bello en otros países de Hispanoamérica, la institución más idónea para promover la unidad del lenguaje era la Real Academia Española. Se apoyaba además en la decisión de la Universidad de Chile en su sesión de noviembre de 1913 y agregaba que la uniformidad ortográfica favorecería la circulación

---

6. Pedro N. Albornoz: «Estudios ortolójicos y ortográficos». *Revista de Artes y Letras*, 1885, n.º 5. Santiago, págs. 52-164.

7. Jacobo Edén [Rafael Egaña]: *La Unión*, 20 de marzo de 1892.

8. Crescente Errázuriz y Manuel Salas Lavaqui, «Oficio pasado a los señores Ministros de Estado sobre la conveniencia de adoptar la Ortografía Castellana». *Boletín de la Academia Chilena de la Lengua*, tomo II, cuaderno VI, 1918, págs. 211-213.

de las obras nacionales, la que era rechazada más allá de Chile. El debate continuó, sobre todo mediante las publicaciones de Miguel Luis Amunátegui Reyes y sus críticos, pero el paso del oficio de 1918 al decreto de 1927 probó ser decisivo.

En conclusión, no fue el *fiat* del gobierno el que acabó con la ortografía «de Bello», sino un largo debate y el desacuerdo entre las partes involucradas. Al fin, prevaleció la unidad por sobre otros criterios, si bien el de Andrés Bello cumplió una función en el momento histórico específico de la Independencia y la construcción de los nuevos Estados nacionales. El mismo Bello favorecía la unidad, pero la relación entre lo fonético y lo escrito, entre el uso y la norma, fue y continuará siendo materia de debate.

Anexo

Decreto 3876, Santiago, 20 de julio de 1927[1]

1. No deja de ser paradójico el que la ortografía del decreto sea precisamente la «de Bello». Ha sido modernizada para los efectos del presente artículo.

Teniendo presente que la enseñanza de la ortografía denominada de Bello, con modificaciones introducidas por el Consejo de Instrucción Pública, en los establecimientos de instrucción dependiente de este Ministerio y su uso obligatorio en los documentos oficiales han producido notoria desorientación en esta materia; y que, sin entrar a contemplar los aspectos de orden técnico de este problema, debe considerarse:

Que la gran mayoría de los impresos en lengua castellana se conforman a la ortografía académica, perturbando la enseñanza de todo otro sistema ortográfico ya que la práctica constituye el medio más eficaz de asimilar estos conocimientos;

Que la ortografía de don Andrés Bello es rechazada sistemáticamente en toda publicación chilena que deba salir al extranjero pues, en caso de adoptar esta ortografía, limita a Chile su mercado; y

Que todos los diccionarios y enciclopedias, especialmente el que fija el sentido natural y obvio de las palabras, se encuentran escritos en conformidad a la ortografía de la Real Academia Española, he acordado y decreto:

1.º Adóptase, como ortografía oficial, la de la Real Academia Española para todos los documentos de la administración pública de Chile. Esta empezará a regir, para todos los servicios públicos, el 12 de octubre próximo, en homenaje al Día de la Raza.

2.º Adóptase, igualmente, como obligatoria dicha ortografía para todos los establecimientos de la instrucción pública.

Corresponderá a la Superintendencia de Educación Nacional y a los Consejos, en conformidad a su régimen orgánico, y a las demás autoridades docentes que determina la ley fijar los plazos y modo de llevar a la práctica la pronta aplicación del presente decreto, en lo que se refiere a los establecimientos de su dependencia.

Tómese razón, comuníquese, publíquese e insértese en el *Boletín de Leyes y decretos del Gobierno*.- C. Ibáñez C.- Aquiles Vergara.- Enrique Balmaceda.- Conrado Ríos Gallardo.- Pablo Ramírez.- C. Frödden.- J. S. Salas.- Arturo Alemparte.- Ortiz Vega.- Bartolomé Blanche.- (Aquiles Vergara, como Ministro de Justicia y de Relaciones).

La industria bananera, mestizaje y lengua. Distrito de Coyoles, Olanchito, Honduras

JUAN RAMÓN MARTÍNEZ

Academia Hondureña de la Lengua

A Osman Alanid Zepeda, Nery Alexis Gaitán,
Oscar Aníbal Puerto, enamorados del lenguaje.

«El mundo era tan reciente, que muchas cosas carecían de nombre, y para mencionarlas y había que señalarlas con el dedo».

MÁRQUEZ (2007)

Resumen: La costa norte de Honduras fue abierta a la producción por el cultivo del banano y su exportación a los mercados mundiales a finales del siglo XIX. Durante las primeras décadas del siglo XX Honduras ocupó el primer lugar como productor y exportador de banano. Olanchito, la posteriormente llamada *Ciudad Cívica*, está ubicada en el centro del Valle del Aguán, uno de los tres ríos más caudalosos del país. Es, igualmente, el centro de un espacio de tierras secas en verano, húmedas en el invierno y con unas horas de sol ardiente, ideales para el cultivo del banano. Una vez retirada de Trujillo la compañía bananera estadounidense Trujillo Raild Road, la Vacaro Brothers Co. inicia la construcción de una vía férrea para establecer el cultivo del banano en el distrito de Olanchito que ellos bautizaron como Coyoles Central. En 1936, el ferrocarril está muy cerca de Olanchito y los trabajadores especializados traban contacto con la población olanchitense, iniciándose así el primer encuentro que cambiará la vida de la región, fortaleciendo el mestizaje iniciado allí, por la mezcla de los negros cimarrones de Olancho y Sonaguera con los indios xicaques, dando, así, inicio además, a un proceso de cambio en el modelo de producción, en las relaciones entre la población que se verá singularmente aumentada por la inmigración y por las necesidades de comunicación, estimulando, de esta manera, el mestizaje del castellano con expresiones del inglés. El estudio que sigue a continuación se centra en el mestizaje de dos lenguas principales: inglés y español, así como el uso marginal de nuevas palabras que introduce la industria bananera en la región para nombrar sus operaciones y objetos particulares. Y la reacción de los hablantes españoles que, usan viejas palabras o de poco uso, para rivalizar con la fuerza dominante del inglés. La finalidad es explorar la dinámica del intercambio de vocabulario, los mecanismos que emplea la población para enriquecer la lengua e incluso, revivir expresiones antiguas para nombrar las nuevas cosas. La tesis que se maneja: la lengua es un instrumento, que surge de las necesidades comunicacionales, arrastrando consigo las peculiaridades y los rangos emocionales de los hablantes. Sin excluir los efectos desiguales que produjo la agricultura modernizante bananera que continúa operando en la zona y que incluso ha ampliado el área sembrada de banano, en tanto que la industria ganadera luce estancada, sin voluntad de modernización, extremo comprobado por el hecho que tres proyectos, apoyados desde el exterior para producir quesos para exportación, han fracasado en manos de los dirigentes ganaderos que, aparentemente, parecen atrapados en el pasado. Pero en lo cultural, el encuentro de las dos lenguas ha fortalecido, más que debilitado, al español, que luce más fuerte y retador que nunca antes.

En 1936, cuando el ferrocarril ya está cerca de la aldea Quemado, municipio de Olanchito, donde se construye el único túnel ferrocarrilero de la historia hondureña, en la cabecera municipal del mismo nombre, departamento de Yoro, todavía se oían las campanas de la Iglesia de San Jorge. Cuando tocaban a dobles, todos sus habitantes sabían por qué y por quién lo hacían. Todos, amigos de sus familiares, conocían el nombre del muerto. Era el año en que una empresa bananera estadounidense cercana a establecerse en el Valle del Aguán, para sembrar bananos exportables. Para lo cual, traía personal de Estados Unidos, Cuba, México y Jamaica, especialmente. Provocaban la movilización de la población del interior del país, atraída por el fulgor de la bonanza, los salarios altos y las facilidades de nuevos trabajos. Los emigrantes del interior provenían de Olancho, Santa Bárbara, Copán y Lempira. Y de Centroamérica llegarían salvadoreños, nicaragüenses y guatemaltecos; cuya práctica, imaginaban les daría prestigio y consideración. El establecimiento de la industria bananera, en los *«campos»* llamados *Coyoles Central, Palo Verde, Naranjo, Culuco, el Cayo, Bomba Nueve, La Jigua, Limones Ocho, Trojas dos, tres y cuatro, Santa Cruz, Bujajas* y *el Ocote* (Herrera, 1998) provocarían una trasformación radical en los modos de producción, en las relaciones familiares, en el fomento del mestizaje —entre las familias y en el lenguaje— y, por supuesto, especialmente en esto último, un nuevo dinamismo en la forja de nuevas expresiones en el lenguaje, para facilitar las relaciones verbales especialmente en el interior de las operaciones productivas. La central de operaciones, para controlar sus actividades en todas las fincas bananeras, pronto empezó el sembrar a partir de *almácigos*, diligentemente cultivados y fertilizados, y se estableció en Coyoles Central, a 12 kilómetros de la ciudad de Olanchito, el cerebro de la dirección de sus operaciones.

Olanchito era, para entonces, una ciudad ganadera, agrícola y comercial. El modelo de ganadería estaba basado en las ordenanzas españolas: los ganaderos tenían preferencia en el uso de las tierras, de modo que no tenían que encerrar sus *hatos* —las tierras eran realengas o fiscales—, en tanto que el agricultor estaba obligado a construir cercados para impedir que el ganado que vagaba suelto, entrara y destruyera los cultivos agrícolas. Lo cual encarecía, comparativamente los costos de la agricultura con los de la ganadería. La mayoría de los productos agrícolas, estaban destinados para el autosostenimiento alimenticio de la población: caña para la producción de dulce, maíz, frijoles, arroz, plátanos y *chatas* que, en Tegucigalpa, se conocían como *majonchos*. Los *hatos ganaderos* se mantenían en los sitios y los ganaderos, mediante sus fierros, diferenciaban sus propiedades individuales. Los principales ganaderos de casi toda la historia de la ciudad, como lo ha confirmado Iván Herrera (Herrera, 1998), eran los Soto, los Quesada, los Núñez o los Andino, Puerto, Ramírez, Betancourt, Cabañuelas. Se ordeñaba en invierno, se producía queso y mantequilla, que se comercializaba hacia Trujillo y Colón (el puerto de aguas más profundas de Honduras). El dilema de los ganaderos, ante la presencia de la industria bananera, fue vender sus tierras o resistir las propuestas de los empresarios del banano (Martínez O. C., 2018). La mejor novela del país, Prisión Verde, es en principio un alegato en contra de los ganaderos que venden sus tierras. Igual ejemplo, fue la actitud de ALERTA[1] frente a la presencia de las compañías fruteras y, especialmente, en lo relacionado con el comportamiento de los ganaderos que se desapoderaban de sus tierras, entusiasmados por las bellezas que según se anunciaban se compra con los «dólares» recibidos. Son extraordinarios los consejos que, especialmente Amaya Amador dirigiera a sus compatriotas cuanto la Standard comprara las tierras de lo que ahora conocemos como el campo bananero «El Cayo» (Martínez J. R., 1995).

Los artesanos eran una minoría: carpinteros, hojalateros, barberos, productores de adobe y teja, músicos, leñadores, entre otras actividades. Las mujeres producían pan, costuraban prendas de vestir y hacían flores de manteca para acompañar los funerales. Solo a finales de la década de los veinte del siglo XX, se establecen comerciantes árabes —la mayoría cristianos originarios de Belén y Belth Yala—, quienes han perdido su clientela por el retiro de la compañía bananera Trujillo Raild Road Co. Esta abandona los ramales de Corosito a Potrerillos, en las cercanías de Olanchito, porque sus plantaciones fueron dañadas por la *sigatoka* negra. La presencia de los comerciantes árabes obedece a su conocimiento de que la ciudad será un centro comercial importante por la presencia de la nueva empresa bananera que muy pronto se establecerá en la zona de Olanchito. «De lo que se tienen verdaderas noticias, es que fueron Serapio Bendeck Hioch, Salavador Bendeck, Carlos E. Hoch, Juan Abudog, Mina Mahomar, Sabas Mahomar Kawas, Gregoriao Marzuca, Julio Yacaman, Jesus Moises Saybe, Jose Jorge Chahin, quienes primero llegaron a Olanchito a vertebrar el comercio de la localidad en el año de 1922, construyendo originalmente sus casas tradicionales de dos y una planta, con amplio frente para locales comerciales, y los niveles superiores de madera, con ventanas de zaranda, destinadas para habitaciones y por supuesto, los amplios patios para la siembra de árboles frutales de colosal follaje para sofocar los veranos crepitantes de la temporada» (Martínez O. C., 2018).

1) **Cambios en el modelo de producción**. La presencia de los empresarios estadounidenses, obliga a los ganaderos a construir «potreros», para mantener encerradas sus vacadas. Hasta 1936 no existía uno siquiera. La expresión *alambre de púas* es muy poco usada. La mejora

1. Semanario que se editaba en Olanchito entre 1943-1947. Su director era Ramón Amaya Amador y su redactor Dionisio Romero Narváez. En este semanario fue publicada por primera vez por entregas Prisión Verde entonces subtitulada Novela Regional.

genética de sus hatos, mediante la compra de nuevos sementales como medio para aumentar la productividad lechera, la tentación de negociar la venta o alquiler de sus tierras y, a no pocos, cambiar de actividades, es una tentación de la bananera que requiere de esas tierras porque son las adecuadas para el cultivo del banano. Algunos pasan de pequeños ganaderos a jornaleros o capataces de la empresa bananera. Y ocurre, por un lado, quienes siguen en la actividad ganadera se ven obligados a pagar mejores salarios —aunque el efecto es menor, porque el manejo ganadero no requiere de mucha mano de obra, pues los pastos son naturales y solo exigen la quema durante el verano—. Por otro, a la población en general aspira a mejorar sus niveles de vida, porque la oferta comercial de los árabes, a quienes se les conoce como *«turcos»*, incluye nuevas ropas, modas y productos hasta entonces poco conocidos. El comercio local, igualmente tiende a mejorar la oferta, aunque no tiene, por falta de recursos, capacidad económica suficiente fuerza y capacidad de respuesta. En la ciudad no hay ningún banco y solo operan algunos prestamistas locales, entre ellos, el más conocido, Leocadio Vega. Además, la frutera establecerá en cada campamento, conocido entonces como «campo», un «comisariato»– que en la cercana ciudad se conoce con la palabra *trucha* o *tienda de abarrotes*, en donde se ofrece productos a mejores precios que los comerciantes locales, que no pueden introducir productos extranjeros, tanto por falta de contactos, como porque no están exentos del pago de impuestos, como ocurre favorablemente para la empresa bananera. Y, en general, frente al modelo agrícola tradicional, la frutera establece el modelo de plantación, caracterizado por la permanencia de los cultivos, el saneamiento de las aguas, la irrigación, el control de enfermedades, el mejoramiento de variedades y el cambio constante en los métodos de cultivo, así como el manejo de la fruta producida en las plantaciones. Es decir, ante el tradicionalismo agropecuario, que nunca podrá avanzar hacia el capitalismo y sus exigencias, la plantación bananera opera dentro de las reglas del mercado, de forma consciente y obedeciendo las leyes de la oferta y la demanda. El agrarismo de subsistencia y el capitalismo estadounidense se enfrentan. De ese enfrentamiento se producirá el surgimiento de la clase trabajadora, la organización sindical, la lucha por los salarios y las condiciones de vida. Se produce asimismo un vivo impulso al mestizaje —resistido por los garífunas, una minoría africana, expulsada desde San Vicente, que había llegado a Honduras en 1876 y que casi no tienen participación del mismo más que como cocineros o vendedores de frutas en los campos bananeros—. Surgen un enriquecimiento del lenguaje, la forja de nuevas tonalidades fonéticas, un nacionalismo antiestadounidense en Olanchito y la mejor novela bananera del país, *Prisión Verde*, de Ramón Amaya Amador. Todo esto llevará al Valle del Aguán la agricultura moderna, la división del trabajo, la productividad y la verticalidad de la oferta, de modo que la bananera introducirá una economía de enclave autosuficiente, muy vinculada con las autoridades, locales y regionales. Y, para efectos de este ensayo, producirá el encuentro del inglés y el español, entonces todavía llamado castellano en Honduras, en un enriquecimiento mutuo. Esto, por una parte, reafirmará palabras castellanas, aceptará neologismos originados en el inglés —especialmente los que obligan las palabras referidas a las tareas de la nueva agricultura—, españolizará palabras en inglés y verá morir expresiones de español antiguo como *agora*[2], que serán abandonadas por los inmigrantes provenientes del interior. Y verá pasar fugazmente, tras del inglés españolizado que tendrán su momento de esplendor como *daipa*[3], del inglés *daiper*[4]; *way*[5]. Para desaparecer, en el cementerio de las palabras sin posibilidad de resurrección. Sustituidas por otras, en las medidas en que la modernización manera continúe, como ha ocurrido efectivamente.

2) **El impulso al mestizaje.** La población, mayoritariamente de Olanchito, es mestiza, producto de la mezcla de negros cimarrones, indígenas: *tolupanes y hicaques*. En las partidas de nacimiento, se usa en la década de los cuarenta la palabra *ladino*, para diferenciar a la persona mestiza del indio. Según S. Martínez y Peláez, en *La patria del criollo*, el ladino es la mano de obra establecida en las rancherías en Guatemala —así se conoce lo que ahora en Centroamérica— que los dueños mantenían semi escondidos para evitar que tributaran al reino español y a los eclesiásticos. Durante la colonia, el termino se usa "designar a personas que no eran indias o españolas o criollas". El concepto de ladinos es más amplio que el mestizaje porque incluye a los negros (Peláez, 1973). Una pequeña minoría —que domina la agricultura ganadera de la zona— es descendiente de familias españolas que ingresaron por Olancho o, desde Cuba, por los pueblos del Caribe. Por esa razón, la mayoría de la población de Olanchito es de más altura que el promedio nacional, tiene la piel cobriza y el pelo irremediablemente ensortijado. Muestra, como expresión de su vinculación, su mezcla cultural, un carácter alegre y festivo, propio del Caribe, que, además, se caracteriza por una fácil oralidad y una elegante y rica comunicación entre todos

---

2. Palabra usada por los campesinos de la costa de uso en el castellano antiguo antes de la introducción y el uso de la letra *h*.
3. En español *pañal*.
4. Traducción del inglés al español: *pañal*.
5. Es línea férrea para que puedan regresar las máquinas, porque la vía férrea es un solo sentido, y otros vehículos ferrocarrileros como motocarro, brequero, etc.

los vecinos de la ciudad y del valle arriba. «Aquí se hallan aldeas, de menos de quinientos habitantes, fundadas y bautizadas por el misionero español Manuel Subirana, que visita en el ejercicio de su apostolado en los años de la quinta década del siglo XIX, protegiendo a los indígenas. Y que en la zona de Tela, Atlántida, fomenta el cultivo del banano que desafortunadamente después de su muerte lo abandonan y se vuelven a dispersar» (Martínez O. C., 2018). Las aldeas fundadas por Subirana, en la zona de alta de Olanchito, que sobreviven y tienen mejor suerte, casi todas llevan nombres de santos: San Lorenzo, San Dimas, San Patricio, San José, Santa Bárbara, Santa Cruz. Otras se llaman La Lima, Agalteca, El Terrero, Hicotea. Estas últimas se encuentran más aisladas y, para entonces, alejadas del encuentro de dos culturas: la estadounidense, que habla inglés e italiano, y la hondureña, con un español suave, propio de Castilla, no solo en la tonalidad, sino en el ritmo expresivo, muy nutrido en expresiones coloquiales. Esto hace que Olanchito se bautizara, años después, por Lisandro Quesada como la *«Ciudad de la palabra»*, por la fluidez de la expresión y por el tono discursivo del habla. De esta forma, dentro de las virtudes cardinales de la personalidad, el manejo del español constituye una virtud que es objeto de admiración. Mejor lenguaje, mejor persona, dicen.

3) **Modelo de producción y lenguaje.** La Vacaro Brothers Co. es, para mediados de la tercera década de los años treinta, una empresa estadounidense, propiedad de inmigrantes italianos de segunda generación que han nacido en Nueva Orleans, mayoritariamente católicos. Al establecer sus plantaciones en el valle superior, seco y de buenas tierras del valle arriba del Aguán, introducen un nuevo mundo léxico que empieza, con el cambio de la palabra española *manzana* por *hectárea* y sus subdivisiones: *acre, cayo y pie*. Es decir, significó el abandono de operaciones de medida, fuera del kilómetro, distintas del sistema métrico decimal. Las plantaciones de banano obligan al uso la palabra *mínimo,* que, aunque española, se refiere en este caso a la variedad de banano que ellos introducen. El manejo de la plantación es dirigido por *gringos,* asistidos por *mandadores, «time keepers» (tomadores de tiempo), «spray masters»* responsables de la aplicación de caldo bordelés para luchar contra la *sigatoka*[6] que produce la llamada *mata muerta*. Los operarios se llaman *veneneros* —riegan veneno— y, por el verde del material que irrigan y cubre sus ropas y sombreros, sus compañeros los bautizan como *pericos*. Usan *mangueras* que les permiten irrigar las hojas, para detener la tendencia de la enfermedad de volver amarillas las hojas del banano. Y hay también mandadores

6. Hongo que afecta la cepa del banano tornando amarillas las verdes hojas.

de riego, responsables de mantener operando las *bombas de agua*, que, alimentadas por la *bocatoma*[7], que llevan las aguas de los ríos Aguan y Yaguala, permiten operar un sistema de riego aéreo, en donde *torres*, convenientemente ubicadas, con mariposas en la parte superior, como las usadas por los carros bomberos contra incendios, irrigan el área y giran por la fuerza del agua. Los *regadores*, son —especialmente los que trabajan en turnos nocturnos— considerados los hombres más valientes de la operación bananera, porque tienen la valentía de enfrentar los fantasmas y los *muertos* que nublan las conversaciones en horas de descanso de los *campeños*, que no dejan de contar historias en donde ellos derrotan a los fantasmas que les quieren atemorizar. Los jefes operativos, llamados *capitanes de finca* —la mayoría salvadoreños, más escolarizados que los hondureños—, igual que los *mandadores* (gerentes de la plantación que dirigen más de doscientos hombres en promedio), montan en mulas de Kentucky sobre monturas *macleras*. Esta es una montura desarrollada por el general Mac Cler durante la Primera Guerra Mundial. Posiblemente, esta es la primera expresión que encontramos de mestizaje del español con el inglés. Las mulas que usaban tanto para la conducción de los altos empleados que usaban la montura maclera o los peones que usaban el aparejo para conducir el banano desde la plantación hasta la estación del tren, eran alimentadas combinando pasto natural con *avena*, en realidad concentrados formados por trigo, azúcar y harina. Posteriormente, en la comercialización de los productos estadounidenses, el *oatmeal*, españolizado como *osmil*, se convertirá en una presencia inevitable la dieta básica alimentaria, especialmente la del desayuno de los *campeños*, los jornaleros que trabajan en las *fincas* (plantaciones) y que residen en barracones en varios campos de la región: Palo Verde, Agua Buena, Coyoles Central, Culuco, Barranco de Piedra, San Lorenzo, El Cayo, Bomba Nueve, El Ocho, Trojas dos, tres y cuatro, y el Ocote. Los *campeños* tienen los mejores sueldos de la región, viven en casas de madera construidas sobre polines que, en algunos momentos, varios cierran y los bautizan como *cusules*[8]. De acuerdo a la actividad, en la industria bananera destacan el *cortero* —identifica cuál es el racimo que hay que cortar de acuerdo con la demanda del mercado—, el *juntero* —que, al cortar el falso tallo, evita que el racimo caiga al suelo y se dañe y que en la espalda usa una almohada recubierta de plástico—; el *mulero*, que conduce hasta cuatro mulas, que carga dos racimos y que lleva a la *bacadilla*, de donde es

7. Espacio en donde el agua está en calma lo cual ayuda a bombearla y la bomba aspirante e impelente, utilizada para el riego de las plantaciones de banano.

8. Prisión Verde incluye esta palabra en el glosario que coloca al final de la misma.

trasladada a los *tanques* (aguas con diferentes químicos y otro de agua limpia), el *lavador* y el *estibador*. Posteriormente, las mulas van a ser sustituidas por tractores marca John Deere, que producirá una nueva palabra mestiza, españolizada, *«yondil»*, así como el uso de otra marca, *«Marion»*, para equipararla con *draga*. La jornada es de ocho horas, de sábado a domingo. El salario se entrega a los campeños el *día de pago* —una vez al mes—. La *orden*, un cupón por cuya presentación en el *«comisariato»* le darán productos a su gusto por una suma establecida. El día de pago es una fiesta: por la demanda, la compañía frutera ha introducido cambios en las bebidas: ahora hay cerveza, se conoce el hielo, se pueden adquirir *raspados*, hielo desmenuzado y así mismo la introducción de las mesas de juego de azar, especialmente los dados, conocidos como *chivos*, es decir, la actividad lúdica o *chiviada*. La *chiviada* es una actividad en donde mediante el juego de *chivo*, se prueba suerte. Como la mayoría de trabajadores son solteros, las urgencias sexuales encuentran satisfacción en el interior de la finca, con prostitutas que son conocidas como *polacas*, en un juego de usar palabras con alguna similitud a las que se le ha atribuido un significado diferente, una metáfora. No se dice putas, porque ofende a las personas educadas; pero sí la metáfora *polaca*. Los padres más amorosos compran la provisión —alimentos de consumo diario— y llevan a sus hijos *«Cracker Jack»* o *«Chiclets Adams»*, refrescos en botella, jugos estadounidenses. La vida en el *campo* es apacible. Prevalece una gran camaradería, se respeta la mujer ajena y la infidelidad es desconocida, posiblemente por lo difícil de mantener la secretividad. Al concluir la jornada de trabajo, a las cuatro de la tarde, los *campeños* juegan a la baraja americana. No se usa la baraja española. O salen en parejas a *madurear*, acción que significa 'buscar bananos maduros', en el interior de las fincas. El banano maduro nunca es usado como postre y esta palabra es absolutamente desconocida. Una palabra nueva, por lo menos en la zona, es, *sardito*, aplicado al banano en su fase final de madurez, en que empieza a mostrar piscas negras o pardas. A las personas que, por el paludismo (que es endémico en la zona) o por otra enfermedad, cambian de color, se les llama *payulos*. Y los originarios de occidente, de piel más blanca, tienen que soportar el apodo, mientras que el resto, son *prietos* o *morenos*. Los negros, la mayoría de los cuales no trabajan en las fincas, sino en el manejo de la maquinas ferroviarias, son jamaicanos y hablan inglés. Esto les permite comunicarse con los jefes y, además, dirigir las cuadrillas —que son conformadas por doce hombres— quienes le dan mantenimiento a la vía férrea. Porque hablan inglés, se les llama igualmente *míster;* es decir, el término no es racial, sino ligado al idioma. Por la tarea que los ingleses jamaiquinos realizan, se les conoce como coloquialmente como *cuzucos*. Y se transportan en *trole*, una *burra* —plataforma de madera sobre cuatro ruedas que se mueve sobre los rieles, accionada por un sistema de poleas movidas por la fuerza humana de, por lo menos, dos personas. De aquí surge, el verbo *trolear*, que hará alguna fortuna en el exterior del mundo bananero, como sinónimo de «castigar» y «someter a dolores infamantes» a los demás, que se consideran inferiores. El verbo *trolear* tiene bastante fortuna entre los militares que lo asimilan con «castigo que imponen los superiores a los reclutas o cadetes de las escuelas militares». Los negros que no hablan inglés son los *garífunas*, que solo pueden llegar a ser cocineros —llamados *cuques*, por derivación del inglés *cook*— o vendedores de frutas: mangos, uvas de costa y nances. Muestran mucho miedo a los reptiles (animistas como son), les temen a las almas que vagan durante las noches y tienen mucho respeto hacia el posible castigo de sus antepasados, si no asumen una conducta correcta. Son muy honrados y poco amigos de los pleitos y las discusiones. En cada campo bananero había un *dispensario* atendido por una enfermera capacitada para dar primeros auxilios y aplicar *inyecciones*. Todavía en los primeros años de la década de los sesenta, no se conocía la penicilina, de forma que las infecciones por heridas violentas, provocaban la muerte o se infectaban para producir iguales resultados. En caso de gravedad, la enfermera –en los lugares donde había teléfono– llamaban un motocarro—ambulancia, que circulaba por una sola vía, por lo que el operador tenía que ir reportándose a cada tramo, dando paso a una máquina a vapor, operada por un *maquinista*, asistido por un *fogonero*, que alimentaba la caldera y a su vez dirigía la operación de cargar en los tanques el agua que, convertida en vapor, accionaba el mecanismo de transporte; operaba sobre *rieles* de acero, montados sobre *durmientes* de madera y su velocidad máxima es sesenta kilómetros por hora. Este hecho forjará en el lenguaje local una metáfora suave. Decían: *Estaba tan apurado que «iba a sesenta»*. Velocidad máxima. Cuando había tiempo libre, se viajaba en el tren que transportaba el correo, las cargas y los pasajeros. Había en operación dos tipos de servicio: el *local*, que iba parando cada tres o cuatro kilómetros en ínfimas *«estaciones»;* o el *rápido* que solo lo hacía en las de mayor importancia. En este último, había primera clase, con bancas de madera de asientos acolchonados. Además, sobre esa misma vía férrea circulaban los trenes cargados de fruta (racimos de banano los cuales, posteriormente, serán *desmanados*[9] e introducidos en cajas de cartón, en empacadoras de fruta). Allí la mayoría de la mano de obra son mujeres. Este cambio produjo un fenómeno de liberación femenina, que

9. Separar cada uno de los bananos del racimo.

rompe la sumisión y dominio masculino y le permite libertad a las mujeres. Cuando algunas áreas de las fincas bananeras disminuían su producción, se daba lo llamado *los abandonos*, tierras en descanso que, después de algunos años, volvían a ser cultivadas o convertidas en abandonos definitivos, o inundadas para destruir los hongos. Para entonces, se descubrió (1950) que era un hongo, el cual puede ser eliminado en las tierras inundadas por algún tiempo y desecadas, tierras que después podían ser nuevamente cultivadas.

4) **Separación espacial para la residentes:** los altos funcionarios y los peones: la yarda y su estatus. Posiblemente lo que más destaca es la diferenciación social, por razones de nacionalidad y lenguaje. Los altos mandos de la empresa en el sector están ocupados por estadounidenses, de varios origines pero muchos de ellos de procedencia italiana. «Robert Hewiick, H. L. Clippton, Stevenson, Getzen, Diorio, los gerentes de cada una de las plantaciones e igualmente estadounidenses» (Martínez O. C., 2018). El mejor ejemplo de este distanciamiento se encuentra en dos palabras en uso durante el mayor auge bananero: «Mess Hall – lugar de recreo y esparcimiento para los altos funcionarios de la empresa –, españolizado por la población como "mejol" y la "yarda" —en español, unidad de medida— pero en el mundo bananero tiene otra aplicación: lugar en donde estaban ubicadas sus viviendas» (Martínez O. C., 2018). «Las áreas libres de la "Yarda" se mantenían verdes e impecables, con piscinas, canchas deportivas y otros espacios de diversión, también funcionaba el Coyoles Club, donde funcionaba el restaurante Mess Hall, llamado por la gente "mejol", donde habían bebidas de todas clases y comidas gourmet» (Martínez O. C., 2018).

5) **Inmigración, parejas de hecho, matrimonios y apellidos gringos, transformados en nombres propios.** El cultivo del banano requirió de una elevada cantidad de mano de obra. Desde el principio, en Tela, Costa Norte, la municipalidad ofreció estímulos para quienes se instalarán allí: se le perdonarían los impuestos municipales, la participación en obras de mantenimiento de caminos. Se les ofrecerían *solares* para construir sus casas si se instalaban en el municipio y trabajaban en la industria bananera que, para entonces, estaba casi en su totalidad en manos de los productores hondureños (Elvir, 2000). En el caso de Olanchito no se llegó a estos estímulos, porque el anuncio de los buenos salarios atrajo a mucha gente de Olancho —por su cercanía, entre otras razones—, salvadoreños, guatemaltecos, hondureños del sur y de occidente especialmente, así como de Cuba, Jamaica, México y también de Italia, Palestina, India, Europa del Este, Estados Unidos (Martínez O. C., 2018). La mayoría llegaron solteros, de modo que el número de parejas de hecho, de difícil cuantía, fueron enormes. Los

matrimonios fueron múltiples; sin embargo, Lemus Rivas afirma que «los campos bananeros fueron los espacios de creación de hogares y parejas. La mayoría de las uniones conyugales encontradas en los registros parroquiales son de contrayentes del interior de Honduras» (Rivas, 2021). Pocos casos de *gringos* con hondureñas (solo tengo registrado un caso: míster Stevenson con Alba Núñez y de dos parejas, de origen italiano, con dos mujeres hondureñas. Sí, en cambio, muchos casos entre salvadoreños que ha documentado muy bien Ávila Posas en la *Tierra natal*. «Los matrimonios entre árabes o "turcos", son originalmente entre ellos mismos; pero en un caso registrado de 48 matrimonios de esta época, ocho son entre turco, hombre con una mujer hondureña» (Martínez O. C., 2018). Este bajo número de matrimonios mixtos, se daba originalmente por el rechazo local. Hindúes, búlgaros y húngaros, en cambio se integraron, casándose con mujeres de la ciudad de Olanchito o los alrededores. En el caso de los turcos, se impuso el español como lengua materna y, más bien, operó un proceso invertido con las palabras en inglés que, aunque tuvieron sus buenos momentos, terminaron en el cementerio de las palabras. De repente, lo que queda de este mestizaje lingual es el tono con el cual los hondureños hablan el inglés. Ahora que los *call center* se han puesto de moda, los investigadores del tema afirman que el inglés que hablan los hondureños no tiene un fuerte acento, luce suave y muy natural. Esto les vuelven favoritos para los que, desde diferentes lugares del mundo, utilizan este servicio para dar atención a sus clientes. Pero hay un caso que nos parece relevante. Aunque los gringos vivían un régimen aparte, alejados de los campos, en zonas alambradas, no siempre las relaciones fueron tensas. No todos los gringos eran desagradables o insoportables. Algunos, posiblemente por su carácter de católicos, fueron simpáticos y amigables. Hay un caso que puede ser relevante: a la Jigua, municipio de Arenal, llegó un gringo muy popular: míster Van. Los *campeños*, que le dispensaban cariño, usaron su apellido para construir un nuevo nombre en español: Vany. Conozco el caso de dos familias que incluso siguen repitiendo entre sus descendientes el nombre de un gringo bueno que conquistó el cariño de sus antepasados. Del cual, incluso las familias que le recordaban con afecto, nunca supieron nada de su origen[10].

6) **Monedas en uso.** Posiblemente, las palabras más populares del inglés (después de *míster, guachiman, ice cream, coca-cola* y *rocola*) tienen que ver con las comidas y las monedas. Aunque el país ya tenía su siste-

10. Partida de nacimiento: Geovany Edgardo Martínez, Registro Nacional de las Personas, Libro de Inscripciones, 1947 Arenal, Yoro.

ma monetario establecido, las monedas en uso son las relacionados con el dólar: *dime* (conocido como *daime*, equivalente a veinte centavos) y *búfalo* (moneda estadounidense de cinco centavos que tiene como figura principal, un búfalo, conocida con ese nombre y aceptada con un valor de diez centavos). Pero se produce, especialmente en Olanchito, la coexistencia con el *real* (ocho centavos), *dos reales, cuatro reales, ocho reales* (un lempira) y *veinte reales*. Como el real equivale a ocho centavos, ocho reales (equivalente a un lempira) en las transacciones comunes, se producía la pérdida de cuatro centavos. Además, se usa la *peseta*, equivalente a 25 centavos de lempira. Estas monedas fueron tan populares que, incluso hasta en los lugares más lejanos del país, como la zona sur, se usaban. Solo hasta la década de los setenta es que estas monedas salen totalmente de la circulación, porque el sistema monetario hondureño pone en manos del público monedas de un centavo, dos centavos, cinco centavos, diez centavos, veinte centavos y cincuenta centavos. Y el lempira, en forma de moneda es sustituido por los billetes impresos en papel moneda de un lempira, cinco lempiras, diez y veinte lempiras. Posteriormente, se agregarán billetes de cien lempiras y quinientos lempiras. Ahora, en ocasión del bicentenario de la Independencia, se emitió un billete de 200 lempiras.

7) **Cambios en los hábitos alimentarios, los más duraderos.** Aunque hubo evidentes cambios en el habla, por la incorporación de palabras del inglés al uso cotidiano del habla local, se preservó el tono suave de la expresión, la pronunciación de todas las letras y cierta forma de canto en la expresión, especialmente aportado por los inmigrantes olanchanos y dejado como herencia de los originales conquistadores que llegaron a nuestras tierras. Pero, posiblemente, en donde el efecto del inglés es mayor es en la alimentación. En un régimen de plantación, con la mayoría de hombres solteros —algunos de los cuales han dejado sus lugares de residencia, para hacer los ahorros y poder contraer matrimonio, lo que se llamó *hacer las donas*—, se produce la oferta de comida por parte de algunos matrimonios que tienen posibilidades de ofrecérselos a los hombres solteros. Se cobraba un lempira diario y se ofrecían tres tiempos. El desayuno era el *oatmeal*, (*osmil*), la tortilla de harina, los frijoles y, algunas veces, un poco de carne. Como hacer tortillas de maíz era un trabajo muy complicado para poder atender a cerca de treinta hombres, la tortilla de harina se constituye, junto al plátano y la yuca, en un sustituto inevitable. De forma que, posiblemente, como lo veremos, la tortilla de harina es la mayor contribución de la industria bananera a la dieta y al menú de los hondureños. Porque no solo resolvió el problema de los desayunos, sino que dio origen al manjar que más identifica al hondureño: la *baleada* (tortilla de harina, sobre la cual se colocan frijoles fritos, huevo en torta, mantequilla o queso

y algunas veces aguacate). Gustavo Moya Posas refiere a la *baleada* en los términos siguientes:

> Aunque de origen humilde, para más señas *campeña*, originaria de los campos bananeros que se asentaron en la Costa Norte de Honduras, Estándar Fruit Company (sucesora de la Vacaro Brothers). Llega a Honduras a principios del siglo pasado con los señores llamados en aquellos tiempos *mister*. Los Zemurray, los Vacaro, los D'Antony y otros. Es así que desembarca en tierras hondureñas en su forma más natural como harina de trigo. en las primeras décadas del siglo XX. Nuestras mujeres campeñas —no campesinas— aprenden a amasar este cereal e, igual que con la masa de maíz, elaboran a mano la tortilla de harina—como se llama originalmente—y se hace con el correr de los años y los tiempos, el alimento por tradición y excelencia de todos los que de alguna manera crecimos bajo la influencia y costumbres de nuevos colonos, los gringos. Para los que crecieron en los campos bananeros este alimento era el «pan nuestro de todos los días». Con la diferencia de que era el acompañante natural de huevitos fritos, frijoles fritos y, de vez en cuando, de alguna costillita de cerdo frita, sobre todo a la hora de la cena. En este anonimato se mantuvo por décadas y su consumo fue para los «campeños» lo más consuetudinario y tribal. La tortilla de harina era el complemento y no el plato estrella o principal del menú hogareño. Pasaría mucho tiempo para que se relevara su lugar en la mesa de todos los hondureños, emprendiendo un viaje con poco equipaje, desde los campos bananeros, a la gran ciudad. Los que la acogen primero son los estratos humildes y pobres, convirtiéndose, en poco tiempo, en una comida de calle, sobre todo de vigilantes, noctámbulos, borrachos y bohemios, que hallaron en ese bocado el corolario perfecto para una noche de farra. Son famosas aquí en San Pedro Sula, El Progreso, La Lima, La Ceiba (Olanchito). Luego de tomar carta de ciudadanía en el paladar de los hondureños, invade los más altos y selectos lugares de la sociedad y se instala cómodamente y por derecho propio en los menús de las franquicias estadounidenses de comida rápida, aventajando en esto, a nuestra popular yuca con chicharrón y a la bien apetecida *pupusa* salvadoreña[11].

8) De acuerdo a esta cita es casi seguro que, fuera de algunas inflexiones del lenguaje y algunas palabras que han sobrevivido como *guachimán* (vigilante) y el verbo que ha generado, *guachimanear*, es probablemente en la alimentación, en donde la influencia estadounidense es más duradera y definitiva. Porque muchas de las palabras tuvieron una vida efímera, especialmente cuando el país, en forma suicida abandonó las vías férreas y, en consecuencia, volvió innecesarias al-

11. Gustavo Moya Posas, La Ceiba, Atlántida.

gunas palabras para su manejo, mantenimiento y cuidado, hicieron inevitables. O cuando la industria bananera, como ocurrió a finales de los años 90 del siglo pasado, eliminaron los campamentos, o *campos*, obligando a los *campeños* a vivir en sus aldeas, en sus casas y a ir a la plantación solo a trabajar. Este cambio, que necesitará de otro estudio, sin duda, provocará innovaciones en el lenguaje, en la medida en que las relaciones de producción se modifiquen y se establezcan nuevos procedimientos de cultivo.

Conclusiones:

1) Posiblemente el mejor caso para estudiar los efectos del encuentro entre el español e inglés que se produce a finales de la década de los treinta del siglo pasado en el Valle del Aguán, Municipio de Olanchito, Yoro, Honduras, lo ofrece esta zona, porque siguen operando las plantaciones y la ciudad ha mantenido su crecimiento, sin que su índole ganadera haya variado, pese a la coexistencia con una empresa agrícola frutera moderna.
2) El inglés, nunca dominó al español. Los primeros funcionarios gringos buscaron siempre aprender el español y en ninguna escuela del distrito, la trasnacional bananera fundó escuelas bilingües, ni privilegió el inglés como lengua del «conquistador». El encuentro entre las dos lenguas fue bastante natural, de modo que, aunque en algunos momentos impuso muchas palabras, al paso del tiempo han caído en desuso, como se ha demostrado en el tema de las monedas. Ahora, de hecho, el inglés se ha vuelto más fuerte en el interior del país y, especialmente, en la ciudad de San Pedro Sula y la capital, Tegucigalpa. Las elites nacionales se forman en Estados Unidos y el inglés es la lengua en que hacen sus negocios y transacciones.
3) La introducción de palabras en inglés en la región estudiada, fue el fruto de las necesidades de unas nuevas relaciones de producción que obligaban a nuevas formas de comunicación; y, caso singular que debe ahondarse, la presión del inglés, obligó a uso continuado de formas antiguas y expresiones coloquiales del español que, hacía muchos años, habían dejado de hablarse en España. Se explica tal fenómeno porque la mayoría de los inmigrantes eran campesinos de Olancho, Santa Bárbara y Choluteca y Valle, quienes para entonces, todavía hablaban el idioma de Castilla en sus variantes más antiguas e inexistentes en la Castilla misma. En Honduras, el reconocimiento oficial del castellano, ocurre en el marco de la Reforma Liberal, encabezada por Marco Aurelio Soto y Ramón Rosa. Por este motivo, la Real Academia Española le hace socio honorario, honor que no ha logrado ningún otro gobernante nacional. «En el decreto 21 Constitución del 19 de diciembre de 1957, tan solo encontramos un precepto —artícu-

lo 14— donde se dispone: el idioma oficial de la República es el español. Con posterioridad, el decreto número 20, Constitución del 3 de junio de 1965, lleva a cabo una ampliación en la que, en cierto modo, podría contarse la protección de las lenguas amerindias hondureñas. Así se establece: artículo 12. El Idioma Oficial de la República es el español. Artículo 13. Toda la riqueza artística, histórica y arqueológica del país, constituye el tesoro cultural de la nación, estará bajo la salvaguardia del Estado y la ley establecerá lo que estime oportuno para su defensa y conservación. Finalmente, en la Constitución del 11 de enero de 1982 se determina: «Artículo 172. Toda riqueza antropológica, arqueológica, histórica y artísticas de Honduras forma parte del patrimonio cultural de la nación» (Tordesillas), 2008) .

4) Es evidente que el inglés representó un avance en la modernización de la vida de Olanchito. Los emigrantes del exterior y del interior del país aportaron nuevas visiones de la vida e integraron en la vida local nuevos hábitos y costumbres. Tuvieron acceso a nuevas medicinas, comestibles y ropas. Movilizó a la población de la Ceiba, Atlántida —no a la de Olanchito— a establecerse en los Estados Unidos, especialmente en la ciudad de Nueva Orleans, que, por un tiempo, fue, en términos de población, la tercera ciudad de Honduras.

5) El mestizaje de Olanchito apenas fue levemente modificado. El color de la piel de su población sigue invariable. Incluso pareciera que, en estos últimos tiempos, los nuevos inmigrantes, en una ciudad en que ya no se oyen las campanas, son más influyentes porque los estadounidenses no tienen mucha inclinación para formar parejas con las poblaciones latinas. Y estos nuevos sí tienen interés para formar nuevas familias. Inmigrantes de Ocotepeque, instalados en Olanchito, han formado familias en la ciudad, en un número mayor que en el tiempo del auge bananero de los años 40 y los años 50.

6) Aparentemente, la contribución más duradera de la presencia estadounidense en la zona de Olanchito y en la Costa Norte, ha sido en el tema alimentario: la tortilla de harina es el mejor ejemplo. Y la respuesta del español y sus ecos, se mantiene en el acento que usan los ciudadanos del Valle del Aguán, en donde se notan más las cadencias del español de Castilla, que durante siglos se ha mantenido en algunos lugares de Olancho, de donde es originaria la mayor parte de la población de Olanchito.

7) En términos culturales, el encuentro de las dos lenguas, dejó como herencia lingüista una gran novela, *Prisión Verde (en la parte final, incluye un glosario de las palabras españolas e inglesas, usadas en el texto)* de Ramón Amaya Amador. Aunque es un alegato en favor de los ganaderos, contiene los elementos básicos para la forja de una clase obrera que en 1954 participó en la huelga más grande de la historia de

Honduras. Además, contribuyó indirectamente en la promoción de una generación intelectual que hizo del periodismo, el cuento y la poesía, una forma de expresión para explicar su cercanía con la realidad. Se fundaron varios periódicos y aun ahora, después de tanto tiempo, la Standard Fruit Co. es el más grande empleador de la región, lo que indudablemente explica una relación con sus altas y sus bajas, ha dado buenos resultados para ambas partes.

8) Hay que agregar que la incorporación, necesaria e inevitable de nuevas palabras en inglés, provocó el resurgimiento de viejas palabras del español de los *campeños* que habían emigrado del interior de Honduras y demás países de Centroamérica. Y que las palabras en inglés, igual que las españolas que les salieron al paso (o que fueron coloquialmente españolizadas, con un dinamismo que habrá que investigar), la mayoría desaparecieron del lenguaje hondureño. Pero no puede olvidarse que, de tal encuentro, se forjó una personalidad: la del *olanchitense*, amigo de la palabra, platicador, afectuoso, discursivo e incluso más orgulloso e inteligente. Los híbridos son más fuertes casi siempre. Pero carecen de fuerza reproductora. Sin embargo, en el caso que nos ocupa, llama la atención un brote de expresiones de significado irregular, verdadero caliche caprichoso, que, aunque poco estudiado, creemos que constituye una forma sutil de protesta ante los embates del inglés. Un par de ejemplos de este juego verbal, pueden ser interesantes: «barraganeta: mujer de baja estatura, miembro de las comunidades indígenas locales; *bayucón:* concentración humana o religiosa de dimensión numérica inconmensurable y su contrario, *bayuconcito:* concentración humana, numéricamente pobre, convocadas por los nuevos partidos políticos» (Posas, 2010).

9) Finalmente, hay que decir que la embestida del inglés con respecto al español (que solo fue lengua oficial, bajo el nombre de castellano, desde la Reforma Liberal de Marco Aurelio Soto) ahora no se produce en el interior de la industria bananera, sino en la capital de la República, en donde la casi la totalidad de las élites más influyentes estudian inglés en colegios privados bilingües. Y los pobres, que son la mayoría, están aprendiendo el español con el mismo método que en Estados Unidos se usa para enseñar inglés. Todo esto dentro del concepto generado por Noam Chomsky, que ha logrado popularizar la existencia de una gramática universal, en la que lenguaje no es más que la expresión o función orgánica del cuerpo como comer, caminar o levantar los brazos. Aunque nosotros iniciamos una investigación al respecto, el cierre de las escuelas públicas y privadas nos ha impedido continuar y concluirlo, para demostrar su eficacia y, además, identificar los valores culturales que trasmite.

Tegucigalpa, junio 28 del 2021

BIBLIOGRAFÍA

AMADOR, R. A. (1943-1947). *Semanario Alerta.*

— (1950). *Prisión Verde.* México: Latina.

ELVIR, R. Á. (2000). *La Villa del Triunfo de la Cruz en la Historia.* San Pedro Sula, Honduras: Centro.

HERRERA, I. (1998). *Historia de Olanchito.* Tegucigalpa, Honduras: Editorial Universitaria, UNAH.

MÁRQUEZ, G. G. (2007). *Cien Años de Soledad.* Madrid: RAE-ASALE, Edición conmemorativa.

MARTÍNEZ, J. R. (1995). *Ramón Maya Amador, Biografía de un escritor.* Tegucigalpa, Honduras: Editorial Universitaria, UNAH.

MARTÍNEZ, O. C. (2018). *Tiempos pasados.* Tegucigalpa, Honduras: Multigráficos.

NARVÁEZ, D. D. (1948-1963). *Semanario Patria.*

PELÁEZ, S. M. (1973). *La Patria del Criollo.* San Jose de Costa Rica: Editorial Universitaria Centroamericana, EDUCA.

POSAS, J. H. (2010). *La Tierra Natal.* Tegucigalpa: Multigráficos Flores.

REPÚBLICA DE HONDURAS (1880). *Constitución de la Republica de Honduras .* Tegucigalpa, Honduras: Editorial OIM.

RIVAS, M. L. (2021). *En Pesquisa del Oro Verde.* Tegucigalpa: Guardabarranco.

TORDESILLAS, C. I. (2008). El español de América, . *Actas del VI Congreso Internacional del español de América (2005)* (pág. 1230). Valladolid: Diputación Provincial de Valladolid.

¿Qué queda de España en Filipinas?

ANTONIO M. MOLINA
Academia Filipina de la Lengua Española

Eso queda de España en Filipinas.

Los que cifran su verdad en la estadística tienen ganada la partida si se trata de calibrar la presencia española en Filipinas en función del número de hispanohablantes. El resultado negativo es obvio, con su carga de pesimismo. Acepto el resultado, pero no su connotación adversa. Somos una minoría los filipinos que poseemos el idioma español en relación con la totalidad de la población nacional. Pero, esto no nos debe llamar a escándalo.

Recordemos, lo primero, que el español no fue nunca idioma del pueblo filipino. Más bien, siempre fue patrimonio exclusivo de una minoría; entiéndase gobierno, iglesia, milicia, el comercio y los ámbitos de la docencia y las artes. No hay por qué hurgar ahora en las razones que expliquen esta realidad histórica y aún coetánea. Basta con aceptar el hecho consumado. Lo que nos ahorraría rasgarnos las vestiduras innecesariamente. Después de todo, no empiece la porfía de continuados avatares adversos, esa minoría pervive en nuestros días. Lo que interesa, pues, es conservarla cuando menos y, cuando más, ampliarla hasta sus máximas posibilidades. En esto radica la agonía del español en Filipinas; bien entendido, que empleo la palabra agonía en su sentido unamuniano. Unamuno, en efecto, nos advierte que no debemos confundir agonía con muerte ni siquiera relacionarla indefectiblemente, porque se puede morir sin agonía y hay, en cambio, quienes viven en la agonía y por la agonía. Esto, insisto, es cuanto acontece en Filipinas.

La agonía, o lo que es lo mismo, la lucha por la supervivencia del español en Filipinas es secularmente denodada. Sin el apoyo, ni siquiera el agradecimiento de los países hermanos allende los mares, los filipinos, incansables, vamos apuntalando la conservación del idioma español, propiciando así adeptos y cultivadores de este, que, lenta pero inexorablemente, reemplacen a los que por ley de vida ahuecan nuestras filas en el decurso de los años.

La Academia Filipina de la Lengua Española, correspondiente de la Real Academia Española; la concesión anual del Premio Literario Zóbel de tan rancio sabor e indudable prestigio; el Instituto Cervantes, últimamente; la Asociación de Maestros de Español; las aulas de español en los principales centros docentes, así estatales como privados; los recientes acuerdos entre las autoridades filipinas y el Ministerio español de Asuntos Exteriores y la Radiotelevisión Española en orden a intensificar el aprendizaje y cultivo del español en Filipinas; las modestas publicaciones periódicas y los humildes títulos editoriales, así como la fidelidad de los hogares cuyo idioma sigue siendo el español, todos, según sus posibles y con unánime afán, van aportando su clásico granito de arena en pro del ideal común. No hemos rendido, pues, la plaza. Ni se rendirá, porque hacemos nuestra la firme convicción de nuestro eximio poeta Claro Recto, al apostrofar de esta guisa a la lengua de esa minoría filipina:

No morirás jamás en nuestro suelo
que aún guarda tu esplendor. Quien lo pretenda
ignora que mis templos y mis ágoras
son de bloques que dieron tus canteras

Los que, por otro lado, ciñen lo hispánico al idioma español, cuando comprueban que en Filipinas esta lengua hispana, como ya se ha apuntado, se habla muy minoritariamente, creyendo incluso que va camino de su extinción, nos acosan con angustia: «¿Qué queda ya de España en Filipinas?». Antes de responder, permitidme anteponga una afirmación asaz categórica: lo hispánico no se agota con el idioma. El hispanismo es más, mucho más que un mero asunto de gramática o de filología tan siquiera de literatura, aunque también abarque todo esto. ¡Mengua sería que España hubiese legado a Filipinas tan solo su habla, cantarina y bella por demás!

Y ahora responderé a la pregunta, que vuelvo a formular: ¿Qué queda ya de España en Filipinas? En otras palabras, ¿qué realidad ostenta aún la presencia española en mi país?

Lo primero, a despecho de los llamados espíritus fuertes, esa realidad es la religión católica. El cristianismo llamó a todas las puertas de Oriente, pero, solamente, bogando en naves españolas, encontró acogida en Filipinas. No extrañe, por tanto, que Filipinas sea «el único país cristiano en el Extremo Oriente». Nuestra fe religiosa no es relumbrón ocasional, sino que subyace en el trasfondo de nuestro diario quehacer, perfila nuestro modo de ser y aflora en los momentos transcendentales de nuestra vida nacional.

De ahí que, por ejemplo, no obstante intentonas reiteradas en contrario, quedan proscritos en nuestra legislación el aborto, la eutanasia y el divorcio vincular. Por otra parte, el Estado queda obligado, por ley, a proporcionar enseñanza religiosa en los centros docentes gubernamentales a todos los escolares cuyos padres así lo soliciten por escrito. Y si ampliamos la mirada, observaremos que las festividades locales de la inmensa mayoría de nuestras ciudades y pueblos giran alrededor de su santo patrón. ¡En cuántas poblaciones, cuando la *misa mayor* de los domingos, todavía se interpreta la *Marcha Real española* en el momento de la consagración!

Los ritos cuaresmales —sermón de las siete palabras, lavatorio de los pies, recorrido de los monumentos, que allá se conoce con el nombre español de «Visita Iglesias», oficio de tinieblas, los «Nazarenos» y demás penitentes públicos con sus correspondientes flagelaciones, las procesiones del Santo Entierro y la Soledad en Viernes Santo y la del Encuentro en Domingo de Resurrección— todos son hitos inconfundibles de lo que España dejara en Filipinas en el curso de la trisecular convivencia fil-hispana. Al igual que esas otras procesiones de impacto nacional como son la de la Virgen del Santísimo Rosario, que, con el nombre de «La Naval», conmemora con apoyo oficial del Estado, la milagrosa victoria alcanzada por los marinos filipinos y españoles contra las fuerzas de la armada holandesa en 1646, la de Jesús Nazareno de Quiapo, en Manila, exclusivamente para varones, y la fluvial de la Virgen de Peña de Francia en la ciudad de Naga, en Camarines, todas las cuales se originan durante el régimen español en Filipinas y perduran hasta nuestros días. Lo mismo cabe decir del «Santacrusan» —filipinización de la expresión española: Santa Cruz—, que es una especie de procesión cívico-religiosa, que desfila diariamente durante todo el mes de mayo, en honor de la invención de la Santa Cruz, y en cuyo recorrido los alumbrantes cantan, a dos voces, en español el santo rosario. Podemos citar, para mayor abundancia, las misas de Aguinaldo, que se celebran diariamente, a las cuatro de la mañana, desde el dieciséis de diciembre hasta el día veinticuatro de dicho mes, cuando llegan a su culmen a medianoche, con la Misa del Gallo, entonándose en ellas villancicos españoles al son de castañuelas y panderetas. Y ¿qué decir de las innumerables romerías a santuarios tan famosos como los de la Virgen de la Paz y Buen Viaje en el pueblo de Antípolo y de la Virgen del Rosario de Mananag, en la provincia de Pangasinán? Todas estas manifestaciones nos hablan de la labor perdurable de España en mi país.

Pero, citemos un acontecimiento de los años recientes. Me refiero a la incruenta revolución que derrocó la férrea dictadura de Ferdinand Marcos. Cuando este ordena a las Fuerzas Armadas que consigan la rendición y captura de su Ministro de Defensa, Juan Ponce Enrile, y de su Jefe de Estado Mayor, el general Fidel Ramos Valdés (en la actualidad presidente de Filipinas habiendo sucedido en el cargo a la presidenta Corazón Aquino, verdadera autora de susodicha revolución), así como a sus doscientos seguidores, que se atrincheran en los cuarteles generales, Mons. Jaime Sin, cardenal arzobispo de Manila, a través de la emisora *Veritas*, del episcopado católico, hace un llamamiento al pueblo para que acudan a defender a los alzados en armas. Impone, sin embargo, sus condiciones: todos deberán acudir desarmados; tan solo llevarán el santo rosario; los acompañarán las imágenes más veneradas de la ciudad; los sacerdotes, religiosos y religiosas deberán encabezar al pueblo y dirigirán las oraciones, pidiendo por el triunfo de la libertad y el restablecimiento de la paz. Apenas transcurrida una hora, acudieron dos millones de filipinos, que, rodeando los cuarteles generales, hicieron frente a las fuerzas militares del gobierno que, —causa asombro ¿verdad?—,no dispararon un solo tiro; antes al contrario, sin dificultad alguna, se unieron a los defensores de la rebelión. El dictador hubo de huir precipitadamente. Así de arraigada es la fe religiosa de los filipinos, preciado legado de siglo.

ESO QUEDA DE ESPAÑA EN FILIPINAS

La vida de todo estado de derecho encuentra su reflejo en su ordenamiento jurídico. Pues, bien: en Filipinas este ordenamiento es fundamentalmente hispánico. Durante el régimen español se trasvasaron a Filipinas los códigos civil, penal y mercantil de España. Al finalizar el dominio español, los nuevos gobernantes norteamericanos no se atrevieron a abrogar estas legislaciones, que, hasta nuestros días, perviven, si bien con las adiciones y reformas exigidas por las circunstancias histórico-políticas del país. Por otro lado, cuando Filipinas establece su primera República en 1898, la dota de una constitución política que se inspira en la española de 1876 y en las de varias repúblicas hispanoamericanas. Cuando en 1935, como antesala de nuestra independencia de la mancomunidad de Filipinas, su nueva constitución también adopta varios articulados de la constitución española de 1931. Un buen número de esas diversas disposiciones constitucionales de cuño hispánico y, sobre todo, su inspiración jurídica hispánica, encuentran vigencia en nuestra actual legislación.

ESO QUEDA DE ESPAÑA EN FILIPINAS

Hace unos años regresaba yo a Filipinas a bordo de un buque francés. Al día siguiente de zarpar de Marsella, los pasajeros, como es costumbre, comenzaron a trabar mutuo conocimiento. Un profesor japonés se me acercó para presentarse. Nos dimos las manos e intercambiamos tarjetas. Más, cuando este profesor se presentó a otros dos pasajeros japoneses, no se estrecharon las manos, sino que, reverentes, se inclinaron ante sí tres veces. Más tarde, un industrial de Bombay, al presentárseme, también me dio la mano y me entregó su tarjeta. Pero luego, al pretender lo mismo con un funcionario de Nueva Dehli, tampoco se dieron las manos... En cambio, unidas las palmas, las elevaron hasta la altura de la frente y lentamente las bajaron hasta la mitad del pecho, repitiéndolo varias veces.

Cuando después me encontré con don Reynaldo Bautista, del Ministerio de Trabajo de Filipinas, el único pasajero filipino fuera de mí me invadió un algo de perplejidad. Me pregunté: «¿Cómo saludar a lo filipino, tal que los otros citados lo habían hecho a lo japonés y a lo hindú?». No sabía si tocarme las narices o tirarme de las orejas. Me conformé con darle la mano. En seguida, interiormente, volví a preguntarme: «¿Es que los filipinos estamos tan desprovistos de personalidad propia que ni siquiera tenemos un saludo típico?». Recordé, entonces, que se me tenía por historiador. A fuer de tal, por tanto, repasé mentalmente las crónicas de mi país al respecto. En efecto, en ellas, se nos dice que los filipinos, antes de la llegada e instalación de los españoles en Filipinas, para saludar, juntaban las palmas de las manos, alzaban seguidamente en sentido diagonal hasta la altura de la frente, doblaban la pierna izquierda al mismo tiempo que lentamente se agachaban hasta ponerse en cuclillas. Excuso decir que, si hubiera saludado así al paisano Bautista, se habría tronchado de risa o, lo que no hubiese tenido ninguna gracia, me habría arrojado por la borda creyéndose objeto de una burla.

Todo esto demuestra que, en la llamada occidentalización de los países asiáticos, de lo que se trata es de adoptar los modos y usos de Occidente para su empleo ocasional cuando corresponda, demostrando así que se es igual a los europeos y americanos, pero, entre los naturales del país se retiene lo autóctono, que no ha perdido vigencia. Más no acontece así con el pueblo filipino. Nosotros hemos adoptado la cultura y la civilización occidentales como de nuestro propio acervo, válidas entre propios y extraños, así en el país o fuera de sus costas. Digámoslo de una vez, la occidentalización del Oriente encuentra su máxima y cabal representación en Filipinas.

ESO QUEDA DE ESPAÑA EN FILIPINAS

En otra ocasión, esta vez navegando hacia el Japón, bajábamos mi mujer y yo por las escaleras del barco para dirigirnos al comedor, cuando sorprendimos a cuatro jóvenes que subían. «Vamos a saludar a estos paisanos míos», le dije a mi mujer, española de origen. Extrañada me preguntó: «¿Cómo sabes que son filipinos si ni siquiera nos han sido presentados?». Rápidamente le respondí: «Está clarísimo ¿Ves ese rótulo? Dice: Bajada solamente. ¡Y ellos suben!». Efectivamente, eran cuatro estudiantes filipinos, que se disculparon, diciéndome que, subiendo por aquellas escaleras, se llegaba antes a sus camarotes. ¿Herencia española? Ciertamente. Los japoneses, los chinos, los coreanos, los vietnamitas o los indonesios son incapaces de semejante indisciplina. Ya nuestro héroe nacional, José Rizal, en su novela «El filibusterismo», pone en boca de un personaje español estas palabras: «¿Queréis que se abra una carretera en España? No hay más que poner un cartel que se diga: Prohibido el paso. Y por allí justamente transitarán todos hasta hacerse camino». Y añadía: «En España el día que se prohíba la virtud, al día siguiente todos los españoles, santos». Dentro de su hipérbole, las afirmaciones de nuestro novelista son de una realidad innegable. El llamado espíritu de contradicción, que no es más que el culto a la libertad personal frente a todo autoritarismo, es típicamente español. En cuanto a nosotros los filipinos, ya hace tiempo que ha venido a serlo también.

ESO QUEDA DE ESPAÑA EN FILIPINAS

No hace mucho un prominente filipino hubo de recurrir a los tribunales de justicia para hacer efectivo el cobro de un pagaré que suscribiera un amigo norteamericano, a quien aquel venciera en una partida de bacarrá, en la cantidad de cincuenta mil pesos filipinos. El demandado, que se negaba a pagar lo adeudado, en la vista del juicio, admitió ante el juez que había firmado dicho pagaré, revelando el motivo de haberlo hecho. Entonces su abogado invocó al correspondiente artículo del código civil — en este respecto y en muchos otros más, fiel calco del código civil español, por la razón ya indicada anteriormente— disposición legal que hace inviable el cobro mediante proceso judicial, de ninguna obligación contraída de resultas de un juego de azar.

El juzgado se vio constreñido a sostener la defensa del demandado como ajustaba a la ley. Entonces el demandante filipino solicita se le entregue el pagaré. Una vez en su poder, lo hace añicos, mientras decía: «Señoría: Pido que se haga constar en las diligencias que un filipino puede permitirse el lujo de perder cincuenta mil pesos para conocer a un norteamericano sinvergüenza».

ESO QUEDA DE ESPAÑA EN FILIPINAS

Cierto magistrado filipino, enojado porque el novio de su hija había enviado la fotografía de esta a la redacción de un periódico, que patrocinaba un concurso de belleza, para incluirla entre las candidatas, le aconsejó a que retirara dicha fotografía, porque no consentía que dispusiera de ella antes de que fuera marido de su hija. Ya en los recintos de la redacción, dicho magistrado coincidió con un colega suyo, a quien, a preguntas del mismo, le explicó la situación. Sin ningún recato, dicho colega le comentó: «Pues haces muy bien en retirar la candidatura de tu hija, porque, presentándose la mía al concurso, veo difícil que tu hija pueda vencer. ¡Más vale ahorrarse el bochorno de una derrota!». En tono enérgico el magistrado le replicó al instante: «¿Ah, sí? Pues mira, no retiro la fotografía. ¡Mi hija será candidata!». A la postre esta venció. Es que el magistrado se había suscrito al periódico por veinte años, visto que los votos se conseguían en función de suscripciones al periódico. Vuelto a ver su colega, le faltó tiempo para preguntarle: «¿Qué tal el bochorno de tu hija?». Inconfundiblemente hispánico todo ello.

ESO QUEDA DE ESPAÑA EN FILIPINAS

Cuando hace algunos años se presentó un proyecto de ley en nuestro congreso nacional para abolir la enseñanza obligatoria del español en las escuelas filipinas, comparecí en la correspondiente sesión pública, habiendo solicitado un turno en contra. El legislador, que presidía la sesión, me preguntó: «¿Por qué se opone usted a este proyecto de ley? ¿Por qué prefiere que continúe la enseñanza obligatoria del español en nuestras escuelas? ¿Es que se enseña el tagalo en los centros docentes de España? Tenemos nuestro idioma propio. Cuidemos de enseñarlo y cultivarlo, en lugar de imponer en nuestras aulas un idioma extranjero que no tiene nada que ver con nosotros. ¿No le parece a usted que llevo razón?». Le respondí entonces: «Su señoría dice bien. Tenemos un idioma propio, el tagalo, que debíamos hablar y cultivar. ¿No le parece, por tanto, que deberíamos hacerlo ahora aquí, en vez de emplear el inglés, como lo está haciendo Su Señoría? Accedió a ello, aunque no sé si de muy buena gana. Empecé, entonces, preguntándole en tagalo: ¿Cómo se llama esta prenda?». Me contestó: «Americana». Arguyo: «Perdone su Señoría, pero esa palabra es española». Y proseguí: «Señoría, ¿cuál es el nombre tagalo de esta otra prenda?». Me respondió: «Camiseta». «Vuelva a perdonarme su señoría, pero esa palabra también es española». Y así le hice recorrer las demás prendas como pantalón, cinturón, corbata y calzoncillo, que también se llaman así en tagalo.

¿Tiene que ver con nosotros el idioma español? En el Parque de Rizal se pueden leer en sendas placas conmemorativas las traducciones de la poesía última de nuestro héroe nacional realizadas en todos los idiomas principales del mundo. Falta el texto en español. ¿Es que no es este idioma uno de los principales? Sí, lo es. Se trata únicamente de que Rizal, el héroe, escribió su poesía en español. Como es español se compuso por el joven poeta filipino, José Palma, la letra de nuestro himno nacional. También en español se redactó la Constitución de nuestra Primera República, así como los escritos de nuestros más insignes patricios y los documentos más salientes de nuestra historia patria, amén de las mejores producciones literarias de nuestros escritores, tanto en prosa como en verso.

ESO QUEDA DE ESPAÑA EN FILIPINAS

Por un decreto del que fuera gobernador y capitán general de Filipinas, don Narciso de Clavería, los filipinos adoptamos apellidos españoles, que son los de más del noventa por ciento de los filipinos; inclusive, hay quien ostenta como apellidos palabras españolas que no lo son; de ahí, que nos tropecemos con sobrenombres tan peregrinos como *bragas*, *pantalón*, *campana*, *jaula*, *elefante* y *pájaro*. Han pasado años desde entonces, se han sucedido los regímenes políticos, los filipinos nos hemos vuelto independientes, soberanos de nuestros destinos y, sin embargo, no hemos renegado de ese ucase español, retenemos dichos apellidos y a mucha honra. Por eso no extrañe, en un repaso de la lista de los delegados a la Conferencia Afro-Asiática de Bandung, que leamos esta reseña: Birmania - U nu; China - Chou En Lai; India - Jawarharlal Nehru; Thailandia - Wakatayakan; Indochina - Ho Chi Ming; Indonesia - Sukarno; y Filipinas - Carlos Rómulo Peña. ¿No es revelador esta singular variante filipina? Lo mismo acontece con los dirigentes de los países orientales, tales como el emperador Akihito, de Japón; la primera ministra Ali Bhuto, de Pakistán, y el presidente Suharto, de Indonesia, por citar a algunos, frente al presidente de Filipinas, que se llama Fidel Ramos Valdés, como antes lo fuera la presidenta Corazón Aquino, sin que tengamos que remontarnos al presidente de nuestra primera República, que se llamó Emilio Aguinaldo.

ESO QUEDA DE ESPAÑA EN FILIPINAS

El más somero repaso de la toponimia filipina nos brinda un aval más a nuestra respuesta afirmativa a la pregunta que ocupa nuestra atención. Lo inicia el mismo nombre de nuestro país, Filipinas, que se deriva de Felipe, nombre del que entonces fuera Príncipe de Asturias, en cuyo honor se adoptó ese nombre para nuestras Islas. Nos sale, luego, al paso, una letanía de provincias tales como La Unión, Isabela, Nueva Vizcaya, Nueva Écija, La Laguna, Camarines, Mindoro y Negros. Nos hacen el encuentro también ciudades y poblaciones como Ballesteros, San Fernando, Solano, San Carlos, San Quintín, San José, Lucena, Valladolid, Mondragón, Getafe, La Carlota, Pontevedra, Victoria, Santa Catalina, Santander, San Luis y Puerto Princesa. Desfilan seguidamente islas como Corregidor, Monja, Fraile, San Miguel y Boca Grande; bahías y golfos de nombre Illana, Lanuza, Coral, San Antonio, San Juanico e Isla Verde; los cabos Engaño, San Ildefonso, Espíritu Santo, San Agustín, Santiago y Coronado, sin dejar de aludir a ríos y cascadas como Chico, Magno, Grande y María Cristina, así como los montes Sierra Madre, Carballo, Cordillera, Halcón y Santo Tomás. Hago referencia al tomo inédito que, sobre el particular, nos dejara aquel gran investigador y buen amigo que en vida se llamó Adolfo Cuadrado Muñiz, del que he extraído tan parcos ejemplos.

ESO QUEDA DE ESPAÑA EN FILIPINAS

¿Dónde está el «American School» establecido por los norteamericanos en Filipinas hace un siglo? Y, sin embargo, allí permanecen la Universidad de Santo Tomás, la del Ateneo de Manila, el Colegio de San Juan de Letrán, el de San Beda y los femeninos de Santa Isabel, Santa Catalina, Santa Rosa, La Concordia, La Consolación y Santa Rita. Todas son instituciones creadas por españoles durante el régimen español en Filipinas y que, aún en nuestros días, continúan su secular misión docente. Y si nos trasladamos a los exponentes materiales existentes cabe citar las fuentes de Carriedo y de Calderón de la Barca, las murallas de Manila que datan de 1574, la Real Fortaleza de Santiago, el Palacio de Malacañang, residencia oficial del presidente de Filipinas, la Fuerza de Nuestra Señora del Pilar, en Zamboanga, las catedrales de Manila, Lipa y Calasiado, así como las iglesias de San Agustín, Malate y San Sebastián y los templos provinciales de Paoay, Tanay, Dingras, Lucbán, Gumaca, Morong, Barasoain y Naga. ¿Podemos olvidar, acaso, los monumentos a Legazpi y Urdaneta, al arzobispo Miguel de Benavides, al botánico Sebastián Soler y al gobernador general Simón de Anda y Salazar? ¿Y qué decir de esa maravilla mundial que es el órgano de bambú de las Piñas?

ESO QUEDA DE ESPAÑA EN FILIPINAS

Los filipinos abrimos los libros de derecha a izquierda, así como leemos horizontalmente de izquierda a derecha, justamente lo contrario a como lo hacen nuestros hermanos orientales. Empleamos el negro para el luto y no el blanco o el amarillo preferido en otras latitudes de Extremo Oriente. En la urdimbre de nuestras danzas y canciones juguetean los fandangos, las habaneras y las jotas, siquiera sea, en palabras del maestro español Cubiles, «con cierta pereza oriental». Nuestra gastronomía desconoce los platos exóticos de China, Japón y Corea, por ejemplo, a base de serpientes, ratas o monos. Nuestro plato nacional es el cochinillo asado, como se conoce en vuestra Segovia. Nuestra indumentaria típica es, para los varones, la camisa occidental, aunque enriquecida con bordados a mano, y, para las mujeres, la falda larga y la camisa de diseño originariamente valenciano, como lo demuestra la doctora Inés Villas, en su tesis doctoral en la Universidad Complutense, de la que fue primera doctora filipina.

ESO QUEDA DE ESPAÑA EN FILIPINAS

En Filipinas presumimos de redes ferroviarias; alumbrado eléctrico público y privado, traída de aguas potables; marina mercante; plantaciones de azúcar, tabaco, maíz, añil y algodón; observatorio meteorológico; cría caballar y bovina; hospitales, orfelinatos, seminarios, conventos de clausura y colegios y universidades. También contamos con un sistema de seguridad social, con economatos y mutualidades, escuelas de maternidad y óptica, asilos, sanatorios, presidios. Y así se podría prolongar la reseña sin pausa; pero, hagámosla para recalcar que todas estas realidades filipinas son de origen español y datan de siglos.

ESO QUEDA DE ESPAÑA EN FILIPINAS

España sigue, pues, presente en Filipinas. Nos lo asegura con mejor acento el bardo filipino Jesús Balmori, que se dirige así a España:

> Reina de los amores y los dolores grandes,
> que por todas las tierras tu habla sonora expandes
> y por todos los cielos prendiste una quimera:
> ¡Aquel tu sol glorioso que ayer se puso en Flandes
> hoy vuelve a ser tu sol, porque está en mi bandera!

Doscientos años de poesía centroamericana[1]

CARLOS FRANCISCO MONGE

Academia Costarricense de la Lengua

1. Estas páginas se escribieron a propósito del bicentenario de la independencia de los países centroamericanos (1821-2021).

1

Unas pocas palabras sobre el título de estas páginas: ¿poesía centroamericana o poesía en Centroamérica? Si es temerario suponer la existencia de una poesía característicamente centroamericana (como se podría hablar sobre el vino *de* Chile o la lengua *de* los aztecas), más lo es creer que la poesía es un algo absoluto, ubicuo, y que se instala de pronto en un lugar. Hablar de la poesía en Centroamérica equivaldría a pensar que en cualquier lugar se manifiesta sin diferencias ni particularidades. La poesía, como todo hecho de la cultura, está arraigada en la historia. Puede que en la centroamericana han privado las afinidades, más que las influencias internas entre un período y el siguiente, las que le hayan dado cierta unidad, si no aparente, deshilvanada.

No es aventurado sostener que la poesía centroamericana nació con la proclama de independencia de las pequeñas provincias que hacia 1821 integraban el reino de Guatemala, si no fuera porque rastrear sus orígenes, aún inciertos y difusos, nos llevaría a considerar solo algunos indicios del período colonial, circunscritos a los limitados espacios de la cultura letrada. Es preferible pensar en la descripción y análisis de un corpus más delineado, que empieza a ser visible desde las primeras décadas del siglo XIX, que fue creciendo y diversificándose hasta lo que presenta hoy día como poesía centroamericana. Para la breve historia moderna del istmo centroamericano, doscientos años de poesía no son poco; aun dentro de esa relativa brevedad, la descripción cronológica, incluidos los análisis y comentarios que se pudiesen emprender de lo hecho hasta hoy, se hacen más laboriosos por la variedad de manifestaciones, que van desde millares de poemas de ocasión hasta proyectos monumentales de épica histórica y, entre ambos extremos, la lírica esteticista, la poesía patriótica (o simplemente patriotera), los altisonantes versos laudatorios, himnos a la naturaleza, poesía revolucionaria y otros modos y modas más.

2

Al final de su vida, el ecuatoriano-guatemalteco Rafael García Goyena (1766-1823) escribió un *Canto a la independencia de Guatemala*, de exaltado tono con el que invoca a los dioses del Olimpo, según los tópicos y retórica del neoclásico español, a favor de los sueños de libertad y clemencia para «los hijos de Kachiquel». Es un ejemplo del fuerte lazo que unió la poesía centroamericana decimonónica con la neoclásica peninsular, a través de la influencia de la poesía novohispana. Por su fecha de composición, constituye uno de los primeros ejemplos de poesía exaltadora de la libertad y la independencia, anunciadora de la poesía patriótica que se desarrollaría poco después en la región. La reunión de sus *Fábulas y poesías* se publicó en 1825[2].

Los convulsos movimientos políticos y sociales centroamericanos, originados casi al día siguiente de la declaratoria de independencia en 1821, fueron el origen y motivación de numerosa poesía cívica o patriótica, cuyo cultivo se prolongó durante casi todo el siglo XIX. En 1845 el poeta guatemalteco Juan Diéguez Olaverri (1813-1866) publicó su poema «La independencia», en el que con no menos exaltación que la de García Goyena, aunque menos libresca, se decanta por un lenguaje próximo al estilo declamatorio del Romanticismo (a lo Espronceda). Lo escribió a propósito de las conmemoraciones del primer cuarto de siglo de independencia. También merece atención el *Clarín patriótico*, de Tadeo N. Gómez, en el que, entre la exhortación al combate, los laudos a los jefes de la lucha liberadora y algunos pasajes de notable lirismo, el poeta denuncia el inicuo espectáculo de la invasión mercenaria de 1856 a Centroamérica[3]. Aquel conjunto adoptó un tono que con frecuencia se usó en la poesía cívica decimonónica: la alabanza a los héroes, algunos de los cuales no fueron sino dirigentes con buena cuota de poder político. Gómez exalta la figura del presidente costarricense Juan Rafael Mora, como lo había hecho a su manera en 1827 el salvadoreño Miguel Ángel Álvarez Castro (1795-1856) en la oda «Al ciudadano José Cecilio del Valle»[4], Francisco Díaz con el «Himno patriótico» , hacia 1840, o Eduardo Hall con «A Centro-América».

La poesía patriótica pronto se combinó con la de encomio a las bellezas naturales de la patria y al simbolismo espiritual que los autores le otorgaron en sus versos. Así lo hace Diéguez Olaverri en «A los Cuchumatanes»[5], Alberto Mencos en «El quetzal»[6], José Flamenco en «A la patria»[7] y José Batres Montúfar en «El volcán Agua»[8]. En su extensión natural, social y políti-

---

2. Doctor [Rafael] García Goyena: *Primera parte de las fábulas y poesías*. Guatemala: Imprenta de la Unión, 1825. Hay una edición posterior: *Colección completa de las fábulas del doctor García Goyena*, París: Librería de Rosa, 1836.

3. T[adeo] N[adeo] G[ómez]: *Clarín patriótico o colección de las canciones, y otras poesías, compuestas en Costa Rica en la guerra contra los filibusteros invasores de Centro-América*, San José: Imprenta de La Paz, 1857.

4. Miguel Ángel Álvarez Castro: «Al ciudadano José Cecilio del Valle», en *Guirnalda salvadoreña*. Román Mayorga Rivas, ed. San Salvador: Imprenta Nacional del doctor F. Sangrini, 1884, tomo I, págs. 11-14; Francisco Díaz: «Himno patriótico», ed. cit., págs. 91-92; Eduardo Hall, «A Centro-América», en *Galería poética centroamericana*. Rafael Uriarte, ed. Guatemala: Tipografía La Unión, 1888, tomo I, págs. 204-206.

5. Juan Diéguez: «A los Cuchumatanes», en *Guirnalda salvadoreña*, págs. 169-171.

6. Alberto Mencos: «El quetzal», en *Parnaso guatemalteco*. Humberto Porta Mencos, ed. Guatemala: Editorial José Pinera Ibarra [nueva edición], 1977, págs. 349-351.

7. José Flamenco: «A la patria», en *Parnaso guatemalteco*, ed. cit., págs. 361-365.

8. José Batres Montúfar: «El volcán de Agua», en *Parnaso guatemalteco*, ed. cit., págs. 124-126.

ca, la patria constituye uno de los motivos en la poesía decimonónica del istmo, como también el que resulta de una convergencia de la herencia del neoclasicismo español y el movimiento romántico, a través de la poesía novohispana. De esos modos neoclásico y romántico que se expandieron a lo largo de casi todo el siglo XIX, también abundan la poesía de tema amoroso y la satírico-burlesca o satírico-moral. De la primera no podría esperarse otra cosa, connatural al talante lírico del género: poesía lírico-sentimental que retoma, adopta y adapta temas y motivos de Hugo, de Lamartine, de Musset, de Byron, de Espronceda o, más tardíamente, de Bécquer. Como también en el siglo XX, la poesía lírico-sentimental ha sido la más abundante, aunque no la más reconocida. El canon literario forjado a lo largo de dos centurias se ha inclinado por otros asuntos, de índole social, política o histórica, sobre lo cual volveremos más adelante. La amorosa decimonónica suele ser poesía de ocasión: celebraciones, homenajes, epitalamios, misivas, madrigales, poesía de álbum. Si hablamos del Romanticismo, el centroamericano —como el de Hispanoamérica en general— se escindió en sus principales ramales: el patriótico, de exaltación a héroes y sucesos, y el sentimental.

La poesía satírico-burlesca hinca sus raíces en los versos moralistas habituales en el Neoclasicismo, pero encuentra inmejorable espacio en la necesidad de reprobar o motejar, fuese el otro, fuese al otro, al adversario político, al gobernante, al privilegiado, o bien a personajes dignos de escarnio y vituperio. Tuvo durante el siglo XIX un marcado desarrollo y un notable éxito entre los lectores. Por su propia índole, es una poesía fácil, divertida, frívola y, por ello, popular; es decir, que se leía profusamente, no que se originase en el pueblo. Se tiene noticia de una «Cartilla irónica para entrar a la moda», escrita casi clandestinamente hacia 1806, atribuida al militar José Tomás de Adalid y Gamero (1771-1811), que se difundió en copias manuscritas, aunque no llegó a publicarse en vida de su autor[9]. Hacia 1835 se publicó en la ciudad de Guatemala un muy llamativo conjunto de décimas bajo el título *Diez vez diez*, de autor anónimo, fuerte sátira a los sectores conservadores de aquella sociedad, que de inmediato fueron replicadas por dos notables escritores: María Josefa García Granados (1796-1848), gaditana de origen, y José Batres Montúfar (1809-1844), en *Cien veces una*. Las contrarréplicas no se hicieron esperar, y de García Granados «Sermón» (ca. 1836), en que se pone de manifiesto la moralina de una sociedad pacata. En 1867 aparecieron las *Poesías satíricas y burlescas*, de Antonio José de Irisarri (1786-1868)[10], conjunto de poemas, fábulas y epigramas, posiblemente escritos desde 1820. Como

---

9. Fue Rafael Heliodoro Valle quien casi por azar la encontró mucho tiempo después, en 1949, en el Archivo General de México. Consulté el texto en la edición de Luis Hernán Sevilla, *Antología de poetas danlidenses*. Honduras: Fuerzas Armadas de Honduras, 1967, págs. 9-18.

10. Antonio José de Irisarri: *Poesías satíricas y burlescas*. Nueva York: Imprenta de Hallet y Breen, 1867.

sus biógrafos lo han señalado, Irisarri fue un poeta nacido en Guatemala, aunque buena parte de su trayectoria y de su labor literaria la desarrolló en otros países, especialmente en Chile, donde además escribió notables estudios filológicos. Sus versos constituyen un preciso ejemplo de la poesía satírica y festiva que se escribió en América Central a mediados del siglo XIX; una mezcla de tonos reflexivos y admonitorios extraídos del Neoclasicismo aprendido localmente y la energía expresiva de un moralista que no perdió la sonrisa, a veces humorística y otras teñida de mordacidad e ingenio. Su «Sátira V: El bochinche», antologada con frecuencia, ejemplifica la confluencia de la sátira, la crítica política y el humor[11]. El bochinche no es pasajero ni ocasional; es el rasgo esencial y permanente de la realidad política de las repúblicas americanas, sinónimo de ineptitud, ignorancia, desgobierno; «el orden constante del desorden», dice el poeta. Versos satíricos escribieron muchos otros poetas, algunos ya mencionados: Rafael García Goyena, José Batres Montúfar, Joaquín Vasconcelos, Francisco Díaz, Antonio Guevara Valdés...

Vista en su conjunto, la poesía satírica es la contraparte de la poesía patriótica; probablemente también haya sido una de las fuentes, si no el origen, de buena parte de la denominada poesía social o comprometida en Centroamérica, asunto que deberá tratarse en estudios aparte. Mientras la patriótica conserva la fe en la nación y en sus atributos como madre, diosa o vergel, en la satírica abundan el escepticismo y el escarnio. Con una se creyó en el presente y en el futuro; con la otra se desconfió de ambos porque se entendió la realidad histórica y política como espacio de decepciones, corruptela y decadencia.

3

La bibliografía disponible muestra que hacia 1850 el cultivo de la poesía en Centroamérica era copioso y variado, particularmente en Guatemala y en El Salvador, donde la actividad editorial era destacada. La afición o el verdadero interés por la poesía, sin embargo, no era el asunto principal al que se dedicaban quienes la cultivaron, si bien lo hacían con dignidad y aplomo. No todos los poetas llegaron a reunir sus versos en libros; muchos los conservaron inéditos o bien los dejaron impresos en periódicos o en hojas sueltas. En algunos casos, otros se empeñaron en recopilar, en plan de rescate, la obra de este o aquel escritor. En esta materia, sobresalen en el desarrollo de la poesía centroamericana las recopilaciones colectivas; es decir, las antologías; varias dedicadas a un país, otras con voluntad regional. Sus editores les dieron di-

---

11. Antonio José de Irisarri: «El bochinche», en *Poesías satíricas y burlescas*, págs. 39-43.

versos nombres: guirnaldas, parnasos, liras, florilegios, florestas, galerías. Para las limitadas condiciones socioeconómicas de la región, sorprende la cantidad de parnasos aparecidos hacia el último cuarto del siglo XIX. En 1873, Rafael Uriarte publicó el primer tomo de la *Galería poética centroamericana*, con prólogo, notas biográficas y otras observaciones, que incluía poetas de la región. Una segunda entrega —con la segunda edición del primer tomo y el añadido del segundo— se imprimió en 1880; ocho años después apareció el tercer tomo[12]. Es un trabajo admirable, por el cuidado puesto en la selección de poemas y por el esfuerzo para darles representación a las diversas formas y temas que se habían cultivado a lo largo de la segunda mitad del siglo XIX. De 1882 es la edición original de *El parnaso centroamericano*, de José María García Salas[13]. Entre 1884 y 1886 apareció en El Salvador otra recopilación no menos admirable: la *Guirnalda salvadoreña*, de Román Mayorga Rivas: tres cargados tomos en los que se incluyen muchos autores de aquella nación, hoy olvidados si no hubiera sido por la acuciosidad del compilador[14]. De 1890 y 1891 son los dos tomos de *Lira costarricense*, que Máximo Fernández se apresuró a conformar, como respuesta a cierta frívola opinión de que en el país no se daban los poetas[15]. En las postrimerías del siglo se publicó en Tegucigalpa *Honduras literaria* (1899, cuyo tomo I reúne a los «Escritores en verso»), de Rómulo E. Durón[16].

En el siglo XIX centroamericano surgen las antologías de literaturas nacionales. En general apuntan a la reafirmación de una identidad —histórica, social o cultural— y su confirmación en el campo del arte literario. Con frecuencia se ha dicho que las antologías nacionales son un proyecto político asociado a consolidar cierta idea de la nación; el epítome de una ideología: qué somos, por qué y cómo lo demostramos. La *Guirnalda salvadoreña* no solo congrega a numerosos poetas de mérito literario, es la exhibición de aspiraciones, sentimientos y expectativas ante la realidad y, principalmente, un desfile de voces que procuraban ser testimonios o intérpretes del país, de su historia, de sus relaciones sociales. La *Lira costarricense*, a juzgar por lo que dice el compilador en su prefacio, fue más bien una réplica a un naciona-

12. Rafael Uriarte, ed.: *Galería poética centroamericana*. Guatemala: Tipografía La Unión, 1873, 1880 y 1888 (tres tomos).

13. Solo he podido dar con la reedición, ampliada y actualizada que se publicó en 1962, en la ciudad de Guatemala, auspiciada por el Ministerio de Educación Pública, y su primer tomo, de poetas cuyos apellidos empiezan con la letra A.

14. Román Mayorga Rivas, ed.: *Guirnalda salvadoreña*. San Salvador: Imprenta Nacional del doctor F. Sangrini, 1884, 1885 y 1886.

15. Máximo Fernández, ed.: *Lira costarricense*. San José: Tipografía Nacional, 1890 y 189 (dos tomos).

16. Rómulo E. Durón, ed.: *Honduras literaria*. Tegucigalpa: Ministerio de Educación Pública, 1899.

lismo lastimado. Si bien escondida o dispersa, la poesía costarricense existía y era insoslayable dar cuenta de ella... y del propio país.

Las antologías regionales fueron asunto aparte y, en cierto modo, en dirección opuesta a las nacionales. Sus compiladores se afanaron por desprenderse de los particularismos de cada país, para indagar sobre aspectos comunes e integrar en un cosmos, por pequeño que fuese, lo que en Centroamérica se producía en materia cultural. Si bien finisecular, la recopilación que mejor lo consigue es la *Galería* de Uriarte (cincuenta y siete poetas, trescientos setenta y nueve poemas). Con su lectura se confirma que aquella poesía corrió por los senderos del Neoclasicismo español, incluida la poesía patriótica, la satírico-burlesca, la sentimental y la pedagógica. Posteriormente oyó los ecos del Romanticismo europeo, incluido a veces el tono enfático y grandilocuente, en algunos aspectos ideológicos, como la exaltación patriótica, el encomio a figuras políticas, convertidas en adalides o en héroes. Naturalmente, también una correntada de poemas lírico-sentimentales en los que las pasiones, la nostalgia, la atracción por los plenilunios y la naturaleza agreste fueron las notas más frecuentes.

No se ha estudiado con la debida atención la presencia de mujeres en el desarrollo de la poesía centroamericana. Un vistazo a las dos principales antologías del siglo XIX —la de Uriarte y la de Mayorga Rivas— muestra algunas cifras: en los tres tomos de la *Galería poética centroamericana* (1877, 1880 y 1888) se incluye a seis escritoras; en *Guirnalda salvadoreña* (1884-1886), a tres. ¿Es minoría? ¿Qué duda cabe de ello en una sociedad poscolonial profundamente elitista y excluyente? Aun así, entre esas pocas se pueden oír voces como la de la mencionada María Josefa García Granados y la de Lola Montenegro (Guatemala, 1857-1933), en cuyos versos asoman temas que más tarde se formularon más y con mejor desarrollo, el principal: la reivindicación de la condición de la mujer en un mundo de iniquidades mal disimuladas. Sobre la presencia y actividad de las escritoras en las letras centroamericanas volveré en la sección 9 de estas páginas.

4

Como todas las letras hispanoamericanas finiseculares, aquellas corrientes heredadas de Europa habían empezado a entrar en agotamiento, sobre todo en lo que —sin remedio— habría que señalar como la poesía culta, escrita por las elites artísticas e intelectuales. En Centroamérica la situación empezó a modificarse con la llegada de jóvenes generaciones de poetas que se comprendieron como tales. El oficio del poeta, si bien no lucrativo, había que distinguirlo de sus otras actividades o profesiones (periodistas, abogados, funcionarios de gobierno, maestros, etc.). Esto situó la poesía en otra dimensión, que llevó a atender un nuevo conjunto de problemas: antes que los temas de sus versos estaba el lenguaje empleado. Esto lo fueron aprendiendo de las nuevas lecturas europeas a las que poco a poco tuvieron acceso. Las primeras noticias del parnasianismo y del simbolismo empezaron a llegar a oídos de los poetas, quienes adaptaron las nuevas métricas, ritmos y léxico. Los tonos exaltados del Romanticismo mermaron, lo que favoreció el interés por la palabra precisa, el ritmo elegante, a imitación de los nuevos poetas franceses y, sobre todo, lo que los propios escritores entendían como la musicalidad. Se estaba a las puertas del esteticismo. Antes que el propio Darío, el salvadoreño Francisco Gavidia (1863-1955) había experimentado con las nuevas formas y los nuevos tonos de una poesía marcada por lo *moderno*, término que se fue empleando cada vez más.

Como nueva señal de su voluntad modernizadora, muchos de estos poetas se dedicaron a traducir poesía francesa, inglesa y alemana. Juan Diéguez, Joaquín Aragón y Joaquín Méndez tradujeron a Víctor Hugo y a Couppée; Adolfo Rodríguez, a lord Byron; Ignacio Gómez, a Thomas Gray, a Byron, a Lamartine y a Goethe; Calixto Velado, a Lamartine; Eduardo Hall, a Thomas Moore; Ramón Uriarte, a Heine. Eran las grandes voces del Romanticismo europeo, aunque también José Batres Montúfar y Juan José Micheo tradujeron poesía latina, como algunas odas de Horacio, y el mismo Batres Montúfar, al parnasiano Teófilo Gautier. Este oficio de la traducción—aunque ocasional— situó a los escritores ante dos escenarios: uno, el que les permitió conocer de primera mano la literatura europea no escrita en castellano; otro, el de ejercitarse en una forma distinta de escritura, no inspirada en el yo, sino en las obras de otros. ¿Se habían sentido atrapados en la tradición española?; ¿fue la suya una aventura diletante o un deseo de superar, con sus propias manos, los límites de su formación literaria? Poco después lo haría Darío, quien tradujo a Víctor Hugo, al italiano Marinetti y, a través del francés, una novela de Gorki. El ejemplo de estos poetas traductores lo siguieron otros desde los primeros decenios del siglo XX y, entre ellos, uno muy llamativo: el nicaragüense Salomón de la Selva (1893-1959), quien, además de haber escrito su primer libro en lengua inglesa, se dedicó a traducir poesía hispanoamericana —y la suya propia— a esa lengua, que publica en revistas literarias de Nueva York y Chicago.

La crítica suele referirse al libro *Azul* de Darío como el punto de inflexión desde el que echa a andar el movimiento modernista en Centroamérica. Esto tiene algunas inexactitudes. El emblemático libro se había publicado lejos de Centroamérica, en Valparaíso (Chile) en 1888, y solo se empezó a leer más a partir de su segunda edición, impresa en Guatemala en 1890. Gavidia, con su estancia en París entre 1885 y 1886, se familiarizó con la poesía parnasiana, alguna de la cual tradujo con dedicación y decoro[17]. Pero no hay que buscar-

---

17. Vid. Miguel Ángel Feria Vázquez: «El modernismo en El Salvador y la asimilación de la poesía francesa». *Creneida*, 5, 2007, págs. 333-345.

le pelos a la sopa; el natural genio creador de Rubén Darío no deja lugar a especulaciones menores. Tanto *Azul* como *Prosas profanas* (1896) no solo confirmaron su extraordinario talento personal como poeta, sino también la revolución que impulsó en la poesía hispanoamericana. En Centroamérica, el modernismo echó raíces en todos los países del istmo, con sus más y sus menos, y con él se abandonó —¿para siempre?— la tradición de la poesía romántica europea.

Con esta poderosa corriente —que no escuela, como el propio Darío en varias ocasiones lo advirtió— la poesía centroamericana se transformó, se acopló al movimiento mayor de la lírica moderna, tan europea como hispanoamericana. Por los años en que aparecieron, varias de las antologías muestran la lenta pero visible transformación de la poesía en la región: entre poemas de índole romántica se oían los ecos finales de variada poesía neoclásica, pero también nuevos timbres en las voces poéticas jóvenes —incluido un Darío veinteañero— que traían otras melodías, además de registros temáticos y estilísticos. Así, el modernismo se extendió como polvorín por toda la literatura centroamericana. Lejano su más notorio adalid, nicaragüense de origen, los poetas del modernismo centroamericano desarrollaron su obra al amparo de la gran riada que corría por toda Hispanoamérica. Puede que la crítica lo haya visto como un modernismo menor, pero escritores como el hondureño Juan Ramón Molina (1875-1908), el guatemalteco Carlos Wyld Ospina (1891-1956) o los costarricenses Lisímaco Chavarría (1878-1913) y Roberto Brenes Mesén (1874-1947) se unieron a la corriente con un propósito no del todo explícito, aunque hoy mejor perfilado por la distancia temporal. El suyo consistió en un ejercicio del esteticismo en función de otras causas: la teosofía, el paisaje rural o pueblerino, los mitos y leyendas, el orientalismo, etc. Algunos más ortodoxos, como el costarricense Justo A. Facio, se sintieron más cómodos en su afinidad con la vis parnasiana. En rigor, Darío no fue un compatriota, sino el gran maestro, el oficiante mayor con quien los poetas centroamericanos apenas tuvieron comunicación personal. Darío representó un referente literario, un modelo ejemplar, pero lejos de la grey ístmica.

5

El siglo XX en la poesía centroamericana se puso en marcha con un modernismo que, si bien aún vigoroso, daba sus primeras señales de lasitud. El soneto «Tuércele el cuello al cisne», nacido en 1910 de la pluma del mexicano González Martínez, más que la abjuración del modernismo fue un llamado a atender los mundos interiores, los simbólicos y los reales; ya no París, Japón o Persia, sino el vecindario, la sierra tropical en lontananza o los veleros en la mar del istmo. En suma, la vuelta a lo propio, fuese consabido o vulgar. De la interiorización espiritual fueron ejemplos el propio González Martínez (*Los senderos ocultos*) o Amado Nervo (*Los jardines interiores*); en nuestro medio, Brenes Mesén (*En el silencio*) y Lisímaco Chavarría (*Manojo de guarias*). La crítica historiográfica le ha dado el nombre de *posmodernismo* a esta nueva etapa, originada en la entraña del modernismo. Hay poetas que en su etapa de formación fueron modernistas y luego evolucionaron hacia un tardomodernismo al que se le inventó un nombre, al mismo tiempo distintivo y asociador.

La poesía centroamericana halló en la nueva etapa una práctica literaria acorde con las limitadas condiciones históricas y materiales de la región. Después de haber «fingido» con la retórica y los temas de un cosmopolitismo artificioso y libresco —no todos los poetas viajaron a París ni supieron de japonerías ni de jardines versallescos—, los poetas se inclinaron por el territorio natural (montañas, mares, llanuras) y el creado por mano humana (pueblos, iglesias, tranvías, callejuelas urbanas, recámaras). Además, por personajes de la vida modesta, pasajes sentimentales, sucesos nimios, objetos abandonados, otrora preciados; por hábitos, en fin, de la vida presente y ordinaria de la que el poeta quiere recuperar su persistencia y significado. A diferencia del nacionalismo de alguna poesía decimonónica, el posmodernismo no se entretuvo en la poesía patriótica; no fue poesía de lo nacional sino de lo cercano e íntimo.

Alguna crítica ha visto en el posmodernismo una especie de transición entre el modernismo y los movimientos de vanguardia en Hispanoamérica. Le han restado identidad, quizá por su brevedad cronológica o porque no fue una corriente vigorosa, con las innovaciones de su precedente y de su consecuente. No cabe entrar a discutir esa tesis, pero sí señalar que en Centroamérica el posmodernismo fue más bien una seña de identidad, un redescubrimiento, un retorno a las raíces de cierta poesía nacionalista escrita en el siglo XIX. No poesía arcaizante, sino una vuelta a la poesía de la patria, a la histórica y a la interior. Esto se observa en las voces de Alfonso Guillén, Azarías H. Pallais, Rafael Arévalo Martínez, Asdrúbal Villalobos, Alfonso Cortés, Julián Marchena, Claudia Lars, Alfredo Espino, Clementina Suárez, Rafael Estrada, Manuel José Arce, entre otros tantos. Heredero confeso del modernismo, el nicaragüense Pallais reorientó su obra para dialogar al mismo tiempo con la tradición hispánica y con la etapa en ciernes: la del paisaje modesto del vecindario o el recinto, lejos de la grandilocuencia y el boato. Pallais fue un hombre de estirpe cosmopolita —se formó para el sacerdocio en Bélgica y en Roma— pero su poesía es local e interior, como lo dicen dos de sus títulos: *Bello tono menor* (1928) y *Caminos* (1931).

Con su único libro *Frutos caídos* (1929), la voz de Asdrúbal Villalobos, el casi olvidado poeta costarricense, representa los alcances y los límites del posmodernismo centroamericano. Llenó sus páginas con evocaciones al pueblo natal, con sus figuras, objetos y pasajes: una ventana entreabierta, la lluvia pertinaz, la soledad del cuarto, el perro faldero, el beodo que insulta a una hermosa zagala, la ermita, el campanario. El tono, los temas y la actitud del sujeto enunciador —el poeta, a fin de cuentas— muestran el mundo anodino, sin pretensiones, aislado del mundo exterior. Es la expresión del habitante modesto que ve en su pequeña ciudad el mundo como única totalidad disponible. Como ideología literaria, el posmodernismo no es pretencioso, pero asocia la palabra poética a la historia, a la inmediata y palpable, no a los grandes discursos ni a la monserga política internacional. El suyo es un proyecto impulsado por el deseo del poeta de reconocerse en su entorno, el que de veras cuenta para existir. Pero también el posmodernismo nació limitado; apenas modificó la tradición lírica de la región; no exploró mundos (discursivos o temáticos), ni los imaginó ni inventó. Se conformó con lo evidente y prefirió el tibio espacio de los afectos menores: la nostalgia, las ilusiones privadas, los aconteceres triviales, la emoción ante el paisaje y no ante el cataclismo; no las montañas escarpadas del Olimpo, sino los «frutos caídos» del huerto familiar.

6

¿Fue el vanguardismo en Centroamérica una consecuencia o una reacción al posmodernismo? Como en su momento el modernismo, los movimientos históricos de vanguardia nacieron con una vocación internacional; se originaron en Europa y se aclimataron en nuestro continente. Por su año de publicación, el primer libro de poesía vanguardista escrito por un centroamericano fue *Luna Park* (1923), del guatemalteco Luis Cardoza y Aragón. Apareció en París, mientras su joven autor —veintidós años— se había embarcado de aventuras a la capital francesa[18], pero obedecía a la nueva sensibilidad de los tiempos modernos también germinada en Centroamérica. Los diez poemas que lo componen son un homenaje y al mismo tiempo un acto de desafío emocional a las amenazas e incertidumbres de las grandes metrópolis modernas (Nueva York, Moscú, París). Si no novedosa, la alegoría que sirve como eje de la obra es un acto de rebeldía y confrontación: el mundo como espectáculo, como un parque de diversiones donde los aparatos mecánicos se confunden con los arlequines, los *clowns* y los visitantes mismos. Pocos años después Cardoza y Aragón publicó, también en París, *Maelstrom: films telescopiados* (1926), nueva metáfora de la historia como torbellino y caos. Otro «internacional» fue el costarricense Max Jiménez, cuyas novelas son más interesantes que su poesía, pero con ambos géneros entendió los signos

18. Aunque guatemalteco de nacimiento, no cabría incluir a Arqueles Vela, quien luego de cursar estudios en Europa, se radicó desde 1932 en México, donde fue activo promotor del movimiento estridentista.

cambiantes de los tiempos que corrían. En los poemas de *Sonaja* (1930) y de *Quijongo* (1933) está la música del primitivismo de su patria natal, que mezcla con los ruidos de Nueva York, los atletas vistos en cámara lenta, los faros de los puertos, los viajes en tren por el Oriente. El poeta no consiguió alterar el habitual lenguaje poético costarricense, aunque provocó su conmoción, a modo de advertencia. Otros poetas siguieron algunas de sus huellas, como Isaac Felipe Azofeifa y Francisco Amighetti, si bien el vanguardismo no logró echar raíces profundas en Costa Rica[19].

La historia del vanguardismo en Nicaragua fue distinta y ejemplar. Bien observado, el movimiento había empezado antes de la formación local de los grupos[20]. Tal vez su origen profundo está muy lejos: en San Francisco, California, y en París. En la ciudad californiana vivió entre 1924 y 1927 José Coronel Urtecho; allí aprendió el inglés; allí leyó y luego tradujo a varios poetas modernos estadounidenses. Casi simultáneamente, Luis Alberto Cabrales partió en viaje de estudios a París, donde conoció de cerca a poetas de pura estirpe cubista, dadaísta y surrealista. De regreso a la patria natal, hacia 1928, ambos trabaron una amistad literaria que los llevó a poner en marcha un vanguardismo local que cambió la historia de la poesía centroamericana. A ellos se les unieron otros, que formaron el grupo de Granada: Joaquín Pasos, Pablo Antonio Cuadra y algunos más. El vanguardismo nicaragüense fue el más sólido, organizado y rico, virtudes que se alimentaron de tres factores: la tenacidad de sus promotores, la presencia de manifiestos (aspecto clave en todo movimiento artístico) y el contacto con las mejores corrientes de la literatura occidental moderna. A ello hay que sumar un cuarto aspecto: las traducciones de poesía moderna hechas por algunos de ellos, principalmente las de Coronel Urtecho[21]. Se repitió lo que habían hecho, en su momento,

---

19. Dediqué otras páginas a demostrar que hubo claras y sostenidas manifestaciones del vanguardismo en Costa Rica, a contracorriente de la mayor parte de la crítica y la historiografía hispanoamericanas sobre este asunto. Por incuria o simple ignorancia, este tipo de omisiones son tan frecuentes como irritantes. Véase mi ensayo *El vanguardismo literario en Costa Rica*. Heredia: Editorial Universidad Nacional, 2005.

20. Quien más se ha ocupado del estudio del vanguardismo nicaragüense en nuestro medio centroamericano es Jorge Eduardo Arellano. En Madrid leyó en 1986 su tesis doctoral sobre el tema y, posteriormente, ha seguido trabajando sobre él. Véase su artículo «El movimiento nicaragüense de vanguardia». *Cuadernos Hispanoamericanos* 468 (1989), págs. 7-44; también su libro *Entre la tradición y la modernidad: el movimiento nicaragüense de vanguardia*. San José: Libro Libre, 1992.

21. Sobre la traducción literaria en Centroamérica ya se han emprendido algunos importantes estudios en los últimos años, especialmente en Costa Rica. En 2012 el profesor Francisco Vargas Gómez leyó su tesis doctoral *Avatares de la poesía costarricense traducida durante el siglo XX*, cuyos datos ha seguido ampliando desde entonces. En la Universidad Nacional (UNA), de Costa Rica, él y un equipo de trabajo están en la actualidad llevando a cabo intensas investigaciones sobre este tema para toda la región, escasamente analizado en el medio académico centroamericano.

algunos poetas del siglo XIX. A quien hay que volver a mencionar es a Salomón de la Selva, pionero en varios sentidos: su primera formación, a sus veinte años, ocurrió fuera de su país y fuera de su lengua materna, esto es, entre la moderna poesía estadounidense, durante su estadía en Nueva York, y con sus primeros poemas, escritos y publicados en inglés (*Tropical Town and Other Poems*, 1918). Poco después, con *El soldado desconocido* (1922), se adelantó en algunos aspectos a sus compatriotas de la vanguardia nicaragüense, incluso a la poesía que aparecería mucho después, la poesía comprometida y su retórica prosaísta.

Las desigualdades entre los vanguardismos nacionales se suplieron con su expansión regional. Desde Granada y Managua se desprendieron ondas concéntricas a los demás países, no tanto como un proceso de influencias, sino como una especie de puesta al día en el lenguaje, en los motivos temáticos y en la necesidad de reinterpretar la historia y la realidad circundantes. El vanguardismo en Centroamérica borró los rastros de una poesía anacrónica que trataba de pasearse entre imprentas y revistas de estos países. No se erradicó del todo, pero se modificó el mapa literario de la región. Según se desarrolló el vanguardismo en Nicaragua, se reorientó el lenguaje poético y se reformularon los temas. Poetas como Pablo Antonio Cuadra buscaron simplificar la expresión hasta acercarla a la sencillez coloquial; junto a ello, procuraron revalorizar el mundo de las culturas ancestrales: la elementalidad de lo indígena, los ritmos de la naturaleza, los mitos y leyendas locales. Esta especie de *primitivismo* fue una respuesta a las extravagancias de otros movimientos hispanoamericanos, más ocupados en la experimentación formal, en la sorpresa lingüística, en el espectáculo de las urbes industrializadas. El vanguardismo nicaragüense —como las modestas y escasas muestras del guatemalteco y del costarricense— aprovechó su ruptura con la vigorosa tradición de la poesía hispánica y con el esteticismo modernista, para reorientar las ideas o percepciones de la propia cultura autóctona. «Encontrar la poesía de las cosas corrientes», dice en el poema «Ars poetica», de Pablo Antonio Cuadra, y más adelante: «Cantemos aquello que vivimos». Aunque son evidentes las coincidencias con el posmodernismo, mientras este es poesía de la evocación de la patria cercana y de los afectos por ella, esta modalidad del vanguardismo ve la patria como depositaria de una cultura de fondos ancestrales y, por ello, la poesía como un acto estético de rescate; un decir antes que un evocar.

7

Las relaciones entre la historia, la política y la estética no se hicieron esperar, luego de la ruptura con el modernismo y las provocaciones de las incursiones vanguardistas en Centroamérica. En El Salvador, Pedro Geoffroy Rivas, quien se había formado con las renovaciones del ambiente vanguardista, escribió «Pasión y muerte del antihombre» (1936), un largo poema, especie de autobiografía alegórica, mediante la que el ser, desde las alucinaciones de la infancia y el amor, alcanza con la palabra (la poesía) una conciencia de sí y de la historia[22]. Con algunos recursos adoptados del surrealismo (no muy habitual en el vanguardismo centroamericano), el poema marca su distancia de la simplificación retórica y temática señalada, en favor de un discurso más complejo y denso, con las primeras trazas, si bien algo ocultas, de lo que tiempo después se conocería como la *poesía comprometida*.

Entre la selva intrincada y cada vez más copiosa de la poesía centroamericana de medio siglo, empezó a gestarse una nueva práctica literaria no del todo novedosa ni original, pero distinta en el medio, primordialmente por sus enlaces con ideologías políticas o, cuando menos, con un posicionamiento del poeta ante las circunstancias del momento. En El Salvador, hacia 1955, unos jóvenes veinteañeros se agruparon alrededor del principio de que en el ejercicio literario estaba implicado un deber: dar cuenta directa, con una posición crítica, de la realidad circundante. Se les denominó la «generación comprometida», con un adjetivo que pocos años antes había empleado el filósofo Sartre en Francia. Entre aquellos veinteañeros estaban Ítalo López Vallecillos, José Roberto Cea, Manlio Argueta, Roberto Armijo y Roque Dalton, todos militantes y todos convencidos de una poesía al servicio de la conciencia política y, como fuese, al del utópico proyecto de una transformación social que pasase por la palabra poética. Fenómenos similares y paralelos emergieron en esos años, en Guatemala y en Nicaragua, países atrapados por endémicas dictaduras, golpes de estado y represiones de toda laya. En Guatemala, el caso y la obra más visibles han quedado asociados al nombre de Otto René Castillo, autor de una poesía civil, no guerrillera ni antisistema, si bien crítica y directa. El título de uno de sus libros, *Vámonos, patria, a caminar* (1965), lo dice todo: el poeta acompaña y defiende, no exalta estatuas de barro.

En Costa Rica no se llegó a cultivar en todos sus alcances una poesía comprometida, tal como se tuvo en otros países centroamericanos. Se adoptó una tesitura más civil, acorde con la realidad histórica de un país en aquellos días reputado como pacifista y democrático. Fue, más bien, la manifestación de la poesía social, cuya más notable figura fue —y sigue siendo— Jorge Debravo (1938-1967), dueño de una obra literaria de innegable significado en las

22. Para entender mejor la poesía de Geoffroy Rivas, léase el estudio de Rafael Lara Martínez «Pedro Geoffroy Rivas, la poetización de la ciencia». *Realidad* [San Salvador], 86, 2002, págs. 223-251. Sobre la fecha de escritura de este poema, Lara Martínez indica que no fue publicado hasta 1968, en una revista, y posteriormente en la edición de la poesía reunida del autor, en 1978, en la que se anota el año 1936.

letras centroamericanas. Debravo es autor de dos títulos emblemáticos en la lírica costarricense: *Nosotros los hombres* (1966) y *Canciones cotidianas* (1967). Un caso similar, por el tono y por los temas, es el del hondureño Roberto Sosa; sus libros *Los pobres* (1968) y *Un mundo para todos dividido* (1971) marcan una diferencia entre el panfleto adoctrinador —una de las lacras de cierta poesía política, hay que decirlo— y la poesía altruista, escrita con conciencia del ejercicio literario como tal. Debravo y Sosa no pugnan con hostilidad verbal por una sociedad utópica; más bien buscan un clima de fraternidad cercana, de cordialidad, de pan comunitario, es decir, de la compañía. No es poesía al servicio de una causa (justa o necesaria, por lo demás), sino como aspiración a la caridad.

Por su ingente y variada obra, y por haberse extendido en el tiempo hasta ayer, el nicaragüense Ernesto Cardenal se convirtió en el más visible emblema de la poesía comprometida en Centroamérica, con alcances internacionales. Su obra fue tributaria de la de sus compatriotas vanguardistas, pero se fue alejando de aquella cofradía —que hacia 1960 era poco menos que anecdótica— para insertarse en nuevas experiencias poéticas y, muy pronto también, políticas[23]. Así, la idea de una poesía comprometida se ha extendido hasta nuestros días, tal vez ya agotada y en declive, pero sigue siendo un referente en el desarrollo de las letras centroamericanas.

A todos estos poetas se les sigue leyendo con atención, porque las condiciones sociales y políticas que dieron origen a su obra apenas han cambiado, para desazón de todos. Con todo, no es posible pasar por alto que esa generación está, literalmente, por extinguirse y, con ella, una conciencia del ejercicio literario profundamente marcado por el deber político. Para esa generación, en política se participaba en células clandestinas, en barricadas y hasta en las trincheras del frente de guerra, y la poesía era otra arma de combate, no menos eficaz que el mortero o el fusil. En su conjunto, todo ha sido una utopía, inalcanzable por quimérica. Las reales son las convicciones generosas y firmes para llevar adelante, con responsabilidad y dignidad, el ejercicio poético. La poesía aspiró a ser popular; mejor dicho, a volver a ser popular, porque desde tiempos inmemoriales estuvo hecha para cantarse o recitarse de pueblo en pueblo, como hacían los antiguos aedos. En este caso, no se buscó llegar a tanto, pero sí enviar el recordatorio de que la poesía no es cosa de vida interior, sentimientos privados o contemplación del firmamento en busca de explicaciones de la vida. Para esos poetas, el compromiso fue cumplir con una obligación, hacerse responsables. Esto derivó en un asunto éti-

---

23. La bibliografía crítica contemporánea sobre Cardenal es abundante, si bien desigual en acuciosidad y profundidad. Las reediciones de varias obras suyas son casi innumerables, lo que da cuenta del reconocimiento internacional de su obra, en particular, y de la poesía centroamericana contemporánea, en general.

co: asumir una conciencia política mediante la palabra poética, con lo que esta quedaría convertida en instrumento, en herramienta. Tal ha sido la imagen que se ha proyectado de la poesía centroamericana a lo largo de varios decenios, desde la segunda mitad del siglo XX hasta los años finiseculares.

8

La poesía comprometida no fue un movimiento ni una escuela; fue una tendencia alimentada por los efectos políticos provocados en el ejercicio del poder por sátrapas, conspiradores o simples demagogos, abundantes en la historia política centroamericana. Por vigorosa que haya sido, no anuló otras modalidades o manifestaciones poéticas en la región. Una de ellas, tan esencial como abundante, es la poesía lírico-sentimental. Pertenece, naturalmente, a una tradición milenaria, pero en estas páginas me refiero a su práctica concreta, en medio de una variedad de ideas e ideologías que la han rodeado y hasta sitiado. Denostada y marginada durante los años de mayor vigor de la poesía política, ha sabido sobrevivir y renovarse. Como ocurrió durante el siglo XIX, ha coexistido con las exaltaciones de la poesía patriótica, con el ingenio y acidez de la poesía satírico-burlesca —que también la hay en el siglo XX—, con la poesía laudatoria o de celebraciones y, por supuesto, con las carretadas de versos cursis y acartonados de ínfimo valor literario, los peores enemigos de la verdadera poesía lírica.

Ha sobrevivido porque se ha mantenido en el terreno de la experiencia existencial, sin cortapisa alguna, sin dogmas ni programas morales, sin un listado de temas o modos de tratarlos. Es, como toda manifestación poética, una forma de representación de la realidad; a esta también pertenecen las impresiones que deja y el lenguaje con que se busca interpretar. No tiene caso señalar nombres ejemplares o representativos, porque su abundancia es desconcertante, pero sí algunos temas y posturas de la voz enunciadora: poesía de la emoción amorosa, poesía erótica, poesía religiosa (en sus variadas devociones), poesía contemplativa o reflexiva, poesía de evocaciones y nostalgias, poesía de lo arcano o metafísica. Imposible agotar esta enumeración, porque siempre está abierta a nuevas variedades.

Poesía lírico-sentimental han escrito en Centroamérica tirios y troyanos. Puede que la mejor de Castillo o de Dalton, dos adalides de la comprometida (que alguien incluso ha denominado «poesía en armas»), sea la de su vis lírica, de tema amoroso: el yo y el tú ante la experiencia del afecto, del deseo o de la intimidad. Incluso en sus etapas más radicales y ríspidas de la poesía de combate, abundan los pasajes y poemas en los que el tono sentimental se sobrepone y opaca la impostación del dicterio, del desafío o de la protesta ante la iniquidad. Al leer a la costarricense Mayra Jiménez (1939-2019), activa participante en los movimientos de insurgencia —especialmente el levantamiento contra la dinastía somocista en Nicaragua—, sorprende que la mayor parte es amorosa, en el sentido convencional y extenso del concepto; esto es, la palabra con, hacia y por el ser amado (esposo, padre, soldado, hermano). Encontramos poesía amorosa en Cardenal, en Ana María Rodas, en Claribel Alegría, en Carlos Martínez Rivas y, con relativa abundancia, en Debravo.

9

En medio del maremágnum de la poesía de tema amoroso y sentimental, aparecieron con la década de 1970 algunos experimentos, audaces para la época, de lírica erótica; poesía del cuerpo, pero, al mismo tiempo, la palabra que puso en entredicho prejuicios morales, sociales y políticos. El libro inaugural, si se puede tomar así, es *Poemas de la izquierda erótica* (1973), de la guatemalteca Ana María Rodas. Fue, al mismo tiempo una revuelta y una sublevación; en el primer caso, contra el pudor oblicuo en la poesía de la pasión amorosa y sexual; en el segundo caso, porque constituyó un desafío, bajo la forma y temas de una experiencia privada, al sistema patriarcal y a la rígida estructura política que lo sustenta. «Estoy hecha sobre todo de palabras», dice uno de sus versos clave. Un año después, el costarricense Isaac Felipe Azofeifa, poeta de estirpe vanguardista, envió a las imprentas *Cima del gozo*, de llamativo tratamiento y motivos temáticos, pero lejos de las exploraciones de la poesía de Rodas. Diez años después de la aparición de los *Poemas de la izquierda erótica*, una joven escritora costarricense, Ana Istarú, ganó un certamen regional con un breve poemario, *Estación de fiebre*, que lanzó a su autora a la inmediata notoriedad. Poesía del cuerpo, de la pasión sexual y del androcentrismo puesto patas arriba.

Los de Rodas y de Istarú son tan solo dos ejemplos de una poesía erótica escrita por mujeres y desde su propia condición de tales. Es cierto que la poesía no está sexuada (¿qué es poesía femenina y qué la masculina?), pero también lo es la voluntad de muchas escritoras, a partir de una experiencia cultural acumulada durante años y siglos, de hacer su poesía desde una mentalidad antipatriarcal. No pocas han elaborado sus reflexiones con tino y profundidad y han formulado un auténtico sistema de pensamiento alrededor de la condición de la mujer. Es lo que hoy se entiende por feminismo y, con él, la adjetivación para numerosas causas; entre ellas, la poesía feminista. No por pura teoría y menos por ideología, en la obra poética de Rodas e Istarú está presente una escritura feminista, nacida desde una nueva moral, es decir, desde una concepción de las relaciones sociales, que desenmascaran los rostros protervos del poder. Con matices e intensidad variados, desde la década de 1980, un creciente número de escritoras centroamericanas le ha dado cuerpo a un movimiento de innegable significado, sobre todo en el ámbito social y político de la región. Puede que lecturas más minuciosas y reposadas de esa poesía permitan dilucidar cuánto de las convicciones y principios de una ideología son, además, el sostén estético-discursivo en cada poema, en cada libro escrito. No obstante, no se debería perder de vista que quien escribe de veras no lo hace ante un catecismo, un decálogo de mandamientos o un programa de partido. Bien entendido, el feminismo no es un dogma, sino un ejercicio moral y una práctica política. No es un cambio de piel, es un ritmo distinto en el sistema circulatorio del organismo social. Se pueden establecer nexos, pues, entre la poesía erótica subversiva, escrita por mujeres en Centroamérica, y el movimiento feminista que ha echado raíces en las sociedades modernas de cada uno de sus países. Esto puede llevar a mostrar que la poesía comprometida en Centroamérica no ha desparecido del todo; ha cambiado de rostro. No es una poesía de denuncia, sino de afirmación contra las imposturas del falocentrismo, imposturas no pocas veces visibles en la propia crítica literaria de nuestros países y allende. Como es de suponer —aunque difícil de aceptar entre quienes solo escriben poesía—, la literatura feminista se ha expandido y difundido mucho mejor con el género narrativo: novelas y tomos de cuentos abundan en la industria editorial y librera. Algunas novelas centroamericanas contemporáneas, como las de la nicaragüense Gioconda Belli (también poeta), se ofrecen en las mejores librerías de España, México o Argentina. La poesía, sin embargo, no se arredra. Hasta hoy se suman innumerables grupos literarios, encuentros regionales, congresos, revistas y antologías, todos impulsados por mujeres: poetas, editoras, profesoras de letras, antropólogas, historiadoras. Por lo que se observa, las poetas asisten con regularidad a oír y a participar en las discusiones de rigor, o bien a leer sus poemas que la concurrencia —no importa su número— escucha con atención y aprobación. No podría calificarse esto de un ritual, si bien hay en tales reuniones y recitales una especie de pacto de reconocimiento (¡aquí estamos todas!), que puede llevar a confundir las cosas: la política y la poesía, esto es, la ideología y el arte de la palabra. Ante esa incertidumbre, ¿no había pasado lo mismo en los viejos congresos y encuentros de poetas militantes, más proclives a la guerrilla que a las ideas sobre la situación de la poesía? Para algunos, tema «académico»; para otros, baladí e impertinente. *Poesía de la mujer* sería el concepto; no necesariamente poesía escrita por mujeres, sino hecha sobre sus condiciones histórica, social y cultural. Pero los hechos arrojan verdades, no datos estadísticos; desde 1980, han aparecido obras de numerosas escritoras centroamericanas quienes, en diverso grado e intensidad, le han plantado cara, entre otros asuntos, al paternalismo del canon literario, que han buscado transformarlo o añadirle nuevas piezas a su articulado. Una de esas piezas, el reconocimiento de las obras, para empezar. Los nombres ya tienen presencia tanto en la historiografía literaria regional como en los debates sobre problemas axiales de la poesía en su relación con su papel en la actual configuración —ideológica y del sistema predominante— de las sociedades centroamericanas: Vidaluz Meneses, Gloria Gabuardi, Michèle Najlis, Daisy Zamora, Aída Toledo, Yolanda Blanco, Carmen González Huguet, Julieta Dobles, Carolina Escobar

Sarti, Carola Bantome, Milagros Terán, Nidia Barboza, Johanna Godoy, Waldina Medina, Lety Elvir, Magda Zavala y otras tantas más.

10

No se podría afirmar con seguridad que en Centroamérica se ha cultivado una poesía heterodoxa; es decir, al mismo tiempo automarginada —aunque fuese por pose— y resistente a los sistemas históricos, políticos o literarios. Existen innumerables ejemplos de poesía que, por su relativa novedad o sus gestos de desafío, han afrontado el sistema literario predominante (el canon) como si fuese una muralla que superar, un obstáculo en el camino. Pero, antes que heterodoxia, en todos los casos, han sido manifestaciones de una sucesión, tanto estético-discursiva como ideológica. Así, el modernismo ante el Romanticismo declinante decimonónico, el posmodernismo ante el modernismo, las vanguardias ante los anteriores, y ellas desplazadas por una poesía política y realista, como se ha descrito en las páginas precedentes. La heterodoxia, en el sentido pleno del término, apenas ha asomado por momentos. Las revueltas y pequeños espectáculos de los vanguardistas o la politización de la poesía comprometida y el desabrimiento de los recursos expresivos de su lenguaje bien se pueden sumar a la avenida de la poesía feminista. Sin embargo, no se ve en ninguna de esas tendencias gestos iconoclastas, ni siquiera de rechazos o exclusivismos. Pese a sus particularidades, da la impresión de que los movimientos y tendencias han aprendido a coexistir. Y esta no es más que una impresión, señal inequívoca de que hace falta la exploración y el análisis cuidadosos de parte de la crítica, tanto desde la perspectiva histórica y social como de la propiamente literaria.

No obstante, la limitada o relativa heterodoxia no tiene por qué hacer pensar en que solo ha cabido la ortodoxia. Podría pensarse, más bien, en una opción alternativa, distinta pero no excluyente; una alodoxia, en suma, desgajada de posiciones incontrovertibles. En nuestros días, la poesía centroamericana no parece adoptar la controversia como si fuese un trabajo o un programa, en el campo de la estética y, apenas, en el de la ideología. Suma posibilidades, a partir de búsquedas, en algunos casos, fervorosas; en otros, como actos intelectuales. Las «guerrillas literarias», como ha observado recientemente un escritor costarricense contemporáneo, no han arraigado por falta de fundamento histórico y cultural. Son otras las formas y otras las verdaderas condiciones de la joven poesía contemporánea, al menos en Costa Rica. Puede que la razón consista en que no se ha buscado socavar un sistema literario (una poética), sino tan solo una retórica; esto es, la cobertura estético-discursiva con que la actividad literaria procede.

En estos tiempos que corren, para quien se propone historiar las letras centroamericanas, es inevitable toparse con dificultades considerables. La primera de ellas, la muy escasa pero necesaria distancia temporal para leer con criterio lo que se escribe en la actualidad. Una actualidad que puede ser la de hoy mismo o la que se ha gestado durante los últimos diez o quince años. Leer e interpretar la poesía de Rubén Darío supone fácilmente una pesada carga de muchas lecturas acumuladas, un acervo casi masivo de crítica literaria, conocimientos históricos de diversa índole y, en fin, una suerte de preparación enciclopédica, a partir de todo lo cual se emprenden nuevas lecturas. No tendríamos amparo alguno si nos pusiésemos a leer un poema escrito apenas ayer, la ópera prima de un joven escritor publicada un año antes, etc. Es decir, que no habría suficientes referentes históricos, estético-ideológicos o estrictamente literarios para opinar sobre si aquellas novedades de veras lo son y en qué condiciones.

¿Qué poesía se escribe en la actualidad en Centroamérica? Puede que haya entrado en agotamiento —en obsolescencia, incluso— el proyecto de una poesía social o comprometida, no porque hayan cambiado las causas históricas que llevaron a él. Parece, más bien, que se ha puesto en entredicho la idea de que la literatura está escrita o debe hacerlo para cumplir misiones particulares —en especial de índole política— con el fin de transformar (!) una sociedad. Los hechos han demostrado que fue un proyecto quimérico. ¿Cabe pedirle eficacia a la poesía, al arte en general? La poesía social o comprometida ha dejado de ser militante, como lo fue en numerosos casos de escritores adscritos a deberes políticos concretos, a partidos, a programas ideológicos. Hoy día, se escribe más poesía de convicciones; como si dijésemos, de posiciones premeditadas, pero, al mismo tiempo, con la consciencia de sus limitaciones. No se planta para persuadir sino para alertar, para expresar testimonios. Por ello, sigue siendo poesía social, más orientada a la manifestación, no a la invectiva ni a la acusación.

Junto a la poesía feminista o sobre la condición de la mujer, que ejercen muchas escritoras contemporáneas centroamericanas, también se escribe de la etnicidad. Las manifestaciones más notables son la poesía indigenista y la poesía de la afrodescendencia. El guatemalteco Humberto Ak'abal (1952-2019) fue, al mismo tiempo, pionero y continuador; escribió poesía en lengua quiché y en castellano. El suyo, como el de otros más, es un esfuerzo por que se reconozca otra parte de la historia, obliterada tanto por el canon literario occidental como por una predominante ideología de la cultura en la región (su «modernización»): ante el acallamiento, la palabra de una cultura ancestral. De esta propuesta estético-ideológica han sido compañeros de ruta o seguidores otros poetas guatemaltecos como Gaspar Pedro González, Pablo García Ixmatá, Víctor Montejo y Sabino Esteban. En El Salvador figuran los nombres de poetas con vocación indigenista como Ilich Rauda, Oliver Morales y Luis Borja[24]. Algunos

24. Véase Josué Andrés Moz: «Temáticas operantes en la poesía salvadoreña». *Grafomaniacos* (8 de mayo de 2019), pág. 14.

estudios recientes nos hacen saber que varias mujeres se han dedicado a escribir poemas desde la visión de las etnias a las que pertenecen y que procuran reivindicar. Entre los nombres más citados, están los de la nicaragüense Isabel Estrada Colindres, las guatemaltecas Calixta Gabriel Xiquín, Nora Murillo, Maya Cu Choc y Rosa Chaves Juárez, la hondureña Xiomara M. Cacho. Todas son activistas políticas; su lengua materna —el cachiquel, el garífuna— es la de su etnia indígena, si bien dominan el castellano, en el que escriben, y algunas, incluso, emplean el inglés.

En Costa Rica, con mucha menor densidad demográfica no hay poesía indígena, por lo visto. La hay, sin embargo, afrodescendiente, que han impulsado escritoras como la pionera Eulalia Bernard (*Ritmohéroe*, 1982), a quien han seguido Shirley Campbell (*Rotundamente negra, De negro vengo ataviada*) y Delia McDonald (*La lluvia es una piel*). Por su propia índole, es poesía de lo dicho, no del decir; hincapié en el mensaje, no en su mediatización discursiva. No abunda, hay que ser claro, la poesía afrodescendiente o de raíces afrocaribeñas, si bien las escasas muestras disponibles son ejemplo de los esfuerzos por abrir brechas no tanto en el campo del sistema literario como en el espacio cultural e ideológico como práctica social. Donde se ha establecido la palabra como canto y expresión de esa cultura ancestral ha sido en la música afrocaribeña cantada, en la canción popular de la costa atlántica costarricense, en particular, en el moderno calipso limonense, especialmente con las creaciones en la lengua (el inglés criollo) y en la voz de Walter Ferguson.

11

El paso al siglo XXI pilló a Centroamérica sumida en crisis institucionales de diversa condición: la desnaturalización de los acuerdos de paz alcanzados diez años antes, la disminución de la insurgencia armada, la conversión de algunos grupos guerrilleros en partidos políticos, las oleadas de emigraciones desde los países, por razones socioeconómicas, los crecientes casos de corrupción descubiertos en el seno de los Gobiernos y nuevas lacras de dimensiones inimaginables como el narcotráfico, la trata de personas, el pandillaje criminal organizado y una descomposición generalizada en las esferas pública y privada. En suma, la incertidumbre y la desazón. Los grandes mitos de una revolución liberadora, de un anhelado futuro promisorio, del progreso material y espiritual empezaron a derrumbarse como las dos torres de Manhattan a principios del nuevo milenio.

Los deberes de la poesía en Centroamérica no han dejado de existir. Se escribe poesía política, en su sentido más amplio, en cuanto ejercicio del lenguaje artístico enlazado al acontecer común e inmediato; hay poesía que reivindica derechos y justicia, reconocimiento y verdad. Se trata de una misión que se acepta y se debe cumplir. Por ello, lo político se funde con lo moral; en rigor, las convicciones del poeta no se atienen a un ideario o a una doctrina, sino a una nueva realidad social, en permanente cambio, del que brotan costumbres, orientaciones, imaginarios, certezas e incertidumbres. Así, parecen afrontar la historia reciente la poesía de raíces étnicas, la poesía feminista (o de género), la poesía sobre la pérdida o abandono de la patria (poesía de la diáspora), la poesía de la posguerra, la poesía del desagravio, la poesía sobre la redención sexual, la poesía ecológica —quiero decir, de temas ecológicos—, la poesía religiosa, la poesía egotista. La joven poesía centroamericana, de la que se ha ocupado la crítica reciente, parece haber abandonado, por cansancio o aburrimiento quizá, la diatriba vocinglera de la abundante poesía comprometida de las generaciones precedentes. En El Salvador se habla de la *poesía del infortunio*, que abarca las condiciones del destierro, la represión de la delincuencia común, el desamparo y una peculiar variedad: la *maroestética*, poesía sobre el pandillismo[25].

En materia estético-ideológica, el parricidio no se ha dado como opción —si es que lo ha habido alguna vez en las letras centroamericanas—; antes bien, se reconoce la herencia de una tradición, pero se desiste de ella. En Honduras, los jóvenes poetas admiten las voces de sus mentores Óscar Acosta y Roberto Sosa, pero hoy día exploran —o vuelven a ellos— los territorios de la introspección, de la experiencia vivida en el yo interior. Esto ha conducido a una neosentimentalidad (término que improviso aquí), en algunas de sus variantes: el afecto familiar, el amor filial, el retorno a los orígenes (la infancia), el altruismo y la compasión, la memoria como refugio psíquico y moral. No faltan el cinismo, la desaprensión o el escepticismo ante un mundo incomprensible. Esta tendencia es una reacción al exteriorismo, como actitud ante la realidad y como retórica, hasta hace poco, en uso. A lo mejor se podría atribuir al desconcierto y al extravío de la posguerra y al nuevo orden circunstancial: la globalización. El mundo, una vez más, no es propio; está alienado, les pertenece a otros, que lo controlan y gobiernan. Así, las ideas sobre la condición de la poesía han cambiado, porque no está para cambiar la realidad —la desmesurada utopía de la poesía comprometida o revolucionaria— sino para interpretarla, en el mejor de los casos. Se interpreta el mundo, sea como una reacción emocional, incluso intelectual y, con ello, se elabora el artificio del poema. Aunque este no es el factor que lo explica del todo, la renuencia a asignarle a la poesía proyectos ilusorios ha llevado a la joven poesía a buscarle a la realidad otros significados, esta vez desde una mentalidad personalista.

Si bien paralela a otras tendencias, emprendidas por autores de generaciones anteriores, la poesía joven en Costa Rica, por ejemplo, se ha orientado hacia lo confesional; esto es, a un lirismo mediante el que se hace hincapié

25. Véase Moz: «Temáticas operantes», págs. 4-8.

en los meandros de la interiorización, en la exposición del yo como centro vital. Los referentes también empiezan a cambiar: lugares exóticos, ciudades europeas o del Medio Oriente, la cultura pop, cierto culturalismo literario, el espacio (simbólico o efectivo) de la Internet, las drogas, la sordidez urbana local. Aunque no directamente relacionada con esta propensión a nuevos referentes, se ha manifestado una interesante deriva temática: la autorreferencialidad discursiva, es decir, la metaliteratura. Esto no es nuevo en Centroamérica, en el contexto de la posmodernidad; constituye, al mismo tiempo, un recelo ante el lenguaje como mediador de la realidad (la referencia lingüística) y una conciencia distinta del ejercicio de la poesía: ¿se escribe para hablar de algo o se escribe por el acto mismo de escribir, a lo que se debería reducir la poesía?; ¿es la poesía mensaje o es tan solo escritura?·Entre esos extremos se encuentra alguna poesía de la región.

Estas nuevas aventuras corren parejas con los movimientos contemporáneos de la globalización. Volvamos a lo dicho: los poetas hoy día ven el mundo como propio y como ajeno, como seguro y como expuesto a los súbitos cambios, a la incertidumbre y a la disolución. La pregunta de un poeta actual en Centroamérica no es «¿qué nos podría deparar el futuro?», sino «¿cómo afrontar el presente»? De ahí tanta variedad y tantos intrincados laberintos en los que se ha adentrado la poesía actual. Siguiendo la gran metáfora del pensamiento de Zygmunt Bauman, la que hoy se manifiesta es una *poesía líquida*; empiezan a diluirse las fronteras entre una idea canónica sustentada en una larga tradición de la poesía como género literario con ciertas condiciones de valor estético y mucha poesía que hoy se escribe. ¿Qué es poesía hoy día? o, mejor dicho, ¿qué se toma por poesía en la actualidad? No una suma de elementos o simbiosis de conceptos, desde luego. Tal vez una confluencia de ideas no del todo excluyentes, pero sí distintivas entre sí.

12

Este largo recorrido empezó preguntándose si de veras existe una poesía centroamericana o si más bien estamos ante un engañoso efecto histórico que nos lleva a creer que la poesía escrita en un lugar o en una región supone rasgos propios y definitorios. La pregunta sigue en el aire. Por supuesto, ni la poesía se define por ser centroamericana ni Centroamérica se puede definir por su poesía, como tampoco por su agricultura, su topografía o su clima. En cualquier caso, su poesía se identifica por haber sido escrita en su historia; los poemas acontecen y se originan en momentos y circunstancias particulares y, en buena medida, son testimonios o marcas de esas condiciones. Dos siglos de cultivo constante de poesía en nuestros pequeños países, de escaso bagaje histórico, no son poco. Los poemas no hablan *de* la historia, sino *con* la historia o *por* ella misma. La historia de Centroamérica no se ha hecho con poemas, pero gracias a estos es posible nutrir nuestra idea de su pasado y de su presente, y quizá asomarnos un poco a la idea que sugieren del porvenir.

REFERENCIAS BIBLIOGRÁFICAS

ALAS, Javier (2003): «Notas sobre la poesía salvadoreña» [y selección antológica]. *Cuadernos del Ateneo*, 15, págs. 155-200.

ALBIZÚREZ PALMA, Francisco, ed. (1995): *Poesía contemporánea de la América Central*. San José: Editorial Costa Rica.

Antología de la poesía centroamericana. Lima: Editora Latinoamericana, 1960.

ARELLANO, Jorge Eduardo (1989): «El movimiento nicaragüense de vanguardia». *Cuadernos Hispanoamericanos*, 468, págs.7-44.

— (1992): *Entre la tradición y la modernidad. El movimiento nicaragüense de vanguardia*. San José: Libro Libre.

ARGUETA, Manlio, ed. (1983): *Poesía de El Salvador*. San José: Editorial Universitaria Centroamericana.

ARMIJO, Roberto y Rigoberto PAREDES, eds. (1983): *Poesía contemporánea de Centro América*. Barcelona: Los Libros de la Frontera.

ASTVALDSSON, Astvaldur (2014): «El pasado en el presente, lo político en lo poético: sentido de pertenencia en la poesía maya guatemalteca contemporánea». *Cahiers d'études romanes*, 28, págs. 61-78.

BARRIENTOS TECÚN, Dante (2015): «Acercamientos a formas y contenidos de la poesía maya en Guatemala». En *Más allá del Estrecho dudoso. Intercambios y miradas sobre Centroamérica*. Barcelona: Universidad de Barcelona; págs. 165-179.

CHASE, Alfonso, ed. (1985): *Las armas de la luz. Antología de la poesía contemporánea de la América Central*. San José: Departamento Ecuménico de Investigaciones.

CORONADO, Rafael Bolívar, ed. (1921): *Parnaso costarricense*. Barcelona: Maucci.

DURÓN, Rómulo E., ed. (1899): *Honduras literaria*. Tegucigalpa: Ministerio de Educación Pública, (dos tomos).

ERAZO, Salvador L., ed. (1917): *Parnaso salvadoreño*. Barcelona: Maucci.

FERIA VÁZQUEZ, Miguel Ángel (2007): «El modernismo en El Salvador y la asimilación de la poesía francesa». *Creneida*, 5, págs. 333-345.

FERNÁNDEZ, Máximo, ed. (1890-1891): *Lira costarricense*. San José: Tipografía Nacional (dos tomos).

GARCÍA GOYENA, Rafael (1825): *Primera parte de las fábulas y poesías*. Guatemala: Imprenta de la Unión.

— (1836): *Colección completa de las fábulas*. París: Librería de Rosa.

GARCÍA SALAS, José María, ed.: *El parnaso centroamericano*. Guatemala: Ministerio de Educación Pública [reimpresión de 1962].

GÓMEZ, T[adeo] N[adeo] (1857): *Clarín patriótico o colección de canciones y otras poesías, compuestas en Costa Rica en la guerra contra los filibusteros invasores de Centro-América*. San José: Imprenta de La Paz.

IRISARRI, Antonio José de (1867): *Poesías satíricas y burlescas*. Nueva York: Imprenta de Hallet y Breen.

LARA MARTÍNEZ, Rafael, ed. (1998): *El Salvador. Poesía escogida*. San José: Editorial Universitaria Centroamericana.

— (2002): «Pedro Geoffroy Rivas, la poetización de la ciencia». *Realidad,* 86, págs. 223-251.

MAYORGA RIVAS, Román, ed. (1884): *Guirnalda salvadoreña*. San Salvador: Imprenta Nacional del doctor F. Sangrini (tres tomos).

MEZA MÁRQUEZ, Consuelo y Aída TOLEDO ARÉVALO (2015): *La escritura de poetas mayas contemporáneas producida desde excéntricos espacios identitarios*. Aguascalientes: Universidad Autónoma de Aguascalientes.

MILLARES, Selena, ed. (2013): *La poesía del siglo XX en Centroamérica y Puerto Rico*. Madrid: Visor.

MONGE, Carlos Francisco, ed. (1993): *Antología crítica de la poesía de Costa Rica*. San José: Editorial Universidad de Costa Rica.

— (1998) ed.: *Costa Rica. Poesía escogida*. San José: Editorial Universitaria Centroamericana.

MOZ, Josué Andrés: «Temáticas operantes en la poesía salvadoreña contemporánea» *Grafomaniacos* (8 de mayo de 2019). https://grafomaniacos.com/2019/05/08/tematicas-operantes-en-la-poesia-salvadorena-contemporanea-200-2018/.

ORTIZ, Alberto, ed. (1912): *Parnaso nicaragüense*. Barcelona: Maucci.

PORTA MENCOS, Humberto, ed.: *Parnaso guatemalteco*. Barcelona: Maucci, 1931. Aquí se emplea la reedición [nueva edición: 1750-1963] de Editorial José de Pineda, 1977.

RAMÍREZ, Sergio, ed. (2011): *Puertas abiertas. Antología de poesía centroamericana*. México: Fondo de Cultura Económica.

SEVILLA, Luis Hernán, ed. (1967): *Antología de poetas danlidenses*. Honduras: Fuerzas Armadas de Honduras.

SOSA, Roberto, ed. (1998): *Honduras. Poesía escogida*. San José: Editorial Universitaria Centroamericana.

URIARTE, Rafael, ed.: *Galería poética centroamericana*. Guatemala: Tipografía La Unión, 1888 (tres tomos).

VALLE CASTILLO, Julio, ed. (1998): *Nicaragua. Poesía escogida*. San José: Editorial Universitaria Centroamericana.

VARGAS GÓMEZ, Francisco (2012): *Avatares de la poesía costarricense traducida durante el siglo XX*. Tesis doctoral. Alicante: Universidad de Alicante.

YLLESCAS SALINAS, Edwin, ed. (2007): *La herida en el sol. Poesía contemporánea centroamericana*. México: Universidad Nacional Autónoma de México.

Ciento cincuenta años de José Enrique Rodó

WILFREDO PENCO
Academia Nacional de Letras de Uruguay

Toda obra literaria es producto de la escritura de un autor, pero también lo es de las lecturas sucesivas que de ella puedan proponerse. Lo anunció José Enrique Rodó con anticipación: «Es [...] el espíritu del contemplador el que gradúa la intensidad y la belleza de la obra. No hay una sola *Ilíada* ni un solo *Hamlet*; hay tantas *Ilíadas* y tantos *Hamlets* cuantos son los íntimos espejos que, distintos en matiz y pulimento, ocupan el fondo de las almas».

Y aunque son unos cuantos los así llamados por Rodó contempladores, que al mismo Rodó leyeron en diversas épocas, hoy quiero empezar recordando a cuatro de ellos que fueron decisivos y aun hoy siguen influyendo en las lecturas *rodonianas* de este siglo.

Me refiero a Roberto Ibáñez, primer ordenador y estudioso del descomunal Archivo Rodó que no hace mucho comenzó a ser digitalizado y que Julia, la hermana sobreviviente del escritor, decidió legar al Estado uruguayo y su albacea, el Dr. Dardo Regules, entregó al Museo Histórico Nacional y a la Biblioteca Nacional hace casi ocho décadas.

También debo mencionar a Carlos Real de Azúa, el más agudo de los lectores de Rodó hasta la fecha, y a Emir Rodríguez Monegal, de cuyo nacimiento se cumple este año un siglo, responsable de la mejor edición de las *Obras completas* de Rodó, publicada por Aguilar en 1957 y 1967. Y, por supuesto, a Arturo Ardao, que relevó con penetrante perspectiva la vocación americanista de nuestro escritor.

Fue José Enrique Rodó una figura estelar que, por su vida y su obra, sigue siendo —ciento cincuenta años después de su nacimiento— objeto de devociones y controversias.

Como en otra ocasión, propongo ahora, a modo de síntesis, que para volver a leer a Rodó, para volver a leerlo, no hay que olvidar que fue un hombre reservado, respetuoso, cortés, casi tímido. Y aunque también fue cordial y comprensivo, en sus gestos y actitudes había cierta solemnidad o, por lo menos, solía guardar considerable distancia hacia sus interlocutores. Pocos, muy pocos supieron de los conflictos e incertidumbres de su vida privada. Sujetó sus angustias y complejidades y procuró preservar lo que solo a él le constaba, hasta las últimas consecuencias, incluida la enfermedad que lo llevó a su inesperada muerte, lejos de su país, su familia y sus amigos.

El perfil del escritor solitario y ajeno o sobrepuesto a las cotidianas implicancias predominó sobre cualquiera de sus otras posibles perspectivas. Pero esa inclinación a reconcentrarse, a impedir que se filtraran intimidades y confidencias, no afectó su notoria capacidad para relacionarse con los demás. Si hubiera recortado esa facultad, que cultivó en forma casi militante, no habría ejercido, seguramente, el periodismo ni desplegado intensa actividad política y parlamentaria. Tampoco habría insistido en una producción epistolar tan amplia como la que lo vinculó con tantas figuras del mundo de la cultura en América y Europa. Rodó supo construir una red de conexiones como tal vez nadie en el Uruguay y hasta en el continente de su tiempo. En todo caso, fue la índole de las relaciones establecidas lo que lo proyectó con una imagen algo estereotipada: la imagen del Maestro que se dirige a sus discípulos.

Del mismo modo que Próspero dicta su clase magistral en *Ariel*, en vida y obra Rodó se pareció cada vez más a su personaje, como si se tratara de un paradigma, de un modelo a imitar y, sobre la base de arraigadas convicciones, trató a sus semejantes con la vocación de quien enseña, asumida como destino por méritos propios y también por reconocimiento de sus destinatarios.

Si bien fue un hombre de su tiempo, aspiró a trascender sus circunstancias. Los matices del lenguaje remontaron en él una estructura que promueve la armonía como eje y el equilibrio de la reflexión a la manera de bálsamo y a la vez de incentivo. A partir de ese diseño, desde otras generaciones lo admiraron y pretendieron seguir su ejemplo, y a veces terminaron por distorsionarlo a fuerza de retórica e imposturas.

Sufrió los problemas que agobian la existencia y propugnó soluciones encarnadas en un proyecto de vida que hace del desarrollo de la cultura el centro de los mayores esfuerzos. Muchas veces fue sometido a incomprensiones y mezquindades en un medio demasiado estrecho para que se calibrara con certeza, desde los centros de poder, sus ideas, proposiciones y sueños. Humanista consecuente, su laberinto especulativo se corresponde con interrogantes que anticiparon apenas los conflictos del siglo. Algunos de los asuntos planteados, sin embargo, perduraron durante la centuria y alternaron con peripecias transformadoras que Rodó ni siquiera llegó a sospechar.

Aunque hoy no es leído como hace un siglo y mucha agua ha corrido bajo el puente, sigue siendo referencia necesaria, en estas latitudes, para el diseño de estrategias intelectuales de largo alcance.

Como crítico literario, desde los primeros artículos en la *Revista Nacional de Literatura y Ciencias Sociales* hasta los incisivos ensayos en *El Mirador de Próspero*, fue un guía requerido para comprender temas, períodos y autores abordados, para asociar tradiciones y sensibilidades, y construir enfoques de conjunto allegados a los procesos históricos. «Juan María Gutiérrez y su época» se levanta, en tal sentido, como estudio ejemplar para la visión coherente de una época.

En *Motivos de Proteo* se ocupó de la personalidad individual, como antes, en *Ariel*, su preocupación había estado concentrada en la identidad colectiva. De su inconcluso periplo europeo dejó algunas crónicas reunidas póstumamente en *El camino de Paros*, que, junto a otras tantas narraciones en forma de parábolas, es probable que sean la puerta de entrada más accesible a su obra.

El americanismo, los valores de la cultura latina cotejados en contraste con la triunfante ideología sajona, el heroísmo y la voluntad, las vocaciones y la educación, los ideales clásicos de belleza, el cristianismo como ética, la tolerancia como principio rector, el espíritu de libertad, la renovación del lenguaje son algunas de las páginas de su programa, elaborado a la luz del nuevo siglo, en medio de esperanzas y derrotas.

Testigo privilegiado de angustias finiseculares, en tránsito por los primeros diecisiete años del siglo XX, desbordados los medios académicos, sus elaboraciones siguieron resonando, tras su muerte, entre apologías y rechazos, abiertas al porvenir.

Al leerlo de nuevo, como a un clásico, se hace imprescindible considerarlo en su conjunto, sin prejuicios, amputaciones ni falsos agregados. Como él hubiera querido: con «aquellos íntimos ojos con que nos vemos a nosotros mismos».

La escuela ascético-mística quiteña: un episodio poco conocido del español en América

FRANCISCO PROAÑO ARANDI
Academia Ecuatoriana de la Lengua

Los grandes místicos quiteños. ■ Gertrudis de San Ildefonso. ■ Fray José Maldonado. ■ Catalina de Jesús Herrera.

Hacia fines del siglo XVI y principios del XVII estaban ya configurados en la Real Audiencia de Quito, a plenitud, los rasgos propios del sistema colonial español: estratificación social, arte religioso, clima espiritual centrado en el espíritu de la Contrarreforma.

Quito, la ciudad, podía enseñar ya, como secuela espléndida de la gesta evangelizadora de España en América, muestras arquitectónicas tan notables como la iglesia y convento de San Francisco (1537-1560), la catedral (1570), la Merced y su conjunto conventual (1627). La escuela quiteña de pintura iniciaba el camino de su futura madurez e influencia en otros ámbitos, incluso lejanos, del territorio colonial.

Lo religioso y lo litúrgico informaban el clima intelectual de la urbe audiencial, en sintonía con aquello que la España tridentina procuraba vertebrar a lo largo y ancho de su imperio: evangelizar los nuevos mundos descubiertos. No obstante, en España misma, otras vertientes alcanzaban un desarrollo cimero: la novela y el teatro, fundamentalmente. Las obras de la naciente novela española, entre otras, las de la picaresca y, desde luego, poco después, el *Quijote*, pasaban en profusión a las colonias americanas, incluso por vía de contrabando, lo cual llevaba a la aparición de tendencias secularizadas, profanas, que, también en Quito, se evidencian muy pronto.

Pero, en todo caso, y bajo la estricta vigilancia del poder del momento, tanto civil como eclesiástico, las obras más importantes del período colonial temprano (siglos XVI y XVII) serán de carácter religioso. Las de naturaleza mística, que siguen los grandes modelos españoles del XVI, constituirán un punto crucial. Podría decirse que en el caso quiteño se vivía espiritualmente una suerte de correlato de lo que sucedía en España: una gran tensión espiritual —tan propia del Barroco—, una incomodidad con la realidad circundante, una búsqueda apasionada de lo trascendente, imperativos que se expresan de un modo desmesurado con distorsión y exuberancia de las formas, metáforas extremas, oscuridad deliberada. El Quito del siglo XVII refleja en su literatura ese clima: la llamada escuela ascético-mística, que se fragua en el interior de los monasterios y, como en contrapartida, hacia el exterior extramonástico, pero con similar ímpetu espiritual, las relaciones escritas por los misioneros que, en multiplicadas expediciones nacidas en la urbe conventual, no vacilaban en adentrarse, iluminados por su inclaudicable propósito interior, en el vasto y desconocido mundo de la Amazonía.

Dice el crítico ecuatorianoespañol Carlos Pérez Agustí:

> En América se modifica relativamente el sentido religioso de la actividad literaria (propia del Barroco): más que con las implicaciones propias de la Contrarreforma, tiene que ver con el nuevo espíritu misionero relacionado con la evangelización durante la Colonia.

Se desarrolla así en el Nuevo Mundo, a partir del siglo XVI, una fecunda producción de literatura religiosa o de espiritualidad, de la cual el momento culminante es la escuela ascético-mística de Quito, con distintas variantes en lo que tiene que ver con las repercusiones de la obra de santa Teresa de Jesús, fray Luis de León y san Juan de la Cruz[1].

LOS GRANDES MÍSTICOS QUITEÑOS

Lo religioso, como sentimiento hegemónico de la expresión literaria de la época, tenía sin duda una vertiente de índole popular: consejas, leyendas, canciones y letrillas que aún se cultivan, especialmente en los villancicos que se cantan en la época navideña. Pero predominaba sobre todo una corriente culta, alimentada por los estudios teológicos de las universidades y colegios regentados por las órdenes confesionales: jesuitas, dominicos, franciscanos, agustinos...

La poesía, de la que se han conservado algunas piezas importantes, tuvo así una marcada impronta religiosa y barroca, como la que podemos encontrar en el *Ramillete de varias flores poéticas, recogidas y cultivadas en los primeros abriles de sus años por el maestro Xacinto de Evia*[2].

Lógicamente, ocupan lugar central en el desarrollo literario dos géneros: la oratoria sagrada, de la que se conservan piezas notables, y la hagiografía. En este último género sobresale *La Azucena de Quito que brotó el florido campo de la Iglesia*, del jesuita Jacinto Morán de Buitrón[3], biografía de la santa de la ciudad, Mariana de Jesús.

Pero los que completan un corpus de gran originalidad, sin duda, son las citadas relaciones de los misioneros y los textos de carácter ascético y místico. Dos vertientes que se originan en la misma raíz espiritual: una, hacia la interioridad del ser y en el ámbito silente de los monasterios de clausura; otra, en el exterior y en el marco de la turbulenta exploración de lo desconocido. Una literatura, esta última, que también es de viajes y de alguna manera, en varios casos, precursora de lo que en el siglo XX serían tanto el realismo mágico latinoamericano como la tendencia de lo real maravilloso, habida

1. Pérez Agustí, Carlos: «Literatura española y literatura de la Audiencia de Quito». En *Historia de las literaturas del Ecuador*, vol. 1, *Literatura de la Colonia, 1534-1594/1594-1700*. Quito: Corporación Editora Nacional / Universidad Andina Simón Bolívar, 1987, pág. 56.
2. Fue impreso en Madrid, en 1675, en la imprenta de Nicolás de Xamares.
3. Editada en Madrid, en 1724, en la imprenta de don Gabriel del Barrio, aunque también hubo ediciones en Lima (compendio, 1702) y México (1732).

   Larrea, Carlos Manuel: *Las biografías de santa Mariana*. Quito: Corporación de Estudios y Publicaciones, 1970.

cuenta de que los misioneros, en sus relatos, no dudan en maravillarse del nuevo y desmesurado mundo que van descubriendo, sin dejar de dar pábulo, en ciertas páginas, a lo legendario y mítico. Tal hace, por ejemplo, fray Gaspar de Carvajal, cronista de la expedición de Francisco de Orellana, descubridor del río Amazonas. El religioso no duda, en su crónica, de la existencia, en aquel ámbito selvático, de unas mujeres guerreras, circunstancia a la que debe su nombre el gran río.

En lo que se refiere a la literatura quiteña de carácter ascético y místico, cabe señalar que entronca y se vincula con singular significación con la que poco tiempo atrás, en las postrimerías del siglo XVI, se diera en España. Tres nombres sobresalen dentro de ella: Gertrudis de San Ildefonso, monja clarisa quiteña; fray José de Maldonado, quiteño también; y Catalina de Jesús Herrera, guayaquileña. Los dos primeros florecen en el siglo XVII y la tercera, en el XVIII.

Cabe citar también a Teresa de Ahumada, sobrina de Teresa de Jesús, nacida en Quito en 1556 e hija de Lorenzo de Cepeda, autora de textos y cartas de auténtico valor literario. Religiosa carmelita, vivió luego de viajar a España, en Ávila, donde murió[4].

GERTRUDIS DE SAN ILDEFONSO

Nació en 1652 en el seno de una familia de notables quiteños. En el Monasterio de Santa Clara, donde residió gran parte de su vida, escribió *La perla mística escondida en la concha de la humildad* (1700). Murió en 1709, en medio del dolor del pueblo que la quería y admiraba. Cuenta al respecto Hernán Rodríguez Castelo[5]:

> Sor Gertrudis, amén de la fama de sus virtudes y la noticia de hechos maravillosos obrados para alivio de las gentes en la última peste, dejaba un libro que constituye la cumbre del movimiento de espiritualidad quiteña del XVII y podría contar —de conocerse— entre los escritos místicos más importantes del XVII americano: *La perla mýstica escondida en la concha de la humildad* —tal el título que le pusiera el director espiritual de la monja, redactor en buena parte del texto y compilador en otra[6].

---

4. Las declaraciones de Teresa de Cepeda en el proceso de canonización de santa Teresa de Jesús constan en las *Obras de santa Teresa de Jesús*. Burgos, 1915, tomo II, págs. 303-369. Nota en «Selecciones de Teresa de Cepeda y Fuentes». *Prosistas de la Colonia, siglos XV-XVIII, Biblioteca Ecuatoriana Mínima*. Quito-México: Editorial Cajica, pág. 133.

5. Rodríguez Castelo, Hernán: *Literatura en la Audiencia de Quito, Siglo XVII*. Quito: Editorial Banco Central del Ecuador, 1980, pág. 379.

6. Hay testimonios de otras monjas de claustro en diferentes monasterios coloniales que escribieron sobre sus experiencias religiosas y cotidianas, textos los cuales, o eran corregidos

Parece que fue muy hermosa y, entre sus talentos, a más del de escribir, estaba la música, puesto que tocaba muy bien el órgano y cantaba, además. Pero por diversas razones se encaminó a entrar en la orden religiosa, llegando, años más tarde, a dirigir el convento.

Testimonió su experiencia religiosa y mística en tres volúmenes, de los que la parte concerniente a su evolución interior, dentro de la cual describe los momentos de iluminación y éxtasis espiritual, es la propiamente escrita por ella. A su director espiritual, el carmelita fray Martín de la Cruz, pertenece lo que atañe a datos biográficos de la monja, comentarios y glosas.

Es interesante lo que el académico Rodríguez Castelo señala al respecto:

> Lo grande del libro pertenece a Gertrudis de San Ildefonso, que cuenta libre y briosamente; fray Martín es prosista empeñoso, con maneras conceptistas, a menudo mediocre. Anda a caza de lugares de la Escritura que ilustren las experiencias de la mística. (La monja habla de algún quebranto interior expresándolo con toda la fuerza y desenfado del habla popular: «como que una rueda de molino me estrujara el corazón», y el acucioso fray Martín escribe al margen: «Surge et tritura filia Sion» (Michel 4 n L. 3) y «Deus meus, pone illos ut rotam» (Psalm. 82, n. 14), textos que traducidos dicen: «Levántate y tritura, hija de Sión» y «Dios mío, ponlos como rueda»[7].

La espontaneidad, el don poético, la fuerza de expresión y la ausencia de retórica conceptista hacen del libro de Gertrudis de San Ildefonso, pese a su tema central religioso y místico, una muestra invalorable de lo mejor de la prosa escrita en español en aquellos años de la Colonia.

Cabe transcribir algunos textos ilustrativos. Una aparición de Cristo:

> El cual se me representó (imaginaria e intelectualmente) hombre y Dios verdadero, según el traje y forma que anduvo y tuvo en el mundo. Hombre admirable, de lindo y perfecto cuerpo, más que toda ponderación puede declarar. Lo cándido de su cuerpo, cuello y manos excedía a los ampos de la nieve. Rostro bello y agraciado, blanco, puro y terso; más que el cristal refulgente. Frente capaz y serena. Ojos, zarcos rasgados y hermosos, nariz también agraciada, que dos mejillas, blandamente rosadas, le daban jurisdicción cada una, y sus labios vertiendo carmesí. Y barba bien poblada, con agradable división a lo Nazareno; hacía todo lo florido de su divino rostro una singular hermosura y un cielo abreviado. El cabello, ondeado, castaño y color de avellana; se terminaba sobre el hombro; cuyo color aumentaba no sé qué gracexo a tanta lindeza.

---

y confiscados por sus directores espirituales, o adjudicados a estos, en el marco de una lógica que no admitía la existencia de escritoras mujeres.

7. *Op. cit.*, pág. 383.

O, una aproximación al estado de gracia, tan buscado por el escritor místico, en este caso, escritora:

> Sentí, con más fervor, los llamamientos interiores, y, al punto, el alma, toda abstraída a Dios nuestro Señor, en acto sencillo de Fe y simplísima Inteligencia, en que la tuvo el Señor durante como una hora. Y con unos afectos sustanciales me llegué a recebirlo en el Santísimo Sacramento; y aviendo pasado como un quarto de hora, se me manifestó Su Majestad imaginariamente, como un Cordero, tan hermoso y blanco como los ampos de la nieve, y su boca o labios, como un carmín, que causaban, en su hermosura, un género de agrado a la vista interior, en que noté andaba el Señor recreándose con el Alma, en demostrarse con estos semblantes; pues recogiéndose el alma al interior y dexando esto imaginario, se mostró, de repente, Hombre y Dios verdadero, que lo miraba mejor con los ojos del entendimiento y claros que la fe me ministraba. Y, encendido con esta interiore vista el afecto, en su amor, cogiendo alas afectivas, lo volvió otra vez a gozar[8].

En plena hegemonía del conceptismo y sus excesos, la monja quiteña despliega una escritura caracterizada más por la intensidad emotiva, la claridad y la precisión, lo que sin duda llama la atención desde la perspectiva del presente y la enlaza con lo mejor de la prosa de sus modelos españoles.

FRAY JOSÉ MALDONADO

Fue un talentoso franciscano quiteño que alcanzó las más altas posiciones en su orden, lo que le llevó a residir en España hasta su muerte en 1652. Fue sobre todo un artista del lenguaje, autor de una *Relación del descubrimiento del río de las Amazonas, por otro nombre del Marañón, hecho por la religión de nuestro padre san Francisco, por medio de los religiosos de la provincia de San Francisco de Quito*. Pero su obra más importante es de naturaleza mística: *El más escondido retiro del alma*, publicado en Zaragoza en 1649. Un tratado sobre los sucesivos estadios que llevan o deben llevar al alma a la conjunción con la gracia divina, objeto del cometido místico.

El estilo es claro y ameno, pese a la densidad de los temas. Obra erudita, pero como sucederá con Gertrudis de San Ildefonso y, tal vez, con más ahínco, llena de imágenes que prestan al texto una intensidad poética indiscutible, alejada, asimismo, de cualquier exceso retórico.

Leamos un pasaje sobre el texto evangélico de la mujer de Samaria:

---

8. Hernán Rodríguez Castelo traduce algunos de los pasajes de la obra, adaptando la puntuación para facilitar la lectura del lector moderno.

> De palabra en palabra, entre demandas, y respuestas fue Christo, sabiduría del Padre, edificando en ella vna fuente de agua viua, destruyendo el amor humano, y introduciendo el divino. Yo tengo agua, de tal calidad (dixo Christo Señor nuestro) que aquel, á quien yo la diere, jamás tendrá sed, y se hará en él una fuente, que estará manando agua de vida eterna. Dame esa agua (respondió la Samaritana) para que yo no venga a sacarla deste pozo. Fuesse descubriendo Christo mas y mas, de suerte que llegó la mujer a decir: que se esperaua al Mesías, Entonces el Esposo diuino la hirió en el corazón con fortaleza, y suavidad, diciendo: yo soy. Con esta palabra le ilustró el entendimiento, é inflamó la voluntad, y assi como la piedra del desierto, a los golpes de la vara de Moisés produxo agua; assi quedó esta dichosa mujer hecha una fuente de agua viva.

CATALINA DE JESÚS HERRERA

Guayaquileña de nacimiento (1717), esta escritora fue religiosa de coro del monasterio de Santa Catalina de Siena, en Quito. Dejó escrita una suerte de autobiografía espiritual titulada *Secretos entre el alma y Dios*, considerada por los estudiosos como una obra maestra de la prosa castellana quiteña del siglo XVIII.

Nos cuenta Hernán Rodríguez Castelo en su monumental estudio sobre la literatura quiteña de esa centuria[9], que, según narra la propia monja catalina, se puso a escribir afanosamente luego de recibir tal encargo de la propia divinidad:

> Púsose a escribir sor Catalina con ímpetu y, noche a noche, fue llenando cuadernos y cuadernos. Y, por más que quería poner fin a la obra, sentía el escrúpulo de tornar atrás en los recuerdos para inventariar nuevas iluminaciones, visiones, sugestiones, gracias, mociones, voces y señales.

Se trata, más allá de la descripción de los momentos místicos que experimenta en su búsqueda de conjunción con la divinidad, de una confesión autobiográfica donde afloran, en un lenguaje intensamente emotivo, los pasajes clave de su existencia y, en especial, de los movimientos interiores de un alma en perpetua búsqueda y también en permanente introspección. Y, al mismo tiempo, no deja de darnos una visión del Quito en que vivía en una suerte de contemplación casi novelística. Dueña de recursos estilísticos, no cae en la retórica conceptista que en el Quito dieciochesco aún perduraba. En realidad, es una excelente narradora, dueña de un arsenal de variados recursos estilísticos.

---

9. Rodríguez Castelo, Hernán: *Literatura en la Audiencia de Quito. Siglo XVIII*. Ambato: Casa de la Cultura Ecuatoriana, Núcleo de Tungurahua, 2002, pág. 704.

No es casual que el precursor de la independencia quiteña, escritor, periodista y polemista, Eugenio de Santa Cruz y Espejo, arremetiera contra esa persistencia oscurantista en una de sus principales obras: *El nuevo Luciano de Quito.* Espejo y Catalina de Jesús Herrera mueren el mismo año, 1795. Y ambos constituyen, sin duda, contrapartida segura al engolamiento del discurso literario, aunque con diferentes objetivos.

Hay pasajes en la obra de esta monja que impresionan, como el que transcribimos a continuación, por su rara coincidencia de fondo con el tema central del *Cántico espiritual* de san Juan de la Cruz:

> Y yo salí de allí como loca, pero en silencio, buscando desatinada a mi Querido, pensando ¿Dónde lo hallaré?, ¿adónde lo buscaré?, ¿qué se me habrá hecho?, con un desasosiego todo Paz y quietud. Pues no es desasosiego que perturba, sino una Dulzura que causa el mismo buscar a su querido. Que el amor, como loco, hace buscar lo mesmo que consigo tiene, y hace parecer que aún no lo tiene.

Profundidad en la búsqueda de su interioridad iluminada y una escritura que, si bien se nos presenta precisa, evidencia tensión implícita, llena de connotaciones sutiles, todo como en aparente contradicción. Por sobre lo que tiene de simbolismo religioso, no deja de aludir a esas zonas de incertidumbre, de luz y de sombra, tan inherentes a la condición humana.

Es sumamente significativo que, en un entorno dominado por el culteranismo y el conceptismo, estas tres figuras coloniales, Gertrudis de San Ildefonso, José Maldonado y Catalina de Jesús Herrera, hayan logrado superar a su tiempo, escribiendo de un modo que prefiguraba ya, más allá del tema religioso y místico, una nueva sensibilidad, aún, entonces, en ciernes.

Independencia, identidad y letras costarricenses: el afloramiento de una conciencia nacional

VÍCTOR MANUEL SÁNCHEZ CORRALES

Academia Costarricense de la Lengua

INTRODUCCIÓN

En este breve artículo, conmemorativo del bicentenario de la independencia de Costa Rica, se cuestiona cómo ha sido el afloramiento de una conciencia patria, reflejada en la producción y crítica literarias, y en trabajos sobre la lengua española en el contexto histórico-cultural de la joven nación.

La respuesta está, en el caso de la literatura, entre 1890 y 1900 (Quesada 1984), si se toman como referencia las publicaciones de dos tomos de cuentos: *Hojarasca,* de Ricardo Fernández Guardia (1884), y *Chamarasca*, de Carlos Gagini (1898). Por su parte, en lo que corresponde a la lengua española en el contexto histórico-social de la joven nación, el gran referente es el *Diccionario de barbarismos y provincialismos de Costa Rica,* también de Gagini (1892), uno de cuyos objetivos era registrar voces en calidad de usos identitarios de buen cuño, teniendo en cuenta los principios lexicogenéticos de la lengua española o voces que violentan tales procedimientos.

LA LITERATURA COSTARRICENSE DURANTE LA FORMACIÓN DEL ESTADO NACIONAL

Costa Rica, al igual que los otros países de Centroamérica, conmemorará el 15 de setiembre de 2021 el bicentenario de su independencia. Esta celebración nos obliga a mirar al pasado y a reflexionar acerca de los procesos, diversos y complejos, que han posibilitado la construcción del Estado costarricense, el cual conlleva no solo el desarrollo de políticas y normas sociales, educativas, económicas y jurídicas, sino también culturales, una de cuyas manifestaciones se da en las letras, como producción y crítica literarias.

Dentro de este ámbito cultural, la literatura ha sido un factor fundamental para construir la identidad nacional, pues gracias a esta se discuten distintas formas de concebir el lenguaje y los puntos de vista que la caracterizan (*cf.* Mondol 2018: pág. 17). En Costa Rica, se considera que, a finales del siglo XIX, bajo el signo del liberalismo oligárquico (Quesada 2002: pág. 37), es cuando se inicia la configuración de un modelo de literatura nacional inmerso en la etapa de consolidación del Estado. Esto quiere decir que, cerca de setenta años después de la firma del acta de independencia, se comienza a discutir conceptualmente sobre su literatura. Es necesario considerar que el periodo de debate coincide con la etapa de construcción de diversas instituciones culturales (el Archivo Nacional, 1881; el Museo Nacional, 1887; la Biblioteca Nacional, 1888), monumentos (estatua a Juan Santamaría, 1891; el Monumento Nacional, 1895), con la consolidación de revistas culturales y diarios, con la circulación de los primeros libros de literatura nacional, con la fundación de teatros (el Teatro Nacional, 1897; el Variedades, el Moderno) y con el estreno de las primeras obras de teatro de autores costarricenses.

LA POLÉMICA SOBRE LA LITERATURA EN COSTA RICA

Según Quesada (1984), «entre los años 1890 y 1900, surgen una serie de fenómenos culturales y literarios que nos permiten considerar esta década como aquella en la que las esporádicas manifestaciones literarias anteriores cristalizan y maduran, para producir lo que podríamos llamar el inicio de una literatura consciente de sí misma» (pág. 3). Como ha quedado dicho, no es sino hasta finales del siglo XIX cuando comienzan a publicarse obras de diversos géneros de autores costarricenses, entre estos *Lira costarricense* (Máximo Fernández [ed.], 1890), *Hojarasca* (Ricardo Fernández Guardia, 1894), *Chamarasca* (Carlos Gagini, 1898), *El problema* (Máximo Soto Hall, 1899), *El Moto* (Joaquín García Monge, 1900), y diversos cuentos de Manuel González Zeledón.

A partir de la publicación de *Hojarasca,* brotó un interesante debate acerca de diversos temas que deberían tratarse en la literatura costarricense, con la llamada «polémica sobre nacionalismo literario» o «polémica sobre nacionalismo en literatura». Por medio de cartas, publicadas en la revista *Cuartillas* y en los periódicos *El Heraldo de Costa Rica, La República* y *El Fígaro,* Antonio Zambrana, Ricardo Fernández Guardia, Carlos Gagini, Benjamín de Céspedes, Manuel González Zeledón, Joaquín García Monge y Leonidas Briceño intercambian sus opiniones al respecto. Enlistamos, a continuación, las misivas que se enviaron:

Fecha	Título/asunto	Autor	Publicación
28 de mayo de 1894	(Reseña de *Hojarasca*)	Carlos A. Zambrana	*Cuartillas*
28 de mayo de 1894	«Hojarasca»	Carlos Gagini (pseud. «Amer»)	*Cuartillas*
24 de junio de 1894	«El nacionalismo en literatura»	Ricardo Fernández Guardia	*El Heraldo de Costa Rica*
29 de junio de 1894	«El nacionalismo en literatura»	Carlos Gagini	*La República*
1 de julio de 1894	«El nacionalismo en literatura»	Benjamín de Céspedes	*El Heraldo de Costa Rica*
3 de marzo de 1900	(Comentario sobre *El Moto*, dirigido a Joaquín García Monge)	Manuel González Zeledón	*La Revista*
París, 28 de marzo de 1900 (publicado el 24 de mayo de 1900)	«Nacionalismo literario»	Ricardo Fernández Guardia	*La República*
2 de setiembre de 1900	«Nacionalismo literario»	(Nota de la dirección, Rafael Machado)	*El Heraldo de Costa Rica*
4 de setiembre de 1900	(Dirigido a Rafael Machado)	Leonidas Briceño	*El Heraldo de Costa Rica*

Fecha	Título/asunto	Autor	Publicación
18 de setiembre de 1900	«Casi palique» (I)	Jenaro Cardona	*La República*
21 de setiembre de 1900	«Casi palique» (II)		
22 de setiembre de 1900	«Casi palique» (III)		
23 de setiembre de 1900	«Casi palique» (IV)		
5 de octubre de 1900	«Literatura nacional»	Rafael Machado Jáuregui (redactor de *El Heraldo de Costa Rica*)	*El Heraldo de Costa Rica*
París, 2 de octubre de 1900 (publicado el 27 de octubre de 1900)	(Dirigido a Rafael Machado Jáuregui, redactor de *El Heraldo de Costa Rica*)	Ricardo Fernández Guardia	*El Heraldo de Costa Rica*
París, 19 de octubre de 1900 (publicado el 10 de noviembre de 1900)	«Nacionalismo literario»	Ricardo Fernández Guardia	*El Fígaro*
París, 23 de octubre de 1900 (publicado el 20 de noviembre de 1900)	«Nacionalismo literario» (I)	Ricardo Fernández Guardia	*El Fígaro*
París, 23 de octubre de 1900 (publicado el 21 de noviembre de 1900)	«Nacionalismo literario» (II)		

Nota: Cuadro elaborado a partir de los datos de la reproducción, recopilada de la «Polémica entre nacionalismo y literatura», *Letras* 8-9 (1981/1982), págs. 289-337.

Debe tenerse en cuenta que la polémica se desarrolló en dos etapas: la primera entre el 28 de mayo de 1894 y el 1 de julio de 1894; la segunda, desde el 3 de marzo de 1900 hasta el 27 de octubre de 1900. Hay un periodo de seis años en el que, al menos estos escritores y por este medio, no se refieren al tema. No es sino hasta 1900, a partir de la carta de Manuel González Zeledón, debida a la publicación de *El Moto*, que se reactiva la polémica. El contenido de estas cartas provoca cierta controversia por varias razones, una de ellas es que la mayoría de los escritores pertenecía a la oligarquía, habían nacido en las décadas de 1850 y 1860 y formaban parte de la denominada *generación del Olimpo*, es decir, «la elite letrada de intelectuales, políticos, maestros, historiadores y escritores» (Quesada 2002: págs. 34-35), encargados de establecer el nuevo Estado liberal y elaborar la nueva mitología oficial costarricense (Quesada 2002), que había surgido hacia 1889. Esto deriva a una serie de temas que se oponen, por ejemplo, la aristocracia (liberal) frente a la plebe (nacionalista), como señala Leonidas Briceño.

Los autores plantean otras oposiciones, como civilización y barbarie, el Valle Central opuesto a la periferia, tratamiento de asuntos nacionales respecto de extranjeros (oposición nacional-universal), escritores versus escribidores (aunque, en esa época, la escritura fuera una actividad complementaria), censura en contra de la producción, el léxico de España en contraste y oposición al de América; y hay sugerencias de plagio (o «inducción literaria») en contra de verdades históricas.

Por otra parte, quienes han investigado acerca de la polémica se refieren a un conflicto entre nativismo, o la creación de una temática autóctona, y el exotismo, o la imitación de la literatura extranjera (Quesada 1984); o a un conflicto centrado en la temática y el contenido (¿podían nuestro pueblo y sus costumbres ser fuente de poesía y objeto de tratamiento artístico?) (Quesada 1984: pág. 4). Igualmente, se indica que Gagini «defiende la posibilidad de crear una literatura nacional a partir del conocimiento de las costumbres, el habla y los asuntos poéticos característicos de la sociedad costarricense» (Mondol, 2018, pág. 20) y que, para Fernández, «la validez artística de una literatura debía seguir el canon y los modelos estéticos europeos» (Mondol 2018: pág. 20). O a la pugna entre nacionalismo (realismo) y modernismo, este último «visto como resultado de la rebeldía y la inexperiencia de una juventud díscola y desorientada» (Sánchez 2003: pág. 108).

Sánchez (2003) plantea como guías estéticas al nacionalismo y al modernismo; el primero defiende la posibilidad de elaborar un discurso estético que contribuya a la invención de la nacionalidad mediante la inclusión de las clases populares costarricenses, pero no las defiende (2003: pág. 110), y el segundo pretende demostrar que la literatura no debe supeditarse a las necesidades ideológicas del proyecto liberal de invención de la nación (2003: pág. 109). Por lo tanto, esta polémica no se puede reducir a la censura del europeísmo y la defensa del medio nacional, tampoco a designar como villano a Ricardo Fernández Guardia y héroe a Carlos Gagini, como tradicionalmente lo hizo la crítica (*cf.* Sánchez 2003: págs. 103-104).

Aunque planteada de manera muy general, esta discusión permite concluir que no existían, realmente, dos bandos, pues había una serie de coincidencias entre los escritores de la época. Ambas tendencias parten de una opinión sobre la «manera literaria» (Quesada, 1984) y consideran que el punto de vista artístico es independiente y autónomo de la realidad; la producción es ecléctica, pues «se vacila entre diversas tradiciones genéricas, escuelas literarias y géneros discursivos» (Quesada 2010: pág. 39); también son elitistas, menosprecian las culturas populares y buscan educarlas, y no hay una identificación real con los sujetos populares (Sánchez 2003).

No obstante, el debate fue necesario para la búsqueda «del género, la temática, el estilo y el lenguaje para representar literariamente los diversos y contradictorios aspectos de la vida social costarricense» (Quesada 1984: pág. 5); fue un espacio para reflexionar sobre las diversas influencias que las crónicas periodísticas, la sátira, el humor, el folclor y los documentos históricos han tenido en la creación artística literaria. Asimismo, ha permitido la expresión de temas complejos como la exclusión, represión, dudas, rechazos, sueños y cuestionamientos a los modelos sociales y políticos predominantes, así como al esfuerzo por modelar una identidad propia (*cf.* Quesada 2002: pág. 53).

La polémica permite participar de las contradicciones que se dan durante la construcción de un Estado nacional joven y, por lo tanto, de una identidad nacional; en este proceso no se excluyen los discursos y puntos de vista divergentes, conviven la tradición y la modernidad, se plantean y problematizan los papeles que desempeñan hombres y mujeres en el fortalecimiento del imaginario de la joven sociedad costarricense.

LENGUA, DICCIONARIO E IDENTIDAD

Con los primeros años del siglo XIX las colonias españolas de América, inspiradas en los principios de la Revolución francesa y el Romanticismo europeo, empiezan a desgranarse de la corona y, ya como nuevas naciones de habla española, las élites hispanoamericanas promovían el uso prestigioso del castellano, con las obras y autores del Siglo de Oro como modelos y como criterio de autoridad, al igual que las de otros escritores de indudable prestigio: el *auctoris imitandi*, cuyos códigos normativos, publicados por la Real Academia Española en el siglo XVIII, constituyen el *Diccionario de la lengua castellana, en que se explica el verdadero sentido de las voces, su naturaleza y calidad, con las phrases o modos de hablar, los proverbios o refranes, y otras cosas convenientes al uso de la lengua* (1726-1739) —el *Diccionario de autoridades*—, la *Orthographia española* (1741) y la *Gramática de la lengua castellana* (1771). Estas obras se constituyen en la fuente autorizada del criterio de corrección idiomática para los hispanohablantes y escritores en lengua española a uno y otro lado del Atlántico, a pesar de que elementos lingüísticos de variedades del español americano, ya desde sus orígenes, se venían apartando de ese modelo prestigioso, acuñado en aquellas obras ejemplares.

En tal contexto histórico y cultural, los diccionarios nacionales del español americano presentan un doble objetivo: registrar elementos lingüísticos del español de esas nuevas naciones como identitarios, para censurar aquellos usos y formas que se apartan del genio de la lengua y su normatividad, cuya referencia es el *Diccionario de Autoridades* en lo que corresponde a las voces, y recomendar la incorporación al *Diccionario* de aquellas que corresponden al uso de la gente educada y se han formado de conformidad con los principios gramaticales de la lengua española.

Si bien en *Elementos de gramática castellana, escritos expresamente para la enseñanza de la juventud costarricense* (Ulloa Mata: 1872) hay un listado de barbarismos vitandos, lo que, para el propósito de este apartado, constituye un preámbulo de la tríada lengua, cultura e identidad, el *Diccionario de barbarismos y provincialismos de Costa Rica* (Gagini 1892) —en adelante *DBPCR*— constituye la obra más representativa de esa tríada, cuya importancia es tal que forma parte del acervo lexicográfico hispanoamericano del siglo XIX, al sustentarse en aquellos objetivos: registrar voces que atesoran la experiencia de vida de la Costa Rica de su momento —barbarismos, que serían voces incorrectas, y provincialismos, voces de uso nacional o de comarca—, todo ello con un propósito didáctico: la educación lingüística en aras de mantener la unidad y pureza de la lengua hablada a uno y otro lado del Atlántico (*cf.* Gagini 1892: pág. IV). Respecto de los regionalismos —elementos identitarios de la *costarriqueñidad*—, aquellas voces cuya formación se basa en los principios gramaticales de la lengua española y cuyos usuarios son personas cultas deben figurar en el *Diccionario*, obra normativa, entendida como obra común. En esta dirección, son ejemplos de barbarismos las voces *asina*, *arrecostarse* y *apazote*; en tanto que *atirantar*, *barbacoa*, *cachiflín* y *confianzudo* constituyen provincialismos de buen cuño. Citaremos, como ejemplos, *asina* y *arrecostarse*, *atirantar* y *confianzudo*, respectivamente:

> **asina.** Por *así*, es voz anticuada que solo tiene valor entre gente inculta. También en gallego se dice *asina*, y en bable, dialecto de Asturias, *ausina*.
>
> (Gagini 1892: pág. 63)

> **arrecostarse.** La *a* prostética de sobra. «A este agujero se pusieron las dos semidoncellas, y vieron que don Quijote estaba á caballo *recostado* sobre su lanzón» (Cervantes).
>
> (Gagini 1892: pág. 62)

> **atirantar.** Atesar, estirar, poner tirante una cosa. Nos parece significativo y bien formado.
>
> (Gagini 1892: pág. 72)

> **confianzudo.** No figura este adjetivo en los diccionarios, aunque bien lo merece por carecer el equivalente exacto en nuestra lengua. Aplícase al individuo que sin derecho alguno gasta con otro libertades ó familiaridades impropias de la buena educación. Se usa en diversos lugares de América, y acaso también en España, á juzgar por los ejemplos que siguen: «La llaneza *confianzuda* con que todos nos metíamos á vivir en las habitaciones de los demás» (E. Pardo Bazán, *Una cristiana*). «La aristocrática impertinencia del austriaco, las formas *confianzudas* pero protectoras y humillantes del español» (*Id.*, *Travesura pontificia*).
>
> (Gagini 1892: pág. 160)

El *DBPCR*, como diccionario del español americano del siglo XIX, entre otros aspectos, se caracteriza por la erudición del autor, un propósito didáctico y la búsqueda de la amenidad: las voces *cachiflín, chasquearse, alinear* y *borrego* son ejemplos de tales características, respectivamente.

> **cachiflín.** Los cohetes sin varilla que en los fuegos artificiales corren caracoleando por lo bajo, entre los pies de los espectadores, reciben en América nombres muy diversos: entre nosotros se llaman *cachiflines*, en Colombia, *buscaniguas*, en el Perú, *buscapiques*, en Chile, *viejas*, etc. En España se denominan *buscapiés* ó *rapapiés*.
>
> (Gagini 1892: pág. 103)

> **chasquearse.** «Creemos que el usar este verbo como reflexivo en el sentido de padecer algún desengaño ó salir mal de alguna empresa es un chilenismo; pues en castellano no hay más que el activo *chasquear*, manejar el látigo haciéndole dar chasquidos, y el neutro, de forma idéntica, que significa dar chasquidos la madera cuando se abre por sequedad ó mutación de tiempo» (Z. Rodríguez). Aquí también decimos *chasquearse* por *llevarse chasco*; y en tal práctica no vemos nada de impropio, puesto que la Real Academia ha aceptado el verbo *chasquear* como activo en la acepción *dar chasco ó zumba*.
>
> (Gagini 1892: pág. 210)

> **alinear.** ¡*Alíniense*! vociferan en los ejercicios militares los oficiales instructores; ¡*alíniense*! gritan los profesores de gimnástica á los turbulentos escolares; pero ¿cómo han de hacer respetar los preceptos de la ordenanza quienes atropellan inconsideradamente los de la gramática? Porque *alinear* no puede conjugarse con el acento en la *i*, puesto que ningún verbo castellano es esdrújulo en los presentes. Lo regular es acentuar la *e*: *alineo, alineas, alinéese, alinéense*, etc.
>
> «En el fondo y pegados á los muros soldados del castillo se alinean, en los semblantes dibujada el ansia con que el tan caro regocijo esperan» (J. Velarde, *La velada*).
>
> El barbarismo *alínean* afea una composición del poeta mejicano Juan de Dios Peza: «Fórmase el cuadro, se alínean los zuavos en primer término» (*El prisionero de Papasindén*).
>
> (Gagini 1892: pág. 38)

> **borrego.** A un español residente en San José le pasó un chasco graciosísimo. Habiendo manifestado su novia deseos de tener un corderillo, el obsequioso amante envió á su criado á varias haciendas con orden expresa de comprar un borrego bonito y llevarlo á casa de su dulcinea. Cumplido el encargo, fue nuestro héroe á ver á su prometida; pero en lugar de los agradecimientos que esperaba, fué recibido de mal talante por la señorita. Inquirió la causa del enojo y supo que el regalo tenía la culpa; porque lo que el sirviente había comprado era un marranillo barrigudo y gruñón. Entonces supo el aturrullado peninsular que en España *borrego* es un corderillo, en Costa Rica es un cerdo pequeño y rechoncho.
>
> (Gagini 1892: pág. 92)

En efecto, en las páginas del *DBPCR* hay un rico material que nos permite acercarnos a la Costa Rica y sus gentes de fines del siglo XIX, ya Estado independiente, cuya experiencia de vida en tanto aspectos de nuestra costarriqueñidad se atesora en palabras que recoge este diccionario, obra que Gagini ofrece, al igual como lo hizo con su producción literaria, ícono de la cultura costarricense de esa época, al polemizar sobre una literatura propiamente nacional.

BREVE CONCLUSIÓN

Habrían de transcurrir siete decenios desde el año de la independencia de 1821 para que intelectuales y escritores costarricenses se preguntaran sobre la posibilidad de una literatura costarricense como contraparte al canon literario europeo dominante que obviaba tal posibilidad. En esa misma dirección, respecto de la lengua española en Costa Rica, la variedad en que se escriben no solo las obras literarias, la prensa, textos jurídicos, etc., sino también en la que se fundamenta la educación lingüística en las aulas no es otra que aquella instituida en los cánones normativos de la Real Academia Española, cuyo notorio lema «Limpia, fija y da esplendor» debía acatarse en todos sus extremos. De ahí que los artículos lexicográficos del *Diccionario de provincialismos y barbarismos de Costa Rica* tengan tres aportes: educar en la variedad prestigiosa, la que da unidad a la lengua compartida por todos los países hispanohablantes; contribuir con voces provinciales de «buen cuño y de uso de la gente culta» al *Diccionario* (el *DLE*) y censurar aquellas voces «bárbaras» por socavar la belleza de la variedad prestigiosa.

REFERENCIAS BIBLIOGRÁFICAS

ACADEMIA COSTARRICENSE DE LA LENGUA [ACL]. Carlos Gagini Chavarría, 2021. https://www.acl.ac.cr/n_a.php?cgc

BRICEÑO, Leonidas; CARDONA, Jenaro; CÉSPEDES, Benjamín de; GAGINI, Carlos; FERNÁNDEZ GUARDIA, Ricardo, y GONZÁLEZ ZELEDÓN, Manuel: «Polémica entre nacionalismo y literatura». *Letras*, (8-9), 1981/1982, págs. 289-337. https://www.revistas.una.ac.cr/index.php/letras/article/view/4396

GAGINI CHAVARRÍA, Carlos: *Diccionario de barbarismos y provincialismos de Costa Rica*. San José: Tipografía Nacional, 1982.

LUJÁN, Agustín (dir.). (1894). *Cuartillas*. https://www.sinabi.go.cr/biblioteca%20digital/revistas/Cuartillas.aspx#.YI-IJbWuKUk

MONDOL LÓPEZ, Mijail: *Identidades literarias. Una aproximación sociohistórica a la literatura costarricense*. San José: Editorial de la Universidad Estatal a Distancia, 2018.

QUESADA SOTO, Álvaro: «Reflexiones acerca de la polémica sobre nacionalismo en literatura». *Revista de Filología y Lingüística*, 10(2), 1984, 3-13. https://revistas.ucr.ac.cr/index.php/filyling/article/view/16171/15635

—: *Uno y los otros: identidad y literatura en Costa Rica 1890-1940*. San José: Editorial Universidad de Costa Rica, 2002.

SÁNCHEZ CORRALES, Víctor Manuel: «El discurso diccionarístico en la lexicografía hispanocostarricense: los diccionarios de Gagini». *Boletín de la Academia Costarricense de la Lengua* VIII, 2013, págs. 35-48.

SÁNCHEZ MORA, Alexander: «El modernismo contra la nación. La polémica literaria de 1894 en Costa Rica». *Revista de Filología y Lingüística*, 29(1), 2003, págs. 103-117. http://repositorio.ucr.ac.cr/bitstream/handle/10669/14223/4473-6769-1-PB.pdf?sequence=1&isAllowed=y

SEGURA MONTERO, Alberto (ed.): *La polémica (1894-1902): El nacionalismo en literatura*. San José: EUNED, 1995. https://bit.ly/2R1zWIQ

SISTEMA NACIONAL DE BIBLIOTECAS [SINABI]. (s. f.). Gagini, Carlos. http://www.sinabi.go.cr/DiccionarioBiograficoDetail/biografia/146

—: (s. f.). Ricardo Fernández Guardia. https://www.sinabi.go.cr/diccionariobiografico/biografias/145.html

ULLOA MATA, Fr. (1872). *Elementos de la gramática de la lengua castellana: escritos espresamente para la enseñanza de la juventud de Costa-Rica*. San José: Tipografía Nacional.

Persistencia de la tonada

SANTIAGO SYLVESTER
Academia Argentina de Letras

Hace muchos años, cuando salí de Salta para estudiar Derecho en Buenos Aires, descubrí, a la manera de monsieur Jourdain, el burgués gentilhombre de Molière (que hablaba en prosa sin saberlo), que yo hablaba quechua sin saberlo. Tal vez sea un poco exagerado, pero recuerdo que en la vida cotidiana usaba una cantidad de palabras que no se conocían en Buenos Aires y que hasta entonces no se me había ocurrido pensar que no pertenecieran al idioma común del país.

Un trabajo de Susana Martorell de Laconi, *El español en Salta*[1], y un voluminoso *Diccionario de americanismos*, de Fanny Osán de Pérez Sáez y Vicente Pérez Sáez[2], dan cuenta de las particularidades lingüísticas de Salta, mi provincia, que sin dificultad pueden hacerse extensivas a todo el noroeste argentino. Allí se nos informa precisamente de la base quechua (o quichua, porque en este idioma no se distinguen esas vocales) que empapa el habla de la zona.

A la llegada de Colón a América, la región amplia, supranacional, estaba diseñada por el Imperio incaico; y podría decirse que el noroeste argentino fue una parte de aquel imperio. En toda el área hubo sucesivas diversidades e integraciones culturales, preexistentes a la conformación de los países actuales y, lógicamente, de las provincias: ya existían características propias, algunas de las cuales subsisten hasta hoy. La integración, además de ser política, estuvo configurada por un cúmulo de costumbres, creencias, artesanías, música, gastronomía, formas de la diversión y del aburrimiento, además de un idioma que dejó huellas.

Esta casuística de datos culturales, en otro contexto, le sirvió a T. S. Eliot para teorizar sobre la incidencia de la gastronomía en la cultura de un pueblo y agregar que «uno de los síntomas de la decadencia cultural de Gran Bretaña es la indiferencia por el arte de cocinar»[3]. Una indiferencia que, al parecer, era ya antigua, puesto que Thomas de Quincey recoge el comentario de un francés que pasó por Londres y que no acababa de entender cómo una sociedad como la inglesa podía tener sesenta religiones y una sola salsa[4]. No creo que Gran Bretaña esté en decadencia, pero lo discutible de su cocina es un comentario bastante difundido. En el norte argentino, aquel francés se hubiera sorprendido por la existencia de una verdadera gastronomía basada en la cultura del maíz, con una variedad que abarca toda América.

---

1. Martorell de Laconi, Susana: *El español en Salta*. Buenos Aires: Academia Argentina de Letras, 2006.
2. Osán de Pérez Sáez, Fanny, y Vicente Pérez Sáez: *Diccionario de americanismos en Salta y Jujuy*. Madrid: Arco Libros y Secretaría de Cultura de la Provincia de Salta, 2006.
3. Eliot; T. S.: *Notas para la definición de la cultura*. Trad. de Félix de Azúa. Barcelona: Bruguera, 1984.
4. En una nota al pie de *Los últimos días de Emmanuel Kant*.

La diversidad lingüística que existía fue desapareciendo a partir del período incaico por la implantación y difusión del quechua, que sirvió de *lingua franca,* a la manera del latín durante siglos en Europa. El quechua fue instalado como la lengua de la política y del comercio, y dejó una base lingüística que perdura hasta hoy.

Es interesante saber que, a fines del siglo XX, se usaban, además de los afluentes que provenían del río de la Plata, unas doscientas cincuenta palabras quechuas, algunas de las cuales tienen presencia sólida en todo el país: no sé qué haría un argentino de cualquier lugar sin la palabra *cancha,* ni mucha mitología local sin la palabra *pampa.*

Pero el problema (que en mi opinión lo es, además de ser una pena) está en la disminución. Hay una pérdida constante de palabras de cuño americano en el habla de nuestro norte y, por supuesto, de todo el país. Y, si a esto se agrega otra pérdida importante, la de las palabras arcaicas, que daban un fuerte regusto al habla local, se puede llegar a la conclusión de que todo tiende a lo global, a lo genérico, a la pérdida de lo específico en beneficio de lo supuestamente cosmopolita.

Aquí corresponde mencionar, aunque sea de paso, la larga sombra de la televisión: la gran responsable, terminado el predominio de la radio, de borrar particularidades y distribuir algo así como Coca-Cola verbal para todo el mundo. Por supuesto, la televisión no está sola, sino muy acompañada por toda la tecnología de la comunicación, cada vez más intensiva y mundial. Si menciono especialmente a la televisión es por su omnipresencia, tanto en la ciudad como en el campo, y por la espectacularidad de su llegada.

Afortunadamente, como pasa siempre, una afirmación tan rotunda como la que acabo de hacer es cierta solo a medias. Sospecho que un salteño o un jujeño no podría vivir sin la sonora palabra *acuyico,* al menos mientras perviva la costumbre de *coquear;* y espero seriamente que no desaparezcan nunca de la mesa el *locro,* el *anchi,* el *charqui* ni finalmente la *visacara,* aunque se haya mutado en *matambre.* Y sería una verdadera derrota para el reino animal la extinción del *chalchalero,* la *acatanca,* los *tucos* o la *chuña.*

La enorme ventolera que supuso la comunicación en una zona más bien apartada, y hasta orgullosa de su relativo aislamiento, introdujo modificaciones también enormes en los usos lingüísticos, incluso en la fonética. He captado, con confeso malhumor, cierto *shesheo* en Salta: me refiero a esa manera ya arraigadamente porteña de pronunciar, no *llueve,* sino *shueve.*

En el capítulo de las pérdidas puede citarse también, como he dicho, la desaparición de modismos antiguos, que se habían conservado allí cuando ya habían desaparecido de todas partes, incluso del español de España. Durante el tiempo bastante largo que me tocó vivir en Madrid (veinte años) tuve la siguiente experiencia: con un grupo de amigos españoles, casualmente de distintas regiones de España, mantuvimos durante dos años una tertulia que consistió en leer y comentar el *Quijote de la Mancha*. Mi mujer, también salteña, tuvo la iniciativa de anotar palabras y expresiones que nuestros amigos desconocían y que nosotros habíamos usado en la infancia. Recuerdo, al menos, una que Cervantes usa y que en mi casa era bastante común: *tratar al estricote*. Al margen de la definición más precisa de un diccionario, en mi casa significaba 'un mal trato sin vesania', como cuando a un niño se lo mandaba demasiadas veces a traer un vaso de agua, a buscar un cigarro o a atender la puerta y, finalmente, con toda razón, se quejaba: «Me están tratando al estricote». Luego, con los años, hice la experiencia de repetirla en Salta y, salvo algunos mayores, ya nadie la recordaba.

Otra experiencia de lo mismo la he recogido hace no mucho de una charla con un vecino en una zona rural de Salta, un hombre de campo con quien me gusta conversar, entre otras razones, por la cantidad de palabras y expresiones perdidas que conserva. Una tarde, mientras hablábamos en un callejón que da a un monte bastante espeso, nos llegó una ráfaga de viento fresco, con olor a plantas y a flores; mi vecino se detuvo en el acto y comentó con asombro: «¡Cómo trasciende el monte, don Santiago!». Por distintas razones, quedamos asombrados los dos.

Paralelamente, y con toda lógica, en todo el norte han prosperado las nuevas palabras vinculadas a la tecnología y algunas expresiones de las telenovelas, incluso de lo peor, de lo más vulgar de la televisión. Sobre lo primero, bienvenidas la tecnología y sus palabras: son, sin más, adquisición imprescindible. Y, sobre lo segundo, no encuentro mucho que añadir a todo lo dicho sobre el mal uso de la televisión, casi no veo defensas y, en general, el mundo ha sido siempre así: cosas que se pierden y cosas que aparecen, a veces por las peores razones. Lo que sí se me ocurre es repetir aquella verdad de Platón, que sigue siendo cierta: «Hablar mal no solo es defectuoso, sino que produce daño en las almas». Por supuesto, no defiendo ñoñerías (Platón tampoco) ni me refiero a las palabras fuertes, de las que soy usuario, sino a la grosería y ordinariez, y no es necesario aclarar más.

Hay una difundida distinción entre idioma y dialecto, según la cual un idioma es un dialecto con ejército. En estos días sigue valiendo, aunque ya no se trate solo de ejército con armas sino con imágenes, con golpe mediático y voluntad de dominar el ágora actual, de la que no podemos prescindir, que se llama mercado. Se trata de un ejército infalible, posiblemente invencible, al menos por ahora, que condiciona no solo la forma de vestir, de comer, de beber, sino los comportamientos que se expresan en el habla.

Quiero decir que, en términos generales, el habla del norte (posiblemente de todas las regiones del país) empieza a parecerse bastante a la de Buenos Aires: palabras y modismos ya son parientes en cualquier parte. Todo llega de inmediato, incluso las palabras; hay vasos comunicantes rápidos entre los sitios abarcados por la televisión y por los otros medios de trasmisión inmediata y, aunque parezca lamentable, y hasta increíble, descuento que, en Molinos, un pueblo precioso del valle Calchaquí, o en Uquía, de la quebrada de Humahuaca, estarán pendientes de algún programa chabacano que la televisión propina esta noche.

Y, sin embargo, una vez dicho esto, hay que agregar que no es cierto que el mundo sea igual en todas partes; siempre se cuela un punto de vista distinto, un acento especial, una prosodia que modifica todo: una resistencia involuntaria, sin saber que se resiste. La afirmación de una cultura, incluso de manera inconsciente, se expresa con gestos, palabras, modismos y locuciones que se mojan en los jugos de cada zona, y no todos son iguales. Y es bueno que esto ocurra, que el mundo no llegue a ser plano, sino que esté accidentado de diferencias, variantes, matices y percepciones distintas. Y que siga teniendo razón César Vallejo cuando dijo para siempre: «¡Tanta vida y jamás me falla la tonada!».

VI. Actividades y servicios académicos

Real Academia Española

PEDRO ÁLVAREZ DE MIRANDA, *Biblioteca de la Real Academia Española.* ■ AURORA EGIDO, *Archivo y patrimonio artístico.* ■ FRANCISCO RICO, *Biblioteca Clásica de la Real Academia Española.* ■ *Colecciones literarias.* ■ JOSÉ ANTONIO PASCUAL, Tesoro de los diccionarios históricos de la lengua española (TDHLE). ■ SALVADOR GUTIÉRREZ, *Servicio de consultas lingüísticas «Español al día».* ■ PAZ BATTANER, *Unidad Interactiva del* Diccionario. ■ JOSÉ MANUEL SÁNCHEZ RON y ARTURO PÉREZ-REVERTE, *Iniciativas culturales.* ■ *Portal lingüístico.* ■ *Servicio de asesoría lingüística.* ■ *Servicio de auditoría lingüística.* ■ *Enclave RAE.* ■ *Curso en línea de corrección lingüística en español.* ■ *La RAE y los medios de comunicación.*

Biblioteca de la Real Academia Española

PEDRO ÁLVAREZ DE MIRANDA

La Biblioteca de la Real Academia Española cuenta con un fondo riquísimo, antiguo y moderno, especializado en su mayor parte en lengua y literatura española e hispanoamericana[1]. Además, custodia una valiosa colección de fondos patrimoniales, manuscritos e impresos, y dos legados importantísimos: el de Antonio Rodríguez-Moñino y María Brey, y el de Dámaso Alonso y Eulalia Galvarriato, que ingresaron en 1995 y 1998, respectivamente.

Las primeras ediciones de las obras más representativas de nuestro Siglo de Oro, entre las que se encuentran el *Quijote*, la *Galatea* y las *Novelas ejemplares* de Cervantes o las *Partes de comedias* de Lope de Vega; códices como el del *Libro de buen amor*, la poesía de Gonzalo de Berceo o el conocido como *Códice Puñonrostro*, que contiene *El conde Lucanor*, de don Juan Manuel; manuscritos autógrafos más modernos como el *Don Juan Tenorio*, de Zorrilla; o la colección de pliegos poéticos y de oratoria sagrada (sermones), dentro de los conocidos como «impresos menores», son una buena muestra de la importancia y riqueza de los fondos de nuestra biblioteca.

Está al servicio de los académicos y de los colaboradores de los distintos proyectos lexicográficos, que encuentran una fuente imprescindible para el estudio de la lengua y la literatura españolas. Hay que destacar la estrecha relación con la Asociación de Academias de la Lengua Española (ASALE), cuya biblioteca, fundada con el legado de Humberto López Morales (aproximadamente, 4000 libros y numerosas revistas especializadas), se encuentra en la sede de la RAE de Felipe IV desde 2016.

La catalogación de esta colección, tanto la de apoyo a la Asociación como el fondo específico de Humberto López Morales, corre a cargo del personal de la Biblioteca, que se ocupa también de la atención a los académicos correspondientes y a los delegados que desarrollan aquí su trabajo durante tres meses al año en lo relacionado con sus investigaciones y el apoyo bibliográfico que puedan necesitar.

1. Véanse los artículos de Rosa Arbolí Iriarte: «La biblioteca de la Real Academia Española». *Correo bibliotecario*, 100 (enero-junio 2008), págs. 19-20; José Manuel Sánchez Ron: «La Biblioteca de la Real Academia Española y sus joyas», en *La lengua y la palabra: trescientos años de la Real Academia Española*. Madrid: Real Academia Española, 2013, págs. 257-273; o el capítulo dedicado a la Biblioteca por Alonso Zamora Vicente en *La Real Academia Española*. Madrid: Fundación María Cristina Masaveu Peterson / Real Academia Española, 2015.

Otra de nuestras tareas prioritarias es la atención a los investigadores externos, que encuentran una fuente imprescindible para el estudio de la lengua y la literatura españolas y, además, para el de la historia del libro y de la lectura en general, dada la riqueza y la variedad de nuestros fondos.

A pesar de las restricciones impuestas por la pandemia, que han obligado a concertar cita previa y a limitar el número de visitantes al día, este curso se ha atendido a 150 investigadores en la sala, que han consultado alrededor de 260 obras (entre libros y documentos de archivos personales). Las consultas atendidas por correo han ascendido a unas 400, aproximadamente. Son cifras importantes que se han tenido en cuenta a la hora de acometer el proyecto de digitalización que se detalla a continuación.

Aparte del servicio prestado a los distintos usuarios, la Biblioteca se encarga de preservar y conservar el patrimonio documental y bibliográfico y de la gestión y mantenimiento de la biblioteca especializada mediante la selección periódica de las obras más significativas en el mercado y su posterior catalogación. Colabora, además, con los distintos departamentos de la Academia y con otras instituciones, a las que presta sus fondos cuando estas los requieren para sus exposiciones.

UNA BIBLIOTECA DIGITAL PROPIA

La creación de una biblioteca digital propia es un proyecto obligado que, por diversas circunstancias, no ha podido acometerse hasta la actualidad, aunque, gracias a iniciativas como el convenio firmado con la Comunidad de Madrid en 2016, alrededor de 3500 ejemplares, manuscritos e impresos, pueden visualizarse en su Biblioteca Digital desde esa fecha[2]. Estas obras se integrarán próximamente en la nuestra, además de las 90 digitalizadas con motivo de la exposición *La lengua y la palabra* (2013) y las que han sido objeto de las peticiones de los investigadores a lo largo de los años.

Una institución de la categoría de la Real Academia Española merece tener su propio portal, que permita difundir sus fondos desde la propia institución y contribuir a su visibilidad, así como servir de complemento al servicio que ofrece la Biblioteca a un conjunto muy amplio de investigadores. Sin olvidar el aspecto fundamental de su preservación y conservación.

La Comisión Europea, en su *Recomendación de 27 de octubre de 2011 sobre la digitalización y la accesibilidad en línea del material cultural y la conservación digital* (2011/711/UE), insta a los estados miembros a que digitalicen di-

---

2. Disponible en https://bibliotecavirtualmadrid.comunidad.madrid/bvmadrid_publicacion/es/inicio/inicio.do. [Consulta: 20 de julio de 2021].

cho material, que incluye los libros, revistas o documentos de archivo que forman parte del patrimonio bibliográfico y documental de los países de Europa. En el caso de España, el portal *Hispana* recoge el patrimonio digital español desde 2006 y contribuye con sus contenidos a *Europeana*, proyecto que se puso en marcha en 2008 y se ha ido enriqueciendo con nuevas aportaciones, hasta llegar en la actualidad a contar con 62 356 935 materiales digitalizados de todos los formatos: obras de arte, libros, material audiovisual, etc.[3].

Con la finalidad de que los fondos de la Biblioteca de la Real Academia Española formen también parte de ese gran repositorio europeo, se hace necesaria, no solo su digitalización, sino que esta se ajuste a las directrices y estándares técnicos de la propia *Europeana*, recogidos en España por el Ministerio de Cultura. De ahí que se sigan en todo momento sus indicaciones en el diseño y ejecución de nuestro proyecto[4].

PRESERVACIÓN DIGITAL

Si la finalidad de la digitalización es, principalmente, la difusión de los fondos, favoreciendo su accesibilidad y, al mismo tiempo, su conservación, no es menos importante la preservación digital, entendida como aquella «que supone el reto de preservar toda su riqueza y su complejidad más allá de la tecnología informática vigente en el momento de su creación»[5].

En efecto, la obsolescencia de los equipos, de los programas informáticos y de los mismos productos de la digitalización condiciona su duración, de manera que hay que establecer unas líneas básicas que permitan disponer indefinidamente de los llamados «objetos digitales», mediante ficheros íntegros, soportes de almacenamiento renovados y sujetos a las medidas de conservación oportunas y duplicados del fondo para que este esté resguardado, en última instancia, ante posibles problemas de seguridad.

Los trabajos de digitalización de la biblioteca de la RAE corren a cargo de las empresas Kolia Documentación y Arte Digital 2012, asociadas para este

---

3. Se puede acceder a *Hispana* en https://hispana.mcu.es/es/consulta/resultados_busqueda.do [consulta: 20 de julio de 2021] y a *Europeana* en https://classic.europeana.eu/portal/es?utm_source=new-website&utm_medium=button [consulta: 20 de julio de 2021].

4. Nos referimos a los *Requisitos técnicos de los proyectos de digitalización de patrimonio bibliográfico y de prensa histórica de la SGCB* [en línea]. Ministerio de Cultura, Subdirección General de Coordinación Bibliotecaria, 2021. [Consulta: 16 de julio de 2021]. Disponible en http://travesia.mcu.es/portalnb/jspui/handle/10421/8981.

5. Arroyo Fernández, Domingo; Julio Cordal Elviro y Jesús Robledano Arillo: *Descripción del sistema de preservación de las bibliotecas digitales de la Subdirección General de Coordinación Bibliotecaria*, 2017. Accesible en: http://hdl.handle.net/10421/9003. [Consulta: 20 de julio de 2021].

fin, que aplicarán, en lo tocante a la preservación digital, el servicio PRISMA, desarrollado por la segunda en colaboración con la Universidad Carlos III y puesto en práctica en el Ministerio de Cultura y Deporte, además de en otras instituciones.

Dispondremos de tres tipos de copias de cada obra digitalizada: una en formato TIFF para conservación, otra en formato JPEG y una tercera en PDF, a la que se aplicará el software OCR para posibilitar su búsqueda a texto completo.

Los metadatos utilizados serán los basados en MARC21 (formato bibliográfico utilizado en la catalogación de los registros bibliográficos) y en los archivos METS (*Metadata Encoding & Transmission Standard*), que describirán los ejemplares digitalizados según el estándar universal de metadatos de preservación PREMIS (*Preservation Metadata: Implementation Strategies*).

FASES DEL PROYECTO

En julio de 2021 comenzaron los trabajos de digitalización de los ejemplares previamente seleccionados. Con esta selección se intenta destacar las obras más significativas de nuestra colección, al mismo tiempo que evitar la duplicación de trabajo, ya que, en portales como la *Biblioteca Digital Hispánica,* de la Biblioteca Nacional de España, o *Hispana* se encuentran digitalizados ejemplares de la misma edición que la que poseemos. Nuestro ejemplar se descartaría al detectarse algo así, a menos que presentara características significativas, como su procedencia o la presencia de anotaciones manuscritas importantes y representativas de la institución.

El conjunto de fondos impresos entre 1501 y 1830 será objeto de una primera fase, cuya finalización está prevista para mayo de 2022.

Por impresos antiguos, comúnmente denominados «raros», se entiende aquellos productos nacidos de la imprenta manual: los incunables (desde 1449, fecha del primer impreso localizado hasta la fecha, el *Misal de Constanza,* hasta el 31 de diciembre de 1500), los posincunables (impresos entre 1501 y 1520) y los demás libros impresos hasta 1830. Por supuesto, no hay que considerar estos límites más que como una manera de acotar el terreno con fines metodológicos o didácticos[6].

6. De hecho, el límite de 1830 es el establecido por el Consorcio de Bibliotecas Europeas de Investigación (CERL, por sus siglas en inglés) y el que se sigue en las bibliotecas españolas, pero esta fecha puede variar ligeramente en otros países. La intención, en cualquier caso, es delimitar los libros producidos por la imprenta manual frente a los procedentes de la imprenta mecánica, paso que no se dio, lógicamente, de un día para otro.

Estos fondos requieren unas condiciones especiales de preservación, de ahí que en las instalaciones de la biblioteca (depósitos y distintas salas) se cuente con las medidas adecuadas de temperatura y humedad, a fin de evitar el deterioro del papel, del pergamino (en el caso de los manuscritos) o de las encuadernaciones. Su correcta manipulación contribuye igualmente a la preservación a lo largo del tiempo, pero es indudable que la mejor manera de preservarlos es teniéndolos digitalizados y accesibles en línea al mayor número de lectores e investigadores.

A continuación, nos centraremos en la digitalización de los impresos publicados entre 1830 y 1900, con una cantidad similar de obras digitalizadas que en el caso anterior y, por último, en los manuscritos antiguos del fondo general de la RAE y los incunables.

Una vez finalizada esta tercera fase, dispondríamos, aproximadamente, de alrededor de 2 450 000 páginas digitalizadas. Una buena y visible muestra de la riqueza de nuestros fondos, impresos y manuscritos, a los que se podrá acceder para entonces a través de nuestra biblioteca digital.

Dentro de la tercera fase, y al ser el número de manuscritos e incunables mucho menor que el de las dos anteriores, podremos valorar si abordamos la digitalización de las obras de los autores del siglo XX que hayan pasado a dominio público.

Igualmente se tendrán en cuenta los archivos personales de Rodríguez-Moñino y Dámaso Alonso que, aunque con fines de preservación y acceso restringido (aún no estarán libres de derechos de autor muchos corresponsales incluidos en ellos), sería oportuno digitalizar.

En relación con otro archivo personal de enorme importancia, el del cineasta y académico José Luis Borau, también se planificará su catalogación y posterior digitalización. El archivo de Borau contiene documentación personal y profesional, material de trabajo, obras de creación, entrevistas y correspondencia con alrededor de 900 corresponsales. Su inventario facilita la consulta en la actualidad por parte de los investigadores, pero es imprescindible su catalogación pieza a pieza en la base de datos, tarea que abordaremos en breve, así como su digitalización.

Con la puesta en marcha de este proyecto esperamos poder ofrecer una vía más de acceso a los investigadores, a los estudiosos y a todo aquel que quiera asomarse a nuestros fondos, que esté a la altura de la institución y que contribuya al desarrollo de la investigación, no solo sobre la lengua y la literatura española e hispanoamericana, sino sobre la historia del libro y la lectura contenida en nuestro importante fondo patrimonial.

Archivo y patrimonio artístico

AURORA EGIDO

INTRODUCCIÓN

El Archivo de la Real Academia Española nace con la propia institución el 3 de agosto de 1713, vinculado al oficio de secretario. En el memorial de agosto de 1713 que el marqués de Villena, fundador de la Academia, envió a Felipe V solicitando la aprobación de la institución y de sus fines ya se hace referencia a la necesidad de contar en la corporación con «un secretario para la custodia, y buena colocación de los papeles de la Academia, o sea para imprimirlos, o sea para conservar en su poder los manuscritos; cuyo cargo convendrá sea perpetuo, por los inconvenientes que resultarían de la mudanza de los papeles y la variedad de estilo en ellos». La Real Cédula de 3 de octubre de 1714, de aprobación de la Real Academia Española, recoge ese mismo texto, que se repetirá poco tiempo después en los primeros estatutos de la corporación, aprobados el 24 de enero de 1715 (capítulo III, artículos IV y VII).

En los Estatutos de 1848, cuando se produce la refundición de los cargos de secretario y contador, se menciona de nuevo, en el artículo 16, la faceta de archivero del secretario de la corporación al encomendársele «cuidar de la ordenada colocación y custodia de las Reales Cédulas u otros documentos que contengan disposiciones del Gobierno relativas a la Academia y cuantos documentos pertenezcan a la misma; ya se refieran a trabajos literarios ya en ellos se consignen los derechos y preeminencias del cuerpo»; encargo que se repite en el artículo XIX de los Estatutos de 1993, cuando se establece que el secretario debe «tener a su cargo la organización y custodia del archivo de la Academia».

En la actualidad, el archivo continúa siendo responsabilidad del académico secretario, cuyo cargo fue a perpetuidad hasta la aprobación de los Estatutos de 1993[7]. Alonso Zamora Vicente fue el último secretario perpetuo; durante su mandato, lo profesionalizó y convirtió en uno de los servicios de la corporación y, además, fue autor de *La Real Academia Española*[8], un libro fundamental para su historia.

7. El primer secretario de la Academia responsable del archivo fue Vincencio Squarzafigo. En el *Anuario* de la Academia consta la nómina de secretarios de la corporación desde 1713.

8. Zamora Vicente, Alonso: *La Real Academia Española*. Madrid: Real Academia Española, Fundación María Cristina Masaveu-Peterson, 2015 (2.ª ed.).

El Departamento del Archivo de la Academia, que se ocupa desde 1985 también de la conservación de la colección del patrimonio artístico de la corporación, se unió en julio de 2016 al proyecto de posicionamiento de la institución en la Red y ofreció a la comunidad científica una herramienta de consulta en línea que en diciembre de 2021 cuenta con:

- 47 000 registros de descripción de documentos
- 9100 registros de autoridad
- 6500 puntos de acceso por materia
- 2000 puntos de acceso por lugar
- 27 000 objetos digitales cargados

La herramienta en línea del archivo ha recibido durante 2021 más de 900 000 visitas.

En el Archivo de la Real Academia Española se conserva el Fondo de la Secretaría general de la ASALE, que comenzó a gestarse en 1951, cuando se creó dicha Asociación. Está formado por la correspondencia del secretario general con las Academias hermanas, los expedientes de publicación de su *Boletín*, libros de actas y documentación económica. Se trata de un conjunto documental de gran volumen, con fechas extremas 1951-2003, cuya descripción y digitalización se acometerá en las próximas fechas.

PROYECTOS DE DIGITALIZACIÓN

Durante el año 2021, el Departamento del Archivo y Patrimonio Artístico de la Academia ha concluido dos proyectos que han supuesto la adición de un total de 281 679 imágenes a nuestro banco de imágenes, además de un hito en la preservación de documentos de excepcional importancia para la historia de la lexicografía. Se trata de la digitalización de los manuscritos preparatorios de la segunda edición del *Diccionario de autoridades* y del fichero de hilo.

Digitalización de los materiales preparatorios de la segunda edición del *Diccionario de autoridades*

Los materiales de trabajo digitalizados por el Archivo en 2021 (nueve legajos y veintiocho cuadernos con fechas extremas 1780-1829), que fueron identificados en 2016 en buen estado de conservación, reflejan el trabajo realizado por los académicos para corregir y aumentar el caudal léxico recogido en los seis tomos del *Diccionario de autoridades,* publicados entre 1726 y 1739. Gracias a ello se daba continuidad al primer tomo de la segunda edición del *Diccionario de autoridades* publicado en 1770 con las letras *a* y *b*.

Con estos materiales manuscritos, que contienen las entradas que van de *c* a *sordamente*, a salvo de algunas faltas —gran parte de la letra *n* y la letra *o*—, se ha trabajado en el archivo de un modo organizado: identificación, ordenación, instalación, clasificación y descripción en la herramienta de consulta en línea.

Su difusión en la página web institucional en la segunda mitad del mes de julio de 2021 ha puesto a disposición de los investigadores 21 240 imágenes procedentes de unos materiales fundamentales para la historia del diccionario académico. El número de descargas de los PDF, formados por cada legajo y cuaderno, ha sido, a finales de noviembre de 2021, de 8750.

Digitalización del fichero de hilo

En 2021 ha concluido también la digitalización del denominado «fichero de hilo», empresa que se ha llevado a cabo en diferentes fases desde 2017.

Las 260 439 imágenes que se han obtenido corresponden a cédulas de los siglos XVIII, XIX y XX, de carácter léxico y lexicográfico, en su mayoría manuscritas, que fueron preparadas por los académicos de número o enviadas a la Academia por colaboradores con objeto de incrementar o corregir el caudal léxico del diccionario en sus diferentes ediciones.

El Archivo ha comenzado a trabajar en la descripción de las fichas, considerando cada una de ellas como una unidad documental simple. Para ello, se ha aplicado la norma internacional de descripción archivística ISAD(G), haciendo constar la fecha cuando aparece en el documento, el autor si la cédula va firmada, rubricada o resulta reconocible su caligrafía, así como los puntos de acceso por materia —autor y título de la obra o las obras mencionadas— y por lugar.

Los registros de descripción y las imágenes a ellos asociadas se pueden consultar en la herramienta en línea del archivo.

ORGANIZACIÓN DEL LEGADO DE MELCHOR FERNÁNDEZ ALMAGRO

Una de las joyas documentales que se conservan en el archivo de la Real Academia Española es el legado de Melchor Fernández Almagro, que ha sido organizado archivísticamente y digitalizado a lo largo de 2021.

Se trata de uno de los dos conjuntos documentales donados a la corporación por académicos de número y depositados en el archivo —el otro es el perteneciente a Agustín González de Amezúa—, de los que se conservan pruebas documentales sobre su procedencia.

Efectivamente, el 27 de abril de 1965, Fernández Almagro otorgó testamento abierto ante el notario de Madrid Enrique Giménez Arnau. En él, encomendó a Antonio Gallego Morell «los retratos, autógrafos y papeles de toda índole que él venía coleccionando o simplemente guardando para que dicho señor les diese el destino que creyese conveniente, bien fuera cediéndolos a las Reales Academias de que era miembro el testador[9], o al Archivo y colecciones de la Casa de los Tiros de Granada»[10].

Los administradores de la herencia, Emilio Gómez Orbaneja y Florencio Porpeta Clérigo, de acuerdo con Gallego Morell, creyeron que lo más acertado era clasificarlos en dos grupos, con destino respectivamente a la Real Academia Española y a la Casa de los Tiros.

El 6 de diciembre de 1967, el secretario de la Academia, Rafael Lapesa, recibió cinco paquetes de documentos del archivo personal de Melchor Fernández Almagro que quedaron depositados en el archivo de la corporación con la prohibición expresa de salir de la Academia, «sin perjuicio de que puedan examinarlos aquellas personas a quienes se considere capacitadas para ello a juicio de las entidades depositarias, por su conocida dedicación a los estudios históricos o literarios o por su respetabilidad y solvencia moral»[11].

El conjunto documental legado por Fernández Almagro no es solo interesante desde el punto de vista documental por las diferentes tipologías que presenta —correspondencia, originales y copias de artículos de periódico, el manuscrito de la obra *Vida y literatura de Valle-Inclán*, autógrafos, fotografías, dibujos, estampas, tarjetas postales fotográficas, felicitaciones de Navidad, documentos de apoyo al trabajo de historiador del productor, documentos económicos y personales, y notas y fichas de trabajo—, sino que también lo es porque el análisis de los documentos que lo componen nos permite adentrarnos en el perfil biográfico del académico y en la intrahistoria de su época.

Los documentos identificados, ordenados, signaturados y sellados se han instalado en 62 cajas de conservación. También se ha trazado un cuadro de clasificación funcional con el propósito de ofrecer al investigador los documentos contextualizados, que han sido analizados y descritos.

---

9. Ingresó como académico de número en la Real Academia de la Historia en 1942 y en la Real Academia Española en 1951.

10. Archivo de la Real Academia Española, Fondo Real Academia Española, *Legado de Melchor Fernández Almagro* 287/6/1.

11. *Ibidem*.

Hablamos de más de 7000 documentos en soporte papel, de fechas extremas 1915-1966, escritos en español, catalán, francés, gallego, inglés, italiano y alemán. La gran mayoría de ellos son manuscritos; pero también hay mecanografiados, impresos y preimpresos.

La descripción completa del legado de Melchor Fernández Almagro está accesible en la herramienta de consulta en línea del archivo.

CORRESPONDENCIA DE FRANCISCO RODRÍGUEZ MARÍN

En 2021 se ha descrito a nivel de expediente la correspondencia del director de la corporación, Francisco Rodríguez Marín, compuesta por más de 25000 cartas, que fue depositada en el archivo en la segunda mitad del siglo XX.

El estudio de su organización original, no alterada, nos ha permitido deducir que el productor había reunido los documentos en dos grupos: cartas de antes de la guerra civil española y cartas recibidas durante la guerra y en el periodo de posguerra hasta 1943, año de la muerte de Rodríguez Marín. Esa estructura se ha mantenido tanto físicamente como en la base de datos en línea del archivo.

Del primer grupo se han identificado 2228 corresponsales; las fechas extremas de sus cartas son 1871-1936. En el segundo apartado hay agrupados 453 corresponsales; los documentos están fechados entre 1936 y 1943.

El inventario está accesible en la herramienta de consulta en línea del archivo.

Biblioteca Clásica de la Real Academia Española

FRANCISCO RICO

La Biblioteca Clásica de la Real Academia Española es una colección diseñada y dirigida por el académico Francisco Rico que contara con ciento once volúmenes[12]. La serie comienza con el *Cantar de Mio Cid* y finalizara con *Los Pazos de Ulloa*. Hasta el momento se han publicado 39 títulos. Durante 2021,

12. Véase *Crónica de la lengua española 2020*.

han aparecido la *Introducción del símbolo de la fe,* de Fray Luis de Granada, en edición, estudio y notas de Fidel Sebastián Mediavilla y la obra de Francisco de Quevedo, *El Parnaso español,* en dos volúmenes, compilado por José Antonio González de Salas, en edición, estudio y notas de Ignacio Arellano.

Este proyecto es fruto de una vieja aspiración académica. El artículo primero de los estatutos vigentes establece que la institución «divulgara los escritos literarios, especialmente clásicos, [...] y procurara mantener vivo el recuerdo de quienes, en España o en América, han cultivado con gloria nuestra lengua». En volúmenes esmeradamente impresos, la BCRAE presenta las obras fundamentales de la literatura española en ediciones críticas, con anotación completa y sistemática, y acompañadas de estudios, índices y otros materiales. La disposición de los contenidos hace que el lector pueda disfrutar del texto sin más, pero también tener a mano en el momento en que lo desee todos los elementos necesarios para profundizar en cualquier aspecto de la obra. La BCRAE reunirá el núcleo esencial de la tradición literaria española e hispanoamericana hasta finales del siglo XIX. Publicada gracias al patrocinio de Obra Social «la Caixa».

Durante el presente año la Academia ha iniciado una campaña de suscripción a la colección de gran interés para los lectores, que pueden acceder a las nuevas entregas y a los títulos ya publicados, tanto en formato electrónico como en papel, a precios interesantes.

Colecciones literarias

REAL ACADEMIA ESPAÑOLA

EDICIONES FACSIMILARES

La Real Academia Española comenzó, en 2021, la publicación de una nueva colección de facsímiles, bajo el sello editorial JdeJEditores, impresa a partir de ejemplares de primeras ediciones; versiones curiosas y raras o publicaciones de importancia histórica pertenecientes a la Biblioteca de la RAE. Hasta el momento han aparecido tres títulos muy representativos:

Emilia Pardo Bazán: *Insolación*, edición facsimilar de la primera edición, ilustrada por J. Cuchy, Barcelona: Sucesores de N. Ramírez y C\pa\s., 1889. Madrid: JdJ, 2021.

Federico García Lorca: *Primer romancero gitano,* edición facsimilar de la primera edición de Madrid, Revista de Occidente, 1928. Ejemplar conservado en la Biblioteca Dámaso Alonso. Madrid: JdJ, 2021.

Ramón del Valle-Inclán: *Cenizas,* edición facsimilar de la primera edición de Madrid, Administración de Bernardo Rodríguez, 1899. Madrid: JdJ, 2021.

De próxima aparición, dentro de esta colección, será José María Pereda: *El sabor de la tierruca. Copias del natural.* Ilustración de Apeles Mestres. Barcelona, Arte y Letras, 1882.

COLECCIÓN EFEMÉRIDES

La Real Academia Española acompaña sus actos más solemnes con unas pequeñas publicaciones significativas que se agrupan bajo el título Colección Efemérides. El último título publicado fue en durante 2020, con motivo de la celebración, en su sede madrileña, de la apertura de curso de las Reales Academias del Instituto España, bajo la presidencia de Su Majestad el Rey Felipe VI. Se trataba de *La conjuración de las palabras* de Benito Pérez Galdós, en recuerdo, también, del aniversario de su muerte.

COLECCIÓN DE TEXTOS REPRESENTADOS POR LA COMPAÑÍA NACIONAL DE TEATRO CLÁSICO

La Compañía Nacional de Teatro Clásico, en colaboración con la Real Academia Española, ha iniciado una colección de libros vinculados a las representaciones que programa cada temporada. Estas obras, introducidas por el trabajo de un académico de la Española, utilizan, en la medida de lo posible, los textos publicados por la Biblioteca Clásica a los que se desprovee de las notas y aparato crítico.

Tesoro de los diccionarios históricos de la lengua española (TDHLE)

JOSÉ ANTONIO PASCUAL

El *Tesoro de los diccionarios históricos de la lengua española* (*TDHLE*) es un nuevo recurso, puesto a disposición de la comunidad hispanohablante, que permite efectuar la consulta unificada de los diccionarios que estudian la historia del léxico de nuestra lengua.

Esta aplicación informática permite acceder a la lectura de los artículos publicados en los distintos proyectos de diccionarios históricos del español, generales o diferenciales, publicados hasta la fecha. Así, además de los más de 7000 artículos del actual proyecto de *Diccionario histórico de la lengua española* de la Real Academia Española y de la Asociación de Academias de la Lengua Española (cuya publicación se inició en 2013), el *TDHLE* integra los siguientes repertorios:

- *Diccionario histórico de la lengua española* (Real Academia Española; *DHLE* 1933-1936). Los dos tomos publicados de este repertorio (que comprenden los artículos *a-cevilla*) contienen casi1 23 000 artículos, en los que, tras las definiciones de las voces (tomadas de la edición de 1925 del *Diccionario de la lengua española*) se incluyen distintos testimonios de su uso en diferentes períodos.
- Materiales inéditos del primer *DHLE* de la Real Academia Española. En el Archivo de la Real Academia Española se conservan veintinueve legajos con los borradores de trabajo de más de 20 000 artículos, correspondientes al tramo *cía-efélide*, incluidas las galeradas de los artículos *cía-cocar*.
- *Diccionario histórico de la lengua española* (Real Academia Española; *DHLE* 1960-1996). Los veintitrés fascículos publicados entre 1960 y 1996 reúnen 28 384 artículos (incluidas 7653 remisiones), que brindan acceso a un conocimiento detallado de la historia de las palabras comprendidas entre *a-apasanca* y *b-bajoca*[13].
- *Diccionario histórico del español de Costa Rica*, de M. Á. Quesada Pacheco (1995). Esta obra, que inaugura la serie de diccionarios históricos diferenciales de la lengua española, analiza la trayectoria de voces y acepciones atestiguadas en Costa Rica (con el objetivo fundamental de localizar su primera documentación) a partir del examen minucioso de documentos de diverso tipo (en buena medida, inéditos), datados entre 1561 y principios del siglo XX.

---

13. En 1972, se completa el primer tomo y, en 1992, el segundo, en tanto que en 1993 y 1996 salen a la luz fascículos de los tomos III y IV; la cronología detallada de su publicación es la que sigue: fascículo 1 (*a-abolengo*), 1960; fascículo 2 (*abolengo-abundar*), 1961; fascículo 3 (*abundar-aceleradamente*), 1963; fascículo 4 (*aceleradamente-acordar*), 1963; fascículo 5 (*acordar-achupalla*), 1964; fascículo 6 (*achupalla-aducción*), 1965); fascículo 7 (*aducción-aga*), 1966; fascículo 8 (*aga-aguantar*), 1968; fascículo 9 (*aguantar-ajarafe*), 1970; fascículo 10 (*ajarafe-alá*), 1972; fascículo 11 (*álaba-albricia*), 1974; fascículo 12 (*albricia-alexifármco*), 1976; fascículo 14 (*álito-aloja*), 1979; fascículo 15 (*aloja-alzo*), 1981; fascículo 16 (*alzo-amenazar*), 1984; fascículo 17 (*amenazar-anafrodita*), 1986; fascículo 18 (*anagaça-ángel*), 1988; fascículo 19 (*ángel-ante*), 1990; fascículo 20 (*ante-antígrafo*; 1992; fascículo 21 (*antigramatical-aonio*), 1993; fascículo 22 (*aonio-apasanca*), 1996; fascículo 23 (*b-bajoca*), 1996.

- *Diccionario histórico del español de Canarias*, de C. Corrales Zumbado y D. Corbella Díaz. En el *TDHLE* se integra la segunda edición de esta obra, de 2013 (la primera se publica en 2001), conformada por 7400 monografías, en las que se registran las primeras documentaciones del léxico propio de Canarias, así como una lista significativa de testimonios de cada vocablo y acepción registrada para poder reconstruir su uso y evolución, tanto en el plano gráfico-fonético como en el semántico.
- *Diccionario histórico del español de Venezuela*, de F. J. Pérez. El primer tomo, publicado en 2012, presenta 100 macroartículos, en los que se sintetiza la historia de más de 3000 vocablos; en el segundo tomo (de 2016) se suman 50 macroartículos.

Servicio de consultas lingüísticas «Español al día»

SALVADOR GUTIÉRREZ ORDÓÑEZ

Durante el año 2021, el servicio de consultas lingüísticas gestionado por el Departamento de «Español al día» ha recibido alrededor de 42 000 consultas, con una media diaria de en torno a 300. Entre ellas, han sido de nuevo muy frecuentes todas las relacionadas, de algún modo, con la actual pandemia. A las dudas habituales sobre la denominación de la enfermedad provocada por el coronavirus y sobre el género o la acentuación del sustantivo que la designa, ya recogidas en la *Crónica de la lengua 2020*, se han añadido en este periodo algunas nuevas, entre las que son especialmente interesantes las relacionadas con el proceso de vacunación que se ha ido llevando a cabo durante este año en todos los países. Estas son algunas de ellas:

¿ES CORRECTO DECIR *COLOCAR LA VACUNA*? ¿PUEDE UNO *DARSE LA VACUNA*?

Los verbos usados mayoritariamente con el sustantivo *vacuna* son *inyectar(se)*, *poner(se)* y *aplicar(se)*. No obstante, el empleo de *colocar(se)* se documenta, aunque con menor frecuencia, en buena parte de América, y es también válido. La expresión *darse la vacuna* se usa en el español de la Argentina.

¿ES VÁLIDO EL USO DE *INOCULAR* COMO SINÓNIMO DE *VACUNAR*?

Sí, pues, aunque *inocular*, en sentido estricto, significa 'introducir en un organismo una sustancia que contiene los gérmenes de una enfermedad', por extensión, tal como señala el *Diccionario de términos médicos* de la Real Academia Nacional de Medicina, también se emplea con el sentido más general de 'administrar una vacuna, un inmunosuero u otro antígeno con fines preventivos, terapéuticos o experimentales'; por tanto, en este caso, sí puede usarse *inocular* como sinónimo de *vacunar*.

¿EL TÉRMINO *BIOLÓGICO* PUEDE USARSE CON EL SENTIDO DE *VACUNA*?

Una vacuna es un producto biológico, pero el término *biológico* solo se emplea en español como adjetivo, no como sustantivo; ese uso es un calco censurable del inglés *biological*, que sí se utiliza en esa lengua como sustantivo.

¿VACUNA *PARA LA* O *CONTRA LA COVID*?

Son válidas expresiones como *vacuna contra la COVID* o *vacuna para (prevenir/combatir) la COVID*. También puede emplearse el prefijo *anti-*, que significa 'opuesto' o 'con propiedades contrarias'. En este último caso, lo adecuado es escribir *vacuna anti-COVID* o, si se usa el acrónimo lexicalizado, *vacuna anticovid*.

¿SE DICE *PACIENTE COVID* O *PACIENTE DE COVID*?

Ambas construcciones son válidas. Es posible analizar expresiones como *paciente covid*, *lengua covid* o *pasaporte covid* como aposiciones clasificativas, en las que el segundo sustantivo identifica un tipo o clase de la entidad denotada por el primer sustantivo. Estas aposiciones permiten atribuir de forma sintética a un sustantivo propiedades que exigen, de lo contrario, construcciones sintácticas más complejas. La expresión *pasaporte covid*, por ejemplo, significa 'pasaporte otorgado a las personas inmunizadas contra la covid'. Este tipo de aposiciones son especialmente frecuentes con acrónimos (*pacientes covid/VIH*, *camas uci...*), aunque no solo con ellos (*descuento aniversario*, *crédito vivienda*, *papel regalo*). En muchos de estos casos no puede descartarse una influencia de la sintaxis inglesa.

Relacionadas también con la pandemia, pero, en este caso, con sus efectos en nuestra vida cotidiana, han surgido algunas nuevas dudas de interés, especialmente las derivadas del uso de la tecnología en nuestras actividades diarias durante este tiempo.

¿ES CORRECTO DECIR *MUTEAR* Y *DESMUTEAR*?

En español, en lugar de *mutear* —creado sobre el verbo inglés *mute*—, es preferible usar el verbo *silenciar(se)*; para la acción contraria, *reconectar el audio*.

¿CUÁL ES LA MANERA CORRECTA DE REFERIRSE A LA EDUCACIÓN A TRAVÉS DE HERRAMIENTAS TECNOLÓGICAS?

Educación virtual, *educación en línea* o *teleducación* son expresiones válidas para aludir a la educación a distancia que utiliza ese tipo de recursos.

¿SE DICE *LLAMADA DE VIDEO/VÍDEO*, *LLAMADA POR VIDEO/VÍDEO* O *LLAMADA EN VIDEO/VÍDEO*?

Para referirse a la llamada realizada a través del celular o teléfono móvil, o mediante el ordenador o computadora provistos de cámara de video, lo normal es usar el término *videollamada*, ya registrado en el diccionario académico; no obstante, *llamada de video*, *llamada por video* o, en menor medida, *llamada en video* son opciones también válidas. Cabe recordar que en el español americano se dice *video* (como voz llana) y, en el europeo, *vídeo* (como voz esdrújula).

¿CÓMO SE TRADUCE AL ESPAÑOL *CIBERBULLYING*?

Como alternativa en español al inglés *ciberbullying* se recomiendan los equivalentes, ya documentados, *ciberacoso* o, en ciertas zonas de América, *cibermatoneo* o *cibermatonaje*.

¿ES *LA 5G* O *EL 5G*?

Las siglas con las que se denominan las distintas generaciones de la tecnología y los estándares de comunicación inalámbrica se usan en ambos géneros, dependiendo de si el sustantivo que se considera elidido o subyacente es masculino (como *sistema*) o femenino (como *red* o *tecnología*): *el/la 5G*.

Por otra parte, más allá de las dudas generadas por las complejas circunstancias que hemos vivido, también han tenido un eco sustancial en las consultas recibidas algunos acontecimientos relevantes del año. Uno de ellos fue, sin duda, la llegada, el 18 de febrero, de la nave Perseverance a Marte, hecho que dio lugar a numerosas consultas sobre cómo llamar a la acción de posarse la nave en ese y otros planetas.

¿ES CORRECTO *ATERRIZAR* EN MARTE?

Con el sentido de 'posarse (una nave) en la superficie de Marte', el diccionario académico registra ya *amartizar* y, para designar la acción, *amartizaje*. No obstante, en la raíz del verbo *aterrizar* no debe verse tanto el nombre propio del planeta Tierra (con mayúscula) como el nombre común *tierra* (con minúscula) en el sentido de 'suelo o superficie de un lugar'; de ahí que *aterrizar* tenga el sentido general de 'posarse sobre tierra firme o en cualquier superficie' y, por tanto, su uso sea también válido en este caso.

¿EXISTE UN VERBO CONCRETO PARA DESIGNAR LA ACCIÓN DE POSARSE EN CADA PLANETA?

Aparte de *alunizar*, el único verbo consolidado con el sentido de 'posarse en la superficie de un determinado cuerpo celeste' es *amartizar*. Pero, como se ha explicado, el sentido general de *aterrizar* hace innecesaria la creación de verbos de sentido similar que incorporen en la raíz el nombre de cada uno de los planetas o cuerpos celestes a los que el ser humano pueda llegar. ¿Se acuñarán, en el futuro, verbos como *amercurizar* o *avenusizar*? No parece necesario, pero son los hablantes los que deciden qué nuevas voces se generan y acaban consolidándose en el uso.

Otro tema de actualidad ha sido la celebración de los Juegos Olímpicos de Tokio, y, como cada año olímpico, han surgido dudas diversas sobre la voz *olimpiada* y otros términos relacionados:

¿ES CORRECTO DECIR *OLIMPIADAS* EN LUGAR DE *JUEGOS OLÍMPICOS*?

En griego, la voz ᾿Ολυμπιάς, -άδος *Olympiás, -ádos,* de donde procede en último término nuestra palabra *olimpiada(s),* designaba ya tanto los juegos que se celebraban cada cuatro años en la antigua ciudad de Olimpia como el periodo intermedio entre dos de esas celebraciones. Ambas acepciones se mantienen en la actualidad, aunque es hoy raro el uso de *olim-*

piada referido a periodo. Con el primer sentido indicado, registrado en el diccionario académico en 1884 y documentado en español desde finales del siglo XV, la palabra *olimpiada(s)* es sinónima de *juegos olímpicos* y, por tanto, ambas expresiones son válidas hoy para referirse a la competición deportiva mundial que se celebra cada cuatro años en un lugar previamente determinado y que este año ha tenido lugar en la ciudad de Tokio.

¿CUÁL ES LA FORMA CORRECTA, *OLIMPIADA(S)* U *OLIMPÍADA(S)*?

Esta voz tiene dos acentuaciones válidas: una en la que la vocal tónica es la *i*, a la que corresponde la grafía *olimpíada(s)* —con tilde por ser esdrújula—, y otra en la que la vocal tónica es la *a*, a la que corresponde la grafía *olimpiada(s)* —sin tilde por ser llana terminada en vocal—. Se usará una u otra grafía según sea la pronunciación que se quiera reflejar.

¿CUÁNDO SE DEBE ESCRIBIR *JUEGOS OLÍMPICOS*, EN MAYÚSCULA, Y CUÁNDO *JUEGOS OLÍMPICOS*, EN MINÚSCULA?

Los nombres de los torneos deportivos se escriben con mayúscula inicial en todos sus elementos significativos (normalmente sustantivos y adjetivos): *Juegos Olímpicos de Tokio 2021*. Se escribirá *juegos olímpicos*, con minúscula, cuando se haga referencia, de forma genérica, a esa clase de competición: *Es un honor participar en unos juegos olímpicos*.

¿CÓMO SE ARTICULA LA PALABRA *ATLETA*?

La secuencia *tl* se pronuncia en sílabas distintas en casi toda España y en algunos países americanos (por ejemplo, Puerto Rico): *atleta* [at.lé.ta]; en cambio, en gran parte de América —especialmente en México y zonas de influencia náhuatl, lengua en la que esta secuencia gráfica representa un único fonema—, en Canarias y en algunas áreas españolas peninsulares, forma un grupo inseparable y se pronuncia dentro de la misma sílaba: [a.tlé.ta].

¿SE ESCRIBE *TOKYO* O *TOKIO*?

En el sistema gráfico del español, la letra *y* solo representa el fonema vocálico /i/ a final de palabra (*hay*, *rey*, *convoy*, *Uruguay*...) y en la conjunción copulativa *y*. En interior de palabra se representa con la letra *i*, de ahí que la grafía española del nombre de la capital de Japón sea *Tokio*, y no *Tokyo*, grafía propia de otras lenguas como el inglés.

Y, finalmente, a las dudas planteadas al hilo de estos acontecimientos mundiales, hay que añadir las que, en distintos momentos del año, han ido surgiendo a raíz de los diversos procesos electorales que han tenido lugar en algunos países del mundo hispanohablante, como Ecuador, Perú, Bolivia, Chile o México.

¿SE DICE *HUBO ELECCIONES* O *HUBIERON ELECCIONES*? ¿*VA(N) HABER ELECCIONES* O *VA(N) A HABER ELECCIONES*?

Cuando el verbo *haber* se usa para denotar la presencia o existencia de lo que se expresa a continuación, es impersonal en el uso culto por herencia latina. Al carecer de sujeto (el sustantivo que lo sigue es, en realidad, el complemento directo), se conjuga solo en 3.ª persona del singular: *Hubo elecciones* (no ®*Hubieron elecciones*). También los verbos auxiliares de las perífrasis de las que forma parte se conjugan solo en 3.ª persona del singular: *Tiene que haber elecciones* o *Puede haber elecciones* (no ®*Tienen que haber elecciones* o ®*Pueden haber elecciones*). No se debe omitir la preposición en la perífrasis «*ir a* + infinitivo»: *Va a haber elecciones*.

¿SE DICE *ELECCIONES CONGRESALES* O *ELECCIONES CONGRESIONALES*?

Con el sentido de 'perteneciente o relativo al Congreso de una nación', existen en el español americano ambos adjetivos, *congresal* y *congresional*, con preferencia distinta según las zonas: en el español de EE. UU., México, Centroamérica y el área antillana se usa más *congresional*, por influjo del inglés *congressional*; en cambio, en el Cono Sur y el área andina se usa más *congresal*. Ambos adjetivos se consideran válidos y están registrados en el diccionario académico. En España se diría *elecciones al Congreso*.

¿LO CORRECTO ES *VOTAR A ALGUIEN* O *VOTAR POR ALGUIEN*?

Son válidas ambas opciones. Cuando el verbo *votar* significa 'dar el voto', es posible construirlo como intransitivo (*Voté por X* o *Voté a favor de X*) o como transitivo (*Voté a X* o *Lo/la voté*).

¿SE DICE *RECUENTO, CONTEO* O *RECONTEO* DE VOTOS?

En España se usa normalmente el sustantivo *recuento* con el sentido de 'acción y efecto de recontar', entendido este verbo como 'contar algo para comprobar su número, especialmente los votos en una elección'. En el español americano es frecuente usar, en estos casos, el término *conteo*, raro en España. Para expresar la repetición de dicha acción, en España lo normal es decir *nuevo recuento*, mientras que en el español americano existe para ello la voz prefijada *reconteo*.

¿CUÁL ES LA GRAFÍA CORRECTA, *GUBERNATURA* O *GOBERNATURA*?

Para designar el cargo o función de gobernador, en el español americano, especialmente en EE. UU., México y el área centroamericana, se emplea normalmente la voz *gubernatura*. Existe también, y se considera válida, la variante *gobernatura*, mucho menos frecuente en el uso.

¿ES VÁLIDA LA EXPRESIÓN *CORRER EN LAS ELECCIONES*?

Se trata de un calco del inglés *run for election*, cuyos equivalentes adecuados en español serían *concurrir a las elecciones*, *presentarse a las elecciones* o *presentar una candidatura en/para las elecciones*.

Unidad Interactiva del Diccionario

PAZ BATTANER

La *Unidad Interactiva del Diccionario* ofrece un servicio que, gracias a la aportación desinteresada de las personas que rellenan su formulario para enviar alguna observación (https://www.rae.es/formulario-de-la-unidad-interactiva-del-diccionario), ayuda a mejorar y a enriquecer el *Diccionario de la lengua española*.

Los correos recibidos, en 2021, han sido 2334:

- 1136 correos con sugerencias válidas cuyo estudio se realiza en el ILex y que permitirían la posible enmienda o actualización del *Diccionario* tras su paso por las comisiones pertinentes de la RAE y por el resto de las academias.

- 654 correos con dudas o preguntas resueltas sin necesidad de pasar por comisión.
- 544 correos no válidos.

Iniciativas culturales

José Manuel Sánchez Ron y Arturo Pérez-Reverte

El calendario de 2021 para el mundo de la cultura ha estado marcado por la conmemoración de destacados aniversarios: el centenario del fallecimiento de la escritora Emilia Pardo Bazán y el de los nacimientos de dos de los grandes colosos del cine español, Luis García Berlanga y el académico Fernando Fernán-Gómez.

La efeméride de la muerte de la condesa de Pardo Bazán permitió recordar el pasado mes de mayo en la Academia a una de las figuras más relevantes de la literatura contemporánea en español. Con el acto «Emilia Pardo Bazán en la RAE», la institución abría sus puertas a la autora en una sesión coordinada por la académica Carme Riera y que contó con la presencia de la entonces vicepresidenta primera del Gobierno, Carmen Calvo. La jornada congregó en dos mesas redondas a un nutrido grupo de académicos, que analizaron desde múltiples puntos de vista las numerosas facetas de la autora gallega. Abrió el acto el director de la RAE, Santiago Muñoz Machado, que se refirió al merecido lugar que debía haber ocupado Emilia Pardo Bazán dentro de la institución. Asimismo, participaron con sus ponencias, por orden de intervención, Darío Villanueva, quien habló sobre «El cosmopolitismo feminista de doña Emilia»; Miguel Sáenz, con la charla «De don Hilarión a doña Emilia, un paseo por Madrid»; Carme Riera, coordinadora del encuentro, que expuso «Doña Emilia y Cataluña», y Luis Mateo Díez con «Los inicios de doña Emilia, relectura de *Un viaje de novios*», que finalizó la primera mesa. El segundo coloquio lo inició José María Merino, dando a conocer «La narrativa breve de Emilia Pardo Bazán»; continuaba Juan Mayorga disertando sobre «"¡Cuánta farsa!". La sociedad española en *El vestido de bodas* de Pardo Bazán»; Manuel Gutiérrez Aragón departió sobre «Pardo Bazán y el cine», y cerró la jornada Soledad Puértolas, bajo el título «El talento de nunca acabar».

Este año, tras los meses con mayores restricciones por la pandemia, la RAE pudo recuperar la celebración de sus tardes literarias. En ellas, han tenido lugar varias presentaciones de las obras de los miembros de la institución (a fecha de septiembre de 2021).

El académico y cineasta Manuel Gutiérrez Aragón habló en el mes de mayo sobre su última novela, *Rodaje* (Anagrama, 2021), de la mano de la periodista Pepa Fernández. Con esta obra rememora la España de la que él mismo fue testigo, cuando el ahora consagrado director daba sus primeros pasos en una industria cinematográfica que se abría camino en la última etapa del franquismo. Una época en la que, según comentaba su autor en la presentación, «las salas de cine eran un refugio».

Ya en el mes de junio, el académico Juan Gil compartió con el público la edición de la Biblioteca Castro de la obra *En demanda de la isla del rey Salomón* (2020), de la que ha sido preparador y que recoge las travesías y aventuras de aquellos que partieron en busca de la tierra prometida en aguas del Pacífico sur.

Como parte del compromiso de la Academia con la digitalización, también se han desarrollado diversos encuentros relacionados con las nuevas tecnologías. Junto a la Fundación Endesa tuvo lugar el reto digital «Neologismos y tecnicismos en el ámbito energético y medioambiental», del que se dan más detalles en el capítulo dedicado a LEIA de esta crónica, y que contó con la participación de más de 400 personas.

En el mes de junio, se celebró un primer encuentro sobre lengua española e inteligencia artificial. El director, Santiago Muñoz Machado, expuso en su intervención la ineludible responsabilidad de enseñar a las máquinas a hablar un correcto español, una labor que la RAE desarrolla a través del mencionado proyecto LEIA. En el acto se dieron cita expertos de las principales tecnológicas a nivel internacional comprometidas con esta gesta: David Carmona, director general de IA en Microsoft Corporation; Marie Mulot, gerente general de Amazon Alexa en España; Ester Marinas, responsable de marca y reputación de Google España y Portugal, y Chema Alonso, director de la Unidad Global de Consumo Digital de Telefónica. Clausuró el acto la secretaria de Estado de Digitalización e Inteligencia Artificial, Carme Artigas.

Con motivo del centenario del nacimiento de Fernando Fernán-Gómez se recordó al académico con una actividad, en el segundo semestre del año, en la que se trataron distintas facetas del actor, cineasta y escritor. En ese mismo periodo, la RAE también quiso conmemorar en su centenario al maestro del cine español Luis García Berlanga con un acto coordinado por Gutiérrez Aragón.

Además de estas actividades, la Real Academia Española se ha sumado un año más a las distintas iniciativas culturales que transcurren en la ciudad de Madrid, donde se encuentra su sede institucional. Ha formado parte de la propuesta Madrid Otra Mirada, promovida por el Ayuntamiento de la capital; de la Semana de la Arquitectura; del Festival Eñe, y de la Noche de los Libros, una iniciativa de la Comunidad de Madrid, entre otras. Con motivo de esta última, en octubre tuvo lugar una conversación entre dos autores: el académico Álvaro Pombo y Andrés Trapiello. Bajo el título «Maneras de narrar Madrid», y dentro del programa general *Escenas del Madrid moderno*, ambos escritores mantuvieron una charla que giró en torno al hecho de que la capital tiene tantas maneras de ser contada como habitantes acoge. Pombo y Trapiello trazaron un recorrido por el callejero de la ciudad, transitando sus rincones. Distintas formas de mirar Madrid: la de Pombo, poética y subjetiva; la de Trapiello, rigurosa, a modo de cronista de la villa. Así han plasmado la ciudad en sus obras un santanderino y un leonés. Y es que *madrileño* es el gentilicio de quien nace en cualquier esquina del mundo, pero acaba quedándose a vivir en la urbe.

Todas estas actividades responden a un mismo objetivo: abrirse aún más al público y afianzarse como referente del circuito cultural hispanohablante.

Portal lingüístico

Real Academia Española

Una de las principales novedades que trajo consigo la renovación de la página web de la RAE en octubre de 2020 fue la creación de un portal lingüístico. Se trata de un recurso público ideado como complemento a las obras académicas y de su servicio de atención a consultas en Twitter. Con esta plataforma, se brinda un espacio en permanente actualización, que propone una manera distinta de acceder a los diversos contenidos lingüísticos de la RAE.

En estas páginas los hispanohablantes podrán hallar una recopilación de dudas sobre el idioma resueltas de forma ágil y transparente (todas ellas acompañadas de enlaces a explicaciones más desarrolladas en las obras de la RAE y la ASALE); un observatorio que ofrece información sobre palabras (o acepciones de palabras) que, por distintos motivos, no aparecen en el diccionario, pero que han generado consultas, así como una sección con juegos y retos lingüísticos que permiten aprender y divertirse al mismo tiempo.

Además, desde este portal se facilitan accesos directos a la palabra del día del *Diccionario de la lengua española*, a la Unidad Interactiva del Diccionario, a todas las noticias generadas de carácter lingüístico, además de redirecciones a las plataformas Enclave RAE y Enclave de Ciencia, todo el contenido del Departamento del «Español al día», el Instituto de Lexicografía, los diversos bancos de datos, la web de Fundéu-RAE y la sección especial sobre el proyecto LEIA (Lengua Española e Inteligencia Artificial).

Gracias al buscador de dudas rápidas, se amplía la oferta de asesoramiento lingüístico de la Academia. Asimismo, pinchando en el apartado de «Español al día», se muestra la serie de «Preguntas frecuentes» del sitio, que ha sido ampliada recientemente, así como una ventana a las respuestas del servicio de consultas en Twitter. En las páginas de noticias del portal, también se añade una nueva entrada de estas «Preguntas» cada semana. Así, se ha recordado por qué *mí* se escribe con tilde, pero *ti* no; cuándo se usa cada tipo de comillas, o si se deben tildar las mayúsculas, entre otras cuestiones.

El *Diccionario histórico de la lengua española* también tiene su espacio en el portal lingüístico por medio de la serie «La vida de las palabras», donde se eligen entradas curiosas y se presenta su «vida», la evolución de su uso y sus relaciones con otros términos, es decir, su biografía al completo. Asimismo, el Corpus del Español del Siglo XXI (CORPES XXI) publica artículos específicos para que el usuario aprenda a usar esta herramienta y descubra cómo se comportan determinados neologismos en el léxico a través de su representación en el CORPES.

El aspecto lúdico es clave para llegar a los más jóvenes. Cada mes, la sección del portal destinada a los juegos y retos lingüísticos es alimentada con nuevas propuestas, bien temáticas, bien de cuestiones lingüísticas generales, siempre con un guion entretenido y una apariencia muy fresca y actual.

Servicio de asesoría lingüística

Real Academia Española

La Real Academia Española (RAE) ofrece a quien lo desee —empresas, organismos públicos, instituciones, particulares, etc.— un servicio de asesoría lingüística con el que resolver de forma ágil, sencilla y personalizada las dudas sobre el buen uso de la lengua que puedan surgir a la hora de redactar textos en español.

A través del correo electrónico, los interesados pueden enviar a la RAE cualquier pregunta relacionada con la ortografía, la gramática y el léxico de nuestra lengua. ¿Se debe emplear la coma en un determinado contexto? ¿Es correcto el uso de *en base a*? ¿Este verbo se combina con *le* o con *la*? ¿Qué alternativa existe en español para la palabra inglesa *coworking*? ¿Qué abreviatura se puede usar para un determinado término? ¿Cuál es el significado de una palabra en un texto? Estas y otras cuestiones serán resueltas, con atención prioritaria y en un corto espacio de tiempo, por lingüistas de la RAE especializados en la norma, quienes ofrecerán una respuesta simple y directa acompañada de enlaces a los apartados de las obras académicas donde se incluyen explicaciones más detalladas.

El servicio se puede prestar para preguntas aisladas o para un conjunto o paquete de preguntas al mes en caso de que se prevea que se van a realizar varias durante ese periodo de tiempo.

Para dudas que requieran un análisis más pormenorizado —como la determinación de la forma gráfica correcta en español de nombres propios y cuestiones relativas a su acentuación y pronunciación; la transliteración al español de nombres propios pertenecientes a lenguas que utilizan alfabetos distintos del latino; la hispanización de antropónimos de otras lenguas, o la valoración normativa de variantes gráficas, ya sean nombres propios o voces o expresiones no registradas en el *Diccionario de la lengua española* (*DLE*)— o que impliquen la expedición de un certificado, el precio se estudiará en cada caso.

A diferencia de otras vías de resolución de dudas lingüísticas ofrecidas por la RAE, este servicio permite enviar las preguntas de forma privada, sin límite de caracteres, sin necesidad de registrarse en ninguna red social ni de suscribirse a ninguna plataforma, con mayor comodidad a la hora de archivar las respuestas y con la posibilidad de realizar un número ilimitado de preguntas contratando la tarifa plana. Además, por esta vía se atienden cuestiones que quedan fuera de los límites de los otros canales de atención de dudas de la RAE, como la petición de la forma hispanizada de un nombre propio o la solicitud de certificados.

Servicio de auditoría lingüística

Real Academia Española

El servicio de auditoría lingüística nace como parte del objetivo de la Real Academia Española de velar por el buen uso del español en todos los ámbitos. El fin principal es ayudar a las empresas e instituciones que lo deseen a lograr un uso correcto del español en todos sus documentos. Para acreditar el esfuerzo y compromiso de las empresas la auditoría culmina con la concesión por parte de la RAE de un certificado de utilización de un español correcto y cuidado.

El proceso consiste principalmente en una revisión general de los textos de las empresas e instituciones a partir de la cual se analiza y valora el uso del español empleado y se ofrecen propuestas de cambios generales y particulares para lograr un buen uso de la lengua. Además, existe la posibilidad de crear una guía de estilo personalizada que clasifique y organice las cuestiones lingüísticas problemáticas observadas. Se pueden llevar a cabo otro tipo de servicios lingüísticos personalizados.

Esta auditoría busca analizar la calidad lingüística y la preocupación por el buen uso del español que muestra una determinada empresa o institución, ya sea en un documento determinado o en sus textos en general.

Para poder llegar a certificar el buen uso del español, se deberían seguir al menos los siguientes pasos:

- Lectura detenida del material. En una auditoría general, los textos deben suponer una cantidad suficiente y variada con distintos tipos de documentos (cartas, informes, notas de prensa, boletines, memorias...). En una auditoría centrada en un documento, se ofrece como mínimo una lectura completa de este.
- Indicación de los problemas observados. Se pueden incluir comentarios en el propio texto que se está revisando o se puede crear un documento independiente en el que se vayan detallando las cuestiones problemáticas encontradas. Además, se pueden ofrecer algunas indicaciones generales con aspectos que han supuesto errores sistemáticos o aquellas que, sin ser errores, muestran falta de unidad en un determinado escrito.
- Cotejo de la integración de los cambios propuestos. Tras haber señalado los problemas encontrados, se comprueba que se han integrado correctamente en los documentos y que se han aplicado adecuadamente las pautas generales indicadas.
- Valoración final de los resultados y certificación.
- Una vez que se ha llevado a cabo este proceso, se puede ofrecer la elaboración de una guía de estilo que presente de forma ordenada todas aquellas cuestiones generales que puedan ayudar a mantener un buen uso del español en futuros textos. Esta guía puede incluir un glosario con términos problemáticos (serían productos separados).

Existe la posibilidad de acordar una revisión periódica de nuevos documentos para comprobar que se sigue manteniendo la preocupación por el uso correcto del español.

También se realizan revisiones de páginas web (las partes estáticas), así como se elaboran documentos de recomendaciones lingüísticas para las webs corporativas.

Estas son algunas de las cuestiones concretas que se analizan en la revisión:

Ortografía y ortotipografía

Grafías

- Faltas de ortografía y erratas.
- Escritura de palabras prefijadas y complejas.
- Escritura de secuencias problemáticas (*a ver/haber, sino/si no, por qué/porqué...*).
- Acentuación.

Puntuación

- Uso adecuado de los signos de puntuación.
- Colocación correcta de signos y espacios.

Mayúsculas

- Uso de la mayúscula en nombres propios.
- Uso de la mayúscula según la puntuación.

Cursiva

Abreviaturas, siglas y símbolos

Expresiones numéricas

Gramática

Género y número

- Uso correcto de las formas.
- Concordancia.

Verbos

- Uso correcto de las formas.
- Uso correcto de los tiempos verbales y el modo.

Construcciones

- Dequeísmo y queísmo.
- Leísmo, laísmo y loísmo.
- Colocación de pronombres.

Casos concretos

- Adverbios de lugar (*detrás de mí*).
- Uso de numerales.
- Expresiones concretas (*en relación con...*).

Léxico

Uso adecuado de palabras y expresiones e idoneidad.

Riqueza léxica.

Uso moderado de extranjerismos.

Estilo

Incongruencias, repeticiones, fragmentos ambiguos o difíciles de entender...

Terminología y formatos unificados.

Textos comprensibles aun siendo técnicos.

Al ofrecer un servicio de revisión y análisis general y no una corrección exhaustiva, la RAE simplemente certifica que la empresa o institución demuestra un cuidado suficiente en el uso del español en sus textos y cumple en general con los requisitos exigidos.

Los clientes para este tipo de revisión son las empresas, fundaciones, instituciones, organismos, administraciones públicas, etc., que deseen emplear un español correcto en sus textos y quieran, además, que la RAE lo certifique.

Enclave RAE

REAL ACADEMIA ESPAÑOLA

Enclave RAE, la plataforma de servicios lingüísticos de la Real Academia Española, que cuenta con más de tres mil usuarios, está dirigida tanto a usuarios particulares como a profesionales. El precio anual de suscripción es de 30 €, con un período de prueba gratuito de siete días accesible desde la página web: <https://enclave.rae.es>.

Durante este año 2021, se ha puesto en funcionamiento la modalidad de suscripción «Acceso por IP». De este modo, se dispone de un número determinado de conexiones simultáneas desde cada dominio o IP dado de alta en el sistema. Esta nueva modalidad de contratación ha permitido el uso de la plataforma por toda la comunidad educativa de la Universidad de Granada, la Universidad de Huelva, El Colegio de México o la Universidad Pompeu Fabra, entre otras instituciones.

En el siguiente cuadro se presentan las herramientas y servicios más utilizados por los usuarios de la plataforma durante este período:

Accesos	Herramienta
9565	«Diccionario avanzado»
8605	«Diccionarios»
7814	«Ficha de la palabra»
6746	«Gramática»
4190	«Consultas lingüísticas»
4151	«Taller lingüístico»
2936	«Registro de consultas»
2890	«Mi RAE»
2664	«Actividades para el aula»
2595	«Corpus»

Curso en línea de corrección lingüística en español

Real Academia Española

La Real Academia Española (RAE) ha colaborado, en 2021, en una nueva edición del curso «Corrección ortográfica: la puntuación», que se llevó a cabo, en línea, a través de la página web de la Escuela Cursiva de Penguin Random House Grupo Editorial. Con esta iniciativa se ofreció a los alumnos los recursos básicos necesarios para solventar las dudas que surgen a la hora de puntuar los textos. La formación promueve un acercamiento distinto a la puntuación, de manera que no se parte de los signos, sino de sus funciones.

La RAE y los medios de comunicación

REAL ACADEMIA ESPAÑOLA

Como parte principal de su estrategia, en el año 2021 la Real Academia Española ha afianzado sus relaciones con los medios de comunicación.

Este año, el suplemento *ABC Cultural* cuenta con la columna semanal «Una mirada académica», en la que cada sábado un miembro de número de la institución comparte sus conocimientos y sus reflexiones personales sobre el español y la actualidad lingüística, siempre en torno a una palabra concreta.

La Academia ha mantenido las colaboraciones iniciadas en años anteriores, lo que da muestra de su éxito. La institución cuenta desde 2019 con una sección en el programa *De Pe a Pa* en Radio Nacional. En ella, la periodista Pepa Fernández y sus *escuchantes* lanzan «Una mirada a la RAE» para conocer los más diversos aspectos de la Academia: su biblioteca, su fondo artístico o los proyectos en los que trabaja, pero también las cuestiones lingüísticas de mayor actualidad o la historia de nuestra lengua. En esta sección participan los académicos de la RAE, así como los responsables de las distintas áreas y departamentos que constituyen la Academia.

Dentro de este compromiso compartido con RTVE por la divulgación de un correcto uso del español, la Academia sigue emitiendo una temporada más en Radio 5 el programa *La RAE informa*, el microespacio semanal que acerca nuestra lengua y sus curiosidades a través de las ondas radiofónicas en forma de breves píldoras con consejos lingüísticos, novedades académicas, apuntes sobre literatura y noticias del mundo hispanohablante.

Continúa, asimismo, con éxito la colaboración con el programa de Antena 3 *Pasapalabra,* iniciada en noviembre de 2020. El famoso rosco del espacio, que, de lunes a viernes, congrega a dos millones de espectadores, cuenta con recomendaciones elaboradas por la RAE que aportan una explicación lingüística a una palabra cada día, con un fin divulgativo, en el horario de máxima audiencia de la televisión. Entre las más valoradas por el público, cabe señalar la que explicaba si se debe decir *he frito un huevo* o *he freído un huevo*; la que aclaraba por qué escribimos *dieciséis* en una palabra, pero *treinta y cuatro* en varias, o la que refería por qué en español debemos usar el signo de interrogación tanto al inicio como al final de una pregunta.

Para la RAE es fundamental el establecimiento de esta buena relación con los medios de comunicación, pues la principal herramienta con la que estos trabajan es el idioma y, al igual que la Academia, son altavoces de su uso para toda la sociedad desde multitud de canales. Por ello, se han reforzado en este 2021 los contenidos ofrecidos a los medios. De estas colaboraciones han surgido reportajes que han acercado la institución a lectores, oyentes y espectadores. Así, las puertas del Archivo y la Biblioteca de la Academia se han abierto a redactores y cámaras de medios como Televisión Española, *El País*, *ABC* o *La Razón*, que han dado a conocer historias como la de la plancha del dibujo de Francisco de Goya para el *Quijote* de Ibarra o la leyenda del fragmento de cráneo del Cid custodiado en la RAE. Sin olvidar los trabajos académicos que apuntan hacia la innovación y la digitalización, como el proyecto LEIA o la renovada etapa del *Diccionario histórico de la lengua española*.

La actualidad de la Academia sigue atrayendo la curiosidad de periodistas de todo el mundo. El idioma suscita un gran interés en la opinión pública y son numerosas las solicitudes de información de medios que diariamente llegan a la institución. Entre las noticias que han captado una mayor atención por parte de la prensa encontramos el récord de mil millones de consultas en un año batido por el *Diccionario de la lengua española*. Por supuesto, también fue ampliamente difundida por los medios la elección de doña Paloma Díaz-Mas para ocupar la silla *i* de la RAE. Otro de los hitos de comunicación del año fue la presentación de la Red Panhispánica de Academias, Universidades y Centros de Investigación del *Diccionario histórico de la lengua española*. No podemos olvidarnos, en este repaso anual, de la intensa cobertura que obtuvo el acto en recuerdo de doña Emilia Pardo Bazán, organizado por la Academia en el mes de mayo con motivo del centenario del fallecimiento de la escritora gallega.

Toda esta amplia repercusión mediática de la Real Academia Española se traduce en las siguientes cifras: entre junio de 2020 y junio de 2021 se produjeron 51 844 impactos directos distintos en medios, tanto digitales como escritos y audiovisuales (televisión y radio), alcanzando una audiencia de más de 9,5 millones de personas, lo que supone un valor en términos de comunicación de más de 667 millones de euros.

PÁGINA WEB Y REDES SOCIALES DE LA REAL ACADEMIA ESPAÑOLA

Un año más la estrategia de comunicación de la Real Academia Española (RAE) se ha ideado y desarrollado con el objetivo de llegar a todos los hispanohablantes y, en esta ocasión, ha contado con el apoyo de una renovada herramienta, imprescindible en el mundo actual: su página web corporativa, que en 2021 ha demostrado todo su potencial.

Con una imagen cercana, actual, clara y accesible, el sitio www.rae.es alberga toda la información de la Academia, así como los distintos puntos de acceso directo al resto de sus plataformas tecnológicas. Un servicio esencial a disposición de cualquier persona que, de manera universal y gratuita, aúna en un mismo sitio los diccionarios, la totalidad de las obras lingüísticas y literarias, los accesos al Archivo, la Biblioteca, la Escuela de Lexicografía Hispánica, los boletines y todos los recursos de la institución, que se exponen para que el usuario pueda entrar en su universo de contenidos a golpe de clic. Tienen un lugar privilegiado en la arquitectura de la información las herramientas y los buscadores, así como los módulos que corresponden al Instituto de Lexicografía, el Departamento de «Español al día» o las bases de datos, encabezadas por el Corpus del Español del Siglo XXI (CORPES XXI).

Además de incorporar todo tipo de recursos lingüísticos gratuitos que son de utilidad para cualquier especialista en la materia y para el público en general, la web de la Real Academia Española muestra la actualidad de la institución, información de interés sobre sus académicos, su historia, su funcionamiento y su organización.

Tras el lanzamiento de la página actual a finales de 2020, este año han continuado los trabajos de análisis y desarrollo de funcionalidades con el fin de ofrecer una mejor experiencia de usuario. Se han añadido pequeños cambios de diseño y nuevos módulos que facilitan la navegación por los servicios telemáticos de los que dispone la RAE, como una entrada desde la portada al formulario de la Unidad Interactiva del Diccionario o la mejor visualización de los recursos de obras y diccionarios.

En este sentido, hay que destacar la renovación del *Diccionario histórico de la lengua española*, que incluye un nuevo logotipo y una interfaz diferente, bajo la misma navegación que el resto de la web institucional, y que mejora su posición desde motores de búsqueda en Internet, además de facilitar las tareas de consulta. Tanto el *DHLE* como el CORPES han sido actualizados, y así se ha reflejado en la plataforma institucional.

Por su parte, el *Diccionario de la lengua española* ha continuado cosechando récords de visitas, lo que se ha destacado tanto en las páginas web como en las redes sociales de la Academia. En un año el *DLE* en línea ha conseguido superar los 1000 millones de consultas.

Con el fin de que las novedades institucionales lleguen a más lectores interesados, en mayo se lanzó el primer boletín de actualidad informativa de la RAE con más de 20 000 suscriptores. Este boletín reunió las noticias sobre la Academia más relevantes, con una excelente acogida por parte de los usuarios suscritos.

Asimismo, a través de la página se anuncian los actos que se organizan (presenciales o virtuales), donde es posible inscribirse cómodamente, siempre atendiendo las medidas sanitarias y ofreciendo la opción de seguirlos a distancia a través del canal de YouTube y Twitter. Cada uno de los actos que se han transmitido en línea durante los últimos meses ha sido visto en directo por una media de 4000 espectadores.

La Academia también ha lanzado campañas especiales para celebrar con los usuarios días conmemorativos señalados y relacionados con las letras. La parte divulgativa y lúdica es clave para, a través de la web, llegar al público más joven y conseguir que, una vez familiarizado con la RAE, acceda a otro tipo de contenido y obras académicas. Para ello, se estrenan nuevos juegos cada mes, ya sea de corrección lingüística o temáticos aprovechando efemérides o días especiales. Como siempre, se ha continuado publicando minijuegos en Instagram, gracias a los cuales los seguidores pueden poner en práctica lo aprendido en las publicaciones: cuándo se usa *r* o *rr*, cuándo *sino* o *si no*, en qué casos se escribe *en torno* y en cuáles *entorno*, etc.

No en vano en 2021 se ha afianzado la labor de difundir de una manera accesible y atractiva en redes sociales toda la información de la RAE, tanto la institucional y la relacionada con las actividades de sus departamentos como la relativa a sus obras.

Todas las cuentas han seguido creciendo, con contenidos virales que han llegado a más usuarios y han incrementado sus bases de seguidores. Desde que hace dos años la Academia cambió su estrategia de comunicación en redes, estas han experimentado una evolución sin precedentes: a junio de 2021, Twitter ha aumentado en 492 000 seguidores, llegando a más de 1,9 millones de personas, lo que supone una subida de un 37 %; Facebook suma 210 000 seguidores, con un total de 536 000 (un 65 % más); Instagram ha registrado 265 000 nuevos seguidores, hasta lograr 355 000 o, lo que es lo mismo, un crecimiento de un 300 %, y YouTube ha incrementado sus visualizaciones en 1,7 millones, más de un 200 %.

La emisión a través de YouTube y Twitter de presentaciones y actos en directo ha supuesto un impulso para ambas plataformas, con un aumento de las visualizaciones y la interacción con los usuarios, demostrando este esfuerzo adicional de la Academia por acercar la literatura, la cultura y la actualidad institucional a una audiencia que aún no puede disfrutar presencialmente de este tipo de actividades y que todavía sufre las consecuencias de la pandemia. Asimismo, los seguidores que están repartidos por todo el mundo pueden presenciar los actos en vivo y con cercanía gracias a la continuidad de su emisión en línea a través de estos canales, lo que representa, sin duda, un paso más en la vocación panhispánica de la RAE.

Entre los planes a corto plazo, destaca la apuesta por las plataformas de audio como Spotify o Soundcloud, con la ingesta de materiales ya grabados y nuevos formatos audibles a través de la creación de pódcast.

En relación con el contenido diario, se ha continuado publicando la #PalabraDelDía del diccionario, siempre acompañada de información relevante relacionada; la consulta de la semana, que resuelve en abierto alguna pregunta planteada en los últimos días por algún consultante; efemérides de académicos y de otras figuras importantes de las letras y la cultura en general; información lingüística relacionada con la actualidad; alternativas a extranjerismos, etc. Todo ello por medio de publicaciones con un texto sencillo y cercano, que siempre van acompañadas de una imagen creada o seleccionada exprofeso para ilustrar lo contado. Algo que ya se ha convertido en una marca característica de la Academia en su versión más digital.

Cabe destacar las publicaciones con contenido lingüístico. En ellas, se explica alguna cuestión problemática acompañada de una imagen en la que simplemente se ven las letras, signos o palabras que se están tratando. De igual manera obtienen muy buena respuesta las publicaciones en las que se pide a los hispanohablantes de todas las zonas que indiquen el nombre que utilizan para referirse a un determinado objeto.

A diario, coincidiendo con las efemérides de los académicos de la RAE, se comparten tuits que llevan a sus expedientes y fichas en el archivo, así como al material que se conserva de ellos. Ocurre lo mismo con el fondo lingüístico, literario y artístico que atesora la RAE y que se ha digitalizado (primeras *Gramática* y *Ortografía*, el *Quijote* de Ibarra, fotografías, medallas...). La RAE y su legado patrimonial y artístico siempre tienen un espacio prominente en los perfiles sociales, con cuidadas galerías de fotos y vídeos. Respecto a estos últimos, se han llevado a cabo pequeñas visitas guiadas a través de vídeos de YouTube, que se comparten en el resto de las redes sociales, para dar a conocer la gran riqueza artística de la Academia.

Academia Colombiana de la Lengua

Academia Colombiana de la Lengua 1871-2021: 150 años

ACADEMIA COLOMBIANA DE LA LENGUA 1871-2021: 150 AÑOS

La Academia Colombiana de la Lengua fue creada en 1871, fruto del interés de un grupo de intelectuales colombianos que consideraron oportuno crear una academia correspondiente de la Real Academia Española al amparo de la decisión tomada por esta corporación en 1870 de considerar esta figura administrativa como un mecanismo de integración de los países de habla hispana.

Es así como en el mes de mayo se celebró una sesión solemne para recordar esta efeméride con la asistencia de autoridades nacionales e internacionales. Tomaron la palabra en este encuentro académico don Santiago Muñoz Machado, director de la RAE y presidente de la ASALE; don Francisco Javier Pérez, secretario general de la ASALE, y don Juan Carlos Vergara Silva, director de la Academia Colombiana de la Lengua.

En esta cita histórica, se recordó el origen de la Academia Colombiana y su papel en el desarrollo del estudio y conocimiento de la lengua y la literatura en Colombia, amén de sus colaboraciones con otras academias y entidades científicas, que se reflejan en la producción bibliográfica de la entidad, especialmente en su boletín y en la reciente publicación del *Vigía del Idioma*.

Como complemento a esta sesión conmemorativa, se programaron sesiones académicas que recordaran la vida y obra de ilustres fundadores y miembros de la corporación, que, por su labor al servicio de los fines de la Academia, exaltaran sus virtudes fundacionales. Es así como se seleccionaron algunos de los miembros que conformaron la primera nómina de colaboradores y permitieron dar vida al sueño de fundar un cuerpo institucional con metas similares a las de la RAE en América.

A la fecha, se han realizado sesiones que exaltan la memoria de don Rufino José Cuervo (orador: Edilberto Cruz Espejo), don Ezequiel Uricoechea (orador: Alberto Gómez Gutiérrez) y don Marco Fidel Suárez (oradora: Teresa Morales de Gómez). Quedan pendientes las sesiones que recordarán a don José María Vergara y Vergara, don Miguel Antonio Caro, don Venancio Manrique, don José Manuel Marroquín y don Manuel María Mallarino.

Como desarrollo de su visión global de la cultura, se adelantaron sesiones literarias que tuvieron como tema la obra de Louise Glück y Jorge Luis Borges, en donde tomaron la palabra el crítico literario Federico Díaz Granados y el subdirector de la corporación, don Eduardo Durán Gómez.

En el transcurso del año se rendirá un homenaje a don Agustín Nieto Caballero, ilustre académico colombiano que construyó gran parte del ideario educativo colombiano en el siglo XX y fue un defensor de la formación en lengua española en nuestros colegios y universidades.

Entre las obras publicadas por corporaciones amigas de la Academia cabe resaltar el trabajo de la historiadora Mercedes Medina de Pacheco, titulado: *La sede de la Academia Colombiana de la Lengua y sus maravillas artísticas*, publicado por iniciativa de la Sociedad Geográfica de Colombia. En igual sentido, resaltamos la publicación coordinada por el académico Gilberto Abril Rojas, titulada *Aporte intelectual boyacense a la Academia Colombiana de la Lengua,* bajo el amparo de la Academia Boyacense de la Lengua.

El académico Jorge Emilio Sierra publicó su libro *Nuevas huellas de la Academia Colombiana,* como un reconocimiento al sesquicentenario de la corporación.

Así mismo, registramos con profundo pesar el fallecimiento de dos académicos ejemplares: don Adolfo de Francisco Zea y don Jaime Bernal Leongómez.

La Comisión de Lingüística de la corporación continúa su trabajo de apoyo a los proyectos panhispánicos de ASALE, la publicación periódica del *Vigía del Idioma* y la redacción de las biografías de los filólogos colombianos.

Los académicos de nuestra corporación han relacionado ante la Secretaría de la Corporación sus publicaciones del primer semestre del 2021:

Hernán Olano García: *Átomos al infinito*. Berlín: JustFiction Edition, Omniscriptum, 2021. [Miembro correspondiente]

Hernán Olano García: *Manual de pensamiento histórico constitucional colombiano*. Bogotá: Editorial Tirant lo Blanch, 2021. [Miembro correspondiente]

Pablo Montoya: *La sombra de Orión*. Bogotá: Penguin Random House, 2021. [Miembro correspondiente]

Padre Diego Jaramillo Echeverri. cjm.: *Formando obreros del Evangelio*. Bogotá: Corporación Centro Carismático Minuto de Dios, 2021. [Miembro honorario]

Padre Diego Jaramillo Echeverri. cjm.: *Lluvia de regalos.* Bogotá: Corporación Centro Carismático Minuto de Dios, 2021[2].

Eduardo Durán Gómez: *Borges, 35 años de su muerte*. Bogotá: Academia Colombiana de la Lengua, 2021.

Alberto Gómez Gutiérrez: *Ciencia, Humanismo y Nación: 85 años Academia Colombiana de Ciencias Exactas, Físicas y Naturales.* Bogotá: Universidad Nacional de Colombia, 2021. [Miembro correspondiente]

Artículos

Gómez-Gutiérrez, Alberto, *et al.*: «La cirugía a través del tiempo. Extracto de Saturno: una receta médica del siglo XVIII», en *Cirugía y Cirujanos*; Vol. 89 N.º 1, México: Academia Mexicana de Cirugía, 2020, pp. 135-139. [Miembro correspondiente]

Gómez-Gutiérrez, Alberto: «El guaco: un agente vegetal utilizado en el Nuevo Reino de Granada contra los síntomas generados por afecciones del sistema músculo-esquelético». En *Revista Colombiana de Reumatología*; Vol. 28, Bogotá: Asociación Colombiana de Reumatología, 2021, pp. 52-56. [Miembro correspondiente]

Gómez-Gutiérrez, Alberto: «¿Avatar de Humboldt? Reflexiones en torno a cinco cartas anónimas publicadas en el Diario Político de Santafé de Bogotá en 1810», en *Revista de la Academia Colombiana de Ciencias Exactas Físicas y Naturales*; Vol. 45, Bogotá: 2021, pp.: 387-404. [Miembro correspondiente]

Gómez-Gutiérrez, Alberto [Miembro correspondiente]: «Las redes neuronales visuales de Ramón y Cajal: comentarios sobre el facsímil de uno de sus dibujos manuscritos expuesto en el Museo de Historia de la Medicina de la Academia Nacional de Medicina de Colombia». Medicina: *Revista de la Academia Nacional de Medicina de Colombia* 2021; (En imprenta). [Miembro correspondiente]

Abril, Gilberto [Miembro correspondiente]: *Artículos en la Revista Polimnia:*

- *Revista Polimnia* N.º 23 de marzo del 2021, dedicada al académico don Antonio José Rivadeneira Vargas.
- *Revista Polimnia* N.º 24 de abril del 2021, dedicada a la académica doña Luisa María Ballesteros Rosas.
- *Revista Polimnia* N.º 25 de junio del 2021, dedicada al académico don Gilberto Ávila Monguí.
- Libro *Aporte Intelectual Boyacense a la Academia Colombiana de la Lengua*. Editado por la Academia Boyacense de la Lengua, con motivo de celebrar la Academia Colombiana de la Lengua el Sesquicentenario (1871-2021) de su fundación.

Academia Ecuatoriana de la Lengua

La Academia Ecuatoriana de la Lengua, su realidad, sus sueños y propósitos

LA ACADEMIA ECUATORIANA DE LA LENGUA, SU REALIDAD, SUS SUEÑOS Y PROPÓSITOS

Proyectos de la Academia Ecuatoriana de la Lengua

La Academia Ecuatoriana de la Lengua (AEL) ha iniciado los preparativos para la conmemoración de los ciento cincuenta años de su fundación. La idea es celebrar este sesquicentenario con un programa de actividades que empezará el 15 de octubre del 2024, recordando la fecha de 1874, cuando la Real Academia Española aprobó su instalación y creación, y culminará en mayo del 2025, al rememorar el día (quinto de ese mes de 1875) en que se instaló por primera vez en Quito la junta de sus fundadores; este solemne acto, además, coincidirá con la fecha de expedición del decreto presidencial del entonces mandatario, Gabriel García Moreno, en reconocimiento oficial de la existencia de la corporación.

Su directiva prevé la realización de actos de índole nacional e internacional, con el apoyo de ASALE y la Real Academia. La celebración incluirá la presentación de algunas publicaciones, entre ellas, el *Diccionario académico del habla del Ecuador* (*DAHE*), proyecto en el que trabaja actualmente la Comisión de Lexicografía, confrontando e investigando las peculiaridades de un país diverso, multicultural y plurilingüe, caracterizado por múltiples interrelaciones e interinfluencias entre el español y los idiomas vernáculos, entre los que sobresale el quichua.

Por otra parte, la Academia, en su afán de aportar a la colección de ediciones conmemorativas de la ASALE, consciente de que no hay momento mejor que el de la celebración de nuestros ciento cincuenta años de existencia para incluir en aquella la obra de uno de nuestros poetas más significativos y profundos, César Dávila Andrade, ha constituido un equipo de trabajo para preparar la edición antológico-crítica de la poesía y el cuento del citado escritor.

En agosto del 2021 se perfeccionó un convenio de colaboración entre la Academia Ecuatoriana y la Universidad de las Américas (UDLA), prestigioso centro de estudios superiores de la capital ecuatoriana. El convenio prevé un amplio campo de cooperación en diversas áreas, docentes y editoriales. Esto permitirá a la AEL emprender un proyecto de ediciones y reediciones de obras de sus miembros en los próximos años. Contamos también con un convenio en marcha con la Pontificia Universidad Católica del Ecuador.

La Academia estudia, en ese contexto, la posible iniciación de una colección crítica de obras de autoría de aquellos académicos históricos que aportaron al mejor conocimiento de la lingüística y la gramática españolas.

Producción bibliográfica de académicos ecuatorianos, 2020-2021

A pesar de las limitaciones derivadas de la pandemia de la covid-19, que han obligado, inclusive, a suspender las actividades de orden presencial en la casa sede de la institución, situada en el centro histórico de Quito, los años 2020 y 2021 registran una apreciable producción bibliográfica de los académicos ecuatorianos. Cabe citar al respecto las obras siguientes:

Memorias de la Academia Ecuatoriana de la Lengua, n.º 79, año 2019, obra editada por la Universidad del Azuay, Cuenca, Ecuador.

Memorias de la Academia Ecuatoriana de la Lengua, n.º 80, año 2020, obra editada por la Universidad del Azuay, Cuenca, Ecuador.

Tras las huellas de Odiseo, obra de ensayo, crónica y testimonio poético-filosófico del académico Juan Valdano.

Hojas del árbol de la vida, páginas en prosa de Julio Pazos Barrera. Ed. Casa de la Cultura, 2020.

El viento del espíritu dispersa los legajos, poesía, de Bruno Sáenz. Ed. Casa de la Cultura, 2021.

Pecunia non olet, novela, de Gonzalo Ortiz Crespo. Quito: Ed. Plaza Grande, octubre 2021.

Cocina monacal, investigación y textos sobre la cocina propia de los monasterios de monjas de claustro en Quito y algunas ciudades del Ecuador y de España, texto del académico Gonzalo Ortiz Crespo. Diciembre 2020.

Diccionario del uso correcto del español en el Ecuador, de Susana Cordero de Espinosa. Centro de Publicaciones de la PUCE, 3.ª ed., 2021.

Liberen al oprimido. La Iglesia y los oprimidos en la Colonia, de Carlos Freile Granizo. Ed. Academia Ecuatoriana de Historia Eclesiástica, julio 2021.

Jambic Yuyu Yaraguna / Plantas que curan, de Marleen Haboud, en coautoría. Centro de Publicaciones de la PUCE, 2021.

Desafíos en la diversidad. Desplazamientos lingüísticos y revitalización, reflexiones y metodologías emergentes, de Marleen Haboud, en coautoría. Abya-Yala / PUCE, 2020.

«Revisitando entrevistadores indígenas, un reto a los estereotipos», de Marleen Haboud, en *Dinámicas lingüísticas de las situaciones de contacto.* Madrid: De Gruyter, 2021.

«Kichwa y castellano en los Andes ecuatorianos, historia e innovaciones», de Marleen Haboud. En *Las lenguas de América*, de Paul Danier y Jannis Harjous (eds.). Austria.

Los cañaris y su lengua, de Oswaldo Encalada Vásquez. Cuenca: Universidad de Cuenca, 2021.

La novela ecuatoriana de 1970 a 1990, de Antonio Sacoto. Quito: Ed. CCE, 2020.

Ecuador: diplomacia y literatura (la novela escrita por diplomáticos), de Antonio Sacoto. CCE, 2021.

Gazapos ecuatorianos, de Fernando Miño-Garcés. Centro de Publicaciones de la PUCE, 2021.

Los peajes de la crítica latinoamericana, de Wilfrido Corral. Madrid: Punto de Vista Editores, diciembre 2020. Estudio de la crítica actual, problemas y diferencias entre la crítica cultural amplia y la académica.

La mística y el amor a España en la poesía de Macario Ofilada Mina, de Eduardo Mora-Anda. Introducción a *Salmos heridos y Glymnopedicus Astrales*, de Macario Ofilada Mina. Edición auspiciada por la RAE y la Academia Filipina de la Lengua, 2021.

Las secretas formas del tiempo, novela, de Diego Araujo Sánchez. Quito: Editorial Rayuela, 2021.

Servicios que presta la Academia Ecuatoriana de la Lengua

La Academia tiene abierta su página web en la que difunde sus actividades y textos de interés lingüístico y literario, así como novedades culturales y bibliográficas.

Por otro lado, mantiene un servicio de consultas idiomáticas continuamente visitado por usuarios, con preguntas e inquietudes sobre la materia.

La biblioteca mantenía abiertas sus puertas al público hasta marzo del 2020, cuando tuvo que cerrarlas debido a la estricta cuarentena que se estableció en el país para enfrentar la pandemia del covid-19, y no se ha decidido volver a la normalidad mientras persistan los riesgos propios de dicha crisis sanitaria. Respecto a este penosísimo tema, es motivo de orgullo la constancia ante el mundo de que hoy el Ecuador es uno de los países que cuenta con mayor número de vacunados.

La Academia ha mantenido viva su actividad, no solo mediante las sesiones de carácter virtual de sus órganos colegiados, como la Junta Directiva, la Junta General y la Asamblea General, instancias previstas en sus estatutos, sino que, además, ha organizado, vía telemática, diversas actividades, entre ellas un ciclo de coloquios y conferencias que se inició en noviembre del 2020. Además, se han celebrado las ceremonias estatutarias para la incorporación de nuevos miembros, tanto correspondientes como de número, siempre de naturaleza virtual, dadas las circunstancias.

Tanto la Comisión de Lexicografía como otros equipos formados para tratar proyectos específicos, entre los cuales destacan los de orden panhispánico (la *Nueva gramática española*, por ejemplo), han seguido laborando sistemáticamente, siempre por vía virtual y, en ocasiones, presencial, si el caso lo ha exigido.

Academia Salvadoreña de la Lengua

Actividades de la Academia Salvadoreña de la Lengua

Aunque el primero de los fines de la ASL, según sus estatutos, es «Mantener el idioma castellano en su tradicional pureza y registrar sus legítimos acrecentamientos», no es función de la academia andar diciéndole a la gente cómo hablar correctamente, sino explicar por qué hablamos como hablamos los salvadoreños (N.B.: los estudios sociolingüísticos mostrarán el registro apropiado para el momento apropiado). Ni la lengua española ni ningún otro idioma se puede llamar «puro», razón por la cual los puristas del lenguaje terminan siendo individuos pedantes que se pasan la vida corrigiendo a los demás. Siendo el idioma un fenómeno natural, este debe estudiarse para comprender los principios y reglas que lo rigen. Hacer lo contrario significa volver el estudio de la lengua un dogma prescriptivo y negar su carácter científico. En la historia de la ASL, muchos de sus miembros han publicado estudios respetables sobre el español salvadoreño, como los estudios de don Pedro Geoffroy Rivas y los salvadoreñismos de don Matías Romero. Sin embargo, el aporte y la producción lingüística salvadoreña son mínimos y no se comparan con el de otros países que cuentan con mayores recursos, tanto económicos como humanos para realizar dichas actividades.

Esto no ha sido obstáculo para que la ASL se mantuviera activa en el último quinquenio, desarrollando diversos proyectos académicos, entre los que se pueden mencionar:

- El Portal de la Academia: Publicación semanal en la *Revista 3000* del *Diario CoLatino* que cubre una variedad de temas sobre el lenguaje.
- Cápsulas gramaticales: Espacio de divulgación de temas de uso del lenguaje producido y transmitido por el Canal 33.
- Juegos florales: Se han apoyo los Juegos Florales de Cojutepeque y Atiquizaya.
- Publicación: Se apoyó la publicación del libro «Matitakezakan nawat» del académico Jorge Lemus.
- Celebraciones: se ha celebrado el Día de Cervantes en el contexto del Año de Cervantes (2016).
- Nuevos miembros: Durante el último quinquenio, se han incorporado como miembros de número, los académicos Ricardo Roque Baldovinos, Amparo Marroquín Parducci y Rafael Mendoza.
- Miembros honorarios: José Mauricio Loucel, César Augusto Calderón, Ovidio Villatoro Richardson, Mario Enrique Ancalmo.
- Comisión permanente de la ASALE: El Salvador fue miembro de la Comisión Permanente de la ASALE 2018.

- Convenio: firma de convenio marco entre la Academia Salvadoreña de la Lengua, la Academia Salvadoreña de la Historia y el Ateneo de El Salvador para el desarrollo de acciones, actividades y proyectos culturales de manera conjunta y coordinada, que contribuyan a fortalecer el tejido social, fomentar en nuestra población un auténtico espíritu cívico y patriótico, defender nuestra historia, nuestra lengua y nuestra identidad cultura.

El reto que como institución tenemos ante nosotros es grande. No se trata solo de mantener a la Academia Salvadoreña de la Lengua como una institución que subsiste solo por su statu quo, sin ninguna incidencia en el quehacer lingüístico y literario del país, su razón de ser. Se trata, a mi juicio, de reconsiderar el rol científico, social y cultural de la academia y su incidencia en la construcción de un mejor El Salvador, además de su contribución a un mejor entendimiento del español universal a través del estudio de nuestra variante local de la lengua. Para lograr esto, es necesario que tanto el Estado cumpla con los compromisos adquiridos al suscribir el Convenio de Bogotá como que los académicos, actuales y futuros, asuman su rol, desde su área de especialidad, para que la academia funcione y genere productos científicos y literarios que incidan en el desarrollo sociocultural del país. De igual manera, la academia necesita fortalecer los vínculos ya existentes con el mundo académico cultural del país, así como con personas e instituciones benefactoras que coadyuven a que la ASL cumpla con sus fines.

En los últimos meses la Junta Directiva de la Academia ha estado trabajando intensamente para procurar recursos económicos, pues la ayuda gubernamental es de solo cinco mil dólares al año, que frecuentemente es recibida hasta el siguiente. Agradecemos profundamente a la Asociación de Academias de la Lengua Española (ASALE) la ayuda oportuna y necesaria del mes de agosto.

Academia Venezolana de la Lengua

Notas sobre las actividades de la Academia Venezolana de la Lengua

NOTAS SOBRE LAS ACTIVIDADES DE LA ACADEMIA VENEZOLANA DE LA LENGUA

La Academia Venezolana de la Lengua, fundada en 1883 y con sede en Caracas, es la más antigua de las Academias venezolanas y la quinta de las Academias de la Lengua hispanoamericanas. La corporación mantiene varias comisiones de trabajo, entre las que destacan la de Lexicografía, la de Gramática, la de Literatura y la de Publicaciones. La institución ha creado varias colecciones bibliográficas y publica el *Boletín de la Academia Venezolana de la Lengua*. En los últimos años se ha adoptado el formato electrónico, tanto para las publicaciones como para el *Boletín*. La AVL posee una biblioteca con un rico fondo de libros de los siglos XIX y XX. Además en los últimos años ha recibido varias donaciones que enriquecen la biblioteca. Adicionalmente la AVL mantiene una página web y diversas redes sociales. Con frecuencia colabora con otras instituciones en diversos campos del quehacer cultural e intelectual y, en especial, lingüístico y literario. Participa, asimismo, en los diversos proyectos interacadémicos promovidos por la Asociación de Academias de la Lengua Española (ASALE).

Academia Mexicana de la Lengua

GONZALO CELORIO Y ADOLFO CASTAÑÓN

Pasado inmediato y presente provenir de la Academia Mexicana de la Lengua

PASADO INMEDIATO Y PRESENTE PROVENIR DE LA ACADEMIA MEXICANA DE LA LENGUA

El año que va de mayo de 2020 a mayo de 2021 fue tan atípico como dramático en México y en el mundo. Los efectos de la emergencia sanitaria repercutieron en diversos órdenes, desde el humano y civil hasta el económico y político; no obstante, la Academia Mexicana de la Lengua (AML) encontró nuevas formas de organización y difusión, así como modos inéditos de acercamiento a la lengua y a la cultura lingüística, gracias a la reacción vigorosa y a la suma de esfuerzos de quienes integran la institución en sus diversos departamentos.

En el periodo transcurrido, la AML celebró veintitrés sesiones ordinarias; cuarenta y cuatro reuniones de las comisiones de Lexicografía y de Consultas; del Gabinete Editorial, de la Biblioteca y del Departamento de Comunicación.

Los académicos numerarios ofrecieron veintitrés lecturas estatutarias, que se hicieron públicas por primera vez en su historia, al ser transmitidas a través de la página en Facebook y del canal YouTube de la institución. Las voces de los académicos reflexionaron en torno a diversos temas en dichas lecturas: don Eduardo Matos Moctezuma expuso las causas y circunstancias de la caída de Tenochtitlan; don Diego Valadés habló sobre los efectos jurídicos del estado de excepción provocado por la pandemia; don Carlos Prieto presentó algunos conceptos fundamentales y breves notas históricas sobre la música clásica; don Javier Garciadiego reflexionó acerca de la muerte de Venustiano Carranza; don Tarsicio Herrera Zapién hizo un recuento de don Juan Palomar y musicalizó diversas décimas de su autoría; don Alejandro Higashi explicó las características de *Lascas*, el primer poemario moderno de la poesía mexicana; don Fernando Serrano Migallón habló acerca de la historia constitucional de México; don Adolfo Castañón dio a conocer varias cartas inéditas de Julio Torri a Pedro Henríquez Ureña; don Roger Bartra indicó los peligros de la concentración de poder en una sola persona; don Pedro Martín Butragueño abordó los diminutivos en Ciudad de México; don Jorge Ruiz Dueñas repasó la etimología de la palabra *California*; doña Julieta Fierro reflexionó sobre la noción de *tiempo* en el universo; don José Luis Díaz Gómez resaltó el lenguaje de las emociones; don Mauricio Beuchot dio a conocer el manuscrito de fray Francisco Naranjo, *Comentario a la* Suma Teológica *de Santo Tomás de Aquino*, escondido durante siglos y hallado por él en la Biblioteca Nacional de México; doña Margo Glantz habló sobre Virginia Woolf y las ideas que el feminismo ha tomado del ensayo *Una habitación propia*; don Rodrigo Martínez Baracs abordó la conquista de México desde tres perspectivas de estudio; doña Yolanda Lastra habló sobre algunos indigenismos en el español; por su parte, don Gonzalo Celorio, don Felipe Garrido, doña Silvia Molina y doña Rosa Beltrán presentaron fragmentos de narraciones y novelas de su autoría publicados recientemente.

En las comisiones académicas se gestaron trabajos sobre el lenguaje inclusivo o lenguaje de género, y se hicieron revisiones puntuales a los programas de TV de Canal Once. La Comisión de Consultas, a través de su presidente, don Felipe Garrido, concluyó el libro antológico titulado *Valores en conflicto*, que incluye textos de académicos vivos y fallecidos; la Comisión de Lexicografía, coordinada por su presidenta, doña Concepción Company Company, concluyó los trabajos del *Diccionario de mexicanismos. Propios y compartidos* y dio curso a la nueva versión del *Diccionario escolar*, que, al cuidado de don Felipe Garrido, tendrá una nueva edición en México y será la base para el *Diccionario escolar panhispánico*, dedicado a las regiones de Centroamérica y Norteamérica.

Asimismo, celebró los actos de homenaje a don Julio Torri, con motivo del 50 aniversario de su fallecimiento; a don Miguel León-Portilla, a un año de su deceso; a doña Margit Frenk, a propósito de sus 95 años de vida; a doña Margo Glantz por su nonagésimo aniversario, y a don Eduardo Matos Moctezuma, por su 80 aniversario; y realizó 45 programas de la serie de radio *Letras y voces*, coordinados por don Adolfo Castañón, secretario de la AML, dedicados a la vida y obra de humanistas que forman parte de la Academia, o la integraron alguna vez.

El número de actividades personales de los académicos, su intervención en medios impresos y electrónicos tuvieron un considerable aumento, y gracias a la actividad de sus miembros numerarios, correspondientes y honorarios, la AML ha contribuido a dar vida a la cultura mexicana y a la dinámica académica propiamente dicha.

A lo largo del año, el Pleno decidió el ingreso, como académicas numerarias, de la ensayista doña Lilia Weinberg, quien desde el 14 de mayo de 2020 ocupa la silla X, vacante por el fallecimiento de José Pascual Buxó; y la escritora doña Angelina Muñiz Huberman, quien desde el 28 de enero de 2021 ocupa la silla VII, en sustitución de don Miguel León-Portilla. Asimismo, fueron electos como académicos correspondientes nacionales don José de Jesús Sampedro, en Zacatecas (Zacatecas); don Alfonso Pérez Romo, en Aguascalientes (Aguascalientes), y don David Piñera, en Tijuana (Baja California); y como académicos correspondientes en el extranjero don Robert A. Verdonk, en Amberes (Bélgica); don Leonardo Padura, en La Habana (Cuba); don Sergio Ramírez, en Managua (Nicaragua); don Ignacio Bosque, don Antonio Muñoz Molina, don Juan Jesús Armas Marcelo y don José Luis Ramírez Luengo, en Madrid (España), y doña Luce López Baralt, en San Juan (Puerto Rico). También fue designado don Víctor García de la Concha como académico honorario.

Además, celebró la 1.ª Conferencia Nacional de Académicos Correspondientes, a la que asistieron 18 de los 22 académicos correspondientes nacionales. La junta tuvo como resultado su integración al trabajo de las comisiones, y la presencia y asistencia de algunos de ellos a las sesiones académicas. La segunda conferencia se llevará a cabo durante el segundo semestre de 2021.

Igualmente, con la Academia Peruana de la Lengua, organizó el XV Congreso Internacional de Lexicología y Lexicografía «José Jiménez Borja. La tradición lexicográfica hispanoamericana», realizado del 19 al 21 de octubre de 2020; por parte de México, expusieron trabajos los señores académicos don Pedro Martín Butragueño, don Fernando Nava López y don Aurelio González. Nuestra corporación participó también en el Primer Encuentro entre las Academias Hispanoamericanas y la Academia Brasileña de las Letras.

En el rubro de reconocimientos, don Adolfo Castañón recibió el Premio Nacional de Artes y Literatura 2020, en la categoría de Lingüística y Literatura; y don Ruy Pérez Tamayo fue distinguido con el XXXIII Premio Internacional Menéndez y Pelayo, que antes habían recibido intelectuales como don Octavio Paz, don José Luis Martínez y don Ernesto de la Peña. En 2020, don Mauricio Beuchot fue designado investigador emérito del Instituto de Investigaciones Filosóficas de la Universidad Nacional Autónoma de México y doctor *honoris causa* por la Universidad Autónoma de Coahuila; don Patrick Johansson se hizo acreedor al Premio Universidad Nacional 2020 en el área de Investigación en Humanidades; don Eduardo Matos Moctezuma recibió la Medalla Museo de Antropología de Xalapa, por parte de la Universidad Veracruzana, en el marco de su 80 aniversario; y fueron reconocidos como investigadores eméritos del Sistema Nacional de Investigadores doña Concepción Company Company, don Germán Viveros y don José María Murià.

Asimismo, la corporación convocó el VII Premio Internacional de Ensayo Pedro Henríquez Ureña, que recayó en el escritor argentino Santiago Kovadloff, cuya obra *El silencio primordial* será editada por la institución en el curso de 2021, antes de que se anuncie al ganador de la próxima edición del galardón.

El Gabinete Editorial de la Academia Mexicana de la Lengua publicó 20 nuevas obras que reflejan con nitidez su vocación de contribuir al análisis, estudio y difusión de la lengua y la literatura en el pasado, el presente y de cara al futuro. De los títulos que mejor ilustran nuestra preocupación por la divulgación lingüística en un pasado no tan remoto, *Minucias de lenguaje* de don Victoriano Salado Álvarez recoge la primera edición completa de la columna periodística publicada por el autor bajo el seudónimo de Hablistán (1925-1931), seguida de su discurso de ingreso «México peregrino». En la colección Facsímiles, que revela las señas de identidad de nuestra corporación a través de los tesoros manuscritos conservados en la Biblioteca «Alberto María Carreño», apareció el volumen *Manuscritos velardianos. A cien años de «La suave Patria»*. También ligada estrechamente a la memoria de nuestra institución, la colección Discursos de Ingreso de la Academia Mexicana de la

Lengua, coeditada con la Universidad Nacional Autónoma de México, testimonia a través de sus nuevos títulos el quehacer de los académicos numerarios y correspondientes: de Eraclio Zepeda se publicó *La lengua del conquistador*; de Óscar Oliva, *Poesía de la perseverancia*; de Francisco Javier Beltrán, *Por la poesía también se llega al cielo*; de Fernando Nava López, *Para apreciar y aprender*; de José María Murià, *La palabra «charro»*; de Jorge Ruiz Dueñas, *León Felipe más allá del exilio*; de Raúl Arroyo, *Construir desde el derecho. Un nuevo lenguaje de la abogacía*; y de Rodrigo Martínez Baracs, *José Luis Martínez. Editor*. El título *Memorias 2019* ofrece una miscelánea de casi cuarenta trabajos de académicos numerarios y correspondientes, presentados a lo largo de ese año en distintos encuentros; y, junto con el *Anuario 2021*, ambas obras contribuyen a atesorar nuestra memoria institucional.

Atentos a nuestro aquí y ahora, en la colección Horizontes se publicó una plétora de estudios que refrendan el compromiso de los miembros de la Academia con el estudio del español y sus relaciones e intercambios con las lenguas originarias de México. De Patrick Johansson, *El español y el náhuatl. Encuentro de dos mundos (1519-2019)* constituye una narración del descubrimiento mutuo entre hablantes del español y los hablantes de lenguas originarias a través del tiempo, la religión y la cultura. Leopoldo Valiñas Coalla, en *Lenguas originarias y pueblo indígenas de México. Familias y lenguas aisladas*, presenta un catálogo actualizado de las lenguas originarias del país y de su ubicación en el dilatado mapa de la geografía mexicana. Germán Viveros publicó una edición crítica del drama histórico del siglo XVI *Motezuma. Tragedia en tres jornadas*, en el que Antonio Solís describe la aprehensión y muerte del emperador azteca. En el ámbito de los estudios literarios editamos *Filosofía y literatura*, de Mauricio Beuchot, un recorrido por la obra de autores que unieron el amor al saber y a la palabra; y *Contemporáneos y otras lecturas*, el legado crítico de Miguel Capistrán, especialista en literatura mexicana del siglo XX. En la colección Premio Internacional de Ensayo Pedro Henríquez Ureña vio la luz *Del cuerpo imponderable. Ensayos sobre la visión médica y artística de la corporalidad*, de Francisco González Crussí, ganador de la sexta edición de este prestigioso premio.

Con un pie en el futuro, la Academia Mexicana de la Lengua ratificó su compromiso de formar jóvenes lectores con obras accesibles y atractivas a través de su colección La Academia para Jóvenes, publicada en coedición con el Colegio de Ciencias y Humanidades (plantel Naucalpan) de la Universidad Nacional Autónoma de México, donde aparecieron los títulos siguientes: *A los dieciséis*, una imaginativa semblanza biográfica de Margo Glantz; *Lección de poesía*, generosa y sugerente invitación de Jaime Labastida a la lectura de obras líricas; *DF-CDMX. Marca registrada*, una inteligente reflexión de Gonzalo Celorio sobre la identidad y los gentilicios; y *Derechos de autor*, un primer acercamiento de Fernando Serrano Migallón a los derechos morales y patrimoniales de quienes se dedican a la creación de obras artísticas.

De manera constante, la Academia Mexicana de la Lengua ha participado en los trabajos de las comisiones interacadémicas de la ASALE, mediante la revisión y envío a Madrid de palabras para integrar la versión 23.4 del *Diccionario de la lengua española*; con propuestas académicas para la realización del nuevo *Diccionario histórico de la lengua española*; también el segundo volumen de *Fonología*; y obras como el *Diccionario gastronómico panhispánico* y el *Diccionario escolar panhispánico*.

Cabe destacar la participación de todas las academias de la ASALE en la integración de documentos al Corpus Diacrónico y Diatópico del Español de América (CORDIAM), que se inició como un proyecto de la Academia Mexicana de la Lengua y que, luego, en el XVI Congreso de la Asociación de Academias de la Lengua Española, celebrado en Sevilla, se convirtió en un corpus que contará con la participación de toda la ASALE.

Con los trabajos y proyectos descritos, la Academia Mexicana de la Lengua contribuye al estudio de la lengua y sus hablantes en todas sus dimensiones.

Academia Chilena de la Lengua

La Academia Chilena de la Lengua durante el año 2020. ■ IVÁN JAKSIC, *Informe de proyectos de la Academia Chilena de la Lengua.*

La Academia Chilena de la Lengua durante el año 2020

ACADEMIA CHILENA DE LA LENGUA

La Academia Chilena de la Lengua, la más antigua de las seis academias integrantes del Instituto de Chile, inició sus actividades en 1885 bajo la dirección del eminente intelectual y político chileno José Victorino Lastarria. Está constituida por treinta y seis académicos de número y numerosos académicos correspondientes tanto en el extranjero como en el país. Está dirigida por D.ª Adriana Valdés Budge; su vicepresidente es D. Iván Jaksic Andrade; su secretario, D. Guillermo Soto Vergara; el censor, D. Juan Antonio Massone del Campo, y la tesorera, D.ª María Eugenia Góngora Díaz, quien reemplazó a D. Eugenio Mimica Barassi (q.e.p.d.). D. Alfredo Matus Olivier es director honorario y D. José Luis Samaniego Aldazábal, secretario perpetuo.

Durante 2020, se realizaron diecisiete sesiones plenarias, dieciséis de ellas ordinarias y una pública, correspondiente, esta última, a la entrega de los cinco premios que anualmente concede la corporación. Además, se realizaron dos conversaciones públicas. La primera, titulada «Esto no es un *webinar*», consistió en una mesa sobre extranjerismos; la segunda conmemoró los cincuenta años de la publicación de la novela *El obsceno pájaro de la noche*, de José Donoso. Debido a la pandemia, todas las actividades se desarrollaron telemáticamente. La sesión pública y solemne en conmemoración del Día del Idioma, que se efectuaba todos los años en el Salón de Honor del Instituto de Chile, fue reemplazada por una celebración virtual. Utilizando redes sociales, se invitó a que seguidores de las actividades de la Academia escribieran sus palabras y frases más queridas en español. También a causa de la pandemia, las elecciones de académicos se pospusieron para 2021.

En las plenarias se presentaron diez disertaciones de académicos tanto de número como correspondientes: «Roque Esteban Scarpa en la red de silencio», por D. Juan Antonio Massone, el 13 de abril; «Carlos Silva Vildósola, el periodista elogiado por Gabriela», por D. Abraham Santibáñez, el 25 de mayo; «Vocablos, objetos y referencias indígenas en Aisén», por D. José Mansilla, el 22 de junio; «Doble centenario: Alberto Blest Gana (1830-1920) y Benito Pérez Galdós (1843-1920)», por D. Carlos Franz, el 6 de julio; «Evocaciones», por D. Miguel Castillo Didier, el 3 de agosto; «José Domingo Gómez Rojas: el resplandor del mito», por D. Mario Rodríguez, el 17 de agosto; «El estilo ensayístico de Octavio Paz», por D.ª Eliana Albala, el 5 de octubre; «La zona muda del dolor: la palabra *dolor* y algunos de sus sentidos», por D. Tulio Mendoza, el 9 de noviembre; «Ciudades literarias en el imaginario del norte chileno», por D. Mauricio Ostria, el 23 de noviembre, y «Hermana Elsa Abud,

Antofagasta y los caminos del Señor», por D. Osvaldo Maya, el 7 de diciembre. Por primera vez, a partir de este año, las disertaciones de los académicos se pusieron a disposición del público en el canal de YouTube de la Academia.

La Academia lamentó este año la pérdida de tres académicos de número y cuatro correspondientes: el 14 de enero, D. Eduardo Godoy, académico correspondiente por Valparaíso; el 22 de enero, el académico de número y premio nacional de literatura D. Armando Uribe; el 22 de febrero, el académico correspondiente por Rancagua, D. Jorge Nawrath; el 30 de marzo, D. Matías Rafide, académico de número; el 23 de abril, D. Maximino Fernández Fraile, académico de número; el 1 de junio, el académico correspondiente por Chillán, D. Carlos René Ibacache, y, finalmente, el 14 de noviembre, D. Giovanni Parodi, académico correspondiente por Valparaíso.

La Academia Chilena de la Lengua cuenta con cinco comisiones permanentes, a saber: de Lexicografía, de Literatura, de Gramática, de Periodismo y de Política Idiomática. La Comisión de Lexicografía realizó veinte sesiones telemáticas bajo la supervisión de la directora D.ª Adriana Valdés y la presidencia de D.ª Victoria Espinosa. Su presidente honorario es D. Felipe Alliende. Además de la presidenta, participaron regularmente durante este año los académicos de número D.ª Juanita Marinkovich, D. Alfredo Matus, D. Abelardo San Martín, D. Guillermo Soto y D.ª Adriana Valdés, y la académica correspondiente por Valparaíso D.ª Irene Renau. Se incorporaron a la comisión la académica de número D.ª Patricia Stambuk, en marzo, y, en octubre, D. Hugo Metzdorff, académico correspondiente por Talca. Apoyaron las actividades de la comisión los becarios MAEC-AECID Felipe Álvarez y Ana Marilety Terry. Durante el segundo semestre se incorporó, luego de haber obtenido la beca, Francisca Valenzuela. Trabajaron, además, *ad honorem*, la becaria de la Escuela de Lexicografía Josefa Manni y Juan Eduardo Bustos como colaborador. El trabajo de los becarios fue coordinado por D.ª Irene Renau.

La comisión participó, como todos los años, en la revisión de adiciones, enmiendas y supresiones al *DLE*, con especial atención a palabras relacionadas con la pandemia. Además, analizó una lista de chilenismos que, siendo usados en nuestro país, no están registrados en el *DLE*. Agregó, también, una lista de palabras que, apareciendo en el *Diccionario*, se usan en Chile, pero no tienen la marca «Ch». Los chilenismos fueron tomados del *Diccionario de uso del español de Chile* (*DUECh*). Junto a lo anterior, se trabajó en la planta y método del *Diccionario fraseológico del español de Chile* (*DIFRUECh*). Por otro lado, la comisión recibió y analizó usos lingüísticos observados por académicos y personas que envían consultas. Algunos de estos usos, por su relevancia, se incluyeron en las *Notas Idiomáticas* que se publican anualmente y otros, en las observaciones que se publican semanalmente en el diario *El Mercurio*.

La Comisión de Literatura, por su parte, estuvo integrada por los académicos de número D. Arturo Fontaine, D.ª María Eugenia Góngora, D. Óscar Hahn, D. Pedro Lastra, D. Juan Antonio Massone, D. Eugenio Mimica (Q. E. P. D.), D. Antonio Skármeta, D.ª Adriana Valdés y D. Carlos Franz, presidente de la comisión, y por los académicos correspondientes D. Edgardo Alarcón (Curicó), D.ª Astrid Fugellie (Santiago), D.ª Graciela Huinao (Osorno), D. Tulio Mendoza (Concepción) y D.ª Verónica Zondek (Valdivia). La comisión participó en la selección, evaluación y proposición al Pleno de la obra ganadora del Premio Academia correspondiente a este año. También organizó la conmemoración del cincuentenario de la publicación de *El obsceno pájaro de la noche*, novela de José Donoso publicada en Barcelona en diciembre de 1970. La actividad se realizó el 26 de octubre y contó con la participación de D.ª Adriana Valdés, D. Carlos Franz y D.ª Cecilia García-Huidobro.

Por otra parte, dos integrantes de la comisión, D. ª María Eugenia Góngora y D. ª Adriana Valdés, integraron el jurado del Premio Nacional de Literatura 2020, que concedió el galardón al poeta Elicura Chihuailaf. D. ª Adriana Valdés y D. Carlos Franz fueron invitados por la Universidad de Chile a participar en un homenaje al miembro de número y premio nacional de literatura don Antonio Skármeta, con motivo de su cumpleaños número ochenta. Ambos académicos participaron también en el seminario en conmemoración del centenario del fallecimiento del escritor y diplomático Alberto Blest Gana, organizado por la Academia Diplomática de Chile.

La Comisión de Periodismo estuvo integrada por los miembros de número de la Academia, D. Ascanio Cavallo, D. Iván Jaksic y D. Abraham Santibáñez, su presidente, además del periodista D. Ricardo Hepp, en calidad de invitado. La actividad más importante de la comisión fue el análisis de los periodistas que podían aspirar al Premio Alejandro Silva de la Fuente por el buen uso del idioma y la proposición de un nombre al Pleno.

La Comisión de Gramática estuvo conformada por los académicos de número D. José Luis Samaniego, D. Guillermo Soto y D.ª Marcela Oyanedel, su presidenta, y por los académicos correspondientes D. Carlos González y D.ª Alejandra Meneses. La comisión inició el proceso de revisión de la primera versión del libro *Gramática para profesores*, cuyos ponentes son los académicos D.ª Marcela Oyanedel y D. José Luis Samaniego. Además, se revisaron capítulos de la *Nueva gramática de la lengua española* como parte del proceso que realizan la RAE y la ASALE. En tercer lugar, miembros de la comisión, específicamente D. Alfredo Matus, D.ª Marcela Oyanedel, D. José Luis Samaniego y D. Guillermo Soto, prepararon las cápsulas idiomáticas que se publican semanalmente en *El Mercurio* de Santiago. Se trata de breves observaciones idiomáticas que tienen una gran aceptación por parte del público general. Por otro lado, tres miembros de la comisión, D.ª Alejandra Meneses, D. Carlos González y D. Guillermo Soto, participaron con sendos capítulos en el libro *Sexo, género y gramática*, editado por D.ª Marcela Oyanedel. Por último, miembros de la comisión integraron distintos jurados de los premios de la Academia, en especial, el Premio Doctor Rodolfo Oroz.

Finalmente, la Comisión de Política Idiomática estuvo integrada por los académicos de número D.ª Marcela Oyanedel, D.ª Victoria Espinosa, D. Alfredo Matus, D. José Luis Samaniego y D. Abelardo San Martín, su presidente. Esta comisión, recientemente creada, revisó sus objetivos, identificó líneas de acción y acordó trabajar en la recopilación de fenómenos idiomáticos de diferentes fuentes con el propósito de analizar dicho material con fines lingüísticos y pedagógicos. La comisión organizó la actividad pública «Esto no es un *webinar*. Conversación sobre extranjerismos», en que participaron D. Abelardo San Martín, D. Alfredo Matus, D. Ascanio Cavallo y D.ª Irene Renau.

El 28 de septiembre se entregaron los Premios de la Academia correspondientes a 2020. El Premio Academia fue otorgado a D. Rafael Rubio por su obra *Viernes Santo*. El premio fue ofrecido por D.ª Adriana Valdés. Por su parte, el Premio Alejandro Silva de la Fuente fue entregado a D. Cristián Warnken y ofrecido por D. Ascanio Cavallo. El Premio Alonso de Ercilla 2020 se otorgó a la revista *Trilce* dirigida por D. Omar Lara. El ofrecimiento lo realizó D. Mario Rodríguez. El Premio Doctor Rodolfo Oroz fue entregado a la *Revista de Lingüística Teórica y Aplicada* (*RLA*), dirigida por D.ª Anita Ferreira. D. Guillermo Soto realizó el ofrecimiento. Finalmente, el Premio Oreste Plath 2020 se entregó a D. Mario Isidro Moreno, fundador de conjunto folclórico Anakai, y fue ofrecido por D.ª Patricia Stambuk.

A comienzos de enero, la Academia inauguró una página web propia, www.academiachilenadelalengua.cl, y el 6 de abril comenzó a tener presencia en las redes sociales Twitter, Facebook e Instagram. En mayo, la Academia realizó en estas redes una consulta titulada «La palabra del año», en que se invitaba a los seguidores a enviar la palabra que consideraran más representativa del 2020. La iniciativa surgió a raíz de una petición de la ASALE, que pidió a cada academia enviar cinco palabras que, a su juicio, fuesen las más importantes del año. Tras analizar las palabras recibidas, la Comisión de Lexicografía seleccionó cinco palabras que se enviaron a la ASALE: *cuarentena*, *dignidad*, *incertidumbre*, *pandemia* y *teletrabajo*.

El 2 de julio se realizó la presentación virtual de la edición en línea del *Diccionario panhispánico del español jurídico* (*DPEJ*) a cargo de la RAE. La Academia Chilena participó a través del ministro de la Corte Suprema de Chile y también miembro correspondiente don Carlos Aránguiz (Q. E. P. D.).

Entre las distinciones recibidas por académicos en el periodo, destaca la obtención del Premio Nacional de Historia por D. Iván Jaksic. D.ª Adriana Valdés recibió el galardón Energía de Mujer 2020, que entrega Enel a mujeres destacadas en diferentes ámbitos, y el Premio Mujer Inspiradora 2019, otorgado por el Museo de la Mujer Chile (NMWA). Por otro lado, el académico de número D. Fernando Lolas fue designado como miembro de honor de la Sociedad Española de Medicina Psicosomática. Finalmente, el académico correspondiente en Croacia D. Drago Stambuk recibió el Premio Nacional de Poesía Tin Ujević y fue incorporado a la Academia de Ciencias y Artes de ese país como miembro regular en literatura.

En lo que respecta a las publicaciones académicas, en 2020, en conjunto con el Ministerio de las Culturas, las Artes y el Patrimonio, se publicó el libro *Al cateo'e la laucha. Refranes y dichos en Chile*, edición al cuidado de Rodrigo Pinto y dirigida por D.ª Adriana Valdés y D. Guillermo Soto. La Academia también publicó el libro *Sexo, género y gramática. Ideas sobre el lenguaje inclusivo*, editado por D.ª Marcela Oyanedel. D. José Mansilla Contreras, por su parte, publicó *Contribución a la bibliografía de Aysén*, en la Colección Bibliografías de la Academia Chilena de la Lengua. Don Juan Antonio Massone, en calidad de editor, tuvo a su cargo tres obras de la Colección Antologías, a saber: *Ensayistas de la Academia*, vol. I; *Homenaje a Matías Rafide Batarce* y *Periodistas en la Academia*, vol. I. Además, seleccionó los escritos y escribió el prólogo de *Textos recobrados, Luis Oyarzún Peña*, obra que forma parte de la Colección Patrimonio de Silencio.

Durante el año 2020, correspondió asimismo a la directora de la Academia de la Lengua ejercer la presidencia del Instituto de Chile, que asumió por el período 2019-2021. Es primera vez en la historia que la presidencia del Instituto está en manos de una mujer. El Instituto de Chile, existente por ley desde 1964, agrupa las siguientes academias por orden de antigüedad: Academia Chilena de la Lengua; Academia Chilena de la Historia; Academia Chilena de Ciencias; Academia Chilena de Ciencias Sociales, Políticas y Morales; Academia Chilena de Medicina, y Academia Chilena de Bellas Artes. Todas ellas tienen su sede en los edificios del Instituto.

Cabe destacar que todas las actividades reglamentarias se cumplieron y todas las sesiones de las academias se realizaron a pesar de las restricciones impuestas por la pandemia, que incluyeron el cierre de las sedes durante largos períodos de cuarentena. Se recurrió a la vía telemática para reuniones y sesiones, y al teletrabajo de académicos y funcionarios, con pleno éxito. Como resultados positivos se pueden destacar la participación mucho más activa de los académicos correspondientes de regiones, que enriquecieron los diálogos de la Academia y participaron en las disertaciones, y el desarrollo de habilidades de funcionarios y académicos en lo que respecta a la comunicación telemática.

Informe de proyectos de la Academia Chilena de la Lengua

IVÁN JAKSIC

ACTAS Y BOLETÍN

La Academia Chilena de la Lengua ha trabajado, durante 2021, en dos proyectos de singular importancia histórica:

a) La conservación y digitalización de las actas de la Academia desde 1885 en adelante. En ellas se registra parte importante del desarrollo intelectual del país y de la diversidad de aportes en torno al español de Chile.

b) La digitalización del *Boletín de la Academia Chilena de la Lengua*, publicado desde 1915 y que proporcionó el espacio y las bases para el desarrollo de la disciplina lingüística en Chile, así como diversos aspectos relacionados con lenguaje y cultura en el país. Junto a la digitalización de las actas, el *Boletín* aporta la historia del desarrollo institucional de la Academia Chilena de la Lengua.

GRABACIÓN Y DIFUSIÓN DE DISERTACIONES DE ACADÉMICOS

A partir de 2020 y durante el 2021, la Academia Chilena de la Lengua se propuso traspasar a un formato digital y accesible las disertaciones que los académicos presentaran tradicionalmente en sesiones plenarias. Para ello, se realizó la grabación de cada disertación, la cual se muestra en las plenarias, se comenta y luego se publica en el canal de YouTube de la Academia. Este proyecto ha permitido poner el conocimiento académico a disposición del público general, de manera gratuita y abierta. Gracias a ello, la corporación ha compartido con un público amplio más de quince disertaciones, que abordan temas tan diversos y de interés como la poesía, los fenómenos del habla chilena o el estado del periodismo en pandemia. Al día de hoy, las disertaciones cuentan con cientos de visitas en el canal de YouTube de la Academia.

Academia Peruana de la Lengua

Relación de las actividades realizadas en 2021.

RELACIÓN DE LAS ACTIVIDADES REALIZADAS EN 2021

Conferencia «La sombra creadora de Borges sobre el terreno jurídico contemporáneo»
Fecha: 15 de enero de 2021
Expositor: Luis David Fernández Zambrano

Recital «Quiero decir muchísimo»
Fechas: 28, 29 y 30 de enero de 2021
Participantes: Julio Fabián, Valentina Rojas, Karla Jazmín Arango, Marco Martos, Diana Pizarro, Carlos Alfonso Rodríguez, Ana María Hernández, Justo Jorge Padrón, María Antonia Ortega, Vicente Cervera Salinas y Susan Lobato Hoyos.

Conferencia «Rubén Darío. Poeta de Nuestra América»
Fecha: 5 de febrero de 2021
Expositores: Jorge Eduardo Arellano, Hildebrando Pérez Grande, Marco Martos y Marcela Pérez Silva

Curso «Estilo APA, textualización y corrección académica»
Fechas: 15, 17, 19, 22, 24 y 26 de febrero de 2021
Docente: Rolando Rocha Martínez

Curso «Del léxico a las jerarquías: introducción a la sintaxis del español»
Fecha: 22, 24, 26, 29 y 31 de marzo de 2021
Docente: Rolando Rocha Martínez

Curso «Tradición oral, memoria e historia local»
Fechas: 27, 29, 30 y 31 de marzo de 2021
Docente: Sara Viera Mendoza

Recital de Poesía «Un día del cual tengo ya el recuerdo»
Fechas: 14 y 15 de abril de 2021
Participantes: Denisse Vega Farfán, Carlos Reyes, Leoncio Luque Ccota, Ana Varela, Judith M. Paredes Morales, Ana María Hernández y Johnny Barbieri

Mes de las letras 2021
Fechas: 5, 12, 19 y 26 de abril de 2021
Expositores: Marco Martos Carrera, Cristina Flórez Dávila, Harry Belevan-McBride y Alberto Varillas Montenegro

Celebración por el día del idioma
Fechas: 23 de abril de 2021
Expositores: Alberto Varillas Montenegro y Marco Martos Carrera

Simposio sobre la lengua española
Fecha: 13 de mayo de 2021
Expositores: Jorge Esquivel Villafana, Raymundo Casas Navarro, Jasmín Ochoa Madrid y Nora Solís Aroni

Recital «Homenaje a Magda Portal»
Fecha: 14 de mayo de 2021
Participantes: Carolina Fernández, Maruja Valcárcel, Rocío Valencia y Lucia Gómez

Centenario de Luis Jaime Cisneros Fecha: 28 de mayo de 2021
Participantes: Alonso Cueto, Carlos Garatea, Marco Martos y Alberto Varillas

Curso «Tópicos prescriptivos de la textualización académica»
Fechas: 27, 28, 29 y 31 de mayo de 2021
Docente: Rolando Rocha Martínez

Curso «Costumbres y vida cotidiana en las fuentes literarias de la época de la independencia (1800-1830)»
Fechas: 21, 23, 25 y 28 de junio de 2021
Docente: Cristina Flórez Dávila

Presentación del libro *Papel para aviones*
Fecha: 26 de junio de 2021
Presentadores: Giovanna Pollarolo, Jorge Valenzuela y Marco Martos

Recital «La soledad, la lluvia, los caminos». Homenaje a César Vallejo en el bicentenario de la República
Fechas: 5 y 12 de julio de 2021
Participantes: Plinio Chahín, Virginia Benavides, Camilo Fernández, Dina Ananco, Marco Martos, Sulla Silva, Miguel Lescano, Judith Paredes, Ana María Hernández y María Yrigoyen

Curso «Tópicos prescriptivos de la textualización académica»
Fechas: 7, 8, 13 y 15 de julio de 2021 (Grupo 1)
Docente: Rolando Rocha Martínez
Curso organizado para la Gerencia Regional de Educación, Región La Libertad

Presentación del libro *Raúl Porras Barrenechea y la literatura peruana* de Camilo Fernández Cozman Fecha: 17 de julio de 2021
Presentadores: Luis Eduardo Lino Salvador y Jhonny Pacheco Quispe

Evento «Carlos Eduardo Zavaleta en la memoria»
Fecha: 26 de julio de 2021
Expositores: Segundo Castro García y Agustín Prado Alvarado

Curso «Literatura peruana escrita por mujeres»
Fechas: 2, 9, 16 y 23 de julio de 2021
Docente: Eliana Vásquez Colichón

Presentación del libro *Voces para la polifonía literaria del Perú: entre la geografía y la historia* de Eva Valero Juan
Fecha: jueves 22 de julio de 2021
Presentadores: Ricardo Sumalavia y Agustín Prado Alvarado.

Evento «Vigencia y trascendencia de la poesía de Magda Portal»
Fecha: 2 de agosto de 2021
Expositoras: Eliana Vásquez Colichón y Sonia Luz Carrillo Mauriz

Curso de Actualización Docente en Lengua y Literatura
Fechas: 5 y 6 de agosto de 2021
Expositores: Marco Martos Carrera, Cynthia Briceño Valiente, Marco Lovón Cueva, Alberto Varillas Montenegro, Antonio González Montes y Rolando Rocha Martínez Curso organizado con el Instituto Cultural Peruano Norteamericano (ICPNA)

Presentación del libro *Las palabras compuestas en la lengua aimara* de Marco Antonio Lovón
Fecha: 7 de agosto de 2021
Presentadores: Luis Andrade Ciudad y Roger Gonzalo Segura

Curso «Literatura de la Fundación del Perú»
Fechas: 7, 14, 21 y 28 de agosto de 2021 Docente: Óscar Coello Cruz
Curso organizado para la Gerencia Regional de Educación, Región La Libertad

Evento «Reflexiones sobre la poesía de Mariano Melgar»
Fecha: 12 de agosto de 2021
Expositores: Cynthia Briceño Valiente, Alberto Varillas Montenegro y Marco Martos Carrera

Semana de Lingüística «Lenguaje e interculturalidad en el Perú»
Fechas: 16 al 20 de agosto de 2021
Expositores: Heinrich Helberg Chávez, Esther Espinoza Reátegui, Luis Andrade Ciudad, Sara Viera Mendoza, Rolando Rocha Martínez, Pedro Manallay Moreno, Claudia Crespo Del Río, Emérita Escobar Zapata y Carmen María Pinilla

Acto conmemorativo por los 134 años de la Academia Peruana de la Lengua
Fecha: 30 de agosto de 2021
Expositores: Oswaldo Holguín Callo y Marco Martos Carrera

Curso «Tópicos prescriptivos de la textualización académica»
Fechas: 1, 3, 6 y 8 de setiembre de 2021 (**Grupo 2**)
Docente: Rolando Rocha Martínez
Curso organizado para la Gerencia Regional de Educación, Región La Libertad

Recital «¡Qué vasto y dulce el aire!»
Fechas: 11 de setiembre y 9 de octubre de 2021
Participantes: María Ángeles Pérez López, Basilio Rodríguez Cañada, José Cercas, Marco Martos, Rocío Valencia, Janet Mori Pizzino, Bryan Balbín Bernal, Grace Gálvez Núñez, Enrique Sánchez Hernani y María Antonia Ortega

Presentación del libro *Teoría y práctica del léxico peruano. Castellano y lenguas indígenas a la luz de la pragmática léxica* de Julio Calvo Pérez
Fecha: 17 de setiembre de 2021
Presentadores: Marco Antonio Lovón Cueva y Juan Álvarez Vita

Presentación del libro *Aspectos fonético-fonológicos de la velarización en shipibo* de ***Rolando Rocha Martínez***
Fecha: 24 de setiembre de 2021
Presentadores: Emérita Escobar Zapata y Alejandro Correa

XVI Congreso Internacional de Lexicología y Lexicografía «Esteban Pichardo y Tapia». La fundación de la tradición lexicográfica hispanoamericana
Fechas: del 26 al 28 de octubre de 2021
Organizan: Academia Peruana de la Lengua y Academia Cubana de la Lengua Auspicia: Asociación de Academias de la Lengua Española

Ceremonia de premiación a ganadores del V Concurso Literario Escolar de la Academia Peruana de la Lengua «Los cuentos de José María Arguedas»
Fecha: 29 de octubre de 2021
Auspicia: Asociación de Academias de la Lengua Española

Listado de publicaciones del año 2021

- *Voces para la polifonía literaria del Perú: entre la geografía y la historia* de Eva Valero Juan.
- *Teoría y práctica del léxico peruano. Castellano y lenguas indígenas a la luz de la pragmática léxica* de Julio Calvo Pérez.
- *Aspectos fonético-fonológicos de la velarización en shipibo* de Rolando Rocha Martínez.

- *Relatos de café* de Antigone Broussali, Marco Martos Carrera, Eliana Gonzales Cruz, Juan Carlos Crespo, Cynthia Briceño Valiente, Enrique Banús Irusta, Rose Marie Masias, Julio Calvo Pérez, Alberto Varillas Montenegro, Eliana Vásquez Colichón y Antonio González Montes.
- *Boletín* N.° 69 de la Academia Peruana de la Lengua. Primer semestre de 2021.

Libros en prensa

- *La tradición lexicográfica hispanoamericana. Homenaje a José Jiménez Borja.*
- *Teatro sobre la independencia del Perú. Procesos de inclusión y exclusión de los sujetos subordinados en el imaginario nacional* de Miguel Ángel Vallejo Sameshima.
- Willaykunata awaqkuna. Tejiendo voces en paños blancos de Sara Viera Mendoza.
- *Boletín* N.° 70 de la Academia Peruana de la Lengua. Segundo semestre de 2021.

Libros auspiciados por la Academia Peruana de la Lengua

- *Las leyendas de la fundación del Perú* de Óscar Coello.
- *El narrador ficcional de* Comentarios reales *y* La Florida del Inca de Óscar Coello.

Academia Guatemalteca de la Lengua

Nuestro trabajo y nuestros sueños.

Informe sobre los proyectos y trabajos de la corporación

La corporación es una institución científico-literaria que vela por el desarrollo del idioma español en Guatemala e impulsa la literatura nacional mediante los estudios e investigaciones. Por esto, realiza actividades, proyectos y servicios como los indicados a continuación.

- Publica *el Boletín de la Academia Guatemalteca de la Lengua*. En esta publicación periódica difunde los discursos de ingreso, artículos y estudios de la literatura nacional. Escriben autores nacionales e internacionales.
- Ofrece información sobre diversos aspectos de la literatura nacional y del uso del español en Guatemala mediante sus redes sociales, publicaciones y, próximamente, desde su portal electrónico.
- Difunde los temas lingüísticos, gramaticales y literarios en lengua española mediante la organización o participación en conferencias, coloquios y otras actividades de esta índole.
- Los académicos numerarios colaboran en publicaciones nacionales e internacionales con temas de la literatura guatemalteca o el español de Guatemala.
- Ofrece cursos para profesores de Lengua y Literatura y comunicadores sociales.
- La Academia Guatemalteca recibe y responde consultas sobre el uso del español planteadas por usuarios de las redes sociales de la institución.
- Promueve los estudios de lingüística y literatura española mediante su vinculación con instituciones educativas de nivel superior.
- Realiza publicaciones específicas para difundir temas lingüísticos, filológicos, gramaticales y literarios en lengua española.

La Academia Guatemalteca trabaja en los proyectos de la Asale, como la nueva gramática de la lengua española, la nueva edición del Diccionario de la lengua española, entre otros.

Además, la AGL trabaja en el primer volumen de un diccionario gastronómico. La AGL espera contar durante el 2021 con el primer volumen dedicado a platos fuertes. Para la selección de los lemas se consideró el criterio de frecuencia y se ha contado con el apoyo de la chef Euda Morales.

Durante el segundo semestre de este año, se espera que académicos numerarios participen en la presentación de las siguientes publicaciones realizadas por la AGL este año:

a) *Publicación conmemorativa del Bicentenario de la Independencia 1821-2021. La literatura en Guatemala.*

b) *Publicación conmemorativa Bicentenario de la Independencia 1821-2021. La lengua española en Guatemala.*

Academia Costarricense de la Lengua

Noticias de la Academia Costarricense de la Lengua: 2021.

NOTICIAS DE LA ACADEMIA COSTARRICENSE DE LA LENGUA: 2021

Actividades de la Academia Costarricense de la Lengua

La Academia Costarricense de la Lengua (ACL), institución fundada el 12 de octubre de 1923, está ubicada en San José, avenida 0, calles 1 y 3, n.º 140; es una «corporación docta, de bien público, laica y aconfesional, para la promoción, estudio y aprecio de la lengua española y las producciones literarias, filológicas y lingüísticas escritas en este idioma, teniendo en cuenta la unidad desde la diversidad» (*Estatuto,* sección I, artículo I). La Academia sesiona, ordinariamente, el primer miércoles de cada mes y, extraordinariamente, cuando haya asuntos que lo requieran.

Para este año 2021, además de las actividades y trabajos ordinarios, la Academia Costarricense de la Lengua se ha sumado a las celebraciones patrias con ocasión de cumplir las naciones centroamericanas doscientos años de vida independiente. En esa dirección, se ha proyectado la publicación del libro *Voces de la Academia Costarricense de la Lengua,* en el que se reúnen las participaciones de miembros de nuestra institución en el XVI Congreso de la Lengua Española, celebrado en Sevilla en 2019; igualmente, diez conferencias sobre temas literarios y lingüísticos impartidas por miembros de la ACL en un espacio de las sesiones ordinarias (véase el anexo 1), un homenaje a la escritora y académica honoraria Julieta Pinto con ocasión de cumplir esta cien años (véase el anexo 2), además de actividades académicas conmemorativas del bicentenario de vida independiente de Costa Rica (véanse los anexos 3A y 3B). En este mismo orden de ideas, el *Boletín de la Academia Costarricense de la Lengua,* número 16/1, año 2021, constituye un número especial, dedicado al bicentenario de Centroamérica.

ANEXO 1. Propuesta de presentaciones en las sesiones ordinarias. Año 2021

- ACL-01. Febrero: Por razones justificadas no se presentó la propuesta de D. Rafael Ángel Herra:
- ACL-02. Marzo: «Notas sobre el monstruo de ficción y su relación con el autoengaño». D. Rafael Ángel Herra
- ACL-03. Abril: Un comentario y homenaje a la antología de la poesía de Julieta Dobles. D. Arnoldo Mora Rodríguez
- ACL-04. Mayo: Centenario del natalicio de Clarice Lispector. D.ª Emilia Macaya Trejos
- ACL-05. Junio: Mujeres lingüistas costarricenses en la primera mitad del s. XX. D. Miguel Ángel Quesada

- ACL-06. Julio: Observaciones sobre las condiciones de producción de *Un mes en la China roja* de Carlos Luis Fallas. D. Albino Chacón
- ACL-07. Agosto: Félix Alfredo Alvarado, un desconocido pionero de la novela costarricense. D. Jorge Sáenz Carbonell
- ACL-08. Setiembre: Lectura y comentarios del libro *Costa Rica, poema a poema*: D.ª Julieta Dobles Yzaguirre
- ACL-09. Octubre: Un cuento de Miriam Bustos. D.ª Mía Gallegos
- ACL-10. Noviembre: Creación léxica, acronimia y siglación. D. Víctor Sánchez
- ACL-11. Diciembre: La Navidad en la literatura costarricense, una mirada a escritos de Carmen Lyra, Carlos Luis Sáenz, Adela Ferreto y Alfonso Chase. D. Carlos Rubio Torres

ANEXO 2. Cien años del natalicio de D.ª Julieta Pinto, académica honoraria

La Academia Costarricense de la Lengua invita a la celebración del centenario de la ilustre escritora nacional D.ª Julieta Pinto González con una mesa redonda y coloquio, en los que participarán

D.ª Estrella Cartín de Guier
D.ª Mía Gallegos Domínguez
D. Arnoldo Mora Rodríguez
D. Carlos Rubio Torres, moderador

Fecha: miércoles 4 de agosto de 2021
Hora: 7 *p. m.*
Modalidad: Videoconferencia
Asistencia y participación controladas (plataforma Zoom)

ANEXO 3. Conmemoración del bicentenario: temas literarios

PLAN DE UN CICLO DE CHARLAS A PROPÓSITO DEL BICENTENARIO DE LA INDEPENDENCIA (1821-2021)

Título unificador: «De la colonia al siglo XXI: continuidades y disrupciones en la literatura costarricense».

Formato: Actividad de tipo charla [o coloquio], con tres panelistas. Participarán al menos un académico y un invitado [dos académicos y un invitado; un académico y dos invitados]; Índole de las ponencias: aproximaciones integrales (históricas, analíticas, interpretativas), no monográfica (autor, etapa, tendencia).

Duración: 90 minutos (20 minutos para cada participante y 15 minutos para réplicas o comentarios).

Hora de convocatoria: 7 *p. m.*

Modalidad: Virtual (videoconferencia)

Coauspicia la biblioteca nacional «Miguel Obregón Lizano».

PROPUESTA TEMÁTICA Y CRONOGRAMA:

- «Cultura y sociedad en Costa Rica: de la Colonia hasta la formación del estado nacional costarricense». Responsable: Albino Chacón Gutiérrez (ACL). Jueves 27 de mayo de 2021
- «La poesía costarricense: desde el tintero a la internet». Responsable: Carlos Francisco Monge (ACL). Martes 27 de julio de 2021
- «Ciclos y avances de la novela costarricense: tradición y modernidad en la invención ficcional de un país». Responsable: Carlos Cortés (ACL). Martes 28 de setiembre de 2021
- «Identidad, diversidad y literaturas en Costa Rica: búsquedas, desencuentros y pluralidades». Responsable: Alexánder Sánchez Mora (ACL). Miércoles 24 de noviembre de 2021

Conmemoración del bicentenario: temas lingüísticos

1) *El español de Costa Rica en los albores de la independencia*, a cargo de D. Miguel Ángel Quesada Pacheco, el jueves 9 de setiembre, a partir de las 14 horas.
2) *Acta de independencia centroamericana y riqueza léxica*, a cargo de D. Víctor Manuel Sánchez Corrales, el jueves 16 de setiembre, a partir de las 19 horas.
3) *Análisis léxico de los mensajes de Juan Mora Fernández*, a cargo de D.ª Carla Victoria Jara Murillo, el jueves 23 de setiembre, a partir de las 19 horas.

La Academia Costarricense de la Lengua en las nuevas tecnologías de la comunicación

Como todas las entidades de cultura y de promoción de saberes, la Academia Costarricense de la Lengua dio un gran salto cualitativo con la incorporación a sus actividades de las nuevas tecnologías de la información. Fundó su sitio web en 2008 (https://www.acl.ac.cr) y desde entonces el crecimiento exponencial de sus comunicaciones ha sido año con año extraordinario. El sitio cuenta con información diariamente actualizada de las gestiones y novedades de la corporación, de su variedad de actividades (coloquios, mesas redondas, conferencias, encuentros, publicaciones), además de cumplida nota de la integración de su cuerpo académico.

Entre los documentos disponibles en acceso abierto están sus diccionarios lexicográficos del español de Costa Rica, los discursos de ingreso, índices bibliográficos de la literatura nacional y otros textos de particular valor e interés lingüístico. A ello, hay que añadir su galería fotográfica y de vídeos de diversa índole y temática. De las visitas al sitio de la ACL, procedentes del territorio costarricense y del exterior, se destacan las consultas a los mencionados diccionarios lexicográficos del español de Costa Rica (Gagini y Agüero), así como a los boletines (los históricos y los recientes) de la corporación.

El fenómeno de las redes sociales ha significado un paso cualitativo más del que se ha beneficiado extraordinariamente la corporación, teniendo en cuenta que se han convertido en un canal de comunicación al que la comunidad ha acudido mucho más en la actualidad. Desde 2013 la ACL tiene su perfil en Facebook (https://www.facebook.com/ACLCostaRica), con un creciente número de seguidores, complemento directo del sitio web oficial mencionado. También desde 2014 cuenta con un espacio en Twitter (https://twitter.com/aclcr), con proyecciones y expectativas similares. Ambos espacios han facilitado y dinamizado mucho las comunicaciones e información mutua e instantánea entre la ACL y la ASALE. El consumo prácticamente masivo de vídeos y fotografías condujo a la corporación a establecer un espacio en Instagram (https://instagram.com/acl costarica), con el fin de consolidar su presencia en esa tercera red social. Paulatinamente se irá insertando material audiovisual acorde con los intereses institucionales, considerando el perfil de expectativas de los sectores que la visitan.

En estos días que corren, la ACL acaba de crear (2021) un canal en Youtube, con los fines de comunicación y difusión internacional de sus actividades académicas, sobre lo cual próximamente se entrará en pormenores (https://www.youtube.com/channel/UCjai5TM51XztYz0Hi1MA5jg).

Nombramiento de nuevos miembros de la Academia Costarricense de la Lengua

En la sesión número 4 del 5 de mayo de 2021, se nombró a D. Alexánder Sánchez Mora, destacado filólogo, crítico literario, investigador y profesor universitario, miembro numerario de la Academia Costarricense de la Lengua, para ocupar la silla U; en la sesión número 5 del 2 de junio de 2021, se aprobó la candidatura de D. Carlos Sánchez Avendaño, ilustre profesor universitario, lingüista e investigador, quien ocupará la silla L.

Comisiones de trabajo de la ACL

- Diccionario Histórico
  Munia Cabal
  Alexánder Sánchez
  Gabriela Cruz
  Miguel Ángel Quesada (coordinador)

- Comisión de Gramática
  Carla Jara
  Mario Portilla (coordinador)

- **Diccionario de la Lengua Española**
  Miguel Ángel Quesada
  Víctor M. Sánchez (coordinador)

- **Comisión de Lingüística**
  Mario Portilla Chaves (coordinador)
  Víctor Manuel Sánchez Corrales
  Carla Jara Murillo
  Miguel Ángel Quesada Pacheco

- **Comisión de Estudios Literarios**
  Carlos Rubio Torres (coordinador)
  Albino Chacón Gutiérrez
  Emilia Macaya Trejos
  Carlos Francisco Monge Meza

- **Comisión Editorial**
  Carlos Cortés Zúñiga
  Mario Portilla Chaves
  Rafael Ángel Herra Rodríguez (coordinador)
  Carla Jara Murillo
  Arnoldo Mora Rodríguez

- **Comisión del Boletín**
  Víctor Hurtado Oviedo
  Emilia Macaya Trejos
  Amalia Chaverri Fonseca (coordinadora)
  Estrella Cartín de Guier
  Flora Ovares Ramírez

- **Comisión de Extensión**
  Jorge Sáenz Carbonell
  Mía Gallegos Domínguez (coordinadora)
  Carlos Rubio Torres
  Julieta Dobles Yzaguirre

Academia Filipina de la Lengua Española

Relación de proyectos.

RELACIÓN DE PROYECTOS

En el capítulo de actividades y proyectos de la corporación de Manila destacamos la elaboración, casi terminada, del *Diccionario español-chabacano, chabacano-español* que cuenta con la colaboración financiera de la ASALE.

Asimismo, la Academia está comenzando la recopilación de materiales para redactar un libro conmemorativo del primer centenario de la Academia Filipina, previsto para el año 2024.

En octubre se ha publicado de nuevo el *Boletín de la Academia Filipina*, iniciado en 1981.

Academia Panameña de la Lengua

Proyecciones institucionales de la Academia Panameña de la Lengua en el 2021.

PROYECCIONES INSTITUCIONALES DE LA ACADEMIA PANAMEÑA DE LA LENGUA EN EL 2021

Desde hace varios años, la Academia Panameña de la Lengua ha reforzado el trabajo que se venía haciendo en cuanto al papel que juega la institución en los diferentes enfoques que inciden en la conformación de la lengua española. Esta tarea la hemos encaminado hacia una visión integradora de las diferentes necesidades de la sociedad panameña y, gracias al aporte de cada uno de los miembros y las diferentes instituciones que colaboran con la Academia, hemos podido cumplir con las mejores expectativas.

La integración de distintos tipos de actividades a nuestros programas anuales —que buscan fortalecer el acervo de la población panameña—, la proyección internacional de la Academia Panameña de la Lengua, la divulgación del conocimiento académico y científico sobre la lengua española y sus variantes en Panamá, así como las discusiones en torno a temas de actualidad tanto culturales como académicos y literarios que atañen a los fines por los que vela esta institución, han sido exitosos. Esto lo hemos logrado gracias a la colaboración de los miembros numerarios, correspondientes y honorarios, así como también gracias al trabajo conjunto con instituciones como el Ministerio de Educación, la Universidad de Panamá, la Universidad Tecnológica de Panamá, la Biblioteca Nacional, el Sistema Estatal de Radio y Televisión, la Cámara Panameña del Libro, entre otras. Asimismo, lo hemos logrado con el trabajo constante a través de instituciones internacionales como la Asociación de Academias de la Lengua Española (ASALE) y nuestros vínculos con la Universidad de Salamanca y con el apoyo de grupos civiles.

La Academia Panameña busca fortalecer la visión intercultural mediante proyectos; por ello, en los últimos años hemos propiciado encuentros en los que se muestra la diversidad cultural de Panamá y su reflejo en las distintas lenguas indígenas que se hablan en el territorio nacional. Así, en este 2021 organizamos, por tercer año consecutivo, una jornada dedicada a las lenguas indígenas en el marco del Día Internacional de la Lengua Materna, que se celebró el 26 de febrero de 2021.

Nuestra institución ha integrado una visión más amplia del entorno en que se proyecta la lengua española con actividades como el Cine Literario, que tiene lugar el último martes de cada mes, y que pronto cumplirá tres años desde su inauguración, pues a pesar de la pandemia se ha mantenido en su formato virtual. Con el mismo enfoque, se celebra cada mes el Círculo de Lectura de la Academia con el objetivo de fomentar una visión crítica y profundizar en los valores literarios de Panamá, a través de encuentros de académicos y estudiosos con un público diverso, actividad que esperamos se fortalezca y pueda integrar una visión más global de la literatura y el pensamiento crítico.

La institución ofrece servicios que buscan fortalecer los vínculos entre los usuarios de la lengua en las distintas comunidades discursivas y entre la institución y sus usuarios. Por eso, la Academia procura mantener a disposición de los investigadores, estudiantes y lectores la biblioteca de la institución. Además, procura organizar seminarios y capacitaciones con el objetivo de mostrar a los docentes de español de todas las áreas educativas y al público en general un conocimiento integral y de vanguardia sobre los estudios, las plataformas y las herramientas a las que tenemos acceso como profesionales, estudiosos y usuarios del español en el siglo XXI. Este año, a pesar del bajo presupuesto con que ha trabajado la institución, hemos logrado organizar dos capacitaciones para organismos del Estado, tres seminarios —dos de lingüística y uno sobre el ensayo—, así como una Jornada de Conferencias Lingüísticas, en la que participaron académicos de gran experiencia como Martín Jamieson Villiers, académico panameño, y las investigadoras Concepción Company Company y Lola Pons Rodríguez, a las cuales nos sentimos honrados de llamar académicas correspondientes en el extranjero.

La Academia Panameña ha logrado la apertura de la institución a la sociedad panameña y acercarse a todos aquellos interesados en nuestras actividades, que siempre procuramos que sean gratuitas para llegar a todo el público posible, de modo que se aproveche la información que podemos brindar a todos los interesados. Ello gracias a la constante participación de la entidad en los nuevos medios de difusión digital, periódicos, televisión, etc.

La Academia procura, a través de la participación de sus miembros en diferentes actividades (organizadas por entidades, universidades, escuelas, academias, embajadas y civiles), dar a conocer la visión panhispánica de nuestra lengua, el dinamismo de la institución y el trabajo conjunto que se realiza con la ASALE, ya que reconocemos el valor que implica estar conectados a través de esta lengua tan diversa y compleja que nos une en nuestra diversidad. De la misma forma, hemos promovido este año, a través de conferencias, círculos, cines, charlas y por medio de la consolidación de convenios entre instituciones, la divulgación en sus diferentes formatos de la cultura en general y del conocimiento de todo lo que implica una lengua en común y en contacto con otras lenguas.

La institución tiene planeado, en el tercer cuatrimestre del 2021, la organización de actividades como las ya mencionadas, además de otros seminarios o diplomados, la celebración del Bicentenario, la planificación de conferencias sobre cultura general y universal, sobre literatura panameña y sobre temas que atañen a los estudios formales de la lengua española, así como también la publicación de la nueva edición del *Diccionario del español en Panamá*, trabajado por la académica y directora sustituta de la institución, D.ª Margarita Vásquez Quirós, obra que sin duda es un legado para las siguientes generaciones y que exhorta, además, al continuo estudio del léxico panameño.

En sus noventa y cinco años, la Academia fija su mirada en crear nuevos proyectos enfocados en la solemne celebración de su primer centenario al servicio de la sociedad panameña.

Academia Cubana de la Lengua

Crónica de la lengua española de la Academia Cubana de la Lengua.

CRÓNICA DE LA LENGUA ESPAÑOLA DE LA ACADEMIA CUBANA DE LA LENGUA

Proyectos de la Academia Cubana de la Lengua

La Academia Cubana de la Lengua organiza su labor en torno a los siguientes proyectos y programas:

1) Proyectos de investigación.
2) Programas de colaboración con los ministerios de Educación (MINED) y de Educación Superior (MES) de la República de Cuba. Asesoría y planes de formación para docentes de la enseñanza general y universitaria.
3) Proyectos de extensión cultural.

Proyectos de investigación de la ACuL

a) **Proyectos de expurgo de los fondos documentales de la ACuL. Historia de la Academia Cubana de la Lengua.** Coordinado por Elina Miranda. Se ha trabajado en la revisión de la obra de los académicos y su correspondencia para ampliar las noticias obtenidas en actas y boletines. Se revisa igualmente la papelería de los fundadores de la ACuL que se atesora en los fondos del Instituto de Literatura y Lingüística. Como resultado de esta labor están en proceso de edición con vistas a su publicación tres artículos.

b) **Gramática para universitarios.** Tiene como objetivo ofrecer información actualizada en teoría gramatical. Concebida como una gramática de trabajo que sirva de instrumento eficaz para la docencia, dialoga y polemiza con los docentes en torno a los nuevos enfoques en la materia objeto de estudio y ofrece al estudiante en formación asideros confiables y atractivos para el análisis morfosintáctico. Coordinada por Maritza Carrillo, salió publicada el pasado año como *Manual de gramática española*. Coautores: Msc. Luis Enrique Rodríguez y la Dra. Marisela Pérez Rodríguez. Editorial UH, 2020.

c) **Proyecto de Historia de la Lengua Española (HISDELE) de docencia e investigación.** Es un proyecto permanente. Se ocupa de organizar el Seminario Nacional para el Estudio de la Historia de la Lengua Española y atender la relativa desactualización de los profesores de historia de la lengua española en los temas de su materia, así como la insuficiente descripción de la historia del español en Cuba y la débil concertación entre los profesores de esta materia, a fin de favorecer el desarrollo conjunto de los procesos de docencia e investigación. Entre los resultados más importantes se encuentran la organización de los seminarios nacionales; la publicación de *Hacia una historia de la lengua española* (2017), La Habana: Editorial Pablo de la Torriente Brau, y de la multimedia *Historia de la lengua española*, Producciones Iris, Universidad de La Habana. Registro de patente: 1502-05-2016; así como la realización de trabajos de curso, diploma y doctorado, y el diseño y construcción de corpus de textos históricos.

d) *Proyectos lexicográficos.* ***Diccionario infantil de la Academia*** **(*DIDEA*)**. Proyecto surgido de la ASALE y, por ende, con una metodología común para todas las academias. Diccionario monolingüe sincrónico para niños cubanos de entre 6 y 12 años, con voces del español general y otras propias de la variedad cubana del español. Recoge esencialmente léxico de un registro formal o no marcado, con una intención más normativa que descriptiva en la selección. Se propone servir de complemento cognoscitivo (sobre significado, información ortográfica, gramatical, léxica, cultural en general...) en el aula o fuera de ella a estudiantes de primaria, particularmente del segundo ciclo. Coordinado por Marlen A. Domínguez. En proceso de edición. Vaciado y revisión en programa informático creado al efecto. Estudio para un diccionario electrónico actualizado.

e) **Proyecto para la formulación y propuesta de una política lingüística en Cuba. La ACuL ha dedicado importantes esfuerzos a la preparación, tanto internamente** como en los vínculos con la sociedad, para formalizar ante las autoridades correspondientes la política lingüística de la República de Cuba. Se ha realizado una revisión bibliográfica sobre el tema y se han considerado de manera especial los antecedentes y resultados de investigaciones. Se diseñó una encuesta que fue aplicada tanto a los académicos como a profesionales y especialistas de diversas instituciones educativas y culturales. En enero de 2020, se realizó el taller «Lengua, cultura, nación: Cuba ante la necesidad del diseño y formulación de una política lingüística», con la presencia de representantes de más de 20 instituciones y organismos del Estado. En sentido general, los participantes destacaron la idea de que la preocupación por la lengua y su enseñanza no es tarea exclusiva de los especialistas y profesores de español, y de que es importante hacer un llamamiento para propiciar que los medios sistematicen el cultivo de la lengua y la sensibilización hacia los valores identitarios de la nacionalidad cubana. Este proceso dio como resultado la presentación de un proyecto para el establecimiento de una política lingüística en Cuba. Coordinado por Marlen A. Domínguez y Ana María González. Bajo la supervisión de Nuria Gregori.

Programas de colaboración con los ministerios de Educación (MINED) y de Educación Superior (MES) de la República de Cuba. Asesoría y planes de formación para docentes de la enseñanza general y universitaria. Coordinado por Ana María González

a) **Asesoría.** La Academia Cubana de la Lengua (ACuL) participa activamente en las tareas de la Subcomisión Nacional de Español del Ministerio de Educación (MINED). En particular, en los últimos tres años, varios académicos han acompañado el proceso de Perfeccionamiento de Planes y Programas de Estudios que lleva adelante el MINED: revisión de planes y programas de estudio; revisión de orientaciones metodológicas, cuadernos y libros de texto. Como resultado de todo ello se han elaborado los dictámenes correspondientes. Asimismo, se han sostenido varias reuniones de intercambio con la ministra de Educación y otros directivos para examinar de conjunto preocupaciones en torno al proceso de enseñanza-aprendizaje de la lengua o disposiciones que en nuestra opinión no contribuyen a favorecer el cultivo de la lengua. En este ámbito, se elaboraron dos materiales: uno sobre ortografía y otro sobre gramática, en los que se trata de adecuar las ideas de las obras académicas al proceso de enseñanza aprendizaje de la lengua española.

b) **Formación y superación.** La Academia Cubana de la Lengua trabaja intensamente en la formación y superación del profesorado tanto de la educación general, media y superior como del universitario.

- Literatura

Bajo la dirección de la académica Graziella Pogolotti, se realizó una revisión de los libros de texto vigentes para enseñanza media y media superior, lo que permitió establecer un diagnóstico de las posibles necesidades de los docentes de esos niveles de enseñanza.

Desde entonces se han organizado cursos y seminarios para los docentes, en los que se ha intentado hacer un recorrido actualizado por las obras, géneros y movimientos literarios. En ese empeño ha sido fundamental la colaboración de la Fundación Alejo Carpentier, así como de varios académicos que han impartido conferencias en diferentes oportunidades.

- Lengua española y lingüística

Desde el año 2010, la ACuL organiza sistemáticamente cursos de superación y actualización para profesores. En algunos casos se ha hecho tomando en cuenta la publicación de obras académicas como, por ejemplo, la *Nueva gramática de la lengua española* o la *Ortografía de la lengua española*. En otros casos, se han considerado los intereses de los docentes y asesores metodológicos. Así, se han examinado, entre otras, cuestiones de métodos y enfoques en relación con el proceso de enseñanza- aprendizaje de la lengua española. En estos momentos está diseñado un nuevo curso sobre el *Manual de estilo,* cuya realización se vio interrumpida por la pandemia.

Estos cursos, coordinados con la Facultad de Artes y Letras de la Universidad de La Habana, han contado con una asistencia de más de cien profesionales y especialistas de al menos cinco provincias del país. A los organizadores y conferencistas académicos se sumaron, como parte del cuerpo de profesores, especialistas de otras instituciones educativas y culturales.

De igual modo, se han realizado tres convocatorias del Seminario Nacional para el Estudio de la Historia de la Lengua Española en los años 2012, 2013 y 2014.

c) Otras actividades organizadas por la ACuL. Visitas de académicos y profesores universitarios de otros países. Organización de seminarios internacionales.

En los últimos años han visitado nuestro país, invitados por la ACuL, académicos y catedráticos universitarios, quienes han ofrecido en todos los casos cursos, seminarios o conferencias a los que han asistido profesores de todos los niveles de enseñanza, investigadores y otros especialistas. Entre ellos, Manuel Leonetti, José Antonio Bartol, Francisco Moreno Fernández, Salvador Gutiérrez Ordóñez, Ignacio Bosque, María Antonia Martín Zorraquino, Alfredo Matus, Emilio Antonio Briz, Margarita Vásquez, José Luis Ramírez Luengo, Belén Almeida, Miguel Ángel Quesada Pacheco y el entrañable amigo y colega, recientemente fallecido, José Antonio Samper Padilla.

La mayor parte de estas visitas han tenido lugar durante la realización de los dos seminarios internacionales organizados por la ACuL: Enseñanza de la Lengua Española: Gramática, Escritura y Oralidad. Los diccionarios (2017) y Las Investigaciones Lingüísticas en el Mundo Hispánico (2019). Estos seminarios contaron con el valioso apoyo de la Academia Panameña de la Lengua y de la Consejería Cultural de la Embajada de España. En particular, el seminario que tuvo lugar en enero de 2017 cerró el ciclo de actos por el aniversario 90 (2016) de la ACuL.

Aunque tuvieron como sede principal La Habana, tanto en el 2017 como en el 2019, desarrollaron una sesión especial en la Universidad de Matanzas, lo que visibiliza aún más la labor de la Academia y la extiende a otras regiones del país.

Con los auspicios de la Facultad de Artes y Letras de la Universidad de La Habana, la Academia Cubana de la Lengua y la Oficina del Historiador de la Ciudad, tuvo lugar del 23 al 27 de septiembre de 2019 el Coloquio Internacional Centenario del Museo Juan Miguel Dihigo: Originales, Copias y Versiones, convocado por la Cátedra de Filología y Tradición Clásicas de la Universidad de La Habana con motivo de los cien años de fundado el museo de copias de arte clásico por el Dr. Dihigo, y los quinientos años de la ciudad de La Habana, que se celebrará en noviembre. El coloquio abordó temas relacionados no solo con los museos, sino en torno a la literatura, el teatro, la lingüística, la retórica, la filosofía y otras manifestaciones culturales. Coordinado por Elina Miranda.

d) Otras acciones vinculadas a la educación y la cultura

La ACuL se ha preocupado por ofrecer, en la medida de sus modestas posibilidades, bibliografía actualizada a las instituciones educativas y culturales; en particular de las obras académicas. Cabe destacar la gestión, apoyada decididamente por la Real Academia Española, para la donación de cuatro mil ejemplares de la última edición impresa del *Diccionario de la lengua española,* obra que se hizo llegar a cada una de las escuelas cubanas, así como a otras instituciones.

Asimismo el Pleno de la ACuL ha analizado en numerosas sesiones, con la presencia de invitados del Instituto Cubano de Radio y Televisión, del Ministerio de Educación y del Ministerio de Cultura, temas como la situación de las bibliotecas escolares, la formación de los maestros, los exámenes de ingreso a la Educación Superior, el papel de la literatura, los resultados de investigaciones sobre enseñanza-aprendizaje de la lengua, el sexismo lingüístico y su objetivación en documentación jurídica, la situación de la lengua en los medios, entre otros.

La ACuL ha estado presente en todos los foros y encuentros a los que ha sido convocada para examinar el tema de la educación y en particular lo relacionado con el proceso de enseñanza-aprendizaje de la lengua y la literatura.

Finalmente, vale mencionar que muchas de las obras publicadas por los académicos en los últimos años han tenido de manera directa una repercusión en el proceso de enseñanza aprendizaje de la lengua y la literatura.

Proyectos de extensión cultural para la contribución al conocimiento y apreciación de la literatura, así como a la conciencia lingüística de las personas y la sociedad. Coordinado por Antón Arrufat, Luisa Campuzano y Mirta Yañez

a) Organización de ciclos de conferencias impartidas por académicos para conmemorar aniversarios cerrados de obras literarias y escritores, fundamentalmente cubanos e hispanoamericanos, y sobre revistas literarias o la fundación de la Academia Cubana de la Lengua, entre otras temáticas. Se han realizado ciclos de conferencias y paneles dedicados a la obra del poeta *Plácido*, José Lezama Lima, Virgilio Piñera, Ramón Meza, Julián del Casal, Gertrudis Gómez de Avellaneda, así como a Antonio Bachiller y Morales, Ramón de Palma y Cirilo Villaverde.

De igual modo se organizaron homenajes póstumos a Carilda Oliver, Roberto Fernández Retamar y Eusebio Leal.

b) La Academia Cubana de la Lengua estableció el premio anual de la Academia a la obra individual de creación o investigación en español, escrita por cubanos o residentes en Cuba, que constituya un aporte a la cultura cubana y haya sido publicada en los dos años anteriores. Las propuestas se presentan en el mes de diciembre y son nominadas por tres académicos numerarios o correspondientes. Se entregan el día 23 de abril, Día de la Lengua Española. En el año 2020 el premio fue conferido a la obra *Pedro Blanco, el negrero. Mito, realidad y espacios,* de María del Carmen Barcia Zequeira, publicado por la editorial Boloña de la Oficina del Historiador de la Ciudad, con fecha de 2018. Por la pandemia, se entregó el 23 de diciembre.

c) El sitio web de la Academia y el programa radial «Al habla con la Academia» han sido vías importantes para dar a conocer la labor de la ACuL y de los académicos. Asimismo, se ha habilitado la sección de Consultas Lingüísticas, que son respondidas a través de la propia web.

Otras cuestiones de interés

La ACuL ha logrado establecer un excelente equipo de trabajo con los becarios y graduados de la Escuela de Lexicografía. De hecho, la de Cuba ha sido la primera Academia en crear su Capítulo de la Red de Egresados de la Escuela Superior de Lexicografía, que se vincula a la labor lexicográfica, investigativa y, en general, a la gestión de la corporación.

La Academia Cubana de la Lengua dispone de un *Boletín* que hasta el año 2017 salió en formato de papel con sus números 20-21, correspondientes a los años 2015-2017, y, desde el número 22-23 que cubre los años 2017-2018, se encuentra en versión digital en nuestra web.

La pandemia del COVID-19 y las limitaciones existentes para acceder a plataformas virtuales no impidieron que, durante los quince meses ya transcurridos, la Academia Cubana de la Lengua continuara su labor tanto en los proyectos propios de la ASALE como en los suyos propiamente.

Títulos de las obras (libros y ensayos) publicadas por la Academia Cubana de la Lengua

Maritza Carrillo Guibert (coordinadora); Maritza Carrillo Guibert, Marisela del Carmen Pérez y Luis Enrique Rodríguez (autores): *Manual de gramática española*. La Habana: Ed. UH, 2019, ISBN 978-959-7251-17-0.

Resultado de un proyecto de la Academia Cubana de la Lengua, sustentado en la *Nueva gramática de la lengua española* (2009) y en la tradición cubana teórico-práctica y docente al respecto, este manual actualiza nociones de acuerdo con las teorías y modelos dominantes en el panorama de la lingüística de hoy.

Roberto Fernández Retamar: *Alternativas de Ariel.* Prólogo de Luisa Campuzano. La Habana: Editorial UH / Academia Cubana de la Lengua, 2020. (Colección Letra y Espíritu, ACuL).

Con este libro póstumo de Roberto Fernández Retamar (1930-2019), que reúne ensayos —salvo uno, todos inéditos y escogidos por el autor— y un poemario, se inicia la Colección Letra y Espíritu de la ACuL, destinada a homenajear a nuestros académicos eméritos, con la publicación o reedición de alguna de sus obras o una selección de ellas.

Reynaldo González y Cira Romero (eds.): *Cecilia Valdés o la loma del ángel, de Cirilo Villaverde.* La Habana: Ediciones Boloña, Publicaciones de la Oficina del Historiador, 2018, ISBN 978-959-294-151-9.

Edición anotada del clásico por excelencia del siglo XIX cubano. Los académicos Reynaldo González y Cira Romero prepararon esta edición minuciosamente documentada y enriquecida, publicada bajo el patrocinio de la ACuL.

En 2017 se preparó el volumen dedicado a la obra de Ramón Meza y a la de Julián del Casal, coordinado por el académico Enrique Saínz, para la colección Centenarios de la Editorial Boloña de la OHC, volumen que saliera publicado en 2018.

Laura Mestre, una humanista casi desconocida, de Elina Miranda, volumen que se presentó convenientemente maquetado en el evento sobre el centenario de Dihigo, en el mes de septiembre de 2019, y saliera publicado durante la Feria del Libro de La Habana en febrero de 2020.

El último volumen del *Boletín* en formato de papel, que abarca tres números, está en proceso editorial, pero es accesible en el sitio web de la ACuL, www.acul.ohc.cu.

Para la celebración de los 150 años del inicio de las guerras de independencia, la ACuL solicitó a los académicos Roberto Méndez y Enrique Saínz la concepción de una antología de poesía patriótica a partir de la obra de José María Heredia y que abarcara todo el siglo. El resultado fue *Guerreros y desterrados. Poesía patriótica cubana del siglo XIX.*

Libros personales publicados por miembros de la corporación en el período

Elina Miranda Cancela: *Dioniso en las Antillas*. La Habana: Editorial UH, 2019, ISBN 978-959-7211-93-8; Madrid: ed. Verbum, 2020, ISBN 978-84-1337-094-1. Premio de la Crítica Literaria 2020, Premio Academia de Ciencias 2020, Premio Obra Científica Universidad de La Habana 2020.

Desde *El nacimiento de Dionisos* de Pedro Henríquez Ureña hasta las obras más experimentales de los dramaturgos contemporáneos, este estudio refiere un corpus (que establece, a la vez, una propuesta de canon) desde el que se describe e interpreta la tradición clásica en el devenir del teatro de las Antillas hispanas, sus remisiones, tratamiento y reelaboración de obras y mitos clásicos. Esta investigación continúa, en cierto sentido, los resultados presentados en *Calzar el coturno americano* (Ed. Alarcos 2006); es decir, a partir de una concurrencia epistemológica (aunque divergente en el *topos* a que se circunscribe el análisis) complementa la exégesis anterior, focaliza o extiende la mirada, según el caso, sobre los mismos temas y formas de interpretación de la herencia clásica. Además, asienta un mapa capitular desde el que, con seguridad, habrá que proyectar y rearticular futuras paráfrasis de nuestro teatro.

Rogelio Rodríguez Coronel: *El rastro chino en la literatura cubana*. La Habana: Editorial UH, 2019, ISBN 978-959-7251-34-7. Premio de la Crítica Literaria 2020, Premio Academia de Ciencias 2020, Premio Obra Científica Universidad de La Habana 2020.

El texto constituye un valioso aporte al estudio de la inmigración y presencia de la cultura china en Cuba en distintos géneros literarios y tipos discursivos, desde el siglo XIX hasta hoy. Permite develar la huella china a partir de información novedosa e imprescindible para el conocimiento de nuestra cultura e identidad nacional. El objetivo fundamental del libro es sistematizar los legados de la presencia de la cultura china en la conformación del universo cultural y artístico cubano. Aunque la guía conductora de este libro es la literatura, el autor enfoca su visión antropológico-cultural en otras áreas, como la música, el cine, el teatro, las artes plásticas, y hasta los carnavales orientales. Aglutina todos los materiales necesarios para entender la importancia y los límites de los legados chinos.

Cira Romero (ed.): *Con la lengua de la pluma. Cartas enviadas y recibidas por José Jacinto Milanés (1835-1852)*. Matanzas: Ediciones Matanzas, 2018, 342 págs. ISBN 978- 959-268-480-5. Premio de la Crítica Literaria 2020.

José Jacinto Milanés (1814-1863) es una de las grandes figuras del siglo XIX cubano. Poeta y dramaturgo, su obra se inserta en el período de filiación romántica de nuestra literatura. Su residencia permanente en la ciudad de Matanzas lo obligó a mantener correspondencia de valor literario con las figuras más prominentes del ambiente cultural, generalmente radicadas en La Habana. A través de ellas y de sus respuestas, se vislumbra el contexto en el que se desenvolvieron estos intelectuales, juzgando la sociedad de su tiempo, intimidades personales: un universo que va de lo privado a lo público. Los frutos se obtuvieron luego de un minucioso rastreo en los fondos existentes en las dos más importantes bibliotecas cubanas, la Biblioteca Nacional José Martí y la Biblioteca Fernando Ortiz del Instituto de Literatura y Lingüística, a los que se suman algunas cartas aparecidas en publicaciones periódicas y en libros. Los textos epistolares reunidos «desbordan su naturaleza: a veces se volvían artículos, críticas o breves ensayos; en ocasiones, se asomaban a la crónica o el reportaje periodístico. Pero nunca carecieron de la sustancia humana que agradecerá el lector de nuestros días». Lo acompaña un índice onomástico que facilita las búsquedas.

Antón Arrufat: *Lo que el anhelo tiene de distante*. Poemas reunidos de Antón Arrufat (1962-2014). Compilación y prólogo de Cira Romero. Panamá: Editorial McPherson, 2021.

Antón Arrufat: *La ciudad que heredamos*. Colombia: Editorial Normus, 2020.

Novela en fragmentos sobre la ciudad de La Habana. Dos santiagueros vienen a vivir a la ciudad y se van adaptando a una nueva vida. Para ellos, caminando se aprende a conocer una ciudad.

Antón Arrufat: *La zona cero*. Holguín: Editorial Holguín, 2021.

Obra de teatro en dos actos extensos donde el espectador ignora si los personajes están vivos o muertos. Juegan a las cartas encerrados en una habitación.

Luisa Campuzano: *Dos finales para El siglo de las luces y otras indagaciones críticas*. La Habana: Editorial Letras Cubanas, 2020. (Colección Biblioteca Alejo Carpentier. Estudios).

Incluye nueve textos dedicados principalmente al examen de la obra novelística de Alejo Carpentier desde la crítica genética, la tradición clásica, la comparatística y la teoría de la nueva novela histórica latinoamericana.

Margarita Mateo Palmer: *Ella escribía poscrítica*. 3.ª ed. Holguín: Editorial Holguín, 2021.

Ella escribía poscrítica, publicado inicialmente en 1995 y reeditado en 2006, es un libro de ensayos sobre la narrativa cubana de finales del siglo XX en el que se combinan el discurso académico, la prosa de ficción y el testimonio. Ha tenido una importante recepción de la crítica tanto en Cuba como en el extranjero.

Roberto Méndez Martínez: *Superstites*. Valencia: Selvi Editorial (Colección Arco Tenso), 2020, ISBN: 978-84-121857-8-2.

Conjunto de poemas en verso y prosa, estructurado en torno a una cita del autor latino Tácito: «Solamente unos pocos, como dijimos, hemos sobrevivido, no solo a los demás sino incluso a nosotros mismos, pues hemos perdido, a lo largo de todos estos años, la mitad de nuestras vidas, mientras los jóvenes llegaban a la vejez y los mayores casi a su término, moviéndonos en silencio». La nota de cubierta lo define como «diversas facetas del arte de sobrevivir, ya sea a través de la religión, de la cultura o de ejercicios de resistencia moral, estética, filosófica, económica o política».

Roberto Méndez Martínez: *Una noche en el ballet. Guía para espectadores de buena voluntad*. Madrid: Ediciones Cumbres, 2020.

Este libro se ha escrito pensando en las personas que se interesan en el *ballet* y desean información para disfrutar sus presentaciones de modo más pleno. En sus páginas podrán localizar una historia universal del género desde sus orígenes hasta la actualidad; un análisis de los elementos que componen esta manifestación artística, así como consejos para convertirse en espectadores avezados.

Reinaldo Montero: *El viaje circular*. La Habana: Editorial Letras Cubanas, 2020.

«Extraordinaria novela bizantina (navegación en balsa, rescate naval, llegada a México, cruce de fronteras, viaje por el sur de Estados Unidos, estancia en Miami, salto a París) que es tanto historia de vida como memorial de hechos asombrosos nunca antes contados» (EQLC-Agenzia Letteraria). «La autoficción halla otra vuelta de tuerca con este relato en cuatro capítulos que se corresponden con los clásicos elementos —tierra, aire, agua, fuego—, símbolos de la condición anímica del protagonista, y quizás también la del autor, que tal vez arrastre igual cúmulo de miserias, pero las omite con humildad, y hasta este texto no había aparecido autoficción humilde» (Erika Lips, *Zeitschrift Nach Süden*).

Nancy Morejón: *Before a Mirror, the City. Anthology*. Traducción de David Frye. Edición de Juanamaría Cordones-Cook. Buffalo, New York: ed. White Pine Press, 2020.

Selección de su poesía, abarcadora de las décadas de los 60-70 del pasado siglo al presente.

Nancy Morejón: *Ruhmreiche Landschaft. Gedichte.* Translated and selected by Ineke Phaf-Rheinberger. Berlín: ed. Klaus Isele, 2020.

Selección de su poesía, abarcadora de las décadas de los 60-70 del pasado siglo al presente.

Nancy Morejón: *Augen.* Antología. Traducción y Prólogo de Ineke Phaf-Rheinberger. Berlín: ed. Klaus Isele, 2020.

Selección de su poesía, abarcadora de las décadas de los 60-70 del pasado siglo al presente.

Nancy Morejón: *Madrigal per a un príncep negre.* Traducción al catalán de Josep Lleixá Fernández. Barcelona, 2021.

Poema dedicado a la memoria de George Floyd. Publicado originalmente en edición digital cubana con el título *Madrigal para un príncipe negro.*

Leonardo Padura: *Como polvo en el viento.* Barcelona: Tusquets Editores S. A, 2020.

Es una novela ingente sobre de qué callada manera las costuras internas de unos personajes lanzados al mar de sus deshielos se encuentran y se extravían en un recorrido vital, personal e íntimo que es también el de todo un país. En ella se busca plasmar las relaciones y conflictos de la diáspora cubana siguiendo a un grupo de amigos que, exiliados o en la isla, la siguen amando.

Mirta Yáñez: *Antología del soneto hispanoamericano.* La Habana: Ed. Arte y Literatura, 2021, ISBN 978-959-03-0873-4.

Con selección y estudio de Mirta Yáñez, en esta antología, tamizada por una polifónica pericia autoral, pueden encontrarse la naturaleza, problemas de diversa índole, la cultura, los personajes literarios, el acontecer político, el canto a la poesía en sí, así como los tonos más diversos.

Mirta Yáñez: *Cubanas a capítulo* (tercera entrega). Santiago de Cuba: Ed. Oriente, 2021 ISBN 978-959-11-1174-6.

En este tercer libro de la serie *Cubanas a capítulo,* Mirta Yáñez vuelve a ejercer su magisterio con desenfado, perspicacia, dureza e incluso ironía, para reafirmarnos con sus ensayos que, sin la literatura escrita por mujeres, otra sería la historia de nuestra nación.

Premios y reconocimientos recibidos por académicos cubanos

Entre los años 2016 y 2021, académicos cubanos han recibido importantes honores, premios y reconocimientos.

La Academia Panameña de la Lengua nombró a Roberto Fernández Retamar el 30 de septiembre de 2016 miembro correspondiente.

Las académicas numerarias Margarita Mateo Palmer y Mirta Yáñez recibieron el Premio Nacional de Literatura en los años 2016 y 2018, respectivamente. Asimismo, en 2018, el Premio Nacional de Literatura le fue otorgado al académico correspondiente Luis Álvarez Álvarez.

La Academia Boliviana de la Lengua y la Academia Panameña de la Lengua nombraron miembro correspondiente a Ana María González Mafud, en 2017 y 2018, respectivamente.

El Director de la ACuL, Rogelio Rodríguez Coronel, fue nombrado miembro honorario de la Academia Colombiana en noviembre de 2017.

Roberto Méndez obtuvo por *Plácido y el laberinto de la ilustración,* en 2017, el Premio de Ensayo Alejo Carpentier; en 2018, el Premio Anual de la Crítica; y en 2019, el Premio del Lector, del Instituto Cubano del Libro. También en 2019 Roberto Méndez obtendría el primer premio (categoría Ruy Blas) en el IV Concurso Casa de Víctor Hugo con el ensayo *Como hubiese querido verla Théophile Gautier.*

El Premio Nacional de Ciencias Sociales le fue conferido, en 2018, al académico Sergio Valdés Bernal, destacado lingüista, cuya obra se corresponde de manera muy honrosa con la alta tradición de los estudios filológicos en Cuba.

El libro *Hacia una historia de la lengua española* (2017), La Habana: Editorial Pablo de la Torriente Brau, de la académica Marlen A. Domínguez Hernández recibió los siguientes premios: Premio de Investigación Universidad de La Habana 2018, Premio de la Crítica Científico-Técnica 2018 y Premio de la Academia de Ciencias de Cuba 2019.

El Premio Anual de la Crítica Literaria de Cuba, en su convocatoria de 2020, reconoció las obras *Dionisio en las Antillas*, de la vicedirectora Elina Miranda Cancela; *El rastro chino en la literatura cubana*, del director Rogelio Rodríguez Coronel, y *Con la lengua de la pluma. Cartas enviadas y recibidas por José Jacinto Milanés (1835-1852)*, compilación, introducción y notas de la académica Cira Romero, publicados en 2019.

La vicedirectora, Elina Miranda, fue invitada a participar representando a la ACuL en la cena de despedida ofrecida por los reyes de España al término de su visita a Cuba en noviembre de 2019.

En noviembre de 2020, durante la Feria del Libro de Guadalajara, se le entregó la medalla Carlos Fuentes al numerario Leonado Padura Fuentes.

El 1.º de diciembre de 2020, la Academia Brasileña de las Letras concedió la Medalla Conmemorativa Euclides da Cuña 2009 al director de la Academia Cubana de la Lengua, Rogelio Rodríguez Coronel, por su participación en el congreso virtual convocado por ella durante el verano de 2020, en el que participaron sus homólogas latinoamericanas.

La Academia de Ciencias de Cuba, en el año 2020, seleccionó como Premio de Investigación las obras *Dionisio en las Antillas,* de la vicedirectora Elina Miranda Cancela, y *El rastro chino en la literatura cubana,* del director Rogelio Rodríguez Coronel.

El rastro chino en la literatura cubana, del director Rogelio Rodríguez Coronel, recibió además, en 2020, el Premio a la Obra Científica otorgado por la Universidad de La Habana.

El 14 de enero de 2021, Leonardo Padura Fuentes fue nombrado miembro correspondiente en La Habana de la Academia Mexicana de la Lengua.

El académico Reinaldo Montero recibió el Premio de Dramaturgia Virgilio Piñera 2021.

Asimismo, la Academia Cubana de La Lengua entregó los siguientes reconocimientos:

Se nombró miembros correspondientes de la ACuL a:

- **De Cuba:** Pedro de Jesús López Acosta, de Sancti Spíritus, y a la Dra. Gema Valdés Acosta, de Villa Clara.
- **De España:** Darío Villanueva, Salvador Gutiérrez Ordóñez, María Antonia Martín Zorraquino, Ignacio Bosque, Guillermo Rojo, Antonio Briz, José Antonio Samper Padilla.
- **Latinoamericanos:** Francisco Javier Pérez (Venezuela), Guillermo Sánchez Borbón (Panamá), Alfredo Matus Olivier (Chile).

ORDEN JOSÉ MARTÍ DEL CONSEJO DE ESTADO DE LA REPÚBLICA DE CUBA

La numeraria Dra. Graziella Pogolotti Jacobson fue condecorada con la Orden José Martí, máximo HOnor que otorga el Estado cubano, la cual le fue impuesta por el presidente de la República de Cuba, Miguel Mario Díaz-Canel Bermúdez, el 24 de marzo de 2021.

Academia Paraguaya de la Lengua Española

Actividades realizadas por la Academia Paraguaya de la Lengua Española durante el año 2021.

ACTIVIDADES REALIZADAS POR LA ACADEMIA PARAGUAYA DE LA LENGUA ESPAÑOLA DURANTE EL AÑO 2021

Actividades de la Comisión de Lexicografía

1) Revisión e informe sobre observaciones de la *Nueva gramática de la lengua española* con miras a la segunda edición de la NGLE. Los trabajos comenzaron en el año 2020, continúan este año y culminarían en el 2022. Los análisis y los respectivos informes se hallan a cargo de seis lingüistas de la Academia Paraguaya de la Lengua Española, los académicos Estela Appleyard, Esther González Palacios, Limpia Esteche, Juan E. Aguiar y Francisco Javier García, con la participación de la becaria Ximena Méndez.

2) Propuestas de incorporación de nuevos artículos y formas complejas en la edición digital del DLE.

3) Proyecto de corrección y adiciones de nuevos paraguayismos con miras a la segunda edición del *Diccionario del castellano paraguayo*. La implementación del proyecto está a cargo de una Comisión de Lexicografía de la corporación.

Las tres actividades mencionadas están coordinadas por el académico Juan E. Aguiar.

Uso correcto de la lengua española según normas de la Real Academia Española

Cursos presenciales y virtuales ofrecidos gratuitamente por la Academia Paraguaya de la Lengua Española.

PRESENTACIÓN DE LIBROS-ACTIVIDADES VARIAS

Revista de la Academia Paraguaya de la Lengua Española 2021 - en proceso.

D. JOSÉ ANTONIO MORENO RUFFINELLI

22 de abril: Participación en el Seminario virtual por el «Día internacional de la lengua Materna».

23 de abril: Ponencia sobre el «Idioma Español» en el acto de Conmemoración por el día del idioma español.

4 de junio: Firma del Convenio interinstitucional Academia Paraguaya de la Lengua Española - Instituto Nacional de Educación Superior «Dr. Raúl Peña».

22 de junio: I Encuentro de Internacional de Bibliotecas ABL con bibliotecas de las Academias de América del Sur

12 de agosto: Charla sobre «Los códigos lingüísticos en la obra de Augusto Roa Bastos»

D. ALCIBIADES GONZALEZ DEL VALLE

Libro «Noticias de la Guerra del 70». (novela)

Dos obras de teatro, en poder de Arlequín Teatro. Una basada en la vida de Blas Garay y la otra en la de Rafael Barrett.

22 de abril: Ponencia «Periodismo y Literatura»

17 de junio: Conferencia sobre el libro *Yo, el coronavirus*

1 de julio: Conversación con el autor sobre la novela *Noticias de la Guerra del 70*

D. GUIDO RODRIGUEZ ALCALA

Ciclo de encuentros virtuales sobre historia

INFLUENCIA FRANCESA EN LA INDEPENDENCIA Y LA LITERATURA HISPANOAMERICANA

5 de julio: La ilustración francesa y su repercusión en los procesos independentistas

12 de julio: Modernismo Francés y su influencia en la literatura paraguaya

D.ª MARÍA ISABEL BARRETO

22 de febrero: Ponencia «La lengua materna en la educación» Seminario virtual por el «Día internacional de la Lengua Materna»

22 de abril: Charla virtual «Un refugio ante la pandemia»

22 de abril: Ponencia «Periodismo y literatura»

Escribió prólogos para varios libros.

Dictó dos conferencias, una para el Ministerio de Educación y Ciencias (MEC) y otra por la semana del libro paraguayo en la Carrera de Letras - Facultad de Filosofía de la Universidad Nacional de Asunción.

Publicó un libro de literatura infantil.

Visión de dos décadas de literatura paraguaya en el siglo XXI (libro de crítica literaria) que se publicará en la semana próxima.

Escribió cuentos para participar de tres antologías.

D.ª ELENA PANE DE PÉREZ-MARICEVICH (LENI PANE)

Sin cuentos (cuentos). Actualmente en prensa

Las Mariposas - cuento para antología EPA Actividades en Escritoras Paraguayas Asociadas (EPA):

Dirección de la antología - Próxima presentación Editorial Arandurá

Biblioteca de las Escritoras de EPA en la Manzana de la Ribera Inauguración mes de octubre/2021

Lecturas públicas por las escritoras de EPA en las plazas y parques inicio el 25 de setiembre 2021

D. FRANCISCO PÉREZ MARICEVICH

Junta de voces (poemas). Próxima presentación

Crónica de Nickeleón, hurrero y otros cuentos (cuentos y relatos). En prensa

D.GUSTAVO LATERZA RIVAROLA

12 de agosto: Presentación del libro *El contador don Felipe*

D. OSVALDO GONZÁLEZ REAL

Presentación del libro *Antología poética*

D. VICTORIO SUÁREZ

Proyectos:

1) Publicación de su nuevo poemario *Deceso (El funeral de la patria).*

2) Conclusión y publicación de su nueva novela *El comandante y su escriba.*

D. BERNARDO NERI FARIÑA

22 de abril: Charla virtual «Un refugio ante la pandemia»

23 de abril: Ponencia «Periodismo y literatura»

1 de julio: Conversación con el autor sobre la novela *Noticias de la Guerra del 70*

Organización y participación de la Academia Paraguaya de la Lengua Española en:

Paraguay en el mundo. Seminario virtual internacional. Literatura paraguaya y Lengua española {1 de junio al 27 de julio)

Segundo Congreso internacional de Lingüística Aplicada (10,11 y 12 de noviembre)

Ciclo de conferencias - LA OBRA LITERARIA EN TIEMPOS DE PANDEMIA

Academia Paraguaya de la Lengua Española y la Dirección General de Extensión Universitaria de la Facultad de Filosofía de la Universidad Nacional de Asunción

17 de junio: *Yo el coronavirus* - Alcibíades González Delvalle

18 de junio: *Inserción de la epidemia en la literatura* - Esther González Palacios

Feria virtual del libro Paraguay (25 de junio al 11 de julio)

Conversación con Alcibíades González Delvalle sobre su novela *Guerra del 70* Bernardo Neri Fariña

Participación de académicos en

1) Revisión e informe sobre observaciones de la *Nueva gramática de la lengua española*. Los trabajos comenzaron en el año 2020, continúan este año y culminarían en el 2022. Los análisis y los respectivos informes se hallan a cargo de seis lingüistas de la APARLE. Las tareas se realizan con miras a la segunda edición de la *NGLE*.
2) Propuestas de incorporación de nuevos artículos y formas complejas en la edición digital del *DLE*. 23.
3) Proyecto de corrección y adiciones de nuevos paraguayismos con miras a la segunda edición del *Diccionario del castellano paraguayo*. La implementación del proyecto está a cargo de una Comisión de Lexicografía de la APARLE.

Las tres actividades mencionadas están coordinadas por el académico Juan E. Aguiar B.

Los académicos que están participando en la revisión de la *NGLE* por la APARLE son: Estela Appleyard, Esther González Palacios, Limpia Esteche, Francisco Javier García y Juan E. Aguiar, con la participación de la becaria Ximena Méndez.

Cursos virtuales ofrecidos gratuitamente por la Academia Paraguaya de la Lengua Española.

Academia Boliviana de la Lengua

Reseña de los proyectos de la Academia Boliviana de la Lengua

TATIANA ALVARADO TEODORIKA, *Biblioteca de Autores Bolivianos.* ■ JOSÉ ROBERTO ARZE, *Bibliografía de la literatura boliviana.* ■ JOSÉ ROBERTO ARZE, *Antología esencial de la literatura boliviana.* ■ ESPAÑA VILLEGAS PINTO, *Tesoros lexicográficos de Bolivia.* ■ ESPAÑA VILLEGAS PINTO, *Cimientos del castellano de Bolivia.*

Biblioteca de Autores Bolivianos

TATIANA ALVARADO TEODORIKA

Proyecto de la comisión de literatura de la Academia Boliviana de la Lengua.

La Biblioteca Virtual de Autores Bolivianos es un proyecto cuyo objetivo es recoger la producción literaria boliviana y ponerla a disposición del público lector. Este proyecto cuenta, como cimiento, con el trabajo de recopilación del Dr. José Roberto Arze Arze. Se trata de un registro bibliográfico que, considerando el espectro temporal, se limitará inicialmente a los autores del siglo XIX y XX. Posteriormente, se extenderá a los siglos que preceden la fundación de la República de Bolivia, para incorporar a los autores fundacionales, los de la Audiencia de Charcas de los siglos XVI al XVIII y, más adelante, a los autores del siglo XXI.

Se trata de un proyecto de gran envergadura que, además de las obras literarias, desea dar cuenta de la literatura crítica en torno a los autores, con el objetivo de aportar a la investigación filológica y abrir el camino a quienes deseen en el estudio incursionar en la literatura boliviana de distintas épocas.

El sitio web alojará inicialmente un repertorio de fichas bibliográficas, que irá nutriéndose con el acceso a las obras y los estudios literarios en la medida de lo posible, siempre y cuando los derechos de autor nos lo permitan.

La Biblioteca Virtual de Autores Bolivianos estará alojada en el sitio web de la Academia Boliviana de la Lengua (http://academiadelalengua-bo.org).

Bibliografía de la literatura boliviana

JOSÉ ROBERTO ARZE

Proyecto de la comisión de literatura de la Academia Boliviana de la Lengua.

Compilación general de referencias de libros, folletos y revistas en materia de literatura, sin límite de tiempo y sin otra restricción que las materias no-literarias (ciencia puras y naturales, tecnología, prospectos comerciales, textos legales, periódicos y revistas de carácter no literario, etc.).

Las inclusiones previstas son referencias de primera y segunda mano de publicaciones independientes impresas y afines. Las exclusiones más importantes son: artículos de revistas y periódicos, piezas y contribuciones en otros libros, materiales no impresos (sonoros, audiovisuales, electrónicos, sitios web, etc., aunque sí las publicaciones impresas mencionadas en estos sitios). Queda por decidir si se incluirán las historietas y materiales afines, especialmente si se trata de adaptaciones de obras literarias). La literatura de lenguas nativas se incluirá solo si se trata de versiones en castellano).

Norma técnica: RDB. Medio de procesamiento de datos: Excel (para la base de datos) combinado con Word (para el texto final).

Comentario: la producción bibliográfica boliviana es, en general, poco numerosa. Una estimación previa hace pensar en que el ámbito literario comprende unos 15 a 18 mil títulos.

Estado actual: 11 mil referencias.

Subproductos previstos: Bibliografía lingüística boliviana y, si se juzgase necesario, fascículos con bibliografías especializadas en uno que otro género.

Antología esencial de la literatura boliviana

José Roberto Arze

Proyecto de la comisión de literatura de la Academia Boliviana de la Lengua.

Selección mínima de textos (entre 1 y 5 páginas) de cerca de los 100 a 200 autores bolivianos más consagrados. Vendría a ser la primera antología académica de literatura boliviana, porque hay muchas obras en su género, en gran parte consagradas a un solo género. Antologías multigenéricas hay pocas. En principio, se prevé que cada autor esté representado por una sola pieza (aunque no descartamos de antemano alguna excepción).

La fuente de donde se ha de tomar cada pieza tendrá se señalarse obligatoriamente y estará precedida de un resumen biográfico del autor, con mención de sus principales obras, pero, en lo posible, sin juicios críticos o valorativos.

Estado actual: tengo un cuadro de los 100 autores bolivianos más importantes que, previo debate en la Academia, podría ser la base de la Antología.

Productos posteriores: esta antología sería el punto de otras antologías monogenéricas que podría ir produciendo la Academia en el futuro.

Tesoros lexicográficos de Bolivia

España Villegas Pinto

Proyecto de la comisión de lingüística de la Academia Boliviana de la Lengua.

El proyecto reúne varias obras que en los últimos 100 años fueron publicadas en Bolivia. El objetivo del proyecto es recoger cada una de las voces que se fueron consolidando como parte del léxico boliviano. En la primera etapa que está a punto de concluir se recuperaron cada uno de los repertorios lexicográficos, se digitalizaron y actualmente se encuentran en la etapa de revisión final, cada obra digitalizada podrá ser consultada en la página web de nuestra academia.

La segunda etapa tiene como objetivo recopilar los repertorios lexicográficos bilingües: lenguas nativas-castellano, se trabajarán con repertorios lexicográficos publicados desde la colonia.

Cimientos del castellano de Bolivia

España Villegas Pinto

Proyecto de la comisión de lingüística de la Academia Boliviana de la Lengua.

Los cimientos del castellano de Bolivia tiene como objetivo la transliteración de documentos coloniales de los siglos: XVI, XVII y XVIII para conocer la historia lingüística de Bolivia, es así que, los últimos tres años, el equipo de trabajo realizó la transcripción paleográfica lingüística de 215 documentos coloniales que corresponden enteramente al siglo XVI, entre estos manuscritos, las cartas suman 102 documentos y en menos cantidad las peticiones, escrituras, informes, nombramientos, testimonios, relaciones, cédula, memorias, probanza entre otros. Actualmente todos los manuscritos del siglo XVI, se encuentra en una etapa de revisión y pronta publicación.

Simultáneamente, se inició con el trabajo de recopilación de manuscritos en diferentes archivos de Bolivia, el objetivo fue completar el corpus del siglo XVII y comenzar con la transcripción de cada documento y así concluir con la publicación de tres volúmenes.

Academia Dominicana de la Lengua

Informe sobre el español dominicano

BRUNO ROSARIO CANDELIER, *Un poco de historia de la Academia Dominicana de la Lengua.* ■ BRUNO ROSARIO CANDELIER, *Naturaleza y función de la Academia Dominicana.* ■ BRUNO ROSARIO CANDELIER, *Aporte de la Academia al estudio del español dominicano.* ■ JOSÉ ENRIQUE GARCÍA, *En torno a la Academia Dominicana de la Lengua.* ■ MANUEL NÚÑEZ, *La Academia Dominicana de la Lengua, ara, no pedestal.* ■ EMILIA PEREYRA, Diccionario de refranes *del español dominicano.* ■ *Un servicio lingüístico de la Academia Dominicana.*

Un poco de historia de la Academia Dominicana de la Lengua

BRUNO ROSARIO CANDELIER

La Academia Dominicana de la Lengua, establecida en Santo Domingo el 12 de octubre de 1927, con la categoría de correspondiente de la Real Academia Española en República Dominicana, cultiva el estudio de la lengua española como fundamento de nuestra cultura y aplica la pauta expresada en su lema «La lengua es la patria».

La sede oficial de la Academia Dominicana de la Lengua, ubicada en un imponente edificio de concreto armado en la Ciudad Colonial de Santo Domingo, rotulado con el nombre de Casa de las Academias, comparte el inmueble con la Academia Dominicana de la Historia y la Academia Dominicana de Medicina.

La fachada y el material con que está construido el edificio de la Casa de las Academias, ubicado en la calle Mercedes, n.º 204, con dependencias correspondientes a los dos niveles de que consta, obedecen a una estructura cuyo diseño es de inspiración colonial al modo hispánico, con admirable valor histórico, ambiental, documental y técnico. Su actual función como alojamiento de la Casa de las Academias es, esencialmente, cultural y educativa. El estilo y la categoría del edificio, incluidos ciertos detalles singulares —aljibe de ladrillo en su patio interior, hueco para santabárbara, vertedero, habitaciones contiguas— es una construcción de los primeros tiempos coloniales restaurada hacia el año de 1880. Su apariencia revela, entre otros elementos arquitectónicos, unas arquerías y su materia en piedra que sugieren datos de comparación con otros importantes monumentos ubicados en la Ciudad Colonial de Santo Domingo. Una visión en perspectiva de la fachada frontal del edificio revela el valor monumental, que expone el período histórico de la época en que la edificación fue construida, así como el estilo republicano colonial que la caracteriza. La finalidad académica, asignada a la edificación donde tuvo su morada el presidente de la República, general Ulises Heureaux (Lilís), es ahora su actual destino. Unas fotos desde diferentes perspectivas—como una ilustración fotográfica con vistas de las fachadas delantera y trasera (calles Mercedes y Luperón)— reflejarían sus interiores con sus arcadas y detalles, como tímpano, puerta principal y pozo del patinillo, que muestran un panorama atractivo desde el punto de vista arquitectónico. Su espaciosa contextura y su variedad de elementos arquitectónicos causa especial deleite al contemplador por la sensación de amplitud en los gruesos muros encalados, de singular resistencia al paso del tiempo. Primero fue un fortín militar al servicio del gobernador de la Colonia en el siglo XVIII, y continuó siéndolo durante la siguiente centuria, de acuerdo con las huellas de objetos encontrados en esas etapas del calendario. Aunque se combinan en el edificio los trabajos de construcción correspondientes a porciones históricas continuas y diferentes, la remodelación efectuada en los finales del siglo XIX por Manuel María Gautier integra y unifica sus características. Cuando este local se usó como residencia del presidente Lilís, se modernizó según los gustos y modas al estilo francés y victoriano. Entonces, aparecen en ella el balcón corredizo de su fachada, y sus puertas y tragaluces labrados según la versión antillana de inspiración victoriana. Tras la muerte del presidente Heureaux, la casa fue vendida y albergó en lo sucesivo la Receptoría de Aduanas, durante el período de gobierno de la Ocupación Americana (1916-1924), y, luego, la Contraloría de la República, el Banco Central y el Monte de Piedad. Hubo también una galería artística.

El misterio no queda fuera del acontecer ligado a este inmueble, como a muchos edificios de la Ciudad Colonial. Consideramos dicho factor como uno de los atractivos turísticos en esta zona de la ciudad capital, donde la historia se mezcla con lo arcano en personajes, leyendas, historietas y hechos. Todo dentro de la simetría física y el equilibrio que caracterizan el aspecto material de estos impresionantes edificios coloniales. Así, el macabro hallazgo de un cuerpo de mujer aparecido en el caserón con motivo de los trabajos de confección de un horno para uso de la oficina del Banco Central, que allí se estableció, puso el toque siniestro, que rara vez ha faltado en la vida de dichos personajes silenciosos que suelen compartir el espacio físico en templos, ruinas y palacios antiguos.

Como acontece con las personas, sucede con esta casa, que, en su origen, era distinta: su distribución diferente, así como su finalidad. Distinta era su posición, diversa la ubicación de su portal y de su patio. Tenía huecos simétricos que evidencian la anterior existencia de utensilios armamentísticos, escalera, pasarela, huellas de letrinas cuyos tamaños sugieren gran concentración humana, un pozo de forma singular, huecos, desagües; la arcada y los arcos de piedra difieren en su estructura material entre el primer y segundo niveles, donde los ladrillos sustituyen a las piedras y muestran una particularidad poco usual en la arquitectura colonial.

El cambio de vida en los siglos XIX y XX influye sobre los espacios ahora dedicados a nuevos usos, más comodidad y mayor funcionalidad. Cisterna y modernos sanitarios ocupan el patio central. Los estudios arqueológicos refieren la aparición en capas profundas de restos y cerámicas indígenas, además de surcos para el almacenaje de las armas. El Gobierno dominicano que presidía el presidente Joaquín Balaguer, quien fue miembro numerario de la ADL, ordenó la restauración de esta casa y, en principio, autorizó a la Academia Dominicana de la Lengua a instalar su sede en ella, que hoy alberga las sedes solemnes de las tres citadas Academias de la Lengua, de Historia y de Medicina.

Por razones históricas, arquitectónicas y ambientales, el edificio de la Casa de las Academias se acerca al cumplimiento de las reglas que buscan mantener la imagen de la Ciudad Colonial. A saber: equilibrio de lo antiguo y lo actual, lucidez y homogeneidad de elementos urbanos e históricos y armonía estructural en sus elementos componentes.

La Ciudad Colonial se rige por un plan regulador que abarca los circuitos monumentales, con faroles para el alumbrado, calles adoquinadas y hermosos balcones. En cuanto al primer punto, se toman en cuenta los criterios de definición del límite aledaño; aspectos por reglamentar en un entorno de monumento o de conjunto; incluidas la homogeneidad y la coherencia contextual de los inmuebles; selección de ambientes republicanos y sus aspectos por reglamentar; crecimiento del inmueble, tratamiento histórico-arquitectónico y categoría de los mismos. Además, estilos y sus relaciones contiguas, siluetas, techo, textura; color de los muros; aderezos de carpinterías; rejas, puertas y ventanas; materiales, jambas, dinteles; relieves, balcones y balconcetes. El monumento colonial aquí descrito pertenece al estilo colonial afrancesado republicano. Es decir, en principio vivienda abierta al clima, balcones corridos, simetría en la edificación, elevadas puertas. Luego, incorporación de materiales como concreto armado, balcones corridos de hierro, tragaluces, grandes rejas que mitigan el calor tropical y facilitan la circulación de los vientos. El diseño de la Casa de las Academias se basa en el concepto actual que usa la funcionalidad sin excesos de fantasía, a menos que así lo permita la capacidad de los materiales usados. Forma y materia van entrelazadas para darle funcionalidad y esplendor a la edificación. Para la estructuración física de la construcción que aloja a la Academia se toma en cuenta su finalidad, cimentada en el origen solemne que animaba ese concepto desde su nacimiento en la antigua Atenas, dedicada al cultivo de la filosofía y orientada primeramente por Platón, en la que se reunían sabios y pensadores, hasta llegar después a su amplia función, que es la de servir de albergue a la cultura general, a través de las actividades de escritores, historiadores, científicos, filólogos y literatos. Ejemplo sobresaliente de esta clase de institución es la Academia Dominicana de la Lengua, correspondiente de la Real Academia Española, con su lema «La lengua es la patria». Creada gracias a la iniciativa del arzobispo Adolfo A. Nouel, quien convocó para tal fin a notables intelectuales y personalidades de Santo Domingo en la tercera década del siglo XX, quedó fundada en el Palacio Arzobispal de la capital dominicana, el 12 de octubre de 1927. Esta entidad lingüística fue incorporada a la Real Academia Española el 31 de diciembre de 1931 y sus miembros fundadores fueron reconocidos como miembros de número de la Academia Dominicana de la Lengua y miembros correspondientes de la Real Academia Española. Actualmente cuenta con miembros de número y miembros correspondientes, que son individuos escogidos por su talento, su aporte y su colaboración al servicio del desarrollo cultural. La institución forma parte de la Asociación de Academias de la Lengua Española, que obtuvo su autonomía legal mediante un tratado de los países miembros efectuado en Santa Fe de Bogotá, Colombia, en 1960. Un ilustre miembro de esta Academia, el doctor Joaquín Balaguer, a la sazón presidente de la República, concedió a la Academia Dominicana de la Lengua, con motivo de la celebración del Quinto Centenario del Descubrimiento y Conquista de América en 1992, la autorización para ocupar el edificio de la calle Mercedes, marcado con el número 204, de la Ciudad Colonial de la capital dominicana.

Esta Academia, que tiene la categoría de entidad paraestatal, consigna el ideal de «mantener en la República Dominicana el idioma castellano en todo su esplendor y pureza». El grupo originario de 12 miembros fundadores se ha elevado hoy a 28 miembros de número y 40 correspondientes nacionales, y 15 miembros correspondientes extranjeros. Los asientos de los miembros de número, que son vitalicios, están identificados con las letras del alfabeto, desde la A hasta la Z, en sus respectivos sillones académicos. Merece primordial atención y especial recuerdo, entre sus documentos constitutivos, el primer discurso de su ilustre fundador, en el cual figuran, como faro de iluminación patriótica y cultural, estas significativas palabras: «Limad con el acero de la inteligencia las duras asperezas de la realidad y habréis levantado a la República un monumento más duradero que el mármol y el bronce, más resistente que el granito de nuestras montañas, más enhiesto que los picachos de nuestras cordilleras y tan sublime como la libertad conquistada a golpe de sacrificios y heroísmos de nuestros ilustres antepasados».

Estas ideas emanadas de la privilegiada mente del primer presidente de esta corporación han dado impulso y esplendor a la Academia Dominicana de la Lengua, presidida desde su fundación por ilustres intelectuales, capaces y consagrados, como han sido los doctores monseñor Adolfo Alejando Nouel (1927-1937), Cayetano Armando Rodríguez (1937-1940), Juan Tomás Mejía Soliere (1940-1961), Fabio A. Mota (1961-1975), Carlos Federico Pérez y Pérez (1975-1984), Mariano Lebrón Saviñón (1984-2002) y Bruno Rosario Candelier, actual director, quien rige los destinos de esta institución desde 2002.

Naturaleza y función de la Academia Dominicana de la Lengua

BRUNO ROSARIO CANDELIER

La Academia Dominicana de la Lengua (ADL), correspondiente de la Real Academia Española (RAE), se estableció en Santo Domingo el 12 de octubre de 1927 y, desde su fundación, comparte la misión que por mandato oficial le fuera asignada a la RAE y, en tal virtud, colabora en las tareas que realiza la corporación de Madrid, centradas en el estudio de la lengua y el cultivo de las letras para conservar su esencia, impulsar su desarrollo y atizar el potencial del genio idiomático con tesón y entusiasmo.

La ADL cuenta con 28 miembros de número, 40 miembros correspondientes nacionales y 15 miembros correspondientes extranjeros. La elección de los miembros numerarios, en cuanto titulares de la institución, se realiza mediante el voto de los miembros establecidos. Su entrada se formaliza con un discurso de ingreso en que el recipiendario es recibido por un miembro y, según el protocolo establecido por la tradición académica, el director procede a instalarlo en el sillón signado con una letra del alfabeto y, al imponerle la medalla, queda oficializada la incorporación del nuevo académico como miembro de número de la ADL y miembro correspondiente de la RAE. Integrante de la Asociación de Academias de la Lengua Española (ASALE), desde su fundación, la ADL promueve el conocimiento de nuestra lengua y la valoración de nuestras letras, según consignan los estatutos de las academias de la lengua, y todas secundan el lema de la RAE, «Limpia, fija y da esplendor», por la propiedad, la corrección y la elegancia del buen decir. El estudio sobre la naturaleza y el desarrollo de nuestro sistema de signos y de reglas en su dimensión discursiva, expresiva y activa plasmada en los hechos de lengua implica la observación de los actos del habla y sus variantes dialectales y estilísticas, con especial atención a la obra de los escritores, que son los usuarios privilegiados de la lengua; y ambos estamentos, la lengua viva del pueblo y la lengua culta de los literatos, entrañan la fuente del caudal léxico, semántico y gramatical en cuya veta idiomática estudiamos nuestro medio expresivo de comunicación no con una simple actitud de aficionados, sino con esmerada disciplina filológica, para que nuestros estudios propicien una fuente válida para el conocimiento de la palabra, que enaltece el vínculo de lo humano y lo divino en el arte de la creación verbal.

PRESENCIA DE LA ACADEMIA EN LA SOCIEDAD

La conciencia de lengua constituye una poderosa motivación intelectual para asumir la palabra como herramienta de trabajo, ya que el uso del lenguaje, entre cuyos usuarios sobresalen escritores, profesores, sacerdotes, políticos, periodistas, actores y comunicadores, mediante la realización de un decir que sirve de transmisión de conocimientos, intuiciones, verdades, testimonios y vivencias, funda los cimientos de nuestra cultura con el despliegue del talento creador de cuantos acuden a la palabra con sentido científico, artístico, humanístico, estético y espiritual. De ahí la necesidad de contribuir al desarrollo de una expresión correcta, precisa y elegante mediante el uso acrisolado de la lengua, que esta Academia impulsa y promueve para que nuestros hablantes forjen sus imágenes y conceptos con la belleza que conmueve la sensibilidad y la verdad que edifica la conciencia. La autoridad lingüística de la Academia Dominicana de la Lengua, en tanto institución estudiosa y orientadora de nuestro idioma, entraña la realización de una obra lexicográfica, gramatical y ortográfica para «lograr el fruto que se propone de poner la lengua castellana en su mayor propiedad y pureza», según rezan los estatutos de la institución, misión que asumimos los académicos dominicanos en nuestra condición de cultores de la lengua con la vocación para forjar una expresión ejemplar que potencie el caudal idiomático y enriquezca la expresión literaria en la fragua del buen decir, crisol y cauce de la más alta aspiración lingüística de los hablantes conscientes del don que entraña la posesión y el dominio de la palabra.

SERVICIO A LOS USUARIOS DE LA LENGUA

En nuestra condición de hablantes, estudiosos y cultores del español dominicano, los académicos acoplamos el genio de nuestra lengua a nuestra idiosincrasia cultural nativa. La lengua es la mejor vía para fortalecer nuestra esencia como pueblo y nuestra idiosincrasia intelectual, mediante una definida cosmovisión abierta y un amplio horizonte espiritual que potencie, mediante una expresión correcta, comprensible y hermosa, el fuero de nuestra lengua y el valor de nuestra cultura. Para cumplimentar ese singular objetivo hemos realizado centenares de actividades lingüísticas y literarias en la sede de la Academia y, con los académicos de la lengua comprometidos con la institución, nos hemos desplazado a diferentes centros culturales y comunidades del país para incentivar el interés por la lengua y el aprecio por las letras españolas, americanas y dominicanas. Hemos organizado coloquios y talleres lingüísticos y literarios. Hemos editado opúsculos, libros y diccionarios. Hemos contestado decenas de comunicaciones y respondido a variadas consultas lingüísticas y literarias. Con Fundéu, Fabio Guzmán y Ruth Ruiz dan oportunas recomendaciones ortográficas y gramaticales. El equipo lexicográfico de la ADL realiza ingentes tareas de estudio sobre el habla dominicana. Hemos presentado los códigos de la lengua en diversos escenarios. Contestamos cartas y correos electrónicos, y aclaramos dudas sobre lengua y literatura. Llevamos nuestras inquietudes idiomáticas a diversos centros docentes del país. Hemos presentado ponencias, charlas y libros en diferentes centros culturales nacionales e internacionales. Hemos colaborado con la RAE, de la que somos los interlocutores autorizados de nuestra habla y de nuestro país, en informes lexicográficos, gramaticales, fonéticos y ortográficos sobre nuestros códigos lingüísticos. Redactamos reportes mensuales y boletines de las actividades lingüísticas y literarias para los académicos y preparamos textos sobre nuestra labor en la Academia.

Con los integrantes de la Comisión Lingüística de la Academia (Bruno Rosario Candelier, María José Rincón, Ricardo Miniño Gómez, Fabio Guzmán Ariza, Ana Margarita Haché, Rafael Peralta Romero, Roberto Guzmán, Ruth Ruiz, Domingo Caba, Roxana Amaro, Liliana Olloqui, Rita Díaz, Fernando Cabrera y Miguel Collado) hemos sembrado inquietudes lingüísticas mediante conferencias, talleres y publicaciones; y con la Comisión Literaria de la institución (Bruno Rosario Candelier, Federico Henríquez Gratereaux, José Enrique García, Manuel Núñez, Juan José Jimenes Sabater, Tony Raful, José Rafael Lantigua, Ofelia Berrido, Emilia Pereyra, Cérvido Candelaria, Camelia Michel, Carmen Pérez Valerio, Juan Freddy Armando y Luis Quezada) hemos llevado orientación literaria a diferentes escenarios del país. El estudio de la lengua y la literatura han sido, desde su fundación, la razón y la inspiración que justifica la existencia de la ADL a favor de nuestro idioma y de nuestro país. Desde las raíces de nuestra cultura y la energía de nuestra conciencia aflora el aliento iluminador mediante el cual fluye, con el saber que edifica y la belleza que ilumina, la voz orientadora. Con esa tarea centrada en la palabra, esta Academia cumple la misión que le fuera asignada para hacer de nuestro idioma la fuente de nuestras apelaciones intelectuales, morales, estéticas y espirituales, crisol y cauce de la palabra.

PERFIL Y RAZÓN DE LA ACADEMIA DOMINICANA DE LA LENGUA

¿Cómo y cuándo se fundó la Academia Dominicana de la Lengua?

A mediados del año de gracia de 1927, la Real Academia Española (RAE) contactó a su excelencia Adolfo Alejandro Nouel, entonces arzobispo de Santo Domingo, para que este ilustre dignatario de la Iglesia católica convocara a prestantes figuras de la intelectualidad dominicana con el objetivo de fundar una institución similar a la RAE, que sería la Academia Dominicana de la Lengua (ADL). Organizada gracias a la iniciativa del arzobispo Nouel, quien convocó para tal fin a notables intelectuales y personalidades del país en la tercera década del siglo XX, la ADL quedó fundada en el Palacio Arzobispal de la capital dominicana el 12 de octubre de 1927. Los miembros fundadores de la ADL, encabezados por el arzobispo de Santo Domingo, fueron los siguientes: Mons. Dr. Adolfo A. Nouel, presidente; Lic. Alejandro Woss y Gil, vicepresidente; Lic. Federico Llaverías, secretario; Lic. Cayetano Armando Rodríguez; Lic. Manuel A. Patín Maceo; Lic. Manuel de Jesús Troncoso de la Concha; Dr. Alcides García Lluberes; Lic. Félix M. Nolasco; Dr. Bienvenido García Gautier; Lic. Arístides García Mella; Lic. Andrés Julio Montolío, y Lic. Rafael Justino Castillo. Cuando la ADL fue reconocida el 31 de diciembre de 1931 como academia correspondiente de la Real Academia Española, su matrícula fue elevada a 18 miembros de número, sumándose a los ya citados los siguientes: Lic. Manuel de Jesús Camarena Perdomo, presbítero; Dr. Rafael Conrado Castellanos; Lic. Juan T. Mejía; Dr. Max Henríquez Ureña; Lic. Enrique Henríquez; Dr. Arturo Logroño, y Lic. Ramón Emilio Jiménez. Sus miembros de número han de ser dominicanos cultos, disciplinados y honestos y, desde luego, amantes de las letras y cultores de la palabra. En virtud de su vinculación con la RAE, la ADL forma parte de la ASALE, entidad que obtuvo su autonomía mediante un tratado de los países miembros efectuado en la capital de Colombia, Santa Fe de Bogotá, el 28 de julio de 1960, según resolución n.º 274 del 19 de marzo de 1968, publicada en la *Gaceta Oficial* n.º 9074, del 28 de marzo de 1968.

¿Cómo son elegidos los miembros de la Academia?

Los miembros de la Academia son elegidos por los propios académicos numerarios. Un miembro de número propone un candidato, que se somete a la consideración de los titulares de la Academia. Si ese candidato obtiene mayoría de votos en la asamblea eleccionaria, queda elegido miembro. Solo tienen derecho al voto los miembros de número, a los cuales se les asigna un sillón, signado con una letra del alfabeto. La incorporación del nuevo miembro se realiza mediante un acto protocolar presidido por el director, quien formaliza su entrada a la corporación como miembro de número de la ADL y miembro correspondiente de la RAE tras la lectura del discurso de ingreso presentado por el nuevo miembro y el discurso de recepción de un académico en nombre de la corporación.

¿Cuál es el rol de la Academia Dominicana de la Lengua en la sociedad?

En primer lugar, y a lo interno de la institución, la Academia colabora con las tareas lingüísticas (lexicográficas, ortográficas y gramaticales) de la RAE, labor centrada fundamentalmente en la revisión de los diccionarios, la ortografía y la gramática de nuestra lengua, de acuerdo con las pautas emanadas de la RAE. Es labor que realizamos en forma consensuada en atención al carácter panhispánico de los códigos esenciales de nuestra lengua, que orienta la visión de las autoridades de la RAE, de la que cada una de las Academias reconocidas tiene la categoría de correspondiente, razón por la cual los miembros de número son todos correspondientes de la RAE. En segundo lugar, y a lo externo de la institución, esta Academia realiza una labor de investigación, organización y promoción de temas y asuntos vinculados con el estudio, la difusión y la defensa de nuestra lengua, conforme a la misión esencial de las academias, que desde su fundación ha sido el estudio de nuestra lengua y el cultivo de las letras. Cada academia centra su atención en la variante idiomática del español de su tierra. Procuramos realizar esa misión mediante la realización de estudios de nuestra lengua y la promoción de actividades canalizadas en seminarios, coloquios, conferencias, tertulias, presentación de libros, participación en los medios de comunicación, atención a consultas lingüísticas, etc. Velamos por el desarrollo de nuestra lengua, el mantenimiento de los valores intelectuales, espirituales y estéticos inherentes a nuestra herencia lingüística, y el fortalecimiento del acervo cultural y la defensa de nuestra esencia nacional como país que habla español, concepto que recoge el lema de nuestra academia: «La lengua es la patria». Contamos con colaboradores para la realización de la misión que nos compete. Con ese fin, la presente dirección de la institución creó el Grupo de Narradores «Mester de la Academia», para impulsar la creación literaria fundada en el genio de nuestra lengua e inspirada en nuestras raíces históricas, lingüísticas y culturales. Hemos creado el Instituto de Formación Lexicográfica, para impulsar los estudios de nuestra habla y rastrear el comportamiento de nuestra lengua y el desarrollo de nuestras letras. Creamos también la Tertulia Lingüística de la Academia, para incentivar los valores de nuestra lengua, y la Tertulia Literaria de la Academia, para fomentar el conocimiento de las letras y dar a conocer los valores literarios del país. Esta corporación pondera y enaltece la función social, moral y espiritual de la palabra mediante el uso ejemplar de la lengua y el cultivo de los valores que enaltecen la condición humana, por lo cual nuestra Academia es una de nuestras instituciones culturales más importantes.

¿Cuáles condiciones se requieren a quienes aspiren a ingresar a esta institución?

La primera condición, entre varias, es la de que el aspirante a miembro de nuestra institución sea un hablante con alta conciencia lingüística. Siendo la lengua una propiedad de los hablantes, y siendo la Academia la institución llamada a regir cuanto concierne al desarrollo de nuestra lengua, ha de estar integrada por lingüistas y filólogos expertos en la explicación de nuestra lengua; por creadores literarios con la capacidad intelectual para teorizar sobre los fenómenos de la creación literaria; y por hablantes cultos cuya conciencia lingüística se manifieste en obras publicadas con evidente dominio de la lengua. Se trata, en síntesis, de personas con méritos lingüísticos y literarios exhibidos en el uso de la lengua mediante sus creaciones o sus publicaciones; en manifestaciones intelectuales, morales, estéticas y espirituales que connoten los atributos del candidato con las condiciones formativas y los méritos lingüísticos y literarios para formar parte de nuestra corporación. Tanto la RAE como las demás academias están abiertas no solo a filólogos y lingüistas, sino a los escritores y los hablantes cultos con preocupación por la palabra, y, actualmente, la institución matriz recomienda que incorporemos individuos de las diferentes disciplinas científicas y humanísticas (historia, medicina, sociología, economía, política, agronomía, religión, filosofía, artes, ciencias, etc.), de manera que las academias incorporen especialistas y conocedores en todas las ramas y vertientes del saber humano, siempre que esos intelectuales tengan conciencia de su lengua.

¿Qué aporte ha hecho la Academia Dominicana de la Lengua a nuestra cultura?

La Academia Dominicana de la Lengua ha sido un baluarte en la defensa de los valores de la dominicanidad desde la base de nuestra cultura, que es la lengua. No solo hemos contribuido con los planes y proyectos de la RAE en el desarrollo de nuestro idioma, sino que cada académico tiene una brillante hoja de servicios al país desde la lengua misma, comenzando por sus creaciones literarias, el ejercicio de la palabra a través de la cátedra, el púlpito y los medios de comunicación, y cada uno de ellos ha hecho un uso ejemplar de la lengua y ha dado notaciones de creación mediante el cultivo de la literatura, o ha realizado un aporte intelectual mediante la labor interpretativa de textos, la docencia universitaria, el ejercicio crítico o la creación ensayística y el enriquecimiento de la vertiente estética de nuestra lengua con obras de poesía, narrativa y teatro. Hemos editado boletines y libros que impulsan el conocimiento y la valoración de nuestra lengua. Hemos realizado un trabajo de difusión lingüística y literaria en las principales poblaciones del país.

¿Cuáles son los criterios para introducir nuevas palabras a nuestro idioma?

La Academia requiere que un vocablo haya sido sancionado por el uso durante cinco años para ser incorporado al *Diccionario de la lengua española*. Esa vigencia temporal es importante porque hay voces y expresiones que surgen y desaparecen, por lo cual es conveniente que las que registre el diccionario académico sean vocablos vigentes, con ese lapso de tiempo ratificado por los usuarios de la lengua. Y, desde luego, las palabras incorporadas han de ser realmente representativas de un sector considerable de los hablantes. Cada país contribuye con el aporte de nuevos vocablos y nuevas expresiones al caudal léxico de la lengua general.

¿En qué se distingue un dominicanismo en el conjunto de voces de nuestro léxico?

Un vocablo se considera dominicanismo si cumple las siguientes condiciones: a) palabra con una composición léxica original del español dominicano; b) palabra de la lengua española con una acepción o significación exclusiva del lenguaje dominicano. En el primer caso, cuando se trata de una palabra propia del léxico dominicano, es decir, con una nueva estructura léxica y, por tanto, inexistente en el repertorio de la lengua, constituye lo que se llama un *dominicanismo léxico*. En el segundo caso, es decir, cuando se trata de una palabra de la lengua a la que le asignamos un nuevo significado, exclusivo entre nosotros, estamos ante un *dominicanismo semántico*. Palabras como *chin, pariguayo, tutumpote* son dominicanismos léxicos; y términos como *aguaje, boche, vale* son dominicanismos semánticos, porque estos últimos existen en la lengua general, aunque en el español dominicano tienen una acepción o un sentido específico. Hay muchos términos y expresiones que entran en esa categoría. Hemos coleccionado y definido algunas voces que hemos propuesto a la consideración de la Real Academia Española para su incorporación al diccionario oficial de nuestra lengua.

Aporte de la Academia al estudio del español dominicano

BRUNO ROSARIO CANDELIER

En cada uno de los países hispanohablantes se habla conforme a la variante del español en su respectiva comunidad y, en tal virtud, cada país, región o comunidad tienen una forma de pronunciar, con variantes peculiares; y, aunque tienen un vocabulario compartido con el español de España, también poseen un léxico diferenciado del habla de los españoles; por eso hay una lengua diferencial o una variante de la lengua general. Las variantes léxicas diferenciales de la América española se registran en el *Diccionario de americanismos*. Y cada país de América —como del resto del mundo hispánico— tiene también un vocabulario específico. Por ejemplo, los dominicanos contamos con un léxico peculiar registrado en el *Diccionario del español dominicano*, que justamente publicó la Academia Dominicana de la Lengua en 2013 y que, ahora, en este año 2021 estamos revisando para actualizarlo, completarlo y mejorarlo. Cada país de América tiene su propio diccionario, que es un glosario diferencial, ya que registra las voces que usan en ese territorio sus respectivos hablantes. Indica, entonces, que además de la lengua general, tenemos la lengua regional y la lengua local, que hablan millones de hablantes en diversas parcelas geográficas del mundo hispánico. Ocurre, por supuesto, que los hablantes son los propietarios de la lengua. Los propietarios de la lengua no son las academias ni los escritores ni los lingüistas ni los gramáticos. Los estudiosos de la lengua registran lo que hacen los hablantes; las academias establecen la pauta normativa para que el hablante se rija por una norma fonética, ortográfica o gramatical. Y registran el vocabulario en sus respectivos diccionarios. Ocurre entonces que los buenos hablantes están conscientes de esa realidad y se preocupan por estudiar la lengua con la norma que proponen la Real Academia Española (RAE) y la Asociación de

Academias de la Lengua Española (ASALE). Ese hecho significa, naturalmente, que hay categorías de hablantes, como el hablante culto, el hablante común y el hablante popular. Entre los hablantes cultos figuran los escritores, los filólogos, los intelectuales y los académicos de la lengua. El hecho de ser profesional de una disciplina científica o humanística no da categoría de hablante culto porque hay miles de profesionales en nuestro país que no tienen un dominio apropiado de la lengua, pues no la han estudiado lo suficiente para adquirir el conocimiento léxico, semántico y gramatical de la lengua que hablan.

Desde la dirección de la Academia Dominicana de la Lengua hemos concebido tareas y ejecutado actividades lingüísticas y literarias abiertas al público en la sede misma de la institución. Varias de esas tareas y actividades las hemos llevado a diferentes instituciones educativas, centros culturales y poblaciones del país. En primer lugar, a los centros educativos de la capital dominicana y del interior del país, porque la lengua pertenece a todos los hablantes de las diversas comunidades de cualquier rincón de su geografía. Todas las comunidades y todos los usuarios de la lengua tienen la misma categoría ante el idioma porque son hablantes, es decir, usuarios de la lengua con sus respectivas peculiaridades léxicas, fonéticas y semánticas. Por eso, hemos celebrado jornadas lingüísticas y literarias en Puerto Plata, Montecristi, Dajabón, Mao, Santiago, Moca, La Vega, San Francisco de Macorís y Nagua, en la región del Cibao. En el este, celebramos jornadas literarias en La Romana, San Pedro de Macorís, Higüey, Hato Mayor y Miches. En el sur, hemos presentado diccionarios y coloquios sobre letras dominicanas en San Cristóbal, Baní, San José de Ocoa, Azua, San Juan de la Maguana y Barahona. Es decir, esos contactos con las diferentes poblaciones de la comunidad nacional son una manera de conectar a nuestros académicos con diferentes sectores de la sociedad, y son una manera de promover lo que hace la Academia Dominicana de la Lengua para incentivar el estudio del habla y el cultivo de las letras, dos aspectos del ideario operativo desde la fundación de las academias de la lengua. Por ejemplo, hemos entrado en contacto con profesores de lengua española para darles a conocer los lineamientos normativos de la gramática, motivándolos a estudiarla, a conocer la ortografía y consultar el diccionario. La realidad local nos enseña que hay centenares de hablantes que nunca han consultado un diccionario. Y hay que consultar los diccionarios para conocer mejor las palabras de nuestra lengua.

El estudio de la lengua y el cultivo de las letras han sido la razón y la inspiración que justifica la existencia de las academias de la lengua, que operan a favor del conocimiento, el desarrollo y la difusión de nuestro idioma y su creación literaria. Por eso, estamos al servicio de los planes y proyectos lingüísticos de la Real Academia Española, la corporación matriz de nuestra lengua. Desde la raíz de nuestra cultura, centrada en la lengua española, y la energía de nuestra conciencia, fuero del vuelo del espíritu, aflora el aliento iluminador mediante el cual fluye, con el saber que edifica y la belleza que inspira, la voz oportuna y sugerente que nos identifica y enaltece. Con esa motivación centrada en el estudio de nuestra lengua y el cultivo de nuestras letras, la ADL cumple la misión que le fuera asignada para hacer de nuestro idioma el fuero de nuestras apelaciones intelectuales, morales, estéticas y espirituales, para que la lengua sea luminoso crisol del pensamiento y cauce sonoro y elocuente de la palabra.

La lengua, en tanto patrimonio verbal de una comunidad y una cultura, es el medio de expresión de los valores culturales y los ideales del espíritu. En la vida ordinaria forjamos relaciones familiares, laborales, personales y sociales, y canalizamos nuestra identidad, nuestro talante y nuestra creatividad con nuestra singular visión del mundo, de la que la lengua da cuenta con los datos de la sensibilidad y las intuiciones de la conciencia. La memoria histórica de una comunidad y una cultura pervive por el decir de sus hablantes.

PUBLICACIONES DE LA ACADEMIA DOMINICANA DE LA LENGUA

Entre las publicaciones de la Academia Dominicana, además del *Diccionario del español dominicano*, figuran el *Diccionario fraseológico del español dominicano*, el *Diccionario de refranes*, el *Diccionario de símbolos* y el *Diccionario de mística*. Además, hay que destacar *De la eñe a la zeta*, de María José Rincón, y *Perfil del español dominicano*, de Bruno Rosario Candelier, que se editaron en el 2020 y en este 2021 circulan entre nosotros.

El *Diccionario del español dominicano*

Para la Academia Dominicana de la Lengua, para los hablantes dominicanos y para los estudiosos de la variante dominicana de la lengua española en América, el *Diccionario del español dominicano* (*DED*) constituye un valioso glosario del vocabulario de los hablantes dominicanos. La confección del *DED* implicó una tarea lingüística con el aporte de un equipo con experiencia en lexicografía. Los redactores de este diccionario fueron María José Rincón, coordinadora del equipo lexicográfico; Fabio Guzmán, presidente de la Fundación Guzmán Ariza Pro Academia Dominicana de la Lengua; Roberto Guzmán, lingüista dominicano residente en Miami; Domingo Caba, profesor y lingüista residente en Santiago; y el autor de este estudio, Bruno Rosario Candelier, director del proyecto.

Los redactores de del *DED* trabajaron en beneficio de la lengua española y del español dominicano mediante una integración fecunda y positiva para lograr lo que hemos hecho en virtud del trabajo en equipo, con una admirable identificación con la institución de la palabra y una conciencia lingüística que inyecta pasión por una causa. El *Diccionario del español dominicano* es la obra que pusimos a disposición de cuantos deseen conocer la expresión lexicográfica del habla dominicana.

Confeccionado con las pautas metodológicas de la lexicografía moderna, el equipo redactor del *DED* identificó voces y acepciones, definió términos y expresiones e ilustró los usos con ejemplos. Tres españolas radicadas en la capital dominicana (Loli Jiménez, Teresa Melián y Yolanda Garisoain) y dos dominicanos (Ruth Ruiz y Domingo Caba) colaboraron con los redactores en la búsqueda de voces y la revisión de las definiciones de este código lexicográfico.

Cuando los lectores consultan el *DED* constatan el aporte lexicográfico, el caudal de los vocablos incluidos, las definiciones pertinentes y la ilustración adecuada. Las voces dominicanas y las palabras españolas signadas por una significación especial entre los hablantes dominicanos están registradas con objetividad y rigor metodológico, aspectos que le dan categoría científica a esta obra lexicográfica.

El inventario léxico de nuestra habla, que registra y define las voces de nuestro lenguaje, recoge las palabras del vocabulario criollo, pues para hacer el *DED* no hemos inventado una sola voz, y las que aparecen responden a usos que se pueden constatar en las obras literarias de nuestros escritores, en el registro periodístico o en el lenguaje de la oralidad. Consultamos más de doscientos cincuenta libros de autores dominicanos, que leímos para detectar el uso de voces y expresiones dominicanas, se cotejaron artículos en ediciones de periódicos físicos y electrónicos y, cuando no aparecía el uso, se inventaron ejemplos para mejor información de nuestros lectores.

En cuanto al valor de este libro, quiero subrayar la siguiente consideración. En la literatura escrita en lengua española las obras más significativas son las que emplean las voces locales del país o de la región de donde son sus autores. Pienso, por ejemplo, en un escritor como Carlos Fuentes, uno de los grandes novelistas mexicanos, o en Salarrué (Salvador Salazar Arrué), una de las grandes figuras de la narrativa salvadoreña, o en Juan Bosch, el más destacado cuentista dominicano, cuyas obras narrativas registran una considerable cantidad de mexicanismos, salvadoreñismos y dominicanismos, respectivamente, en los textos literarios de su escritura. ¿Y saben ustedes por qué lo hicieron así? Porque las palabras que usa un pueblo responden a su talante cultural y su sensibilidad espiritual, y nada mejor que el léxico del habla coloquial de sus hablantes para auscultar su psicología, su manera de sentir, pensar y actuar. Podría citar como autores paradigmáticos de nuestra América a narradores como el cubano Alejo Carpentier, en *El reino de este mundo*, o el novelista español Miguel Delibes, en *La sombra del ciprés es alargada*, modelos de escritores en el empleo de voces de sus respectivos países y regiones.

Lo mismo podría decirse de los autores dominicanos cuyos textos fueron citados en el *DED,* como Marcio Veloz Maggiolo, Manuel Salvador Gautier o Emelda Ramos, eminentes narradores de cuyas obras tomamos muestras representativas del decir popular, entre otros narradores criollos, como se puede constatar en nuestra obra. Los literatos que gozan de renombre con una obra literaria, fruto del hallazgo de su intuición y el aporte de sus vivencias, en parte lo han conseguido porque han acudido al uso de voces locales, a vocablos criollos, a expresiones peculiares de los hablantes de sus respectivos pueblos y, por esa razón, pudieron no solo auscultar la sensibilidad de sus personajes, sino la esencia y la raíz misma de la lengua en su dimensión lexical.

Desde el sentido de la palabra podemos penetrar en la cultura de una lengua y en la mentalidad de sus hablantes, cuyo vocabulario resalta sus atributos idiomáticos con los rasgos dialectales y socioculturales de sus comunidades, porque, a través del léxico, especialmente en las voces criollas y las frases populares, se proyectan las manifestaciones de su talante cultural, ya que la lengua, como expresión de la inteligencia y la sensibilidad, permite a los escritores conectarse con su pueblo mediante el cultivo de las voces y las expresiones del lenguaje que revelan los rasgos y las señas de identificación de una cultura y, desde luego, con una tradición y una forma de sentir y de reaccionar. Esa es la importancia de un libro como este *Diccionario del español dominicano,* pues quien quiera conocer el vocabulario dominicano, como lector o escritor, va a encontrar una valiosa veta léxica en esta obra que revela la fisonomía de nuestras palabras y el trasfondo semántico de las voces y expresiones dominicanas. Por esa razón, este lexicón recoge y define las voces de los hablantes dominicanos.

Al ponderar la importancia de esta obra, quiero enfatizar el sentimiento de identificación emocional que un conjunto de palabras concita en los usuarios, al sentir una compenetración intelectual, afectiva y espiritual con el alma de su pueblo; y esa conexión se logra a través de las voces peculiares del habla criolla en virtud de lo que denotan y connotan, con sus acepciones y significados; por esa razón, un genuino hablante de nuestro pueblo experimenta una especial identificación con sus vocablos, una valoración lingüística de la herencia idiomática de la lengua española, que responde al vínculo emocional entre las palabras y sus hablantes. Los dominicanismos léxicos y semánticos del *DED* aportan nuevos vocablos y nuevas expresiones al diccionario académico de americanismos, como *pariguayo, viejevo* y *medalaganario,* o *coger lucha, tirar pa'bajo* o *aguantar vaina,* entre múltiples ejemplos.

Se trata de una compenetración afectiva con una forma de hablar que enriquece el caudal léxico de la lengua española con el arsenal de términos y expresiones que conlleva la creación de nuevas palabras con nuevos aderezos semánticos a favor de nuestra lengua, mediante el uso de voces antiguas y la adición de nuevos valores, como suelen hacer los hablantes que potencian el genio de su lengua con originalidad y donaire.

El *DED* registra las palabras usuales del español dominicano. Obra monumental por su riqueza de voces y expresiones, definidas con rigor lexicográfico y precisión conceptual, es un importante legado de la Academia Dominicana de la Lengua a la cultura de nuestra lengua y a los hablantes de nuestro país.

De la eñe a la zeta, de María José Rincón González

De la eñe a la zeta (Santo Domingo, Amigo del Hogar, 2019), de la doctora María José Rincón, lexicógrafa y académica de la lengua, obra que dio a conocer a través de artículos semanales en el periódico *Diario Libre*, presenta numerosos escritos sobre el uso de la lengua española inspirados en la variante dominicana del español americano. Aborda su estudio desde una perspectiva científica de la lexicografía respecto a formas léxicas que inciden en el habla dominicana. Lo mismo se puede decir sobre el estilo narrativo y didáctico que adopta la autora en su obra, en la que se evidencia su gran familiaridad con la tecnología y los medios de comunicación, especialmente de las redes sociales, y con tendencias o temas del momento que revelan las condiciones para propiciar una dinámica a través de la escritura, y que constituye un escenario que aprovecha la autora para formular observaciones gramaticales y análisis lexicográficos. Ninguna palabra del español está exenta de las reglas de acentuación, ni siquiera las adaptadas mediante préstamos de otras lenguas, como *escáner, estándar, pícher, currículo* o, incluso, las abreviadas, como *pág.* (página), *cía.* (compañía). Existen otros tipos de accidentes lexicales, como *asequible* y *accesible*. Guardan gran parecido en la pronunciación y la escritura, así como en sus significados, pues suelen emplearse arbitrariamente; *asequible* se aplica a las cosas que podemos conseguir, y *accesible* alude a las cosas o personas a las que se puede acceder: *una actriz famosa puede ser accesible para sus admiradores* o *un local puede ser accesible para discapacitados*. Comenta las dificultades que acarrea la conjugación del verbo *haber*. El uso habitual consiste en hacer coincidir en número el verbo con el sustantivo. Es frecuente oír **Hubieron personas que llegaron tarde*, en vez de *Hubo personas que…*; o **Habemos muchos que llegamos a tiempo*, en vez de *Hubo muchos que…*. O composiciones sintácticas del tipo *Las personas mejores o peores vestidas*, por decir *Las personas mejor o peor vestidas*, que son otros de los usos que pueden apreciarse en los medios. Es muy común leer composiciones del tipo *cienta treinta habitaciones*, por *ciento treinta habitaciones*.

Hay, ahí y *¡ay!* son tres palabras distintas que, si bien se escriben de manera diferente, en el lenguaje corriente suenan igual: *hay* de *haber* (*Hay tres* *manzanas sobre la mesa*); *ahí* de lugar (*Las manzanas están ahí*); y *¡ay!* de exclamación (*¡Ay!, olvidé cerrar la puerta*). La cursiva solo se emplea cuando se escriben vocablos de una lengua extranjera: *Thanksgiving, Weltanschaung, ex libris*.

La obra de la doctora Rincón González comenta múltiples usos y señala la forma válida pautada por la norma culta del buen decir. Inspirada en la plataforma gramatical de la lengua española cuya franja idiomática contrasta con la variante del español dominicano, es el tema central de esta obra lingüística de María José Rincón González.

La lexicógrafa y académica de la lengua, en *De la eñe a la zeta*, escribió sobre los «dos idiomas», el español y el dominicano: «Hace unos años, en una visita a España, mi hijo, un niño en ese entonces, les decía a sus amigos en el parque infantil: "Yo soy español y dominicano y hablo los dos idiomas". Ni que decir tiene que ese "bilingüismo" precoz lo convirtió en el héroe del barrio. Me sorprendió y me enorgulleció lo que ese comentario suponía para un niño de corta edad. Su trascendentalismo radicaba en que manifestaba, a su manera, la experiencia de descubrir las diversas formas de hablar español». El reconocimiento y la asunción de la diversidad es un paso muy importante para crecer como hablantes. Saber que nuestra forma de hablar es distinta de la de otras regiones hispanohablantes y asumir que esta diferencia no nos hace mejores hablantes, pero tampoco peores, tiene mucho valor. Implica, además, el reto de conocer y valorar en su justa medida las características que nos son propias. La conciencia de la diferencia debe servir para aprender de los demás: más palabras, más significados para las mismas palabras, distintos acentos. No caigamos en el error de mirarnos solo nuestro propio ombligo. Sería una verdadera lástima limitar nuestros horizontes lingüísticos cuando el español supone todo lo contrario: amplitud, diversidad y riqueza. Como hablantes, si queremos expresar nuestro orgullo por lo que somos, podríamos empezar por decir: «Somos dominicanos (o españoles, colombianos, puertorriqueños, y así hasta veintitrés nacionalidades, puede que más) y hablamos en español» (María José Rincón González, «Los dos idiomas», en *De la eñe a la zeta*, Santo Domingo, Amigo del Hogar, 2019, pág. 30).

María José Rincón asumió el cultivo intelectual desde que se valió de la palabra con un propósito creador, y es lo que ha demostrado en este hermoso libro titulado *De la eñe a la zeta*: crear con las palabras, ponderar el valor de formas y sentidos léxicos, ilustrar con su sabiduría filológica la creación idiomática de los hablantes de España y de América, de los hablantes de su tierra de origen, Sevilla, y de esta su tierra adoptiva, la República Dominicana, que ella adoptó como parte entrañable de su vida con su lengua, su historia y su cultura, como manifiesta este ejemplo que revela su identificación con los dos idiomas: «Inés Aispún me preguntó en una entrevista cuál era para mí la palabra más hermosa del español dominicano. Nunca me lo había planteado, pero no lo dudé ni un instante. *Tumbarrocío*, le respondí. Se trata de un precioso sustantivo compuesto con el que se designa a un pequeño pajarito que vuela en nuestros campos y que, al posarse, hace caer gotas de rocío de las hojas. Es una imagen poética creada váyase usted a saber cuándo por un hablante con la suficiente sensibilidad para detenerse a contemplar la naturaleza. Esta palabra se ha creado por composición, un método tradicional en español para la formación de nuevas voces. El verbo *tumbar* y el sustantivo *rocío* se unen para crear una sola voz. Su ortografía también es interesante: el sonido /rr/, representado con "r" inicial en *rocío* pasa a ser representado por el dígrafo "rr" en posición intervocálica en *tumbarrocío*. El detalle más interesante es que el verbo *tumbar*, usado en una acepción característica del español americano, ha sido muy feraz a la hora de generar palabras. Sus compuestos siguen la misma estructura: verbo *tumbar* + sustantivo complemento directo» (María José Rincón González, *De la eñe a la zeta*, p. 195).

En los comentarios y opiniones de nuestra admirada filóloga se manifiesta el amor que ella siente por la palabra, la devoción con que asume la lengua para testimoniar su visión del mundo, en la pasión que revela para canalizar su comprensión de fenómenos idiomáticos a través del cultivo de las palabras; y lo hermoso de este libro, que tiene un contenido profundo, rico y revelador, es justamente la forma amena como ella lo hace. María José Rincón es una científica de la lengua, pero no usa una expresión obtusa, rebuscada o complicada para comunicar lo que sabe, sino un decir claro, preciso y apropiado para que lo entiendan no solo los especialistas de la lingüística, sino los hablantes interesados en conocer y mejorar el uso de su lengua. Por esta razón, emplea un lenguaje comprensible, para que lo entendamos todos, para que nos compenetremos con la idea que ella tiene de la palabra, con la concepción que ella tiene de la forma como hablamos los dominicanos y para que valoremos el legado hispánico que recibimos con la lengua española. Ella tiene la singular condición de dominar los dos sistemas de comunicación: la estructura de la lengua española y la forma peculiar del habla de los dominicanos. Pues bien, María José Rincón González tiene «alta conciencia de la lengua», una cabal inquietud sobre lo que implica amar, estudiar y fomentar el estudio de nuestra lengua. En este libro ella revela ese amor, testimonia esa identificación intelectual, afectiva y espiritual por nuestro lenguaje, por el significado de nuestras voces, por la forma como nos expresamos, y lo hace justamente para sembrar en nosotros esa preocupación lingüística y que nos interesemos por la palabra, para que valoremos el significado de las palabras y la importancia de usarlas con propiedad y elegancia, para que sepamos usar con rigor gramatical lo que la palabra demanda en los buenos hablantes. Eso es lo que María José Rincón quiere sembrar y motivar al publicar esta obra, *De la eñe a la zeta*, colección de los artículos que cada martes ella publica en *Diario Libre*, muy edificantes por lo que implican en términos lexicográficos, gramaticales y ortográficos.

Lo primero que ustedes van a apreciar en este libro es el entusiasmo lingüístico que derrocha María José Rincón cuando escribe. Nuestra lexicógrafa despliega su conciencia de lengua con destreza expositiva, entusiasmo lingüístico, humor ingenioso y gracia con solera al hablar, producto de su entrañable vinculación empática con el alma de la lengua española y su plena identificación emocional con la onda del español dominicano, índice expresivo del sentimiento de amor hacia «los dos idiomas», el español y el dominicano. Da gusto leer cada uno de los párrafos de este libro porque los escribe con devoción, con particular identificación con nuestra lengua, con cabal comprensión de las pautas lexicográficas, gramaticales y ortográficas, y, entonces, revela lo que es realmente amar la lengua española, lo que implica su identificación intelectual y espiritual con nuestra lengua, por la que se desvive y por la que se ha entregado en cuerpo y alma, en espíritu y en inteligencia, para plasmar su sabiduría y su amor por la lengua de Castilla y la lengua de Quisqueya. Hoy mismo, yo le decía a ella que Dios nos hizo un regalo a los dominicanos al enviarnos a María José Rincón a establecerse en la República Dominicana.

Efectivamente, cuando María José Rincón escribe, revela una destreza expositiva admirable y, entre otras virtudes, un humor luminoso porque en ella no hay solo talento y amor; no hay solo conocimiento y destreza; en ella hay un algo especial que la motiva, y la enciende, y la entusiasma. En esta obra hay sabiduría y amor con iluminación y encanto. Cuando ella da una charla, de las muchas que ha dado en este augusto salón de nuestra Academia, contagia a los presentes, porque transmite desde el hondón de su sensibilidad y el fuero de su conciencia la pasión que siente por la lengua española. Describe el panorama de la realidad idiomática peninsular y dominicana, y contrasta las dos plataformas: la pauta de la lengua general, la española, y la aplicación de la variante regional, la dominicana, en esta porción caribeña y antillana de la América hispana. Y lo hermoso de su labor didáctica es su orientación a la luz de su formación lexicográfica y su conocimiento de la lengua. Ella se vuelca entera cuando enseña, y canaliza y transmite con emoción sus conocimientos idiomáticos; pero lo impresionante de su participación es la amorosa pasión con que lo hace, y eso es lo que distingue a María José Rincón González cuando escribe, habla o enseña.

María José Rincón ha logrado convencernos de la bondad de nuestra lengua; enseñarnos que estamos obligados a honrar el conocimiento de nuestra lengua, porque ese cultivo forma parte de un deber moral y una misión intelectual y una meta espiritual que tenemos los hablantes, porque hemos recibido un don hermosísimo a través de la palabra, y ese don nos corresponde fructificarlo y potenciarlo para que siga creciendo el amor por la palabra y la identificación con nuestra lengua, la que nos identifica intelectual, afectiva y espiritualmente. El siguiente párrafo de su libro confirma lo que estoy diciendo de nuestra lexicógrafa: «Busqué de inmediato quién había ocupado ese sillón antes que yo y resultó que yo era la primera letra zeta de la Academia Dominicana de la Lengua. Irónicamente le correspondía a una sevillana aplatanada: ni los sevillanos ni los dominicanos pronunciamos la zeta como la describen los manuales (sonido interdental fricativo sordo). Nuestro seseo (junto al del sur de la Península Ibérica, Canarias y toda Hispanoamérica) la asocia al sonido predorsal fricativo sordo. Los lazos que me unen a esta letra han ido tomando cuerpo desde entonces. Los *zumbadores* aparecen por doquier, mi hija prefiere las batidas de *zapote*, he tenido que *zanquear* dominicanismos por cielo y tierra y todavía dura el *zaperoco* del *Diccionario del español dominicano*. Solo espero que hoy no se le *zafe* un tornillo y que esta eñe no vaya al *zafacón*» (M. J. Rincón González, *ibidem*, p. 224).

En efecto, María José Rincón tiene un concepto lúcido, pertinente y preciso de la naturaleza de nuestra lengua con la aplicación normativa de la ortografía y la gramática bajo un criterio lingüístico y académico. Con su labor lexicográfica, ha hecho un gran servicio al estudio de nuestra lengua al responder consultas hechas a la página electrónica de la *ADL*. El aporte lingüístico de María José Rincón ha sido posible porque ella encarna en su sensibilidad y su conciencia lo que distingue a los grandes creadores de nuestra lengua, de cualquier lengua, en todos los tiempos y culturas, como es el hecho de ser copartícipe de lo que he denominado «la savia de la lengua».

La energía de la lengua se manifiesta a través de una triple savia que, como «la sangre del espíritu», según el decir de Miguel de Unamuno, alienta el poder de la creatividad a través de la palabra. Hay una savia de la lengua, y el primero en identificarla en la cultura occidental, a la que pertenecemos, fue el antiguo pensador presocrático Heráclito de Éfeso, cuando intuyó que los hablantes tenemos un don altamente luminoso, y a ese don lo llamó *logos*, el logos de la conciencia, porque ese sabio griego entendía que ese don era una energía sagrada que identifica y enaltece a los seres humanos. Concibo ese singular aliento del espíritu como la *savia primordial*, que entraña la esencia de la lengua en virtud del logos que recibimos al nacer, porque viene desde el principio, cuando se nos da ese talento enaltecedor, el logos que permite reflexionar, intuir, hablar y crear.

María José Rincón González participa también de la segunda savia que transmite de un modo natural la virtud fecundante de la lengua, a la que llamo la *savia patrimonial*, que nos da la lengua castellana. Los hablantes de esta hermosa lengua, mediante un conducto especial a través de nuestro cerebro, recibimos esa savia ancestral que nos inyectan las voces castellanas. Le llamo savia patrimonial porque viene de la raíz de nuestra lengua, que recibimos los hablantes de la lengua española en cualquier lugar del mundo donde nos encontremos. Nuestra académica participa de un modo privilegiado de ese aliento patrimonial no solo porque naciera y se criara en la ciudad andaluza de Sevilla, donde fue amamantada con la savia patrimonial de nuestra lengua, sino porque se compenetró entrañablemente con la savia de la lengua castellana, y eso lo manifiesta ella de una manera profunda y elocuente en este libro que hoy presentamos, y, desde luego, en todo lo que ella escribe sobre «los dos idiomas», el español peninsular y el español dominicano.

Hay, además, una tercera, a la que llamo *savia cardinal,* que es la virtualidad operativa de las palabras que nos transmite una lengua determinada en un país específico. El español dominicano nos hace partícipes de esa savia cardinal desde el momento en que nuestras madres nos amamantan en nuestra infancia y nos acurrucan en nuestros balbuceos, que imitamos de sus voces, para transmitirnos el afecto y el habla que va conformando en nuestra mente el genio de nuestra lengua; y con el troquelado afectivo y espiritual de su lengua y su amor recibimos esa savia cardinal que nos enlaza a nuestra lengua, a nuestra historia y a nuestra cultura. El impacto de dicha savia nos permite compenetrarnos con la esencia que nos distingue, con la idiosincrasia que nos identifica y el talante que nos hace hablantes de una variante idiomática hermosa, rica y fecunda.

Esas tres savias inherentes en la energía de nuestra lengua han renacido luminosamente en María José Rincón, y ella las ha canalizado, creadoramente, en esta obra que resalta la importancia de conocer nuestro medio de comunicación y de creación para enfatizar el estudio de nuestra lengua y el cultivo de las letras, de manera que sintamos la dicha de hablar la variante dominicana de la lengua española y nos compenetremos intelectual, afectiva y espiritualmente con la savia de nuestra lengua, a la que Rubén Darío llamara «sangre de Hispania fecunda» en uno de sus poemas.

Llevamos en la sangre de nuestra lengua una triple savia idiomática (savia primordial, savia patrimonial y savia cardinal) junto a la savia espiritual que nos legara la palabra germinal de Garcilaso de la Vega, Miguel de Cervantes, san Juan de la Cruz, santa Teresa de Jesús y Pedro Salinas; la de Juan Rulfo, Miguel Ángel Asturias, Alejo Carpentier, Jorge Luis Borges y Francisco Matos Paoli; y la voz de Pedro Henríquez Ureña, Juan Bosch, Joaquín Balaguer, Flérida de Nolasco, Manuel del Cabral, Manuel Rueda, Manuel Valerio, Aída Cartagena, Máximo Avilés Blonda, Marcio Veloz Maggiolo y Leopoldo Minaya, entre otros ilustres cultores de nuestra lengua, a la que se suma la savia castiza que esta obra ejemplar de María José Rincón asume, despliega y enaltece.

Perfil del español dominicano, **de Bruno Rosario Candelier**

Con la evolución de las diferentes variantes de la lengua española en los países hispanohablantes, surgieron voces y expresiones idiomáticas como seña sociocultural que da valor y vitalidad al talento creativo de la lengua desde su fuero léxico, morfosintáctico y semántico. De esa peculiaridad idiomática participa el español dominicano, adscrito a la zona dialectal del español antillano. Este *Perfil del español dominicano* (Santo Domingo, Academia Dominicana de la Lengua, 2020) da cuenta del caudal de voces criollas y de los vocablos de la lengua española con el significado asignado por los hablantes dominicanos recogidos en el *Diccionario del español dominicano,* o expresiones publicadas en el *Diccionario fraseológico del español dominicano*, entre otros. También recoge estudios lingüísticos de autores dominicanos sobre distintas facetas del habla dominicana, y estudios literarios del propio autor del volumen, como «La búsqueda de la expresión propia según Pedro Henríquez Ureña» o «El Diario del Almirante descubridor». Diversos atributos léxicos y morfosintácticos fundan la fisonomía idiomática del español dominicano. Las variantes dialectales del español americano mantienen el sistema de la lengua española en sus códigos esenciales: el diccionario, la gramática y la ortografía, y, en tal virtud, conservan la unidad del español con el genio de nuestro idioma sin un hiato entre los hablantes de esta hermosa lengua de Castilla. Esa unidad idiomática se funda en el respeto a la norma lingüística que los hablantes mantienen hacia los códigos de nuestra lengua.

* * *

La dirección de esta Academia ha emprendido tareas y proyectos académicos concebidos para realizar la misión que le corresponde a la institución, como son los siguientes:

1) Una labor concebida y plasmada en pro de la misión que nos compete como academia correspondiente de la Real Academia Española, que desde su fundación ha ejecutado una labor destinada a fomentar el estudio de la lengua y el cultivo de las letras.

2) Se han ejecutado tareas lingüísticas y literarias con la colaboración de los académicos, a lo interno y lo externo de la corporación, lo que ha permitido nuestra presencia como cuerpo literario en la comunidad y reportado un crédito a favor de nuestra institución.

3) Damos participación a todas las inquietudes y propuestas de nuestros académicos acogiendo, respaldando y compartiendo tareas, inquietudes y motivaciones intelectuales, lingüísticas y literarias.

4) Hemos concebido, organizado y ejecutado un programa de acción, resumido en la crónica mensual y la memoria anual, para hacer de nuestra corporación un organismo vivo, activo y emprendedor.

5) Hemos auspiciado una relación y colaboración con diversas instituciones académicas, educativas, culturales y literarias, tanto del país como del extranjero, en variados aspectos intelectuales, lingüísticos y literarios.

6) Hemos procurado la participación de los académicos a favor de una presencia viva y significativa de nuestra institución no solo en la ciudad capital, sino en las principales poblaciones del interior del país, con un programa cultural que ha generado entusiasmo y respeto hacia nuestra institución en las respectivas comunidades y entidades culturales.
7) Con el programa de actividades lingüísticas y literarias, hemos propiciado en diferentes sectores de la comunidad nacional una ponderación de la conciencia idiomática y de la creación literaria que favorece la valoración y el desarrollo de la tradición cultural.
8) La colaboración dominicana en las obras lexicográficas, ortográficas y gramaticales de la Real Academia Española, mediante la revisión, el estudio y la presentación de propuestas de asuntos concernientes a nuestra lengua, ha sido la respuesta de adhesión y coparticipación con la obra académica de la corporación madrileña.
9) La presentación de ponencias y reportes lingüísticos que remitimos mensualmente a la RAE es una evidencia del trabajo intelectual que realizamos a favor de nuestra lengua, lo que confirma el aporte de la institución a la misión que nos corresponde realizar.
10) El reconocimiento y el apoyo que hemos recibido como evidencia de nuestra colaboración lingüística constituye un respaldo a nuestra Academia, no solo de la RAE, sino de diversos sectores y fuerzas vivas de nuestra sociedad, labor de colaboración que es necesario mantener en atención a la misión de nuestra corporación en beneficio de nuestra lengua y de nuestra cultura, lo que se manifiesta en el respeto y la ponderación de los valores nacionales expresados en nuestra cultura, los valores hispánicos inherentes a nuestra lengua y los valores espirituales afines a nuestra sensibilidad estética, cónsonos con los ideales y las metas que enfatizamos y cultivamos. Así, mantenemos nuestros principios e ideales, con los valores intelectuales, morales, estéticos y espirituales, potenciando nuestra tradición y el legado de nuestros mayores.

PARTICIPACIÓN DE LA ACADEMIA DOMINICANA DE LA LENGUA EN ACTIVIDADES VIRTUALES

Por el riesgo de la pandemia de la covid-19, en este año 2021, hasta la fecha, no hemos realizado actividades presenciales en la sede de la Academia para evitar el contagio del temible virus, pero, en su lugar, hemos celebrado sesiones académicas y encuentros virtuales, con la presentación de conferencias, coloquios y entrevistas virtuales sobre temas de lengua y literatura, así como charlas a diferentes instituciones culturales.

Por el mismo motivo, en lugar de preparar y enviar el reporte de actividades de cada mes a los académicos e intelectuales relacionados con nuestra corporación, hemos confeccionado y enviado, mensualmente, un boletín electrónico con ponencias, cartas, artículos, reportes, creaciones literarias, informes lexicográficos y estudios idiomáticos, así como una crónica de las actividades telemáticas para mantener el vínculo con nuestra comunidad académica.

Seguimos manteniendo informada a la comunidad nacional de las recomendaciones gramaticales y ortográficas sobre el uso apropiado de voces y formas idiomáticas de la lengua española en la prensa local mediante los frecuentes mensajes de Fundéu Guzmán Ariza, un servicio a favor del uso correcto de nuestra lengua realizado en nombre de la Academia Dominicana de la Lengua.

Asimismo, a pesar de las restricciones sociales y de las relaciones interpersonales impuestas por la circunstancia pandémica, mantenemos el servicio de respuestas a consultas y preguntas sobre temas lingüísticos y literarios mediante comunicación electrónica o por vía telefónica, una manera de seguir orientando a los usuarios de nuestra lengua y a los diversos sectores de la comunidad nacional.

Igualmente, lo mismo el director de la Academia que varios de nuestros académicos, hemos ofrecido y seguimos ofreciendo a los sectores intelectuales y educativos, como centros universitarios, ministerios oficiales, entidades privadas, grupos culturales o academias hermanas, charlas, ponencias, conferencias, paneles y coloquios sobre temas del español dominicano, o sobre diversos aspectos de la literatura nacional o internacional, o sobre asuntos vinculados con la cultura de la lengua. Igualmente, el equipo lexicográfico de la Academia, abocado en la actualización el *Diccionario del español dominicano*, realiza sesiones de trabajo mediante la plataforma virtual para mantener activa la labor de investigación y los estudios sobre el habla de los dominicanos.

En torno a la Academia Dominicana de la Lengua

José Enrique García

Aquel lunes 23 de noviembre, en la sala Manuel M. Ponce del Palacio de Bellas Artes de la ciudad de México, el nombre de la República Dominicana se pronunció con exaltación y júbilo. En mi condición de secretario de la Academia Dominicana de la Lengua, por invitación de la Real Academia Española, tuve la oportunidad de participar en dos congresos de la ASALE (Asociación de Academias de la Lengua Española). El primero en la ciudad de México y el segundo en la ciudad de Sevilla.

En los dos, la República Dominicana, representada por su Academia, fue objeto de atención especial y me explico: en México, dentro de las actividades centrales, se destacaron la puesta en circulación de la versión del *Quijote*, con autoría del narrador y académico Arturo Pérez Reverte, y la entrega del II Premio Internacional de Ensayo Pedro Henríquez Ureña, que otorgaba la Academia Mexicana de la Lengua, correspondiente a su segunda convocatoria. El premio fue otorgado al crítico chileno Pedro Lastra. En su primera edición lo obtuvo el filósofo español Emilio Lledó, autor de *Memoria del Logos* y *El surco del tiempo*, entre otros.

Jaime Labastida, presidente de la Academia Mexicana en ese momento, subrayó que tenía la esperanza de que los libros premiados siguieran el rastro del primer libro, es decir, el de Emilio Lledó, y así honrar la memoria de don Pedro Henríquez Ureña. Pedro Lastra, autor del *Cuento hispanoamericano del siglo XIX* (1972) y *Muestra de la poesía hispanoamericana actual* (1973), sumamente emocionado, dijo (reproduzco de memoria) que su carrera literaria se la debía a Pedro Henríquez Ureña, al haber leído algo de él que lo marcó definitivamente. Dijo más o menos esto: «Cuando usted enfrente una tarea, haga el esfuerzo de hacerla lo más acabada posible. Todo lo que soy se lo debo a Pedro Henríquez Ureña».

En Sevilla, el segundo congreso al que asistimos, hubo un hecho de alta significación para la lengua. Nos referimos al convenio que firmaron las distintas empresas que conforman el mundo digital y la Real Academia Española para promover el uso adecuado de la palabra en las redes sociales.

Nuestra Academia tuvo una participación significativa tanto en el campo de la creación como en el área lingüística de la lexicografía. Cabe destacar que se presentaron los diferentes diccionarios publicados por la Academia Dominicana de la Lengua y dos nuevas obras de Bruno Rosario Candelier y María José Rincón, respectivamente.

Dentro del ámbito de las academias, la nuestra ocupa uno de los lugares más importantes; por ese hecho, don Santiago Muñoz Machado, actual director de la Real Academia Española, dentro de su recorrido por América, visita la República Dominicana y se demora en el conocimiento de la institución.

La Academia Dominicana de la Lengua, ara, no pedestal

MANUEL NÚÑEZ

No hay academia sin vida académica. Si, durante un tiempo largo, el académico no cumple con las obligaciones y convierte sus deseos personales en un derecho, ese derecho quedaría limitado siempre por las decisiones del pleno. En vista de ello, las decisiones de la directiva de la Academia que cuentan con el consentimiento libre, sin coacción de la mayoría de los miembros, son rotundamente legales. No pueden ser desconocidas ni revocadas. Las minorías y las individualidades son respetables, pero tienen que pasar por las horcas caudinas de las matemáticas. Es absolutamente imposible que en cualquier institución haya unanimidad. Estamos en un revoltijo de antipatías y de simpatías, de amistades y enemistades, y esto acaece hasta en los conventos de los carmelitas descalzos.

Algunos de los miembros correspondientes radicados en el extranjero han tenido en la institución una participación ejemplar. Obsérvese en los boletines y en los informes del director las participaciones de Roberto Guzmán en sus indagaciones lexicográficas; los trabajos y los libros que ha presentado en la corporación el lingüista dominicano Orlando Alba, catedrático de la Universidad de Utah; las intervenciones de Rafael Núñez Cedeño; las variopintas intervenciones de Jorge Urrutia, poeta y escritor español, catedrático de la Universidad Carlos III de Madrid; los trabajos sobre Henríquez Ureña de Pedro Luis Barcia, exdirector de la Academia Argentina de Letras. Inolvidables resultaron los ingresos como miembros correspondientes extranjeros de nuestra corporación de Eusebio Leal, Víctor García de la Concha, Luce López Baralt, Humberto López Morales, José Luis Vega, Francisco Orellana, José María Santos Rovira, Alfredo Matus Olivier o el especialista alemán en el español dominicano André Klump. Al compaginar las intervenciones de estos colaboradores, dominicanos y extranjeros, puedo decir que superan el esfuerzo de muchos académicos de número que han echado por tierra sus obligaciones.

Si examinamos los resultados de todos sus directores —desde el ilustre monseñor Alejandro Nouel (1927-1937) a Cayetano Armando Rodríguez (1937-1940), Manuel de Jesús Troncoso de la Concha (1940) Juan Tomás Mejía Soliere (1940-1961), Fabio A. Mota (1961-1975), Carlos Federico Pérez y Pérez (1975-1984), Mariano Lebrón Saviñón (1984-2002)—, con todas esas figuras ilustres la Academia no pasó de ser el ejercicio abnegado de buenos oradores y de vendedores de humo, con algunos esfuerzos individuales notabilísimos, como los del lexicógrafo Manuel Patín Maceo o los informes de Emilio Rodríguez Demorizi y la monumental *Historia de la cultura dominicana*, de don Mariano Lebrón Saviñón.

En los últimos diecinueve años se han alcanzado conquistas que parecían inalcanzables. He de mencionar algunas: a) El *Diccionario del español dominicano* (2014), coordinado por María José Rincón; b) el *Diccionario fraseológico del español dominicano* (2016), de Bruno Rosario Candelier, Irene Pérez y Roberto Guzmán; c) el *Diccionario de refranes* (2016), de Bruno Rosario Candelier; d) el *Diccionario de símbolos* (2017), de Bruno Rosario Candelier; f) el *Diccionario de mística* (2017), de Bruno Rosario Candelier; g) el *Diccionario de americanismos* (2010), de la ASALE; h) *El lenguaje sexista* (2010), de la Academia Dominicana de la Lengua; i) *El lenguaje del buen decir* (2012), de Bruno Rosario Candelier; j) La *Ortografía* (2010), de la RAE y la ASALE; k) el *Libro de estilo de la lengua española* (2014), de la RAE; l) *El buen uso del español* (2013), de la RAE y la ASALE; m) la *Nueva gramática de la lengua española* (2009), de la RAE y la ASALE, dirigida por Ignacio Bosque; n) el *Manual de estilo del Poder Judicial dominicano* y el *Diccionario del español jurídico dominicano*, dirigido por Fabio Guzmán Ariza.

Nada de esta labor gigantesca se ha logrado con la dotación de la Academia, sino con la colaboración de la Fundación Guzmán Ariza Pro Academia Dominicana de la Lengua, que bajo la sombrilla de la institución y con apoyo de la RAE y la Fundación del Español Urgente ha montado el sistema de consulta de español que divulga ya en todo el continente y se publica en todos los periódicos dominicanos. Esto, que es un trabajo que llevan a cabo los equipos que ya se habían formado para la preparación de los diccionarios, ha contribuido al prestigio que tiene la Academia Dominicana de la Lengua en el seno de la ASALE y en las naciones de la América hispánica e, incluso, en otros territorios. Se reciben notillas de agradecimiento de Estados Unidos, de China y de países de Europa.

Se han publicado cada uno de los boletines de la institución, donde figuran los trabajos académicos, las recensiones de las conferencias, cursos y coloquios llevados a cabo. Por espacio de setenta y cinco años (1927-2002) la Academia publicó 16 pequeños boletines, que atestiguan sus trabajos y sus investigaciones y actividades. En los 19 años que corren se han publicado los boletines del 17 al 35. El director ha publicado igualmente una docena de libros: tres novelas, varios ensayos y tres diccionarios en la colección de la Academia patrocinada por Fabio Guzmán Ariza. Todas las consultas solicitadas por la RAE a nuestra Academia han sido respondidas cabalmente y en el *Diccionario de americanismos* e, incluso, en el *Diccionario* de la RAE ha aparecido la mayor proporción de entradas lexicales relacionadas con el español dominicano. Nunca antes se había llevado tanta información sobre el español dominicano a estos diccionarios. En lo que toca a la literatura, cada una de las colecciones conmemorativas de la Real Academia ha sido presentada y analizada por los académicos de número, por los correspondientes y por intelectuales invitados. En tal sentido, se hizo la presentación de la edición conmemorativa del *Quijote* de Miguel de Cervantes y se les dedicaron varias jornadas a las obras de Rubén Darío, Carlos Fuentes, Pablo Neruda, Julio Cortázar, Gabriela Mistral, Mario Vargas Llosa, Gabriel García Márquez y Jorge Luis Borges. Se han llevado a cabo infaltablemente los coloquios anuales correspondientes al aniversario de la corporación el 12 de octubre. Se han respondido, oportunamente, todas las consultas solicitadas por la RAE. Recuerdo, especialmente, la *Nueva gramática de la lengua española:* el año anterior a su publicación recibimos consultas de cada uno de los capítulos de esta obra monumental, dirigida por el más importante gramático del presente, don Ignacio Bosque. El mismo procedimiento se hizo con la publicación de la *Ortografía*. Las consultas esta vez se hicieron extensivas al correo de los académicos, que algunos respondieron. Puedo atestiguar que, en los viajes que he realizado a las reuniones de académicos, la Academia Dominicana de la Lengua tiene buena imagen y figura en los primeros puestos. No ha sido obra de un solo hombre, sino de una directiva y del equipo de académicos que ha permanecido participando en todas las actividades. Debo reconocer entre estos, muy particularmente, a don Fabio Guzmán Ariza, que ha colocado su experticia jurídica para la elaboración del *Diccionario jurídico* y sus recursos para solventar las publicaciones de la Academia a través de la Fundación pro Academia Dominicana; el trabajo sin tregua de María José Rincón, lexicóloga, que dirige los equipos de las consultas de lengua española, que tan buena reputación le ha dado a la institución; a los académicos de número Rafael González Tirado, Federico Henríquez Gratereaux, Manuel Matos Moquete, Ricardo Miniño, Tony Raful Tejada, José Rafael Lantigua, Franklin Domínguez, Juan José Jimenes Sabater, José Miguel Soto Jiménez, Rafael Peralta Romero, José Enrique García y Ana Margarita Haché. Hemos recibido el trabajo tesonero e invaluable de miembros correspondientes nacionales, a saber: Roberto Guzmán, Roxana Amaro, Rita Díaz, Luis Quezada, Liliana Montenegro, Sélvido Candelaria, Emilia Pereyra, Ofelia Berrido y Miguel Collado.

Si colocamos en el celemín estos 19 años de la directiva en la que se ha apoyado el director Rosario Candelier, en lexicología, en estudios de literatura, en intercambios y respuestas expeditas a las consultas solicitadas por la RAE, en cursos y coloquios, en publicaciones, tendríamos que llegar a la conclusión de que, en los noventa y cuatro años de existencia, estos diecinueve años han tenido el peso mayor, superando muy ampliamente los setenta y cinco años anteriores. A esas conclusiones llegaríamos si tuviéramos respeto por la verdad. En todo caso, a la luz de los datos, no han sido años perdidos. Nunca antes hemos tenido tanta proyección nacional e internacional, se han publicado puntualmente todos los boletines, todos los discursos de ingreso de los académicos de número. Nunca antes se había trabajado en todos los campos correspondientes al quehacer académico, se habían incorporado a nuestra corporación tantos asociados internacionales y de tanta solera, se había logrado tanta presencia en los libros que describen nuestro idioma con ejemplos dominicanos. Al fin, la República Dominicana existe. De ese pasado de estrecheces y frustraciones hay muy pocas cosas que aprender.

Entre todos los académicos que han laborado en estos últimos tiempos se ha asentado la idea de que el español es la lengua del pueblo dominicano, que el desarrollo del poder de expresión contribuirá al desarrollo de sus capacidades intelectuales, de su identidad y de la nación. La lengua es la patria. Es una muestra de lealtad irrenunciable. Hoy necesitamos el compromiso de cada uno de los veintisiete académicos para defender el patrimonio mayor de los dominicanos, que es su lengua, representación de su identidad y de su pensamiento, para que se reabran las facultades de letras y para que el pueblo pueda conocer a sus hombres de letras en la enseñanza formal y en los medios de comunicación. Esa no es una batalla fácil. Pero si nosotros, aves de paso, logramos unirnos para llevarla a cabo, podremos pasar la antorcha a las generaciones futuras con la sensación de haber cumplido con nuestro deber.

* * *

La dirección de esta Academia ha emprendido tareas y proyectos académicos concebidos para realizar la misión que le corresponde a la institución, como son los siguientes:

1) Una labor concebida y plasmada en pro de la misión que nos compete como academia correspondiente de la Real Academia Española, que desde su fundación ha ejecutado una labor destinada a fomentar el estudio de la lengua y el cultivo de las letras.

2) Se han ejecutado tareas lingüísticas y literarias con la colaboración de los académicos, a lo interno y lo externo de la corporación, lo que ha permitido nuestra presencia como cuerpo literario en la comunidad y reportado un crédito a favor de nuestra institución.

3) Damos participación a todas las inquietudes y propuestas de nuestros académicos acogiendo, respaldando y compartiendo tareas, inquietudes y motivaciones intelectuales, lingüísticas y literarias.

4) Hemos concebido, organizado y ejecutado un programa de acción, resumido en la crónica mensual y la memoria anual, para hacer de nuestra corporación un organismo vivo, activo y emprendedor.

5) Hemos auspiciado una relación y colaboración con diversas instituciones académicas, educativas, culturales y literarias, tanto del país como del extranjero, en variados aspectos intelectuales, lingüísticos y literarios.

6) Hemos procurado la participación de los académicos a favor de una presencia viva y significativa de nuestra institución no solo en la ciudad capital, sino en las principales poblaciones del interior del país, con un programa cultural que ha generado entusiasmo y respeto hacia nuestra institución en las respectivas comunidades y entidades culturales.

7) Con el programa de actividades lingüísticas y literarias, hemos propiciado en diferentes sectores de la comunidad nacional una ponderación de la conciencia idiomática y de la creación literaria que favorece la valoración y el desarrollo de la tradición cultural.

8) La colaboración dominicana en las obras lexicográficas, ortográficas y gramaticales de la Real Academia Española, mediante la revisión, el estudio y la presentación de propuestas de asuntos concernientes a nuestra lengua, ha sido la respuesta de adhesión y coparticipación con la obra académica de la corporación madrileña.

9) La presentación de ponencias y reportes lingüísticos que remitimos mensualmente a la RAE es una evidencia del trabajo intelectual que realizamos a favor de nuestra lengua, lo que confirma el aporte de la institución a la misión que nos corresponde realizar.

10) El reconocimiento y el apoyo que hemos recibido como evidencia de nuestra colaboración lingüística constituye un respaldo a nuestra Academia, no solo de la RAE, sino de diversos sectores y fuerzas vivas de nuestra sociedad, labor de colaboración que es necesario mantener en atención a la misión de nuestra corporación en beneficio de nuestra lengua y de nuestra cultura, lo que se manifiesta en el respeto y la ponderación de los valores nacionales expresados en nuestra cultura, los valores hispánicos inherentes a nuestra lengua y los valores espirituales afines a nuestra sensibilidad estética, cónsonos con los ideales y las metas que enfatizamos y cultivamos. Así, mantenemos nuestros principios e ideales, con los valores intelectuales, morales, estéticos y espirituales, potenciando nuestra tradición y el legado de nuestros mayores.

PARTICIPACIÓN DE LA ACADEMIA DOMINICANA DE LA LENGUA EN ACTIVIDADES VIRTUALES

Por el riesgo de la pandemia de la covid-19, en este año 2021, hasta la fecha, no hemos realizado actividades presenciales en la sede de la Academia para evitar el contagio del temible virus, pero, en su lugar, hemos celebrado sesiones académicas y encuentros virtuales, con la presentación de conferencias, coloquios y entrevistas virtuales sobre temas de lengua y literatura, así como charlas a diferentes instituciones culturales.

Por el mismo motivo, en lugar de preparar y enviar el reporte de actividades de cada mes a los académicos e intelectuales relacionados con nuestra corporación, hemos confeccionado y enviado, mensualmente, un boletín electrónico con ponencias, cartas, artículos, reportes, creaciones literarias, informes lexicográficos y estudios idiomáticos, así como una crónica de las actividades telemáticas para mantener el vínculo con nuestra comunidad académica.

Seguimos manteniendo informada a la comunidad nacional de las recomendaciones gramaticales y ortográficas sobre el uso apropiado de voces y formas idiomáticas de la lengua española en la prensa local mediante los frecuentes mensajes de Fundéu Guzmán Ariza, un servicio a favor del uso correcto de nuestra lengua realizado en nombre de la Academia Dominicana de la Lengua.

Asimismo, a pesar de las restricciones sociales y de las relaciones interpersonales impuestas por la circunstancia pandémica, mantenemos el servicio de respuestas a consultas y preguntas sobre temas lingüísticos y literarios mediante comunicación electrónica o por vía telefónica, una manera de seguir orientando a los usuarios de nuestra lengua y a los diversos sectores de la comunidad nacional.

Igualmente, lo mismo el director de la Academia que varios de nuestros académicos, hemos ofrecido y seguimos ofreciendo a los sectores intelectuales y educativos, como centros universitarios, ministerios oficiales, entidades privadas, grupos culturales o academias hermanas, charlas, ponencias, conferencias, paneles y coloquios sobre temas del español dominicano, o sobre diversos aspectos de la literatura nacional o internacional, o sobre asuntos vinculados con la cultura de la lengua. Igualmente, el equipo lexicográfico de la Academia, abocado en la actualización el *Diccionario del español dominicano*, realiza sesiones de trabajo mediante la plataforma virtual para mantener activa la labor de investigación y los estudios sobre el habla de los dominicanos.

Diccionario de refranes *del español dominicano*

EMILIA PEREYRA (miembro correspondiente)

Tiene gran valor para la cultura vernácula el *Diccionario de refranes. Paremias del español dominicano*, de autoría del escritor y lingüista Bruno Rosario Candelier, publicado por la Academia Dominicana de la Lengua con los auspicios de la Fundación Guzmán Ariza.

La obra es muy importante porque, sin duda, le aporta filones al estudio del español criollo, recoge gran parte del habla viva de los dominicanos y está íntimamente relacionada con la tradición cultural nuestra. En la presentación del libro, Rosario Candelier expresa que, para elaborarlo, fue preciso leer, indagar y curcutear obras narrativas de autores nacionales en busca de las «expresiones idioléxicas», lo mismo en textos de poesía y ficción que en periódicos y revistas. «Y puse particular atención a la oralidad, fuente viva de refranes, adagios, sentencias, máximas y proverbios», dice el autor, que le dedica el texto al periodista Orlando Gil, a quien considera «cultor de la sabiduría paremiológica», muy dado a usar refranes en sus columnas de comentarios políticos.

Ciertamente, hallamos refranes en obras literarias y en las expresiones del lenguaje oral, pues «el refranero condensa la sabiduría popular», según Bruno Rosario Candelier.

El glosario reúne refranes muy usados en la actualidad y otros empleados antaño, que han quedado asentados en libros y otras publicaciones. Para Rosario Candelier, en el «refrán brota el alma del pueblo con su filosofía natural, su postura ante la vida y sus aspiraciones, su humanismo, su modo de reaccionar, positivo o negativo, ante tal o cual ocurrencia».

Uno de los refranes registrado en el libro de 486 páginas es de uso frecuente y dice: «Lo que abunda no daña». De acuerdo con texto, este «enseña que es mejor que sobre y no que falte», y que «lo bueno es tener mucho de todo».

«Las mujeres son como las naranjas, unas salen dulces y otras salen agrias» es otra de las paremias asentadas. Según el diccionario, esto quiere decir que «hay mujeres ásperas y agresivas, pero también las hay buenas y amables».

Un refrán de uso cotidiano, igualmente recogido en el texto, es el que dice «el que tiene sed busca el agua», lo cual significa que «la necesidad obliga a hacer la diligencia».

Rosario Candelier registra otro refrán del habla cotidiana actual, que data de mucho tiempo atrás. Se trata de «muerto el perro, se acabó la rabia», el cual «señala que al cesar la causa de un hecho desaparecen sus efectos».

También figura otra paremia de mucho salero como es «el puerto no se rasca en javilla», usado por Juan Antonio Alix en sus décimas, el cual señala que cada persona sabe con quién lucha: «Advierte que hasta los animales saben lo que les perjudica», se agrega en la obra. El suculento lexicón del director de la Academia Dominicana de la Lengua nos edifica sobre el uso de nuestro español criollo y evidencia su vitalidad e íntimo vínculo con el alma popular. De igual forma, resulta divertido por la gracia y las socarronerías implícitas en numerosas expresiones, muestras del singular carácter del pueblo dominicano.

Un servicio lingüístico de la Academia Dominicana

ACADEMIA DOMINICANA DE LA LENGUA

La Academia Dominicana de la Lengua ofrece varios servicios lingüísticos para mejorar el conocimiento lexicográfico, gramatical y ortográfico de nuestra lengua mediante artículos periodísticos o respuestas a consultas, tarea que comprende la redacción de temas lexicográficos (María José Rincón y Roberto Guzmán), temas ortográficos (Rafael Peralta Romero y Miguel Collado) y temas gramaticales (Fabio Guzmán Ariza y Ruth Ruiz), publicados en diferentes medios de la prensa nacional o de la plataforma electrónica, además de la publicación de libros y boletines sobre lengua y literatura. Entre los libros, queremos resaltar los siguientes:

FABIO GUZMÁN ARIZA
DE PALABRA EN PALABRA, DE ROBERTO GUZMÁN

La Fundación Guzmán Ariza Pro Academia Dominicana de la Lengua se complace en presentar al país esta obra sobra temas lingüísticos publicada con su patrocinio: *De palabra en palabra*, del académico dominicano Roberto E. Guzmán. En ella, el autor recopila en orden alfabético una selección de los penetrantes artículos sobre el léxico español que escribe semanalmente, desde 2004 hasta la fecha, para el diario electrónico *Clave Digital*, y que han sido reproducidos en otros medios, incluyendo la ciberpágina de nuestra Academia Dominicana de la Lengua (www.academia.org.do).

El método que utiliza Roberto Guzmán en *De palabra en palabra* consiste en colocar como tema (quizá valdría mejor decir como «blanco») al comienzo de cada artículo una palabra o frase, cuyo uso luego describe y examina —con la ayuda de un impresionante repertorio de obras lexicográficas— y, finalmente, valora con singular agudeza, humor y sentido común. Por lo general, cada palabra o frase viene seguida de una cita tomada de la prensa escrita en español de los Estados Unidos, donde vive desde hace años el autor. La cita ilustra el uso o abuso de la palabra o frase que es objeto de análisis y vale, además, como anunciación de la «materia prima» que, en su momento, sirvió para incitar el interés del autor. Y, para entender bien el porqué de *De palabra en palabra*, hay que conocer quién es su autor, qué ha estudiado, dónde vive y a qué se dedica. Roberto Guzmán es políglota: habla español, inglés, francés, portugués y criollo haitiano, y lee el italiano. Desde joven sintió pasión por las lenguas, especialmente por la suya, estimulado durante sus estudios de nivel intermedio y secundario —como suele suceder— por un inolvidable profesor de Español que le sirvió de guía y mentor: el Dr. Rafael Antonio Rojas. Por compromiso familiar estudió Derecho; por amor, Lenguas Extranjeras en la Universidad Autónoma de Santo Domingo y en las universidades de París y Burdeos. Desde 1988, vive en Miami Beach, Estados Unidos, donde trabaja de intérprete y traductor para cinco idiomas. Está casado con Carol Guzmán, doctora en Antropología.

De palabra en palabra no es una simple recopilación de escritos publicados a lo largo de años que se quiere hacer pasar por una obra. Varios hilos conductores le dan unidad y coherencia a los artículos que la componen, atándolos en tres temas centrales y recurrentes, contrario a lo que sucede con las antologías tipo «cajón de sastre» que, a menudo, se publican en nuestro medio.

Las circunstancias de la vida de Roberto Guzmán explican la presencia del tercer gran hilo conductor de la antología: la penetración del inglés en el español, la que se extiende, a su decir, «como la mala hierba», por dos razones: la primera, exógena, es la hegemonía económica y científica del mundo angloparlante; y la segunda, endógena, es la postura claudicante de los propios hispanohablantes, que no valoran la riqueza de su lengua; sino que, al contrario, la consideran intrínsecamente inferior.

En la obra se adopta la posición —correctísima, a nuestro parecer— de no rechazar de plano todos los anglicismos o extranjerismos, que, como sabemos, han nutrido al español desde sus comienzos, pero sí la de rechazar los préstamos innecesarios y las contaminaciones sintácticas que fácilmente podrían evitarse con solo buscar la palabra, frase o giro idóneo en español. En ese orden, el autor recomienda a los traductores no ceder al primer impulso de colocar la palabra que primero les viene a la memoria, sino encontrar la que exprese mejor la idea de acuerdo con el genio de la lengua española, la cual, como se ha dicho, es muy rica. A fin de cuentas, quien recurre sin necesidad a la frase o palabra extranjera delata su propia ineptitud u holgazanería lingüística, o infravalora su idioma natal. Por desgracia, despreciar el español es un fenómeno muy arraigado en las capas pudientes dominicanas, donde abundan los bien llamados seudobilingües, cuyo rasgo distintivo es hablar y escribir igualmente mal dos idiomas. Guacanagarí aún vive entre nosotros.

Son numerosos los artículos que versan sobre el abuso de los extranjerismos. En el libro se examinan todos los «sospechosos de siempre»: desde *amateur* por *aficionado*, hasta *versus* por *contra* o *frente a*, pasando por *boom* (*auge*), *discutir* (*conversar, comentar, estudiar*), *ignorar* (*hacer caso omiso*), *mandatorio* (*obligatorio*), *santuario* (*refugio*), *shopping center* o *mall* (*centro comercial*), *sommelier* (*sumiller*) y muchos otros más.

No todo en *De palabra en palabra* es censura y reprobación, sin embargo. Hay también buen uso del idioma, admiración por lo ingenioso y lo nuestro, y buen humor. (Roberto E. Guzmán, *De palabra en palabra*, Santo Domingo, Fundación Guzmán Ariza Pro Academia Dominicana de la Lengua, 2011, pág. IX).

BRUNO ROSARIO CANDELIER
EL LENGUAJE DE LA CONSTITUCIÓN DOMINICANA, DE FABIO GUZMÁN ARIZA

Todo lo que tiene existencia individual posee una composición similar a la configuración del universo. Ese es un principio de la física cuántica que se aplica a todo lo que existe, a lo que tiene vida en la realidad de la naturaleza y a lo que produce el ser humano como consecuencia de su talento creador. Todo formaliza un microcosmos y todo lo que creamos también tiene la condición de microcosmos, como cada ser humano es un pequeño universo; pero, como universo, debe someterse a la configuración total de lo viviente, como también ha de someterse lo que nosotros creamos. Por eso contamos con el logos, es decir, con la energía interior de la conciencia a través de la cual plasmamos nuestra capacidad de reflexión, expresión y creación. El logos del hombre, fuente del lenguaje, genera la energía creadora que, en esencia, es fuente de la conciencia y fuente de la creación humana.

El lenguaje, por tanto, es la creación humana primordial; es decir, lo que el hombre crea con la palabra obedece al *pattern* o patrón arquetípico del modelo universal; por eso decía Aristóteles que la ciencia y el arte responden a una imitación de la naturaleza, clave para articular el código de todas nuestras creaciones, comenzando por el lenguaje, que es la creación primordial de nuestra dotación creadora.

Pues bien, la ciencia del lenguaje tiene la competencia lingüística para determinar el valor de conceptos e imágenes desde el punto de vista del lenguaje, pero corresponde a cada una de las ciencias delimitantes consignar el área de su especialidad. Los lingüistas no conocemos la terminología de las ciencias jurídicas como la conocen los juristas; lo mismo podría decirse de las demás ciencias, de manera que, en una obra como la que presentamos, concurren dos disciplinas científicas, la de la lengua y la del derecho, ya que se centra en la Constitución de la República, que es una cara de la expresión jurídica del Estado. Para suerte de nuestro país, Fabio Guzmán Ariza se ha preparado en esas dos áreas del saber, el derecho y la lengua, y se ha dedicado a estudiar el lenguaje en la Constitución, que es la temática primordial de *El lenguaje de la Constitución Dominicana*, obra que damos a conocer con el respaldo de nuestra institución. Esta obra de Fabio Guzmán Ariza pone en evidencia el talento lingüístico de un jurista que aborda con acierto analítico y precisión interpretativa el estudio de la Constitución de la República desde el punto de vista de su redacción gramatical. Ha motivado a nuestro autor a escribir dicha obra el hecho de que, al leer nuestra carta fundamental, encuentra numerosos errores de redacción, algo inconcebible en un texto de tanta importancia. Vale anotar que, antes de la proclamación de la Constitución de la República, Fabio Guzmán Ariza y el suscrito hicimos, en nombre de la Academia Dominicana de la Lengua, un conjunto de recomendaciones a los funcionarios responsables de la Constitución de la República, y nos ofrecimos para realizar de manera gratuita la revisión de su texto final, pero razones de tiempo impidieron que se llevara a cabo esa tarea. (Fabio J. Guzmán Ariza, *El lenguaje de la Constitución Dominicana*, Santo Domingo, Academia Dominicana de la Lengua, 2012, págs. XI-XIII) (BRC).

MARÍA JOSÉ RINCÓN GONZÁLEZ
DE LA EÑE A LA ZETA

La tarde de mi ingreso en la Academia Dominicana de la Lengua le dediqué mi discurso al primer diccionario monolingüe del español, el *Tesoro de la lengua castellana*. Tanto disfrutamos con el genio de Sebastián de Covarrubias que Inés Aizpún me propuso encargarme de una columna semanal en *Diario Libre* que se dedicara a temas lingüísticos con el mismo tono desenfadado de aquella tarde académica. Nació así, allá por 2010, «Eñe». Lo que parecía una asignación de corto aliento, por aquello de que a pocos parece interesarles la corrección lingüística, se ha consolidado gracias a los lectores. Este libro recopila las «eñes» publicadas durante ocho años y las pone a su disposición para su lectura, relectura o consulta. El estudio de la lengua española y su defensa forman parte esencial de mi trabajo en la Academia, donde tengo asignada la letra zeta. En la divulgación del conocimiento y buen uso de nuestra lengua, de la que soy una apasionada como filóloga y lexicógrafa, mi tarea va, sin duda, *De la eñe a la zeta*.

Canoa: el primer americanismo

Una de las características definidoras de la lengua española es su amplia difusión geográfica. La complejidad de las múltiples variaciones geográficas de nuestra lengua no puede compararse con ninguna otra lengua moderna occidental. Para los hablantes, la diferenciación de la lengua en los distintos países se hace evidente, fundamentalmente, en la pronunciación y en el vocabulario.

El léxico americano tiene unos componentes muy interesantes: las palabras procedentes de las lenguas amerindias, palabras originarias del continente americano, indigenismos que nacieron en América y se insertaron en nuestra lengua para nombrar realidades hasta ese momento desconocidas, y que usaron nuestra lengua para difundirse en otras lenguas como el francés o el inglés.

La primera palabra americana nacida en América que se incluye en el español es *canoa*, palabra procedente de la lengua taína. Es sorprendente comprobar que ya aparece como entrada en el primer diccionario dedicado al español. Elio Antonio de Nebrija la registra entre las primeras dieciocho mil palabras españolas de su *Diccionario español-latino* en 1495. Solo habían pasado tres años desde ese primer contacto entre las lenguas indígenas americanas y el español. Desde entonces, el flujo de ida y vuelta no ha dejado de producir nuevas palabras, nuevas acepciones de palabras patrimoniales, de enriquecer el caudal léxico del que disponemos los hispanohablantes. Con el *Diccionario de americanismos* de la Asociación de Academias de la Lengua Española, publicado en 2010, y disponible en línea de forma gratuita, podemos acercarnos y disfrutar de la inmensa riqueza del caudal léxico que América ha creado para el español. (María José Rincón González, *De la eñe a la zeta*, Santo Domingo, Editora Judicial, 2019, págs. IX y 2).

RAFAEL PERALTA ROMERO
«ORTO-ESCRITURA»

No sé por qué, habiendo nacido en un pueblo pequeño, apartado y con escaso desarrollo educativo y cultural, para colmo en el seno de una familia con escasa formación escolar, desde los estudios medios se alojó en mi conciencia la preocupación por la escritura correcta. Ya cuando cursaba los estudios universitarios me atrevía a enviar cartas a los diarios comentando hechos y usos del idioma, tanto en medios de comunicación como en letreros públicos y otras formas de expresión.

Recurro a estos recuerdos para explicar qué persigo al escribir cada semana una columna destinada a tratar asuntos propios del idioma español. «Orto-escritura» se publica cada domingo en el diario *El Nacional*. Comenzó divulgando normas de escritura, a partir de un manual elaborado que tenía como base la *Ortografía de la lengua española*, publicación oficial de la Real Academia Española y la ASALE. En ese manual, mi mayor aporte consistía en resumir las reglas ortográficas y agregarles ejemplos asimilables por el hablante dominicano del español de nuestro país. Cuando se acabó el contenido del manual, la columna había despertado el interés de los lectores; entonces surgieron temas lingüísticos relacionados con nuestra realidad, que señalaban erosiones al perfil de nuestra lengua en el habla cotidiana y, por igual, en letras de canciones y mensajes publicitarios.

Una de las primeras publicaciones en esa onda pudo ser el comentario sobre la canción *Lágrimas negras,* de Miguel Matamoros, la cual cuenta la historia de cómo alguien —claro, una mujer— nutrió las ilusiones del artista cubano: «Aunque tú me has dejado en el abandono / Aunque tú has muerto todas mis ilusiones / En vez de maldecirte con justo encono / en mis sueños te colmo de bendiciones».

Al compositor se le ocurrió —y no por ignorancia— usar el participio del verbo *morir* (*muerto*) cuando tenía que emplear el del verbo *matar* (*matado*). A ritmo de son o de bolero, el tema es cantado y bailado por mucha gente, sin que se someta a ningún juicio al autor por otorgar al verbo *morir* el valor semántico correspondiente a *matar,* como hacen los polleros dominicanos que venden «pollos vivos y matados», a sabiendas de que lo contrario de *vivo* es *muerto.* Esta columna persigue combatir falsedades ampliamente repetidas. Ejemplos: los nombres propios no tienen ortografía, los artistas de la palabra tienen licencia para escribir como quieran o, en las mayúsculas, no se coloca acento ortográfico. Son «reglas» muy repetidas entre los hablantes del español dominicano. A esto se agrega la tendencia a suprimir los signos de interrogación y de entonación al principio de la frase. Esta columna ha sido reiterativa con este asunto. Quizá nuestra tendencia más reiterada haya sido la diferenciación de voces de parecida grafía o sonido, llamadas parónimas por los lingüistas. Los cursos de español, el nivel medio y el universitario, se limitan a definir el concepto de paronimia, con ejemplos tan tontos como *bota* y *bata* o *carro* y *caro.* Sin embargo, la verdadera anarquía gramatical radica en confundir *extracto* con *estrato, concepción* con *concesión, sección* con *sesión* y *cesión.*

El día que esta columna explicó que no es lo mismo *lívido* (adjetivo) que *libido* (sustantivo) hubo reacciones muy sentidas procedentes de lectores que tuvieron la sinceridad de decir que desconocían que fueran dos palabras. Es mucha la gente que se refiere al deseo sexual con una palabra esdrújula: *lívido* (esdrújula y con *v*) o *líbido* (esdrújula y con *b*). La localización de puntos débiles en el habla o la escritura de personas consideradas educadas, por el grado académico alcanzado, ha sido un objetivo persistente de nuestra columna. Apena observar cómo periodistas, locutores, abogados y dirigentes políticos, al intervenir en radio o televisión, usan formas verbales como *renovo* (por *renuevo*), *descolla* (por *descuella*) o *solda* (por *suelda*). Presentar los modelos de conjugación agregando grupos de verbos que siguen ese paradigma ha estado muy presente en esta columna.

Afortunadamente, los lectores han respondido muy favorablemente y muchos de ellos sugieren temas a tratar o formulan preguntas. Todas las respuestas son orientadas por las publicaciones académicas oficiales, sugiriendo como lícitas, en algunos casos, libertades que se permiten los hablantes en consonancia con las necesidades de comunicación. Por ejemplo, usar el verbo *amanecer* en forma personal: «Esta noche amanecemos, amanecemos parrandeando».

En fin, esta columna se escribe para promover el buen uso del idioma español, sin menospreciar las formas propias del habla dominicana, a la vez que recordamos a los hablantes las prerrogativas que les asisten al hablar o escribir, así como las restricciones que les impiden vulnerar las normas que puedan herir el genio de nuestra lengua.

RITA DÍAZ
LA CONFECCIÓN DEL *DICCIONARIO DE SÍMBOLOS*

La Academia Dominicana de la Lengua publicó el *Diccionario de símbolos*, de Bruno Rosario Candelier, director de nuestra institución de la palabra.

Con la ayuda de un equipo de colaboradores, quienes recibieron del autor tanto la orientación lexicográfica como la base teórica y metodológica para realizar esta obra lingüística. Para la confección de este diccionario les asignó tareas para el expurgo de las fuentes (obras literarias y textos periodísticos) a la luz de la cultura dominicana.

La confección del *Diccionario de símbolos* implicaba un conocimiento del concepto de símbolo, de la simbología y de la simbolización, singular nivel de expresión del lenguaje, interior y complejo, ya que el símbolo no es algo que acontece en la realidad objetiva, como un libro, un caballo o un florero, sino que se trata de vocablos de nuestra lengua que representan significados y connotaciones peculiares, como las voces *espada, lámpara* o *cordero*, que admiten una representación simbólica, metafísica y espiritual mediante un proceso de simbolización, ya que la significación simbólica no es algo sensorial sino intangible. «El símbolo no es visible como una cruz o una lanza, aunque esas dos palabras contienen y expresan una connotación simbólica», advirtió el autor.

Dijo también que la cultura crea símbolos, los escritores usan símbolos y el universo es un símbolo. Y hay que saber interpretar esa dimensión simbólica de la cultura y el lenguaje, inserta en el caudal de voces de nuestra lengua, para lo que hay que entender el pensamiento intuitivo sutil y simbólico de poetas y narradores, así como la vertiente intuitiva del lenguaje no poético, pero con valor simbólico. El símbolo añade un nuevo valor a las cosas: «Todo tiene valor y todo tiene sentido, pero el símbolo es otro valor agregado a la palabra que representa al objeto asumido como tal, como la copa o la cruz», dijo Rosario Candelier. Con ese fin impartió instrucciones al equipo de trabajo asignándole tareas, como la búsqueda y el expurgo de las obras literarias (textos periodísticos, históricos, religiosos, críticos y místicos) y de algunas fuentes secundarias (como diccionarios que guarden relación con la identidad y la cultura a través de los símbolos). En todas las áreas del saber humano hay símbolos, que son creados e interpretados por el hombre. La mitología, la religión, la literatura, el derecho, la historia, la música, la arquitectura, la mística, el periodismo, la agricultura, la filosofía, la astrología, todas las disciplinas tienen un caudal de símbolos. Subrayó el autor de la obra que en todas las ramas del saber y en los diferentes ámbitos de los diversos conocimientos se encuentra una singular simbología, y cada lengua tiene la suya. En la cultura dominicana hay variados símbolos que este diccionario describe y ejemplifica.

La fuente literaria de la narrativa, la poesía, el teatro y el ensayo aportó el material de ilustración: «A la cultura de una lengua le corresponde identificar la expresión simbólica de determinadas voces y expresiones de sus hablantes. La dimensión simbólica tiene una dimensión sutil, es decir, que no es algo que van a contactar físicamente, sino que existe a nivel de la representación de esa abstracción en el plano de la realidad estética y la realidad espiritual. Es en el ámbito espiritual, en el ámbito interior donde funciona el símbolo», puntualizó el autor. La elaboración de un diccionario de símbolos conlleva la exploración simbólica en su dimensión lingüística, histórica, literaria, social y cultural. La riqueza de sentidos de los símbolos en la historia de una cultura es relevante, y una de las dimensiones fundamentales es su realización en el fuero de los textos escritos, en especial los literarios, consigna el autor de este glosario de símbolos en su introducción.

Para la elaboración de este diccionario el equipo de trabajo, compuesto por redactores y colaboradores, tuvo una ingente tarea: búsqueda y expurgo de fuentes primarias (obras literarias, periodísticas, históricas, religiosas y místicas) y de fuentes secundarias (como diccionarios similares que guarden relación con la identidad y la cultura a través de los símbolos); determinación de la estructura lexicográfica en ejemplos específicos; selección del material para ser incluido en el diccionario simbólico, con las definiciones y las ilustraciones correspondientes a este tipo de repertorio; y revisión de las voces, sus definiciones y sus ejemplificaciones.

El lenguaje es el medio expresivo más adecuado del hablante para consignar lo que dice, escribe, crea o inventa, comenzando por su propia expresión, por la creación de mundos imaginarios y de imágenes y símbolos que conforman una obra de creación. «Desde antiguo los poetas creen, y lo creen porque lo viven, que con su creación inventan un mundo verbal que formalizan en imágenes y símbolos aunque estén conscientes de que la suya no sea una creación *ex nihilo*, es decir, de la nada, como fue la creación originaria del mundo, según el relato bíblico. La de los narradores, dramaturgos y poetas es una creación que tiene su base en la tradición, el lenguaje y la memoria, a la que se suman imaginación, intuiciones y vivencias. Identificada la entrada o palabra clave, que se consigna como voz simbólica, escrita con letras mayúsculas y en negritas, se aplican las pautas del siguiente decálogo: 1. Definición del significado básico o valor literal de la palabra. 2. Descripción del valor metafórico. 3. Identificación del valor simbólico. 4. Clasificación según el ámbito del saber (ling., med., rel., lit., folk., psic., fil., mit., met., míst., teol., astr., agr., dep., mús., arq., der., fís., hist., antr., etc.). 5. Clasificación hecha con abreviaturas en negritas. 6. Ejemplificación o ilustración literaria (citada textualmente de una obra). 7. El ejemplo de ilustración se escribe entre comillas y se cita la fuente. 8. La palabra clave que aparece en la cita se destaca con letras en negritas. 9. Si se ponen varios ejemplos, se enumeran. 10. Los tres niveles (básico, metafórico y simbólico) se consignan con números en negritas», escribió el autor de esta obra que la Academia Dominicana de la Lengua ofrece al país.

SÉLVIDO CANDELARIA
EL *DICCIONARIO DE MÍSTICA*

Los diccionarios son herramientas que se utilizan en todas las profesiones, y que puede servir hasta... para condenar a una persona, según nos dice en una atinada selección ilustrativa que ha utilizado para presentar el *Diccionario fraseológico del español dominicano* el consagrado narrador, lingüista y comunicador Rafael Peralta Romero. «El escritor español José Antonio Millán cuenta que la Justicia de Vizcaya condenó a unos jóvenes por llamar "cipayos" a unos policías. El primer juez que tomó la causa buscó la palabra en el *Diccionario de la lengua española* y observó que significaba "Soldado de la India de los siglos XVIII y XIX". Esto no parecía un insulto, y no los condenó. Pero más tarde la corte volvió a tomar el diccionario y observó una segunda acepción: "Secuaz a sueldo". Eso era insultante dirigido a un policía. Los jóvenes fueron declarados culpables».

Sírvame, pues, este preámbulo para introducir mi participación en la presentación del *Diccionario de mística*, del Dr. Bruno Rosario Candelier. Los diccionarios podrían hacer la diferencia en muchos otros aspectos, pero he querido escoger este dato sobre su auxilio a la justicia ordinaria para resaltar lo que muy poco se menciona de los diccionarios: su característica de canon justiciero. El diccionario viene a ser como una recopilación de leyes que, sobre la base del uso de giros y expresiones, va estableciendo una comunidad de hablantes. He escuchado a abanderados de la mal llamada «igualdad de género» echar pestes contra «el grupo de misóginos que impone las reglas» en el idioma español, por tratar de imponer el uso de palabras con desinencias que apuntan a «favorecer» el género masculino, y quiero aprovechar mi acotación anterior para recalcar que las reglas del idioma español se establecen después que la práctica de sus usuarios ha señalado una constante, no al revés. Ni más ni menos, esto ha hecho el director de la Academia Dominicana de la Lengua al recopilar una serie de vocablos y frases que el uso especializado de los creadores literarios ha establecido como referentes de aspectos místicos.

Existen diccionarios que recogen palabras específicas utilizadas en los diferentes ámbitos del quehacer humano. Tenemos diccionarios de filosofía, de periodismo, de medicina, de mecánica, eróticos, de autores, culturales, religiosos, astronómicos, marítimos y este *Diccionario de mística*, que, si bien no es exclusivo dentro del tema, viene a constituir una novedad, tanto en el ámbito de la lengua en que ha sido escrito como en el procedimiento utilizado para ello, pues no solo se circunscribe a definir las palabras desde diferentes perspectivas, sino que transcribe textos en los cuales podemos ver esas palabras utilizadas dentro del contexto donde se hace la definición, instruyendo al profano y ayudando al iniciado a interpretar los conceptos con mucho más eficacia, algo sumamente importante en un tema tan escabroso como la mística. Sus significados han sido condensados por Rosario Candelier en estas palabras: «La mística implica, como búsqueda de lo divino, una contemplación hacia adentro, hacia la esencia del ser, hacia la Fuente creadora e inspiradora de todo, hacia el Misterio que arroba y anonada» (*Diccionario de mística*, p. XI). El filólogo mocano ha estructurado un texto de consulta indispensable para todo aquel que se interese por el tema de la mística, pero, sobre todo, para los creadores literarios, quienes pueden encontrar una guía referencial y un manual esclarecedor de dudas respecto a la materia. Con más de 200 entradas y unas 1500 notas de textos donde aparecen giros y expresiones de simbolismo místico creados por 23 escritores, y con la autorizada interpretación de cada una de ellas, el autor nos entrega una herramienta fundamental para incursionar en este complejo campo.

Veamos un ejemplo: «LUCIÉRNAGA. 1. Pajarillo que en las noches proyecta una luz parpadeante que hace temblar a la misma sombra con su hacha de lumbre». El texto escogido es del escritor Artagnan Pérez Méndez, de su obra *Allá*. «La noche estaba oscura penetrada por luciérnagas que, jugando en espirales de luz, hacían tartamudear las sombras...». (Si abrimos este diccionario vamos a encontrar en cualquier página unas definiciones elaboradas con el lenguaje técnico y preciso que regularmente se usa en la lexicografía. Pero, en ciertos términos, la sensibilidad estética traiciona al perito y la poesía fluye a borbotones poniendo un toque de arrobamiento donde se ha quitado algo de precisión). 2. «Imagen de la vocación de sabiduría y amor del alma del místico». En esta ocasión se usa un extracto del poema *Grito*, de Lourdes Billini Mejía, para ilustrar: «Si por el contrario / alas plañideras amortiguan mi tránsito / collares de espuma / alumbrarán mi senda /... ¿Qué hiciste luciérnaga del beso de paz / que ofrecí al amado?» 3. «Fuente luminosa de lo divino mismo». Ahora, desde el poema *Gota de luz,* se usan unos versos de Rocío Santos para ilustrar: «Eres la luciérnaga que me alumbra oscuro / ¡Trae tu paso a este espacio! / ¡Trae tu espacio hacia este cansancio! / En mí el respiro es la aurora de tus alas!». 4. «Figuración simbólica del misterio que la noche engendra». De Tulio Cordero, en su obra *Noche*, son los versos que respaldan este concepto: «¿Quién ha lamido / de esta noche / las luciérnagas? / Cenizas temblorosas, muertas de vergüenza / Venidas de la muerte» (*op. cit.*, pág. 242).

Así, durante el parsimonioso recorrido que deberá hacerse por el sendero de sus páginas, habremos de encontrar un caudal de conocimientos acumulados en más de cinco décadas de estudios sobre este tema; los mismos que han sido puestos a nuestra entera disposición, por la bondad y el altruismo de este distinguido humanista dominicano, quien ha hecho, a través de su magisterio, un ingente esfuerzo por enseñar el buen uso de la lengua a todos los estratos de nuestra sociedad y en todos los ámbitos del quehacer humano. Tan meritorio aporte debe ser aprovechado y agradecido en grado sumo, como agradezco yo el honor de haber sido escogido para esta presentación.

RUTH RUIZ
FUNDÉU GUZMÁN ARIZA, LA ADL Y EL USO DEL ESPAÑOL EN LOS MEDIOS DE COMUNICACIÓN

El 19 de julio de 2016 se produce la puesta en marcha de Fundéu Guzmán Ariza con el objetivo de impulsar el buen uso del español en los medios de comunicación de la República Dominicana con el apoyo y asesoría de la Academia Dominicana de la Lengua. Esta entidad surge de un acuerdo alcanzado en mayo de ese año entre la Fundación del Español Urgente (hoy Fundéu-RAE) y la Fundación Guzmán Ariza Pro Academia Dominicana de la Lengua con el fin de establecer aquí un servicio dirigido a periodistas y medios de comunicación para que estos puedan resolver las dudas más frecuentes sobre el uso correcto del español, tal como ha venido haciendo Fundéu-RAE en España.

La labor principal de Fundéu Guzmán Ariza consiste en hacer recomendaciones sobre el lenguaje utilizado en los medios de comunicación dominicanos y responder las consultas lingüísticas individuales que se le sometan por correo electrónico, redes sociales u otras vías. En la redacción de las recomendaciones se citan frases y expresiones tomadas de los medios de comunicación para ejemplificar los errores lingüísticos que se detectan, explicar en qué consisten tales errores de acuerdo con las normas lingüísticas y cómo corregirlos siguiendo las pautas académicas. Los temas de las recomendaciones se inspiran, por lo general, en los titulares sobre los sucesos noticiosos del momento. Así, suelen tratar desde la escritura adecuada de títulos y cargos hasta consejos lingüísticos sobre los términos y expresiones relacionados con las fiestas de fin de año, pasando por el léxico de la Semana Santa, la escritura adecuada de los nombres de huracanes y tormentas, alternativas en español a extranjerismos innecesarios, las palabras de la moda y los deportes o los términos ligados a la pandemia de covid-19.

También se enfocan con especial interés los errores ortográficos y gramaticales que se observan con mayor frecuencia en las informaciones periodísticas, tales como el empleo incorrecto de las preposiciones al intercambiar unas por otras; el uso deficiente de los signos de puntación, en especial los usos incorrectos de la coma (como la que separa el sujeto del predicado); la escritura de palabras prefijadas y compuestas con guion o espacio en casos en los que esta grafía no es pertinente; el empleo innecesario de resaltes tipográficos como cursivas o comillas en palabras que no los necesitan, o la ausencia de estos en los casos fijados por la norma ortográfica, así como el uso alternado de palabras homófonas y de términos que, por su semejanza, se prestan a confusión.

Las constantes consultas que se reciben a diario son un claro indicio del interés creciente entre los lectores por el buen uso del español y de la variedad de temas que pueden dar origen a las dudas lingüísticas, como, por ejemplo, ¿cuál es el plural de *dembow*?, ¿*PUCMM* es sigla o acrónimo?, ¿por qué llamamos así al jabón de cuaba?, ¿qué significa *rayano* en el español dominicano? ('persona natural o habitante de la línea fronteriza entre la República Dominicana y Haití'), ¿cómo se escribe: *alianza público-privado* o *alianza público-privada*?, ¿cómo se hace el plural de las siglas?

Tras cinco años de labor ininterrumpida, Fundéu Guzmán Ariza ha emitido unas setecientas recomendaciones lingüísticas, las cuales se publican en su página web, se difunden en las redes sociales y se envían por correo electrónico en un boletín que cuenta con cerca de once mil suscriptores dentro y fuera de la República Dominicana.

DOMINGO CABA
LA RAE ANTE EL DOBLE GÉNERO GRAMATICAL

Las propuestas para el uso de una lengua no sexista encuentran su rechazo o entran en contradicción con lo planteado y prescrito por la Real Academia Española (RAE) en dos de sus textos fundamentales: el *Diccionario panhispánico de dudas* (2005) y la *Nueva gramática de la lengua española* (2010), ambos de carácter panhispánico y consensuados por la Asociación de Academias de la Lengua Española. «En los sustantivos que designan seres animados —se lee en el *Diccionario panhispánico de dudas*— el masculino gramatical no solo se emplea para referirse a los individuos de sexo masculno, sino también para designar a la clase, esto es, a todos los individuos de la especie, sin distinción de sexos: *El hombre es un animal racional*; *El gato es un buen animal de compañía*. Consecuentemente —amplía el precitado lexicón—, los nombres apelativos masculinos, cuando se emplean en plural, pueden incluir en su designación a seres de uno y otro sexo: *Los hombres prehistóricos se vestían con pieles de animales*; *En mi barrio hay muchos gatos* (de la referencia no quedan excluidas ni las mujeres prehistóricas ni las gatas). Así, con la expresión *los alumnos* podemos referirnos a un conjunto formado exclusivamente por alumnos varones, pero también a un colectivo mixto, formado por chicos y chicas».

En relación con la sistemática y persistente campaña que, con el propósito de «desmasculinizar» la lengua, desarrolla y ha desarrollado durante años el movimiento feminista, la RAE, en el texto antes referido, apunta lo siguiente: «A pesar de ello, en los últimos tiempos, por razones de corrección política, que no de corrección lingüística, se está extendiendo la costumbre de hacer explícita en estos casos la alusión a ambos sexos: "*Decidió luchar ella, y ayudar a sus compañeros y compañeras*" [...]. Se olvida que en la lengua está prevista la posibilidad de referirse a colectivos mixtos a través del género gramatical masculino, posibilidad en la que no debe verse intención discriminatoria alguna, sino la aplicación de la ley lingüística de la economía expresiva; así pues, en el ejemplo citado pudo –y debió– decirse, simplemente, *ayudar a sus compañeros*».

Aludir a los dos sexos (*los niños y las niñas, los ciudada*nos y *las ciudadanas*), con el afán de no incurrir en la supuesta «discriminación lingüística», constituye, según el *Diccionario panhispánico de dudas*, una «innecesaria costumbre», generadora de «engorrosas repeticiones», las que, unidas al deseo de mitigar la pesadez de la expresión que esas repeticiones provocan, se tratará de evitar mediante «la creación de soluciones artificiosas» que contravienen las normas de la gramática: *las y los ciudadanos*.

Sobre el mismo tema, y en iguales o parecidos términos, se expresa la RAE, en una de sus más recientes obras, la *Nueva gramática de la lengua española* (2009), cuyo *Manual*, por el que citamos, se publicó en marzo del 2010: «El masculino es en español el GÉNERO NO MARCADO, y el femenino, el MARCADO. En la designación de personas y animales, los sustantivos de género masculino se emplean para referirse a los individuos de ese sexo, pero también para designar a toda la especie, sin distinción de sexos, sea en singular o en plural. Así, están comprendidas las mujeres en *Un estudiante universitario tiene que esforzarse mucho hoy en día para trabajar y estudiar a la vez*. Se abarca asimismo a las osas en *El oso es un animal plantígrado*. [...] Estos casos corresponden al USO GENÉRICO del masculino. Sin embargo, *razones extralingüísticas* (el resalte es nuestro, D. C.) o contextuales pueden dar a entender que se habla solo de varones [...]».

En relación con el uso frecuente de los dobles genéricos, en dicha obra la docta corporación lingüística sostiene lo siguiente: «En el lenguaje político, administrativo y periodístico se percibe una tendencia a construir series coordinadas por sustantivos que manifiesten los dos géneros: *Los alumnos y las alumnas*; *a todos los chilenos y a todas las chilenas*; *tus hijos y tus hijas* [...]. El circunloquio es innecesario en estos casos, puesto que el empleo del género no marcado [el masculino] es suficientemente explícito para abarcar a los individuos de uno y otro sexo. Se prefiere, por tanto, *Los alumnos* [...] *se examinarán; Es una medida que beneficiará a todos los chilenos; ¿Cómo están tus hijos?*».

La doble mención genérica, de acuerdo con el criterio académico, solo es admisible cuando se interpreta como señal de cortesía en ciertos usos vocativos: *señoras y señores*; *amigas y amigos*; *damas y caballeros,* etc.

OFELIA BERRIDO
TERTULIA «LETRAS DE LA ACADEMIA»

La Academia Dominicana de la Lengua, bajo la dirección del doctor Bruno Rosario Candelier, creó la tertulia «Letras de la Academia», coordinada por la doctora Ofelia Berrido. Durante un quinquenio, cada sábado a las 5 *p. m,* esta Academia recibía en su seno a destacados escritores en conferencias presentadas por los académicos de la institución e invitados especiales. Esta tertulia es un espacio que propicia la reflexión, el debate de opinión y genera acuerdos sobre asuntos que atañen a la lengua, la literatura y ciencias afines que impactan a nuestra sociedad.

Para estas tertulias se cuenta con la colaboración y el apoyo de reconocidos intelectuales, artistas y científicos: hombres y mujeres abiertos al debate. La presentación de estos invitados tiene un sabor de voz autorizada, es decir, es altamente valorada por los contertulios. Se alternan los invitados con miembros de la Academia, de otras instituciones y escritores independientes. Las reuniones brindan como beneficio a los escritores y al público la posibilidad de compartir con grandes figuras de las letras y de participar en edificantes debates entre miembros de diferentes escuelas y tendencias. Por otro lado, la espiritualidad y la racionalidad siempre están presentes como representantes de la dualidad de la vida integrada y forman parte importante del tiempo de estas reuniones.

La Academia Dominicana de la Lengua, sede de la tertulia, es un lugar de intercambio de conocimientos e ideas, donde se enseña, se aprende y se comparte. Se despierta el interés y, en ocasiones, hasta se provoca el compromiso de la gente que acude con las más variadas motivaciones. En la tertulia «Letras de la Academia» se discuten temas sobre la lengua, la literatura y ciencias afines, y coadyuva a que se aborde la cultura con entusiasmo, como algo sustancial que nos nutre y nos permite socializar con figuras importantes mientras pasamos un momento provechoso y ameno.

La tertulia «Letras de la Academia» celebró en la sede de la Academia Dominicana de la Lengua su quinto aniversario. Durante su primer quinquenio más de 50 escritores dictaron conferencias en esta tertulia. Hemos reconocido a las personas que con su trabajo desinteresado y su aporte contribuyeron al éxito de esta instancia cultural de la Academia. También reconocimos a los escritores, artistas plásticos e intelectuales de las diferentes ramas del saber que, con sus presentaciones y sus intercambios, han ayudado a promover la literatura y la cultura a través de la tertulia «Letras de la Academia».

MIGUEL COLLADO
«NOTÍCULAS GRAMATICALES» [1]

Conociendo es, en gerundio, el modo del verbo *conocer* que nos remite a la acción, al acto mismo en que tiene lugar la adquisición de conocimiento. Y ese es el propósito que perseguimos con la serie denominada «Notículas gramaticales» que hemos venido publicando en las redes sociales desde hace algún tiempo y que ha concitado un inesperado interés entre los lectores. Notículas porque son breves notas, apuntes que no buscan competir con lo limitado del tiempo de que, por la rutina acelerada, dispone la gente. Pretendemos contribuir a crear conciencia sobre el uso correcto de la lengua española, motivando a sus hablantes a respetar su normativa gramatical en el momento de hablar o de escribir. Se corresponde ese interés con el objetivo principal de la Academia Dominicana de la Lengua: «favorecer el estudio de nuestra lengua y el cultivo de las letras para cuidar su esencia originaria, impulsar su desarrollo y alentar el cauce creativo del genio idiomático, asegurando su cohesión y su vigor».

La realización de estudios en el campo de la normativa gramatical del idioma español y la publicación de artículos en los medios de comunicación son algunas de las actividades llevadas a cabo por dicha corporación para alcanzar ese objetivo.

El contenido de la serie de «Notículas gramaticales» es, casi en su totalidad, extraído del *Diccionario de la lengua española* (23.ª ed., 2014), que abre-

1. Esta serie de «Notículas gramaticales» son difundidas por el bibliógrafo Miguel Collado, consultor bibliográfico y académico correspondiente de la Academia Dominicana de la Lengua, a través del periódico digital dominicano *Olympus Digital* y de diversos espacios virtuales en la plataforma de Facebook. Esta serie cuenta con el aval de la Academia Dominicana de la Lengua.

viamos así: *DLE*. Con las primeras notículas comenzamos a difundir el abecedario español, transcribiendo las definiciones de cada una de las 27 letras que lo conforman e ilustrando con ejemplos propios de la cotidianidad hispanoamericana y, en algunos casos, de la realidad lingüística dominicana.

Además del *DLE*, para la elaboración de las notículas gramaticales consultamos las siguientes obras lingüísticas editadas por la Real Academia Española: *Nueva gramática de la lengua española*, *Ortografía de la lengua española*, *Diccionario panhispánico de dudas*, *Ortografía escolar de la lengua española*, *El buen uso del español*, *Diccionario del estudiante* (*secundaria y bachillerato*) y el *Diccionario de americanismos*, entre otras. También hemos consultado obras lexicográficas editadas por académicos dominicanos: *Diccionario de dominicanismos*, de Carlos Esteban Deive; *Diccionario de dominicanismos y americanismos*, de Max Uribe; y el *Diccionario del español dominicano*, de María José Rincón González y Bruno Rosario Candelier.

Academia Nicaragüense de la Lengua

Proyectos de la Academia Nicaragüense de la Lengua.

PROYECTOS DE LA ACADEMIA NICARAGÜENSE DE LA LENGUA

En cuanto a los proyectos en curso, además de las publicaciones periódicas: la revista anual *Lengua* (n.º 44) y *Repertorio Dariano* 2021, ambas parcialmente dedicadas al Bicentenario de la Independencia de Centroamérica, se encuentra en prensa, en conmemoración de los 70 años de la ASALE, *Los quince congresos de ASALE: 1951-2015* de don Jorge Eduardo Arellano; *Plato de brasas*, crítica literaria sobre escritores nicaragüenses de don Julio Valle Castillo. Lanzamiento de la colección Paideia Nicaragüense, que recoge aspectos culturales de la lengua y la literatura nicaragüenses. También, está en el plan editorial la publicación de una selección de la obra poética y ensayística de nuestro miembro de número don Guillermo Rothschuh Tablada (1926) como un homenaje a su vida y creación literaria.

Academia Argentina de Letras

La Biblioteca Jorge Luis Borges de la Academia Argentina de Letras. Innovación y tradición hacia 2021. ■ *La lingüística de corpus como herramienta lexicográfica: el caso del Corpus Argentino de Twitter (CAT) y una comparación con el Corpus del Español del Siglo XXI (CORPES XXI).*

La Biblioteca Jorge Luis Borges de la Academia Argentina de Letras. Innovación y tradición hacia 2021

ACADEMIA ARGENTINA DE LETRAS

INTRODUCCIÓN

La fundación de la Biblioteca Jorge Luis Borges de la Academia Argentina de Letras data de los inicios de la institución. Funcionó, en primera instancia, en dependencias de la Biblioteca Nacional entre 1932 y 1946 y, a partir de 1947, se trasladó a su sede actual en el Palacio Errázuriz. El primer aumento significativo de libros se debió a la donación de la familia García Velloso. Desde entonces, la colección ha crecido constantemente a través de adquisiciones y legados, hasta llegar al fondo actual de 130 000 volúmenes, entre los que se destaca un conjunto de importantes donaciones de particulares. La hemeroteca supera los 3500 títulos de publicaciones periódicas. Su colección, especializada en obras de lingüística, literatura argentina, española e hispanoamericana, es una de las más importantes de la República Argentina acerca de esta temática.

Actualmente la Biblioteca posee centenares de obras digitalizadas de parte de su colección que han pasado a dominio público con la modalidad de libre acceso. Se ha digitalizado de forma integral el *Boletín de la Academia Argentina de Letras* desde el año 1933 hasta la fecha. El acervo bibliográfico es muy significativo en correspondencia literaria de importantes autores. Es posible consultar y bajar las cartas de Roberto F. Giusti (986 cartas), Manuel Gálvez (2818), Atilio Chiáppori (1509) y Rafael A. Arrieta (133). También se puede consultar y solicitar el índice de la correspondencia de Victoria Ocampo (4330).

Por otra parte, posee una sección de «Revistas digitalizadas», entre las que se encuentran, entre otros, los títulos siguientes: *La Ondina del Plata*, *El Álbum del Hogar*, *Anuario Bibliográfico de la República Argentina*, *La Novela Semanal*, *La Novela Porteña*. Otra sección de especial importancia que se encuentra en la página web es el «Registro de Lexicografía Argentina», realizado por el Departamento de Investigaciones Lingüísticas y Filológicas de la Academia. Dicho registro constituye un índice de los repertorios de argentinismos más representativos. Además, se puede consultar en línea el catálogo del fondo antiguo de la Biblioteca (libros impresos entre 1506 y 1807), formado por más de 760 títulos.

La Biblioteca de la Academia Argentina de Letras cuenta en su elenco bibliográfico con los fondos y legados siguientes: Ofelia Kovacci, Rafael Alberto Arrieta, Manuel Gálvez, Miguel Lermon, José Luis Trenti Rocamora, Abraham Rosenvasser, Luciano Abeille, Jorge Max Rohde, José Antonio Oría, Rodolfo M. Ragucci, Carlos Villafuerte, Elías Carpena, Jorgelina Loubet, Ángel J. Battistessa, Santos Domínguez Koch, Jorge M. Couselo, Tomás Alva Negri, entre otros. Su colección también es importante en libros de arte, historia, egiptología y, en particular, en obras de referencia sobre todas las especialidades del conocimiento.

Entre las numerosas actividades que se han realizado en el último lustro y que han continuado en el transcurso del año 2020 (y continúan), señalaremos las siguientes:

I. Tareas referidas al desarrollo y gestión de la colección bibliográfica

II. Servicios, asesoramiento y colaboración bibliotecaria

III. Conservación y preservación

IV. Promoción y comunicación

V. Estadísticas

TAREAS REFERIDAS AL DESARROLLO Y GESTIÓN DE LA COLECCIÓN BIBLIOGRÁFICA

Entre las tareas relacionadas con la adquisición podemos mencionar las que se citan a continuación:

Compra: Comprende la selección de obras, la elaboración de presupuestos y la selección de los lugares donde se llevará a cabo su adquisición.

Donaciones: Atendiendo a la temática y necesidades de la Biblioteca, esta tarea implica la evaluación, recepción y acuse de recibo de donaciones provenientes de académicos, particulares, editoriales, etc. En caso de legados importantes, la gestión implica la evaluación y el inventariado previos en el lugar de procedencia, el traslado, la gestión de permisos de herederos y la investigación sobre la vigencia y el empleo de derechos de autor de las obras recibidas a fin de instrumentar el marco legal adecuado para su uso y reproducción.

Canje: Administración de la sección compuesta con fondo propio formado por duplicados y triplicados; selección, redacción y envío de una lista de canje. Recepción y acuse de recibo de materiales bibliográficos provenientes de canje interbibliotecario.

En cuanto al tratamiento de los materiales a fin de que estén disponibles para la consulta, las tareas son las siguientes:

Inventariado, catalogación, clasificación, indización analítica (en artículos de revistas especializadas en literatura y filología), preparación física y ubicación en el estante.

Mantenimiento y actualización de los registros disponibles en los catálogos y bases de datos: control de calidad de los registros ingresados, depuración de duplicados, correcciones, control de autoridades, verificación de correspondencia entre registro catalográfico y ubicación física del ejemplar.

Desde 2014 se procede con el control de autoridades del catálogo en línea de la Biblioteca; a partir de dicho control y con la investigación minuciosa de cada autor en bases de datos autorizadas, se está confeccionando el catálogo de autoridades.

Tareas informáticas: Actualizaciones informáticas y mantenimiento técnico general; digitalización; diseño, mantenimiento y enriquecimiento de las bases de datos bibliográficas y de revistas. Se gestionan interfaces de búsqueda en el sitio web para posibilitar la búsqueda y obtención en formato digital del material de interés. Se realizan pruebas con diversas aplicaciones informáticas a fin de enriquecer el repositorio digital de la institución.

Una mención especial merece la organización de la sección de fondo antiguo. El personal de la Biblioteca se capacitó para el tratamiento material y bibliográfico del acervo antiguo mediante la asistencia a encuentros, cursos y talleres.

Durante el transcurso de 2020, la Biblioteca de la Academia instrumentó un nuevo sistema integrado de gestión bibliotecaria (PMB), al que estuvo dedicada la totalidad del personal de la Biblioteca. Bajo este sistema, el catálogo en línea (OPAC) ya se visualiza tanto para los libros (monografías en general) como para las publicaciones periódicas.

El proceso de adecuación requirió capacitación para su instalación, gestión e implementación, para la traducción de textos y mensajes, y la limpieza y migración de datos. El proceso de adopción del nuevo programa implica, además, controles estrictos de funcionamiento, consultas a listas y chequeo de nuevas actualizaciones que vayan apareciendo.

SERVICIOS, ASESORAMIENTO Y COLABORACIÓN BIBLIOTECARIA

Lectura y consulta en sala (14 puestos de lectura, servicio wifi). Circulación y préstamo domiciliario a académicos e interdepartamental y, además, a usuarios pertenecientes a la institución.

Servicio de consultas *in situ* y por medios electrónicos (correo electrónico, formulario web, redes sociales y llamadas telefónicas) tanto por referencia rápida como por búsqueda especializada con diferentes niveles de complejidad. Búsqueda, recuperación y envío de documentos (libros, cartas, etc.) en préstamo y en formato digitalizado.

Préstamo interbibliotecario con gestión de los debidos recaudos (conservación, control, seguro, cotización, etc.) como requisito del valor bibliográfico de los materiales que componen las colecciones del acervo.

Compilación de bibliografías por tema o autor, diseminación selectiva de información según los distintos intereses temáticos de los usuarios, así como diseño y presentación de audiovisuales (en formato video, con fotos, animaciones, fondos musicales, etc.).

Renovación de material de exposición en vitrinas, adecuándolo a las efemérides y los homenajes tributados por la Academia en el correr de su actividad.

Asesoramiento a estudiantes, investigadores e instituciones sobre diversos temas, como digitalización, fondo antiguo, políticas de desarrollo de la colección, bibliografía, colecciones donadas, etc.

La Biblioteca también presta servicio de asistencia transversal a los distintos departamentos y miembros de la Academia, como la redacción de catalogación en fuente para las publicaciones académicas y la colaboración en el mantenimiento de la página web institucional de la Academia Argentina de Letras, el asesoramiento informático a otras áreas departamentales de la institución en instalación y capacitación en el manejo de programas; se facilita la sala de lectura para entrevistas, como espacio arquitectónico de una biblioteca y como una instancia de sesiones fotográficas para los miembros de la institución. Además, se han realizado prestaciones y servicios de colaboración interbibliotecaria, como el asumido con la Biblioteca Popular de Azul (Buenos Aires) para editar el catálogo de su rica colección martinfierrista o las digitalizaciones realizadas con la Biblioteca Nacional Mariano Moreno.

Una de las actividades más importantes que se lleva a cabo desde 2014 es el trabajo conjunto, tras la firma de un convenio de digitalización entre la Academia Argentina de Letras y la Asociación Civil Wikimedia Argentina, para instalar en la biblioteca un escáner orbital en comodato. Dicho convenio implicó la instrumentación de los programas de computación para procesar imágenes y la capacitación del personal de la Biblioteca.

CONSERVACIÓN Y PRESERVACIÓN

En materia de conservación preventiva, el personal bibliotecario ha realizado actividades de capacitación para resguardar las colecciones bajo parámetros adecuados, así como tareas para el control de agentes de deterioro ambiental y biológico como desinfección, limpieza manual y mecánica de los materiales y los lugares de almacenamiento, reordenación de secciones que así lo requieran y procedimientos de expurgo y descarte, a fin de retrasar el deterioro físico del patrimonio bibliográfico. Se realizan pequeñas intervenciones en obras de alta demanda a fin de devolverles funcionalidad respetando los criterios de compatibilidad y reversibilidad en el uso de los materiales. Para las obras en avanzado estado de deterioro se confeccionan cajas y sobres de guarda libres de ácido para conservar el material.

A partir del proyecto de preservación de los archivos documentales existentes en la Biblioteca de la Academia Argentina de Letras, en 2011 se comenzó la digitalización de los archivos relacionados con epistolarios, de la colección completa del *Boletín* de la Academia, de manuscritos, almanaques antiguos y obras raras y valiosas libres de derechos de autor editadas en Argentina en el siglo XIX, con fines de preservación y con retiro de la circulación según su estado de deterioro.

PROMOCIÓN Y COMUNICACIÓN

La promoción y comunicación de las actividades y novedades de la Biblioteca tradicionalmente se lleva a cabo en el portal y en el *Boletín de novedades de la Biblioteca,* los cuales se incluyen además en el *BID* (*Boletín informativo digital de la AAL*). Se elaboran informes estadísticos sobre tareas desarrolladas y el uso de la Biblioteca; asimismo, se elaboran estadísticas de consulta de los archivos de las obras digitalizadas en el convenio marco con Wikimedia Argentina mediante el programa Google Analytics para tabular e identificar las consultas a los catálogos en línea de la Biblioteca. Las visitas guiadas son también una forma de dar a conocer los servicios, la organización de la colección y las actividades de la Biblioteca.

Desde mediados del 2020, la Biblioteca creó perfiles propios de usuario en Facebook e Instagram a fin de participar activamente en las redes sociales. El principal objetivo es visibilizar y dar acceso abierto a parte de las obras digitalizadas de la colección, compartir información de interés y difundir las distintas actividades que realiza la Biblioteca. Las numerosas conferencias, encuentros y charlas en las que la Biblioteca participa como ponente, así como la presencia en medios de comunicación a través de entrevistas y documentales, son también un medio de comunicación y promoción que requiere dedicación y preparación.

La Biblioteca elabora anualmente sus memorias, documentación de vital importancia para la construcción institucional de la Biblioteca Jorge Luis Borges de la Academia Argentina de Letras, ya que recoge las distintas acciones y emprendimientos de política bibliotecaria que, año tras año, se llevan a cabo en esta corporación. En el marco de prácticas públicas de transparencia de la gestión bibliotecaria y en acogimiento a la Ley 26899 (Creación de Repositorios Digitales Institucionales de Acceso Abierto) y Ley 27275 (de Acceso a la Información Pública), las memorias anuales, así como todo documento relacionado con las políticas y reglamentos de la Biblioteca, se colocan en la página web a disponibilidad del público.

Es oportuno mencionar que esta unidad de información también ha producido varios libros que han inaugurado una nueva colección de publicaciones académicas: la serie Prácticas y Representaciones Bibliográficas.

ESTADÍSTICAS (CORRESPONDIENTES AL AÑO 2020 Y CON PROYECCIÓN HACIA 2021)

Para acceder al desarrollo y desenvolvimiento de los guarismos de la Biblioteca y su proyección hacia 2021, es importante presentar las estadísticas de 2020, pues el presente año tendrá, en líneas generales, un comportamiento similar. Durante el último ejercicio correspondiente al año 2020, en el marco del convenio con Wikimedia Argentina y continuando con el Plan de Digitalización (gracias a imágenes captadas con anterioridad al COVID-19), se convirtieron a formato digital 46 obras, que suman un total de 8550 imágenes. Además, se actualizaron los respectivos registros en el sitio web y se enviaron los archivos a Wikimedia para su puesta en valor.

Número de obras digitalizadas desde el inicio del convenio:
1140 títulos liberados

Las direcciones para su consulta son las siguientes:

- http://www.catalogoweb.com.ar/biblioteca-digital/libros-digitalizados-por-aal-wikimedia.html
- https://commons.wikimedia.org/wiki/Category:Files_from_Academia_Argentina_de_Letras.

Estadísticas de consulta de archivos de las obras digitalizadas en el convenio marco con Wikimedia Argentina para el transcurso de 2020 (enero-diciembre).

Cantidad de visualizaciones sobre los archivos digitalizados
por la Biblioteca con Wikimedia Argentina:
70 536 visualizaciones de páginas (193 por día)

Durante el ejercicio de 2020 se registra un incremento del 55 % con respecto al número del año 2019 (cuya cifra era 45 477, con una consulta de 124 por día).

Los dos títulos más consultados en 2020 (se registra cantidad de visualizaciones y día de visita) fueron los siguientes:

- *La República Argentina consolidada en 1880,* de Juan Bautista Alberdi: 1115 (26/07/20)
- *El gaucho Martín Fierro,* de José Hernández: 847 (16/04/20)

Resulta de real interés la diversidad y la magnitud de las consultas remotas durante el año 2020 y, por supuesto, en el transcurso de la pandemia. El trabajo de digitalización que ha emprendido la Biblioteca en la última década permitió un alto desempeño remoto (medido en consultas a distancia y descargas de libros y artículos) durante el cierre presencial de sus instalaciones por razones de sanidad social. Un panorama de las consultas virtuales del sitio web de la Biblioteca, donde se destacan principalmente los 14 291 documentos digitales descargados por los usuarios, se detalla a continuación mediante varios cuadros y gráficos:

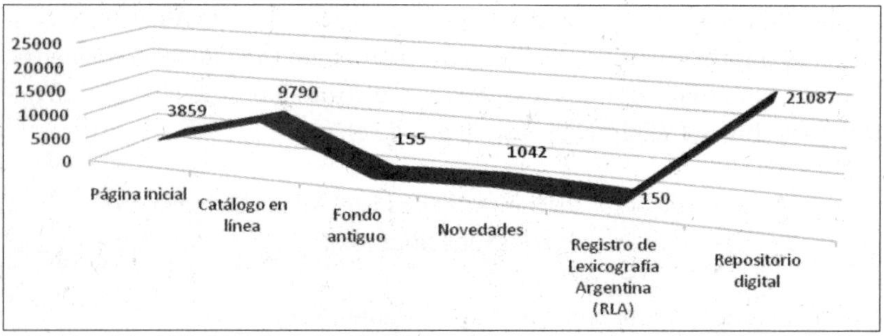

Detalle de consultas web por secciones (2020).
Total de consultas web: 36 083.

Repositorio digital

	Revistas digitalizadas	Epistolarios	Boletín AAL	Libros digitalizados
Inicio/Buscador	1186	826	2390	2384
Documentos descargados	1577	672	2755	9287
Totales	2763	1498	5145	11 671

Detalle de consultas del repositorio digital (2020).
Total de consultas: 21 077.

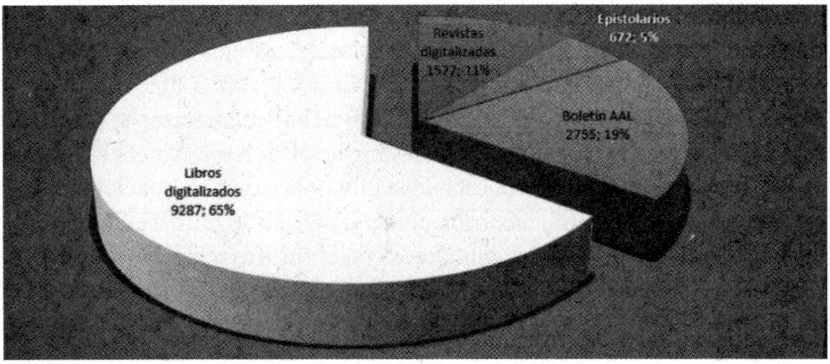

Detalle de documentos descargados (2020).
Total de descargas: 14 291.

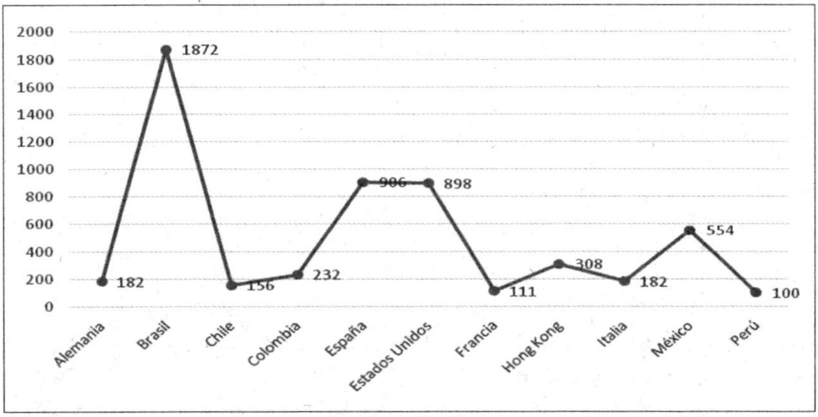

Estadísticas por países (2020). Consultas totales: 6474*.
*El presente gráfico solo reproduce los países que han tenido más de 100 consultas.

CONCLUSIÓN

A pesar de la situación excepcional que implicaron e implican las distintas etapas y secuelas de la pandemia, la Biblioteca tuvo un balance positivo durante el bienio 2020-2021. Ha logrado no discontinuar sus servicios gracias a la gran cantidad de documentos que se han digitalizado desde hace más de un lustro, lo que ha permitido tanto la consulta como su descarga por los usuarios durante el año 2020 y lo que va del 2021. El resultado hubiera sido muy sombrío de no haber existido en los últimos años una activa planificación en las políticas de digitalización. El escenario de pandemia vuelve a proyectar el esfuerzo que deben realizar las bibliotecas especializadas en esta nueva encrucijada del libro como bien y patrimonio cultural.

En cuanto a las limitaciones del universo no presencial, las solicitudes de préstamos en sala por los pedidos habituales del público y las consultas de los investigadores de la corporación, sin duda, se vieron afectadas. Nada, aun en el dominio actual de la virtualidad, puede reemplazar la presencia personal. Sin embargo, es de suma relevancia volver a señalar el balance sumamente alentador de la respuesta de la Biblioteca ante la situación que nos ha tocado vivir. El camino recorrido abre para el año 2021 un itinerario esperanzador para el papel de las bibliotecas en el futuro, sobre todo, como generadoras de conocimiento.

La lingüística de corpus como herramienta lexicográfica: el caso del Corpus Argentino de Twitter (CAT) y una comparación con el Corpus del Español del Siglo XXI (CORPES XXI)

ACADEMIA ARGENTINA DE LETRAS

La lexicografía basada en corpus es una opción metodológica que ha tenido pleno desarrollo en la disciplina, especialmente a partir de la irrupción de los recursos computacionales. La fecha que puede tomarse como referencia para dicha irrupción es el año 1967, cuando Nelson Francis y Henry Kučera publicaron su informe sobre el corpus que habían compilado en la Universidad de Brown, en Rhode Island.

Dos años después, ese trabajo encontraría expresión lexicográfica en *The American Heritage Dictionary of the English Language,* editado por William Morris a iniciativa de James Parton, como reacción a los «excesos descriptivos» (lo que en su día se llamó «permisividad») de la tercera edición del *New International Dictionary* de Webster, publicado en septiembre de 1961. La obra haría historia, contra lo que sugiere el espíritu prescriptivista que la animó, como el primer diccionario en ser confeccionado usando una herramienta inherentemente (casi, podría decirse, obligatoriamente) descriptiva, como es la lingüística de corpus.

Las fuentes del corpus de Brown son exclusivamente estadounidenses (Francis y Kučera, 1964), y ese énfasis en las fronteras nacionales se verá replicado en diversos proyectos lexicográficos posteriores, notablemente, en algunos de los más importantes diccionarios integrales en lengua española. El *Diccionario del español de México*, el *Diccionario integral del español de la Argentina*, el *Diccionario del español actual* o el *Diccionario de la lengua es-*

pañola Lema (estos dos últimos limitados a España, aunque no lo aclaren en el título) son ejemplos paradigmáticos de esta aproximación.

En el año 2001, se publicó el *Gran diccionario de uso del español actual*, que se publicita como el «primer diccionario monolingüe del español actual basado en un corpus (Cumbre, de 20 millones de palabras, representativo del español usado en todos los países de habla hispana)». Desafortunadamente, no parece tratarse de una obra que haya conseguido una distribución acorde con lo que declara ofrecer, lo que cercena severamente su repercusión y, como resultado, no contamos con un ejemplar para evaluarla como merece. Todo indica, de cualquier manera, que se trata de un caso aislado en el ámbito hispánico.

Este breve recuento deja a la vista que el enorme potencial de la lingüística de corpus, derivado de variar la granularidad, es decir, de ampliar o reducir el ámbito geográfico del corpus para, así, generar productos lexicográficos de diferentes alcances diatópicos, permanece todavía en gran medida desaprovechado.

La lexicografía diferencial presenta desafíos metodológicos singulares, pero, en lo esencial, comparte muchas necesidades de la integral. Primero, en términos macroestructurales, requiere de herramientas que permitan detectar palabras regionales ajenas a la variedad hablada por quienes confeccionan los diccionarios y que están, consecuentemente, ausentes de los entornos que frecuentan. Salvo casos en los que el alcance se acota deliberadamente, la lengua que buscan representar los diccionarios excede siempre largamente a la de quienes los confeccionan.

EL CORPUS ARGENTINO DE TWITTER

En este contexto general, el Departamento de Investigaciones Lingüísticas y Filológicas de la Academia Argentina de Letras inició, en el año 2016, una colaboración con el Laboratorio de Inteligencia Artificial Aplicada (LIAA), dependiente del Departamento de Computación de la Universidad de Buenos Aires, para desarrollar tecnologías de detección de léxico con contrastes de uso dentro del territorio de la Argentina. Por razones de accesibilidad, consistencia y disponibilidad de información geográfica, la fuente que se usó es la red social Twitter.

En los años que lleva en desarrollo, en el corpus pueden reconocerse tres etapas diferentes. En la primera, a cargo de Damián Aleman, se recolectaron más de 192 millones de palabras divididos en partes aproximadamente iguales por cada provincia del país.

- Palabras diferentes: 4 millones
- Usuarios de Twitter: 21600

• Tuits: 23.2 millones

• Palabras: 192.3 millones

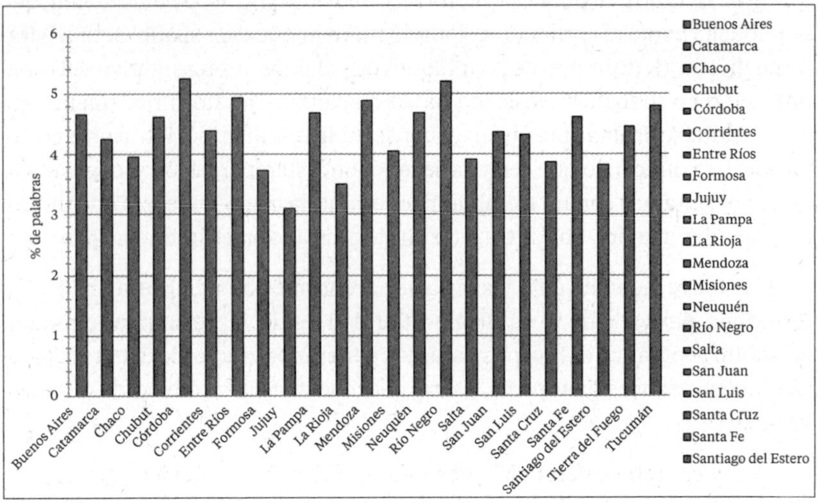

Fig. 1. Porcentajes de palabras por provincia.

Más allá de ciertos problemas que acarrea esta distribución, como, por ejemplo, que los hablantes de las provincias más densamente pobladas resultan subrepresentados y viceversa, esto provee una «fotografía» del estado actual del léxico en la cual todas las regiones tienen un peso específico similar.

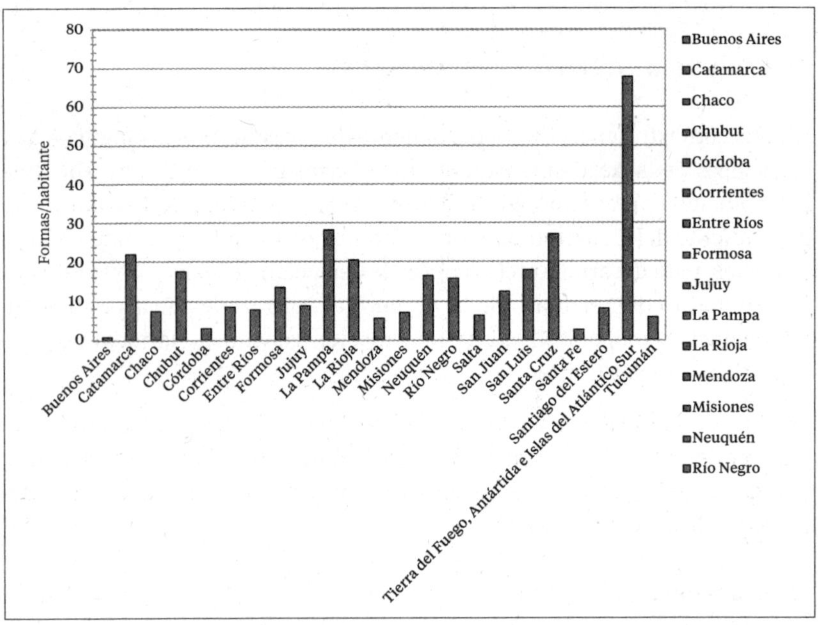

Fig. 2. Cantidad de formas por habitante y provincia.

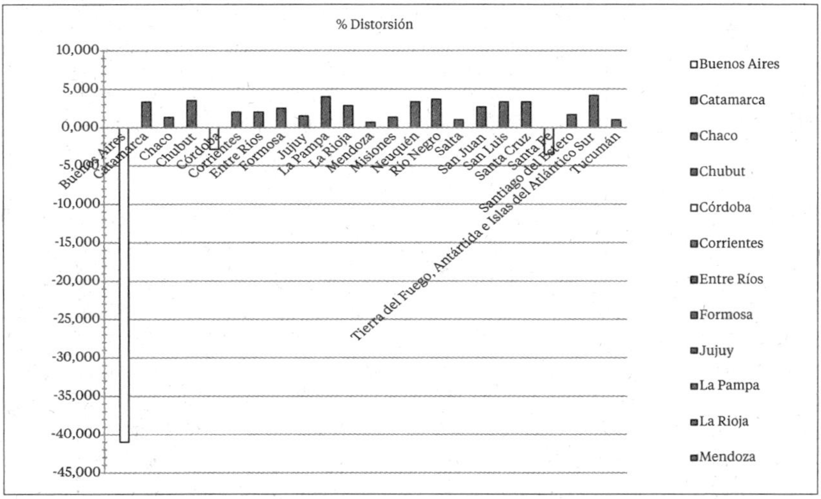

Fig. 3. Medida de distorsión porcentual por provincia en relación con la de sus habitantes (los valores sobre cero indican sobrerrepresentación y los valores bajo cero indican subrepresentación).

Las figuras 2 y 3 mantienen entre sí una relación estrecha. Dado que se mantuvo constante el número de palabras por provincia, las cantidades por habitante son tanto más altas cuanto menor sea la densidad demográfica. Complementariamente, eso produce diferentes niveles de representación de las poblaciones de las distintas provincias. Llamar «distorsión» a esos distintos niveles puede ser algo engañoso, dadas las connotaciones negativas de esa palabra. En realidad, se trata de un ajuste necesario para lograr que cada área esté adecuadamente representada en el corpus. Si se mantuviera la proporción entre hablantes y palabras, estarían representados en el corpus sobre todo hablantes de la provincia de Buenos Aires y todas las demás provincias palidecerían en la comparación.

Provincia	#Usuarios	#Tuits	#Palabras diferentes	#Total palabras
Buenos Aires	920	1.125.042	191.919	8.974.372
Catamarca	957	1.057.019	173.104	8.161.309
Chaco	964	976.943	169.476	7.605.991
Chubut	954	1.023.373	182.592	8.884.745
Córdoba	987	1.224.266	207.307	10.075.932
Corrientes	939	1.044.951	183.292	8.426.940
Entre Ríos	969	1.193.693	188.679	9.462.986
Formosa	903	923.352	169.254	7.184.382
Jujuy	971	678.004	171.061	5.951.778
La Pampa	935	1.085.757	186.593	8.996.318
La Rioja	946	704.044	186.041	6.757.277
Mendoza	945	1.099.717	193.708	9.402.399

Provincia	#Usuarios	#Tuits	#Palabras diferentes	#Total palabras
Misiones	972	984.218	168.400	7.790.197
Neuquén	927	1.111.201	188.038	9.021.449
Río Negro	965	1.215.361	194.383	9.991.831
Salta	884	830.916	188.402	7.506.652
San Juan	926	1.002.322	183.546	8.377.792
San Luis	896	1.006.464	164.185	8.327.093
Santa Cruz	935	876.621	174.089	7.432.923
Santa Fe	937	1.019.620	201.879	8.862.328
Santiago del Estero	887	944.109	166.540	7.355.729
Tierra del Fuego	964	976.426	197.273	8.559.218
Tucumán	962	1.093.874	195.643	9.238.526

Fig. 4. Cantidades del conjunto de datos (primera etapa).

Se consideró «palabra» toda secuencia de caracteres alfabéticos delimitada por espacios: «dada la cantidad de palabras recogidas, es altamente improbable que una secuencia al azar de caracteres alfabéticos reúna las condiciones de frecuencia necesarias para resultar destacada por la métrica» (Aleman, 2017, pág. 8). Se estableció que, para ser considerada por las métricas, una palabra debía trasponer el umbral de cuarenta ocurrencias como mínimo, a cargo de, al menos, veinticinco usuarios (Aleman, 2019, pág. 3).

El corpus debió ser sometido a diferentes operaciones para que pudiera ser procesado adecuadamente:

- Tokenización: dado que el objetivo era lexicográfico, se suprimieron menciones (@), etiquetas (#) y direcciones de internet.
- Normalización: conversión de todo a minúscula. Las palabras con más de tres letras iguales consecutivas se redujeron para que solo contuvieran tres (*padreeeee* / *padreeee* / ... › *padreee*).

En una segunda etapa del corpus, que puede fecharse en julio de 2019, con 647 millones, la cantidad de palabras más que triplicaba los valores originales:

- Palabras diferentes: 3.5 millones
- Usuarios de Twitter: 56 200
- Tuits: 80.9 millones
- Palabras: 647 millones

En su última fase, que abarcó hasta febrero de 2020, a cargo de Matías Guerson, el corpus quedó conformado de la siguiente manera:

Provincia	#Usuarios	#Tuits	#Palabras diferentes	#Total palabras
Buenos Aires	2430	5.578.631	464.212	44.155.076
Catamarca	2450	5.480.704	385.031	81.887.180
Chaco	2456	5.272.002	371.362	120.111.180
Chubut	2456	6.023.655	449.007	49.372.304
Córdoba	2470	6.689.416	510.897	53.721.000
Corrientes	2436	5.739.415	425.833	44.812.763
Entre Ríos	2443	6.610.549	462.556	51.802.609
Formosa	2449	5.471.078	394.192	40.895.177
Jujuy	2483	3.855.380	383.823	31.510.441
La Pampa	2437	5.676.440	425.920	45.044.049
La Rioja	2419	4.036.574	418.940	35.510.007
Mendoza	2469	6.723.953	511.025	56.264.041
Misiones	2458	4.830.252	349.671	37.478.660
Neuquén	2421	6.405.036	471.182	51.037.147
Rio Negro	2441	6.669.275	453.245	53.002.499
Salta	2411	5.043.739	460.594	43.134.296
San Juan	2454	6.094.976	468.016	49.326.757
San Luis	2463	5.464.760	383.542	43.678.726
Santa Cruz	2426	4.381.686	392.552	36.624.002
Santa Fe	2461	5.666.355	489.009	48.696.813
Santiago del Estero	2445	5.992.847	428.008	44.436.770
Tierra del Fuego	2445	4.871.099	443.752	40.684.861
Tucumán	2482	6.071.939	463.467	49.453.324

Fig. 5. Cantidades del conjunto de datos (tercera etapa).

Datos actuales:

- Palabras diferentes: 3.3 millones
- Usuarios de Twitter: 56 300
- Tuits: 128.6 millones
- Palabras: 1152.6 millones

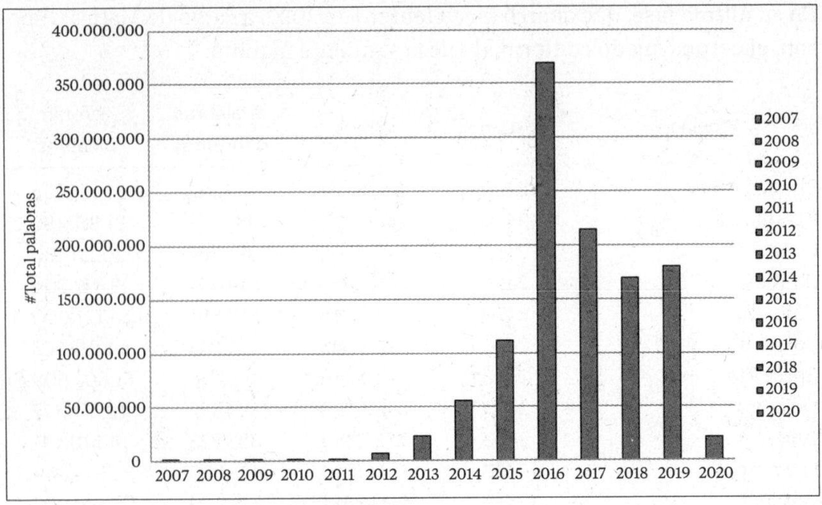

Fig. 6. Cantidad de palabras por año (tercera etapa).

MÉTRICAS

Se crearon diferentes métricas para que esta gran masa de datos lingüísticos produjera los rendimientos lexicográficos buscados, es decir, que sirviera para detectar palabras usadas en diferentes regiones del territorio de la República Argentina que no habían sido incorporadas en las ediciones anteriores del diccionario de la Academia Argentina de Letras.

Métrica para regionalismos (I)

Dada una palabra, el corpus provee la cantidad de ocurrencias y usuarios por provincia. Para calcular su dispersión, se usa la entropía (tanto de cantidad de palabras como de usuarios):

$$H(w) = -\sum_{i=1} p(w_i)\, log(p(w_i))$$

Si H(w) = 0 => palabra totalmente concentrada en una provincia

Si H(w) = log(23) (máximo) => palabra usada uniformemente en todas las provincias

Métrica para regionalismos (II)

Se definió la información de *w* como

$$I(w) = n(w)(M - H(w))$$

Donde *n(w)* es el logaritmo de la cantidad de ocurrencias normalizado y *M* la entropía máxima:

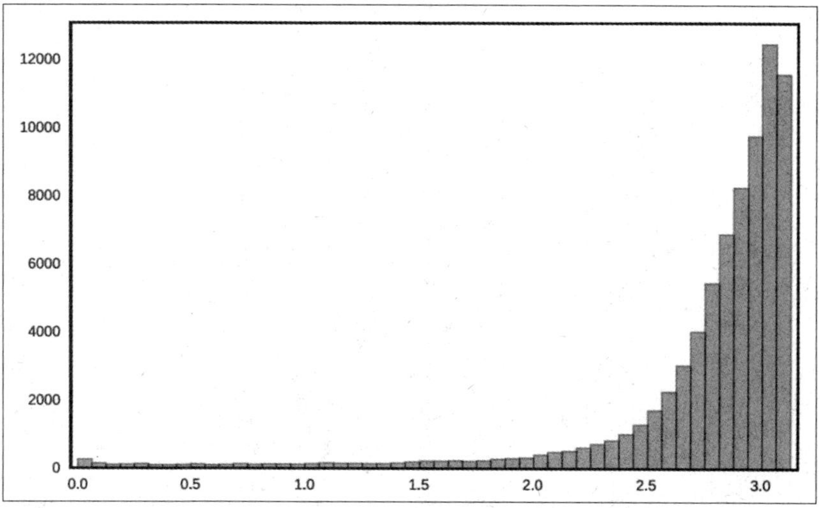

Fig. 7. Histograma que relaciona el número de palabras (eje vertical) con su entropía (eje horizontal). Se trata de una representación gráfica, surgida del propio corpus a través de la aplicación de las métricas, de un hecho conocido en lingüística: la mayoría de las palabras tiene alta entropía (es decir, son generales), mientras que una minoría tiene baja entropía (es decir, son regionales). Muestra que la métrica está identificando correctamente las palabras del corpus.

Métrica para regionalismos (III)

Se definieron tres métricas:

1) I(w) usando la cantidad de ocurrencias
2) I(w) usando la cantidad de usuarios
3) La multiplicación de 1 y 2

GENERACIÓN DE LISTADOS

A partir de haber encontrado el funcionamiento más adecuado de las métricas, se generaron listados de posibles palabras regionales dentro del territorio de la República Argentina.

Desde la perspectiva de la etapa actual, una palabra regional que esté presente de manera homogénea en todas las provincias del país, se use o no en otros países, no resulta destacada. Como ejemplo de las posibilidades que brinda esta tecnología, se pueden citar tres palabras propias de la región guaranítica: *angá, angaú* y *mitaí*. Ninguna de las tres figuraba en las ediciones anteriores del *Diccionario del habla de los argentinos* (como

	cantPalabra	cantUsuariosTotal	regionTest	provinciaSinEsaPalabra	Palabra Candidata	rankPalabras	rankPalabras_Personas	rankPersonas	FnormMax	FnormMin	provinciaFnormMax	provinciaFnormMin
chabás	196	19	['santafe']	22	0	164	626	235	22.1160850738	22.1160850738	santafe	santafe
cutral	572	122	['neuquen']	9	0	377	161	236	51.5438262745	0.119363192593	neuquen	sanjuan
refsa	107	65	['formosa']	20	0	544	457	237	14.1974633309	0.237334073816	formosa	corrientes
chivilcoyano	81	42	['buenosaires']	22	1	632	748	238	9.02570118555	9.02570118555	buenosaires	buenosaires
aprontar	106	74	['entrerios']	18	1	724	466	239	10.4618140617	0.134536574642	entrerios	santacruz
chañi	128	28	['jujuy']	22	0	320	610	240	21.5061784899	21.5061784899	jujuy	jujuy
megabaile	66	47	['lapampa']	22	0	755	927	241	7.33633470938	7.33633470938	lapampa	lapampa
edesa	107	56	['salta']	19	0	647	512	242	13.3215180349	0.139190816969	salta	formosa
barile	100	67	['chubut']	18	0	658	493	243	10.6924847027	0.0992464022187	chubut	cordoba
anga	872	453	['corrientes', 'formosa', 'chaco']	12	1	611	98	244	61.3508580813	0.0992464022187	corrientes	cordoba
graty	358	36	['chaco']	18	0	122	303	245	45.4904561417	0.116833103211	chaco	tierradelfuego
ezcaray	119	26	['larioja']	22	0	332	673	246	17.6106440509	17.6106440509	larioja	larioja
gaunas	113	33	['larioja']	22	0	359	599	247	16.722712418	16.722712418	larioja	larioja
empingue	452	218	['tucuman', 'salta']	16	1	554	140	248	34.8540448985	0.134536574642	tucuman	santacruz
cja	141	55	['salta']	19	0	406	393	249	17.8508341668	0.134536574642	salta	santacruz
bonnita	68	40	['buenosaires']	22	0	700	947	250	7.57713185948	7.57713185948	buenosaires	buenosaires
valcheta	107	36	['rionegro']	21	0	517	638	251	10.3084209491	0.591954421877	rionegro	larioja
interbandos	364	154	['santacruz', 'tierradelfuego']	14	1	452	162	252	32.5578510634	0.0992464022187	santacruz	cordoba
posadas	5005	932	['misiones', 'corrientes']	0	0	80	34	253	512.952368214	0.295977210939	misiones	larioja
potrerillos	165	110	['mendoza']	14	0	675	301	254	15.527951962	0.108242375461	mendoza	tucuman
guaynabo	154	15	['sanjuan']	22	0	251	880	255	18.3819316593	18.3819316593	sanjuan	sanjuan
palpalá	166	71	['jujuy']	18	0	371	314	256	26.378672054	0.112552470555	jujuy	chubut
secamente	389	262	['sanjuan', 'mendoza']	11	1	640	143	257	32.8248779631	0.111156586506	sanjuan	lapampa
veme	238	170	['tucuman']	6	1	586	196	258	22.5144140959	0.106355835356	tucuman	mendoza
chicoana	142	64	['salta']	17	0	695	419	259	17.1847582651	0.108242375461	salta	tucuman
esquiu	307	111	['catamarca']	12	0	258	170	260	34.5532806073	0.106355835356	catamarca	mendoza
delmi	261	90	['salta']	15	0	295	219	261	31.7052129232	0.100081756787	salta	rionegro
lechman	117	27	['tierradelfuego']	22	0	325	669	262	13.6694730757	13.6694730757	tierradelfuego	tierradelfuego
despeñaderos	127	40	['cordoba']	20	0	363	497	263	12.4058002773	0.112837168744	cordoba	santafe
obe	350	150	['misiones']	9	0	546	179	264	37.2262729684	0.122529363856	misiones	catamarca
zatti	103	41	['rionegro']	21	0	451	593	265	10.1082574355	0.221693876449	rionegro	neuquen
aaala	161	83	['misiones']	15	0	560	329	266	18.8698694012	0.105674889512	misiones	entrerios

Fig. 8. Lista ordenada de palabras con baja entropía del puesto 236 al 266, donde puede verse la forma *anga*, que derivó en la inclusión del lema angá en el *Diccionario de la lengua de la Argentina (DiLA).*

se llamó en sus dos primeras ediciones el *Diccionario de la lengua de la Argentina*) ni tampoco eran palabras que hubieran llamado la atención de los investigadores del Departamento de Investigaciones Lingüísticas y Filológicas (DILyF) con anterioridad a su aparición en los tuits de los hablantes de las provincias que conforman esa región. Esta omisión hubiera privado a la última edición de nuestro diccionario de dar cuenta de tres elementos léxicos importantes para millones de hablantes de nuestro país. La información estadística que surge del corpus da testimonio de esa importancia:

Total de palabras recolectadas de la región guaranítica: 12 167 635

- Casos de *angá* (incluyendo *anga*, *angaaa* y *angacito*): 548
  Frecuencia normalizada[1]: 45.03
- Casos de *angaú* (incluyendo *angau*, *engauu* y *engau*): 205
  Frecuencia normalizada: 16.84
- Casos de *mitaí* (incluyendo *mitaí*, *mitaii*, *mitai*, *mitaises*, *mitaices*, *mitais*): 175
  Frecuencia normalizada: 15.69

---

1. La frecuencia normalizada es una medida de estandarización que indica la cantidad de veces que aparece una determinada forma por cada millón de palabras.

Esto marca un fuerte contraste respecto de las demás regiones argentinas. Por ejemplo, con la que Vidal de Battini llama «Litoral», que es la más poblada del país y, adicionalmente, el área dialectal propia de quienes confeccionan el diccionario.

Total de palabras recolectadas de la región Litoral: 27 477 861

- Casos de *angá*: 6
  Frecuencia normalizada: 0.21
- Casos de *angaú*: 0
  Frecuencia normalizada: 0
- Casos de *mitaí*: 1
  Frecuencia normalizada: 0.036

Es decir, *angá* y *mitaí* son, respectivamente, 206 y 431[2] veces más frecuentes en la región guaranítica que en la litoraleña. Con *angaú* este cálculo no arroja resultados porque no hay casos de esta palabra en la región Litoral.

INSUFICIENCIA DE UN SOLO TIPO DE CORPUS: ARGUMENTO A FAVOR DEL USO DE DIFERENTES CORPUS COMO HERRAMIENTAS COMPLEMENTARIAS

En este apartado, se exponen algunos ejemplos notables de especial interés para el proyecto hipotético de reunir el repertorio léxico de los hablantes de la Argentina a partir de dos corpus disponibles: el CAT y el CORPES XXI (Arg.).

CORPES XXI tiende a reunir materiales que fueron publicados. La categoría «mensaje en redes sociales», por ejemplo, reúne 27 139 palabras, el 0.0077 % del total. El medio «oral» es algo más abundante, con 4 543 110, el 1.29 % del total, pero, cuando se observa que se subdivide, a su vez, en las categorías «debate», «discurso», «entrevista», «magacines y variedades», «otros», «retransmisiones deportivas», «sorteos y concursos» y «tertulia», es forzoso concluir que el porcentaje del corpus que no proviene de algún tipo de escritura profesionalizada es muy marginal. Es, por esta razón, un mal lugar donde ir a buscar coloquialismos. No quiere decir que no los contenga, o que eso lo convierta en una mala herramienta de trabajo. Simplemente, se trata de una fuente que carece de un numeroso repertorio de formas coloquiales, usadas cotidianamente por millones de hablantes de la lengua, pero

---

2. Esto se traduce en que, si uno decide leer el Twitter de la región guaranítica, *angá* aparece una vez cada 22 222 palabras, mientras que en Litoral es preciso leer 4 761 904 palabras para encontrarse con el término. Similarmente, *mitaí* aparece en la región guaranítica una vez cada 63 734 palabras, mientras que en Litoral es preciso leer las 27 477 861 palabras.

que no llegan a publicarse. Es, en cambio, una excelente herramienta para observar usos más establecidos, aun si son populares o coloquiales, que superan las diferentes instancias de selección y corrección propias de los espacios en donde la lengua es material de desenvolvimiento profesional, como revistas, documentos oficiales, novelas, diarios, etc.

El CAT, por el contrario, tiende hacia lo coloquial, puesto que el uso que le dan los hablantes a Twitter suele tener características conversacionales. Esto implica la búsqueda de representar ortográficamente muchos de los rasgos de la conversación oral, como el alargamiento vocálico, los aumentos de volumen, las pronunciaciones alternativas, las onomatopeyas, la risa y demás elementos, aparte de vacilaciones ortográficas aleatorias. Todas estas características sumadas convierten la labor de procesar la información en un desafío complejo, puesto que la lematización (la reunión de todo un grupo de palabras bajo una forma prototípica; por ejemplo, *amé, amaba, amaría...* bajo el infinitivo *amar*) tiene que poder dar cuenta de un repertorio abierto y en expansión de recursos expresivos que los usuarios generan, codifican y adaptan constantemente. En relación con la labor lexicográfica, estas características convierten el corpus en una herramienta de enorme valor para la detección de coloquialismos, una categoría elusiva por definición, puesto que resulta difícil, en muchos casos, que lleguen a publicarse en medios escritos tradicionales.

Resulta esperable que dos corpus cuyos procesos metodológicos son tan disímiles produzcan resultados divergentes. En ciertos coloquialismos, se puede ver que el CAT da frecuencias consistentemente más altas que el CORPES XXI. Por ejemplo, dos palabras coloquiales plenamente asentadas en los dialectos argentinos como son los verbos *afanar* y *laburar*, con sus respectivos sustantivos *afano* y *laburo*:

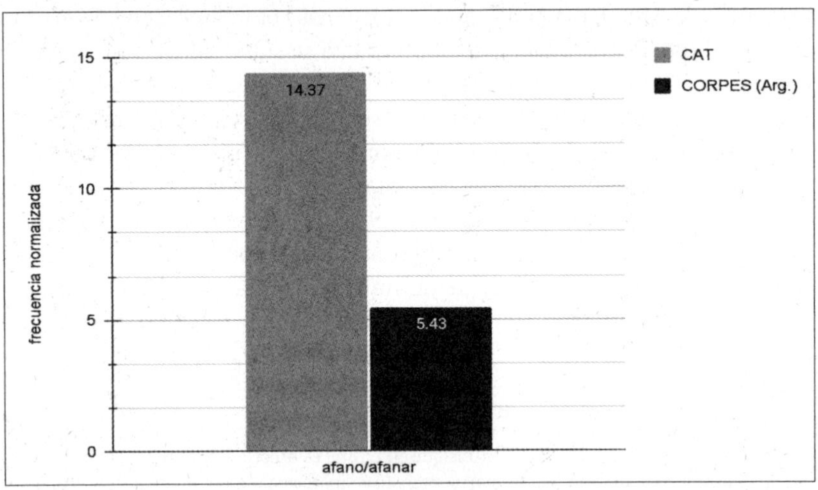

Fig. 9.

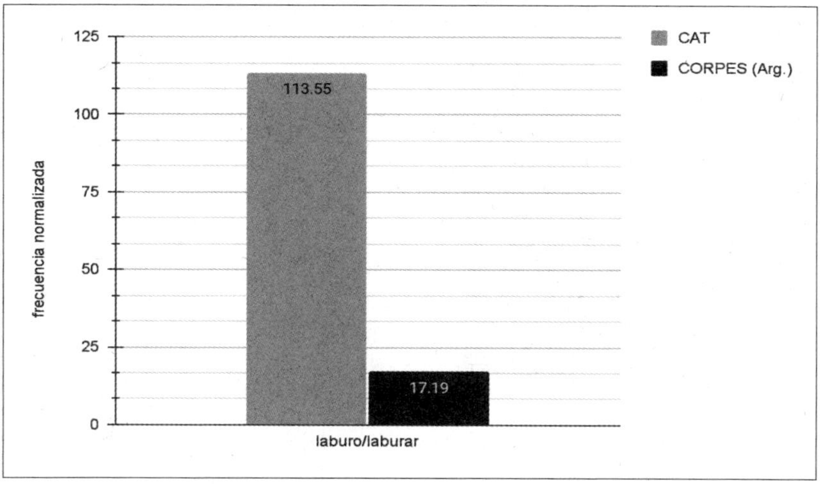

Fig. 10.

Con otros coloquialismos, casi igualmente asentados aunque con frecuencias de uso mucho menores, la divergencia se acentúa a tal punto que un diccionario solamente basado en el CORPES XXI directamente no incluiría la palabra. Los casos *punguear* y *bolacear/bolacero*[3] son dos ejemplos claros. Como se verá más abajo, con palabras coloquiales que además son regionales dentro del territorio de la Argentina, este efecto se acentúa:

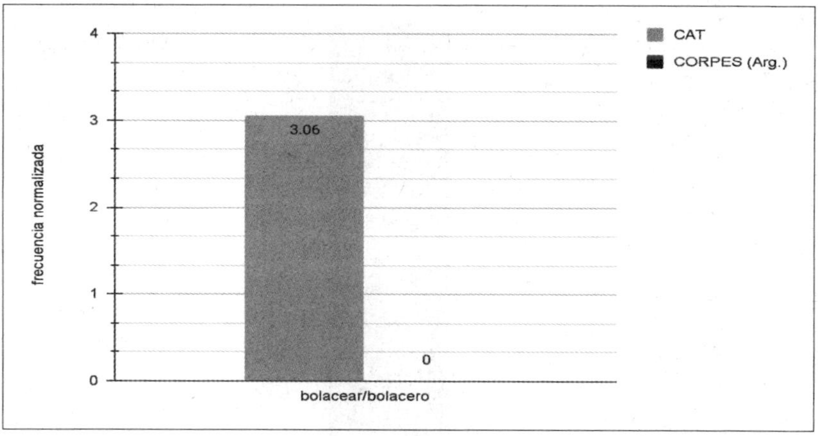

Fig. 11.

3. En realidad, sí existe un caso de España, pero se trata de una famosa cita de *Hombre de la esquina rosada* de Jorge Luis Borges que aparece en la revista *Espéculo* de la Universidad Complutense de Madrid, hecha por el profesor y cuentista Guillermo Tedio, de la Universidad del Atlántico en Barranquilla, Colombia. La cita es la siguiente: «Andan por ahí unos bolaceros diciendo que en estos andurriales hay uno que tiene mentas de cuchillero, y de malo, y que le dicen el Pegador» (Tedio, 2002).

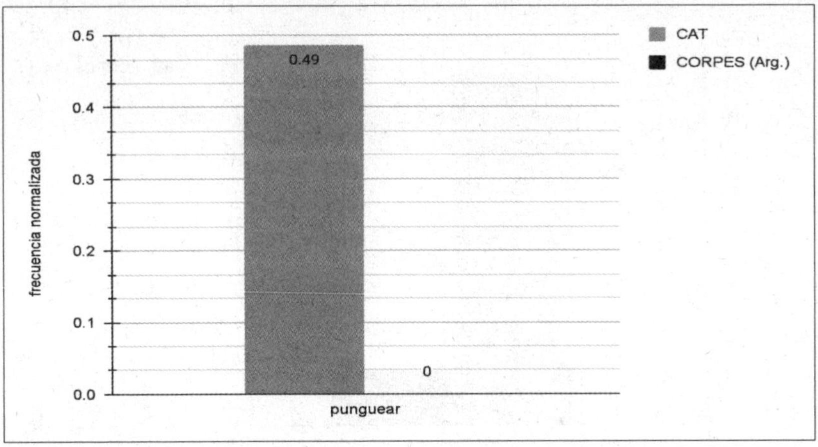

Fig. 12.

No es arriesgado decir que la caracterización del léxico que surge del CAT es radicalmente diferente de la que surge del CORPES XXI.

Lo mismo sucede en sentido contrario. Fácilmente, eligiendo algunas palabras al azar, puede darse con ausencias importantes en el CAT. Por ejemplo, el verbo *catapultar* y el adjetivo/sustantivo *subordinado, -da:*

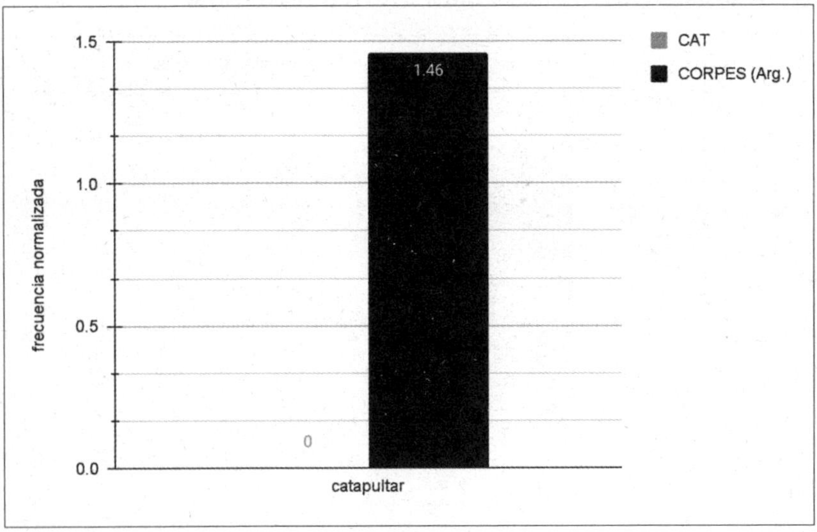

Fig. 13.

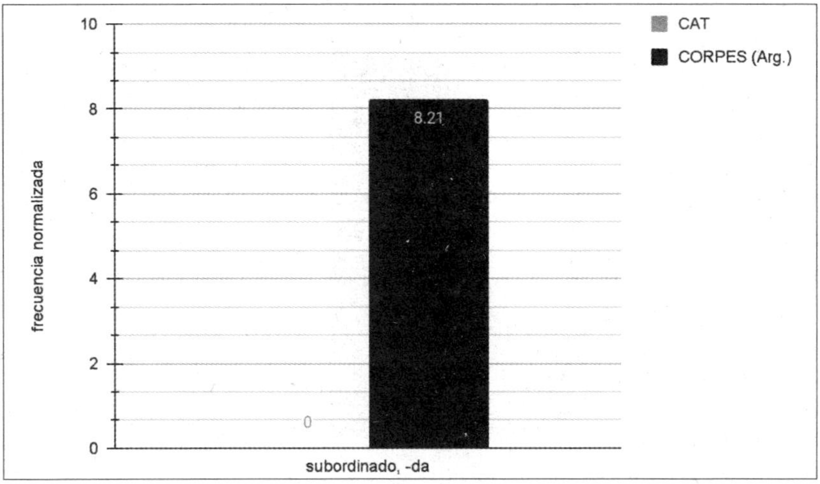

Fig. 14.

No debe quedar la imagen de que el CAT es un corpus puramente coloquial o conversacional. Un gran caudal de palabras tiene frecuencias en ambos corpus que permiten, aunque con diferencias, establecer su extensión de uso e incluir la palabra en un hipotético lemario, más allá de toda duda razonable.

Suele suceder que las frecuencias de ambos corpus para formas no coloquiales muestran la imagen opuesta a la de las coloquiales: el CORPES XXI supera las frecuencias del CAT de manera más o menos consistente. Lexicográficamente, no puede usarse esto como argumento para tomar una conducta diferenciada. Teniendo en cuenta el sesgo que tiene Twitter hacia lo conversacional, es esperable que palabras de un registro neutro, como *situación* o *selva*, o de registro casi técnico, como *inflacionario*, aparezcan con frecuencias bajas en comparación con materiales más asociados a la industria editorial como los que conforman el CORPES XXI:

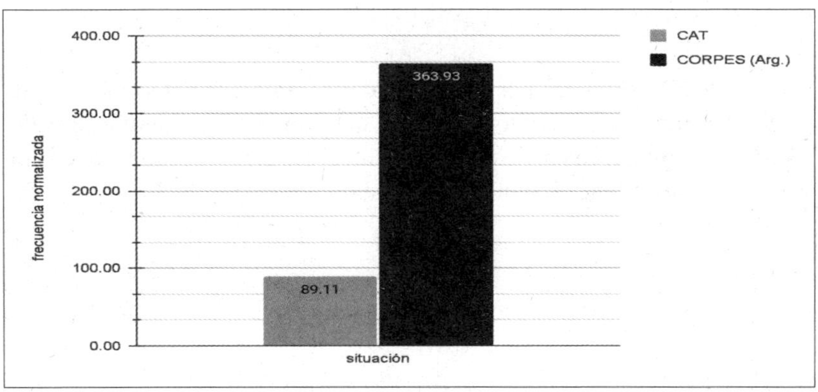

Fig. 15.

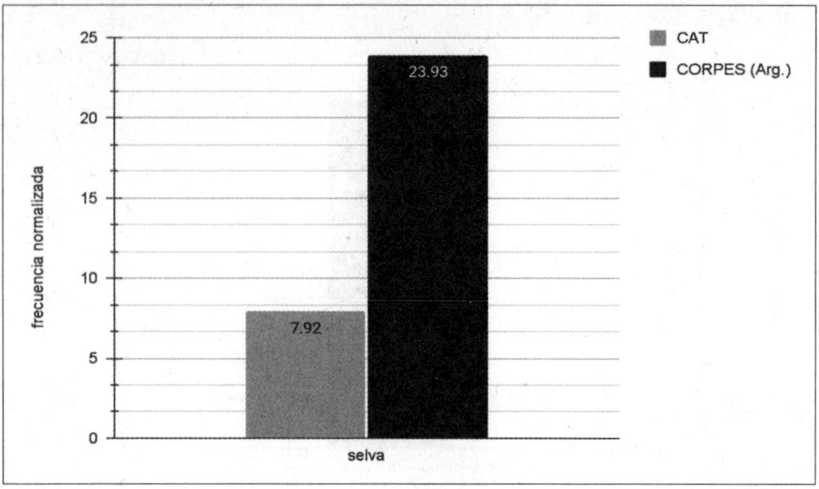

Fig. 16.

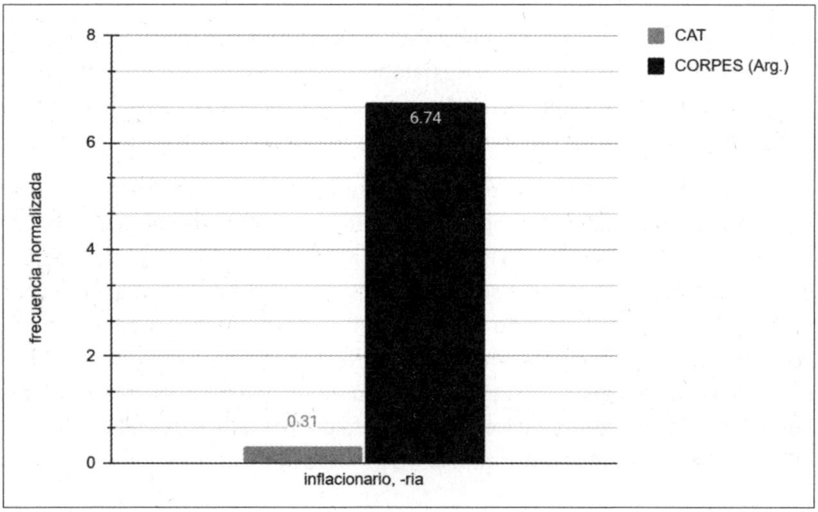

Fig. 17.

Un caso de fuerte interés, por la dificultad inherente a su detección, es el de palabras patrimoniales, como *asado, -da*, que adquieren un significado diferente en una región en particular. Si se compara la palabra *asado, -da* en ambos corpus, se obtiene el siguiente resultado:

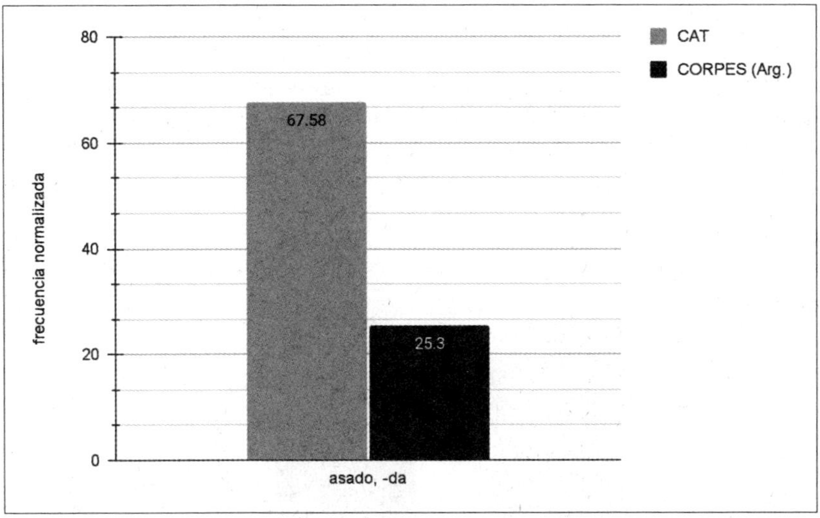

Fig. 18.

En virtud de la importancia cultural que tiene el sustantivo *asado* por denotar una comida central en la dieta de hablantes argentinos, no sorprende que la palabra supere holgadamente en el CAT las frecuencias que arroja el CORPES XXI. Esa diferencia no constituye argumento para tomar ninguna decisión lexicográfica en particular.

Sin embargo, cuando se discrimina por género gramatical y por provincia, gracias a las posibilidades que brinda el CAT, se hace evidente que existe un uso regional que exige tratamiento lexicográfico diferenciado:

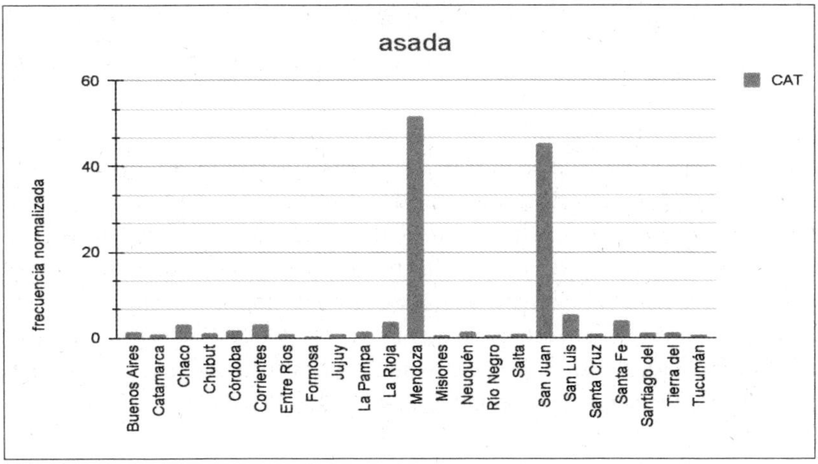

Fig. 19.

Las frecuencias de la forma femenina se dan muy aumentadas en las provincias de San Juan y Mendoza (donde significa, según el *DiLA*, que la incluyó en el año 2018 a raíz de que las métricas la destacaron dentro del CAT, 'dicho de una persona: exhausto, harto, fastidiado, en pésimas condiciones físicas y mentales'). Un rasgo diatópico notable que no se destaca en absoluto al discriminar por género en el CORPES XXI, donde, además, la unidad regional mínima es el país entero.

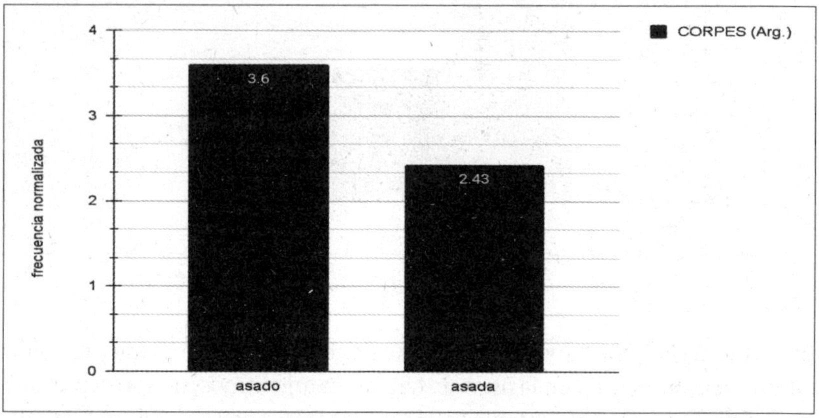

Fig. 20.

La conclusión más contundente es que un diccionario basado exclusivamente en uno u otro corpus tendría notables ausencias. Es decir, ninguno de los dos corpus podría por sí mismo llevar a cabo el proyecto de ser la base para un diccionario basado en corpus que represente adecuadamente las variedades argentinas, de lo cual se desprende la necesidad de combinar lo que ambos ofrecen para llegar a un resultado satisfactorio.

Una complementación de este estilo puede darse en toda clase de recortes regionales, desde proyectos comprehensivos que pretendan incluir todas las palabras usadas en cada una de las variedades de la lengua, hasta diccionarios que se dediquen a los regionalismos de un país o de una zona sub- o supranacional. Adicionalmente, la tecnología de métricas que logra destacar con éxito palabras regionales dentro del territorio de la República Argentina (1 de cada 2.38 millones de palabras destacadas por la métrica en los 5000 primeros puestos de la lista tienen relevancia lexicográfica) podría transferirse a otros corpus que no la tienen, específicamente, al CORPES XXI, para generar listas que permitan identificar y destacar regionalismos de los 23 países que forman parte de la Asociación de Academias de la Lengua Española.

BIBLIOGRAFÍA

ACADEMIA ARGENTINA DE LETRAS (2003): *Diccionario del habla de los argentinos*. Buenos Aires: Espasa.

— (2008): *Diccionario del habla de los argentinos*. Buenos Aires, Emecé.

— (2019): *Diccionario de la lengua de la Argentina*. Buenos Aires, Colihue.

ALEMAN, Damián (2017): *Hacia un método computacional para detectar léxico contrastivo*. Tesis de Licenciatura en Ciencias de la Computación. Universidad de Buenos Aires. Directores: Juan Manuel Pérez y Santiago Kalinowski. Codirector: Agustín Gravano. Buenos Aires.

ALEMAN, Damián; PÉREZ, Juan Manuel; KALINOWSKI, Santiago y Agustín Gravano (2019): «Exploiting user-frequency information for mining regionalisms from Social Media texts». arXiv: 1907.04492v1 [cs.CL] 10 Jul. 2019. Disponible en: https://arxiv.org/pdf/1907.04492.pdf. [Fecha de consulta: 13.6.2021]

SECO REYMUNDO, Manuel; ANDRÉS PUENTE, Olimpia y Gabino Ramos González (1999): *Diccionario del español actual*. Madrid, Santillana.

PLAGER, Federico (coord.) (2008): *Diccionario integral del español de la Argentina*. Buenos Aires, Voz Activa.

LARA, Luis Fernando (dir.) (2010): *Diccionario del español de México*. México D. F., El Colegio de México.

FRANCIS, W. Nelson y Henry Kučera (1964): *Brown Corpus Manual Of Information to accompany A Standard Corpus of Present-Day Edited American English, for use with Digital Computers*. Providence, RI, Department of Linguistics, Brown University.

— (1967): *Computational Analysis of Present-Day American English*. Providence, RI, Brown University Press.

SÁNCHEZ, Aquilino (dir.) (2001): *Gran diccionario de uso del español actual*. Madrid, SGEL s.a.

MONTEMURRO, Marcelo A. y Damián H. Zanette (2002): «Entropic analysis of the role of words in literary texts». *Advances in complex systems* 5.01: págs. 7-17.

MORRIS, William (1969): *The American Heritage dictionary of the English language*. New York, American Heritage Pub. Co.

TEDIO, Guillermo (2002): «El relativismo de las visiones en la narrativa de Jorge Luis Borges». *Espéculo*. Madrid: Facultad de Ciencias de la Información. Universidad Complutense de Madrid.

VIDAL DE BATTINI, Berta Elena (1964): *El español de la Argentina*. Buenos Aires: Consejo Nacional de Educación.

Academia Nacional de Letras de Uruguay

Proyectos correspondientes al año en curso.

PROYECTOS CORRESPONDIENTES AL AÑO EN CURSO

La Academia Nacional de Letras de Uruguay continúa trabajando en la segunda edición del *Diccionario del español del Uruguay* (*DEU*) además de incorporarlo a su sitio web oficial. Dentro de esta política de ingreso al sitio de otras obras lexicográficas, se ha incorporado también el Archivo Daniel Granada.

Academia Hondureña de la Lengua

Informe sobre las actividades propias de la Academia Hondureña de la Lengua (2021).

INFORME SOBRE LAS ACTIVIDADES PROPIAS DE LA ACADEMIA HONDUREÑA DE LA LENGUA (2021)

Funciones de la Academia Hondureña de la Lengua

La Academia Hondureña de la Lengua promueve actividades culturales, lingüísticas y literarias. Fortalece la valorización del español de Honduras y asesora al público en general sobre el uso del idioma español y las últimas tendencias de la Asociación de Academias de la Lengua Española (ASALE) y la Real Academia Española (RAE) en cuanto a la nueva política panhispánica.

La biblioteca cuenta con una colección de libros del área de lingüística, literatura y ciencias sociales tales como historia, sociología, política, etc. Sobre todo, su valor se centra en los diccionarios, gramáticas y todo lo relacionado a las publicaciones de la Real Academia Española y la Asociación de Academias de la Lengua Española. No cuenta con préstamos externos, pero los libros pueden consultarse en el interior de la Academia.

La corporación entrega de manera anual el Premio de Literatura Ramón Amaya Amador y el Premio de Historia Rafael Heliodoro Valle. En mayo de 2021 se aprobó la creación del Premio de Literatura Lucila Gamero de Medina, que está destinado exclusivamente a escritoras de narrativa de cualquier parte del mundo.

La AHL antiguamente se situaba en la calle Real de Tegucigalpa; sin embargo, el huracán Mitch, que se llevó todo a su paso, arrasó con la sede en Comayagüela.

En vista de tan lamentable pérdida, la Agencia Española de Cooperación Internacional (AECID) donó los fondos para la construcción de la nueva sede, con la condición de que se edificara en el centro histórico de Tegucigalpa, donde actualmente se encuentran sus instalaciones, específicamente en la calle La Fuente, casa n.º 445.

Fundación

El 28 de diciembre de 1948 el viejo paraninfo de la Universidad Nacional se convirtió en el marco de un suceso de relevancia histórica y de alta trascendencia en la vida cultural de Honduras. En esta fecha quedó solemnemente instalada la Academia Hondureña de la Lengua. En el memorable acto se destacó la presencia del señor vicepresidente de la república, general e ingeniero don Abraham Willians Calderón; del señor doctor don Juan Manuel Gálvez Durón y el señor don Julio Lozano Díaz, respectivamente electos presidente y vicepresidente de la república para el ejercicio gubernamental de 1949 a 1954; y, con ellos, los miembros del cuerpo diplomático y consular y funcionarios del Estado. Allí estaban los integrantes de la misión cultural cubana, los señores Juan José Sicre, Enrique Labrador Ruiz y Carlos Mendoza; los doctores Esteban Mendoza y Marco Antonio Batres; el señor James H. Webb, secretario de la Embajada de Estados Unidos; y elementos de las esferas sociales, profesionales e intelectuales del país, así como alumnos de algunos centros de enseñanza media de la capital de la república.

Orden del programa de inauguración de la AHL

El programa se inició con la ejecución del himno nacional, a cargo de la Banda de los Supremos Poderes.

Correspondió al doctor Carlos M. Gálvez leer *La Real Academia Española*, uno de los tantos artículos del doctor Ramón Rosa, luego continuó el doctor Miguel Aznar Subigaray, un eminente de las letras de España y cuya presencia diplomática fue honra para Honduras.

El doctor y poeta don Luis Andrés Zúñiga juramentó a la primera Junta Directiva, que quedó conformada de la manera siguiente: el doctor D. Esteban Guardiola, director; el doctor D. Silverio Laínez, censor; el doctor D. Alejandro Alfaro Arriaga, secretario; el doctor D. Juan Valladares Rodríguez, bibliotecario; los doctores Rafael Heliodoro Valle, Marcos Carías Reyes y Carlos M. Gálvez; general Joaquín Bonilla, el profesor Carlos Izaguirre Valladares y el periodista Antonio Ochoa Alcántara, el doctor Luis Andrés Zúñiga y el poeta Céleo Murillo Soto, quienes estuvieron presentes en su carácter de miembros constituyentes.

El señor presidente electo de la república, el doctor D. Juan Manuel Gálvez Durón, en un momento impresionante declaró inaugurada la Academia Hondureña de la Lengua.

El Dr. Rafael Heliodoro Valle pronunció un discurso del cual se reproducen dos fragmentos importantes:

> Señor presidente electo de Honduras, señores académicos, excelencias, señores y señoras: Honduras vuelve a sentirse, como el hijo prodigo, entre los pueblos que hablan el mismo idioma. Atado a él con la única cadena amable y liberadora, lo siento amorosamente como el vínculo más puro de su tradición para poder expresarse en las formas innumerables de la conversación, sobre las contingencias perecederas, por encima de los peligros de la palabra al servicio de la bondad y de la poesía. Por eso esta es la fecha de gala para los hombres de estudio que, después de andar por los más diversos caminos, reconocen que hablar el idioma en que sus antepasados compartieron gozos y cuitas y se han expresado y se expresan millones de almas es un privilegio que les permite convivir en la insigne democracia en que Cervantes y Lope siguen siendo nuestros emperadores y Bécquer y Darío, nuestros abuelos mágicos. El andaluz Cristóbal de Olid y los extremeños y los castellanos, que pusieron término a la Honduras precolom-

bina, están presentes en nosotros mismos y acaso festejan con nosotros el advenimiento de este día, que puede adquirir plena magnificencia en la historia de la cultura de América Española, si quienes vengan a nuestra zaga logran mantener encendida y en alto la antorcha que alzamos con mano de fuego hacia el tiempo que todo lo aniquila, pero respeta la palabra.

Hallado en el idioma el motivo más vehemente para enorgullecerse de la herencia espiritual; y el magisterio que, para bien de todos los que tienen sed de conocimiento, es un compromiso formal con la superación.

La palabra tiene un gran destino: es la diaria invitación al convivio, al diálogo, al ennoblecimiento de las formas de la cortesía y la distinción. Es el testimonio fiel de la vida del hombre que piensa o que sueña. En ella se hallan como en relicario perfecto, la herida y el bálsamo, el amor y el dolor, en la tarea cotidiana de expresarnos, de ser nosotros mismos, contra todo lo que se confabula para detenerlos en la sombra y la mudez... El idioma solamente ha sido construido por los grandes y por los humildes: Cervantes conversaba en las ventas y en los altillos con los andariegos y los pícaros, los santos y los menesterosos, y, al fin de cada viaje, volcaban sus tesoros sobre el papel para delicia y encanto de los siglos.

Mediante acuerdo n.º 723 emitido el 6 de octubre de 1955 por el presidente de la república Julio Lozano Díaz, fue reconocida la personalidad jurídica y aprobados sus estatutos.

Según dichos estatutos la Academia Hondureña de la Lengua tenía como deber fundamental la defensa de la tradición gloriosa del idioma español, para mantener vinculada a Honduras con la tierra de una de sus dos culturas originales a la vez que para contribuir a la grandeza de dicho idioma, recogiendo y estudiando las diversas manifestaciones del español popular en Honduras y procurando mantener su integridad.

En los estatutos se señala que los sillones para académicos llevarían el nombre de distinguidos intelectuales hondureños ya consagrados por la historia patria, en la forma siguiente: José Cecilio del Valle, José Trinidad Reyes, Ramón Rosa, Marco Aurelio Soto, Adolfo Zúñiga, Augusto C. Coello, Juan Ramón Molina, Froylán Turcios, Salatiel Rosales y Alfonso Guillén Zelaya.

Personalidad jurídica

Fue después de 54 años desde su creación cuando la Academia Hondureña de la Lengua recibe la personalidad jurídica.

En una ceremonia especial, el ministro de Gobernación y Justicia, Ramón Hernández Alcerro, entregó la personalidad jurídica a la Academia Hondureña de la Lengua.

Al acto asistieron Oscar Acosta, Orlando Henríquez, María Elba Nieto, Livio Ramírez Lozano y Alejandro Barahona Romero, socios de número de la Academia Hondureña de la Lengua.

«La entrega de la personalidad jurídica que constituye el reconocimiento oficial por parte del Estado es únicamente una formalidad, ya que la Academia Hondureña de la Lengua es ampliamente conocida por la sociedad», dijo Hernández Alcerro. La Academia se instaló en Tegucigalpa el 28 de diciembre de 1948 y fue testigo de su nacimiento el periodista Manuel Aznar, abuelo del expresidente del Gobierno español, José María Aznar.

Academia Puertorriqueña de la Lengua Española

MARÍA INÉS CASTRO, *Academia Puertorriqueña de la Lengua Española. Informe anual (2020-2021).* ■ MAIA SHERWOOD DROZ, *Tesoro.pr:* Tesoro lexicográfico del español de Puerto Rico en línea. ■ *Seminarios y talleres de la ACAPLE: un recuento.*

Academia Puertorriqueña de la Lengua Española. Informe anual (2020-2021)

MARÍA INÉS CASTRO

La pandemia, que ha transformado el orbe de forma impensable, se ha sumado, en el caso de Puerto Rico, a las secuelas de eventos climatológicos de gran magnitud: los huracanes Irma y María, que devastaron el país en septiembre de 2017, y los terremotos que, en 2019 y 2020, afectaron de forma catastrófica algunas zonas del sur del país.

La Academia Puertorriqueña de la Lengua Española ha logrado hacer frente a las consecuencias de estos cambios drásticos y, a pesar de la reducción en recursos de toda índole tras una y otra catástrofe, logramos reabrir las puertas de nuestra academia de forma presencial o telemática, según las circunstancias lo permitieran, para continuar laborando y mantener la oferta cultural y educativa que nos ha caracterizado. La necesidad nos ha obligado a modificar nuestros estilos y redirigir nuestros esfuerzos, en ocasiones con resultados mucho mejores de los anticipados.

Hemos tenido la fortuna de no tener que lamentar pérdidas en la familia de la ACAPLE víctimas del COVID-19. Nuestros académicos tuvieron acceso relativamente rápido a la vacunación, lo que se traduce en un gran alivio para todos. Sin embargo, lamentamos profundamente el fallecimiento por complicaciones de salud de nuestro querido y distinguido académico D. Arturo Echavarría, quien falleció el 8 de diciembre de 2020. Le dedicamos el *Boletín de la Academia Puertorriqueña de la Lengua Española*, edición de 2021, en homenaje a su legado como crítico literario, reconocido especialista en Borges, creador y, sobre todo, extraordinario amigo y colega.

ADMINISTRACIÓN

Nuestra sede en el tercer piso del emblemático e histórico cuartel de Ballajá, en el Viejo San Juan, sufrió algunos daños por agua con el paso de los huracanes Irma y María, por lo que hubo que realizar ciertas reparaciones temporeras e invertir en higienizar el espacio para poder utilizarlo. Desde antes de la pandemia, el arquitecto Carlos Rubio, director de la Oficina Estatal de Conservación Histórica, viene gestionando con FEMA la autorización de fondos para la remodelación del edificio, que conlleva sellado de techos, cambio de ventanas y de las baldosas, por lo que probablemente estaremos impedidos de usar la sede por algún tiempo a partir de finales de 2021.

Debido a la pérdida de todo apoyo financiero gubernamental desde hace varios años, nos vimos en la necesidad de prescindir del personal administrativo durante algún tiempo. Sin embargo, con el ingreso generado por los seminarios que ofrecemos semestralmente, logramos contratar una asistente administrativa durante 12 horas semanales a partir de junio de 2019 y, en enero de 2021, un bibliotecario, también a jornada parcial, por lo que se ha retomado el proceso de catalogación, detenido por más de tres años.

En abril de 2020, la Fundación Flamboyán, como parte de su iniciativa de apoyo a organizaciones culturales del país, aprobó un donativo destinado a mitigar daños económicos consecuencia de la pandemia. Los fondos fueron utilizados, según contratado, para sufragar algunos gastos de funcionamiento y actividades virtuales celebradas hasta finales de septiembre de 2020. En el primer trimestre de 2021, recibimos de Ediciones SM Puerto Rico la liquidación de las regalías de las ventas de los últimos dos años.

El 14 de marzo de 2020 la sede de la ACAPLE cerró sus puertas debido a las estrictas órdenes de confinamiento por COVID. Una vez flexibilizado y gracias a la disponibilidad de la becaria para trabajar de forma presencial, pudimos reabrir la sede al público a partir del 18 de junio de 2020, bajo estrictas medidas cautelares. La sede ha podido permanecer abierta de forma ininterrumpida a partir de ese momento.

INCORPORACIONES

La Academia Puertorriqueña de la Lengua Española se honra en contar con dos académicos numerarios nuevos: Dña. María Concepción Hernández García y D. Rafael Trelles.

El 2 de mayo de 2019, la destacada traductora y profesora de lenguas clásicas Dña. María Concepción Hernández García leyó su discurso de incorporación, titulado «Ars docendi». El discurso fue respondido por Dña. María Inés Castro Ferrer en el acto solemne celebrado en la sede de la Academia Puertorriqueña de la Lengua Española en el antiguo cuartel de Ballajá. Ocupa el sillón P, al que antes fue electo uno de los más ilustres humanistas puertorriqueños contemporáneos, D. Arturo Dávila Rodríguez.

Con una trayectoria de cerca de cuatro décadas en la docencia, la Dra. Hernández, cuya jubilación ha dejado un vacío irremplazable en la Universidad de Puerto Rico, rememora a sus grandes maestros de su España natal y a los grandes maestros de su país de adopción, Puerto Rico. Hizo un llamado a aunar esfuerzos para contribuir a que prolifere el conocimiento cabal sobre la lengua española y para reforzar las raíces en materia de lengua, la indispensable formación en español en la escuela primaria y secundaria del país.

El 12 de noviembre de 2020 se llevó a cabo la incorporación del destacado pintor D. Rafael Trelles. Su discurso de incorporación, titulado «Espiritualidades en la pintura puertorriqueña», fue respondido por D. José Luis Vega. Ocupa el sillón G, al que antes pertenecía el ilustre arqueólogo e historiador D. Ricardo Alegría, responsable de la conservación del patrimonio cultural puertorriqueño. El acto solemne, celebrado en el Museo de las Américas, fue seguido de la apertura de la exposición «La palabra imaginada». Lo que pareció un gran escollo, debido a la necesidad de permitir aforo limitado, se tornó en un gran acierto, pues facilitó el uso de audiovisuales que reforzaron la magistral narración con la que el nuevo académico nos invitó a visitar grandes obras de la pintura puertorriqueña. El acto está disponible en nuestra página oficial en Facebook: https://fb.watch/53-Ab_9N4e/.

Sobre la obra pictórica de Trelles se ha resaltado su impresionante sesgo onírico y surrealista, que el propio autor asocia con el «realismo mágico» propio de la «magia» de nuestro país hispanoamericano. Se trata de un arte que bucea los fondos más profundos del subconsciente, sin dejar de establecer un diálogo vibrante con la mitología y la literatura universal. Trelles es artista de enormes intuiciones, pero, a la vez, reflexivo, culto y atento siempre al entorno social y político en el que se mueve. Distingue su obra plástica, por más, una inclinación pictórico-literaria, tanto así que confiesa que escribe un poema al dorso de sus pinturas, fundamentado en las imágenes que crea en el lienzo.

Durante este periodo, D. Mario Vargas Llosa fue elegido académico correspondiente de la Academia Puertorriqueña de la Lengua Española. Por razones evidentes no se ha podido realizar ceremonia presencial alguna. Sin embargo, en su comunicación de agradecimiento por la designación, Vargas Llosa destacó su antiguo cariño e interés por todo lo que ocurre en esa isla, donde, según indica, tuvo el honor de enseñar hace unos años en el Recinto de Río Piedras de la Universidad de Puerto Rico.

PREMIOS, DISTINCIONES Y HOMENAJES

La trayectoria académica y creativa de varios de nuestros académicos ha sido reconocida con importantes premios y distinciones que destacamos a continuación; no así algunos de los homenajes proyectados, ya que fueron cancelados por causas del confinamiento.

D. Edgardo Rodríguez Juliá recibió el IV Premio León de Greiff al Mérito Literario, en septiembre de 2019 durante la Fiesta del Libro y la Cultura de la Secretaría de Cultura Ciudadana de Medellín. Este galardón, que tiene entre sus objetivos promover la lectura y la creación literaria, es un reconocimiento a la vida y obra del insigne escritor puertorriqueño. Don Edgardo Rodríguez Juliá, autor de una extensa y reconocida producción narrativa en la que reescribe creativamente algunos de los acontecimientos históricos de Puerto Rico, su país natal, ha sido considerado uno de los mejores prosistas de las letras puertorriqueñas.

Doña Luce López-Baralt fue nombrada en 2020 por D. Mario Vargas Llosa miembro del Consejo de Honor de la Cátedra Mario Vargas Llosa. La revista *Asomante* le dedicó en 2021 el volumen homenaje sobre temas de literatura aljamiada, así como el congreso y las *Actas del III Congreso Internacional de Mística,* editado por Caridad Elena Álvarez (Pontificia Universidad Católica de Ponce, PR, 2020), por sus estudios de misticismo comparado. En 2019, la Universidad Complutense de Madrid le otorgó un doctorado *honoris causa* por su brillante carrera como estudiosa de la literatura española y árabe comparada, literatura aljamiado-morisca y misticismo comparado. Es autora de más de doscientos artículos y treintaiún libros, que también incluyen temas de literatura hispanoamericana y puertorriqueña. Con motivo del aniversario del otorgamiento y como parte de la programación cultural virtual del Teatro de la Universidad de Puerto Rico, se celebró la trayectoria académica de la doctora Luce López-Baralt mediante un diálogo que auscultó posturas sobre temas trascendentales para la cultura y la academia puertorriqueña. Durante el programa cultural, se retransmitió parte de la ceremonia del otorgamiento del *honoris causa*. La ceremonia está disponible en https://bg-bg.facebook.com/teatro.upr/videos/652415395392897/.

La Academia Puertorriqueña de la Lengua Española reconoce a aquellos que de alguna manera han contribuido a la divulgación del español, a su investigación y desarrollo. Entre estos reconocimientos, se destaca la celebración conjunta del centenario del natalicio de D. José Trías Monge. El 5 de mayo de 2021, justamente un año después de la fecha pautada originalmente, se llevó a cabo la celebración virtual de la sesión solemne conjunta de la Academia Puertorriqueña de Jurisprudencia y Legislación y de la Academia Puertorriqueña de la Lengua Española en conmemoración del natalicio de D. José Trías Monge. El distinguido jurista y humanista fue presidente y fundador de la Academia Puertorriqueña de Jurisprudencia y Legislación y académico numerario de la Academia Puertorriqueña de la Lengua Española desde 1978. Bajo su liderazgo como director de la ACAPLE, entre 1996 y 1998, gestionó la actual sede en el antiguo cuartel de Ballajá, en el Viejo San Juan, y organizó una fundación de apoyo a la ACAPLE, ya disuelta. La grabación del acto está disponible en la página de Facebook (https://www.facebook.com/AcademiaPR/videos/200961301686693) y en el canal de Youtube (https://www.youtube.com/watch?v=DJjArYUQgtY&t=365s) de la Academia Puertorriqueña de la Lengua Española.

En el último acto oficial prepandemia, la Academia Puertorriqueña de la Lengua Española reconoció la fructífera vida letrada de la Dra. Luz Nereida

Pérez, quien, por décadas, se ha dedicado a la enseñanza del español a través de diversos medios de comunicación, con frecuencia sin remuneración. La autora de varios libros y centenares de columnas periodísticas, y responsable de innumerables secciones sobre lenguaje en prensa y televisión, nos ha enseñado a conjugar la cultura letrada con la humildad, la torre de marfil con la nobleza y la lengua con los cimientos de la comunidad, como bien indicara el académico y filósofo D. Dennis Alicea en la semblanza leída durante el acto. Humanista de corazón, para la Dra. Luz Nereida Pérez, su labor de defensa y difusión del buen uso del español es un deber. La Academia Puertorriqueña de la Lengua Española reconoció su desprendido servicio al pueblo de Puerto Rico y su dedicación a la difusión del buen uso del español en el marco de la presentación del *Libro de estilo de la lengua española* (*según la norma panhispánica*) el 10 de diciembre de 2019. La presentación del libro estuvo a cargo del D. José Luis Vega, director de la Academia Puertorriqueña de la Lengua Española, y de Dña. María Inés Castro, secretaria académica. Las palabras leídas se encuentran publicadas en el *Boletín de la Academia Puertorriqueña de la Lengua Española* de 2020 (www.academiapr.org; baple@academiapr.org).

PREMIOS ACAPLE A ESTUDIANTES GRADUADOS

Anualmente, la Academia Puertorriqueña de la Lengua Española reconoce los mejores trabajos de estudiantes graduados de la Facultad de Humanidades del Recinto de Río Piedras de la Universidad de Puerto Rico. Esta tradición no se ha visto interrumpida, a pesar de que no se ha podido llevar a cabo la ceremonia de distinciones académicas por causas del COVID. Se ha continuado otorgando el Premio Luis Llorens Torres a la mejor tesis doctoral defendida en el Programa Graduado de Estudios Hispánicos; el Premio Ricardo Alegría al mejor trabajo sobre literatura puertorriqueña realizado por un estudiante graduado en el Departamento de Estudios Hispánicos; el Premio Samuel R. Quiñones a la mejor traducción al español realizada por un estudiante del Programa Graduado de Traducción; y el Premio María T. Vaquero al mejor trabajo de investigación presentado en el Programa Graduado de Lingüística.

COMISIONES INTERACADÉMICAS

Comisión Interacadémica de Lexicografía

Como parte de la actualización de la 23.ª edición del *Diccionario de la lengua española*, versión 23.4, las académicas Dña. Maia Sherwood y Dña. María Inés Castro revisaron las 1336 entradas del envío 7 de la revisión del *DLE*, que fueron devueltas a principios de abril de 2020. Contamos con la asesoría del cirujano y académico Dr. Eduardo Santiago Delpín en el área temática de ciencias. Además, participamos en la primera fase de prueba de la plataforma virtual, participación que estuvo a cargo de Dña. Maia Sherwood, coordinadora de la Comisión de Lexicografía en la ACAPLE, quien también completó el envío 8 en mayo de 2021, con el apoyo de la becaria Gabriela Ortiz Díaz.

La Dra. María Concepción Hernández se incorporó a la comisión que trabaja para el *Diccionario histórico de la lengua española*.

Comisión Interacadémica de Gramática

En septiembre de 2020, la Comisión Interacadémica de Gramática, bajo la dirección de Dña. María Inés Castro, coordinadora, además, del área lingüística de las Antillas, y con la colaboración de la académica Dña. María Concepción Hernández, comenzó los trabajos de revisión de la segunda edición de la *Nueva gramática de la lengua española*. Se ha seguido puntualmente el cronograma de trabajo. Hasta junio de 2021 se enviaron las entregas correspondientes a la revisión de veintiún capítulos. Contamos con el apoyo del becario Landy Omar Negrón-Aponte.

Comisión de Lingüística de la ACAPLE

El léxico de la pandemia, elaborado a partir de las palabras sugeridas por los académicos, fue enviado a la ASALE acompañado de una descripción de cada término según su uso en Puerto Rico.

Durante el confinamiento de 2020-2021, se publicaron en la página electrónica de la ACAPLE varios escritos y reflexiones relacionadas con la pandemia. Contribuyeron Dña. María Concepción Hernández, «La lengua en tiempos de la pandemia»; Dña. Carmen Dolores Hernández, «Pandemias y libros»; Dña. María Inés Castro, «*Epidemia* y *pandemia*: etimología, ortografía y algo más». Compartieron también reflexiones que sirvieron de bálsamo durante las etapas iniciales del confinamiento Dña. Mercedes López-Baralt y D. Antonio Martorell.

Se envió a la Presidencia de la ASALE la solicitud de enmiendas y adiciones al *Diccionario de la lengua española* relacionadas con la variedad del español de Puerto Rico. Esta iniciativa de Dña. María Inés Castro conlleva «peinar» el diccionario académico para identificar las entradas y acepciones en las que es necesario añadir la marca geográfica *P. Rico*, las acepciones que requieran enmiendas, así como la inclusión de nuevas entradas o adiciones relacionadas con la variedad del español de Puerto Rico. Una vez identificadas, se procedió a realizar el análisis contrastivo y a documentar el uso en diversas fuentes. En marzo de 2021, se envió a la Presidencia de la ASALE y al Instituto de Lexicografía el documento con 135 recomendaciones para enmiendas y adiciones, entre las letras P y Z. Antes de finalizar el año está proyectado completar la revisión y documentación de adiciones y enmiendas de las letras J-O. Queda para el año entrante la revisión de las letras A-J y su eventual recomendación. La revisión toma en cuenta que el *DLE* es un diccionario general que no tiene por qué incluir de forma extensa regionalismos, sino formas de uso general que han trascendido generaciones en los registros, las cuales fueron documentadas y propuestas. Los resultados de la revisión de los puertorriqueñismos en el *DLE* han sido parcialmente publicados en varios números del *BAPLE*. La investigación utilizó el periódico de mayor circulación en Puerto Rico, *El Nuevo Día*, que nos dio acceso a los últimos diez años de la base de datos.

Por otra parte, se continúa trabajando en «Tesoro vivo: historia y actualidad del español de Puerto Rico», bajo la dirección de Dña. Maia Sherwood. La meta fundamental es convertir Tesoro.pr en un registro de la historia, pero también la actualidad, del léxico puertorriqueño que alojará un diccionario del español de Puerto Rico. Tanto el Centro de Innovaciones Educativas y Culturales (CENIEC), que aportó $4 000 00 a la ACAPLE que se han transferido al proyecto del Tesoro, como la Fundación Puertorriqueña para la Humanidades, que aportó $14 000 al proyecto del Tesoro en modalidad «Council conducted», tienen interés en que se desarrolle un componente educativo y participativo. Para ello se llevaron a cabo actividades con estudiantes de dos escuelas, una escuela pública del pueblo de Quebradillas y el colegio San Antonio en Río Piedras. Se les ofrece una lista de palabras para que hagan encuestas de conocimiento y uso, y de ese modo se conviertan en «investigadores de la palabra». El modelo se puede reproducir en talleres lingüísticos o lexicográficos recurrentes en el futuro.

SERVICIO DE CONSULTAS LINGÜÍSTICAS

Entre los servicios que ofrece la Academia Puertorriqueña de la Lengua Española, conviene destacar el servicio de consultas lingüísticas, que se reciben de manera telemática a través de la página de Facebook y la página web oficiales de la Academia Puertorriqueña de la Lengua Española. Son los becarios quienes, bajo la supervisión de Dña. María Inés Castro, se encargan de contestar las consultas lingüísticas.

Reconocemos que estas consultas, que no solo provienen de la comunidad puertorriqueña, sino de distintas partes del mundo, son de temas muy variados, entre los que se encuentran temas ortográficos, principalmente el uso de los signos de puntuación, el uso de las mayúsculas y casos de homofonía. También hemos recibido una cantidad considerable de consultas cuyo motivo es el origen etimológico de ciertas palabras o frases de uso extendido. Entre ellas se encuentran el origen del término *boricua* y el de expresiones idiomáticas como *conocer* (una cosa, lugar o persona) *como la palma de (mi, tu, su...) mano*. Han resultado particularmente interesantes las consultas sobre el neologismo martiano *idolesco* y las consultas sobre la variación de los sistemas de medidas en Puerto Rico para longitud, masa y velocidad. En el caso de las consultas recibidas por Facebook, destacan varias sobre fenómenos semánticos o fonéticos registrados en Puerto Rico en la actualidad. Por ejemplo, destaca una consulta sobre el fenómeno de la asimilación progresiva en el caso del fono /r/ percibido en determinados contextos fónicos. Además, se recibió una consulta sobre dos anglicismos semánticos escuchados últimamente en la prensa del país: *ha sido muy vocal,* con el significado de 'insistente', y *fue muy puntual,* con el sentido de 'específico'.

PRODUCCIÓN EDITORIAL DE LOS ACADÉMICOS

La producción académica no se ha detenido durante este periodo. En todo caso, la situación extraordinaria de la pandemia ha facilitado la participación de nuestros académicos en congresos virtuales como plenaristas y ponentes. De igual modo, nuestros académicos han publicado un sinnúmero de artículos en prestigiosas revistas y han prologado libros. Resultaría muy oneroso detallarlos todos, por lo que nos ceñimos a informar sobre los libros publicados, artículos en obras colectivas y obras de creación. Entre la producción editorial de libros y obras de creación de nuestros académicos se encuentran los siguientes:

DÑA. LUCE LÓPEZ-BARALT

—: *La cima del éxtasis*. Madrid: Trotta, 2020.

La autora, que por años ha acompañado con sus estudios críticos los escritos de los místicos de las persuasiones religiosas y de las épocas más diversas, cierra ahora filas con ellos cuando ofrece el testimonio vivo de su propia experiencia mística.

—: *Carta de batalla por las letras hispánicas: de Juan Ruiz a Luis Rafael Sánchez*. México: Siglo XXI. En prensa.

La autora reúne en este libro un muestrario de los ensayos representativos de su prolongada obra crítica, que cubre cinco décadas. Incluye desde ensayos ya clásicos hasta inéditos recientes en torno a las letras medievales y renacentistas peninsulares, con énfasis especial en la mística española, en la mística peninsular y sufí comparadas, en las letras sefarditas y en Cervantes, para pasar luego al siglo XXI peninsular e hispanoamericano, con estudios sobre Pedro Salinas, Juan Goytisolo, Borges, Vargas Llosa, Ernesto Cardenal y el puertorriqueño Luis Rafael Sánchez, entre otros.

—: *La literatura secreta de los últimos musulmanes de España*. Traducido al árabe en Riad, Arabia Saudita, en 2021.

En este extenso volumen, la autora recoge su larga producción crítica en torno a las letras aljamiadas y moriscas de los últimos musulmanes de España. Incluye la edición de códices inéditos de los siglos XVI y XVII y comenta temas que van desde la magia a la medicina, los oráculos, las plegarias y las instrucciones precisas para los que se adelantaban a huir clandestinamente de la península. Incorpora también los testimonios de los moriscos sobre su propia condición marginal y la experiencia de su exilio en 1609 a tierras musulmanas. Por primera vez la minoría marginada tiene la palabra y nos cuenta en primera persona cómo vivió el difícil proceso de asimilación a la cultura española y luego la reaculturación a la cultura islámica en sus tierras de acogida.

—: *Obra completa de san Juan de la Cruz*. Edición de Luce López-Baralt en colaboración con Eulogio Pacho. Nueva edición digital (formato en libro electrónico). Madrid: Alianza Editorial, 2021.

La autora y el P. Eulogio Pacho (q. e. p. d.) presentan digitalmente su edición conjunta, con un estudio preliminar, de la obra completa de san Juan de la Cruz, incluyendo sus poemas y su obra en prosa. Los dos volúmenes han tenido una larga fortuna editorial, pues han sido reeditados muchas veces.

D. José Luis Vega

Obras de creación publicadas en prestigiosas revistas:

—: «Apunte en la portadilla del Bardo Todol», «Reminiscencia», «La librería», «Golden Street», «Imago», «Canción de desafinada». *Palimpsesto* (revista de creación), n.º 35, Carmona (Sevilla), 2020.

—: «Travesía», «A la deriva», «Suite de los sueños fugitivos», «El dorso de la mano», «Oda al zorzal petirrojo». *Sibila*, n.º 63, Sevilla, enero 2021.

D. Edgardo Rodríguez Juliá

—: *Cuarteto tardío*. Medellín: Editorial EAFIT, 2019.

Como parte del IV Premio León de Greiff al Mérito Literario con que fue galardonado, se publicó una compilación de algunos de sus textos bajo el título *Cuarteto tardío*. Estos primeros capítulos de sus más recientes novelas contienen las señas de su escritura tardía: ambición de la sensorialidad en el texto; el uso del «dato escondido»; la exploración de personajes históricos mediante una imaginación expresionista; la conversión de la elipsis en novela policial.

Obra de creación:

—: *El béisbol romántico*. San Juan: Ediciones Callejón, 2019.

El autor ofrece estampas muy sugerentes sobre el juego de la pelota y el bate en Puerto Rico, muy en especial sobre la liga de béisbol invernal en su época de oro y sobre los jugadores que participaron en ella. El libro se centra en una época más simple y sana, en la que el béisbol invernal arropó por tres meses la atención de los puertorriqueños. Resulta particularmente interesante el ensayo «Las metáforas del béisbol», escrito en el que el autor comenta la riqueza léxica y metafórica del béisbol latinoamericano.

DÑA. MERCEDES LÓPEZ-BARALT

—: *Celebrando nuestra cultura. La Fundación Puertorriqueña de las Humanidades (1977-2020).*

Libro conmemorativo de más de cuatro décadas dedicadas por la Fundación Puertorriqueña de las Humanidades a la cultura, la memoria colectiva y la identidad de Puerto Rico, y en el que han colaborado Amapola Caballero, Vanessa Droz, Roberto Gándara, Annie Santiago y Mercedes López-Baralt, quien también ha ejercido de editora. En prensa.

—: «Myth and Poetry in Macondo», en *Gabriel García Márquez Casebook*. Ensayo. Por invitación de Gene Bell-Villada e Ignacio López Calvo para incluirlo en el *Gabriel García Márquez Casebook* de Oxford University Press. Escrito en el 2020 y en prensa para el 2021.

D. EDUARDO A. SANTIAGO DELPÍN

—: *Aforismos, proverbios y refranes del cirujano*. De Eduardo A. Santiago Delpín, José Octavio Ruiz Speare y Alberto Barrón Vargas. 2.ª edición. Editorial Alfil: México DF, edición revisada en 2020.

El libro contiene dichos y consejos para el joven cirujano, ilustrados, y con las citas correspondientes, la mayor parte de los autores.

—: *Historia de Transplant Society.*

Compilación de documentos, planes, escritos, historias de la sociedad profesional Transplant Society, encuadernada por A. Huanani, con circulación limitada, y que será el inicio de una historia general de los trasplantes en Puerto Rico. Actualmente en preparación en conjunto con Zulma González Caraballo y Luis Morales Otero.

—: *Ética en trasplante*. Marlén Oliver (editora), Eduardo Santiago Delpín (editor asociado), en prensa 2020.

El libro es un esfuerzo por compilar y presentar diversos acercamientos bioéticos desarrollados a partir de los intereses particulares y las experiencias profesionales de los autores. El volumen actual, al igual que el que lo precede, está estructurado en cuatro partes, que corresponden a las varias ramas de la bioética actual.

D. Eduardo Santiago Delpín prologa el libro y es el autor del capítulo «Ética en trasplante». El trasplante de órganos trajo consigo innumerables dilemas éticos relacionados con la muerte, la donación, la distribución de órganos, el trasplante y el receptor, los inmunosupresores, los costos de la terapia, la experimentación, la genética, la interacción con la industria, la privacidad, el comercio en trasplante, y otros más. Estos temas son discutidos en el contexto de los principios tradicionales de la bioética, o sea, la no maleficencia, la beneficencia, la autonomía y la justicia, en especial la justicia distributiva, y cuando los valores están en conflicto entre sí. Ponemos énfasis en la deliberación ética y los algoritmos utilizados en la búsqueda de decisiones justas y prudentes.

—: *Las enfermedades crónicas y degenerativas, discapacidades y rehabilitación*. María H. Díaz Porto (editora), en prensa 2020.

Maravillosos e insospechados adelantos en la medicina, la psicología y la sociología se nos han venido encima en las últimas décadas. Avances en neurociencias, reumatología, cirugía, cáncer, inmunología, trauma, molecular y en disciplinas que no existían apenas hace unos años nos han provisto de herramientas nuevas para ayudar a los pacientes con distintas enfermedades.

Lo que es inusual y hace de este libro una obra única es que no solemos pensar en lo que pasa más allá de la teoría, de lo molecular, de los avances clínicos, de la terapéutica, de la cirugía, de los medicamentos, o sea, en la rehabilitación de nuestros pacientes.

D. Eduardo Santiago Delpín prologa el libro y es el autor del capítulo «La disinmunidad como factor agravante en condiciones crónicas». El propósito de este capítulo es describir la importancia del sistema inmunológico en los humanos y en los animales, enfatizar su importancia en la supervivencia de los organismos y hacernos conscientes de la cantidad de trastornos y enfermedades que afectan de una u otra manera su función.

Obra de creación:

—: *Cuentos cortos con olor a ciencia*. San Juan: Editorial Gaviota, 2020. En prensa.

El libro se compone de 35 cuentos cortos sobre un sustrato de ciencia.

D. Ramón Luis Acevedo

—: *La vida real. Los cuentos de Carmela Eulate Sanjurjo*. San Juan: Instituto de Literatura Puertorriqueña. En prensa.

La obra es una recopilación, edición y estudio crítico de *La vida real: cuentos de Carmela Eulate Sanjurjo.* San Juan: Instituto de Literatura Puertorriqueña, 1920. Incluye trece cuentos que publicó la autora en la prensa, con un estudio de Acevedo sobre ellos. Lo publica el Instituto de Literatura Puertorriqueña en su colección Hallazgos y Reencuentros.

D. Antonio Martorell

Obra de creación:

—: *Mi grito hacia el mundo,* monumento en vidrio que ubica en la ciudad de Nueva York. Obra en colaboración con el arquitecto Segundo Cardona.

Con «Adiós desde Welfare Island», el único poema que Julia de Burgos escribió en inglés cuando vivía en Nueva York, el artista Antonio Martorell y el arquitecto Segundo Cardona crearon un monumento para recordar a las víctimas de María en uno de los estados con mayor enlace cultural e histórico con la Isla. El monumento forma parte de las iniciativas del estado de Nueva York para con las 11 000 víctimas desplazadas por el huracán María que ahora viven allí. El proyecto cuenta con la tecnología del QR Code, que, colocado al pie de la obra, explica a través de *audiotour* el por qué este monumento se levanta como un símbolo internacional de la resiliencia de la comunidad puertorriqueña.

D. Francisco José Ramos

—: *El drama de la escritura filosófica*. Segunda edición. Madrid: Fundamentos 1998/2019.

El 21 de noviembre de 2019 se celebraron en la Academia Puertorriqueña de la Lengua Española los 20 años de publicación del primer volumen de la *Estética del pensamiento. El drama de la escritura filosófica* y la presentación de su segunda edición. *El drama de la escritura filosófica* es una *poética conceptual* concebida para realizar una vigorosa *afirmación* de la filosofía, no como un mero discurso especulativo y autocomplaciente, sino como una *investigación* en torno a las condiciones de la existencia y la aventura literaria del pensamiento. Se trata de una investigación antigua o, mejor dicho, ancestral. Sin embargo, sea cual sea su talante, la experiencia filosófica es un experimento interminable con lo *real,* en el que se recogen las múltiples maneras de identificar lo que se nombra como *realidad* o se asume como *irrealidad*. La actividad fue auspiciada por la Fundación Puertorriqueña de las Humanidades, el Departamento de Filosofía, UPR, Río Piedras y la Librería Laberinto.

La segunda edición se enmarca en el proyecto *Aesthetics of Thought*, que incluye la celebración del Seminario sobre el Primer Volumen de la «Estética del pensamiento» y la traducción en curso al inglés de *El drama de la escritura filosófica*, financiado con el Fondo Institucional para la Investigación 2019-2021 del Decanato de Estudios Graduados e Investigación de la UPR, Río Piedras. En el contexto de *Filosofía de Nuestra América II*, el Dr. Carlos Rojas Osorio concluye que «la obra filosófica de Francisco José Ramos es de una impresionante elaboración, con un estilo muy elaborado y un aprovechamiento fecundo de la riqueza de la lengua; todo ello sin perder nada en profundidad y sabiduría».

D. Dennis Alicea

—: *Entre la utopía y lo absurdo*. San Juan: Callejón, 2021.

Los ensayos que aquí se presentan pretenden colocar en un mismo «espacio lógico» interrogantes e ideas que provienen de distintas tradiciones filosóficas, cruzan prácticas teóricas y enjuician realidades sórdidas. El hilo conductor es el entrecruce tupido de ideas abstractas que han ocupado la imaginación filosófica y la lacerante realidad humana. Escribir sobre utopías en medio de las desgarradoras distopías del mundo moderno puede parecer desconcertante y alienado; pero las utopías, como las ideologías, son partes de lo humano y su imaginación. Vinculadas a las visiones del mundo y a la construcción de significados, perviven entre nosotros como una metafísica de la cotidianidad. Como el cielo y el infierno, la utopía y el absurdo están en el mismo lugar; surgen de la misma ontología existencial, contradictoria y opaca, en la que el ser y la nada coexisten. La racionalidad humana, y su imaginativa dialéctica, parece establecer los límites de esos dos extremos que se corresponden, se necesitan y se desgarran.

Dña. Maia Sherwood

—: «Enfogonada», en *Lo uno y lo diverso. La riqueza del idioma español* (artículo en obra colectiva). Madrid: Instituto Cervantes, 2021.

Artículo en el libro *Lo uno y lo diverso. La riqueza del idioma español*, publicado por el Instituto Cervantes y la editorial Espasa, que aborda la variedad del idioma a través de veintiún artículos de diversos ámbitos del mundo hispanohablante.

—: *Palabras de domingo*. San Juan: Editorial Luscinia. En prensa.

Colección de columnas periodísticas sobre el idioma publicadas en el periódico *El Nuevo Día* (2004 a 2012) y en diversas fuentes.

—: «Diccionarios e ideología. Mujer y sexualidad en Tesoro.pr», en *Homenaje a Alfredo Matus Olivier*, Academia Chilena de la Lengua Española. En prensa.

D. Rafael Trelles

Obras de creación:

—: *Rafael Trelles. La palabra imaginada.* Museo de Las Américas, San Juan, 2020.

—: *The Imagined Word: Rafael Trelles.* Point of Contact Gallery, Syracuse University, Nueva York, 2020.

Tanto *La palabra imaginada* como *The Imagined Word* presentan una serie de 22 dibujos inspirados en 19 obras de la literatura universal. Los dibujos están realizados con tinta de grabado e impresión xilográfica sobre papel. Con una depurada técnica, el autor recrea los personajes de las obras proponiendo lecturas e interpretaciones inesperadas sin intentar ilustrar los textos; más bien elabora un texto visual alterno que dialoga con la fuente literaria. *La palabra imaginada* viaja al Museo Cornell de la ciudad de Orlando, Florida, el 17 de septiembre de 2021.

—: *Axis Mundi: Rafael Trelles.* October Gallery, Londres, 16 de junio de 2021.

Axis Mundi presenta una serie de 14 pinturas al óleo que abordan el tema del árbol como símbolo de trascendencia en la mitología y también desde una perspectiva ecológica.

BOLETÍN DE LA ACADEMIA PUERTORRIQUEÑA DE LA LENGUA ESPAÑOLA (BAPLE)

A partir de 2015 se ha retomado la publicación anual ininterrumpida del *Boletín de la Academia Puertorriqueña de la Lengua Española,* dirigido por Dña. María Inés Castro Ferrer, quien ha concentrado los esfuerzos para convertirlo en una revista impresa y digital que cumpla con los requisitos de catalogación de Latindex. Se gestionó el ISSN de la revista en línea y esta entró al catálogo 2.0 de Latindex como revista impresa y digital. El primer número digital, que corresponde a 2020, ya está disponible de libre acceso en nuestra página electrónica: www.academiapr.org. Agradecemos la colaboración de los miembros del Consejo Editorial del *BAPLE,* conformado por nuestros académicos correspondientes D. Fernando Iwasaki, D. Leonardo Padura, D. Sergio Ramírez, D. José Romera Castillo, D. Bruno Rosario Candelier, D. Antonio Skármeta, D. Mario Vargas Llosa, así como por D. Francisco Moreno Fernández, académico correspondiente de la ANLE.

Durante los primeros meses de la pandemia aumentaron significativamente las solicitudes de artículos publicados en números anteriores al 2010. Con ello se reafirmó la necesidad de completar el proceso de digitalización de todos los boletines publicados desde 1973. En 2021 se completó el proceso de digitalización y paulatinamente se irán subiendo a la página electrónica para que estén disponibles de acceso libre.

Nuestros académicos han contribuido con valiosos artículos al *Boletín de la Academia Puertorriqueña de la Lengua Española*. Entre ellos:

ACEVEDO, Ramón Luis: «Manuel Alonso vs. Martín Travieso». Ensayo. *Boletín de la Academia Puertorriqueña de la Lengua Española*, cuarta época, vol. 6, 2020, págs. 39-76.

LÓPEZ BARALT, Mercedes: «*Todo se ha hecho a mi voluntad*: el legado de Melibea en manos de la Fortunata de Galdós». Ensayo. *Boletín de la Academia Puertorriqueña de la Lengua Española*, cuarta época, vol. 6, 2020, págs.11-38.

RAMOS, Francisco José: «El destello de la imagen: lenguaje, lengua y escritura de Paul Celan». Ensayo. *Boletín de la Academia Puertorriqueña de la Lengua Española*, cuarta época, vol. 6, 2020, págs. 115-138.

SANTIAGO DELPÍN, Eduardo: «Tengo que tomar una decisión final». Cuento corto. *Boletín de la Academia Puertorriqueña de la Lengua Española*, cuarta época, vol. 6, 2020, págs. 181-183.

VEGA, José Luis: «Retorno a José Gautier Benítez: a la orilla del Yagüez y el Manzanares». Ensayo. *Boletín de la Academia Puertorriqueña de la Lengua Española*, vol. 5, 2019, págs. 11-34.

REVISIÓN SERIE SAVIA ESPAÑOL

Las académicas Dña. María Concepción Hernández y Dña. María Inés Castro completaron la revisión lingüística de la serie de textos y cuadernos escolares de séptimo a duodécimo grado de Ediciones SM, Savia Español, de conformidad con los acuerdos al respecto.

SEMINARIOS Y TALLERES

Desde 2010, la ACAPLE ofrece ciclos semestrales de seminarios y talleres sobre temas de especialidad de los académicos. La oferta está abierta al público mediante matrícula. Por años esta actividad ha servido a los interesados como punto de encuentro, enriquecimiento e intercambio cultural, un bálsamo en medio de las presiones de la cotidianidad.

El ciclo final de 2021 se inició con el seminario «Viaje a la semilla: los orígenes indígenas de la literatura hispanoamericana», dictado por la académica y consecuente colaboradora, Mercedes López-Baralt; le siguió el seminario «El sueño y la literatura», a cargo del director de la ACAPLE, José Luis Vega. Cerramos con broche de oro los ciclos de 2021, con la colaboración de nuestro académico correspondiente en Sevilla, el escritor, historiador y profesor Fernando Iwasaki, quien en el seminario «Mis maestros», permeado por la virtud del agradecimiento, rinde homenaje a figuras claves de la literatura y de la historia a quienes leyó durante su juventud y que dejaron en él una huella imborrable.

La Academia Puertorriqueña de la Lengua Española ha ofrecido hasta ahora 54 seminarios, de diez horas contacto, cada uno, de los cuales se da cuenta detallada en otro lugar de esta *Crónica*.

PÁGINA ELECTRÓNICA Y REDES SOCIALES

En los últimos tres años, la página electrónica de la Academia, www.academiapr.org, ha recibido un promedio de 30 000 visitas por cada año. Alrededor del 50 por ciento de esas visitas se han realizado desde Puerto Rico y aproximadamente el 25 por ciento de ese total se ha recibido desde Estados Unidos. La cuarta parte restante está integrada por distintos países, encabezados por España y México. Sin embargo, durante el 2020 y los primeros meses del 2021, China ha figurado como el cuarto y tercer país, respectivamente, en visitar nuestra página electrónica.

La presencia de la Academia en las redes sociales es mayormente en Facebook (@acaplepr), red en la que cuenta con 19 867 seguidores. La página ha recibido 19 627 *likes*. De otra parte, la cuenta de Twitter (@AcademiaPR), que se reactivó el 13 de agosto de 2020, además de recibir consultas de los usuarios y mantener comunicación con ellos, se utiliza para publicar el contenido compartido en la página de Facebook. La aplicación Canva es la que se utiliza como herramienta de trabajo para diseñar el arte gráfico, que siempre lleva el logo de la ACAPLE y tonalidades de verde, amarillo o azul marino.

En los muros de Facebook y Twitter se publican un promedio de tres veces por semana anuncios y promociones de eventos importantes de la ACAPLE, así como información publicada por la RAE o la ASALE, y diferentes plantillas gráficas con textos breves sobre gramática, ortografía o lexicografía, sobre todo de palabras o frases de uso en Puerto Rico. La información que se publica en esas plantillas se extrae de diversas fichas bibliográficas de la ACAPLE, la RAE y la ASALE. Igualmente, una vez contestadas las consultas que realizan los seguidores de la Academia por correo electrónico o por las redes sociales, se publica de forma abreviada la respuesta ofrecida.

Para lograr mayor alcance, el contenido que se comparte en Facebook se identifica con diferentes etiquetas según el tema. Por ejemplo, se utiliza *#mejorasí* para publicar plantillas relacionadas con estilo, gramática u ortografía. En 2021, la plantilla que más difusión tuvo con el *#mejorasí* fue «Mejor *instalaciones* que *facilidades* para recinto, estructura o espacio». Esta publicación acaparó la mirada de 4523 personas, se compartió 60 veces y obtuvo 60 *likes*. Las *#palabrasmásbuscadas* se seleccionan entre las palabras más consultadas en el *Tesoro lexicográfico del español de Puerto Rico* (Tesoro.pr) durante la semana en cuestión. Una de las publicaciones que más alcance tuvo en 2021 bajo esta categoría fue *zahorí, zajorí, sajorín*, que alcanzó a 12 163 personas, se compartió 110 veces y tuvo 86 *likes*. Finalmente, en las plantillas que llevan la etiqueta *#palabradeldía* se comparten palabras registradas en el *Tesoro* que sean relevantes con respecto a las festividades o a alguna situación destacada al momento de la publicación. En esta categoría, una de las publicaciones con más movimiento en Facebook fue la relacionada con la alternancia del puertorriqueñismo *plegostre/plegoste*. Esta alcanzó a 6583 personas, se compartió 47 veces, obtuvo 63 *likes* y 57 comentarios. Otras de las publicaciones destacadas con la etiqueta *#palabradeldía* que han recibido más atención de parte de los usuarios han sido *sanitizar, berenjenal* y los puertorriqueñismos *equelecua* y *a culcul*, entre otros.

Cabe señalar que este año experimentamos, por primera vez, con el servicio de publicidad de Facebook para la promoción de los seminarios, ahora virtuales, que ofrece la Academia. Esto nos permite tener una idea más específica del perfil de los interesados. El manejo de las redes sociales está a cargo de la becaria Gabriela Ortiz Díaz, bajo la supervisión del director y de la secretaria de la ACAPLE.

BIBLIOTECA DE LA ACAPLE Y SALA MARÍA VAQUERO

La Biblioteca de la ACAPLE cuenta con 3588 títulos catalogados, además de alrededor de 1000 libros por catalogar; un total de sobre 4500 libros, sin incluir publicaciones periódicas. Incluye la mayoría de los libros publicados por los académicos de la ACAPLE, así como la colección de libros que la académica Dña. María Teresa Vaquero legó a la ACAPLE y que se encuentran catalogados en la sala que lleva su nombre. Con la contratación del bibliotecario Miguel Rodríguez en enero de 2021 logramos retomar el proceso de catalogación de los más de 1000 libros que quedan por catalogar.

Una vez logramos reabrir la sede tras la flexibilización del confinamiento el 18 de junio de 2020, se ha autorizado el acceso al público para utilizar los recursos de nuestra biblioteca bajo estrictas medidas cautelares. Se proyecta que la biblioteca tendrá que ser almacenada a finales de año, cuando inicie el proceso de reparación de la sede por los daños causados por el paso del huracán María.

COLABORACIONES INSTITUCIONALES Y CONVENIOS

Se ha retomado el convenio con el Programa de Estudios Interdisciplinarios de la Facultad de Humanidades de la Universidad de Puerto Rico, bajo la mentoría de Dña. María Inés Castro. Durante el semestre académico de enero a mayo de 2021, contamos con un estudiante que completó en la ACAPLE el internado de experiencia formativa. Este convenio nos ha permitido contribuir a desarrollar destrezas de investigación lingüística en los jóvenes alumnos, especialmente en el área de lexicografía, mientras recibimos el apoyo tan necesario para adelantar los proyectos en marcha.

Tesoro.pr: Tesoro lexicográfico del español de Puerto Rico en línea

MAIA SHERWOOD DROZ

INTRODUCCIÓN

Tesoro.pr, o *Tesoro lexicográfico del español de Puerto Rico en línea*, es un diccionario de diccionarios, de base electrónica, en continuo crecimiento. Este proyecto de la Academia Puertorriqueña de la Lengua Española tiene la intención de ser la obra de referencia más completa disponible sobre palabras y frases puertorriqueñas, así como una herramienta de investigación sobre el léxico y los diccionarios de Puerto Rico. Actualmente incluye más de 27 000 palabras y frases puertorriqueñas, provenientes de 65 fuentes (diccionarios, vocabularios, glosarios, tesis, etc.), escritas entre 1788 y 2010.

La base de Tesoro.pr es el *Tesoro lexicográfico del español de Puerto Rico* (en adelante, el *Tesoro*), de María Vaquero, Amparo Morales y la Academia Puertorriqueña de la Lengua Española (San Juan: Plaza Mayor, 2005), que compiló en un solo tomo 63 fuentes diferentes sobre léxico puertorriqueño. El *Tesoro* tenía 19 333 lemas, divididos en 11 812 lemas simples y 7521 lemas complejos, con un total de 36 088 acepciones.

Tras la publicación de Tesoro.pr en 2016, se inició el trabajo de ampliación y actualización de las fuentes. Se agregaron dos fuentes: el *Diccionario de anglicismos actuales* (Amparo Morales, San Juan: Plaza Mayor, 2009) y las palabras de Puerto Rico del *Diccionario de americanismos* (Asociación de Academias de la Lengua Española, 2010). Estas adiciones aumentaron en un 25 % el número de lemas (a 25 952) y en un 30 % el número de acepciones (a 53 034). Los lemas simples crecieron a 17 459, y los lemas complejos a 10 309.

EL *TESORO LEXICOGRÁFICO DEL ESPAÑOL DE PUERTO RICO*

El *Tesoro lexicográfico del español de Puerto Rico* fue el tercero de su tipo publicado en español, tras el *Tesoro lexicográfico del español de Canarias* (1992) y el *Tesoro léxico de las hablas andaluzas* (2000). La monumental obra fue resultado de 10 años de labor de las lingüistas María Vaquero y Amparo Morales, de la Academia Puertorriqueña de la Lengua Española.

El *Tesoro* compiló en un solo tomo el léxico puertorriqueño recogido por 63 autores en fuentes heterogéneas —diccionarios, vocabularios, glosarios, etcétera—, principalmente en el siglo XX. Algunas de las figuras más notables de esa tradición son Augusto Malaret, Tomás Navarro Tomás, Manuel Álvarez Nazario, Humberto López Morales, María Vaquero, Amparo Morales. Las fuentes previas al siglo XX son pocas, pero valiosas: la *Historia geográfica, civil y natural de la isla de San Juan Bautista de Puerto Rico* de Íñigo Abbad y Lasierra, de 1788, y *El gíbaro* de Manuel Alonso, de 1849.

Más específicamente, las páginas del *Tesoro* contienen, en primer lugar, diccionarios y vocabularios generales sobre el español de Puerto Rico. Entre ellos destaca el *Vocabulario de Puerto Rico*, de Augusto Malaret (1937), que presenta la primera reflexión seria y abarcadora del rico vocabulario de Puerto Rico. Como apunta Humberto López Morales en su edición crítica del mismo texto (1999), la calidad de esta obra —tanto en lo abarcador de su macro y microestructuras como en la sistematicidad y rigor de las definiciones— hacen de Malaret, incluso hoy en día, uno de los más importantes diccionaristas hispánicos.

El *Tesoro* también incluye diccionarios y glosarios de palabras según su origen, especialmente de indigenismos, africanismos y anglicismos. Son obras como el *Diccionario de voces indígenas de Puerto Rico*, de Luis Hernández Aquino (1969), *El elemento afronegroide en el español de Puerto Rico*, de Manuel Álvarez Nazario (1961), *La herencia lingüística de Canarias en Puerto Rico*, de Manuel Álvarez Nazario (1972) y *Anglicismos puertorriqueños*, de Amparo Morales (2001).

El *Tesoro* recoge, además, estudios e inventarios léxicos de parcelas específicas de la vida, como los relativos al mar, el mundo agrícola, las peleas de gallos, la delincuencia, los bailes, las comidas, la dulcería y las bebidas, entre muchos otros. Por otra parte, el *Tesoro* también cuenta con repertorios de léxico según los niveles de lengua, como el *Léxico del habla culta de San Juan de Puerto Rico*, de Humberto López Morales (1986), y *El habla popular de Puerto Rico*, de Washington Llorens (1981).

Finalmente, se incluyen textos que emergen de acercamientos científicos al español de Puerto Rico. En el *Tesoro* se recogen los datos léxicos de los estudios de geografía lingüística, iniciados por Tomás Navarro Tomás en la ruralía de Puerto Rico en 1927. Esta primera investigación geolectal en el país fue la base para las investigaciones lingüísticas de numerosos municipios de la isla que dirigió posteriormente el profesor Rubén del Rosario en el Departamento de Estudios Hispánicos de la Universidad de Puerto Rico. En las décadas de 1960 y 1970, se presentaron 20 tesis de Maestría y Doctorado enfocadas en la lengua de los municipios. La mayoría de ellas son inéditas, pero el componente léxico se recogió en el *Tesoro*.

Particularmente importantes son los estudios dialectales, encabezados por la investigación histórica de Manuel Álvarez Nazario, que exploró los arcaísmos en el español puertorriqueño y nuestra habla campesina, así como las diversas influencias lingüísticas —especialmente la indígena, la africana y la canaria— que marcaron el español de Puerto Rico. A fines del siglo XX, la geolingüística impulsada por Manuel Alvar impulsó la colecta de materiales para el *Atlas lingüístico de Puerto Rico*. Los datos léxicos se publican en el libro *Palabras de Puerto Rico*, de María Vaquero, en 1995, y se incluyeron en el *Tesoro*.

TESORO.PR [1]

Con el proyecto Tesoro.pr, publicado en Internet en 2016, Puerto Rico se inicia formalmente en la lexicografía electrónica. Al igual que el *Tesoro*, Tesoro.pr constituye una obra innovadora, al ser el primer tesoro lexicográfico en Hispanoamérica en soporte electrónico.

El objetivo fundamental de Tesoro.pr fue poner al alcance de un público amplio, a través del Internet y por medio de computadoras, tabletas y teléfonos celulares, todo el caudal léxico recogido en el *Tesoro*. Nos interesaba alcanzar a los investigadores de lengua y literatura puertorriqueñas, a los maestros y profesores, a los estudiantes de todos los niveles y a los puertorriqueños en general, de la Isla y de afuera.

El hecho de que los tesoros lexicográficos ordenen cronológicamente las definiciones de las diferentes fuentes aporta valores adicionales a conocer el sentido de una palabra. Nos permite saber, por ejemplo, cuándo una palabra se registra formalmente por primera vez, lo que aporta pistas sobre cuándo en-

1. El equipo de trabajo de Tesoro.pr está formado por Maia Sherwood Droz, directora; Freddy Acevedo, ayudante principal; Giovanni Collazo y José Padilla, de Blimp LLC, equipo de informática; los artistas gráficos Javier W. Vélez y, de Zoom Ideal, Juan Carlos Torres y Arturo Morales. Los asistentes en lexicografía son Cristina Maymí, Kevin Matos, Jessica Vélez, Gabriela Ayala, Karla Montañez, Hjalmar Rivera y Amapola Caballero. Reconocemos también el trabajo de las lingüistas Rebecca Arana y Carla Mojica, que ayudó a sentar las bases para este proyecto; Rebecca Arana también brindó asesoría en lexicografía posteriormente.

tra o sale una palabra o un sentido en la lengua. Asimismo, permite apreciar el camino semántico —a la luz de las fuentes lexicográficas— de una palabra en el tiempo. Finalmente, para los estudios filológicos y literarios un tesoro lexicográfico es invaluable, pues permite conocer el sentido de una palabra en el momento en que se escribe el texto que se estudia.

El segundo objetivo del proyecto, que se discutirá a continuación, fue aprovechar las posibilidades de la plataforma electrónica para explotar al máximo los datos lexicográficos. La plataforma electrónica no solo salva la limitación del espacio impreso, sino que permite explorar de maneras dinámicas y noveles las relaciones que existen entre palabras, significados y otros datos.

La herramienta electrónica

La base de datos y la herramienta de consulta de Tesoro.pr se construyeron específicamente para el proyecto, usando materiales de fuente libre o abierta (*open source*). Para la programación principal se usaron Python, Django y Ember.js; para la base de datos, ProgresSQL; para el *caching,* Memcached, y como motor de búsqueda, ElasticSearch.

Búsquedas sencillas

En Tesoro.pr se pueden realizar búsquedas sencillas, por lema o palabra de entrada. En este tipo de búsqueda, la función de cercanía gráfica muestra todas las opciones que contienen los caracteres tecleados. Esto es particularmente valioso para localizar palabras de grafía inestable o frases con componentes variables. Por ejemplo, la secuencia «pir» dará las siguientes opciones: *agua de piringa, juego la pirámide, pira, piragua, piragüero.*

Cabe señalar aquí que las unidades pluriléxicas se han registrado como lemas individuales, por lo que son localizables de manera independiente, pero también se han vinculado con al menos una de las palabras léxicas contenidas (así, *a dos por chavo* tiene su propia entrada, pero también se encuentra al final de la entrada de *chavo*).

Una decisión macroestructural del *Tesoro*, que se mantiene en Tesoro.pr, fue separar en entradas diferentes (con superíndices distintos) los sentidos bien distinguidos de una palabra; de ese modo, se pueden agrupar en la misma entrada las definiciones aportadas por las fuentes para cada uno de esos sentidos. Por ejemplo, el indigenismo *piragua* tiene tres entradas diferentes, con tres superíndices: *piragua*^{1}, *piragua*^{2}, *piragua*^{3}. *Piragua*^{1} se refiere a una canoa grande. Para este sentido, se presentan definiciones de cinco fuentes distintas, en orden cronológico, empezando con el cronista Abbad y Lasierra, de 1788. *Piragua*^{2} es un cono de hielo rayado, con sirope por encima, y tiene 14 definiciones, de 1937 a 2001. *Piragua*^{3} se refiere a una batea hecha de la palma real, usada para llevar la ropa al río; esta tiene dos definiciones, provistas por dos fuentes diferentes.

Los hipervínculos o hiperenlaces nos permiten saltar a las referencias cruzadas —sinónimos y palabras relacionadas—, así como a las palabras previas y siguientes, y a otras unidades de información, con el toque de un botón.

Búsquedas avanzadas

Gran parte de la novedad y la utilidad de Tesoro.pr radica en las posibilidades de búsqueda avanzada. Los componentes microestructurales del *Tesoro* se convirtieron en campos de la base de datos, lo que permite enfocar las búsquedas desde esas perspectivas.

Categoría gramatical. La búsqueda avanzada por categoría gramatical nos permite pedir a Tesoro.pr, por ejemplo, todas las locuciones verbales. El resultado son 2925 locuciones verbales: *abrir brecha, abrir el coco, abrir el paraguas* y así sucesivamente.

Origen de la palabra. Por medio de la búsqueda avanzada de origen de la palabra, podemos rastrear sistemáticamente los africanismos, anglicismos, galicismos e indigenismos, según la información aportada por las fuentes. Una búsqueda de «africanismos» da 97 resultados, que comienzan por las voces *bachata, balalú, baquiné, bembe.*

Fuente lexicográfica y año de publicación. La tercera búsqueda avanzada es por fuente lexicográfica y año de publicación. Por ejemplo, podemos obtener el lemario completo del diccionario de Augusto Malaret de 1937. Se trata de 3576 palabras: *a corcor, a jilo de, a la brava, a la criolla,* etc. Por su parte, esta búsqueda avanzada nos informa de que el texto de Abbad y Lasierra de 1788 incluye 102 palabras, de las cuales 46 son indigenismos.

Campo temático. La próxima búsqueda avanzada es la de campo temático, un componente de información añadido al contenido de *Tesoro*. Se trata de campos léxico-semánticos vinculados a ámbitos de la vida con los que se etiquetaron todas las acepciones de Tesoro.pr.

Para establecer la nómina de campos temáticos, partimos de los «centros de interés» usados en los estudios de disponibilidad léxica iniciados por Humberto López Morales. Según trabajábamos, entallamos las categorías a este lexicón, hasta llegar a 42 campos temáticos. Hay campos de la vida en general —'Vivienda', 'Familia y Amigos', 'Flora' y 'Fauna'—, pero también otros más específicos, que el mismo léxico nos exigió: 'Caña', 'Café', 'Tabaco', 'Gallística'.

Gracias a esta marcación, podemos orientar las búsquedas onomasiológicamente, partiendo de una noción conceptual y llegando a las palabras que hablan de esa noción. Ello facilita agrupar y estudiar las palabras por campos temáticos. Una búsqueda por el campo de 'Vida espiritual', por ejemplo, arroja 280 resultados, que comienzan por *adoratorio, agua medicinal, aguaje, alborada, amaldecir*... Las etiquetas que aparecen en las entradas —'Vivienda', 'Familia y Amigos', 'Vida espiritual'— son marcas abreviadas; el contenido de cada una está descrito con más detalle en la página web.

Tesoro.pr como corpus. En el proyecto, no quisimos restringir las búsquedas a los campos formales del diccionario, así que abrimos el *Tesoro* a manera de corpus. Es posible, por lo tanto, buscar dentro de las definiciones: por ejemplo, se pueden buscar todas las palabras en cuya definición figura la palabra «mujer»; el resultado será una lista de palabras acuñadas en el español de Puerto Rico —según fueron registradas por las fuentes— para decir algo de la mujer, lo que podría constituir la base de un estudio sobre ideología de género. De igual modo, podríamos buscar todas las palabras en cuya definición figura la palabra «poesía», o bien «niño», que dio 370 resultados que inician con *albayalde, amozado, amozarse, apechar, arrimar el juan caliente*...

Búsqueda ortográfica inversa. Finalmente, añadimos una búsqueda ortográfica inversa, que nos permite buscar por la terminación de la palabra. La relación de palabras que terminan con -*aba*, por ejemplo, comienza así: *aldaba, ampalaba, baba, bayaba, calaba, casquito de guayaba*. Esta función será útil para estudiosos de fenómenos morfológicos, por ejemplo, de diminutivos lexicalizados: *ahorita* = en un rato, o hace un rato; *bacalaíto* = fritura de harina y bacalao; *barrito* = grano causado por el acné. Asimismo, esperamos que sea útil para trovadores y poetas que buscan ayuda para una rima.

Búsquedas combinadas. Los criterios de búsqueda se pueden combinar entre sí para restringir los resultados. Por ejemplo, podríamos combinar campos temáticos como 'Flora' + 'Vida espiritual', 'Cuerpo Humano' + 'Cualidad' o 'Alcohol' + 'Evento'. También podemos combinar criterios de diferente tipo. Por ejemplo, una búsqueda de adjetivos, de origen inglés y con etiqueta de 'Cuerpo humano', produce los siguientes resultados: *flofi, good looking, kinky, slender* y *tofe*. O una búsqueda de adjetivos con etiqueta de 'Estado anímico o afectivo' —que incluye lo relativo a los estados de ánimo, procesos psicológicos e intelectuales, actitudes y voluntades— ofrece 508 resultados. Algunos ejemplos son *ababachado* = avergonzado; *caripelado* = descarado; *culeco* = muy contento o alegre.

Cabe señalar que la base de datos de Tesoro.pr incluye muchos campos adicionales que no son visibles ahora, pero que darán cabida a otras informaciones, dialectales, pragmáticas y sociolingüísticas, en proyectos futuros.

PRÓXIMAS ETAPAS

Los próximos trabajos de Tesoro.pr van dirigidos a la actualización de su contenido, cuya fuente más reciente es de 2010, basándonos en el trabajo de lingüistas y otras publicaciones. Además, nos interesa integrar fuentes en Tesoro.pr de tiempos pasados, comenzando por el siglo XIX, para empezar a dar cuenta del español de Puerto Rico previo al siglo XX.

Visualizamos, además, la creación de una red de tesoros lexicográficos, en la cual múltiples países hispanohablantes cuenten con plataformas compatibles —informática y lexicográficamente—, que permitan compartir, comparar y contrastar datos, y nos den un cuadro más completo de nuestra lengua.

Seminarios y talleres de la ACAPLE: un recuento

ACADEMIA PUERTORRIQUEÑA DE LA LENGUA ESPAÑOLA

Desde 2010 hasta 2021 la Academia Puertorriqueña de la Lengua Española ha ofrecido 54 seminarios de cinco sesiones de dos horas semanales cada uno a los que han asistido 2,139 participantes, sin contar los becados. De esta manera, con el apoyo entusiasta de la sociedad, la ACAPLE ha adelantado su empeño de ser "una academia de puertas abiertas" y ha mitigado mediante recaudos propios la falta de apoyo gubernamental a su gestión. Los seminarios han sido impartidos por académicos numerarios o correspondientes sobre temas de su especialidad.

Cada noche de seminario la ACAPLE abre sus puertas para recibir a un público asiduo y variado compuesto por miembros de diversas profesiones, maestros, estudiantes, escritores, amas de casa, retirados y, en general, interesados en los asuntos del idioma y la literatura, que, desde diversos puntos del País, acuden hasta nuestra sede en el Viejo San Juan a escuchar y dialogar con nuestros académicos.

Ni la devastación de la Isla ocasionada por el huracán María (2017) ni los confinamientos decretados para combatir la pandemia de COVID-19 pudieron detener este esfuerzo. En cada pausa, se recibían mensajes electrónicos y llamadas telefónicas preguntando por la reanudación de los cursillos. La pandemia nos obligó a ofrecer los seminarios de manera virtual, mediante la plataforma Zoom. El resultado fue sorprendente. No solo se mantuvo y aumentó la matrícula, sino que la transmisión telemática permitió que participaran personas de otros países, particularmente Estados Unidos, España, Uruguay, Paraguay y República Dominica.

El primer ciclo de seminarios se inauguró en febrero de 2010 con «*El Quijote de la Mancha*: una invitación a la locura» en el que la reconocida especialista en literatura española, árabe comparada y literatura aljamiado-morisca, vicedirectora de la ACAPLE, Luce López Baralt, invitó a la lectura atenta del *Quijote*, texto que lleva al lector a hermanarse con la locura del protagonista y a perder, a su vez, su contacto con la realidad. El siguiente seminario de ese primer ciclo contribuyó a la divulgación de los proyectos panhispánicos. La lingüista Amparo Morales, miembro de la Comisión Interacadémica y coordinadora de la zona de las Antillas para la elaboración de la *Nueva gramática de la lengua española*, que se había publicado en 2009, examinó la novedad y tradición que representa, en la descripción del español, tan valiosa obra, que hoy, dos lustros más tarde, está en proceso de ver su segunda edición. Amparo Morales retomó el tema dos años más tarde, en colaboración con nuestro director, José Luis Vega, en el seminario titulado «La *Nueva gramática de la lengua española* (2009): novedad y tradición en la descripción del español» (2011). El primer ciclo de seminarios cerró con «El valor de la poesía», a cargo también del poeta José Luis Vega, cautivante taller de poesía, de enfoque teórico y práctico, dirigido a esa "inmensa minoría" interesada en comprender los principios básicos de la escritura y la lectura del poema, y en asomarse al misterio de la Poesía. Vega vuelve a abordar el tema de la poesía en los seminarios «El arte de la poesía» (2015) y «Poesía y carnaval» (2013).

LA POESÍA

La poesía ha sido un tema recurrente en el aula de la ACAPLE, pues ha amparado una amplia gama de manifestaciones en ambos lados del Atlántico: «Con quien tanto te quería: Miguel Hernández verso a verso (Poesía de la Guerra Civil Española)» (2012), dictado por la académica Mercedes López-Baralt; «La experiencia mística: de San Juan de la Cruz a Ernesto Cardenal», a cargo de Luce López-Baralt (2011); «Poesía y ocultismo: del modernismo a las vanguardias» (2012), también ofrecido por José Luis Vega; «Poesía Nicaragüense del Siglo XX: de Darío a Cardenal» (2015), dictado por el académico especialista en literatura centroamericana, D. Ramón Luis Acevedo; «Poesía peruana en quechua y español» (2015) y «El Lorca menos conocido por el curioso lector (el niño ante el cosmos, el doble, el duende, el pozo, el amor oscuro y Federico como mito)» (2019), ambos a cargo de la académica e incansable colaboradora, Mercedes López-Baralt.

No podían faltar los acercamientos a la poesía puertorriqueña que ha sido objeto de estudio en «Grandes poemas de la poesía puertorriqueña I»

(2018) y «Grandes poemas de la poesía puertorriqueña II» (2019), ambos a cargo de José Luis Vega. Los seminarios también se han ocupado de nuestro poeta mayor, Luis Palés Matos, a quien Mercedes López-Baralt dedicó una mirada intensa y minuciosa a partir de cinco de sus poemas más emblemáticos, los dedicados a Filí-Melé, en «Cinco poemas de Luis Palés Matos» (2012).

LA FILOSOFÍA

Otra de las disciplinas que ha ocupado un espacio privilegiado en la serie de seminarios es la Filosofía, en su mayoría bajo la tutela del filósofo y académico, Francisco José Ramos. En el primero de estos talleres se acercó a «Los conceptos fundamentales de la filosofía» (2011). Se ha ocupado, además, de figuras cimeras del pensamiento filosófico universal: «Platón y la invención de la Filosofía» (2012), «El experimento con la verdad: Aristóteles y el concepto de la ciencia» (2014), «Heráclito: una sabiduría ancestral» (2013), «Nietzsche y la transformación de la filosofía» (2016), «Dominación, servidumbre y libertad en la fenomenología del espíritu de Hegel» (2018). También se ha acercado a dilemas fundamentales del pensamiento filosófico con «El pensamiento y la idea de Dios» (2015) y, el más reciente, «Lenguaje, metáfora y el viaje infinito del pensamiento» (2020).

TEORÍA Y PRÁCTICA NARRATIVA

La teoría y práctica de la narrativa ha recibido especial atención en los seminarios dictados por los galardonados narradores puertorriqueños y académicos, Edgardo Rodríguez Juliá y Magali García Ramis. En «Teoría y práctica de la narrativa» (2010), Rodríguez Juliá presenta la narrativa como conjunción de tres elementos: narración, descripción y diálogo; las proporciones entre las acciones, los personajes, las situaciones (el drama) y las ideas, e insta a preguntarse sobre la función de los focos narrativos. Mientras que Magali García Ramis ha ofrecido dos talleres teóricos y prácticos de narrativa a partir de la memoria propia: invitó a los participantes a cuestionarse qué constituye una memoria y cómo activarla; insinuó las claves para de ahí seleccionar un tema, una anécdota o una historia; y reveló las destrezas para convertir dichas experiencias en ficción mediante la redacción de un cuento en los seminarios «Los cuentos de memoria» (2010) y «Escribir San Juan» (2019).

LITERATURA PUERTORRIQUEÑA

Los cimientos de la literatura puertorriqueña fueron abordados por el académico Eduardo Forastieri en «*El Gíbaro* de Manuel Alonso» (2014), primer clásico puertorriqueño, y en «La edición crítica de textos clásicos puertorriqueños» (2015). Por su parte, el académico e Historiador Oficial de Puerto Rico, don Luis González Vales, ofreció el seminario «Tres visiones literarias de la Guerra Hispanoamericana en Puerto Rico y los telegramas de la guerra» (2012).

En esta mirada a lo puertorriqueño se destaca el exitoso «Diálogo con nuestros escritores» (2014) que convocó a un reconocido autor puertorriqueño en cada una de las cinco sesiones moderadas por el académico Ramón Luis Acevedo. Los autores invitados fueron: Juan López Bauzá, Premio Casa Las Américas 2013, por su novela *Barataria*; Eduardo Lalo, Premio Rómulo Gallego 2012, por su novela *Simonne*; Edgardo Rodríguez Juliá, finalista del premio Rómulo Gallego, autor de múltiples novelas, que en esta ocasión compartió sus reflexiones en torno a la confluencia íntima de lo político y lo social en los años cincuenta en Puerto Rico, asunto que aborda en la novela *La piscina;* Janette Becerra, galardonada por el Pen Club de Puerto Rico y el Instituto de Cultura Puertorriqueña, quien dialogó sobre su obra *Dos versiones de soledad* y, finalmente, José Luis Vega, quien inspiró al público con sus reflexiones en torno a su poemario *Sínsoras*, publicado apenas un año antes.

CLÁSICOS DE LA LITERATURA

Los clásicos de la literatura universal se han hecho presentes en el seminario «Tres gigantes de la novela realista del siglo XIX: Flaubert, Dostoievskiy, Galdós» (2019) a cargo de Mercedes López-Baralt. Por otro lado, y a tono con la popularidad y el interés que la ópera *Life is a Dream*, basada en el clásico de Calderón y musicalizada por Lewis Spratlan, que obtuvo el premio Pulitzer de música en 2000, Eduardo Forastieri-Braschi recaló en «La vida es sueño» (2010), confirmando el imperecedero entusiasmo poético y escénico por esta obra clásica de Calderón.

En 2011, el académico, Arturo Echavarría, reconocido especialista en Borges, tuvo a su cargo el seminario sobre esta figura cimera de la literatura hispanoamericana y universal, «Borges, el lenguaje y la literatura» (2013). A su vez, Mercedes López-Baralt reflexionó sobre el enigma de la novela emblemática de las letras hispanoamericanas en «Cien años de soledad: una visita a Macondo».

Han sido varios los seminarios dedicados a Cervantes, siendo «*Don Quijote*: Los motivos temáticos más importantes» (2017), a cargo de Luce López Baralt, uno de los más concurridos de los ofrecidos en la Academia Puertorriqueña de la Lengua Española, seguido por los seminarios dedicados a la mística y a Federico García Lorca.

LINGÜÍSTICA Y LENGUA ESPAÑOLA

Los acercamientos a la lengua española han sido acogidos con beneplácito por el público ávido de conocer más sobre nuestra lengua, las actualizaciones en la normativa, la evolución de la lengua española y su contacto con otras lenguas. Además de los seminarios ya mencionados sobre la *Nueva gramática de la lengua española,* la oferta en esta área ha incluido talleres sobre «El español de Puerto Rico» (2012) y sobre la situación particular de la convivencia de español e inglés en Puerto Rico, la oficialidad lingüística y su repercusión en la enseñanza en «Español e inglés en Puerto Rico» (2013), ambos a cargo de Amparo Morales; «La nueva *Ortografía de la lengua española* de 2010» (2011) fue un seminario a tres manos que contó con los académicos Amparo Morales, María Inés Castro y José Luis Vega. Por su parte, Maia Sherwood se acercó a la Lexicografía en «El fascinante mundo de los diccionarios» (2018), mientras que la académica, especialista en lenguas clásicas, María C. Hernández, tuvo a su cargo los seminarios dedicados a la herencia grecolatina en «Herencia y vigencia del latín en el español actual» (2017) y «El griego: fuente inagotable del léxico español» (2018). El tema del diálogo cultural y la herencia intercultural ya había sido abordado por Luce López-Baralt en «España en diálogo con Oriente» (2013) que exploró la literatura sefardita y el encendido diálogo cultural que España ha mantenido con las civilizaciones árabe y hebrea, que han ayudado a constituir su propia identidad nacional.

Tanto pronto la ACAPLE concluyó con el compromiso de la celebración del VII CILE en Puerto Rico, se retomó el decimotercer ciclo de seminarios, en septiembre 2016 con «La edad de plata española 1927» a cargo de Mercedes López-Baralt. Apenas habíamos ofrecido cuatro seminarios, cuando la secuencia se vio interrumpida por el paso del devastador huracán María, en septiembre de 2017. Siete meses más tarde logramos reanudar la oferta y en abril de 2018, la ACAPLE volvió a abrir sus aulas, contra viento y marea, para recibir al público ávido de regresar a la normalidad. La secuencia de seminarios fluyó de forma ininterrumpida con la oferta de 12 seminarios adicionales, entre ellos, «Narrativa breve de la intimidad en la era global, Latinoamérica, siglo XXI» a cargo del crítico literario Juan G. Gelpí y «Lo fantástico en la narrativa hispanoamericana», en el que, guiados por Ramón Luis Acevedo, los participantes estudiaron las diversas variantes del irrealismo en la literatura hispanoamericana según se manifiestan en lo fantástico, lo maravilloso, el realismo mágico, lo real maravilloso, lo neofantástico y la metaficción.

En febrero de 2020, la pandemia del COVID-19 irrumpió inexorablemente en nuestro planeta y nos vimos forzados a suspender la oferta de seminarios y talleres. En julio de 2020 retomamos la serie, en esta ocasión de forma virtual, con el seminario «Literatura médica: ventana a la historia de Puerto Rico», ofrecido por el médico y director de la Academia Puertorriqueña de

Historia, José G. Rigau Pérez. De agosto a septiembre del mismo año, la crítica literaria y académica, Carmen Dolores Hernández, se ocupó de la literatura de la diáspora puertorriqueña con el seminario «Literatura puertorriqueña de los Estados Unidos». Cerró el primer ciclo virtual la académica Mercedes López-Baralt con el curso «Galdós: novelista de mujeres» (2020), con motivo de la efeméride del centenario de la muerte del gran escritor.

El ciclo de 2021 se inició con el fascinante seminario «Viaje a la semilla: los orígenes indígenas de la literatura hispanoamericana», también dictado por Mercedes López-Baralt; seguido del alucinante seminario «El sueño y la literatura», a cargo de José Luis Vega. Cerramos con broche de oro los ciclos de 2021, con la colaboración de nuestro académico correspondiente, el escritor, historiador y profesor Fernando Iwasaki, quien en el seminario «Mis maestros», permeado por la virtud del agradecimiento, rinde homenaje a figuras claves de la literatura y de la historia a quienes leyó durante su juventud y que dejaron en él una huella imborrable.

La ACAPLE, además, ha ofrecido seis seminarios sabatinos, libre de costo, dirigidos a maestros del sistema público y privado. Trataron sobre temas tan variados como: «La enseñanza escolar del *Quijote*: guía para enseñar las escenas claves de la obra», a cargo de Luce López-Baralt; «Rasgos dialectales del español de Puerto Rico: su manejo en el aula», dictado por María Inés Castro; «La enseñanza escolar de la poesía», ofrecido por José Luis Vega; «La pregunta por la enseñanza de la filosofía», impartido por Francisco José Ramos; «El español y el inglés: lenguas de comunicación internacional (aproximación al análisis contrastivo)», dirigido por María Inés Castro; y «La primera oración de la obra literaria», también cargo de José Luis Vega.

La Academia Puertorriqueña de la Lengua española se propone continuar ofreciendo al público interesado estos cursillos de diez horas. De este modo procura ampliar sus esfuerzos de divulgación de los asuntos más relevantes del idioma y la literatura en español y seguir siendo una Academia de puertas abiertas.

Academia Norteamericana de la Lengua Española

Trabajos y proyectos de la ANLE.

TRABAJOS Y PROYECTOS DE LA ANLE

Nueva junta directiva de la ANLE (2021-2025)

La ANLE eligió nueva junta directiva. El escrutinio, realizado el 28 de enero, dio el resultado siguiente: D. Jorge I. Covarrubias, subdirector; D. Alister Ramírez Márquez, secretario; D. Germán D. Carrillo, censor; D.ª Ana María Osan, tesorera; D. Daniel R. Fernández, coordinador de Información; y D.ª Rosa Tezanos-Pinto, vocal. Todos ellos asumieron sus cargos a partir de esa ceremonia.

La ANLE en Argel

Juntamente con la Embajada de España en Argelia y el Instituto Cervantes de Argel, el 22 de marzo, la ANLE participó en una conferencia en línea sobre «Literatura y fotografía», que estuvo a cargo de Gerardo Piña-Rosales, director honorario de la corporación. Por vía internética, un público numeroso siguió la exposición, donde la palabra y la imagen abordaron distintos universos del entorno panhispánico en Argelia y ámbitos aledaños.

Edición 2021 del Premio Nacional de la ANLE «Enrique Anderson Imbert»

La ANLE otorgó su Premio Enrique Anderson Imbert 2021 a Alicia Borinsky, oriunda de Argentina, y Carmen Silva Corvalán, de Chile. El galardón anual tiene por finalidad reconocer la trayectoria de vida profesional de quienes han contribuido con sus estudios, trabajos y obras al conocimiento y difusión de la lengua y las culturas hispánicas en los Estados Unidos. El jurado premió a Alicia Borinsky por una excepcional carrera académica y una notable creación literaria que enriquece las letras hispanas escritas en los Estados Unidos, y a Carmen Silva Corvalán por sus extraordinarias contribuciones a la teoría y metodología de la sociolingüística y la pragmática de la lengua española. Es la novena vez que se otorga este premio. Los ganadores anteriores fueron Elías Rivers y Saúl Sosnowski (2012-13), Nicolás Kanellos (2014), Manuel Durán Gili (2015), Raquel Chang Rodríguez y David T. Gies (2016), Matías Montes Huidobro (2017), Enrique Pupo-Walker y Rolena Adorno (2018), Enrique Lamadrid (2019) y Roberto González Echevarría (2020).

Programa de becas ASALE-AECID 2021-2022

En el marco de la resolución de la presidencia de la Agencia Española de Cooperación Internacional para el Desarrollo (AECID), por la que se aprobó la convocatoria de los programas de becas MAEC-AECID para ciudadanos de países de América Latina, África y Asia, curso académico 2021-2022, se incluyó el programa de becas de colaboración formativa en las sedes de las academias de la ASALE (Programa ASALE). A partir de la invitación para proponer candidatos, la ANLE realizó un concurso interno para identificar postulantes. Sobre diez finalistas fueron nominados cuatro candidatos, quienes, en tiempo y forma, sometieron a consideración de la AECID los documentos pertinentes. Posteriormente, en atención a lo solicitado por la presidencia de la ASALE, la dirección de la ANLE dio cumplimiento a la solicitud de «valoración de becarios AECID 2021-2022» a través de las actividades de forma, fondo y procedimientos correspondientes.

Contribución de la ANLE para el *Diccionario de la lengua española* (*DLE*)

La comisión responsable del *Diccionario de la lengua española*, que preside María Rosario Quintana con la colaboración de Emilio Bernal Labrada, Jorge Covarrubias, Francisco Moreno Fernández y Gerardo Piña Rosales, llevó a cabo una revisión de las entradas y las propuestas correspondientes a un bloque léxico relacionado con la pandemia, el cual urgía considerar debido a las especiales circunstancias del momento, además de los demás requisitos. Como actividad paralela, la comisión inició su participación en un período de pruebas y revisión de una nueva base de datos lexicográfica (BDL 24), que sin duda facilitará los procesos de elaboración de la 24.ª edición del *DLE*.

USA y Miguel Delibes

En un esfuerzo mancomunado entre el Instituto Castellano y Leonés de la Lengua, la Fundación Miguel Delibes, la Junta de Castilla y León y la Academia Norteamericana de la Lengua Española (ANLE), durante el pasado año se trabajó conjuntamente en la publicación de la obra *USA y Miguel Delibes*, cuyo editor responsable es Agustín Cuadrado Gutiérrez, quien preside la delegación de la ANLE en Texas. Con motivo del centenario del nacimiento de Miguel Delibes (1920-2020), la Fundación que lleva su nombre coordina diversas actividades e iniciativas para recordar al escritor castellano y su obra. Uno de los proyectos fue la publicación de este libro.

La virtualidad se hace presente en las reuniones plenarias de las academias de la lengua española que integran la ASALE

Jorge I. Covarrubias, en ese entonces secretario general, representó a la ANLE en el evento celebrado el 30 de septiembre de 2020, en el que se dieron cita las 23 academias de la lengua española. La ANLE reafirmó su compromiso de seguir trabajando por la unidad, dentro de la diversidad, y el buen uso del español. Aseguró que apoyará los trabajos que se requieran para la 24.ª edición del *Diccionario de la lengua española*, el nuevo *Diccionario his-*

tórico del español, el *Diccionario panhispánico del español jurídico* o las segundas ediciones de la *Nueva gramática* y del *Diccionario panhispánico de dudas,* y los proyectos más avanzados, como Lengua Española e Inteligencia Artificial (LEIA), al igual que la actual *Crónica de la lengua española,* y la difusión de las ediciones conmemorativas.

Por su parte, el director de la ANLE, Carlos E. Paldao, el 10 de marzo de 2021, participó en la siguiente reunión plenaria virtual de directores y presidentes de la ASALE. Entre los temas tratados se aludió a los eventos previstos para conmemorar el 70.º aniversario de la ASALE, que continuarán en un compás de espera hasta tanto se aclare el panorama pandémico. Se recibieron presentaciones de los avances del *Diccionario de americanismos,* a cargo de Susana Cordero (Ecuador), y de Alicia M. Zorrilla (Argentina) sobre el *Diccionario panhispánico de escritores.* Asimismo, se aprobó la inclusión en el reglamento de la ASALE de la adopción de la modalidad de eventos virtuales.

Centro de Estudios de la ANLE (CEANLE)

Por resolución de la Junta Directiva se creó el Centro de Estudios de la ANLE (CEANLE), cuya finalidad será la de realizar actividades de docencia, estudio y producción de servicios vinculados con la lengua, las letras y la cultura hispánica en los Estados Unidos, en los niveles de educación superior y universitaria. A partir del ofrecimiento de las autoridades de Indiana University-Purdue University Indianápolis (IUPUI), se estableció el Centro en el Departamento de Lenguas y Culturas que forma parte de la delegación de la ANLE en Indiana. Adicionalmente, las donaciones de dos académicos de número de la ANLE permitieron establecer una biblioteca con más de diez mil volúmenes, con materiales tanto filológicos como de creación literaria. Para presidir el CEANLE se nombró, como decana, a Rosa Tezanos-Pinto, académica de número e integrante de la Junta Directiva. Para el desarrollo de sus actividades podrá contar con la participación, entre otras instituciones, de las academias que integran la ASALE.

Comisión de la ANLE para la *Nueva gramática de la lengua española* (*NGLE*)

Alicia de Gregorio Cabellos, licenciada en Filología Inglesa por la Universidad Complutense de Madrid y doctorada en Literatura Española en la Universidad de Cincinnati, dirigirá la comisión de la ANLE que participará en la segunda edición de la *Nueva gramática de la lengua española.* La acompañarán en la citada comisión, como vocales, Domnita Dumitrescu, María Rosario Quintana, Milton Azevedo, Emilio Bernal Labrada, Francisco Muñoz y, como alternos, Jorge I. Covarrubias y Gerardo Piña-Rosales.

Nuria Morgado es designada jefa de gabinete de la ANLE

Nuria Morgado fue designada jefa de gabinete. Este nuevo cargo formará parte de la oficina ejecutiva de la dirección, juntamente con el subdirector, Jorge I. Covarrubias; el secretario, Alister Ramírez Márquez, y el asesor principal, Gerardo Piña-Rosales. Entre sus responsabilidades está reunir la información necesaria para el desarrollo de distintas actividades, iniciativas y proyectos, representar a la ANLE en eventos académicos interinstitucionales, configurar las pautas y agendas de las reuniones de la Junta Directiva y actuar como oficial de enlace con instancia nacionales e internacionales.

«En voz alta». La ANLE inaugura un nuevo espacio de su cibersitio

Como parte de las iniciativas que integran la sección de proyectos del cibersitio de la Academia Norteamericana de la Lengua Española (ANLE), se inauguró la sección «En voz alta» como un espacio para que los integrantes de la corporación compartan sus ideas, para reflexionar y compartir el pensamiento, responder y suscitar nuevas preguntas, y contribuir a la defensa y difusión de la lengua y la cultura hispánicas en el escenario de un país cuyo idioma predominante no es el español, y colaborar con las academias hermanas que integran la ASALE en la tarea común de fomentar la unidad y fortaleza de la lengua española en el mundo.

Premios Campoy-Ada de literatura infantil y juvenil - Edición 2020

Los premios Campoy-Ada de literatura infantil y juvenil, edición 2020, instituidos por la ANLE, se entregaron el 30 de abril a los ganadores en una ceremonia virtual desde la Universidad de Texas con sede en San Antonio. La finalidad de este premio es reconocer en el campo de la literatura infantil y juvenil obras que destaquen por la originalidad de su idea, su realización literaria y artística y por el uso excelente del lenguaje. Jorge Covarrubias, subdirector de la ANLE, hizo un recuento histórico bilingüe de la fundación de la Real Academia de la Lengua, la creación de las academias en América y la creación de la ANLE en los Estados Unidos en 1973. Asimismo, resaltó la importancia de las publicaciones en lengua española en Estados Unidos.

La ANLE y Velázquez Press presentan el tercer volumen de *Hablando bien se entiende la gente*

Con el patrocinio de la editorial Velázquez Press, de California, en una reunión virtual celebrada el 5 de mayo, la ANLE presentó su libro *Hablando bien se entiende la gente III*. El moderador del acto y director honorario, Gerardo Piña Rosales, afirmó que este tercer volumen de la serie está dirigido a los jóvenes hispanos que quieren mejorar su español. El secretario general, Alister Ramírez Márquez, resaltó la importancia que tiene el español en el mercado laboral, y el coordinador de información, Daniel Fernández, dijo que la intención del libro es la de aconsejar y no imponer. Porfirio Rodríguez, miembro correspondiente y director de la Comisión de Educación, aseguró que los libros de la serie han sido muy positivos en el nivel de la enseñanza secundaria. Nuria Morgado, jefa de gabinete, enfatizó que el libro se suma a los esfuerzos para fomentar, desarrollar y fortalecer las habilidades lingüísticas y la competencia cultural de quienes lo deseen. Por su parte, Natalia Prunes, secretaria académica del CEANLE, aclaró que no se trata de estigmatizar a los hispanos por sus formas de hablar, sino, por el contrario, de orientar a quien lo necesite para que pueda adaptar sus usos lingüísticos a contextos que requieran registros no familiares o coloquiales.

Academia Ecuatoguineana de la Lengua Española

Relación de actividades para el Plan de Acción de la Academia Ecuatoguineana de la Lengua Española (AEGLE) 2019-2022.

RELACIÓN DE ACTIVIDADES PARA EL PLAN DE ACCIÓN DE LA ACADEMIA ECUATOGUINEANA DE LA LENGUA ESPAÑOLA (AEGLE) 2019-2022

Lista de proyectos propios en ejecución

1) IV edición del Certamen literario anual Miguel de Cervantes. Coordinador: D. Juan Bautista Osúbita.
2) Organización de la II edición del Congreso Hispánico-Africano de Cultura en Guinea Ecuatorial, bajo los altos auspicios de Su Excelencia Teodoro Obiang Nguema Mbasogo. Coordinador: D. Anacleto Olo Mibuy.
3) Colecta, selección, edición y difusión de un libro sobre Las aventuras de Biomo. Coordinador: Agustín Nzé Nfumu.
4) Programa radiotelevisado «Habla la Academia», bajo la coordinación de D. Carlos Nguema Nsue Otong.
5) Proyecto FOPERESA, programa radiofónico en Malabo y Bata, a cargo de D. Fernando Carlos Johnson Johnson.
6) Definición y confección de la política lingüística de Guinea Ecuatorial. Coordinador: D. Antonio Eneme Asumu.
7) Elaboración del Diccionario de las lenguas Autóctonas de Guinea Ecuatorial. Coordinadores: D. Carlos Nguema Nsue Otong y D. Juan Bautista Osúbita.
8) Glosario del español ecuatoguineano de uso regular en el país, Coordinador: D. Práxedes Rabat Makambo.
9) Diccionario Jurídico de Guinea Ecuatorial. Coordinadora: Dña. Evangelina Filomena Oyó Ebule.
10) Refranero de Guinea Ecuatorial. Coordinadores: D. José Francisco Eteo Soriso y D. Jesús Ndong Mba Nnegue.
11) Programa de sensibilización sobre lengua española e inteligencia artificial (LEIA). Coordinador D. Fernando Ignacio Ondó.
12) Diccionario fraseológico de Guinea Ecuatorial. Coordinadores: D. Carlos Nguema Nsue Otong y D. Juan Bautista Osúbita.
13) Antología de la poesía contemporánea de Guinea Ecuatorial. Coordinador: D. Marcelo Beka Ensema Nsang.
14) Diccionario de escritores de Guinea Ecuatorial (versión nacional). Coordinadores: D. Juan Bautista Osúbita y D. Maximiliano Nkogo Esono.

Proyectos de la AEGLE como contribución a los proyectos panhispánicos de la ASALE

1) *Diccionario de la lengua española*. Actualización y 24.ª edición. Coordinador: D. Julián Bibang Oyée.
2) *Diccionario histórico de la lengua española*. Coordinador: D. Marcelo Beká Ensema Nsang.
3) Edición digital del *Diccionario panhispánico del español jurídico*. Coordinador; D. José Fernando Siale Djangany.
4) *Diccionario panhispánico de gastronomía*. Coordinadores: D. Fernando Ignacio Ondó y D. Juan Bautista Osúbita.
5) Diccionario panhispánico de escritores. Coordinadores: Juan Bautista Osúbita y Maximiliano Nkogo Esono.
6) *Nueva gramática de la lengua española*. Segunda Edición. Coordinador: D. Carlos Nguema Nsue Otong.

VII.
Libros y revistas editados por las academias

Libros

HENRÍQUEZ UREÑA, PEDRO

Seis ensayos en busca de nuestra expresión. Piezas escogidas

Edición de Bruno Rosario Candelier

Colección Clásicos ASALE. Madrid: ASALE, 2020

De la obra *Seis ensayos en busca de nuestra expresión* se han escogido hoy sus dos primeros textos, «El descontento y la promesa» y «Caminos de nuestra historia literaria», pues dan cuenta generosa de la América virginal clamando después de la colonia por una vida libre y por una expresión liberadora. La utopía americana nunca superada y siempre con nosotros.

La edición que presentamos, al cuidado del pensador, poeta y académico Bruno Rosario Candelier, actual director de la Academia Dominicana de la Lengua, permitirá acercarnos a la figura de un patriarca de nuestras letras, gracias al trato inteligente y sensible de estos textos fundamentales.

—

LENZ, RODOLFO

¿Para qué estudiamos gramática?

Edición de Victoria Espinosa Santos

Colección Clásicos ASALE. Madrid: ASALE, 2020

¿Para qué estudiamos gramática? fue originalmente una conferencia que Lenz dictó en la Universidad de Chile, en 1912. En ella discute el concepto de gramática y cómo debe aprenderse y enseñarse, temas siempre polémicos en los estudios sobre la materia. A este respecto, sus señalamientos resultan muy actuales y renovadores de las concepciones tradicionales de enseñanza de la gramática del español.

La edición que hoy presentamos, al cuidado de la lingüista, dialectóloga y académica Victoria Espinosa Santos, numeraria de la Academia Chilena de la Lengua, debe entenderse como una contribución de primer orden para la redifusión de la obra del maestro Lenz y como un merecido homenaje contemporáneo a su aquilatada figura.

—

MARTÍ, JOSÉ

Martí en su universo: Una antología

Madrid: Real Academia Española

y Asociación de Academias de la Lengua Española, 2021

Colección: Ediciones Conmemorativas de la Real Academia Española

y la Asociación de Academias de la Lengua Española

Aunque durante la vida de José Martí (1853-1895) su obra literaria fue sumamente estimada por autores tan relevantes como el argentino Domingo Faustino Sarmiento y el nicaragüense Rubén Darío, sería sobre todo después de su muerte cuando Martí como escritor iba a recibir los más altos enjuiciamientos. El dominicano Pedro Henríquez Ureña afirmó que «no lo hay con mayor don natural en toda la historia de nuestro idioma». El mexicano Alfonso Reyes lo consideró «supremo varón literario», «la más pasmosa organización literaria». Para el español Guillermo Díaz-Plaja, es «desde luego, el primer "creador" de prosa que ha tenido el mundo hispánico».

Martí en su universo, la antología de prosa y verso martianos que se ofrece en este volumen fue encargada por la Academia Cubana al numerario Roberto Fernández Retamar y, en su selección y ordenamiento, está basada en la carta que el primero de abril de 1895, a punto de incorporarse a la guerra independentista cubana que preparó y en la que moriría peleando el 19 de mayo de aquel año, Martí enviara a su secretario y albacea, Gonzalo de Quesada y Aróstegui, y es considerada con justicia su testamento literario.

REAL ACADEMIA ESPAÑOLA

CALDERÓN DE LA BARCA, PEDRO

El médico de su honra

Edición, estudio y notas de Fausta Antonucci

El alcalde de Zalamea

Edición, estudio y notas de Juan Manuel Escudero

Madrid: Real Academia Española-Espasa,

Colección Biblioteca Clásica de la Real Academia Española, 2021

El médico de su honra y *El alcalde de Zalamea* encabezan, junto con *La vida es sueño*, el canon de la dramaturgia seria calderoniana. Si en la primera de estas dos obras se reivindica el derecho de los villanos al honor —un honor que es dignidad de la persona, y que se conquista con el esfuerzo, el trabajo y la virtud—, en *El médico de su honra* se muestran los efectos devastadores del necesario mantenimiento del honor estamental. Ambas tragedias, que por eso lo son, dramatizan los resultados de los abusos de poder y el precio que el vasallo (el individuo, en una perspectiva más moderna) tiene que pagar para oponérseles. Los estudios de Fausta Antonucci (*El médico de su honra*) y de Juan Manuel Escudero (*El alcalde de Zalamea*) profundizan en las muy diversas interpretaciones que han recibido las dos obras, de las que se ofrece en este volumen un texto depurado y anotado a la luz de las últimas aportaciones críticas.

—

GRANADA, FRAY LUIS DE

Introducción del símbolo de la fe

Edición, estudio y notas de Fidel Sebastián Mediavilla

Madrid: Real Academia Española-Espasa,

Colección Biblioteca Clásica de la Real Academia Española, 2021

La edición ha tenido en cuenta, por primera vez, además de la *editio princeps* (1853), todas las otras ediciones corregidas y aprobadas por el propio autor.

Ofrece un texto limpio, exento de erratas, con una puntuación revisada e ilustrado con una profusa anotación de todo aquello que requiere identificación, contextualización o esclarecimiento para facilitar una lectura grata y útil.

Fray Luis de Granada (1505-1588), considerado como uno de los grandes místicos españoles, sería el primero de aquellas cuatro generaciones que empezarían con él y seguirían con santa Teresa, fray Luis de León y san Juan de la Cruz.

La *Introducción del símbolo de la fe*, escrita entre 1583 y 1585, es un compendio de lo que todo cristiano debe saber, a la manera de los catecismos, a base de preguntas y respuestas. La originalidad del autor se encuentra en la extensa introducción donde explica los temas principales de la doctrina católica, como pueden ser la creación o la redención, destacando sus virtudes frente a los movimientos heréticos que se vivían entonces.

—

REAL ACADEMIA ESPAÑOLA
Crónica de la lengua española 2020

Madrid: Espasa, 2020

Crónica de la lengua española es un libro inclinado, sobre todo, a la transparencia y la información, que la Real Academia Española publicará periódicamente al final de cada año. Su objetivo principal es dar a conocer los trabajos desarrollados por la institución y describir o explicar los problemas más relevantes que afectan a la unidad de nuestra lengua en el universo hispano hablante, exponer sus criterios sobre cómo abordarlos y enfrentar los cambios que experimenta nuestro idioma, tanto en cuanto al léxico como a la gramática, estimulando las reformas que convengan en la normativa establecida.

—

REAL ACADEMIA ESPAÑOLA
Nunca lo hubiera dicho

Madrid: Taurus, 2021

En *Nunca lo hubiera dicho* se abordan de manera clara y amena asuntos poco conocidos, curiosidades y anécdotas relacionadas con la historia del español, el léxico, la ortografía o la gramática: castellano o español, el mito del español más puro, el «color especial» de América, la discreción de la letra «h», los acentos que engañan, la palabra que no se puede escribir... Todas las claves para descubrir los secretos de nuestra lengua. «Quedarse en el territorio de las palabras no es quedarse en un sitio fijo y limitado. Todo lo contrario. Las palabras traspasan fronteras, vuelan, penetran en las mentes más diversas, trazan nuevos caminos y crean nuevos lazos entre los seres humanos [...]. Al hablar, al expresar o poner por escrito pensamientos, emociones, ilusiones y sueños, somos nosotros, los usuarios de la lengua, la razón de ser de los diccionarios, de los manuales que se refieren a ella y de estos textos de vocación divulgativa que la RAE se ha propuesto ir ofreciendo al amplio público lector» (Soledad Puértolas).

—

VALLE-INCLÁN, RAMÓN MARÍA DEL
Cenizas

Edición facsimilar de la primera edición, Madrid,
Teatro Artístico, Administración de Bernardo Rodríguez, 1899
Madrid: Real Academia Española-JdJ, 2021

La historia es bien conocida: una tarde de julio de 1899, en el café de la Montaña de Madrid, Ramón del Valle-Inclán tuvo una airada discusión con el escritor Manuel Bueno, quien le proporcionó un bastonazo que le ocasionó la amputación de su brazo izquierdo. Sus amigos, Benavente, Martínez Sierra, Rosario Pino, entre otros, plantearon hacer una función a beneficio de Valle-Inclán para comprarle un brazo ortopédico —que, por cierto, nunca utilizó— y planearon representar un drama escrito por Valle, titulado *Cenizas*, su primera obra teatral, con una pieza corta de Benavente titulada *Despedida cruel*. Valle siguió trabajando esta obra para volverla a publicar en 1908 con un nuevo título: *El yermo de las almas*. Esa nueva versión fue estrenada en 1915 por Margarita Xirgu.

Se reproduce el ejemplar de esa primera edición de *Cenizas* conservado en la biblioteca de la Real Academia Española, con signatura RAE V 181-17 en el que sorprenden las anotaciones y marcas manuscritas —en lápiz azul y rojo— (págs. 13, 16, 20, 27, 32, 34-35*, 56, 64). Son marcas que podrían interpretarse como indicaciones escénicas, o acotaciones. Tras un cotejo con los autógrafos de Valle de que dispone la Academia, precisamente de la misma o muy cercana época a la de la obra y otros fondos manuscritos digitalizados en distintas bibliotecas, no parece muy aventurado pensar que se trata de anotaciones autógrafas de Valle-Inclán.

ACADEMIA COLOMBIANA DE LA LENGUA

SIERRA, JORGE EMILIO
Nuevas huellas de la Academia Colombiana

Bogotá: Independently published, 2021

Se incluye la serie completa de crónicas sobre la reciente celebración del centenario del diario *La Patria* de Manizales, divulgada en forma exclusiva por EJE 21.

La Academia Colombiana de la Lengua —Primera de su género en el Nuevo Mundo— celebra en 2021 el sesquicentenario de su fundación en 1871. Con tal motivo, el escritor Jorge Emilio Sierra Montoya, Miembro Correspondiente de esa institución, publica el presente libro para sumarse a la celebración histórica y el correspondiente homenaje tributado en los diversos países de habla hispana.

Nuevas huellas en Academia de la Lengua es el título de la obra. Y lo es, en verdad, porque tres años antes, en 2018, apareció aquí mismo, en Amazon, *Huellas en la Academia*, conmemorativo, a su vez, del ingreso del autor a dicha entidad en 2016, cuando fue postulado en tal sentido por el historiador Antonio Cacua Prada.

Sierra Montoya, en fin, cumple ahora cinco años de ser académico de la Lengua (que coinciden con el cincuentenario de su vida periodística), razón suficiente para seguir avanzando en su recorrido literario por tan representativo centro cultural, uno de los más importantes y de mayor prestigio en España y América Latina.

—

DURÁN GÓMEZ, EDUARDO

Borges, 35 años de su muerte

Bogotá: Academia Colombiana de la Lengua, 2021

ACADEMIA MEXICANA DE LA LENGUA

SALADO ÁLVAREZ, VICTORIANO

Minucias de lenguaje (1957)

México: Academia Mexicana de la Lengua, 2020

Victoriano Salado Álvarez consiguió que el español de México protagonizara una columna periodística de circulación nacional bajo el seudónimo de Hablistán (1925-1931). Con gran dedicación comentó usos anómalos, errores de prosodia y ortografía. Edición de Alejandro Shuttera, *Minucias de lenguaje* de don Salado Álvarez recoge la primera edición completa de la columna periodística publicada por el autor bajo el seudónimo de Hablistán (1925-1931), seguida de su discurso de ingreso «México peregrino».

—

LÓPEZ VELARDE, RAMON

Manuscritos velardianos, a cien años de «La suave Patria»

México: Instituto Zacatecano de Cultura Ramón López Velarde-Academia Mexicana de la Lengua, Colección Facsímiles, 2021

Con la participación de Higashi Díaz, Omar Alejandro, Martínez Rodríguez, José Luis, Celorio Blasco, Gonzalo Edmundo, Quirarte Castañeda, Vicente, Labastida Ochoa, Jaime Mario, Garrido Reyes, Felipe, Molina, Silvia, Garciadiego Dantán, Francisco Javier, Sheridan, Guillermo, Castañón Morán, Jesús Adolfo, Lizalde, Eduardo.

—

ZEPEDA, ERACLIO
La lengua del conquistador. Discurso de ingreso a la Academia Mexicana de la Lengua, 23 de agosto de 2012

México: Academia Mexicana de la Lengua,
Colección Discursos de Ingreso, 2020

Las preocupaciones de Eraclio Zepeda en su obra van desde las contradicciones sociales y la riqueza de climas y paisajes, hasta su tragedia cotidiana, su invencible alegría y su lenta incorporación al concierto nacional. Fue elegido miembro correspondiente de la Academia Chiapaneca «por su dominio del habla propia de Chiapas, su verosimilitud y autenticidad en su obra narrativa y su forma de hacer del español una lengua caudalosa enriquecida por sus afluentes», según nos dice en su respuesta el poeta Vicente Quirarte. En este discurso de ingreso Zepeda hace hincapié en cómo se ha menospreciado el habla vernácula mexicana a lo largo de la historia nacional, prohibiendo el «voseo» durante el periodo revolucionario, por ejemplo. También recuerda al EZLN y la forma en que volvió a hacer visible la injusta marginación indígena en el estado.

—

OLIVA, ÓSCAR
Poesía de la perseverancia. Discurso de ingreso a la Academia Mexicana de la Lengua, 17 de agosto de 2018

México: Academia Mexicana de la Lengua,
Colección Discursos de Ingreso, 2020

Nos dice Óscar Oliva en su discurso de ingreso a la Academia Mexicana de la Lengua como miembro correspondiente del estado de Chiapas: «Quiero que mi poesía esté marcada por la velocidad de los acontecimientos planetarios, que explore el conflicto entre razón y pasión. Que sea una poesía abierta, que crezca desde las raíces milenarias del canto del mundo, una poesía que sea un proceso, no un resultado. Que intente poder traducir las profundidades o las superficies del pensamiento y de la imaginación en arte para ver y mirar de muchas maneras a los otros y a mí mismo». Durante la ceremonia correspondiente, el director de la Academia, el poeta Jaime Labastida, reconoce su mérito y le recuerda que «los correspondientes deben realizar un trabajo específico: aportar voces propias de su región, en este caso diré que Chiapas posee un habla especial, Chiapas se distingue por un léxico propio». Léxico que sin duda ha acrecentado y enriquecido el poeta Óscar Oliva.

BELTRÁN, FRANCISCO JAVIER

Por la poesía también se llega al cielo. Discurso de ingreso a la Academia Mexicana de la Lengua, 16 de noviembre de 2016

México: Academia Mexicana de la Lengua,
Colección Discursos de Ingreso, 2020

En este discurso para ingresar como miembro correspondiente del Estado de México a la Academia Mexicana de la Lengua, Beltrán Cabrera hace una semblanza del personaje y un análisis de la poesía de Gilberto Owen, quien emigró de Rosario, Sinaloa a Toluca a principios del siglo xx. Sobre su principal sujeto de estudio apunta: «Siempre que leo a Gilberto Owen me entusiasma su percepción sobre la lengua y la poesía; la lengua como instrumento y la poesía como una vocación suprema. No dejo de admirar en él que desde muy joven (su primer poema conocido data de 1920, a los 16 años de edad) percibió que era necesario comprometerse con ella, si deseaba escribir poesía. Adquirió desde entonces la percepción de que la poesía era muy cercana a una especie de sacralidad cuya veneración debe ser permanente». Veneración que comparte este literato mexiquense justamente reconocido por la Academia.

—

NAVA LÓPEZ, FERNANDO

Para apreciar y aprender. Discurso de ingreso a la Academia Mexicana de la Lengua, 26 de abril de 2018

México: Academia Mexicana de la Lengua,
Colección Discursos de Ingreso, 2021

Un factor que considero de peso y que tengo el ánimo de potenciar de la manera más responsable posible desde la silla XXIII de nuestra Academia es la conciencia de sentirme un mexicano comprometido con determinados cambios ideológicos e institucionales de su tiempo; con esos cambios que, aunque pocos y con un caminar muy pausado, aspiran a la justicia social haciendo el esfuerzo de revertir, en particular, las tendencias adversas e históricamente perpetradas en contra de la población indígena de nuestro país.

—

MURIÀ, JOSÉ MARÍA

La palabra «charro». Discurso de ingreso a la Academia Mexicana de la Lengua, 29 de noviembre de 2018

México: Academia Mexicana de la Lengua,
Colección Discursos de Ingreso, 2021

No deja de sorprender que de una vasta, compleja e intensa expresión cultural como la charrería, de la que se habla tanto y con tal entusiasmo, se haya escrito tan poquito. Además, gran parte de la tinta gastada está de tal manera henchida de cursilería y lugares comunes, que más bien tienden a que se difumine la naturaleza de su origen y el enorme valor social y cultural que posee esta actividad.

—

RUIZ DUEÑAS, JORGE

León Felipe. Más allá del exilio. Discurso de ingreso a la Academia Mexicana de la Lengua, 8 de octubre de 2019

México: Academia Mexicana de la Lengua
Colección Discursos de Ingreso, 2021

Como los rezos de todas las religiones dichos en voz alta para elevarlos hacia su ideal superior en esa paloma que indaga entre las linternas de los domos, León Felipe insistió en una vaga fe cristiana después de reconocerse en Edipo, en Fausto, en Prometeo, en el gusano, en el lagarto, en los profetas y en los mendigos, en el fuego y en el viento.

—

ARROYO, RAÚL

Construir desde el derecho, un nuevo lenguaje de la abogacía. Discurso de ingreso a la Academia Mexicana de la Lengua, 21 de noviembre de 2019

México: Academia Mexicana de la Lengua
Colección Discursos de Ingreso, 2021

Las y los juristas estamos obligados a construir, utilizar e impulsar un nuevo lenguaje, claro, preciso y actual que alcance al entendimiento de todas las personas, ilustradas o ignorantes, las más posibles, en cualquier sitio, lo mismo en una pequeña comunidad que en la gran ciudad; en sedes legislativa y judicial; en decretos administrativos y columnas de divulgación; en la docencia y la investigación.

—

MARTÍNEZ BARACS

José Luis Martínez, editor. Discurso de ingreso a la Academia Mexicana de la Lengua, 25 de febrero de 2020

México: Academia Mexicana de la Lengua
Colección Discursos de Ingreso, 2021

Parecería que mi padre, José Luis Martínez, más que escritor y funcionario, siempre fue un editor: de libros, revistas, textos breves, documentos, cartas, diarios... Como si la tarea fundamental de su vida estuviera contenida en el lema *Tolle lege*, «Toma y lee», que nos legó san Agustín, fundamental para cualquier mexicano que busca resolver la crisis política, moral, cultural que vive el país, que en última instancia es una crisis de lectura, de incapacidad para tener presente el legado que nos van dejando los hombres más sabios y generosos que nos antecedieron.

—

ACADEMIA MEXICANA DE LA LENGUA

Memorias 2019. Tomo XLV

México: Academia Mexicana de la Lengua, 2020

—

JOHANSSON, PATRICK

El español y el náhuatl. Encuentro de dos mundos (1519-2019)

México: Academia Mexicana de la Lengua
Colección Horizontes, 2020

La relación del español con el náhuatl fue, desde los primeros contactos entre españoles y nativos, un verdadero encuentro de dos mundos. Esta obra aborda algunos aspectos relevantes de ese evento, en palabras, traducciones y conceptos más allá de lo propiamente lingüístico, que evocan el descubrimiento mutuo entre sus hablantes y el reconocimiento de la identidad del otro.

—

VALIÑAS COALLA, LEOPOLDO

Lenguas originarias y pueblo indígenas de México. Familias y lenguas aisladas

Pról. de Concepción Company Company
México: Academia Mexicana de la Lengua
Colección Horizontes, 2020

Con una perspectiva lexicográfica, esta obra ofrece un repertorio de los pueblos y grupos indígenas, así como de las familias y variantes lingüísticas existentes en el México actual. ¿Cuántos grupos indígenas hay?, ¿cuántas lenguas?, ¿cuántas variantes? El estudio de Valiñas permite acercarse a la complejidad del tema y vislumbrar una problemática viva.

Comisión de Lexicografía de la Academia Mexicana de la Lengua y de su preocupación por la desigualdad de parámetros que hay en los diccionarios para definir tanto las lenguas indígenas como los pueblos que las hablan o hablaron. Además, el autor resalta el hecho de que no todos los nombres de lenguas merecen la misma atención y no todos aparecen siempre en los diccionarios. Gran parte de esta problemática se debe, entre otras cosas, a que ni los propios organismos —nacionales o internacionales— llegan a un acuerdo acerca del número de lenguas que se hablan en nuestro país, tarea por demás compleja, dada la realidad lingüística nacional.

CALZADA, BERNARDO MARÍA DE
Motezuma. Tragedia en tres jornadas
Edición e introducción de Germán Viveros
México: Academia Mexicana de la Lengua
Colección Horizontes, 2020

Drama histórico basado en la *Historia de la conquista de México* de Antonio Solís, que describe la aprehensión y muerte de Motezuma, el monarca mexica que es mostrado sincero y noble, aunque renegado de su religión nativa y deferente con los conquistadores, hechos que lo distanciaron de sus compatriotas indígenas.

—

BEUCHOT, MAURICIO
Filosofía y literatura
México: Academia Mexicana de la Lengua
Colección Horizontes, 2020

Un recorrido a través de la escritura de fray Luis de León, fray Luis de Granada, sor Juana Inés de la Cruz, Goethe, Miguel de Unamuno, Juan Ramón Jiménez, José Ortega y Gasset y Julián Marías, quienes entendieron la esencia de lo humano y trataron de unir el conocimiento con la vida para alcanzar una razón cordial.

—

CAPISTRÁN, MIGUEL
Contemporáneos y otras lecturas
México: Academia Mexicana de la Lengua
Colección Horizontes, 2020

Miguel Capistrán asumió un papel central en la literatura mexicana del siglo XX como el más diligente e indispensable de sus investigadores; también el más generoso, pues siempre compartió con su presente los documentos traspapelados en los polvosos anales de la historia literaria: un manuscrito inédito, una primera edición olvidada o una noticia extraviada en algún suplemento literario de escasa circulación. Dueño de un prolijo anecdotario, desmintió muchas noticias fraguadas en la fantasía crítica para revelar una verdad a menudo más cautivadora. En *Contemporáneos y otras lecturas*, Sergio Téllez-Pon, cómplice en más de un proyecto del maestro, poeta, ensayista, crítico literario, traductor, narrador y editor mexicano, reúne los ensayos que Capistrán publicó con posterioridad a la aparición de *Los contemporáneos por sí mismos* (1994) y otros que por su tema no pudieron incluirse ahí, como una continuación o un complemento de aquel. Con este libro —ecléctico y diverso en sus temas, puntual en sus hallazgos— la Academia Mexicana de la Lengua quiere recordar a quien fuera uno de sus miembros y conmemora la donación de su acervo bibliográfico y documental a la Biblioteca Alberto María Carreño.

—

GONZÁLEZ CRUSSÍ, FRANCISCO

Del cuerpo imponderable.
Ensayos sobre la visión médica y artística de la corporalidad

México: Academia Mexicana de la Lengua,
Colección Premio Internacional de Ensayo Pedro Henríquez Ureña, 2020

Volumen de ensayos que reflexionan en torno al cuerpo, su conceptualización, su estética y su sentido filosófico a lo largo de la historia. Desde la perspectiva del autor, el cuerpo es una entidad múltiple que pasa desapercibida para la mayor parte de la gente.

—

GLANTZ, MARGO

A los dieciséis

México: UNAM-Academia Mexicana de la Lengua,
Colección La Academia para Jóvenes, 2020

Esta recopilación de textos de juventud de la autora se divide en narraciones, fragmentos de su famoso libro *Las genealogías*, ensayos y, a manera de cierre, el trabajo del escritor Felipe Garrido acerca de la trayectoria de Margo Glantz. Los temas centrales son el porvenir, la niñez, la juventud, la figura del cabello y sus manifestaciones (tema trabajado de manera constante en toda su obra), la condición femenina, la tradición y su gusto por el cine.

—

LABASTIDA, JAIME

Lección de poesía

México: UNAM-Academia Mexicana de la Lengua,
Colección La Academia para Jóvenes, 2020

De manera dinámica y concisa este libro abarca la historia de la poesía desde sus orígenes en la literatura griega, pasando por su intención formal como la construcción de la imagen, la música, del ritmo y, por supuesto, de la estructura. De manera breve recorre los estilos más usados en el español. A manera de cierre, Labastida ofrece a sus lectores una antología poética con algunos ejercicios de escritura para empezar en el devenir escritural y creativo. En pocas palabras, combina de manera teórica y práctica un acercamiento formativo para los jóvenes hacia *lo poético*.

CELORIO, GONZALO
DF-CDMX. Marca registrada

México: UNAM-Academia Mexicana de la Lengua,
Colección La Academia para Jóvenes, 2020

Este libro recoge lo mejor de *El viaje sedentario* (1994) y *México, ciudad de papel* (1997) e incluye crónicas, relatos y ensayos que retratan las calles de la Ciudad de México, específicamente, hablando del barrio de Mixcoac, de donde proviene el autor para describir los momentos clave de la evolución histórica de nuestra capital y que van desde la fundación de la ciudad hasta nuestros días.

—

SERRANO MIGALLÓN, FERNANDO
Derechos de autor

México: UNAM-Academia Mexicana de la Lengua,
Colección La Academia para Jóvenes, 2020

Brinda a sus lectores un acercamiento completo y fresco sobre los derechos de autor desde el ámbito educativo. Su análisis cronológico va desde sus orígenes en la antigüedad clásica (Grecia y Roma), pasando por la Edad Media, el desarrollo de la imprenta, y la Modernidad, hasta la concepción actual que se tiene sobre la responsabilidad autoral y su repercusión en las leyes federales del siglo xx en Estados Unidos y en algunos países de Europa.

ACADEMIA VENEZOLANA DE LA LENGUA

BERMÚDEZ, MANUEL
Estampas de la lengua, IV

Caracas: Academia Venezolana de la Lengua, 2020

Estampas de la lengua, la monumental recopilación de los artículos de nuestro querido y siempre recordado don Manuel Bermúdez, numerario y secretario que lo fue de la Academia Venezolana de la Lengua. La recopilación lleva por título el de su columna en la revista dominical *Estampas* del diario caraqueño *El Universal*.

ACADEMIA CHILENA DE LA LENGUA

ACADEMIA CHILENA DE LA LENGUA
Ensayistas de la Academia, vol. I

Santiago: Academia Chilena de la Lengua, 2020

ACADEMIA CHILENA DE LA LENGUA

Periodistas en la Academia, vol. I

Santiago: Academia Chilena de la Lengua, 2020

—

ACADEMIA CHILENA DE LA LENGUA

El mundo en los ojos

Santiago: Academia Chilena de la Lengua, 2021

—

ACADEMIA CHILENA DE LA LENGUA

Al cateo'e la laucha. Refranes y dichos en Chile

Santiago: Academia Chilena de la Lengua-Ministerio de las Culturas, las Artes y el Patrimonio, 2020

Recibido el encargo de realizar una selección de refranes y dichos chilenos por parte del Ministerio de las Culturas, las Artes y el Patrimonio, abordamos la tarea a partir de los estudios clásicos sobre paremiología de los autores citados en los epígrafes. Todos ellos procuraron rastrear cómo la tradición del refrán, tan rica en la lengua castellana, se había afincado y transformado en nuestro país, para constituir ese acervo de riqueza lingüística que expresa, como pocos otros factores, el modo de ser de un pueblo. De sus trabajos privilegiamos, precisamente, aquellos señalados como originarios de Chile o con variaciones marcadas respecto del refranero español, aunque no nos limitamos a ellos.

—

ACADEMIA CHILENA DE LA LENGUA

Sexo, género y gramática. Ideas sobre el lenguaje inclusivo

Santiago: Editorial Catalonia, 2020

¿Qué tipo de oportunidades y también de dificultades nos ofrece la lengua que hablamos, hoy, en relación con una demanda social cada vez más urgente, la de la igualdad simbólica de las mujeres? Tenemos derecho a voto, somos ciudadanas, aunque sea de manera muy reciente; estamos incorporadas a la fuerza de trabajo y a la vida económica como nunca antes; tenemos una fuerza colectiva y una convicción, un poder que nunca tuvimos en la vida pública y política. No obstante, hay mucho desajuste entre la realidad de las mujeres y el discurso social que se refiere a ellas. Este desajuste, anacrónico, suele perpetuar simbólicamente una discriminación cotidiana, habitual y la mayor parte de las veces inconsciente, una verdadera rémora cultural. En este marco surge una demanda de cambios en el lenguaje, a fin de crear conciencia de los cambios sociales. Estos cambios, tanto léxicos como morfológicos, se introducen de manera intencional, voluntarista, y esperan ser empleados por colectivos cada vez más amplios. La preocupación no es nueva y ha estado en los estudios universitarios desde los años setenta. Lo nuevo es que haya llegado a la calle, a la demanda social legítima y legitimada, a todas las esferas de la vida ciudadana. Grandes universidades, grandes medios de comunicación, muchos periodistas recurren a la Academia Chilena de la Lengua para aclarar dudas y tensiones en torno al tema, y para responder a las exigencias y solicitudes del alumnado y del público lector. Ante esta demanda permanente, la Academia decidió hacer una conversación pública entre académicos —lingüistas y periodistas— y otras personas interesadas, en un formato renovador. Fue un espacio de reflexión sobre el lenguaje en que se dieron no solo ideas y respuestas, sino también incertidumbres, sospechas, interrogantes acerca del lenguaje inclusivo. De ese acto, y de ese espacio, trata este libro.

—

MANSILLA CONTRERAS, JOSÉ
Contribución a la bibliografía de Aysén
Santiago: Academia Chilena de la Lengua, 2021

En el repertorio literario, que se despliega aquí, se muestran textos de queridos y distinguidos escritores, que han escrito desde observaciones internas o externas y nos revelan sus emprendimientos, motivaciones y frustraciones en medio de un entorno que abisma o convoca.

—

MASSONE, JUAN ANTONIO (ed.)
Homenaje a Matías Rafide Batarce
Santiago: Academia Chilena de la Lengua, 2020

Matías Rafide siempre se caracterizó por su inmensa generosidad, la que lo hizo estar presente y acompañarnos, en nuestros primeros pasos por la literatura. Lo conocí en Curicó, mi ciudad natal, en los años 80. Visitó nuestro primer taller literario Orlando González Gutiérrez, con quien compartía una amistad profunda que lo llevó a estar siempre presente en esa casona que albergaba a las y los escritores de la región del Maule. Eran los años de la lucha por la dictadura militar y Matías Rafide nos impulsaba a ser consecuentes con el derecho a la vida y el amor a las palabras y al estudio. De él aprendí que escribir es mucho más que escribir, es un oficio que trasciende la palabra y va más allá buscando encontrar un refugio donde la humanidad se reencuentre con los sentidos más prístinos del ser. Agradezco su infinita grandeza por no solamente difundir nuestra poesía, sino también por estudiarla y orientarnos en el oficio, especialmente en los sentidos que debemos descubrir en la acción de escribir.

MANSILLA CONTRERAS, JOSÉ

Aporte a la bibliografía de Aysén

Santiago: Academia Chilena de la Lengua, 2020

Este volumen —un homenaje a los 500 años de la llegada del idioma castellano a Chile Austral (1520-2020), y publicado por los Cuadernos de la Academia Chilena de la Lengua— nos lleva a recorrer una tierra casi mitológica y plagada de historias mágicas, la cual, como bien lo señala el autor (Eugenio Mímica Barassi) en su prólogo: «difícilmente exista, en el continente americano, un territorio que haya despertado tanta inquietud imaginativa y tantos anhelos de aventura como lo han sido Patagonia y Tierra del Fuego a través del tiempo».

—

OYARZÚN, LUIS

Escritos recuperados

Santiago: Academia Chilena de la Lengua, 2020

ACADEMIA PERUANA DE LA LENGUA

CALVO PÉREZ, JULIO

Teoría y práctica del léxico peruano

castellano y lenguas indígenas a la luz de la pragmática léxica

Lima: Academia Peruana de la Lengua, 2021

—

ROCHA MARTÍNEZ, ROLANDO

Aspectos fonético-fonológicos de la velarización en shipibo

Lima: Academia Peruana de la Lengua, 2021

—

MARTOS CARRERA, MARCO, *et al.*

Relatos de café

Lima: Academia Peruana de la Lengua, 2021

—

MARTOS CARRERA, MARCO / LOVÓN CUEVA, MARCO ANTONIO (eds.)

Los mudos hablan. Homenaje a Julio Ramón Ribeyro

Lima: Academia Peruana de la Lengua, 2021

—

MARTOS CARRERA, MARCO / LOVÓN CUEVA, MARCO ANTONIO (eds.)

Estudios lexicográficos en honor a Humberto López Morales

Lima: Academia Peruana de la Lengua, 2021

—

MARTOS CARRERA, MARCO (ed.)

Papel para aviones

Lima: Academia Peruana de la Lengua, 2021

La antología de cuento y poesía *Papel para aviones*, que recoge la producción de los egresados de la Maestría de Escritura Creativa de la Universidad Nacional Mayor de San Marcos, promoción 2019. El texto es una selección de los mismos creadores a partir de los cuentos y poemas presentados durante los talleres de la maestría, que conforman un volumen variopinto de propuestas y miradas diversas. En un contexto de crisis por la pandemia del covid-19, este libro es una prueba de que la literatura es también resistencia ante la muerte.

—

FERNÁNDEZ COZMAN, CAMILO

Raúl Porras Barrenechea y la literatura peruana

Lima: Academia Peruana de la Lengua, 2020

—

LOVÓN CUEVA, MARCO ANTONIO

Las palabras compuestas en la lengua aimara

Lima: Academia Peruana de la Lengua, 2020

—

MONTERO DELGADO, JUAN / SÁNCHEZ JIMÉNEZ, ANTONIO (eds.)

Beltraneja

Lima: Academia Peruana de la Lengua, 2020

Beltraneja narra los preparativos que dispuso el don García Hurtado de Mendoza para defender las costas del virreinato del Perú de las depredaciones del corsario inglés Richard Hawkins, quien fue finalmente derrotado en julio de 1594 por una flotilla capitaneada por don Beltrán de Castro y de la Cueva, cuñado del virrey.

—

VALERO JUAN, EVA

Voces para la polifonía literaria del Perú: entre la geografía y la historia

Lima: Academia Peruana de la Lengua, 2021

ACADEMIA GUATEMALTECA DE LA LENGUA
Publicación conmemorativa del Bicentenario de la Independencia 1821-2021. La literatura en Guatemala

Ciudad de Guatemala: Academia Guatemalteca de la Lengua, 2020

La Academia Guatemalteca de la Lengua, correspondiente de la Real Academia Española, ha estado presente durante gran parte de la historia independiente del país: fue fundada en el mismo siglo en que se firmó el Acta que consolidó a Guatemala como un proyecto de país. A lo largo de varias décadas, la Academia ha contribuido a la reflexión sobre la identidad nacional desde diferentes registros, —literario, filosófico, lingüístico y filológico, entre otros—, por medio de la publicación de muchas obras de reconocido valor. El Bicentenario de la Independencia resulta una ocasión oportuna para intervenir, desde el análisis de algunos aspectos de la literatura guatemalteca, para delimitar las circunstancias históricas, rasgos distintivos, géneros literarios, temas, preocupaciones y demás manifestaciones que definen a Guatemala como una nación inacabada y aplazada perennemente en su desarrollo integral. La lengua y la literatura de un país ponen de manifiesto su idiosincrasia, acaso de una manera más evidente que su historia oficial; y de esa manera, la Academia considera oportuna la publicación que ahora presenta para conmemorar de manera crítica este Bicentenario.

—

ACADEMIA GUATEMALTECA DE LA LENGUA
Publicación conmemorativa del Bicentenario de la Independencia 1821-2021. La lengua española en Guatemala

Ciudad de Guatemala: Academia Guatemalteca de la Lengua, 2021

En la conmemoración del Bicentenario de la Independencia, la Academia Guatemalteca de la Lengua presenta este conjunto de ensayos sobre la variante del español hablada en el país durante las primeras décadas del siglo XIX, como un aporte particularmente enriquecedor para la comprensión de nuestra historia y su lugar en el escenario continental que fue conformándose. Las reflexiones a que conduce la conmemoración muestran cómo la lengua española fue protagonista visible y constante de los procesos emancipadores, aunque no se la enarbolara necesariamente como bandera y, también, el considerable peso específico que las decisiones decimonónicas de los ilustrados americanos y de los creadores de las nuevas repúblicas han tenido en la exponencial expansión del idioma que observamos actualmente. De aquel legado, se desprende el ideal de un mundo hispánico íntimamente relacionado, que se abre al exterior por medio de la poderosa herramienta de una lengua común, a la vez que se vuelca a sí mismo con la inspiración que le ofrece la propia identidad y la perspectiva de la realidad vista a través del prisma de la lengua.

—

HERRERA PEÑA, GUILLERMINA

Español literario en Guatemala durante la época de la Independencia

Guatemala: Academia Guatemalteca de la Lengua, 2021

ACADEMIA COSTARRICENSE DE LA LENGUA

SÁNCHEZ, VÍCTOR M. *et al.*

Voces de la Academia Costarricense de la Lengua

San José: Academia Costarricense de la Lengua, 2020

Es el primer título que ofrece el sello editorial oficial de la corporación. Se reúnen las participaciones de los miembros de nuestra institución en el XVI Congreso de la Asociación de Academias de la Lengua Española, celebrado en Sevilla 2019; igualmente diez conferencias sobre temas literarios y lingüísticos, presentadas por miembros de la ACL en un espacio de las sesiones ordinarias, un homenaje a la escritora y académica honoraria Julieta Pinto con ocasión de cumplir cien años, además de actividades académicas conmemorativas del bicentenario de vida independiente de Costa Rica. Se incluyen estudios de Víctor Manuel Sánchez, Mario Portilla, Carlos Francisco Monge, Carlos Rubio y Estrella Cartín de Guier. Pronto estará a disposición de la comunidad académica y de todos los sectores interesados.

—

RUBIO, CARLOS

Cien años de Los cuentos de mi Tía Panchita, de Carmen Lyra

San José: Ediciones de la Academia Costarricense de la Lengua, 2021

Edición conmemorativa que incluye en su prólogo un estudio introductorio sobre Carmen Lyra —escrito por el Dr. Carlos Rubio Torres— en torno a los 100 años de la publicación de esta obra que se mantiene vigente de generación en generación. De tierras lejanas llegaron estos cuentos. Desde tiempos inmemoriales se relataban en Europa o África. ¿Dónde los habrá escuchado la tía Panchita? ¿Cómo habrán llegado hasta la tibieza de su banca, en esa casa en las cercanías del Parque Morazán? ¿Con qué embeleso María Isabel Carvajal Quesada —Carmen Lyra— los escuchó o los leyó en antiguos libros? Lo cierto es que estas aventuras de príncipes, princesas, tontos que no tienen un pelo de tontos y el confisgado de tío Conejo ya forman parte esencial del ser costarricense. No solo se trata de la obra iniciadora de nuestra literatura infantil, sino que, además, es patrimonio del imaginario nacional.

ACADEMIA PANAMEÑA DE LA LENGUA

VÁSQUEZ QUIRÓS, MARGARITA

Historia y ficción en el* Sumario de la Natural historia de las Indias, *de Gonzalo Fernández de Oviedo

Panamá: Academia Panameña de la Lengua, 2020

Gonzalo Fernández de Oviedo es uno de los cronistas fundamentales para conocer el istmo de Panamá, pues estuvo con Balboa, con Pedrarias y con Gaspar de Espinosa el más letrado de los tres que conquistaron Panamá. A mi juicio, el gran valor de los escritos de Fernández de Oviedo radica en el interés que tuvo por la naturaleza y su cuidadosa y detallada descripción de las casas, de las costumbres de sus habitantes y, sobre todo, de las frutas y los animales, pues describe los parecidos de algunos con especímenes de España y nos describe cómo era la piña y la guanábana.

ACADEMIA CUBANA DE LA LENGUA

FERNÁNDEZ RETAMAR, ROBERTO

Alternativas de Ariel

La Habana: Editorial UH/Academia Cubana de la Lengua, 2020

Con este libro póstumo de Roberto Fernández Retamar (1930-2019), que reúne ensayos —salvo uno, todos inéditos y escogidos por el autor— y un poemario, se inicia la Colección Letra y Espíritu de la ACuL, destinada a homenajear a nuestros académicos eméritos, con la publicación o reedición de alguna de sus obras o una selección de ellas.

ACADEMIA BOLIVIANA DE LA LENGUA

RIVERA RODAS, ÓSCAR

La poética semiológica de José Pascual Buxó

Ciudad de México: Universidad Nacional Autónoma de México, Instituto de Investigaciones Bibliográficas, 2020

La poética semiológica de José Pascual Buxó es una teoría estética derivada de la estructura del «texto semiológico». Fue aplicada y demostrada por su autor en la obra de autores clásicos y modernos de lengua castellana; de ese modo se convirtió también en un método de análisis textual. La poética semiológica es muy distinta de la poética antigua y su preceptiva de modelos, normas, reglas, para el conocimiento y práctica del arte. Los preceptos de la antigüedad, prescritos por un pensamiento idealista instalado en una metafísica, no dejaban de ser órdenes a las que los artistas (no reconocidos como tales en ese tiempo) debían someter su voluntad. La poética semiológica de Pascual Buxó procede del pensamiento empírico del siglo xviii y de la lógica pragmática del siglo xix, orígenes de la semiótica. La aplicación que José Pascual Buxó realizó de su propia teoría permite reconocer, asimismo, una estética crítica e historiográfica para las dos grandes épocas de la literatura hispanoamericana: la colonial y la moderna. Para esa estética, el objeto artístico es un «fenómeno», cuyo aparecer tiene lugar solamente en la conciencia de quien lo percibe como efecto pragmático. La estructura de esa obra artística es sobre todo semiológica e integrada por dos estratos: forma y sustancia.

ACADEMIA DOMINICANA DE LA LENGUA

ROSARIO CANDELIER, BRUNO

Perfil del español dominicano. Voces y expresiones del habla criolla

Santo Domingo: Academia Dominicana de la Lengua, 2020

Con la evolución de las diferentes variantes de la lengua española en los países hispanohablantes, surgieron voces y expresiones idiomáticas como seña sociocultural que dan valor y vitalidad al talento creativo de la lengua desde su fuero léxico, morfosintáctico y semántico. De esa peculiaridad idiomática participa el español dominicano, adscrito a la zona dialectal del español antillano. Este libro da cuenta del caudal de voces criollas y de los vocablos de la lengua española con el significado asignado por los hablantes dominicanos, recogidos en el *Diccionario del español dominicano* o expresiones publicadas en el *Diccionario fraseológico del español dominicano*, entre otros. También recoge estudios lingüísticos de autores dominicanos sobre distintas facetas del habla dominicana y estudios literarios del propio autor del volumen como «La búsqueda de la expresión propia según Pedro Henríquez Ureña» o «El Diario del Almirante descubridor». Diversos atributos léxicos y morfosintácticos fundan la fisonomía idiomática del español dominicano. Las variantes dialectales del español americano mantienen el sistema de la lengua española en sus códigos esenciales: el diccionario, la gramática y la ortografía, y, en tal virtud, conservan la unidad del español con el genio de nuestro idioma sin un hiato entre los hablantes de esta hermosa lengua de Castilla. Esa unidad idiomática se funda en el respeto a la norma lingüística que los hablantes mantienen hacia los códigos de nuestra lengua.

ACADEMIA NICARAGÜENSE DE LA LENGUA

ARELLANO OVIEDO, FRANCISCO

Versos para loar a nuestra madre.

Prólogo: Cardenal Óscar Andrés Rodríguez Maradiaga,
arzobispo de Tegucigalpa.
Managua, Academia Nicaragüense de la Lengua, 2020

Francisco Arellano Oviedo nos hace deleitarnos y sumergirnos en una literatura diferente, pues, estamos frente a una poesía mariana, a una poesía religiosa, 56 letanías las que podemos apreciar en esta obra. En cada una de ellas, encontramos versos para alabar a nuestra madre, la Virgen María.

El prologuista de la obra, cardenal Óscar Andrés Rodríguez Maradiaga, expresa que *Versos para loar a nuestra Madre* es en su máxima expresión una joya magnífica que se puede clasificar apropiadamente como poesía religiosa. Asimismo, en su intervención recordó a Arellano Oviedo como el joven que declamaba a Horacio en latín, también al amigo y compañero.

Por su parte don Marco Martos, director de la Academia Peruana, expresó que «la tradición cristiana ha querido que rindamos siempre homenaje a la Virgen María de distintas formas, ahora el poeta Francisco Arellano Oviedo ha escogido hacer para ella lo que más conoce, que es poesía. Celebramos la aparición de este libro que se suma a la poesía religiosa escrita en español que viene desde Juana de la Cruz hasta nosotros mismos (...). Para los creyentes el más excelso amor es el amor a Dios y la Virgen, que está en cuerpo y alma, recibe las loas de sus hijos, entre ellos, el eximio poeta nicaragüense Francisco Arellano Oviedo quien con voz depurada hace llegar hasta sus manos santas un rosario de hermosas palabras».

En la presentación también intervino don José Luis Vega, quien agradeció la oportunidad de ser partícipe y manifestó que «quien lea *Versos para loar a nuestra Madre*, por descreído que sea, no pondrá en duda que nacen de la devoción sincera del poeta por la Virgen María, ha de percibir también que la arraigada fe del poeta encuentra eco en la devoción a la Virgen del pueblo nicaragüense, cuya tabla a veces matiza los poemas con rasgos dialectales de calidad íntima. Desde el punto de vista retórico los *Versos para loar a nuestra Madre* son amplificaciones de las letanías del rosario».

—

ARGÜELLO LACAYO, JOSÉ

Rubén Darío en Mallorca. Cara a cara con Dios

Managua, Academia Nicaragüense de la Lengua, 2020.

«Leí y disfruté tu ensayo sobre Rubén Darío en Mallorca. Tu estilo y tu manejo de las fuentes son impresionantes; me parece que nunca nadie ha enfocado de manera tan elocuente el encuentro con Dios en la Isla de las Flores». Günther Schmigalle.

—

MENOCAL, GUILLERMO

Cruz Paté y otros cuentos / De Boston a Panamá

Managua, Academia Nicaragüense de la Lengua, septiembre, 2020

165 págs., el primero de los libros y 175 págs., el segundo, ambos dentro del volumen. Los cuentos son breves y sustantivos, concisos y elocuentes», se-

gún el prologuista Noel Rivas Bravo; por su parte, Francisco Arellano Oviedo observa que la novela (*De Boston a Panamá*) «no ofrece temática novedosa ni sus personajes revelan cualidades, ni el autor un lenguaje sorprendente; pero allí radica, precisamente, su originalidad.

ACADEMIA NACIONAL DE LETRAS DE URUGUAY

PALLARES, RICARDO

Como el amor y la peste

Montevideo: Academia Nacional de Letras-Publicaciones La Casa del Río, 2021

ACADEMIA NORTEAMERICANA DE LA LENGUA ESPAÑOLA

BELT, GUILLERMO A.

Tiempo para todo bajo el sol / A Time to Every Purpose

Nueva York: Academia Norteamericana de la Lengua Española, 2021

Este libro bilingüe narra la extensa saga familiar de los Belt, cuyas raíces pueden rastrearse hasta el s. xi, en Inglaterra, y se entreteje con la historia de varios países en diversos continentes. Hubo en ella un poco de todo: soldados y juristas, comerciantes y diplomáticos, aventureros que a costa de grandes sacrificios consiguen hacer fortuna y hasta un pirata. Los protagonistas principales son los integrantes de un matrimonio que, sin dejar de bregar por la libertad de la patria arrebatada, consigue mantener unidos a hijos, nietos y bisnietos mientras les ayudan a crecer en el amor por Cuba, superando privaciones económicas y enfrentando los altibajos del exilio político y económico sin sacrificar principios ni olvidar sus orígenes.

—

BERNAL LABRADA, EMILIO / MANUEL J. SANTAYANA RUIZ

Emilia Bernal.* Antología literaria. *Verso, prosa y traducción poética

Selección e introducción de Manuel J. Santayana Ruiz;
prólogo, edición y notas de Emilio Bernal Labrada
Nueva York: Academia Norteamericana de la Lengua Española, 2021

La presente obra constituye un indispensable rescate de la obra literaria de Emilia Bernal como una contribución a las letras hispánicas y a la cultura iberoamericana, cuyo contenido exalta la obra, poesía y prosa de esta insigne poeta que fue no solo una cubana ferviente, sino una devota defensora de la patria americana proclamada por el Apóstol de Cuba, a la cual sirvió tan honrosamente, enriqueciéndola con el tesoro de su genio y de su vibrante humanidad. En el ámbito de participación individual en el quehacer colectivo en su ámbito, el de la cultura, exaltó a lo largo de su vida, con sus estudios y traducciones, en esfuerzo de amorosa integración, el arte literario de la península ibérica, que le debe la difusión y exaltación de algunos de sus más grandes valores. Su contenido abarca una cuidadosa selección y un sustancial estudio introductorio de Manuel J. Santayana Ruiz y un prólogo de Emilio Bernal Labrada con una cuidadosa edición y nota, aportes ambos que constituyen el marco de referencias en el tiempo y en el espacio de la singladura vital de la figura de la poeta.

—

COVARRUBIAS, JORGE
El mensaje de un millón de años

Nueva York: Academia Norteamericana de la Lengua Española, 2021

Texto de Jorge Ignacio Covarrubias. Fotos de Gerardo Piña Rosales. Este volumen incluye cuentos, microrrelatos e hiperbreves orientados a reflejar aspectos de la condición humana en una variada gama de épocas y escenarios. Varios de ellos denotan influencia de autores como Kafka, Borges, Calvino y Bradbury. La historia, la filosofía y la ciencia tienen destacado papel en varios de los cuentos, dos de los cuales incursionan en la ficción científica. El sentido del humor sienta el tono de varios relatos, especialmente los más breves. La colección se cierra con un inesperado contrapunto entre títulos y textos en un jocoso diálogo autorreferencial. Los textos van ilustrados por una colorida galería fotográfica que representa una aguda interpretación gráfica de lo narrado.

—

CUADRADO GUTIÉRREZ, AGUSTÍ (ed.)
USA y Miguel Delibes

Burgos, España: Fundación Instituto Castellano
y Leonés de la Lengua-ANLE, et. al., 2021.

La presente obra tiene por finalidad revisar la obra del escritor español utilizando nuevas herramientas teóricas y, a través de estas nuevas miradas, ser un instrumento para: a) ofrecer al docente aproximaciones alternativas que le ayudarán a presentar a sus alumnos la obra de Miguel Delibes; b) fomentar los valores que Delibes presentó en sus trabajos y que la Fundación Miguel Delibes continúa promoviendo: «libertad, justicia social, solidaridad, humanismo cristiano, periodismo responsable, conservación de la naturaleza, caza y pesca respetuosas con el medio ambiente y defensa del mundo rural, entre otros»; c) dar a conocer el sitio web de la Fundación (fundacionmigueldelibes.es), en especial la gran cantidad de documentos que han sido digitalizados durante los últimos años y que se encuentran a disposición de todo aquel que esté interesado en la vida y obra del escritor; y (d) ofrecer un espacio en el que colaboren destacados estudiosos de la obra de Miguel Delibes junto con jóvenes investigadores interesados en adentrarse en las diferentes facetas artísticas del escritor vallisoletano.

ESCAJA, TINA / NATALIA PRUNES (eds.)

Por un lenguaje inclusivo. Estudios y reflexiones sobre estrategias no sexistas en la lengua española

Nueva York: Academia Norteamericana de la Lengua Española, 2021

Este volumen recopila aquellas posturas favorables al lenguaje inclusivo juzgadas por las editoras como más interesantes y rigurosas, ya sea desde el registro académico como desde la creación literaria, con el fin de fomentar la discusión crítica sobre la lengua en los Estados Unidos, en donde el propio idioma español es minoritario y minorizado. Dividido en dos secciones (una dedicada a artículos académicos y otra a creaciones libres), el volumen constituye sin duda una aportación histórica actual y necesaria dentro del debate de las Academias de la Lengua Española.

—

GIL, FERNANDO (ed.)

El español sefardí como una variedad de la lengua española

Nueva York: Academia Norteamericana de la Lengua Española, 2021

Este libro comprende once trabajos de destacados escritores, entre ellos, un israelí, estadounidenses, latinoamericanos y algunos españoles, quienes a partir de sus propias disciplinas presentan una pluralidad de perspectivas sobre esta variedad lingüística del idioma español: el español sefardí, conocido también como judeoespañol, españolit, espanyol muestro, franco, levantino, ladino, djidio o djudezmo. La obra, que tiene como propósito impulsar la revitalización de esta lengua, ofrece estudios históricos, dialectológicos, comparativos, de análisis morfológico, como también relatos vinculados con la lengua y cultura sefardíes. Un interesante complemento iconográfico acompaña y embellece el volumen.

—

LOLO, EDUARDO (ed.)

40 años de la ANLE. Vida y bibliografía activas 1973-2013

Nueva York: Academia Norteamericana de la Lengua Española, 2021

Este breve compendio recoge las fichas de los libros publicados por los miembros de la Academia Norteamericana de la Lengua Española (ANLE) durante los primeros 40 años de existencia de la organización, ya sea como autores, editores, etc. Se incluyen las obras impresas por la institución y otras editoriales que publican en español, tanto en los Estados Unidos como en otros países. En una breve introducción se da a conocer someramente el génesis y desarrollo de la ANLE durante esas primeras cuatro décadas de vida, sus convenios académicos con organizaciones afines en el país y naciones extranjeras, y los proyectos, siempre ascendentes, tendientes a continuar y aumentar sus labores encaminadas a la promoción y el perfeccionamiento del estudio del español y las culturas hispánicas en la Unión Americana. Obra de información y consulta a la vez para estudiosos e investigadores del hispanismo en los Estados Unidos es un fiel reflejo de la pujanza y seriedad de la cultura hispanounidense durante el período que abarca.

—

MARRERO-FENTE, RAÚL (ed.)

Obra nuevamente compuesta... de Bartolomé de Flores (1571)
Primer poema hispano de los EE. UU.

Nueva York, IDEA-ANLE, 2021

Único documento publicado en el s. xvi (1571) sobre el triunfo de las armas españolas sobre los franceses en La Florida en 1565 y el primer poema sobre Norteamérica escrito en español, la obra de Bartolomé de Flores reviste especial significación para los estudios sobre la temprana presencia hispánica y la primera modernidad española en los Estados Unidos. Un riguroso estudio preliminar despliega los contextos pertinentes para una cabal apreciación de la obra, analiza las características formales del pliego y examina las orientaciones discursivas principales del poema. La edición crítica del poema —que además se incluye en versión facsimilar— se presenta enriquecida por numerosas notas filológicas y de contextualización histórica, fruto de un exhaustivo trabajo de análisis que contribuye a la comprensión del texto por parte de los lectores actuales.

—

PALDAO, CARLOS E. / GRACIELA TOMASSINI (eds.)

Dos pocillos de café. Los académicos dialogan

Nueva York: Academia Norteamericana de la Lengua Española, 2021

Este volumen ofrece una recopilación de entrevistas realizadas para la *Revista de la Academia Norteamericana de la Lengua Española* (*RANLE*) por miembros y allegados a nuestra Academia a personalidades de diversas regiones del mundo cultural panhispánico, elegidas por la relevancia de sus aportaciones a la cultura, el pensamiento y el arte. El volumen se estructura en tres partes: «El café de los poetas», «Café y ficciones» y «Café de los maestros». En las dos primeras, los títulos se explican por sí mismos; la tercera involucra a aquellos que, dedicándose a diversas disciplinas dentro del quehacer cultural, han inspirado a otros para que continuaran su tarea, ya sea mediante la enseñanza formal o el ejemplo.

—

PIÑA-ROSALES, GERARDO (ed.)

Cuando llegamos. Experiencias migratorias

Nueva York: Academia Norteamericana de la Lengua Española, 2021

Bajo este sugestivo título, Gerardo Piña-Rosales compila 18 relatos que ofrecen al lector una cala lúcida y profunda en la constelación de significados que orbitan alrededor del fenómeno de la migración. La versión utópica y la trágica constituyen los dos extremos de un continuo en el que caben múltiples, variadas experiencias, cada una singular e irrepetible, cuya riqueza desafía los estereotipos. En contrapunto con los textos, las sugestivas fotografías de Piña-Rosales aportan su poesía visual al conjunto.

—

PIÑA-ROSALES, GERARDO

Hablando bien se entiende la gente 3

California: Academia Norteamericana de la Lengua Española- Velázquez Press, 2020

En este tercer volumen de *Hablando bien se entiende la gente*, la Academia Norteamericana de la Lengua Española (ANLE) nos ofrece sus recomendaciones y aclara el uso correcto del idioma español. Incluye los errores más comunes cometidos por hispanohablantes en EE. UU. Con un tono refrescante y vivo, y acompañado de ilustraciones, la Academia también ofrece alternativas a esos anglicismos.

Con el fin de proporcionar una guía fácil y divertida a esos millones de hablantes del español que sienten una influencia desproporcionada del inglés sobre su modo de expresarse y para despejar dudas ortográficas y gramaticales, la Academia Norteamericana de la Lengua Española (ANLE) les ofrece estos consejos redactados por sus académicos tras un minucioso y prolongado proceso de elaboración.

—

STRANGE, STEVEN

Antes de Jamestown fue San Agustín de La Florida

Nueva York: Academia Norteamericana de la Lengua Española, 2020

Esta obra es una selección razonada de textos fundamentales para la reconstrucción de las raíces hispánicas de la cultura estadounidense, pues se trata de los primeros documentos en español en el vasto territorio de lo que hoy son los Estados Unidos. En cada uno de los 12 capítulos del libro, los textos se presentan acompañados por un análisis histórico-contextual que facilita y enriquece la lectura. Al final se ofrece al lector interesado una bibliografía selecta de 76 autores y documentos. Como soporte visual la obra contiene 15 mapas (algunos poco conocidos) y 35 ilustraciones que le otorgan un indispensable complemento al texto.

Publicaciones periódicas

Boletín de la Real Academia Española (BRAE)

Revista científica indexada, fundada en 1914, dirigida por la secretaria de la RAE, Aurora Egido. Publica un tomo al año, en dos cuadernos semestrales, con artículos y reseñas sobre temas lingüísticos y literarios vinculados al ámbito hispánico, además de noticias académicas sobre la RAE y la Asociación de Academias de la Lengua Española. En 2016, el *BRAE* se convirtió en una publicación electrónica de acceso libre y gratuito en http://revistas.rae.es/. Las entregas aparecen al finalizar cada semestre del año en curso. El tomo CI, correspondiente a 2021, se compone de los cuadernos CCCXXIII y CCCXXIV.

Cuaderno CCCXXIII

Tomo CI, enero-junio 2021

Recoge estudios lingüísticos y literarios diversos en cuanto a su temática, época y área geográfica. De la mano de sus autores, podrá el lector interesado recorrer un eje temporal y geográfico desde la Edad Media hasta hoy, por España, México, Perú y el lejano Oriente, como puede apreciarse en la siguiente relación de artículos:

ELISA BARRAJÓN LÓPEZ Y HERMINIA PROVENCIO GARRIGÓS
«Hacia una clasificación de los verbos neológicos en español: criterios para su delimitación»

JOSÉ EUGENIO BORAO MATEO
«Un segundo manuscrito con la primera traducción al español de los cuatro libros confucionianos hecha por Ruggieri, hallado en Taiwan»

MARGHERITA CANNAVACCIUOLO
«Cuando el arte es un hechizo: animalización, cosificación y obscenidad en *Hombre con minotauro en el pecho*»

LAURA CARBAJO LAGO Y MARÍA CARBAJO LAGO
«La configuración de la *Novena parte de comedias* de Calderón: el método de trabajo de Juan de Vera Tassis»

CINTHIA MARÍA HAMLIN
«Alfonso de Palencia: ¿autor del primer *Vocabulario romance latín* que llegó a la imprenta»?

JAVIER MEDINA LÓPEZ
«Discurso institucional y de Estado»

BIENVENIDO MORROS MESTRES
«La teoría amorosa del amor recíproco en dos comedias de Lope de Vega: de Temistio a León Hebreo»

Javier Puerma Bonilla

«¿Quién es el *guapo* ahora? Lexicografía histórica para una historia legendaria. Cervantes y Santaella»

Alfonso Zamorano Aguilar

«Primitivo Sanmartí (1840-1933) y el oficialismo académico en la gramática: claves externas e internas en la serie textual de su *Epítome de gramática castellana* en el contexto español y peruano»

NOTA

Ángel Alonso-Cortés

Sobre la etimología de «aspirina»

Cuaderno CCCXXIV

Tomo CI, julio-diciembre 2021

En la misma línea que el cuaderno anterior, incluye los siguientes artículos:

Pedro Pablo Conde Parrado

Lope de Vega y el *Parnassus poeticus* de Nicolas de Nomexy

Philip Deacon

La ley y el amor en *El sí de las niñas* de Leandro Fernández de Moratín

Marta Haro Cortés

Una nueva edición del *Repertorio de los tiempos* de Andrés de Li, Burgos, Juan de Junta, 1533

María Jesús Mancho Duque

Los textos de cantería del Renacimiento: peculiaridades léxicas

José Manuel Martín Morán

El estilo indirecto libre en el *Quijote*

Laura Martos Trujillo

El *Diario íntimo* (ca. 1897) de Miguel de Unamuno como germen de su itinerario literario

Enrique Pato y David Porcel Bueno

Origen y distribución geográfica de la voz *matarife* (español) / *magarefe* (portugués) en la península ibérica

Iñaki Pérez Ibáñez

Aventuras y desventuras de un autógrafo lopeveguesco: el caso de *La corona de Hungría y la injusta venganza*

Mercedes Roldán Vendrell

Los tipos de aceite de oliva en el *Diccionario de la lengua española*

Guillermo Serés

La fuerza de la palabra: el ejemplo XIV del *Lucanor*

NOTA

Juan Gil

El Inca Garcilaso en Sevilla

Boletín de Información Lingüística de la Real Academia Española (BILRAE)

Publicación electrónica dirigida por la secretaria de la RAE, Aurora Egido, que desde 2012 ofrece informes y trabajos sobre la lengua española, junto a otros de carácter literario e histórico relacionados con la actividad de la Real Academia Española.

Número 17

Entrega publicada en abril de 2021, incluye una semblanza a la memoria del académico Gregorio Salvador Caja (Cúllar, Granada, 11 de julio de 1927-Madrid, 26 de diciembre de 2020), en la que se destaca, en primer lugar, su vinculación académica y, a continuación, un breve currículum, seguido del catálogo de sus publicaciones, por Pilar García Mouton.

Este número incluye también las notas manuscritas de Elena Fortún sobre su salida de España hacia el exilio: «Eran los últimos días de marzo», artículo de Inmaculada García Carretero, en el que se puede comprobar parte del proceso de creación de la autora. No se trata propiamente de apuntes ni tampoco de un diario, sino de un borrador de sus experiencias que sería aprovechado en su obra literaria.

Ampliando la conmemoración del centenario en 2020 del fallecimiento de Benito Pérez Galdós, esta entrega ofrece además el discurso de ingreso de Luis Ángel Rojo en la Real Academia Española: «La sociedad madrileña en Galdós», leído el 1 de junio de 2003, así como la contestación de Eduardo García de Enterría.

Finalmente, se publica en primera edición el libro *Dámaso Alonso-Oreste Macrí. Vivir con la poesía. Epistolario inédito (1951-1984)*, de Laura Dolfi. Gracias a su generosa aportación, los lectores pueden tener cumplida noticia de la estrecha amistad y de la larga e interesante correspondencia entre el poeta y filólogo español y el eminente hispanista italiano.

Número 18

El primer artículo, elaborado por Pilar Egoscozábal, hace un recorrido por la obra de Lucas Gracián Dantisco *Galateo español*, ejemplo de tratado de cortesanía del siglo xvi, que gozó de un gran éxito en su época y del que la Biblioteca de la Real Academia Española custodia dos ejemplares.

En el segundo trabajo, Michel Cavillac aborda la interconexión entre el *Guzmán de Alfarache* y la *Ortografía castellana*. A la luz de la figura del cardenal-embajador, protagonista del *Problema* que sirve de conclusión a la *Ortografía castellana* de Mateo Alemán, el artículo se propone revisitar su relación con el embajador de Francia. Con este fin, muestra cómo las virtudes del ejemplar prelado retratado en el *Problema* no se transfieren al «buen cardenal» del Guzmán, sino al mencionado embajador, erigido en modelo político según los criterios del tacitismo.

En el siguiente artículo, Aurora Egido ahonda en el sustrato alegórico presente en *La conjuración de las palabras*, de Benito Pérez Galdós, y en la deuda de esa obra y de *El caballero encantado* con *El caballero de las botas azules* de Rosalía de Castro.

La Real Academia Española conserva una colección de bustos de terracota de trece personajes del *Quijote*, que sirvieron como modelos a los ilustradores de la edición académica de la novela de Cervantes impresa por Joaquín Ibarra en 1780. Una búsqueda concienzuda en los papeles del Archivo de la RAE ha permitido a Covadonga de Quintana desvelar la autoría y procedencia de los bustos.

Como colofón, se publican dos libros: el estudio inédito de Francisco Javier Pérez *Los jesuitas y el lenguaje. Estudios venezolanos, siglos xvii y xviii*, seguido de una nueva edición del poemario de Clara Janés *Huellas sobre una corteza*.

ACADEMIA COLOMBIANA DE LA LENGUA

El Vigía del Idioma

Publicación trimestral. N.° 52, abril 2021

Publicación de la Comisión de Lingüística de la Academia Colombiana de la Lengua

ACADEMIA ECUATORIANA DE LA LENGUA

Memorias de la Academia Ecuatoriana de la Lengua

N.° 80, año 2020

Publicación anual de la Academia Ecuatoriana que se edita con la colaboración de la Universidad del Azuay, Cuenca, Ecuador. En ellas se recogen los trabajos académicos del año.

ACADEMIA SALVADOREÑA DE LA LENGUA

Boletín de la Academia Salvadoreña de la Lengua

N.° 31, año 2021

ACADEMIA CHILENA DE LA LENGUA

Boletín de la Academia Chilena de la Lengua

N.° 84 (2019-2020)

Santiago: Bravo y Allende, 2021

Publicación bianual

ACADEMIA PERUANA DE LA LENGUA

Boletín de la Academia Peruana de la Lengua

N.° 69 enero - junio 2021

ACADEMIA GUATEMALTECA DE LA LENGUA

Boletín de la Academia Guatemalteca de la Lengua

Cuarta época, número IV, agosto 2020

El número contiene los discursos pronunciados en ocasión de la toma de posesión de la nueva junta directiva, período 2018-2021, a cargo de la directora, D.ª Raquel Montenegro y la subdirectora D.ª Guillermina Herrera Peña, destacando aspectos descriptivos, históricos y sociolingüísticos del idioma español, con especial referencia a la función que desempeñan las academias de la lengua. Ambos discursos aportan valiosa información para los hablantes de nuestra lengua, particularmente en Guatemala. Se recopilan también los trabajos de ingreso de cuatro nuevos académicos numerarios, D. José Luis Perdomo Orellana, D. Luis Aceituno, D. Carlos Velázquez y D.ª Lucía Verdugo Urrejola, con sus correspondientes discursos de respuesta a cargo de los académicos numerarios que los propusieron. Se trata de trabajos de investigación con temas de interés y actualidad para la disciplina lingüística y que abordan aspectos técnicos y de revisión biográfica y producción intelectual de reconocidos autores.

—

Boletín de la Academia Guatemalteca de la Lengua

Cuarta época, número V, agosto 2021

El número contiene las ponencias presentadas por varios académicos de número de la AGL, durante el XVI Congreso de la Asociación de Academias de la Lengua Española (ASALE), realizado del 4 al 8 de noviembre de 2019 en Sevilla, España, quienes participaron, sea como ponentes, como profesores invitados a impartir una cátedra universitaria, o como expositores de trabajos académicos. D.ª Raquel Montenegro Muñoz (actual directora de la AGL y quien presentó un trabajo académico), D.ª Guillermina Herrera Peña (subdirectora de la AGL y ponente), D. Dieter Lehnhoff (exvocal de la AGL y ponente), D. Gustavo García Fong (secretario de la AGL y ponente), D.ª Gloria Hernández (actual vocal de la AGL, profesora invitada a impartir una cátedra en la Universidad de Sevilla y expositora de trabajos académicos), y D. Mario Antonio Sandoval (exdirector de la AGL y profesor invitado a impartir una cátedra en la Universidad de Sevilla). Se reproduce también el trabajo de ingreso a la AGL de la académica numeraria D. ª Cecilia Cristina Echeverría Falla y su respectivo discurso de respuesta, a cargo de la académica de número D. ª Ana María Urruela de Quezada, abordando un tema histórico, literario y filosófico de interés y actualidad para dichas disciplinas.

ACADEMIA COSTARRICENSE DE LA LENGUA

Boletín de la Academia Costarricense de la Lengua

Tercera época, año 16, n.º 1, 2021

Número especial del Boletín dedicado al Bicentenario de Centroamérica

Con la publicación de este número especial, la Academia Costarricense de la Lengua se une a las actividades conmemorativas del bicentenario de la independencia de Centroamérica. En esta entrega se reúnen valiosos estudios sobre diversos estados y manifestaciones del español de Costa Rica, sobre todo durante el siglo XIX; uno de ellos se adentra en las primeras manifestaciones documentadas de la literatura culta, de ese mismo siglo; otros dos se refieren a las letras de la «patria grande», Centroamérica, desde aproximaciones al mismo tiempo analíticas e integradoras. Cierran el conjunto unas páginas sobre un género discursivo particular, la literatura infantil, que con no poca frecuencia ha quedado relegada de la historiografía literaria nacional. La Academia Costarricense de la Lengua ha adoptado como su principal misión la protección y estímulo del patrimonio lingüístico y literario de Costa Rica, en todas sus modalidades y manifestaciones. Las dos centurias de vida republicana de todo el istmo les han permitido a los países centroamericanos la creación de una ingente variedad cultural, lingüística, literaria y artística en general. También se ha pasado por innumerables vicisitudes históricas, sociales, políticas y naturales, pero ha germinado la conciencia común de una necesaria unidad cultural y, con ella, el trabajo conjunto y solidario en la región. Con este número, nuestro boletín alcanza 64 años de vida académica compartida, desde su creación en 1957. A lo largo de su trayectoria, quienes han integrado esta corporación docta le han dado a la comunidad costarricense incontables contribuciones al saber, desde sus disciplinas. El que ahora se ofrece intenta ser un homenaje a la historia patria y a la de la región, a sus lenguas y a su creación literaria.

—

Boletín de la Academia Costarricense de la Lengua

Tercera época, año 16, n.° 2, 2021

Número especial del Boletín que incluye un dosier dedicado al centenario de Julieta Pinto.

ACADEMIA PARAGUAYA DE LA LENGUA

Revista de la Academia Paraguaya de la Lengua Española

Asunción, Servilibro, 2021

La edición de la revista tiene 200 páginas, cargadas con artículos inéditos de sus miembros, trabajos elaborados en diferentes áreas como: homenajes, ensayos sobre la lengua, ensayos y comentarios sobre literatura, poesías y narrativa. El material anual publica un compendio de todos los trabajos realizados por sus miembros, el cual se publica en dos formatos: digital e impreso.

ACADEMIA NICARAGÜENSE DE LA LENGUA

Lengua

Número 43, mayo, 2020

Órgano oficial de la Academia. Contiene siete secciones: I Pluma invitada; II Discursos de ingreso; III Artículos y ensayos; IV Lingüística Carlos Mántica; V Cantos de vida y esperanza; VI Narrativa; y VII Reseñas y notas.

—

Lengua

Número 44, mayo, 2021

Órgano oficial de la Academia. Contiene ocho secciones: I Pluma invitada; II Dossier del Bicentenario; III Homenaje a Francisco Arellano Oviedo; IV Artículos y ensayos; V Lingüística Carlos Mántica; VI Cantos de vida y esperanza; VII Narrativa; y VIII Reseñas y notas.

—

Repertorio dariano 2019-2020:
bienal sobre Rubén Darío y el modernismo hispanoamericano

Compilador Julio Valle-Castillo

Managua, Academia Nicaragüense de la Lengua, 2020

Contiene cuatro secciones: I Ensayos sobre la religiosidad de Darío; II Relaciones literarias; III La narrativa dariana y otros recursos; y IV Notas, señas y reseñas.

Repertorio dariano 2021
Sobre Rubén Darío y el modernismo hispanoamericano
Compilador Julio Valle-Castillo
Managua, Academia Nicaragüense de la Lengua, 2021

Contiene: Presentación; Introducción; I El independentismo de Rubén Darío; II Antología de Rubén Darío: España y América indígena; III Letras y tierra: artículos de Darío sobre la literatura y geografía de Centroamérica; IV Deshaciendo un entuerto: cartas de Darío y Unamuno; V Perspectivas sobre Rubén Darío; y VI Notas.

ACADEMIA ARGENTINA DE LETRAS

Boletín de la Academia Argentina de Letras
Julio-diciembre de 2021, Números 351-352
Buenos Aires, 2021
Publicación impresa periódica y órgano oficial de la Academia.

ACADEMIA NACIONAL DE LETRAS DE URUGUAY

Revista de la Academia Nacional de Letras
Año 13, n.° 16, enero-diciembre, 2020

Entre 1996 y 2005 la Academia publicó el *Boletín de la Academia Nacional de Letras*. Posteriormente en 2006 el nombre fue modificado pasándose a llamar *Revista de la Academia Nacional de Letras*.

ACADEMIA PUERTORRIQUEÑA DE LA LENGUA ESPAÑOLA

Boletín de la Academia Puertorriqueña
de la Lengua Española (BAPLE)
Cuarta época, vol. 6, 2020

A partir de 2015 se ha retomado la publicación anual ininterrumpida del *Boletín de la Academia Puertorriqueña de la Lengua Española*, dirigido por Dña. María Inés Castro Ferrer, quien ha concentrado los esfuerzos para convertirlo en una revista impresa y digital que cumpla con los requisitos de catalogación de Latindex. Se gestionó el ISSN de revista en línea y esta entró al catálogo 2.0 de Latindex como revista impresa y digital. El primer número digital, que corresponde a 2020, ya está disponible de libre acceso en nuestra página electrónica: www.academiapr.org. Agradecemos la colaboración de los miembros del Consejo Editorial del *BAPLE* conformado por nuestros académicos correspondientes, D. Fernando Iwasaki, D. Leonardo Padura, D. Sergio Ramírez, D. José Romera Castillo, D. Bruno Rosario Candelier, D. Antonio Skarmeta, D. Mario Vargas Llosa, así como por D. Francisco Moreno Fernández, académico correspondiente de la ANLE.

Durante los primeros meses de la pandemia aumentaron significativamente las solicitudes de artículos publicados en números anteriores al 2010. Con ello se reafirmó la necesidad de completar el proceso de digitalización de todos los boletines publicados desde 1973. En 2021 se completó el proceso de digitalización y paulatinamente se irán subiendo a la página electrónica para que estén disponibles de acceso libre.

Nuestros académicos han contribuido con valiosos artículos al *Boletín de la Academia Puertorriqueña de la Lengua Española*. Entre ellos:

Acevedo, Ramón Luis
«Manuel Alonso vs. Martín Travieso»

López Baralt, Mercedes
«Todo se ha hecho a mi voluntad: el legado de Melibea en manos de la Fortunata de Galdós»

Ramos, Francisco José
«El destello de la imagen: lenguaje, lengua y escritura de Paul Celan»

Santiago Delpín, Eduardo
«Tengo que tomar una decisión final»

ACADEMIA NORTEAMERICANA DE LA LENGUA ESPAÑOLA

Boletín de la Academia Norteamericana de la Lengua Española (BANLE)

Volumen XII, N.º 23. Enero-junio 2021

BANLE es una revista académica que incluye artículos sobre la lengua española y las literaturas hispánicas, reseñas y notas. Después de una sobresaliente trayectoria iniciada en 1976, *BANLE* inicia con este volumen una nueva etapa, bajo la dirección de Nuria Morgado. El presente número incluye una sección general de artículos que, con enfoques diversos (comparatista, analítico interpretativo, de género) abordan una variedad de temas y objetos culturales y artísticos, demostrando la diversidad, heterogeneidad y versatilidad del mundo hispano. El número presenta una sección especial dedicada a Pedro Salinas editada por Ricardo Vivancos-Pérez, con motivo de cumplirse en diciembre de 2021 setenta años de la muerte del gran poeta madrileño exiliado en los EE. UU. Se publica en papel y formato digital.

—

Boletín Informativo de la Academia Norteamericana de la Lengua Española (BIANLE)

Volumen XII, N.° 21. Enero-junio 2021

Con formato electrónico, este *Boletín* contiene una selección de noticias sobre las actividades de la ANLE (proyectos, otorgamiento de premios y distinciones, becas, convocatoria a futuros, publicaciones corporativas, novedades de las delegaciones) y de sus integrantes (publicaciones personales, premios, honores y distinciones obtenidos, proyectos). En su editorial, el director de la ANLE, Dr. Carlos Paldao, describe la modalidad de funcionamiento de la corporación en las circunstancias de excepción determinadas por la pandemia de coronavirus. A pesar de la drástica limitación de las actividades presenciales, la ANLE ha mantenido un ritmo sostenido en el desarrollo de numerosas actividades en proceso, de las que da cuenta este *Boletín*. Edición general de Isabel Portilla.

—

Glosas

Volumen 9, N.° 10. Marzo, 2021

GLOSAS es una revista académica y científica especializada en el estudio y análisis del español de y en los Estados Unidos de América, y de todos los temas relacionados con este ámbito. Es una revista digital de acceso abierto, con frecuencia semestral. Este número aborda temas como el rechazo público del español en Estados Unidos durante la presidencia de Trump, el español como lengua de herencia, el uso de los refranes en cursos básicos e intermedios en Los Ángeles, California, y otros de gran interés para lingüistas, educadores y estudiosos de la lengua española. Editora General: Silvia Betti.

—

Glosas

Volumen 9, N.° 9. Septiembre, 2020

Este número se inicia con un informe de Domnita Dumitrescu sobre la contribución de la ANLE al nuevo *Diccionario de la Lengua Española* (*DLE*). En la sección de artículos publica rigurosos estudios dialectológicos acerca de temas como la asimétrica coexistencia del español y el inglés estadounidenses, el uso del «vosotros» en alternancia con el «ustedes» en un periódico de Nuevo México a principios del s. xx, que coadyuva a destruir la rígida imagen del español europeo vs. el español americano, y las actitudes lingüísticas frente al inglés en Tijuana.

—

Glosas

Volumen 9, N.º 8. Marzo, 2020

Este número reúne varios e interesantes trabajos sobre temas relacionados con el bilingüismo, los falsos cognados y calcos del inglés y los errores ortográficos en carteles y rótulos públicos.

—

Revista de la Academia Norteamericana de la Lengua Española (RANLE)

Volumen VIII, N.º 15-16. Enero-diciembre, 2021

RANLE ofrece un espacio de diálogo abierto a aportaciones que enfoquen distintas dimensiones del pensamiento, las artes, las ciencias humanas y los emprendimientos culturales del mundo hispánico. Este número doble incluye entrevistas a autores como Mía Gallegos, Jaime Labastida, Mempo Giardinelli y Jorge Volpi, ensayos sobre temas de lingüística aplicada y literatura, reseñas y notas. La sección «El pasado presente» rinde homenaje al poeta Ernesto Cardenal en sus distintos perfiles como místico, político, escultor y educador, e incluye una selección de sus poemas. Editora General: Graciela S. Tomassini. (Impreso y digital).

—

Revista de la Academia Norteamericana de la Lengua Española (RANLE)

Volumen VII, N.º 14. Julio-diciembre, 2020

En adición a sus secciones estables de entrevistas, obras de creación, reseñas, notas, ensayos y estudios sobre temas como la literatura chicana, la enseñanza del español en los Estados Unidos, autores como Reinaldo Arenas, Blas de Otero y Emilia Bernal, entre otros, la revista incluye en «El pasado presente» una sección monográfica acerca de la escritora y antropóloga Lydia Cabrera, gran estudiosa y difusora de la cultura afrocubana, al conmemorarse 120 años de su nacimiento. Editor General: Carlos E. Paldao.

VIII.
Palabras del año en el universo hispanohablante

Las cinco palabras más frecuentes durante 2021 en el espacio hispanohablante[1]

ASOCIACIÓN DE ACADEMIAS DE LA LENGUA ESPAÑOLA

La palabra **vacuna** ha sido la preferida de entre todas ellas[2]; le sigue, como el año pasado, **pandemia**.

vacuna

pandemia

mascarilla

inmunidad de rebaño

teletrabajo

1. La selección resulta de las propuestas hechas por las Academias de la Lengua.
2. Algunas Academias han elegido otro sustantivo de la misma familia léxica, **vacunación**.

Palabras de uso frecuente, durante 2021, en los países hispanohablantes[1]

ASOCIACIÓN DE ACADEMIAS DE LA LENGUA ESPAÑOLA

1. La lista que aquí se ofrece está confeccionada a partir de las cinco palabras propuestas por cada Academia de la Lengua como las más significativas del año en sus países respectivos.

Debido a la permanencia en nuestras vidas de la COVID-19, no es raro que una parte de los términos elegidos como palabras del año 2021 figurase ya en la misma sección de la *Crónica de la lengua española 2020*. Pertenecen a este grupo *asintomático* (Academia Costarricense), *confinamiento* (Academia Panameña), *contagio* (Academia Guatemalteca), *coronavirus* (Academias Norteamericana y Salvadoreña), *COVID* (Academia Venezolana), *cuarentena* (Academias Dominicana y Norteamericana), *mascarilla* (Academias Ecuatoriana, Norteamericana, Salvadoreña y Venezolana), *nueva normalidad* (Academia Guatemalteca), *pandemia* (Academias Argentina, Dominicana, Norteamericana, Peruana, Salvadoreña y Venezolana), *teletrabajo* (Academias Costarricense y Ecuatoriana) o *virtual* (Academia Hondureña). Además, ya fuera del ámbito temático de la actual pandemia, repiten también las voces *dignidad*, propuesta por la Academia Chilena, y *elecciones*, propuesta en esta ocasión por la Academia Nicaragüense. Para los comentarios sobre todas estas voces, se remite al lector a la edición anterior de esta obra.

En algún caso, la forma postulada presenta una combinación concreta o un matiz semántico respecto al término comentado en 2020. Así sucede con *crisis sanitaria* (Academia Boliviana), *cuarentena absoluta* (Academia Panameña) o *clase virtual* (Academia Boliviana) —ya se recogían *crisis*, *cuarentena* y *virtual* en la *Crónica de la lengua española 2020*—, de nuevo voces estrechamente vinculadas con la pandemia de COVID-19 y, por tanto, de plena actualidad, como se colige por la fecha de los testimonios seleccionados:

> **2021** *El Universo*, 15-7-2021 (ECUADOR): Sin trabajo en el turismo, del que obtenían sus ingresos antes de la **crisis sanitaria**, ellos decidieron volver a su pueblo y retomar el trabajo de la tierra, una tradición familiar.
>
> **2021** *Panamá América*, 2-7-2021 (PANAMÁ): Este sábado entra en vigencia la Ley Seca en la provincia de Panamá Oeste. La medida coincide con la **cuarentena absoluta** ordenada por el Ministerio de Salud (Minsa) para el distrito de La Chorrera, todos los domingos a partir del 4 de julio; debido al aumento de casos de covid-19.
>
> **2021** *El Diario*, 14-7-2021 (BOLIVIA): Quelali admitió que las **clases virtuales** son deficientes para los universitarios, sin embargo es importante precautelar la salud de los estudiantes. También indicó que la mayoría de los docentes y el personal administrativo de la universidad están vacunados.

AFORO

> **aforo.** m. **1.** Acción y efecto de aforar. ‖ **2.** Número máximo autorizado de personas que puede admitir un recinto destinado a espectáculos u otros actos públicos. ‖ **3.** *Méx.* Capacidad de un barril u otro recipiente.

Si el año 2020 será recordado por la propagación mundial de la COVID-19, quizá el 2021 lo sea por los esfuerzos realizados para detener el avance de la enfermedad y recuperar así la vida previa a la pandemia. Muchas de las medidas llevadas a cabo en este sentido han tenido por objeto controlar la interacción social para evitar el contagio. Por ello, voces como *aforo*, con el valor de 'número máximo autorizado de personas que puede admitir un recinto destinado a espectáculos u otros actos públicos', han experimentado un notable aumento en su uso, lo que ha motivado su elección como palabra del año por parte de la Academia Colombiana:

> **2021** *bakanika.com*, 21-4-2021 (COLOMBIA): Entre toques de queda y **aforos** limitados, el sector cultural enfrenta la incertidumbre y los espectadores viven una transformación de los eventos que algunos consideran definitiva. ¿Cómo era, cómo es y cómo será ir a cine?

Este significado de *aforo* se incorporó al diccionario académico en su 17.ª edición (1947), donde curiosamente quedó recogido en el *Suplemento* de esta obra (publicado también en 1947) con la definición de «capacidad total de las localidades de un teatro u otro recinto de espectáculos públicos». Es interesante notar que, en 1726, el *Diccionario de autoridades* incluía para *aforo* un valor hoy sin uso («el reconocimiento que se hace del vino que los Cosechéros tienen en sus bodegas, para que se paguen los derechos al Rey»), que se relacionaba estrechamente con la segunda acepción del verbo *aforar* en *Autoridades* («reconocer, tassar y regular el vino, ù otro género, que tienen los Cosechéros para pagar los derechos Reales»).

ALTERNANCIA

> **alternancia.** f. **1.** Acción y efecto de alternar. ‖ **2.** *Biol.* Fenómeno que se observa en la reproducción de algunos animales y plantas, en la que se suceden las generaciones sexuales y las asexuales. ‖ **3.** *Ling.* Propiedad que permite o exige a una determinada pauta gramatical o léxica ser sustituida por otras en determinados contextos. *Alternancia de modo, alternancia vocálica, alternancias morfológicas.* ‖ **4.** *Ling.* Conjunto de variantes en situación de **alternancia.** *La alternancia* in-, im-, i- *en la prefijación está condicionada fonológicamente.* ‖ **5.** *Guat.* y *Nic.* En política, cambio de Gobierno.

Una de las medidas más habituales para el control de aforos durante la pandemia ha consistido en limitar la presencialidad mediante la distribución de los espacios comunes por turnos. En ocasiones, como ha ocurrido en el ámbito de la enseñanza, se ha ideado un modelo mixto en el que los alumnos, en función del grupo correspondiente, reciben sus lecciones en unas fechas determinadas presencialmente y en otras de forma telemática. Esta modalidad semipresencial se articula sobre la distribución del alumnado en burbujas que —con la premisa de no coincidir nunca presencialmente— alternan entre sí la asistencia al centro educativo con el seguimiento de las lecciones a través de internet. Por ello en Colombia este sistema ha recibido el nombre de *alternancia*, término escogido por la Academia Colombiana como una de las palabras del año:

> **2020** *eltiempo.com*, 17-12-2020 (COLOMBIA): El modelo de **alternancia** (que combina clases presenciales con trabajo en casa) podría extenderse durante todo el 2021, dado que será la forma en que operará el sistema educativo del país hasta que la vacuna contra la covid-19 llegue a Colombia.
>
> **2021** *semana.com*, 26-7-2021 (COLOMBIA): En Bucaramanga los estudiantes volverán a la **alternancia** desde el 28 de julio. La decisión se tomó luego de que un juzgado reversara la decisión de una tutela puesta por varios padres de familia para que el año escolar terminara desde la virtualidad.

Con anterioridad a la actual pandemia, el ámbito donde *alternancia* parece haberse empleado con más frecuencia es el político, para hacer referencia al sistema por el cual los partidos se turnan en el poder:

> **2020** *eluniversal.com.mx*, 31-10-2020 (MÉXICO): Esto tiene un alto impacto político, pues representa el regreso a ese modelo de gobierno «clientelar» que tuvimos antes del año 2000, que significó el comienzo de la **alternancia** política y se inició el proceso de institucionalización que sustituyó al presidencialismo feroz que tuvo México, representado por un centralismo paternalista.

Por otro lado, resulta interesante apuntar que *alternancia* entró en el diccionario académico en fecha relativamente reciente —en la 16.ª edición de 1936, previo paso por el *Diccionario Manual* de 1927—, sobre todo si se tiene en cuenta el dato de que ya se documentaba al menos desde mediados del siglo XVIII:

> **1748** Ulloa, A. de *Viaje al reino del Perú* (PERÚ): Si es en tiempo de verano, se rebozan con un paño largo, cuya tela y hechura es semejante á la de la camisa y cuerpo del jubon, y una y otras de cambray ó clarin muy finos guarnecidos de encages, unos al ayre, que assi llaman á los que prenden en todas las costuras por el un canto solamente, y otros haciendo **alternancia** con los lienzos finos, como practican en las mangas.

Junto a *alternancia*, figura también en el lemario del *DLE* el sinónimo *alternación*, voz de la misma familia, pero más antigua, puesto que se registra ya en el siglo XV. Como se colige de los datos que aportan los corpus académicos, se trata de un término en franco retroceso, que ha perdido vigencia ante el empuje del más moderno *alternancia*:

1490 Palencia, A. de *Universal vocabulario en latín y en romance* (ESPAÑA): El mundo tiene distancia entre creaçion & formaçion: por que todas las cosas fueron iuntamente criadas original mente segund la substançia dela materia. pero segund la distincçion delas cosas fueron ellas formadas por **alternaçion** de .vj. dias.

ANSIEDAD

ansiedad. (Del lat. *anxiĕtas, -ātis*). f. **1.** Estado de agitación, inquietud o zozobra del ánimo. ‖ **2.** *Med.* Angustia que suele acompañar a muchas enfermedades, en particular a ciertas neurosis, y que no permite sosiego a los enfermos.

Una de las consecuencias de la actual pandemia ha sido el efecto negativo que ha provocado en el estado anímico de la población. Prueba de ello es la selección como voces del año de los términos *depresión* (Academia Ecuatoriana), *ansiedad, estrés* y *tristeza* (los tres elegidos por la Academia Nicaragüense). La siguiente cita refleja la vinculación de la COVID-19 con la ansiedad y también con la depresión:

2021 *La Prensa*, 10-6-2021 (NICARAGUA): La anosmia o pérdida de olfato, el dolor de cabeza, la **ansiedad**, la depresión y otros síntomas psicológicos y neurológicos son comunes en las personas que sufren casos severos de Covid-19 así como en casos más leves.

La palabra *ansiedad* pasó a formar parte del diccionario académico en la segunda edición del primer tomo de *Autoridades* (1770), donde aparecía como un equivalente anticuado de *ansia* («**ANSIEDAD.** s. f. antiq. Lo mismo que *ansia*»). A un consultante moderno no puede por menos que resultarle extraño que, en el siglo XVIII, se considerase *ansiedad* como un término en desuso. Sin embargo, el *Diccionario Histórico* de la Real Academia de 1960-1996 avala la marca cronológica que figura en el diccionario académico de 1770. Así, aunque los testimonios de la voz durante el siglo XV son numerosos, prácticamente desaparece durante las dos siguientes centurias.

Se trata, por tanto, de una palabra que ejemplifica la tendencia inversa a la esperada: en lugar de desaparecer poco después de que se diagnostique su obsolescencia, se revitaliza por algún motivo y se reinstala en la lengua con visos de longevidad. El reflejo lexicográfico de este nuevo impulso llega en la octava edición del *Diccionario* (1837), en la que se suprime la marca de uso, si bien aún se define recurriendo a *ansia*. Es en la 12.ª edición (1884) en la que se introduce en el artículo *ansiedad* un nuevo significado con marca técnica, cuya redacción se asemeja notablemente a la de la actual acepción 2: «*Med.* Angustia que suele acompañar á muchas enfermedades, en particular á las agudas, y que no permite sosiego á los enfermos».

Como es sabido, en nuestros días se trata de una voz de uso común por designar un estado de ánimo y un trastorno médico muy presentes en nuestra sociedad. Mucho más allá de la crisis ocasionada por el coronavirus, la palabra *ansiedad* goza desde hace algunas décadas de una vitalidad que los primeros académicos no habrían podido siquiera imaginar cuando la incluyeron como anticuada entre las páginas del *Diccionario*:

> **2020** *eltiempo.com*, 14-1-2020 (COLOMBIA): Los cambios que nos atropellan son parte de una cotidianidad que pasa veloz, casi sin frenos, y deja como secuelas estrés, **ansiedad**, insomnio, irritabilidad y trastornos digestivos, reconocidos por la Organización mundial de la Salud como las enfermedades del siglo XXI.

ANTROPOCENO

> **antropoceno, na.** (Del ingl. Anthropocene, y este de anthropo- 'antropo-' y el gr. καινός kainós 'nuevo, reciente'. ◆ Escr. con may. inicial c. s. en acep. 1). adj. **1.** *Geol.* Dicho de una época: Que es la más reciente del período cuaternario, que abarca desde mediados del siglo XX hasta nuestros días, y está caracterizada por la modificación global y sincrónica de los sistemas naturales por la acción humana. U. t. c. s. m. ‖ **2.** *Geol.* Perteneciente o relativo al **Antropoceno.**

Antropoceno es el nombre de la que la comunidad científica internacional considera casi unánimemente una nueva era geológica dentro del período actual, el Cuaternario. El impacto de la acción humana en los sistemas naturales ha sido determinante para dar por finalizada a mediados del siglo XX la era anterior, el Holoceno, cuyo inicio se fija hace unos diez mil años. De la responsabilidad humana en los cambios geológicos da cuenta el nombre acuñado en inglés, *Anthropocene*, formado a partir de ἀνθρωπο- *anthrōpo-*, 'hombre'. El formante griego al que remite en última instancia el anglicismo *antropoceno*, *antropo-*, lo encontramos en 32 voces del *DLE*, entre ellas, *antropocentrismo* ('teoría que sitúa al hombre en el centro del universo'), *antropología* ('ciencia que estudia al hombre'), *antropomórfico* ('de forma humana') o *antropónimo* ('nombre de las personas'). Con *antropoceno*, elegida palabra del año por la Academia Paraguaya, serán 33, ya que es una de las novedades del *DLE* 23.5:

> **2021** *lanacion.com*, 26-7-2021 (PARAGUAY): El último Informe Regional de Desarrollo Humano presentado recientemente por el PNUD afirma que estamos en la era del **Antropoceno**; la era de los humanos. Nos hemos convertido en el factor determinante del planeta. Con nuestras tecnologías, nuestro consumo y nuestras elecciones determinamos lo que le pasa en la dimensión física de nuestro planeta.

Además de como sustantivo para designar la era geológica —uso en el que se escribe con mayúscula—, se emplea como adjetivo:

> **2020** *clarin.com*, 31-7-2020 (ARGENTINA): Desde el lado más «político», la intención ancló principalmente en un mensaje ecologista derivado del ya conocido contexto de la pandemia: poner en pie de igualdad a todas las especies que habitan el planeta, jaqueando, de alguna manera, esta era **antropocena** mediante un cambio de paradigma vehiculizado por el arte.

AYUDA

> **ayuda.** f. **1.** Acción y efecto de ayudar. ǀ **2. ayuda de costa.** ǀ **3.** Persona o cosa que ayuda. ǀ **4.** Entre pastores, **aguador.** ǀ **5. enema**[2]. ǀ **6.** *Equit.* Estímulo que el jinete comunica al caballo por medio de la brida, espuela, voz o cualquier otro medio eficaz. ○ m. **7.** Subalterno que en alguno de los oficios de palacio servía bajo las órdenes de su jefe. *Ayuda de la furriera.* ǀ **8.** *Mar.* Cabo o aparejo que se pone para mayor seguridad de otro. ■ **~ de cámara.** m. Criado cuyo principal oficio es cuidar del vestido de su amo. ǀ **~ de costa.** f. **1.** Socorro en dinero para costear en parte algo. ǀ **2.** Gratificación que se solía dar, además del sueldo, al que ejercía algún empleo o cargo. ǀ **~ de oratorio.** m. Clérigo que en los oratorios de palacio hacía el oficio de sacristán. ǀ **~ de parroquia.** f. Iglesia que sirve para ayudar a alguna parroquia en sus ministerios. ǀ **~ memoria.** V. **ayudamemoria.** ➤ **perro de ~.**

La Academia Ecuatoguineana ha escogido *ayuda* como una de las palabras más significativas del año 2021. Se trata de una voz que ha adquirido una relevancia notoria en el país africano a causa de la desgracia que tuvo lugar en Bata (las explosiones en una base militar, que produjeron cientos de muertos y heridos y costosos daños materiales), según se comenta con más detalle en las entradas *damnificado* y *explosión*:

> **2021** *guineainfomarket.com*, 13-3-2021 (GUINEA ECUATORIAL): Varios países se solidarizan con Guinea Ecuatorial mediante el envío de **ayuda** humanitaria tras las explosiones de Bata.
>
> **2021** *guineainfomarket.com*, 19-3-2021 (GUINEA ECUATORIAL): Emiratos Árabes Unidos envía alimentos de emergencia y **ayuda** médica a las víctimas de la explosión de Bata.

BIOLÓGICO

> **biológico, ca.** (Del fr. *biologique*). adj. **1.** Perteneciente o relativo a la biología. ǀ **2.** Natural o que implica respeto al medio ambiente al evitar el uso de productos químicos.

La Academia Colombiana ha elegido *biológico* como una de las palabras del año 2021. Se trata de un término que aparece con frecuencia en textos alusivos al medio ambiente y con frecuencia precedido del sustantivo *diversidad* o de su equivalente contextual *riqueza* para expresar así el concepto que designa la voz *biodiversidad*, según ejemplifican los siguientes testimonios:

> **2018** *El Pilón,* 22-8-2018 (COLOMBIA): Para controlar la movilización de especímenes de la diversidad **biológica** dentro del territorio, la Corporación Autónoma Regional del Cesar, Corpocesar, habilitó la plataforma para la emisión del Salvoconducto Único Nacional en Línea.
>
> **2021** *Mongabay,* 12-8-2021 (COLOMBIA): Durante décadas el conflicto armado interno hizo que la riqueza **biológica** del Parque Nacional Natural (PNN) Cordillera de los Picachos permaneciera aislada.

Tanto el adjetivo *biológico* como el sustantivo *biología* se incorporaron al diccionario académico en 1884 (12.ª edición), donde aparecían ambos términos como voces técnicas, pues su definición iba precedida de la marca *Hist. Nat.* (esto es, *Historia Natural*). Se trata de palabras formadas con los elementos compositivos griegos βίος *bíos* 'vida' y -λογία *-logía* 'tratado, estudio', pero creadas en francés en el siglo XIX, por lo que en español son galicismos. El sustantivo *biologie* fue acuñado por el famoso naturalista galo Jean-Baptiste Lamarck en 1802, en tanto que —de acuerdo con el *Trésor de la Langue Française*— el adjetivo *biologique* se creó varios lustros después (se documenta en 1832). En cuanto a nuestro idioma, según los bancos de datos académicos *biología* se registra en español en la década de 1840, mientras que *biológico* lo hace en torno a 1860. El motivo del retraso en la adopción de estos neologismos técnicos puede venir motivado por un hecho que en parte revela el diccionario académico de 1884: todavía en esa fecha el nombre común en español (con sus equivalentes en diversas lenguas europeas) para referirse a la disciplina encargada del estudio de los seres vivos era el de *Historia natural*.

BITCÓIN

> **bitcóin.** (Del ingl. *bitcoin,* y este de *bit* 'bit' y *coin* 'moneda'). m. Moneda digital.

La voz *bitcóin* es otra de las novedades del *DLE* 23.5. Se trata de un anglicismo procedente del inglés *bitcoin*, palabra compuesta por *bit* ('bit', esto es, 'unidad de medida de cantidad de información') y *coin* ('moneda'), que ha dado nombre a la primera moneda digital, creada en 2008. Como puede comprobarse por el siguiente texto, no extraña que la Academia Salvadoreña la haya elegido una de las palabras del año; la encontramos aquí junto a *crip-*

tomoneda, sustantivo que también pasará a formar parte del *Diccionario* tras su nueva actualización:

> **2021** *laprensagrafica.com*, 7-9-2021 (EL SALVADOR): Desde las cero horas de hoy el **bitcóin** se convierte en moneda legal de El Salvador y el país se vuelve en el «laboratorio» para las criptomonedas en el mundo, al ser el primero en legalizarla.

BONO

bono, na. adj. **1.** desus. **bueno.** • m. **2.** Tarjeta o medalla que puede canjearse por comestibles u otros artículos de primera necesidad, y a veces por dinero. ǁ **3.** Tarjeta de abono que da derecho a la utilización de un servicio durante cierto tiempo o un determinado número de veces. ǁ **4.** *Econ.* Título de renta fija emitido por una empresa privada o por una institución pública. ■ **~ consolidado.** m. *Econ.* **bono** que se crea para reemplazar a otros ya emitidos con el objeto de racionalizar la estructura de la deuda y reducir su coste. ǁ **bono de cupón cero.** m. *Econ.* **bono** que no paga cupones y cuyo tipo de interés efectivo está determinado por la diferencia entre el precio de venta y el precio de compra. ǁ **bono nocional.** m. *Econ.* **bono** puramente teórico que se crea para servir como activo subyacente en futuros sobre tipos de interés.

La Academia Peruana ha optado por un término que remite a la crisis económica provocada por la pandemia: *bono*. En 2021 se ha usado a menudo ya que el Gobierno del Perú está intentando ayudar a las personas que han quedado en una situación desfavorecida mediante subsidios periódicos, tal como se explica en el siguiente testimonio:

> **2021** *larepublica.pe*, 12-8-2021 (PERÚ): ¿Qué es el **Bono** 700 soles? Debido a la COVID-19, en el Perú se han creado diferentes **bonos** desde el Gobierno para apoyar a las familias más pobres que dejaron de trabajar o perdieron familiares por la pandemia del coronavirus. Por ello el **Bono** 700 es una propuesta del nuevo presidente de la República, Pedro Castillo, que implementará un subsidio económico con el mismo objetivo de los anteriores.

BORDO

bordo. (De *borde*[1]). m. **1.** *Mar.* Lado o costado exterior de la nave. ǁ **2.** *Mar.* **bordada** (ǁ camino de una embarcación cuando navega). ǁ **3.** *Hond., Méx.* y *Nic.* Elevación de palos, tierra y piedras que se hace a ambos lados de un río o quebrada para evitar inundaciones o para retener o estancar las aguas. ǁ **4.** desus. **borde** (ǁ extremo u orilla). U. en Col., Ec. y Hond. ■ **franco ~.** m. *Mar.* En los buques mercantes, altura de la cubierta principal sobre la línea que señala el calado del buque con la máxima carga que puede transportar. □ **a ~.** loc. adv. Dentro de una embarcación y, por ext., de otros vehículos. *Comer a bordo.* ‖ **dar ~s.** loc. verb. *Mar.* **dar bordadas.** ‖ **de alto ~.** loc. adj. **1.** Dicho de una embarcación: De gran tamaño. ‖ **2.** Dicho de una cosa o de una persona: De gran importancia. ‖ **rendir** un buque **el ~ en,** o **sobre,** alguna parte. locs. verbs. *Mar.* Llegar a ella. ➤ **capitán de alto ~, línea de franco ~, motor fuera ~, motor fuera de ~, navío de alto ~.**

En noviembre de 2020, la costa norte de Honduras —el área más productiva del país— fue azotada por los huracanes Eta y Iota, que destruyeron todo a su paso por el volumen de agua derramada en los nacimientos de los ríos Ulúa y Chamelecón. Las lluvias torrenciales y los vientos devastadores afectaron especialmente a los ecosistemas de Santa Bárbara y el Merendón, lo cual ocasionó la ruptura de 59 bordos. Este hecho ha provocado que se nombre y documente con una frecuencia inusitada el término *bordo* («*Hond., Méx. y Nic.* Elevación de palos, tierra y piedras que se hace a ambos lados de un río o quebrada para evitar inundaciones o para retener o estancar las aguas»), una de las palabras escogidas por la Academia Hondureña:

> 2020 *Proceso Digital,* 24-11-2020 (HONDURAS): Las inundaciones causadas por Iota y Eta superaron los canales de alivio y **bordos** de contención, que fueron rotos.
>
> 2021 *La Prensa,* 25-6-2021 (HONDURAS): En agosto finalizarán la reparación de los **bordos** en el valle de Sula.

CAMBIO

cambio. (Del lat. tardío *cambium,* y este del galo cambion). m. **1.** Acción y efecto de cambiar. ‖ **2.** Dinero fraccionario de billetes o monedas de mayor valor. ‖ **3. vuelta** (‖ dinero). ‖ **4.** Valor relativo de las monedas de diferentes países. ‖ **5. cambio de velocidades.** ‖ **6.** Com. Tanto que se abona o cobra, según los casos, sobre el valor de una letra de cambio. ‖ **7.** Der. **permuta.** ‖ **8.** Econ. Precio de los valores contratados en un mercado financiero. ‖ **9.** Transp. Mecanismo formado por las agujas y otras piezas de las vías férreas, que sirve para que las locomotoras, los vagones o los tranvías vayan por una u otra de las vías que concurren en un punto. ‖ **10.** p. us. **cambista.** ■ **~ climático.** m. cambio previsible en el clima terrestre provocado por la acción humana que da lugar al efecto invernadero y al calentamiento global. ‖ **~ de aros.** m. coloq. Ec. **desposorios.** ‖ **~ de velocidades.** m. Mec. **caja de cambios.** ‖ **libre ~.** V. **librecambio.** □ **a ~ de.** loc. prepos. En lugar de, cambiando una cosa por otra. *A cambio de su renuncia, le prometieron una vivienda moderna.* ‖ **a las primeras de ~.** loc. adv. **de buenas a primeras.** ‖ **en ~.** loc. adv. **por el contrario.** ‖ **en ~ de.** loc. prepos. **a cambio de.**

Seleccionada por la Academia Nicaragüense, la palabra *cambio* cuenta con la peculiaridad de estar documentada desde los orígenes de nuestro idioma (también bajo la forma *camio*), al igual que el verbo *cambiar*. Nos hallamos ante dos voces latinas que los romanos tomaron de una lengua celta, concretamente del galo. Originalmente, el latín *cambiāre* se usaba solo en sentido comercial y significaba 'trocar', pero con el tiempo absorbió los usos más amplios del latín *mutāre* 'cambiar'. Ese valor comercial originario ha dejado poso en varias de los sentidos de *cambio*, según muestra el actual artículo del *DLE*. Como puede comprobarse, se trata de un sustantivo polisémico, que dispone incluso de varias formas complejas, entre las que destaca *cambio climático* por su uso frecuente en nuestros tiempos:

> 2020 *laprensa.com.ni*, 28-10-2020 (NICARAGUA): Sabemos que Nicaragua se encuentra en una posición muy vulnerable a los efectos del **cambio** climático y hemos visto en los últimos años la severidad con la que el medio ambiente nos ha estado afectando. Hemos visto la sequía, el invierno, incendio e inundaciones.

CANDIDATO VACUNAL

> **candidato, ta.** (Del lat. *candidātus*). m. y f. **1.** Persona que pretende algo, especialmente un cargo, premio o distinción. Apl. a cosa, u. t. en sent. fig. U. t. en apos. *Ciudad candidata A las Olimpiadas.* ‖ **2.** Persona propuesta para un cargo, premio o distinción, aunque no lo solicite. ‖ **3.** Persona que está expuesta a padecer algo. *El exceso de velocidad lo hace candidato a la pérdida del permiso de conducción.* ‖ **4.** coloq. *Arg.* y *Ur.* Persona cándida, que se deja engañar.
>
> **vacunal.** adj. Perteneciente o relativo a la **vacuna** (‖ preparado de antígenos).

La Academia Cubana ha seleccionado como una de las palabras del año *candidato vacunal*, una expresión claramente relacionada con el proceso de vacunación contra la COVID-19 que se está llevando a cabo a nivel mundial durante 2021. En contra de lo que quizá pudiera esperarse, no designa esta forma compleja a la persona que reúne los requisitos para recibir la vacuna contra el coronavirus, sino que *candidato vacunal* es el fármaco que opta a la aprobación de una autoridad sanitaria para su distribución como vacuna:

> 2021 *Diario de Cuba,* 9-7-2021 (CUBA): En pleno pico del rebrote, el **candidato vacunal** Abdala recibe el autorizo para su uso de emergencia. El permiso permitiría al Gobierno cubano exportar el fármaco.
>
> 2021 *Granma,* 12-7-2021 (CUBA): En Cuba se han aplicado más de siete millones de dosis de los **candidatos vacunales** a la población.

Es curioso comprobar en la documentación sobre este asunto que el concepto de *candidato vacunal* se expresa igualmente mediante la inversión del orden y la categoría gramatical de sus dos componentes, cuyo resultado es la forma *vacuna candidata*:

> **2021** *El Financiero,* 13-7-2021 (MÉXICO): Vacuna italiana contra el COVID arroja 93 % de efectividad con una dosis. La **vacuna candidata** contra el SARS-CoV-2 fue desarrollada recientemente por ReiThera y se basa en un vector adenoviral.
>
> **2021** *El Comercio,* 24-6-2021 (PERÚ): Venezuela compra 12 millones de dosis de **vacuna candidata** Abdala de Cuba contra el coronavirus.

CEPA

> **cepa.** (De *cepo*[1]). f. **1.** Parte del tronco de cualquier árbol o planta, que está dentro de tierra y unida a las raíces. ‖ **2.** Tronco de la vid, del cual brotan los sarmientos, y, por ext., toda la planta. ‖ **3.** Raíz o principio de algunas cosas, como el de las astas y colas de los animales. ‖ **4.** Núcleo de un nublado. ‖ **5.** Tronco u origen de una familia o linaje. ‖ **6.** *Arq.* En los arcos y puentes, parte del machón desde que sale de la tierra hasta la imposta. ‖ **7.** *Biol.* Grupo de organismos emparentados, como las bacterias, los hongos o los virus, cuya ascendencia común es conocida. ‖ **8.** *Hond.* Conjunto de varias plantas que tienen una raíz común. ‖ 9. *Méx.* **hoyo.** ■ **~ caballo.** f. (Tb. **cepacaballo** en acep. 1, Chile, Par. y Ur.). f. 1. **ajonjera.** ‖ 2. Arg. **abrojillo.** ‖ **~ virgen.** f. Planta sarmentosa, muy parecida a la vid. □ **a ~ revuelta.** loc. adj. 1. Dicho del viñedo viejo: Formado por **cepas** que no conservan la alineación y el orden con que fueron plantadas. ‖ **de buena ~.** loc. adj. De calidad u origen reconocidos por buenos. U. t. en sent. fig. ‖ **de pura ~.** loc. adj. Dicho de una persona: Auténtica, con los caracteres propios de una clase. *Un andaluz de pura cepa.* ➤ **zumo de ~s.**

Alrededor de la pandemia mundial de coronavirus se ha ido difundiendo todo un vocabulario relacionado con la enfermedad. A voces como *cuarentena, confinamiento, mascarilla, distancia social* o *desescalada* se suman otras vinculadas más estrechamente con el virus en sí. Se trata por lo general de términos del ámbito de la biología, como ocurre con *mutación, variante* o *cepa.* Este último vocablo, con el significado de 'grupo de organismos emparentados, como las bacterias, los hongos o los virus, cuya ascendencia común es conocida', ha sido una de las palabras elegidas por la Academia Argentina para este capítulo de la *Crónica de la lengua española 2021*:

> **2020** *eldiario.net* 24-1-2020 (BOLIVIA): Ayer se activó la vigilancia epidemiológica para evitar casos de la nueva **cepa** de coronavirus en Bolivia, que a la fecha cobró la vida de 17 personas en el mundo.
>
> **2020** *eltiempo.com* 1-9-2020 (COLOMBIA): El Instituto de Microbiología de la Universidad San Francisco de Quito (USFQ) detectó el primer caso de reinfec-

ción de coronavirus en Ecuador, en un paciente que en mayo había dado positivo para covid-19 y que volvió a contagiarse con otra **cepa** del mismo patógeno.

Con el valor biológico aquí comentado (acepción 7 del *DLE*), *cepa* se incorporó al diccionario académico en su 22.ª edición (2001). De hecho, debe notarse que se trata de un término relativamente reciente en nuestra lengua puesto que sus primeros registros en los corpus académicos datan de los primeros años de la década de 1980:

> **1982** Rosales Barrera, S. y E. Reyes Gómez *Fundamentos de enfermería* (MÉXICO): Los productos biológicos se clasifican en productos vivos atenuados (a partir de **cepas** atenuadas de microorganismos), liofilizados (de congelación rápida a temperatura baja y rápida deshidratación al vacío), vacunas inactivadas (suspensión de organismos muertos) y toxoides (modificación en las toxinas bacterianas).
>
> **1983** Pérez Manga, G. *Cáncer de mama* (ESPAÑA): En el ratón, el virus de Bittner es el agente etiológico más importante, estando su acción condicionada por la susceptibilidad genética de ciertas **cepas** y por factores endocrinos.

Este valor técnico de *cepa* surge de una metáfora botánica en que se vincula el origen común de una serie de organismos a la cepa en su sentido original (acepciones 1 y 2 del *DLE*). Se trata del mismo mecanismo conceptual por el que voces similares tomadas del ámbito botánico —como *tronco* o *estirpe*— pasan a designar ascendencia compartida, hasta el punto de que uno de los sinónimos de este significado de *cepa* es precisamente *estirpe*, si bien cabe precisar que su uso suele restringirse a contextos técnicos:

> **2019** *arsmedica.cl* 28-1-2019 (CHILE): Finalmente se realizó inmunofenotipo por citometría de flujo en médula ósea, que reveló un 15 % de células linfoides tipo B con co-expresión CD20 (intenso) y CD19 (intenso), con un patrón inmunofenotípico altamente sugerente de compromiso medular por un síndrome linfoproliferativo de **estirpe** B, compatible con el diagnóstico de Macroglobulinemia de Waldenstrom.

CONFIANZA

> **confianza.** (De *confiar*). f. **1.** Esperanza firme que se tiene de alguien o algo. ǀ **2.** Seguridad que alguien tiene en sí mismo. ǀ **3.** Presunción y vana opinión de sí mismo. ǀ **4.** Ánimo, aliento, vigor para obrar. ǀ **5. familiaridad** (ǀ llaneza en el trato). ǀ **6.** Familiaridad o libertad excesiva. U. m. en pl. ǀ **7.** desus. Pacto o convenio hecho oculta y reservadamente entre dos o más personas, particularmente si son tratantes o del comercio. ■ **~ parlamentaria.** f. Relación que une al Gobierno

con la mayoría parlamentaria que lo sustenta y cuya pérdida determina su cese. ■ **de ~.** loc. adj. **1.** Dicho de una persona: Con quien se tiene trato íntimo o familiar. ǀ **2.** Dicho de una persona: En quien se puede confiar. ǀ **3.** Dicho de una cosa: Que posee las cualidades recomendables para el fin a que se destina. ǀ **en ~.** loc. adv. **1. confiadamente.** ǀ **2.** Con reserva e intimidad. ➤ **abuso de ~, cuestión de ~, voto de ~.**

Junto a términos que hablan de un estado anímico adverso, como *ansiedad, depresión* o *tristeza*, tanto este año como el pasado se ha pensado en otros que muestran una perspectiva esperanzadora: en 2020 se escogió *fe*; este año la Academia Peruana se ha decantado por *confianza*. Ha sido frecuente su uso durante 2021 asociado a las vacunas para el coronavirus:

> **2021** *elcomercio.pe*, 2-3-2021 (PERÚ): La **confianza** de la población respecto a la vacuna contra el COVID-19 aumenta en países como el Reino Unido, Estados Unidos e, incluso, Francia, país tradicionalmente escéptico.

El sustantivo *confianza* forma parte de locuciones que se usan con un sentido técnico. Es el caso de las expresiones *cuestión de confianza* y *voto de confianza*, que en el ámbito político hacen referencia respectivamente a la «cuestión que puede plantear el presidente del Gobierno ante el Congreso de los Diputados sobre su programa o sobre una declaración de política general, y cuya respuesta negativa comporta el cese del Gobierno» y a la «aprobación que las Cámaras dan a la actuación de un Gobierno en determinado asunto, o autorización para que actúe libremente en tal caso». Las encontramos en los siguientes testimonios relacionados con el nuevo gobierno del Perú:

> **2021** *gestion.pe*, 16-9-2021 (PERÚ): El Congreso de la República aprobó en primera votación un texto sustitutorio que propone interpretar la cuestión de **confianza** regulada en el último párrafo del artículo 132 y en el artículo 133 de la Constitución Política.
>
> **2021** *elperuano.com*, 26-8-2021 (PERÚ): Así lo informó hoy el jefe del Gabinete Ministerial, Guido Bellido, al exponer ante el pleno del Congreso de la República la política general del Gobierno, tras lo cual solicitará el voto de **confianza**.

COVIDIANIDAD

Como hemos comprobado con creces durante 2020 y 2021, las novedades repercuten casi siempre en la lengua. Una muestra de creación léxica que va más allá de la estricta necesidad denominativa es la elegida por la Academia Dominicana, *covidianidad*, voz de la que ya se ha hecho eco el *Diccionario Histórico*. Surge de la superposición de *COVID* a *cotidianidad* para hacer referencia a la «vida diaria adaptada a las normas y protocolos derivados a la pandemia de la COVID». Su primera documentación es de 2020 y este año se ha seguido usando con profusión en la República Dominicana:

2020 *diariolibre.com*, 2-4-2020 (REPÚBLICA DOMINICANA): La realidad que ha creado la pandemia en prácticamente todos los países del mundo nos impone, en la frase de un conocido publicista, una «nueva **covidianidad**», es decir, una cotidianidad transformada por el virus.

2021 *elnuevodiario.com*, 8-9-2021 (REPÚBLICA DOMINICANA): En la actualidad, la prioridad es que los planteles escolares, públicos y privados, estén en condiciones óptimas, la aplicación eficaz de los protocolos sanitarios, el manejo ante la presencia de contagios y la brecha académica de los estudiantes; sin embargo, hemos dejado de lado el desafío al que se enfrentan los niños, niñas y adolescentes de volver a «estar juntos» en esta nueva **covidianidad**.

CUIDAR

cuidar. (Del ant. *coidar*, y este del lat. *cogitāre* 'pensar[1]'). tr. **1.** Poner diligencia, atención y solicitud en la ejecución de algo. ǁ **2.** Asistir, guardar, conservar. *Cuidar a un enfermo, la casa, la ropa.* U. t. c. intr. *Cuidar DE la hacienda, DE los niños.* ǁ **3.** Discurrir, pensar. ○ prnl. **4.** Mirar por la propia salud, darse buena vida. ǁ **5.** Vivir con advertencia respecto de algo. *No se cuida DE la maledicencia.*

La Academia Mexicana ha elegido como palabra del año 2021 la forma imperativa *cuídate*, un uso pronominal de la acepción 4 del *DLE* ('mirar por la propia salud') que se emplea como consejo hacia el destinatario del mensaje. Como se observa en el segundo de los ejemplos, la recomendación en tiempos de pandemia reviste la importancia vital de evitar la propagación del contagio:

2021 *Diario de Xalapa*, 18-7-2021 (MÉXICO): En 6 meses 140 casos de dengue; **cuídate**.

2021 *El Imparcial*, 18-7-2021 (MÉXICO): ¿Vale la pena una fiesta a cambio de tu vida o de la quienes amas? No seas la causa de una desgracia en tu familia, no ignores las medidas de seguridad que ya conoces. **Cuídate** y cuídanos.

DAMNIFICADO

damnificado, da. (Del part. de *damnificar*). adj. Que ha sufrido grave daño de carácter colectivo. Apl. a pers., u. t. c. s.

La voz *damnificada*, presente en la lexicografía académica desde el *Diccionario de autoridades* (1732), ha sido elegida por la Academia Ecuatoguineana como una de las palabras más significativas del 2021. Procede del participio de *damnificar*, un cultismo a partir del latín tardío *damnificāre*, creado a su vez sobre *damnum* 'daño' y *-ficāre* 'hacer'. Tiene el término *damnificado* no solo uso adjetivo, sino también sustantivo, como se puede comprobar en los siguientes ejemplos:

> **2021** *guineainfomarket.com*, 7-4-2021 (GUINEA ECUATORIAL): La Oficina del UNICEF en Guinea Ecuatorial y el Gobierno de la República de Corea, han firmado un acuerdo por el cual el Gobierno Coreano pone a disposición una financiación de 200.000 dólares US, en respuesta a la crisis humanitaria provocada por la catástrofe del 7 de Marzo en la que cientos de familias y sus niños quedaron **damnificados**.
>
> **2021** *La Voz de Galicia*, 14-3-2021 (ESPAÑA): El colegio La Salle se ha unido al movimiento de solidaridad con los **damnificados** por las explosiones del pasado domingo en la ciudad de Bata (Guinea Ecuatorial), que dejó cerca de trescientos muertos y cientos de viviendas afectadas.

Según se desprende de las anteriores citas, la palabra ha cobrado actualidad en Guinea Ecuatorial debido a una serie de terribles explosiones que tuvieron lugar el 7 de marzo de 2021 en una base militar ubicada en el barrio de Nkoantoma, en la ciudad de Bata. El suceso ocasionó centenares de muertos y heridos, así como la destrucción de cientos de viviendas y edificios públicos.

DEPRESIÓN

> **depresión.** (Del lat. *depressio, -ōnis*). f. **1.** Acción y efecto de deprimir o deprimirse. ‖ **2.** En un terreno u otra superficie, concavidad de alguna extensión. ‖ **3.** Período de baja actividad económica general, caracterizado por desempleo masivo, deflación, decreciente uso de recursos y bajo nivel de inversiones. ‖ **4.** *Psicol.* y *Psiquiatr.* Síndrome caracterizado por una tristeza profunda y por la inhibición de las funciones psíquicas, a veces con trastornos neurovegetativos. ■ **~ atmosférica.** f. *Meteor.* Zona de baja presión atmosférica. ‖ **~ barométrica.** f. *Meteor.* Descenso de la columna indicadora de la presión del aire en el barómetro. ‖ **~ de horizonte.** f. *Mar.* Ángulo formado en el ojo del observador por las líneas horizontal y tangente a la superficie del mar.

El término *depresión*, elegido por la Academia Ecuatoriana, dispone actualmente en el *DLE* de cuatro acepciones, además de tres formas complejas técnicas (meteorología y marina). La selección de esta voz se justifica por su presencia habitual en estos tiempos con el valor de la acepción 4. Más allá del cambio en las relaciones sociales que han supuesto el confinamiento y las condiciones de la desescalada, lo cierto es que la crisis económica provocada por la pandemia conlleva una incertidumbre en el plano laboral a la que se suma el temor por la propia salud y la de quienes nos rodean y, en no pocas ocasiones, también el duelo por la pérdida de seres queridos. Todo ello ha hecho muy frecuente la aparición y uso de este vocablo, según corrobora también la documentación consultada:

> **2021** *El Comercio*, 14-6-2021 (ECUADOR): **Depresión** y lesiones en la piel entre las secuelas que puede dejar el covid-19.
>
> **2021** *El Universo*, 6-7-2021 (ECUADOR): 37% más de suicidios se registraron en Ecuador en lo que va del año 2021. [...]. Para el psiquiatra Luis Riofrío las condiciones de la pandemia han agravado el tema de la salud mental. [...]. Riofrío aseguró que detrás de un suicidio, casi siempre, hay **depresión**. «La **depresión** no es un estado de ánimo es una enfermedad».

Resulta curioso comprobar que este significado se incorporó al diccionario académico en 1936 (16.ª edición) con una definición poco técnica: «Decaimiento del ánimo o de la voluntad». Así se mantuvo hasta 1970 (19.ª edición), en la que se enmendó de la siguiente manera: «Síndrome caracterizado por una tristeza profunda e inmotivada y por la inhibición de todas las funciones psíquicas». Los avances en el campo de la psicología en las últimas décadas han llevado finalmente a ir matizando esta definición hasta su redacción actual, que se llevó a cabo para la 22.ª edición (2001).

DISTANCIA SOCIAL, DISTANCIAMIENTO SOCIAL

> **distancia.** (Del lat. *distantia*). f. **1.** Espacio o intervalo de lugar o de tiempo que media entre dos cosas o sucesos. ǀ **2.** Diferencia, desemejanza notable entre unas cosas y otras. ǀ **3.** Alejamiento, desvío, desafecto entre personas. ǀ **4.** *Geom.* Longitud del segmento de recta comprendido entre dos puntos del espacio. ǀ **5.** *Geom.* Longitud del segmento de recta comprendido entre un punto y el pie de la perpendicular trazada desde él a una recta o a un plano de inmune. ■ **~ angular.** f. *Astron.* Ángulo formado por las visuales a dos astros próximos en la esfera celeste. ǀ **~ de frenado.** f. *Mec.* Espacio que recorre un vehículo desde que se acciona el freno hasta que se detiene por completo. **~ de seguridad.** f. En un vehículo en movimiento, **distancia** que es necesario mantener con el vehículo precedente para evitar colisionar con él en caso de que frene de manera brusca. □ **a ~.** loc. adj. 1. Que se realiza o funciona por correspondencia o a través de los medios de telecomunicación, sin que se requiera la presencia física de los participantes. Venta, enseñanza, universidad a distancia. U. t. c. loc. adv. *Estudia a distancia.* ǀ **guardar las ~.** loc. verb. Observar en el trato con otras personas una actitud que excluye familiaridad o excesiva cordialidad. ➤ **mando a ~, punto de ~.**

social. (Del lat. *sociālis*). adj. **1.** Perteneciente o relativo a la sociedad. ‖ **2.** Perteneciente o relativo a una compañía o sociedad, o a los socios o compañeros, aliados o confederados. ‖ **3.** Relativo a las clases sociales económicamente menos favorecidas. *Comedor social.* ‖ **4.** *Der.* Dicho de un orden jurisdiccional: Competente en materia laboral y de seguridad **social.** ➤ **asistencia ~, asistente ~, caculo ~, capital ~, cargas ~es, ciencias ~es, clase ~, diálogo ~, domicilio ~, fobia ~, gasto ~, graduado ~, insecto ~, novela ~, obra ~, persona ~, presión ~, prestación ~, razón ~, red ~, salario ~, seguridad ~, tejido ~, trabajador ~.**

El adjetivo *social* forma parte de numerosos sintagmas en español, tales como *asistencia social, clase social, seguridad social, trabajador social,* etc., según muestra el diccionario académico. En los últimos tiempos se han extendido las combinaciones *distancia social* y *distanciamiento social,* términos elegidos por las Academia Boliviana y Guatemalteca, respectivamente, para formar parte del grupo de palabras más significativas de este año. Con *distancia social* y *distanciamiento social* se designa el conjunto de medidas que tienen por objetivo reducir al máximo la interacción física y social con el fin de evitar la propagación de una enfermedad contagiosa. El mantenimiento de la distancia social —clave para controlar ahora la pandemia de COVID-19— conlleva la adopción de medidas drásticas, como la suspensión de actos multitudinarios, la limitación de los aforos en espacios públicos, el saludo sin contacto físico o, incluso, cuarentenas y confinamientos. Por eso, tanto *distancia social* como la variante antes señalada *distanciamiento social* se han consolidado en el ámbito de la epidemiología y la virología, según ratifican los corpus académicos:

2021 *Los Tiempos,* 26-6-2021 (BOLIVIA): Quelca recomendó no descuidar las medidas de bioseguridad que son el uso correcto de barbijo, lavado frecuente de manos, uso de alcohol desinfectante y **distancia social** de metro y medio, para evitar contagios de Covid-19.

2020 *paginasiet.bo,* 11-5-2020 (MÉXICO): Las personas [...] deben dar estricto cumplimiento a las normativas y protocolos de higiene y bioseguridad, con el fin de prevenir y contener la infección del coronavirus. Entre ellos: mantener la **distancia social**, uso de barbijo, lavado permanente de manos, gafas protectoras.

2021 *La Hora,* 18-7-2021 (GUATEMALA): Reiteraron que continuarán atendiendo los llamados de los guatemaltecos y que estos deben mantener las medidas de prevención, en especial, el uso de mascarilla, el **distanciamiento social**, así como el lavado de manos.

2020 *eltiempo.com,* 6-10-2020 (COLOMBIA): Parques Nacionales invita a las personas a usar tapabocas, lavarse las manos, mantener el **distanciamiento social** de dos metros y seguir todas las instrucciones que brinden los guardaparques.

Dado que *distancia social* y *distanciamiento social* aluden a un concepto meramente físico, no es raro que se empleen también con el mismo valor las formas *distancia física* o *distanciamiento físico*. Se trata de sintagmas suficientemente documentados en los corpus académicos, pero menos frecuentes y extendidos que *distancia social* o *distanciamiento social*:

> **2020** *latribuna.hn* 8-6-2020 (HONDURAS): No se puede destruir al virus COVID-19 que ha penetrado en las paredes celulares, bebiendo galones de agua caliente, y el mejor método de protección es lavarse las manos y mantener una **distancia física** de dos metros para su protección.
>
> **2020** *granma.cu* 10-7-2020 (CUBA): El Jardín Botánico Nacional (JBN) reabrió sus puertas al público bajo el estricto cumplimiento de un riguroso protocolo de bioseguridad, que contempla el uso obligatorio del nasobuco, el **distanciamiento físico** y la desinfección de las manos y de las superficies de contacto frecuente.

Como se observa, el uso reseñado en las líneas anteriores hace referencia a un concepto puramente físico. Sin embargo, es interesante señalar que *distancia social* se utiliza desde hace años en el ámbito de la sociología y las ciencias sociales para referirse a una lejanía o separación económica y social —no física— entre personas o colectivos:

> **2013** *pagina12.com.ar* 28-8-2013 (ARGENTINA): Las diferencias entre vecinos de los pueblos petroleros muchas veces hablan, antes que de distintas clases, de una **distancia social** producto de experiencias de vida diferentes.

EDUCACIÓN

> **educación.** (Del lat. *educatio, -ōnis*). f. **1.** Acción y efecto de educar. ǀ **2.** Crianza, enseñanza y doctrina que se da a los niños y a los jóvenes. ǀ **3.** Instrucción por medio de la acción docente. ǀ **4.** Cortesía, urbanidad [...].

Las palabras elegidas por la Academia Chilena guardan relación con uno de los retos más importantes a los que se ha enfrentado el país este año: redactar una nueva constitución. En una campaña ideada por la propia Academia para recoger las palabras que a los ciudadanos les gustaría encontrar en el texto de la ley fundamental del Estado, *educación* ha sido una de las más votadas. Se trata de un sustantivo procedente del latín *educatio*, derivado de *educāre*, que remite a su vez a *educĕre*, verbo que indica movimiento, guía, y que está en la base de otros verbos en español: *conducir*, *deducir*, *reducir* o *seducir*. En el siguiente testimonio se emplea con relación tanto a la pandemia como al texto de la nueva constitución:

2021 *cooperativa.cl*, 7-9-2021 (CHILE): Hoy, 186 mil niños, niñas y jóvenes de entre 5 y 21 años se encuentran fuera del sistema educativo, sin haber completado su **educación** obligatoria y presentan dos o más años de rezago. A causa de la pandemia, otros 40 mil han abandonado la **educación**. Por esto aspiramos a que la nueva Constitución garantice realmente el derecho a la **educación** de todos los niños, niñas y jóvenes de Chile, en un modelo flexible e inclusivo.

EMPATÍA

empatía. (A partir del gr. ἐμπάθεια empátheia). f. **1.** Sentimiento de identificación con algo o alguien. ‖ **2.** Capacidad de identificarse con alguien y compartir sus sentimientos.

La palabra *empatía* llegó al *Diccionario* mucho después que *dignidad*, *educación* o *equidad*, otras de las voces elegidas por la Academia Chilena. Aunque figura solo desde 1984 (20.ª edición), en los corpus académicos se encuentran testimonios dos décadas antes. El uso de las comillas en el que aparece a continuación confirma que el término se sentía entonces como novedad en el idioma:

1965 Chueca Goitia, Fernando *Historia de la Arquitectura Española. Edad Antigua y Edad Media* (ESPAÑA): En conjunto es uno de los mejores inmafrontes que nos ha dejado la arquitectura gótica a lo largo de la historia en todo el Occidente. Su cohesión arquitectónica y su ímpetu ascensional nos hacen sentir, por **«empatía»**, toda la sublime espiritualidad de este estilo.

Remite en última instancia al griego *-πάθεια -pátheia*, de la raíz *παθ- path-* 'sufrir', 'experimentar', formante que hallamos en *simpatía* (y su antónimo *antipatía*) y en muchos nombres de enfermedades o trastornos: *cardiopatía*, *neumopatía*, *psicopatía*...

2020 *latercera.com*, 20-1-2020 (CHILE): ¿Podremos construir una mejor democracia con esta lógica de guerra y ojo por ojo? ¿Cuántos tendrán el coraje de no dejarse arrastrar por esta dinámica? El país que surja de este estallido social depende de todos. Cada uno en su ámbito puede contribuir a generar una cultura en que el respeto a cada ser humano esté en el centro de nuestra convivencia. Para eso requerimos algo muy ausente en estos días: la **empatía**.

ENDEMIA

endemia. (Del fr. *endémie*, y este der. del gr. ἔνδημος *éndēmos* 'endémico'; literalmente 'del territorio propio'). f. *Med.* Enfermedad que reina habitualmente, o en épocas fijas, en un país o comarca.

Para la Academia Costarricense, *endemia* ha sido una de las palabras del año 2021. Se trata de una voz acuñada en francés a finales del siglo XV a partir del adjetivo griego ἔνδημος *éndēmos* 'del territorio propio', 'endémico', que a su vez está formado por el prefijo ἐν- *en-* 'en-' y δῆμος *dêmos* 'pueblo'. Pese a la antigüedad de su étimo francés, *endemia* no se incluyó en el diccionario académico hasta 1899 (13.ª edición), obra en la que ya figuraba desde 1822 (6.ª edición) el adjetivo *endémico*:

> **ENDÉMICO, CA.** adj. que se aplica al mal ó enfermedad que se padece en un pais, y es como propio de él.

Junto con *epidemia* y *pandemia*, conforma *endemia* el trío de voces con las que se nombran enfermedades que se transmiten a grupos de población determinados. Es curioso notar cómo los elementos griegos que preceden al formante δῆμος *dêmos* 'pueblo' en cada una de estas palabras precisa a la perfección el significado del término resultante. Mientras que παν- *pan-* 'todo' señala la propagación sin fronteras de una enfermedad contagiosa, los prefijos ἐν- *en-* y ἐπι- *epi-* aportan valores locales y temporales. Así, ἐν- *en-* circunscribe el hecho a un territorio y un momento dados (idea de 'permanencia'), en tanto que *epi-* ciñe la duración a un período concreto (esto es, idea de 'durante cierto tiempo'), acorde con el concepto que postulaba Galeno, para quien la enfermedad epidémica era aquella que se daba «durante un período de tiempo en cierto territorio»[2].

EQUIDAD

> **equidad.** (Del lat. *aequĭtas, -ātis*). f. **1.** Igualdad de ánimo. ǀ **2.** Bondadosa templanza habitual, propensión a dejarse guiar, o a fallar, por el sentimiento del deber o de la conciencia, más bien que por las prescripciones rigurosas de la justicia o por el texto terminante de la ley. ǀ **3.** Justicia natural, por oposición a la letra de la ley positiva. ǀ **4.** Moderación en el precio de las cosas o en las condiciones de los contratos. ǀ **5.** Disposición del ánimo que mueve a dar a cada uno lo que merece.

Se acerca mucho en su etimología *equidad*, palabra elegida por la Academia Chilena, a *igualdad*, aunque se han diferenciado bastante en sus usos. Ambas tienen como base el adjetivo latino *aequus* 'igual', pero mientras que la segunda ha experimentado una intensa evolución fonética, la otra ha permanecido más cercana a la forma latina; ejemplifican lo que recibe el nombre de *doblete léxico*. Los primeros académicos dan cuenta de la proximidad literal de sus sentidos y, a pesar de ello, de su especialización en el uso:

---

2. En su obra *Hippocratis de victu acutorum commentaria*, K. 15 429.

EQUIDAD. s. f. En lo literal vale igualdad y rectitud; pero en el uso mas común se toma esta palabra por templanza y bondad de ánimo bien intencionado: por moderación en el rigor del uso de las leyes: y en cierto modo por equivalencia è interpretación, que mira mas à la intencion del Legislador, que à la letra y rigór de la ley.

Como muestra el siguiente testimonio, ha sido elegida por la Academia Chilena por estar vinculada a lo que la ciudadanía espera de la nueva constitución; precisamente, una de las comisiones de la Convención Constitucional incorpora la palabra en su nombre:

2021 *cooperativa.cl*, 26-8-2021 (CHILE): La Comisión de Participación Popular y **Equidad** Territorial de la Convención Constitucional votará este viernes una propuesta de plebiscito dirimente.

ESTRÉS

estrés. (Del ingl. *stress*). m. Tensión provocada por situaciones agobiantes que originan reacciones psicosomáticas o trastornos psicológicos a veces graves.

Como se ha señalado s. v. *ansiedad*, la Academia Nicaragüense ha seleccionado como palabras del año algunos términos que hacen referencia a estados anímicos y psicológicos adversos, como *ansiedad*, *tristeza* y *estrés*. A este grupo se suma *depresión*, voz elegida por la Academia Ecuatoriana:

2021 *eluniversal.com*, 24-6-2021 (VENEZUELA): Se ha demostrado que convivir con niveles elevados de incertidumbre se asocia con una mayor probabilidad de padecimiento de un amplio conjunto de patologías psicológicas negativas, tales como el **estrés**, la ansiedad y depresión, las cuales terminan deteriorando significativamente la calidad de vida.

Debe señalarse que *estrés* es un anglicismo relativamente joven en nuestro idioma. Figura en el diccionario académico desde su 20.ª edición (1984) —lematizado ya entonces con la grafía adaptada—, lo que muestra que las Academias se hicieron con prontitud eco de una voz que había comenzado a usarse en la década de 1970. Los primeros testimonios de la palabra en textos españoles delatan su condición de extranjerismo, pues habitualmente aparece bajo la forma inglesa *stress*, como bien se observa en la siguiente cita:

1975 Sintes Pros, J. *Los peligros del colesterol* (ESPAÑA): ¿Pero qué significado tiene la palabra *stress*? Deriva del inglés, y en lenguaje corriente quiere decir «fuerza», «violencia», mientras que en el lenguaje científico (sobre todo en el físico), se emplea para indicar «la suma de todas las fuerzas que actúan sobre una resistencia»; puede afirmarse también que en castellano, como en otras lenguas, este término es intraducible; lo más que podemos hacer es aproximarnos, usando la palabra «tensión». *Stress* indica el estado en que se encuentra un organismo, producido por la acción de los más variados a gentes que, por este motivo se llaman a su vez agentes stressantes.

Las bases de datos académicas nos muestran que nos hallamos ante un término ampliamente documentado y asentado en español, pues, además de usarse en el sentido que indica el *DLE*, es común que coloquialmente se emplee como sinónimo de otros estados psíquicos con los que comparte ciertos rasgos, como *nerviosismo* o *preocupación*. Da prueba también de su enorme vitalidad en nuestro idioma el hecho de que este sustantivo haya generado dos derivados de un uso también muy frecuente: el verbo *estresar* y, a partir de este, el adjetivo *estresante* (en inglés *to stress* y *stressful*, respectivamente).

EXPLOSIÓN

explosión. (Del lat. *explosio, -ōnis* 'abucheo', 'acción de echar a una persona o un animal con ruido'). f. **1.** Liberación brusca de energía que produce un incremento rápido de la presión, con desprendimiento de calor, luz y gases, y va acompañada de estruendo y rotura violenta del cuerpo que la contiene. ǀ **2.** Dilatación del gas contenido en un dispositivo mecánico con el fin de producir el movimiento de una de las partes de este, como en el motor del automóvil o en el disparo del arma de fuego. ǀ **3.** Manifestación súbita de ciertas emociones. *Explosión de risa, de entusiasmo.* ǀ **4.** Desarrollo vertiginoso de algo. *Explosión demográfica.* ǀ **5.** *Fon.* Ruido producido por la separación brusca de los órganos articulatorios durante la pronunciación de las consonantes oclusivas. ǀ **6.** *Mec.* En los motores de combustión interna de cuatro tiempos, tercera fase del ciclo, en la que, al quemarse el combustible con el aire, se producen gases que en su expansión empujan el pistón. ■ **~ atómica,** o **~ nuclear.** f. **explosión** que se produce en las bombas atómicas. ➤ **motor de ~.**

Para la Academia Ecuatoguineana, *explosión* ha sido una de las palabras más significativas del 2021. El término ha cobrado una relevancia inesperada en Guinea Ecuatorial debido a la devastadora y mortífera serie de explosiones que tuvieron lugar el pasado 7 de marzo en Bata, según se ha comentado un poco más arriba s. v. *damnificado*:

2021 *guineainfomarket.com*, 13-3-2021 (GUINEA ECUATORIAL): Varios países se solidarizan con Guinea Ecuatorial mediante el envió de ayuda humanitaria tras las **explosiones** de Bata.

Resulta curioso rastrear el origen del término *explosión*, que en la lengua de la que lo ha tomado el español no indicaba un fenómeno con efectos tan devastadores como los aquí reseñados. Como bien señala el *Diccionario* en su etimología, *explosión* procede del latín *explosio, -ōnis* 'abucheo', 'acción de echar a una persona o un animal con ruido'. Se trata de un derivado del verbo *explodĕre* 'expulsar ruidosamente', 'desaprobar, acoger mal', 'expulsar, echar fuera, arrojar', que, a su vez, procede del prefijo *ex-* 'ex-' y —aquí es donde reside la curiosidad— *plaudĕre* 'golpear con las manos para hacer ruido, aplaudir'.

FALLO VACUNAL

fallo[2]**, lla.** (De *fallar*[2]). adj. **1.** En algunos juegos de naipes, falto de un palo. *ESTOY fallo A oros.* • m. **2.** Falta, deficiencia o error. ‖ **3.** Acción y efecto de fallar. ‖ **4.** En algunos juegos de naipes, falta de un palo. *Tengo fallo A espadas.* ‖ **5.** *Cuba.* Turno que queda libre al no acudir la persona que lo había solicitado.

vacunal. adj. Perteneciente o relativo a la **vacuna** (‖ preparado de antígenos).

2021 *elEconomista.es,* 21-7-2021 (ESPAÑA): Qué es el **fallo vacunal**, las veces en que la vacuna frente al Covid-19 no funciona. Ningún medicamento es efectivo al 100 %, las vacunas tampoco. Así, se pueden dar casos de enfermedad entre personas vacunadas. Estados Unidos registró 10.262 casos en 101 millones de vacunados.

La posibilidad de que una vacuna no sea efectiva en la persona a la que se le ha inoculado existe, según nos muestra el ejemplo anterior. Se habla en estos casos de *fallo vacunal*, sintagma resultante de la acepción 3 de *fallo* y el adjetivo *vacunal* (véanse en este mismo capítulo las entradas *candidato vacunal* y *vacuna*), que ha sido seleccionado por la Academia Panameña. En el contexto de la actual pandemia, con el proceso de vacunación que se está llevando a cabo en todo el mundo, las noticias sobre los fallos vacunales se han multiplicado. Sin embargo, pese a ser una combinación aparentemente fácil de deducir, la novedad de este sintagma obliga a los periodistas a aclarar su contenido, según se ha podido ver en la cita con que se inicia este comentario y según puede comprobarse también en el siguiente testimonio, en el que, además de explicarse su significado, *fallo vacunal* se entrecomilla:

2021 *Cadena Ser,* 25-6-2021 (ESPAÑA): El 35 % de la población segoviana tiene la pauta de vacunación completa, más de 53.000 personas entre capital y provincia. De ellas, 41 han sufrido el denominado **«fallo vacunal»**, es decir, se han contagiado por covid estando vacunados.

FRAUDE

fraude. (Del lat. *fraus, fraudis*). m. **1.** Acción contraria a la verdad y a la rectitud, que perjudica a la persona contra quien se comete. ‖ **2.** Acto tendente a eludir una disposición legal en perjuicio del Estado o de terceros. ‖ **3.** *Der.* Delito que comete el encargado de vigilar la ejecución de contratos públicos, o de algunos privados, confabulándose con la representación de los intereses opuestos. ■ **en ~ de acreedores.** loc. adj. *Der.* Dicho del acto del deudor: Que es generalmente simulado y rescindible, y deja al acreedor sin medio de cobrar lo que se le debe. U. t. c. loc. adv.

Para la Academia Boliviana, *fraude* es una de las palabras del año. De acuerdo con los ejemplos aportados por la propia corporación boliviana, la elección viene motivada por el debate entre fraude electoral y golpe de Estado, de gran actualidad en el país andino. Muestra de ello son los siguientes ejemplos:

2021 *Los Tiempos,* 27-6-2021 (BOLIVIA): El partido gobernante prepara el escenario para sepultar el **fraude** electoral de octubre de 2019 e imponer su versión de un presunto golpe de Estado, perpetrado contra el entonces presidente Evo Morales.

2021 *Página Siete,* 21-7-2021 (BOLIVIA): Se tiene constancia, no obstante, de una reunión entre autoridades diplomáticas, en la que ya se hablaba de **fraude** en las elecciones generales.

Con frecuencia, al estar ya contextualizado el término, se emplea en lugar de *fraude electoral* su elipsis *fraude*. Nuevamente, es habitual en la documentación que se aluda a la dicotomía entre *golpe de Estado* y *fraude electoral*, según ejemplifica con nitidez la primera cita seleccionada:

2021 *Página Siete,* 12-7-2021 (BOLIVIA): Mentiras del «golpe», verdades del **fraude**.

2021 *La Prensa,* 18-7-2021 (BOLIVIA): El MAS también recurre a su narrativa de que no hubo **fraude**, pese a las denuncias de irregularidades denunciadas por la Organización de Estados Americanos.

GLOBALISMO

A la palabra *globalismo* se le está dando en los últimos años un uso muy distinto al que tiene otro sustantivo de su misma familia léxica: *globalización*. Este segundo figura en el *Diccionario* desde la 22.ª edición (2001) —ya en las ediciones del *Diccionario Manual* de 1984 y 1989, con otras acepciones—, pero el artículo que se le dedica experimentó una revisión total en la 23.ª

(2014). El sentido propio del ámbito económico se define en ella como «Proceso por el que las economías y mercados, con el desarrollo de las tecnologías de la comunicación, adquieren una dimensión mundial, de modo que dependen cada vez más de los mercados externos y menos de la acción reguladora de los Gobiernos». El neologismo seleccionado por la Academia Paraguaya se usa para dar nombre a una ideología que propugna la desaparición de los estados como entidades políticas, administrativas, sociales…, en aras de una organización mundial:

> **2021** *abc.com*, 26-8-2021 (PARAGUAY): Son leyes que se están imponiendo desde afuera, es una corriente que se llama **globalismo**, que ataca sistemáticamente las soberanías nacionales. Ahora vienen proyectos de ley respaldados y financiados por organismos internacionales.

Lo encontramos ya durante el siglo XX, sin embargo, como sinónimo de *globalización*, probablemente en un momento en el que este sustantivo aún no se había impuesto en el uso para hacer referencia a la difusión mundial de algo:

> **1962** García Arias, Luis *La guerra moderna y la organización internacional* (ESPAÑA): Las naciones, cosmocracias en potencia, sólo pueden intentar esa salida hacia el **globalismo**, cuando el desequilibrio les ofrece coyuntura para llevar a buen término su expansión.
>
> **1966** Nun, José *América latina: la crisis hegemónica y el golpe militar* (ARGENTINA): En este sentido tiene razón Horowitz al sostener que «la política norteamericana de **globalismo** militar tiende a volver obsoletos previos esfuerzos por establecer una tipología de formas y estilos, militares latinoamericanos basada exclusivamente en asuntos políticos internos».

GOLPE

> **golpe.** (Del lat. vulg. **colŭpus,* este del lat. *colăphus,* y este del gr. κόλαφος *kólaphos* 'bofetón'). m. **1.** Acción de dar con violencia un cuerpo contra otro. ‖ **2.** Impresión o sonido producidos por un **golpe.** ‖ **3.** Movimiento rápido y brusco. *Un golpe de volante.* ‖ **4.** Admiración, sorpresa. ‖ **5.** Ocurrencia graciosa y oportuna. ‖ **6.** Irrupción de algo en gran cantidad. *Golpe de gente, de agua.* ‖ **7.** Infortunio o desgracia que acomete de pronto. ‖ **8.** Latido del corazón. ‖ **9. pestillo de golpe.** ‖ **10.** En jardinería, planta o plantas que se introducen en un hoyo. ‖ **11.** Hoyo en que se pone la semilla o la planta. ‖ **12.** En el juego de trucos y de billar, lance en que se hacen algunas rayas, como billa, carambola, etc. ‖ **13.** En los torneos y juegos de a caballo, medida del valor de los lances entre los que pelean. ‖ **14.** Robo, atraco. ‖ **15.** Trozo de tela que cubre el bolsillo. ‖ **16.** Adorno de pasamanería sobre-

puesto en una pieza de vestir. ‖ **17.** Cantidad que se apuesta en el juego. ‖ **18.** *Mar.* Pitada fuerte y muy breve. ‖ **19.** despect. *Ur.* Mujer que accede con facilidad a un encuentro amoroso o circunstancial. ‖ **20.** coloq. *Ur.* Encuentro amoroso. ■ ~ **bajo.** m. **1. golpe** que se da por debajo de la cintura. ‖ **2.** Acción traicionera y malintencionada. ‖ ~ **de aire.** m. **ráfaga** (‖ viento fuerte de corta duración). ‖ ~ **de ariete.** m. *Fís.* Aumento violento de la presión en una conducción hidráulica producido por el cierre brusco de una válvula. ‖ ~ **de calor.** m. Estado patológico producido por la exposición a altas temperaturas ambientales y caracterizado por cefalea, vértigo, náuseas y calambres musculares. ‖ ~ **de castigo.** m. *Dep.* En *rugby,* sanción que se ejecuta impulsando el balón con el pie para intentar meterlo entre los palos de la portería contraria. ‖ ~ **de efecto.** m. Acción por la que se sorprende al público, se causa en él impresión inesperada o se provoca su risa. ‖ ~ **de Estado.** m. Actuación violenta y rápida, generalmente por fuerzas militares o rebeldes, por la que un grupo determinado se apodera o intenta apoderarse de los resortes del gobierno de un Estado, desplazando a las autoridades existentes [...].

La Academia Boliviana ha escogido *golpe*, un término polisémico presente en español desde los orígenes del idioma. La elección de esta voz, según puede verse en el comentario de *fraude*, viene motivada por su uso como elipsis de la forma compleja *golpe de Estado*:

2021 *La Razón,* 29-6-2021 (BOLIVIA): La amenaza directa de Edwin Quispe a nombre de la Fiscalía, en mi contra, muestra la decisión del MAS de continuar la persecución política usando la mentira del **golpe de Estado.**

2021 *Página Siete,* 21-4-2020 (BOLIVIA): Ningún militar tomó siquiera un puesto en el gobierno de Jeanine. Como usualmente decimos, ¡no agarraron ni una sola pega! Los golpistas habrían dado el **golpe** ¡sin exigir nada!

El último testimonio recoge también el derivado *golpista* 'persona que participa en un golpe de Estado o lo apoya'. Y es que de *golpe* como elipsis de *golpe de Estado* han surgido tanto *golpista* como el sustantivo *golpismo* ('actitud favorable al golpe de Estado', 'actividad de los golpistas'). Se trata de dos términos incorporados al diccionario académico en 1984 (20.ª edición), donde ya figuraba *golpe de Estado* desde 1869 (11.ª edición), si bien definido entonces como «medida grave y violenta que toma uno de los poderes del Estado, usurpando las atribuciones del otro».

HISOPADO

La pandemia de la COVID-19 ha impulsado la aparición y consolidación de muchos términos relacionados con esta enfermedad. Así sucede con *hisopado* 'prueba consistente en la toma de una muestra biológica con un hisopo sanitario con el fin de detectar infecciones', voz seleccionada por la Academia Argentina y que es, además, una de las novedades del *DLE* 23.5. Aunque este sustantivo aparece en los corpus académicos a finales del siglo XX y comienzos del XXI, su uso se ha multiplicado en los últimos tiempos con la proliferación de las pruebas de PCR para la detección del coronavirus:

> **2020** *prensalibre.com*, 7-5-2020 (GUATEMALA): Aunque para que puedan volver a las actividades, los equipos deben cumplir con una serie de requisitos entre ellos la prueba obligatoria sin excepción del covid-19 (**hisopado**).
>
> **2020** *laprensa.com.ar*, 31-5-2020 (COLOMBIA): Sin embargo, los **hisopados** tienen una indicación precisa: detectar infectados asintomáticos en el entorno de un enfermo para aislar a todos ellos.

En cuanto a su extensión, debe notarse que se registra preferentemente en algunas variedades del español de América, como testimonian los ejemplos anteriores. Sin embargo, también se documenta en España, donde es cierto que su empleo no deja de ser aún residual:

> **2020** *elpais.com*, 23-6-2019 (ESPAÑA): Los **hisopados** tienen una indicación precisa: detectar infectados asintomáticos en el entorno de un enfermo para aislar a todos ellos.

Por ello, el origen del sustantivo *hisopado* resulta más evidente para los hablantes de ciertos países americanos que para los de otras áreas de nuestro idioma. Deriva en última instancia de *hisopo*, voz que, aparte de significar 'mata muy olorosa usada en medicina y perfumería', 'manojo de ramas usado para esparcir agua bendita' y 'utensilio con el que se esparce agua bendita' —de ahí *hisopar* 'rociar con agua bendita'—, se emplea en Argentina, México, República Dominicana, Uruguay y Venezuela, según el *DLE*, para designar un «palillo recubierto de algodón en sus puntas, usado para la higiene personal». Finalmente, además de los valores señalados, el *Diccionario* nos informa de que *hisopo* significa también en Chile 'brocha de afeitar', en Colombia 'escobilla para blanquear o pintar paredes' y en Cuba 'varilla delgada de alambre trenzado con un estropajo en el extremo, que se emplea para fregar recipientes de boca estrecha'.

INMUNIDAD DE REBAÑO

> **inmunidad.** (Del lat. *immunĭtas, -ātis*). f. **1.** Cualidad de inmune. | **2.** Privilegio local concedido a los templos e iglesias, en virtud del cual los delincuentes que a ellas se acogían no eran castigados con pena corporal en ciertos casos. | **3.** Estado de resistencia, natural o adquirida, que poseen ciertos individuos o especies frente a determinadas acciones patógenas de microorganismos o sustancias ex-

trañas. **4.** *Biol.* y *Med.* Respuesta específica de un organismo a la acción de los antígenos. ■ **~ diplomática.** f. **inmunidad** que gozan los representantes diplomáticos acreditados cerca de un Gobierno, sus familias y demás personal de las embajadas o legaciones que no es súbdito del país en que estas residen. ‖ **~ parlamentaria.** f. Prerrogativa de los parlamentarios, que los exime de ser detenidos o presos, procesados y juzgados sin autorización de la cámara a que pertenecen salvo en los casos que determinan las leyes. ➤ **vaso de ~.**

Como consecuencia de la crisis sanitaria que ha afectado a toda la población mundial desde comienzos del 2020, en los dos últimos años se ha podido escuchar y leer con profusión el término *inmunidad de rebaño*. Con esta forma se indica la situación en que un número suficiente de personas de una población ha adquirido inmunidad ante una enfermedad infecciosa, bien por haber generado anticuerpos tras contraerla, bien por haber recibido la vacuna correspondiente. En ambos casos, los pacientes actúan como barrera frente a la propagación de la enfermedad hacia la población no infectada:

2020 *laprensa.com.ar*, 29-3-2020 (ARGENTINA): Un grupo de investigación de la Universidad de Oxford ha puesto en duda la necesidad de la cuarentena total, porque se plantea la hipótesis de que exista una **inmunidad del rebaño** cuando ya un porcentaje elevado de la población ha generado anticuerpos frente a este virus.

2021 *La Prensa*, 16-7-2021 (PANAMÁ): Azuero aspira a ser la primera región panameña en lograr la **inmunidad de rebaño**.

La inmunidad de rebaño se ha valorado por inmunólogos, epidemiólogos y políticos como una de las vías de solución, o al menos de control, de la pandemia de COVID-19. El término está de plena actualidad —no pocas veces en el centro de discusiones y polémicas—, lo que ha llevado a las Academias Colombiana, Panameña y Puertorriqueña a elegirlo como una de las palabras del año.

Debe señalarse que *inmunidad de rebaño* es una traducción literal del inglés *herd immunity*. En esta lengua, *herd* designa un colectivo de animales que viven en grupo (un rebaño de ovejas, una piara de cerdos, una manada de elefantes, un banco de peces, etc.), pero también se usa para denominar un conjunto grande de personas ('a large company of people'). En este caso, según advierte el *Oxford English Dictionary*, dispone a veces de un matiz peyorativo, equivalente al que hallamos en las voces españolas *masa*, *muchedumbre* o *plebe*.

A pesar de que la forma *inmunidad de rebaño* goza de notable extensión en el ámbito de la epidemiología, lo cierto es que la ausencia en el vocablo español *rebaño* de un valor similar al inglés *herd* —es decir, de un significado con el que se designe un conjunto grande de personas— ha llevado a que se postule desde distintas tribunas la preferencia por traducciones más acordes con nuestro idioma. Así, desde hace tiempo se vienen empleando en español las formas *inmunidad de grupo* e *inmunidad colectiva*, que también disponen de abundante documentación en diversas áreas de habla hispana:

> **2010** *revista.unam.mx*, 1-4-2010 (MÉXICO): Si se acepta que la pandemia está en recesión, [...] es posible suponer que se ha ido acumulando una **inmunidad de grupo** capaz de frenar la pandemia.
>
> **2019** *elcultural.com*, 8-2-2019 (ESPAÑA): La estrategia es ir arrinconándola a base de estar todos vacunados, de manera que si hay una persona enferma y contagiosa no se lo transmita a nadie y se pare el contagio. Es lo que se llama la **inmunidad colectiva**, que detiene la transmisión.

MUERTERÍO

Propone la Academia Guatemalteca *muerterío* 'mortandad elevada', otra voz de plena actualidad por la pandemia de COVID-19 que azota todo el mundo. Se trata de un derivado de *muerte* de uso común en Guatemala, según señala la Academia de este país:

> **2020** *La Hora*, 27-4-2020 (GUATEMALA): La envergadura de esta pandemia demuestra que no hay sistema sanitario que la soporte, los casos en China, Estados Unidos, Italia y España son ejemplo de ello; acá en Guatemala basta ver las pésimas condiciones de los hospitales departamentales (IXCÁN) para saber que tendremos un **muerterío**.

No recogen esta palabra ni el *DLE* ni el *Diccionario de americanismos* de ASALE, obras que sí incluyen en su lemario y con marca de México el sustantivo *muertero, muertera* 'persona encargada de la preparación de los cadáveres'. Además, en el *Diccionario de americanismos* de ASALE aparece *muertero* 'sepulturero' como voz usada en el sur de Ecuador. En cambio, sí figura *muerterío* en dos diccionarios de variedades del español de América (de Costa Rica y Chile), lo que indica que el término rebasa los límites del país centroamericano. Así, tanto el *Diccionario de costarriqueñismos* de A. Agüero Chaves (1996) como el *Diccionario ejemplificado de chilenismos* de F. Morales Pettorino (1984) recogen este vocablo, si bien Agüero Chaves lo marca como vulgar, en tanto Morales Pettorino indica que es popular.

MUTACIÓN

> **mutación.** (Del latín *mutatio, -ōnis*). f. **1.** Acción y efecto de mudar o mudarse. | **2.** Destemple de la estación en determinado tiempo del año, que se padece sensiblemente en algunos países. | **3.** *Biol.* Alteración en la secuencia del ADN de un organismo, que se transmite por herencia. | **4.** *Biol.* Fenotipo producido por **mu-**

tación. | **5.** *Fon*. Cambio fonético en que se produce un salto, sin las etapas intermedias. | **6.** *Teatro*. Cambio de escena que se realiza variando el telón y los bastidores.

Los verbos *mudar* y *mutar* comparten etimología (el latín *mutāre* 'cambiar') y contenido semántico (la idea general de 'cambiar o alterar'), pero estas similitudes no han impedido que se empleen de forma muy diferenciada. Mientras que la voz patrimonial *mudar* tiene un uso más amplio y general (mudamos el carácter o la opinión, pero también nos mudamos de ropa —del mismo modo que las serpientes mudan la piel, o las aves, las plumas— y hasta nos mudamos de casa), el cultismo *mutar* se restringe a ámbitos más especializados, en particular el biológico (mutan los virus, las bacterias o los genes, p. ej.).

La misma distribución presentan los sustantivos vinculados léxicamente a estos verbos. Así, para los valores propios de *mudar*, se emplean en español los sustantivos *muda* (p. ej., *muda de ropa* o *de piel*) o *mudanza* (p. ej., *mudanza de casa*), en tanto que para los usos especializados de *mutar* se usa el cultismo *mutación*, voz tomada del latín *mutatio, -ōnis* 'cambio'. Precisamente la Academia Argentina ha elegido *mutación* como una de las palabras más significativas de este año, sin duda porque, como en otros casos, la COVID-19 ha puesto de actualidad este término en relación con el coronavirus:

> **2020** *laopinion.com* 21-6-2020 (EE. UU.): El médico cree que la **mutación** del virus se debe a las medidas de distanciamiento social.
>
> **2020** *elespectador.com* 11-6-2020 (COLOMBIA): «La afirmación de que el virus ha perdido letalidad en Colombia no tiene ningún fundamento. No existe evidencia de que alguna de las **mutaciones** documentadas hasta ahora para el coronavirus lo haga más o menos patogénico», comentó desde Londres.

NEGATIVIZAR

La Academia Cubana propone como palabra del 2021 el verbo *negativizar*, voz cuyo uso está ligado a la pandemia de COVID-19 con los significados de 'dejar de manifestarse la presencia de un virus que había estado en un organismo' u 'ofrecer un resultado negativo en un organismo una prueba de presencia de virus que antes había sido positiva'. Este derivado de *negativo* 'que implica la ausencia o inexistencia de algo', se utiliza sobre todo como verbo transitivo con un complemento directo que normalmente hace referencia al test que sirve para confirmar si el paciente tiene el virus (en el primer testimonio, «el PCR»), aunque a veces figura con otros términos (p. ej., «virus» en el segundo texto citado):

2020 *radiocubana.icrt.cu,* 18-9-2020 (CUBA): El pediatra camagüeyano Dr. Valentín Santiago Rodríguez Moya, comentó que los pacientes a los que se le aplicó el fármaco lograban **negativizar** el PCR en la primera semana de tratamiento.

2021 *m.prensa-latina.cu,* 15-6-2021 (CUBA): Mil 90 se mantienen ingresados sin **negativizar** el virus, de los cuales 75 tienen menos de un año.

Su uso intransitivo se observa en el siguiente testimonio:

2021 *cubadebate.cu/noticias,* 12-2-2021 (CUBA): De los 61 niños estudiados, el 27% tiene afecciones cardiovasculares. Hablamos de niños previamente sanos, que en el momento de la evaluación no tuvieron síntomas y en este minuto tienen arritmias, sobre todo en los lactantes, niños que **han negativizado** y todavía manejamos secuelas cardiovasculares, por lo tanto, es un llamado de atención.

Junto a este valor propio del ámbito médico, muy documentado en amplias zonas del español por causa de la COVID-19, también se registra *negativizar* con el significado de 'dotar de carácter negativo', como ilustra la siguiente cita:

2014 *elDiario.es,* 19-1-2014 (ESPAÑA): La cinta, cuyo estreno está previsto para finales de este año, milita contra el afán de la sociedad de **negativizar** y avergonzar la sexualidad de las mujeres.

ORTOREXIA

Encontramos en el *DLE* dos voces de fisonomía similar al neologismo seleccionado por la Academia Paraguaya: *anorexia* y *vigorexia*. Comparten el elemento compositivo *-orexia*, derivado de ὀρέγειν *orégein* 'apetecer, desear', que se relaciona con el sustantivo *ὄρεξις órexis* 'apetito, hambre'. Significa *anorexia* literalmente 'no apetito', de ahí que dé nombre a un síndrome cuya seña de identidad es el rechazo de los alimentos. Tomándolo como modelo se acuñó hace unos años el inglés *bigorexia* para designar la 'obsesión patológica por desarrollar la musculatura'; sustituye a *an-* el adjetivo *big* 'grande'. Su trasvase al español ha requerido cierto ingenio: para conservar la imagen sonora de la voz inglesa y, al mismo tiempo, conectar la palabra española con el trastorno que designa, se ha escrito con *v* por *vigor*, que no es la traducción literal de *big —grande* la habría alejado drásticamente de la voz inglesa—, pero respeta su sentido. Hacia 1995 se creó, también tomando como punto de partida el inglés, el nombre *ortorexia* para un nuevo trastorno relacionado con la alimentación; comparte el segundo formante con las dos voces a las que nos hemos referido y presenta en primer lugar el elemento compositivo *orto-* 'correcto' (del griego *ὀρθο- ortho-*) —el mismo que encontramos en *ortodoncia, ortodoxia* u *ortografía*—. Como la anorexia y la vigorexia, la ortorexia, 'obsesión por la comida saludable', va camino de convertirse en otro más de los trastornos o enfermedades típicas del siglo XXI:

2017 *lanacion.com* 17-4-2017, (PARAGUAY): «El día a día de un paciente con **ortorexia** consiste en la planificación y preparación de su dieta; por lo tanto, tiene absolutamente bloqueada la posibilidad de consumir alimentos que no son considerados saludables. Muchos de ellos pueden padecer déficit nutricional a causa de la eliminación constante de alimentos necesarios para la correcta funcionalidad del organismo», explicó la nutricionista Katherine Gadea. Las últimas estadísticas de la Organización Mundial de la Salud (OMS) revelan que un 28% de la población mundial se ve afectada por esta patología (en su mayoría, de países desarrollados).

PLURINACIONAL

plurinacional. adj. De múltiples naciones.

El adjetivo *plurinacional* figura en el diccionario académico solo desde la 22.ª edición (2001) y su sentido puede deducirse fácilmente a partir de los elementos que se distinguen en su estructura morfológica: *pluri-* y *nacional*. Ha sido seleccionado por la Academia Chilena, de nuevo, por su uso durante 2021 en relación con el texto de la nueva constitución:

2021 *politicaexterior.com*, 2-9-2021 (CHILE): Entre los asuntos clave que deberá abordar la Convención Constituyente está el carácter unitario –o no– de la nación chilena, lo que incluye la cuestión de la autonomía territorial de los pueblos originarios y su derecho a luchar contra las políticas extractivas. ¿Se reconocerá Chile como Estado **plurinacional**?

POSITIVO

positivo, va. (Del lat. *positīvus*). adj. **1.** Cierto, efectivo, verdadero y que no ofrece duda. *Una obra de positivo mérito.* ǀ **2.** Que implica la existencia o presencia de algo. *La prueba de alcoholemia dio resultado positivo.* Apl. al resultado de una prueba, u. t. c. s. m. *No hubo más que un positivo en todas las pruebas realizadas.* ǀ **3.** Afirmativo o que expresa afirmación o aceptación. *Respuesta positiva a la oferta.* ǀ **4.** Útil, práctico o beneficioso. *Resultado positivo para el equipo.* ǀ **5.** Dicho de una persona: Optimista, inclinada a ver el aspecto favorable de las cosas. *Es muy positiva en sus juicios.* ǀ **6.** Dicho de una cantidad: Que tiene valor mayor que cero. ǀ **7.** Dicho de una imagen fotográfica: Reproducida con los claros y oscuros y los colores tal y como se ven en la realidad. U. m. c. s. m. ǀ **8.** Dicho de una ley o del derecho: Promulgado y vigente, en contraposición principalmente a *natural.* ǀ **9.** *Fís.* Que tiene carga eléctrica de tipo opuesto a la del electrón. ■ **de positivo.** loc. adv. p. us. Ciertamente, sin duda. ➤ **actos ~s, adjetivo ~, discriminación ~, electricidad ~, grado ~, ocular ~, polo ~, prueba ~, punto ~, servidumbre ~, signo ~, teología ~, término ~.**

Sin abandonar el contexto de la pandemia de COVID-19, la Academia Cubana ha elegido el término *positivo* con el valor que se recoge en la segunda acepción del *DLE*. Se trata de un significado que se incorporó al diccionario académico en su 21.ª edición (1992), si bien con una redacción algo compleja («Por oposición a negativo, se aplica a lo consistente en la existencia y no en su falta»), que aún podía leerse en la siguiente edición. De acuerdo con la documentación consultada, se observa que, en su uso adjetivo, *positivo* aparece con frecuencia con la palabra *caso*, en tanto que como sustantivo se combina muy comúnmente con el verbo *dar*:

> **2021** *Sierra Maestra,* 8-1-2021 (CUBA): Otro caso **positivo** al nuevo coronavirus fue reportado hoy viernes en la plantilla de las Avispas de Santiago de Cuba, luego de que el equipo fuera sometido a los test PCR programados para ayer jueves.
>
> **2021** *Escambray,* 14-1-2021 (CUBA): El pelotero espirituano Diasmani Palacios, integrante del equipo de los Gallos que interviene en la Serie Nacional de Béisbol, dio **positivo** a la COVID-19, como resultado del segundo PCR en tiempo real, aplicado a todos los integrantes del conjunto.
>
> **2021** *adelante.cu,* 28-5-2021 (CUBA): En el caso de Sierra de Cubitas, aseveró que preocupa la tasa por ser muy superior a la de 20, permisible para la fase de nueva normalidad en que se encuentra ese territorio, que se había mantenido casi sin **positivos** autóctonos a la enfermedad.

PRESENCIAL

> **presencial.** (Del lat. *praesentiālis*). adj. **1.** Perteneciente o relativo a la presencia. ‖ **2.** Que implica la presencia de la persona concernida. *Clases presenciales o a distancia.*

Las medidas preventivas que han marcado las autoridades durante la pandemia, como el confinamiento o la distancia social, han puesto de manifiesto en diversas actividades la polaridad entre la presencia física —hasta ahora habitual—y, de otro lado, su realización a distancia, generalmente de manera telemática. De este modo, varios términos precisados por el adjetivo *virtual* o por la locución adjetiva *a distancia*, o bien formados con el elemento compositivo *tele-* ('a distancia'), se oponen a las mismas bases seguidas del adjetivo *presencial*. Así, frente a *clase virtual, clase a distancia, conferencia virtual, teleasistencia* o *teletrabajo*, disponemos de *clase presencial, conferencia presencial, asistencia presencial* o *trabajo presencial*, un hecho que también ha fomentado un auge del uso del sustantivo *presencialidad*. Todo ello ha llevado a la Academia Mexicana a proponer *presencial* como una de las palabras de 2021.

2021 *El Sol de México*, 15-7-2021 (MÉXICO): En medio de una tercera ola de la pandemia, México se prepara para el regreso a clases **presenciales** en agosto.

2020 *Las Provincias*, 14-10-2020 (ESPAÑA): La canciller federal, Angela Merkel, celebra este miércoles la primera conferencia **presencial** en siete meses con los primeros ministros de los 16 Estados federados para coordinar las medidas en la lucha contra el coronavirus.

2021 *NTR*, 18-7-2021 (MÉXICO): La pandemia significó un cambio drástico para empresas y empleados y el regreso al trabajo **presencial** significa nuevos retos.

PRIMERA LÍNEA

línea... primera ~. f. **frente** (‖ extensión o línea de territorio en que se enfrentan los ejércitos).

Tras acusar a los agentes antidisturbios de agredir a los manifestantes contra el gobierno, surge en Colombia a finales de la década pasada un grupo de voluntarios con el objeto de proteger a los asistentes a manifestaciones. Especialmente a raíz de las protestas de abril a julio de 2021, las iniciativas y las acciones del colectivo han sobrepasado con mucho su cometido inicial, hasta el punto de constituirse como partido político de cara a las elecciones presidenciales convocadas para el 2022. Por la profusión de noticias al respecto, no es de extrañar que la Academia Colombiana haya seleccionado como palabra del año *primera línea*, expresión de carácter bélico con la que se bautizó a este grupo y que hace referencia al lugar del combate más expuesto a los ataques del enemigo. El hecho de que la configuración de este colectivo sea cada vez más sólida repercute en su denominación, que ya se siente como un nombre propio, según se observa en el empleo de las mayúsculas del siguiente testimonio:

2021 *La Tercera*, 21-7-2021 (COLOMBIA): Debut político de la **Primera Línea** en Colombia: el Comité Nacional del Paro lanza nuevo partido tras 82 días de protestas.

Al igual que sucede con otros términos bélicos (como, p. ej., *batalla*, *guerra*, *ejército*, *lucha*, *luchar* o *arma*), el sintagma *primera línea* se utiliza desde hace tiempo con sentido figurado en contextos referidos a circunstancias que se desarrollan o se perciben como un enfrentamiento contra algo adverso. Precisamente en estos años de pandemia no es raro su uso para hacer referencia a las personas que, por su profesión, se hallan especialmente expuestas al virus, como ocurre sobre todo con el personal sanitario:

2021 *prensa.com*, 2-2-2021 (PANAMÁ): La Región Metropolitana de Salud recibió ayer las primeras 816 dosis de la vacuna en 116 viales, que se aplicarán al personal de **primera línea** de los 19 centros de salud y 5 policlínicas de la Caja de Seguro Social.

PUEBLOS ORIGINARIOS

pueblo. (Del lat. *popŭlus*). m. **1.** Ciudad o villa. ‖ **2.** Población de menor categoría. ‖ **3.** Conjunto de personas de un lugar, región o país. ‖ **4.** Gente común y humilde de una población. ‖ **5.** País con gobierno independiente. ➤ **defensor del ~.**

originario, ria. (Del lat. *originarius*). adj. **1.** Que da origen a alguien o algo. ‖ **2.** Que trae su origen de algún lugar, persona o cosa. ➤ **encomienda ~.**

La Academia Peruana ha elegido el sintagma *pueblos originarios* —cuyo significado procede de la suma de los sentidos 3 de *pueblo* y 2 de *originario*—, con el que se hace referencia a los primeros pobladores de un lugar y a sus descendientes. El actual presidente del Perú, en un mensaje leído al poco de jurar el cargo, se refirió a los pueblos originarios en varias ocasiones:

> **2021** *delpais.com*, 30-7-2021 (PERÚ): Ha marcado tres pautas, la primera, ha sido el posicionamiento de su gobierno en la historia del Perú. Ha resaltado su herencia precolombina y de los **pueblos originarios**. Ha cuestionado la dominación del coloniaje y de los doscientos años de la república, sobre los **pueblos originarios**. Ha planteado, a partir de su gobierno, la reivindicación de los **pueblos originarios**, afroperuanos y asiáticos, y, por tanto, la política intercultural, expresada en la concepción del Estado Plurinacional.

REBROTE

rebrote. m. Nuevo brote.

La Academia Ecuatoriana ha elegido *rebrote* como una de las palabras del 2021. Sin duda, como tantos términos de esta sección, su relevancia en los últimos tiempos viene condicionada por la casi omnipresente COVID-19. En este uso específico, *rebrote* alude a un nuevo brote de una epidemia, pues, tal como señala el *Diccionario de términos médicos* de la Real Academia Nacional de Medicina de España, *brote* es un acortamiento habitual de *brote epidémico*:

> **brote epidémico** [ingl. *outbreak*] Concentración inesperada de casos de una enfermedad o de otra característica relacionada con la salud en un espacio geográfico limitado, en un período breve de tiempo (generalmente inferior a una temporada estacional o a un año) y con datos epidemiológicos que indican que existe un vínculo entre los casos. OBS.: Con frecuencia abreviado a «brote». || Se usa más frecuentemente en el contexto de las enfermedades infecciosas.

Debido a la enorme dificultad que, por muy variados factores, supone el control de una enfermedad tan infecciosa como la COVID-19, con sus diversas mutaciones y variantes, las noticias sobre rebrotes están a la orden del día, como puede comprobarse en los siguientes ejemplos:

> **2021** *El Comercio,* 20-7-2021 (ECUADOR): El objetivo es evitar un nuevo **rebrote** de contagios y colapso de las Unidades de Cuidados Intensivos ante la confirmación de casos de la variante Delta del coronavirus en la capital azuaya, por parte del Ministerio de Salud Pública.
>
> **2021** *El Universo,* 12-7-2021 (ECUADOR): El funcionario sostuvo que son necesarias las medidas para evitar un **rebrote** del virus y que se permita avanzar en la reactivación económica y social del país.

RECUPERACIÓN

> **recuperación.** (Del lat. *recuperatio, -ōnis*). f. **1.** Acción y efecto de recuperar o recuperarse. ‖ **2.** Examen que se realiza para aprobar la materia no aprobada en otro precedente.

Recuperación es otra de las palabras escogidas por la Academia Costarricense. Dada la situación que se vive a escala mundial, cabe deducir que la elección de este término hace alusión a la 'acción y efecto de recuperarse' en el sentido que presenta este verbo en su acepción sexta en el *DLE* ('volver a un estado de normalidad después de haber pasado por una situación difícil'). En este contexto, el valor más frecuente en prensa se refiere a la recuperación económica, según ilustra el primer ejemplo. Sin embargo, la vuelta a ese estado de normalidad tras haber pasado por una situación difícil (acepción 6 de *recuperar*) puede también referirse en estos tiempos convulsos a la salud, tal como se muestra en la segunda cita seleccionada:

> **2021** *La República.net,* 5-7-2021 (COSTA RICA): Después de la brutal caída en su producción por la crisis económica causada por la Covid-19, desde el tercer trimestre del año pasado la mayor parte de los países de América Latina iniciaron su **recuperación**, entre ellos Costa Rica.
>
> **2021** *La Nación,* 20-7-2021 (COSTA RICA): Salud confirma presencia de variante delta del coronavirus en Costa Rica. [...]. De los 16 casos confirmados, siete personas están recuperadas, nueve aún están en proceso de **recuperación** del virus.

SOSPECHOSO

> **sospechoso, sa.** adj. **1.** Que inspira sospecha. Apl. a pers., u. t. c. s. ‖ **2.** desus. Que sospecha.

En los últimos tiempos se ha especializado el uso de la voz *sospechoso* para designar a la persona que podría estar infectada por un virus, en concreto por el de COVID-19. Con este valor, se puede documentar *sospechoso* no solo como adjetivo, sino también como sustantivo, según ejemplifican los siguientes pasajes:

> **2020** *cecmed.cu*, 16-3-2020 (CUBA): Cuba mantiene vigilancia y atención de pacientes **sospechosos** y pesquisa activa ante síntomas respiratorios.
>
> **2021** Ministerio del Transporte de la República de Cuba *Noticias*, 3-5-2021 (CUBA): Alrededor de 64 choferes apoyan en estos momentos el traslado de **sospechosos**, contactos y en menor medida positivos a la COVID-19, ya sea desde los centros hospitalarios, de aislamiento o áreas de salud, en toda la provincia.

Como se ve en las citas aportadas, se trata de un término de plena actualidad, motivo por el cual la Academia Cubana ha optado por escogerlo como una de las palabras del año.

TERRAPLANISMO

La Academia Paraguaya ha elegido otro neologismo entre las palabras más destacadas del año, *terraplanismo*, 'creencia de que la Tierra es plana y no esférica'. Aunque pueda sorprender en un primer momento, durante 2020, pero sobre todo durante 2021, no ha sido raro encontrarlo asociado a la pandemia: al hablar de *terraplanismo* y *terraplanista* en relación con la COVID, se hace referencia a las teorías y a las personas que niegan la existencia del coronavirus y, por ello, rechazan las medidas para frenar el contagio, como el empleo de mascarillas o las vacunas. Del uso literal sería testimonio la primera cita; del relacionado con la negación de una evidencia científica asociada a la pandemia, el segundo:

> **2020** *independiente.com*, 14-1-2020 (PARAGUAY): Esta Era de la Infoxicación desafía varios modelos milenarios y busca reavivar debates que ya se consideraban «letra muerta», como los adeptos al **terraplanismo** que aseguran que vivimos en una tierra plana y que los intereses de las personas más poderosas del mundo se encuentran centrados en esconder esta verdad y otras.
>
> **2021** *ultimasnoticias.com*, 2-9-2021 (VENEZUELA): Una pandemia de magnitud bíblica, ya van más de 640.000 muertes. Contra ella hay ciertas vacunas en las cuales el **terraplanismo** imperial no confía.
>
> Por último, una muestra del uso de *terraplanista*:
>
> **2018** *abc.com*, 18-7-2018 (PARAGUAY): En el pasado, la gente pensaba que la Tierra era plana, ya que eso era lo que su vista le mostraba; pero hoy en día todos saben que estamos en un planeta con forma de esfera. Sin embargo, hace unos

años, salió a la luz una sociedad llamada **«terraplanista»**, que defiende una teoría bastante polémica: la Tierra es plana y la NASA nos engaña.

TETEO

La palabra *teteo*, seleccionada por la Academia Dominicana, empezó a difundirse a partir de una canción subida a la red en febrero de 2020, que lleva por título este neologismo nacido en la República Dominicana. *Teteo* da nombre a la fiesta en la calle en la que se baila y se bebe. Al crearse la voz cuando las reuniones de ese tipo están limitadas o prohibidas, su uso va asociado, a veces, como muestra el siguiente texto, al incumplimiento del toque de queda y otras normas que tratan de evitar los contagios:

> **2021** *listindiario.com*, 13-6-2021 (REPÚBLICA DOMINICANA): El **«Teteo»** sigue siendo un asiduo problema del toque de queda. Si algo se ha demostrado con la medida del toque de queda para frenar los contagios de coronavirus, es que no merma los ánimos de la gente para salir a hacer fiestas y agruparse hasta altas horas de la noche.

TOQUE DE QUEDA

> **toque... | ~ de queda.** m. Medida gubernativa que, en circunstancias excepcionales, prohíbe el tránsito o permanencia en las calles de una ciudad durante determinadas horas, generalmente nocturnas.

Una de las medidas que se han adoptado durante la pandemia para controlar las interacciones sociales y frenar la propagación del coronavirus ha sido el toque de queda, es decir, la prohibición por parte de las autoridades del tránsito o la permanencia en las calles a determinadas horas, fundamentalmente durante la noche. Entre los países que se han visto obligados a tomar esta medida se encuentra Puerto Rico, de ahí que la Academia Puertorriqueña haya elegido la locución *toque de queda* como una de las palabras más significativas del año 2021:

> **2021** *esnoticiapr.com*, 11-3-2021 (PUERTO RICO): Cuando comenzó el **toque de queda** con el cierre total en marzo, miembros de Asore decidieron crear un protocolo de seguridad para sus empleados y clientes.

Documentada al menos desde 1874, esta locución no se incorporó al diccionario académico hasta su 20.ª edición (1984). Sobre el origen de *toque de queda*, cabe señalar que ya en el siglo XVI se registran las expresiones *tocar la queda* o *tocar a queda*:

1575 *Ordenanzas particulares para los pueblos de indios del distrito de la Paz* (PERÚ): ORDENANZA II.—Que los alguaciles ronden de noche y hagan **tocar la queda.**

1884 Barros Arana, Diego *Historia general de Chile, II* (CHILE): Eran las nueve de la noche, hora en que las campanas de las iglesias **tocaban a queda** y a silencio, y en que los moradores de la ciudad debían cerrar sus puertas y apagar sus luces.

Resulta clarificadora en este sentido la definición que ofrece el *Diccionario de autoridades* del sustantivo *queda*, una voz procedente del adjetivo *quedo, da* 'quieto':

> **QUEDA.** s. f. El tiempo de la noche, señalado en algunos Pueblos, (especialmente plazas cerradas) para que todos se recojan, à que se avisa con la campána y en la Milicia con el tambór. Llámase assi por el efecto que causa, que es estarse todos quedos. Lat. *Quietis tempus. Requies, ei.*

Como puede comprobarse al hilo de la entrada de *Autoridades*, la palabra *toque* que forma parte de la expresión es hoy una huella arqueológica que nos recuerda cómo se llevaba a cabo esta comunicación en otras épocas.

TRIAJE

> **triaje.** m. **1.** Acción y efecto de triar. ‖ m. **2.** *Med.* Clasificación de los pacientes según el tipo y gravedad de su dolencia o lesión, para establecer el orden y el lugar en que deben ser atendidos. ‖ m. **3.** *Med.* Lugar donde se realiza el **triaje.**

La Academia Hondureña ha escogido como una de las palabras del año *triaje*, una voz que, además, supone una de las novedades de la presente actualización del *Diccionario* por haber añadido las academias en este artículo precisamente las acepciones 2 y 3. Con ellas se designa no solo la clasificación que se hace de los pacientes para establecer el orden y sitio en que deben ser atendidos, sino también el lugar donde se lleva a cabo esta clasificación, dos valores diferenciados que se aprecian con nitidez en las siguientes citas:

2007 *Ciber Revista*, 3-2007 (ESPAÑA): El sistema de **triaje** garantiza la categorización de los pacientes según el grado de urgencia de los síntomas y signos que presentan, prioriza la asistencia de los mismos, garantizando que los valorados como más urgentes son visitados prioritariamente.

2021 *La Tribuna*, 18-6-2021 (HONDURAS): Fallece otra paciente sospechosa de COVID-19 en **triaje** de Comayagüela.

Como se ha visto en otros casos, el término ha extendido su uso y se ha hecho popular con motivo de la pandemia de COVID-19. Por ello, resulta interesante destacar que, fuera del ámbito médico, también se emplea este sustantivo con el valor de la actual acepción 1 ('acción y efecto de triar', esto es, 'acción y efecto de escoger, separar o entresacar'), según muestran estos ejemplos:

> **2002** Consejo Asesor del Instituto de Estudios del Huevo *Lecciones sobre el huevo* (ESPAÑA): Los **triajes** deben realizarse al principio [...]. Aunque se elimina a las aves poco productivas, lo cierto es que cuesta mucho en mano de obra.
>
> **2012** Elías Castells, X. *Reciclaje de residuos industriales* (ESPAÑA): El vidrio, [...] tanto si se separa en la planta de **triaje** como si procede directamente de la recogida selectiva [...] debe separarse por colores.

TRISTEZA

> **tristeza.** (Del lat. *tristitia*). f. **1.** Cualidad de triste. ‖ **2.** germ. Sentencia de muerte.

Como se ha señalado en los comentarios de *ansiedad* y *estrés*, la voz *tristeza* es una de las palabras del 2021 para la Academia Nicaragüense. En este caso, la elección viene motivada por la vinculación del término con la pandemia, algo que revela el siguiente testimonio:

> **2020** *ElPaís.cr*, 29-4-2020 (COSTA RICA): Ansiedad, miedo, **tristeza**, estrés, depresión y soledad son riesgos a la salud mental a los que están expuestos hoy millones de ciudadanos en Estados Unidos con la pandemia de la Covid-19.

Documentada desde los orígenes de la lengua, procede *tristeza*, como indica el *DLE*, del latín *tristitia*. Menos conocido es el hecho de que esta palabra convivió desde antiguo con los sustantivos *tristor* y *tristura*, ambos dotados del mismo significado que *tristeza*. Se trata aquí no ya de latinismos, sino de dos voces creadas en español a partir del adjetivo *triste*:

> **1429-1440** Marqués de Santillana (Íñigo López de Mendoza) *Poesías* (ESPAÑA): Bien devo loar, amor, / pues todavía / quiso tornar mi **tristor** / en alegría.
>
> **c. 1580** Cueva, Juan de la *El viejo enamorado* (ESPAÑA): Dexa el llanto y la **tristura**, / muestra rostro plazentero, / que tengo por mal agüero / llorarme en tal coyuntura.

Muy curiosa resulta sin duda la segunda acepción de *tristeza* ('sentencia de muerte'), que, como indica el *Diccionario*, pertenece a la germanía —esto es, la jerga de los delincuentes del Siglo de Oro—. En una colección de romances de germanía de varios autores publicada en 1609 junto con el *Vocabulario* que escribió Juan Hidalgo para indicar las equivalencias en la lengua común de estas voces jergales, se lee uno sobre un *lobo* (entiéndase *ladrón*) que, al salir de la cárcel tras diez años encerrado, «garla nueua germanía / porque no sea descornado / que la otra era muy vieja, / y la entreuan los villanos». En otras palabras, este ladrón excarcelado habla una nueva jerga para no ser entendido por los que no pertenecen al hampa. Enumera a continuación cómo llama a cada una de las cosas, hasta que le llega el turno a lo relacionado con la cárcel:

Trapala llama a la cárcel
y al Alcayde Apassionado,
al calaboço **Tristeza**
donde el hombre está encerrado.
A la cadena Madrastra,
Iuan Diaz llama al candado;
a los grillos llama Anillos,
al Iuez le llama Brauo.

A pesar de lo indicado en este pasaje, Juan Hidalgo recogió en su glosario la voz *tristeza* como 'sentencia de muerte', y así es como la registraron los primeros académicos en 1739. Curiosamente, el significado de 'calabozo' se lo asignó Hidalgo al ya reseñado más arriba *tristura*, según puede verse también en el *Diccionario de autoridades* de 1739:

> **TRISTURA.** En la Germanía, significa el calabozo, ò mazmorra. Juan Hidalgo en su Vocabulario. Lat. *Ergastulum, i.*

VACUNA, VACUNACIÓN

vacuna. V. **vacuno.**

vacuno, na. (De *vaca*). adj. **1.** Perteneciente o relativo al ganado bovino. ‖ **2.** p. us. De cuero de vaca. • m. **3.** Animal bovino. ○ f. **4.** Grano o viruela que sale a las vacas en las tetas, y que se transmite al ser humano por inoculación para preservarlo de las viruelas naturales. ‖ **5.** Pus de las **vacunas.** ‖ **6.** Preparado de antígenos que, aplicado a un organismo, provoca en él una respuesta de defensa. U. t. en sent. fig.

vacunación. f. Acción y efecto de vacunar.

El año 2021 ha supuesto una nueva fase de la pandemia provocada por la COVID-19 debido al proceso de vacunación que se ha llevado a cabo a nivel mundial. Por ello no es de extrañar que, entre las palabras del año, las Academias Dominicana, Ecuatoriana y Mexicana hayan elegido *vacunación*, y que las Academias Argentina, Costarricense, Ecuatoguineana, Filipina, Guatemalteca, Hondureña, Norteamericana, Peruana, Puertorriqueña, Salvadoreña y Venezolana hayan optado por *vacuna* —con la peculiar grafía *bakuna* en tagalo, según señala la Academia Filipina—. Tanto *vacunación* como *vacuna* se incorporaron al *Diccionario* en su cuarta edición (1803) y lo hicieron de la mano de otros dos términos de la misma familia: *vacunado* y *vacunar*.

> **VACUNA.** s. f. Cierto grano ó viruela que sale á las vacas en las tetas quando las ordeñan sin lavarse las manos los que han tocado el gabarro de los caballos. Llámase tambien así el material de estos granos, y el de los granos de los vacunados.
>
> **VACUNACIÓN.** s. f. La accion y efecto de vacunar, ó aplicar la vacuna.
>
> **VACUNADO, DA.** p. p. de **VACUNAR.**
>
> **VACUNAR.** v. a. Comunicar, aplicar el material de la vacuna á alguna persona para que contrayendo cierta indisposicion quede preservada de las viruelas epidémicas y naturales.

Como se observa al final de la última definición, la vacuna se usaba en esa época exclusivamente para la viruela. No debe sorprender, pues es sabido que, a finales del siglo XVIII, Edward Jenner descubrió la vacuna al comprobar que las personas infectadas por la viruela vacuna —es decir, la de las vacas— adquirían protección frente a este tipo de viruela, pero también frente a la viruela humana, mucho más nociva. Para nombrar el nuevo descubrimiento, se recurrió en inglés al cultismo *vaccine*, documentado, según el *Oxford English Dictionary*, en 1799 y empleado originalmente como adjetivo (p. ej., *vaccine disease* o *vaccine virus*) y poco después ya como sustantivo. Se trata de un término tomado del adjetivo latino *vaccinus, -a, -um* 'vacuno, perteneciente o relativo a las vacas', que curiosamente figuraba ya como equivalencia latina del adjetivo *vacuno* en *Autoridades* (1739):

> **VACUNO, NA.** adj. Lo que pertenece al ganado de vacas. Lat. *Vaccinus, a, um. Bovinus.*

Otras lenguas recurrieron también al latinismo postulado por el inglés para plasmar el nuevo descubrimiento, como muestran los casos del francés *vaccin* y *vaccine*, el italiano *vaccino* y *vaccina* o el portugués *vacina* y *vaccina*. Sin embargo, en España surgió desde muy temprana fecha la vacilación entre el término latinizante *vaccina* (y su variante simplificada *vacina*) o la adaptación *vacuna*, creada sobre el molde ya existente del adjetivo tradicional *vacuno* ('perteneciente o relativo a las vacas o al ganado bovino'). La tensión entre ambas opciones se halla sin resolver en el *Compendio de la vaccina o vacuna*, un folleto anónimo publicado en 1799 en Barcelona y que posiblemente cuente con el privilegio de ser el primer registro escrito de la palabra en nuestro idioma.

Pocos años bastaron para que *vacuna* y sus derivados *vacunal*, *vacunar* y *vacunación* acabaran por imponerse a los efímeros *vac(c)ina*, *vac(c)inal*, *vaccinar* y *vac(c)inación*, hasta el punto de que estas formas latinizantes no tuvieron nunca acomodo en el diccionario académico.

VARIANTE

> **variante.** (De *variar* y *-nte*). adj. **1.** Que varía. Era u. m. en leng. jurídico. *Testigo variante.* • m. **2.** Fruto o verdura que se encurte en vinagre. U. m. en pl. ○ f. **3.** Variedad o diferencia entre diversas clases o formas de una misma cosa. ‖ **4.** Desviación provisional o definitiva de un trecho de una carretera o camino. ‖ **5.** Cada uno de los resultados con que en las quinielas de fútbol se refleja que el equipo propietario del campo empata o pierde con el visitante. ‖ **6.** Ecd. Variedad o diferencia de lección que hay en los ejemplares o copias de un códice, manuscrito o libro, cuando se cotejan los de una época o edición con los de otra. ‖ **7.** Ling. Cada una de las diferentes formas con que se presenta una unidad lingüística de cualquier nivel.

El adjetivo *variante* figura en los repertorios académicos ya desde *Autoridades* (1739), donde se definía con un escueto «lo que varía», si bien se añadía a continuación la siguiente indicación: «Usase freqüentemente en lo Jurídico, y assi se dice Testigo variante». Habrá que esperar a la 4.ª edición del *Diccionario* (1803) para encontrar registrada por primera vez una acepción sustantiva —la actual acepción 6—:

> **1538-1539** *Cortes de Toledo 1538* (ESPAÑA): Con escasísimas **variantes** se reprodujo la convocatoria circulada á los prelados de España, y después se lee lo siguiente.

Resulta llamativa la tardía aparición del resto de acepciones sustantivas. Las acepciones 2 ('fruto o verdura encurtido en vinagre') y 4 ('desviación provisional o definitiva de un trecho de una carretera o camino') se incorporan en 1970 (19.ª edición), en tanto que la actual acepción 7 ('cada una de las diferentes formas con que se presenta una unidad lingüística de cualquier nivel') no lo hará hasta 1984 (20.ª edición). Finalmente, los restantes usos sustantivos acabarán entrando en la 21.ª edición (1992). Llama por ello la atención la introducción tardía de la acepción más abarcadora semánticamente y menos restringida a un campo concreto ('variedad o diferencia entre diversas clases o formas de una misma cosa'), que, como nos muestra la propia definición académica, entra en competencia con el sustantivo *variedad*. Pese a no figurar en el repertorio académico hasta casi finales del siglo pasado, se trata de un valor ya documentado desde mediados del siglo XIX:

1842-1851 Mesonero Romanos, R. *Escenas y tipos matritenses* (ESPAÑA): Pero esta **variante** del pretendiente a varas merece por sí solo un episodio, que habrán de perdonar los lectores, como uno de los tipos más característicos de la época en cuestión.

1849 Sarmiento, D. F. *Viajes en Europa, África y América 1845-1847* (ARGENTINA): Católicos, puritanos, cuáqueros, calvinistas, todas estas **variantes** de una misma fe venían a las colonias norte-americanas, a justa-ponerse sin mezclarse, prevaleciendo los odios que había enjendrado la lucha en Europa.

Es sin duda por esta acepción general —casi sinónima de *variedad*— por lo que se ha convertido en una de las palabras más destacadas del año para la Academia Venezolana. En este caso, *variantes* alude a las distintas clases de coronavirus —ocasionadas por las mutaciones del virus SARS-CoV-2—, que se denominan o bien con letras del alfabeto griego (*alfa*, *beta*, *gamma*, *delta*, etc.), o bien con el gentilicio del lugar donde se detectaron por primera vez (p. ej., *variante británica*), según ilustran los siguientes ejemplos:

2021 *El País*, 31-7-2021 (ESPAÑA): Por qué la **variante** delta del coronavirus es tan contagiosa.

2021 *El Nuevo Siglo.com.co*, 10-2-2021 (COLOMBIA): «El equipo inglés no puede viajar a Madrid debido a las restricciones de entrada a España de vuelos procedentes del Reino Unido» para evitar la expansión de la **variante** británica del coronavirus, explicó el Atlético de Madrid en una nota.

VIDEOLLAMADA

videollamada. (De *video-* y *llamada*). f. Comunicación simultánea a través de una red de telecomunicaciones entre dos o más personas, que pueden oírse y verse en la pantalla de un dispositivo electrónico, como un teléfono inteligente o una computadora. *Pudieron conocer enseguida a su nieto gracias a una videollamada.*

Incorporado al *DLE* en la actualización del año pasado, *videollamada* pertenece al grupo de términos elegidos por la Academia Panameña para esta sección. Se trata de una voz cuyo uso ha proliferado desde el confinamiento provocado por la pandemia de coronavirus al generalizarse y popularizarse las videollamadas entre amplios sectores de la población que jamás habían utilizado este recurso. Resulta revelador al respecto el siguiente pasaje extraído de un diario panameño:

2021 *La Prensa*, 1-7-2021 (PANAMÁ): La campaña «Claro que es posible» quiere mostrar la cara positiva de una situación tan compleja como la pandemia del

Covid-19, demostrando como los más jóvenes, los «nativos digitales» de la familia, fomentaron el uso de las nuevas tecnología entre sus padres y abuelos en busca de facilitarles actividades tan cotidianas como el pago de facturas de servicios básicos, el cobro de la pensión o la compra en el supermercado, e incluso la adopción de otras herramientas digitales como la banca en línea, las **videollamadas**, las redes sociales o las plataformas de mensajería.

Junto a *videollamada*, se halla también en el diccionario académico *videoconferencia*, palabra que se incorporó en 2001 (22.ª edición) con la definición de «conferencia mantenida mediante imágenes y sonidos transmitidos por una red de comunicaciones». Las Academias aprovecharon la reciente inclusión de *videollamada* en el *Diccionario* para revisar *videoconferencia*. Como fruto de esta tarea, desde la actualización del *DLE* del año 2020 presenta *videoconferencia* retocada su primera acepción y, a raíz de la documentación aportada, incluye además una segunda acepción, que se ofrece como sinónimo de *videollamada*:

> **videoconferencia.** (De *video-* y *conferencia*). f. **1.** Encuentro a través de una red de telecomunicaciones, frecuentemente convocado con anterioridad, que permite a varios interlocutores verse, oírse y compartir información. ‖ **2. videollamada.**

VIOLENCIA

> **violencia.** (Del lat. *violentia*). f. **1.** Cualidad de violento. ‖ **2.** Acción y efecto de violentar o violentarse. ‖ **3.** Acción violenta o contra el natural modo de proceder. ‖ **4.** desus. Acción de violar a una persona.

Violencia ha sido otra de las voces escogidas por la Academia Mexicana. Según reflejan los diarios mexicanos, la violencia es uno de los males que aquejan al país americano, incluso en plena pandemia:

> **2021** *El Sol de México*, 16-7-2021 (MÉXICO): Alrededor de 300 mil mexicanos han abandonado sus hogares de manera forzada por el aumento de la **violencia** generada por los grupos de la delincuencia organizada o por conflictos territoriales o religiosos.
>
> **2021** *El Universal*, 5-7-2021 (MÉXICO): Ante ola de **violencia** en México, el periodista Jorge Ramos increpa a AMLO.
>
> **2021** *Excelsior*, 18-7-2021 (MÉXICO): La **violencia** contra la mujer y la familia volvió a repuntar en México en el contexto de la pandemia de covid-19, pero esta vez sin confinamiento de por medio.

Se trata de una voz presente en español desde los orígenes del idioma. Como se indica en la etimología del *Diccionario*, procede del latín *violentia*, palabra formada a partir del adjetivo *violentus* 'violento', que es, a su vez, derivado del latín *vis* 'fuerza' y también 'violencia'. Recoge el *DLE* una cuarta acepción con el valor de 'acción de violar a una persona', que aparecía ya en *Autoridades* (1739) de la siguiente manera:

> **VIOLENCIA.** Se llama también el acto torpe executado contra la voluntad de alguna muger. Lat. *Violentia. Stuprum. Vis.*

Es interesante señalar que, en la definición del *Diccionario de autoridades*, la palabra *torpe* significa 'infame, ruin', 'deshonesto', valores que ya estaban presentes en su étimo latino *turpis*. Con todo, *violencia* 'violación' es una acepción sin uso en español actual, hasta el punto de que su último testimonio en los corpus académicos se halla a los albores del siglo XVIII en una obra del jesuita y teólogo español Franscisco Garau. En el pasaje que se cita a continuación, alude Garau a la violación cometida por Amnón —el hijo mayor del rey David— contra su medio hermana Tamar, episodio recogido en el Antiguo Testamento (*Samuel* 2, 13):

> **1703** Garau, F. *El sabio instruido de la gracia* (ESPAÑA): Perdonóle la muerte de su ermano Amnon, y la **violencia** de Tamar.

VOCETEO

La Academia Puertorriqueña ha elegido como una de las palabras del año el sustantivo *voceteo*, término acuñado recientemente en Puerto Rico y de plena actualidad en el país antillano, especialmente a raíz de la pandemia. Con este neologismo —derivado de *voz*— se hace referencia a una práctica que consiste en circular conductores particulares por la vía pública con música a volumen muy alto. Para ello, los vehículos se han modificado con el objeto de dotarlos de potentes altavoces. Que se haya empleado de manera más frecuente este año el vocablo *voceteo* se debe a que un grupo de alcaldes ha tenido la iniciativa de prohibir tal práctica en sus municipios:

> **2021** *primerahora.com*, 12-2-2021 (PUERTO RICO): Al ruido que recibimos a diario en Puerto Rico, hace algunos años se ha sumado la práctica del **voceteo**, que es la emisión de ruido desde un vehículo con equipo que ha sido alterado y/o modificado. Los que disfrutan del **voceteo** se congregan para ver quién es el que más volumen genera. Muchos se reúnen en altas horas de la noche, cuando no hay patrullas de la policía municipal o estatal para intervenir. La pandemia ha destapado este grave problema ya que se ha convertido en una fuente de «entretenimiento».

2021 *El Vocero de Puerto Rico*, 4-2-2021 (PUERTO RICO): Romero se unió a la lista de alcaldes que han promulgado un detente al «**voceteo**», práctica en la que vehículos transitan con ruidos extremadamente altos. Romero Lugo indicó que la proliferación de vehículos modificados para emitir sonidos con alto volumen se ha convertido en un problema de contaminación acústica que afecta la convivencia de los sanjuaneros.

VULNERABLE

vulnerable. (Del lat. tardío *vulnerabĭlis*, y este del lat. *vulnerāre* 'herir' y *-bĭlis* '-ble'). adj. Que puede ser herido o recibir lesión, física o moralmente.

La Academia Cubana ha seleccionado *vulnerable*, un adjetivo culto de origen latino que entró en el diccionario académico en su 11.ª edición (1869) con la definición de «lo que puede ser herido ó recibir lesion, así fisica como moralmente». Curiosamente, como señala la propia Academia Cubana, se emplea ahora en el país antillano para referirse a personas o grupos de personas que, por disponer de factores considerados de riesgo, resultan más propensos a enfermar de COVID-19. Se trata, por tanto, de personas que se adscriben al grupo que se denomina *población de riesgo*. Con este significado especializado, *vulnerable* se usa como adjetivo, pero también como sustantivo, lo que supone otra innovación respecto al actual artículo del *DEL*:

2021 *Victoria*, 8-2-2021 (CUBA): La percepción de riesgo del virus disminuyó y los datos así lo reflejan. A la par se elevan los casos positivos, suben alarmantemente los referidos de cero a 18 años, grupo tan **vulnerable** como el de la tercera edad.
2021 *Trabajadores*, 17-3-2021 (CUBA): Llegué un día al mercado de 3.a y 70 y marqué en la cola de los **vulnerables**. Abrió el comercio y organizadamente dejaban entrar a un grupo de la cola y dos **vulnerables**. ¡Qué bien!

La noticia de la que procede el último testimonio aducido va acompañada de una viñeta cómica que clarifica el alcance de este sustantivo. En ella, aparecen cuatro personas de edad avanzada situadas en fila frente a una tienda, a cuya entrada, mirando impacientemente un reloj de pulsera, está apostado un hombre de mediana edad y complexión robusta, que parece el encargado de controlar el acceso al comercio. Los cinco personajes llevan mascarilla, lo que sitúa la escena en el contexto de la actual pandemia. El último de la fila, un anciano en silla de ruedas, debe de acabar de llegar, según se colige de su pregunta («¿El último **vulnerable**?»), a lo que la persona que encabeza la fila —una mujer mayor apoyada en un andador— responde: «Ya no dan más turnos, el jefe de cola está ¡**invulnerable**!». Como se puede ver, se trata de un juego de palabras entre el nuevo uso de *vulnerable* y el adjetivo *invulnerable*, que, aparte de significar 'que no puede ser herido', dispone también del valor de 'que no resulta afectado por lo que se hace o dice contra él', tal como recoge el *DLE* como segunda acepción de esta voz.

WEBINARIO

webinario. (Adapt. del ingl. *webinar,* y este fusión de *web* 'web' y sem*inar* 'seminario'). m. Presentación de carácter formativo que se transmite vía internet en la que los participantes pueden enviar preguntas y hacer comentarios.

La Academia Puertorriqueña se ha decantado por el neologismo *webinario*, un sustantivo que supone una de las novedades del *DLE* 23.5 y que hace referencia a un seminario ofrecido por internet que permite la interacción entre el recurso o conferenciante y los asistentes durante la transmisión en vivo. Aunque se emplea ya desde hace unos años, no cabe duda de que su uso se ha extendido durante los dos últimos por la sustitución forzosa de los encuentros formativos presenciales por los que se desarrollan en red:

2021 *elvocero.com* (PUERTO RICO): Los talleres son ofrecidos a través de la plataforma de **webinarios** del EcoExploratorio, entidad que Corteva auspicia, y son conducidos por experimentados profesionales del sector, además de invitados especiales como la meteoróloga Ada Monzón.

Esta palabra es una adaptación del inglés *webinar*, voz formada por *web* 'web' y *seminar* 'seminario'. Además de *webinario*, en español se documentan para expresar el mismo concepto las formas *seminario web*, *seminario en línea* y *ciberseminario*.

2021 *La Voz de Cádiz,* 27-8-2021 (ESPAÑA): La Agencia Provincia de la Energía de la Diputación de Cádiz va a llevar a cabo el próximo 16 de septiembre un **seminario web** en abierto en el que se ofrecerá información y consejos sobre cómo circular de forma segura en las ciudades a través de medios de transporte sostenibles, como pueden ser la bicicleta o el patinete.

2021 *El Tribuno- Jujuy,* 6-8-2021 (ARGENTINA): Dictan el **seminario en línea** «Pensar la tesis».

2021 *almomento.mx,* 5-8-2021 (MÉXICO): Del 19 al 29 de agosto, podrá disfrutarse de rico repertorio de largometrajes, cortometrajes y documentales nacionales e internacionales. Además, se celebrarán charlas, clases, **ciberseminarios** y un prometedor homenaje a uno de los personajes más emblemáticos del género.

YIHAD

yihad. (Del ár. *ǧihād*). m. o f. **1.** Guerra islámica. ‖ **2.** En la religión islámica, esfuerzo de superación espiritual.

El artículo dedicado a *yihad* fue una novedad de la 23.ª edición (2014) del *DLE* y se ha revisado para la actualización 23.5. El regreso al poder de los talibanes en Afganistán, veinte años después de que lo perdieran debido a la intervención de Estados Unidos, ha hecho que la palabra elegida por la Academia Paraguaya cobre un papel destacado durante los últimos meses de 2021:

2021 *lanacion.com*, 25-8-2021 (PARAGUAY): Los talibanes (que traducido quiere decir «estudiantes») se habían convertido en una escuela para los islamistas que querían librar la **yihad** contra occidente y Afganistán fue la escuela para los aspirantes de Al Qaeda que se entrenaban para la guerra santa.